中国电信
CHINA TELECOM
世 界 触 手 可 及

无需零散购置
信息化需求一次解决

SHANGHAI

2007
上海信息化年鉴

《上海信息化年鉴》编纂委员会

ORMATIZATION

NGHAI
ORMATIZATION

上海科学技术文献出版社

《2007上海信息化年鉴》编纂委员会

《2007 上海信息化年鉴》编审委员会

《2007 上海信息化年鉴》编辑部

2006年5月20～28日，第28届世界软件工程大会在上海国际会议中心举行。
（市信息委提供）

2006年12月13日，“上海LED半导体照明研发应用中心”揭牌活动在上海天地软件园举行。
（普陀区信息委提供）

2006年7月6日，“上海国际信息服务外包产业园”在卢湾区揭牌成立。图为揭牌仪式现场。

（卢湾区信息委提供）

2006年11月30日，“中国服务外包基地上海示范区”揭牌暨“服务外包产业园区综合服务中心启用仪式”在卢湾区举行。

（卢湾区信息委提供）

2006年11月30日，在虹口区举行“上海市数字媒体产业园”开园仪式。

（数字媒体产业园提供）

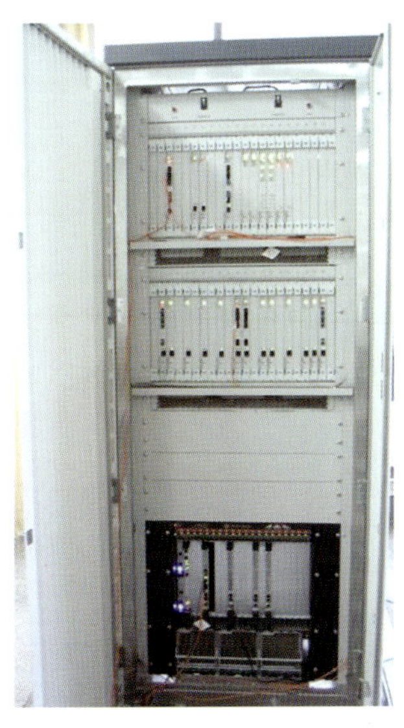
RNC（无线网络控制器）

NodeB（基站）室外单元

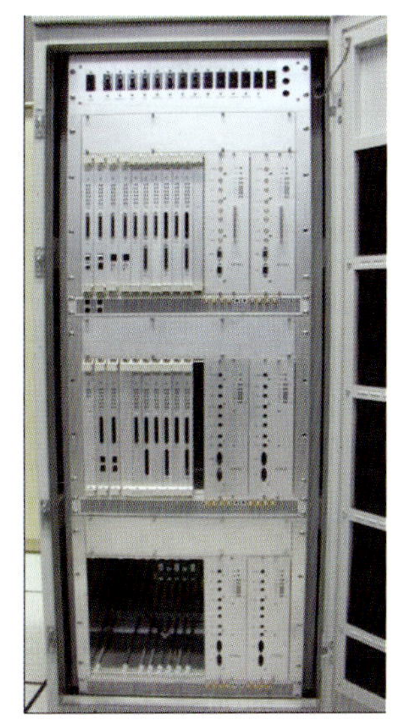
NodeB（基站）室内单元

面向商用的TD—SCDMA移动终端—SWALLOW

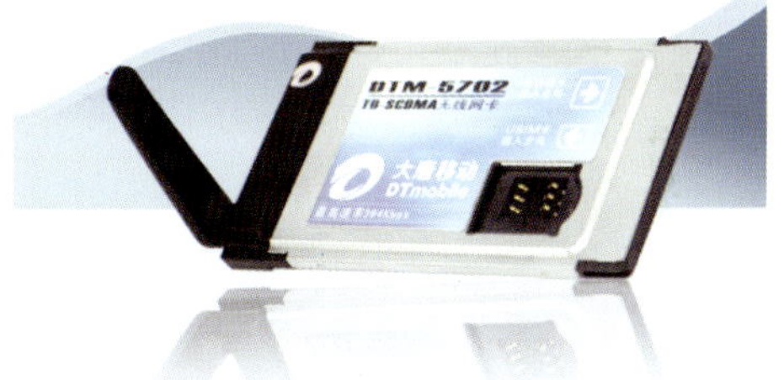

首款TD—SCDMA制式商用无线网卡—HUMMER

国内围绕TD—SCDMA核心技术已形成了一个从系统设备核心网、接入网到终端芯片、可商用终端以及测试仪器仪表的完整产业链。图为上海大唐移动通讯设备有限公司的3G设备和产品。（大唐移动提供）

2006年3月，文新报业集团与上海移动通信有限责任公司和中国联通上海分公司开展合作，推出新媒体——“手机报”，为迎接3G时代迈出坚实的一步。（文新报业集团提供）

2006 年 12 月 30 日，列入当年度市政府实事项目的“上海市 800 兆数字集群政务共网”建成开通。

（上海电信提供）

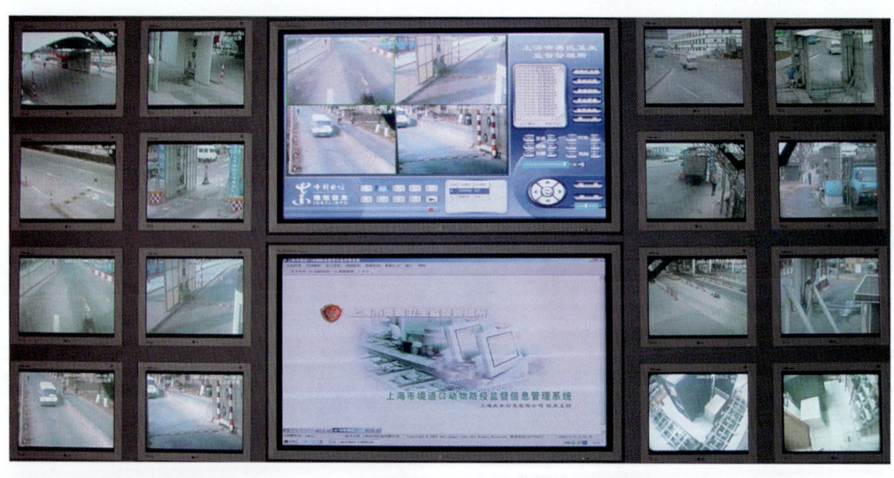

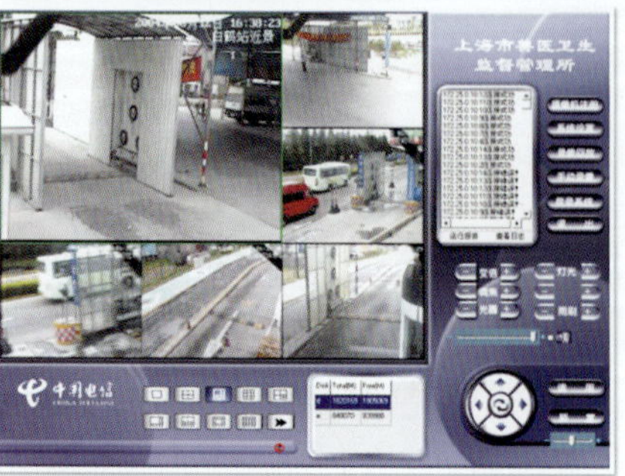

上海市动物卫生监督所以信息技术为支持，在全市 8 个指定道口对供沪动物及其运输车辆实施“一车一卡”进沪备案登记工作。图为上海市境道口动物防疫监控系统的电子显示屏。

（市农委提供）

2006年12月18日，“松江区市民服务中心”正式运营，实现了“一口式受理平台”与五大专网（劳动、民政、医保、计生和居住证登记）的信息资源共享。

（松江区信息委提供）

上海社会保障卡与银行卡绑定支付项目的实施，使市民就医过程中的缴费更安全、便捷。图为华山医院收费处的社会保障卡与银行卡绑定支付设备。

（市信息委提供）

2006年12月6日，洋山深水港一期、二期码头连成一片，上海港具有历史意义的第2 000万只标准集装箱在洋山深水港起吊，洋山港综合信息服务平台声讯服务中心正式开通。

（陈正宝、高剑平、宋大本摄）

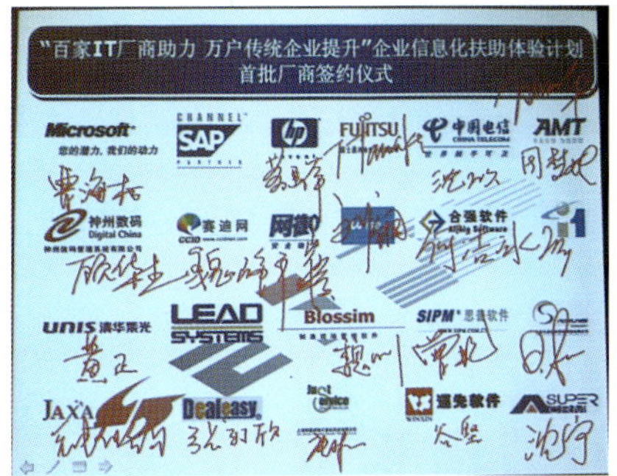

2006年9月26日，由上海市企业信息化促进中心主办的“百家IT厂商助力 万户传统企业提升”企业信息化扶助体验计划正式启动，上海电信、微软、神州数码、AMT、SAP、富士通等首批22家IT厂商与主办单位签订了“信息化合作推广协议书”。

（市信息委提供）

“为农综合信息服务平台”提供农业实用技术、农民远程教育等涉及农民生产、生活的实用信息。图为市民利用“为农综合信息服务平台”查询西瓜种植的相关信息。

（市农委提供）

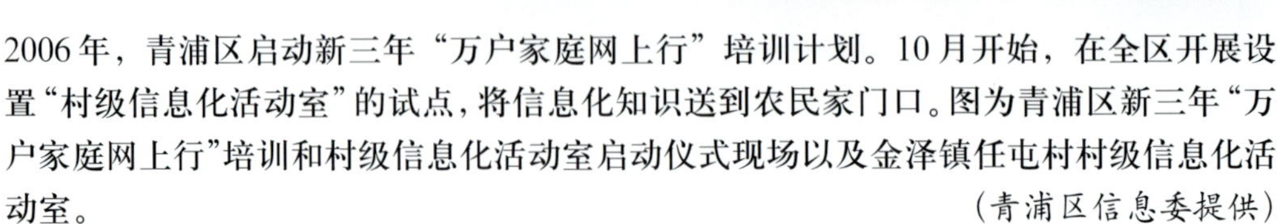

2006年，青浦区启动新三年“万户家庭网上行”培训计划。10月开始，在全区开展设置“村级信息化活动室”的试点，将信息化知识送到农民家门口。图为青浦区新三年“万户家庭网上行”培训和村级信息化活动室启动仪式现场以及金泽镇任屯村村级信息化活动室。

（青浦区信息委提供）

经过四年的建设发展，2006年长宁区“数字校园”已覆盖全区所有中小学，“数字办公室”的配备率达到60.79%，“数字教室”的配备率达到80.43%。图为学生们在“数字教室”操作计算机。

（长宁区信息委提供）

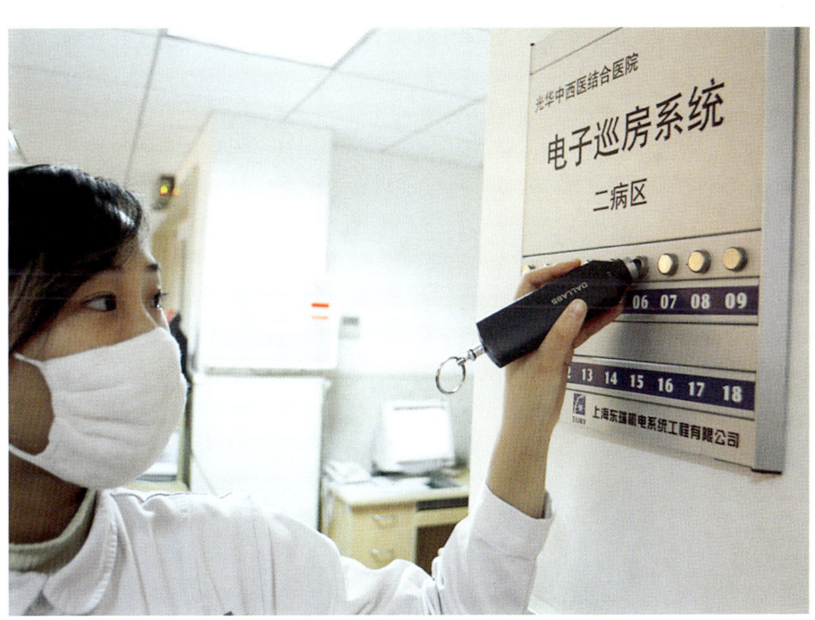

2006年，上海市卫生领域信息化建设全面推进。图为长宁区光华中西医结合医院护理人员正在操作电子巡房系统自动记录巡房信息。

（长宁区信息委提供）

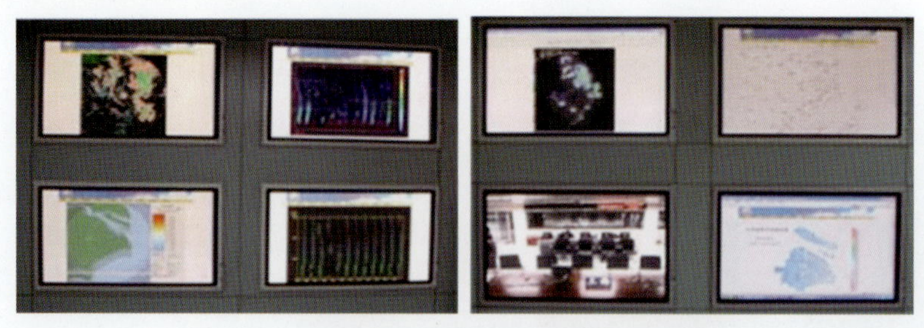

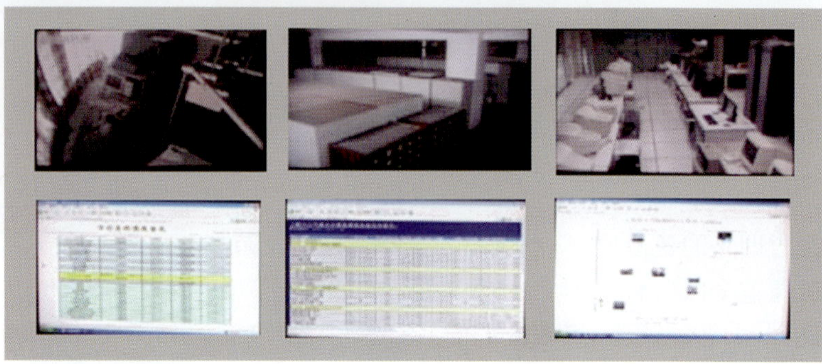

市气象局为完善天气实景监测系统，在全市范围建成7个室外监测点和4个室内监控点，实现了实时天气监测网覆盖全市，可提供全方位、详尽的气象信息。图为上海中心气象台值班室的大屏幕显示系统。

（市气象局提供）

2006年12月，上海地面无线测控网基本建成，网络定位与测控功能达到预期目标，已具备网络运营条件。图为上海长城金点定位测控有限公司网络控制中心和基站。

（长城金点提供）

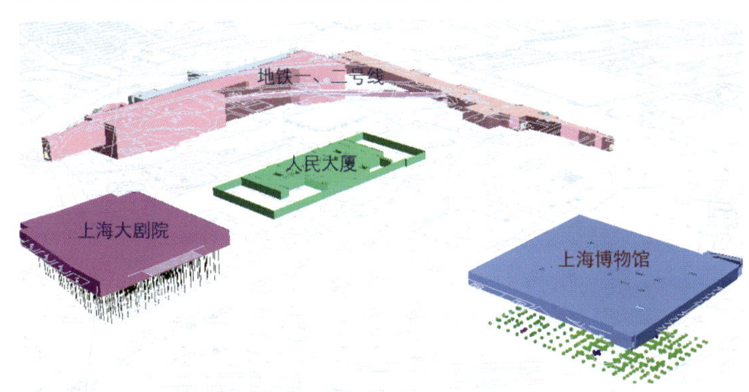

2006年，上海开展了地下管线、地下构筑物和地质三类地下空间信息的数据收集试点工作。图为人民广场地下构筑分布情况三维模型图、地铁一二号线地下构筑模型图及地下空间信息基础平台机房。

（城市建设信息中心提供）

为全面做好世界一级方程式（F1）2006赛季中国大奖赛的无线电通信保障工作，上海市无线电管理局启用了新型移动工作站、固定监测站和移动监测车。图为技术人员在新型移动工作站组装监测天线。

（市无管局提供）

2006年9月16日，2007年世界特殊奥林匹克运动会“特奥热线962007”正式开通。图为“特奥热线962007”工作现场。

（市信息委提供）

2006年5月17日，2007年世界特殊奥林匹克运动会信息通信合作伙伴签约仪式在上海电信长途电信大楼举行。

（市信息委提供）

2006年10月18～19日，亚太地区城市信息化论坛第六届年会在上海国际会议中心举行。

（市信息委提供）

2006年10月16日，联合国训练研究所与亚太地区城市信息化合作办公室正式签约，共同成立“上海亚太地区信息化人才培训中心”。该中心是联合国训练研究所全球培训网络的12个成员单位之一。

（市信息委提供）

2006年10月23日，上海市信息化委员会与上海市电信有限公司签署《共同推进上海信息化建设合作协议》，提出了在“十一五”期间要重点推进的信息化战略和二十项关键行动方案。

（市信息委提供）

2006年10月23日，上海市信息化委员会与中国移动通信集团上海有限公司签署《共同推进上海信息化建设合作协议》，明确了“十一五”期间将重点推进由拓展移动政务、推进新农村无线网络建设、普及移动电子商务等十大项目组成的信息化建设工程。

（市信息委提供）

2006年12月20日，上海市信息专业技术人才知识更新工程（"653工程"）正式启动。图为上海市人事局与市信息化委员会联合召开启动仪式暨工作布置会现场和首期试点培训班培训考场。（市信息委提供）

2006年9月11日，上海市信息服务业行业协会和上海市信息化培训协会联合成立"上海信息服务人才培训中心"，旨在通过提供信息服务业专业技术和管理知识等方面的培训，提高信息服务业专业人才的整体素质。图为培训中心成立仪式现场。（市信息委提供）

2006年6月30日，“信用长三角”高层研讨会在上海举行。图为两省一市领导共同点击开通“信用长三角”信息共享平台。（市信息委提供）

2006年9月20～26日，围绕“以诚实守信为荣，以见利忘义为耻”主题的2006年上海诚信活动周在全市范围内展开。图为诚信活动周开幕式和闭幕式现场。

（徐汇区、长宁区信息委提供）

2007 上海信息化年鉴
SHANGHAI INFORMATIZATION

目录

特载

要论摘录

重要文件

总　述

第一编　信息基础设施

综　述

第一章　专业规划与重大工程

第二章　公共信息基础设施

第三章　信息网络设施

第四章　功能型服务设施

第二编　信息产业

综　述

第一章　信息产业环境建设

第二章 信息产品制造业

第三章　信息服务业

第三编　政务领域信息化

综　述

第一章　政务信息资源开发利用

第二章　电子政务基础支撑体系

第三章　重大应用和业务系统建设

第四编　经济领域信息化

综　述

第一章　农业信息化

第二章　制造业信息化

第三章　金融信息化

第四章 物流和航运信息化

第五章 商贸流通信息化

第六章 旅游和会展信息化

第七章　企业信息化公共服务体系

第五编　社会事业与公共服务领域信息化

综　述

第一章　市政府实事项目

第二章　社会事业领域信息化

第三章　社区信息化

第六编　城市建设和交通领域信息化

综　述

第一章　重点项目

第二章 城市建设和交通业务信息化

第七编 信息安全

综 述

第一章 信息安全管理

第二章 信息安全服务

第三章 信息安全技术研发及产业化

第四章 重要信息系统安全建设

第八编 信息化环境

综 述

第一章 信息化管理

第二章 信息化政策法规

第三章 信息化标准与质量管理

第四章 信息化人才工作

第五章 信息技术创新与知识产权保护

第六章 信息化研究与咨询

第七章　信息化宣传

第八章　信息化社团

第九章　信息化合作交流及重要会展

第十章　市信息化工作系统党群工作

第九编　区县信息化

综　述

第一章　区县信息化工作

第二章　浦东新区信息化建设

第三章　徐汇区信息化建设

第四章　长宁区信息化建设

第五章　普陀区信息化建设

第六章　闸北区信息化建设

第七章　虹口区信息化建设

第八章　杨浦区信息化建设

第十二章　宝山区信息化建设

第十三章　闵行区信息化建设

第十四章　嘉定区信息化建设

第十五章　松江区信息化建设

第十六章　金山区信息化建设

第十七章　南汇区信息化建设

第十八章　奉贤区信息化建设

第十九章　青浦区信息化建设

第二十章　崇明县信息化建设

第十编　社会诚信体系

综　述

第一章　社会信用制度建设

第二章　信用服务体系建设

第三章　社会诚信创建活动

文　献

文　告

信息化法律法规

附 录

www.shanghaiit.gov.cn

特 载

特载

要论摘录

坚持以科学发展观为统领，全面实施上海信息化领先发展战略

今天，市委、市政府召开全市信息化工作会议，主要任务是总结“十五”时期本市的信息化工作，部署“十一五”的工作，进一步提高认识，明确方向，在更高起点上全面推进信息化建设。

一、要把握关键，继续保持上海信息化领先发展的战略地位

过去五年，我们坚持实施信息化领先发展战略，紧抓机遇，全力推进，实现了城市信息化的新发展、新突破、新成效，有力推动了全市产业结构的优化升级，有力推动了全市经济社会的持续发展。实践证明，推进城市信息化，是加快“四个中心”建设的重要战略举措，我们在推进信息化过程中坚持的一系列方针、政策、措施是符合中央要求和上海实际的，也是行之有效的。

现在，全市“十一五”发展目标和重点已经明确。其中，信息化建设具有举足轻重的地位，发挥着引领带动作用。因此，今后五年，信息化在贯彻落实科学发展观，提高城市国际竞争力，带动全市经济社会发展中的作用将会更大。必须紧紧围绕全市发展目标和发展重点，进一步加大力度，全面推进城市信息化。关键是要切实把握好“一个继续保持”、“三个始终坚持”。

“一个继续保持”，就是继续保持信息化领先发展的战略地位。当今的现代化是以信息化为特征的现代化。我们必须把信息化建设放在尤为突出的位置，以信息化的领先发展引领带动全市各方面的发展。只有这样，才能更好地发挥信息化的引领带动作用。这个目标是必须的，也是可行的，只能进、不能退。

“三个始终坚持”。一是要始终坚持以信息技术应用为主线。信息化建设的生命力在于应用。目前，上海信息化整体水平与国际先进水平的差距，突出表现在信息技术应用水平上。必须把信息技术应用作为信息化建设的主线，全力推进，切实做到应用到哪里，思想统一到哪里，资源整合到哪里，政策配套到哪里。二是要始终坚持以自主创新为动力。信息化应该成为也有基础、有优势成为全市自主创新的切入点、聚焦点和突破口。要充分运用信息技术创新空间广和关联度大的优势，引领带动其他领域创新。三是要始终坚持以信息资源整合共享为突破口。信息化发展必须坚持统一规划、统一标准，科学合理地调整好各方利益关系，逐步建立与信息化发展规律相适应的共享机制，在信息资源整合共享上取得新突破。

二、要突出重点，全力推进信息化建设

（一）在信息技术应用方面，要加速渗透和覆盖，切实贴近百姓、服务百姓，加快形成和巩固

全社会广泛运用信息技术的良好格局。

一是要实现全渗透、全覆盖。要加快信息技术的融入速度，关键是要与全市经济社会发展目标相一致，特别要服务于"四个中心"建设，以信息化手段加快各种要素的集聚和辐射，不断增强城市综合服务功能，增强城市国际竞争力；与全市重大发展政策相一致，特别是在产业政策上，要加快运用信息技术改造一二三产，提升上海整个产业的技术能级，从而推动现代服务业和先进制造业的发展；与全市重大建设项目相一致，在更广领域、更大范围、更深层次上把信息技术渗透到城市建设和管理的方方面面，不断提高城市建设和管理的现代化水平。

二是要贴近百姓、服务百姓。充分运用信息化手段改善人民生活、提升生活品质，是我们推进信息技术应用的根本目的。只有让百姓用得着、用得起、用得好，才能使百姓从信息化中切实得到实惠。让百姓用得着，就是要把资源向信息化实用项目倾斜，既要根据百姓实际，积极开发新项目，也要充分利用好已有的好项目，借助现有信息平台资源，尽可能拓展功能，不断扩大应用范围。让百姓用得起，就是要经济实惠，与百姓的收入水平和支付能力相适应。现在推进的许多应用项目面对的是普通百姓，特别是有的项目面对的老年人、残疾人这类困难群体，更要在用得起上下功夫。让百姓用得好，就是要简单便捷，使百姓能用、会用。今后五年，我们的互联网用户普及率要达到65%以上。这么一大批人群将需要各种应用项目和服务，因此我们要在用得好上下功夫，强化信息服务功能，方便群众更好地运用信息技术改善生活品质。

（二）在信息产业方面，要加速创新，打响品牌，完善产业链，切实增强核心竞争力。

一是创新要加速。关键是实现"两个聚焦"：一是聚焦张江。现在，张江已有了很好的基础，既是国家惟一的微电子产业基地，又有国家级的软件园，一批信息产业重大攻关项目也在张江。要充分利用张江现有基础，聚集政策、聚集资源，加速信息产业自主创新。另一个是聚焦重点领域。要找准有基础也有条件取得创新突破的领域，比如集成电路、软件、新型元器件等，依托重大科技攻关项目，集中力量，不断加大研发投入，力争在关键核心技术上有新突破，从而提升产业整体创新能力。

二是品牌要打响。品牌创造价值，品牌就是竞争力。下一步，要继续加大力度，找准切入点，努力培育一批知名品牌，不仅要在信息服务业上形成知名品牌，更要在信息产品制造业、特别是新兴领域和优势领域加快形成自主品牌。

三是产业链要完善。形成产业链和产业集群，直接决定着产业整体竞争力的高低。目前，上海集成电路的产业链已具雏形。下一步，要坚持有所为、有所不为，选择几个基础比较好的行业，抓住核心环节，带动上下游加快集聚，逐步形成在国内外都有影响的产业链。

（三）在信息化发展环境方面，要突出信息基础设施、信息化标准、信息安全，全面提升信息化发展环境。

一是要加强信息基础设施建设。重点就是要向郊区拓展，实现信息基础设施全覆盖。市委、市政府提出要建设现代化新郊区，体现郊区现代化的很重要标志就是郊区信息化。前提是加快郊区信息基础设施建设。规划要高起点。要适应信息化发展的新趋势，同时确保信息基础设施建设与郊区城镇建设同步规划、同步建设。建设要集约化。对信息基础设施集约化建设，我们推进了几年，形成了不少好的做法。比如，在临港新城建设中采用了集约化建设模式，效果是好的。今后，在郊区新城镇建设上要借鉴这个模式，在新的开发区建设上也要借鉴这个模式，充分提高信息基础设施的利用效率。

二是要加强信息化标准建设。我们在信息化一些领域已先行了一步、领先了一步，在标准建设上也要先行一步、领先一步。要抓准突破口，从需求最迫切、条件最成熟的领域着手，抓紧形成全市统一标准。同时，要加强与国家有关部门的沟通和联系，积极参与制订国家标准。

三是要加强信息安全建设。上海作为一个特大型城市，保障信息安全尤为重要，底线就是不发生重大信息安全事故。这条底线必须靠大家共同努力来实现，确保信息安全处于总体受控状态，确保基础通信网络和重要信息系统安全。

韩　正

二〇〇六年二月二十四日

（上文是中共上海市委副书记、市长韩正在2006年上海市信息化工作会议上的讲话，略有删节。）

鼓足干劲，再接再厉，
深入推进社会诚信体系建设

经过近几年各方面扎实有效的工作，本市的诚信体系建设取得了良好的综合效益和社会反响。当前，需要继续鼓足干劲、再接再厉，共同把社会诚信体系建设提高到一个新的水平。

第一，要在总结经验的基础上，围绕上海“十一五”发展全局明确社会诚信体系的建设目标。

近年来，上海按照中央“以道德为支撑、产权为基础、法律为保障”的总体要求，从完善社会主义市场经济体制、建设和谐社会、增强城市“软实力”出发，全面部署和持续推进社会诚信体系建设。在市委、市政府的领导下，全市上下齐心协力，圆满完成了2003~2005年诚信体系建设计划，基本做到了组织有力、推进有序、发动广泛，基本形成了举全市之力推进的工作格局，基本实现了市委、市政府的战略意图，诚信建设对本市经济社会协调发展的预期效益也逐步显现。

总结这些年的推进经验，主要可以概括为“五个坚持”：一是坚持联合征信模式不动摇，全力推动面向个人与企业、覆盖经济社会生活的信用信息联合征信平台建设，积极探索符合国情与市情的信用信息开发利用道路。二是坚持统筹有力的组织推进，通过建设“一个联席会议、一个职能机构，一批专职人员”的组织架构，凝聚各方资源，按年计划、按季推进、按月落实，统一全市的认识和步调，确保了诚信体系建设稳步推进。三是坚持市场化运作机制，充分借鉴国际经验，积极培育以市场化方式运作的专业信用服务机构和调动市场需求，形成了要素较全、快速增长的信用服务产业。四是坚持同步完善配套制度框架，重视通过建章立制的方式巩固探索成果，初步建成由地方政府规章、规范性文件、技术标准规范、制度安排构成的信用规范体系。五是坚持广泛开展社会动员，把形式多样、各具特色的社会诚信创建活动作为基础工作常抓不懈，使诚信建设的公众认知度不断提升，全民共建“诚信上海”的共识和社会氛围逐步形成。

上海的社会诚信体系建设工作，是与国家要求相衔接、与本市中心工作相融合的探索实践过程。胡锦涛总书记、温家宝总理等中央领导在不同场合对上海的诚信实践给予了充分肯定，支持上海在全国率先开展社会诚信体系建设综合试点。按照中央要求，市委、市政府始终把诚信体系建设作为倾全市之力推动的一项系统工程。最近，国家和上海的“十一五”规划纲要中，又相继列入了建设社会信用体系的相关内容。这些都表明，中央和上海对诚信体系建设的重视和要求始终如一，需要我们在巩固和深化现有成果的基础上，不断深化社会诚信体系建设，继续保持先试先行的先发优势，同时为全国的社会信用体系建设积累经验。

当前，全市社会诚信体系建设已具备了深化完善的基础和条件，需要继续落实好国家总体要求，围绕上海全面提高国际竞争力、实现“四个率先”的全局工作，进行科学规划。目前，已初步形成了“十一五”上海社会诚信体系建设“建成一个体系，落实三大任务，完成五项目标”的总体思路。总体目标即建成“一个体系”，要在国内率先建成符合国际惯例、适应中国国情、体现上海特色、满足本市经济社会发展需求的社会诚信体系。重点工作即“三大任务”，要深化信用制度建设，发挥对完善市场经济体系的基础作用；培育信用服务体系，发挥对现代服务业优先发展的促进作用；营造社会诚信环境，发挥对构建和谐社会的保障作用。分解目标包括“五项目标”，要建立社会信用信息记录、公开和共享的联动机制；形成全方位使用信用产品的局面；建立社会、行政、市场三位一体的联动奖惩机制；形成一定规模的信用服务行业；营造良好的社会诚信氛围。

第二，要按照规划部署，扎实推进今年工作，为“十一五”开好局、起好步。

今年是“十一五”开局之年，也是诚信体系建设新的三年计划启动之年。这一阶段能否突破当前存在的瓶颈问题，对社会诚信体系建设实现新的突破至关重要。根据初步确定的工作要点，今年要以社会信用制度建设为核心，着力推动信用信息公开共享、信用产品使用、信用服务业发展、社会诚信创建活动四项工作，需要重点推进和力争取得突破的有四个方面。

（一）着力推动信用信息的公开和共享，提高信用信息资源的开发利用水平。信用信息的公开状况、采集面和加工水平，决定了信用产品的数量和质量。对此，“十一五”期间要拓展社会信用信息的公开范围和内容，使信用信息以多种形式得以公开，并形成统一的信用信息共享平台。根据这一考虑，年内重点从两方面推动信用信息的开发利用。政府部门所掌握的信用信息，针对公开不够的问题，各成员单位要以不同形式拓展和深化公开内容。企业经营活动中产生并内部掌握的信用信息，要研究形成开发利用的有效机制，引导企业逐步扩大信息披露的广度和深度。

（二）加强以信用产品使用为核心的制度创新，形成支撑社会诚信体系建设发展的长效机制。信用信息记录、信用产品使用和信用奖惩是信用活动的三个基本环节，这些环节能否打通并实现有机互动，是提高诚信建设整体效益的关键。“十一五”期间，要以信用产品使用为核心加强制度创新，建成覆盖市场主体活动全过程的信用信息记录机制，形成行政、市场、社会一体化的社会奖惩机制。年内重点围绕三个环节抓好制度建设。一是继续做好使用信用产品的制度性安排；二是完善社会信用信息记录机制；三是强化重要领域和行业的信用监管制度。

（三）做大做强信用服务机构，推动形成较为成熟的信用产品市场。上海信用服务业目前已初步形成了较完整的业态，但从日益增长的信用产品需求来看，产业发展刚刚起步，无论在整体规模还是专业水平上都有待提高。“十一五”期间要充分发挥政策引导和规范作用，加快发展信用服务业，同步提升信用服务机构的规模与效益，行业总产值年均增长力争超过20%，成为本市现代服务业的新亮点。年内重点做好两方面工作：一方面要加强对产业发展的政策性引导；另一方面要加强行业的规范化管理。

（四）继续优化社会诚信发展的整体环境，确保社会诚信体系建设持续推进。我们连续三年发动全市之力开展的社会诚信创建活动，已经取得了积极成效，全社会诚信意识有了明显增强。着眼于社会诚信体系建设的长期性、系统性，“十一五”期间仍要将优化社会诚信环境作为基础性工作，持续开展全民参与的社会诚信创建活动，从法制建设、社会意识培养等方面着手，全面提升市场主体的信用意识，形成诚实守信的社会风尚。年内要加大三方面的工作力度，确保取得实效，不走过场。一是抓住重点突破，特别要推进金融服务、经济鉴证、物业管理、食品药品、安全生产等行业的诚信创建活动；二是抓好全面普及，在组织各类专题培训的同时，更要充分利用各种载体和形式，策划开展覆盖面广的诚信宣传教育；三是抓紧深化研究，有关部门要尽快启动个人信用信息数据地方标准的预研和立项工作，组织各方面力量，就如何构建信用地方立法的整体框架、如何形成社会联动的信用记录与惩戒机制、如何加强特殊行业的信用管理等问题进行研究。

第三，要根据工作部署，按照“落实、聚焦、突破”的要求，做好今年各项工作。

当前，在“十一五”专项规划的总体框架下，我们已经排定了今年的工作要点。面对“十一五”和新“三年”的发展形势，要在认真落实工作计划的基础上，聚焦关键环节和瓶颈问题，在继续全面推进的过程中形成新的突破。为此，希望各有关部门继续扎实工作、开拓创新，确保今年各项任务有力有序推进，确保年度各项目标圆满完成。

一是树立迎难而上、毫不放松的精神状态。社会诚信体系建设是一项长期而艰巨的系统工程，需要全社会各方面与时俱进，共同努力。各个政府部门要继续扮演好信用制度的安排者、信用信息的提供者、信用市场的监管者、信用产品的使用者、信用意识的倡导者这五个角色，常抓不懈。

二是强化支撑和配套，务求工作实效。社会诚信体系建设绝不是一项孤立的工作，必须要放到上海经济社会发展的中心工作中加以考虑和推动。各部门和各单位要拓宽视野，找到诚信体系建设与全市其他面上工作的结合点，形成相应的工作策略，力争体现诚信体系建设的基础性和保障性作用。

三是强化工作创新，形成新的突破。经过几年的发展，诚信体系建设初期应该和能够取得的成果，我们都已基本实现，且形成了一些基本共识和工作经验，站上了一个新的发展台阶，但也面临一系列的难点和瓶颈问题。为此，我们要在继续学习征信发达国家经验的同时，加强工作创新，针对瓶颈问题探索形成新的制度性安排，为社会诚信体系建设注入新的发展动力。

四是加强统筹协调，增进工作合力。为推进上海社会诚信体系这一系统工程的建设，联席会议各成员单位都肩负重任，必须进一步增强大局意识和全局观念，增进协同推进的工作合力。各成员单位要切实抓好各行业的诚信建设，夯实社会诚信建设的基础，共同营造相配套的社会诚信建设环境。市征信办要进一步做好统筹协调工作，充分调动各方资源，发挥好各方面的积极性和创造性。

上海社会诚信体系建设已进入了深化发展阶段，需要各部门、各单位进一步统一思想认识和行动步调，加大工作推进和制度创新的力度，不断把社会诚信体系建设提高到一个新的水平。

冯国勤

二〇〇六年四月七日

（上文为上海市委常委、副市长冯国勤在2006年社会诚信体系建设联席会议第一次全体（扩大）会议上的讲话，略有删节。）

把握机遇，开拓进取，推动上海信息化发展不断迈上新台阶

过去的5年，上海充分把握机遇，信息化建设有力的推动了全市经济社会的持续发展，下一步应不断开拓进取，明确目标和任务，推动信息化建设迈上新台阶。

一、紧抓机遇，全力推进，“十五”信息化建设取得明显成效

“十五”时期，上海把全面推进信息化作为覆盖城市现代化建设全局的战略举措，在全市各方面的共同努力下，圆满完成了“十五”信息化建设的目标任务，信息化发展继续走在全国前列，基本达到发达国家中心城市的平均水平，迈上了新的发展台阶。突出表现为“四个基本形成”：

（一）基本建成了广泛渗透、效益明显的信息化应用推进格局。坚持把应用作为信息化建设的主线，推动信息技术在各领域的广泛应用，一批重点项目得到了深入推进，受到了普遍认同。在电子政务方面，目前近80%的行政审批事项可在网上受理；在国内省级政府中率先全面推行政府信息公开；“中国上海”门户网站获得2005年全国省级政府网站绩效评估第一名，成为市民知情办事的重要载体；人口、法人、空间地理等战略性基础数据库初具规模，政务信息资源的交换、共享取得了一定突破。在经济领域信息化方面，上海电子口岸平台已覆盖海空港、出口加工区及各通关环节，实现了通关作业的联动；电子商务成为全市商品交易的重要形态，银行卡应用基本普及；社会信用体系已具雏形。在城市建设和管理信息化方面，城市管理网格化新模式初步形成，在部分中心城区实施了对“万米网格”内所有部件和事件的全方位、全时段管理；将原有17条服务热线整合为12319城建服务热线，推动了水务、房地、交通、市容、绿化、市政等业务的协同联动；地理信息系统、智能交通、应急联动等项目不断深化，提升了城市建设和管理水平。在公共服务信息化方面，“一卡通”应用日益普及，社会保障卡累计发放964万张，公共交通卡累计发行2 000万张，服务功能和应用范围不断拓展；“付费通”、“市民信箱”、青少年信息服务平台、社区信息苑等应用项目在全市逐步推广，给市民生活带来了便捷和实惠。

（二）基本形成了成长快速、国际化程度较高的信息产业体系。贯彻国家优先发展信息产业的战略，充分发挥政策引导作用和产业集聚效应，保持了信息产业的持续健康快速发展。信息产业已成为上海第一支柱产业，年总收入从“九五”期末的1 075亿元增长到5 022亿元，年均增长36%，增加值占全市生产总值的比重达到12%，比2000年提高了4.6个百分点。特别是软件和集成电路两大产业实现了跨越式发展。同时信息服务业迅速成长，培育了一批具有国内行业引领地位的信息服务企业，已有8家企业在海外上市。

（三）基本形成了适应国际大都市发展要求、具有国际先进水平的信息基础设施体系。坚持基础设施先行，坚持统筹规划，不断增强信息基础设施的综合服务能力，亚太地区重要信息通信枢纽的功能初步体现。在全国率先探索信息通信管线、移动通信基站、通信局房的集约化共建模式，并已初见成效。信息通信服务基本实现按需提供，各类终端普及率处于国际先进行列。

（四）基本形成了有利于信息化加快发展的综合环境。坚持发展、改革、管理并重，注重发挥全社会参与信息化建设的积极性，信息化发展环境不断优化。层次清晰、权责明确的组织管理体

制基本形成。信息化法制建设取得成效，共发布市人大决定、政府规章和规范性文件60多件。信息化安全保障工作不断强化，初步建立覆盖全市的信息安全责任体系，形成了信息安全测评等一系列基本工作制度。市民信息化意识和能力不断提升，特别是连续三年实施“百万家庭网上行”计划，使更多的市民享受到信息化建设成果，全社会共同推动信息化建设的良好氛围逐渐形成。

二、明确目标，把握趋势，推动信息化建设不断迈上新台阶

“十一五”时期是上海信息化发展的关键时期。要围绕形成“四个中心”基本框架和成功举办世博会，按照增强城市国际竞争力的要求，全面实施信息化领先发展战略，以推动信息技术创新和深化信息化应用为工作主线，力争到“十一五”期末，使上海城市信息化整体水平继续保持国内领先发展的战略地位，主要指标基本达到发达国家中心城市先进水平，在世博会上充分展示以信息化为重要特征的国际大都市形象。

要实现这一目标，必须服从服务于国家重大战略部署，服从服务于全市发展大局。特别是要紧紧瞄准国际先进水平，准确把握全球信息化发展新趋势，力争走在全球信息化发展的前列。

（一）要把握信息技术持续创新的新趋势，力争实现信息产业的新发展。充分利用现有优势，紧紧抓住信息技术持续创新、广泛应用并与其他高新技术日益融合带来的新机遇，迅速增强软件、集成电路和基础元器件等重点领域的技术创新能力，掌握更多具有自主知识产权的关键技术，以技术创新推动和支撑信息产业的持续发展。力争到2010年，全市信息产业年总收入达到1万亿元，信息产品年出口额达到500亿美元，继续发挥好信息产业在促进全市产业升级和经济持续发展中的支撑作用。

（二）要把握信息技术应用加快渗透的新趋势，力争实现应用领域的新突破。目前，信息技术应用已成为经济社会发展和变革的重要驱动力。上海信息技术应用水平要上新台阶，必须把握信息技术应用的新动向、新机遇，加快信息资源整合共享，加速信息技术融合渗透，不断拓宽应用领域，不断提升应用功能。到“十一五”期末，使上海成为信息化应用水平最高的国际大都市之一。

（三）要把握信息传输加快融合的新趋势，力争信息基础设施建设取得新成效。面对信息传输IP化、宽带化、无线化的发展趋势，我们必须紧紧跟上，不失时机地推动先进适用技术的商用化，显著增强上海信息基础设施接入能力，继续保持信息基础设施的先进水平。“十一五”时期，力争在全市范围内建成任何人、任何地点、任何时间都可按需接入宽带网络的基础设施。

（四）要把握信息安全问题日益突出的新趋势，力争信息安全保障水平实现新提升。现代经济社会的运行日益依赖信息网络与信息系统。信息化水平越高，对信息安全保障的要求也越高。我们必须高度重视信息安全，把信息安全建设放到十分重要的位置，确保基础网络与重要信息系统的安全，继续保持上海信息化发展的良好环境。

三、明确任务，突出重点，加快推进城市信息化建设

上海“十一五”信息化发展目标已经明确。下一步，要根据这个发展目标，抓聚焦、抓落实、抓突破，有力、有序、有效地推进信息化建设，重点做好十个方面工作。

（一）加强信息基础设施建设。重点是要按照“1966”城镇体系规划和全市基础设施建设进程，

落实和强化区域性信息基础设施规划管理，加强世博园区和郊区城镇信息基础设施建设。同时，继续全面推行信息管线、移动基站、通信局房的集约化建设和改造，推广移动通信室内多网合路覆盖系统；尽快实施上海互联网络交换中心扩容，使本地网际交换能力达到千兆级；年内建成无线测控定位网和800兆数字集群应急救援政务共网，完成城域无线宽带网规划并适时启动建设；按照国家统一部署，启动3G网络建设。

（二）加快信息产业发展。2006年信息产业要争取实现总收6 000亿元，同比增长20%，关键是要继续加快集成电路和软件业发展。集成电路产业，重点要推动设计产业链发展，启动建设两条12英寸芯片生产线，完成国内首台8英寸光刻机、12英寸刻蚀机、化学气相沉淀（CVD）等关键装备的样机研制。软件产业，重点要加强基础软件产品研发，提高软件测试中心、产业基地的公共服务能力，扩大企业承接软件出口订单的规模。同时，要大力推动自主创新，加快实施集成电路研发中心、高端硅基材料等科教兴市重大产业科技攻关项目。鼓励新型元器件研发和产业化，吸引液晶显示器（TFT-LCD）上下游企业落户上海。

（三）深化电子政务建设。重点是要做好四个方面工作：一是推进电子政务基础设施建设，年内整体开通政务外网和相应的协同办事平台，加快建设全市统一的政务外网数字认证平台和容灾备份中心，完善"中国上海"门户网站的信息公开和网上办事功能。二是着力推进一批应用项目建设，建成居住证信息系统，加快建设食品药品监管、知识产权保护等信息系统，启动突发公共事件应急管理、安全生产监管等综合应用系统的建设。三是完成国信办确认的黄浦、徐汇和松江三个区的地区电子政务原型试点工作，在人口、法人、空间地理领域实现信息共享和业务协同。四是探索社区人口"百户单元"管理模式，研究形成社区网格化管理的整体方案。

（四）加快发展电子商务。以深入贯彻落实《国务院办公厅关于加快电子商务发展的若干意见》为契机，重点做好三个方面工作：一是继续完善电子商务支撑体系。支持行业性电子商务平台建设，加强以支付、信用、物流等为重点的支撑体系建设，促进电子商务新业态的成熟和壮大。二是继续推进相关制度建设。积极配合市人大做好有关地方性法规的起草工作，健全电子商务统计调查制度，构建公共服务和联合监管新模式。三是继续加快各项配套措施建设。做好银行卡从磁条卡向芯片卡的转换准备以及金融税控收款机的应用推广工作。深化电子口岸建设，推进洋山港信息综合服务平台建设和航空枢纽港物流信息化工程。在物流、商贸等领域推广电子标签应用。

（五）加快传统产业信息化改造。在制造业领域，继续实施电子化水平提高计划，重点提升汽车、冶金、造船、化工、机械等行业的装备智能化水平和产品能级。在服务业领域，支持市企业信息化促进中心等公共服务平台建设，不断增强企业信息化规划、评测、咨询、培训等方面的专业服务能力，推动现代服务业集聚区信息化。在农业领域，重点推进农业信息服务平台建设，完善农产品质量安全监管系统。

（六）加大信息资源开发利用力度。贯彻落实好中办、国办关于加强信息资源开发利用的若干意见以及本市的实施意见，切实做到"三个加快推进"：一是加快推进政府信息公开。重点是加快在公众关注度较高的领域形成工作规则，建立重大决定草案公开机制，形成内外结合的监督评议体系。二是加快推进基础信息共享。年内重点是加快进出口领域企业基础信息在八部门的共享交换。三是加快推进信息资源公益性开发。重点是加强教育、科研、文化、卫生、体育等领域的信息服务和知识加工，规划建设科教兴市信息服务平台。

（七）深化城市建设管理信息化。重点是要完善“三个平台”：一是完善空间地理数据平台。加快城市地下空间信息基础数据平台建设试点，年内完成国家“数字海洋”上海示范区规划，逐步形成覆盖地面、地下、海域的空间地理基础信息库。二是完善城市网格化管理信息平台。推广以“万米网格”为单元的城建网格化管理模式，完善市级监管综合信息平台，年内在中心城区全面建设区级监督和指挥调度信息平台。三是完善城市交通信息平台。加快道路交通信息采集、监控和发布系统建设，优化交通信息资源的共享机制，研究探索电子车牌的使用，增强交通信息的公众服务和决策支持能力。

（八）积极发展社会事业和公共服务信息化。教育领域，重点要加快建设开放型终身学习网络平台，拓展“上海市中小学管理通”服务平台功能，开展“家校互动”试点。文化领域，主要是深化社区文化信息综合服务工程建设，继续推进图书馆、博物馆、档案馆以及各类音像资料的数字化进程。医疗卫生领域，年内建成突发公共卫生事件应急信息系统，继续推广电子病例的应用，加快建设以孕妇、儿童和老年人为重点对象的社区居民健康档案系统。社区服务领域，重点要加快社区信息苑和农村基层信息服务站建设，增强社区服务网功能。

（九）加快建设信息安全保障体系。重点是要加强基础网络与重要信息系统的监管，确保不出现重大信息安全事故。一方面，加快建设一批重大项目。年内着力建设信息安全通报中心、信息安全应急防范中心、信息安全测评认证系统二期；完成市电子认证系统的改建，推动长三角地区数字证书的交叉认证。另一方面，落实国家关于建立信息安全等级保护、风险评估等制度的要求，完善各类信息安全预案并加强演练。

（十）继续加强信息化法规、标准和管理制度建设。重点是要做好市本级预算单位信息化项目支出预算审核、市建设财力投资信息化项目的归口把关工作，研究探索信息化服务外包模式和CIO（首席信息官）岗位的设置。不断加强信息化领域的知识产权保护、人才培养和国内外合作交流。

信息化建设涉及面广、任务重。我们应在市委、市政府的领导下，齐心协力，奋力拼搏，不断提高城市信息化水平，为上海建设“四个中心”和办好世博会作出新的贡献。

杨　雄

二〇〇六年二月二十四日

（上文是上海市副市长杨雄在2006年上海市信息化工作会议上的讲话，略有删节。）

重要文件

长三角区域信息化“十一五”合作规划

(2006～2010年)

“十一五”期间是长三角地区推进社会、经济一体化发展的重要阶段，也是长三角地区信息化和信息产业持续发展和自主创新能力提升的重要时期。为促进长三角区域经济社会协调率先发展，按照党的十六大确定的总体方向和国家“十一五”规划纲要明确的要求，针对长三角地区信息化和信息产业发展现状，立足江苏省、浙江省、上海市在信息化和信息产业领域已有的合作基础、现实情况和未来要求，坚持与长三角区域社会经济规划相统筹，制定本规划。

一、长三角信息化合作简要回顾及展望

“十五”期间长三角地区信息化合作取得很大进展，合作意识得到增强，合作理念逐步树立。区域信息化和信息产业管理部门间的沟通与协调机制初步建立，实现了由对话型合作向项目型合作的转变。企业间交往频繁，行业协会和民间团体间的联谊活动逐渐增加。长三角地区在信息技术研究、信息资源共享、信息系统互联互通等方面迈出了实质性的合作步伐。多方关注、共同参与、不断创新的区域合作局面初步形成。

长三角地区信息化整体水平通过“十五”期间的持续推进已经处于国内领先地位，但与发达国家城市地区相比，仍然存在较大差距，区域内在信息基础网络设施、信息技术应用、信息产业发展等领域的数字鸿沟依然存在，区域信息化合作的深度和广度都还有较大的拓展空间。“十一五”期间，长三角区域社会经济率先协调发展在客观上需要开展区域信息化的合作，社会经济领域的合作对区域信息化合作的互馈效应也将进一步增强。长三角区域内各级政府要把握国际信息化发展方向，遵循国家信息化发展战略，抓住我国全面融入WTO、2008年奥运会、2010年上海世博会等战略机遇，以全球化的视野，从区域整体发展要求出发，进一步完善区域信息化合作机制，克服行政区划形成的合作阻碍，在战略和政策层面营造一个资源共享、技术携手、优势互补、互惠共赢的区域信息化协同发展环境，推动企业有效参与全球经济竞争，抢占全球信息化制高点。

二、指导思想和发展原则

（一）指导思想

全面落实科学发展观，把握国家信息化发展战略，从提高区域信息化整体竞争力出发，准确定位长三角地区在国家信息化发展中的功能，通过政府推动、需求带动、市场驱动，形成良好的信息化区域合作发展环境，不断探索创新合作模式，形成有效合作机制，突破区域合作瓶颈，构建自主可控、安全保障的区域信息系统，整体提升长三角地区信息化水平，促进长三角地区经济和社会的协调发展，增强区域综合竞争能力。

（二）发展原则

政府引导，市场推动。正确处理政府与市场的关系，努力做到政府引导发展，市场配置资源；发挥长三角地区各级政府在整体规划、推进应用、建章立制、协商共谋等方面的作用；探索建立多元化投资模式，围绕区域国民经济和社会信息化发展重点，以市场化运作为主要方式，充分调动企业积极性，各司其职，优势互补，形成长三角地区共同推动信息化发展的良好局面。

立足需求，着眼服务。以需求为导向，推进区域信息化公益性服务的发展，满足区域整体发展和城市个体发展的不同需求。在省市级宏观层面上，大力提升省市信息化总体实力，不断增强辐射、带动和传导功能；在地市级中观层面上，发挥长三角16城市的各自优势，因时因地制宜，强化城市服务水平，重点推动城市在信息化发展方面的接纳和吸收能力。

协同全局，集约共享。着眼区域发展全局，淡化行政区划界限，注重建立区域利益协调与补偿机制，形成多方参与配合，共创合作共赢的局面；加强信息化合作的综合统筹与整体推进，多层面、多领域形成信息化合作发展协调机制，做到信息化规划、政策、法规、标准、措施、人才培养等方面的衔接趋同，做到资源集约化、效益最大化、利益共享化，保证区域信息化发展的整体性与合理性。

突出重点，有序推进。寻求恰当的方法和途径，推动区域信息化合作的有效开展。突出社会经济效益，有重点地推动区域信息化合作：优先推进社会经济作用大和关联度高的合作项目；率先实施基础良好、难度较小的合作项目；着力筹备有前景、有潜在需求的合作项目。

三、发展目标

（一）总体目标

瞄准世界发达城市群的信息化发展水平，发挥长三角各城市信息化建设领域的优势，力争通过五年的推动和协调，保持长三角信息化整体水平在全国的领先地位，初步构建信息一体化长三角基本框架。优先推动区域重要信息通信基础设施的合理规划和有效利用；优先实施多领域信息资源的联合开发、利用和共享；优先联通区域重要信息化应用系统；优先推广自主创新、影响面广、科技领先的信息技术；率先构筑标准统一、组织完善、服务良好、法制健全的区域信息化支持环境；率先形成分工合理、各具特色、整体效益明显的信息产业发展局面；率先实现长三角中心城市信息化整体水平达到或接近国际一流水平的目标。

（二）具体目标

—区域信息基础设施投资与合作力度得到强化，城市间信息服务水平差距逐步缩小。“十一五”期间，基本实现区域重大信息基础设施在规划上相互沟通衔接，在建设上相互支持配合，在应用上联合开发受益。到“十一五”期末，形成信息基础设施空间布局更趋合理，综合服务能力显著增强，服务成本大幅降低的良性发展格局。

—信息产业共同发展，形成具有一定竞争优势的区域信息产业。区域信息产业优势互补、联动协作、相互支持，基本形成研发、生产和服务为一体的产业集群；集成电路、移动通信等领域产业具备国际领先优势，一批企业品牌形成国际知名度；到“十一五”期末，信息产业增加值占区域生产总值的比重力争达到13%左右。

—创新信息技术应用得到普遍推广，覆盖区域经济、社会等领域的信息资源开发、利用和共享程度明显提高。共同确定、共同发展有助于整体提升区域社会经济现代化水平的重大信息技术应用，催化区域经济增长方式转变，促进产业结构优化升级，提高社会、行政管理水平。到“十一五”期末，初步构建广覆盖、多领域的区域各类公共服务信息平台框架，形成信息资源广泛开发、信息经济初显效益的发展态势。

——区域信息通信网络和重要信息系统安全运行，区域信息安全防护、应急处置和打击网络犯罪的联防能力不断提高。建立区域内组织协调、操作实施两个层面的协调沟通机制；形成区域信息安全基础平台、认证与评估系统、技术服务体系在基本建设、技术融合、互动互用等方面的合作架构；在网络监测、信息预警、应急联动上形成合作框架。

——区域信息化发展支持环境不断优化，在信息化政策法规、规范标准、人才培育、民间社团组织发育、市场规则和知识产权保护等方面形成科学合理、协调统一的良好局面。建立区域信息化发展环境优化趋同的良好氛围，不断增强区域内信息行业协会、团体、联盟等民间社团组织的凝聚、沟通、联接和协调作用，形成沟通交流机制；培育高层次的信息教育培训基地；凝聚信息化高端人才，提升全社会的信息化素质。到"十一五"期末，基本形成适应信息化发展规律和满足区域现实需求的信息化发展支撑体系。

四、主要任务与发展重点

（一）推动区域信息基础设施协同发展与应用

适应长三角区域信息一体化发展趋势，稳步推进区域信息基础设施建设，加快建设技术领先、容量充足、功能完善、运行高效、安全可靠的信息通信网络，提高信息基础设施利用率，逐步缩小城市间信息基础设施发展水平上的差距。

1.加强信息基础设施建设的区域协调。联合开展区域信息基础设施发展战略研究，立足国家确定的区域信息基础设施发展战略，协调长三角城市间信息基础设施发展，突出区域整体效益，共同争取国家重大项目，共同研究制定推进措施。协调区域信息基础设施布局，率先形成共享协调机制，促进长三角信息通信基础网络宽带化。

2.推进城市间重要信息基础设施的共享。促进信息基础设施资源整合，优化各类资源和要素的配置；开展相关专题调研，提高超级计算、存贮中心、容灾备份等基础设施共享水平，提倡三地数据互为备份；引导主营移动通信企业开展长三角移动通信一体化的可行性研究，促进构筑区域移动通信一体化网络，实现区域移动通信"同城效应"。

3.提升长三角城市间互联网络的交换能力。按照共建共享、互利互赢的原则，发挥三地信息主管部门的协调指导作用，调动区域ISP积极性，推进长三角城市互联网络交互中心建设，实现区域内高速交换，提高区域互联互访速度，提高区域内信息集聚与辐射能力，优化区域发展环境。

4.深化区域无线电协同监管。创新无线电协同监管机制和模式；制定统一的长三角无线电区域监测操作规程、长三角接壤地区重点业务频率协调原则；推进两省一市频率台站中间层数据共享平台建立；联合开展沿海、沿江水上安全无线电通信综合平台的可行性研究；确定区域3W以下专用对讲业务漫游频率管理办法。

（二）促进区域社会和公共服务领域信息化应用系统的联动

促进信息化与区域各项社会事业发展的融合，整合区域社会信息服务资源，构建区域战略性、基础性、公益性的大型数据库，建设跨地区、跨部门、跨行业的综合信息应用系统，加快形成区域信息资源的充分利用和有效共享机制。

1.大力推进区域交通、社保等"一卡通"工程。引导、协调相关企业相互合作，加强沟通，实现涉及区域社会事业重大应用系统标准兼容、结算便利、互通共享。推进长三角16城市交通卡联网通用，在交通卡使用上力争形成同城效应，交通卡基础好的城市主动提供成熟的技术和经验，为其他城市提供便捷服务；推动区域内高速公路拥堵、突发事件、气象等相关信息资源的共享与联合发布；借鉴社会保障卡的成功合作经验，探索区域内异地提取养老金、就医结算以及办理其他相关事务的技术解决途径，促进城市社会保障和市民服务信息系统的数据交换，为构建区域大社保体系提供技术支撑；加强对银行卡跨城市联网通用的合作力度，优化银行卡发展环境，发挥各自优势，促进三地金融部门合作，为广大消费者提供方便、快捷、安全的金融服务。

2.继续推进区域教育、文化、卫生领域信息资源的开发与共享。加快省市级图书馆和高校图书馆电子数据交换，实现电子文献信息资源共享；促进图书馆自建或共建专题文献数据库；共同发展区域远程教育和网上学校，实现数字图书馆、资料馆、档案馆和音像馆的互通互用；促进数字媒体和载体等新兴传播手段在区域内广泛规范应用；实现区域公共卫生数据和事件信息系统的连通；促进区域医疗机构信息化整体水平的提升。

3.推动区域城市管理智能化、网格化。统一规划、联合共建，以长三角数字地图为基础，在城市管理各领域推广应用3S（GIS/RS/GPS）信息技术，建成长三角区域内标准和功能统一的空间地理信息、应急联动指挥和智能交通三个城市智能化管理平台；协调三省市相关部门和单位，制定长三角电子地图编制规范和技术标准；完善电子地图数据的采集内容、采集办法；推动长三角数字线画图、数字遥感图、城市单元信息数据库、人口统计分布信息数据库的编制和建设。

4.推进区域政务信息资源的开发、应用与共享。建立区域电子政务联席会议制度，制定区域政府信息交换体系相关标准和管理办法，推进区域政府信息公开与资源共享。推动政府门户网站的互连互通与信息友好交换，共同提高区域政务决策管理和服务水平。围绕人口、企业、地理空间等方面的内容，推进区域信息交换平台建设，逐步形成跨城市、跨部门、集约化、共享化的区域信息资源体系。

5.构建危机预警联动管理信息系统。充分利用现代信息技术，建立区域性大型防减灾信息数据库和生态预警信息系统，全面提高区域防减灾能力和生态治理能力；在地震、防汛、气象、急救、水资源监测、污染防治等领域，促进相关灾害事故应急处置管理信息系统的联合开发。在公共卫生、公共安全领域，构筑区域危机预警与联动管理体系，通过现代信息通信网络技术，提高对危机事件的反应速度，将危机事件的危害减小到最低程度。

（三）推动区域经济领域信息技术的联合应用

开展长三角地区经济领域信息技术的应用合作，扩大信息技术在工业、农业、现代服务业的应用范围，重点推动区域电子商务、信用体系的联动发展，优化区域经济增长方式，提升区域内企业生产和经营水平。

1.促进区域先进制造业发展。引导IT企业面向传统工业，参与企业信息化改造提升；促进区域内专业园区在管理和服务上的合作；加强区域内同质骨干企业信息化项目的联合研发和共同推广工作，在计算机辅助设计与制造系统研发应用等方面培育典型、形成模式、逐步推广；促进企业运用电子商务技术对区域内企业的采购、销售系统的改造升级，提高企业营销和客户服务能力；增进区域同业信息应用系统交流，增强企业管理效率、决策水平和市场应变能力。

2.扩大区域农业信息化应用。推进农业信息化项目的试点和推广，形成农业区域信息化应用特色；增强区域农业信息网络的功能实效，互通信息、共享市场，提高区域农业的市场竞争力；支持区域涉农组织或企业开展网上交易和产品出口；推进长三角地区主要农产品市场分析系统的建设，为农业生产提供指导；探索建立区域食用农产品生产领域质量安全数据通报网络；推动区域3S（GIS/RS/GPS）技术在农业资源普查、灾情预报、收成预测，以及林业、畜牧业和农田化肥农药面源污染控制等方面的应用。

3.激活区域现代服务业的信息化应用。促进区域性金融信息服务的发展，鼓励金融产品和服务广泛采用信息技术；培育市场运作的区域性专业信息服务机构；推进区域电子口岸平台的建设和数据交换，提高外贸进出口货物在长三角区域内的流通速度；加强长三角物流领域信息化标准研究，促进长三角区域内物流企业信息平台的相互联通、数据兼容和格式统一；推动电子标签的广泛应用，构建长三角都市圈物流信息枢纽。

4.推进区域信用体系建设。全面推进落实两省一市信用体系建设合作备忘录确定的合作内容；建成“信用长三角”信息共享平台，实现区域个人和企业信用联合征信；统一长三角地区信用信息标准；实现长三角地区信用管理培训、资格认证和人才流动；探索建立区域信用服务机构监管制度，实现信用服务机构备案登记和失信通报制度；促进长三角地区信用服务市场的发展，推动组织各自行业协会的建立，形成长三角信用服务行业协会联盟。

5.完善区域电子商务应用服务体系。建设区域性电子商务综合平台，加快建立安全、方便的网上支付体系，普及电子支付工具的应用，构建覆盖咨询、交易、投诉、仲裁等环节的监管服务体系。探索建设长三角区域电子商务综合门户网站，构建长三角区域电子商务等三方实名认证服务体系，实现区域内电子商务交易信用信息的互通共享和网站信息的集中发布。

（四）促进区域信息产业快速增长和联动协作

站在国家战略发展角度，突出各自优势，大力发展信息产业，促进区域特色产业集群发展；加强信息产业战略协同，形成区域性引进外资、市场共享、规划衔接、竞争机制、服务体系等方面的一体化格局；优化区域信息产业创新环境，逐步形成研发、生产和应用的完整链；促进信息产业资源整合，造就全球比较优势突出的功能性产业基地和园区；克服行政区划带来的体制障碍，完善行政执法、行业自律和联合监督的制约机制。

1.加强区域重大信息产业项目的研发合作。整合区域创新资源，建设以高校、科研机构和企业为主体的信息产业研发联盟；建立组织协调机制，联合开展重大核心技术攻关活动；争取国家支持，建立区域研发基地或平台；开展区域风险投资和知识产权交易研究，探索信息产业合作发展新方式。

2.落实信息产业发展“十一五”区域规划。按照信息产业部颁布的长三角地区信息产业发展“十一五”区域规划，持续优化发展环境，在计算机及网络、集成电路、新型显示器、通信、软件和信息服务等产业发展方面，协商确定区域合作项目；把握全球制造业转移趋势，积极参与信息产业国际竞争，加快形成并巩固区域信息产业的全球优势和地位；依托数字电视平台、宽带多媒体平台、移动通信平台及文化产品销售渠道，重点推动区域信息资源的数字化、网络化和商品化，重点培育区域信息服务产业。

3.联合发布信息产业相关信息。共同借助网络平台，及时发布长三角城市信息产业相关信息，重点推进信息产业职业培训、知识更新、知识产权保护等信息的统一发布；建立统一、规范的产业信息标准化体系，实现产业信息的统一发布、互通共享，促进长三角信息产业协调发展。

4.发挥行业协会等民间组织的作用。加强政策支持和方向引导，突出行业协会等民间组织和团体的服务协调作用；配合区域产业发展交流，形成以企业为主体的服务和协调平台，促进建立一批区域行业合作联盟；在企业诚信、市场管理和消除垄断等方面，协调规范企业自律行为，形成井然有序的区域竞争环境；在行业标准、行业规范、行业规则、知识产权保护等方面，形成较为完整的区域研究和推进体系。

5.打造区域信息技术研发公共服务平台——“一网两库”工程。依托信息网络，协调相关部门和单位建立区域“大型科学仪器和重要的科研设施共享协作服务网络”、“科学技术数据库”和“国际技术标准库”，将区域内主要仪器、重点实验室和相关科研设施组织到“一网两库”中，为提升区域信息企业自主创新能力、信息产品研发能力提供公共服务。

（五）共同优化区域信息化发展与支持环境

调动区域各方力量，整合工作资源，整体优化区域信息化发展环境；在信息化政策法规、标准规范、安全保障、人才培养、资质互认、会展宣传等方面加大合作力度，合力推进信息化发展保障与支持环境的不断完善。

1.营造推进区域信息化发展政策与法规的合作环境。加强信息化领域地方性法规、规章调研工作的情况交流和信息互通；实现信息化相关的地方规范性文件、政策性文件的相互衔接，避免冲突和较大落差；联合开展区域性信息化基础性调研项目；探索在公共信息系统、电子卡管理等领域出台适合区域特点的规范文件；协同开展信息化专项执法检查；鼓励推动企业、协会和团体参与制定区域内适用的信息化应用标准。

2.实现信息化人才培养、专业资质互认、知识产权保护等方面的一体化。促进长三角信息化专业人才队伍建设，联合引进国际信息化权威培训课程，在消化吸收基础上创建具有区域特色的信息化专业培训体系，培养区域紧缺高端人才；逐步实现信息技术专业资格、信息技术管理职业资格（水平）互认和人才自由流动；联合开展区域信息化人才的现状调查和供求预测；依托高等院校、研究机构和企业培训中心，建立一批综合性或专业性的信息化区域培训基地；初步形成相互协作、适应性强的区域信息化培训服务体系；加强信息化知识产权保护信息的互补互通。

3.构建区域信息安全保障体系。建立区域信息安全保障工作协调机制，建设区域信息安全应急防范综合技术支撑平台，加强2010年世博会信息安全防护工作；共同确定一批涉及区域国计民生和公众安全的信息化应用系统，明确各项安全保障措施；全力保障区域信息通信基础设施的安全运行，共同打击网络违法犯罪和网络安全公害；构建基于密码技术的区域网络信任平台，推进长三角地区CA互联互通，以交叉认证和资源共享为导向，推动重点网上服务信息系统电子认证证书的跨地区应用，发挥CA在国民经济和社会信息化中的作用。

4.协同开展区域信息化国际合作交流、宣传和会展活动。充分利用区域市场和资源优势，促进长三角信息化的建设与发展；联合开展形式多样、内容丰富的信息化宣传活动，实现各类媒介的联动宣传；发挥会展业对区域信息化和信息产业的促进作用，以会展为媒介促进企业间、地区间相互合作与交流；研究确定重点合作会展，提供优惠措施，保证信息化会展的实际效果；促进区域与区域、区域与国际间的协商对话。

五、主要对策措施

（一）建立多层面工作协调推进机制。在省市级政府部门协调机制基础上，建立健全政府部门之间、行业协会等民间组织之间和企业之间的多层面信息化协调沟通平台；根据区域重点推进的信息化合作项目需求，组建各城市、各部门参加的非实体性组织协调机构。健全区域信息化合作协调议事机制，建立长三角16城市信息化主管部门的定期例会制度，推动区域城市间信息主管部门层面的交流沟通，促进区域性重大项目的合作；逐步培育多种形式的市场组织、合作联盟、合作论坛，促进信息化合作的顺利开展。

（二）探索形成多形态区域信息化合作发展模式。确立共同发展的区域信息化项目，确定合作项目的利益分配、合作机制、实施办法，保障合作项目的顺利实施。探索建立多方政府共同投资引导的项目合作模式；兼顾各方利益，引导形成企业为主体的信息化项目合作发展模式；确定合作目标，探索形成合作协议、备忘录等合作项目的深化模式；利益分配与补偿相结合，鼓励信息化企业在生产、销售、流通、技术、管理、市场等形成联合模式。

（三）探索建立区域信息化合作的投融资方式。探索建立政府、企业、社会等参与的多元投融资体系，鼓励民间资本、社会法人资本和外国资本投入区域电子信息领域；建立健全风险投资机制，积极探索联合引进国内外风险资金直接投资信息产业项目。共同商讨市场前景广阔、产业关联度大、区域带动性强的国家级重大合作项目，联合向国家申请资金扶持和优惠政策。发展集约化建设，形成知识产权、投资建设、资源互换、业务租赁等多种方式相结合的投资方式。

（四）形成具有共同约束力和共同效应的区域合作发展规则。根据国内国际通行规则、约定和惯例，逐步形成作用于长三角地区省市和各城市的信息化行业合作发展规则；建立有利于信息技术创新的区域知识产权保护体系；加快合作体制创新，克服长三角信息化合作的行政区划体制障碍。

（五）开展前瞻性信息化合作研究。加强对国内外信息技术、信息产业、信息化水平发展现状和趋势的研究；把握长三角16城市当前与未来社会、经济发展需求，联合开展涉及区域信息化发展的前瞻性研究；充分发挥专家、学者的智囊作用，不断拓展区域信息化合作领域，合理选定区域信息化合作项目，加强完善区域合作机制创新。

上海市信息化委员会
江苏省信息产业厅
浙江省信息产业厅
二〇〇六年十月二十四日

2006年上海市信息化工作要点

2006年是本市深入贯彻党的十六届五中全会和市委八届八次全会精神的重要之年，是全面实施"十一五"规划的开局之年。2006年本市信息化工作的指导思想是：以邓小平理论和"三个代表"重要思想为指导，贯彻落实科学发展观，努力发挥信息化在实施科教兴市主战略中的开路先锋作用，紧紧围绕全市的工作大局和中心任务，以信息资源开发利用为核心，以信息技术集成应用和信息产业结构优化升级为重点，不断增强自主创新能力，加快提升信息基础设施综合服务能力和信息安全保障能力，不断完善信息化发展环境，使信息产业保持平稳较快发展，使信息化更加全面、高效地服务于上海建设国际经济、金融、贸易和航运中心的任务，更有力地支撑"两个优先"战略的实施与和谐社会的构建。

依据上述指导思想，2006年的主要工作包括：

一、不断提高信息基础设施的综合服务能力，促进城市基础设施整体服务功能的提升

开展区域性信息基础设施规划管理试点，探索形成有效的管理模式；继续推进区域性信息基础设施专项规划的编制，完善世博园区等区域性信息基础设施专项规划。继续推进集约化信息管线和通信局房建设，加快信息架空线入地和无线基站的集约化、景观化改造，建成上海无线测控定位网，继续推动TD-SCDMA商用测试，逐步推进下一代网络的应用，启动编制无线宽带应用规划。不断增强上海超级计算中心的公共服务能力，拓展超级计算机的应用领域，提高主机使用率；完成互联网交换平台扩容并运行，研究形成互联网络交换"网间结算"系统应用模式。

二、加快推进信息产业结构优化和能级提升，支撑"两个优先"战略的实施

深化落实国家关于鼓励软件、集成电路产业发展的相关政策；根据科教兴市工作的总体安排及推进重大产业科技攻关项目的有关要求，继续做好信息产业领域科教兴市项目的排摸、遴选和组织推进工作；加快微电子产业、软件业和信息服务业等产业基地的建设，推动公共开发平台和工程研发中心的建设，不断完善信息产业公共服务体系。

继续实施芯片设计与整机联动专项计划，推动以平板显示驱动电路、移动通信电路等为重点的集成电路设计业的发展；加快第三代移动通信（3G）相关产品的研发与生产，推进3G系统和终端产业发展；加强薄膜晶体管液晶显示器（TFT-LCD）技术引进和自主创新，带动上下游产业协同发展，加快建设上海平板显示产业基地；根据国家部署支持数字电视地面传输标准研究，推进IPTV试点应用和相关产业发展，加快数字电视的推广应用。发布并实施《上海市信息服务业发展三年行动计划》，重点推动软件、多媒体、数字娱乐等产业快速发展；推进软件技术在传统产业各领域的应用；推动基础软件等重点软件产品的研发；加快推进软件及业务流程外包服务的发展，探索建立外包服务产业示范基地，培育一批外包服务企业。

三、深化电子政务建设，促进政府职能转变

开通市、区县两级政务外网并加快部门接入，建成并运行基于政务外网的协同办事平台，推动全市统一的政务外网数字认证平台、电子政务容灾备份中心的建设，深化"中国上海"门户网站信息公开和网上办事功能，进一步整合完善城建管理服务等领域的政府综合服务热线。推进一

批面向社会的信息化应用项目，规划并适时启动突发公共事件应急管理、安全生产综合监管、国有资产监督管理、合作交流综合服务等信息系统，加快建设食品药品监管、知识产权保护、金质等信息系统，完善社会保障和市民服务、综合减灾等信息系统，在扩大试点基础上加快建设集综合管理和服务于一体的居住证信息系统，完成800兆数字集群政务共网初期建设，建设完善金审、金盾、金管、电子统计等一批重点业务应用系统。

四、加快推进社会事业和公共服务领域信息化，满足社会公众的物质文化需要

深入推进教育领域信息化，按照“全民享有网络教育”的理念，加快建设符合学习型城市要求的开放型终身学习平台，重点开发面向市民的精品网络课程；拓展“上海市中小学管理通”服务平台功能，建设“家校互动”系统；继续开展IPv6网络试验，研制相关标准规范，拓展应用。推动文化领域信息化，继续实施社区文化信息化综合服务建设工程，加快社区信息苑等社区文化信息设施建设，促进数字图书馆、数字博物馆等重点文化信息资源的开发利用。加快卫生领域信息化，实施突发公共卫生事件应急信息系统建设，推广电子病历的应用，加快建设社区居民健康档案系统，促进医疗服务向社区和家庭延伸。推进市民体质监测、旅游管理等信息系统建设。

深化社区信息化和城镇信息化建设。深入推进以信息化支撑社区党建和社区建设试点工作，按照“前台一口受理，后台协同办理”的理念，进一步完善社区政务管理信息系统；继续推进社区服务网功能拓展，以服务热线、市民信箱、“安康通”等为载体，不断丰富信息服务资源，拓展社区服务领域。

五、深化经济领域信息化建设，促进经济增长方式的转变

大力推进传统制造业信息化改造。实施传统产业电子水平提高计划，重点在冶金、造船、港口、化工、机械等领域，以提高装备智能化水平和优化工艺流程为重点，支持关键装备和仪器的研发和产业化，提升产品附加值；持续推进企业在设计、生产、管理、营销等环节的信息技术应用。加快上海市企业信息化促进中心功能建设，不断增强企业信息化规划、信息化水平网上测评、专家咨询、远程培训、解决方案（产品）在线体验等服务能力；完善整合一批社会化的企业信息化服务平台，推广以行业为主导的中小企业信息化应用租赁服务；深化实施企业信息化园区示范工程，完善示范园区的信息化服务功能，为集聚和服务入园企业提供支撑。

完善公共服务体系，推动电子商务发展。贯彻落实《国务院办公厅关于加快电子商务发展的若干意见》；推动电子商务行业平台建设，以电子支付、赔付、信用等机制建设为重点，构建较为完善的电子商务公共服务体系；研究推进面向个人消费者的城市电子商务门户网站及电子商务联合监管平台的建设，营造良好的电子商务创业服务环境；完善电子商务统计调查制度。

加快电子口岸建设，促进物流信息化。编制上海电子口岸发展规划，重点推进洋山港信息综合服务平台建设和航空枢纽港信息化工程，进一步完善电子口岸功能，提高口岸监管与服务效率；根据“十一五”期间现代物流业发展的要求，研究设计以现代物流公共信息交换系统为核心的本市公共物流信息平台建设框架，促进形成物流信息共享与交换的相关规范，在推进海港、空港、公路、铁路、内河航运等领域专业物流信息开发与应用的同时，推动本地、长三角、长江流域多式联运信息的整合、共享与交换。

推进金融领域信息化。完成上海城市金融网扩容改造任务，提升全市银行业网络安全管理水平；推广应用银财库行安全联网系统，促进银行卡联网通用。按照国家统一部署，实施银行卡从磁条卡向芯片卡的转换工作，推动金融税控收款机试点工作。加快电子标签应用推广，继续推进

金融信息服务产业基地建设。加强上海金融信息化服务体系研究，不断完善金融信息化服务环境。

推进农业领域信息化。以提高农业的综合生产能力为目标，重点推进农业信息服务平台、农产品安全生产体系、农产品质量安全监管系统建设，进一步完善农村基层信息服务站。

六、加快城市建设交通领域信息化建设，增强城市综合管理能力和服务功能

基于全市统一、不断充实完善的空间地理基础数据平台，以应急联动、环境保护、市容环卫等领域为重点，有序推进市、区县两级空间地理信息系统的深化应用。

推进城市管理网格化系统建设。以试点为基础，在中心城区推广建设区级监督和指挥调度信息平台，建设完善市级监管综合信息平台，推进市级平台与"12319"城建综合服务热线的有机结合，逐步完善市、区县两级的城市综合管理数据库，促进市、区县、乡镇街道三级城市管理相关信息资源的共享，不断增强城市管理领域的统筹监管、综合分析、信息服务能力。

推进城市交通领域信息化。充分发挥市交通信息中心的作用，研究形成本市道路交通信息采集系统的发展规划和技术标准，在资源共享基础上进一步完善道路交通信息采集、监控系统，提升道路交通信息设施功能，初步建成交通信息共享平台，加快完善交通信息资源的共享与交换机制；推进缓解交通拥挤的决策支撑体系、交通信息发布体系和交通营运监管体系建设，深化轨道交通"一票通"等交通信息化应用，加快培育壮大车载导航等交通信息化产业。

七、深化政府信息公开工作，加强信息资源的开发利用

推动《关于加强信息资源开发利用工作的若干意见》的实施意见的贯彻落实。深化政府信息公开工作，从社会关注的政府信息入手，规范政府信息公开内容，加强政府上网信息的整合，做好与公众利益密切相关的政府决策信息的解释说明工作，建立覆盖政府信息从产生到公开全过程的工作制度，开展监督评议，规范政府信息公开行为。

加快以电子政务应用带动人口、法人、空间地理等的基础信息资源的开发共享。在开展人口基础信息共享试点的基础上，结合居住证信息系统、社会保障和市民服务信息系统的建设和完善，逐步构建覆盖全市实有人口的基础信息库和相关专业信息库；在全面完成企业基础信息共享试点的基础上，重点推进涉及八大部门的进出口领域企业基础信息交换共享试点工作，完善企业基础信息共享数据库；在完善城市地理信息系统基础数据平台、建立相关规范的基础上，开展城市地下空间信息基础数据平台建设试点，规划建设"数字海洋"上海示范区，推动形成覆盖地面、地下、海域的空间地理基础信息库；启动建设宏观经济信息系统。推进区县政务信息资源的开发利用。结合"地区电子政务原型试点"任务，选择若干区深入推进人口、法人和空间地理信息资源的交换共享试点，推动形成信息资源交换共享的相关规范，探索形成区县部门间政务信息资源交换共享和业务协同应用的新模式。

推动信息资源的公益性开发利用工作。继续建设和完善教育、科技研发、医疗卫生、文化体育等领域的专业信息数据库和信息服务平台，规划建设科教兴市信息服务平台，加强面向企业创新创业的公益性信息服务。加快公益性信息服务机构及信息咨询、互联网服务、信用服务等行业的发展。

八、深化信息安全保障工作，支撑信息化快速健康发展

发布上海市公共信息系统安全测评管理办法，实施重要信息系统安全测评，加强网络信息失泄密的监管和查处，开展互联网环境下电子政务信息安全保障和信息安全等级保护试点工作。加

强信息安全应急防范、信息安全通报等机构建设，建立针对网络公害的区域性技术组织和应对机制，以及信息安全事件信息的汇总、分析、研判、通报、反馈、处理机制，推动建设市信息安全应急防范综合支持系统。启动区县和有关委办局网络信任体系分中心建设，建立市、区县两级数字证书受理点；以全市统一的网络信任平台为基础，推动建立电子政务相关业务系统的身份认证、授权管理和责任认定等机制；鼓励全市公务员使用数字证书开展网上应用。推动信息安全基地公共服务能力建设，开展互联网管控等核心技术研究，发挥信息安全产业基地的集聚效应。

九、加强政府投资的信息化项目管理，提高项目建设质量和应用效益

按照"十一五"期间信息化发展的要求，研究规划一批跨领域、跨部门的重点项目。进一步加强政府投资的信息化项目的归口管理，强化市建设财力信息化项目的立项审批，发布实施《上海市级机关信息系统建设管理指南（试行）》，形成集约化建设的"源头控制"机制，抑制不合理需求；按照《上海市市本级项目支出预算管理暂行办法》的要求，发布实施上海市本级信息化项目支出预算管理实施办法，研究制定相关信息化项目运行维护管理指南，开展市本级预算单位信息化现状调查，逐步完善信息化项目支出预算的审核和管理体系。按照国家关于信息系统工程监理的有关规定，推进信息系统工程监理制度的完善和落实。继续开展IT审计试点工作，加强信息化项目验收管理。

十、加强信息化法规标准建设，拓展国内外合作交流，不断优化信息化发展环境

筹备召开市信息化工作会议，全面部署"十一五"期间特别是未来两年本市信息化发展的目标和任务。按照全市"十一五"规划工作的统一部署，发布上海市国民经济和社会信息化"十一五"重点专项规划以及若干重点领域的信息化专项规划。加强信息化立法和标准制定工作，发布上海市电子商务条例，研究制定信息安全、电子政务等领域的法规、标准和规范，加大无线电监管等方面的执法力度。继续完善以职业化、社会化为导向的信息化人才培养体系，重点开展政府信息公开、信息技术管理、软件职业资格等方面的培训，深化面向社会的信息化知识普及培训。探索建立政府部门信息化服务外包制度，培育外包服务企业和专业机构，研究并逐步建立相关规范，充分发挥行业协会、专家队伍、中介组织和民营科技企业在信息化推进过程中的作用。加强信息化领域的国际合作与交流，引导、促进本市企业"走出去"，重点推进"长三角"区域信息化、社会诚信、无线电监管等方面的合作与交流，筹备举办第28届世界软件工程大会、2006年上海国际信息化博览会和亚太论坛第六届年会。

上海市信息化委员会

二〇〇六年一月四日

2006年上海市区县信息化工作要点

2006年的区县信息化工作，要以党的十六大、十六届五中全会和市委八届八次全会精神为指引，围绕构建和谐社会，坚持科学发展观，贯彻科教兴市主战略，按照全市信息化工作总体部署，紧密结合各区县的中心工作，充分发挥信息化在区域经济与社会发展中的支撑、推进和带动作用。

一、总体目标和基本原则

（一）总体目标

适应"十一五"规划发展要求，坚持服务导向，突出协同应用。进一步推进信息资源开发利用，促进形成"一数一源，一源多用"的共享格局；进一步推进"一体化"的政务信息化建设与应用，提高信息设施的集成共享度，方便服务对象，有效降低成本，提高社会管理与公共服务水平；进一步推进"条块结合"，以信息化支撑资源共享和工作协同，更有效地服务与促进区县经济和社会的健康协调发展。

（二）基本原则

1.遵照规划，协调发展。严格遵循规划要求，统筹年度工作，突出重点，兼顾一般，使相关工作持续协调发展。

2.服务导向，深化应用。坚持服务市民、服务基层的理念，推动信息技术在不同领域、区域和群体中的广泛应用，优先推动资源集约共享型的信息化应用。

3.稳步推进，普遍受益。继续推进电子政务基础要素建设，着力推进信息资源开发与利用，促进资源共享与工作协同，充分利用各类成果，扩大受益面。

4.保障安全，优化环境。重视安全保障工作，强化长效机制建设，加快人才培养与使用，加强合作与交流，缩小"数字差距"，优化信息化持续发展的环境。

二、主要任务

（一）加强规范管理，完善运作机制，确保市重点工作与区县中心工作联动发展

1.根据全市总体部署和区县中心任务，完善各类规划和计划，做好相互之间的有机衔接。贯彻全市的统一部署与要求，积极围绕区县的功能定位和中心任务，完善区县本级与下级的信息化规划和各类实施计划，并做好相互之间的配套与衔接。2006年各区县应立足现实基础，选择若干项需求急迫的工作，谋定而动，确保重点，追求实效，注重连续性，把工作做深做透。

2.注重制度和规范建设，不断完善长效管理机制。随着信息资源应用拓展和跨部门协同增多，更需要重视做好建章立制工作，在遵照国家和上海市相关技术标准、管理规范的同时，各单位应根据自身实际工作需求，加强信息化的规划管理、项目审批、资源开发利用、效益评估、安全管理、工作考评，以及信息产业发展、企业信息化促进、软件正版化和业务培训、宣传、统计等方面的制度建设，不断完善区县信息化长效管理机制。

3.进一步加强信息安全保障工作。按照《关于进一步加强上海市信息安全保障工作的实施意见》（沪委办〔2004〕24号）要求，依托市信息安全测评认证中心，加强重要信息系统的安全测评；依托市数字证书认证中心，启动区级网络信任体系分中心建设，构建市、区两级数字证书受理点，加快推进数字证书在电子政务和电子商务中的应用，逐步形成全市统一的网络信任体系；加强安全技术应用、安全服务、灾备措施和制度保障等工作。

4.巩固并拓展市重点工作和实事项目的成果。对社会诚信体系、政府信息公开等市重点工作，按照相关的工作要点和计划进行落实；对需要继续拓展深化的市民信箱、社保卡、社区文化信息化综合服务工程等实事项目，着重做好深入应用工作，通过挖潜进一步发挥实事项目的综合应用效益。

（二）加强一体化的信息化建设与应用，逐步形成支撑资源共享和工作协同的电子政务基本架构

1.加快政务信息资源开发利用，推进区县信息交换平台和基础信息库建设。贯彻国家和上海关于加强信息资源开发利用的要求，不断充实主动公开的政府信息目录；结合履行职能和协同办事，推进形成集中与分布相结合的数据库体系，按“一数一源，一源多用”进行应用共享。根据区县电子政务总体框架和建设指南，在做好充分准备的基础上，建设一体化的区级信息交换平台，支持市、区县、街道乡镇（必要时延伸至居委会、村委会）的信息交换；在应用过程中充实完善数据库建设，健全集中共享和按需共享的工作机制；优先交换共享满足各方履行职能需求的实有人口信息，逐步交换共享相关法人信息、空间地理信息，以后根据应用需求进行调整和充实。

2.推进电子政务公共基础设施的集约化建设与应用。按照国家电子政务建设指导意见和上海市电子政务规划，继续抓好政务网络、门户网站、基础数据库、信息交换（协同工作）平台等电子政务公共基础设施的建设与应用，一方面落实统一规划、统一标准、统一要求，另一方面推行专业化服务，降低成本，提高建设维护和协同应用水平。

3.重视跨部门的政务信息系统建设与应用。在完成电子政务基础设施的基础上，把工作重点转向推动信息共享和支持跨部门业务协同。依托区级电子政务一体化平台，推进现有应用系统的集成与衔接，减少或杜绝单独拉条、缺乏协同功能的新建系统。从方便市民和企业出发，探索和推广“前台一口受理，后台内部协同”行政服务模式。按市统一要求做好居住证信息系统建设和网点配套设施建设。拓展、深化和推广信访、社会救助等网上服务办理和在线业务协同应用，有效提高服务管理水平，进一步提高公众的办事便捷度和受实惠面。

4.完成国信办赋予的“地区电子政务原型试点”任务。根据国务院信息化工作办公室的要求和我市的试点方案，由黄浦、松江、徐汇等区分别在人口领域、法人领域、空间地理领域开展试点，形成一套满足部门间业务协同需求的信息共享指标体系；建设区级信息资源库群、信息交换平台，探索市、区、街道三级部门应用业务系统间的互联互通；探索跨部门协同的支撑模式；在相关管理规范建设方面取得可移植和复用的成果。

（三）围绕推进和谐社区建设，坚持服务导向和解决实际问题，不断提高基层服务管理水平和群众满意度

1.规范社区实有人口信息采集、维护和交换共享工作。利用网格化管理试点成果，在市的统一要求下，规范社区实有人口信息管理工作，采用存量信息“一次采集、多次使用”和增量信息“一口采集，多方使用”工作方式，加强条块信息资源共享。依托人口基础信息库，运用自定义报表生成、信息提示等成熟的信息技术，支持相关部门和社区利用信息资源增强履行职能的能力，不重复采集有可靠来源渠道的信息，切实减少基层重复采集、重复输入，有效提升社区实有人口信息资源的应用效益。

2.着眼于加强应用、提高服务成效，继续深化社区信息化。继续完善政务管理信息系统的建设与应用，倡导街道网站、内部公文处理系统、信息资源库、应用终端等尽可能融入或依托区级电子政务一体化平台，实现集约化方式。运用服务热线、社区服务网、社区信息苑、付费通、安康通等载体，通过信息资源的交换共享，拓展服务领域和内容，提高对社区服务需求的响应能力。

3.立足自身实际、适应发展需求，稳步启动城镇信息化。结合城镇自身发展定位和现实基础，按照区县信息化规划和总体框架，借鉴城镇信息化已有试点经验，逐步启动城镇信息化，在制定信息化计划、形成信息化工作推进机制、配置基本软硬件等方面奠定基础；条件成熟时，依托区级电子政务一体化平台，创造条件构建基础网络设施，建设城镇信息化综合平台，推进面向市民、面向社会的信息化应用；通过宣传培训与应用带动，营造良好的城镇信息化发展环境。

三、工作要求

1.加强协同，增强合力。进一步完善信息化工作协调推进机制，在强化信息化部门职能过程中，注重围绕信息化重点和难点问题，积极沟通与协调，理顺工作关系，使相关各方形成共识，在协同过程中增强各方履行职能的水平，实现共赢。

2.加强调研，注重效果。进一步加强对信息化工作状况和相关因素的调研，加强对信息化发展规律的把握，从实际成效出发，制定切实可行的工作方案，做到有计划、有步骤地解决存在问题，以创新破解难题，用改革穿越瓶颈。浦东新区可以结合综合配套改革试点，在与市信息化发展方向一致、与市电子政务总体框架相融的前提下，研究落实相关工作。

3.加强交流，共享成果。进一步梳理和总结已有工作成果，在各区县之间加强交流与合作，加强城乡互动，注重优势互补，对行之有效的工作模式、做法与经验、成熟的系统等，由点到面进行推广，充分享用已有的成果。

上海市信息化委员会

二〇〇六年一月二十四日

2006年上海市社会诚信体系建设工作要点

2006年是全面实施"十一五"规划的开局之年。上海社会诚信体系建设工作要认真贯彻党的十六届五中全会、中央经济工作会议和市委八届八次全会精神，紧紧围绕全市的工作大局和中心任务，坚持以科学发展观统领全局，以社会信用制度建设为核心，以信用信息公开、信用产品使用、信用服务业规范发展为重点，扩大社会诚信宣传教育的覆盖面，倡导以诚实守信为荣，以见利忘义为耻，集聚各方力量，突破发展瓶颈，确保收到实效，切实提高社会诚信体系对上海建设"四个中心"、实现"两个率先"、构建和谐社会的促进和保障作用，为顺利实施"十一五"规划开好局、起好步。

一、深化推进信用信息公开和共享，发挥信用信息作用

（一）继续深化信用信息向社会主动公开。市社会诚信体系建设联席会议成员单位、相关部门要加强探索和实践，以网站、公告、新闻等形式，向社会主动公开行政监督检查、行政处罚、行政许可、分类监管、评优表彰、案件受理及判决执行等方面的信用信息。公开的信用信息还应包含企业的组织机构代码、工商注册码、法定代表人身份证号码等标志码，便于信用服务机构归集和社会知晓。

（二）继续推动信用信息依申请公开、协议公开。市社会诚信体系建设联席会议成员单位、相关部门要做好信用信息的整理工作，将目前只宜在有限范围内公开的信用信息纳入依申请公开范畴，依法对社会特别是信用服务机构做好依申请公开工作，配合支持有关部门、机构等将相关信用信息以协议方式向信用服务机构公开，形成固定有效的信用信息流通、使用通道。

（三）研究推进企业经营活动中产生的信用信息的开发利用。从上市公司应收账款、贷款总额、对外担保等信息着手，研究推进企业经营活动中产生的信用信息向社会披露。引导和支持企业向信用服务机构提供债权诉讼及判决等方面的信用信息。

（四）积极推进社会信用信息共享服务。以个人和企业信用联合征信系统为基础，建立对相关部门、非政府公共组织、企业、个人所掌握的社会信用信息的共享服务机制。

二、大力拓展信用产品使用，提升信用信息价值

（五）在政府部门作为民事主体的环节加大信用产品的使用力度。市社会诚信体系建设联席会议成员单位、相关部门要积极学习借鉴成功经验，在政府采购、公共财政项目招投标、工程设备招投标等政府部门作为民事主体的环节，要求投标企业提供综合信用报告，必要时还可要求其提供资信评级报告，确保中标企业无不良信用记录且有能力实施标的事项。

（六）在政府部门管理和服务环节扩大信用产品的使用范围。市社会诚信体系建设联席会议成员单位、相关部门要在科技专项扶持资金、中小企业贷款担保、财政贴息资金管理、公务员招聘、国有资产产权转让、建设项目招投标等政府部门管理和服务环节，要求行政相对人提供信用产品作为重要参考，以确保守信者受益。区县及相关部门在开展或支持开展评优表彰等活动时，应以购买服务的方式主动查询入围企业或个人的信用报告，以确保荣誉对象无不良信用记录。相关部门要在物业管理招投标、房地产企业管理等与公众生活紧密联系的领域，介绍和推荐使用信用产品，以确保公众得到优良服务。

（七）引导和推动市场主体主动运用信用产品防范风险。商业银行在个人信贷、小额担保贷款、

信用卡发放等业务中，除遵守本银行内部信用评级制度外，还应参照信用服务机构出具的个人信用产品，并探索使用税务机关出具的个人所得税完税证明，以此作为个人收入的有效证明，切实防范金融风险。深化和拓展集团企业和关联企业资信评级试点工作，开展担保机构评级工作试点，探索市场化运作模式。提倡、鼓励市场主体在商业活动中主动出示自身的信用报告及查询对方的信用报告，引导、推动对人才信用要求较高的企业查询拟聘人员的个人信用报告。

三、着力加强信用制度建设，形成长效机制

（八）制定和实施诚信建设总体规划和新三年行动计划。根据《上海市国民经济和社会发展第十一个五年规划纲要》，制定《上海市社会诚信体系"十一五"发展规划》和《上海市2006～2008年社会诚信体系建设三年行动计划》，相关单位应结合各自职能范围细化落实，并在本部门的规划、计划中做好社会诚信体系建设相关内容的配套。

（九）颁布施行企业和个人信用信息数据地方标准。加强社会信用标准化建设，重点完成《企业信用信息数据标准》地方标准的制订和发布，启动《个人信用信息数据标准》的预研和立项工作，促进信用信息记录、归集和共享的规范化、标准化。

（十）完善重要领域和行业内部的信用分类监管制度。金融监管、经济鉴证管理、国有资产管理等部门要从自身职能出发，进一步完善和强化对行政相对人的信用分类监管制度，根据行政相对人的信用情况，采取不同的监管措施，提高监管效率，以确保守信者得到便利，失信者受到制约。全面推进经营服务类事业单位诚信体系建设，创新考核、管理、评价方式，形成事业单位诚信建设制度规范。

（十一）制定和实施信用信息记录和公开、信用产品使用、失信惩戒和守信受益等制度。各政府部门、公共机构、行业组织要建设和完善信用信息系统，及时、准确、完整地记录相对人的信用信息。制定和实施向社会主动公开、向信用服务机构依申请公开、在局部范围内共享企业和个人信用信息的规定规范。在政府采购、政府优惠政策提供、政府扶持性资金审批等环节，制订和实施信用产品使用的政策性文件。在合同示范文本制订、修订时，增加倡导使用信用产品的内容，逐步形成信用产品使用的社会化、市场化机制。针对企业和个人的信用情况，制定和实施具体的守信受益、失信惩戒的操作措施。

（十二）加强企业内部信用管理制度建设。完成国有企业内部信用管理推进策略课题研究，推动国有企业建立信用管理岗位或部门的试点，形成信用风险防范制度。完成商业企业信用管理的试点，探索推广商业企业供应商和客户信用管理制度。继续推动企业信用档案建设，积极开发企业信用档案资源，开展企业信用档案建设专项检查。

四、促进和规范信用服务业发展

（十三）服务国际金融中心建设。按照上海建设国际金融中心的总体要求，支持央行征信中心落户上海并开展工作，配合金融产品的创新，开发相应的信用产品，加强对小企业信用产品的开发和应用，为银行开展小企业信贷业务提供可靠的决策依据和风险监控屏障。

（十四）提高信用服务机构的竞争力。研究制定促进信用服务行业发展的措施，引导和鼓励信用服务机构增强技术创新、产品创新和市场创新能力，对信用信息进行深度开发，努力提供有特色、多样化、高质量的信用产品。

（十五）依法加强信用服务行业管理。完善信用服务机构备案、回访、年度报告以及投诉处理等制度，通过信用服务行业监管系统加强行业管理，组织对《上海市企业信用征信管理试行办法》

施行情况进行执法检查，促进信用服务机构提高公信力。设计完成信用服务机构统计指标体系，定期公布行业统计数据。

（十六）加强信用服务行业自律。完善信用服务行业协会自律机制，推行信用服务行业诚信服务承诺，公开服务内容、服务规范等事项，接受社会监督，不断提高信用服务行业的整体素质。

五、深化社会诚信创建活动和区域合作，营造良好的社会诚信环境

（十七）开展信用制度建设创新评比。开展信用制度创新评比活动，推动以政府部门为主体的信用制度创新建设、以企业为主体的信用风险管理和控制制度建设、以行业为主体的自律机制建设。

（十八）积极开展行业性诚信创建活动。推进金融服务、科技发展、经济鉴证以及建筑建材、物业管理、食品药品、安全生产等领域的行业诚信创建工作，组织开展信用管理培训，引导信用产品使用，推动行业协会会员企业建立信用管理制度。加强市场规范和监管工作，规范消费合同的签订，重点规范消费内容、消费价格及维权提示。支持行业协会依法履行职能，指导会员单位开展公众咨询、消费提示、诚信承诺等行业诚信创建活动，并对承诺的履行情况进行跟踪记录并向社会公开。

（十九）持续开展信用培训。继续组织开展企业信用管理培训和考核工作，全年培训人数达到5 000人。启动针对公务员、企事业单位管理和技术人员的干部信用培训，以"上海干部在线学习城"网站、专题讲座、市民宣传手册等多种载体普及信用知识。

（二十）大力加强社会诚信的宣传教育。加大宣传力度，积极营造诚实守信的社会环境，组织开展2006上海"诚信活动周"等主题宣传教育活动。结合学生思想道德建设和大学生助学贷款发放工作，通过课堂教育、课外活动、主题教育、制度建设等方式加强对学生的诚信教育，探索研究针对高中生及大学生社会实践的社会评价机制。开通"上海诚信"网，开辟向社会集中展示上海社会诚信体系建设的窗口。根据行业、区域特色，开展各类诚信宣传活动，增加诚信公益宣传频度，扩大覆盖面。研究制定迎世博社会诚信创建活动方案。

（二十一）继续推动长三角区域信用合作。根据《沪苏浙信用体系建设区域合作推进方案》，以打造"信用长三角"为目标，加快建立长三角区域信用体系建设联动机制，开通"信用长三角"网络共享平台。会同苏浙两省举办"信用长三角"国际论坛。开展长三角十六城市信用体系建设区域联动机制及方案研究。

（二十二）加强诚信体系发展研究。完成社会信用记录和惩戒机制课题。开展金融、电子商务、环保、中小企业贷款、经济鉴证等领域以及浦东新区综合配套制度改革中的信用制度建设研究。出版《上海社会诚信体系建设研究成果集》。

上海市社会诚信体系建设联席会议办公室

上海市征信管理办公室

二〇〇六年三月二十八日

2006年上海市政府信息公开工作要点

为了贯彻落实《上海市政府信息公开规定》（以下简称《规定》），提升本市政府信息公开工作的整体水平，制定2006年工作要点如下。

一、指导思想

以邓小平理论和“三个代表”重要思想为指导，贯彻党的十六大、十六届五中全会精神，按照《中共上海市委办公厅 上海市人民政府办公厅关于本市贯彻〈中共中央办公厅 国务院办公厅关于进一步推行政务公开的意见〉的实施意见》和建设服务政府、责任政府、法治政府的目标，在巩固现有工作成果的基础上，突出重点，讲求实效，不断推动本市政府信息公开工作上新台阶。

二、总体目标

要“以规范促落实，以服务求实效”，继续建立和完善政府信息公开各环节的工作制度，深化政府信息公开内容，提高整体服务质量，进一步将政府信息公开工作向街道、乡镇延伸，有效保障公民、法人和其他组织的知情权，促进政府管理理念、管理方式的转变，规范政府行为。

三、主要任务

（一）深化政府信息公开内容

1.统一部署推进城市规划、房屋动拆迁等重点领域的政府信息公开工作，争取年内取得突破性进展，政府信息公开的主体、内容范围、形式、时间等进一步明确。

2.结合现行法律法规，进一步研究执法过程中的信息公开问题。

3.在实行重大决定草案公开情况备案制度的基础上，进一步探索与民生有关的重大决定草案公开的工作方法。

4.开展政府机关对公众关注度高的规范性文件、重大决定等编写解读材料的试点，为社会提供政府信息解读服务。

5.进一步完善政府新闻发布工作，继续建立健全多层次的政府新闻发布体系，向社会披露和解读公众关注度高、公益性强、涉及面广的政府重要政策等信息。

（二）规范政府信息公开行为

1.出台《上海市政府机关公文类信息公开审核办法》，实行公文类信息在产生过程中即明确其主动公开、依申请公开、免予公开等属性，并做好分类登记。

2.依托本市政务外网协同办事平台，建设政府信息公开申请网上处理系统，规范政府信息公开申请处理流程。

3.实行由市信息委以及市和区县监察部门、法制部门对各政府机关不规范的政府信息公开行为提出改进建议的制度，逐步探索通过政府信息公开对不规范的行政行为提出改进建议。

4.规范政府网站公开政府信息工作，从公开内容范围、栏目设置等方面进一步完善政府网站公开政府信息工作。

5.总结《规定》具体实施中出现的法律问题，以统一口径、解答问题等形式对各政府机关开展政府信息公开工作进行实务指导。

6.进一步规范区县政府信息公开申请集中受理工作，理顺区县政府信息公开集中受理窗口与信息公开义务主体之间的关系。

（三）加强保障工作

1.加强对政府信息公开的监督工作，并与政风行风测评相结合，依托政风行风监督员队伍对被测评机关的政府信息公开工作开展监督。

2.继续开展政府信息公开年度评估工作，进一步完善政府信息公开评估办法和指标体系，年底开展政府信息公开评估工作。

3.组织专家、学者或者有关专业机构对国内外政府信息公开理论和实践进行研究，加强对即将出台的《政府信息公开条例》及其出台后与《规定》实施有关的衔接工作的跟踪研究。

4.建立并执行政府信息公开保密审查制度，进一步明确政府信息公开保密审查工作程序和承担政府信息公开保密审查职责的机构或部门。

5.利用多种形式，加强政府信息公开的普及宣传工作，并围绕重要会议和重要工作，开展新闻宣传。

6.加强对政府信息公开工作人员的业务培训，并将其纳入市行政学院公务员培训课程；组织考察活动，加强同国内外同行的交流。

四、工作要求

（一）推进政府信息公开工作向基层延伸，全面提升全市政府信息公开总体水平

各政府机关要加强对政府信息公开工作向基层延伸问题的研究，促进市、区县、乡镇政府信息公开工作平衡发展。各区县政府要加强对所属乡镇、街道政府信息公开工作的指导，重点推进与办事有关的政府信息的公开，并建设适合本行政区域特点、面向基层群众的政府信息公开渠道；市级委、办、局要加强对本机关派出机构政府信息公开工作的指导，推进本系统政府信息通过派出机构公开，切实提高政府信息的受众面。

（二）加强队伍建设，提高工作人员业务水平

各政府机关要稳定本机关政府信息公开工作人员队伍，加强对工作人员的业务培训，提高工作人员的业务水平。政府信息公开工作量较大的政府机关，应当指定专职工作人员负责本机关的政府信息公开工作。区县政府各委、办、局应当指定本机关政府信息公开联络员，接受区县政府对本行政区域政府信息公开工作的指导；市级委、办、局应当在各职能处室指定政府信息公开联络员，负责本职能处室政府信息的梳理、分类等工作，并与本机关处理政府信息公开事务的专门机构做好衔接工作。

（三）加强分析和研究，解决工作中的瓶颈问题

各政府机关要加强数据统计和情况分析，重点研究政府信息公开工作开展以来暴露的新问题。对普遍性的问题，由市政府信息公开联席会议办公室组织开展专题研究，在条件成熟时，通过统一口径、提出改进意见等形式，在全市开展指导；对部门政府行为中的不规范问题，各政府机关要深挖产生问题的原因，对不规范环节提出改进意见，通过政府信息公开促进依法行政。

（四）加强条线指导，确保口径一致

按照“条线把握公开内容”的工作原则，由市级委、办、局重点从政府信息公开的内容方面加强对本条线区县相关部门的业务指导，确保区县各部门政府信息公开在内容方面口径一致，避免部门之间对同类政府信息的公开问题采用不同的标准。有条件的市级委、办、局可以在《规定》的要求范围之内，就本条线政府信息公开工作制定标准，确定主动公开、依申请公开和免予公开政府信息的范围，明确公开的程度、更新维护的频率。

（五）重视日常工作，确保工作长效、持续开展

各政府机关要继续重视和开展政府信息公开年度报告编制、政府信息公开的统计分析、政府信息公开申请的处理、依申请公开的政府信息目录编制、免予公开的政府信息类目备案、重大决定草案公开情况备案、向档案馆送交政府公开信息等工作，并结合本机关工作特点建立创新性的工作制度，推动政府信息公开工作长效、持续开展。

上海市政府信息公开联席会议办公室

二〇〇六年三月二十八日

2006年上海市银行卡产业发展工作要点

2006年是"十一五"开局之年，也是贯彻落实中国人民银行、信息产业部等九部委联合发布的《关于促进银行卡产业发展的若干意见》(银发[2005]103号)的关键一年。各部门、各单位要在前3年工作基础上，进一步加大工作力度，理清工作思路，结合新形势、新要求，真抓实干，开拓进取，发挥上海先发优势，继续推进全市银行卡产业的发展，加快上海建设国际金融中心的进程。

一、指导思想和工作目标

2006年，银行卡产业发展要按照市政府的统一要求，以"巩固三年成果，落实九部委文件"为主要原则，以政府引导和市场推动为主要工作方式，抓住人行上海总部成立和迎接世博会的契机，以应用促进产业发展，以项目带动环境建设，以创新激发新的产业增长点，推动上海银行卡产业向国际化、规模化、专业化和多元化方向发展，形成银行卡产业与国民经济相关产业良性互动的局面，使上海成为产业结构优化、市场化运营机制完善、银行卡应用普及的银行卡产业中心。

到2006年底，预期银行卡累计发行量超过6 300万张，其中"银联"标准卡超过1 000万张；全市联网POS机累计超过6.5万台，联网特约商户累计超过2.7万家，营业面积100平方米以上或年营业额50万元以上的商业、旅游、餐饮等零售和服务企业中可受理银行卡的商户比例超过60%；银行卡交易总额超过3 000亿元，持卡消费额占银行卡交易总额的比重达到45%，占社会消费品零售总额的比重进一步提高；银行卡跨行交易网络质量不断提高，转接成功率提高到99%以上。

二、重点工作任务

2006年，各单位、各部门要集中力量，重点推进以下四方面工作：

（一）加强政策配套与落实，完善银行卡产业链

1.继续发挥银联总部落户上海的优势。注重发挥银联的产业引导作用，继续加强政府相关部门与银联的沟通协调，使银联更好地融入上海、服务全国；要为银联提供良好的创业发展环境，积极支持银联各项创新实践工作，使上海成为创新性强、服务内容全面、产业集聚效应明显的银行卡产业集散地。

2.推进和规范专业化服务。继续完善POS专业化服务机制，推动专业化服务外包模式向发卡、ATM运营等其他环节拓展，逐步扩大专业化服务市场，促进全市专业化服务机构向规模化、产业化方向发展。在培育各类专业化服务机构的同时，建立健全制度规范，加强行业监督管理，探索银行卡业务外包的管理和风险控制机制，不断提高专业化服务水平，实现各参与主体的"风险共担，利益共享"。

3.加快金融信息服务产业基地建设。结合落实《关于加速发展现代服务业若干政策意见》和浦东综合配套改革试点等工作，继续推动金融信息服务产业基地的建设。

4.推动民族品牌银联标准卡的发行和受理。各发卡金融机构新发人民币账户银行卡，应当按照联网通用的要求，采用银联标准卡。结合公务用卡换发工作，进一步推动银联品牌公务卡的发行使用。尽快构建面向特约商户、持卡人的全方位、高品质的银联卡服务体系，增强品牌吸引力。

（二）加强规范与监督，深化受理市场建设工作

1.加强银行卡联网通用工作。开展银行卡联网通用检查工作，切实提高银行卡联网通用效果，整顿银行卡受理市场，制止恶性竞争，规范市场秩序。加强对特约商户的认证和审核，建立长效

管理机制。

2.拓展银行卡使用领域。支持和鼓励在公用事业、铁路、公路等服务性行业推广使用银行卡。研究制定迎奥运、迎世博银行卡受理环境配套建设方案。加大旅游行业和涉外场所银行卡联网通用工作力度，争取三星级以上宾馆酒店、航空售票点、机场等旅游消费场所银行卡可受理率达到80%，主要的旅游景点和大中型旅行社普遍受理银行卡。

3.大力拓展新的银行卡支付渠道。推动银行卡等电子支付工具在电子商务领域和政府采购等公务领域的应用，培育以提供银行卡在线支付为主要业务的第三方支付服务机构，解决B2B、B2C、B2G电子支付问题；在试点的基础上，进一步整合银联、银行、商户、移动通信服务商各方力量，推进手机支付业务。初步形成以POS消费、ATM取现为基础，以互联网支付、手机支付、固定电话支付、自助终端支付以及其他各类新兴支付方式为补充的的综合性、立体化支付体系。

（三）加强探索与实践，抓好几项试点和创新研究工作

1.启动金融税控收款机试点项目。根据《上海市税控收款机推广应用方案》，制定《上海市金融税控收款机推广应用实施方案》，明确金融税控收款机推广计划，做好本地企业金融税控收款机产品推荐和生产许可证发证工作。年内完成金融税控收款机生产厂商的招标工作，率先在全市饮食、娱乐行业适用商户中启动金融税控收款机布放工作。

2.根据国家要求做好EMV迁移工作。制定全市EMV迁移总体计划，明确整体工作进度和任务，集中力量开展受理环境改造和银行卡多应用两方面试点工作，在宾馆酒店等外卡收单比较集中的场所，率先启动收单市场EMV标准化改造工作；联合本地发卡金融机构，探索在上海率先发行EMV标准芯片卡，带动相关信息产业的发展。

3.研究电子钱包推广工作。借鉴外省市经验，根据上海商业发展的实际需求，遵照人民银行相关规范要求，加紧研究电子钱包在全市小额支付领域的应用推广方案。

（四）加强行业沟通与合作，营造健康和谐的银行卡发展环境

1.抓好银行卡风险防范工作。进一步完善现有的银行卡安全防范机制，通过建立健全银行卡案件的报备、预警及通报制度，在公安、工商、人民银行、银监、外管、行业协会之间建立畅通的防范和打击银行卡犯罪的情报信息交流机制和案件协查机制，最大限度地降低银行卡欺诈案件的发生。继续加强银行卡信息安全管理，在银行卡发卡、转接、收单和第三方服务等环节建立应急反应机制，制定完善的应急预案，探索针对相关责任方的处罚机制和赔偿机制。建立特约商户日常监控和巡查机制，加强对收银员的安全培训。加强对第三方服务商的管理，定期对外包业务进行风险评估。强化银行卡跨行交易网络的安全和风险管理，建立健全重大安全事故通报和应急处理机制。

2.加大宣传工作力度。通过网络、电视、报纸等多种媒体，加大对广大市民安全用卡知识的宣传力度，提高市民防范银行卡欺诈的能力和安全用卡的意识。由政府部门、银行、行业协会联合主办全市性银行卡有奖用卡活动，充分调动市民持卡消费的积极性，提高全社会对银行卡的关注度。联合银行、移动通信服务商开展银行卡交易短消息免费提醒活动。

上海市信息化委员会

二〇〇六年五月十八日

总　述

2006年上海市国民经济和社会信息化工作综述

2006年，上海信息化工作深入贯彻党的十六大以来历届全会精神，按照科学发展观要求，落实年初市信息化工作会议精神，在市委、市政府的领导下，继续实施信息化领先发展战略，着力推动信息产业发展、信息基础设施建设、信息技术应用、信息化环境营造等工作，顺利完成年度各项目标，实现了"十一五"的良好开局，对上海加快实现"四个率先"、建设"四个中心"发挥了应有的作用。

一、信息产业继续在高基数上稳定增长，促进了本市经济又好又快发展

信息产业克服投资趋缓、人民币升值等因素的影响，总规模持续扩大，全年实现总收入5 904.49亿元，信息产品出口额达370亿美元，产业总利润达到329亿元，整体效益明显提升，产业增加值占全市GDP的比重为13%，连续五年保持第一支柱产业地位。核心产业门类快速发展，软件业经营收入达616.7亿元，同比增长35.5%，出口额达9.92亿美元，外包服务发展迅速，全市通过CMM3以上的企业累计达87家，列入国家规划布局内的重点软件企业达26家，占全国的1/6；集成电路产业销售收入达380亿元，同比增长25.4%，"高端硅基SOI材料研发和产业化"、"GSM/GPRS手机核心芯片关键技术的研制和开发"等两个项目获2006年国家科技进步一等奖；基于互联网的信息服务业发展迅速，收入达172.4亿元，同比增长48.2%。产业发展环境不断完善，科教兴市重大信息产业科技攻关项目进展顺利；由集成电路设计、信息服务外包等公共研发服务平台，以及软件产业、半导体照明等国家级和市级产业基地园区构成的信息产业公共服务体系逐步形成。

二、信息基础设施服务和管理水平不断提升，提高了城市公共基础设施的服务能级

全市基本信息通信服务保持按需提供，各类终端普及率稳步提高，固定电话、移动电话、互联网用户的普及率分别达61.3%、88.7%和52.7%，家庭宽带接入用户达到301.7万户，基于有线电视、卫星、地面传输、IPTV、手机电视等各类传输方式的数字电视快速发展；国际主流商用通信技术均已得到广泛应用，3G、无线宽带等新技术和业务的商用进程不断加快；中美二号海光缆建设准备工作基本就绪，针对承接国际服务外包企业的互联网服务得到优化。信息基础设施规划管理和集约化建设工作持续推进，至年末累计编制完成40多个区域性专业规划，覆盖面积980平方公里；集约化建设模式从信息管线扩展到通信局房、基站、无线室内覆盖等领域，至年底累计敷设集约化信息管线2 451沟公里。超级计算中心等功能性设施的服务领域继续拓展；配合全市工作，积极推进轨道交通、临港地区、浦东机场等市重大工程信息基础设施配套建设，顺利完成上海合作组织峰会、特奥会邀请赛等重大会议和赛事的通信保障任务。

三、政务信息化和政府信息公开工作深入推进，促进了政府职能转变和行政效能提升

电子政务基础网络进一步完善，作为市政府实事工程之一的800兆数字集群应急救援政务共网开通运行；公务网、政务外网的应用继续拓展；“中国上海”门户网站已集成网上办事和服务项目1 667项，服务效能排名连续两年位居国内同级政府网站第一。政务信息资源开发利用得到深化，在拓展企业基础信息交换平台应用的基础上，建成进出口领域企业基础信息交换系统并投入试运行。重点应用系统不断完善，社会保障卡应用领域继续拓展；支撑来沪人员管理和服务的居住证信息系统基本建成开通，可容纳1 000万人员信息。区县电子政务总体框架建设指南正式发布，资源共享、协同应用的一体化建设模式逐步推广；以信息化支撑社会主义新农村建设的工作得到积极推进，金山区被列为首批国家农村信息化信息服务试点区。政府信息公开工作趋向制度化、规范化，在不断完善和拓展公开内容与形式的同时，出台《上海市政府机关公文类信息公开审核办法》，制订信息公开评估指标体系；至年末，各级政府部门累计主动公开信息20.58万条，近80%的公开申请得到满足或部分满足。

四、信息技术应用向广度和深度拓展，促进了城市经济运行效率和管理、服务水平的提高

在经济领域，电子口岸平台建设不断完善，洋山港综合信息服务平台投入运行，大通关电子支付系统实现与11家金融机构联网，全年电子支付交易额达650亿元，占关税支付总额的比重过半；电子商务交易额占全市商品销售总额的12.3%，中国银联及全国大部分商业银行的信用卡中心均已入驻上海，全年银行卡持卡消费金额占本市社会消费品零售总额的比重达到35.7%；电子标签在农产品销售、医院、仓储、危险品管理等领域的应用推广进展顺利；社会诚信体系建设深入推进，积极探索信用制度创新应用，征信服务业发展环境进一步优化。在社会事业和公共服务领域，市民信箱、付费通、社区信息苑等便民信息化应用项目继续完善，推进“家校互动”、居民电子健康档案等应用试点，启动上海市突发公共卫生事件应急信息系统建设。在城市建设、交通及管理领域，城市管理网格化基本覆盖中心城区；启动全市交通综合信息平台及地下空间信息基础平台建设；基本建成覆盖全市域的地面无线测控网，可提供特殊物件、人员的定位测控服务。

五、信息化发展环境不断优化，保障了信息化自身的持续快速发展

信息安全总体处于受控状态，出台《上海市公共信息系统安全测评管理办法》及《上海市网络与信息安全事件专项应急预案》，积极开展信息安全等级保护、信息安全管理标准试点等工作，初步形成针对基础网络与重要信息系统、全生命周期的安全管理机制。信息化政策法规、标准制订及管理工作持续推进，至年底累计发布各类政府规章、政策性文件和规范性文件60余件，其中，与本市科技创新“36条”相配套，发布加强中小企业信用制度建设、应用信息技术改造提升传统产业两个配套实施意见；编制完成本市信息化“十一五”规划及系列专项规划；信息化项目归口管理工作不断加强，制订市级机关信息系统建设和管理指南，发布市本级信息化项目支出预算管理办法，初步确立了覆盖项目规划、立项、建设、运维等环节的项目全过程管理框架。信息化合作交流、培训等工作取得突破，上海成功举办第28届世界软件工程大会，成为承办该会的首个发展中国家城市，亚太地区城市信息化论坛第六届年会顺利召开，发布《长三角区域信息化“十一五”合作规划（2006～2010年）》；启动本市信息专业技术人才知识更新工程；截至年底，信息化领域的行业协会累计达15家，会员单位超过2 200家。

傅文彪

第 一 编

信息基础设施

综 述

2006年，上海继续加强信息基础设施规划管理，坚持集约化建设理念，各方面成效显著。经过了在临港新城等重大工程建设中的探索，将"三统一"原则演绎为"统一规划、集约建设、资源共享、规范管理"的"临港模式"，功能型设施的服务能力也进一步提高，为全市"十一五"信息基础设施发展打下坚实基础。

信息基础设施专业规划稳步推进。截至2006年底，全市累计完成40多个区域的信息基础设施专业规划编制，规划面积累计达980平方公里，比上年末增加250平方公里，占全市面积的15%；规划导入人口570万，比上年末增加170万。

信息基础设施集约化建设有序开展。随着"1966"城镇体系规划的落实和市重大工程建设的推进，集约化信息基础设施在郊区新城镇、重大工程配套建设中得到逐步推广和完善。截至2006年底，集约化信息管线累计敷设2 451沟公里，架空线入地累计完成2 800皮长公里，建成罗店、江桥等共约6 000平方米的集约化通信机房，累计完成无线信号室内覆盖合路建设100万平方米，并推进了临港新城、轨道交通、浦东国际机场二期、世博园区等重大工程信息基础设施配套建设。

重大活动信息通信保障有力。年内，圆满完成"上海合作组织"峰会、2006上海特奥会国际邀请赛、F1赛车中国站赛事期间的信息通信保障任务。其中，特奥会信息通信系统建设为2007年世界特殊奥运会信息通信保障打下了良好基础。

信息网络和功能型服务设施能级提升。截至2006年底，全市固定电话交换机容量达1 391.08万门，比上年末增加34.58万门，固定电话用户达1 112.3万户，其中住宅电话737.8万户，小灵通用户260.8万户；移动电话交换机容量达2 433.05万户，比上年末增加442.05万户，移动电话用户达1 609.5万户，比上年末增加165.3万户；互联网用户达957万户，比上年末增加154万户，宽带接入用户达335.2万户，比上年末增加87.8万户，其中家庭宽带接入用户达301.68万户，比上年末增加79.02万户；有线电视用户达448.12万户，比上年末增加20.82万户，有线电视双向改造用户达200.3万户，比上年末增加14.64万户。全年长途电话通话时长达151.42亿分钟，同比增长37.5%，其中固定电话长途通话时长达32.6亿分钟，同比增长4.4%；移动电话长途通话时长达27.22亿分钟，同比增长38.7%；IP电话通话时长达91.6亿分钟，同比增长54.6%；国际及港澳台电话通话时长达6.2亿分钟，同比增长8.6%。互联网国际出口带宽超过40G，比上年末增加10G；长途光缆线路总长累计达3 042公里。高性能计算机应用领域不断拓展，曙光4000A主机系统全年平均使用率达81.28%。上海互联网络交换中心全年总交换流量达2 113TB，总交换互联带宽达到12G。

（顾　丹）

第一章 专业规划与重大工程

概 述

2006年，结合新农村建设和城市新一轮建设高潮，信息基础设施专业规划向郊区新城镇、开发区进一步拓展，形成并发布了《在社会主义新郊区建设中加强信息基础设施规划、建设和管理的指导意见》，明确了在“1966”城镇体系建设中同步配套建设集约化信息基础设施的原则和方法，全面推进郊区城镇信息基础设施规划编制。编制完成了《上海市“十一五”信息基础设施专项规划》。

继续推进重大工程信息基础设施集约化建设。在临港新城新建管道80余沟公里，建成临港新城临展中心、临闸等4座集约化无线通信基站；在浦东国际机场二期场区内建成约446孔公里通信管道，并落实了通信机房、无线基站选址；完成了铁路南客站、中环线信息基础设施配套建设的收尾和开通运营的准备工作；推进了轨道交通48个站体和2座风井的信息管线搬迁工作；完成了沪崇苏越江隧桥信息基础设施配套建设准备工作。

（顾 升）

一、信息基础设施专业规划

2006年，编制完成了临港物流园区、临港书院社区、临港泥城社区、临港万祥社区、普陀桃浦镇、青浦徐泾镇、闵行浦江镇、金山廊下镇、徐汇龙华地区、嘉定新城、金山新城、宝山顾村一号基地等区域的信息基础设施专业规划，规划覆盖面积达250平方公里，规划导入人口170万。

（顾 升）

世博园区无线通信综合解决方案

2006年内，为满足世博会展会期间的无线通信需求，以及配合世博地区的后续发展，市信息委、市无管局会同市城规院、世博土控公司、上海电信邮电设计院及电信运营企业等有关单位，编制完成了《世博园区无线通信综合解决方案》。

该规划年限从2006年到2020年，分近期和远期两个阶段，通过对世博园区在会展期间和会展后无线通信需求的分析，既充分满足园区各阶段无线通信的需求，又具备集约化、景观化的无线通信建设特色。拟在园区规划红线内新建无线通信宏基站13处，包括数字集群通信系统站址4处，监测站3处，涉及管道建设222孔公里，此外，园区建设中还将补充设置无线信号覆盖点若干。

该规划对园区内的各种可能运用的无线通信技术进行了详实的论证，鼓励和引导无线通信新技术在园区内的实现，并兼顾技术可行、通信保障、运营公平竞争、资源节约和景观协调来设置无线通信系统，通过明确站址、部署和配套需求，为世博园区信息基础设施建设提供依据。

（顾 升）

虹桥综合交通枢纽规划

2006年内，配合虹桥交通枢纽发展的新要求，初步编制完成了《上海市虹桥综合交通枢纽信息基础设施专业规划》，为该地区的信息基础设施布局打下了基础。

该规划覆盖虹桥机场以及附近区域，东起外环线，西至铁路外环线，北临北翟路，南到沪青平高速公路，规划用地26.26平方公里。虹桥综合交通枢纽将建成集高速铁路、城际和城市轨道交通、公共汽车、出租车及航空港紧密衔接的国际一流的现代化大型综合交通枢纽。

该规划通过对虹桥综合交通枢纽信息通信业务需求的分析，对该区域的通信网络、集约化信息管线、移动通信宏基站、室内覆盖系统、数字电视系统和集群通信系统等系统的建设进行了全面规划，并对该区域的信息化应用进行了分析和建议，将为用户提供多元化的信息服务，信息基础设施建设总投资估算为2.6亿元。

（顾　丹）

二、信息基础设施重大工程

轨道交通信息管线搬迁工程

轨道交通网络建设是“十一五”期间全市城市交通基础设施建设的重点。2006年3月，在市委市政府“集全市之力加快轨道交通建设”工作方针的指导下，以中国2010年上海世博会为契机，市信息委成立了市属信息管线搬迁领导小组和工作小组，积极推进轨道交通信息管线搬迁工作。

由于工程进度紧、施工难度大，根据指挥部下达的进度要求，在不影响交通和保证施工质量的前提下，各单位克服困难，采取三次分段施工方案，及时完成了信息管线临管工程。截至2006年底，完成了第一阶段42个站体和2座风井建设中信息管线搬迁全部工作任务，累计搬迁通信管线约18沟公里，搬迁与割接光电缆900多根，同时还积极配合部署通信搬迁和割接光电缆近500多根。

（顾　丹）

轨道交通通信管线搬迁工程

轨道交通建设是上海重大市政建设工程，沿线的管线搬迁，是整个工程中十分重要的一个环节。该工程从6月开始启动以来，共完成轨道交通7号线、9号线（一期）、10号线、11号线沿线400多公里、280座车站、400多个项目、30.64沟/公里通信管道、126.84条/公里电缆、14 936.13条/公里光缆的搬迁工作，总投资达1.7亿元。

（胡永龙）

浦东国际机场二期信息基础设施建设工程

浦东国际机场二期信息通信配套以建设技术先进、安全稳定可靠的信息通信网络，提供符合国际高标准机场要求的信息通信服务为目标。在保障机场信息通信网络安全稳定可靠的前提下，通信业务面向市场、面向用户，以经济效益为中心，保证机场信息通信网络的整体性，并按照有关建设规范和整体工程进度要求同步施工。建设项目包括通信局房、信息管线、无线覆盖、语音数据和无线通信网络。

2006年，浦东国际机场场区内新建约446孔公里信息通信管线，启动了二期航站楼及交通中心共计70万平米的室内无线信号覆盖合路系统建设，并落实了通信机房和移动通信基站选址。

（顾　丹）

三、重大活动信息通信保障工作

上海合作组织峰会通信保障

上海合作组织峰会于2006年6月中旬在上海举行。为确保“峰会”通信的高效畅通，按照“细致周到、精益求精、安全有序、万无一失”的要求，认真实施峰会的各项通信保障工作：成立了上海合作组织峰会通信保障工作领导小组和工作小组，确定金茂君悦、上海大剧院等18个宾馆场所为通信保障的重点部位，延安高架、南北高架等13个路段为通信保障重点路段，并为所涉及的宾馆场所的相关通信设备开通来电显示、录音、保存等功能，为重要通信保障部位提供无线集群等现场调度、指挥和应急通信设备。此次保障工作得到了市政府有关方面的好评，信息产业部专门发文对此次通信保障工作进行通报表彰。

（胡永龙）

特殊奥运会信息通信保障

为保障2007年首次在亚洲举办的世界特殊奥林匹克运动会的信息通信，2006年，组建了由市信息委、市通管局、市无管局、上海电信、市政府办公信息处理中心等单位组成的信息通信部，编制完成了《2007年世界特殊奥林匹克运动会信息通信系统总体建设方案》和《特殊奥运会2006年邀请赛信息通信建设和保障工作方案》。上海市电信有限公司作为此届特奥会信息通信合作伙伴，具体承担了特殊奥运会2006年邀请赛和2007年比赛信息通信系统的建设和保障工作。

10月，圆满完成了来自25个国家和地区2 000多名特奥运动员参加的2006特殊奥运会上海国际邀请赛信息通信保障任务。完成特奥会执委会办公系统、呼叫中心、信息中心、指挥中心、新闻中心、注册中心的系统开发和通信保障；电子标签应用也在部分运动员中进行了测试和演练；为2007年特殊奥运会信息通信的筹备和建设进行了全面的演练和测试。

（崔艳春）

2006年F1赛车中国站通信保障

2006年9月29日～10月1日，世界一级方程式（F1）中国大奖赛在上海嘉定国际赛车场隆重举办。作为世界三大赛事之一的F1方程式比赛是最高级别的赛车运动，赛事规格高、层次高、通信保障要求高。F1比赛期间涵盖了大多数无线电业务种类，使用的无线电设备包括对讲机、固定基站、W-LAN、宽带无线接入、无线摄像机、微波、卫星地球站等；使用了150MHz、350MHz、450MHz、800MHz、1.8GHz、2.4GHz等频段,赛事临时频率高达510个，是所有赛事之最。

为全面做好大型国际赛事的无线电通信保障任务，上海市无线电管理局（以下简称“市无管局”）认真总结了2004、2005年F1大赛的保障经验，制定了周密的保障工作预案和实施方案。

首先，在多次现场电磁环境测试基础上，与F1赛事组委会及各相关单位就用频安排进行沟通。与公安、国安、消防、救护、电视台等相关用频单位及江苏省有关无线电管理部门就用频方案进行协调，并制定了频率处、检测、监测的保障方案，做到分工明确、责任到人。

其次，为确保此次赛事无线电通信的安全有序，一方面加强无线电监测，启用新型移动工作站1个、固定监测站2个、出动移动监测车2台，形成常规监测与干扰定位相结合，多点监测与统一指挥相结合的工作机制，为顺利完成F1大赛的无线电管理奠定坚实基础。另一方面，加强与海关等单位的协调，为比赛用频开通速办的“绿色通道”；加强宣传，提倡合法使用有限的频率。

从赛前3个月起，对F1赛车场方圆5.4平方公里范围区域进行电磁环境测试和重点频率的监测，获取各时段无线电频谱资料，及早发现和清除可能存在的干扰隐患。按照赛事保障的要求，赛事保障人员在赛前一周就提前进驻赛车场，连续7天现场办公，保证了无线电通信网的安全畅通。

市无管局高度重视、积极参与、全力投入、措施有力、服务到位，有效地保障了赛事期间无线电通信的安全与畅通，确保了F1中国大奖赛的圆满成功。

（市无管局）

第二章 公共信息基础设施

概 述

2006年，全市信息基础设施综合服务能力进一步提高，将起步于信息通信管线的集约化建设模式逐步推广到信息通信机房、无线通信基站、无线信号室内覆盖、接入网建设等领域。全年，新建集约化信息管线830沟公里，累计敷设2 451沟公里，遍及全市60%的城市道路；接入商业大楼456栋，累计接入1 394栋。在铁路上海站周边地区、南京西路沿线等工程中，完成了958皮长公里的信息架空线入地，累计完成2 800皮长公里，并编制完成了《本市“十一五”信息架空线入地方案研究》。在两年内，完成无线信号室内合路系统100万平方米，在建约200万平方米。

截至2006年底，共有6个系统的9条国际海光缆在上海登陆，通信容量达260Gbps；长途光缆线路总长达3 042公里；微波占有信道累计达967波道公里，数字微波线路总长达2 832公里；卫星站点累计达831个。

（顾 丹）

一、信息通信管线

2006年，上海市信息管线有限公司（以下简称“信息管线公司”）通过集约化建设，有效减少了道路的重复开挖，提高了地下管位资源的综合利用率，降低了建设成本，也为城市未来的发展保留了必要的信息管道余量。六年来，作为全国率先进行的信息基础设施建设改革的重大举措，上海的集约化信息管线建设为各运营商公平公正地开展业务竞争提供了必需的基础网络条件，加快了上海信息化的进程，初步实现了信息管线的统一规划、集约化建设、专业化管理、有偿使用和普遍服务。

管线建设

2006年，信息管线公司通信管道建设量为810沟公里，其中包括临港新城、世博以及各区道路配套架空线入地工程等市重大工程配套建设。信息管线公司在市大力发展新农村建设的精神指导下，通信管线建设已从市中心城区逐步向各郊县辐射。

截至年底，信息管线公司建设通信管道共计2 000多沟公里，初步建立了覆盖全市的集约化信息管道基础网络，基本满足了近年来用户提高通信服务质量和各运营商建网对信息管道的需求。

楼宇接入

2006年，信息管线公司完成商务宇楼、基站、小区接入456个，累计接入1 374个，有力支持了运营商的业务开展，还为政府公务网、教育网、科技网等专网提供了各种方式的接入。

维护保障

2006年，信息管线公司配合运营商穿缆1 482人次、调换加密井盖2 716只、保养整修管线桥架25座、维修大型竖井2座、办理施工交底卡493张、现场交底达900余人次。信息管线公司根据现实情况及时调整维护模式，将原市区、郊区2个运维中心的运维模式调整为3个运维中心（南区、北区和浦东），坚持并不断完善7 × 24值班制度，提高了运维抢修的反应速度。

轨交搬迁

2006年，信息管线公司以轨道交通建设搬迁配合项目为重点抓手，保持良好的运作机制，结合立功竞赛活动，工程进度、质量和安全文明施工一起抓，加速推进搬迁的工作进程，全面保证了轨道交通建设搬迁施工进度和质量。截至年底，公司累计顺利完成15个站点的临管搬迁施工，并在建8个站点。（孙 亮）

二、海光缆和长途通信光缆

海光缆安全保护工作

【上海网通海光缆维护】 至2006年底，中国网通（集团）有限公司上海市分公司（以下简称“上海网通”）承担着网通集团在上海的国际出口局98%以上的国际传输网络维护，涉及中美国际海光缆、亚太2号国际海光缆、环球国际海光缆、SMW3国际海光缆、C2C国际海光缆，负责国际ATM、帧中继、DDN、IP-VPN网络、国际海缆延伸段线路的维护工作，其中在近250公里的长江－过江光缆段承载了以上所有海光缆系统中近70%的网通引接容量。

（顾　净）

【积极应对“12.26”国际海缆重大故障】 2006年12月26日20时26分和34分，在南海海域（北纬21.9度，东经120.6度）发生了里氏7.2、6.7级地震。此次地震及之后的余震，造成上海网通C2C、APCN2、FLAG、中美、EAC和FNAL等国际海光缆系统相继中断，导致中国大陆至中国台湾地区、北美、欧洲等方向的通信线路阻塞，国际港澳台互联网访问质量受到严重影响，包括雅虎等国际网站无法访问。

在集团的统一指挥下，上海网通调动一切可用资源，紧急采取一系列相关措施及预案：全面调整、调通经上海出口的国际语音路由；调通一条至香港的155M电路（包含了语音、数据专线和IP用户）；为北京国际局重点保障用户开通临时到美国的一条2M电路，紧急抢通连接青岛登陆站EAC海缆的一个2.5G路由作为后续紧急恢复路由；立即组织5艘海缆抢修船前往事发海域开展抢修作业。随着受损国际海光缆的及时修复，中国网通的国际通信业务全面恢复畅通。

（顾　净）

【快速启动应急机制，抢修重大海光缆故障】 2006年12月26日，受台湾海域强烈地震影响，中美海缆、亚太1号、亚太2号海缆、FLAG海缆、亚欧海缆、FNAL海缆等多条国际海底通信光缆发生中断，造成附近国家和地区的国际和地区性通信受到严重影响。面对这一突发事件，上海电信积极作出快速反应，在第一时间启动突发事件联动机制。⑴启动恢复计划。上海电信成立临时指挥中心，摸清故障情况，积极联系境外合作运营商和海缆管理组织，挖掘网络资源，疏通业务，在第一时间抢通了数十条专线和电路，将故障对通信的影响降到最低。⑵全面实施网络维修。上海电信网络维护部门定时对大客户申告进行统计和分析，制定实施大客户保障方案；加强网络监测特别是受影响区域的话务和宽带流量的监测；与中国电信保持密切联系，形成了面向客户、面向业务、面向网络，点线成面的应急模式，达到了很好的效果。⑶第一时间告知用户。962112大客户热线、10000号等客户服务热线、公司网站、各大营业厅第一时间公布事件情况说明，向用户做好故障受理和解释工作，并对客户的通信情况进行仔细监控，多方寻找迂回电路，把客户的通信困难减到最低。

（周　琴）

长途通信光缆现状

至2006年底，上海电信创下了长途光缆干线11年无全阻的记录。上海电信长途通信部担负着上海地区国际、国内长途通信光缆安全和技术管理工作，该部门负责维护光缆76条，维护线路总长达2 400多公里，这些光缆线路连接着全国各省和世界各地的上百万条国际、国内电路，担负着党、政、军重要通信以及国际通信的保障任务。近年来，上海电信加强施工现场的护线力度，护线小组沿线巡查线路近1万公里，收集影响线路问题300多个，并对问题逐一分类，制定不同的护线措施；进行现场交底配合施工600余次，办理各类施工监护“绿卡”200余张；通过“三盯”（即盯紧、盯牢、盯到底）对施工工地进行动态管理，有效防止了“人走障碍出”现象，提高了全社会护线意识。

（周　琴）

第三章 信息网络设施

概 述

2006年，上海市电信业完成通信业务总量511.4亿元，同比增长36.1%，折合成通话时长为850.7亿分钟，同比增长27%。其中，本地固定电话通话达到341.4亿次，同比减少5.6%；长途固定电话通话达到32.6亿分钟，同比增长4.5%；移动电话通话达到453.4亿分钟，同比增长56.3%；IP电话通话达到91.6亿分钟，同比增长54.7%；移动短信业务量达237亿条，同比增长31.2%，实现通信业务收入327.5亿元，同比增长7.73%。

同年，上海电话用户总数达到2 721.8万户，比上年末增加280.9万户。其中，固定电话用户达到1 112.3万户，增长115.6万户，固定电话普及率为62.6线/百人，固定电话用户中，无线市话（小灵通）用户达到260.8万户，增加72.4万户；移动电话用户达到1 609.5万户，增长165.3万户，移动电话普及率为88.7部/百人；互联网用户957万户，增加154万户，其中宽带用户335.2万户，互联网普及率为52.7%。

2006年，上海完成电信固定资产投资额112.6亿元，同比增长13.3%；新增固定交换机容量34.58万门，总量达到1 391.08万门；新增移动交换机容量442.05万门，总量达到2 433.05万门；新增互联网宽带接入端口125.5万个，总端口数达到424万个；光缆长度达到30 845公里。

（胡永龙）

一、固定电话网

上海电信小灵通业务发展势头良好

2006年，上海电信新增小灵通用户72.4万，总数累计达260万。上海电信主要采取四项措施促进小灵通业务发展，取得明显效果。⑴细分市场，着力打造三大客户群六大服务品牌。三大客户群包括：个人用户、家庭用户和集团用户。六大服务品牌包括：面向流动客户的灵通亲情乐，面向校园客户的灵通群星俱乐部，面向本地住宅用户的灵通新旋风，面向老人儿童等特殊用户群体推出的灵通阳光卡，面向家庭客户的灵通无绳（合家欢）和面向集团客户的灵通商务通。⑵增加与信息内容的整合，开发和策划以一键通、阳光救助和定位服务为一体的定制终端，满足老年、学生市场的需求。⑶推进融合业务的发展，推出了以固话、小灵通资费融合的灵通合家欢，让固定电话真正移动起来，深受用户的追捧。⑷做好小灵通增值业务发展，尤其是彩铃业务，上海电信采取将彩铃业务与主力营销活动相捆绑，借助社会渠道进行电话营销等多种方式促进彩铃业务发展，效果显著。截至年底，彩铃用户达到70多万，渗透率在30%左右。

（周 琴）

上海网通推出固话详单查询服务

2006年12月，上海网通正式推出固定电话详单查询服务。固话详单不会寄递到用户家中，有需求的用户只需凭身份证到指定营业厅或通过10060客服热线办理，同时公司还提供网上自助查询服务。这大大方便了上海市民随时查询固定电话的使用情况，做到了透明消费，放心消费。

（顾 净）

二、移动通信网

上海移动网络能力和服务质量不断提升

2006年，中国移动上海公司以全面提升创新能力为抓手，实施“新跨越工程”会战，加快建设加强维护，网络通信能力大幅提升，全年完成居民小区覆盖建设402个，室内覆盖建设358幢，全年净增载频20 008个；完成骨干环2.5万个2M电路、80个155M电路、11个汇聚环和1 412个接入点建设，新建光缆1 969皮长公里，传输网自建率达到85.5%。同时，中国移动上海公司话务量迅猛增长，全年通话时长达到378亿分钟，同比增长96%，在上海通信市场话务量的份额达到32.8%，同比提高13.6个百分点；客户规模突破千万大关，总数达到1 093万户；网络扩容建设得到大跨步推进，全年新增交换机容量390万门，总数达到1 633万门；新增HLR容量700万户，总数达到2 100万户；新建BSC 63个。此外，公司还实施了GSM网络扩容工程和2G网络扩容工程，针对全网高溢出小区完成插板扩容7 500TRX，较好地应对了高话务量的冲击，使通信网络经受住峰值忙时话务量19.3万ERL、日话务量246万ERL的考验。

同年，公司网络优化和维护能力得到提高，顺利完成了网络结构的调整，围绕市场需求和客户感知，进一步深化了7 x 14维护、7 x 24保障工作制，使网络维护能力得到提升，基站故障平均处理时间缩短1.3小时。同时，公司积极推进自主维护，开展ALCATEL、中兴设备自主维护，ALCATEL交换机自主验带升级和核心资源分析，实现MISC系统自主维护管理，达到了保持网络稳定、锻炼骨干队伍的目的。

2006年，中国移动上海公司继续推进互联互通合作，签订了《网络元素租用服务协议》，提高网络元素租用服务质量；积极推进网元置换合作模式，为网络建设发展创造条件；积极协调网内网间通信安全，高质量地完成与联通组网结构的调整、关口局割接工作；落实与电信、联通、铁通互联传输环网扩建，满足了业务发展需求。

（袁丽琴）

上海联通移动通信网建设

2006年，上海联通GSM网络十四期工程完成后，交换网络共建有8个移动交换局MSC，全网交换容量达到438万门；全网9个HLR，总容量为800万户；设有1对独立关口局GMSC，一对与CDMA网共用的移动综合关口局IGW。此外，还设有一对独立的一、二级合设汇接中心TMSC1/TMSC2和一对独立信令转接点HSTP/LSTP。同时，无线网络共设48个BSC，GSM900宏基站1 096个，DCS1800宏基站759个，室内覆盖基站1 222个。

上海联通CDMA网络四期工程后，交换网络共有7个MSC、容量为250万门，4个HLR、容量为360万户；无线网络共有宏蜂窝基站1 078个。

（刘　苏）

三、数据通信网

上海电信张东数据中心正式启用

2006年6月28日，上海电信张东数据中心正式启用，这是上海电信投资建设的电信级IDC专业机房。工程总投资3 800万元，于2月底启动，6月底张东数据中心IDC整个系统实现可供通信。张东IDC机房可以提供1 600平方米可使用机房面积，整个IDC功能区划分为主机房区、调测室、监控室、客户接待区、客户休息区等，机房设施一流先进，具备电信级专业技术保障。张东IDC数据中心除了能够提供主机托管、主机出租、机架和机房空间出租等全部的IDC业务外，还能提供数据存储备份和恢复、计费和网管、实时统计、智能的内容分发和传送、对不同客户实现等级服务等增值业务，其设备规模容量可满足至2007年底的业务需求。张东数据中心的启用，进一步完善了上海电信的IDC核心网络，缓解了IDC的市场需求压力，提高了上海电信IDC的竞争力。

（周　琴）

上海联通传输配套建设

2006年，上海联通已形成由骨干层、汇聚层和接入层组成的城域传输网络。在近期本地传输网四期工程完工后，骨干层达到8波2.5G DWDM系统4段、10G SDH自愈环7个、2.5G SDH自愈环4个、622M SDH自愈环1个；汇聚层达到17个2.5G SDH自愈环；接入层达到91个2.5G和622M环，全网覆盖了包括崇明和洋山深水港在内的所有上海地区。

截至2006年底，上海联通光缆网已建设1 810段，累计敷设光缆6 000多公里，合19万芯公里，其中架空光缆4 600多公里(自建杆路敷设光缆约3 100公里、租用电力杆路敷设光缆约为1 500公里、租用公交杆路敷设光缆约55公里)，管道光缆1 300公里、直埋光缆0.2公里。

上海联通的管道基础设施从无到有、从零星分布到局部联网，并最终实现全程全网。目前，上海联通管道主要分布于为连接局站建设及配合市政建设的主干道路，除出局管道为12～24孔外，其他道路管道的管孔大多为1～6孔，管道采用自建、合建和购买相结合的方式。上海联通本地网四期工程完成后，已建管道1 103沟公里，合4 299孔公里，管道基本分布于主城区及各个郊区县城。

（刘　苏）

上海网通拓展数据通信网应用

【为120余场国际性重要会议和重大展会成功提供通信保障服务】2006年，上海网通在40多家酒店、会展场所实现了业务和网络覆盖，共为120余场国际展会提供宽带有线、宽带无线、NGN宽带电话等通信保障服务，圆满完成了全国“两会”、“2006上海合作组织峰会”等重要会议和重大活动的通信保障任务。

【推出独享宽带产品】2006年7月，上海网通推出独享宽带产品。独享LAN产品是基于FTTB+LAN方式，为用户提供独享单个VLAN的宽带接入产品，属于企业宽带接入（DIA）产品下的分支产品。该产品采用包月计费方式，具有实现光纤到楼，提供100M的上联带宽，每用户独占单个VLAN，充分保障安全性；上联上海网通边缘机房，接入层次高；分配一定数量的静态公网IP地址，方便用户网络应用等特点。

（顾　净）

四、有线电视网

东方有线网络有限公司（以下简称“东方有线”）经过多年的建设和发展，已建成了覆盖全市的有线电视网络，为广大用户提供公益性有线电视服务以及数字电视、“有线通”等服务，极大地推动了城市信息化的发展。

2006年，东方有线继续对原有网络进行调整和扩容，使整个网络具备了更高的可靠性、稳定性及良好的扩展性，并为各类业务的开展提供了灵活的支持。同时，依据2003年6月国家广电总局发布的《有线电视向数字化过渡时间表》，公司成功进行了数字化平移试点工作，为2007年数字化平移工作打下良好的基础。

有线电视传输建设

2006年，东方有线通过优化有线网络、更新传输设备，大力提高电视节目的传输质量，丰富了节目内容。目前，公司已拥有252万直接有线电视用户；共传输61套模拟频段的节目，包括16套中央台节目、15套本地节目和30套外省市卫星节目。同时，数字电视整体平移工程已陆续展开。

早在2005年底，东方有线就与虹口区政府签署战略合作框架协议，共同在虹口区建设集数字电视产品研发、制作、商务办公等功能于一体的数字电视产业园区。2006年4月，市信息委同意在虹口区建立上海市数字媒体产业园区，经过将近6个多月的建设，园区已初具规模，企业引进工作开展顺利，公共服务平台建设和社会中介服务体系日趋完善。11月30日，“上海市数字媒体产业园（TMT）揭牌仪式暨2006年上海数字媒体产业发展高峰论坛”在虹口区创意产业园举行。数字媒体产业园中包括创意产业园区、数字内容产业园以及数字电视产业园等主题园区。

7月15日，虹口区世博花苑、飘鹰、华虹、虹诚和欧阳名邸5个小区的2 000多用户的模拟电视信号正式停播，数字电视信号正式开播，标志着上海有线数字电视整体转换迈出了第一步。

光缆网络建设和双向网建设

为提高有线电视网络的安全性和稳定性，更好地实现有线电视节目的传输，东方有线在原有光缆网基础上又新建了数条干线光缆和大量分配网光缆，使光缆分布更趋合理。同时，公司继续推进有线电视双向网的改造和建设，使有线电视双向网可以提供宽带接入、视频点播、电视会议、远程教学、网上视频游戏等服务，为Internet的普及、信息资源的开发和加快上海信息化发展提供了基础，并将促进上海信息化服务向深层次发展。

数字／交互电视平台及内容建设

数字电视和交互电视是东方有线推出的全新业务，它通过双向交互式数字电视服务系统，将各类增值业务融合到有线网络平台上，并能综合提供数字视频服务、数字音频服务、数据信息服务等多种多媒体业务。2006年，东方有线对数字电视系统进行了扩展和完善，目前已推出了103套视频、20套音频和5套数据广播节目。103套视频节目包括61套模拟频段的节目和42套数字付费电视节目。其中，付费节目包括文广互动节目30套，中央付费节目9套，高尔夫、家庭影院、文广高清各一套；模拟频段节目包括上海和央视模转数节目31套，外地卫视30套。电视节目涵盖了电影、电视、动漫、体育、教育、音乐、娱乐、纪实、电视商务9类主题。

10月31日，由东方有线和广东高尔夫频道有限公司主办，上海高尔夫协会和上海天马乡村俱乐部协办的“高尔夫频道落‘沪’新闻发布会暨邀请赛”在上海天马乡村俱乐部隆重举行。高尔夫频道的落“沪”，将为上海广大高尔夫球迷送上多元精彩的高尔夫节目。

网络设备扩容

2006年，东方有线完成了有线网络设备扩容建设，对“有线通”接入头端设备进行了升级扩容，采用了更为先进的密集形接入头端设备，大幅提高了网络的接入能力。东方有线完成网络升级后，网络容量更大，网络传输速度更快、更安全和更稳定，从而大大提升了“有线通”用户的网络质量，为有线网络扩大接入范围、推行更深入的宽带内容应用服务打下技术基础。

机房新建和改造

2006年，东方有线进行了临空、广灵、广电19楼3个大型机房的建设，其中临空和广灵为数据核心机房，广电19楼为数字电视平移总前端机房。为配合深水港有线网络配套，公司新建了临港新城分中心机房；另外，还完成了对广电8楼总前端机房供电系统改造和中北、崮山、开鲁、定西、龙南、昌平6个分中心的基础资源改造和扩容，并新建小型机房近百个。东方有线通过对机房的新建和改造，保障了公司业务覆盖的均衡性和完整性，优化了整体网络结构和布局，为网络稳定、高效、安全的运行奠定了坚实基础。

有线网络标准化工作

2006年，东方有线参与编制了多个广电行业和上海市的一些技术标准。其中，公司主编的有：DB31/T370.3-2006《宽带接入工程系列标准 第3部分：基于HFC的有线电视宽带接入网设计及施工规范》、DB31/T370.4-2006《宽带接入工程系列标准 第4部分：基于HFC的有线电视宽带接入网工程验收规范》、《有线网络建设技术规范》；参编的有YD/T5140-2005《有线接入网设备安装工程验收规范》、沪建市管（2006）54号《上海市建筑智能化系统设备安装工程预算定额》、《集约化通信机房设计规范》等。

（东方有线）

五、其他网络

中卫国脉数字集群系统发展

【概况】为了更好地服务于上海的城市管理、经济发展和信息化建设，中卫国脉通信股份有限公司（以下简称“中卫国脉”）加大了对iDEN数字集群系统的投入和建设，提高了网络覆盖质量，加强了系统维护力度，确保了数字集群系统稳定、正常运行。

【系统建设】为进一步提升网络覆盖质量，更好地为用户提供通信服务，2006年4月，中卫国脉根据数字集群系统的覆盖规模和市场需求，全面启动了数字集群

iDEN四期扩容建设工程项目。通过对iDEN四期扩容项目的整体规划和设计，顺利完成了25座基站的寻址、建设和开通工作。截至年底，中卫国脉数字集群系统共有104座基站开通并投入运行，进一步提高了系统的路面覆盖率，并对上海与周边邻近省市边界的道路、道口及港口加强了覆盖。目前，整个上海的数字集群信号覆盖面积达到5 263 Km²，其中外环内730 Km²，外环外3 690 Km²，崇明和长兴岛835 Km²；整个上海的信号覆盖率达到82.04%，其中，外环内91.3%，外环外82.2%，崇明和长兴岛74.9%。2006年，中卫国脉数字集群系统设备完好率达到100%，全系统阻断率为零，网络运行稳定，没有重大事故发生，为市场发展提供最为关键的保障和有力支撑。

【业务发展】2006年，中卫国脉数字集群系统圆满完成了上海合作组织峰会、"十一"国庆期间的通信保障任务，得到了相关主办单位的表彰。此外，为F1赛事、大师杯网球赛、汇丰杯高尔夫球赛和国际采购大会等大型赛事、活动提供通信保障也已成为中卫国脉数字集群的例行项目。

在增值业务研发方面，经过持续努力，2006年有了进一步的实施和初步的市场应用。特别是在GPS定位业务方面，中卫国脉尝试了多种形式的定位业务，其中包括：iDEN GPS短信车台定位和MLS/LBS定位业务。（杨 俊）

中卫国脉寻呼网工作

随着无线通信技术的高速发展和通信资费的大幅度下调，手机等各类无线通信逐步普及，寻呼市场日益萎缩和寻呼机逐渐淡出市场已成为一个不争的事实。

2006年是中卫国脉对无线寻呼业务继续进行盘整的一年，寻呼用户数在经历了前几年的快速下滑后，下降趋势已有所放缓。中卫国脉通过提升自身服务质量和进一步推出智能平台等个性化服务来留住老用户，如医院、宾馆、学校等集团用户和一些忠诚度较高的私人用户，并通过各种渠道深挖潜在的新用户群体。

此外，中卫国脉仍继续一如既往地做好寻呼系统的运行维护工作，确保各项通信运行指标均在正常范围之内。为了避免降低通信质量、减少用户投诉率，公司对寻呼整体发信网络调整和改造的步伐有所放缓。与2005年相比，2006年整体发信网络的分布格局基本不变。

（杨 俊）

卫通卫星宽带系统投入运行

2006年12月，中国卫星通信集团公司（以下简称"中国卫通"）上海分公司IPStar卫星上海关口站调试成功，开始试运行。中国卫通卫星宽带系统是为满足中国宽带互联网的发展需求而推出的面向市场的低成本、高容量的宽带卫星系统，符合目前电信业IP化、数字化、宽带化和个性化的发展潮流，可以向用户提供包括互联网宽带接入、话音、数据、视频和多媒体在内的综合服务。

卫星宽带系统是中国卫通构筑天地一体网络的组成部分，能够与地面宽带网络互为备份和补充，并具有高容量、频率复用、功率动态调整、终端成本低、传输速率快、基于IP网络等特点，它不仅比传统卫星容量提高数倍，而且使卫星通信首次取得规模化应用经济效应，从而降低了使用成本，能经济、有效地解决地面网络覆盖不到的盲点地区和环境条件差、建设通信线路施工难度大的农村和边远地区的通信需求。

中国卫通卫星宽带系统的应用，将为进一步缩小数字鸿沟，提高农村信息化水平，推进社会主义新农村建设奠定坚实的基础。（段静静）

第四章 功能型服务设施

概 述

2006年，上海市信息化功能型服务设施综合服务能力再上新台阶。上海超级计算中心的曙光4000A主机系统全年平均使用率达到81.28%，新增超导物理、海洋工程、新型能源、海洋科学等应用领域。上海互联网络交换中心完成交换平台部分网络设备系统的优化及改造，全年总交换流量达2 113TB，日均交换流量达7TB，总交换互联带宽达12Gbps以上，总交换路由信息达40个B类IP地址，网络交换容量达256Gbps。上海地面无线测控网的基本建成，标志着全市构筑"天地一体"的定位测控应用格局开始形成。中卫国脉呼叫中心拥有96968上海本地和1010全国统一接入呼叫中心，可提供多项外包服务，并结合自身特点推出了移动增值业务。

（顾 丹）

一、超级计算中心

高性能计算应用环境

2006年，上海超级计算中心进一步优化上机环境，加强与用户合作，推广高性能计算应用，提高中心的研发水平和服务能力，为"科教兴市"提供强有力支撑。

2006年，上海超级计算中心新增账号74个，曙光用户账号总数达到208个；新增用户61家，分布在全国包括香港在内21个省市地区；同时，新增超导物理、海洋工程、新型能源、海洋科学等应用领域。在学术领域，用户使用中心计算资源开展国家863和自然基金委研究项目，在国内外一流学术期刊上发表了学术论文100余篇；在工程领域，中心支持用户完成"沪崇苏隧道施工仿真"、"汽车事故虚拟再现"等项目的计算，并引起多方关注。

同时，中心进一步提高自身研发水平，与用户合作以及独立完成多个项目，不断完善中心高性能计算应用环境。"数字化振动仿真软件开发"项目获得软件著作权登记；"上海市安全事故防范的数字化公共平台及其应用"、"基于曙光4000A的材料模拟高性能集成平台"以及"基于曙光机的飞机高性能集成优化设计及性能综合评估平台"项目通过验收。此外，中心还与其他研究单位合作或独立申报成功国家863项目3项。

为提高用户的高性能计算应用水平，中心2006年对用户进行了3次集中高性能计算培训，取得良好效果，并已形成培训课程体系。

2006年，中心和甘肃计算中心、同济大学充分协商后，先后建立了兰州分中心和同济分中心，通过合作推动高性能计算的应用范围和应用深度。同年，中心获得了国家信息产业部颁发的"信息产业科技创新先进集体"荣誉称号。上海超级计算中心2006年共接待了来自社会各界参观团队142批、5 555人次。

曙光4000A主机使用情况

2006年，曙光4000A系统全年平均使用率达到81.28%，计算资源已趋饱和，用户计算作业已出现较为严重的排队现象。为了使曙光4000A更好地服务用户，中心对该系统的物理分区、逻辑分区、调度策略进行了两次大的调整，新辟FOURCPUS、SJOBS、CAE等业务队列，避免无谓的作业跨节点计算，缩短作业运行时间，作业完成数量显著增加，总完成运算作业数是2005年的2倍，并提高了大规模计算作业提交成功率，实现了单个作业在512个CPU上的并行计算。

同年，中心集中力量，对过去系统上出现的问题，如GM端口无法释放等进行技术攻关，成功解决有关技术难题，提高用户使用满意度；同时，中心技术部门跟踪最新网络技术，开通IPv6，所有用户均可通过IPv6来使用计算资源。

（吴 珩）

第一编 信息基础设施

二、互联网络交换中心

上海互联网络交换中心

【概况】2006年，上海互联网络交换中心（以下简称“交换中心”）为了更快地适应互联网应用的发展需求，着力于提高网络运行质量，提升交换平台性能和服务效能。在市信息委的统一部署下，交换中心对交换平台的部分网络设备系统进行了优化及改造；开展了IP数据包的分类应用技术研究，为推广网间结算提供了技术支撑；在网络管理上，采用先进的网络采集、数据分析技术，开发并应用本地互联网络交换实时发布显示系统，直观地展示了本地互联网交换历史流量数据、实时流量状态、流量分类和流量统计等动态数据，为主管部门和会员单位提供了反映本地网络交换的实时运行情况（见下图）。

2006年，交换中心主要运行指标得到提升，交换容量从2005年的32Gbps增加为256Gbps；日均总交换流量由2005年的4.5TB提升到7TB以上，增幅65%；总交换IP地址达到40个B类以上；互联总带宽从10Gbps增加到12Gbps以上。

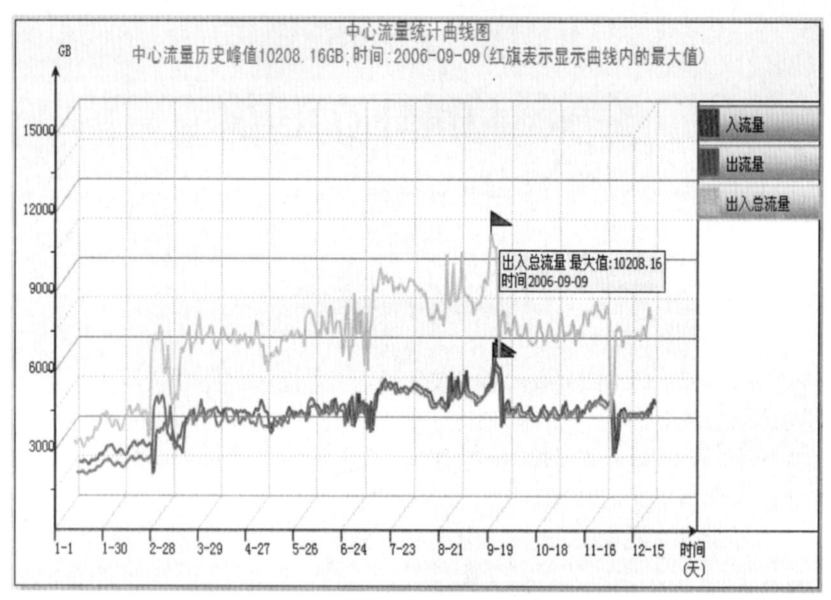

定格显示2006年总交换流量及日总流量最高值情况

【流量分析】2006年，交换平台部分网络设备系统优化及改造后，交换流量有了明显上升，日均总交换流量达到7TB，最高峰时突破了9TB以上，同时各会员单位的总体交换流量均有较大幅度的增长。2006年会员单位流量增幅第一名（332%）与2005年会员单位流量增幅第一名（28.92%）相比，提高了11倍多。由此可见，2006年会员单位的总流量排名情况有所变化，且各会员单位的总交换流量呈上升趋势。

2006年，排名前6位的会员单位交换流量及流量增幅情况，分别见表1和表2。

表1 2006年总流量排名前6名的会员单位

排名	会员单位	与2005年排名比较
第一名	长城宽带（上海）	↑
第二名	上海电信	↓
第三名	东方有线	→
第四名	上海教科网	↓
第五名	网通（上海）	↑
第六名	上海科技网	↓

注：表中→表示名次不变，↑表示名次上升，↓表示名次下降。

表2 2006年与2005年相比总流量增幅前6名的会员单位

排 名	会员单位	增幅（与2005年相比）
第一名	铁通（上海）	332%
第二名	网通（上海）	264%
第三名	数讯网络	233%
第四名	联通（上海）	229%
第五名	长城宽带（上海）	158%
第六名	闵广科技	156%

【网间结算】2006年，交换中心继续深化网间结算的研究推广工作，在2005年研究与开发的“网间结算原型系统”基础上，着眼于新型网络应用，进一步探索IP数据分类应用技术研究，通过网络数据采集分析系统关键技术应用，发挥了该技术集数据采集、应用分析、监测等多功能于一体的优点，为网间结算的应用和推广提供了合理的匹配要素，为促进提高互联网使用效率、节约网络带宽资源提供了依据，同时有助于提高网络性能监控、公共安全、设备利用率等网络交换的可靠性。

在“IP网络数据采集分析系统关键技术研究与实现”系统研制的同时，交换中心分别在《计算机应用与软件》及《计算机工程与科学》上发表了题为“协同式入侵监视系统体系机构设计”和“应用级流量测试系统IPTMAS”的论文。（交换中心）

三、无线测控定位设施

地面无线测控网

【概况】2006年12月，上海地面无线测控网基本建成，网络定位与测控功能达到预期目标，已具备网络运营条件。无线测控网在定位效果、测控功能、信号抗屏蔽抗干扰、系统安全性、工业级终端可靠性与拓展性等方面的优势，已初具显现，标志着全市“天地一体”的定位测控应用格局基本形成。

【工程建设】2006年1月，网络控制中心落成。8月，完成金桥网络控制中心系统安装及中心城区10个基站的建设，并顺利完成初期系统联调。截至12月底，基站建成数量已达30个，基站东临南汇、西至嘉定、北靠长兴岛和吴淞、南达闵行，网络系统信号已覆盖包括上述范围的上海大部分行政区域。目前，整个网络定位效果和测控功能已达到预期目标，网络覆盖区域定位精度可达5米，优势比较明显；系统最快响应时间小于3秒。

【终端研发】地面无线测控网在国外原型机的基础上，加强终端的应用研究，针对中国的实际情况，突破原先的局限，结合微感应等其他新技术，开发出了基于无线测控网的车载安防系统和建筑物安防遥测遥控系统，功能与性能已达到甚至超过国外同类产品水平，极大拓展了无线测控网的应用领域。

【应用推进】为促进无线测控网及其技术的早日应用，在上海地面无线测控网应用联盟单位的大力支持下，进一步拓展了应用试点范围。目前，已明确的试点应用单位已拓展到15家，涉及环卫车辆调度、银行钱箱监管、国防应急指挥、公交电子站牌监控、物流车辆监管、2007年特奥会车辆调度、环保辐射品监管、移动基站监管等方面，相关试点工作已陆续展开。

银行钱箱系统设计与检测

【应用方案】目前已经开展的应用主要有以下6个方面：

1.城市应急联动领域

可实现以突发事件发生地、目标或案发地为中心(基准)点，可设定在最小距离范围内，调动距该点最近的应急反应队伍或警力进行支援或打击，能用最短时间、调集最近的力量应对突发事件，进一步提升应急联动的处置能力。

2.城市智能交通领域

可实现信息与交通管理的融合，实时了解道路交通状况，实现透明化交通。包括：交通工具指挥调度（监控、调度、防盗、信息采集）、电子站牌（车辆位置预报、候车时间预报、电子站牌状态监控及远程开关等）、停车信息服务及车辆故障的紧急支援。

3.物流领域

可实现城市物流从集装箱到港、分储、转运、进区、入库全过程、全方位的监控与调度，打造一个安全、高效、便捷、准确的流通环境。

4.世博会服务领域

可进一步提升服务质量和安全保证，提高游客满意度，从而提升上海大都市的国际形象。应用领域包括：展会会场管理（展团调度、会场控制）、游客行李追踪服务（非法移动报警、过程监控、失物追回）、位置信息服务（展馆、宾馆、加油站等POI信息服务、自助导游服务）、游客救助服务（如遇健康或安全事件，可在第一时间获助）、保安调度（有效调配保安力量，提升园区安全防范水平）。

5.城市运维设施管理

随着上海城市公共设施不断配套和完善，基于地面无线测控网的公共设施监管系统实现对目标设施的状态实时监控，确保公共设施的正常运营。包括：市政设施（路灯、电梯、水闸泵站、排污口、户外媒体广告牌等，检测运行状态和报警）、工业设施服务（包括变压器、冷却塔、锅炉、危险品仓库、移动基站等，检测运行状态和报警）等。

6.社区安防管理

随着上海城市化进程加快而出现的流动人口增加，对全市300多万户家庭以及数十万家企业、商铺的安防工作带来更高的要求。基于地面无线测控网的安防服务平台提供了包括设备、通信、服务在内的整体解决方案，为构建平安城市、打造和谐社会提供有力支撑。

（葛建强）

中国卫通导航定位系统

卫星导航定位产业是目前世界上发展最快的三大信息产业（互联网、移动电话、卫星导航定位）之一，具有巨大的市场潜力和社会价值。中国卫通以市场为导向，努力创造客户需求，并利用自身独特的资源优势，打造产业价值链，开发建设了集GIS系统、卫星（或地面移动）双向短信、卫星数字广播、卫星导航定位应用、信息服务为一体的综合信息服务平台。该平台已被国家正式立项为“导航定位产业化示范性工程”，成为中国卫通实现自身可持续发展的有力支撑。

目前，中国卫通的导航定位业务可以实现对车船等移动物体的监控指挥、防盗反劫、导航等综合服务，而且服务区域覆盖全国。通过综合信息服务平台，用户能以比较低的成本获得无缝隙、高可靠的卫星通信能力，弥补地面无线网络覆盖不全、通信可靠性无法保障的缺陷。该业务平台将在物流运输、数据采集、应急通信等领域获得十分广泛的应用,特别是向农村地区、移动目标、家庭等领域提供多媒体的信息服务将成为其一个优势非常明显的功能。

（段静静）

四、中卫国脉呼叫中心

中卫国脉呼叫中心拥有96968上海本地和1010全国统一接入呼叫中心服务，为客户提供呼入服务、呼出服务、自动语音服务、通信资源租用和大型呼叫中心外包服务，根据企业客户的具体需求专门定制相应的解决方案。凭借着通信资源、技术支持与开发优势，以及多年电信运营积累的服务、管理经验，结合呼叫中心自动/人工语音服务的特点，国脉呼叫中心市场化地推出移动增值服务，在业界树立了良好口碑。

2006年，中卫国脉呼叫中心移动增值业务“健康宝典”栏目在全上海范围内开展的“绿色手机文化”栏目征集推荐活动中脱颖而出，顺利入选由上海市通信管理局、上海市人民政府新闻办公室和上海市互联网协会主办的十大“上海市2006年度‘优秀绿色手机文化’栏目”。

【呼叫中心系统平台】中卫国脉呼叫中心系统平台是以AVAYA软硬件系统为核心，并结合CTI与多媒体交互技术的集成体，能够实现电信交换接入与统计监督功能，可以通过电话、传真、语音信箱、电子邮件、Internet等多种方式在企业与客户间建立全方位的沟通桥梁。

2006年，中卫国脉呼叫中心在现有平台的基础上，又建立了鼎铭交换系统。该系统平台承载了呼叫中心传统的外包、电话营销、IVR、企业用户的短信通平台等业务，使呼叫中心平台上的接入业务和外拨业务的划分更为明晰、合理。

同年，中卫国脉呼叫中心还自主开发了“声控宝”服务，丰富了针对手机个人用户的移动增值业务。截至年底，包括原上线的手机杂志、联通城市、健康宝典业务在内，已成功上线移动增值业务共计11项。

【座席外包业务】截至2006年底，中卫国脉呼叫中心的外包座席规模已由2005年底的200个扩展到300个。除林内公司、联通上海分公司、上海博物馆、森泰克、大正市场咨询公司、潮流公司等一批忠实客户长期租用座席或服务外包，用以开展客户咨询、客户回访、电话营销、市场调研、电视购物等商务活动外，贝婴美儿童食品、激瑞、康耐视等公司也相继加入中卫国脉呼叫中心外包座席阵营，经验的积累使得外包座席的服务质量又上了一个新台阶。

【技术外包业务】目前，中卫国脉呼叫中心能够提供的技术外包服务包括：技术战略咨询、个性化应用软件开发、技术支持、系统集成等。2006年，中卫国脉呼叫中心根据潮流公司的业务需求，推出了客户积分系统等应用开发服务，使技术开发及时转化为技术产品，为业务规模的扩大提供有力支撑。

【移动增值业务】2006年，中卫国脉呼叫中心继续作为上海联通的主要合作SP之一，致力于为联通用户提供联通秘书、手机杂志、健康宝典、个股点评、联通城市、报信鸟、联通小秘书、有情点歌等增值服务。同年，呼叫中心又新开发了“声控宝”业务。截至年底，中卫国脉呼叫中心移动增值用户数逾30万户(含四川、江苏的全国业务)。

【1010全国统一接入业务】1010全国统一接入业务是由中国联通提供，面向企业客户的全国统一电话接入号业务。目前，该业务发展稳定，除麦考林、顺平公司继续使用中卫国脉的服务以外，2006年还增加了TVSN电视购物等新客户。（杨　俊）

第 二 编

信息产业

综　述

2006年，上海在信息产业领域坚持树立与落实科学发展观，全面贯彻落实中央宏观调控政策，准确分析和把握各类国际国内形势，克服种种困难，大力推进信息技术在社会各领域的应用与产业化，实现了从高速发展到调整发展的平稳过渡，使信息产业继续领跑各大产业，稳固了其全市国民经济第一支柱产业地位。

2006年，上海信息产业发展呈现以下主要特点：

1.全行业经济总量持续稳定增长，对城市经济贡献率不断增大

2006年，全市完成信息产业增加值1 337.89亿元，同比增长17.5%，占全市GDP比重达13%。全年上海信息产业实现总收入5 904亿元，同比增长17.4%，其中信息产品制造业实现销售收入4 683亿元，同比增长15.3%，在全市规模以上工业销售收入中的比重达38%；信息服务业经营收入1 221亿元，同比增长26%，信息服务业已成为上海现代服务业的重要组成部分。

2.核心产业高速发展，主要信息产品和门类在全国地位日益突出

（1）IC产业占全国半壁江山。集成电路产业已成为上海信息产业重点发展的核心产业之一，其产业规模和技术水平均处于国内领先地位。同时，上海集成电路产业继续扩大产业规模、完善产业链，实施自主创新、加速人才培养，成为信息产业中增速最快的行业。2006年，全市集成电路制造业实现销售收入316亿元，同比增长26.7%；生产线产能利用率饱满，在无新建项目投产的情况下，折合成8英寸的月投片量达到29.6万片/月。

（2）软件产业继续保持快速增长。目前，软件业已成为推动信息产业结构调整的重要力量。2006年，上海软件业实现经营收入616.7亿元，同比增长35.5%。全市26家企业入选2006年度国家规划布局内重点软件企业，占全国1/6。同时，软件质量和软件开发效率同步提高，全市累计通过CMM3以上国际评估的企业达87家，占全国40%以上，其中CMM5有7家。此外，软件外包发展迅速，日本和欧美软件发包量迅速增加，全市软件外包企业纷纷扩大规模，承接国外定单。目前，全市外包软件企业中，从业人员超500人的有12家，其中超800人的5家，超千人的3家。

（3）电子信息产品在全国市场占有率较高，重点产品产量大幅增长。由于通信运营商加大布局力度，2006年，全市移动通信基站设备产量达174万信道，同比增长51.4%，占全国总产量的16.8%；笔记本电脑产量2 223万部，同比增长35.2%，占全国总产量的33.2%；等离子电视机产量22.5万台，同比增长73%，占全国总产量的30.1%；液晶电视机产量106万台，同比增长2倍，占全国总产量的10.5%。

3.信息产业国际影响力日益增强

2006年，全市信息产业出口额370亿美元，同比增长24.2%，占全市外贸出口总额的32.6%，上海已成为全球电子产品制造加工产业链的重要一环。一些跨国企业的研发中心竞相落户上海，为上海信息产业发展高附加值、引导产业升级起到了促进作用。同时随着R&D国际化、全球化的浪潮，上海也日益成为跨国公司抢滩中国R&D市场的首要地区，上海信息产业正由劳动力密集型或资本密集型向智力密集型转变。

（市信息委产业处）

表1 2006年信息产业增加值情况表

	单位	2006	增长（%）
信息产业增加值	亿元	1337.89	17.5
其中：信息产品制造业增加值	亿元	813.43	17.2
信息产品销售业增加值	亿元	24.91	14.9
信息产品服务业增加值	亿元	499.55	18.1
信息产业增加值占全市生产总值比重		13%	

（严秀芳）

第一章 信息产业环境建设

概 述

近年来，上海信息产业处于快速发展期，尤其在“十五”期间，信息产业迅速成为全市第一支柱产业，对上海经济发展的贡献率不断提高。上海信息产业快速发展离不开良好的发展环境，国家和上海市对信息产业的高度重视，是取得良好成绩的基础。在国务院印发的《国家中长期科学和技术发展规划纲要(2006～2020年)》中，16项重大专项中有3项与信息技术直接相关；在上海实施的科教兴市重大产业科技攻关项目中，信息技术领域的项目占三分之一。

上海坚持外向型、多功能、高科技的发展方向，积极构筑和完善产业公共服务体系，先后建设了漕河泾、金桥、张江、外高桥等一批高科技园区，以良好的投资环境吸引了大批国内外高科技企业，目前这些园区已成为上海信息产业研究开发、技术创新和产业发展的重要基地。国家层面，在国家发改委、信息产业部、科技部的指导下，上海先后成立了国家微电子产业基地、国家集成电路设计上海产业基地、国家半导体照明产业基地、国家软件产业出口基地、国家信息安全基地、国家软件产业基地，进而构成了国家信息产业基地，成为技术创新和发展自主知识产权的重要载体。近年来，上海又陆续建设了上海集成电路研发中心、上海市软件测评中心、上海硅知识产权交易中心、上海市企业信息化促进中心、上海市信息服务外包发展中心、上海市LED半导体照明研发应用中心等公共服务平台，将政府对产业的支持从项目资金扩展到公共服务，为企业创造了更加良好的产业发展环境。

(市信息委产业处)

一、科教兴市攻关项目推进

2004年项目推进情况

【“TD-SCDMA第三代移动通信系统开发及产业化”项目】 到2006年8月，上海大唐移动通信设备有限公司(以下简称“上海大唐”)承担的“TD-SCDMA第三代移动通信系统开发及产业化”项目已全面完成项目实施框架协议内容，提前进入后评估程序。在基站系统方面(NodeB、RNC、OMCR)，上海大唐完成了前期开发、工艺设计、测试、导入生产工作，在信产部组织的MTNet内外场测试和产业化专项测试中，项目各项指标名列前茅。通过测试后，上海大唐开始批量生产，并为2006年3月启动的“规模网络技术应用试验”供货。在终端系统方面，上海大唐已能提供全套解决方案，除芯片组是和相关厂家合作开发外，其余部分均由上海大唐独立完成，具有完全自主知识产权，并已申请相关专利和进行商标注册。同时，该解决方案基于目前业界最稳定的协议栈软件，现已授权给中兴、TCL、LG等厂商使用。此外，公司积极进行技术创新，高度重视技术成果的知识产权保护工作。在专利申请方面，该项目已申请专利49件，除1件为实用新型专利、8件为手机外观专利外，其余均为发明专利，还有多项创新技术准备进行专利申请。专利涉及的技术包括终端信号收发装置、功率控制以及数据传输等。目前，上海大唐研发的基站设备和终端已在“规模网络技术应用试验”项目中得到广泛应用，项目本身也通过了市推进办组织的后评估。

【“普元EOS面向构件的互联网应用基础平台系列中间件”项目】 上海普元信息技术有限责任公司(以下简称“普元信息”)承担的“普元EOS面向构件的互联网应用基础平台系列中间件”项目取得了一系列科技成果，

公司已成功掌握了面向构件的核心技术，主要包括：构件引擎与构件技术、图形化构件组装技术、XML数据总线技术、数据字典技术、可视化界面设计等，这些技术比国际同行领先了12～18个月。普元信息累计申请拥有完全自主知识产权的软件产品著作权14项，并已成功递交3项专利申请，目前正在积极申请国外专利。2006年6月，普元信息作为亚洲惟一软件企业成为SCA/SDO国际构件标准组织核心成员，参与制订构件国际标准；10月，普元信息基于SCA/SDO国际构件标准规范的下一代产品EOS6.0研发正式启动，它是全球第一个基于SCA/SDO/SOA的面向构件中间件产品。普元EOS能够很好地满足中国政府和企业随需应变的信息化需求，EOS构件复用率达60%以上，这有利于用户通过构件化开发积累企业知识，并有利于应用系统的长期维护和发展。在产业化方面，普元信息同样取得了较好的成绩，销售额保持了每年300%以上的增长。目前，普元EOS已成功应用于电信、金融、电子政务等10个国家关键领域，拥有中国电信、中国移动、中国联通、中国网通、交通银行、中国银行、工商银行、安全部、外交部、浙江财政厅、宝钢、华北空管局等100多家大型客户，以及深圳华为、神州数码、亿阳信通、宝信软件、方正奥德，中软科技等数百家合作伙伴。

【“桌面中文软件系统”项目】 上海中标软件有限公司（以下简称“中标软件”）承担的“桌面中文软件系统”项目研发完成了项目核心产品——“中标普华Linux桌面操作系统和Office办公套件2.0、2.8和3.0版”。该产品在易用性、兼容性、安全性、稳定性等方面都取得了一定突破，性能和功能均居国内同类产品领先水平。此外，该项目还拓展了核心产品的形态，先后启动研发了中标普华Office藏文版、英文版、西班牙文版等多语言版本，以及教育版、国防版等针对特殊应用领域的定制，并成功应用于山西政务网、国办安全平台、海尔家家乐项目、上交所项目等。中标普华Linux桌面采用开放的、一架式系统设计方案，配套经过精心设计的核心桌面应用软件，包括Neoshine Linux Evolution电子邮件与日历程序、Mozilla Web浏览器、多媒体工具、PDF阅读器、图像处理软件、英汉翻译工具等。用户只需较少的投入即可获得企业所需的全部桌面功能，从而创建一个完善的桌面办公环境，特别是其更紧密地支持中标普华Office办公套件，两者作为中标软件的配套组合产品，有效避免了不同厂商、不同品牌之间的操作系统与Office软件之间可能存在的兼容性差的问题。在知识产权方面，中标普华核心产品已获得软件著作权14项，软件产品登记16项，已有1项发明专利获得受理。在产业化推广方面，产品除了获得30多个省市政府采购外，雷允上药业等企业也应用该软件。同时，在2006年上半年中国正式颁布计算机预装正版操作系统政策的推动下，中标软件还与国内海尔、长城等多家计算机供应商进行合作，在个人计算机中预装中标普华Linux桌面操作系统和中标普华Office办公套件。

【“有线数字电视广播”项目】 东方有线网络有限公司（以下简称“东方有线”）承担的“有线数字电视广播”项目在科技攻关方面已基本完成前端播出和管理平台的研发及建设工作，具备了100多套数字电视频道和10套以内模拟电视频道的播出能力；完成SMS系统的部分研发建设工作，三期子项的设备选型和技术方案基本确定，现处于建设准备阶段；完成普及型数据信息广播服务平台的研发建设工作；完成普及型数字电视接收终端技术规范工作。在推广应用方面，东方有线已在虹口区开展数字电视平移试点工作，并取得了阶段性成果；在上海城区发展了10万户数字电视用户，市场反馈情况良好。

2005年项目推进情况

【“高端硅基材料研发和产业化”项目】 上海新傲科技有限公司（以下简称“新傲科技”）承担的“高端硅基材料研发和产业化”项目围绕键合工艺和Simbond技术展开SOI技术研发，目前已经基本打通了键合SOI和Simbond技术的所有工艺环节，正在进一步稳定和优化工艺，以满足大规模生产的要求；对应变硅、锗硅的制备及表征进行了探索性研究，取得了阶段性成果。在知识产权保护方面，新傲科技在国际上首创的Simbond技术不但申请了国家发明专利，并且于近期进入了国际专利的申请程序，另外还有2项专利已提交申请。目前，新傲科技已有专利35项，其中已授权专利17项。在市场开拓方面，已有一批国际知名公司持续对公司产品进行论证。2006年，新傲公司实现销售收入达1.18亿元。

【“兼容IPv6的高端路由交换设备研发及产业化”项目】上海博达数据通信有限公司（以下简称“博达公司”）承担的“兼容IPv6的高端路由交换设备研发及产业化”项目已开发完成640G交换平台开发，并在此基础上形成3款（3插槽、6插槽、10插槽）高端路由交换设备产品，共开发了3款整机（包括机箱、电源、风扇板、交换背板）以及4种主处理交换板（80G/160G/320G/640G交换引擎），640G高端交换机正在信息产业部数据所进行入网测试，预计2007年1月底以前将获得入网证。在软件方面，公司完成开发支持各种以太网二层协议和广域网连路层协议，支持RIP、OSPF、BGP等动态路由协议，支持单播、广播、多目广播，支持IPv4/IPv6双栈，支持TACAS+、RIDUS等认证协议，支持MPLS VPN和IPSec VPN，支持SNMP和RMON网络管理协议。IPv6协议栈已通过国际组织“IPv6 Ready”的一致性测试，并获得证书。在知识产权方面，已申请6项发明专利并获得受理。

【“开放式集成电路中试线建设和关键工艺技术开发”项目】上海集成电路研发中心有限公司（以下简称“集成电路中心”）承担的“开放式集成电路中试线建设和关键工艺技术开发”项目通过与比利时IMEC微电子研发中心的合作，开发完成0.13微米全套工艺和90纳米关键模块工艺技术，并获得比利时政府授予的技术转让许可证，同时具备了向国内企业转移这两项技术的能力和技术条件，现正在进行90～65纳米BiCMOS模型技术合作研发。

（市信息委产业处）

二、信息产业园区基地建设

软件产业基地

软件产业的高速发展，使软件产业基地的集聚作用日益凸现。大力推进上海软件产业基地建设，是贯彻落实国务院18号文件的重大举措，对于上海软件产业的发展具有十分重要意义。近年来，上海以作为国家软件产业基地和国家软件出口基地的浦东软件园为龙头，发挥复旦软件园、交大徐汇软件园、漕河泾开发区软件园、长宁信息园、科技京城、天地软件园等市级软件产业基地优势，真正形成了一流的软件开发及产业发展环境，并在芯片设计、信息安全、软件出口、系统集成等方面形成产业群落，推动了上海软件产业的全面发展。

微电子产业基地

2006年，在市委、市政府总体规划指导下，各集成电路产业园区根据各自特色，进一步加快发展，完善产业链体系，取得了令人瞩目的成绩。

浦东产业带作为微电子产业基地的龙头和核心，继续巩固自身作为亚洲半导体制造重镇的地位；张江高科技园区根据自己的功能地位，实现了园区新一轮的跨越式发展，目前张江形成了设计、制造、封装测试以及设备制造等国内最完整的集成电路产业链，呈现出加工水平和生产能力高、研发机构实力强、高端IC设计企业集聚等特点。目前，中芯国际12寸线开始在张江园区建设。漕河泾园区2006年发展势头强劲，各项主要经济指标再创新高；松江园区以台积电为中心，潜心发展，产业链已经初步形成；青浦园区也在原有基础上进一步巩固封装基地的重要位置；紫竹科学园区2006年正式成为市级高新技术产业开发区，迅速聚集了Intel、ST、力芯等集成电路产业链上下游企业。

数字媒体产业园区

目前，上海数字媒体企业呈现规模小、民营企业占主导地位的特征，92%的数字媒体企业注册资本不到500万元，83%是民营企业。为了进一步促进数字媒体产业企业的集聚和发展，通过市区联动，上海建设了一批创新集群和特色产业基地。目前，上海长宁、浦东新区、闸北、徐汇、普陀、杨浦等8个区已分别建立了以互动娱乐、创意科技、动漫制作为主题的、各具特色的数字媒体产业园区，集群创新的效应逐步显现。

2005年底，虹口区将发展TMT（数字新媒体）产业作为推进知识服务业和文化旅游休闲服务业、提升多伦路周边区域功能的重要抓手，开展了一系列调研论证工作。2006年4月，市信息委正式批复同意在虹口区建立上海市数字媒体产业园区。经过近一年的建设，上海市数字媒体产业园区已初具规模。

1.空间188创意产业园区

空间188创意产业园区位于东江湾路188号，总面积3万多平方米。目前，前区2万平方米及庭院已建设完工，并投入使用。园区共入驻企业10家，注册资金8 940万元。其中1 000万以上企业3家，外资企业4家，主要涉及设计、网络服务、软件开发、电子商务等领域。同时，上海大学国家大学科技园数字媒体产业化基地已经签约入驻，一批大学生创业企业也已陆续进入园区。

2.上海联合数字内容产业园

上海联合数字内容产业园位于汶水东路51号，总面积7 254平方米，2006年2月正式开园。目前，园区入驻企业15家，入驻率60%，注册资金共7 841万元，其中注册资金1 000万以上企业3家，主要涉及电子政务、信息技术、软件开发、外包服务、网络服务、手机游戏等领域。

3.上海数字电视产业园

上海数字电视产业园位于中山北一路719号，占地面积4 294平方米，总建筑面积5 950平方米。园区主要集聚数字电视节目制作、数字电视技术研究、数字机顶盒芯片供应商及制造商等相关企业入驻。目前，园区主体建设已全部完工。

信息服务外包基地

大力发展服务外包，是中国主动接轨世界经济、主动参与国际分工、提升现代服务业能级的一个重要战略决策，上海信息服务外包基地就是在这样的背景下应运而生的。

1.设立背景

从2005年底开始，市信息委与卢湾区人民政府针对如何进一步加快信息服务业发展、推动服务外包产业进行了研究，确定了卢湾区以信息服务外包为突破口，紧紧依托信息技术，牢牢抓住现代服务业中的高端产业，促进全市服务经济跨越式发展的总体目标。2006年7月6日，卢湾区被市信息委认定为上海国际信息服务外包产业园；11月8日，卢湾区被认定为中国服务外包基地上海示范区，标志着园区的发展已经全面融入了上海和全国的发展格局之中。

2.基地建设

上海国际信息服务外包产业园自揭牌以来，服务外包各项推进工作进展顺利，尤其值得一提的是，园区专门成立了由区政府分管领导挂帅、区内23个单位组成的推进服务外包产业发展领导小组，并由区国资控股的益民公司专门投资成立了上海国际服务外包产业发展有限公司，重点启动了上海国际服务外包大厦、服务外包创意园等项目在内的，总面积达10多万平方米的服务外包园区示范点建设工作。现已有1 100多家国内外服务外包企业入驻园区，其中包括部分位居服务外包世界100强的人力资源、财务会计等专业服务提供商。目前，现代服务业增加值已占卢湾区增加值的60%以上，涉外税收占卢湾区税收总收入的60%以上，初步形成了以专业服务、设计创意等为特色的服务外包产业群。

同时，服务外包产业园区的综合服务功能也逐步得到了充实。园区已经引进了上海市信息服务外包发展中心、上海现代服务业联合会服务外包专业委员会、上海市紧缺人才培训办公室、上海市信息化培训协会等专业服务机构，以及上海信息产业集团在线电子商务公司、上海积分通信息服务公司等专业服务公司，基本形成了资质认证、人才培训、业务中介、项目合作、电信解决方案、信息化应用解决方案等多方面构成的综合服务体系，并以园区门户网站的形式，建设了园区综合服务信息平台。

平板显示产业基地

2006年是上海平板显示产业基地发展速度最快的一年，全年基地内完成销售108亿元，完成固定资产投资25亿元，其中吸引外资1.36亿美元，产业链雏形已现。基地一期规划面积为220万平方米，上海广电NEC液晶显示器有限公司（SVA-NEC，上海广电集团控股）在产业基地内投资1 476亿日元，建设了中国大陆第一条TFT-LCD五代生产线，制造了内地第一块大尺寸液晶显示面板，结束了中国大陆不能生产大尺寸面板的历史，自主开发的47英寸全高清液晶电视面板在2006年中国国际工业博览会上获得“创新奖”。目前，该生产线产能占中国大陆大尺寸液晶面板的50%，15英寸液晶面板全球市场占有率第一。2006年，SVA与多家世界知名企业在园区内建设技术、资金密集型

第二编 信息产业

的关键上游项目，与美国Cadence公司投资8 500万元人民币成立了“上海广电集成电路有限公司”，从事与TFT-LCD面板相关的芯片设计和开发；SVA所属广电电子与日本富士胶片株式会社共同组建了上海广电富士光电材料有限公司，投资2.67亿美元建设上游关键组件彩色滤光片（CF）生产线；所属广电光电子公司与全球最大的3家上游关键材料——玻璃基板供应商之一的日本电气销子株式会社共同建设了TFT-LCD上游玻璃基板后道生产线，两三年内将建设前道玻璃基板窑炉生产线；另外，日本日酸气体已经就近设厂供应特种气体。在市政府的支持下，2006年9月，上海广电（集团）有限公司已经向信息产业部申报将上海平板显示产业基地升级为国家级的平板显示产业基地，2007年初信息产业部将组织专家评审。

基地在建设开发、管理服务上将采取先进的管理理念，即设计建设一体化、公用辅助一体化、物流传输一体化和管理服务一体化，建设资源共享型的研发中心、信息中心、物流中心、商务中心、餐饮配送中心和公用交通中心。基地内将建设2.1万平方米的写字楼和研发中心、6 000平方米的专家公寓、3 500平方米的餐饮服务中心、3 000平方米的休闲娱乐中心，提供办公、会议、研发、金融、科技交流、休闲娱乐、商务活动等公共活动场所。

汽车电子产业基地

为响应信息产业部推进“国家汽车计算平台工程”要求，结合实施科教兴市主战略以及嘉定汽车和信息产业发展的实际，在市发改委和市信息委的大力支持下，上海市通过进一步整合国际汽车城产业配套优势，大力推进上海汽车电子产业基地建设。2006年，按照沪发改高技（2006）008号《关于同意建设上海汽车电子产业基地的复函》的文件精神，上海汽车电子产业基地率先在上海国际汽车城规划范围内选址落户。

2006年，基地各项前期筹建工作顺利推进，多次召开了专家研讨会，按期完成了前期规划的设计论证工作，圆满完成了基地动拆迁工作。7月7日，由市发改委、市信息委、市经委、市科委和嘉定区政府等有关单位出席的上海市汽车电子产业基地第一次联席会议召开，会议明确了下阶段汽车电子产业基地的重点工作：一是进一步完善汽车电子产业基地的形态规划和产业发展规划的编制工作；二是加强招商引资工作；三是制订出有针对性的扶持政策；四是要在开发模式上实现市、区联动，优势互补。与此同时，为了更好更快地发展汽车电子产业基地，嘉定区还组织参加了“第二届中国国际汽车电子产品与技术展览会暨汽车＋电子行业高层论坛”，启动了基地一期工程的基础设施建设等。

基地充分利用现有区位和产业优势，严格按照科教兴市总战略的要求，致力于加快汽车和信息两大支柱产业的融合，加快推进汽车电子产业的发展。

1.基地规模

基地总体规划面积700.71万平方米，位于嘉定区黄渡镇和安亭镇交界处(上海国际汽车城规划范围内)。规划地块东邻蕴藻浜，南至曹安路（312国道），西到顾浦河，北靠沪宁铁路。其中，工业建设用地317.68万平方米，绿化面积131万平方米。前期动拆迁等相关工作已经全部完成，基础设施基本完备。

2.区位优势

基地位于沪宁高速、郊区环线、嘉金高速环抱区域，距市中心人民广场30余公里，距火车站、虹桥机场、上海火车站、张华浜国际集装箱码头均在25公里左右。主要交通线有沪宁高速公路、沪嘉浏高速、沪宜公路、曹安公路、宝安公路、沪宁铁路等，交通网络四通八达，通往上海市中心城区和长三角腹地极为便利，区位优势十分明显。

3.产业优势

基地位于上海国际汽车城，拥有世界优秀的汽车和电子产品研发、制造、检测机构，主要包括国家汽车检测中心、上汽工程研究院和同济大学工程实验中心(风洞实验室等7大汽车相关实验室)等，已累计投入资金数10亿元 。同时，基地周边几公里范围集聚了上海大众、德尔福派克、优化劳斯、丰田研发中心、小糸车灯、飞乐沪工等国际国内一流的汽车及相关电子企业，加上国际汽车城的F1赛车场、高尔夫球场、德式住宅、同济大学、上海国际汽车零部件采购中心、二手车交易市场等，产业集聚和配套服务优势明显。

4.前期规划

首期主要是建设汽车电子产业核心研发、中试以及产业化基地，以此为龙头，逐步实现国际国内一流汽车电子研发、生产、检测机构的入驻和集聚，在上海国际汽车城核心区形成产业规模大、科研开发能力强、骨干企业相对集中、产业链和配套服务体系完善的汽车电子产业基地。远期相关产业规模逐步扩大，主园区可以向上海国际汽车城和上海嘉定工业区进行拓展。

5.功能定位

基地将按照提升核心区、备足扩展区、扩大辐射区的空间布局思路，进行产业基地合理布局和基础设施的配套建设。基地以整个上海国际汽车城为依托，扩展余地大，辐射面可以从上海到长三角。核心区拟分为研究开发区、生产制造区、综合办公区、配套服务区4个功能区域。研究开发区主要是汽车电子产品创新研发阵地；生产制造区主要承担核心产品制造功能；综合办公区具体承担基地管理、信息咨询、金融服务、教育培训等功能；配套服务区则主要作为对办公区、研发区、制造区的支持性区域，满足基地企业的商务、休闲、餐饮、购物的需要。 （市信息委产业处）

三、信息产业公共服务平台建设

上海集成电路研发中心

上海集成电路研发中心有限公司（以下简称“集成电路中心”）通过与比利时IMEC微电子研发中心的合作，开发完成0.13微米全套工艺和90纳米关键模块工艺技术，并获得比利时政府授予的技术转让许可证，同时，公司具备了向国内企业转移这两项技术的能力和技术条件，现正在进行90～65纳米BiCMOS模型技术合作研发。目前，中心自主申请国内专利共145项，其中实用新型专利6项，其余均为发明专利；完成0.25微米嵌入式Flash工艺的开发和量产化，正在合作开发0.18微米嵌入式EEPROM工艺技术。此外，中心积极为生产企业提供共性技术服务，现已与上海华虹NEC电子有限公司建立长期战略合作关系，针对共性工艺技术组成了研发联盟；与西安西岳公司建立了专业性的项目合作关系，与贝岭启动了0.5微米BiCMOS工艺开发项目，为这些制造企业技术升级提供服务；与安集、新阳、上海微电子装备等多家工艺和设备材料厂商建立了资源互补的策略合作关系，为其提供新材料和设备的验证评价工作。在与高校等进行高端实用人才合作培养方面，集成电路中心已与华东师范大学、复旦大学、上海交通大学、清华大学等高校就共建人才实训基地达成协议，目前正与北京大学等商谈合作研发SOI工艺技术，并筹划与复旦大学共建DFM重点实验室及可靠性测试分析实验室。中心逐步形成产业与大学间紧密合作的态势，为日后建立和大学、科研机构研发资源及人才的共享机制奠定基础。

（市信息委产业处）

上海硅知识产权交易中心

上海硅知识产权交易中心（SSIPEX）是在国家信息产业部、市信息委和市科委共同支持下，于2003年组建的IP服务机构。2006年，SSIPEX以自主创新和服务行业为发展方向，主要围绕IP保护、复用、交换与交易重点开展工作，通过IP搜索专家服务、IP挂牌推广服务、芯片市场调查推广服务和IP核技术培训等有价值的服务项目吸引了IC设计和IP供应商、设计服务和代工厂为主的100多家集成电路企业，形成了覆盖面广、关系密切的客户群。SSIPEX本着资源共享、共同提高的原则，与国内外知名企业展开了广泛合作，先后与CADENCE、Mentor Graphics、宏力半导体制造有限公司、航盛集团公司等企业签署了战略合作协议或成立了联合实验室。目前，SSIPEX已基本形成基础和高端咨询两大类业务，如提供企业知识产权战略咨询服务；与国际标准组织合作；深化IP交易的法律服务；为重点客户提供专利打包业务；基于数据库二期升级工程，建立专利预警机制等。此外，SSIPEX还成功举办了“知识产权保护对中国集成电路行业的影响”论坛、“合法使用EDA工具和IP”座谈会、“第二届中国国际汽车电子产品与技术展览会暨汽车＋电子行业高层论坛”等一系列活动。

（市信息委产业处）

上海市软件评测中心

【概况】 2006年，为满足软件测试市场增长的需求，上海市软件评测中心（以下简称“评测中心”）进行了改制。改制后，中心定位于推进软件产业发展，在软件工程、软件质量、测试领域提供专业服务。中心发展战略是围绕落实软件产业政策，开展软件产品登记测试、成果鉴定测试、专项资金项目验收测试、软件著作权代理、软件知识产权(侵权、纠纷)鉴别和评估、信息系统监理资质受理等；围绕在推进信息化、工程化、产业化发展中，开展软件产品推优、产品确认测试、项目验收测试和网络测试；围绕软件产品开发中的测试服务；加强产品测试规范、标准、业务流程的研究，为推动上海软件测试产业的发展而服务。

【加强体系建设，为服务提供保障】2006年8月，中国合格评定国家认可委员会派遣专家组，对评测中心开展了每年一次的测试质量监督评审。经过评审，专家组认为中心遵守《中国实验室国家认可委员会章程》，建立的软件评测质量体系较符合上海市企业软件测试需要，对中心的认可能力范围和部分测试规范变更给予了确认，认可中心在软件产品测试、计算机网络布线检测、网络性能连通及连通性测试开展工作。

8月，评测中心启动ISO27001信息安全管理体系建设，为中心成为有权威的软件测试机构跨出重要一步。

8月28日～9月15日，根据国家实验室认可委要求，评测中心参加了中国航天工程咨询中心软件测评实验室"T0305能力验证"活动，被评定为"满意"。

【改善装备，提高服务能力】2006年，评测中心建立了测试环境，对部分测试工具进行版本升级等，购买了FORTIFY等测试工具，提高软件检测业务能力；与华东所、艾赛科技等国内优秀的测试工具开发商以及研究所、企业在软件测试领域开展合作，合作领域从软件企业测试服务业务拓展到软件工程、项目管理、质量、测试为主的企业价值链层面，形成了30多人的测试队伍。

【完成主要测试项目】2006年，评测中心实现经营收入243万元，同比增长150%；完成测试项目同比增长100%，其中软件产品登记测试、成果鉴定测试、软件产品确认测试、项目验收测试、网络性能、网络布线等测试项目661个。重点测试项目有：

⑴上海洋山港综合信息服务平台：对功能性、安全性、可靠性、易用性、性能方面进行了测试，提出系统优化建议，满足客户对性能的要求。

⑵中小学教师暑期教育培训系统：对系统在12万用户并发下的响应情况进行性能测试，帮助开发方及时解决了性能瓶颈，达到了客户的实际要求。

⑶宝山区财政局国库集中收付管理信息系统：通过解决策略、性能测试，使该软件能承受100个并发用户的需要，满足性能指标的要求。

⑷上海世界特殊奥运会执委会管理信息系统：通过对软件的性能和功能测试，以及软件源代码测试、文档综合评审，保障了特奥会的顺利进行。

【重点工作开展】

1.有关城市信息化课题研究

评测中心是上海市软件行业协会开源软件专业委员会挂靠单位，专委会于2006年12月21日宣布成立，通过集聚开源软件力量，开展优秀开源软件产品和成果的推荐，共赢共创软件产业新发展。同年，评测中心完成了城市信息化课题研究《开源软件研究及上海发展策略》，获得了专家的好评。

2.中文为核心的"多语言综合信息服务应用示范"项目列入国家科技部"863计划"

围绕北京、上海等城市对重大国际活动、旅游、城市信息服务的多语言需求，评测中心通过建立综合性应用示范，带动以中文为核心的多语言信息处理技术和产业的发展，形成多语言综合信息服务的相关标准和规范，建成2个多语言综合信息服务标志性系统，并投入商业运行，形成了面向百万人群规模的多语言信息服务。2006年，该项目正式列入国家"863计划"。

3.信息系统监理资质认证和评估

随着信息系统在国民经济地位的加强，上海各家信息系统监理工作逐步规范和成熟。2006年，评测中心配合市信息委对3家临时地方监理机构进行了换证工作，对4家申请临时地方监理企业进行了评估。

（徐　淦）

上海市信息服务外包发展中心

上海市信息服务外包发展中心成立于2006年7月，主要开展外包行业标准和规范研究、行业统计分析、业务中介服务、外包人才服务、国际合作交流及建立外包企业联盟等一系列与外包相关的服务。中心成立后，完成了信息服务外包企业资质认证、信息服务外包产业统计指标体系等研究，并启动了全市信息服务外包企业调查、信息服务外包门户网站建设等工作，同时开展了与日本、印度等国际中介机构的合作交流活动。

（市信息委产业处）

第二章　信息产品制造业

概　述

2006年，上海市信息产品制造业实现销售收入4 683亿元，同比增长15.3%，在全市规模以上工业销售收入中的比重达38%。目前，信息产品制造业是上海工业第一大行业门类，已形成集成电路、计算机、通信、信息家电为重点的信息产品制造业产业群。随着信息产品制造业发展梯度化、分工全球化，世界知名IT制造商在上海设厂或设立研发中心。

1.信息产品制造业效益好转，核心产业能级提升

2006年，信息产品制造业实现利润115亿元，同比增长25%。一方面，通信运营商投资增加，通信设备制造业利润大幅上升，实现利润15亿元，同比增长1倍；另一方面，随着国际市场的回暖，集成电路制造业企业效益明显好转，实现利润27.8亿元，同比增长25.8倍。

2006年，中芯国际开始在上海建设12英寸线，芯片制造工艺达到世界先进水平；同时，集成电路设计业在移动通信领域取得较大突破，在移动终端基带芯片、多媒体芯片和射频芯片方面均实现产业化，并达到真正的商业化应用。

2.新技术、新标准成为促进产业发展新的增长点

1月20日，信息产业部确定TD-SCDMA为中国通信行业标准，意味着这一标准技术方案已经成熟，能够指导企业进行制造生产。

以高清数字电视为标杆的数字电视产业链进一步发展壮大。其中，有线数字电视稳步发展，上海有线数字付费电视用户数已达10万；由上海文广和上海电信合作开发的IPTV发展良好，用户数已超2万。年中，数字电视地面广播传输系统标准出台，带动了相关芯片和整机产业的发展。上海交大在崇明开展的试点让2 000户农民看上了相当于有线数字电视效果的电视节目，而在外地开发的万户以上试验点已达5个，总用户达7万户。

3.产业梯次进一步转移，平板显示、光电子等产业快速发展

以上广电为核心的平板显示产业基地集聚效应初显。2006年，上广电薄膜晶体管液晶显示器（TFT-LCD）扩大生产规模，15英寸液晶屏单线产能已达世界第一，市场份额已占全球40%。同时，平板显示产业链初具规模。年内，上广电、天马微电子、剑腾等企业分别投资发展玻璃基板、彩色滤光片等TFT-LCD中上游产业。

此外，上海在半导体照明产业方面也已形成了外延—芯片—器件封装—光源应用的产业链格局。一批骨干企业均有一定的产业规模，如从事外延的上海兰光科技有限公司、上海兰宝光电材料有限公司等；从事芯片制造的上海金桥大晨光电科技有限公司等；从事封装的上海金桥大晨光电科技有限公司、上海新港半导体厂和上海起源光电有限公司等。同时，为了加快半导体照明技术研发成果的应用推广和产业化转化，上海市LED半导体照明研发应用中心于12月在天地软件园成立。中心的发展目标是建设成为以“开放、聚焦、辐射”为特色的，聚焦普陀，辐射上海、长三角乃至全国的开放性半导体照明产业公共服务平台。

（市信息委产业处）

一、集成电路产业

概况

2006年，上海集成电路产业继续保持快速增长的势头。在产业规模扩展，企业增资扩产，技术创新和人才聚集等方面都取得了不斐的业绩。

根据上海市集成电路行业协会(SICA)对上海130家重点企业的统计，2006年，上海集成电路产业总销售额为380.00亿元人民币，同比增长25.41%，占同期全国集成电路产业38%左右，占全球集成电路市场份额由2005年的1.67%提升至1.96%左右（见表1），集成电路“十一五”期间的发展开局良好。

表1 2005～2006年全球、中国大陆以及上海集成电路产业销售额及比较

地区/年份	全球（亿美元）		中国大陆（亿元人民币）		上海（亿元人民币）	
	2005年	2006年	2005年	2006年	2005年	2006年
销售额	2 275	2 457	702.1	1 006.3	303.2	398.50
增长率(%)	6.8	8.0	28.8	43.3	31.2	25.4
占全球份额	—	—	3.86	5.32	1.67	1.96

资料来源：SICA,SIA,CCID

在产业结构方面，2006年，上海集成电路各行业的构成如表2所示。在各行业销售额快速增长的情况下，各行业基本上保持协调增长，其中芯片制造业和封装测试业占据比重较大，而设计业及设备材料业的比重相对较小。

表2 2005～2006年上海集成电路行业构成

年份	2005年			2006年		
	销售额	增长率（%）	比重（%）	销售额	增长率（%）	比重（%）
设计业（亿元）	14.74	17.26	4.9	24.60	68.47	6.5
芯片制造业（亿元）	132.40	-0.58	43.7	156.87	18.48	41.3
封装测试业（亿元）	136.10	85.14	44.9	174.11	27.93	45.8
设备材料业（亿元）	19.93	70.63	6.5	24.42	22.53	6.4
总销售额（亿元）	303.20	31.22	100	380.00	25.41	100

资料来源：SICA

在产业整体盈利状况方面，2006年，上海集成电路产业实现全行业整体盈利，总盈利额超过27亿元，其中封装测试企业全部盈利。上海集成电路产业的整体扭亏为盈反映出近几年来上海集成电路产业的投资开始产生收益。

在人才及企业集聚方面，截至2006年底，加入上海市集成电路行业协会的主要集成电路单位已达268家，比2005年增加9.8%。上海已经形成了包括IC设计、芯片制造、封装测试、设备材料及相关配套服务在内相对完善的集成电路产业结构。上述268家企业中，从业人员已达59 677人，比2005年增加了23.8%，为上海增加了11 400个就业岗位。其中，技术人员23 547人，比2005年增加了23.1%（见表3）。

表3 2005～2006年上海集成电路企业及从业人员基本情况

	设计业		芯片制造业		封装测试业		设备材料业		总计	
	2005年	2006年	2005年	2006年	2005年	2006年	2005年	2006年	2005年	2006年
从业人员	5 426	11 890	14 285	15 804	19 819	21 994	8 472	9 989	48 200	59 677
技术人员	4 023	7 846	6 642	7 643	6 021	5 177	2 438	2 881	19 124	23 547
企业数量	138	151	8	8	28	25	70	84	244	268

资料来源：SICA

芯片制造业

【概况】经过"十五"期间的快速发展，上海已成为全国集成电路芯片制造业最为集中、最具产能规模的地区，以及全国最主要的芯片代工基地。2006年，上海芯片制造业销售收入156.87亿元，同比增长18.5%，占全国芯片制造业销售收入的48.49%。

目前，上海共有7条8英寸生产线，其中中芯国际（上海）3条，上海华虹NEC、上海先进、上海宏力和台积电（上海）各拥有1条。2006年第四季度，上海8英寸生产线的实际每月产量为26万片，占全国8英寸生产线总产量的74%左右。此外，上海还有5条4～6英寸生产线，其中上海先进5、6英寸线各1条，上海贝岭4、6英寸线各1条，上海新进6英寸线2条。此外，中芯国际（上海）和上海力芯各有1条在建的12英寸/90纳米生产线和8英寸/0.25微米生产线。2006年，上海芯片制造企业销售额的排名如表4所示。

表4 2006年上海芯片制造企业排名

序号	企业名称	2005年	2006年	
		销售额	销售额	增长率（%）
1	中芯国际（上海）	800 000	809 000	1.13
2	华虹NEC	241 217	284 848	18.09
3	上海先进	95 000	135 000	42.11
4	台积电（上海）	36 862	128 993	249.93
5	上海宏力	85 375	122 223	43.16
6	上海新进	35 000	52 009	48.60
7	上海贝岭	30 551	36 597	19.79
	总计	1 324 005	1 568 670	18.48

资料来源：SICA

2006年，上海芯片制造业的生产技术水平有很大提高。主流生产技术为0.18～0.25微米，先进生产技术为0.13微米和90纳米铜互连工艺。就工艺类型来说，上海芯片制造业包括了诸如标准CMOS、Mixed-Signal CMOS、RF CMOS、HV CMOS、EEPROM、Flash、Bipolar、BiCMOS和BCD等种类广泛的工艺技术，可以为逻辑电路、混合信号电路、射频电路、高压电路和多种模拟电路进行制造加工，也可为DRAM、SARM、EEPROM、Flash/eFlash和Mask Room等各种存储器及其嵌入式电路提供制造技术。

2006年，上海芯片制造业通过对外合作或自主开发，实现多项生产工艺技术的突破。中芯国际（上海）90纳米工艺已实现产业化；上海宏力0.15微米Flash工艺技术已经成熟并实现产业化；上海华虹NEC成功引进DMOS制程并用于功率IC（Power IC）产品制造；上海先进在突破0.35微米BiCMOS工艺的基础上，进一步向0.25微米BiCMOS推进；上海贝岭自主开发的高压（700V）BiCMOS工艺也取得阶段性成果。

【资源整合与企业发展】自2000年上海集成电路产业形成投资热潮以来，各芯片制造企业陆续进行增资扩产。中芯国际（上海）12英寸生产线项目2006年第四季度完成了净化厂房建设，开始工艺设备进场，计划2007年末建成投产，项目总投资12亿美元。上海华虹NEC

计划投资9 900万美元将8英寸生产线扩产，增加每月产能2.5万片，预计2007年底完成并试产。上海先进计划将8英寸生产线产能由目前的1万片扩展至每月1.8万片以上，工程预期2007年完成。上海力芯在紫竹科学园区新建的8英寸生产线于2006年12月正式开工兴建，该生产线采用0.25微米BiCMOS及BCD工艺，主要用于生产数模混合电路和模拟电路等，产品将为数字高清晰度电视（HDTV）和LCD平板显示屏配套。随着台湾放宽对大陆技术转移的限制，台积电（上海）生产技术由0.25微米向0.18微米升级也势在必行。

封装测试业

【概况】2006年，上海集成电路封装测试业销售收入达174.11亿元，同比增长27.93%，占上海集成电路产业总销售额的45.8%，占全国封装测试业的比重为35.10%。销售额前九名企业的排名如表5所示。

表5 2006年上海前九名封装测试企业排名

单位：万元

序号	单位名称	2005年	2004年	
		销售收入	销售收入	增长率
1	上海松下半导体有限公司	182 473	313 548	71.83
2	英特尔产品（上海）有限公司	182 100	260 700	43.16
3	星科金朋（上海）有限公司	91 279	171 843	88.26
4	威宇科技测试封装（上海）有限公司	69 990	115 285.25	64.72
5	日月光半导体(上海)有限公司	—	111 018	N/A
6	安靠封装测试（上海）有限公司	54 000	92 869	70.30
7	捷敏电子（上海）有限公司	39 400	79 500	101.78
8	上海凯虹电子有限公司	81 500	68 729	15.67
9	上海雅斯拓智能卡技术有限公司	60 931	50 276	-17.49
	其他	599 323	477 341.82	-20.53
	合计	1 360 996	1 741 109.82	42.71

资料来源：SICA

【引进消化吸收再创新】2006年9月，上海纪元微科电子有限公司投资新建上海纪元富晶电子有限公司，引进倒装芯片凸点技术（Elite FCTM）和晶园级芯片封装（WLCSP）工艺，现封装线已开始正式生产。倒装焊是目前国际上先进的封装技术，具有封装面积小，I/O密度高和散热性好等优点。宏茂微电子（上海）有限公司新建的薄膜晶体管液晶显示器（TFT LCD）驱动器封装生产线已投产。星科金朋（上海）有限公司在高阶通讯IC封装测试领域继续扩展，公司在原先球栅阵列（BGA）和芯片级封装（CSP）基础上，在松江设立金凸块厂并已进入量产。

多芯片叠片组装（MCM）技术是目前世界上最先进的IC封装形式之一，也是目前适应系统级封装（SIP）的主要手段。英特尔产品（上海）有限公司的五层芯片叠片组装技术已实现产业化，达到国际最先进水平。

【资源整合及企业发展】2006年，随着大多数封装测试企业投资规模扩大，产能增加，企业销售也呈现明显的增长趋势。上海松下半导体有限公司从原来两个楼面厂房扩展到四个楼面厂房，2006年销售额达到31.35亿元，比2005年增长71.83%。星科金朋（上海）有限公司扩建的二期工程已经完工，开始三期工程建设，销售额由2005年的91 279万元攀升至171 843万元，增长率为88.26%。威宇科技测试封装有限公司在进一步扩展两个楼面厂房之后，销售额由原来69 990万元增至115 285万元，同比增长64.72%。捷敏电子（上海）有限公司在日本三菱投资新的封装测试线后，销售额由原来39 400万元增至79 500万元，增长率为101.78%。安靠封装测试（上海）有限公司一边扩建厂房一边扩展市场，2006年销售额达到92 869万元，同比增长70.3%。

此外，英特尔产品（上海）有限公司、上海宏盛科技股份有限公司、上海凯虹电子有限公司和上海华岭集成电路技术有限公司等企业在2006年的销售收入都有10%至40%的增长。

2006年，上海所有的IC封装测试企业都实现了盈利，近几年来这些企业的投资已经开始产生丰硕的回报。

IC设计业

【概况】根据SICA对上海79家集成电路设计企业的统计，2006年，上海集成电路设计业销售额为24.60亿元，同比增长68.47%，占上海集成电路产业总销售额的6.5%，占全国设计业的13.2%。

其中，年销售额超过1亿元的企业由2005年的4家增加至5家，即上海华虹集成电路有限责任公司、展讯通信（上海）有限公司、中颖电子（上海）有限公司、上海复旦微电子股份有限公司和百利通电子（上海）有限公司。这5家企业合计销售额13.20亿元，占上海设计业总销售额的53.7%。另外，销售额在5 000万元～1亿元之间的企业有4家，即旭上电子（上海）有限公司、泰鼎多媒体技术（上海）有限公司、智芯科技（上海）有限公司和逐点半导体（上海）有限公司。与2005年相比，设计企业的销售规模都有扩大，增长较快的企业有上海华虹集成电路有限责任公司，增长率为83.24%；百利通电子（上海）有限公司，增长率为78.05%；展讯通信（上海）有限公司，增长率为59.50%；旭上电子（上海）有限公司，增长率为59.25%；智芯科技（上海）有限公司，增长率为53.41%。

表6显示了上海设计业前十名企业的销售额及增长率。10家企业合计销售额16.84亿元，占上海设计业总销售额的68.5%。

表6 2006年上海集成电路设计企业前十名排名

序号	企业名称	2006年销售额（万元）	2005年销售额（万元）	2006/2005增长率（%）
1	上海华虹集成电路有限责任公司	49 036	26 761	83.24
2	展讯通信（上海）有限公司	33 242	20 842	59.50
3	上海复旦微电子有限公司	26 233	14 193	84.76
4	中颖电子（上海）有限公司	13 268	10 413	27.42
5	百利通电子（上海）有限公司	10 220	5 740	78.05
6	旭上电子（上海）有限公司	8 488	5 330	59.25
7	泰鼎多媒体（上海）有限公司	8 477	6 386	32.74
8	智芯科技（上海）有限公司	8 000	5 214.7	53.41
9	逐点半导体（上海）有限公司	6 679	—	—
10	艾迪悌科技（上海）有限公司	4 769	4 533	5.21

资料来源：SICA（注：表中“华虹”的销售收入仅为“华虹”上海地区的销售额）

设备和材料业

【概况】根据SICA对上海集成电路设备材料业中18家企业的统计，2006年，上海设备材料业销售额为24.42亿元，同比增长22.53%，占上海集成电路产业总销售额的6.4%。

2006年，上海设备材料企业数量从2005年的70家增至84家，企业数量递增了20%。其中，销售额1亿元以上的企业由2005年的7家增至9家，即上海申和热磁电子有限公司、迪思科科技（上海）有限公司、三井高科技（上海）有限公司、应用材料（中国）有限公司、东电电子（上海）有限公司、上海合晶硅材料有限公司、上海凸版光掩模有限公司、上海新傲科技有限公司和普莱克斯（上海）半导体气体有限公司。

2006年，上海十大设备材料企业排名如表7所示，其中设备企业3家，材料企业5家，光掩模企业和气体企业各1家。

表7 2006年上海十大设备材料企业排名

序号	单位名称	2006年销售收入（万元）	2005年销售收入（万元）	2006/2005 增长率(%)
1	上海申和热磁电子有限公司	51 209	52 000	-1.52
2	迪思科科技(上海)有限公司	33 732	19 160	76.05
3	三井高科技(上海)有限公司	26 801	20 354	31.67
4	应用材料(中国)有限公司	25 000	30 296	-17.48
5	东电电子(上海)有限公司	23 400	—	N/A
6	上海合晶硅材料有限公司	22 823	15 548	46.79
7	上海凸版光掩模有限公司	12 874	14 254	-9.68
8	上海新傲科技有限公司	11 814	5 815	103.16
9	普莱克斯(上海)半导体气体有限公司	10 491	9 507	10.35
10	上海新阳电子化学有限公司	7 315	4 109	78.02

资料来源：SICA

【引进消化吸收再创新】上海新傲科技有限公司的《高端硅基SOI材料研发和产业化》项目在上海市科教兴市项目支持下，经过几年努力自主开发了制备SOI材料的成套关键技术，在国际上独创了将键合技术和注氧隔离技术相结合的注氧键合SOI新技术，创造性地将常规SOI材料系列产品性能指标提升到相当或优于国际SEMI标准，从根本上解决了中国SOI材料“有无”问题。同时，SOI产品被英特尔、飞利浦等国际顶级半导体公司所采用，在短时间内跻身国际高端硅基材料市场，使上海新傲科技有限公司迅速成为国际上SOI材料的主要供应商之一。

2006年，上海微电子装备公司的100纳米激光步进扫描投影光刻机进入总装阶段，并完成了部分样机的调试，为整机出样打下了基础。

上海中微半导体设备（上海）有限公司是从事大规模集成电路制造设备研发、生产、销售和服务一体化的归国留学生创办企业。2005年以来，公司一直致力于12英寸90纳米和65纳米集成电路关键设备，即化学沉积薄膜设备和等离子刻蚀设备的自主开发，将原有进口设备作了许多改进和优化，为这些关键设备的国产化创造了良好的基础。2006年，公司同时在中国、日本、韩国和美国申请专利达14项。

安集微电子（上海）有限公司也是归国留学生创办的高科技企业，专业从事集成电路工艺用高纯化学试剂的开发和生产。由他们开发和生产的化学机械抛光浆料和多种高纯化学试剂，达到或超过国外产品的质量标准，受到国内外集成电路制造企业的青睐，部分产品出口国外。

【资源整合及企业发展】三井高科技（上海）有限公司近几年来经营形势快速发展。2006年，售收入增长30%以上。与此同时，企业又投资增加了一条腐蚀工艺流水线，进一步扩展了产品的品种和产能。公司引线框架产量名列国内前茅。

上海新阳化学有限公司是专业从事集成电路及半导体器件电镀用化学试剂研发和生产的企业。同时，公司配套提供电镀生产线设备和高压水喷淋设备。目前，公司已形成了近50项具有自主知识产权的化学试剂和电镀设备产品。近两年来，为配合国内电子元器件无铅化的市场需求，公司积极发展无铅电镀的各种化学试剂。

近两年来，随着国内集成电路产业快速增长和太阳能电池产业跳跃式发展，硅单晶和硅多晶材料供应十分紧张。上海合晶硅材料有限公司、上海申和热磁电子有限公司和上海通用硅晶体材料有限公司等硅材料企业千方百计扩大产量、满足市场需求。2006年，三家企业合计生产硅单晶190吨，各种硅单晶片1 900万片，创历史新高。

中芯国际：持续强劲发展中的世界级芯片企业

【概况】 中芯国际集成电路制造有限公司（以下简称

"中芯国际")是当前世界领先的IC芯片代工企业之一,也是中国内地规模最大、技术最先进的芯片代工企业。公司在上海营运三座8英寸芯片厂,在天津营运一座8英寸芯片厂,在北京营运一座12英寸芯片厂,并在美、意、日等国提供客户服务和设立销售办事处,在香港设立了代表处。2006年,中芯国际的营业收入为14.6亿美元,同比增长25%,继续占据全国芯片代工企业首位。中芯国际(上海)可向全世界客户提供0.35微米至90纳米先进工艺的芯片制造服务。

【以技术优势不断赢得市场优势】近几年来,中芯国际(上海)不断致力于壮大技术优势以取得市场竞争优势。通过引进海外优秀人才、吸收本地高级技术和管理人才,建立了自主创新能力强大的研发团队和架构完善的公司技术创新体系,不断提升代工技术及代工能力。

2006年,中芯国际(上海)的90纳米及130纳米制程晶园产出占营收的比例在50%以上,65纳米制程技术开发进展相当顺利。与此同时,公司通过广泛开展国际技术合作,进一步扩大新技术的应用范围,增强市场优势。1月,中芯国际与英飞凌签署合作协议,进一步扩展双方在标准产品方面的合作。9月,中芯国际与美国Magma公司共同宣布推出基于中芯国际90纳米低功耗制程的先进IC参考流程。该流程使用了中芯国际90纳米标准单元库以及Magma公司低功耗综合和多电压设计流程,可以解决电源功耗管理中动态功耗、漏电功耗和功耗分布等三个重要问题。6月,中芯国际与世界高端动态存储器专业制造商尔必达共同宣布,由中芯国际制造的512兆DDR2(双倍速率SDRAM)已经成功通过认证。11月,中芯国际和世界著名非挥发内存(NVM)技术提供商以色列SAIFUN半导体公司共同宣布,采用中芯国际(上海)先进工艺技术合作生产8Gb数据内存。该产品将于2008年进入市场。

【创新芯片制造企业经营模式】中芯国际(上海)除了不断增强技术优势,持续提升代工产能之外,还不断创新芯片制造企业经营模式,为全球和国内客户提供一流的全套完整的芯片制造服务。

2006年,中芯国际(上海)新增一条12英寸凸块生产线。中芯国际的两座合资工厂,即凸版中芯彩晶电子(上海)有限公司和在成都地区的封装测试工厂已开始生产。2006年以来,中芯国际(上海)还发展太阳能电池生产,建立了能源科技(上海)有限公司。该公司由中芯国际(上海)100%投资管理,主要从事太阳能电池芯片和组件的设计和制造,并为客户提供硅晶太阳能电池制造与光伏组件封装等全方位服务。目前,太阳能电池的生产能力已达每年10MW以上。

宏力半导体:锐意科技创新,创造企业特色

【概况】上海宏力半导体制造有限公司(以下简称"宏力半导体")是一家专业从事集成电路制造代工的企业,致力于为全球客户提供完善便捷的代工解决方案。宏力半导体于2003年9月开业,一期项目总投资为16.3亿美元。目前,已建成两座12英寸规格的厂房,其中一厂为8英寸晶园生产线,月生产能力达到2.7万片。公司可提供0.25/0.22/0.18/0.15/0.13/0.12微米集成电路芯片生产工艺,涵盖了逻辑(Logical)、混合信号(Mixed Signal)、射频(RF CMOS)、高压器件(HV CMOS)、静态存储器(SRAM)和闪存(Flash)等多种集成电路的制造技术。2006年,企业营业收入为12.22亿元,同比增长43.2%。

【广纳英才,提高企业技术创新能力】近几年来,宏力半导体不仅吸引了来自美国、日本、新加坡及中国台湾地区富有数十年经验的半导体技术人才和企业管理人才,而且还从国内多家高校和科研机构招募优秀人才,组建了一支经验丰富、朝气蓬勃的技术开发团队。公司每年投入科研开发的经费达到公司销售收入的12%。2006年,宏力半导体研发部门被认定为"上海市企业技术中心"。截至2006年底,公司累计申请专利330余项。

【闪存工艺,呈现特色】2006年,宏力半导体"深亚微米NOR型闪存技术与工艺开发"项目荣获"上海市科技进步一等奖"。该项目的开发成功,填补了国内闪存集成电路制造工艺的空白,对中国集成电路产业的发展具有重要意义。宏力半导体利用0.20微米逻辑技术与0.25微米闪存技术相结合,开发的嵌入式闪存芯片已实现产业

化，基于0.18/0.15微米逻辑技术与0.18/0.15微米的闪存技术的嵌入式闪存产业也已进入量产。在此过程中，宏力半导体开发了许多新工艺，实现了多方面的技术创新，将中国闪存生产技术提升到了国际先进水平。在该项目实施中，宏力半导体共申请相关发明专利63项，已获得授权专利33项。

【扩展全球代工市场】宏力半导体以科技创新提高企业核心竞争力，以优质和全面的服务开创经销新格局。2006年，宏力半导体重新部署了全球市场版图，相继在北美、欧洲、日本、中国台湾等地设立办事处，迅速拓展了多家客户，其中不少是全球排名前35位之内的知名IDM（设计制造整合企业）或Fabless（设计企业）。宏力半导体还与世界著名的ARM、Verisilicon等公司紧密合作，加强设计服务支撑，为客户提供全方位、一条龙的技术服务。

与2005年相比，宏力半导体2006年营业收入增长43.2%，产能利用率持续满载。

展讯通信：荣获国家科技进步一等奖

【概况】展讯通信（上海）有限公司（以下简称“展讯通信”）是一家由中国留学生创建的高科技公司，主要从事新一代无线通信专用集成电路产品和系统的开发与销售，主要产品包括：2G/2.5G/3G基带芯片及协议栈软件、无线通信模块、手机电路参考设计等。公司现有员工600余人，2005、2006年的营业收入分别为20 842万元、33 242万元，连续两年营业收入增长率保持在58%以上，成为上海最有成长性的IC设计企业之一。

展讯通信坚持自主创新，自主研制成功世界首款2G/2.5G/GSM/GPRS多媒体基带单芯片，实现了移动通信终端技术的全面突破，并被国家授予“2006年度国家科技进步一等奖”。

展讯通信通过对关键技术的突破，形成了具有自主知识产权的核心专利101项，其中3项中国专利和5项美国专利已获得授权。另外，还获得集成成套软件包著作权1项。

【自主创新，硕果累累】展讯通信在自主研制成功世界首款2G/2.5G/GSM/GPRS多媒体基带芯片的基础上，2004年又自主研发成功世界首款TD-SCDMA/GSM/GPRS双模多频手机核心芯片，实现了中国集成电路产业在第三代移动通信关键核心技术及产品产业化方面的重大突破，为中国第三代移动通信发展作出了重大贡献。2006年，展讯通信与中科院计算机技术研究所合作研发成功中国自主标准移动音视频解码AVS核心芯片，推动了AVS技术的开发和产业化。

展讯通信的GSM/GPRS手机核心芯片已成功形成了较为完整的产品系列。在芯片方面，形成了SP7000系列手机参考平台，从基本手机到具有MP3、MP4功能的音乐手机、多媒体拍照手机，从低端到中高端的多媒体智能手机。在数据应用方面，有基于芯片制成的SM5000系列无线通信模块等。

在技术和产品研发过程中，展讯通信突破了多项重大关键技术，实现技术创新形成了数百个专利发明点，在移动通信领域达到了世界领先水平。

（集成电路行业协会）

二、通信设备制造业

概况

2006年，上海通信产制造业继续保持健康发展态势。1～12月，通信产业完成工业总产值341亿元，销售收入342亿元。TD-SCDMA商用测试带动了整个产业的发展，其中移动通信基站和移动通信手机是主要增长点，大唐（TD四大系统设备厂商之一）和英华达（3G终端制造商）等通信制造企业的产品销售依托TD商用测试有了明显增长。另外产业内企业重组也带来新的业务增长，如朗讯和阿尔卡特业务合并，实现了两家公司的优势互补，增强了竞争力，合并后阿尔卡特将其海外公司的加工业务全部集中到上海贝尔，使得上海贝尔在固网交换和移动交换业务方面取得快速

增长。（通信制造业行业协会）

第三代移动通信的技术研发和生产

TD-SCDMA在中国走出了一条依托标准，打造完善产业链，实现产业化目标，带动产业升级的成功之路。目前，国内围绕TD-SCDMA核心技术已形成了一个由40多家国内外知名电信企业集体参与的，从系统设备核心网、接入网到终端芯片、可商用终端以及测试仪器仪表的完整产业链。

上海作为最重要的TD产业基地，是目前国内产业链布局最完善的城市，从系统开发－生产制造、终端开发－方案设计－生产制造、芯片设计－生产制造、业务应用开发、内容提供商到测试仪表等各个环节都有重要企业参与。

系统设备领域：大唐移动＋上海贝尔阿尔卡特是典型的强强合作模式，大唐移动负责产品的开发及产业化前期导入工作，上海贝尔负责产品的大规模生产制造，目前已成功开发生产出成熟可商用的全套系统设备，从技术指标和性能上充分验证了“TD-SCDMA完全具备大规模独立组网能力”，并具备大规模供货的生产能力。中兴、华为在上海也有TD研发分支机构。

终端芯片方面：打破了国外厂商在该技术上长期垄断的局面，以上海展讯、凯明等为代表的芯片企业设计出TD-SCDMA单模、TD-SCDMA/GSM双模多种商用芯片，现已开始向终端设计及制造商提供批量芯片产品，使得国内芯片制造设计企业凭借TD的机遇实现能级上的提升。

终端方面：获得突破，彻底改变了原先产业链短板的形象。自2004年4月上海大唐移动开发出第一款TD-SCDMA手机以来，上海本地已有迪比特、英华达、龙旗、希姆通等终端企业先后推出多款可商用的TD-SCDMA成熟终端。这些终端可提供包括基本话音、可视电话、网页浏览、视频点播在内的典型3G业务，待机时间最长超过200小时，大部分厂商已具备大规模供货能力。

业务应用方面：上海大唐移动、科泰世纪已推出相应的应用开发平台软件产品，并着手应用开发社区的建设，吸引上海本地众多的SP/CP加入到社区中，逐步完善TD应用产业链。

TD-SCDMA产业给了上海信息产业和上海城市发展一次机遇，将带动上海在基础软件、集成电路、计算机等信息产业相关领域关键技术上逐步突破。

（陈皓瑜）

大唐移动：致力于打造TD完整产业链

【概况】 上海大唐移动通信设备有限公司（以下简称“上海大唐移动”）成立于1998年4月，注册资金8 550万元，是大唐电信科技产业集团的骨干企业之一。

上海大唐移动作为自主创新型企业，以自主研发产品为主，至今已开发完成了GSM无线基站、直放站、TD-SCDMA基站、TD-SCDMA直放站、TD-SCDMA全套终端解决方案、特殊测试终端、业务应用平台等多项产品。其中，公司基于具有完全自主知识产权的TD-SCDMA高层协议栈所开发的TD-SCDMA终端解决方案及产品性能优异，被公认为业界最成熟的协议栈产品和终端解决方案。目前，公司在终端方面已形成解决方案业务中心、手机业务中心两大产品线。其中，解决方案包括芯片组、协议栈、ARENA平台、SICE省电技术、参考设计方案、开发工具组6部分，手机业务包括OEM/ODM终端、PCMCIA数据卡、特殊测试终端、手机模块4部分。全套解决方案目标客户为国内外终端制造商、手机设计公司，目前在国内市场占有率达70%。

上海大唐移动在产品开发上积累了丰富的经验，在TD-SCDMA终端技术及相关领域累计申请专利76件，除3件为手机外观专利外，其余全部为发明专利。公司在TD终端方面占据绝对技术优势，在整个终端产业中处于龙头地位，下一阶段，公司将推出支持HSDPA功能的终端解决方案和产品，并加大在TD应用开发环境建设项目上的投入，打造TD完整产业链。

2006年，上海大唐移动顺利通过“上海市软件企业认定”、“企业技术中心认定”、“通信信息网络系统集成企业”等资质认证。

【开发终端解决方案】 在终端开发工作上，上海大唐移动基于TD标准开发了业界最成熟的核心协议栈软件——MeCoTM，并基于该协议栈软件，进行了全套终端解决方案的开发。在开发过程中，上海大唐移动始终贯彻软件控制硬件平台原则，软件模块为其核心技术，硬件平台采用开放策略，可适用在多家厂商的芯片上。该系列产品包括DTivyTM A1000 L TD-SCDMA单模解决方案、DTivyTM A2000 L GSM/TD-SCDMA双模解决方案、DTivyTM A2000 M GSM/TD-SCDMA双模升级版解决方案。该解决方案在功耗上突破了3G手机待机时间短的瓶颈，最低待机电流2.5mA，平均待机电流<4mA。

【研发TD-SCDMA首款测试终端】上海大唐移动自主研发了第一款TD-SCDMA测试手机——PECKER，填补了TD-SCDMA测试终端的空白，其强大的空口测试功能将成为系统设备开发商进行系统设备开发以及网络运营商进行网络规划、优化的重要工具。

【研发TD-SCDMA首款无线数据卡】上海大唐移动自主研发了第一款TD-SCDMA无线数据卡——Hummer，填补了TD-SCDMA无线数据卡终端的空白，是业界第一款下行达到384Kbps的无线数据卡终端。

（陈皓瑜）

上海贝尔阿尔卡特：积极提升核心竞争力，走企业创新发展之路

【概况】2006年是上海贝尔阿尔卡特股份有限公司在新业务、新市场实现战略性突破的关键一年。公司围绕“三大能力打造”发展战略，不断推进改革发展，坚持自主创新，积极提升企业核心竞争力，继续保持了稳健的增长态势。12月1日，阿尔卡特集团与朗讯科技正式宣布全球合并，也为上海贝尔阿尔卡特带来新的发展机遇。

2006年，公司坚持“积极提升核心竞争力，走企业创新发展之路”的经营方针，全年销售收入、合同订单、人均利税、海外出口等各项经济指标均创下历史最好水平。全年，公司集团共实现主营业务收入超过140亿元，同比增长20%，比2002年翻了近一番；共完成合同订单总额同比增长约31%，其中海外出口合同订单同比增长40%，已占整体销售收入的近50%。

【走创新型发展之路，不断加强自主创新能力】上海贝尔阿尔卡特自成立以来，始终把自主创新作为企业发展的基本战略。公司以引进、消化和吸收国外程控交换先进技术为起点，在通信信息技术的核心领域开展自主创新工作，走出了一条“原始创新、集成创新和引进消化吸收再创新”相结合的新路子，实现了两个“落地”：一是公司自主创新产生的知识产权“落地”，即公司完全拥有自主知识产权；二是知识产权的核心商业价值“落地”，即公司拥有自主知识产权所产生的商业价值，形成“国际资源为我所用，创新成果为我所有”独具特色的自主创新发展模式。

2006年，公司持续加大研发投入，进一步加强原始创新工作，在通信信息技术的前瞻性领域和关键技术等领域取得重大进展。专利申请数、披露数均居全国前列，并先后荣获上海市首批知识产权示范企业奖牌、信息产业科技创新先进单位，为公司进一步提高自身技术创新能力，培养长期核心竞争力打下坚实基础。

【利用两种资源、抓住三大市场，培育长期营销服务竞争能力】2006年，上海贝尔阿尔卡特努力克服国内外通信行业固定资产投资趋缓、市场竞争日趋激烈等不利因素，利用公司在中国本土化市场的优势和阿尔卡特全球资源，紧紧抓住国内运营商、专网及海外三大市场发展机遇，着力培育公司长期营销服务竞争能力，努力打造亚太区域技术支持和服务能力中心。在国内传统通信市场领域，继续巩固原有市场地位并逐步扩大市场占有率；在移动通信、光通信、数据IP产品方面，实现市场份额稳步上升，主要产品市场份额均保持在30%左右；在海外市场，公司积极贯彻国家“走出去”战略，通过充分利用自身独特的国际化资源优势，积极部署，有效实施，目前海外出口已接近公司整体收入近50%。

【加快产业化基地与区域物流中心建设，带动相关产业链发展】上海贝尔阿尔卡特以市场为导向，在坚持自主创新的基础上，鼓励产学研相结合，将产业化纳入自主创新范畴，加大公司技术转化和产业化核心能力的形成力度，以促进科技转化生产力以及经济效益的实现。公司产业化基地不仅实现了规模化生产，并且凭借一流的质量标准和成本优势、国际化的管理人才，已逐步发展成为阿尔卡特全球最大的生产制造基地、亚太区及中国的采购中心、物流中心及维修服务中心，承担的阿尔卡特集团内外加工业务实现大幅度增长，全

年共实现外加工出口交货值同比增长近20%。在TD-SCDMA方面，公司与大唐电信加强合作，目前已全面完成产业化任务，为配合3G的快速商用化进程作好了充分准备。（上海贝尔阿尔卡特）

亿人通信：打造国际化公司

上海亿人通信终端有限公司（以下简称“亿人通信”）的前身是成立于1995年5月18日的上海西门子通信终端有限公司，自2001年1月起，公司改由上海广电股份有限公司和美国唯典公司以中美合资的方式运作。

亿人通信的业务主要为以下三部分，一是话机事业部，专业生产德国西门子电话机，西门子电话机在顾客中享有极高的声誉，不仅在国内占有很高的市场份额，而且75%的西门子电话机销往全球50多个国家和地区，深受世界各地用户的欢迎；二是线缆调制解调器事业部，所生产的产品在“有线通”宽带上网中得到广泛应用；三是网络产品事业部，专业生产IPv6设备及VoIP设备，关注全球领先技术。

作为专业的通信终端产品生产商、数据通信和网络设备供应商、全面的信息安全产品和解决方案提供商，亿人通信拥有强大的自主研发实力、创新能力及完善的售后服务体系。公司现有员工近800人，拥有数条先进的生产流水线。目前，公司已拥有24项专利并将研发结果产业化，使产品的技术和工艺到达了国际先进水平。（亿人通信）

通用卫星导航：多次承担重大科研项目

【概况】上海通用卫星导航有限公司（以下简称“通用导航公司”）成立于1995年，专业从事全球卫星定位和高精度定向技术、地理信息（GIS）技术、计算机技术、网络技术、射频识别技术（RFID）等高新技术的研制开发和应用，是上海市最早把全球卫星定位技术应用于陆上智能化交通建设的高新技术企业之一，已通过军标GJB 9000质量体系认证。

近几年来，公司多次承担国家和上海市的重大科研项目，在GPS/GIS应用领域先后开发出适用于集群、VHF、GSM、CDPD、GPRS、CDMA等各种通信方式的GPS/GIS监控调度系统，并在货运、公安、医疗、公交等领域得到应用，技术水平已达到国内领先。

【研发北斗一号用户机】通用导航公司研发北斗一号普通型用户机从基带板的芯片组开始设计，目前已经形成了北斗一号普通型一体式用户机样机和北斗一号普通型分体式样机。经过多年研制，产品于2005年8月通过中国卫星总站技术测试报告，并获得上海地区惟一生产“北斗一号”用户机通用装备生产资质。该机在失锁重组、治愈功能、坐标转换等方面处于国内领先水平。

【开发基于RFID技术的航空物流信息管理系统】基于RFID技术的航空物流信息管理系统作为2004年度国家科技创新项目和上海市重点科技攻关项目，采用具有国际先进水平的射频识别（Radio Frequency Identification，简称RFID）、GPS/GIS/GPRS及Internet技术，实现对陆路(公路、铁路)-航空中转联程进出口货物的实时、动态跟踪和远程实时查询、统计，并建设跨企业的区域物流信息管理平台，与其他物流配送系统实现相互衔接。

【开发基于北斗/GPS双星定位技术的嵌入式系统手持机】由公司自筹资金组织工程技术人员自主开发的基于北斗/GPS双星定位技术的嵌入式系统手持机根据野外作业的实际需求和现代快速反应的信息化理念，采用嵌入式系统和DSP技术设计，具有电台通讯、数据传输、GIS地图显示、语音通话等功能。该机体积小，功能强大，是中国石油勘探、野外作业、地矿测绘等领域信息化装备的升级换代产品。

【开发基于网络/移动通讯/GPS技术的物流车辆管理系统】基于网络/移动通讯/GPS技术的物流车辆管理系统系统采用网络、移动通讯、GPS、WEB/GIS和计算机技术，可对物流企业的移动车辆进行远程实时监控、调度管理。

【研发城市120医疗救护GPS监控系统】通用导航公司自主研发的城市院前医疗急救车辆监控调度系统采用了嵌入式系统技术、无线通讯技术、Web/GIS技术卫星定位技术和计算机网络技术，在中国120医疗急救系统处于领先水平。

【研发公交企业驾驶员车辆信息管理系统】通用导航公司采用RFID技术、计算机技术、网络技术和自动化控制技术研发的公交驾驶员车辆信息管理系统，将公交企业的人员、能耗、车辆、票务等企业管理要素集成在一个系统内进行实时处理，填补了国内空白。

（通用导航公司）

三、新型元器件产业

布线系统

2006年，为了适应布线系统产品从传统的家电线束向技术含量和利润率效益更高的汽车线束和装备类线束发展的趋势，上海仪电控股（集团）公司（以下简称“上海仪电”）全额投资组建了苏州飞乐汽车控制系统有限公司（以下简称“苏州飞乐”），公司注册资金3 000万元，主要生产汽车传感器线束。苏州飞乐8月投产销售，当年实现销售收入1 254万元。

苏州飞乐重点开发的新产品“传感器壳体总成”主要配套西门子VDO(长春)等公司的汽车传感器，其电性能指标，连接器水密性，耐高、低温冲击性能，耐高温、高压水喷淋性能，耐热试验，连接器和导线间的抗拉强度，端子应能承受机械拉力等主要技术性能都达到或超越指标。产品的电性能是汽车电子的关键，可变电阻参数测量技术不仅涉及电子元件本身的质量，而且还关联到金属旋钮的尺寸和位置精度。为此，苏州飞乐成立了由项目主管、技术人员、SQM、质量管理人员、生产一线技术人员等参加的多个攻关组，解决了焊接工艺技术、可变电阻参数量及测试装置等难题。自6月起，苏州飞乐即向长春西门子提供“传感器壳体总成”初始样品(ISIR)、样品(MA)，并提交PPAP(生产件批准)及获得客户的批准证书(Release)。该新产品当年量产51万套，实现销售收入99万元。

珠海乐星电子有限公司为DELPHI公司开发生产的新产品“汽车线束”2006年实现销售收入达到2 938万元。

电子材料

飞乐公司继续扩大对电子材料产业的投入，并把与上海大学加强产学研合作作为技术自撑，2006年共有“高介电常数材料与铝电极箔的纳米复合研究及产业化”等3个项目获得市科委、市经委、市科促会、市教育基金会立项与资金资助。新产品（工艺）“高比容腐蚀箔”、“低阻抗化成箔”、“高性能化成箔”采用独特的发孔腐蚀工艺，在保证机械强度的前提下，腐蚀箔的比电容量达到20Vf 73 μ F/cm²、腐蚀化成箔接触电阻＜0.7m Ω、化成箔之耐水性（Tr60）达到＜40秒的比例≥60%，性能指标优于国内行业标准(ST11140)，接近日本JCC公司同类产品的水平，居国内领先。

2006年，飞乐公司投资500万元，在吴江飞乐电子元件有限公司新增4条阴极化成生产线，现已拥有了19条生产线。同年，公司销售收入达到创历史的7 150万元，同比增长52%。

电容器

飞乐电容器分公司于2006年完成新产品CBB662AR（加装泄放电阻）三角形连接旁路电容器的试制工作。CBB662AR电容器是根据意大利Procond公司的要求研制的，是电磁干扰滤波器的主要部件。电磁干扰滤波器是近年来被推广应用的一种新型组合器件，能有效抑制电网电磁噪声，提高电子设备的抗干扰能力及系统的可靠性，可广泛用于电子测量仪器、计算机设备、开关电源、测控系统等领域。该产品是在CBB662A三角形连接旁路电容器的基础上进行二次开发的新产品，主要特点是在原CBB662A三角形连接抑制电容器中的X2电容器两端跨接一个金属模残余电压释放电阻，用于防止电源线拔插时电源线插头长时间带电。该产品采用塑壳封装，环氧树脂灌装，主要技术指标达到EN132400标准，符合RoHS指令。样品送交意大利Procond公司并获认可，2007年将进入批量生产。

飞乐公司电容器分公司研制的CBB662型旁路电容器经项目初审、专家评审组评审、市专利新产品评审委员会审定，被市经委、市财政局、市知识产权局联合认定为2006年度专利新产品，授予“上海市专利新产品”证书（证书号：SHZX 061013），并列入《2006年度上海市专利新产品（第一批）认定目录》。

2006年，飞乐电容器分公司在中国第20届电子信息百强企业中名列第28位。

（上海仪电）

四、数字音视频产业

概况

2006年，上海数字电视形成了“有线、地面、IPTV、移动、手机”多元化格局：有线标清数字电视跨出整体转换坚实的一步，有线高清数字电视从试播过渡到正式开播；地面数字电视产业化准备就绪；IPTV网络电视发展迅速；移动电视继续拓展壮大；手机电视发展方兴未艾。随着2006年多项数字电视标准出台，整个数字电视产业的发展方向进一步清晰，并进入了快速成长期。中间件机顶盒与各类终端接收机等产品进入批量生产的成熟期；电视用屏和电脑显示器用屏同步发展，中国第一款大型47英寸LCD TV显示屏在上海开发成功，标志着中国TFT-LCD产业正从显示器转向大屏LCD TV；数码影像市场正经历一个从高速增长逐步走向成熟的阶段，产业发展速度减缓；影碟机开始重点转向EVD等高清碟片播放机；数字家庭产业呈现良好的发展势头。

上广电：强调自主创新设计，推进技术与系统开发

【自主设计的创新理念出成效】上海广电（集团）有限公司（以下简称“上广电”）近年来一直在产品创新上狠下功夫，积极鼓励员工大胆创新，设计具有自主知识产权的专利产品。2006年10月，经过从设计到样机制作短短6个月“拼接曝光”、“低阻工艺”等技术难关的成功攻克，上广电完全自主设计开发的中国大陆第一款47英寸液晶高清电视屏在上海广电NEC有限公司的第5代TFT-LCD生产线上诞生。该新品的各项技术指标（1920 × 1080全高清分辨率、176度宽视角、8ms响应时间）均达到同类产品的国际先进水平，并申请了10项专利。47英寸液晶高清电视屏的成功开发，标志着上广电的TFT-LCD液晶屏产品步入一个崭新的领域，标志着中国液晶电视屏设计开始打破过去依赖他人设计的被动局面。在11月的工博会上，上广电47英寸液晶高清电视屏获得“2006年中国国际工业博览会创新奖”。上广电自主设计并同时在工博会上亮相的还有19英寸宽屏显示屏、TFT-LCD驱动集成电路及TFT-LCD整机。

【推进具发展前景的系统开发】上广电旗下的上海广电通讯网络有限公司十分重视突发事件应急处理项目的研发。2006年，该公司瞄准了森林防火、民防、环保、煤矿安全生产等领域的系统开发，推出了一种便携式卫星应急通讯系统。该终端系统集卫星VoIP语音/传真、视频编码传输、GPS全球定位等多种功能于一体，内置独立电源，预留与各种非卫星通讯终端设备（如电话机、摄像头等）的接口，具备与卫星通讯网络固定地球站间的实时双向通讯功能，能够为各种卫星应用特别是突发公共事件的通讯应用提供及时、迅速、可靠的宽带多媒体通信服务。在9月东北护林中心卫星应急通信系统项目招标中，便携式卫星应急通讯系统以集成度高、便携性好、操作维护简便、支持宽带多媒体综合应用等先进特点一举中标，并获得了国家林业局森林防火相关领导的高度评价。2006年，该系统在其他省市及国有大中型林场的应用推广全面展开。与此同时，该系统产品在民防、环保、煤矿安全生产等领域的应急指挥系统应用开发及市场推广也正在积极进行中。便携式卫星应急通讯系统已申请了3项发

明专利和软件著作权，并在11月中国国际工业博览会上获得铜奖。

【促进数字电视新技术的研究】上广电除创新单项产品与系统产品的开发外，还非常重视数字电视新技术的研究。2006年，由上广电中央研究院研发的机道分离技术业已成熟，正进行产业化准备。机道分离技术是上广电中央研究院在国内首先提出的一种将信道相关模块从数字电视接收系统中分离出来，以实现信道开发和数字电视接收系统开发分别进行的通用接口技术。机道分离技术采用将信道解码和信源解码分离的方法，把数字电视机顶盒中的信道解码部分独立出来，做成“道”，机顶盒的其他部分，包括信源解码做成“机”，简称“机道分离”。机道分离技术能够将除数字电视信道以外的其他信道（如数据信道、双向传输信道、IPTV信道）统一起来，使得该技术和标准具有较大的灵活性和自由度，使数字电视接收设备具有更强的市场适应性。上广电中央研究院结合机卡分离技术和机道分离技术，已开发出新一代“双分离结构”的数字电视接收终端。机道分离技术达到国内领先国际先进水平，并在11月中国国际工业博览会上获创新奖。

文广互动：拓展多种业务，促进内容产业发展

【发挥全国数字电视集成运营平台的作用】上海文广互动电视有限公司（以下简称“文广互动”）自数字电视运营以来，十分重视“SiTV全国有线数字付费频道集成运营平台”作用的发挥，公司通过不断加强与各地付费频道和有线网络的合作，寻求与探索在“平台建设、内容集成、市场推广和服务方面”与上下游合作的新机制、市场运作的新模式，以此服务全国。2006年1月27日，文广互动与北京歌华有线电视网络股份有限公司、北京北广传媒数字电视有限公司共同宣布，上海文广新闻传媒集团旗下的13套SiTV数字电视专业频道正式在北京开播。3月，“SiTV全国有线数字付费频道集成运营平台”先后与河南人民广播电台、太原电视台、江苏电视台、辽宁电视台达成合作协议，将《说文解字》、《玩具·益智》、《网络棋牌》、《财富天下》4个全国数字电视付费频道集成到SiTV平台，通过卫星传输到各地有线网络。至此，SiTV平台上的全国数字付费频道、频率已达到20套。与此同时，文广互动又与TGC替你录（上海）信息科技有限公司签订战略合作协议，拟借助各自的行业经验及技术能力，在PVR产品及电子电视节目指南（“EPG”）服务和各种增值服务业务的开发、应用、市场开拓等方面展开合作，将PVR产品的基本运营服务及增值应用服务加值在现行的数字电视项目中，扩大增值收益份额，做强做大数字电视运营产业。截至11月底，文广互动“SiTV全国有线数字付费频道集成运营平台”的用户数量已超过500万，相当于全国数字电视用户市场的70%。

【拓展“新视觉”高清频道业务】文广互动自办的“新视觉”高清电视频道经过3个月的试播后，于2006年1月1日正式开播，并在上海长宁兆丰多媒体广场举行了为期10天的“新视觉·DLP高清体验之旅”。为了拓展“新视觉”高清频道业务，4月27日，文广互动与上海东方有线网络有限公司、大连天途有线电视网络股份有限公司、佛山珠江传媒网络有限公司、深圳天威视讯股份有限公司和南京广电网络有限公司共同宣布，将在这5个城市启动“新视觉”高清频道营销推广活动，并携手NBA在中国首次直播高清体育。此后，文广互动与北京歌华等8家有线网络公司签订高清合作协议，将高清“新视觉”频道在当地落地并进行大规模的市场推广。6月19日，“SiTV全国有线数字付费频道集成运营平台”与全球知名电视机构Discovery国际电视网合作，成功举办了主题为“探索·拓展·联动”的首届中国高清电视产业发展论坛。

【重视媒体内容产业发展】为推进媒体内容产业，2006年6月18日上海电视节期间，由文广互动等SMG新媒体单位共同举办了主题为“互动时代，因你而动”的第三届中国国际新媒体论坛。此届新媒体论坛以推进信息产业、科技产业和媒体内容产业发展为主线，邀请了国家科技部、信息产业部和广电总局的领导，以及全球知名信息产业和传媒业界等人士参加并发表演讲。

天柏宽网：重视产品国际认证，积极扩展增值业务

【HMC-1010AW机顶盒通过英特尔Viiv认证】天柏宽带网络科技有限公司（以下简称“天柏宽网”）于2004年底启动了数字家庭的研发项目，2005年7月开始HMC-1010AW机顶盒的研发，2006年5月此款机顶盒

基本定型。经英特尔检测确认，HMC-1010AW兼容了英特尔Viiv技术，符合DLNA和NMPR标准及UpnP和DTCP-IP协议。Viiv技术可提供影视点播、音乐欣赏、游戏玩打、照片观赏等娱乐保障，并把遥控器、环绕立体声和无线技术有机地融合在一起。HMC-1010AW通过Viiv技术把与HMC机顶盒相连的电视机变成家庭娱乐的中心，实现电视、电脑资源共享互动，很好地起到家庭信息储存、共享发布的核心作用，并通过友好的用户界面为用户提供便捷操作，很大程度上解决了以往设备连接不能兼容和操作复杂的问题，给数字家庭用户带去精彩无比的娱乐体验。12月18日，HMC-1010AW通过英特尔Viiv认证，标志着天柏宽网跨入了生产经由国际认证的时尚数字家庭产品行列。天柏宽网是国内第一家通过此认证的机顶盒公司，国外迄今也只有3家厂家的机顶盒产品获得英特尔Viiv认证。除获得国际权威机构资质认证外，天柏宽网在2006年申请的11项发明专利也已初审合格。

【向增值服务转型】天柏宽网90%的业务来自机顶盒。2006上半年，全国机顶盒市场总量达到630万台以上，天柏宽网的实际出货量（包括整机和转移生产）在280万台左右，占据了40%的份额，位列全国第一。机顶盒不仅仅是一个收看数字电视的转换器，还是家庭的信息终端，将为人们带来丰富多彩的网络化应用。目前，数字电视增值服务的发展日新月异，机顶盒的可持续发展能力（升级）显得极为重要。为此，天柏宽网调整经营策略，将发展重点逐步向增值服务转型。天柏宽网已经与青岛、包头、广西等十几家有线网络运营商合作，建立了以增值服务为主要业务的合资公司，开展互动广告、电视邮箱、电视购物等增值服务。2006年，天柏宽网在广西完成了100多万台机顶盒的升级工作，是全国第一个大面积实施机顶盒在线升级的案例。此外，为了求得增值服务的更大发展，天柏宽网与中信集团进行合作，天柏宽网享有为中信集团提供技术与应用服务的优先权及系统维护权，而资金、技术、网络及内容等资源优势的支撑，则为天柏宽网增值服务的拓展提供了保障。

上海高清：技术开发先行，产业链建设紧跟

【地面数字电视示范工程及产业链建设完成】上海高清数字科技产业有限公司（以下简称“上海高清”）与上海交通大学通力合作研发的ADTB-T技术已正式成为国家标准的重要组成部分。2006年8月，国家标准化委员会正式颁布了具有自主知识产权的国家地面数字电视传输标准《数字电视地面广播传输系统帧结构、信道编码和调制》（标准号为GB 20600-2006），并定于2007年8月1日起在全国范围内正式强制性实施。经过多年在全国各地大量的广播工程技术实践，国标ADTB-T技术已得到全国广大基层广电用户的高度认可，上海高清基于国标ADTB-T技术开发的大面积固定覆盖系统解决方案“神州家家通”受到各地基层广电的热烈欢迎。2006年，大面积固定覆盖、城市车载移动电视、城市高清晰度电视等一批地面数字电视示范工程建设在上海高清的积极努力下顺利完成，其中包括上海崇明三岛覆盖、湖南株洲市县组网、河南安阳市级覆盖、安徽凤阳县级覆盖、上海主城区单频网出租车车载移动、山东威海公交车载移动、上海高清晰度电视广播、海南模拟电子管发射机数字改造、四川成都高山台覆盖等各类地面数字电视广播体系。2006年，核心算法编制、FPGA硬件实现、实验室测试、芯片样片测试、网络覆盖试验以及工程小试阶段和中试阶段的所有工作均已完成；另一方面，市场上支持ADTB-T技术的发射和接收产品已超过30款，解调芯片销售已超过10万片，发射机销售超过100台，总发射功率超过50千瓦，覆盖20余个省市，这些成果标志着可规模化生产的地面数字电视产业链已构建完成。

上海全景：多领域业务齐上，增值服务平台建设并进

【配合上海虹口数字电视整体平移】上海全景数字技术有限公司（以下简称“上海全景”）为了推进上海数字电视发展，几年中开发了包括用于高清电视接收的多种不同类型、不同档次与规格的机顶盒产品。2006年，上海全景继续在数字电视、交互电视、数据广播、增值服务等领域的系统与软件开发上发挥公司业务特长。7月，上海全景完成了数字电视平移升级版的成功切换，有效支持了上海数字电视平移工作的开展。为了配合上海数字电视整体平移试点，上海全景针对NAGRA和NDS两种不同的CA，成功开发了SIG（Service Information Generation）服务信息生成系统，从而确保了平移中头端系统布置的顺利完成。为了支

持付费数字电视的顺利推进，公司自主研发了全景数字电视节目授权系统，并申请了相关专利；同时，为了实现电视节目的点播，开发完成并已在OCN（Oriental Cable Network）东方有线网络公司大网上试运行的NVOD（Near Video On Demand）准视频点播播控平台（该平台同时支持高清NVOD、标清NVOD和音频NVOD）和VOD（Video On Demand）视频点播系统与语音业务系统。这些平台与系统现正与数字电视业务管理系统整合，从而形成有线综合业务运营。此外，为了扩大数据广播规模，公司还对OCN数据广播平台系统进行了扩容，为增值服务的进一步拓展奠定基础。

【启动内容增值业务平台建设】上海全景除各类机顶盒产品的研发外，还十分注重各类业务平台的建设。2006年，公司内容增值业务平台建设正式启动，在这个完全由上海全景自主开发的开放式软件平台上，不同的内容提供商可以快速开发及提供可运营的多媒体节目，同时也为有线电视运营商提供了一个基于数字电视端到端的多媒体（视频、数据、语音）内容传输的完整解决方案。该项目最终将提供一套头端到终端的完整解决方案，包括：①可运营的头端交互数字电视内容增值平台解决方案以及ODSP4.0软件系统；②完整及开放的开发工具以及仿真系统软件；③可移植到多个硬件平台的嵌入式交互数字电视中间件软件；④建立一个可以实现三网融合业务的示范运营系统，支持用户数可达1 000个以上。上海全景开发的内容增值业务平台在支持三网融合业务开展、支持各种视频编码格式，特别是各种高清编码格式的混合处理以及便于在不同机顶盒平台和操作系统上的快速移植、便于在不同类型应用中使用及便于在高中低档的机顶盒中推广采用等方面都具有一定的创新性。通过机顶盒，用户可以方便地借助这一业务平台选择及实现电视娱乐、视频点播、时移电视、电视商务、电子支付、电视聊天、互动游戏等功能。

索广电子：制订发展方向，重视和谐环境建立与管理

上海索广电子有限公司（以下简称“索广电子”）自成立以来一直以“成为世界第一的制造集团（摄录一体机）”为企业的发展方向，构筑与国际采购、销售接轨的管理体系，增强企业在国内外两大市场的竞争能力，凸现良好的企业发展势头。索广电子2006年度的销售额为37.21亿元人民币，盈利约1亿元人民币；公司13年累计销售额380多亿元人民币，连续超额完成董事会的年度利润目标，给投资双方带来了巨大的经济效益。经过不懈努力，索广电子现已跻身中国500强企业。2006年，索广电子除继续狠抓DVD摄录一体机、DV摄录一体机和与此配套的DVD、DV摄录一体机光学机芯、磁带机芯、部组等系列产品的质量及其经济效益外，还在和谐环境的营造及其后的管理上下功夫。公司在内部管理中强调优化企业氛围，实施人性化管理，形成和谐的企业文化。

联合光盘：全面提升服务质量，战胜困境创新高

上海联合光盘有限公司（以下简称“联合光盘”）采取多项战胜困境的措施， 2006年的效益创了新高。近几年来光盘行业竞争不断激化，2006年依然如旧。国际市场石油价格连续走高，作为光盘复制行业的主要原料，石油下游产品PC的价格也一直在高位运行，这些都给原本薄利的光盘复制行业雪上加霜。面对困境，联合光盘在经营上采取全面提升服务质量、降低生产成本、扩大服务范围、不断适应市场变化等措施，从而争取到了最大的接单量。在2006年的PC料比2003年上升近70%的情况下，经过公司上下共同努力，全年完成净利润970万元，创造了历史上的最好成绩。联合光盘采取的具体措施是：①最大程度提高接单员的积极性，争取多接单，接高价位单。年初，公司制定了业务部的方针目标，并配以积极可行的奖罚制度；同时对市场进行了深入的剖析，制定了主攻目标和建立了第二经营部；纠正了以前重大客户、轻小客户的不正确做法，挖掘了小户中的高利润。②规范经营，抓好版权保护和打击盗版侵权。2006年，联合光盘严格按照国家有关法律、法规，规范日常经营活动，对有版权属性不明的订单坚决不涉足，从而使公司在同行中树立了良好的声誉，并得到客户的一致好评。③加强职工培训力度，提高合格率。2006年，虽然PC料价格在高位运行，但公司抓住“加强培训，提高合格率”的矛盾关键，最终还是取得可喜成绩。④降低采购成本，为企业挖掘第三桶金。2006年，联合光盘按客户要求降低接单价的惯例，对采购部门提出了相应的降

低物品采购价的要求。通过努力，除了PC料均价下降28%以外，其余所有的原材料和部分修配件、耗材也都有5%～7%的下降，全年少支出数百万元，从而为公司增收创造了条件。

上海理想：走出理念传播，跨入产业实施

上海电信旗下的上海理想信息产业（集团）有限公司（以下简称“上海理想”）近几年除开发甚具市场竞争力的拳头产品OA系统外，还将相当大的精力投入了实现“数字家庭”理念的家庭网络产品的研发、测试与规范制订上。2006年，为了更好推动“数字家庭”实施进程，上海理想的重点工作之一选择了家庭网络的重要设备——网关的家庭实地测试及根据用户需求调研结果制订相应规范。3月，上海理想对多家厂商的家庭网关产品进行了接入、路由、安全、终端管理、网关应用项目等的全面测试，测试结果记录了网关主处理器在处理能力、软件功能扩展能力、设备在网络接入、路由功能以及远程管理功能等方面的区别，同时也重点对网关的应用功能，包括多PVC、家庭门户、家庭监控、家庭存储、本地设置、信息安全、VoIP、网站过滤、VPDN、WLAN等方面进行了测试。1～12月，为充分收集家庭网关的实际使用数据，培养用户的使用习惯，引导用户需求，上海理想在对家庭网关进行测试的同时，选择了部分宽带用户对家庭网关进行试用。3～11月，基于家庭网关测试结果以及试点后用户需求调研结果，上海理想制定了相应的家庭网关技术规范。规范对家庭网关的硬件接口要求、硬件基本指标、硬件功能扩展、外形要求、基本形态软件功能、家庭网关软件扩展性要求等方面进行了定义和描述。上海理想根据该份规范提出了网关定制要求，并进行了开发。与此同时，上海理想经过3～12月期间的开发、建设、调整，实现网关管理和业务开通的管理平台已达到基本功能要求，具备上线运营条件。2006年，上海理想配合上海市信息家电行业协会制定完成《家庭网络信息互联接入技术规范》，于年底通过专家审订。

大亚信息：重视质量体系认证，争当一流信息集团

上海大亚信息产业股份有限公司（以下简称“大亚信息”）是目前国内最大的数字电视机顶盒OEM和ODM的生产商，主要产品包括数字家庭多媒体网关设备、宽带接入设备及安全网络设备。大亚信息的终端设备中国出货量排名第一，全球排名第四，有线接收机每月8万台发往韩国、东欧；卫星接收机每月12万台发往中东、中亚、北非、欧洲。其中，公司技术领先的双向交互式机顶盒先后在中央党校、山东青岛、山东淄博及韩国等地大量使用。自2001年成立以来，大亚信息除重视多样化产品研发外，还十分注重以优异的产品质量向海外市场拓展。2006年5月，公司开始导入ISO9000质量体系认证工作，经过几个月的前期准备，11月1日迎来ISO9000质量体系的外审。审核小组经过两天的认真审核，认为大亚信息的业务流程、管理等工作已基本按照ISO9000：2000体系要求运转，一致同意通过ISO9000质量体系外审。

上海金陵：发挥子公司潜力，稳步开展各项业务

上海金陵股份有限公司（以下简称“上海金陵”）2006年实现主营业务收入10.3亿元，各项指标全面完成或超额完成预算目标，表面贴装、印制线路板、高频部件、微电机等主导产业继续平稳向前发展。2006年，为了继续贯彻以市场为导向的发展战略，公司上下密切关注市场动向，把握行业发展趋势，并根据市场走势及时调整经营决策，加大投资力度。SMT板块业已形成上海、杭州、深圳三足鼎立的格局，上海金陵通过不断加大设备和技术投入，加强三地人员和技术交流与合作，进一步提高公司在行业内的竞争力。同时，为把握住PCB行业的良好发展机遇，提高企业的综合竞争力，公司加大了对PCB的投资力度，普林新厂建成后的月产能将达到3万平米，为今后的进一步发展提供了强有力支持。2006年，阿尔卑斯和金鑫公司的高频头业务继续稳步发展。在国内外竞争日益激烈的调谐器市场中，上海阿尔卑斯电子有限公司的产品雄居国内外同行领先与主导地位；金鑫公司的业绩突飞猛进，销售收入和净利润分别同比大幅增长37%和95%。上海金陵雷戈勃劳伊特电机有限公司虽然在2006年面临材料大幅涨价、人民币汇率调整等形成的困境，但通过公司对管理工作和成本控制的加强以及新产品的开发和投产，仍维持了平稳的经营状况，从

而为今后的发展奠定了基础。上海金陵在网络通信和计算机系统集成领域同样取得快速发展，网络公司各项经济指标大大超过预算，各项业务稳步开展。

（信息家电行业协会）

五、计算机产业

概况

上海的计算机制造业始于20世纪50年代末至60年代中期，经历了近40年的发展历程，现已基本形成了从国产化到融入世界计算机制造业，从单一全民经济走向多元经济体制结合的共同发展的格局。

2006年，上海计算机产业以科学发展观为指导，深化以创新为特征的发展理念，保持了产业的持续稳定发展，产值、销售额在上海IT产业中占有份额最高。

【发展新格局】早期上海的计算机制造企业基本上是为数不多的全民企业（如东海、华东、广电等），20世纪80年代后，这种格局迅速被打破。2004年，从66家规模以上计算机制造企业调查来看，年销售收入超过10亿元以上6家，占8%；1亿元以上19家，占25%；1 000万元以上38家，占50%；500万元以上13家，占17%。所有制情况：外资企业占55%，国内企业占20%，港台企业占25%。

【2004～2006年上海计算机制造业主要经济指标】

（单位：万元）

年份	单位数（个）	从业人员人数（人）	工业总产值	工业销售产值	年末资产总计	主营业务收入	利润总额	税金总额
2004年	84	54 862	13 618 151	13 554 617	6 402 939	19 094 533	197 489	19 574
2005年	93	67 573	17 727 307	17 414 776	5 795 135	18 781 176	217 614	38 683
2006年	92	89 731	23 703 243	23 642 783	7 093 951	25 018 540	108 490	45 668

注：数据皆为规模以上数据（规模以上是指年主营业务收入500万元以上的企业和国有企业）

【代表企业情况】2006年上海计算机制造业中，主营业务收入达500万以上的企业有92家。其中有代表性的企业有：⑴联想集团。2006年上半年，集团在印度市场的台式电脑业务取得21%的增长，Lenovo 3000笔记本电脑增长率高达48%，远高于整个市场19%同比增长率，在中国市场电脑销售量同比上升25%。目前，联想在国内市场份额达36.20%。⑵达功（上海）电脑有限公司。2006年，公司笔记本电脑总产量达112.56万台，微型计算机总产量达227.22万台。⑶英业达集团(Inventec Group)。2006年营业额近百亿美元，已成为全球最大的服务器制造商与全球前五大笔记型计算机OEM公司，被美国商业周刊评为全球IT百强之一。现在公司依然处于高速成长阶段，年增长率保持在30%左右。

同时，还有以下企业在计算机、打印机、显示器的产销方面具有相当规模，这些企业的年销售总额超过1 500亿元。

序号	单位
1	达丰（上海）电脑有限公司
2	达功（上海）电脑有限公司
3	英华达（上海）电脑有限公司
4	惠普科技（上海）有限公司
5	英顺达科技有限公司
6	英业达（上海）有限公司
7	上海联想电子有限公司
8	东芝电脑（上海）有限公司
9	英特尔产品（上海）有限公司
10	达业（上海）电脑科技有限公司
11	上海广电液晶显示器有限公司
12	达群（上海）电脑有限公司
13	吉利德显示器件（上海）有限公司
14	华捷联合信息（上海）有限公司

【计算机产品发展情况】计算机产业的发展离不开许多核心技术的突破和创新，而在处理器架构、芯片、平台技术、软件等方面则被视为竞争的技术基础。掌握核心技术才能制造出设备更小、性能更高、散热费用更低、能效更出色的产品。当前计算机产品发展有以下特点或趋势：①计算机的功耗越来越低，已降至5W～95W左右。②增强的性能和改进的多任务处理能力带来更高的办公效率。目前，多媒体、流媒体、视频等处理在CPU中占据80%左右，今后可能只占30%；多任务处理能力会更强。③面向台式机、笔记本电脑的双核处理器，及面向双路服务器的双核处理器，稳占高性能和高效能的领先优势；四核处理器2007～2008年也将进入市场。④从芯片制造工艺看，2003年第一代为90纳米，2005年第二代65纳米，2007年向45纳米推进，2008～2010年估计达到32纳米。

2006年，出现了65纳米双核服务器台式机和笔记本电脑。5月，联想双核服务器获“自主创新”设计奖，基于四核处理器的产品正在设计推出。同年，海尔电脑推出基于英特尔四核处理器的台式电脑。

（汤庆生）

长江集团：在IT产业激烈竞争中继续保持稳步增长

【概况】长江计算机（集团）公司（以下简称“长江集团”）创建于1987年3月，是具有计算机产品科研开发、生产制造、系统集成、销售服务多功能并拥有进出口贸易自主权的国家计划单列企业集团，是上海市计算机产业的骨干企业。集团连续5年入选中国软件百强企业，东海商标连续10年被评为上海市著名商标。2006年，长江集团顺应IT产业的发展趋势，以国企改革改制、科技自主创新为动力，在产业结构、经营规模、经济效益上取得新的进步，全年硬件制造、软件开发、系统集成、信息服务共实现销售收入34亿元；同时，集团工业产销衔接良好，产销率达到97.8%。新品产值率连续第10年达到70%以上。2006年，长江集团经营工作有以下3个特点：

1.坚持以系统集成及软件开发为主导，带动硬件制造上规模

2006年，长江集团的系统集成企业在激烈的市场竞争中，共承接软件和系统集成项目300多项，其中1 000万元以上的大项目包括海事大学综合布线弱电项目、中石化石油信息化项目等6项；500万元以上大项目的合同总金额超过了2005年，系统集成企业在产业中的地位不断提高。同时，集团以九亭、北桥生产园区为“两翼”的产业发展正呈现出上扬趋势，而九亭、北桥作为硬件加工制造基地也初具规模。集团凭借这两个生产园区良好的创业环境和自身的技术优势，吸引了众多的欧美企业进行合作，其中有瑞典洁定、美国艾默生等著名企业，产品远销日本、美国、加拿大、英国、意大利等国家。

2.坚持开发核心竞争力产品，以自主创新引领企业发展

2006年，长江集团完成多项科技项目，包括科技部的文化资产典藏信息服务与交互平台，市信息委的手持无线终端综合处警软件系统和企业能源监测管理平台，市科委的宽带互动IPTV终端和高性能宽带信息网应用示范，市经委的基于家庭信息化的嵌入式核心软件系统的开发及应用、数字化医疗关键技术研究与中西医临床应用等20项。同时，集团努力打造科技创新平台，研发出多项自主科技创新并具有核心竞争力的产品：一是流媒体产品类，形成机顶盒与流媒体服务器两个产品和IPTV系统、多媒体互动图书馆系统、多媒体内容管理系统、酒店VOD系统等4项应用；二是指纹产品类，形成硬件加密狗、指纹优盘、指纹采集仪、指纹保管箱、银行柜员身份认证仪等系列产品；三是无线产品类，形成WIFI无线网组网设备和校园无线网络应用解决方案，推进了手持无线数据终端的研发。

3.坚持通过企业间的合资合作、股权收购，拓展产业新领域

2006年，长江集团根据“优势互补、注重实效、互利互惠、合作发展”的原则，积极寻找并优化合作对象，成立了一批新的企业，引进了一批有竞争力产品。集团与美国赛奎门生物科技有限公司、广州弘石科技有限公司的合资合作，并通过二次开发，形成长江品牌系列安全、保密产品。同时，长江集团利用集团的资质、品牌、专业技术等无形资产的优势，参股组建了一批新企业；通过股权收购，控股了一批企业，从而使集团计算机产业领域有了新的突破，使专业产品的高成长性、高附加值初步显现，从而成为集团计算机产业链中新的经济增长点。

【社保领域项目有新拓展】长江集团自2003年8月参与

市信息委牵头的社保卡和银行卡绑定支付项目研发，并在华山医院、第八人民医院、岳阳医院、龙华医院、国际和平妇幼保健院、普陀区中心医院等26家医院成功实施后，2006年，社保领域研发进一步拓展，项目全面丰收。集团先后承接了外来人口采集、社保卡中心数据交换接口、社保卡网点监控系统、人大选举登记系统、科协选举系统、教委社保学籍卡系统、上海居住证系统等软件开发项目。这些项目的承接与开发，将为长江集团做好做大社保领域项目打下坚实基础。

【流媒体技术应用于科技图书馆】流媒体是指数据网络上按时间先后次序传输和播放的连续音/视频数据流，是目前较为先进的信息传输技术。长江集团开创了将先进的流媒体技术应用于科技图书馆的先河。2005年末，长江集团利用沪杏科技图书馆的场地资源和科普教育基地的功能，采用流媒体技术，增设以自然、工程技术和人文为主要内容的视频科普服务系统，创建了上海第一座多媒体视频科技图书馆。作为市科委科普项目，沪杏科技图书馆多媒体视频阅览中心于2006年6月正式立项。沪杏科技图书馆目前的馆藏图书主要以电子书籍为主，容量大约有900G，通过建立图书馆局域网络系统，利用流媒体技术，实现了向“阅览者”提供交互式科普信息的服务，使“阅览者”能够形象、直观、便捷和快速地获取知识。同时，该馆保留了传统的图书报刊阅览室，“阅览者”可在阅览室翻阅各种书籍和科普读物。长江集团将流媒体技术、IPTV互动电视技术应用于图书馆，提供特色阅览服务是该项目的立足点，也是流媒体技术应用的新突破。

【石油领域业务范围向运维服务延伸】石油领域是长江集团多年来重点开发的领域，集团在中石化IC卡加油工程建设项目中相继完成了上海、江苏、湖北两省一市的工程项目，总销售额累计近3亿元，成为全国最大的地区集成商。2006年，长江集团继续在石化领域渗透拓展，把系统运行维护业务作为新的经济增长点，以技术换取增值服务。上半年，长江集团与江苏省签订了为期3年的运维合同之后，下半年又先后承接了中石化加油卡上海及湖北项目系统运行维护项目。三地运维合同的成功签署，不仅给长江集团带来每年1 200多万元的维护费用，而且为集团长期立足石油领域打下坚实基础。仅江苏一地，运维合同签约后就新增了150多个加油站改造业务。长江集团将在江苏省省中心和13个地、市设立专门的项目实施机构，派驻相应运维人员，承担运维工作的组织、协调及运维服务的执行，提供相关的技术支持和咨询服务等。与此同时，集团利用运维商的特殊优势，积极与加油机厂商谈判，承接了5个地、市加油机厂商的加油机卡机联动维护工作，并拓展延伸到加油机卡机联动改造业务，从而进一步确立了长江集团在石油领域集开发商、运维商和改造商三位一体的实力和地位。

（周慧琴）

六、光电子产业

概况

近年来，上海在激光器、光学元器件、光显示、光传感器、半导体照明、光纤通信及光电元器件等的研制、应用、开发方面有了较大发展，并在产业化方面取得了较大发展。截至2006年底，上海拥有光电子企业约300多家，全年总产值近250亿元。“十一五”期间，上海将光电产业作为新的产业增长点和支柱产业重点，为此，光电子产业将重点发展薄膜晶体管液晶显示器（TFT-LCD）和半导体照明，同时兼顾光通信（重点发展DWDM和宽带光纤）和光存储（重点发展DVD-R、DVD-RW、HD-DVD光盘等），力争将上海建设成为国内领先、国际知名的光电产业基地。

上海光电子产业基地的建设以浦东新区、漕河泾、嘉定、松江的光电子园区建设为基础，以光通信半导体照明、光显示、光纤传感器等为重点，并联合了上海相关研究所和高校。

以TFT–LCD为代表的平板显示产业

液晶显示产业是一种高技术、高投入、高附加值的产业，同时也是高风险的光电子产业。2005年以来，平板电视市场爆发性增长，国内销售额同比增加超过200%，其中液晶电视更是独占鳌头，增长达400%以上。随着国际制造业快速向中国内地转移，一大批液晶显示器下游整机组装厂和主要配件组装厂在国内、特别是长三角地区聚集起来。但面板生产主要依赖进口，而动辄几亿美元投资的玻璃基板等技术密集的上游企业，则完全为国外巨头所把持，尚未在国内设厂。

平板显示产品新兴市场潜力巨大，利润丰厚，它在中国大陆的快速成长，大大加速了中国TFT-LCD产业的发展。“十一五”期间，上海将平板显示产业列为重点支持的支柱产业。上海平板显示基地坐落在上海莘庄工业区内，规划占地2 200平方米。上海将以上海广电集团（以下简称“上广电”）为主体，在已竣工投产的上海广电NEC液晶显示器有限公司周围建立液晶研究所、基板玻璃、彩色滤色膜、偏光片、特种化学材料等上游企业以及2条五代以上液晶显示生产线和液晶电视、液晶显示器、笔记本电脑等下游企业。上海平板显示产业基地将累计投资60多亿美元，其中吸引外资25亿美元，主要建设上、中、下游配套的TFT-LCD液晶显示产业集群，预计到2010年，产出规模将超过100亿美元。

在配套产业链建设方面，上广电则主要与日系供应商建立联系，目前已与全球三大玻璃基板厂商中的两家建立亲密关系；在背光模块方面，苏南地区聚集了一批厂商，NEC在上海青浦也有一家独资的CCFL工厂，能够实现就近配套；在偏光板方面，上海外高桥有后道生产线，日本厂商有望在中国建设前道生产线。在整合下游市场方面，上广电本身就是显示器和家电的生产厂商，在实现从面板生产到模块组装再到整机制造的垂直产业链方面具有有利条件，拥有中国惟一一条由屏到整机的等离子电视生产线，而上海松下等离子显示器有限公司年生产能力已达24万台。上海天马微电子有限公司准备投资31亿元建设第4.5代TFT-LCD生产线项目。同时，彩虹集团已与日本先锋达成合作意向，双方将共同投资约5亿美元在上海莘庄设立等离子面板厂。目前，上海发展平板显示产业已有了良好起步，产业链已初具雏形，随着洋山深水港的逐步建设，上海将成为世界第一大港口，而世博会的召开也将推动上海空港的快速发展，上海的基础设施建设为发展平板显示产业提供了坚实基础。

半导体照明产业

半导体照明（LED）技术是21世纪最具发展前景的新兴高技术领域之一。上海从事LED显示的相关企业约有40余家，其中较有竞争力的企业约有7~8家。到2006年，上海LED产业的销售总额达到20亿元左右，出口创汇1亿美元。

在半导体照明技术方面，美国、日本等发达国家掌握着上游产业的外延、芯片的关键技术，而中国高亮度LED上游（外延片和芯片）产业仍处在起步阶段。

上海半导体照明产业具有良好的产业基础和产业环境。2004年3月，国家半导体照明工程产业化基地正式落户张江后，有关部门积极配合国家半导体照明工程整体战略制定了一系列产业政策，优化了产业发展环境，分别成立了上海半导体照明工程技术研究中心、上海半导体照明研发应用中心。目前，上海的半导体照明（LED）产业在半导体照明用的集材、外延和芯片制造、器件封装以及光源应用的产业链已基本形成，一批骨干企业均已形成一定的产业规模。上海蓝宝光电材料有限公司已具备了向规模生产转化的技术基础，主要产品有蓝光、绿光、紫光等外延片及器件芯片。在引进一批台湾专业人才后，公司的发展上了一个新台阶，从形成完整产业链出发，在松江工业园区投资2.8亿，占地约3.3万平方米兴建了LED产业化基地，装备具有国际先进水平的美国MOCVD21片机、德国产MOCVD24片机及芯片制备流程，年产能达9亿颗芯片，年产值达3亿元以上，可同时拉动60亿相关产业发展。该项目具有10台MOCVD材料生长设备的配套空间，其规模及硬件设施在国内领先。从事外延片生产的上海蓝光科技有限公司研制出的半导体照明用大功率高亮度芯片，其性能已与美国Cree公司的功率芯片Xiamp4550相当。上海金桥大晨也是从事半导体LED芯片研发、生产的公司，其主要产品有RD、SR、SRK、YG、YU、OU等二元、三元素高亮度LED芯片以及M系列红、橙、黄、绿等超高亮度LED四元素产品。上海宇体光电有限公司目前已投资1.6~1.9亿元，引进世界最新科技和世界著名科学家，生产LED照明器件，其中预计芯片产能为2 000万颗/年，产品将填补中国在该领域的空白。上海三思科技发展有限公司是专业从事LED技术探索的民营高新技术企业，2002年以来，销售产值连续超过亿元，近几年在国内市场占有率居同行之首，2006年销售总额达到4

亿元。公司主要产品有各种规格的高速公路监控系统可变信息标志和可变限速标志、城市交通系统信息发布系统以及各类室内外LED显示屏。主导产品C-0630型可变信息标志，体现了计算机软件、硬件、自动控制、数据通信、电子路线、光学运用、光电显示等高新技术在公路建设领域的最新应用成果；C-0401 LED室内彩色视频显示屏不仅取得了提高亮区比例的重大突破，而且在消除马赛克现象、克服LED温升现象方面取得了理想效果。上海澳星光电科技有限公司是生产LED光电应用产品的专业制造商，是集研制、开发、安装、调试、维护为一体的高科技型企业，所生产的LED显示系统和交通信号设施选用高亮度或高亮度LED发光器，发光强度能满足各类视距要求。

汽车照明应用方面，由上海汽车集团股份有限公司和株式会社小糸制作所和丰田通商株式会社合资的上海小糸车灯有限公司注册资本66亿日元，中外双方投资总额184.75亿日元，投资比例各占50%。公司专业生产销售各种车用灯具共500多个品种。公司产品主要为上海通用、上海大众等13家汽车公司配套。公司大力开拓国际市场，已有40多种产品出口北美、日本等国际市场。自1999年开始，上海小糸就着手开发汽车电子照明，并承担"十五"国家科技攻关计划重大项目。上海小糸目前已有自主产品开发能力和精密模具开发能力，每年自制200多台专机设备，组成了先进的柔性化生产流水线。2006年，公司仅LED车灯销售额达到1.4个亿。随着公司规模不断扩大，产品在全国乘用车灯具市场占有率达40%以上，从市场销售、技术、质量、产量等排名，上海小糸已是全国车灯行业名副其实的龙头企业。由上海小糸车灯有限公司控股的上海信耀电子有限公司主要生产LED汽车灯，2006年销售额也达到了2 000多万元。

上海的半导体照明产业正处在关键技术攻关、产业化生产准备的起步阶段，重点将克服两大障碍：一是必须从材料、设计工艺上着手解决LED发光效率不高的障碍，从而使LED光源能全面取代传统光源；二是从LED产业规模效应出发，大幅降低单位光通量的成本，尖端产品实现工业化，从而使半导体照明产品在使用成本上可与传统光源相匹敌。

光纤、光缆、光器件产业

光通信、光电器件、光存储的产值占上海光电子行业总产值的50%，全市拥有70多家企业。光纤通信行业自2000年起，在经历了历时5年的全球型网络泡沫经济冲击后，目前整个行业已呈现上升态势。2006年，上海的光纤、光缆、光器件的发展出现了上述势态，整个产业市场继续了2005年起呈现的行业"量、价"止跌回升态势，2006年行业销售量同比约增加30%，产品价格同比约微升3%。2005年有35家企业正常缴税，到2006年增至43家。目前，市场对光通信产品的需求大幅增加，企业发展前景十分广阔。密集波分复用设备(DWDM)、光同步数字系列设备(SOC)等光通信产品在上海继续保持高增长，其中起核心作用的光交叉连接器（OXC）和光插分多路复接/解复器（OADM）等关键器件设备得到迅猛发展，将在未来占据重要的市场份额。

上海光通信公司紧紧抓住光纤通信高新技术兴起和改革开放的历史机遇，分别与美国及国内其他公司合作，创建了一批国内领先的光通信制造企业，具备光纤、光缆、线路传输、光电发射接受及有线电视等设备的规模生产能力，成为上海光通信产业的龙头企业。上海霍普光通信有限公司是一家集研究、开发、生产、销售于一体的高科技公司，已成为全球性的光器件生产供应商，不仅在国内市场占据优势地位，产品还大量出口北美、西欧。同时，公司还是国内著名的光纤网络系统集成商，能够提供HFC网络、CATV数据平台及前端的系统解决方案。2006年，公司仅光纤产品销售额就增加了30%。长飞光纤光缆（上海）有限公司目前拥有100万芯公里/年的光缆生产能力。2005年销售额60万元，2006年达到90万元，2007年预计达到150万元。

光纤传感器方面，上海永鼎光电子技术有限公司本着高起点、高品质、高效率的企业理念，引进国外先进技术、设备、仪器，从事永鼎的发展战略管理研究和国家、省部级重大科研项目的研发工作。公司研发初期推出的产品有DWDM（密集波分复用器）、CWDM（疏松波分复用器）、特种光纤耦合器、光纤连接器、光纤衰减器和光纤适配器灯光无源器件；机械式2X2光开关也将进入市场。上海亨通光电科技有限公司主要生产光纤（180万芯）、光缆（380万芯）、光电有源及无源器件，2006年产值达到55亿元，总销售额49亿元。

光存储方面，在VCD、DVD等光盘产品的开发和产业化过程中，上海广电（集团）有限公司、上海光学精密机械研究所、上海交通大学和上海新汇时代光盘技术有限公司等单位取得了一批研究成果，如5寸磁光盘、5寸可擦光盘、光盘盘基研制、新型高密度存储材料和技术、新型激光器、CD-R光盘生产工艺、母光盘和材料的开发研究等，成为上海发展光盘产业的科技基础。

激光及其应用方面，上海在激光器、激光医疗仪器、激光加工及检测仪器的生产和推广应用等名列全国前茅，并形成了一定的规模。上海团结普瑞玛激光设备有限公司主要产品有数控激光切割为一体的激光成套设备加工，激光切割机加工生产、数控机床和快轴流的激光焊接成套设备的加工生产等。

（光电子行业协会）

七、汽车电子产业

概况

当前，世界汽车工业已由传统机械产品的简单集成向电子化、智能化、网络化方向发展。现在一款高级轿车上中汽车电子可以占到总成本的70%，在普通轿车中可以达到30%。汽车核心技术越来越多地体现在以汽车电子为灵魂的零部件总成上，使得整车的性能优劣和价值高低取决于汽车电子零部件的含量多少与水平高低。

2006年，一些世界级的汽车电子产业项目落户上海，如世界第一大汽车半导体企业飞思卡尔在上海设立了地区研发中心，国际产业的转移为上海汽车电子产业提供了良好的发展机遇。

上海地区已有的整车产业基础以及庞大的整车生产容量，为汽车电子的发展提供了巨大空间。从汽车电子企业看，上海共有100多家相关企业，总产值在300亿元左右，其中年销售收入超10亿元人民币的企业超过10家，产业集聚优势日趋明显，已经初步形成汽车电子发展的产业氛围。企业主要在4个区域集聚：以通用为核心外高桥区域，以大众为核心的嘉定区域，以华普为核心的松江区域和中心城区。

此外，由于汽车电子利润率平均高达30%～50%，所以一些原来生产机械零部件的企业、信息家电企业也转向电子产品开发与制造，如上海汽车制动系统有限公司现已具有年产电子防抱死制动系统（ABS）100万套的能力，在国内轿车市场占有率达到50%。

联合汽车：信息化建设面向业务需求

【概况】2006年，联合汽车电子有限公司（以下简称“联合汽车”）信息化建设工作主要围绕两个方面展开：基础架构扩容和SAP系统的进一步应用开发。在基础架构方面，联合汽车建立了SAP灾备系统，并进行了广域网扩容。在以SAP为核心的应用系统架构基础上，公司进一步进行延伸系统的开发，涉及销售信贷控制、国产化费用评估及关税统计等几个方面；并完成了公司内网一期建设，实现在公司范围内发布规章制度、新闻和大事记等功能。

【基础架构扩容】随着业务的发展，联合汽车对数据的存储需求日见突显。为了提供大容量快速可靠的存储支持，公司在2006年完成了从直接存储结构（DAS）到网络连接存储（NAS）+存储区域网络（SAN）的存储结构的转变，这不仅满足了现有数据存储访问的需求，更为今后的进一步发展夯实了基础。此外，公司还进行了广域网扩容及建设。联合汽车办公点分为上海、无锡、西安、重庆4地，公司的生产、研发、销售业务在4地之间有大量的协作交流，涉及相关的数据传递。为此，公司对广域网网络带宽进行升级，从512K升到了2.5M，并采用了线路冗余的网络架构；Internet出口网络带宽也进行了升级，从原来的2.5M升到6M，也采用了线路冗余的网络架构。同时，公司还建立了SAP灾备系统。

【SAP系统的进一步应用开发】从2004年SAP上线之后，联合汽车的IT部门一直坚持SAP应用的持续改进。2006年，以SAP为核心的延伸系统开发已涉及销售信贷控制、国产化费用评估等几个方面，特别是针对寄售流程的应用开发，建立了在销售定单中发货与开票的对应关系，从而对明晰寄售库存起到了很大的支持作用。

【内网一期建设和信息安全体系的完善】2006年，联合汽车IT部门完成了公司内网一期建设，实现在公司范围内发布规章制度、新闻和大事记等功能；同时，针对系统维护和桌面支持，初步建立了基于ITIL概念的事件管理流程体系。在信息安全方面，2006年，联合汽车完善了BOSCH信息安全体系在全公司的推行，开展了一系列信息安全意识培训宣讲活动。这一体系的建立将在公司今后信息化建设中起到强有力的规范支撑作用。（赵 超）

东方久乐：研发多项安全气囊产品

【概况】上海东方久乐汽车安全气囊有限公司（以下简称“东方久乐”）是目前中国惟一掌握安全气囊控制器和气体发生器两项安全气囊核心技术，并拥有独立自主知识产权，能够独立进行汽车安全气囊系统研发和生产的高科技企业。公司于2005年被认定为上海市高新技术企业。东方久乐遵循“以顾客为中心、法规为准则，开拓创新，持续提升综合竞争力，创国际汽车安全气囊行业知名品牌”质量方针，在不断提高技术水平的同时，不断改进和提高公司产品的质量。

【研发驾驶员安全气囊组件】东方久乐的驾驶员安全气囊经历了机械式和电子式两代。1997年7月17日，东方久乐研制的整体式安全气囊在清华大学汽车安全节能国家重点实验室成功进行了中国汽车工业发展史上国产汽车安全气囊的第一撞；1999年9月，东方久乐颁布了国内第一部汽车安全气囊企业技术标准。

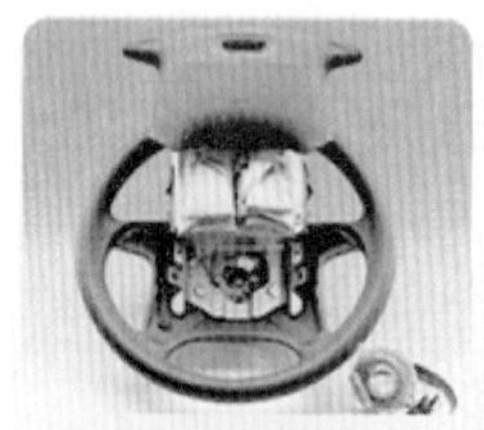

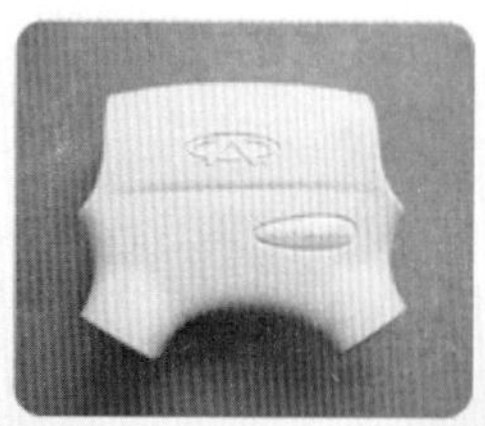

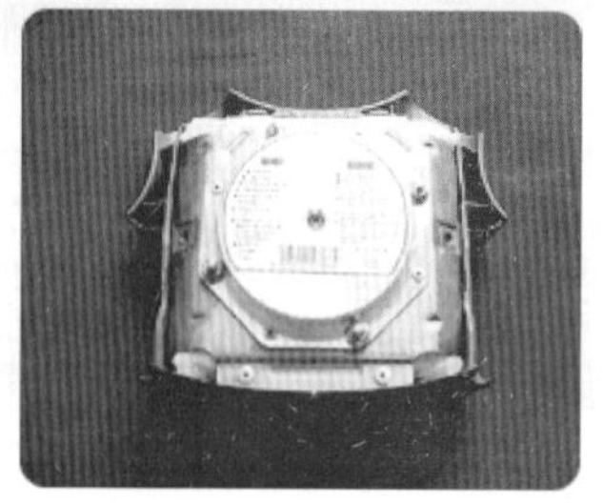

【研发乘员安全气囊组件】东方久乐集多年安全气囊研发经验，设计开发出一系列适用于不同车型的乘员安全气囊组件并不断改进使之与国外同类产品同步，如：采用与仪表板一体化的饰盖、使用技术领先的混合式气体发生器等。如今，东方久乐生产的前排安全气囊产品已为国内汽车生产厂商批量供货，为越来越多的乘客带去生命的保障。

【研发安全气囊控制器（ECU）】 安全气囊控制器（ECU）是汽车安全气囊的大脑和中枢，它通过实时监控汽车的运行状态来判定事故是否发生和碰撞的严重程度，从而适时而可靠地发出点火指令及时展开安全气囊拯救乘员于危难。1992年，东方久乐就已开始从事汽车安全气囊的开发。安全气囊控制器（ECU）的开发经历了多点机电式到单点电子式的跨跃，从1997年开始开发单点电子式ECU到目前为止，东方久乐生产的安全气囊控制器（ECU）已经具备多气囊控制的能力，产品质量和性能与国外产品保持同步水平。

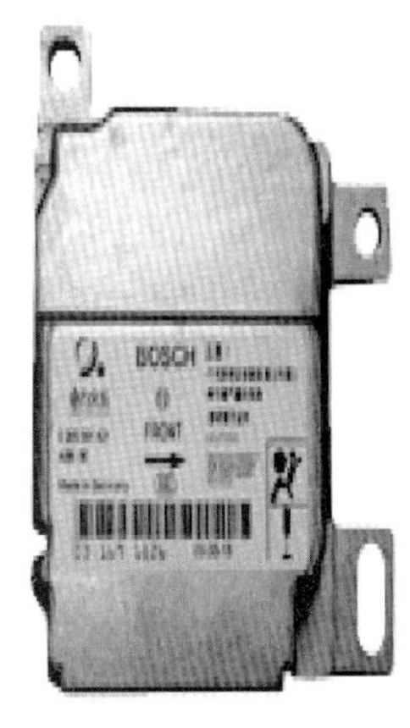

【研发预紧式安全带（PRETENSIONER SEAT BELT)】预紧式安全带的特点是当汽车发生碰撞事故的一瞬间，乘员尚未向前移动时它会首先拉紧织带，立即将乘员紧紧绑在座椅上，然后锁止织带防止乘员身体前倾，从而有效保护乘员的安全。

【研发侧面安全气囊组件】侧面碰撞安全气囊是在1995年美国安全法FMVSS 214和欧盟安全法ECER95侧面碰撞法规颁布后才快速产品化的，由于有正面碰撞气囊成功的事例和成熟技术，侧面碰撞气囊的产品化推行时间非常短。从1995年到现在，侧面气囊发展了很多过渡型产品，如今侧面安全气囊产品在欧美等发达国家的轿车上大量装备并日益普及。2001年，欧洲有2/3的新轿车安装了像胸保护这样的安全系统，25%的新轿车有分离式的侧碰安全气囊来保护头部。东方久乐研发的侧面安全气囊能够有效保护在侧碰事故中乘员的头部和胸部所受到的严重伤害。

（东方久乐）

上海仪电：推进汽车电子产业发展

【概况】 2006年，上海仪电推进汽车电子产业向高规模、高技术发展，与美国GHSP公司、德国AFL公司建立并巩固战略伙伴，引进技术二次创新；完成重点汽车用电磁铁、GMT355开关等系列新产品，这两项系列新产品均按国际标准研制，并通过第三方测试，上海科学技术情报研究所“水平查新检索报告”结果显示达到国际先进水平。2006年，这两项系列新产品实现销售收入516万元。

目前，上海仪电“智能化汽车继电器”、“汽车继电器专用集成电路MCU”、“汽车雨括控制器专用集成电路”等3项电子信息产业项目分别列入“信产部2005年电子信息产业发展基金专项”、“市信息委2005年第二批集成电路专项”、“市信息委、市经委2005年第二批联动专项”项目计划，3个项目的进展情况良好，将于2007年底进行项目验收。

【完成“汽车用电磁铁”系列产品】

1.HG4832汽车用电磁铁

HG4832汽车用电磁铁是为上海小糸车灯有限公司B5GP项目配套开发的产品，用于轿车前大灯的遮光控制。该产品无样机，按上海大众汽车有限公司给出的技术开发设计任务书要求，沪工汽车电器公司自主研发。该产品现用于上海大众汽车有限公司PASSAT领驭车放电射灯系统大灯，控制远近光的切换。

2.HG4834汽车用电磁铁

HG4834汽车用电磁铁是为美国GHSP公司SGM18项目配套开发的产品，用于上海通用汽车有限公司SGM18及北美通用汽车自动排档。当汽车点火后，刹车踏板未踩下时，电磁铁将会执行锁定功能，使排档的操作杆无法轻易移动。HG4832与HG4834均采用三维UG、Solid Edge软件设计，试制中克服了灯箱试验总成卡死、灯罩起雾、EMC试验通不过、连接件与基座卡接脱落、引出线焊接可靠性差等难题。目前，该产品获用户认可，有望替代进口产品。

3.HG4835汽车倒退锁定电磁铁和HG4836汽车排档停车锁定电磁铁

HG4835汽车倒退锁定电磁铁和HG4836汽车排档停车锁定电磁铁是为美国GHSP公司排档控制系统（北美通用汽车GMX222/272项目）配套而自主开发的产品。HG4835与HG4836配对装配在排档上，分别起到反锁和停车锁定的作用。在近一年研发过程中，项目研发人员克服绕线设备不能满足工艺、轭铁表面外观缺陷、镀层耐腐蚀性差、噪音大、铆装离缝与松动、线束包扎、焊接夹具可靠性低等一系列难题，产品设计符合设计任务书要求，批量试生产得到美国GHSP公司的认可。

【完成“GMT355开关”系列产品】 GMT355开关系列是专门配套北美通用GMT355系列轻型卡车用的开关，包括5342001、5343001、5344001、5345001这4种开关产品。5343001、5344001直接配套于北美通用卡车上。该系列产品在面板上有9个信标，分别给驾驶员指示前雾灯、前照灯、停车灯、车载灯等9条电路的工作状态。同时，该产品采用三维Solid Edge软件设计，从签订合同到工装样件制成只用了45天，达到结构要求。但用户对产品油漆的色泽和色差要求极其苛刻，项目组攻关9个月按国外油漆配方试制成功WPPGLG167A及318LE16B国产油漆，经过光刻的调整，终于达到信标的32个测试点，96个数据符合技术条件要求，产品获北美通用的认可。

【组织实施“汽车车身电子控制器及关键电子产业化”项目】 上海仪电组织实施的总投资10 500万元（其中国家资助专项资金1 000万元）的国家发改委汽车电子产业化专项——“汽车车身电子控制器及关键电子产业化”项目自实施以来，进展顺利。2006年，上海仪电先后建成了汽车继电子半自动生产线、SMT生产线和PQ46控制器生产线，与上海大学联合开展的多项产学研开发项目也取得显著成效。此外，上海仪电将按计划继续落实实施该项目的其他内容，确保该项目在2007年底圆满竣工并通过验收。

（上海仪电）

通用卫星导航：研发汽车电子产品

【研制GSN-216车载电子罗盘测向仪】 电子罗盘被广泛运用在航空、航海和移动车辆快速定向领域中，与陀螺仪相比具有精度高、漂移小、速度快、价格低、体积小等诸多优点。通用导航公司自主研发的车载电子罗盘测向仪是根据快速定向的具体要求，为移动车辆快速定位、定向要求而专门研制的。车载电子罗盘测向仪由磁航向传感器、磁干扰校正器、校验设备等组成，具有自动化程度高、环境适应性好、工作稳定可靠、测向精度高等优点。

【开发汽车自主导航系统】 汽车自主导航系统是2000年度国家科技创新项目和上海市重大科技攻关项目，分别以Windows 95/CE作为系统操作平台，采用GPS/GIS/计算机技术，可为驾驶员提供导航电子地图，并可提供优化路径搜索及即时语音导航，从而保证驾驶员在陌生的城市中能够顺利到达设定的终点。该产品同时支持地图信息查询，包括定点周围地物查询、单位查询和道路(含交叉路口)查询等功能。该系统还可进行扩充，进而提供移动上网、娱乐（FM/AM，VCD/DVD）、通讯及游戏等功能，方便驾驶员与外界的交互，为驾驶员及乘车人员提供移动办公和娱乐环境。

（通用导航公司）

第三章 信息服务业

概 述

2006年，上海信息服务业继续呈高速增长的态势，全年完成经营收入1 221亿元，同比增长26.0%。其中，电信服务业收入357亿元，同比增长7.7%；广电经营收入32亿元，同比增长16.1%；网络服务收入172亿元，同比增长48%；软件收入617亿元，同比增长35.5%。信息服务业在整个信息产业中的重要性不断提高，信息服务外包、数字内容、软件已成为信息服务业发展的重心。

2006年，上海以建设产业园区为抓手，建立了上海数字媒体产业园和上海国际信息服务外包产业园，有力推动了信息服务业发展；发挥中介组织的积极性，形成企业、协会、园区、地方政府联动，共同推进产业发展，建设了信息服务外包促进中心、软件评测中心等一批产业中介组织，形成了产业发展的良好环境。

（市信息委产业处）

表1 2006年信息服务业统计表

	单位	2006	增长（%）
信息服务业经营收入	亿元	1 221.45	26
其中：软件业	亿元	616.7	35.5
软件收入超亿元企业	家	70	62.8
软件业从业人员	万人	14.1	17.5

（严秀芳）

一、软件业

概况

随着信息产业的快速发展，软件产业已成为信息产业的核心，受到社会各界的高度关注，软件产业的高成长性和产品市场的可扩展性更使其成为世界各国竞争的焦点。以国务院2000年出台的18号文为标志，软件产业在中国作为独立产业的地位得以确立，并迎来了难得的发展机遇。六年来，在国民经济快速发展和社会信息化不断深入的驱动下，在产业扶持政策和市场环境的双重促进下，在政府、机构、企业等多方的共同努力下，上海软件产业实现了跨越式发展。目前，已经形成了较为完善的政策体系、工作机制和管理模式，软件产业规模增长迅速，在软件出口、自主创新、质量管理、软件人才等方面确立了优势地位。

【总体规模迅速增长】上海软件产业发展始于20世纪80年代初，但作为一个产业，真正快速发展是在“十五”期间。“十五”期间，上海软件产业连续5年保持50%以上的增长速度，有力地支持了上海信息产业，乃至整个上海经济的发展，软件产业已逐渐成为上海市新的经济增长点。2006年，上海软件产业实现经营收入616.7亿元，同比增长35.5%。截至2006年底，有效认定的软件企业已达1 175家，上海已成为全国软件产业最发达地区之一。

图表1 2001~2006年上海市软件产业经营收入

（单位：亿元）

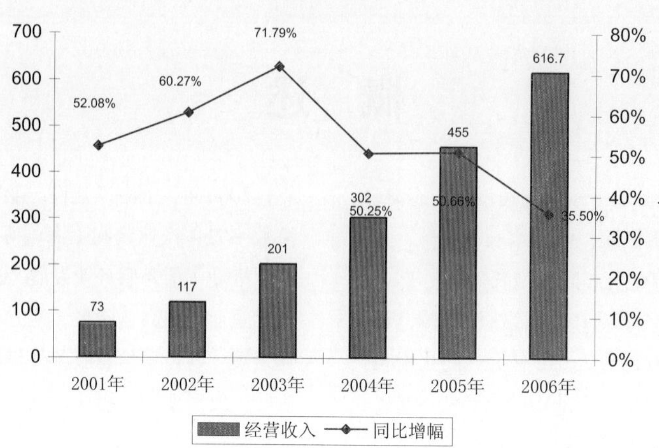

2006年，上海市共登记软件产品1 146个，历年累计登记的软件产品数量已达4 477个。软件产业经营收入的构成有所优化，软件产品与软件服务增长显著，软件服务收入增幅高达63.79%，但其所占比重仍然相对较小。

图表2 2006年上海市软件产业经营收入构成

（单位：亿元）

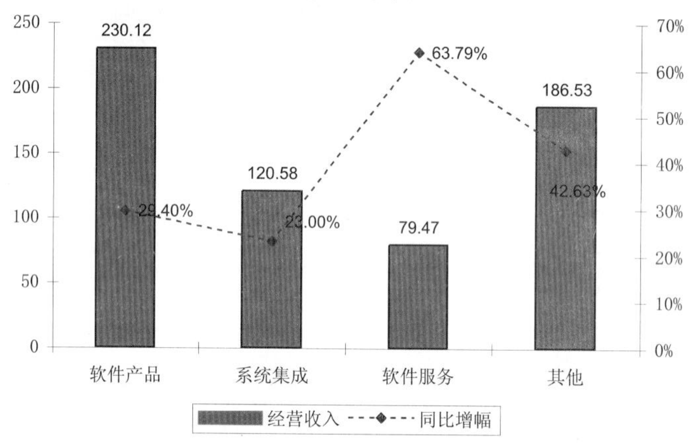

产业盈利能力逐渐加强。全行业利润率逐步上升：从2000年的全行业亏损到2001年扭亏为盈，近年已实现逐年增长。2006年，上海市软件产业实现利润总额84.32亿元，较2005年增加23.22亿元，增幅达38%。

几年来，全市软件产业走出了一条高速发展的道路，从一个刚刚崛起的新兴产业，逐步成长为规模不断壮大、竞争力不断增强的“明星”产业，逐步确立了在国民经济和社会发展中的基础性、战略性地位。

【骨干企业不断涌现】上海市软件企业经过几年的市场竞争，不断壮大，涌现出一批龙头企业；另一方面，国民经济和社会信息化的不断推进，为软件企业提供了巨大的发展空间，吸引着越来越多的国内及国际资金投资上海创办软件企业。

2006年，上海市经营收入超亿元的软件企业有70家。比2005年增加了27家，超亿元软件企业经营收入已占全市软件企业总收入的50%以上，产业集中度不断提高。

上海软件企业按注册类型划分，内资占主导地位，其他还有港澳台商投资企业和外商投资企业两种类型；按经济类型划分，股份制经济和外商及港澳台投资经济型企业拥有明显优势，占据近70%的比例，其他企业则呈现出多种类型并存的局面，所占比例都不是很大。

国家规划布局内重点企业是软件行业的龙头企业，在行业应用、软件出口等方面作出重要贡献。自2002年起，上海市开始组织国家规划布局内重点软件企业的申报，截至2006年，上海的国家规划布局内重点软件企业达到26家，占全国152家的1/6。

从人员规模来看，上海市千人以上软件企业有10家。人员规模进一步扩大，表明上海市软件企业正在逐步改变人员规模过小的情况，规模竞争优势不断增强。

从上市情况来看，上海市本地共有11家软件公司通过IPO或买壳实现在海内外证券市场上市。而部分设立时间不长、公司规模未能达到上市要求的软件企业则选择成为上市公司的控股子公司或参股公司，以获得资金上的帮助。

表2 截至2006年末上海市软件企业上市情况

企业名称	上市地点	企业名称	上市地点
宝信软件（600845）	上海证券交易所	华东电脑（600850）	上海证券交易所
交大慧谷（8205）	香港创业板	掌上灵通（LTON）	美国纳斯达克
腾达智能（0691）	香港主板	盛大网络（SNDA）	美国纳斯达克
第九城市（NINE）	美国纳斯达克	携程（CTRP）	美国纳斯达克
前程无忧	美国纳斯达克	龙旗控股	新加坡
晨讯科技(HK2000)	香港主板		

【企业资质全面提升】上海软件企业在不断发展壮大的同时，积极通过各类资质认证来提升企业素质。目前在软件企业认证、系统集成资质认证、CMM(能力成熟度模型)评估等方面处于全国领先地位。2006年，认证软件企业270家。

图表3 2001～2006年上海市软件企业认证数量

（单位：家）

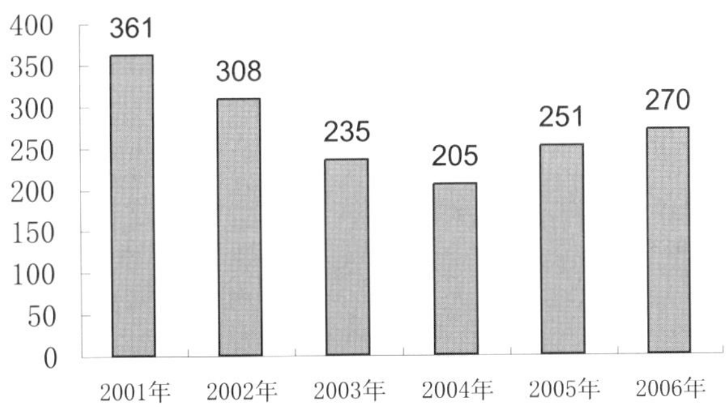

根据软件企业认证管理办法，软件企业认定实行年审制。2006年，通过年检的软件企业数量为905家。

2002年10月，上海市出台了《上海市软件企业软件能力成熟度模型认证资助管理暂行办法》(以下简称"《暂行办法》")。《暂行办法》实施以后，上海市软件企业在政策、企业自身需求和市场三个方面的驱动下，实施CMM/ISO的企业数量迅速增加。截至2006年，上海市通过ISO9000的软件企业有300多家，通过CMM3/CMMI3以上评估的软件企业有87家，其中CMM5有

7家，CMM4有3家，CMM3有77家；通过CMM5企业数量占全球总数近5%，上海已成为中国通过CMM3级以上评估的企业数量最多的城市。

统计表明，通过有效实施CMM国际标准评估和持续改进，软件企业的开发效率提高了20%，开发成本降低了近40%，缺陷密度、成本偏差和进度偏差降低了50%以上，有力地提升了上海软件企业的国际竞争能力。

【软件出口增长迅猛】上海市软件企业积极开拓国际市场，大力发展软件出口，越来越多的企业不断挖掘软件加工出口的潜力，广泛承接国外的软件外包业务、扩大软件对外贸易渠道，涌现出了如中和、汉略、启明、交大海隆等一批龙头出口企业。2006年，全市软件出口已经攀升到9.92亿美元，同比增长40.51%，有力地带动了软件产业的发展，确立了上海在全国软件出口方面的优势地位。

图表4 2001~2006年上海市软件出口额

（单位：亿美元）

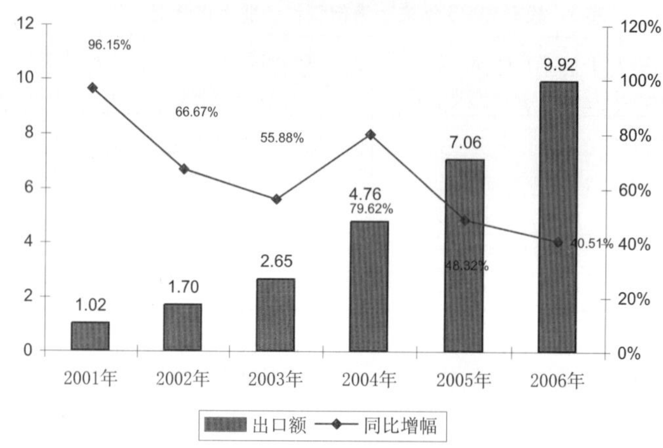

上海市软件出口增长迅猛，软件出口企业，尤其是出口型重点软件企业可谓功不可没。其中，软件出口企业数量从2004年的120多家，增加到目前的230多家；2006年，出口型重点软件企业为14家，占全国41家的三分之一，总数位居全国第一位。

目前，上海软件出口企业仍以外商投资企业为主，同时留学生创办的软件企业逐年增加，内资企业也占了一定的比例。中外企业共同构筑了上海软件出口企业群，形成了上海软件出口鲜明的区域特征。上海软件出口地区以日本为主，占出口总额的60%；但是欧美外包订单增长速度较快，软件对外贸易渠道不断扩大。同时，上海市还出现了专业软件发包公司和承接外包的企业联盟，如科技京城的申联软件企业联盟。

2006年，上海作为服务外包承接竞争力最强的区域之一，被国家商务部和信息产业部评为首批“中国服务外包基地城市”，软件出口正逐渐成为上海市新的外贸出口增长点和高质量的创汇产业。

【人才结构继续优化】上海着重加强3个方面软件人才的工作，一是加大高层次人员的培养，重点培养一批真正懂操作系统和IC设计、具有行业背景知识、懂得软件技术的人才；二是加强基本技工的培养，积极培养掌握软件和硬件基础知识、技术熟练的工人；三是继续支持国际著名公司对国内软件管理的核心技术应用的培训工作。截至2006年，上海市软件人才的从业人数、人员构成和人员培训各方面都有了较大改善。其中，软件从业人员达到14.1万人，较上年同期增长2.3万人。

图表5 2001～2006年上海市软件产业从业人数
（单位：万人）

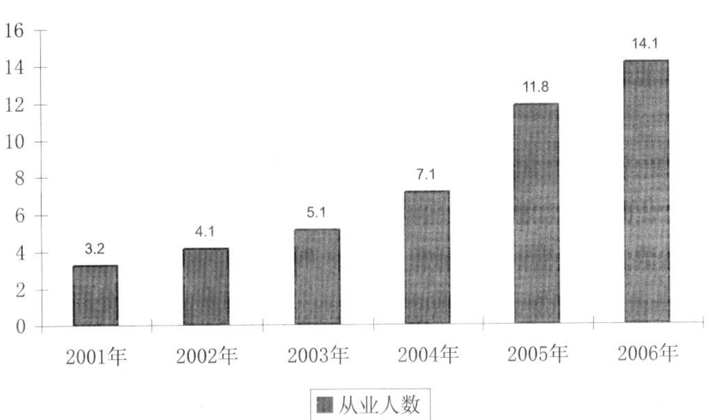

从学历水平来看，高学历人才，特别是硕士以上学历的人才，逐渐成为上海市软件产业从业人员的骨干；从年龄水平上看，上海软件企业近年来吸收大量青年从业，全行业平均年龄约为28岁。这一年龄结构也反映出上海市软件产业从业人员的平均从业年数约在3～4年；从职能来看，软件研发人员占据了相当的比重。

上海软件企业的急剧扩张和各行各业不断加速的信息化进程，需要大量的软件人才；同时，许多跨国公司为节约运营成本，纷纷将研发机构和大型软件项目的开发转移到上海，对本地软件人才的需求也非常迫切。上海在软件人才队伍建设上，充分利用区域优势，采取自主培养和招贤引智相结合的方式，建设软件人才高地。

在自主培养方面，形成了学历教育、在职培训、认证考核和教育实习等相互促进、相互补充的教育培训体系。上海有4所国家教育部批准的软件学院，分别是复旦大学、交通大学、同济大学和华东师范大学软件学院，其中华东师范大学软件学院又被国家外国专家局认定为国际软件人才培训基地。4所学院2006年招生总人数计约1 400人，其中研究生约928人。

同时，上海市还积极开展系统集成项目经理的培训和认证。项目经理培训工作从2003年开始，到2006年共举办了26期，累计培训2 081人次，其中99%的学员获得了培训合格证书。2006年举办的8期培训中，有701人获得合格证书。项目经理认证工作从2004年开始，到2006年共组织了17批认证，共有1 255人获得资质证书。2006年组织的5批认证中，有344人获得资质证书。

为了应付庞大的人才缺口，上海市充分利用自身国际大都市的优势，出台吸引软件人才的优惠政策，以全新方式争夺海内外优秀IT人才，这其中优厚的工资待遇是重要的竞争手段之一。2006年，上海软件从业人员的平均工资为60 000元/年，继续处于整个社会行业的高位。

同时，重点鼓励海外留学人员来沪创办软件企业。截至2006年，全市共引进780名海外留学归来人员从事软件和集成电路设计方面工作，全市以留学生为主创办的软件企业就有200多家。

【立足自主创新，促进软件产业又好又快发展】增强科技创新能力是建设创新型国家的要求，也是软件产业持续发展的源动力。“十一五”期间，上海将依托国家级软件产业基地、国家级软件出口基地和市级软件产业基地，以提高自主创新能力为主线，加快建设规模化软件生产平台，重点推广应用基础软件，大力发展大型行业应用软件、嵌入式软件和软件出口，形成基本适应经济社会需求的自主软件产品体系。力争到“十一五”期末，软件产业年经营收入达到1 200亿元，软件年出口额达到20亿美元，从业人员达到20万。

集中力量支持关键基础软件产品和技术的自主研发，以及核心技术和重大产品的产业化。建立基于国产软件的大型应用示范项目，整体推进具有自主知识产权的国产基础软件的应用和发展。

以政策为引导，加强软件产业和传统产业的融合力度，开拓并营造良好的软件应用市场环境。积极发展大型行业应用软件，重点发展面向农业、金融、物流、电力、通信、智能交通等领域的应用软件；积极推动嵌入式软件发展，重点发展嵌入式基础软件平台和开发工具，以及面向智能终端设备、网络通信、汽车电子、信息家电等领域的嵌入式应用。

以信息系统集成和服务外包为重点，大力发展软件服务和软件出口，加快上海软件产业的国际化进程。加强上海软件品牌建设，继续巩固对日软件出口的规模优势，积极开拓欧美软件外包市场。

构建软硬件结合的安全网络体系，攻克安全接口等关键技术，加快安全软件与产品的大发展，使安全操作系统、安全数据库、监控分析软件、安全综合监管软件、数据挖掘与展现、高强度系统监控和防护软件、反恐、应急协同指挥调度软件等处于国内领先水平。

加强国际合作，大力推动开源社区建设；加大结构调整力度，在发展以PC为计算平台的软件的同时，大力发展以移动多媒体终端为计算平台的软件；鼓励业界资源整合，培育优势骨干企业，促进企业规模化和国际化发展。

（市信息委产业处）

2006年上海市优秀软件产品

以软件企业提出申请为前提，以申请评选的软件产品必须是已登记的软件产品、且该软件产品已取得较好的实用效果（较高的销售量和销售额）为依据，由专家委员会评审，上海市软件行业协会常务理事会批准，上海市软件行业协会确定了31个软件产品为2006年上海市优秀软件产品。

上海天诺科技有限责任公司	天诺房产营销管理系统
上海电达信息技术有限公司	集成化网络教学平台
上海众恒信息产业有限公司	众恒实有人口综合信息资源库软件
	众恒地图数据交换维护软件
上海鹏达计算机系统开发有限公司	鹏达 AUTO Learning 汽车仿真教学平台软件
上海农业信息有限公司	龙行畜牧生产管理软件
	龙行食用农副产品信息查询系统
上海期货信息技术有限公司	Futures Ideal 期货交易所系统信息总线软件
	Ideal DB 内存数据库系统软件
上海华腾软件系统有限公司	TOP DCMS 智能化设备接入平台软件
	TOP Electron Payment System 电子支付系统
上海石川科技有限公司	石川无线餐饮管理系统
上海金鑫计算机系统工程有限公司	金鑫基于 OAI 协议数字资源互操作平台软件
上海亚太计算机信息系统有限公司	SPACIS 高速公路联网收费结算系统软件
国信朗讯科技网络技术有限公司	传输网络集中监控系统 Net Guard
上海锐胜科技发展有限公司	锐胜 Web Edu 网上教学培训系统
上海理想信息产业（集团）有限公司	理想呼叫中心座席软件
	理想通信电缆气压监测系统软件
上海新致软件有限公司	新致社区政务管理系统工作平台软件
	新致基于 NET 的企业级开放式开发平台软件
上海博达数据通信有限公司	博达嵌入式路由交换操作系统
万达信息股份有限公司	万达信息安全集成管理平台软件
	万达 XML 交易 & 消息中间件软件
	公文之星系统
上海新华控制技术（集团）有限公司	新华智能过程控制软件（TiSNet）

上海思普信息技术有限公司	思普产品生命周期管理系统软件
上海科投同济信息技术有限公司	科投同济虚拟娱乐天地系统软件
上海宝信软件股份有限公司	宝信一体化监控指挥平台 iCentroView3.0
	宝信网络巡警 eCop3000
	宝信 MES
上海复旦光华信息科技股份有限公司	光华同步直播终端软件
	光华 IT-VIEW 系统运行管理平台软件

（殷丕修）

2006 年上海市优秀软件企业家

以软件企业提出申请为前提，以申请企业的规模、经济效益、利润、对国家的贡献（纳税等）及该企业在行业内的影响为依据，由专家委员会评审，上海市软件行业协会常务理事会批准，上海市软件行业协会确定了 10 位企业家为 2006 年上海市优秀软件企业家。

张继伦	上海思策软件有限公司董事长 / 总经理
高建强	上海众恒信息产业有限公司董事长 / 总工程师
周　中	上海安科瑞电气有限公司总经理
吴卫平	上海互联网软件有限公司董事长 / 总裁
王德铭	上海启明软件股份有限公司总经理
柯蝶娟	上海理想信息产业（集团）有限公司总经理
陈　群	上海博达数据通信有限公司总裁
王志群	上海默克高科技有限公司董事长
黄健铭	汉略（上海）信息技术有限公司董事长
王　晔	上海微创软件有限公司总裁

（殷丕修）

浦东软件园：总收入达 104 亿元

【概况】浦东软件园是由原国家计委批准，信息产业部和上海市人民政府共同组建的“国家软件产业基地”和“国家软件出口基地”。上海浦东软件园有限责任公司负责上海浦东软件园的建设、经营和管理。

浦东软件园坐落于上海市张江高科技园区内，自1998年奠基建设以来，已完成一期、二期工程建设，总占地面积 12 万平方米，建筑面积 16 万平方米。2006年，入驻园区的企业有 192 家，园区共有注册企业累计 1 059 家，其中有许多是来自欧美、日本、印度和国内的著名软件企业，包括花旗软件开发中心、毕博全球技术开发中心、索尼（中国）软件开发中心、京瓷、TATA、INFOSYS、萨蒂扬、超晶科技、银晨网讯、复旦金仕达、中国银联等一批国内外大型软件企业及研发机构。园区软件从业人员约有 1.2 万人。2006 年，园区总收入约 104 亿元人民币，据不完全统计，软件出口总额 1.53 亿美元。

目前，浦东软件园建立了较为完整的技术增值服务、商务服务和生活休闲服务体系，为入园企业提供多层次、全方位的服务。入园企业的业务范围涵盖了软件开发、信息服务、系统集成、电子商务、数据通讯、信息安全、芯片设计、软件出口、金融证券、医药、电信等各个领域，尤其是芯片设计、信息安全、软件出口、系统集成等已在园区形成产业群落。

【园区三期（上海国家软件出口基地）建设】2004 年，浦东软件园启动规划面积 58.8 万平方米的园区三期（上海国家软件出口基地）建设项目；到 2006 年底，园区三期完成动拆迁工作，完成总体规划和 22 个子项目的立项工作，完成区域内市政工程建设，已经开工的子项目有 10 个，已经完工的子项目有 3 个；德国 SAP 研究院和美国友邦数据中心大楼的建设工作也已经完成。上海国家软件出口基地建设总体目标是建成国际一流的精品园区，推动中国软件产业快速发展。

（浦东软件园）

漕河泾开发区：销售收入和工业产值首次“双突破”1 000亿元

【概况】2006年，漕河泾新兴技术开发区（以下简称“漕河泾开发区”）经济发展态势强劲，各项主要经济指标再创新高，尤其是销售收入和工业产值首次“双突破”1 000亿元。全区实现销售收入1 227.90亿元，比上年增长31.93%，其中外商投资企业销售收入1 072.91亿元，比上年增长32.01%；工业总产值1 005.92亿元，比上年增长20.33%，其中外商投资企业工业总产值943.32亿元，比上年增长21.31%；生产总值381.50亿元，比上年增长15.69%；税收收入22.27亿元，比去年增长13.40%，其中外商投资企业税收收入18.50亿元，比上年增长12.12%；进出口总额269.66亿美元（其中：进口62.56亿美元，比上年减少4.30%；出口107.10亿美元，比去年增长28.80%）。截至年底，开发区拥有各类高科技企业千余家，经认定的高新技术企业200余家。开发区不仅原有的信息、生物医药、新材料和航天航空等高新技术支柱产业快速发展，而且还陆续集聚了汽车配套、环保及新能源等高科技产业。其中信息产业发展尤为突出，年销售收入达到开发区总销售额的80%以上，出口总额超过开发区出口总额的90%。截至年底，开发区拥有集成电路企业60余家，实现年销售收入70.21亿元；光通信及网络设备企业110余家，年销售收入36.39亿元；计算机软硬件企业160余家，年销售收入845.30亿元；电子器件及数字电子企业100余家，年销售收入73.62亿元。

2006年，漕河泾开发区新引进各类项目331个（包括新经济园注册型项目），其中内资项目254个，注册资本14.86亿元；外资项目77个，注册资本3.39亿美元。新批准设立外商投资企业46家，其中合资企业10家，独资企业36家，新增投资总额6.55亿美元，合同外资2.59亿美元。截至年底，开发区累计吸引外商投资企业561家，累计投资总额40.65亿美元，累计合同外资15.69亿美元。年内，一批技术层次高、投资规模大、影响力深的知名跨国公司相继入区，其中包括施耐德电气、艾默生电子、德尔福、泰科工程、泰科医疗、通用电气、三星电子、日本电装、三井物产、西门子等世界500强企业11家。

【漕河泾软件园成绩显著】漕河泾开发区软件园经过四年的园区建设和功能开发，现已经进驻138家从事软件和有关IC设计研发领域的企业。2006年，软件企业产值达到46.56亿元人民币，利润达7.56亿元人民币，同比增长352.69%；出口达1.04亿美元，同比增长30%；税收达1.05亿元人民币；软件从业人员达到了14 127人。

自漕河泾开发区软件园职业培训中心成立以来，2006年，培训中心取得进一步发展。该中心在年初获得了微软“全球国际权威职业化办公认证”授权，并出版了拥有自主知识产权的“嵌入式软件工程师”培训系列教材。首批毕业学员就业率达到94%。

【ERP系统建设】2006年，漕河泾开发区在原有的总公司ERP系统基础上，将征地子系统、建工子系统、资产子系统、招商子系统、物业子系统五大系统进行了进一步改进，并且在原先系统框架的基础上，进行了改善，提高了各系统的集成程度。此外，还开发了客户服务管理系统和设备维护管理系统，将总公司综合信息管理系统进一步完善。

【园区信息化推进平台建设】2006年，针对漕河泾开发区内的各类高科技企业，先后开展了4个园区信息化推进平台建设。主要工作有：①知识产权服务平台，在开发区门户网上完成知识产权服务网上平台的建设。旨在通过引进知识产权专业服务机构、开展区域知识产权宣传和培训、企业知识产权工作交流等多种方式推进区内企业的知识产权工作。②园区人才服务平台，完成开发区人才网内容建设，为区内高科技企业以及各类高科技人才提供一个人力资源的交互平台。③园区仪器设备共享服务平台，在对区内相关单位调研的基础上，建立了开发区仪器设备共享服务平台。截至年底，共有116项设备列入到平台中，并拟引进更多的平台单位加入。④整合利用上海市研发公共服务平台，开发区组织了上海市研发公共服务平台走进漕河泾开发区系列活动，主要包括“科技文献免费查，百元书券天天送”，科技资源共享服务交流会，开发区软件企业测试平台合作交流会，著名跨国公司研发中心与企业自主创新研讨会等4项大型推广活动。

【成为首批“中国服务外包基地上海示范区”】11月8日，在2006年上海软件外包国际峰会上，漕河泾开发区被授予“中国服务外包基地上海示范区”，成为上海市首批4家获得认定的“服务外包示范区”之一。服务外包已经成为全球新一轮服务产业转移的重要形式，漕河泾开发区作为国家级经济技术开发区利用区内优良的软硬件设施，为服务外包发展奠定了坚实基础。目前，漕河泾开发区的服务外包产业已经形成以软件服务外包为主，通信、电子、旅游、质量检验等多方面的服务外包齐头并进的格局。

（王　晖）

徐汇软件基地：服务政府，服务企业，打造未来

【概况】2006年，徐汇软件基地在优质服务的基础上，致力于打造徐汇数字内容产业公共服务平台，同时以现代信息服务业调研为抓手，促进徐汇区现代信息服务业的产业链、价值链和供应链的形成。目前，园区的企业群已经形成，软件产业发展也上了一个新的台阶。

【以保姆式服务为核心，扎实做好扶强扶大企业工作】徐汇软件基地自成立起即定位于提供保姆式服务，招得进留得住养得大。基地建立至今，共实现销售额近36.46亿元，上缴税收2.4亿元。目前，基地一些重点企业的发展取得骄人成绩：⑴上海征途网络科技有限公司由史玉柱创建成立，其具有知识产权的民族游戏已上市，同时在线超过68万人次。⑵由基地培育了6年的上海汉峰信息科技有限公司近期产品销售情况良好，与海内外多家外资手机生产企业达成合作意向，签订了销售合同。⑶由基地培育了2年的被世界顶级企业认可的上海瑞控信息技术有限公司专门为兰州大学捐献了一套嵌入式实验室。⑷由世界银行投资1 500万美金的上海科集信息技术有限公司已成为枫林生命园区搭建生物医学公共服务平台的主体单位。⑸由基地培育了7年的上海文思创意软件技术有限公司和微软合作，在漕河泾创业中心成立了上海文思创新软件有限公司。该公司是专业为世界500强进行软件本地化的软件服务公司。⑹由基地培育了6年的上海交大海隆软件股份有限公司是产品专门出口日本的国家重点软件企业。⑺进驻基地仅半年的上海速汇佳信息技术有限公司是一家以拓展新兴支付渠道为主业的专业化电子支付公司，在短短几个月时间内，已融资2 000万美元。⑻上海篱信科技有限公司是一家专注于年轻家庭消费指导与交易服务的提供商。该公司管理运营中国知名家庭生活消费网站——“篱笆网”，原名“无忧团购网”。目前，“篱笆网”商业交易平台成功为7万多年轻家庭提供装修、婚庆、学车等服务；“篱笆社区”已成为中国最具影响力的生活交流社区，注册用户近90万，日浏览量超过500万次，涵盖装修、婚庆、汽车、美食、旅游、房产和理财等14类生活消费行业。

【以公共服务平台建设为依托，降低企业成本】目前，徐汇软件基地正在筹建徐汇数字内容产业公共服务平台。该平台的建设意义在于，通过“政府搭台、企业唱戏、用户参与、市场化运作”的模式构建电子竞技平台、游戏评测中心等与数字内容产业相关的服务平台，引导用户参与竞技、参与评测，不断地“赛”、持续地“评”，使得数字内容产业链的上、中、下游能够良性互动，从而达到帮助区内的数字内容企业降低商务成本，提升拓展市场效率的目的。该平台正在积极筹建中，结构框架已搭建完成，正在充实内容。

【以沙龙活动为抓手，搭建企业间沟通交流的桥梁】作为企业与各方面沟通的平台和桥梁，基地开展了多次展示会、演示会、演讲会、主题沙龙等活动。

2006年初，基地主办了徐汇数字内容产业企业家研讨会，为入驻徐汇区的软件企业提供交流和沟通的平台，并研讨上海徐汇数字内容产业发展过程的机遇与问题，之后的“电信转型与数字内容产业崛起”、“上海‘世界电信日’活动信息发布暨新《公司法》解读交流会”等沙龙活动都取得良好效果。尤其是10月召开的大型创新研讨会暨上海河南两地互联网业界交流会，专程邀请中国互联网协会秘书处给企业提供了一次高规格的主题演讲会，获得企业的称赞。

12月20日，“协同生态链合作伙伴见面会”召开，徐汇软件基地希望能通过协同生态链，实现对上下游合作伙伴及产品的捆绑，加速各自发展；使同一领域内的众多上下游合作企业能协同工作，实现共性内容的统一处理；能使参与生态链的合作伙伴充分利用协同生态链及政府支持增加竞争实力和发展速度，最后实现参与者的共赢。

【以国际合作为纽带，提高企业自主创新能力及核心竞争力】2006年，徐汇软件基地开展了多次国际合作交流活动。3月，上海交通大学、加拿大高科技互动艺术教师联盟、徐汇软件基地和进驻基地的上海红摩炫数码科技有限公司召开有关振兴民族动漫产业的新闻发布会；5月，美国亚洲协会主席、世界华裔联合总会总会长蒋一成夫妇来基地考察；9月，来自美国、澳大利亚、加拿大、新西兰等国IT行业的知名企业首席执行官、董事长莅临基地，与基地内17家企业一起，举行了为期一天、题为“21世纪信息、通信技术、创意产业”的论坛活动；10月，基地邀请无线互联网发明人郭法琨先生(Franklin F. Kuo)给基地企业作了题为“硅谷数字化革命和美国风险投资产业”的演讲；11月，美国密西根高新产业促进会14名主要成员访问基地，并与基地众多企业进行了交流。

(徐汇软件基地)

宝信：强化信息化管理

【概况】按照公司发展规划的总体要求，2006年，上海宝信软件有限公司（以下简称“宝信软件”）内部信息化建设以强化信息化管理为中心，贯穿科学系统的信息化管理主线，突出信息化规划与计划、信息化项目建设、信息化项目运维管理、信息安全等工作内容。

【基本建成覆盖五大业务领域的ERP系统】宝信软件选择ORACLE 11i电子商务套件，分期建成了公司内部的业务管理平台。公司前期项目实施了以下模块：财务管理、采购与应付管理、销售与应收管理、项目会计、项目营收、人力资源基本信息管理等。该平台经过公司总部一段时间的稳定运行后，将拓展到大连、深圳等分公司。

后期项目在前期基础上，实施重点达到了以下目标：将项目管理向前端延伸，规范对销售机会、售前项目到项目合同建立过程的控制；加强销售机会的分析，实现对管理层的客户信息、销售机会、销售进度的透明化；建立有效的合同管理体系；强化项目管理力度，将资源、项目、财务预测统盘考虑，实现一体化的项目管理；强化内部管理力度，在已积累的历史数据上建立合理的分析体系，为领导决策提供分析依据；合理调配项目人力资源，实现项目人力资源的最大使用效率。

ERP系统覆盖了分销管理、市场营销、技术与项目管理、财务与投资管理、人力资源管理等五大公司主要业务领域，并在业务基础管理及管理提升上发挥着越来越重要的作用。

【建成网络学院】宝信软件网络学院以硬件平台为依托，以多媒体技术和网上社区技术为支撑，将专业知识、技术经验等通过网络传送到员工面前。通过网络学院，员工可以随时随地利用网络进行学习或接受培训，并将之转化为个人能力的核心竞争力，继而显著提高企业的竞争力。

该系统功能模块划分包含：培训管理员模块（含课件管理、指导教师管理、学员管理、公告信息管理）、学员模块、指导教师模块。

【建成知识管理平台】建设宝信软件知识管理系统，重点在软件复用、项目售前技术服务、过程质量管理、项目资源管理、技术参考、技术创新等方面为公司的设计开发和业务经营活动提供一个包括知识采集、知识加工、知识传递、知识库管理等的知识管理服务平台。宝信软件通过不断地积累知识文档，形成了企业制胜的知识资产库，从而增强公司的综合竞争力和快速应对能力，使企业的各种信息资源得到最大程度的利用，也使企业内部的各种信息得到快速传递和应用。

(宝　信)

复旦光华：以创新精神引领企业成长

【完成多项重大信息化建设项目】2006年，上海复旦光华科技股份有限公司（以下简称“复旦光华”）积极拓展市场领域，发掘业务潜能，坚持自主创新，以创新带动技术产品变革，以创新推动业务模式调整，以新思路、新思维为企业的可持续发展不断注入新的活力。公司紧跟市场变化趋势，不断调整业务结构，在新老产品的开发和完善中逐步进行战略部署，取得初步收效。公司业务团队先后完成了中国电信黄页、河北网通、海南烟草、中国浦东干部管理学院等重大信息化建设项目，在巩固现有市场领域的同时，积极向外延客户领域延伸，全国营销网络布局更加稳定合理。

2006年，公司顺利通过了ISO9000复审和CMMI3认证，正式通过国家保密局“涉及国家秘密的信息系统集成甲级资质”以及“涉密信息系统集成单项资质

（软件开发）”认证，获得国家信息产业部颁布的“信息产业科技创新先进集体”，全国总工会等十部委颁发的“创建学习型组织、争做知识型职工”活动先进单位奖等荣誉称号；并且连续第4年荣膺“国家规划布局内重点软件企业”，连续第3次进入“中国软件收入规模前100家企业”之列。

【专利先行，不断增强创新能力】2006年，复旦光华在获得上海市品牌企业、品牌产品和服务类品牌荣誉称号后，顺利进入了上海市知识产权示范企业培育阶段，成为20余家重点培育企业之一。公司在2006年新申请专利6项，已累计完成国内专利申请32项（发明专利31项、实用新型专利1项），新申请的Mediastack商标成功获得注册商标证。此外，公司新获得软件著作权登记5项，获得软件产品登记3项，高新技术成果转化1项。目前，复旦光华已成为上海为数不多的以自有知识产权为主要核心竞争力的民营高科技企业成员之一。

（曾海天）

理想（集团）公司：整体布局深入推进转型

【概况】上海理想信息产业（集团）有限公司（以下简称“理想（集团）公司”）是上海市以网络系统集成、应用软件集成、软件产品研发为核心业务的高科技产业集团。在历年多项资质的基础上，理想（集团）公司于2006年先后再获多项重要资质：2005年国家规划布局内重点软件企业、上海市第六家具备计算机信息系统集成一级资质的企业、2006上海经营型和创新型双重明星软件企业、涉及国家秘密的系统集成资质（软件开发）、思科“银牌合作伙伴”资质、IBM业务拓展伙伴（金牌）等。同时，公司以无不合格项的成绩通过ISO9000大审、以无不合格项的成绩通过包括新业务NETCARE在内的TL9000评审；初步实现ISO体系与CMMI体系的规范融合；建立CMMI4级量化库并启动了正式评估。

截至2006年12月，理想（集团）公司完成通信和信息系统领域科研项目154项，获得部市级科研奖10项、原上海邮电系统科技进步奖38项、上海电信系统科技进步奖3项，申请专利8项，列入“火炬计划”项目2项；上海市高新技术转化项目7项，并获得多项软件产品著作权登记。

【全面推进企业转型】2006年，理想（集团）公司根据上海电信战略转型整体布局积极实践自身转型，围绕“聚焦转型产品，推行精确管理，深化机制改革，优化公司运营，提高质量管理，支撑浦东转型”等多方面全方位深入推进企业转型。

面向综合信息服务巨大的市场需求，理想（集团）公司不断加大技术研发投入，以呼叫中心、商务领航、电子政务、中国电信网管专家服务、IT外包、信息安全及监控测试等清晰的多产品线为基础，面向不同行业打造综合信息服务整体解决方案，大力推进电信转型。2006年，公司重点转型产品收入同比增幅达到106%。

【集中推行精确管理】按照电信精确化管理的要求，理想（集团）公司围绕针对性营销、资源优化配置和数据管理三方面提升企业精确化管理水平，同时从信息化建设上支撑上海电信的精确化管理。

2006年，理想（集团）公司围绕重点转型产品开展了10多场有针对性的市场营销活动，以现场演示、客户体验、案例介绍、小品等表现形式，加深行业客户对通信信息产品的理解。公司产品已成功应用于深圳、江苏、北京等多家外省电信客户。公司以后端服务前端、前端服务客户的流程优化资源配置，运用信息化手段自行建立了项目资金管理平台和研发资金管理平台，实现了项目资金全面信息化管理，包括成本管理、收付款管理、利润测算等多项管理，并提供全面、准确的报表及查询功能，为经营分析以及绩效考核提供实时、准确的数据。至2006年底，平台上累计管理的项目近2 000个，全年累计评审合同1 700个，收支金额累计达数亿元，无差错。

同时，理想（集团）公司支撑电信精确化管理，如支撑上海电信在全国率先实现网上营业厅上线，并在全国系统建设评比中荣获第一名；ODS/EDW系统数据挖掘成果——《电信企业语音业务针对性营销分析与应用》在第三届（2006年）全国通信行业企业管理现代化创新成果评选中获得创新成果二等奖。

【为重大会议保障提供综合信息服务】经过多年重大保障工作的磨练和经验积累，理想（集团）公司培养出一支会议保障的专业队伍，勘场、布线、网络搭建、设备租赁、安全保障、24小时人员值班等，公司已形成

"一揽子"安全可靠的综合业务解决方案，在多项保障任务中打响了理想的服务品牌。在2006年的上海合作组织峰会、特奥邀请赛、第28届世界软件工程大会等大型国际性会议中，公司完成了各类通信保障任务。特奥邀请赛上，理想（集团）公司更为大会提供了多项软件应用服务，树立了上海电信综合信息服务提供商的良好形象。为此，理想（集团）公司被上海特奥会执委会信息通信部评为"通信保障工作先进集体"。

【为政企客户提供电子政务服务】理想（集团）公司电子政务以信息资源管理为核心，实现了政府单位内部、政府部门之间互联、互通、互操作的网络应用。2006年，公司成功实施上海市民政局电子政务平台、特奥会信息平台委办局、溧阳电子政务、崇明县电子政务系统等一系列项目，并成功总结了溧阳电子政务模式、崇明县电子政务系统等区县电子政务的经验，在各区县加以推广，同时大力推进新郊区新农村信息化进程，实现了理想电子政务从横向发展到纵横双向发展的突破。

【为大中型企业客户提供网管专家、呼叫中心、IT外包服务】中国电信网管专家服务（即NETCARE）利用电信统一建立的客户网络监控管理平台，以"一点接入，全网监控"的方式，24小时实时监测客户网络性能，建造支持企业网络的深壁固垒，凸现"省时、省力、省钱、省心"的产品特点。2006年，该平台正式被列为中国电信集团大客户部开展网管专家服务的全国支撑平台，公司作为实际实施单位，参加了中国电信集团公司在全国10多个城市的新业务巡展，在上海、北京成功举办了NETCARE体验会，并参加了中国电信集团公司在各重大会议上的新业务演示。一年多来，NETCARE已成功签约包括美国箭牌公司、美国江森自控、海通证券、友邦保险、国药集团等近20家大型企业客户，同时NETCARE又被捆绑用以发展CN2业务，为中国电信开拓海外市场作出了大胆的尝试。2006年年底，中国电信"网管专家服务"荣获上海电信业务创新二等奖和中国电信集团公司科技进步奖三等奖。

2006年，理想呼叫中心系统座席软件被上海电信评为业务创新奖三等奖，实现了向政府、社区、机场、制造业等多个行业推广应用。为适应小企业需求，公司特别研发出IDEAL CALL产品，不仅按照中国电信集团公司统一要求实现了4大类业务，开通了12项子业务功能，而且还开通了多项满足上海地区需求的特色服务功能，有力支撑了上海电信号码百事通业务的发展。同时，公司又成功入围电信集团在全国推广号百平台的建设单位。

理想（集团）公司的电缆气压监测系统软件获得了"2006年度上海市优秀软件产品"称号。公司为莘闵电信局建设的莘北机房监控管理系统，将已经使用了十年的旧系统进行了全新的升级，新系统为支撑未来3G机房和POP点功能要求提供了保障。

【为中小企业提供商务领航服务】理想（集团）公司作为上海电信此业务的归口单位，努力打造中小企业信息化公共服务平台，大力发展商务领航业务。2006年，理想（集团）公司加快了商务领航行业应用的培育，在原有的美容美发、汽配、教育、旅游等行业应用外，新上线公路物流、货贷、物流等行业应用，截至2006年底，平台上累计有近20项应用产品。同时，公司升级改版商务领航网站，实施商务领航二期平台割接升级，统一客户登陆界面，增加客户体验栏目。据第三方统计，上海商务领航网站的点击率位列全国各省商务领航网站点击率第一名。理想（集团）公司还主办了汽配行业解决方案推介会、在线安全客户沟通会、公路物流行业解决方案推介会、美容美发经管讲座暨业务发布会等一系列的特色营销推介会，提高了商务领航行业解决方案的认知度。2006年，上海电信商务领航业务收入超过6 000万元，位居电信集团各省公司排名第一。

2006年，公司ASP商用平台建设项目荣获上海电信科技进步三等奖。理想（集团）公司还完成了"上海市科委制造业信息化公共技术服务平台"项目，并成功申报国家科技部"上海区域制造业信息化公共服务平台"项目。

【为浦东转型提供多种信息化解决方案】在上海电信的浦东转型试点工作中，理想（集团）公司与浦东电信局合作，整合电信、信息各项资源，为各类政企客户提供综合通信和ICT信息化解决方案，并积极响应浦东区局的信息化发展需求，重点研究酒店、会展、聚类、旅游、物流等行业解决方案，积极探讨电子政务在浦东的发展前景，设计制定数字家庭样板房方案等，给政企客户提供了一站式享受通信和信息化服务之便，得到高桥新城文化广场、时代金融中心等多家大型商务大楼的认可，仅半年时间签约项目累计金额超过千万元。（刘 锋）

万达：各项工作有序开展

【概况】2006年，万达信息股份有限公司（以下简称“万达信息”）围绕以公共事务为核心的城市信息化领域，继续发扬自主创新精神，凭借完整的技术框架和企业构件库、丰富的特大型信息系统实施经验、先进的重在软件复用的开发方法，围绕战略重点，按计划有序开展各项工作。公司新建研发大楼已于7月在位于闵行区浦江镇的国家863软件专业孵化器（上海）基地正式奠基建设，标志着万达信息已经进入一个新的发展阶段。

【在业务拓展方面】2006年，万达信息承接了由市外经贸委组织建设的纺织品配额调剂平台、上海市兵役工作管理信息系统、上海城市交通信息监控系统功能开发与系统集成、浙江省道路运输管理、无锡和温州机场的信息系统集成、上海医联工程、国家工商行政管理总局综合业务系统等重大项目；并中标上海市“金质工程”、上海市卫生局突发公共卫生事件应急信息系统等项目。在海外业务领域，由万达信息负责开发的Philips GSRS(Global Supplier Rateing System)已在2005年用于Philips Optical Storage和Philips Lighting group。2006年，Philips Medical、PGP、CE等也加入该系统。目前，万达信息将会继续负责该系统的维护、加强与创新性研发。

【在业务实施方面】上海市医疗保险计算机管理系统核心业务平台于2006年6月成功完成升级切换；空管航班信息系统顺利完成第一阶段开发任务；上海市民间组织业务信息管理系统、浦东新区卫生信息网二期、政务外网网上办事工程均顺利通过验收。此外，上海市社会保障系统、市府核心系统、电子报税系统等维护服务工作均按计划实施。

【在品牌建设方面】万达信息以主要赞助商身份亮相第28届世界软件工程大会，向世界展现了上海城市信息化建设和中国软件业贴近民众生活的人性化发展，以及不断追求创新、力争世界前沿的精神风貌；并在上海国际信息化博览会、2006中国卫生信息学术交流大会、上海软件外包国际峰会、中国信息化推进大会等一系列业界重大展会和论坛上展现万达信息的企业精神、领先技术和研发成果。（顾海青）

启明软件：持续快速增长

【概况】上海启明软件股份有限公司（以下简称“启明软件”）是一家致力于软件服务、为用户提供高质量全面解决方案的企业，2006年总产值1.2亿元。公司在东京、大阪、洛杉矶设有子公司及分支机构，在深圳、济南、成都、南通设有分公司，人员规模达700多人。公司软件营业收入以年均超过41%的增幅快速增长，确立了公司在上海乃至全国软件骨干企业的地位。在外包领域，启明软件持续扩张，既保持了日本地区的业务增长，又进一步拓展了欧美业务。公司充分发挥18年来为国外客户服务所积累的管理经验和技术经验，在高端领域投入一定的研发力度。

【设立美国办事处】2006年，启明软件在美国洛杉矶硅谷设立了美国办事处，此举对推动公司在欧美外包业务领域的发展有着积极的作用和意义。目前，欧美外包业务呈现良好的发展势头，多位发包方高层访问启明软件。

【投资成立晋恒软件，主攻国内外金融领域】2006年8月，启明软件投资成立了晋恒软件，致力于为国内及海外客户提供高品质、高附加值的创新性服务。晋恒软件主要从事国内外金融行业，包括银行卡管理、交易清算、个人和企业支付清算、电子支付、个人和企业银行业务等应用软件开发及海外软件开发外包业务。

晋恒软件核心团队从事国内外金融行业应用软件开发及海外软件开发外包服务多年，技术团队也参与过全国范围内多项金融信息化重大系统工程的设计、开发与集成工作，有着丰富的技术经验和业务经验。

【研发临床数据管理系统，填补国内空白】启明软件研发临床数据管理系统（clinical data management system, CDMS）主要用于开发新药过程中II期、III期、IV期试验的数据处理。它能让客户根据纸质病历报告表设计电子病历报告表，并在此基础上进行数据录入和加工。这个产品达到美国食品药物监督局（FDA）对临床数据管理系统的要求，同时能够满足临床数据交换标准协会（CDISC）在数据处理和数据传递上的一系列要求。

【地下空间技术研究取得成效】启明软件注重新领域的软件技术研究，近年来，公司在地下空间信息基础平台方面持续投入研究力量，取得很好成果。《上海地下空间信息基础平台及其关键技术研究》详细设计方案平台设计部分通过上海城市发展信息研究中心组织的专家评审，并获得第一名。（任渊杰）

颐东：积极培育特色技术，为企业持续发展奠定基础

【概况】2006年，上海颐东网络信息有限公司（以下简称“颐东公司”）围绕提高经营效益，提升公司核心技术优势，使市场有了较大拓展，员工的凝聚力也有了很大改善。颐东公司注重产品研发和政府的高端数据应用系统规划和开发，在经历了从单纯的网络集成向高端数据应用、安全产品研发和系统运行维护转型的过程以后，业务已上了一个新台阶。

随着上海地区电子政务建设向深度扩展，涉密网络系统中的各类安全监管任务变得非常重要，各个委办局个性化很强、行业特征明显的应用系统陆续被有关方面纳入规划、建设、推广的日程中。为此，一方面，颐东公司依托自己的技术实力实现了包括支持任意层次、任意数据格式的数据上报，提供了自动催讨和多维数据检查工具，首先在网上做到了从基层到区县、市级机构的流程管理等；另一方面，公司同时推进了5个安全产品的研发，其中通用用户权限管理软件、单向安全阀、公文交换平台和网络黑盒等产品分别得到有关政府部门支持和立项。

【科研投入和自主产品研发】2006年，颐东公司更加重视提升核心技术优势，形成了以网络安全、系统监控和权限管理为特色的软件开发体系。

1.“网络黑盒”

公司根据多年来在电子政务行业尤其是在涉密系统建设方面积累的丰富经验，结合具体应用，采用新技术研制了分布式重要密码设备物理状态监管系统——“网络黑盒”。该系统按照国家相关权威机构制定的网络设备生产标准研制，采用了先进的网络传输和监测技术，具有实时监测设备网络连接状态、物理位置状态、视频监控传输等功能。该系统已通过验收，正准备应用到上海地区许多重要的网络系统中去。

2.公文交换平台软件

颐东公司为解决政府、事业单位日常最普遍的文件在网络系统中的安全交换和管理问题，研发了公文交换平台软件。该软件实现了文件加密存储，并有安全环境自检功能，确保公文只在安全环境下显示；由于文件被存储在服务器端，实现了公文的加密、解密传输、操作痕迹保留、操作用户信息维护、授权及相应管理、本服务器范围内全局通信录的维护、可集成LDAP等，确保了公文服务器与网内的OLAP用户组织树保持一致，而客户端具有防键盘窃听、防屏幕截屏和防取字、防拷贝和打印控制等功能，便于客户方便地进行全部的公文操作处理。该产品附带接口实现了身份认证，并包含了公文应用服务中心、电子印章管理中心、监控中心等服务器组，可以实现公文的统一管理。

3.单向安全阀

颐东公司研制的单向安全阀是一种网络间信息安全交换产品，该产品以软、硬件结合控制的方式，通过物理隔断实现内网用户在涉密信息不被黑客窃取的安全前提下与外部共享网络进行信息互换；同时，该产品所含软件中的切换策略，能让产品合理、高效地控制整个系统的运作，而它采用的高性能可编程逻辑器件和先进的总线开关电路便于升级更新，彻底防止人为攻击，保证性能的稳定。该产品2006年被上海市科委认定为上海市重点新产品。

【系统维护和运营支持】为了贯彻国家保密局的有关加强涉及国家秘密的计算机网络系统保密工作的规定，贯彻市信息委有关大力开展信息技术外包业务的精神，颐东公司从2003年下半年起就启动了962666热线服务，并将其作为外包业务的一个呼叫中心，为上海地区党政机关提供有资质的、专业的服务。同时，颐东公司通过日常巡检和定期上门诊断系统存在的问题，形成了一套行之有效的服务流程和运营支持管理体系。2006年，颐东公司系统维护和运营支持收入占公司全部经营收入的50%，而该比例近三年（2004～2006年）

每年增幅都在6%~8%之间。

颐东公司在为客户系统开展安全运营和维护保障工作的同时，没有降低自己作为技术支持方的另外一个重要责任，公司努力为客户的信息化系统提高附加值，帮助客户做好系统发展规划，并且尽力组织好队伍积极参与到客户应用系统扩展、数据共享和高端数据应用方面的开发和建设工作中。

（孔繁坚）

开先软件：致力于管理系统研发

【概况】 上海开先软件有限公司（以下简称“开先软件”）由拥有10年以上国内外著名企业IT方面从业经验的资深专家发起，2004年在上海慧谷高科技创业中心注册成立。开先软件主要为国内外银行和企事业单位提供最优秀的专业化软件产品及解决方案，包括计算机系统集成、软件开发、ITSM产品提供、新技术新产品引进与增值服务等。其中，银行方面主要涉及核心业务系统、综合前置、卡管理系统、积分管理、数据安全、中间业务等领域，并拥有独立的知识产权。2006年，开先软件的“面向海外市场的银行卡业务自动化处理软件”项目获得国家和上海科技创新基金的无偿资助共计85万元。

至今，开先软件与交通银行总行及所属分行支行、无锡商业银行、九江商业银行、江苏联社等金融机构建立了长期合作关系，并与IBM、HP、Oracle等国际著名企业在软硬件方面成为合作伙伴。同时，开先软件还将业务范围扩展到海外市场。

【研发卡管理系统】 EastPay卡管理系统是一套成熟、先进的卡管理系统，是开先软件的旗舰产品。EastPay允许银行或其他发卡机构快速设计新产品、新业务，并迅速推向市场，从而帮助银行在竞争激烈的卡业务市场中赢得竞争优势。它在提升客户关系的同时，既控制了风险，又大大缩减了交易的处理成本。EastPay参数化、模块化的设计，使得它具备了全面而完整的发卡及收单功能，从而既能满足客户在卡处理业务方面的近期需求，又能满足客户将来可能出现的新需求。

EastPay产品采用模块化设计，主要包括发卡管理、收单管理、信息交换和系统管理几个大的功能模块，每个功能模块又由若干个子模块组成。

EastPay卡管理系统支持磁条卡、IC卡，可适用于银行卡（借记卡、贷记卡）、社保卡、校园卡、超市卡、公司卡等各种发卡需求。

【研发积分管理系统】 EastLoyalty积分管理系统吸收了大量国外先进经验，更符合中国市场设计理念，它能够全面支持客户群细分、积分累计规则和兑换规则的灵活设置、积分托管和联盟积分、积分转换、积分清算、积分活动效益分析等，对积分卡、IC卡积分、脱机积分也有全面支持，完全可以满足国内外商业银行的积分业务要求，帮助实现提高银行品牌和吸引力的目标。

积分系统架构为：

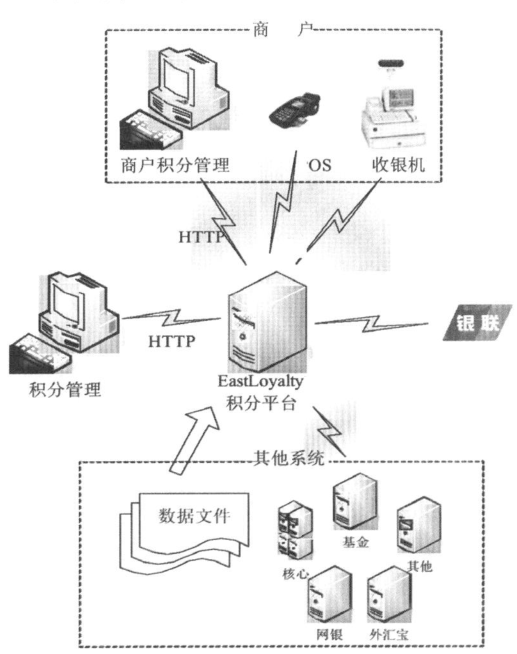

【开发IT服务管理系统】 开先软件针对国内银行的现状及现阶段银行信息系统的特点，基于IT服务管理的部分理念和现代化的计算机应用技术，推出了“开先银行IT服务平台”应用软件产品。该产品能够帮助银行完成高比率的远程一线修复，并可为业务增值、管理异常突发的事件、尽快使客户（包括内部和外部）恢复到正常的IT服务、提高IT部门的工作效率、协调IT服务部门内部运作、改善IT部门与业务部门的沟通、量化IT服务部门的工作提供服务。

（开　先）

众恒：自主创新，勇于开拓

【概况】2006年是上海众恒信息产业有限公司（以下简称“众恒”）成立第十年，公司进一步确立了以“人口信息”为基础、以GIS为手段，形成“人口信息”和“治安信息”应用核心竞争能力，以产品化的思路、专业化的服务，全力打造政府信息化管理综合应用平台和可持续发展的营运服务平台。

2006年，众恒获得一系列资质及荣誉，包括“上海市明星软件企业”、“涉及国家秘密的计算机信息系统集成资质（软件开发）”等。公司自主开发的“实有人口综合信息资源库”和“地图数据交换维护”等软件获得2006年度上海市科技进步奖、静安区科技创新奖、上海市优秀软件产品等。

【拓展业务市场，提升市场占有率】2006年，众恒继续在上海、重庆、广东实施公安信息化各项业务的同时，重点拓展山东、新疆、湖北、河南、浙江等省（区）市场，主要中标新疆阿克苏市公安警务综合管理系统，山东聊城、临忻等市公安局派出所综合信息系统，温州市公安局数据资源统一管理与服务系统，以及河南省濮阳市公安局公安派出所综合信息管理等系统，从而使众恒的公安信息化业务在全国的覆盖面进一步提高。

电子政务领域，“实有人口综合信息资源库”是众恒适应上海市政府推进“居住证制度”和来沪人口管理制度而开发的政务应用软件，继2005年中标静安、长宁、宝山等区县项目，2006年又中标闵行、杨浦、黄浦、嘉定、青浦等区县项目。该系统在全市的市场占有率高达80%。“GIS综合应用”是众恒电子政务的另一核心应用产品，2006年业务拓展至闵行、闸北、普陀等区县，市场占有率高达90%。

【科研创新，提高企业竞争力】2006年，众恒完成并通过验收信息化专项资金项目“实有人口综合信息资源库”、市经委立项的“公安人口信息管理系统”项目等科研项目；“数据资源统一管理与服务平台”被列入市信息化专项资金项目；市科委“人口信息管理系统”的研发正在实施当中。2006年，众恒完成6项计算机著作权申报，5项发明专利申报。

2006年，由众恒承担的“上海市选民网上登记系统”从立项研发到系统上线，再到完成全市网上选民登记任务仅仅用了4个月时间。该系统是根据市领导有关“以先进理念来指导代表选举工作，以先进手段来支撑代表选举工作”的要求而建设，是国内外首套具有选民登记、身份验证、网上张榜、增补选民和统计分析等功能的选民网上登记系统，承担了2006年上海市区县和乡镇两级人大代表换届选举中的选民登记工作。（众　恒）

金蝶：让ERP个性化

【概况】上海金蝶软件科技有限公司（以下简称“上海金蝶”）是金蝶国际软件集团有限公司的全资子公司，成立于1995年7月，经过几年发展，已成为一家集销售、市场运作、产品研发、技术支持、产品实施、售后服务等诸多职能于一身，近300人规模的上海本地规模最大、效益最好的财务与企业管理软件供应商，与上海地区近万家客户保持着良好的合作关系，行业覆盖率达到100%。公司先后被评为上海市“双软”企业、“上海市高新技术企业”、“全国重合同守信用单位”。

【提出“让ERP个性化计划”】“通用”产品只是基本功，能帮助企业实现“个性化”才是上海金蝶追求的目标。为此，上海金蝶提出“让ERP个性化计划”。该计划是金蝶软件未来5年的战略计划，也是一个涵盖了ERP产业链各环节的“一揽子”计划，包括管理与ERP系统诊断与咨询计划、个性化ERP产品发展计划、个性化ERP增值伙伴计划、个性化ERP系统升级计划、个性化ERP服务计划及个性化ERP培训与教育计划。

“让ERP个性化计划”使命就是让中国所有企业用上个性化ERP，让中国所有企业提升管理创新能力，让中国所有企业充分展现管理个性。该计划的提出，既是企业管理个性发展和管理需求成熟的标志，也是ERP厂商个性化ERP解决方案不断丰富与完善的结果。

【致力研发金蝶BOS软件】金蝶BOS（Kingdee Business Operation System）是金蝶ERP的集成与应用平台。金蝶BOS遵循面向服务的架构体系，是一个面向业务的可视化开发平台；是一个金蝶ERP和第三方应用集成的技术平台。它有效解决了ERP应用的最主要矛盾，即用户需求个性化和传统ERP软件标准化之间的矛盾。

金蝶ERP是企业管理信息化的全面解决方案，金蝶ERP是基于金蝶BOS构建的。金蝶ERP能满足企业全面业务的标准应用，金蝶BOS确保了企业ERP应用中个性化需求的完美实现。基于金蝶BOS的金蝶ERP，可以为不同行业不同发展阶段的企业构建灵活的、可扩展的、全面集成的整体解决方案。

（金　蝶）

二、互联网服务业

上海热线：一张“城市名片”

【概况】 作为一个知名的互联网品牌，“上海热线”自1996年正式上线运行以来，曾连续5次位列中国互联网信息中心（CNNIC）组织的中国互联网络发展状况调查十佳网站之列。

“上海热线”提供基础信息服务、企业服务、无线服务、网上商城等全方位的互联网增值服务。近几年，“上海热线”立足“最上海的热线”战略定位，进一步加强信息产品的区域化特征，提供衣、食、住、行等便民信息查询服务，力争把“上海热线”打造成上海本地最实用的生活信息平台及商业服务指南。“上海热线”相继推出了本地网民最关注的房产、美食、娱乐、健康、汽车、理财等一系列热点特色信息服务，取得了良好的社会效益与经济效益。目前，“上海热线”日访问总量达3 000万人次，拥有注册用户逾300万人。

2006年，“上海名牌”评选第一次将服务性行业纳入评比范围，“上海热线”一举荣获上海市名牌产品推荐委员会颁发的“2005上海名牌（服务类）”称号。同年，“上海热线”还成功主办了第三届上海市房产中介评比，为保护广大消费者利益起到了积极推进作用；“上海热线”房产频道获得《互联网周刊》评选的“全国优秀案例50佳”称号。在2006年中国互联网大会上，“上海热线”获得“中国互联网行业自律奖”殊荣，并被中国互联网协会评为“中国互联网产业品牌50强”，荣获“本地化综合资讯服务”第一名。

【特色频道】 在业务内容上，“上海热线”坚持“创新、原创、实用、即时”的原则。在保持原有新闻、房产、娱乐、汽车、旅游、科技、培训等10多个频道海量信息的同时，2006年，“上海热线”针对社会上出现的“保姆荒”、“结婚热”，又增设了特色频道——“家政频道”和“结婚频道”；同时在体育等精品频道上，更是力求信息原创性和信息即时性，在世界杯、F1等重大赛事上都做到了24小时转播，将最新、最快信息呈现给用户。

【拓宽思路，提倡创新营销】 在经营模式上，“上海热线”拓宽思路，提倡创新营销。热线商城频道大胆提出购物新主张，提倡人多力量大的“共同购买”，通过网络平台的力量，为用户带去最大的实惠。短信业务也突破瓶颈，凭借雄厚技术保障，取得了9900全网短信业务权。市场营销方面，公司利用短信、房产等业务的优势，组织全市范围的房产中介评比活动及校园海选的“极速魅影”评比活动。这些活动都得到了上级公司的鼎力支持以及广大用户的热烈反响。

【频道商务】 “上海热线”依托新闻、体育娱乐、都市生活、汽车科技、房产财经等，形成了六大业务板块，可提供综合信息应用服务信息和进行本地化的信息应用策划与实施，并形成房产、二手房、美食、旅游等非常有特色的商务频道，提供实用丰富的资讯。其中，二手房频道已经建成上海地区最具影响力的网络房产中介平台，签约中介商逾1 000家。

【BBS社区互动】 “上海热线”BBS拥有100多万注册用户，平均在线人数超过3 000人，高峰时期可达5 000人；并拥有近百个主题版块，日主题帖量接近1万个。

【“热蜂BeeHot”商城】 “热蜂BeeHot”商城是集时尚、家居、美容、饰品、数码、宠物、休闲、企业团购为一体的大型网上购物中心。其以贴近生活、引领时尚潮流为基准，是突出个性化与实用性相结合的优质网上购物平台。

【"热蜂Beecool（必酷网）"平台】"热蜂Beecool（必酷网）"平台是"上海热线"精心设计的"自助网上开店"服务，用户只要会打字，几分钟内就可在必酷网上开办一个专业级的网络店铺乃至大型商城。该网络平台为建店的客户提供了多种在线支付手段，方便他的顾客直接在线支付购买商品。

【网络应用服务】"上海热线"网络应用服务主要是为大客户和上海地区广大中小企业提供企业应用类服务，包括域名注册、企业邮箱、虚拟主机、网站制作、网络推广等业务；"吸铁石"邮箱是"上海热线"向广大用户提供的电子邮箱系统，现在邮箱拥有260多万注册用户。（上海热线）

上海网通：努力打造宽带服务

【打造"宽带我世界·上海"门户网站】2006年11月，上海网通与上海东方宽频传播有限公司联手打造的"宽带我世界·上海"门户网站正式开通。该网站采用全视频化的表现形式，开设有电影、电视剧、直播、音乐、体育、财经、美食、健康、动漫、游戏和夜上海等11个频道，拥有1.5万小时视频节目内容。其中，电影频道汇集全球重量级电影大片近300部；电视剧频道拥有剧集1 000余集；音乐频道囊括200部专辑、数千首单曲和MV；直播频道能够同步直播10多个频道的电视节目。该门户网站已成为上海网通惟一对外提供内容服务的窗口。

【开通宽带商务网站】2006年12月，上海网通宽带商务网站正式开通。该网站是一个以图文、flash等综合表现形式为主，将抽象的通信产品用多元化、形象化的表达方式呈现给用户的网络平台，提供包括进销存管理、办公自动化、人力资源管理(HR)、客户关系管理（CRM)、虚拟呼叫中心、免费服务热线（800)、企业号码导航、企业建站等一系列服务，企业可由此在实现内部管理信息化的同时，进一步密切与客户之间的沟通与交流，为公司业务的发展创造更多有利商机。

【举办"CNC MAX宽带我世界'网通杯'第二届全国青少年网页设计大赛"】2006年7月，由上海市信息化委员会、共青团上海市委员会和上海网通联合主办了"CNC MAX宽带我世界'网通杯'第二届全国青少年网页设计大赛"。参赛对象为大、中学生，作品主题为科技创新、爱国主义、奥运世博、历史文化等，全面反映了当代青少年健康向上的文化价值取向。本届比赛覆盖了全国103所院校、上海100家东方数字社区、47个团工委和730个社区，大赛网站注册报名近3万人，回收报名表2万多张，参赛选手覆盖了除港澳台以外的全国各省、直辖市和自治区。

（顾　净）

慧龙：打造中国E-learning平台

【概况】上海慧龙计算机系统有限公司（以下简称"慧龙公司"）于2000年8月创办，是一家以现代教育信息化以及E-learning整体解决方案为主营业务的软件公司。慧龙公司业务范围覆盖符合国际SCROM标准和AICC标准的多媒体课件制作、E-learning在线学习管理平台、远程教育管理平台、培训教育管理平台、各种专业网站的建设等。

【在线学习公众平台】慧龙在线学习公众平台是一个集学员管理、课程管理、考试管理和在线学习培训于一体，功能强大的智能化网络培训整体解决方案。平台基于Internet，通过高性能的服务器进行组织机构、培训学员、学习跟踪、考试情况等信息管理。受训者可以通过平台客户端，在任何地方学习，足不出户就可以享受到自助式的培训服务；培训的管理者可以通过管理平台进行有组织的培训计划和服务，从而掌握培训开展的全面信息。

慧龙在线学习公众平台主要包括十大模块，即学员管理、课程管理、教学管理、学习管理、考试管理、互动交流、直播管理、费用管理、证书管理、权限管理。平台提供对整个培训情况进行实时分析的统计查询功能，让用户随时随地掌握整个培训动态，同时还提供2 000余门，包括党政、礼仪、管理、外语、销售等培训课件供用户进行挑选。学习平台为企业、行业培训、教育机构、各培训单位提供了强大的培训组织管理平台，为企业进行内部培训、开展远程培训业务提供了功能完备的软件系统。

目前，平台在线学员已近十几万人，用户遍及政府、行业协会、教育机构、企事业单位、各大培训机构等组织。同时，慧龙公司已与中共上海市委组织部、上海干部在线学习城服务中心、上海市信息化委员会、安徽宣城市委组织部、中国拍卖行业协会、中国汽车流通行业协会、上海律师行业协会等多家单位建立了长期的合作伙伴关系。

（慧　龙）

三、电信服务业

上海电信：全力发展IPTV业务，提升服务质量

【全力发展IPTV业务】 2006年9月1日，上海电信和上海文广集团联手正式推出IPTV业务，在全市范围内建成了IPTV商用网，为宽带用户提供IPTV业务，开启了网络电视的新时代。此次推出的IPTV除了视频点播、影视节目收看、视频内容点播、时移功能外，还新增加了时事新闻、远程医疗、视频房产信息、餐饮信息、天气预报、票务查询、可视电话以及IPTV游戏等新应用。1月，上海电信成立IPTV专题项目组，从内容、网络、工程、终端等各个层面，解决了众多技术难点，在莘闵和浦东地区率先推出IPTV业务试商用服务，受到广大市民的关注。9月，在IPTV业务全面推向市场之际，上海电信成立IPTV志愿者服务队，及时发现和解决新出现的问题，并通过合作、借鉴、创新等形式，使增值业务产品逐步开发上线，并初步探索出一套商业模式。另外，上海电信还采取多种措施，积极促销IPTV业务，如开展“我为IPTV献一计”合理化建议活动、建成流动式IPTV业务宣传车、发展IPTV员工生活区、与学校和社区签定IPTV发展协议等，均取得较好效果。12月18日，上海IPTV用户突破6万户，成为全国IPTV用户发展最快的城市。

【推出114号码百事通业务】 3月14日，上海电信推出114号码百事通业务，主要包含美食导航、票务预订、旅游订房、交通指路等业务，它是在传统的114电话查询平台基础上，打造成的一个综合信息服务平台。用户只要拨打114，就可以查询交通、餐饮等衣食住行各类信息。为了配合市政府政务公开工作，在市政府大量政务电话数据支撑下，政府、政务热线登陆号码百事通，极大地提高了政府部门办事效率和亲民、便民、利民的形象。今后，号码百事通还将推出培训、婚庆、家政、导医、外卖旅游等一系列特色服务。

【出色完成上海合作组织峰会通信保障工作】 2006年，上海合作组织峰会的通信保障规模大、规格高、保障点散、战线长，涉及到上海各区20多个活动、住宿场所。为确保此次峰会通信保障任务顺利完成，上海电信对所有通信保障涉及场馆的交换、传输、线路、电源空调现状及资源进行了排摸，制定应急预案；在新闻中心设置现场电信服务点，开通会议服务热线，接受会议通信服务的各类咨询和业务受理。上海电信为此次峰会的18个场馆提供了460门话音业务、宽带业务信息点500多个、新增光电路165条、新建光缆入库147根、开通电视传送光路20余条，为CCTV等媒体传送电视信号时长4 288分钟，取得了峰会通信保障的圆满成功。

【电信卡类业务发展迅猛】 2006年，“上海电信卡”发卡数量突破1 000万张，这是上海电信不断开拓电信卡新产品，持续创新电信卡功能，努力满足用户多元化需求的成果。2002年，上海电信推出了具通信、支付功能于一体的付费卡产品——“易付卡”。“易付卡”的推出改变了人们多年支付电信费用的习惯，创造了“足不出户，轻松缴费”的便捷方式；2004年，“易付卡”更名为“上海电信卡”，上海电信不断扩充上海电信卡功能，丰富上海电信卡内涵，使上海电信卡从单纯的缴费卡转变成功能完善的综合卡。2006年，上海电信推出“聚信卡”，这是一张全面覆盖各类综合信息服务的预付费卡，可实现电信费用缴纳、支付网络信息服务、网上购物等众多综合信息支付功能，并通过“记名”的方式建立个人信用记录，是一张专属的“信息生活一卡通”。

【积极发展“商务领航”业务】“商务领航”是中国电信响应国家发改委、信息产业部的号召，联合多家知名IT企业推出的全国一站式信息化解决方案。2006年，上海电信把“商务领航”列入年度重点发展业务之一，专门成立“商务领航”项目组，按照“商务领航”业务统一品牌、统一门户、统一策划、统一认证、统一客服的总体要求，建立扁平化管理、小循环沟通的快速响应决策机制，促进“商务领航”业务的发展。上海电信针对中小企业，以通信应用版和信息应用版产品为主，通过捆绑产品、提供一揽子解决方案，提高了ARPU值和客户黏着度；针对大客户和特定行业，以行业应用产品为主，提供系统集成整体解决方案。当年，上海电信在已推出美容、汽配、旅行社等行业解决方案的基础上，继续大力发展“商务领航”业务。⑴设立“商务领航”体验中心。6月1日，设在世纪大道信息大楼的上海电信“商务领航”业务体验中心揭牌，体验中心不仅全面展示了上海电信“商务领航”新产品、新业务和新技术，也为商客经理、社会渠道进行业务销售提供技术培训和业务体验场所。⑵“商务领航”制造业服务平台通过市科委验收。10月30日，上海电信理想（集团）公司与上海交通大学合作研究开发的科研计划项目——制造业信息化公共技术服务平台基础架构研究与开发，通过市科委的正式验收。该项目属于市科委2004年度重大科技攻关项目，也是上海市“一网两库”升级项目之一，融合了企业的现实需求，属于“商务领航”平台中专门针对制造业建成的服务子平台。依托此平台，传统的软件由“产品”转变为一种“服务”，不仅使中小企业得益，更使得上海电信由传统领域的服务商提升为新兴技术服务商。⑶“商务领航”成就公路物流行业信息高速。10月24日，上海电信推出“商务领航”之公路物流行业解决方案，该产品旨在为广大中小公路物流企业完成从“土”运输到“洋”物流的质变。中小运输企业只要根据自身业务量的大小支付少量的月租费，就可以拥有一套价格低廉、功能强大的IT管理系统。“商务领航”公路物流行业解决方案作为面向中小规模物流企业的优选平台，通过互联网实时为众多中小公路物流企业服务，特别是采用了多层组织形式使系统能够满足网络遍布全国的物流公司的管理需求。

【提升服务新举措】11月22日，上海电信召开了“心系上海 诚信服务 真情回报”为主题的服务提升信息发布会，向社会郑重推出五项服务新举措，全面提升服务质量。⑴推出信息生活一卡通——聚信卡。聚信卡以客户身份认证为特色，让客户能通过网上客服中心及10000号服务热线，方便地自助办理电信业务，并享受上海电信提供的积分回馈、客户关怀服务等。同时，还可支付多类电信及增值业务费用。⑵10000号客服热线服务范围扩大。新增可实时办理的业务有：停机、复机、宽带改套餐，以及国内国际长途权限开通、17909 IP等各类程控和增值业务。⑶网上客服中心全新改版。为给用户提供更全面的自助服务，上海电信对网上客服中心进行了扩容和改版，用户通过网上客服中心可以了解最新的营销活动，查询并支付账单，申请安装固定电话、宽带、IPTV，开通来电显示、七彩铃音等各类功能，还可以查询营业厅详情、常见问题解答、常用特殊服务号码，在网上提交建议、咨询等。⑷本地通话详单查询功能开放。12月起，上海电信对全市公众客户提供本地通话详单查询功能。机主本人凭当期账单（账单户名与机主户名一致）和有效身份证件可到上海电信各营业网点查询本地通话详单。⑸公众客户积分回馈计划启动。11月22日起，上海电信对公众客户中的聚信卡用户实施积分回馈计划。聚信卡用户所消费的电信费用、增值业务费用可折合积分，定期兑换电信、非电信类的产品和服务。

【助推上海信息化建设】10月23日，上海电信与市信息委签署了《共同推进上海信息化建设合作协议》，协议围绕“政府关注、企业关切、市民关心”热点，提出在“十一五”期间要重点推进“1234”信息化战略，即⑴建设一个枢纽，在2010年前将上海建成亚太地区重要的信息通信枢纽。⑵打造两大工程，世博信息化工程和新郊区新农村信息化建设工程。⑶服务三个主体，服务政府，助力政务信息化；服务企业，推进企业信息化；服务家庭，实现家庭数字化。⑷实施四项计划，下一代网络基础设施建设计划，城市管理和公共领域信息化支撑计划，综合信息服务能力提升计划，重点通信和网络信息安全保障计划。

2006年，上海电信积极参与上海信息化建设，先后与市教委、市老龄委合作启动“小灵童”关爱百万儿童出行安全和“小灵通阳光敬老”等活动；与中船集团、中国工商银行上海分行等企业在企业信息化方面建立战略合作伙伴关系。上海电信还积极贯彻中央和市委关于新农村建设的精神，落实中国电信关于建设“千乡万村”示范工程的要求，结合“1966”城镇体系建设，承担了“金山电子书包”、“浦东解放村ADSL内部组网”、“松江出口加工区视频监控”、“南汇IPTV第一村建设”等信息化建设工作，和所有郊区（县）及浦东等12个区（县）政府签署了信息化建设合作协议，加快了区域信息化建设步伐。

（周　琴）

上海移动：客户总数突破1000万

【荣膺2007上海地区“中国杰出雇主”】 2006年11月1日，凭借在吸引和保留人才方面所作的努力和人力资源管理取得的成果，中国移动上海公司成功入选“中国杰出雇主TM 2007上海地区”名单。此次入选，证明了中国移动上海公司的人力资源管理及发展成果得到了社会权威机构的充分肯定，展示了公司在吸引和保留人才方面的特色和亮点。

【客户服务中心通过国际COPC-2000客户服务标准认证】 2006年11月2日，经由国际COPC标准委员会委派的专家现场审核，中国移动上海公司客户服务中心通过国际COPC-2000客户服务标准认证，成为国内通信行业首家通过该认证的单位。

2005年下半年开始，客服中心便确立了“追求高品质的服务，创建一流呼叫中心”目标，积极探索客户服务高绩效管理模式，针对国际COPC认证标准，逐步创建了“执行流程”、“预测排班”、“质量监控”、“数据分析”、“员工培训”和“绩效管理”等项目，并通过对100多个运行管理指标的日常跟踪考核，从客户感知和热线满意度的要求出发及时纠正偏差。同时，公司计费中心积极构建高效率的IT系统和专业化管理响应平台，强化系统能力，完善告警系统，对客服热线系统各环节实行实时监控，并在认证期间派技术人员现场支撑，及时反馈并处理系统问题，从而为认证工作提供技术支撑。

【客户服务中心获得“全国最佳呼叫中心”荣誉称号】 在2006年9月9日召开的第二届中国呼叫中心高峰论坛会上，中国移动上海公司客服中心喜获“中国最佳呼叫中心”荣誉称号。客服中心创建国际一流呼叫中心的主要举措有：①以客户感知和提高热线服务满意度为出发点，不断追求高品质的服务，应用质量管理的有效方式，通过管理创新、服务创新、业务创新和文化创新自下而上的全员服务质量管理活动；②认真学习国际先进呼叫中心管理模式，运用国际先进的PDCA循环改进方式和6SIGMA管理工具，不断探索呼叫中心专业化管理的新思路；③积极构建高绩效流程支撑和专业化管理的服务平台，不断提升热线服务质量和营销能力，努力实现世界一流的呼叫中心经营业绩和管理水平，打造卓越运营的热线形象；④建立诚信服务的员工形象，引领员工职业生涯的成长，不断提高员工的业务能力、服务技巧和综合素质，以服务创新成果进一步提升热线服务的竞争力，从而推动公司可持续发展和实现客户服务的新跨越。

【与市信息委签订“共同推进上海信息化建设合作协议”】 为贯彻国家信息化发展战略，继续全面深入推进上海信息化建设，2006年10月23日，中国移动上海公司与市信息委在上海国际会议中心举行了“共同推进上海信息化建设合作协议”签约仪式。“十一五”期间，作为上海地区移动通信的主导运营商，中国移动上海公司将以政府“十一五”规划为指导，发挥移动信息化优势，积极履行社会责任，重点推进由拓展移动政务、推进新郊区新农村无线网络建设、普及移动电子商务、打造智能交通和物流体系等十大项目组成的“1010”信息化建设工程，全力支持上海“十一五”信息化发展和2010年世博会的成功举办。

【与上海8个郊区政府分别签订“共同推进新郊区、新农村信息化建设合作框架协议”】 为贯彻落实市委《关于推进社会主义新郊区、新农村建设的决议》精神，加快郊区和农村移动通信发展，为新郊区、新农村建设提供完善的移动信息化支撑，促进郊区和农村信息化，中国移动上海公司和上海郊区区政府按照“政府主导、企业跟进；全面规划、统一推进；加快发展、注重效益；因地制宜、分类指导”的原则，就推进新郊区、新农村建设开展全面合作。2006年10～12月，中国移动上海公司先后与南汇、崇明、金山、奉贤、嘉定、宝山、闵行、青浦、松江共8个区县政府分别签订了“共同推进新郊区、新农村信息化建设合作框架协议”，标志着公司推进上海新郊区、新农村信息化建设工作的全面启动。

今后，中国移动上海公司将充分发挥自身移动通信网络、技术、业务与服务方面的优势，建设和完善面向郊区城镇、乡村、园区、居住社区、企业等的移动通信基础覆盖网、营销服务网和农业信息网，构建优质、高效的移动信息化平台，提供各项优质、丰富的综合移动信息服务，为推进社会主义新郊区、新农村建设，全面构建和谐社会而努力。

【中国移动通信成为电信业第一家2010年上海世博会全球合作伙伴】 2006年9月27日，中国移动通信有限公司副总裁鲁向东和上海世博会执委会专职副主任、上海世博局党组书记钟燕群签署了中国2010年上海世博会合作伙伴协议文本。中国移动通信正式成为中国2010年上海世博会全球合作伙伴，这也是中国电信业第一家上海世博会全球合作伙伴。

中国移动通信成为世博合作伙伴以后，将积极投入世博会的规划、组织、建设和管理中，以高质量的基础通信网络，为2010年上海世博会提供“高质，可靠，畅通”的基本通信保障和网络技术服务；针对世博组织者、志愿者、参展者、媒体、游客和特殊群体六大类不同群体的要求和特点，度身定制不同的综合信息管理解决方案。未来5年内，公司将围绕新跨越战略，引领通信信息服务生态圈，推动创新，有力支撑城市的信息化建设，与中国2010年上海世博会共同演绎“城市，让生活更美好”这一主题。

（袁丽琴）

上海联通：大力发展基础网络建设

【概况】 2006年是上海联通历经数年快速发展后，进入新的调整、巩固和提高阶段的一年，公司加大了基础网络建设的力度。全年完成了GSM网络第十二、十三、十四期工程和CDMA网络第四期工程的建设任务；GSM智能网全网升级一期（目标网）已稳步推进；GSM智能网全网升级二期（业务平台）已具备入网条件；GPRS二期工程已入网使用；GSM网络软交换试验项目建设也基本完成。此外，公司为配合市场业务发展急需的有关项目，如华为PPS扩容、预付费套餐促销功能、华为FEP等也均按时完成入网；还完成了CDMA网络室内覆盖二期和GSM网络室内覆盖三期的建设；完成了历年遗留的站点覆盖200多个。

【上海联通不断提高网络运维水平】 2006年，上海联通工程管理水平有了长足进步，工程验收转固和扫尾工作取得新进展。全年，公司进行竣工项目验收104项，预决算率达到94%，历史遗留91个项目清理也已全部完成暂估，其中62个工程完成决算上报，27个工程正式转固。在网络运维方面，上海联通在中国联通总部网络运维综合考查中名列前茅，其中GSM网络话务掉话比、CDMA网络话务掉话比等11项指标达到满分值。C、G两网的网络质量均得到显著提升，经第三方测评，上海联通CDMA网络质量市内排名领先，GSM网络质量相关指标与竞争对手差距明显缩小。

（刘　苏）

上海网通：努力实现从企业存在期到规模成长期的跨越

【概况】 2006年，上海网通以科学发展观为统领，积极落实集团南方发展战略要求，以创新发展为主线，以“快速启动、超常发展、扩大规模、注重效益、构建和谐”为工作方针，全面贯彻实施“攻坚创新系统工程”，经济效益持续增长，市场规模不断扩大，通信能力稳步增强，服务水平显著提升，为公司实现从企业存在期到规模成长期的跨越奠定了坚实基础。

【开通奥运英语热线】 2006年12月，上海网通开通奥运英语热线。该业务集电话、网络平台、语音互动、IVR、数据库管理、网络通信、呼叫中心、电话会议服务于一身，利用多媒体形式为奥运志愿者提供英语培训服务，内容包括奥运英语世界、英语听力测试、英语沙龙、奥运知识竞赛、会员俱乐部等多项功能。

【“通信企业提升客户满意度的持续改进管理”荣获第十三届（2006年）全国企业管理现代化创新成果奖】 上海网通将服务看成企业的生命线，把全面提高服务质量作为塑造并提升企业核心竞争力的关键。公司以提升客户满意度为工作目标，通过满意度持续改进及检视机制和服务改进举措，有效渗透到企业管理的日常运作过程中。

2006年，上海网通先后推出服务改进措施18项，完成综合业务受理、综合业务结算、客户管理系统、决策分析系统一期、呼叫中心系统等多个信息化系统建设；在进一步完善10060客户服务功能的基础上，及时出台客户分级服务标准；网上营业厅成功上线，新开通收费网点600处。

（顾　净）

四、广电服务业

文广集团：加强国际交流，拓宽服务平台

【传媒集团与中国移动联合举行“2006世界杯中国独家手机开播仪式”】 2006年6月8日，上海文广新闻传媒集团与中国移动联合举行“2006世界杯中国独家手机开播仪式”。年初，传媒集团首次从国际足联购买了2006德国世界杯在中国地区的独家互联网和手机电视版权。国际足联将世界杯手机版权作为一项独立的版权产品首次推出，并设置专门为满足手机视频创作需求的特殊摄像机位，能提供与电视转播画面完全不同的特定画面，以及更多角度的慢动作和分解镜头。传媒集团派出了30余人组成的前方报道组，制作适宜手机播放的个性节目，为手机用户提供全方位、差异化服务。

（路世贵）

【上海东方卫视在欧洲落地播出】 2006年8月20日，上海东方卫视通过中国长城（欧洲）电视平台正式在欧洲落地，这是上海东方卫视自2002年元旦起，先后在日本、澳洲、北美落地之后的又一个海外落地地区。鉴于欧洲不同时区、不同地域及观众不同收视习惯等特点，上海东方卫视在落地欧洲的同时，从实际出发对原来的北美版海外节目版面进行全新改版，确立了“新闻财经见长，外语时尚特色，影视文娱支撑”的内容定位，编制了同时适合欧洲播出的统一的“东方卫视海外版”。新版面发挥集团优势，强化海派风格，突出财经、外语节目类特色，并科学地安排播出时段，让优秀节目尽量能在黄金时间播出，力求符合不同时区的海外观众的收视习惯。版面中共有47档节目，其中上海东方卫视本频道节目23档，精选集团各频道优秀节目24档。

目前，上海东方卫视已成为中国辐射海外最广的省级卫视，也是最受海外观众喜爱的中国电视频道之一。

（张　冰）

【东方宽频进入美国主流网络媒体】 2006年4月17日，上海文广新闻传媒集团旗下上海东方宽频传播有限公司与美国在线（AOL）和MediaZone正式宣布，将共同通过网络宽频技术向全球华人提供中文电视。国务院新闻办网络局局长李伍峰，市府新闻办副主任王建军，传媒集团副总裁、东方宽频总经理张

大钟以及新华社、人民日报、美联社、路透社等数十家中外媒体记者出席签字仪式。

自2006年4月17日起，东方宽屏正式通过AOL中文视频平台向全球提供中文视频资讯服务。视频节目涵盖新闻、财经、娱乐、体育等各个方面，并将及时根据海外反馈增加新的内容。此次三方强强联手，将为世界提供一个能够准确、及时、了解中国的平台，这也是中国主流媒体电视节目第一次进入美国主流网络媒体，让世界通过互联网视频平台更真实、准确、互动地了解改革开放、和平发展中的中国。

（王　牧）

【明珠公司圆满完成国内中波大功率发射机并机项目】2006年11月25日，上海文广科技公司所属上海明珠广播电视科技有限公司顺利完成青海省100KW中波发射机并机项目的现场安装调试开通任务。12月2日，该系统顺利通过青海省广电局项目评审组的验收。

100KW中波发射机并机项目技术难度大，目前在中国各发射台100KW以上大功率中波发射机均采用进口设备，国内至今尚无企业做过100KW中波发射机并机项目。该项目的关键是现场安装和调试开通工作。为此，明珠公司进行了周密的安排，精心挑选了10位技术人员前往青海省现场施工，经过近一个月的安装调试，整个工程项目圆满完成。

（韩　忠）

【明珠公司与古巴公司合作开展广播发射系统改建项目】2006年12月12日，古巴G.K. T公司和古巴广电公司的代表一行4人来到文广科技公司所属明珠公司，就委内瑞拉广播发射系统一期改造项目的合作开发与明珠公司进行充分的洽谈，并达成了一致意向，三方签订了合作项目的合同。委内瑞拉广播发射系统一期改造项目是明珠公司在成功开发完成古巴广播发射系统改造项目的基础上，与古巴广电公司合作开拓南美市场的新项目。明珠公司将承担整个系统工程项目的改造任务，工程项目所需的10台中波发射机（其中100KW 2台、50KW 2台、25KW 6台）及配件将由明珠公司生产提供，其他配件包括电源、电缆、仪器仪表等将由明珠公司负责采购配套。目前，明珠公司对工程项目所需的中波发射机已投入生产。

应古巴广电公司的邀请，2006年5月11日,明珠公司技术人员启程前往古巴，执行古巴三期工程中波发射机安装调试开通的现场施工任务。此次现场施工任务包括15台中波广播发射机（其中DAM 10KW 11台、DAM 25KW 4台）的安装、调试、开通工作和3台中波广播发射机（其中PDM 5KW 2台、DAM 10KW 1台）的改频工作。施工任务分布在古巴国内的11个省的广播发射台。在圆满完成施工任务后，技术人员于2006年9月回到国内。

（韩　忠）

【文广科技公司完成市科技攻关项目并通过验收】由上海文广科技公司承担的上海市科技攻关项目“基于嵌入式技术宽带互动数字电视终端”，2006年9月27日通过了上海市科学技术委员会专家组验收。

验收专家组听取和审阅了项目的研制报告、技术报告、测试报告、用户使用报告及其他技术文档资料，观看了系统的演示并现场询问了开发人员有关的技术问题。专家组经过认真讨论，一致认为：该项目研制完成了网络互动数字机顶盒及相关产品，为宽带运营商和消费类电子产品生产商提供了H.264数字码流的视频多媒体应用解决终端方案，前景广阔。目前，该项目完成软件著作权1项，已在上海松江开元酒店公寓、铁路软卧车厢等地方得到初步的应用，效果较好。

（韩　忠）

【文广科技公司和美国西格玛公司共同研发车载多媒体终端】2006年3月，上海文广科技公司和美国西格玛公司正式达成合作协议，利用新的流媒体处理器EM8622／EM8624技术共同打造高性价比车载多媒体终端。在流媒体领域中，EM8622／EM8624是具有低成本、高性能的Soc，主要应用在IPTV、DVB和消费电子产品等中。DMB车载多媒体终端在户外场所或移动设施中，具有电子导航、实时交通信息、实时路况信息播报等功能，并兼有多种娱乐功能，具有可播放影碟机及接收地面广播等优势。

此次合作，协议双方将强强联合，优势互补。文广科技公司在数字电视和移动分播系统中具有较强的研发力量和试验应用经验，先后承接国家计委“上海数字高清晰度电视地面广播实验平台”；进行了移动接收终端的试验性研发、测试；分播系统在上海公交电子站牌等场合的应用等。美国西格玛公司则更专注于多媒体处理器的制造，该处理器主要应用于IPTV机顶盒、数字多媒体接收机、高清晰DVD影碟机、高清电视和PMP等。公司在中国大陆和香港、台湾地区、韩国及欧洲等地设有办事处。

（惠新标）

【文广集团完成数字版权水印保护技术应用研究项目】 文广集团于2006年11月完成了国家广播电影电视总局下达的重点科研项目“数字版权水印保护技术应用研究”。该项目是国内广电行业中首次大规模针对实用数字视频水印的可行性研究。集团相关部门在理论探讨的基础上，进行分析、改进与创新，开发出10种可行的水印算法，并进行了仿真与攻击测试，效果良好。作为版权保护的核心部分，该10种算法具有完全自主知识产权，为进一步开发实用应用系统奠定了核心基础。同时，项目还建立了以算法为核心的数字视频实验平台，实现了实时嵌入、检测，为实际应用提供了一条可行之路。

（龚　明）

第 三 编

政务领域信息化

综　述

2006年，上海在政务信息资源开发利用、政务基础支撑体系、重大应用和业务系统等方面的建设都取得新的进展。在市级层面，开展了人口基础信息、企业基础信息、空间地理基础信息共享与应用试点工作，初步建成了三大基础数据库的雏形，即基于社会保障和市民服务系统的实有人口数据库，汇聚工商、质监、税务3家53项数据的企业基础库和以空间信息网格实用型系统为基础的城市地理信息基础数据库；在区县层面，探索了人口空间地理和法人基础信息的交换和共享模式。全市电子政务基础网络基本建成，市公务网实现市、区县党政部门基本覆盖，业务应用形成一定规模。市政务外网实现市级机关和区县政务网的链路接入，基本具备业务能力，协同办事平台具备支持网上审批、协同办事等业务功能。全市95%以上的街道（乡镇）建成了内部局域网，办公自动化应用、网上咨询和网上服务等业务应用取得了良好成效。800兆数字集群政务共网按期建成。同时，一批专项和跨部门应用系统初现成效，财税、劳动与社会保障、民政、公安、工商、质监、海关、房地等专项信息系统在部门工作中发挥重要作用。社区政务管理信息平台覆盖了全市97%的街道，通过整合民政、劳动社保、综合治理等十多类信息，简化和优化了居民在街道的办事流程。电子政务服务渠道初步形成，全市各级政府和主要业务主管部门都基本建立了政府网站，一批规模较大、公众满意度较高的政府服务热线较好地开展了政策法规、办事流程咨询、统一受理、监督投诉等服务。

（市信息委社会处）

第一章　政务信息资源开发利用

概　述

2006年，上海政务信息资源开发利用工作取得新进展。政府信息公开内容进一步深化，建立了政府机关在公文类信息产生过程中同步明确该信息属于主动公开、依申请提供或免予公开的属性的工作制度，进一步明确了城市规划、房地动拆迁等领域政府信息公开主体、范围、程度、形式、时间等要求。基础性工作进一步加强，建成了政府信息公开申请网上处理系统，进一步规范了政府信息公开申请处理流程，进一步完善并形成了2006年度评估指标体系。全市政府机关通过互联网、公共查阅点、政府公报、新闻发布会等形式，全年新增主动公开信息48 824条。在基础性信息资源开发利用工作中，全市19个区县已有15个完成了区实有人口库建设，两项国家试点工作——企业基础信息资源共享应用、进出口领域企业信息交换共享进展顺利，至年底，上海市企业基础信息库已存有约101万户企业共53项基础信息。市进出口领域企业基础信息交换系统已初步建成，实现175项进出口领域企业信息在工商、税务、质监、海关、外汇管理、出入境检验检疫、外经贸、国资管理部门之间的及时交换与共享。市空间信息网格实用型系统已建成，成为上海城市建设和交通管理数据共享交换系统的支撑平台。　　（市信息委社会处）

一、政府信息公开

推进政府信息公开工作是上海贯彻落实国务院《全面推进依法行政实施纲要》的重要举措，是上海市政府建设“服务政府、责任政府、法治政府”的一项重要工作。按照《中共中央办公厅 国务院办公厅关于进一步推行政务公开的意见》（中办发〔2005〕12号）和《中共上海市委办公厅、上海市人民政府办公厅关于本市贯彻〈中共中央办公厅、国务院办公厅关于进一步推行政务公开的意见〉的实施意见》（沪委办〔2005〕16号），2006年全市政府信息公开工作在深化公开内容、加强基础性工作等方面取得了新的进展。

制度规范建设

【深化政府信息公开内容】

⑴为了规范公文类政府信息的公开属性界定工作，市政府办公厅转发了《上海市政府机关公文类信息公开审核办法》，建立了政府机关在公文类信息产生过程中同步明确该公文类信息属于主动公开、依申请提供或免予公开的属性的工作制度。

⑵为进一步深化政府信息公开内容，重点推进城市规划、房地动拆迁等领域的政府信息，明确公开主体、范围、程度、形式、时间等要求，规划部门已经基本形成了规划管理类信息公开细则草案。

⑶为了推动政府决策程序公开，提升决策的民主性和科学性，完成了《上海市政府机关重大决定草案公开管理办法》课题研究，初步界定了重大决定草案范围，明确了公开时限、公开主体等要求。

⑷为方便公众办事，市政府办公厅、市政务公开联席会议办公室和市政府信息公开联席会议办公室共同起草形成了政府机关通过114查号台和“中国上海”门户网站公开信访、投诉、咨询电话号码的工作方案。

【加强基础性工作】

⑴为规范政府信息公开申请处理流程，提高工作效率，依托全市政务外网建成了政府信息公开申请网上处理系统，实现对申请处理的实时监督和统计分析，已有42个市级委、办、局在线运行。

⑵针对政府信息公开申请处理中的新情况，对政府信息公开申请处理文书格式文本作了完善，形成了《政府信息公开申请处理文书示范文本》。同时，由市政府办公厅、市监察委、市信息委、市政府法制办、市保密局等政府信息公开联席会议成员单位组成的政府信息公开咨询工作小组受理了150多件来自各政府机关的咨询，市政府信息公开联席会议办公室处理投诉40多件，接待来访50多人次。

⑶为了充分发挥“以评促建”的作用，在对2005年评估情况较差的单位以工作建议的形式进行个别指导的同时，进一步完善评估指标体系，形成2006年度评估指标。

⑷在6月和11月，与市行政学院联合举办了300多人次参加的业务培训和考试，并组织开展了与欧盟专家的工作交流；利用"干部在线学习城"开设了专门课程，将政府信息公开纳入全市干部教育培训体系。

⑸通过市政府新闻发布会、网站、大众媒体，对2005年政府信息公开年度报告和2006年重点工作进行了广泛宣传。

信息公开情况

【主动公开政府信息的情况】

1.主动公开的主要内容

对政府信息进行了梳理和编目，2006年，新增主动公开政府信息48 824条，全文电子化率为95%。其中，政策法规类信息3 597条，占7.4%；规划计划类信息2 866条，占5.9%；业务类信息40 555条，占83.1%；机构设置类及其他类信息1 806条，占3.7%。

市级机关主动公开政府信息23 244条，全文电子化率为99%。其中，政策法规类信息1 753条，占7.5%；规划计划类信息353条，占1.5%；业务类信息20 730条，占89.2%；机构设置类及其他类信息408条，占1.8%。平均每个市级机关主动公开政府信息474条。

区（县）政府主动公开政府信息25 580条，全文电子化率为91%，其中，政策法规类信息1 844条，占7.2%；规划计划类信息2 513条，占9.8%；业务类信息19 825条，占77.5%；机构设置类和其他类信息1 398条，占5.5%。平均每个区（县）政府主动公开政府信息1 346条。

2.公开形式

⑴互联网。“中国上海”门户网站政府信息公开专栏下设市政府信息目录、市政府信息公开指南、市政府机关与区（县）信息公开、市政府信息公开指引、政府信息公开年度报告、政府公报、政府规章、政府会议、机构职责、实事项目、信访接待、政府文件、人事任免、公务员招录、办事规程、上海统计、公众监督、市政府新闻发布、申请公开等19个子栏目。市民通过“市政府机关与区（县）信息公开”子栏目可以查阅市级机关、区（县）主动公开的政府信息；通过“申请公开”子栏目，可以向各政府机关提出政府信息公开申请，并查阅政府信息公开申请处理的状态。

各政府机关在各自网站上设立了政府信息公开专栏，发布各类政府信息。2006年，各政府机关政府信息公开专栏访问量达2 441万人次。

实名制“市民信箱”为市民免费发送政府公报、政策法规、人事任免等政府信息和个人社会保险信息以及公用事业账单等便民信息。

⑵公共查阅点。指定市档案馆外滩新馆为政府公开信息集中查阅中心。目前，该中心已汇集了49个市级机关主动公开的政府信息，纸质全文3 863件、纸质目录2 086条、电子目录4 915条、电子全文4 750件。区（县）档案馆也设立了政府公开信息集中查阅点，为公众提供区（县）政府机关主动公开的政府信息。2006年，接待公众查阅政府公开信息2 109人次、借阅文件4 716件。

⑶政府公报。通过市人民政府公报公开重要行政法规，市政府规章，各政府机关的主要规范性文件，与经济、社会管理和公共服务相关的其他文件，以及人事任免、机构设置、表彰等信息。市人民政府公报每月5日和20日出版，通过档案馆、图书馆、部分企事业单位、邮局、书报亭、新华书店、居委会、村委会等免费向公众发放，每期发放量达20万份。各区（县）政府也陆续出版政府公报，公布辖区内的重要政府信息。

⑷新闻发布会。市政府新闻办通过每两周举行一次例行新闻发布会，发布重大政府信息，同时根据实际需要不定期举行专题新闻发布会。2006年全年，共举行市政府例行新闻发布会25场，发布重要信息40多项，回答记者提问266个，主要涉及经济建设、社会事业、政府自身建设、城市建设和管理、文化体育及重大活动、环境保护、教育卫生、节能节水、房地产市场调控等社会公众关心和政府关注的问题。市级机关

已基本建立新闻发言人制度，定期或不定期地发布重要政府信息。

【依申请公开政府信息情况】

1.申请情况

各政府机关共收到政府信息公开申请7 533件，其中市级机关收到3 775件，区（县）政府收到3 758件；当面申请4 040件、占53.6%，以网上提交表单形式申请2 437件、占32.3%，以电子邮件申请541件、占7.1%，以传真形式申请129件、占1.7%，以信函形式申请271件、占3.6%，以其他方式申请74件、占0.9%。

在市级机关中，申请量列前5位的是市房地资源局、水务局、市规划局、市人事局、市工商局，申请内容主要涉及用地批文、房屋拆迁、拆迁许可、拆迁补偿安置方案、水务规划和基础设施、城市规划、建设项目规划许可证结果、人才引进、事业单位聘用制、工资福利、职称改革、公务员管理、军转、企业吊销营业执照、年检、验照结果等方面。

在区（县）政府机关中，申请量列前5位的是浦东新区、闸北区、杨浦区、嘉定区、长宁区，申请的内容主要涉及环境保护、规划、社会保障、劳动就业、土地征用、物业管理、房屋拆迁、补偿标准、规划和发展计划以及教育和人事等方面的政府信息。

2.申请处理情况

7 533件政府信息公开申请中，已经答复的6 852件，按照《规定》将于下年度答复的681件。

在答复中，"同意公开"的5 138件，占74.9%；"同意部分公开"的306件，占4.5%；未能提供相关信息的1 403件，占20.4%。

1 403件未能提供相关政府信息的答复中，"信息不存在"的451件，占32.1%；"非本部门掌握"的420件，占29.9%；"申请内容不明确"的259件，占18.5%；属于《规定》第十条免予公开范围的188件，占13.4%；因其他原因未提供信息的85件，占6%。

【咨询情况】 全市共有1 106.2万人次通过各种方式咨询与政府信息公开有关的事务，其中现场咨询30.07万人次，占2.7%；电话咨询1 064.82万人次，占96.3%；网上咨询11.31万人次，占1%；另外还有少量电子邮件咨询。

在市级机关中，接受咨询量列前5位的是：市劳动保障局、市公安局、市质量技监局、市教委、市工商局，主要涉及最低工资标准、加班工资支付、公安行政许可事项及其依据、治安户政管理、交通管理、后保管理、产品质量监督、食品安全、入学报考与招生、教育收费、职业与成人教育、组织机构代码年检等。

在区（县）政府中，接受咨询量列前5位的是：浦东新区、长宁区、普陀区、黄浦区、卢湾区，主要涉及外商投资企业经济政策、招商引资政策、房地产开发政策、土地征用和动拆迁政策、建筑项目用地规划、城区建设规划、市政道路建设、物业管理、劳动保护、个人社会保险金、扶贫标准条件、优抚标准条件、政府采购、财政资金使用、食品药品监管等。

【复议、诉讼和申诉情况】 市政府收到有关政府信息公开行政复议申请124件，受理106件，办结79件，受理率和办结率分别为85.5%和63.7%。在办结的79件复议申请中，维持具体行政行为61件，纠错18件，纠错率为22.8%，其中对区（县）人民政府的纠错率为38.1%，对市级委、办、局的纠错率为12.7%。

全市发生了一定量的针对各政府机关有关政府信息公开事务的行政诉讼，针对各政府机关有关政府信息公开事务的申诉3件，申诉主要集中在"对政府工作人员的服务不满"。所有申诉已处理完毕，申诉人对处理结果的满意率达100%。

（市信息委社会处）

二、基础性信息资源开发利用

人口信息共享

截至2006年底，全市19个区县有15个区完成了区实有人口库建设，为实现条块人口信息共享、服务区域社会和经济发展提供了有效支撑。特别是在"百户单元"综合试点中，黄浦区和长宁区依托含有213项共享指标项的区实有人口数据库和信息交换平台，将块长采集的人口基础信息和有关部门在办事中产生的专业信息进行叠加，并按权限供相关部门、街道共享，初步实现了存量信息的“一次采集，多次使用”和增量信息的“一口采集，多方使用”。

（廖洪涛）

企业信息资源的共享应用

充分利用现有资源，发挥信息化工程的综合效益，推进政府部门间应用系统的信息交换与共享是当前中国电子政务建设的一项重点任务，它对于实现政府部门间信息资源的共享应用，促进相关部门业务工作的协同，全面提升政府管理与公共服务水平具有重要作用。

根据国信办、国家税务总局、国家工商总局、国家质检总局联合印发的《关于深化扩大企业基础信息共享和应用试点的通知》（国信办〔2003〕47号）和国信办、商务部、国务院国资委、海关总署、国家工商总局、国家税务总局、国家质检总局、国家外汇管理局联合印发的《关于在进出口领域开展企业基础信息交换试点的通知》精神，上海市作为开展两项试点工作的试点省市之一，全面落实国家试点要求，研究制订全市法人领域基础信息共享、交换和应用的总体规划，积极组织分步骤建设实施，取得了阶段性工作成效。

【企业基础信息共享应用】按照国家开展企业基础信息共享试点的部署和要求，上海于2004年初成立了由市信息委、市工商局、市国家税务局和市地方税务局（以下简称“市税务局”）、市质量技监局组成的项目建设领导小组和联合工作组，积极推进企业基础信息共享和应用试点工作。在因地制宜、资源整合、应用导向、协调推进的原则指导下，结合上海电子政务建设的实际情况，于2005年2月基本建成并试运行“上海市企业基础信息共享与应用系统”。

系统建成近两年来，运行稳定，实现了企业基础信息在工商、税务、质监部门间的及时、全面共享和交换，并优化了部门办事流程，做到了企业基础信息“一次输入、多次使用”、“一局变动、多局联动”，使企业办事避免了原先的重复填报和输入，各部门面向企业的服务水平与监管力度得到有效提升。同时建成的经比对信息完整、准确的上海市企业基础信息库和统一数据交换平台，为全市范围内的跨部门信息交换和共享奠定了基础。

在此基础上，2006年，系统功能进行了调整完善，企业基础信息共享内容进一步扩大，从42项增加至53项。同时，为了规范全市企业基础信息共享的管理工作，建立长效管理机制，确保市企业基础信息共享应用系统的安全、稳定运行，促进系统效能的发挥及共享信息的合理使用，上海制定了《上海市企业基础信息共享应用系统管理试行办法》及实施细则，并已编制完成，即将正式发布实施。截至2006年底，上海市企业基础信息库已存有历史和现有约101万户企业的53项基础信息，并已有约24.5万户新增企业通过新系统流程办理了工商企业注册、质监组织机构代码申领、税务登记等相关事项。

【进出口领域企业信息交换共享】结合全市已有信息化建设成果，2006年，上海继续贯彻国家开展企业基础信息共享行业试点的精神，以企业基础信息共享应用试点建成、上海电子口岸和洋山港建设为契机，依托市企业基础信息库已有信息资源、上海电子口岸的软硬件资源及政务外网的网络资源，进一步组织开展进出口领域企业基础信息交换试点工作。目前，上海初步建成市进出口领域企业基础信息交换系统，形成与市企业基础信息共享应用系统的互动与协同框架，并实现175项进出口领域企业信息（其中27项来自上海市企业基础信息库）在工商、税务、质监、海关、外汇管理、出入境检验检疫、外经贸、国资管理部门之间的及时交换与共享。

两项试点工作的建设是上海市法人基础信息库建设的重要基础和主要组成部分，为进一步规划和推动全市法人基础信息库的建设奠定坚实基础，并在面向企业的电子政务协同应用建设领域作出积极的探索和尝试，为进一步推动政府部门间“信息资源共享，业务工作协同”的跨部门电子政务应用建设积累宝贵经验。

（市信息委社会处）

空间地理信息共享

2006年，上海市建成空间信息网格实用型系统（SHSIG），成为上海城市建设和交通管理数据共享交换系统的支撑平台。空间信息网格（SIG）信息共享与交换系统的试运行，表明上海市建设和交通委员会（以下简称“市建交委”）初步建成跨行业互连互通、资源共享的交换运行系统。

空间信息基础平台是上海城市空间信息基础设施的重要组成部分，是全市统一的标准化地理空间数据公共服务平台。基础平台以数字地形图、数字遥感影像图为基础，以遥感（RS）、地理信息系统（GIS）、全球定位系统（GPS）技术为主，结合海量存储、数据仓库等相关技术，可以有机融合城市地理空间数据和相关的城市人口、社会、经济等基础属性数据，形成全市统一、广泛汇集各类信息源的平台，用以满足各行各业、各地区进行有关地理空间信息载入、应用、交互、共享的需要。

空间信息基础数据平台是建立在分布式网络基础上，空间信息基础数据交换网络把各机构的地理空间数据库连接成松耦合系统，即在物理上是分散的，而在市空间信息网格逻辑上是一个整体。空间信息基础数据在网络中心节点存储，而各种专题数据在远程节点存储，如城市规划数据存放在市规划局、环保数据存放在市环保局、市政建设数据存放在市市政局等。各区县节点地理空间信息的融合是以共同的几何参照系统、数据模型和标准接口为基础，以区县电子政务空间信息网格管理为主体，从而实现政府指导下的数字城市、数字城乡一体化，成为“数字中国”的坚实基础，服务构建和谐社会和新农村建设。

【基于SIG框架的（上海）城市空间信息应用服务系统】 基于SIG框架的（上海）城市空间信息应用服务系统是在“863计划”下的一次综合性应用研发和集成。它以网络服务设施、空间信息网格数据平台服务为基础，解决空间信息数据网格的有限和无限、基础和灵性的城市服务应用。市建交委在研究城市空间信息共享应用的策略与管理规范、确定SIG空间共享的必要标准的基础上，基于上海城市空间信息基础数据平台，搭建SIG框架平台，集成元数据库、行业管理数据库、系统管理数据库三大基础，完成空间信息的城市建设管理应用和空间实体与属性动态信息关联研究，以实现空间信息的实时等待、申请下载、移动代理、空间分析和高光谱应用等网格数据和计算服务模式，同时在区域空间特征、绿化、环保、水系、土地、道路网络等城市建设交通管理中实现空间信息网格数据资源、软件资源的有效共享服务。该系统的建成使原有的信息“孤岛”成为信息“链”，实现了空间信息的分布式存储、分布式计算、分布式调用。

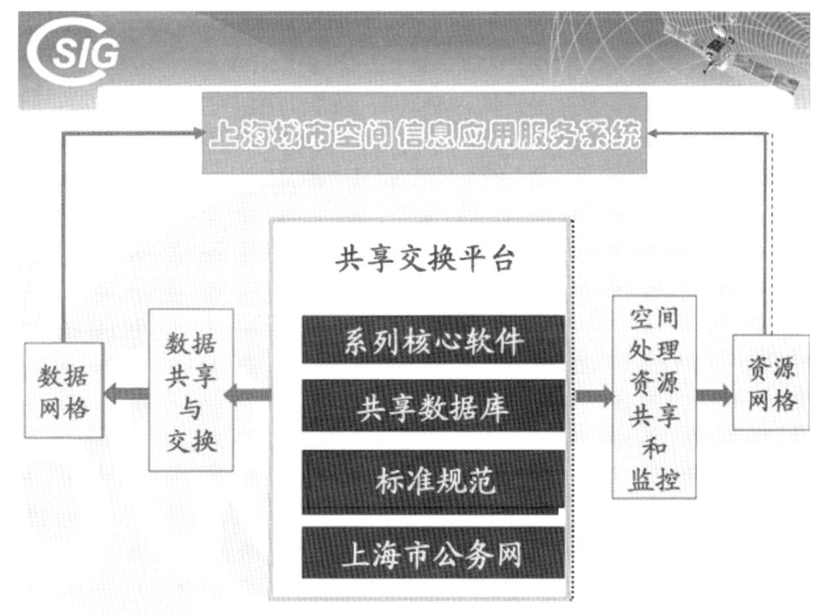

【数据共享交换系统结构（基础）】 数据共享交换系统结构如下图所示：

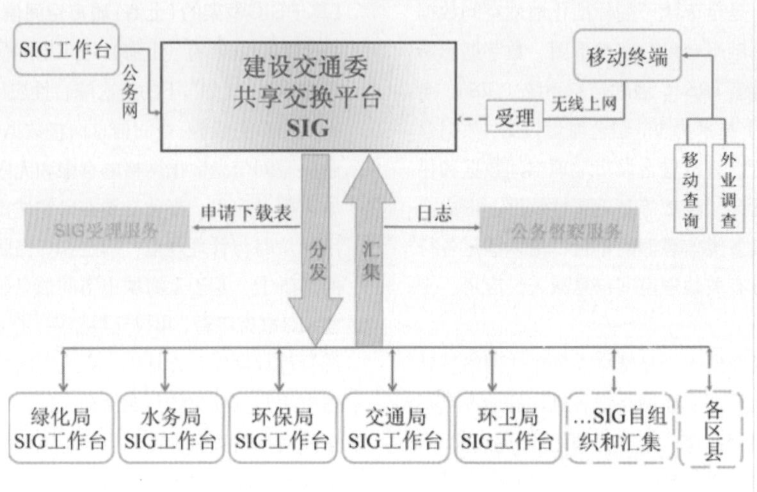

⑴空间信息基础数据平台可持续更新；方式有两种：一是介质，二是运行交换；依据安全协议等，执行资源、产权等保护与建设。⑵空间信息数据资源因需采集、交换、汇集，体现社会属性的空间信息资源动态特征，并且在运行协同内已经形成许多实用产品和数据产品；涵盖RS、GIS和事件定位技术（如GPS、PS等）。⑶分布式空间信息资源的网络信息链汇集与应用，成为城市空间信息网格数据源和行业应用管理重要载体之一。实现了以上海市城市建设交通系统的全市意义上的网络系统的运行，打破系统个体行为和封闭行为，构建面向各局的全市的共享交换和运行系统，为电子政务实现空间信息网格数据的采集、交换和汇集，是一项安全的实用的空间信息网格系统。

【空间信息基础数据框架的内容】 空间信息基础数据框架是"数字上海"空间信息数据基础平台的核心。该数据框架依据《城市建设交通系统管理信息化平台建设研究》管理框架，提供基于空间信息基础数据平台的空间信息网格调查数据，如城乡建设、城市建筑、城乡交通设施、辖区水系、绿化分布特征、环境市容、土地/土地覆盖类型、城市建筑分布、城市旅游、城市旧房改造区域、城市道路空间特征、滩涂分布状态、城市岛屿、城市越江大桥、跨海大桥，以及城市各地物部件特征等，为区县城市管理的政府决策和管理科学研究，提供公务数据服务。

（孙建中）

地下空间信息基础平台建设

按照实施计划，项目分成3个阶段实施：第一阶段实施以平台设计和标准制订为主，并开始数据收集工作，同时进行平台软硬件环境的建设；第二、三阶段分别以数据建设和平台系统建设工作为主。项目第一阶段时限从2005年9月至2006年6月，在此期间，项目组开展了地下空间信息基础平台数据采集(收集)标准和部分关键技术的研究，构建了平台的实施建设的基本环境，同时在相关管理和专业部门的协助和支持下，进行了地下管线、地下构筑物和地质三类地下空间信息的数据收集试点工作，并于2006年7月通过由市建交委组织的项目中期评估，顺利完成第一阶段的项目建设任务。

目前，该项目已进入第二阶段，主要任务是进行数据收集和整合处理，同时也在继续进行关键技术的研究，并进一步完善标准规范的建设。

（倪丽萍）

第二章　电子政务基础支撑体系

概　述

2006年，上海市建成了政务外网、800兆数字集群政务共网，这两个网与已建成的市公务网共同构成了全市统一的电子政务基础网络框架。市政务外网已完成区县19个接入点及市级54个部门104个接入点的建设，初步形成以应用支撑平台为核心节点，涵盖政府网上办事、网上服务前后台的电子政府架构。800兆数字集群政务共网已开通134个室外基站中的114个，完成了这一被列入2006年市政府实事项目的所定目标。上海市电子政务试点示范工程顺利完成，形成了以上海市政府核心办公业务系统为核心、覆盖政府办公厅各部门及39个区县委办局的政府机关协同办公体系，有效提高了机关办公效率和信息共享程度。"中国上海"门户网站进一步提升了政府办事网上服务功能，蝉联全国省级政府网站绩效得分排名第一。重要公共服务热线服务内容不断深化，受到各界人士欢迎。

（市信息委社会处）

一、基础网络设施

800兆数字集群政务共网

800兆数字集群政务共网项目被列为2006年市政府实事项目之一，由市信息委牵头建设，上海电信于2006年5月中标承建。根据建设规划，全市需要设置134个室外基站，完成59个重要建筑的室内覆盖，并要求年底前完成80%以上基站的建设，基本实现全市行政区域和洋山深水港区网络覆盖。截至12月30日，134个室外基站中已开通114个基站，完成了市政府实事项目所定目标，网络也正式开通试运行，深水港地区用户作为首批用户已接入政务共网开展日常调度。政务共网的建设将为上海市各级人民政府、医疗卫生、公安消防、检验检疫、海关港口、城市管理、交通运输及各类企事业部门和单位提供安全可靠、及时有效的通信指挥和生产调度；为上海市政府在管理城市、应对各类突发公共事件的处理中提供强有力的通信指挥和保障；同时，也将为2007年特奥会、2008年奥运会上海赛区和2010年上海世界博览会等重大事项和活动提供服务。

（市信息委社会处）

二、应用支持平台

政务外网网络平台

按照上海市电子政务建设总体规划和市政府重点工作要求，市政府办公厅在2006年按时完成上海市政务外网工程建设任务。已完成区县19个接入点及市级54个部门104个接入点的接入工作，并通过对各接入节点的测试和验收，从整体上优化和完善网络系统，提升网络平台的稳定性和可靠性。

政务外网应用支撑平台

【应用支撑平台建设】平台以国际社会电子政务发展方向和技术标准为技术设计路线、以国家信息化发展战略为远期目标构架发展方向、以市电子政务发展要求为任务目标，形成了协同办事和一办到底的支撑能力，从而为逐步构建上海市政府“透明、便民、亲民”的电子政务框架和促进“服务政府、责任政府、法治政府”建设提供强有力的技术支撑平台，并初步形成以应用支撑平台为核心节点，涵盖政府网上办事、网上服务前后台的电子政府架构。

【应用支撑平台应用推进与试点】 在市信息委、市市容环卫局、市规划局、市工商局和市监察委等部门的支持下，市政府办公厅先后在政府信息公开、市容城管投诉、户外广告设施设置审批、电子监察等项目中开展试点工作，在政府部门业务中产生了很好的示范效应，取得较大成果；同时，逐步梳理出业务应用对物理网络的要求、发现和解决了应用支撑平台中存在的问题、进一步掌握了传统业务处理方式在向网上业务处理方式转变过程中的衔接办法，为今后全面推进网上应用打下良好基础。

上海市电子政务试点示范工程

上海市电子政务试点示范工程，是由国务院办公厅负责，并列入国家高技术研究发展计划(863计划)的国家科研项目。上海市人民政府办公信息处理中心作为示范工程承担单位，通过上海市电子政务试点示范工程的总体设计和工程实施，按照国家电子政务试点示范工程两个平台的技术规范，建立了符合全市实际需要的安全与应用支撑平台。该平台实现了与国务院办公厅的互联互通，并形成了上海市电子政务标准化体系框架和管理规范，使上海市的政务信息化建设在未来几年内，成为国家实施电子政务的先进典型，达到国内领先、国际先进水平。上海市电子政务试点示范工程荣获2006年上海市科学技术进步二等奖。

上海市电子政务试点示范工程坚持“需求为导向、应用促发展”的指导思想，遵循“以信息安全为基础、以业务为主线”的建设原则，“依托一个公共体系、构建两种支撑平台、推进三类示范应用”，建设和完善电子政务基础设施体系，建立电子政务安全和应用支撑环境，推进典型业务的应用，形成上下关联、信息共享、规范标准的具有全局示范意义的电子政务应用系统。目前，建设完成的示范系统形成了以上海市政府核心办公业务系统为核心、覆盖政府办公厅各业务处室及39个区县委办局的政府机关协同办公体系，有效提高了机关办公效率和信息共享程度。

该项目结合上海电子政务的建设需求，自主研发了多项应用技术成果并具有创新性，包括基于消息中间件的EDXP安全业务交换平台、基于PMI的统一权限管理平台、基于推理的可视化分布式协同工作环境、基于兴趣模型的个性化推荐系统等。“基于规则的协同工作环境”研究成果经市科委组织的专家鉴定，总体上达到国内领先、国际先进水平，获得2004年上海市科技进步二等奖。课题申请技术发明专利1项、软件著作权登记7项；开发具有自主知识产权的软件产品2项，所形成的具备通用功能的构件模块和软件产品可应用于市内外政府部门；制订4项地方标准规范（草案）；共发表论文27篇，其中被SCI、EI检索5篇。

（黄　烨）

三、政府门户网站

2006年，以“中国上海”门户网站为标志的上海政府网站坚持为社会与公众服务理念，网站建设始终与加快政府职能转变、创新行政管理体制紧密结合，与加快建设“三个政府”紧密结合，与加强公共服务、解决公众最关心、最直接、最现实的利益问题紧密结合，政府网站信息公开及时规范，政府办事网上服务功能提升，政府工作网上互动效果显现。

“中国上海”门户网站

【概况】 2006年，“中国上海”门户网站（简称“门户网站”）通过首页改版，强化了互动与反馈，并在全市政府网站上继续推进信息公开、网上办事、便民服务等各项工作。同时，门户网站加强与各政府部门、相关单位的业务指导与协同，积极宣传、推广政府网站功能与服务。

2007年1月，国务院办公厅、国务院信息化领导小组办公室组织发布《2006年中国政府网站绩效评估》报告，“中国上海”门户网以80.63分蝉联省级政府网站绩效得分排名第一。

【信息公开与要闻发布】 门户网站依据《上海市政府信息公开规定》，确保信息发布及时、内容权威，并不断提升深度与广度，着力体现公开与透明。

2006年，门户网站公开的市政府信息主要有：市政府普发文件89个，市政府常务会议25次，市政府实事项目评议与征集，市人大代表书面意见和市政协提案办理工作动态44条，市政府工作百题集419题，市领导活动图片170张，市政府法规（草案）征求意见稿4个。门户网站全年集中发布的市政府文件和部门公开信息（文件、通知等）1 935条，日均8.8条（以工作日计）；政府信息公开栏目页面总浏览量全年1 092.5万页（次），位门户网站25个主要栏目访问量前三位。

门户网站上海要闻（含区县动态）全年发布信息45 171条，日均124条（以日历日计），其中选用市政府部门、区县报送信息32 761条，占发布总量72%；图片新闻2 069幅，日均5.7幅。要闻信息页面浏览全年2 257万页次，位主要栏目访问第一位。

【网上办事与便民服务】 门户网站从适应部门办事项目调整、方便公众需求出发，以项目为核心，对网上办事和服务内容进行“指南、表格、办理、查询、反馈、咨询、投诉”等“七维”更新梳理，增加导航功能，完善办事栏目，努力为市民、企业提供便捷、高效的网上服务。年内集中更新和相关整合的信息有1 525条，办事规程得到更新的有300多项。

2006年底，门户网站集聚全市政府部门网上办事和服务项目1 673项，其中可在线受理的办事审批787项、办事状态实时查询192项、结果反馈180项、实用信息查询405项、网上咨询53项、网上投诉56项，各类办事、服务表格1 660项计6 011张。

2006年，门户网站“网上办事”（市民办事、企业办事）页面访问总量887.8万页次，占主要栏目页面访问量的11%；便民事项类栏目（查询服务、便民问答、便民提示、服务导航、城市生活等）页面访问总量2 184万页次，占主要栏目页面访问量的27.2%。

【网上互动与功能提升】 门户网站从加强政府与公众网上互动建设入手，注重功能与服务匹配，积极主动推广政府信息，方便市民参政议政。

2006年，门户网站首页分辨率提升至主流的1024×768，页面格局也调整为3栏式，有关内容以书签方式分类展开，并将更多最新、热门信息与服务提到了首页，方便访问者获取。

5月，门户网站对栏目布局进行了调整，新设政府信息免费服务平台，整合、调整网上互动社区等栏目。政府信息免费服务平台包括“免费邮件订阅”和“手机短信订阅”两部分功能，年内“邮件订阅”用户1 900余人，“短信订阅”用户4.4万人；网上互动社区板块将原分散在网站相关栏目中的互动内容与服务内容进行了积聚，并整合了“区长在线”、“服务热线”、“互动问答”等功能性服务项目，将有关政府工作的“网上评议”、“网上征集”、“网上公示”内容分别显示在主页。

8月，门户网站领导信箱栏增设“网上信件处理情况反馈”，要求全市各委办局、区县按月（季）报送相关信息并发布于门户网站，内容包括：“市长之窗”和市政府部门、区县（乡镇街道）政府网上领导信箱开设总体情况、处理反馈情况和典型案例。

【政府网站年度评议】 2006年，市政府网站评议于11～12月在门户网站上公开进行。①评议重点：包括5个方面，即网上政府信息公开、网上办事、网上服务、网上互动和政府网站建设。同时，评议分公众评议、专家评议、日常工作考查和网站自查4个组别进行。此次评议首次引入“第三方”测评，数据也纳入日常工作考查。②评议网站：50个市政府部门网站、19个区县政府网站。③参评人员：专家组由市人大代表、市政协委员、政风行风监督员、信息技术专家、新闻记者等138人组成；公众组网上参评37 035人次，同比增长41%，其中机关、企、事业单位人员比例为87%。参评人员主要来自上海市（93.48%），另有4.84%来自外省市以及港澳台（0.88%）和其他国家地区（0.8%）。④评议得分与结果：综合评分，部门网站平均80.88分，得分高于平均分的部门27家；区县网站平均85.60分，得分高于平均分的区县10家。评议有10个部门、5个区县网站获嘉奖。⑤评议绩效：政府网站作为政府信息公开的窗口作用得到巩固，政府网站网上办事服务平台作用得到加强，政府网站互动渠道促进政府自身建设作用明显，政府网站点击率继续提高影响日益增强；同时，政府网站在适应政府工作要求、满足社会公众需求等方面仍需不断努力和完善。此外，“网上互动”需进一步加强，网站建设日常管理有待提高。

【网站建设基本数据】2006年，门户网站数据库信息总量5.52 G（同比增长1.6G，增幅40.8%），静态页面数24.86万余张（同比增长4.96万，增幅24.9%）；图片4.2万余幅（同比增加1.2万，增幅40%）。其中，市政府公报810条，法律法规783条，各类办事规程1 525条，市政府各类文件347件，市政府规章110条，便民问答5 385条（同比增加1 367条，增幅34%）；累计发布要闻类信息10.89万余条（同比增加3.93万，增副56.5%）。

2006年，门户网站总点击数15.87亿次（同比增长25.6%），首页访问人次3 581万余（同比增长96.3%），日均9.8万；页面总浏览量2亿页次（同比增长39.9%），日均56.2万。其中，英文版首页全年访问人次21.4万，繁体版首页全年访问人次0.4万。门户网站自开通以来（整5年），总访问量7 543万人次，页面总浏览达5.55亿页次。

部门网站与区县网站

【概况】2006年，市政府部门网站和区县网站（简称“子网站”）作为政府信息公开的窗口作用地位得到巩固，网上办事服务平台作用进一步加强，与公众互动促进政府自身建设作用显现，在内容拓展、管理建设等方面也取得了较大进步。

政府子网站全年首页总访问人次约为1.12亿（日均30.71万），页面浏览总页次22.41亿（日均559.3万），访问人次与页面浏览量比值约1:18。

【政府信息网上公开】截至2006年10月，全市政府子网站公布的主动公开政府信息目录信息共9.3万余条。其中，市房地资源局、市财税局、市农委、市教委、市质量技监局等部门信息公开量较大，浦东新区居区县公开信息目录发布量榜首。

2006年，政府子网站发布的各类通知、公告、公示类信息共10万余条，其中部门网站约占78%。信息发布量大的部门有：市规划局、市环保局、市劳动局、市房地资源局、市港口局、市农委、市卫生局等。

通过政府子网站受理的政府信息依申请公开4 342件（次），约占总受理量的39%。其中，市人事局、市统计局、市水务局、市规划局、市市容环卫局和闸北区、虹口区、嘉定区等部门和区县网上受理量较大。

为规范信息发布，方便公众浏览，全市区县网站基本建立了涵盖区域内政府部门信息公开的统一发布平台和依申请公开集中受（处）理窗口（渠道）。

【网上办事与便民服务】

1.市政府部门

截至2006年10月，市政府部门网站提供的行政审批（许可）事项总数为867项、上网比例91%，在线受理（网上提交申请）680项，占上网事项78%；网上办理（一办到底）260项，占上网事项29%；其他办事事项452项，其中340项可在线受理、占75%；可供下载表格1 684项、计4 101张。上网事项量大、在线受理比例较高的部门有：市公安局、市教委、市劳动局、市财税局、市科委、市绿化局、市农委、市信息委、市水务局、市卫生局、市港口局等。

2006年，在已上网的行政审批事项中，一半以上项目进入实施且网上审批已占总审批量50%以上的有22个部门，其他办事事项网上受理比例高于50%以上的有25个部门。

2.区县

2006年，区县网站着力打造涵盖区县内政府部门的统一办事平台。平台建设处于全面应用的有10家，已实现在线受理的有7家。截至10月，接入全市19个区县网站办事平台的区属部门（单位）总数773家，每区县平均40家。区县网站提供的行政审批（许可）事项每区县平均287项，其中可在线受理的92项，实现比例32%；其他办事事项每网站平均288项，可在线受理80项，实现比例28%；网上可下载表格每区县平均193项计327张。

2006年，全市有16个区县建立了“一门式”政府办事服务大厅（受理中心），政府网站相关办事服务受理主要由“一门式”服务中心（区县、街道）和区县相关委办局承办。目前，区县网站办事项目在线受理比例较高的有：浦东新区、普陀区和黄浦区。

【开展网上互动】截至2006年10月，政府子网站领导信箱全年接收有效电子邮件总量为97 822封，同比增长22.3%，其中，部门网站信件约占总量77%。信件量大的单位是：市劳动局、市民政局、市公安局和浦东新区、普陀区、闵行区。

2006年，上海乡镇、街道领导网上信箱374个，接收有效信件总12 272封，同比增长8%。至10月，全市17个区县建立了乡镇、街道领导信箱网上接收统一（处理）平台，信件量大的区县有：南汇区、闵行区、浦东新区和普陀区。

截至10月，政府子网站年内网上咨询月均接受咨询近3万人次。其中，部门网站26 889人次，同比减少69%；区县网站2 566人次，同比增长51%。月咨询量较大的网站有：市农委、市劳动保障局、市公安局、市房地资源局、市财税局、市人事局、市工商局、市科委以及闸北区、浦东新区、黄浦区和普陀区。政府子网站年内在线投诉月均总3 500人次。其中，部门网站2 802人次，同比减少14%；区县网站781人次，同比基本持平。投诉受理量较多的网站有：市工商局、市房地资源局、市交通局、市财税局、市公安局和浦东新区、静安区。

2006年，政府工作决议草案等在政府子网站上征求意见总项数量多于2005年。全年有29个部门、计175个项目、共154 815人次参与，单位、项数、人次同比分别增长38%、172%和118%；19个区县网站、计241个项目、共2 636 279人次参与，项数、人次同比增长197%和16.44倍。其中，市质监局、市教委、普陀区项数较多，市公安局、市规划局、市教委和普陀区、杨浦区参与人次较多。

2006年，全市有近百万人次通过政府子网站参加政府工作网上调查和民意测评等活动。其中，部门网站36个、项目166个、参评人次51.63万，与2005年基本持平；区县网站18个、项目346个、参与人次449.58万，同比项数增加109%，人次增加7.61倍。事项开展和参与人次较多的网站分别是：市教委、市劳动局、市安全生产监管局、市质量技术监督局、市民政局、市规划局、市市容管理局、市社团局、市体育局、市水务局和普陀区、闸北区、杨浦区、嘉定区。□

（尚子敏　刘　晔）

四、重要公共服务热线

110报警电话

【不断完善应急联动网络】2006年，市应急联动中心继续着力于提高应急处置覆盖能力，先后成立了市、区两级指挥中心交通指挥台，110报警服务台文职接警员编制增至260名；与市应急办就工作界面划分和衔接进行了专题研究，进一步明确了职责分工。为了切实加强应急处置实战能力，市应急联动中心还先后与市燃气集团、市安全生产监管局组织开展了天然气高压管道泄漏着火扑救演练和化工厂事故应急救援演练，参与了市建交委、市国动委、市港口局、市民防办等单位组织的综合性演练。

【开通110短信报警平台】1月10日，市应急联动中心正式开通110短信报警服务，市民使用上海移动、联通、电信小灵通均可进行短信报警，从而为特殊人群及时报警求助提供了便利。据统计，市应急联动中心全年共接到聋哑人短信报警71起，均按规定进行了及时、妥善处理。同时，根据公安部关于打击违法短信的有关工作要求，市应急联动中心在5月22日完成报警系统平台升级，将短信报警应用扩展到举报违法短信领域。随着短信报警系统平台的开通和升级，市应急联动中心将能够更好地为社会公众提供便民服务，更加有力地打击各类违法犯罪活动。

【应急联动备用指挥中心信息通信系统建设通过验收】市应急联动中心自从2004年正式建成运作以来，在统一应对全市范围内突发事件和应急求助方面发挥了巨大作用，为确保联动中心运行的安全稳定可靠和应对可能的灾难性、突发性事故，上海市公安局（以下简称“市公安局”）在2006年开展了备用指挥中心信息通信系统建设。该系统在功能方面参照了市应急联动中心的工作模式，主要包括接处警、录音、公安热线、存储和备份同步等子系统，能够正常完成接处警和有无线指挥调度功能；在系统容量、建设规模方面以应急、备份为原则，适当压缩规模，确保最低限度的电话接处警功能要求；在备份方式上实现了异地备份和数据实时同步功能。备用指挥中心在平时作为上海公安热线，提供非应急的警务咨询服务，一旦市应急联动中心因突发事件无法正常使用时，备用指挥中心将通过应急保障机制实现平滑切换，承担起市应急联动中心的全部工作。（侯陈继）

12319城建热线

2006年，上海市城建热线服务中心(以下简称"12319热线")以科学发展观为统领，以构建和谐社会为目标，不断加大信息化投入和建设力度，以先进的设备优势、稳定快速的网络优势、快捷高效的工作质量和独有的五位数电信号码资源（12319）优势，得到广大市民和社会各界的认可。

【信息化建设的重点】

1.提升热线应用能级，促进服务功能的提高

一是不断添加、修改系统词汇。先后6次对系统词汇进行整理及修改，并对系统进行升级，共增加27项系统功能，使热线的适应能力大大提高。二是不断增强业务受理、处理功能。完善信息知识库，并请系统开发单位设计"小熊系统"，为咨询员及时提供办事程序、相关法规、便民数据、相关部门联系方式等各类信息，从而为咨询员做好电话受理工作提供大量储备信息。三是完善管理分析子系统，做好数据统计分析工作。依托此系统对电话数据、业务数据进行综合分析，为管理人员提供详实的数据报表。

2.抓好系统兼容性，充分发挥信息化优势

一是不断密切与城市管理网格化的衔接，与10个中心区域的城市网格化实现联动，形成"一张网、一条线"的主动发现问题和主动受理问题的城市管理新模式。12319热线充分发挥双方优势，全面加强与各职能局、各区县的上下左右联动，提高各类诉求的解决效率。截至2006年12月底，热线共接转"网格化"信息1 883件，从发现问题到解决完成最快的一个案例，仅用37分钟。二是实现系统内站点无缝链接，提高表单处理速度。以往因12319热线与各站点所用软件系统不同，在收单及销单过程中需人工再登录，增加了下级站点的工作量。针对这一问题，热线及时开发新的系统功能，实现信息单的自动转发，工作效率有了很大提高。

3.增强抗风险能力，保证热线正常运行

一是拓宽通信渠道，及时受理市民诉求。12319热线和建设交通系统内的其他服务热线主要以ADSL线路连接到互联网，通过VPN方式，经防火墙连入12319热线中心网络中。为保证信息第一时间得以传达，12319热线在原有上海科技网络通信有限公司为其提供的独享式100MBPS网络物理端口基础上，于2006年7月和中国电信签订协议，开通"随意通"业务，进一步拓宽通信渠道，使信息的传递更加快速、有效、安全。二是进行系统安全评估，主动查找存在不足。为保障热线呼叫系统运行安全，提高抗风险能力，2006年下半年，对热线运行中的安全漏洞进行排查，共对20余处进行调整，做好了预防工作。三是保障电力供应，改造机房环境。目前，热线呼叫系统及城市管理网格化系统的运作都依靠同一电源支持，电力负荷较大，为避免断电情况的发生，12319热线更换使用了性能更好的USB备用电池，如遇断电，系统仍可全面支持8小时。同时，对机房内空调系统进行改造，提高了空调降温能力，降低了故障发生率。

【信息化应用的效果】12319热线不但从技术层面提高政府为民、便民、利民的能力和手段，拉近政府与企业、市民之间的距离，更有效地提供了政府公共服务，实现资源共享，并从体制上促使政府加快体制创新。

1.通过信息化建设，保障市民诉求的及时解决

热线信息化建设使12319热线为民服务的能力显著提升，处理各类市民诉求更及时、更有效。2006年，12319热线共接到市民拨入电话175 324个，日均拨入电话480个，同比增加36.36%；处理市民各类有效诉求98 337件(含网格化1 883件)，其中投诉57 042件、占58.06%，咨询29 044件、占29.54%，报修9 068件、占9.22%，建议2 914件、占2.96%，表扬269件、占0.27%。目前，12319热线对市民反映的问题处理率达到99.15%，市民回访满意率达90.73%，同比上升2.42%。在50天的"夏令热线"活动中，晚报等媒体对"夏令热线"进行了不间断的、高强度的报道，提升了12319热线社会知名度。据统计，7月12日～8月31日，拨入热线电话达43 919个，日均来电861个，处理市民各类诉求26 016件，市民满意率达到80%。

2.加强信息分析，为科学决策提供依据

根据新形势下城市运行和管理工作中存在的特点、薄弱环节以及倾向性问题，热线进一步强化信息分析汇总的能力，及时对这些信息进行综合分析，形成文字材料报送有关领导和职能部门作为参考，使各职能部门能够在第一时间了解市民的需求及社会热点难点问题，并提前化解。2006年，12319热线共编印《通报》、《专报》、《旬报》、《夏令快报》、《城建热线服务中心2005年工作报告》等信息30余期，各有关方面对这些工作信息十分重视，对于在其中所提到的问题，各职能部门都能尽早研究方案，采取措施，解决问题。

3.节约行政成本，提高政府工作效率

12319热线将建设交通系统服务资源有效整合到一个平台上，节约了行政资源，做到“分工明确、沟通快捷、责任到位、反应迅速、运转高效、处理及时”。服务热线集中受理群众的投诉、咨询和建议，责任单位在规定的时限内处理完成，层层落实，责任明确，减少了以前拖拉、相互推诿的现象，提高了工作效率。同时，热线的开通进一步强化了政府的服务职能，密切政府与群众关系，部分热点难点问题，如乱设摊、夜间建筑工地无证施工噪声扰民、物业管理等也得到及时、妥善处理。（赵宁宏　胡献华）

12333劳动保障咨询热线

2006年，上海市劳动和社会保障局完成12333劳动保障电话咨询中心扩容工作。扩建后的咨询员座席在原来基础上翻一番，达到220个，电话总进线由180路升级达到600路；同时，220个人工咨询座席设备的安装、调试工作也同步完成。220个咨询座席现已全面开通。

自电话咨询系统开通以来，累计接收市民来电总量已突破2 000万个。2006年全年，市民来电总量约930万个，同比增长70%，其中人工接听总量约320万个，同比增长22%；自动服务约400多万个。该系统全年处理网上信访约10万件，同比增长43%。

此外，局中心组织开发力量完成一批劳动保障重大政策法规应用软件的开发，主要有：高龄无保障人员纳入社会保险、工伤保险、小城镇失业保险、家政服务人员综合保险等软件。中心在方便市民办理劳动保障事务方面的重大举措有：开辟公共职业招聘网；制作“职业培训账户卡”，为参加综合保险的外地劳动者制作“药费补贴卡”，截至12月，制卡人数为416万人，注入资金近8.32亿元；拓展12333网站网上办事的范围等。

（杨　挺）

962020旅游热线

2006年，上海旅游事业管理委员会（以下简称“市旅游委”）积极提升、完善上海旅游热线962020的服务功能，努力将其建设成上海旅游咨询的服务窗口，完成“上海旅游热线962020”的标识设计；调整上海旅游热线962020的工作时间，实行全天24小时旅游咨询服务；开通旅游投诉信息频道，全面接受游客关于旅游方面的投诉，改善旅游投诉的信息通道。原来的旅游投诉只有一门“64393615”投诉电话，游客经常抱怨线路不畅，上海旅游热线962020开通旅游投诉信息频道后，可同时接受4个通道的旅游投诉，并实现信道遇忙排队等候和提示，改善旅游投诉的硬件实施，为游客投诉提供方便。为了进一步提高上海旅游热线962020在游客中的知晓度，市旅游委利用上海广播电台792、990频道、《新闻晨报》、《申江服务导报》等媒体进行广告宣传。同时，为了提高服务质量和游客满意度，上海旅游热线962020专门成立了信息采编工作小组，落实专人，区分信息大类，划分工作职责，及时丰富更新旅游咨询数据库的信息内容。

在市场知晓度不断提高、数据库信息不断充实的同时，市旅游委对上海旅游热线962020信息系统进行改造，将其由局域网内部使用的CS封闭式架构改造成BS开放式架构，可供授权用户基于互联网访问，并在徐汇区旅游咨询服务中心进行了测试性试用，取得预期效果。2007年，上海旅游热线962020信息系统将授权给全市的区县旅游咨询服务中心使用，进一步规范上海旅游咨询服务，提升旅游咨询服务质量和游客满意度；并通过区县旅游咨询服务中心的服务窗口，收集游客关心的热点信息，补强数据库信息，使其成为上海旅游咨询服务强大的信息支撑服务平台。

（刘　昊）

12315消费者申（投）诉举报热线

上海市12315消费者申（投）诉举报热线是上海市工商行政管理局和上海市消费者权益保护委员会为维护消费者合法权益、规范市场经济秩序而共同设立、统一管理的集来电、来信、来访、网上、短信申（投）诉、举报、咨询受理于一体的信息窗口和数据库，是政府了解民意、体察民情、为民办实事的重要途径。

上海市12315工作围绕“两个提高（提高电话接通率、提高话务质量），两个加强（加强内部管理、加强队伍建设），两个统一（组织纪律性和自觉性的统一、话务及服务质和量的统一）”的工作目标和要求，不断整合维权资源，创新维权举措，提升服务水平。据统计，2006年，全市12315热线电话呼入量高达612 266个，平均接通率为71%（同比增长了22个百分点）；登录各类申（投）诉举报93 523件，同比增长9.90%。此外，接待消费者来访7 978人次，处理消费者来信5 520封，处理语音信箱信息126 823条。

2006年7月，12315短信举报平台正式开通。任何单位或个人，如发现无照经营，生产、加工、销售假冒伪劣产品等违法经营活动，均可以短信方式向“12315消费者申（投）诉举报中心”举报，该平台为市民举报提供了一条“快车道”。自平台开通以来，已处理各类举报短信息309条。

从申（投）诉类型看，列前三位的依次为：通讯产品（7 019件，同比增长29.41%）、销售服务（6 287件，同比下降20.94%）、电信服务（6 102件，同比增长28.41%）。区县处理申（投）诉、举报数量列前三位的依次为：浦东新区（9 356件）、闵行区（5 439件）、徐汇区（5 314件）。

通过多年努力，上海市12315消费者申（投）诉举报热线先后荣获了全国巾帼文明岗、上海市文明单位、上海市工商系统文明单位和文明窗口、上海市共青团号、上海市优秀青少年维权岗、上海市巾帼文明岗、上海市“五四特色团组织”等多项荣誉称号。

（隋　博）

12348法律咨询专线

2006年，“12348”法律咨询专线共受理法律咨询电话163 040件，其中，人工接答咨询电话146 230件，同比增长7.2%；通过语音信箱查询法律法规电话16 810件，其中市法律援助中心人工接答43 087件，占全市人工接答总数的29.47%。2006年度“12348”法律咨询专线接答咨询电话总数前三位的区县分别是：浦东新区17 106件，占全市人工接答总数的11.7%；松江区6 778件，占全市人工接答总数的4.6%；闵行区5 640件，占全市人工接答总数的3.9%。2006年度接答电话后两位的区县是：崇明县2 503件，南汇区2 960件。

从咨询类型看，前三位的是婚姻家庭、劳动争议和损害赔偿类纠纷，其中婚姻家庭类26 953件，占接答总数的16.53%，同比下降17.9%；劳动争议类21 467件，占接答总数的13.17%，同比上升59.27%；损害赔偿类11 957件，占接答总数的7.33%，同比上升27.16%。

（程家荣）

962233付费通申付卡电话缴费热线

由上海电信开通的“962233”付费通申付卡电话缴费热线，旨在方便市民缴付公用事业费账单，市民通过普通电话拨打962233，使用付费通申付卡便可支付上海市所有水、电、煤、通信等公用事业账单的费用。2006年，上海电信对申付卡语音系统962233进行了升级，规范了语音提示，方便了用户操作。⑴增加了账单捆绑功能的判断。由于有些公用事业的账单号不固定，因此不是所有的账单都可以捆绑。原先流程中，系统对账单是否可以捆绑不作判断，造成用户误解，此次系统升级，解决了这个问题。⑵规范了语音提示。用户原先在为业务充值和缴付燃气费时，语音提示不规范，此次升级给予了完善。⑶增强了语音抢断功能。原申付卡的语音提示中有些很长的语音段落不可抢断，造成了用户的抱怨，升级后除了需要用户确认的语音，如卡号、金额等不可抢断，其余的语音均可抢断。

（周　琴）

9682000信息化服务热线

上海市信息化服务热线（特呼号为“9682000”）是2001年度上海市政府十大实事项目之一，经过五年的运行，在广大市民增强计算机基础知识、计算机病毒防范意识以及日常的计算机软硬件维护方面起到了很好的作用，已在全市范围内初步形成了一个覆盖各区县的计算机病毒防范和信息安全技术及信息化服务的网络。上海市信息化服务热线作为面向全市提供信息化基础保障服务的技术平台和权威机构，在原先为市民提供信息化服务的基础上，近几年来全面开拓为政府机关、企事业单位提供全方位、多层次的信息安全专业技术服务。

2006年，上海信息化服务热线服务情况：为市民提供电话咨询服务127 546余人次；上门服务4 751余人次；为各行业举办免费信息安全基础知识讲座7期；在全市20余家媒体发布计算机病毒预报信息55期，预

报病毒356个。（朱莺飞）

962222市民服务信息热线

上海市社会保障卡服务中心“962222”咨询服务热线作为上海市社会保障和市民服务信息系统（即社会保障卡工程）与市民直接沟通、交流的窗口单位，自2002年1月18日成立以来，把“贴近市民，服务发展”作为工作的指导思想和出发点，本着“随身关怀、诚心服务”的理念，实行7×24小时全天候热线服务，同时窗口也通过来访、来信作为补充受理手段，为上海市民提供有关申领社会保障卡、居住证的政策咨询以及解决市民在办卡、用卡过程中遇到的各种问题。

2006年，“962222”市民服务信息热线共受理咨询电话46.8209万话次，其中，社会保障卡查询26.4981万话次，占咨询总量的57%；社会保障卡挂失10.1845万话次，占咨询总量的22%；社会保障卡（学籍卡）查询4.1503万话次，居住证查询3.4413万话次，分别占咨询总量的9%和7%；电话外拨服务2.5467万话次，占咨询总量的5%。同年，热线共受理服务监督电话231话次，其中得到市民表扬14起，受理市民投诉23起，办结率为99%。此外，热线接待市民来访5 993人次；收到来信1.8112万封，其中需处理的信息总量达1.4845万件，全年市民满意度达到97.75%。

通过多年的努力，“962222”市民服务信息热线窗口先后荣获上海市女职工先进集体、上海市“十佳双文明好事”、上海市用户满意服务明星班组、上海市共青团号、全国女职工建功立业标兵岗、上海市三八红旗集体等多项荣誉称号。（社保卡中心）

962200社区服务热线

2006年，上海市社区服务热线962200以打造现代化居民生活综合服务热线平台为目标，以社区生活服务热线导航、社区服务信息咨询、社区服务资源中介为主要工作任务，全年共接听来电43万余次，比上年同期增加13万余次，增幅超过40%，热线接通率达到100%，处理率为99%，满意率超过93%，服务工作综合满意率超过90%，服务内容涉及各类居家生活服务咨询、相关服务队伍的调度、基层社区事务导航、生活服务热线导航、为老服务需求处理、彩票咨询等公共服务。

为对“962200”热线平台和“安康通”话务平台实施统一的标准化管理和人力、信息、服务资源调配，避免平台间的频繁转换，提高话务处理效率，上海市社区服务中心对热线平台和“安康通”系统进行了技术整合，统一程序界面、共享接入线路、优化工作流程。目前整合工作基本完成，已进入整体测试阶段，将选择合适时段进行最后切换。（章　勇）

12355青少年公共服务热线

12355上海青少年公共服务平台是团市委在2005年市政府实事项目——市民（青少年）信息服务平台的基础上，经过进一步整合资源、强化队伍和拓展功能后形成的面向广大青少年的综合性、一体化、一站式服务平台。2005年，平台正式开通，开始通过网站和12355热线为广大青少年提供心理健康、法律咨询、家庭教育、就业创业、健康医疗等10余项服务。截至2006年12月底，平台的网络和热线总访问量为1 482 186人次，人工接听热线电话达3 667个，一对一服务达11 553人次，开展视频直播21次。

2006年，12355热线平台落实了专门场地作为工作场所，分隔为咨询区域和网络直播区域，并配置全套工作设备；完成软、硬件开发工作，实现4路电话接入、语音留言、传真接入、全程录音、呼叫排队、报表管理等各项功能；针对青少年需求和特点，网上信息服务平台（http://12355.cityyouth.cn）开发完成，其拥有留言板、聊天室、论坛以及网络视频直播等功能。同时，12355热线平台为专家用户开设个人BLOG空间，一方面使专家自由发布理论研究成果、个人观点，另一方面满足青少年交流沟通的个性化需求。此外，平台在开展心理健康、法律咨询等服务基础上，还通过网站推出“帮困助学”、“创业家园”、“互助超市”、“主题活动”等服务项目，主要内容即：通过“帮困助学”板块积极动员社会力量，在学习、生活等方面帮助困难青少年；通过“创业家园”板块，为青少年提供创业指导和职业发展导航等方面的服务；通过“互助超市”板块，促进各级团组织、“青少年维权岗”单位、共青团号以及社会团体为青少年提供服务，努力倡导“我为人人、人人为我”的服务理念；通过“主题活动”板块，对平台重大主题活动进行滚动宣传等。

（团市委）

第三章　重大应用和业务系统建设

概　述

2006年，上海电子政务重大应用和业务系统建设不断向纵深进展。在重大应用方面，居住证信息系统建设任务已全面完成，19个区县平台与市级核心平台联网并实时开展数据交换，全市建成开通了235个居住证受理网点，累计发放居住证27 937张，临时居住证613 067张。社会保障卡进一步拓展功能和应用范围，累计发放社会保障卡956万张，在连续4年顺利发放在校高中生社保卡（学籍卡）491 698张的基础上，开始分步实施全市中小学生学籍卡推广工作。在重点业务系统建设方面，公安、民政、社团管理、电子统计、电子档案、食品药品监管、社会保障、工商、质量技监、财税、知识产权信息公共服务等信息系统进一步深化、完善，如公安指纹自动识别系统实现了三面指纹、平面指纹和掌纹图像同时入库、比对，提高了识别准确性，显现出对侦察破案的强有力的支撑作用；工商建立公司登记簿系统，公开让市民查询，获得良好评价。市委、市人大、市政府、市政协系统各部委办局主要业务信息系统继续深化应用，进一步提高了工作效率，受到领导、广大机关干部的好评。如市人大常委会成功开发使用“上海市选民登记信息管理系统”，实现选民登记、管理信息化，成效显著，反映良好，该系统在全国属首创。

（市信息委社会处）

一、重大应用

居住证信息系统

在市人口办、市公安局、19个区县政府以及各参建单位的通力合作和共同努力下，2006年，居住证信息系统建设任务已经全面完成，其主要建设内容包括：市级核心系统上线运行；覆盖全市的网络体系改造完成；19个区县平台与市级核心平台联网并实时开展数据交换；全市范围内建成开通235个居住证受理网点；为来沪人员提供7×24小时政策咨询服务的声讯服务系统以及市民信息服务网站升级完成。

【市级核心系统改造升级完成，全面支撑居住证业务开展】改造升级后的市级核心系统建立了可容纳1 000万来沪人员基本信息的共享数据库；依托市社会保障和市民服务信息系统，市级信息交换平台在原有劳动保障、公安、民政、医保、公积金等8家市级职能部门开展信息交换与共享的基础上，进一步扩展到全市19个区县，为逐步实现全市人口数据的“一口采集”和“条块共享”奠定了基础；依托市政务外网，市级核心系统已经具备了支持全市235个受理网点同时开展居住证（临时居住证）申领、发放及补换卡业务的能力。

【区县平台基本建成，业务数据实现共享】市社保卡中心统一制定并下发了包括系统建设要求和数据标准在内的“上海市居住证信息系统区县平台建设标准”；实现了19个区县的前置系统与市级核心平台的网络连接并开展数据共享与交换。各居住证受理网点所采集的居住证（临时居住证）申领及制发卡信息可以实时传送至市公安局、市劳动和社会保障局等市级业务系统进行审批；通过市级交换平台能及时将来沪人员信息实现条块间的信息共享与数据交换，进一步推进市、区两级政府部门依托信息系统对来沪人员进行综合管理和服务。

【建成开通235个受理网点，方便申领居住证】市社保卡中心根据市信息委、市公安局、市人口办联合下发的《社区事务受理中心居住证受理点建设要求》，依托政务外网，改造完成了市、区（县）、街道（镇）受理网点三级网络体系，提高了网络的稳定性以及数据传输速度；将居住证申领软件与原有的社保卡申领软件优化整合在一个界面操作，保证了居住证业务与社保卡业务可以在一个窗口受理；充分利用社保卡工程建设中已经形成的业务管理和技术队伍，推进网点设备资源与人力资源共享；完成了235个居住证受理网点的信息采集与制卡设备的安装及调试；累计培训受理网点工作人员1 516人，确保工作人员持证上岗并能够满足下阶段全面开展居住证受理及制发卡工作的需要。目前，居住证受理网点具备日均5万张的临时居住证制作能力，基本可以满足全面开展居住证（临时居住证）申领发放的需要。截至2006年12月22日，全市累计发放从业、投靠类居住证27 937张，临时居住证613 067张。

（社保卡中心）

社会保障和市民服务信息系统

【概况】社会保障卡集多种市民服务功能于一身，已经成为市民提高信息化应用意识和能力及享受政府相关信息化服务的手段。尤其是在医疗保险事务的应用上，据统计，截至2006年12月底，交易量累计已达5亿多人次，全市发放社会保障卡956万张、在校高中生社会保障卡（学籍管理卡）491 698张。

近年来，上海市社会保障和市民服务信息中心（以下简称“中心”）充分利用社保卡的电子凭证功能，通过共享社会基础设施与应用的集成，逐步拓展社保卡的应用范围。

【推广中小学生学籍卡】在连续4年顺利发放全市高中学生学籍卡的基础上，市教委决定将学籍卡发放范围从高中学生覆盖到全市的中小学生，同时拓展学籍卡的功能，使其更加满足校内综合管理的应用需求。2006年6月起，首选在闸北、静安两区义务教育阶段中、小学生中先行开展学籍卡（复合IC卡）申领、发放的试点工作。10月，中心和市教委在总结试点区工作经验的基础上，开始分步实施全市中小学生学籍卡推广工作。

【推广0～6岁儿童卡】根据《上海市人民政府印发关于本市贯彻〈国务院关于发展城市社区卫生服务的指导意见〉实施意见的通知》（沪府发〔2006〕34号）精神，社保卡的覆盖范围将进一步扩大到全市市民，包括沪籍儿童。经和市卫生局多次研讨，中心提出建设0～6岁儿童卡项目，旨在利用儿童卡，建设覆盖全市范围的、与医疗保健机构联网的儿童卫生服务信息系统和共享数据库，加强全市儿童卫生服务的信息化管理；实现以居住地为主的儿童保健管理模式，建立儿童动态管理和保健服务机制。目前，中心已完成方案的编制工作。

【推进“上海市社会保障卡与银行卡绑定支付”项目】“上海市社会保障卡与银行卡绑定支付”项目是由市信息委牵头，联合中国人民银行上海分行、中国银联、市卫生局、市医保局等单位“构建和谐社会”的一项便民服务“实事工程”。该项目充分利用了社会保障卡的惟一身份认证和银行卡的金融支付功能，通过科技手段实现优势互补，为市民提供一种安全、便利的医疗支付模式，也为医疗机构提供便捷、高效的结算服务。

截至2006年底，“绑定项目”已在长宁、虹口、闵行等区试点推进，共有32家医院的395个窗口开通“绑定支付”业务，8家银行的近24种银行卡受理“绑定业务”，43家街道、银行绑定网点开通受理“绑定业务”，约2 000名市民应用该业务，取得了项目试点的阶段性成果，为在全市范围推进应用打下良好基础。

【完成第二次全国残疾人抽样调查数据录入工作】2006年9月，中心参与了《第二次全国残疾人抽样调查》数据录入工作。这是一项关系到落实残疾人各项政策十分重要的人口普查工作。按照上海市有关计划，中心和市统计局、市残联密切配合，完成了总量为5.6万户基础数据的录入和100%的复核工作。项目从前期的策划、人员的调配、环境的提供以及软件的培训、操作应用以及完成的情况等得到了市政府领导的好评。

（社保卡中心）

二、重点业务系统

公安信息系统

【建成指纹自动识别系统(二期)】 指纹自动识别系统主要是为解决现有指纹识别系统库容、比对速度等不能满足公安业务发展的需要而提出，并被纳入上海公安“金盾工程”开展建设。其主要内容包括中心指纹系统、市公安局业务单位远程指纹传输及活体指纹采集系统和公安分（县）局活体指纹采集系统建设。此次新建的十指纹库实现了将三面指纹、平面指纹和掌纹图像同时入库、比对，提高了比对的准确性，并具有验证指位是否出错的功能。同时，该系统还实现了对指纹库中的重卡指纹进行自动重卡归档管理的功能，既保证了指纹候选排名的质量，又保证排名个数，提高了库中指纹的质量和查中率。这两项技术在全国同行中都是首次实现。在系统投入运行后的短短三个月内，全市公安机关已利用系统查中犯罪嫌疑人数百名，查中各类刑事案件数百起。该系统已初步发挥出规模效应，显现出对侦察破案的强有力支撑作用。

【完成金盾工程图像监控系统——视频信息库建设】 传统的公安工作中，视频记录大多采用录像带或硬盘录像机，分析、检索、交换、共享困难，为此市公安局开展了“金盾工程”图像监控系统——视频信息库建设，将于2007年正式建成投入使用。该系统基于公安专网，配备了SAN光通道存储系统，首期容量为6T。该系统使用了5台服务器，视频服务器和数据库服务器实现了双机热备；基于B/S架构，能够实现视频信号采集与格式转换、存储、编辑、检索、点播、直播等功能；通过F5负载均衡器，能够优化视频信息的分配和分流工作，保证其在700个并发流下能稳定运行，视频点播的响应时间小于3秒，直播信号的延时小于300ms。该系统的投入使用为上海公安的视频信息管理打下良好基础。 （侯陈继）

民政信息系统

【民政业务系统的新建、改造及完善】 2006年，上海市民政局（以下简称“市民政局”）新建了上海市养老服务管理信息系统和上海民政信息报送系统。上海市养老服务管理信息系统是在原有的居家养老照料服务评估系统项目基础上力求构建的一个养老服务及管理的信息平台。该项目在2006年第三季度完成招投标的工作后进入需求调研及确认阶段，年底前已完成需求调研，计划于2007年第二季度完成项目的开发工作。上海民政信息报送系统是一个与上海市民政网站有机集合、协同工作的系统，已于2006年底前完成。

市民政局升级改造及完善的主要项目有优抚信息系统、社会救助管理系统及国内婚姻管理系统。优抚信息系统升级改造项目即将原有的优抚信息系统体系从C/S架构整合改造为中央数据库的B/A/S架构，同时整合优化原有的工作流程，于年底前完成了系统的初步开发，预计于2007年第一季度完成项目的开发工作。针对社会救助管理系统，市民政局完成了落政对象管理系统、救助系统版本升级、安徽下放户管理子系统、农婚知青管理子系统、医疗帮困卡、逻辑校验提醒功能等模块中的需求新增和变更项目17个，从而提高了工作效率。市民政局通过对国内婚姻管理系统业务流程和系统架构的重新部署，完成了数据移植和系统升级改造后的全面上线，大大提高了系统运行效率和数据的可靠性。

【社区事务受理中心（一门式系统软件）项目开发、试点运行】 社区事务受理中心（一门式系统）项目是2006年市政府实事项目。2006年6月，市政府专题下发《关于进一步加强社区事务受理服务中心建设的意见》，强调该项目在转变政府部门工作方式、工作作风、提高工作效率以及夯实基层基础、构建和谐社会中的重要意义。市民政局信息中心主要负责协助该信息化项目的推进工作，于年底前完成了100家街镇的安装任务，并配合局基政处完成了软件开发的招投标工作、上传统计软件的研发招投标工作、推广中的各类技术协调工作等。 （陈　岗）

【社团管理信息系统建设】 2006年3月，上海市民间组织业务信息管理系统建成并在全市范围推广运行，同年11月项目通过验收，达到全国同类领先水平。该系统功能全面，包括8个功能子系统，涵盖市区两级民间组织登记、年检和执法等业务。随着系统的启用，上海市社会团体管理局（以下简称“市社团局”）全面推行电子政务，全面实施网上业务审批流程，同时把这一做法推广到全市19个区（县）社团局，目前初步实现无纸化办公，降低了工作成本。此外，市社团局还对市区两级登记机关在登记文书格式和文书号做了规范统一，采取由系统自动生成登记文书打印稿，彻底避免登记文书中的各类文字差错，降低了校对和排版人员工作量，提高了行政效率。

同时，市社团局为每个民间组织设立电子档案，涵盖民间组织行政许可、行政检查和行政处罚等历史信息记录。2006年1月，市社团局组织实施全市民间组织业务信息数据的查错补漏工作，对市区两级登记机关的历史业务数据作了一次全面清查和整理，纠正了历史遗留的数据偏差，重新核准统计数字，初步建成民间组织法人基本信息库，为将来构筑全市民间组织诚信评估体系奠定数据基础。此外，市社团局通过涉外民间组织信息管理系统建设，为全市涉外民间组织建立信息档案库，为今后涉外民间组织的登记管理工作奠定信息化管理基础。

（市社团局）

电子统计信息系统

电子统计工程主要目标是利用现代信息技术，进一步提高市、区（县）政府统计机构的信息化水平，改进统计方法和业务流程，建立一个覆盖全市的统计信息采集、处理和服务体系，更好地为政府宏观决策和企业经济发展服务。该系统建设内容包括：建立上海市统计数据中心、建立适用于各类统计数据采集和综合处理的标准化应用平台，从而提供统计数据仓库应用和为多元统计分析服务。

截至2006年底，项目建设已接近尾声，统计系统的网络环境、系统设备和软件平台都有了很大程度的提升，主干网络的带宽达10G，实现了计算机系统远程监控和管理，并新增了部分小型机，扩展了磁盘阵列空间，建立了网上采集系统和综合处理平台等多个业务处理子系统，为日常统计工作提供强有力的技术支撑。

（严秀芳）

知识产权信息公共服务平台

上海市知识产权信息公共服务平台是知识产权公共服务平台的基础和保障。该平台建设于2005年底正式启动，以专利信息为主，“一库两网”（专利信息数据库群，市知识产权信息平台网、政务网）是其基础和核心的建设工作。2006年，上海市知识产权局（以下简称“市知识产权局”）采取“边建设、边服务”的工作思路，充分整合现有资源，扎实推进建设和服务工作。

1.“一库”建设

专利信息数据库群（“一库”）是知识产权信息公共服务平台的核心，支撑着平台的所有功能。至2006年上半年，市知识产权局已收集了包括7国2组织（中、美、日、德、法、英、瑞士、欧洲、PCT）的专利文摘和检索系统，以及中国专利法律状态数据库、中国发明专利授权数据库、中国专利全文数据库；同时，市知识产权局还推出功能强大、数据准确、速度更快、下载无限量等优点的专利信息应用系统。至此，专利信息数据资源的主体构架已初步完成。

2.“两网”建设

上海市知识产权信息平台（专利信息）网建设。2006年4月，市知识产权局开通了具有初步服务功能的上海市知识产权信息平台网站（WWW.SHANGHAIIP.CN），并通过应用服务试点工作摸索平台应用服务的经验，同时不断完善平台的资源和功能建设。前期试点工作表明，各个工作站和服务点基本具备了知识产权信息服务的能力，可初步满足企事业单位对知识产权信息检索、分析、研究等需要，同时也为进一步改进平台建设工作和服务积累了经验、开拓了思路。

上海市知识产权政务系统（网）建设。2006年，为积极配合市政务网的运行，市知识产权局积极筹建局信息管理系统，并在系统全面建设完成前，已将政务内、外网上的应用逐一上线，确保了行政工作顺利进行。下半年，市知识产权局再次进行网站改版，将网站的重心从单一的新闻发布移至便民服务的指导及互动服务的开展，从而逐步完善了网站功能。为保证网站信息数量与质量的提升，2006年10月，市知识产权局出台《关于进一步加强上海市知识产权局系统政务信息工作的意见》，进一步明确了局内各处室以及各区县信息员的工作职责与考评机制。

（市知识产权局）

食品药品监管信息系统

2006年，上海市食品药品监督管理局（以下简称“市食品药品监管局”）在应用系统的建设规划上，打破了原按处室和业务条线划分建设系统的传统开发模式，使每个应用系统的建设都遵循“以法律法规的规范统一为依据，以业务流程的共性为基础”的指导思想，基于相同系统功能的复用，以工作流等技术实现灵活、高效的开发。每个应用系统以子系统的形式实现不同业务性质不同但形式类似的业务应用，通过数据交换系统，实现业务条线纵向的业务流和信息流的传递。

根据信息化系统建设整体规划、分布实施的原则，市食品药品监管局多个软件项目正有计划、有步骤地实施。已开发的应用系统包括：局内网平台；《食品卫生许可证》网上办事系统；流通审批系统；药品、医疗器械、保健食品广告查询系统；药品标签说明书备案管理系统；特药管理系统。正在开发的应用系统包括：药品、医疗器械实时监控系统；GIS（地理信息系统）监管查询系统；食品、药品抽样管理系统；网上培训系统；行政检查（证后监管）系统；稽查案件系统；内网平台；药师选课系统；流通审批管理（二期）；短信群发系统；数据编码系统；数据交换系统；多媒体资料管理系统。（柴　雄）

电子档案信息系统

【概况】2006年，上海市档案信息资源总库及各应用系统建设成果显著。截至年底，市档案馆主数据库已有目录信息900余万条，可在线提供网上查询的全文为1 340万篇，可在线提供网上查询的照片为4.7万幅，全部数据总量超过14TB。目前，一个以市档案馆为主数据库，各区（县）档案馆和有关主管部门档案室为分布式数据库的档案信息资源总库正在逐步形成之中；同时，按照上海档案信息化“三网并进”的基本建设格局，上海档案信息化各应用系统建设已取得明显成效。

2006年，基于上海市公务网的目录中心及其系统二期项目的验收，为各区（县）和部分专业主管部门的二级档案目录中心的建设提供有力保障，有7个区级档案目录中心已经建成并与市档案目录中心连通；全市婚姻登记档案、企业信用档案等在内的近500万条专题档案目录数据导入“上海市区（县）专题档案目录管理系统”和“上海市企业信用档案目录查询系统”。该系统以确认身份集中代查的方式，为公、检、法机关工作人员以及普通市民免费提供包括婚姻登记、知青、独生子女证、企业信用等在内的个人档案信息和企业信用档案信息集中查询的便民服务，受到广大利用者的好评。

【档案信息标准化、规范化建设取得实质性进展】2006年，为加强档案信息资源整合，配合市和区（县）两级档案目录中心和档案基础数据库建设，市档案局有关课题组完成《文书档案目录数据规范第1部分：数据元》上海市地方标准的起草、论证和送审工作，并已通过市技监局组织的专家评审，批准的标准编号为DB31/T374.1-2006；开展《文书档案目录数据规范第2部分：数据交换》专项标准课题申报工作，并获市技监局申报立项，这是前一标准的配套项目；协助办公自动化和电子公文归档管理工作，组织有关公司和技术人员起草《电子文件归档技术规范》标准文本。这些标准研究的成果在市和区（县）档案目录中心建设、档案综合管理应用系统建设以及电子文件归档管理中得到及时广泛的应用。

【与市民政局联手推进婚姻登记档案信息资源共享工作】为更好地贯彻落实民政部和国家档案局发布的《婚姻登记档案管理办法》，市档案局和市民政局联合制发《关于规范婚姻登记档案管理的通知》。12月5日，市档案局、市民政局召开婚姻登记档案管理专题会议，就档案和民政两部门婚姻登记档案信息数据结构的统一等问题进行研究，统一认识。市民政局将修改完善现有的婚姻登记管理信息系统，从2007年起推广到全市婚姻登记“窗口”使用；而档案部门加强婚姻登记管理系统和档案管理系统的数据衔接，逐步完善电子政务环境下的婚姻登记电子数据实时归档与接收的运行机制，按规定数据格式，整合全市新增婚姻登记档案信息，从而与民政部门双管齐下，共同促进婚姻登记信息的互连互通和资源共享，逐步形成“一种资源、两个窗口”服务体系。

【“上海市档案局计算机主机房综合监控系统”项目通过验收】8月11日，市有关部门对“上海市档案局计算机主机房综合监控系统”项目进行验收。该项目是市档案局信息化建设的一个重要基础性应用系统，投入使用后可对计算机主机房的电压、温度、湿度等敏感指标进行实时监控，具有本地声光报警及远程手机报警功能，对保障信息系统的安全运行起到重要作用。

（费　芸）

社会保障信息系统

【完成主要开发任务】2006年，市劳动保障局完成劳动子系统中外劳力管理、劳动力资源监控、职业培训、技能鉴定、非正规组织等14个模块285个新增需求的开发，完成任务数共计2 016个；完成社保子系统中镇保市级平台、补充保险、基金财务、小城镇保险等15个模块186个新增需求的开发，完成任务数共计1 235个；完成开业贷款后续管理模块、信访区县劳动局、区县社保中心联系会议信访件管理模块、电话中心web版法规、问答等4个库的查询维护模块以及职介灵活就业模块，外劳力职介、劳动监察通讯平台等开发工作；完成职介和社保短信业务平台（10余种短信业务）的开发，截至12月中旬，实际短信注册用户已达4万余人，累计发送短信457万余条；完成劳动保障网站首页的开发和维护、组织人事系统及新增功能的开发维护。

【"以我为主"接管系统工作取得可喜的成绩】2006年，市劳动保障局基本完成年初制定的上半年目标，并较好地完成了劳动子系统、社保子系统的新增需求开发和维护工作。

1.劳动子系统

市劳动保障局在已完成的劳动力资源（包括劳动网上办事）、非正规组织、职业介绍（包括职业指导）、职业培训（包括青年见习）、技能鉴定、失业保险（包括岗位补贴）、外劳力管理、企业认定管理、外劳力外管财务、失业保险财务等模块接管的基础上，继续开展了劳动监察模块的设计和开发工作。

2.社保子系统

市劳动保障局在已实现城保补充保险业务（老系统）、小城镇补充保险业务、生育保险业务、城保补充保险财务（老系统）、外劳力社保财务、生育保险财务、工伤保险财务等模块的完全自主开发维护的同时，提前完成小城镇财务模块的"以我为主"接管工作。此外，镇保申报结算和城保市级平台、申报结算2个模块已实现和万达共同开发维护的目标。

3.网站

2006年，市劳动保障局共完成新增及维护项目378个，现已实现除社保网上办事以外其他所有模块的自主维护和开发。

（杨　挺）

工商信息系统

【建立公司登记簿系统，方便市民查询】为便于市民查询公司登记事项，根据《公司法》要求，上海市工商行政管理局（以下简称"市工商局"）依托"金管工程"，建立了电子数据形式的公司登记簿。查询人首先通过市工商局"上海工商"网站（www.sgs.gov.cn）上的"企业基本信息查询"专栏，查询某一特定公司的登记注册机关，再到该公司登记注册机关的公司登记簿查阅点的电脑中输入所需查询公司的全称，就可获知该公司现时的登记事项信息。2006年4月25日，该系统正式为公众服务，获得了良好的评价。

【开发广告监管信息系统，提高广告监管效能】2006年，市工商局整合原有的广告经营许可审批、广告发布登记许可审批等系统，建成新的广告监管信息系统，使广告监测、违法线索处理和查询统计分析3个新的子系统互相连接，并实现与案件系统、信访系统、"12315"系统和工商所工作平台的互联共享，实现广告监管的线索交办、流程跟踪、案件督办、结果反馈等功能，并最大限度地进行资源共享，达到及时发现和有效制止违法广告的目的。

（隋　博）

质量技监信息系统

【"金质工程"项目建设】

1.完成"金质工程"3项建设任务的招标工作

根据上海市"金质工程"建设设计方案，项目实施小组分别围绕网络、安全、主机与存储、应用系统开发等专题对近10家开发商资质进行了考察和专题交流，并拟定招标实施方案，编制招标文件，制定评标细则，于2006年5月12日在上海市政府采购网正式启动了系统集成和部分应用软件开发、应用支撑平台与部分应用系统开发、12365质量热线和GIS系统3项任务的招标工作。6月21～22日，项目实施小组配合市政府采购中心组织完成了3个包的项目评审、开标工作，并根据评审结果，进行了与中标单位的技术谈判和合同签订工作。

2.开展项目监理单位的招标工作，提高项目管理的专业性

为保证上海市“金质工程”项目建设质量，提高项目管理的公正性、科学性和专业性，项目实施小组启动了项目监理单位的招标工作，拟订了招标信息表、招标技术要求，并委托上海市上投招标公司上网公开招标，6月底完成了招标的开标、评审及商务谈判工作。

3.完善信息资源规划，明确开发需求

在2005年流程梳理的基础上，2006年，上海市质量技术监督局（以下简称“市质量技监局”）启动了信息资源规划第二阶段工作。局信息中心对前期的资源规划工作进行了整理和总结，对相似业务流程进行了归并，对业务表单进行了分类，对表单数据进行了分级，初步建立了“一门式”受理、“一线式”投诉的系统设计框架，从而为业务流程的改进和优化创造了条件。同时，局结合区县政府对质量技术监督信息化工作的要求，组织徐汇区、宝山区、浦东新区质量技术监督局3个试点单位开展了区县局业务流程的梳理工作，形成了区县业务的流程通用模板，从而进一步明晰了市区两级工作的界面。（市质量技监局）

财税信息系统

【财政信息系统应用深化】

1.编写“上海市金财工程（一期）”可行性研究报告

根据财政部金财工程一期建设的指导意见，结合上海市实际，上海市财政局（上海市国家税务局、上海市地方税务局）（以下简称“市财税局”）对上海财政信息化建设情况进行了全面评估，拟写市区县二级财政信息化建设总体框架和建设实施方案，编制“上海市金财工程（一期）”可行性研究报告。

2.做好政府收支科目分类改革的技术保障工作

按照财政部实施政府收支分类改革的统一部署和推广方案，市财税局结合上海实际形成了上海实施方案，落实软件扩展和推广任务，主要包括：对应用软件的功能模块调整进行全面梳理，拟写软件调整设计方案，组织软件修改和测试，编写预算编制、预算执行的软件用户操作培训教材，对区县财政和预算部门（单位）分段分批进行培训，帮助各级财政部门完成新老两套预算科目的数据转换工作等。该工作为2007年全面实施政府收支分类改革，规范预算管理，强化预算监督打下基础。

3.全面完成全市非税收入管理系统区县的推广应用工作

继2005年非税收入管理系统在市级部分区县应用单位平稳运行后，2006年，市财税局按照“统一平台、两级网络、分级推广”的原则组织非税收入管理系统的区县推广应用工作。在应用系统进行多轮测试的基础上，非税收入管理系统区县统一平台于3月中旬上线，自此，市级财政和19个区县财政局在市局提供的统一平台上开展非税收入的执收业务。截至12月，非税收入管理系统的推广应用工作已全面完成，财政信息一体化建设向前迈进了一大步。同时，针对业务处理功能上存在的缺陷，市财税局对系统进行四期改造、升级，为进一步解决非税收支科目分类改革、收费分成、收入对账等问题打下基础。

【税收综合征管系统改造工作全面启动】上海市税收综合征管系统改造工作于2006年一季度启动，成立项目组并在杨浦区税务局设点开展具体工作。

2006年7月底，完成业务需求编写初稿，共有五大类，199项业务项目，653项业务细目，346项业务分节；9月底，完成136项业务需求分析。8月，按照税务总局金税三期的技术标准，审定总体技术方案、容灾方案；10月中旬，完成小型机的设备扩容及网络改造工作。同时，进行工作流设计及编码、功能测试和压力测试等工作。第四季度，完成新代码编制、搭建数据清理环境，并在杨浦区税务局作数据模拟迁移；12月，进行模拟运行。同时，成立综合应急处置指挥中心和制订应急预案，为确保2007年1月试点上线以及新老系统平稳过渡提供了保障。

实施上海税收综合征管系统改造，建立规范、统一的数据标准，建立统一的数据交换平台、应用集成与数据整合平台、纳税信息处理平台、纳税管理信息平台，采用面向服务的三层架构等先进技术，以国地税合一、数据市级集中的应用模式，技术上支持全市通办，为实现上海税收征管工作管理目标和技术保障打下基础。

【个人所得税市级生产总库全面运行】2006年，市财税局以税务信息化建设的三个趋势（即省级数据大集中、信息化整合、三层软件架构）为基础，建设个人所得

税市级生产总库，实现个人所得税明细信息集中存储、申报征收全市通办。

2006年建成的个人所得税市级查询总库使个人所得税在各分局申报、征收、入库时，分局的CTAIS系统实现了仅对代扣代缴企业的汇总开票数据进行处理(统计查询)。纳税人的明细申报数据及汇总开票数据实时进入市级生产总库，市级生产总库实时反映各分局个人所得税的申报、征收、入库情况和纳税个人的纳税明细情况，分局涉及纳税个人明细申报数据的查询、统计、监控等功能，直接在市级的生产总库中完成，市局的个人所得税管理部门实时对各分局个人所得税的申报、入库情况进行查询、统计、监控。由市局信息中心负责个人所得税市级生产总库系统的代码维护、权限分配、数据库及中间件管理等日常维护工作。

个人所得税市级生产总库的运行，为促进全市个人所得税全员明细申报的推行，为各级税务管理人员全面、及时掌握和监控个人所得税征管情况，在技术上提供了必要的支撑。据2006年12月统计，全市代扣代缴明细申报率已达到98.46%，同比提高7个百分点，明细申报人数超过837万人，同比增加128万人。

【防伪税控市级集中平台正式启用】根据国家税务总局《关于启动省级集中应用系统平台建设工作的通知》要求，上海防伪税控要在11月完成省级集中的平台升级。该系统升级涉及的工作包括硬件网络环境准备、应用软件安装部署、应用系统升级、地市级数据迁移和相关软件接口调整等。为确保升级工作顺利实施，市财税局制定了升级工作方案，落实各项技术准备工作。11月10～14日，市局完成硬件网络环境准备，包括存储设备、操作系统、数据库、应用程序服务器安装、应用系统安装部署；11月14～16日，进行清理防伪税控用户和用户组信息、模拟数据迁移、验证数据；11月17～19日，先后完成21个分局正式数据迁移、数据一致性验证、系统全面测试及与网上认证、监控台、失控发票、三大系统整合、稽核数据准备、出口退税数据抽取等系统的联调工作。在数据迁移期间，市局安排双休日进行系统切换，还采用多种有关宣传告知手段，如征收大厅张贴告示、财税网站首页增加最新提示、12366增加语音提示、网上认证登陆页面增加提示信息等。在各方面通力协作下，系统升级工作顺利完成，全市防伪税控市级集中平台于11月20日正式启用。

【税务登记集中管理平台建成】为加强税务登记管理、完善税源监控机制，2006年，全市税务系统正式市实行税务登记集中管理实施办法。该办法明确税务登记集中管理采取分散受理、集中核准、统一制证，各征管分局分别受理纳税人的开业、变更、注销税务登记，市税务登记受理处核准纳税人税收户管的征管分局并统一制发税务登记证。

根据税务登记集中管理的业务需求，市财税局对登记中心和受理分局的相关功能模块和数据流程进行补充和调整，增加登记中心的开业信息登记、比对、复核、批量高速打证、发证管理等功能；调整受理分局开业、变更信息的录入、修改权限，并通过后台同步伺服程序等技术手段，实现登记中心税务登记信息与各分局税务登记信息实时双向同步更新。

在完成前期需求分析和设计方案后，将其集中到登记中心，并同时搭建模拟环境、调试程序及专用打印设备接口及培训操作人员；然后制定集中登记管理上线工作方案，对登记中心及各征管分局上线前的工作内容和时间节点作具体部署，3月28～31日，先后完成分局户管清理、数据导出与上传、登记中心数据合并、CTAIS系统升级、同步程序启用等步骤。4月3日，税务登记集中核准、统一制证模式正式启动，目前运行情况良好。

【网上电子报税、网上认证应用模式改进】网上电子报税、网上认证应用模式改进工作是2006年财税信息化重点工作之一。2006年1～3月，分批将各分局的网上电子报税应用及原来的7个传输通道迁移到市财税网站统一的网上电子报税平台上。近23万纳税人集中到统一平台进行网上申报，月均受理网上申报30.4多万次，最高日受理申报量达7万次；4～12月，进一步完善网上电子报税统一软件，优化网上电子报税统一平台的系统设置。经过近一年稳定运行，到12月，网上电子报税的纳税人达29万多户，全年电子申报入库税额为1 920.48亿元，占全部入库税额的62.48%。

2006年5月，全市所有网上认证纳税人都通过市局财税网站统一的网上认证平台进行网上认证，到12月，网上认证的纳税人达7万多户；12月，网上认证增值税专用发票抵扣联达343万张，占当月发票认证量的56%。

同时，会同中国人民银行国库部门建成了新的实时扣款平台；2006年4月，财税七分局、松江区、卢湾区税务局在新的实时扣款平台上试点上线；5月，其他所有分局完成网上电子报税实时扣款迁移到新的实时扣款平台。

改进网上电子报税、网上认证应用模式、电子申报平台的统一，实现了统一应用软件开发和维护、数据传输通道和平台，规范了市场化服务模式，并与税务数据大集中相衔接。

改革前后的网上电子报税和网上认证的应用模式对照表

序号	内容	改革前	改革后
1	网站建设	各服务公司	上海财税网站扩容
2	软件开发和维护	各服务公司	市局统一组织、购买服务
3	应用培训和维护支持	各服务公司	各服务公司
4	纳税人登录	通过上海财税网站登录对应服务公司网站	直接登录上海财税网站
5	纳税人报税和认证的数据传递路径	纳税人 -->服务公司网站 -->税务分局	纳税人 -->上海财税网站 -->市局内网 -->税务分局
6	申报和认证结果的返回路径	税务分局 -->服务公司网站 -->纳税人	税务分局 -->市局内网 -->上海财税网站 -->纳税人
7	与商业银行的扣款专线	分别由分局直接与商业银行连接	统一由市局通过"扣款平台"与商业银行连接
8	实时扣款路径	税务分局 -->商业银行	税务分局 -->市局内网 -->"人民扣款平台" -->商业银行
9	下载扣款凭证	上海财税网站	上海财税网站

（市财税局）

三、市级机关信息化工作

中共上海市委组织部

【概况】2006年，中共上海市委组织部（以下简称“市委组织部”）完成了新办公大楼基础网络设施建设，为下半年顺利搬迁打好了基础；完成了新大楼信息系统的立项审批工作；编制了全市组织系统信息化建设规划；进一步完善领导干部信息管理系统，拓展利用数据库资源；配合市、区（县）两级集中换届工作，以信息化手段提高换届工作的科学性、准确性；全面启动“基层党建信息化工程”。

【新办公大楼信息系统建设】市委组织部在市机管局、市公务网管理中心、市保密局等相关单位的大力支持下，顺利完成了新办公大楼的综合布线、屏蔽机房、网络设施、市公务网视频会议系统等基础项目建设，确保新办公大楼于2006年10月竣工使用。根据业务需要，新办公大楼部署了内网、专网和外网三套独立网络，主干网络达到千兆交换能力，桌面信息点300余套；主机房面积100平方米，包括可容纳25个标准机柜的屏蔽机房，实现中组部专网和市公务网的业务需求及拓展需要。此外，市委组织部还完成市公务网、中组部专网、中组部视频会议网络、Internet等迁移至新办公大楼，保证新办公大楼的按时顺利启用。

2006年，市委组织部“新大楼信息系统项目”完成立项审批工作。经市发改委、市信息委等职能部门的评审，《中共上海市委组织部新大楼信息系统建设项目建议书》和《中共上海市委组织部新大楼信息系统建设可行性研究报告》均完成审批，“新大楼信息系统”于8月由市发改委正式批复，完成了立项审批工作。该系统项目的招投标准备工作随即展开。此外，市委组织部还对新大楼信息系统中的部分业务进行深入调研，进一步完善业务需求，为下一步信息系统的建设做好充分准备。

【编制全市组织系统信息化建设规划】2006年，市委组织部按照中组部和市委对组织部门工作的要求，结合工作实际，着手起草《上海市组织系统信息化建设规划（2006～2010年）》（以下简称“《规划》”）。《规划》起草小组通过召开座谈会、主动走访调研等形式，广泛征求部内业务处室、委办局、区县等各有关单位对组织系统信息化建设的意见和建议，并多次组织《规划》的修改工作，完成了《规划》的讨论稿。

【进一步完善领导干部信息管理系统】按照组织部门工作特点，围绕干部工作具体业务，以“领导干部信息管理系统”为基础，2006年，市委组织部在完善和增强系统功能方面做了一定的工作，并取得一定成效，把健全“市管领导干部信息数据库”（简称“局档库”）作为核心，把拓展应用与完善数据库紧密结合，更好地发挥数据库为各项业务服务的作用。

1.配合全市公务员登记工作，拓展应用现有数据库

2006年，为配合全市实施的公务员登记工作，市委组织部按照公务员登记工作的具体要求，开发了基于“领导干部信息管理系统”并可进行“公务员登记表”自动生成的应用系统，确保了生成的“公务员登记表”所有信息项取自现有“局档库”，修改和增加的信息数据可完整返回“局档库”。

2.为保证领导干部个人有关事项报告制度建立，开发完成了业务管理系统

为落实全面实施各级领导干部个人有关事项报告制度，使党员领导干部个人有关事项报告制度正常化、方便化、长效化，市纪委和市委组织部在开始实施这项工作时就要求应用信息化手段加以支撑，而2005年底试行的全市市管领导干部个人重大事项报告，已初步实现了申报、汇总、统计、分析等方面功能。2006年，在原有基础上，市委组织部按照中央对党员领导干部个人有关事项报告的要求，进一步完善了用于全市各级领导干部有关事项报告的通用系统。同时，为方便各级领导干部报告个人有关事项，系统提供了两种申报平台：一种是采用C/S平台，主要供组织（人事）职能部门录入数据；一种是采用B/S平台，领导干部可以通过公务网，采用IE浏览器将个人有关事项直接录入系统。目前，两种平台均已完成系统测试，而C/S平台已于年底投入全市范围的首次领导干部基本信息收集工作之中。

3.为配合领导干部教育工作，研制成功了“领导干部教育培训信息管理系统”

2006年1月，中央下发了《干部教育培训工作条例（试行）》，要求各级党委组织系统加强干部教育培训工作，把干部教育培训与干部管理工作紧密结合起来，据此，市委组织部经过充分的调查研究，确定了通过以培训班信息管理为主线的干部教育培训信息管理系统的基本构想。该系统通过报名、调整、审核、统计汇总等工作环节，实现对干部教育培训信息的有效管理。通过技术攻关，目前实现了教育培训系统的培训班信息与市委组织部的“市管领导干部管理信息系统”无缝链接，一旦干部培训班结束，相应培训信息可直接进入“市管领导干部管理信息系统”的培训信息集。2006年，教育培训系统的研发和调试工作已经完成，争取2007年春季培训工作开展前投入试运行。

4.为进一步提高干部管理的工作效率，研发了用于干部任免过程的管理系统

按照中央深化干部人事制度改革和加强领导干部选拔任用的各项要求，2006年，市委组织部开始着手研发用于干部任免过程文档管理的信息系统。该系统主要是解决任免过程中产生的各类文档的管理以及这些文档产生的干部任免信息与“市管领导干部管理信息系统”进行有效交换等问题，从而达到提高工作效率，减少重复操作导致的信息差错。2006年，经过反复调研和修改，市委组织部研发完成了“干部任免文档管理系统（试用版）”，供内部各干部管理部门试用。

【以信息化手段提高换届工作的科学性、准确性】2006年下半年，中组部为配合省（区市）、地、县三级党委及政府等换届工作进行，推出了“换届考察管理信息系统”。市委组织部按照中央的统一要求，认真研究“换届考察管理信息系统”的特点，根据上海区（县）换届工作实际情况，及时进行了补充与完善，研发了人力资源调配、数据汇总比对、报表生成、数据校核等功能，提高了“换届考察管理信息系统”的实用性和可靠性。同时，市委组织部还研发完成了有关数据进入“市管领导干部管理信息系统”形成相关信息集的功能，使换届方面的信息有效进入日常管理范围。这

项工作的实施，在全市19个区（县）的集中换届工作中得到高度评价。在11月中央考察组对市委、市纪委两个班子的考察活动中，为配合中央考察组顺利开展工作，市委组织部把“换届考察管理信息系统”与增加的功能结合起来使用，大大提高了工作效率，得到了中央考察组的认可和好评。

【全面启动“基层党建信息化工程”】 2006年，为期一年半的保持共产党员先进性教育活动顺利结束，为使先进性教育建立长效机制，更好发挥党员在各领域发挥其先锋模范作用，市委组织部从2006年下半年起开始实施“基层党建信息化工程”。该工程在市信息委的大力支持下，确定了将市委组织部开发的两个信息系统（“上海市党员党组织管理信息系统”、“上海市党内统计系统”）、中组部在全国推广的“中国共产党管理信息系统（单机版，简称系统2005）”和市信息委党组在保持共产党员先进性教育活动中开发的“党员教育服务信息系统”进行有机整合，所形成的整个“基层党建信息化工程”将覆盖全市所有党员和党组织，从而形成对基层党组织服务与管理相结合的信息系统。至2006年底，该工程整合了以社保卡确认党员身份的认证方式，同时结合2006年度党内统计，重新梳理了组织树，而其试点在各级党组织开通了电子邮件和书记短信服务，并在“基层党建网”上试运行了党员在线学习系统。2006年，“基层党建信息化工程”启动，标志着围绕党内的信息化建设内容的整合得到了实质性启动，初步估计到2008年底，一个覆盖全市各级党组织的管理信息系统将建成，该系统基于市公务网和互联网平台，在确保信息安全的前提下，形成一个在各级党组织集管理、服务为一体的信息系统。

（彭海涛　于诚灵）

上海市档案局馆

【概况】 2006年，市档案局馆内网信息平台功能不断强化和完善，局馆工作人员接受了局域网办公业务培训，进一步推进了市档案局馆办公自动化进程，落实了“网上办文、网上办事”的目标；基于因特网的上海档案信息网站的点击率已突破350万人次，网站发布文字信息1 600余万条，可供检索的数据库信息超过100万条。同时，市档案局馆还与全市各区（县）档案局馆以及各专门、部门档案馆网站作了网页链接，一个全市性的档案信息网络利用平台已经建立。

【全市逐步推进电子公文归档管理试点轮训工作】 2006年，根据国家档案局6号令《电子公文归档管理暂行办法》和国家标准《电子文件归档与管理规范》精神，市档案局颁发了《上海市电子公文归档管理实施办法(暂行)》，并配套制定了《上海市电子公文归档管理实施指南》和相关演示软件，还组织举办“电子公文归档管理与文书立卷改革培训”培训班，对部分市级机关档案部门与19个区（县）档案局有关人员进行轮训，通过探索电子文件归档和文档一体化管理的做法与经验及有计划地进行试点和推广，使全市逐步推进电子公文归档管理工作取得实质性进展。

【2006上海市档案信息化工作会议召开】 12月26日，上海市档案信息化工作会议在市档案馆外滩新馆召开，全市各区县档案局、各市级机关和企事业单位的档案工作人员220余人参加会议。会议全面总结了“十五”期间上海档案信息化建设的成绩和经验，并对上海档案信息化建设“十一五”发展规划和工作任务进行部署。

【“2006上海国际档案信息化暨现代图书办公技术及设备展览会”举行】 11月15日，“2006上海国际档案信息化暨现代图书办公技术及设备展览会”在上海东亚展览馆隆重开幕。此次展览引入了图书办公领域的信息化产品。3天的展会展示了国内外数十家参展企业提供的档案信息化和图书、办公技术及设备新成果和品牌产品；展会期间，还举办了档案馆库建设采购信息发布会和新技术、新产品演示推荐活动，为档案部门应用高新技术成果、选购信息化软硬件设备用品起到桥梁作用。

【市档案馆被列为已公开现行文件利用试点单位】 根据《2006～2020年国家信息化战略》有关精神，国家档案局、国务院信息化工作办公室联合组织开展档案信息资源开发利用工作试点，上海市档案馆被列为已公开现行文件利用试点单位。按照相关行动部署要求，市档案局馆加强与市信息委的沟通与配合，成立以市档案局馆局馆长吴辰为组长、市信息委副主任刘健为副组长的试点工作小组。工作小组认真贯彻有关文件精神，开发并完善政府公开信息报送、查询利用系统，从已公开现行文件和政府公开信息的收集、整理、提供利用等环节全面筹划，全力以赴做好试点工作，并以此为契机，进一步以信息化手段推进上海档案信息资源开发利用工作。

【档案信息化研究成果获得丰收】2006年，上海档案信息化研究工作取得新进展，尤其是档案信息化科研成果，获得了丰收。经专家委员会评审，评出2006年度上海市档案科技成果获奖项目14项，其中信息化项目获奖10项，占获奖总数的71%；同时，有5个信息化科研项目获国家档案局优秀科技成果奖，其中还有2个项目同时获得上海市科技进步奖。获得国家档案局优秀科技成果奖一等奖、市科技进步三等奖的《电子政务环境下电子文件归档和电子档案管理系统研究》探索了在电子政务环境下实现电子文件归档和电子档案管理的新方法、新模式，为国内首创。

（费　芸）

上海市国家保密局

【概况】2006年，上海市国家保密局（以下简称“市保密局”）按照国家保密局保密科技工作“十一五”发展规划的总体要求，切实抓好涉密计算机及信息系统的保密管理，努力发挥保密工作部门在信息安全保障工作中的作用。

【规划部署全市保密科技“十一五”工作】全国保密科技工作会议召开后，市保密局认真抓好会议精神的贯彻落实工作，结合上海市实际，提出了贯彻意见，制定了市保密科技“十一五”规划。2006年11月，市保密局召开了上海市保密科技工作会议，学习传达全国保密科学技术工作会议精神，并对“十一五”期间上海保密科技工作的发展进行了全面部署；同时，全市各级保密工作部门进一步明确了“十一五”期间保密科技管理的任务，进一步提高对加快保密科技发展重要性和紧迫性的认识，有力推进上海保密科技工作的发展。

【将保密科学技术发展纳入全市信息安全保障体系】市保密局积极参与全市信息安全保障体系的建设，先后参与编制上海市信息安全“十一五”专项规划、筹备建立上海市信息安全综合监控体系、制定上海市涉密信息系统风险评估管理规范、上海市信息安全等级保护试点等多项全市性信息安全工作。通过积极参与、协调，市保密局将保密技术法规标准、涉密信息系统管理和网上泄密监控等保密要求和措施纳入了全市信息安全保障体系，从而加快推进和切实保障了全市保密科技管理工作。

【进一步提升涉密信息系统技术防护与管理能力】一是抓好涉密信息系统建设方案的审批，确保涉密信息系统安全保密方案审批工作的全覆盖。截至2006年底，市保密局共受理、批准涉密信息系统（局域网）安全保密方案185家，其中公务网接入网141家、涉密业务网29家、军工企业涉密网15家，受理涉密网络变更申请77家。通过抓好方案审批关，从源头规范了全市涉密信息系统的建设管理。二是抓好涉密信息系统测评工作。为了确保市公务网的安全保密，市保密局承担了市公务网接入网的安全保密测评工作，目前已完成了318个涉密网的测评，确保了涉密信息系统运行的安全保密。三是启动涉密信息系统分级保护试点工作。根据国家等级保护试点工作统一要求，市保密局与市信息委、市公安局、市委机要局等相关部门加强协调，组织了分级保护业务培训，提供安全保密产品名录，并对全市近620家党政机关及军工单位的网络状况进行了全面调研，为涉密信息系统分级保护工作全面实施做好了充分准备。

【加快保密技术研发，推进科研成果的转化应用】在国家保密局和市相关部门的大力支持下，市保密局加快推进了保密技术的研发和科研成果的转化应用。首先，在对信息安全企业全面调研的基础上，经市科委论证批准，市保密局设立了智能化内容传输与分析、基于加密的移动介质安全保密存储、边界技术与防护等有关保密技术的科研项目。其次，市保密局参与上海市信息安全综合监控体系课题，积极承担上海市党委系统网（上海市公务网）安全保密监督管理平台子课题的研究工作，课题成果受到市相关部门的充分肯定，并通过了验收，为进一步加强公务网保密管理和监控做好了技术准备。第三，针对近年来互联网泄密事件频发的情况，市保密局自主研发了互联网检查关键字库项目，极大地提高了互联网保密检查和监控能力。

【规范涉密信息系统集成商和涉密电子载体定点维修单位的保密管理】根据国家保密局《涉及国家秘密的计算机信息系统集成资质管理办法》，2006年4月和10月，市保密局共受理并初审通过了105家单位提出的涉密信息系统集成资质申请，向评估机构共报送了98家计161项。经国家保密局和市保密局资质委员会批准，通过了30家计39项涉密信息系统资质。与此同时，市保密局加强了对这些资质单位的保密管理。对全市31家涉密信息系统集成资质单位和3家涉密电子载体维修单位进行了集中检查，规范内部保密管理：与各单位签订了保密责任书，对近200名涉密人员进行了保密培训；建立了集成资质单位管理档案，实行保密联络员制度；对集成资质单位的涉密介质进行清理、回收，规范涉密介质的管理制度。

【做好政务公开和政府信息公开保障工作】市保密局积极主动与市政府办公厅、市信息委、市法制办等进行沟通和协调，督促指导市、区政府部门建立完善政府信息公开保密审查制度，并对政府信息公开中密与非密界定中的疑难问题加强具体指导。2006年，市保密局对全市97家政府门户网站进行了一次全面系统的检查，删除其中16家政府网站中677条不宜公开的信息，从而为政务公开和政府信息公开进一步做好了服务保障工作。

（黄　晓）

上海市人大常委会

【概况】2006年，上海市人大常委会成功使用“上海市选民登记信息管理系统”实现选民登记、管理信息化，这在全国范围内属于首创。市人大机关信息化系统改造工程总体完成，进入验收、扫尾阶段。建成了市人大机关短信平台并正式交付使用,通过无线表决、视频会场、短信通知等多种形式稳步推进机关会务工作信息化进程。“上海人大公众网”通过进一步规范、完善“人大网议日”这一品牌栏目的运作方式使得公众网成为市人大面向广大市民的网上窗口。“人大数字图书馆”为全体市人大代表、市人大机关工作人员提供智力支持。

【“上海市选民登记信息管理系统”建设】上海市区县和乡镇人大代表换届选举工作于2006年10月1日至2007年3月31日期间同步进行，首次采用上海市选民登记信息管理系统来辅助选民登记工作。根据市人大常委会领导“在当前形势下我们不仅要以先进理念来指导代表选举工作，而且还要以先进的手段来支撑代表选举工作”的要求，针对上海市人户分离、人企分离、企业注册地和生产（经营）地分离的情况日益增多的现状，2006年4月，市人大常委会牵头建设了“上海市选民登记信息管理系统”。这套在全国首创的选民网上登记系统具有选民登记、身份验证、网上张榜、增补选民和统计分析等功能。通过该系统，选民可以便捷地进行网上登记，并采取多种形式采集选民信息，实现选民资格网上转移和信息共享。实践证明，在此次区县和乡镇人大代表换届选举工作中，采用该系统辅助选民登记工作能有效提高选举工作的质量和效率，并为下一步的选举工作信息化打下基础。

【市人大机关信息化系统改造工程总体完成】2006年，在硬件设备集成工作基本完成之后，上海市人大常委会信息化系统改造工程继续推进，重点放在应用系统的开发管理、公务网保密方案的调研、文档一体化系统的试用和修改、信访系统的进一步完善等方面。10月，由上海市人大常委会信息中心委托第三方单位对整个系统进行了一次功能和安全性测试，测试完成后，系统集成单位对测试中发现的各类错误、问题进行了整改和完善。截至年底，整个信息化系统改造工程总体完成，进入验收、扫尾阶段。

【稳步推进机关会务工作信息化进程】2006年，上海市人大常委会办公厅在搞好常规会务工作基础上，探索通过无线表决、视频会场、短信通知等多种形式推进机关会务工作信息化进程。3月，上海市人大常委会会议厅作为视频分会场成功接入全国人大视频会议系统。上海市人大常委会委员、在沪全国人大代表通过该视频会场旁听了全国人大常委会第21、23次会议，参加了全国人大代表专题调研会和全国人大贯彻监督法专题讲座。2006年，上海市人大常委会办公厅共开通区县视频会场5次，在沪全国人大代表、上海市人大代表和区县人大机关工作人员可以就近选择视频会场旁听上海市人大常委会会议。

2006年，完成了上海市人大常委会机关短信平台的建设工作。该短信平台具有短信群发、短信回复、个性化短信发送、短信统计查询等功能。通过该平台可以及时发送会议通知及信息，有效提高工作效率和会务信息化水平。此外，在上海市人大常委会主任会议上使用无线表决器进行表决，不仅提高了会议的信息化含量，也让与会人员可以更充分地表达自己的意愿。

【“上海人大公众网”成为市人大的网上窗口】“上海人大公众网”（以下简称“公众网”）2006年日均浏览量为83 878页面，日均访问量达到6 213人次，“公众网”已具备了一定的社会影响力，正逐步成为宣传人大和联系公众的重要阵地。2006年3月底，首届“公众网”“双优”评选顺利结束，进一步加强了上海市人大机关和区县人大通讯员队伍，这支通讯员队伍全年共为“公众网”提供稿件3 296件。

被列为上海市人大常委会年度重点工作之一的“人大网议日”又取得新进展。通过修改有关规程，进一步规范、完善了“人大网议日”工作。2006年4月起，“网议”次数增加为每月两次，全年共开展了22次“人大网议日”工作。“网议”话题涉及环境保护、社区卫生与农村合作医疗、如何应对人口老龄化和住宅物业管理等各个方面，共有60位在沪全国人大代表、上海市人大代表及相关行业领导、专家作为嘉宾与市民进行了实时网上交流。在22次“网议日”活动中，市民共提出问题1 793个，嘉宾就其中668个有代表性的问题与市民进行了交流。

【“人大数字图书馆”提供信息资源服务】2006年，“人大数字图书馆”在《推荐借阅书目》栏目中，推荐新书2 249册；在《剪报信息》栏目中更新1 080篇剪报信息；在《视频讲座》栏目中推送24个视频讲座信息。上海市人大常委会组成人员、上海市人大代表和机关工作人员通过“人大数字图书馆”借阅工作参考书籍1 264册。（宋　兵）

上海市经济委员会

【概况】2006年，上海市经济委员会（以下简称“市经委”）大力推进信息化建设，主要进行了视频会议系统迁移、主机房改造和变迁、电子政务协同平台升级及门户网站改版等方面工作，并取得了显著成效。

【区县信息传输基础平台顺利完成】2006年1月起，市经委对各大集团和19个区县经委的网络和办公情况进行详细调研，同时在市公务网管理中心的支持下，和区县经委之间的传输链路采用了市公务网的非涉密域，并于6月全部开通，区县经委电子政务协同平台则从7月1日起正式运行。平台开通后，市经委和各区县经委之间可以通过此链路在电子签章等安全技术的保障下进行双向电子公文传输，不再需要纸质文件传输，极大提高了工作效率。

【信息系统改造工作基本完成】2006年，市经委顺利完成视频会议系统迁移及主机房改造、搬迁。5月，市经委将2002建成的视频会议系统全部迁移到公务网非涉密域，既节省了各大集团和各区县经委的租赁费，又统一了视频会议的链路问题，从6月起已召开数次视频会议。结合委楼层搬迁，5月起，市经委对原有的信息系统进行了全面改造，主要包括：主机房装修、网络拓扑结构调整、电气消防安全、信息点移位、多媒体会议室建立、办公隔断布线等。改造在不影响委内日常工作和网络不间断的前提下，建成了市经委新的网络系统。

【电子政务协同平台全面升级】2006年，市经委对电子政务协同平台进行了升级，目前已经完成系统开发工作，预计2007年2月底将上线试运行。新系统基于.NET架框和Oracle数据库开发，进一步优化了公文收发流程，并能自定义表单和流程，实现了柔性办公；通过图形化显示流转详情，采取岗位定制约束，大大提高了操作的便捷性并减少系统的误操作率，以提高办文效率；更新升级了市经委和区县经委间的收发引擎，从分散式架构提升为集中式架构，数倍提升了整体系统的传输效率，并保障传输过程中的故障率降到最低；此外，根据区县的反馈意见将区县协同平台升级到第二版，新增了高级检索功能、文件回收功能和及时意见回显功能等，力争使系统更人性化，符合区县的个性化需求。

【建立信息资源中心】2006年下半年起，市经委开始建立资源管理中心。中心利用全文检索功能提供文档、图像和数据等信息的检索服务，并提供移动公文包功能，同时能将最新的信息和文档导出，从而为委领导提供强大的信息支持。信息资源中心系统通过引入文档管理功能和对关系型数据库的支持，建立了支持多个维度管理的文档库，可以从不同的维度查找文档，提高了工作效率。该系统还引入全文数据库对信息进行有序汇总，对常规文档中的内容可以进行分析，提取出文档相关的关键字并建立索引，同时通过建立全文检索的功能对全文数据库进行查询，还能通过关键字查询图像的标题，使其可以与对应文档相关联。

【门户网站改版的新特色】2006年，市经委门户网站改版工作突出以下重点：

1.内外网协同处理是为公众服务的有效方法

网站改版后，市经委行政许可、主任信箱、网上咨询、网上投诉、信息公开等的网上申请内容在网站前台受理后都纳入网上办事流程，并给出受理号转入内部办公网进行处理，所有事项的办理状况和处理结果都可以在内部办公网络中查询，企业和公众根据受理号可以在门户网站中查询办事的中间状态和结果，同时在网站首页中公布具体事项的办理结果。

2.优化流程是推动网上审批的重要保障

推动网上审批，特别是关系企业和百姓切身利益、受众面大的事项能够在网上提供办理是网站建设的重点内容，但必须重新清理、疏通环节、优化流程，才能确保网上审批的顺利进行。如对上海市典当企业开办的审批，在网上申报前事先公布商务部下达的额度，避免了远超额度的竞相上报材料；事先公布符合审计和验资要求的会计事务所名单，避免了企业盲目和不必要的浪费。总之简化程序，减少重复作业和递送，以企业和公众所付出的最低成本作为目标是推动网上审批的重要保障。

3.以市经委重点工作为抓手推动网站建设

2006年，网站改版建设紧紧围绕市经委的重点工作展开。如在网站栏目建设中，“品牌战略”、“现代物流”、“工业旅游”、“党风廉政建设”、“经济运行”和“产业安全监测平台”是市经委的重点工作，特别是“经济运行”和“产业安全监测平台”应用范围涉及到19个区县经委、22个集团公司、100多家重点企业。而每月经济运行、经济预测、产业损害预警、节假日的市场供应监测情况都通过检测平台获得，该平台已经成为市经委了解信息、掌握动态、探索规律、搞好预测工作的重要渠道。

【建立上海产业投资项目管理系统】上海产业投资项目管理与信息服务网旨在建立集工商投资项目入库管理，形成项目备案、核准及审批的网上信息系统。该网不仅提供诸如办事指南、政策导向、专家资询、产业投资指南等网上的互动资讯，更通过市经委、区县经委、开发区管委会、央企集团、一般企业这样的多层级关系，通过信息化的手段完成项目入库、跟踪、统计、汇总。该系统的建立，将逐步把全市的工商领域项目投资有效纳入信息化的管理手段中来，以提供适时的正确决策数据基础；同时通过网上备案和审批流转，将大大提高企业项目备案的速度，并提高信息的及时跟踪度和共享度。基于此平台的备案机制，也可进一步应用到其他行政审批职能上来。目前，市经委对投资项目库管理系统已经进行了培训，正在上线试运行；信息资源中心项目程序也已开发完成，正在调试。

（张舒敏）

上海市公安局

【概况】2006年，市公安局组织开展了城市图像监控系统（一期）建设；同时，上海公安各级部门以超常规速度高质量、高标准完成了各项信息通信系统的建设和保障任务，为上海合作组织峰会安保提供了有力支撑。此外，市公安局的防火业务信息系统和基于TETRA数字集群无线通信平台开发的车辆调度管理系统应用研究通过验收。

【开展城市图像监控系统（一期）建设】2006年，市公安局组织开展了城市图像监控系统（一期）建设。主要内容包括：①重要场所、道路、水域和出入市境道口的监控点及其图像存储设备建设。共敷设光缆千余公里，新建、更新前端监控点近千个（套），配备了容量达T级别的硬盘录像机，新建监控点实现了数周的录像存储。②市公安局图像监控中心系统的扩容。完成市公安局图像交换中心系统视频矩阵扩容和各公安分（县）局及市公安局有关业务单位图像交换系统的升级改造，并将市公安局流媒体系统图像传输能力提高了2倍。③对全市位于重点场所、交通要点的社会图像监控系统进行联网或复接建设。共联网接入数十个社会单位和数个公安单位的监控图像。④建立了无线图像传输系统。该系统实行“统一平台，专业共享”的运行模式，为满足反恐、突发事件处置、社会治安面控制、道路交通监控、刑事案件侦破等工作需要提供了广阔的应用空间，进一步提高了图像监控资源的利用率。

【确保上海合作组织峰会安保通信畅通】为提升上海合作组织峰会期间公安系统现场指挥和处置突发事件的能力，市公安局对应急联动中心第二指挥室进行了改建，开通各类网络20余个；在市公安局与上海警备区等6个单位之间组建了一个百兆IP网络，建成了可视对讲系统；开通了市公安局指挥中心与各前沿指挥所之间的网络指令系统；专门安装开通各类电话百余部，新编、重编各类电台4 000余部；为巡逻（开道）车（艇）安装GPS设备400余套，对近千辆次的GPS巡逻车进行了数据修改；增设、调整数个无线基站以完善信号覆盖，解决信号干扰问题，并通过800兆临时联网解决了在地下轨道空间内与市公安局指挥中心实时通信的问题。

【防火业务信息系统通过验收】该项目是一套基于B/S架构的信息管理系统，主要建设内容包括消防行政审批、消防监督检查、火灾原因调查、消防行政处罚的规范化、程序化、流程化，以及消防安全重点单位消防档案的电子化、模式化。该系统应用UML作为系统建模语言，进行系统构架的设计，通过Relational Rose或者Visual Moduler等建模工具，帮助开发人员和业务人员进行交流，有效建立了防火业务信息系统的模型。该系统采用html格式来保存种类繁多的法律文书，能满足自动合成、流转审批、有限制地允许用户修改等功能，适合在网上传输和在数据库中存储，并能体现丰富界面样式，也可以执行脚本语言，方便用户对法律文书的处理。该系统符合当前消防监督工作需要，已经在上海各级消防监督部门中应用并将向全国消防监督部门推广。

【基于TETRA数字集群无线通信平台开发的车辆调度管理系统应用研究通过验收】该系统基于上海公安800兆TETRA数字集群无线系统的API接口进行建设，充分发挥TETRA系统资源开发和利用共享的作用。项目组完成了TETRA平台的GPS车辆定位系统软硬件产品的开发工作，将消防车辆日常管理、火场情况车辆实时定位显示跟踪、车辆信息、火场信息、指挥调度辅助决策与GPS系统融为一体，形成消防车辆管理的实时调度，实现了消防车辆在火警处置和应急抢险过程中的位置信息和各种处警状态的实时监控。该系统整合了现有的消防系统和TETRA系统，集话音、数据传输为一体，自立性强，反应速度快，资源利用率高，从基础数据上形成对消防GIS系统的支持，充分发挥GIS可视化、业务容量大等特点，使决策及时、准确传送，做到了业务应用和宏观决策支持并重。

（侯陈继）

上海市民政局

【概况】2006年，市民政局、市社团局按照局信息化的总体要求和年初制定的任务目标，抓紧推进民政信息化各项业务工作，克服了任务急、时间紧等诸多困难，较好完成了年度工作任务和目标。

【修订完善《上海民政信息化“十一五”发展规划》】根据局统一要求，市民政局信息中心进一步修订完善了《上海民政信息化“十一五”发展规划》，确保其在“十一五”期间为民政事业发展提供持续有效的信息化保障和服务。其中，民政信息管理平台、以民政GIS为主的辅助决策平台、民政业务网点信息化管理全覆盖被列入《上海民政事业发展“十一五”规划》的综合支撑类指标之一；民政基础资料数据库、民政电子政务平台、民政GIS被列入《上海民政事业发展“十一五”规划》的保障措施之一。2006年，市民政局启动建设民政电子政务平台（一期）和民政地理信息系统（GIS）；2月，完成民政电子政务平台的招投标工作。全年，市民政局基本完成各项开发工作，于年底投入项目的培训和其在市民政局机关的试运行。GIS项目于9月开始起步，市民政局首先拟订了GIS数据采集方案、机构数据采集的技术规范、各业务处室数据的收集统计等，年底前完成项目的业务需求调研和技术方案起草，同时进行了项目的招投标工作。

【民政电子政务平台（一期）建设】2006年，市民政局完成了民政电子政务平台（一期）的招投标、软件开发、整合业务系统等全部开发工作，并进行了市局机关的操作培训，现已投入试运行。

【开展系统安全与维护工作】在系统安全和维护方面，市民政局对系统服务器设备定期进行系统管理、监控和维护，解决系统运行中出现的各种故障；每天进行数据备份，定期进行系统及数据库全备份并异地存放。一年来，共解决小型机、PC服务器较大故障数十次。同时，市民政局加强公务网日常维护，完成局公务网网站的发布工作，并增加信访、局长室等新的用户功能。经过上海市安全测评认证中心测评，市民政局信息系统符合有关规范要求，取得了上海市信息系统安全测评审定书。

（陈　岗）

【市社团局信息化工作】

1.成功实施民间组织网上年检

2006年3～6月，市社团局组织实施民间组织2005年度检查工作，此次年检工作率先在全市范围实施网上年检并同步取消传统的书面年检方式。全市有6 655家民间组织参与此次网上年检，占应检总数的99%。此次年检作为政府部门网上办事的一项成功案例，得到国家民间组织管理局和市信息化主管部门的高度好评。

2.完善社团局政务网站

市社团局政务网站全年发布政务信息400多条、行政许可公告500多条；答复网上咨询200条，答复局长信箱来信100多份，答复率达到100%；处理网上投诉12起、依申请公开事项33起；更新各类网上登记表格28张。此外，市社团局积极做好政府部门网站评比的参评工作。2006年，市社团局共上报“中国上海”门户网站各类信息700多条，录用率达92%，信息报送综合排名在全市50家参加评比的委办局中排名第六，同比上升了12位。

3.开展民间组织诚信评估体系建设工作

2006年，市社团局开展民间组织诚信体系建设调研，建立相关评估指标体系，获取民间组织诚信记录；建立和完善全市民间组织诚信体系建设信息库，完成全市民间组织诚信体系建设信息库的立项报批工作。

4.规范信息化工作制度

通过狠抓制度建设及规范化管理，市社团局完成18个内部工作制度的新建编制工作，同时在全局发布工作制度汇编。在信息化管理方面，市社团局专门制定了《市社团局信息化专用设备使用管理办法》和《上海市社团局计算机网络信息安全管理办法》等规章制度，有力保障了各项业务工作的顺利开展。

（市社团局）

上海市司法局

【概况】2006年，上海市司法局（以下简称“市司法局”）信息化工作认真落实局工作会议和局系统第一、第二次信息化工作会议精神，严格管理，攻坚克难，全年共提请或组织召开各类专题协调会议230次，实施各类项目24个，司法行政信息平台和法律服务百姓平台建成并投入使用，行政许可管理系统等重点应用项目开发和使用取得新突破，人民调解、安置帮教管理、社区矫正等系统推广迈出坚实步伐，全系统二级联网工程全面完成，全系统信息共享和协同办公的架构初步形成，电子政务对于司法行政工作的推动作用日趋显现。

【全系统联网工作进展顺利，二级联网任务全面完成】2006年，市监狱管理局、市劳教局依托市公务网顺利完成网络升级改造，提高了信息化网络应用环境；经过与各区县司法局、信息委及有关部门的协调，杨浦、南汇、宝山、长宁、青浦等区司法局先后完成公务网接入工作，全市19个区县司法局的联网工作已全面完成；市矫正办联网工作实施完成，同时接入公务网加密域和非加密域；上海政法学院、市法律援助中心和司法宣传资料中心先后接入市公务网；2006年11月，市公务网管理中心批复同意将市法学会、律师协会、政法人才培训中心等3个直属单位接入市公务网，目前正在实施中。

原定二级联网任务全面完成，本系统“城域网”建设已基本完成，在公务网上初步构建了一个安全、稳定、高速的网络环境。与此同时，浦东、嘉定、金山、奉贤等区司法局实现了与下属司法科所的全面联网，全系统三级联网工作取得实质性进展。

【信息化重点项目开发和应用取得突破】2006年3月，司法行政信息平台建成并投入使用，截至2006年12月18日，信息平台总访问量为25 166人次。市司法局向信息平台发送动态信息和各类文件1 876件，上传国际国内新闻63 509件、各类视频学习材料及重大新闻456部；各区县司法局向信息平台发送各类信息16 950条，静安、徐汇、南汇、嘉定、奉贤、金山等区司法局发布各类信息超过1 200条。信息平台作为全系统信息共享和协同办公基础性平台的功能逐步显现。

2006年3月，法律服务百姓平台正式开通，引起了领导机关和社会各界的广泛关注，目前平台总点击量达到52 369次，取得较好的社会效果。行政许可管理系统开发工作克服了跨部门、跨单位整合需求和应用的重重困难，按时完成了各项开发和培训工作，于2006年底完成了验收工作，正式投入运行。截至年底，该系统共受理行政许可1 109件。

【各项业务软件开发、应用和推广取得新进展】 2006年，社区矫正软件完成单机版和网络版软件开发工作，已完成19个区县司法局和19个街道乡镇试点单位的培训工作；刑释解教人员管理信息系统全面推广工作启动，按计划完成了三批16个区县司法局、205个街道乡镇司法所的应用推广工作，市矫正办已正式使用系统开展安置帮教工作；财务报批和智能查询软件完成开发，并投入试运行；基层管理信息系统开发完成，完成网络版软件全市培训和推广工作；外国所及港澳地区代表处管理系统、司法鉴定管理系统、司法考试管理系统、律师管理系统升级项目建设完成，并投入使用。

【机关信息化建设再上新台阶】 2006年，市司法局机关信息化工作主要有：视频和电话会议系统建设完成并投入使用；完成全机关互联网接入点重新核定和“外网监控管理软件”安装调试工作，加强了对全机关互联网使用的管理工作；OA系统功能不断优化完善，全年共组织完成程序修改更新217处；启动局机关网络带宽扩容工作，互联网带宽比年初提升了5倍；局机关电子政务中心建设完成，为解决机关工作人员网上学习和查询资料提供了保证；司法行政地理信息系统、干部考核管理系统、综合档案管理系统、门禁就餐考勤一卡通、媒体采集点播系统等项目通过验收，并投入正式使用。 （吴 东 刘 涛）

上海市财政局（上海市国家税务局、上海市地方税务局）

【概况】 2006年，市财税局围绕财税中心工作，以构建财税信息化各项运作平台为目标，加快财税信息化建设步伐，全面提升财税信息化应用水平和管理水平。一是细化上海财税信息化“十一五”规划；二是推进财政信息化工作；三是进一步提升税务信息化管理水平；四是办公自动化进一步推广应用。

【细化《上海财税信息化“十一五”规划》】 《上海财税信息化“十一五”规划》于2005年编撰完成，2006年进入细化完善阶段。

借鉴国际通用的项目管理方法，实现了项目的“四统一”，即项目及其命名统一、项目制约因素统一、分报告内容及格式统一和项目组文档管理统一。在详细分析信息化建设现状的基础上，进一步明晰今后五年的建设目标。

对规划中所涉及的项目进行现状调研，对2006年信息化建设需求进行汇总、分析，确定项目分报告内容、项目名称、定义及各项目分拆或合并情况；对综合管理系统项目的配套项目进行询研，完成了《综合征管改造配套项目行动策略》，归集分报告55份，明确分报告汇总和评审的方法；完成了55份分报告的初步评估和排序。围绕综合征管项目的启动，进一步明晰各项目业务发展的需求，采用分析和筛选模型，确定了“十一五”期间需要建设的16个信息化重点项目，根据项目的目标、定位、必要性、实施方案，完成了16个项目的分报告，并形成财税信息化“十一五”规划的行为策略总报告。

【制订区县财政信息一体化建设实施意见】 为贯彻落实财政部提出的“统一领导、统一规划、统一技术标准、统一系统平台和统一组织实施”的原则，市财税局结合上海财税工作实际，调研制定了区县财政信息化建设统一、规范方案，从而实现资源整合，提高财政信息化应用水平。4月，开始对19个区县财政信息化的现状、新的业务需求情况、财政信息化建设中遇到的问题等进行逐项调研；4～5月，到浦东新区、青浦、松江、嘉定、徐汇区财政局就财政信息化规划和年内要实现的目标进行调研，掌握区县财政信息的网络建设与应用情况、市区两级网络连接问题、各区县财政局现行机构设置和系统管理员配置、财政核心软件的应用情况及各区县局对市局推广软件的服务支持反映等。通过对区县财政信息化建设调研，市局摸清了各区县财政当前信息化应用现状，分析并整理出区县财政信息化工作中所存的难点，对相关问题进行分类梳理，撰写原因分析和对策设想；下半年，根据调研意见汇总，结合区县财政信息化现状和实际改革需要，按照财税信息化“十一五”规划要求，市局提出规范、统一区县财政信息化建设的工作方案初稿，并会同相关处室多方听取意见、建议，修改方案内容，经过不断完善，形成《区县财政信息化建设指导意见（讨论稿）》。

12月11日，市局召开区县财政座谈会听取关于财政信息化建设方案的意见，并进一步吸取区县财政的合理化建议，修改完善区县财政信息化建设的工作方案，形成了区县财政信息一体化建设实施意见。

【进一步推广应用办公自动化系统】

1.进一步拓展OA系统功能

2006年，市财税局开发了Web化方式的局领导业务处理子系统、信访管理子系统、单位内部工作流管理子系统、OA系统与法规查询系统接口、市局与分局电子公文传输联网应用等。

2.开展OA系统涉税审批事项管理模块的推广应用

在2005年各基层分局对涉税审批事项全面梳理的基础上，2006年，分批将涉税审批事项纳入OA系统管理，第二季度选择具有共性的减免税、退税共计35个涉税审批事项先期纳入OA系统管理；第三、四季度逐步将其他涉税审批事项纳入OA系统管理，并在所有税收征管分局推广应用。

3.开发完善法规数据库

现有财税系统内网中的政策法规数据库涵盖1993～2004年《财税企业法规汇编》中的8 000余篇政策法规性文件，2006年，市财税局进行软件的完善工作，增加了用户个性化页面、树状分类等功能，开发法规库与OA系统的接口模块，实现法规库与OA系统衔接，从而使OA系统内的政策法规文件可直接转入法规数据库；同时，市局还将2005、2006年政策法规文件导入数据库，并对历年的失效文件进行统一处理，使系统数据更加完善、及时、准确，从而为上海财税系统内部人员提供政策法规查询应用，并通过在上海财税网站运行该软件，方便了社会用户快捷查询财税法规。（市财税局）

上海市劳动和社会保障局

【概况】2006年，上海市劳动和社会保障局（以下简称"市劳动保障局"）信息中心根据局党组对劳动保障系统建设的有关要求及年初制定的《信息中心年度工作任务计划书》，努力完成各项工作，克服了系统开发及后期维护等方面所遇到的诸多困难，在充分保障系统稳定的基础上，继续贯彻实施"以我为主"的系统开发维护目标；并通过《劳动保障管理信息系统运行管理办法》及信息平台的完善，使系统管理水平有了提高，基本完成年初既定的各项工作目标。

【通过系统优化和强化管理，确保整个系统安全稳定运行】

1.系统优化工作顺利开展

⑴业务系统优化工作稳步推进。2006年，市劳动保障局主要完成部分重点模块的程序优化工作。截至到12月21日，共完成劳动子系统问题处理需求1 900条，社保子系统问题处理需求325条，网站系统问题处理需求1 098条，系统问题出现总量同比减少30%。同时，通过开展后台驱动前台优化的工作，对系统程序问题进行优化分析，共发现应用程序问题40余次，完成400余个程序的优化修改。此外，通过以点带面，对系统中所有涉及相关的程序进行有计划的检查和修改，有效控制和解决了可能影响系统稳定的隐患。

⑵组织技术攻关，解决应用程序（Task Shared Pool）内存泄漏问题。针对几年来一直困扰系统稳定的主要问题，即"日志文件采集占用大量系统资源，影响前台用户的运行速度"问题，市劳动保障局经对日志文件的采集分析研究，发现并确定了应用程序中存在的内存泄漏根源，通过对CICS系统的升级，基本解决了泄漏问题，加强了系统的稳定性。

⑶开展学习型组织活动。市劳动保障局通过钻研技术，实现网站与系统数据同步和数据交换流程的自动化处理；根据原先网站数据需每月从系统通过人工干预进行大量复制，造成系统资源大量消耗、数据差错率高的情况，开发了一套可保证内外网数据通过数据库的自动作业而非人工干预来调用数据的同步程序，从而避免了数据复制给业务系统带来的影响，同时实现数据迁移和校验的自动化，减少了人为干预，提高了工作效率，降低了管理成本。

2006年，通过实施一系列有效措施，局系统可用性指标达到了高水平，其中，业务系统达到99.44%，网站系统达到99.85%，电话中心达到99.97%。同时，局网站的日点击量平均达到337万次。

2.稳步推进《系统运行管理办法》编写与管理平台的开发

在2005年推行实施需求管理、开发管理、数据管理和变更等管理核心流程平台化的基础上，2006年，市

劳动保障局完成了对故障管理、故障处理、软件开发、网站开发、数据开发及知识管理平台几个模块

的优化试运行工作，同时完成配置管理、质量管理模块的开发，使运行管理平台的系统管理控制功能得以落实和完善。

全年，市劳动保障局通过该管理平台，共计处理新增项目1 049个，制定任务流程12 815个，处理故障单总量达13 937份。

3.系统安全水平进一步提高

市劳动保障局在系统中全面实施“域管理”，对所有网内用户都统一实施CISCO认证,从而实现访问权限的集中管理，进一步增强系统的防病毒能力，使系统整体安全水平获得进一步提高；容灾备份系统进一步完善，每月的系统安全检查及每季度的容灾切换演练正常进行；继续强化网络入侵检测功能，形成较完善的系统防御体系，使抵御外部攻击能力有了进一步提高。

【商务管理工作有序开展】2006年，市劳动保障局通过平台化的商务管理系统使商务工作各项流程继续做到规范、透明、严谨、公平。下半年，中心依托平台，认真贯彻落实局“三重一大”各项制度，不断完善商务管理系统，建立有效的监督机制，从而最大限度降低人为因素，构筑起设备采购工作中预防腐败的堤坝。截至12月底，共签订合同74个、涉及金额总计5 918.2万元，其中，维护合同33个、合同金额3 149万元；项目合同26个、合同金额828.6万元；外协合同15个、合同金额1 940.5万元。

【队伍建设进一步加强】2006年，市劳动保障局信息中心以创建“学习型组织”为抓手，提出“后台驱动前台优化”、“JAVA开发模版规范化管理”、“外围设备维护规范”等学习课题，并在运行管理平台上自行开发了知识库系统，形成一个专业技术知识交流共享的平台。目前，平台上已积累了200多个技术问题的专题讨论。（杨　挺）

上海市对外经济贸易委员会

【概况】2006年是上海市对外经济贸易委员会（以下简称“市外经贸委”）大型信息化项目“政务信息系统”建设的关键一年，也是各子项目陆续完成和验收的阶段。“政务信息系统”是外经贸委有史以来资金投入最大的专项信息化建设工程，也是从根本上改变外经贸委办公模式、提高办公效率、迈向现代化机关建设的重要里程碑。市外经贸委本着“以数据平台为基础、以业务处理为核心、以信息安全为保障、面向业务支持、面向公众服务”的原则，2006年实施了以业务系统和数据仓库为支撑、以门户网站和投资促进平台为窗口、以OA系统为核心应用模块的建设体系，重点建设包括OA系统、网络安全、网络链路负载均衡、视频会议、电子签章及外事、会展等业务系统在内十几个子项目，大大提升了全委信息化应用水平，促进了工作效率和服务水平的提高。

【电子签章嵌入内部办公系统】2006年，市外经贸委建立了内部电子政务网络平台，通过该网络平台，开展了如办公自动化（OA）等电子政务项目。为方便企业的申报，市外经贸委还提供多项网上办事的服务。在这些应用中，解决身份认证、确保网络中传输的数据真实性、完整性、合法性等问题已成为进一步发展和推动上述应用的关键。为此，市外经贸委建设了电子签章系统，主要目标即是解决整个外经贸委的电子政务内外网，所在机构部门在办公自动化、电子审批、电子申报等电子政务应用中电子签章的安全问题。该系统在基于Web应用的OA系统和网上业务受理系统中，实现对电子公文数据的电子签章。

2006年，随着市外经贸委内部办公系统的进一步完善，电子签章已经成功嵌入了机关内部办文和办事系统，全委处级以上领导干部的亲笔签名均可网上实现，保证了各类文档和办事申请在生成、流转和传输过程中的真实性、有效性和不可抵赖性。电子签章在外经贸业务网上受理的应用也将进一步推进。

【内部办公门户建立】经过几年的信息化建设积累，市外经贸委政务信息系统对外包括外资、外贸、外事等若干公共服务系统，对内涉及OA、数据整合分析等办公系统，业务覆盖广、系统利用率高。内部办公门户的建立，实现了“一次登陆、一套界面”的信息系统集成化的办公新模式，解决了跨系统的身份验证、繁琐的系统切换、高成本的客户端购配以及多头业务处理的困难。内部办公门户以既有OA系统为基础，纵向整合业务处理、数据查询等10余个子系统，横向归并

信息、流程、工具等3类数据源，并经梳理归类，建立了包含近百个供选模块的订阅中心，基本达到了公务员分业务、按岗位来定制信息系统的目标，大大提高了办公效率。通过外网RSS订阅方式，可根据使用者需求及时推送各类网上通用信息，同时实现了个性化的界面展示和内容定制功能。

（市外经贸委信息化处）

上海市审计局

【概况】 2006年，上海市审计局紧紧围绕全国审计工作会议精神和市委、市政府对审计工作的要求，进一步拓展思路，稳步推进审计信息化建设各项工作，完成“上海市审计信息化系统”设备系统集成和应用系统需求调研整理工作；完成国家“金审工程”之一的“审计管理系统”在专网的部署工作；继续推进计算机技术在审计管理和审计业务中的应用，有效提升了审计工作的效率和质量。

【稳步推进“上海市审计信息化系统”建设】 2006年，市审计局完成小型机与网管软件、存储设备与备份软件、安全系统、服务器、网络交换机等设备的安装、配置、调试和联调工作；组织开展应用系统架构技术研讨，形成的实施方案通过了专家论证会技术论证；同步开展应用系统的业务需求调研和整理工作，完成系统功能模块的设计，并形成业务需求材料和绘制模块流程图，为下一步应用系统的具体实施打下较好基础。目前，应用系统建设进入招投标阶段。

【完成审计署“审计管理系统”专网部署工作】 根据国家审计署的要求和市审计局信息化建设的规划，在审计专网部署了金审工程之一的“审计管理系统”，完成了系统安装、配置测试、操作培训、试运行等工作，并与长宁区审计局和宝山区审计局已部署的审计管理系统进行了互联。该系统包括机关办公、审计项目管理等功能，其部署完成，可以实现上与审计署、下与区县审计局审计管理系统的互联互通。

【继续推进计算机技术在审计管理和审计业务中的应用】 2006年，市审计局一是继续做好在内网运行的“上海市审计局管理信息系统”维护工作，保障内网行政管理和审计业务工作的顺利开展；二是加大计算机现场审计技术支持力度，扩大审计覆盖面，审计效率和审计质量都得到提升；三是坚持培训工作与审计工作实际相结合，在全市审计机关内部分层次举办各类计算机审计软件培训班，总人数超过170人次，审计人员学以致用，在审计工作中取得了较好效果；四是成立局计算机审计检查小组，对局2006年度的审计项目——计算机审计开展情况进行检查，为推进运用各类计算机审计软件，促进计算机技术在审计业务工作中的运用起到积极作用；五是继续在全市审计机关开展审计专家经验和AO审计实例报送审计署参加评审工作，2006年度，共组织报送审计专家经验10篇，9篇入选，4篇被评为优秀，优秀率占全国审计机关10%，被审计署评为“优秀组织单位”，组织报送AO审计实例8篇，3篇被评为应用奖，5篇被评为鼓励奖。

（市审计局）

上海市人民政府外事办公室

【概况】 2006年，上海市人民政府外事办公室（以下简称“市政府外办”）继续推进政府信息公开工作，丰富信息公开的发布形式；改进、调整“上海外事”网站，并进行了上海外事管理信息系统建设。

【政府信息公开工作推进】 根据《上海市政府信息公开规定》要求，市政府外办积极、主动开展政府信息公开工作。2006年，主动公开和依申请公开政府信息89条、约15万字，全文电子化率达100%；接受市民咨询2 583次。同年，市政府外办丰富了主动公开政府信息的发布形式，组织驻沪领事馆召开情况通气会，共举办涉及知识产权保护、人口政策、信息化和新农村建设等的热点情况通气会21次。此外，市政府外办组织驻沪领事馆、新闻机构参观市重大工程建设；改进、调整“上海外事”网站，及时在网站上公布政府公开信息，方便广大市民查询；制作“今日上海”对外宣传小册子及境外驻沪记者工作指南等手册。

【“上海外事”网站建设】 2006年，市政府外办对“上海外事”网站建设工作作了改进，并结合内部信息系统建设的进展，将需要发布在网站上的信息生成、审核、提交等工作逐步过渡到内部信息系统统一的平台上，同时进一步规范了信息上网，满足上海市政府门户网站的标准和规范，提高了工作效率。

2006年，市政府外办对“上海外事”网站页面进行了近20次调整，新增了视频新闻和“事务咨询”栏目。“事务咨询”栏目实现了与市民的实时互动。同时，整合了对外表彰、驻沪媒体等栏目，而网站页面整体也有所调整。

【上海外事管理信息系统建设】2006年，市政府外办基本完成了“上海外事管理信息系统”，项目。该系统立足于办公自动化、外事活动安排和外事服务管理等应用的开发，基本实现了文档数字化、办公自动化和信息传输网络化，从根本上解决了政府信息公开和网上办事工作的后台支持功能，提高了外事工作的公共服务和管理能力。同时，该系统把所有涉外信息集中管理，提高了对外事工作的分析、研究和决策水平，从而提高了涉外审批工作的效率和水平。如护照签证处因公出国护照签证网上申报系统的运行及在全市的推广，基本实现了外网受理、内网办理、外网反馈的模式，从而方便了各申报单位对本单位出国团组的管理及申报工作，缩短了前台办理时间，受到了各单位欢迎。（袁孟俊）

上海市国有资产监督管理委员会

【概况】2006年，上海市国有资产监督管理委员会（以下简称“市国资委”）认真贯彻落实市委、市政府关于电子政务建设的有关精神，围绕全市国资管理体制改革和国有企业发展的中心工作，加大国资监管信息化工作推进力度，以《国资监管信息化“十一五”发展专项规划》编制为抓手，积极探索利用信息化手段提高国资监管工作效率，不断加强信息系统开发和信息资源整合。一年来，国资监管信息化工作全面推进。

【《国资监管信息化“十一五”发展专项规划》编制】面对“十一五”期间全市国资国企改革发展的新形势和新任务，为加强国资监管信息化建设，探索利用信息化手段切实加强国有资产监管，根据市委、市政府和国务院国资委关于规划编制工作的有关精神，市国资委编制了《上海市国资委信息化“十一五”发展专项规划》（以下简称“《规划》”）。《规划》以邓小平理论和“三个代表”重要思想为指导，贯彻科学发展观和党的十六大及历次全会精神，认真落实市委、市政府提出的加快国资国企改革发展的总体要求，力求成为规范和指导全市“十一五”期间国资系统信息化工作、具有前瞻性、科学性、可操作性的行动指南，使信息化在国资监管工作中真正发挥基础支撑和引领带动的作用。

《规划》编制过程中，市国资委充分调研委内和出资监管企业的信息化建设现状，深入分析“十一五”期间国资监管工作发展对信息化建设提出的更新更高的要求，并借鉴国内外资产监管、企业治理等方面的先进理论和成功实践，确定了“十一五”期间市国资委信息化建设的指导思想、建设原则，提出监管信息化建设的总体目标。监管信息建设的总体目标：到“十一五”期末，建成和完善国资监管“三平台、三应用、三体系”（即建立网络运行、数据共享和应用支撑三大平台，建设国资监管、国资委日常业务和办公管理、综合门户三大应用，完善信息化安全、标准和治理三大体系），实现信息化监管覆盖国资监管全过程、覆盖市国资委全部出资监管企业。

【应用系统建设和完善】

1.远程视频会议系统

为提高电子政务应用水平，降低会务成本、提高工作效率，市国资委建设了远程视频会议系统。该系统建设于2005年启动，2006年完成主会场建设和第一批31个分会场的接入工作。7月20日，市国资委举行系统开通仪式，并通过系统召开了市国资委系统信息化工作会议。为加强系统管理、推进系统应用，市国资委制定了《上海市国资委视频会议系统管理办法》，并组织分会场操作人员培训。

2.产权事务管理信息系统

该系统共包含“网上办事”、“后台处理”和“综合查询”3个模块，2006年内主要进行前两个模块的完善和第三模块开发，目前系统已投入应用。借助该系统，市国资委可动态采集国有资产在各行业的分布情况和流向信息，为进一步的数据挖掘和决策支持提供基础。

3.机关党建网

围绕机关党建工作需求，年内，市国资委开发了国资委机关党建网。该系统包含“机关党委工作”、“党建资料”、“主体活动”、“基层党建”等10个板块、近40个栏目，具备专题学习、工作通知等功能。目前，该网已正式上线投入应用，较好地配合了机关党建工作。

【出资监管单位信息化建设推进】为贯彻落实科教兴市主战略，围绕市委、市政府“以信息化改造传统产业”的有关要求，市国资委大力推进出资监管单位信息化建设。为此，市国资委召开全系统信息化工作会议，对企业信息化工作作出部署；下发通知并组织规划编制研讨，推动企业“十一五”信息化规划编制工作；起草《市国资委出资监管单位信息化工作指导意见》，积极联系信息化专业机构，为企业信息化建设积极提供指导、支持和服务。（张 岩）

上海市统计局

【概况】2006年，上海市统计局（以下简称“市统计局”）继续推进电子统计工作，建立统计元数据库管理系统，实现统计制度方法的电子化和流程化管理；建立统计数据综合处理系统，提高数据处理工作的规范性和安全性。

【统计设计管理】2006年，市统计局建立了统计元数据库管理系统，实现了统计制度方法的电子化和流程化管理，从源头上保证了统计数据处理、存储和发布的标准化。利用市统计局内部网，专业统计人员可以确定统计指标、维护统计代码、设计统计报表，最后由综合统计部门进行审批。以元数据库管理系统为基础，可以逐步规范统计报表，整合历史数据，实现跨行业、跨年份统计数据的集中存储与共享，并通过数据仓库、统计分析等工具进行汇总、分析和发布。

【统计数据综合处理系统】根据局各部门的工作流程和业务逻辑，以及各种调查的不同范围（全面调查、抽样调查）和不同对象（企业、家庭等），市统计局建立了集中统一的数据处理、加工和分析的综合业务平台，取代了目前使用的相互独立、功能各异、平台不一的子系统，从而提高了数据处理工作的规范性和安全性，减少了工作量。通过统计数据综合处理系统，市统计局业务人员在数据采集完成后，通过合并加载各类数据，进行逻辑、平衡关系校验和历史对比、总量分析，核对修正错误数据，完成数据净化，再经过必要的转换、计算和汇总，生成各类统计报表，上报国家统计局或其他政府部门。

【统计信息化“十一五”规划】2006年，市统计局以统计数据中心为平台进行业务流程再造，并注重统计信息资源的开发利用，同时积极推进现代信息技术在统计部门的应用。为此，上海市“十一五”统计信息化主要任务是：进一步完善“电子统计”工程项目，即建成一个统计数据中心，形成一个统计数据综合处理大平台，实现制度方法、网上直报、综合处理和数据仓库、信息安全4个体系，并以“电子统计”工程为主线，通过统计设计的标准化、系统建设的网络化、资源整合的共享化，分阶段、有重点地开展系统建设和资源开发。（严秀芳）

上海市工商行政管理局

【概况】至2006年12月底，市工商局计算机系统（以下简称“金管工程”）拥有28套小型机、141台PC服务器、653台网络设备、4 612台终端设备。系统使用IBMIDS64位数据库，全市数据库已积累147.8万条企业名称、135.4万户企业信息、62万户个体工商户信息、302.1万条企业申请核准信息、336.6万条连续9年的企业年检信息、52.7万个案件处理信息、9.7万条企业广告和商标登记管理信息、3.7万条在册执业经纪人登记管理信息。

【对OA系统进行全面改造升级，提高系统性能】2006年，市工商局对局OA系统软硬件进行全面升级。硬件部分包括硬件设备选型、硬件兼容性测试以及更换全市22个节点的89台PC服务器；软件方面包括在新的服务器上安装全新的64位操作系统和服务器软件兼容性测试和升级，共升级64位操作系统91台、64位数据库软件22套、64位邮件软件25套。同时，在全市100多套PC服务器上安装了MOM2005软件，完成了对PC服务器的运行状态、邮件系统、数据库系统、WEB服务等的监控。

【加强数据开发与应用，提高市场监管水平】2006年，市工商局充分利用通过信息化建设集中起来的大量市场监管数据，使其直接服务于市场监管工作。在国家工商总局“金信工程”企业分类监管黑牌企业名单全国联网的基础上，市工商局一方面做好上海黑牌企业的整理上传工作，另一方面及时下载全国黑牌企业数据，在“金管工程”企业登记、企业年检、综合监管等系统中加入了对黑牌企业的比对和提示功能；同时，从“上海市企业基础信息共享应用系统”提取税务登记证号、纳税情况和组织机构代码等信息，嵌入工商所综合监管系统，在企业年检和市场监管工作中加以应用。（隋 博）

上海市质量技术监督局

【概况】2006年是上海市“金质工程”项目建设的开局年，上海市质量技术监督信息化工作以质量技监专用网建设为基础，以信息资源规划为前提，以业务系统招标和分析设计为重点，全面启动“金质工程”的各项建设任务。

【完成《信息系统运维体系》课题研究】为规范质量技术监督系统信息化管理工作，提高管理工作的有效性和针对性，由市质量技监局相关部门、局信息中心及外部咨询单位联合启动了《信息系统运维体系》课题研究。经过课题组成员的共同努力，现已完成《信息化项目管理规范》、《信息化综合管理规范》及立项管理、外包管理、需求管理等9个制度文件草案的制订工作，为上海市“金质工程”后期的运维奠定了理论基础。

【区局管理规范试点工作启动】为提升管理工作水平和提高行政管理的有效性，树立统一的质监形象，市质量技监局印发了《关于在部分区质量技监局开展规范管理试点工作的通知》和《上海市区县质量技术监督局管理规范》（以下简称“《规范》”）等文件，明确了浦东新区、徐汇区、宝山区和松江区质量技监局为4个首批试点单位，正式启动了区县局管理规范试点工作，并要求试点单位进一步细化《规范》中的各项要求，健全管理体系，完善各项制度，为《规范》在全系统区县局的全面实施积累经验，推动区县局行政管理工作的制度化、标准化、精细化，最终达到提高行政管理工作效能的目的。

【上海质量技术监督政务网站建设】

1.网站版面调整工作完成

2006年，市质量技监局继续秉承政府网站“整合网站资源、突出重点工作、增强服务功能”的建设原则，在保持原有版面基本结构的前提下，对网站进行了重新策划，并在风格、使用、内容和服务上进行了调整，提高了质量技术监督工作在公众中的认知度，提升了公众的满意度。调整后的上海质量技术监督网较原版网站总体色系更柔和、表头图案主题更清晰；栏目表现更直观和贴近百姓；增设热点栏目，使重大事件报道更及时，信息表现更突显；归类更趋合理和规范；全文检索功能得到进一步加强。

2.制订维护操作规范，初步建立网站运维的长效机制

为了确保上海质量技术监督网信息发布的准确性和规范性，加强信息发布的监督检查机制，2006年，市质量技监局修订了《上海质量技术监督网站维护规则》，制订了《上海质量技术监督网日常信息维护检查规则（试行）》和《上海质量技术监督网部门栏目解释说明及维护操作规范（试行）》，就网站日常信息维护检查原则、检查职责、检查内容、检查流程及10个重要栏目的维护要求、责任部门作了具体说明，明确了网站信息各维护操作部门信息员AB角制度，为建立网站运行维护的长效机制提供了制度保障。

3.完善网站评议制度，实施网上专家评议

根据上海政府网站评议及《上海市质量技术监督局政府信息公开及网站监督检查工作实施办法（试行）》要求，市质量技监局拟定了网站自评及行业专家网上评议办法和评议表格，制作了网上评议信息系统，组织了对市局及19个区县局政务网站2006年度的检查评议工作。此次检查评议就信息公开、网上办事、便民服务、互动渠道等4项主要内容和主要栏目进行了综合评议，并根据单位自查情况、专家评议意见、网站日常检查和维护情况等在系统内进行了通报和综合评定。

【加强信息技术基础培训工作】为全面推进局系统信息化工作建设，加强局系统中层干部熟练掌握信息技术基础知识应用操作能力，市质量技监局根据局2006年度教育培训计划，分批组织市、区县局中层干部参加了信息技术基础知识的应用操作培训。通过2天较为系统的操作培训，提高了学员的应用操作能力，为下一步“金质工程”业务系统的全面推广和应用创造了条件。

为配合和推进上海市“金质工程”项目建设，全方位提高各级领导对信息化工作及电子政务重要性的认识，市质量技监局举办了电子政务考察培训工作，局信息化规划协调小组成员参加了培训。培训工作分专

题讲座、考察培训、研讨总结等3个阶段进行。培训工作紧紧围绕电子政务发展趋势及发展策略、“金质工程”项目建设及实效评估、网站建设推进等主题内容，分别邀请了清华大学首席教授、微软首席架构师、“中国上海”门户网站主任等专家进行讲座并现场答疑。协调小组部分成员还赴山东省质量技术监督局等单位就“金质工程”项目建设进行了调研和取经。

（市质量技监局）

上海市食品药品监督管理局

【概况】2006年，市食品药品监管局在原有信息化建设组织架构基础上，成立了市食品药品监管系统“信息化工作领导小组”，进一步明确了由局信息中心负责局系统信息化建设方案的具体实施；同时，构建了政务网、食品安全网、办公内网3个网站，推动了网络建设与应用。

【组织体系建设】2006年，市食品药品监管系统“信息化工作领导小组”成立后，专项制定了局《信息化管理办法》，该《办法》对方案设计、设备采购、软件开发流程、信息发布等各个信息化建设环节做了详细的规范，并从制度上明确了各单位各部门在信息化工作中的任务与职责，推动了局信息化工作的进一步深化。此外，市食品药品监管局还制定了《信息安全应急响应预案》，力求能及时响应信息系统的安全紧急事件（包括发现并判定安全事件类型、抑制事态发展、排除系统故障、恢复信息系统正常操作等一系列安全响应措施），将事件损失降到最小。该《预案》还对安全应急响应目标、应急响应小组架构、各组成员职能、安全应急事件分类、安全应急处置流程等逐一做了规定。

经过几年的摸索实践，市食品药品监管局系统已初步建成了较完整的信息化工作组织体系，各级领导也高度重视该项工作，全力配合市局与信息中心开展信息化建设。

【网络建设与应用】 2006年，市食品药品监管局机关本部已完成政务外网光纤的接入，现正实施建立各区县食品药品监管分局的光纤接入工程，并与市局现有网络平台实现互通。目前，已构建了3个网络应用，即政务网、食品安全网和办公内网。

1.政务网

“上海市食品药品监管局政务网（www.shfda.gov.cn）”一直以来都坚持“服务政府、责任政府、法治政府”的建设理念，自2003年以来经过5次改版，已逐步转向以公众为中心的网站架构和内容组织模式。网站把“政策法规库”的建立作为面向社会提供食品药品相关信息的主要抓手，目前已有食品药品各类相关政策法规2 000余条。网站在丰富政策法规库内容的同时，不断简化和方便公众的查询，通过多渠道多方式的人性化检索途径，为公众及时提供准确可靠的法律法规信息。

2.食品安全网

2006年的1月，市食品药品监管局正式开通了食品安全信息的门户网站——“上海市食品安全网（www.spaq.sh.cn）”。该网站以贴近市民、服务大众为出发点，以食品安全监管为核心，食品安全预警发布为特色，形成了一个沟通普通市民和相关企业的交互式平台。该网站主要的板块包括消费提示、最新发布、热点聚焦、市民互动、专家视点、安全案例、食品科技、政务中心、网上办事、食品信息搜索、饮食文化等栏目，并定期发布食品安全信息，推介名优产品，曝光违规事件，公布各类认证企业资质，披露不合格食品名单。

3.办公内网

在已完成的一期OA平台中，市食品药品监管局初步形成了全局系统的综合门户平台，基本实现了各系统相关信息的汇聚。OA平台通过统一的权限认证，用户只需登陆OA平台即可无缝进行相关业务系统的操作，而集中的权限管理保证了每个用户都有清晰明了的权限设置。同时，各个平台上的相关信息将整合到办公平台的某些栏目中，实现真正的行政和业务的无缝衔接。

【数据资源与共享】市食品药品监管局的信息化框架吸取了现行比较流行的信息资源管理的思想，从系统高度出发，建立全局的数据资源，并以建立统一的数据编码体系和数据交换平台为手段，改造旧的应用系统，规范新开发的系统。

1.数据编码体系

由局信息中心牵头，进行了各相关部门单位的孤立系统的数据整合以及基础性代码整合，形成基础性代码集中共享的、信息交互流畅的、面向服务的数据信息中心，为市食品药品监管局未来信息化建设的可扩展性和规范性等提供了一定范围的基础性制度保障。在数据编码规范中，对和市食品药品监管局相关的各类数据代码进行统一的编号，并发布给相关职能部门或单位共同遵守执行。

2.不同业务系统数据的互通互联

通过实现业务上实时的信息数据共享，使信息和数据服务于监管工作，比较典型的应用是在流通审批系统中，通过共享流通审批系统和执业药师管理系统的数据，实现了对药师与挂牌药店的动态监管，从源头上杜绝了药师的多头挂靠现象。

3.各业务系统的数据沉淀、整理后的展现和应用

各业务系统的数据经过沉淀和整理，最终成为核心基础数据库的一部分，为业务监管查询、公共信息服务、统计报告的生成等需求提供具体的数据服务。目前，局正在建设的"移动监管系统"是实现基本数据查询的典型应用，而"GIS监管查询系统"是一个基础数据增值应用的典型范例。（柴　雄）

上海市新闻出版局

【概况】2006年，上海市新闻出版局（以下简称"市新闻出版局"）加大力度重点推进信息化建设，完成"公务网安全加固集成及公务网信息采集集成"总体需求调研、招投标和建设，现已投入正式使用；依托市政府政务外网，开通了政府信息公开申请政务外网处理系统；依托公务网，实现宣传系统、视频会议系统和财务处理系统；通过2B+D的ISDN实现新闻出版总署视讯会议系统。

【完成"公务网安全加固集成及公务网信息采集集成"】市新闻出版局"公务网安全加固集成及公务网信息采集集成"于2005年11月在上海市政府采购中心公开招标，2005年12月，上海市政府采购中心、上海市新闻出版局和万达信息股份有限公司签定了上海市新闻出版局公务网站建设合同，该项目于2006年2月正式实施。信息采集集成的建设，可以快速准确地采集到全国范围内的新闻出版行业的最新信息，提高信息获取能力和反应速度，进一步提升市新闻出版局网站的特色和建设目的。安全加固集成对整个局域网的防火墙系统、VPN虚拟网络系统、病毒防治系统和服务器进行了全面升级，政务网安装了主页防篡改软件，并根据工作需要重新划分网络环境，加入流量监控功能和高级过滤功能，提高了网络管理的水平和安全防范的性能。2006年8月，整个项目通过验收。

【做好上海书展工作】2006年，由市新闻出版局为主体打造的上海书展申请了自己的网站域名（www.shbookfair.com），书展网页也进行了调整。书展期间，网站发布新闻107条、通告7条、书目73 334条、单位信息42条和期刊75条，并发布了每日销售排行榜、书展活动、展馆平面图和交通平面图。同时，在展会现场设置了书目检索咨询服务中心，短短7天时间接待前来咨询、检索书目的人数达3万多，为读者提供了更加细致、到位的服务。

【做好网上咨询、在线投诉和政府信息公开工作】市新闻出版局政务网从服务公众、方便使用的前提出发，扩大了信息采集范围，加强信息采集力度，在丰富网站内容的同时也更注重政府部门与公众之间的互动交流。截至2006年底，网站访问量已达383 572人次；全年共处理在线咨询282条、在线投诉88条，并做到了件件有回复；发布各类信息200余条，向"中国上海"门户网站报送信息161条，被采用111条，采用率为69%，上报信息量是2005年的200%。市新闻出版局还实现了主动公开政府信息在局办公自动化流转产生的同时即时在政务网的政府信息公开专栏上自动发布功能，并制作了相应的维护工具，实行每日监控，在即时、主动公开政府信息的同时，确保非主动公开的政府信息不在政务网上发布。到2006年底，政务网上的政府信息公开目录已达220条，全文电子化率达99%。

（梁国奋）

上海市人民政府侨务办公室

【概况】2006年，上海市人民政府侨务办公室（以下简称"市政府侨办"）紧密结合侨务工作的总体目标和要求，提出了侨务信息化工作的目标、任务、要求和措施，制定了《市政府侨办电子政务系统项目》方案，对"上海侨务"网站进行了改版，积极开展了网上办事，并对内部网络重新进行综合布线，优化内部网络构架，对服务器、交换机等网络设备进行了优化配置，深入推进各项信息化技术在侨务工作中的应用。

【加强侨务信息化工作规划】2006年，市政府侨办召开侨办信息化工作会议，提出了侨务信息化工作的目标、任务、要求和措施；按照市政府侨办信息化建设应服务于侨务工作的要求，制定了《市政府侨办电子政务系统项目》方案，进一步加强侨务工作管理，提高网上协同办公与信息交互能力，促进政府职能完善，从而更好地为海外侨胞、归侨、侨眷服务。

【加强“上海侨务”网站建设，完善为侨服务平台】市政府侨办强化服务政府、责任政府、法治政府意识，以服务为特色，对“上海侨务”网站进行改版，并积极开展网上办事，加强为侨服务工作，充分发挥网站独特作用。市政府侨办相继在网上开展了“2006年夏季华文教师研修班”、第三届“华商企业科技创新合作交流会”、“上海市社区侨法宣传月”、“‘相约上海共迎世博’海外华裔青少年夏令营”等重大侨务活动的宣传报道，扩大了活动的宣传面和参与面；主动收集海外华侨华人及国内侨界人士关注的信息，并以“关注上海”电子邮件方式发送，深受海外侨界人士欢迎；开设“华文教育”专栏，提供华文教材在线阅读，为海外华侨华人提供了学习中华文化的新平台；进一步完善“华侨华人信息服务网络平台”、“便民信息”、“为侨服务”等栏目内容，拓展为侨服务信息发布渠道；开展"侨务政策大家谈"在线交流活动，在线回答有关侨务政策方面的咨询，吸引侨胞、归侨、侨眷的参与；开展侨务政策法规有奖知识竞赛活动，进一步宣传侨务政策法规；开展在沪侨资企业、上海新归侨现状专题网上调研活动。

【优化内部网络，推进办公业务应用建设】2006年，市政府侨办重新对内部网络进行综合布线，优化内部网络构架，对服务器、交换机等网络设备进行了优化配置；推进办公自动化系统应用，改进办文业务流程和设置，规范操作，提高办公效率；完善市政府侨办信息资源库，及时更新侨务信息数据，提高数据的准确性和可靠性；开展多形式的培训和指导，提高应用系统的使用效率和干部的操作水平。

【推动区县侨务信息化建设】2006年，市政府侨办指导各区县侨办的信息化建设工作，表彰信息化工作先进集体和个人，加强信息化工作交流，总结先进经验，使区县侨办信息化建设水平进一步提高。如在“上海侨务”网站中及时报道区县侨务工作动态，发布各区县侨办政府信息公开、为侨服务等方面信息，更好地为广大侨界人士服务。同时，各区县侨办加强信息资源库建设，进一步完善了“上海市侨务系统信息资源库”信息数据。

【确保网络信息安全】按照中央和市委的要求，市政府侨办积极开展信息安全保密教育和自查工作，进一步提高机关干部的安全保密意识，严格做好信息安全保密防范工作，同时认真做好信息化管理维护工作，保证系统和设备的正常运行，确保信息系统的安全保密。

（市政府侨办）

上海市金融工作委员会、金融服务办公室

【概况】2006年，在委办领导的关心和指导下，“上海市金融业务信息系统项目”建设进展顺利。同年，上海市金融工作委员会、金融服务办公室（以下简称“市金融工委、金融办”）对“上海金融”网站栏目进行梳理，对内容进行扩充。

【业务信息系统项目金融数据平台建设】针对金融数据保密安全的特殊要求，为“上海市金融业务信息系统”独立建设了市金融办和各金融机构间的数据传输网络，数据传输两端均设保密机和保密卡，传输全过程均在专线网络上完成。截至2006年底，项目硬件建设已全面完成，数据传输网络正在铺设，软件开发也即将完成。同时，市金融工委、金融办为确保业务信息系统项目的顺利实施，对数据平台指标体系进行确定，并按照委办领导办公会议精神，本着“简单、适用、可行”的原则，从风险防范、金融形势分析、金融监管等几方面工作需求，对指标体系进行认真讨论，形成了会议纪要，从而最终形成金融监管部门、主要金融市场、市属金融机构等3个层面的数据平台指标体系。

【“上海金融”网站建设】2006年，市金融工委、金融办对“上海金融”网站栏目进行了调整，整合、增删了部分栏目，使栏目结构更加清晰，内容更加贴近市民，做到亲民、便民。网站新增的理财板块从银行、保险、基金、外汇等方面充实市民关心的理财心得，普及理财知识；金融风采栏目通过图片、视频等生动活

泼的形式展现上海金融系统的工作情况。

截至2007年3月，“上海金融”网站访问量突破14万人次，共发布1.1万余条信息，日均发布信息40条。同时，网站积极配合“上海门户”网站开展各项网站工作，包括GSCI全网检索系统的升级，网站日志开放，撰写稿件以及信息上报等。（钱 璟）

上海市粮食局

【概况】2006年，上海市粮食局贯彻实施市政府信息化领先发展战略，围绕粮食工作中心任务，以转变政府职能、推进政府信息公开、搞好便民利民服务和给粮食业务提供信息技术支撑为重点，进一步推进粮食信息化建设，并取得新的成效。

【推进上海粮食网建设】一是继续推进政府信息公开工作。市粮食局按照《上海市政府信息公开规定》有关要求，把可公开的局发文件及时在上海粮食网公布。二是增强上海粮食网信息发布功能，全年共发布全市粮食工作动态和国内粮食信息312条以及粮食市场信息1 321条。三是增强粮食市场信息监测功能，建立全市粮食批发市场信息监测系统和粮食零售市场信息监测栏目。四是增强在线办事功能。按照建设服务型政府目标，市粮食局不断完善网上办事栏目，将其作为粮食企业办理有关粮食业务的网上直通车；同时，增设粮食收购许可证续办和中央储备粮代储资格认定的网上办事内容，及时公示审批结果，提高粮食行政效率。五是完成上海粮食网第三次改版工作。此次改版对网站首页进行了结构性调整，使布局更合理，结构更紧密，互动性更强，体现上海粮食网特色；充实和完善便民服务、粮油市场等栏目及内容，为市民、为粮油经营企业、为粮食行业提供信息服务。上海粮食网总点击率达2 207.11万次，累计有136.47万个IP地址终端进行过浏览，来自全国各地注册用户达到3 270人。

【不断推进局域网和局公务网建设】根据局领导关于信息化要化为每个处室、每个干部的工作内容和工作效果，共同推进、共享成果的要求，2006年，市粮食局进一步推进局域网建设，各处室全年共发布信息905条，不仅有效发挥了沟通情况、促进工作、信息共享的作用，而且提高了工作效率。同时，市粮食局加强局域网信息工作管理，全面升级局域网办公自动化系统，提高系统处理数据能力和安全稳定性。此外，市粮食局坚持安全保密高效原则，继续做好局公务网站内容编辑刷新工作，及时为市委、市政府提供信息参考。同年，市粮食局做好公务网的安全保密工作，定期开展密码检查，确保网络绝对安全。

（金巍巍 熊一鸣）

上海市高级人民法院

【概况】2006年，上海市高级人民法院（以下简称“市法院”）信息化工作紧紧围绕“公正和效率”主题，积极践行司法为民宗旨，坚持运用现代信息技术为审判工作服务、为领导决策服务、为方便当事人诉讼服务的工作方针，不断加强各类信息技术软件的开发、利用和维护，全市法院信息化水平得到全面提升。

【综合管理信息系统建设】2006年，市法院继续坚持司法为民、服务审判原则，进一步完善上海法院综合管理信息系统。

1.民事电信(V1.0)、物业(V1.0)和借贷(V1.0)简易案件审理系统和刑事(V1.0)简易案件文书系统

民事简易、电信简易、物业简易、借贷简易案件审理系统以及刑事简易案件文书系统实现当庭审理全过程自动化。简易案件审理系统和文书快速生成系统能帮助法官快速审理简易案件，极大方便审判人员，同时也能规范审判过程，提高审判效率。电信案件软件自推广使用以来，截至2006年底共审结案件1 256件。

2.上诉案件移送系统(V3.0)

新版上诉案件移送系统对原系统进行优化和完善，解决了2005版系统存在的上诉案件在一、二审法院之间的审判流程脱节、案件信息不能共享等问题。同时，该系统统一了全市法院上诉移送接口以及数据标准，并在系统中实现审判庭、一审立案庭、二审立案庭、二审审判庭之间的移送流程、各业务环节的监控功能和基于本院和全市法院的统计功能。

3.全文检索平台软件(V3.0)

新版全文检索平台主要实现法院日常工作中检索文本数据的需求，该系统结合上海法院权限管理平台提供对全市法院法律文书、案例库、其他文本文件的全文检索功能。同时，该平台解决了原全文检索功能支持的检索类型少、数据量限制、并发查询请求限制

等问题。

4.新世纪上海法院案例库(V1.0)

2006年，市法院整理制作了民事、民商事、刑事、行政、立案信访五大类的新世纪上海法院案例库。该案例库主要是为基层法官常规性裁判和文书制作提供借鉴、参考的范本，不具有拘束性，法官可以在法院信息网上迅速查询和检索。该库所选案例为全市各家法院提供上载经过审核后精选的常用案件案例，选编以常用案例为主，兼顾新型、疑难复杂案件。

5.权限管理系统(V3.0)

新版系统利用人事系统中的人事基础数据建立新的组织架构，将分布式应用和集中式应用的赋权体系都集中在统一的权限平台上，解决了旧系统使用不便、部分权限需求无法满足、数据实体关系较混乱及垃圾数据较多的问题。新系统从根本上统一了所有法院应用的底层权限架构，从长远角度看，增加了软件的可维护性、规范性和科学性，提高了全市法院用户赋权的可操作性和易用性。

6.2006版审判质量评估系统(V3.0)

2006版审判质量评估指标体系将该系统的赋权移植到新版权限系统，并对若干基层法院和部分条线进行个性化方案开发，使各级领导对各法院、各条线、庭室和个人的工作有了直接的了解从而进行量化管理，也使各级领导能够及时调整管理策略，为更好地辅助领导决策提供科学依据；同时也使各法院的相关工作人员从繁重的统计工作中解放出来，提高工作效率。

7.教育培训系统(V2.1)

该系统实现培训信息发布、报名、审批、班级组建等一系列流程的信息化管理，并增加实习情况管理，完善查询统计、各种档案表格自动生成打印等功能，解决了长期培训班各实习阶段管理的问题，使得各个实习阶段的成绩、课时完成情况、个人实习总结、教师、法院意见评语等得以分阶段、分权限有效管理，从而更加贴近法院培训业务的实际需求。

8.司法警察系统(V2.0)

该系统涵盖了警务工作、警训工作、车辆管理、警政工作、警用装备和条线信息发布等功能。警务管理细化为提押、还押、移监、执庭、执勤、送达、交换、看管、执行保全、执行死刑、出差和考勤等；警政管理从警员信息、政治理论教育考勤和警容风纪检查等方面对司法警察的政治思想进行管理；警训工作涵盖体能训练、专项培训和警衔培训；车辆管理涵盖驾驶员管理、车辆档案、车辆调度、车辆维修、车辆保险、车辆事故、车辆审验、车辆油耗等功能。

9.代管款管理系统(V1.1)

该系统完成了代管款通知单打印、认领，并将收费系统的代管款数据自动导入到法院业务系统；与案件建立关联，实现通过案件来查询代管款等功能。同时，该系统方便了案件承办人打印代管款通知单，及时了解承办案件的代管款收发情况。该系统现已在高院试运行。

10.上海法院网站(V4.0)

2006年，上海法院网站进行改版，成功完成了从旧构架到新框架的升级，增加全文检索功能、信息点击排行等功能。市法院对网站页面的布局、频道的类别以及栏目进行新的调整；对整体界面、图片新闻浏览进行优化。新网站突出重点，将法院工作人员常用的系统、常看的信息放置在页面的首要位置，方便广大法官使用。

【信息化专项建设】 2006年，市法院通过严格论证，本着务实求效的原则，以需求为导向开展信息化专项建设。

1.视频会议系统

为了更密切地与各区、县法院交流协作、提高工作效率、节约办公经费，市法院以市公务网为网络基础构建网络视频会议系统。通过该平台为高院和各区县法院之间建立一个通畅的上传下达、集思广益的通道，为新时期审判工作提供有力保障。该系统于2006年初建设完成，全年共使用该平台召开会议数十余次。

2.证人（远程）作证系统

该系统通过视频对话的方式，证人不直接到庭作证，在法庭外的证人作证室内通过视音频系统的转播即可进行作证或接受法庭相关人员的询问，实现证人的庭外作证，消除了证人出庭作证的顾虑，保护了证人的人身安全，在证人作证难问题上进行了有益探索。

3.上海法官学院弱电工程

2006年，市法院对学院的教学楼和宿舍楼进行弱电改造。改造后，学院的信息和高院信息实现实时同步，培训实况可远程直播和点播，所有宿舍实现Internet接入，既提高了干警培训的效率，也满足了干警培训时远程办公的需求。

4.全市法院警务车辆GPS系统

上海法院系统原来警车调度仅靠对讲机联络，有时指挥中心只知其大致地点，难以作出精确判断和灵活调度。同时，信息反馈也受通讯工具的限制，难以快速收集整理。装备GPS系统及警车安装卫星定位系统后，指挥中心可查出任何一辆警车所在精确地点以及行走轨迹，特别是在提押重大案件案犯时，指挥中心可随时获知警车所在位置和方位。

5.信访监控系统

2006年，市法院对柳州路信访办监控系统进行升级改造，并在全市法院信访疏散地（黄金城道）实施监控系统。改造后，院领导和信访办干警可通过桌面计算机随时查看上访群众及法院周边情况，为处理群众上访提供及时、直观的视频资料。该系统自动录下的影像资料也为公安部门处理信访纠纷提供直观的证据，有力维护了社会稳定。

6.庭审录入分屏显示系统

由于部分当事人声音较轻、发音不准、语速快、叙述复杂或多人同时说话以及书记员理解偏差等原因，导致庭审后出现当事人对庭审笔录有异议。为此，2006年，市法院在两个民事法庭实施庭审录入分屏显示系统。该系统将录入内容实时公开显示，让审判员、当事人能及时发现错漏，提醒书记员及时纠正，减少了双方当事人对庭审内容的事后异议，符合“阳光审判”的要求。

7.移动总机项目

2006年，市法院在全市法院实施移动总机项目，全市法院干警手机号码由移动总机号＋分机号的形式替代，法院干警间通话只需在手机上直接拨对方手机分机号。而平时，手机仍保留原来自己的号码，打电话、发短信都不受影响。实施移动总机项目后，大大降低法院干警接听手机的费用，节约了办公经费，方便了干警间的沟通和交流。

【管理和保障】2006年，市法院完成“关于2006～2010年上海法院信息化发展”的专题调研；编撰各审判条线技能操作手册6套；对部分法院弱电改造和庭审改造项目进行技术指导和参与验收；帮助全市法院做好2007年信息化预算工作。

同年，市法院通过统一和单独培训方式将2006年新上线项目逐步推广到全市法院，共计培训40余次。同时，市法院形成了对各种桌面信息化设备和大楼各弱电系统的故障响应时间短、解决速度快的能力，保障了设备和大楼的良好运转。（市法院）

上海市人民检察院

【概况】2006年是上海市检察机关落实信息化建设三年规划的关键一年，上海市人民检察院（以下简称“市检察院”）根据高检院的部署，在市检察院党组的高度重视和正确领导下，按照对信息化工作面临的形势任务要有新认识、以办案软件为重点的深化应用工作要有新思路、完善信息化建设的保障机制要有新举措的工作要求，围绕规范办案，重点突出应用，通过升级优化软件、全面推进应用、提高规范化水平等工作，实现了信息化工作的有序推进和健康发展。10月，经高检院和市政法委推荐，市检察院将检察办案信息化工作成果在中政委召开的规范执法工作会议上作了介绍发言；12月，在全国检察机关信息化应用推进会，市检察院也作了经验交流。

【“两简”办案软件开发及办案流程和法律文书的进一步规范】2006年，市检察院信息中心与市院公诉处联合，以审查流程改革方案为基础，开发了“两简”案件（简易程序、普通程序简化审）专用办案流程，实现了“两简”案件审查流程的全市统一，并规范了相关的法律文书。经过为期4个月的试运行，计算机自动生成法律文书的准确率达到90%以上。该软件主要特点：一是加强人性化设计。根据不同的操作说明提示，使承办人及时了解新模块的作用。二是规范信息输入格式。在案件事实、证据罗列、量刑建议等方面的输入格式均做了严格控制，特别是在证据分析方面，更强调来源合法性、内容真实性、证据关联性，以确保文书报告的规范性和准确性。三是智能化程度进一步提高。该模块能根据不同的法定情节，自动套用法律条款加以归纳，并根据实际工作特点进行排列组合。该软件已在全市各基层检察院推广使用。

【业务条线管理、指导类软件开发应用】为探索和深化市检察院各业务条线对下级院业务部门案件管理、业务指导、绩效考核的信息化应用，2006年，在基层院“检察办案系统”全面应用基础上，市检察院控申、反贪、公诉、侦监、渎检等业务部门的条线管理、指导、考核类软件的应用部署工作全面展开，并取得较大进展。该软件具有受理、考核、事务、业务、资料五大子系统，其考核子系统通过对工作效果和效率的动态跟踪，将量化的考核标准与网上记录数据相关联，借助计算机强大的信息处理功能，自动汇总考核结果、同步进行网上公示，形成了科学考核机制。

【控申案件、线索全市分流统一平台建立】 2006年，市检察院建立"控申案件、线索全市分流统一平台"，实现了全市12类控申案件、线索的统一管理、分流和重复线索预警，为全市控申业务的整合提供了高效、便捷的信息化技术支撑。该平台具有对全市检察机关各类线索、案件数据上传、个案查询、重大案件跟踪、敏感信息预警、流程监控、实时统计分析等功能，从而实现了对控申业务的全方位记录、统计、查询、多媒体附件附加，使全市控申信访数据实现了信息共享。

【检法刑事诉讼案件信息交互系统启动】 2006年，市检察院积极开展与相关刑事司法部门共同开发、建设信息交互平台的工作。年初，市检察院就如何利用市公务网将刑事案件信息及法院实现交互和共享的课题与市高级人民法院进行了反复论证和协调，确定了检法业务信息交互的内容，制定了总体设计方案和技术实施方案；9月，与开发公司签订协议，正式启动"检法刑事诉讼案件信息交互系统"项目的开发工作。该项目旨在利用市公务网平台和上海检察二级专线网，实现全市各级检察院与对口法院在诉讼环节中的信息交互与共享。年内，项目建设一期主要完成全市19家基层检察院和法院在一审诉讼环节中数据、法律文书等信息交互与共享，包括《开庭通知书》、《起诉书》、《判决书》等法律文书的网上实时交互。项目二期将要完成分院、市院与中院、高院之间的数据交互以及诉讼全过程的信息交互。

【上海市检察信息综合运用平台通过验收】"上海市检察信息综合运用平台"暨"上海检察网站"、"上海市人民检察院公务网"及"上海市人民检察院内网"三网网站改版项目，在上海计算机软件技术开发中心技术测试合格的基础上，于4月12日，通过了由市委办公厅（室）系统计算机应用项目领导小组办公室主持的专家组技术评审和验收。该项目以突出"三网系统合一，信息统一管理、交换和共享"等方面的优势和技术特点，受到各位评委的高度认可。

【市检察院一、二级专线网视、音频多媒体传输系统项目启动】 2006年，经过充分调研和论证，市检察院正式启动了"上海市人民检察院一、二级专线网视、音频多媒体传输系统"项目建设。该项目包括市检察院视频会议室系统改建和相应的多媒体传输系统建设，其中改建的视频会议室系统包括：大屏幕投影显示系统、多信号处理系统、会议发言讨论系统、会议摄像及视频会议系统、会议音响、扩声、集控系统等。同时，为了实现高检院召开一级专线网视频会议时可作为分会场、市检察院召开二级专线网视频会议时可作为主会场两种要求，市检察院会议显示系统采用了国际先进的三片式DLP投影和边缘融合技术，并利用其自身的画面处理功能实现对屏幕上的窗口画面进行整屏、漫游、缩放、复制等多项操作。该项目建成后，将使全市基于专线网的相应网络多媒体资源得到更充分的利用，对开展案件侦查协调指挥、案件远程汇报讨论、各类检察业务培训、一、二级专线网电视电话会议等应用提供一个先进、实用、专业的多媒体平台。

【上海检察机关信息化自主创新成果展示】 为进一步推动检察信息化应用工作协调有序发展，加强全市检察机关自主创新能力，提升检察信息化应用水平，11月，市检察院召开了全市检察信息化自主创新成果评审会。会议邀请了市有关专家和市检察院业务部门的领导担任评委，对通过初审的18个单位共25个项目逐一进行了评审。金山区院"绩效考核系统"、浦东新区院"行政执法与刑事司法信息共享平台"、铁检分院"铁检系统的应用办公自动化软件"获一等奖；虹口区院"综合信息平台"、浦东区院"检察业务分析决策系统"、黄浦区院"绩效考核管理系统"、虹口区院"办案软件数据综合利用系统"、卢湾区院"USB移动视频录音录像系统"、一分院"处室综合目标管理考核软件"共6个项目获二等奖；宝山区院"办公自动化系统"、长宁区院"检察档案信息资源管理系统"、铁检分院"全程同步录音录像系统"、二分院"案件流程管理系统"、宝山区院"职务犯罪信息综合管理系统"、奉贤区院"数字化、网络化视频监控系统"共6个项目获三等奖。此项活动的开展，为全市检察机关取得的信息化创新成果搭建了一个交流和展示的舞台，同时也是对全市检察机关具体实践高检院“三位一体”机制建设成果的一次全面检阅。

【检察业务智能分析决策平台建立】针对信息化建设的业务要求，以“资源整合、数据共享”为目标，2006年，浦东新区检察院在“检察办案系统”等应用基本数据元基础上，引入数据整合最新技术和流程控制、绩效管理等先进管理理念，建成了“检察业务智能分析决策平台”。通过统一的门户即一体化检察工作平台入口，实现了“单点登录、全网通行”，用户只需记忆一套用户名和口令，就可以依照自己的职责权限访问所有相关的应用系统。该平台整合了即时通讯功能，提供了在线交流、案件探讨等立体式音视频互动方式，打破了传统的时空限制，促进了办案交流和办案效率的提高。此外，该平台不仅提供对检察办案过程进行全方位、全过程的动态管理，个案全流程跟踪、法律文书全文检索、网上案件督导等功能，同时还运用智能分析等先进技术，对整合的业务数据进行分析和统计，形成业务分析、治安形势分析、办案绩效分析等专题分析，为办案质量评估、领导辅助决策、犯罪趋势研究等提供科学依据。

【职务犯罪信息综合管理系统研发】2006年，宝山区检察院为强化反贪信息情报工作，达到多渠道获取贪污贿赂犯罪信息情报的目的，成功研发了“职务犯罪信息综合管理系统”。该系统立足高检院和市院的办案规范，结合线索管理和初查管理的特点，着重信息资源的整合，突出信息内容的丰富性，设立了涉案线索资料库、法人单位资料库和区属各委办局工作职能库等若干数据库。系统通过查询、比对、评估，筛选出有侦查价值的涉案信息及办案有直接帮助的信息数据，并通过系统设置的线索评估程序对线索的真实性、可查性等方面进行综合评估，自动生成评估意见，从而为领导决策提供依据。该系统利用成熟的工作流平台，实现了对案件线索的全程管理（包括登记、审批、分流、存储、监督和备案等），并建成了职务犯罪案件线索情报中心数据库，解决了长期以来在线索管理和利用方面存在的问题，提高了线索的利用率。

【人民检察院司法警察警务管理系统启用】为提高检察机关司法警察警务保障水平，8月，嘉定区检察院根据司法警察职责和任务要求，结合司法警察警务工作实践，开发了“人民检察院司法警察警务管理系统”。通过应用该系统，一是对法警业务工作进行了规范。将法警业务分为：警务工作、办案工作区使用、事务性申请三大类，各类均有不同的输入项目与审批流程。二是把对法警队员的绩效考核与警务管理有效融合。所有业务工作均与绩效考核挂钩，每月生成一份法警队员业务量柱形图，在法警队主页面上显示，力图营造一种你追我赶的良好工作氛围。三是系统具有功能强大的报表生成器，能够自动生成符合市检察院法警总队要求的各类报表。四是方便、灵活的后台控制，可应对法警业务的随时调整。（周莉莉）

共青团上海市委员会

【概况】2006年，共青团上海市委员会（以下简称“团市委”）在推进信息化建设方面主要开展了以下工作：构建上海共青团快速动员和响应体系；开展上海IT青年创新创业系列活动；探索构建上海共青团网宣工作新格局；投入应用团市委目标管理系统及开展“知荣辱、明礼仪”——2006年上海市少先队雏鹰竞飞计算机应用竞赛等，取得了显著效果。

【大力构建上海共青团快速动员和响应体系】构建基于网络、广泛覆盖、使用便捷、互动性强、与传统组织动员方式互为补充的快速动员和响应体系，提高动员响应效率，扩大工作活动覆盖，促进信息资源共享，是2006年初团市委十二届七次全会确定的一项战略任务，也是上海共青团围绕凝聚力建设，推动体制机制创新所做的重要探索。2006年，团市委将电子邮局和手机短信群发系统建设确定为上海共青团快速动员和响应体系建设的工作重点，开展了以下四方面工作：一是进一步完善系统功能。依托城市青年网，完善电子邮局系统注册、统计、查询和群发功能；会同上海移动等成功开发出一套适应团组织架构特点、实现分层分级管理的短信群发系统。二是加强宣传试点。上半年，在部分基层团组织中进行试点，并通过各种会议进行广泛宣传。三是多方听取意见。多次邀请专家学者，对系统进行科学论证。四是全面部署推进。经过充分准备，下半年，团市委连续召开4场工作推进会，大力推动相关工作。

截至年底，上海共青团电子邮局系统团干部注册用户数达到60 437个，超过年初计划的31%；短信群发系统团干部手机号码登录数达到20 127个，超过年初计划的195%。此外，该系统全年共群发工作类、活动类、信息服务类电子邮件57次，群发手机短信近15万条。

【开展上海IT青年创新创业系列活动】2006年，团市委联合市科委、市信息委、市科技创业中心、市高新技术成果转化服务中心、上海科技京城、青年报社、IT时报等单位，共同举办了上海IT青年创新创业系列活动。活动包括组织IT青年创业大赛、建立实习基地、实施培训计划、科技团队孵化等内容，具体包括：在全市30多家优秀IT企业中建立高校计算机专业学生实习基地；组织IT专家和企业家深入高校开展6场1 200人次左右的就业咨询活动；通过软件工程师培训机构——达内科技，为全市计算机专业优秀大学生、贫困大学生免费提供软件设计培训机会；依托上海集成电路设计创业中心，开展IC领域项目筛选交流活动，努力为IC领域的创业者和从业者提供最新的政策资讯。其中，全国近30家知名投资机构、长三角地区的10余位“天使投资人”、近400位青年创业者参加了IT青年创业项目展示暨融资经验交流大会。

【探索构建上海共青团网宣工作新格局】为探索建立开展青少年网民对象研究、网络现象研究、网络信息采集和网络舆情引导的日常性工作机制，2006年，团市委在市互联网舆论宣传领导小组办公室指导下，在原有上海青年网络评论员队伍基础上，进一步扩大人员规模，强化工作职能，组建了上海青年网宣工作队伍。工作中，团市委按照网络信息采集要提高及时性和准确性、网络信息调研要体现深刻性和预见性、网络舆情引导要注重正确性和有效性原则，通过加强培训、召开例会、分组管理、完善制度、强化考评、注重激励等方式，不断提高团员青年网民的工作能力。全年，共编辑《网宣参考》和《青年网宣工作交流》各50期，报送网络舆情388条、撰写发布网评文章87篇，并在市网宣办指导下先后围绕重大事件实施了13次舆情引导工作。

【指导上海市信息化青年人才协会积极开展丰富多采活动】为了凝聚、服务和引导全市信息化领域青年人才，2006年，团市委继续加强对上海市信息化青年人才协会的指导工作。除了指导协会积极参与和承办第五届“上海IT青年十大新锐”评选活动、上海IT青年创新创业系列活动外，团市委还指导协会与浦东软件园共同举办“中国软件企业的国际化战略”主题交流活动；联合IT时报举办“海尚ICT”盛会；联合上海三零卫士信息安全有限公司等举办"信息安全领域技术应用发展趋势"交流活动；联合虹口区举办“新媒体?新文化”主题交流活动；联合市信息服务业行业协会举办青少年网页设计大赛；联合市多媒体行业协会举办“知荣辱、讲文明、迎世博”上海青少年原创动漫作品大赛。同时，协会积极推荐优秀IT青年参加市委党校“上海市青年企业经营管理者学习班”，发起并组织上海IT青年网球联赛等活动。

【加强网络阵地建设，大力推进上海共青团上网工程】2006年，团市委一方面进一步加强对上海青年电子社区网站建设的指导，充分发挥“上海共青团”频道作为上海共青团工作窗口的作用。大力支持上海青年电子社区配合《青年报》战略发展进行全新改版，网站日均点击量达10万人次左右；依托“上海共青团”频道，全年共向基层团组织提供文件、简报、要讯等资料500余篇，上传团中央“中国共青团”网站信息4 550余条。另一方面，团市委不断发挥城市青年网作为上海共青团活动网和服务网的作用。全年，围绕上海十大杰出青年评选、上海青年献血志愿者行动、上海十大青年金融人物评选、上海市居民区团组织优秀项目评选、“感动校园”人物评选和校园风尚评选、上海市学生联合会第十四次代表大会、首届上海青联足球友谊赛、普陀区明星社团投票活动等设计专题网页；为上海青年中心、上海少先队、少年儿童研究中心、上海市卫生局团委等机构建设工作网站；对上海市社区青少年工作网站进行改版；开发完成青年文明号（共青团号）网上管理系统；为“中国青年创业国际计划”专题访谈、“共享成长--与杰出青年面对面”系列访谈、上海青少年国庆升旗仪式、“炫动周末、我为球狂”楼宇青年5人制足球赛、上海青少年暑期绿色上网行动、杨浦团区委新一届书记班子网上交流会等活动提供21次视频直播或录播服务。

【制定并实施上海市社区青少年信息化工作规划】为了

准确掌握社区青少年状况和社工状况，直观掌握各行政区域内预防和减少违法犯罪的情况，形成有效的青少年犯罪预防、减少和反应机制，上海市社区青少年事务办公室制定了全市社区青少年信息化工作规划，并指导上海市阳光社区青少年事务中心进行具体实施。规划主要由3个信息化系统，即社区青少年信息管理系统、社区青少年地理信息管理系统和青少年事务社工信息管理系统组成。

社区青少年信息管理系统是一个以工作对象数据录入、分析为核心的社工工作服务信息化系统，可以为社区闲散青少年管理工作提供工作对象的信息存储、信息查询、数据统计和数据分析服务。该系统在2006年得到较好普及，达到较高的数据库建档率。

社区青少年地理信息管理系统是一个利用计算机技术、数据库技术、地理信息系统技术和人口统计技术，将青少年信息与地理信息匹配在统一的空间框架上，实现青少年信息的自然属性、社会属性和空间属性有效结合的信息化系统。该系统可直接制作输出各种专题地图、进行人口和住地等信息的空间分析和处理，实现地理空间数据和人口统计数据的综合应用，便于对社区青少年数据进行采集，以及为相关部门进行青少年统计、规划和监控提供辅助决策。该系统于2006年底研发完成。

上海市青少年事务社工信息管理系统是一个方便社工日常工作、减少社工文案工作时间、帮助专业督导对社工进行实时指导的信息化系统。系统由五大功能模块构成，分别面向社区青少年、社工、志愿者、管理者和督导；各功能模块权限界定明确，功能清晰，可与社区青少年信息管理系统、地理信息管理系统衔接，从而使三者的数据得以充分利用，提高数据的使用率和准确性。2006年，已初步完成该系统研发的前期准备工作。

【投入应用团市委目标管理系统】为了进一步完善团市委机关干部工作评价考核体系，强化目标管理工作，团市委委托专业软件公司开发完成“团市委目标管理系统”，并于2006年10月正式投入运行。该系统结构清晰，功能齐全，界面友好，主要包括工作计划与执行、目标管理、查询、电子日记、考勤管理、领导页面、系统管理等模块，能够将机关总体工作目标逐步细化分解为部门目标、岗位和个人目标，通过逐级落实、逐级负责，为团市委整体工作目标的实现提供全程跟踪管理和考核。

【加强上海青年志愿者网站建设】为了搭建上海青年志愿者协会、青年志愿者和服务需求方之间的有效联络平台，2006年10月，上海青年志愿者网站以“奉献、友爱、互助、进步”为宗旨，按照综合性、门户型、咨询型网站的定位，进行全面改版。改版后的网站经多次开发，现已包括志愿者新闻、志愿者风采、上海青年志愿者行动、论坛、博客、志愿者之星等频道。自网站开通以来，已为2006上海网球大师杯、2007特奥会、2007女足世界杯、赴滇赴老挝青年志愿者、2008北京奥运会及2010中国上海世博会的青年志愿者招募工作制作了专题网页，累计报名人数达到1万人次。目前，上海青年志愿者网站注册用户数7 356人，需求用户注册数96人，团队注册数26支。

【开展“知荣辱、明礼仪”——2006年上海市少先队雏鹰竞飞计算机应用竞赛】为了加强社会主义荣辱观教育，少先队上海市工作委员会办公室、上海市多媒体设计与应用能力考核办公室、上海市计算机学会和中国福利会少年宫于2006年4月共同主办“知荣辱、明礼仪”——2006年上海市少先队雏鹰竞飞计算机应用竞赛。竞赛分为小学组和初中组，包括flash电脑动漫、网页制作、海报设计、程序设计等四大项目。活动要求所有参赛作品以“知荣辱、明礼仪”为主题，围绕少年儿童身边发生的故事，精心设计，合理构思，独立创作，以充分展示当代少年儿童的计算机应用能力水平和知荣明耻、向荣而行的精神风貌。该竞赛活动得到各区县、各学校以及全市少年儿童的热烈响应，在210多所中小校共征集2 300多件动画、网页和海报作品。经区县活动组委会初选，选取了500多件作品，后经专家讲评会和终评会评选，共有127件作品获奖。

上海市红领巾理事会在以上竞赛基础上，开展了第七届上海市“网络少年先锋”评选活动，最终有10位少先队员荣获“网络少年先锋”荣誉称号。

（团市委）

第四编

经济领域信息化

综 述

2006年，上海积极推进农业、制造业，以及金融、物流、商贸、旅游等服务业领域的信息化，取得明显进展。

农业信息化以信息资源开发、整合为基础，加强信息技术在农业生产中的应用，建设为农综合信息服务平台，不断完善已有网络服务系统，强化面向三农的公共信息服务。

制造业信息化程度进一步提高，全市先进制造技术具备了一定的产业基础，已经形成能源技术与装备、交通运输装备、信息电子技术与装备、先进加工技术与装备、生物医学工程装备、航空航天技术装备、材料与化工装备等优势产业；在集成化设计、制造和管理系统、数据库、数控以及工业现场控制等制造业信息化关键技术方面取得重要进展。制造业信息化软硬件产业初具规模，CAPP(计算机辅助工艺设计)、PDM、ERP等软件应用对国家及全市的重大工程提供了有力支撑。

金融信息化建设成效明显。银行卡产业推进工作继续保持健康平稳发展的态势，《上海银行卡产业发展计划（2006～2008年）》正式发布。全年银行卡交易总量4.1亿笔，交易总金额3 666亿元，分别比上年增长27%和33%；持卡消费金额1 794亿元，比上年同期增长45%，持卡消费金额占社会消费品零售总额的比重超过35.7%。金融税控收款机推广应用方案基本明确，带动相关金融信息产业发展。另外，通过城市金融网升级改造、上海金融业务数据平台建设以及相关行业制度规范的完善，全市金融系统信息化建设得到有效推进。

电子口岸中心平台系统功能逐步完善，应用稳步推广。洋山港综合信息服务平台按期建成运行，为洋山深水港的顺利作业运营提供有力支撑。特殊区域联网监管系统正逐步推广到洋山保税港区。至2006年末，上海口岸税费电子支付系统入网企业累计达2 657家，全年实现税费电子支付655亿元，占上海海关全年税费总额的51%。进出口领域企业基础信息交换共享项目初步实现进出口领域政府部门间的基础信息共享。

电子商务加速发展，全年电子商务交易总额达2 087.4亿元人民币，同比增长28.5%。上海积极贯彻落实《国务院办公厅关于加快电子商务发展的若干意见》和《中华人民共和国电子签名法》，加快推进地方立法的研究和制订工作，基本完成电子商务〝十一五〞专项规划编制工作，电子商务对促进生产、流通和消费，推动上海市国民经济发展起到越来越重要的作用。

继续加大旅游信息化的推进力度，编制《上海旅游信息数据交换规范》，建设上海旅游企业管理系统，强化政府服务功能，努力为游客和旅游企业提供优质服务。

2006年，上海加大企业信息化公共服务体系建设力度，完成了企业信息化公共服务平台通用规范（草案）、企业信息化统计指标体系及其实施方案两个课题研究，发布了《关于应用信息技术改造提升传统产业的若干政策意见》，以上海市企业信息化促进中心为代表的第三方公益性专业服务机构取得了一系列进展，公共服务平台日趋成熟，企业应用面逐步扩大。

（市信息委社会处 产业处）

第一章 农业信息化

概　述

2006年，上海农业信息化工作以信息资源开发、整合为基础，着眼于需求，着力于服务，着重于成效，加强信息技术在农业生产中的应用，强化面向三农的"农业公共信息"服务，主要在以下几个方面深入开展：一是不断完善已有网络服务系统，通过农业网、政务网、远程教育网等渠道为农民和市民提供全方位的信息服务；二是建设为农综合信息服务平台，探索为农信息服务新模式，寻求解决信息服务"最后一公里"问题；三是推进农业生产管理系统在规模化养殖场和规模化园艺场的应用，建立畜牧、蔬菜等行业生产管理系统，促进农业生产标准化，强化农产品安全监管；四是促进信息技术在农业生产企业中的应用，帮助企业获得信息服务，拓展销售渠道。

（贺凌倩）

一、农业信息化基础建设

"三网一线"农业信息服务平台

【农委政务的公开渠道——农委政务网】2006年，市农委政务网内网已经完成文件拟稿、核稿、签发等功能的开发，简报流转过程已经实现"无纸化"；外网已实现信息公开、行政许可受理、网上办事等功能；此外，确立了"当日处理，隔日反馈"的机制，扩大了网上办事的应用范围，提高了机关内部受理公众申请的效率。截至12月底，网上办事项目已开发完成50项，网上受理数达2 691项。

【上海农业的宣传窗口——上海农业网】上海农业网自创办以来，先后经过了7次改版，围绕上海都市型现代农业建设，不断丰富网站内容。截至2006年底，上海农业网累计点击数达到3.64亿次，平均日点击数15.4万次。

【提高上海农民素质——农民远程教育网】上海已建立由1个市远程教育中心、10个区县远程教育分中心、110个乡镇教学点组成的远程教育网络。2006年，远程教育网制作了84个培训课件，近6万郊区农民通过现代化手段接受了各类专业培训。

【设在农民家中的服务站——上海农科热线】"上海农科热线"采用电话解答、专家坐堂、现场诊断、网上直播等多种方式提供农技服务，其中每天8:00～20:00为人工服务，其余时间为语音服务。截至2006年底，热线共接到来电、来信、来人214 607个，其中外省市电话29 612个，占48.3%；科技类电话39 996个，占65.1%。

为农综合信息服务平台

为农综合信息服务平台包括前端"农民一点通"查询机、后台维护系统、远程监控平台和后台统计管理系统。它主要为农民提供生产和生活领域的涉农实用信息，如农科热线、农业实用技术、灾害信息发布、供求信息、村务公开、农民远程教育、社会公共事业信息等。该平台由市、区（县）、镇三级信息维护管理平台和村级为农综合信息服务站构成，可实现信息上下双向传输。目前，该平台已在全市郊区10个区县共88个行政村建成应用，受到广大农民的好评。

（贺凌倩）

二、农业生产流通信息系统

推广畜牧生产管理系统

畜牧生产管理系统是针对猪肉生产过程的关键控制点技术标准和规范建立的安全生产过程控制信息化系统，它对日常生产中的种畜、饲料、防疫、治疗等环节予以记录，建立生产档案。截至2006年底，该系统已在全市65家规模化养猪场应用，各场均有一名信息员负责系统的数据更新和维护，系统使用情况良好。系统内相关的生产档案，如饲料添加情况、动物免疫情况还可上传到数据汇总中心，市、区两级畜牧行业主管部门、卫生监管部门可以利用该系统实施数据管理、统计分析，辅助政府进行监督管理工作。

推广蔬菜生产管理系统

蔬菜生产管理系统以田间生产为中心，对农资管理、生产管理、检测管理等生产过程中的各个环节予以记录，指导生产者按照标准科学、合理地使用各类生产投入品，帮助蔬菜生产企业有效推行标准化生产。截至2006年底，上海郊区45家蔬菜园艺场安装了蔬菜生产管理系统，各园艺场信息员已经初步掌握了系统的安装和使用，并利用该系统对日常生产工作予以记录和监督。市、区两级蔬菜行业主管部门也可以通过该系统实时监督生产中的农药使用情况、病虫害以及农残检测情况，对蔬菜生产进行指导和监督。

推广食用农副产品安全查询平台

食用农副产品安全查询平台目前已在全市50家大型卖场推广。市民扫描食品包装上的“食用农副产品安全信息条形码”，就可以知道产品的生产过程、产品品牌、质量认证、检疫检测等相关信息，使消费者拥有了知情权，实现先查后买，放心购物。同时，也有利于促使农业企业安全生产、诚信管理。目前，上海已有1万多种农产品拥有了自己的“安全信息条形码”，该条形码是符合EAN/UCC国际物品编码协会标准的128位码。

应用市境道口监控管理系统

上海市动物卫生监督所在全市8个指定道口对供沪动物及其运输车辆实施“一车一卡”的进沪备案登记工作，全程掌握进沪动物及其运输车辆及屠宰场、批发市场、配送中心等市接收单位有关情况。2006年，通过该监控系统共查处全市8个道口案件车辆500多车，对加强供沪动物及其产品在生产、加工、运输等环节的诚信体系建设，加强动物防疫的全程监管起到了重要作用。

（贺凌倩）

三、信息化典型案例

成美园艺：网络搭桥 推动销售

成美园艺有限公司位于松江区的叶榭镇。3年前，公司就开始通过农业部“一站通”等信息网络服务，找到了不少客户，使传统服务和现代物流相结合，解决了农民农产品销售后顾之忧。同时，公司还积极利用现有的网络平台，大力推进网上交易。2006年上半年，公司网上销售额达到200多万元，占公司上半年销售总额的1/3，并带动了当地花农1 000多亩花卉的销售。此外，公司还利用网络来找更多客户，网络所带来的业务量已占公司总业务量的5%～10%。通过网络宣传，公司新产品取得了良好的宣传效果，品牌知名度进一步提升。

南汇区农业信息中心：“我要桃子网”成效显著

“我要桃子网”暨南汇农产品网（www.51peach.com）于2006年5月1日正式开通，网站分为“品牌推荐”、“产品推介”、“专卖店”等6个栏目，重点介绍申凤、绿妮、桃咏、石笋等农民合作社的15个农产品品牌，产品有南汇水蜜桃、西甜瓜、糯玉米等。网站还在搜狐、雅虎、google等著名搜索引擎登记，使网站的访问量不断增加，目前点击数已超过17万人次。市民只要登陆“我要桃子网”便可了解上述南汇农产品的详细信息，轻点鼠标即可网上订购。各合作社水蜜桃产品上网后，电话、传真纷至沓来，水蜜桃交易量直线上升。2006年水蜜桃销售季节，合作社网上专卖店销售达到10万多箱，产值500多万元。

绿态公司：应用信息技术提高生产水平

上海绿态食品有限公司位于宝山区境内，是一家集科研、生产、加工、销售为一体的大型水产品现代化企业。2006年，公司与中国水产科学研究院东海水产研究所合作，进行信息化改造，建立了具有国内先进水平的闭路电视监视、水质在线测试以及水体循环利用3套系统，大大提高了公司的生产能力。2006年，公司年产值达6亿多元，出口创汇4 000万美元，并被评为“上海市高新技术企业”和“农业产业化龙头企业”。

丰海猪场：实施信息化管理

上海丰海肉类食品有限公司主持建立的“上海丰海养猪场信息化管理系统”应用射频标签和视频监控技术，规划了主场业务流程，开发信息化管理系统，推进养猪场信息化档案建设，通过中心管理分析各类重要数据，既提高了猪场内部管理水平、提高工作效率，又便于监管部门及时掌握情况。 （贺凌倩）

第二章　制造业信息化

概　述

新形势下，政府推进传统产业信息化改造的新思路，就是减少政府直接干预，转而通过市场机制促进传统产业信息化改造；通过营造良好环境，激发企业作为信息化改造主体的内在积极性；加快扶持公共平台建设和公共机构发展，为全社会提供公平普惠的政府公共服务。2006年，上海制造业信息化程度进一步提高，全市先进制造技术具备了一定的产业基础，已经形成能源技术与装备、交通运输装备、信息电子技术与装备、先进加工技术与装备、生物医学工程装备、航空航天技术装备、材料与化工装备等优势产业；在集成化设计、制造和管理系统、数据库、数控以及工业现场控制等制造业信息化关键技术方面取得重要进展。完成了轨道交通装备产业信息化平台建设规划并着手分步实施；开展了船舶制造业信息化现状及发展需求调研。上汽集团努力贯彻3C战略，宝钢集团全面推进钢铁主业一体化经营管理系统，上海石化深化ERP系统与APC技术的应用，都有效促进了企业生产经营和管理水平的提高。　　（市信息委产业处）

一、装备产业智能化

轨道交通装备产业信息化平台

轨道交通包括市内轨道交通（地铁、轻轨）和城间高速铁路两种形式。轨道交通装备制造产业（包含车辆、牵引系统、车门及车站屏蔽门、自动扶梯及电梯等大量机电设备）是轨道交通工程的主导产业，约占工程总体造价的40%。“十一五”期间，全国特大城市的地铁和轻轨通车里程将超过1 500千米，总投资估算超过8 000亿元。作为轨道交通行业发展的重要基础，十多年来，信息技术正被广泛而深刻地应用于中国的轨道交通行业，为中国铁路和城市轨道交通现代化奠定了坚实的基础。城市轨道交通装备产业是近年来新发展起来的高信息技术含量产业，“十一五”期间面临重要发展机遇。但上海城市轨道交通装备产业刚刚起步，由上海电气（集团）总公司等合资组建的城市轨道交通装备企业集团的信息化基础还很薄弱。

为确保在生产出自主研发的城市轨道交通车辆的同时，建成与轨道交通装备产业链节点信息共享和协同研发设计、车辆制造、项目管理于一体的轨道交通装备产业信息化平台，真正形成轨道交通车辆自主研发生产能力，实现“十一五”期末上海轨道交通装备产业水平在国内的领先地位、基本接近或达到国际先进水平的目标，市信息委以推进上海信息产业发展、加快信息技术改造、提升传统产业步伐为己任，在广泛调研的基础上，通过多次与上海电气轨道装备制造有限公司交流探讨，计划重点支持以协同设计制造为重点的上海轨道交通装备产业信息化平台建设，努力打造具有国际一流水平的现代化数字轨道交通装备产业。上海轨道交通装备产业信息化平台规划实施周期为两年，平台的主要功能是以开发国产A型车为目标实现数字化协同设计与制造，以工程项目信息化管理为目标实现城市轨道交通建设项目全周期管理，同时形成上海轨道交通装备产业流畅的信息交换通道。

（顾伟华）

APC技术在芳烃重整装置应用成功

2006年3月，中国石化上海石油化工股份有限公司（以下简称“上海石化”）先进过程控制（APC）技术在芳烃重整装置应用成功。该项目于2004年4月立项，2005年11月控制器项目软件系统开发成功，在对该系统软、硬件设施经调整和完善后进行试投用。该项技术在芳烃重整装置环管聚合区应用以来，控制器的投用率达95%以上，同时提高了装置自动化操作程度和长周期运行水平，减轻了员工操作强度；此外，产品的转化率和收率得以提高，产能提高了3%；脱庚烷塔和脱庚烷塔的灵敏板温度标准偏差分别下降57.23%和29.24%，重整汽油的初馏点和10%点的温度分别偏差下降8.76%和48.41%，抽提进料中芳烃和芳烃含量的标准偏差分别下降21.82%和38.77%，能耗降低明显，2006年创经济效益611.20万元。该技术的成功应用，为上海石化生产装置推广APC技术应用积累了经验。 （顾忠礼）

船舶制造业的信息化现状及发展需求

船舶工业作为上海制造业的重点产业，正实施从黄浦江边向长江口搬迁的整体调整战略。近年来，信息技术已在上海的船舶产业得到广泛应用，如沪东中华等厂所自主开发了船体建造软件三维舾装管系设计，并已在国内数十家船厂应用；江南造船集团正在建设“e江南”；外高桥造船公司引进了体现先进造船观念和模式的韩国HANA/CIMS，并正在调试推进应用；沪东中华等单位开展了船舶企业制造资源配置计划和造船物流管理技术的研究和应用工作。然而，该产业仍存在如下几个问题：①信息化应用的重点仍集中在解决技术与工程问题上，没有与企业的业务流程、运营模式和管理变革有效结合，没有有效促进体制创新、管理创新，难以发展信息化应有的效益；②产品设计、制造、管理信息一体化的集成度较低，数字化设计、制造、管理生产线各主线尚未贯通，信息化制造技术效能远未发挥；③有些重要信息化技术领域的应用尚为空白或刚起步，如船舶信息化测试、虚拟设计、虚拟建造和产品数据管理等技术，因此产品先期研制水平低、周期长，信息化管理缺乏完整信息资源；④船舶制造资源优化配置技术的应用处于较低水平，企业的生产管理和协调仍以现场调度型为主，满足精细管理要求的造船管理信息系统研究和应用尚处于初级阶段，管理基本还处于粗放型；⑤满足船舶产品成本预算、核算、控制的成本管理集成信息系统尚处于起步阶段，船舶企业成本失控现象时有发生；⑥实现船舶产品生命周期的现代物流信息系统刚起步；⑦船舶制造装备自动化程度较低，造船机器人的应用基本处于空白；⑧船舶核心软件基本从国外引进，将难以掌握信息化造船主动权。

鉴于上述问题，考虑到国际船舶市场的竞争态势，上海有必要在近期通过各类信息技术的综合应用来保障海军重大型装备的研制任务，以应对国际紧张局势的威胁，同时借助这些手段来突破目前影响中国船舶建造周期长、高新技术船型少、管理水平低的瓶颈问题，突破影响船舶工业发展的关键技术，大幅度提升中国造船技术水平，努力实现在21世纪前20年“成为世界第一造船大国”的目标。 （顾伟华）

二、行业、企业信息化

上汽集团：信息化建设贯彻3C战略

【概况】上海汽车工业（集团）总公司、上海汽车集团股份有限公司(以下简称“上汽集团”)的信息化建设与企业的工业化同步发展，目前在各企业运作的各种IT系统已成为企业整个生产、管理中不可或缺的重要组成部分。2006年，上汽集团各企业的信息化建设努力贯彻3C战略（即一致的、集中的、整合的IT基础设施、系统和运作），通过提供有效、可靠的IT基础设施和系统运行支持，满足新的业务需求和创新，在量化管理生产的同时，有效地提高了企业的管理能力。

【通用汽车坚持贯彻3C战略】2006年是上海通用汽车有限公司（以下简称“SGM”）信息化建设又一个硕果累累的丰收之年，公司蝉联中国企业信息化500强第一名。SGM信息化建设坚持贯彻3C战略，不断满足新的业务需求和创新，其关键核心信息系统完好率达到99.96%，确保了业务正常运作。同时，强大的IT基础设施为SGM业务的持续运作提供了保障。截至2006年底，各类服务器达450余台，网络端口达1.4万余个，OA用户超过5 600个。全年，SGM共实施或启动IT项目46个，其中26个项目已经完成，另外20个项目正在实施。

“SAP IS-Auto”系统作为SGM核心骨干系统，2004年在烟台、沈阳两大基地实施运行，2005年在金桥南厂、动力总成厂相继上线；2006年5月初，金桥北厂项目顺利切换，标志着SGM三大基地6个工厂全面实施了SAP汽车行业解决方案，在系统层面上完整地实现了公司业务流程的整合和优化，为SGM可持续发展及优势资源整合奠定坚实基础。

5月，董事会批准“SGM灾难恢复数据中心”项目，目标是建立覆盖SGM主要业务应用信息系统灾难恢复机制。上海厂区内的关键业务系统可以部分或者全部在48小时内切换到灾难备份中心并再次正常运行，并确保数据丢失时间控制在4小时以内，保证数据的有效、完整与一致，为公司执行不间断业务处理提供坚强后盾。7月，“物料计划优化系统”第一阶段成功上线，协调了PC&L业务部门完成零配件采购流程，满足了对采购零配件业务快速、高效和有效管理的要求。11月，“电子采购”项目一期成功上线。该系统覆盖了包括车型项目管理、生产采购、供应商质量管理、一般采购在内的所有采购核心业务流程。项目的成功实施，对于打通工程与物流、生产及供应商的及时沟通具有深远意义，是公司实施全面供应链管理的关键一步。

【上海大众汽车有限公司（SVW）成立IT指导委员会】 2006年，SVW成立了IT指导委员会，对IT系统应用做出战略性决策，制订IT中长期战略目标，监督和指导IT工作贯彻3C战略。

2006年，SVW建立基于SAP BW的BPS（业务计划和模拟）系统，实现预算编制、流程管理、预算控制和预算分析等一体化的信息化管理。该系统能够很好地满足SVW在预算编制和流程管控上的要求，并可提供多维度、涵盖财务和管理会计不同需要的预算结果，使SVW通过将实际经营活动与预算目标值的对比分析，不断调整经营策略，最终实现企业的战略目标。

同年，SVW建立了采购门户网站，改变原有的速度太慢、效率不高的直线型信息处理方式，为供应商提供一个集信息共享、在线业务支持于一体的统一平台。该网站集成了供应商管理子系统、在线询价/报价子系统、竞价子系统和质量分析系统数据维护等。在此门户网站上，SVW与供应商可动态地共享信息，紧密协作，从而实现对供应商供货价格、质量、速度的全面评估，规范供应商信息、授信、价格等管理流程，建立灵活、竞争的价格管理体系，严格采购价格的控制管理，并进而降低采购成本，提高了对供应商的管理效率，加快对市场的响应速度。

为更好地提供个性化的客户订单服务管理以及与德国大众生产管理系统的有效集成，SVW引进了德国大众集团的订单管理系统，建立了斯柯达经销商管理系统，实现面向市场、面向客户的订单管理，并加强销售网络的运作管理，满足不断变化的市场需要。同时，SVW通过对销售、库存、财务、市场、物流、售后服务等方面的一体化管理，实现对经销商按区域、按产品线进行的有效管理；通过统一的客户界面及灵活的业务流程，为上海大众及其经销商提供一个完整的信息交互及管理平台。

【各企业把3C战略融入信息化建设】 随着汽车工业的快速发展，上汽集团坚持信息化推动工业化，坚持创新和发展，实现了信息化建设的可持续发展。2006年，上汽集团各企业的信息化建设各有特点，具代表性的包括：

1.上海小糸车灯公司

上海小糸车灯公司把3C战略贯彻到了协同管理项目中去。协同管理是一个集工作流管理、项目管理、知识管理、文档管理为一体的管理平台，一期项目在技术中心内展开，目前使用率占80%以上，积累知识文档达5 500余篇。3C战略的贯彻实施，有效地提高了技术中心的协作效率，实现了经验和知识的共享和积累。

2.上海拖内公司

上海拖内公司在ERP项目实施中贯彻3C战略原则。公司在制定出企业信息化规划后，结合企业现有业务流程进行整合，分阶段实施ERP项目，步步为营实现企业整体信息化目标。

3.联合汽车电子有限公司

联合汽车电子有限公司办公点分处上海、无锡、西安、重庆4地，其生产、研发、销售业务在4地之间有大量的协作交流，涉及大量相关的数据传递。按照3C战略目标，公司将广域网网络带宽从512K升到2.5M，Internet出口网络带宽从2.5M升到6M，并且都采用线路冗余的网络架构。此外，公司建立了SAP灾备系统，完成从直接存储结构（DAS）到网络连接存储（NAS）+存储区域网络（SAN）的存储结构的转变，这不仅满足了现有数据存储访问需求，更为今后的发展夯实了基础。

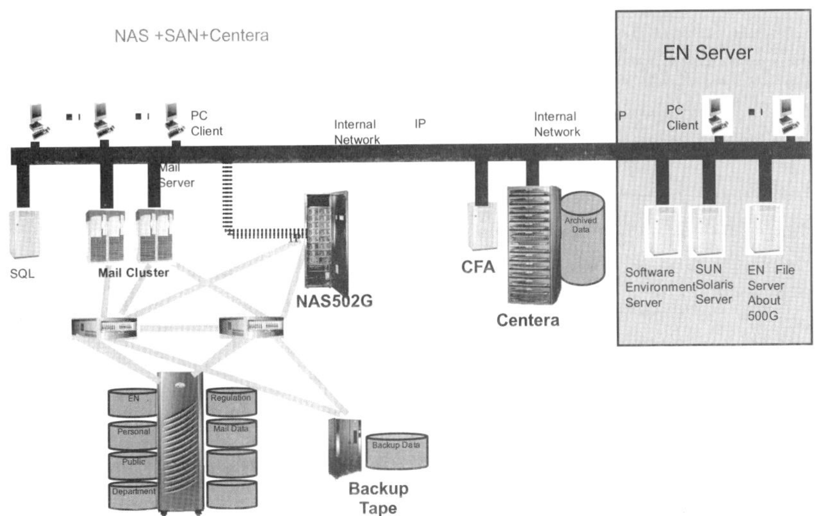

4.上汽通用五菱汽车股份有限公司

上汽通用五菱汽车股份有限公司按照3C战略成功开发、建设和推广应用了一批信息系统，引进、实施和推广了一些重大项目，这些项目的成果在公司的生产、经营和管理中发挥了积极作用。如全球性产品数据系统（GPDS）的建成标志着TDC从此结束了没有完善的、系统化的整车产品和零件管理系统的时代，实现了整车配置表的规范、零件取号的规范以及工程零件清单管理流程的规范；产品数据管理平台（TcAE）已初步具备和GM/PATAC一体化运作的基本条件，即“同规范，同流程和同系统”；财务管理信息系统（SAP系统）使所有供应商和经销商可以在一个统一的SAP平台上进行记账、结算及出具财务报表等，实现财务系统和业务系统的集成化应用。

（刘韶华）

宝钢集团：信息化建设全面推进

【概况】2006年，宝钢集团积极推进钢铁主业一体化经营管理系统，编制完成《钢铁主业信息化建设五年规划草案》；进一步完善信息系统安全管理工作；下属各分/子公司的信息化建设全面推进。

【建设钢铁主业一体化管理支持系统】2006年，为满足钢铁主业一体化运作的基本要求，宝钢集团推进一系列一体化经营管理系统。①2月6日，宝钢采购供应链系统在资材备件采购领域投入试运行；5~6月，采购供应链系统在原燃料采购领域投入试运行。宝钢原料采购物流管控系统实施项目先后通过需求分析、初步设计和基本设计评审，已完成详细设计，正在进行测试。②宝钢工程项目管理信息系统实施项目先后通过可行性研究报告、需求分析、初步设计和基本设计评审。③6月中旬，宝钢股份财务管理系统实施项目正式启动；12月1日，项目可行性研究报告通过评审。宝钢集团公司财务监管中心执行新会计准则改造项目基本完成，并投入运行。④6月底，宝钢股份销售管理系统、销售物流管控系统实施项目实质性启动，项目可行性研究报告已经编制完成，12月进行了报告评审。⑤3月中旬，宝钢集团与宝钢股份公司HR系统分立项目实施完成。9月，宝钢股份各分公司及梅钢公司在册员工工号整合及系统改造项目完成；宝钢人力资源管理系统实施项目实质性启动，处于可行性研究和需求调研、分析阶段；宝钢股份员工健康管理信息系统实施项目通过可行性研究报告评审，有关功能分别于2006年12月、2007年1月和2月分三步陆续上线试运行。⑥3月中旬，宝钢集团与宝钢股份公司OA系统分立项目实施完成；6月22日，宝钢内网电子邮件、黄页、短信平台系统实施项目正式启动；9月，宝钢协同办公系统实施项目实质性启动，现处于技术选型、可行性研究阶段。⑦5月22日，宝钢内部数据交换集成平台（EAI）研制及应用项目、宝钢网络监控平台建设项目正式启动；8月下旬，一体化经营管理系统的过渡机房——指挥中心辅楼二楼机房改造项目正式启动；10月上旬，一体化经营管理系统计算机资源平台设计和集成项目正式启动。

【编成《钢铁主业信息化建设五年规划草案》】2006年，宝钢集团结合发展战略，面向钢铁主业一体化目标模式和国内外跨地域供应链协作的需求，编制完成《钢铁主业信息化建设五年规划草案》。

【推进信息系统安全管理工作】2006年，宝钢集团推进信息系统安全综合管理工作，完成公司总部信息系统运行维护的日常管理和外协管理工作。信息系统全年总体运行良好，系统运行率较2005年有提高；同时，公司坚持信息安全月报制度，全年未发生灾难性信息安全事故。

【各分/子公司信息化建设情况】

1.宝钢分公司

2006年，宝钢分公司“十一五”规划项目正式投产。按照功能覆盖产线的原则，制造管理系统已覆盖分公司全部生产单元，从而有效地支撑了分公司的生产和经营，并使公司总体目标与“十一五”规划工程同步投运。宝钢分公司配合股份公司一体化经营管理系统建设，及时调整相关系统的管理范围和切分界面，同时针对属地系统改造的有关业务流程、业务界面和接口内容，提出了各相关系统的解决方案。

此外，宝钢分公司落实系统授权安全问题，实施管理信息系统授权检核系统的开发，完成分公司“管理信息系统授权管理办法”、“电子文件管理控制程序”的编写，并用管理和技术两种手段规范信息系统的授权管理，提高信息安全管理水平。

2.不锈钢分公司

2006年，不锈钢分公司完善和健全了一系列信息化管理制度；建设了设备关系系统，对固定资产进行清理，完成相应的编码工作。不锈钢分公司信息系统向冷轧工程全面延伸。在冷轧工程的建设过程中，分公司信息系统分别从产销系统、网络基础设施、事务系统（OA、人事、档案、IC卡）等方面向冷轧厂全面覆盖，并与冷轧厂一体化经营管理系统建设结合，初步明确了系统功能和业务界面的分担，目前已完成详细设计。截至年底，数据仓库共建6个集市，并将在2007年3月完成对技术质量、生产物流、财务成本3个数据集市上线后的考核工作。

3.特殊钢分公司

特殊钢分公司初步建立了具有特钢特征的整体性代码体系，并成功实现ERP & MES主机系统在线迁移。2006年5月底至6月中旬，特殊钢分公司采用“在线迁移”方式，将在线运行的特殊钢ERP & MES系统的主机、网络设备从炼钢厂三分厂地下室老机房安全迁移至新大楼机房，同时实现信息系统的迁移，使系统主机率先入住公司新大楼机房。此外，特殊钢分公司首次实现集团内磁盘阵列的互备，消除了磁盘阵列的单点故障，为磁盘阵列的高可靠性解决方案提供成功案例，同时也为信息系统异地灾备解决方案的形成打下技术基础。

4.上海梅山钢铁股份有限公司

上海梅山钢铁股份有限公司收集国家信息系统法律、法规及技术标准34个，完成2007～2012年信息化规划。公司数据仓库系统项目于5月完成第一阶段的4个数据集市的需求分析审查。同时，公司自3月开始对物料采购系统进行整体的优化推进工作，理顺26类计划的主流程，补充完善了备件的事故件管理功能，并对物料代码进行清理，制定了物料代码管理办法，于11月15日完成物料采购管理系统备件采购功能的整体切换。5～9月，公司对炼钢L3（包括L4）计算机系统进行相应的功能改造，内容包括计划调度、工序状态跟踪、生产实绩收集、质量管理、设备管理以及相关报表统计等模块。

5.宁波宝新不锈钢有限公司

宁波宝新不锈钢有限公司ERP产销系统实现委托加工独立核算，并使普碳钢生产管理、销售等流程进入ERP系统。同时，公司规范了软件备份工作，逐步实现全公司计算机系统的集中管理；同时，对计算机系统物资备件的申请、审批、领用等工作流程进行了规范。

6.浦钢公司

1月5日，浦钢公司产销系统需求分析文档顺利通过审查；7月5日，公司产销系统基本设计顺利通过审查；7月6日，系统详细设计正式启动。目前，宝信软件正在进行软件编制，而浦钢产销系统各专案组正在准备测试用例和测试数据。同时，浦钢公司的设备系统、采购系统、能源系统也进行了建设。10月，公司完成能源系统基本设计审查，近期将对设备系统基本设计、采购系统需求分析分别进行审查。目前，公司确认了管理计算机主机系统架构、主干网络系统构架、L2系统互连方式、统一防病毒系统方案、能源管理系统数据采集等方案。公司管理和控制计算机主机、主干网络、能源管理、调度/指令电话、消防监控等系统也完成设备招标。

7.烟台鲁宝公司

2005年11月，公司产销系统顺利上线；2006年3月，完成功能考核。目前，系统的生产作业计划、物料跟踪、合同跟踪、财务货款、结算等数据均正常，并运行平稳。2006年，公司新增7个中小型信息化项目，分别是：主机及网络监控系统、公司网站后台数据采集系统、在线微机及网络设备的查询系统、工资管理系统、授权管理系统、工程图纸档案管理系统、项目管理系统。这些项目于10月陆续投入试运行，计划2007年1～2季度完成上线。同年，公司设备与采购管理系统立项，并成立项目组，现已完成设备编码6位码的编写，也完成了物料编码规则制订和培训工作。

8.黄石涂镀公司

2006年，公司优化MIS系统：按照以合同指导生产的业务思路，公司对销售生产流程进行梳理，提高了业务效率和客户响应速度；同时以市场为导向，新增了委外加工、来料加工等产销模式。公司结合管理要求，打造交流平台：开辟专用文件服务器，供各部门、车间进行内部交流，内容涉及生产调度周报、设备周报和质量周报等公司级周报，设备推进情况、备件执行情况和沉没辊运行及加工信息等部门级报表以及班组八大台账等，从而有效保障了基层管理的推进和信息传递的时效。公司做好安全工作，保障系统运转：公司与开发方签订保密协议，对MIS数据每8小时自动备份一次；制定安全预警制度，保证系统宕机及故障解决后的有序切换，确保数据完整。

9.宝日钢丝公司

宝日钢丝公司自主开发了OA系统，实现公司文件无纸化流转；完善网络安全管理办法，对U盘的使用范围进行限制。同时，公司系统管理员通过封端口、变更杀毒方式及制作免疫程序等方式，最终完全解除蠕虫维金变种病毒的困扰，确保了公司生产经营的稳定进行。

10.宝钢国际公司

2006年，宝钢国际公司完成2007～2012年信息化规划的编制工作，策划了宝钢国际总部管理平台的建设工作，并推进贸易公司ERP系统标准版及其电子商务系统标准版的开发实施工作。4月，地区公司标准版原型——宝钢商贸ERP系统上线试运行。通过招投标方式，公司选定金蝶K3软件，通过定制报支、固定资产管理等功能，使其成为总部财务管理的支撑平台。同年，公司完成MIS2.0系统在12家剪切加工中心的部署工作；完成对各单位的信息化人员培训工作（10多家单位共45人）；完成上海宝井－上海日立的定制化SCM开发工作；完成青岛宝井SCM二期开发实施工作；完成预算系统2.0的开发实施工作；推进货代公司业务系统（一期）建设。

11.海外公司

2006年5月初，宝美公司ERP系统上线试运行；10月初，宝欧公司ERP系统上线试运行；年末，宝和、宝新公司ERP系统实施项目实质性启动，计划2007年上半年上线试运行。

12.化工分公司

化工分公司自行开发的机旁备件系统解决了多年存在的机旁备件管理难的问题，使公司的设备保障提高一个台阶。同时，化工分公司完成BES科研管理系统在公司的部署。宝山本部MES项目于9月完成可行性研究评审工作，目前已经启动5个模块（LIMS、OM、PLAN、PB以及统计）。其中，LIMS进入组态编程阶段，年底进入调试阶段；OM模块已完成需求调研，进入样板作业区实施阶段，而其他模块都在功能调研阶段。

13.财务公司

财务公司2006年3月底完成多银行资金平台的合并工作，为公司的结算方式和资金管理提供多银行的操作模式；开发电子回单和电子对账单功能，向客户提供网上银行打印电子回单和电子对账单功能，并于7月正式使用，从而缓解了公司经营网点受限带来的压力，提高了工作效率。11月1日，公司外汇虚拟账户管理系统正式投入运行，为股份公司提供多银行的外汇管理，与钢贸公司的财企系统实现双方直连。

14.华宝信托公司

2006年，公司进行电信与网通线路负载均衡和VPN建设，提高了Internet接入的稳定性，并先后建设和完善企业年金管理系统、资产管理管理系统与网上交易系统、信托业务的估值和风控系统等，为公司业务开拓和资产运作打下信息化基础。

15.产业公司

金属包装板块的ERP建设。公司下属宝翼公司历经5年自主开发的信息管理系统自2005年初全面上线以来日渐完善，2006年上半年，产业公司已经将该系统作为金属包装板块的核心管理工具，并成功向同业务板块各公司（如宝印和河北制罐公司）进行了移植。

钢结构板块EPR建设。公司下属冠达尔公司在改进和优化现有管理模式与业务流程的基础上，建立起多项目、多制造厂管理的“钢结构业务信息化系统”，并于2006年10月完成对该系统的验收。

2006年下半年，产业公司通过对各公司财务系统的调研，结合国家新会计政策的执行，统一了各公司财务系统并建立起“财务明细数据集中模式—分步集中式”系统架构。第4季度，公司编制了信息化规划，拟建立以核心企业现有系统作为各业务板块的核心管理工具，以财务一体化系统和人力资源系统作为主抓点，以企业门户作为贯穿产业公司及下属各公司主线的信息系统架构。

16.设备检修公司

2006年1月6日，宝钢检修公司ERP系统上线，标志着公司ERP系统一期项目建设完成。根据系统运行情况和系统数据分析，公司制定了相关指标，提高了公司ERP系统数据更新的及时性和有效性。在公司ERP系统一期稳定运行的前提下，经过管理流程与系统功能近一年的磨合、优化及总结经验教训，公司启动了机械厂ERP系统建设。在原有管理创新平台基础上，公司开发了领导查询系统。同时，公司完善信息化制度建设，先后制定了7个信息化管理制度，涉及公司微机管理、网络管理、因特网管理、设备管理、病毒管理、系统安全管理以及财务开关账管理等方面，使公司信息化建设更加规范化。

17.工程技术公司

公司制定了有宝钢工程特点的、结合现代管理理念及信息化技术的信息化建设总体框架。同时，公司人力资源管理系统和工时管理系统全面上线运行，而三维设计也已起步并取得较好效果。此外，公司通过引进软件、消化、培训，形成了集建筑、钢结构、非标设备、管道及工厂布置为一体的三维设计平台系统，全年预计产生各类三维模型近70个，利用三维模型出施工图预计达万余张。

18.宝钢贸易公司

宝钢贸易公司结合公司职能和业务管理发展需要，发布了《信息化项目管理办法》、《信息网络安全管理办法》、《软件采购管理办法》、《信息系统运行维护管理办法》、《代码管理办法》，并颁布了公司组织机构代码定义书及公司组织机构代码；组织实施公司成立后的Intranet系统切换以及迁移方案。该系统于9月正式上线运行，为公司开展正常业务提供保障。同时，宝钢贸易公司组织新建了公司OA、HR系统，系统于9月顺利上线。此外，公司制定了系统平台新建方案并着手组织实施。

19.梅山公司

梅山公司建设了财务多账户核算管理系统（以下简称“MAS系统”）。MAS系统是一个以资金运营为主线，集财务管理、日常经营管理于一体的综合性管理系统。该系统已完成包括梅山公司下属55家子、分公司的上线工作。MAS系统除实现“银企直连、系统查询”等先进功能外，还实现了预算、资金、结算三位一体的功能。公司建设了人力资源系统，一期14家单位的员工信息已纳入公司统一的信息管理平台。系统功能包括组织结构管理、单位划转；职工通用信息管理；职工保险福利库，如公积金、养老金、医疗保险金、失业金等的管理；劳动合同管理、工资管理、奖金管理、信用卡管理等，并实现向MAS系统抛账。

20.工业检测公司

2006年，工业检测公司建设了设备状态管理信息平台。目前，宝钢分公司约有近5 000台关键设备已纳入该平台的受控点管理。通过该平台，部门技术人员利用定修、年修时机，对预报的设备异常进行跟踪及结论验证，为现场消除事故隐患。该项目获得市国资委颁发的“2006年度上海市管理创新成果三等奖”。公司生产信息系统也已顺利上线，系统从业务委托受理、生产计划制订切入，通过对项目实施各个关键节点的信息跟踪，了解项目信息、实施进度、发现问题、解决措施、工作量统计等，在整个生产项目周期中实现对项目过程的跟踪和控制。 （宝　钢）

东方钢铁：扩大电子商务领域的领先优势

【概况】东方钢铁电子商务有限公司（以下简称“东方钢铁”）是宝钢投资，致力于协助钢铁企业实现电子商务战略、提供平台运营支持及增值服务并成功经营钢铁B2B网络商区的上海市高新技术企业和上海市对外推荐电子商务企业。

2006年，宝钢对内继续推进落实一体化战略，对外进行联合兼并扩张战略，新战略对电子商务工作的战略内涵、业务覆盖、推进速度及应用效果提出更高要求。为此，东方钢铁通过将网络经济与宝钢乃至钢铁行业的特点进行全面分析与深度结合，发挥电子商务专业特长，在宝钢销售、采购、物流及钢材电子交易等领域积极进行模式创新与业务实践，在支撑宝钢经营发展要求的同时，继续保持和扩大宝钢在电子商务领域的领先优势。2006年，东方钢铁网上交易额为450亿元，同比增长307%。

【建设宝钢电子商务平台】2006年，东方钢铁结合宝钢业务发展规划和电子商务总体规划，在宝钢现有电子商务应用框架的基础上新增开发应用实施项目达29个，其中已完成上线投运的应用项目17个，正在实施的应用项目12个。

1.实现电子商务对宝钢主要制造单元销售业务的覆盖

①建成三钢联合销售业务支持系统。作为支撑宝山分公司、不锈钢分公司、梅钢公司碳钢产品统一销售的电子商务基础平台，三钢联合销售业务支持系统使各地区公司/专业公司可通过统一的电子商务界面向各制造单元订立碳钢期货，并获取相应的合同执行进程信息及质保书有关信息查询；同时，该平台也标志着“宝钢在线”由原来的碳钢销售平台扩展为面向不锈钢等多种产品的在线销售平台，从而为支撑宝钢碳钢制造单元实现一体化销售提供电子商务的系统支持。②“宝钢在线·钢管销售频道”顺利开通。该频道针对钢管产品的特点而度身定制，目的是对钢管产品的国内外网上销售、业务过程服务及质量异议在线处理进行有效支撑，并实现钢管产品的国内销售完全通过宝钢在线进行。③“宝钢在线·特钢销售频道”高效开通。该频道进一步扩展了“宝钢在线”电子商务平台的产品销售范围，新增功能涵盖国内期货订货、辅助管理（目的地维护、订货用户及最终用户管理）、合同进度跟踪及查询、发票信息查询、发货计划查询、发货实绩查询等核心功能，为宝钢用户提供一条快捷、高效、经济的特殊钢产品服务通道，很好地满足了宝钢特钢产品网上销售的业务需求。此外，不锈钢分公司电子商务系统正式投运，宁波宝新电子商务系统开发完成，这标志着宝钢电子商务工作在不锈钢领域形成更为全面的业务覆盖。

2.贸易公司电子商务标准版推进网上自助服务的标准化

宝钢股份—长安股份协同商务系统覆盖了供应链全程各业务环节的协同需求，具备贯穿供应链全程的协同功能；宝钢股份—上海通用协同商务系统全套业务均顺利运行，应用效果良好；宝钢股份——汽大众协同商务系统通过2006年的完善和升级，应用状态稳定良好；宝钢股份—家电行业的协同商务系统已形成业务解决方案，并完成需求分析。此外，面向中船的业务模式研究及供应链协同解决方案在不断完善过程中，并启动了面向中集、中石油的协同模式研究。同时，贸易公司电子商务标准版平台已完成主体开发。

3.承担电子商务的模式研究与功能建设

在原料采购物流业务领域，东方钢铁从宝钢与承运人、货代、船代等物流企业之间的协同入手，规划设计采购物流业务协同模式，并实现宝钢对国际远洋船舶及近海、长江内河船舶的监控，初步实现宝钢对原料异地库存的动态掌握；在采购ESI工作中，东方钢铁承担了PSCS系统涉及电子商务相关功能的模式设计与应用建设；在工程采购ESI中，东方钢铁与业务部门共同分析项目生命周期中的协同点，梳理出130多个协同环节，为形成电子协同方案打下基础。

【探索钢材现货电子交易模式】2006年，东方钢铁积极探索钢材网上交易，并在现货电子交易中取得重要进展。8月11日，公司携手上海浦东发展银行隆重推出“东方钢铁在线”网上现货交易模式，并于年内实现网上现货供应链融资模式的业务实践，极大地丰富了钢材产品的网上销售方式的内涵。同年，公司旗下网站——“东方钢铁在线”被正式确定为宝钢的现货竞价销售平台，成为宝钢价格政策的惟一官方发布渠道。截至12月21日，公司提前实现年度9万吨的交易成交目标。

【提升电子商务服务能力】

1.基础平台服务能力取得重大突破

基于东方钢铁基础平台的电子单据作为宝钢电子商务的基本功能，将形成宝钢电子商务应用能力相对同行的领先优势。①UECP及数据服务成为核心能力。2006年，东方钢铁基本建成UECP平台，有力地支撑了宝钢的电子商务体系。目前，该平台已成功应用在宝钢在线、特钢在线、大客户协同、海外公司、电子交易中心等系统中。②采用数字证书的电子单据在宝钢取得了实际应用。东方钢铁在数字签名、CA认证方面已形成对外服务能力，并已建立了电子单据服务的基本流程。目前，电子质保书已应用于不锈钢分公司电子商务系统中，天津公司的电子商务平台也率先实现了电子合同功能。

2.规划设计及业务咨询能力在宝钢业务领域的作用日益实现

东方钢铁与销售中心共同研究设计在宝钢销售物流领域的业务模式和流程优化，并承担了宝钢一体化销售物流业务咨询，为销售物流管控系统的设计与建设全面理清了思路和业务需求，为项目的顺利推进奠定了坚实的基础，从而成为宝钢销售物流业务与IT的桥梁与纽带。

同时，公司与销售中心用户服务室共同在宝钢用户服务领域全面梳理宝钢用户服务模式与流程优化。

3.电子商务在业务单元的深度应用推广成效显著

东方钢铁培育了一支以超前服务理念的开拓型应用服务团队，在服务过程中，不断挖掘客户需求，提高订货的便捷、易用和准确性，并通过现场培训、在线支持、定期走访等多种途径，积极有效地配合宝钢业务部门拓展应用规模。

【电子商务发展纪事】2006年1月15日，宝钢—长安协同商务平台正式上线运行。平台融合了宝钢的贸易、服务、加工配送环节，是对宝钢——一汽大众协同商务模式的发展。宝钢通过向更多战略用户推广该平台，强化了对战略用户的锁定能力。

1月25日，宝钢—上海通用供应链管理系统正式上线，这标志着宝钢与上海通用供应链的业务协同、管理协同进入了实质性启动阶段。

3月10日，东方钢铁与上海数字证书认证中心（上海CA）签订RA建设合作协议及战略合作协议，确定在数字证书应用方面进行合作。东方钢铁将数字证书成功应用于“宝钢不锈钢质保书”、“宝钢股份贸易分公司电子商务”、“宝钢MIS系统用户认证”等具体业务领域。

5月25，东方钢铁钢材现货电子交易系统投入运营；同时，东方钢铁与银行联合推出安信宝电子交易服务，并建立了相应的一整套管理流程及规章制度。该交易平台不仅为宝钢的贸易公司提供了又一销售渠道，也吸引了大批江浙沪钢铁贸易商的加入。

7月5日，东方钢铁负责开发的“钢铁企业一体化协同商务平台软件（UECP）V1.0”获得国家版权局颁发的软件著作权登记证书，这是宝钢在电子商务数据传输和交换领域获得的第一个拥有自主知识产权保护的软件产品。评审专家认为，UECP将在宝钢国际化运作以及国内其他钢铁企业及大型集团企业规模化、集团化的运营过程中具有良好的行业应用推广价值。

11月19日，“宝钢在线 · 特钢频道”主体功能正式上线运营，这标志着“宝钢在线”实现了向碳钢产品之外的宝钢其他核心产品电子商务服务的迈进。

11月21日，东方钢铁提前实现2006年竞价交易成交9万吨的目标。

11月28日，东方钢铁申报的“钢铁供应链多方业务协同平台”项目通过上海市专家组评审和国家发改委组织的专家组答辩，成为国家发改委2006年度电子商务重点资助项目。这表明了国家对宝钢多年来在信息化建设尤其是在电子商务建设方面所取得成果，以及对宝钢电子商务未来整体规划的认同。

12月21日，东方钢铁申报的“钢材现货电子交易中心”项目通过上海市专家组评审，成为“上海市引进技术的吸收与创新计划 - 现代商务专项”的第一批资助企业。

（东方钢铁）

上海石化：推进技术进步和信息化建设

【概况】上海石化是上海石油化工的主要生产企业，是中国集炼油、化工、化纤和塑料产品于一体、高度综合的现代化大型联合企业。2006年，上海石化面对国际原油价格继续在高位震荡攀升的严峻市场形势，树立低成本战略理念，狠抓生产装置长周期、安全、稳定运行，有序推进专业化集中管理、辅业改制和清理整顿，切实加强企业内部管理工作，公司生产经营总体保持平稳态势，企业在内部管理、工程建设、科研开发、信息化应用、员工培训、企业文化建设等方面取得积极进展。

2006年，上海石化按照结构调整的要求，推进技术进步和信息化建设。上半年完成了信息化管理体制的改革与调整，理顺了信息条线管理和实施的关系；同时，制定了2006～2007年公司信息化发展基本思路，明确了深化ERP系统应用和重点项目建设计划；完成ERP系统的模块扩展和功能提升、ERP综合查询系统、工程信息管理系统、APC先进控制技术在生产装置上应用等项目建设，推进了ERP系统与RPMS系统的深化应用工作。ERP系统和APC技术等信息化技术的应用，有效促进了公司生产经营和管理水平的提高。

【信息管理部成立】 3月30日，上海石化为强化信息化工作的集中管理职能，在原信息中心的基础上，组建成立信息管理部，并将档案、图书、年鉴、情报调研和杂志编辑归并到公司各相关部门，顺利完成信息化管理体制的改革与调整。信息管理部承担公司信息化工作的目标与任务制订、公司级信息化项目的申报和立项、二级单位信息化项目的审核、公司信息系统的制度建设等管理职能。

【ERP项目通过验收】 4月12日，上海石化ERP项目通过中国石化集团公司的验收。该项目于2004年3月11日启动，同年12月15日成功上线，2005年6月实现单轨运行，经15个月的平稳运行，已成为公司生产经营管理的主要工作平台。专家组认为，上海石化ERP项目遵循中国石化总部ERP实施推广模板和标准代码，流程设计合理，配置正确有效，数据准确真实，运行环境安全，技术平台稳定可靠，满足了上海石化日常业务和管理的需求，达到项目总体方案的设计要求，同意通过验收。

【信息化管理制度建设】 6月，上海石化信息化工作集中管理后，先后制定了《计算机信息分级管理及信息门户授权办法》、《远程接入管理办法》，修订了《网络系统管理制度》、《信息化项目管理办法》、《ERP终端操作用户管理办法》及《信息安全管理办法》等制度。同时，加强公司IT内控管理，配合中国石化和毕马威振会计师事务所的IT内控检查，落实整改措施，规范和优化信息化管理流程，确保信息化工作有章可循。

【ERP系统功能提升和模块扩展完成】 2006年，上海石化完成ERP系统的功能提升。由于功能提升是对正在运行的ERP生产环境进行大量调整和配置，涉及模块多、部门多，影响面广、技术难度高、潜在风险大，为此，公司成立项目指挥小组，制定了《中国石化ERP功能提升项目上海石化切换方案》和各业务条线应急预案，先后完成ERP财务模块扩充（资金管理）、综合信息查询系统、税务报表开发、数据导入模板开发、折旧费用分析、建立经营指标预警机制、专业条线业务流程规范、商务电子等19项系统深化应用内容。由于预案充分，确保了系统功能提升和切换过程中工作不乱、业务不断，系统运行良好。ERP系统功能提升后，有效促进了公司生产经营和管理水平的提高。

【工程信息管理系统投入试运行】 2月，上海石化工程信息管理系统投入试运行。2005年10月系统开始设计，经开发、完成系统原型、优化完善，投入试运行。系统将分散在ERP、P3、OA系统中的项目设计单位、施工承包商、监理承包商等数据文档和过程信息，实行统一规范管理，从而全面推进了公司工程建设管理“三个平台”及CMC（委托第三方实施施工现场管理）管理工作，确保重要工程项目按计划有序进行。

【ERP系统用户培训1 200人次】 2006年，上海石化针对信息化应用业务人员的变化情况和业务流程的不断优化，制定了年度ERP用户定期集中培训计划，全面修订培训教材和考题，建立培训系统环境。培训内容涉及ERP财务、生产、设备等7个模块、23个课程，全年共培训1 200人次。

【视频会议系统与无线通信应急指挥系统投用】 2006年底，上海石化视频会议系统与无线通信应急指挥系统投用。该项目于11月实施，视频会议设4个主会场与12个分会场，先后完成视频会议系统技术方案的制定、布点和功能调试。另外，公司选用中卫国脉公司的iDEN数字集群网平台，配置90台800MHz集群对讲机，建立了公司、二级单位、主要生产装置三级无线通信应急指挥系统，于年底投用。

【强化信息系统安全管理】 2006年，为确保计算机网络和信息系统安全，并为后续信息系统建设做好技术储备，上海石化在联网计算机网络MAC地址进行绑定的基础上，采集了4 985台联网计算机的基本信息，规范了576台网络交换机的端口配置，并对网络设备配置实行了集中管理，建立了计算机和网络交换机基本信息数据库。10月底，公司主干网平均连通率为99.95%，其中76.47%的网络设备连通率均为100%；防病毒系统的客户端安装率为99.73%。

【有线电视新系统投用】 上海石化有线电视新系统于2005年9月实施，2006年5月18日正式投用。系统投用后，上海石化电视后期制作和播出系统由传统的模拟化转为数字化，增强了系统安全运行的可靠性，提高了播出信号的质量。同时，上海石化对大演播室视频、音频、导控室等设备进行更新改造，为全面提高上海石化电视新闻宣传质量提供保证。

（顾忠礼）

上海纺织：重心转向应用系统建设

【概况】 2006年，上海纺织（集团）有限公司（以下简称“上海纺织”）在继续完善各项硬件建设的基础上，逐步将工作重心转向应用系统的建设。

【制订IT/IS规划】 上海纺织在2005年规划建议书的基础上，逐步深化对集团业务和管控需求的认识，结合上海纺织“十一五”战略规划的制订，对上海纺织信息化规划进行了细化和分化，从信息技术和信息系统两个纬度考量集团的信息化工作，完成了近4万字的《“十一五”信息化规划》，对上海纺织信息化建设在总体架构、基础设施、技术平台、应用系统、组织和制度建设等多个方面的目标、内容和实施步骤进行了详细阐述。

【建设数字会议系统】 2006年初，上海纺织完成了集团本部会议中心3个会议室音视频系统的建设，同时还布置了市经委和市国资委两套视频会议系统，满足了多功能会议的需求。

【建设集约管理支持系统】 在2005年底大量选型和重点考察的基础上，2006年5月，上海纺织在集团本部正式启动以办公自动化为基础内容的集约管理支持系统建设。系统在经过了需求调研、一二阶段模块开发、上线、整体试运行等阶段点后，于9月18日正式运行，11月1日完成项目主体验收。该系统以公文管理为核心，基本涵盖了集团本部的大量管理工作。上海纺织拟将该系统逐步扩大到子公司。

【完成土地房屋资源管理信息系统（RE-MIS）】 2006年初，上海纺织完成了RE-MIS系统一期的试运行和系统验收工作，4月开始启动二期建设。二期工作结合了一期的成果，进一步完善了房地产交易管理、信息管理模块，完成了结果数据的采集并加大了数据统计分析的力度。2006年底，系统进入试运行阶段。

【完善员工卡管理系统（E-CARD）】 2006年初，上海纺织着手在系统食堂就餐功能上扩展考勤、退款、门禁等功能；3月引入功能集成软件平台，启用考勤、退款和门禁功能；年内全面对系统功能进行了必要的整改和完善，至11月底系统完全固化。

【建成数据备份系统】 随着纺织集团本部各项IT应用的展开，为保证系统数据安全，上海纺织于6月开始考虑数据备份事宜，并在年底前建设完成数据备份系统。

【上线网络安全及增速系统】 随着集团各部门应用网络程度的深入，集团内部网络环境面临较大的安全压力，2006年8月开始，上海纺织考察了各种网络管理技术，于11月上线ISA进行网络出入管理，并结合应用系统对投资企业开放的需要建设了VPN（虚拟局域网）。

【上海市纺织运输公司：“物流ERP管理系统”建设】 上海市纺织运输公司根据“高起点、走上游、创新路”的工作指导思想和进一步建设纺运第三方物流企业的战略定位，于2005年12月启动“物流ERP管理系统”建设。该系统通过一体化的订单处理、运输管理、仓储管理、结算管理、客户服务和决策支持，打通了各个不同业务环节之间的障碍，建立了一个统一的物流运作管理平台，加强了对物流业务和结算流程的监控，实现了全公司物流运作业务的透明化、规范化、标准化，以及服务质量的可视化、可控化。该系统将于2007年1月正式上线运行，届时将服务于公司各个物流业务部门、网点、仓库、客户以及合作伙伴，从而大大降低物流运作成本并提高管理效率。

（纺　织）

上海华谊：信息化为企业应急联动中心提供指挥平台

【概况】华谊集团作为国内最大的化学品生产商，一直把安全生产看作是企业的“生命线、保障线、高压线”。为更好地实现安全生产管理，整合应急资源，快速反应，有效应对突发事故，2006年，上海华谊（集团）公司（以下简称“上海华谊”）响应国家安监局的要求，建设了集团应急联动中心和下属企业事故应急分中心。该应急联动中心已经被国家安监总局列为首批20家国家危险品应急救援基地之一，将对集团的生产调度和事故处置以及对上海市、浙江省和福建省的公共安全应急救援和指挥发挥作用。

【应急联动中心建设】由于化工行业属于高危行业，对企业安全生产的有效监控和管理以及在事故状态下的应急救援既是对企业负责，也是对社会负责，为此，上海华谊利用先进的信息化技术，建立应急联动中心，实现对企业内重大危险场所的视频监控、污染物排放实时监控、重要生产装置安全运行监控，并建立企业应急联动机制和救援数据库、化学品危害数据库，使得企业能够实时掌握重要场所和重要设施的安全运行状况，加强对事故的预防，及时组织调度和应急救援；通过不断完善预案管理，逐步形成事前预防的安全管理信息体系。

1.一体化监控平台建立和应用

上海华谊一体化监控平台的建立和应用，能实现对企业的实时生产信息、污水监测、废气排放监测、危险品运输监视、生产区域周边环境监测等。当发现非法排放或排放超标时，系统可将现场图像和数据传输至监控中心，有关管理人员即可及时委派人员前往检查；当监测到安全生产区域有异常情况发生，将发出报警和快速通知处理人员到场，同时在应急联动中心将现场情况实时记录下来，作为事后处理的依据。同时，平台还能与其他应急处理系统联动，调出事件应急预案，对事故进行及时处理，避免或减少对周边环境的影响，避免重大事故的发生。

2.系统技术路线

上海华谊为安全生产监控开发的应急联动中心信息系统的总体设计原则为：以一体化监控软件为基础，将原本分散、独立的各厂监控系统组成一个高度集成、完美融合的整体架构，相应子系统的互操作和快速响应与联动控制，将各个具有完整功能的独立子系统组合成一个有机整体，达到集中管理、自动控制的目的，提高系统维护和管理的自动化水平、协调运行能力及详细的管理功能，实现功能集成和软件界面集成。

该系统是基于宝信iCentroView一体化监控平台，结合化工企业安全环保应急处理和生产调度的要求而开发的。系统利用实时数据库技术实时采集企业的关键生产信息和环境检测信息，实现集中动态监视，并与预先设定的报警上下限进行比较处理。同时，系统利用大屏显示、电视监控、调度通信、网络等技术，实现应急联动中心对各企业危险品场所的实时监控和调度指挥。目前，系统建立了应急预案数据库、预案机制、应急联动机制，并结合GIS、GPS、MSDS和大屏幕信息展现技术，为企业的生产调度和事故应急处置提供一体化的监控平台和协调指挥工具。

该系统主要功能是根据目前企业对于应急联动系统的要求，实现对企业生产实时数据、环保数据、危险场所实时监控图像的监视，使调度和指挥人员能够足不出户，方便地获得生产过程数据以及环境监测数据等信息。当系统监测到生产区域有异常情况发生时，会自动发出警报，监测人员在获得警报后，可以根据相应的事故应急预案，迅速地对事故进行及时处理，避免或减少对河流和周边环境的影响，避免重大事故的发生。

该系统现集成的信息包括：实时生产和环保数据、生产调度报表、GIS、视频监控、应急预案库、MSDS（化学品安全技术说明书）、综合服务信息（化工新闻，日期，天气预报等）、调度机和短信服务器等相关设备处置的数据或相关信息。

3.系统应用效果

应急联动中心信息系统的应用实现企业生产、安全、环保信息的实时监控与应急预防措施的集成和联动，极大地提高企业对危险区域的生产装置、危险品仓储和运输、污水排放检测、尾气排放监控、可燃气体的监视和关键区域的火警和非法侵入监控水平，提

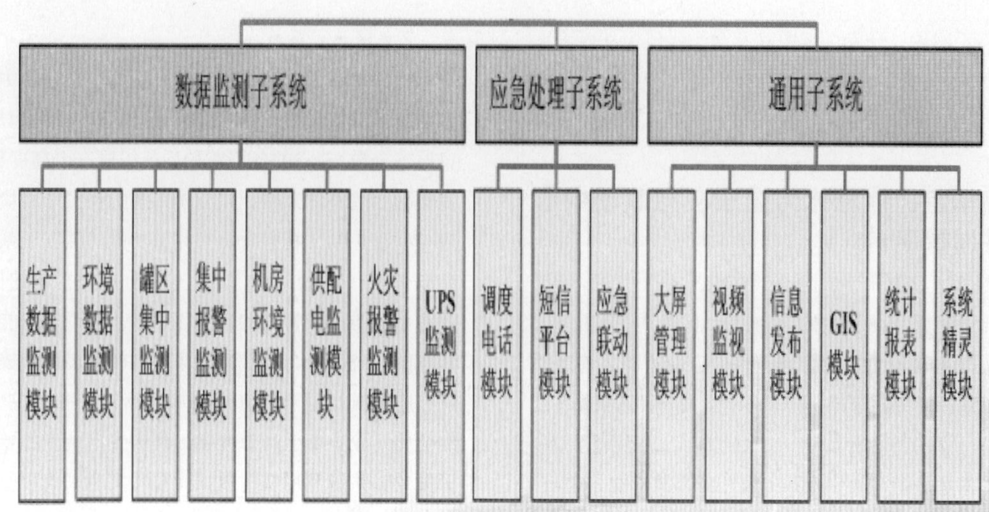

华谊应急联动中心信息系统的模块组成

高企业对危害事件的应急能力,具有很大的社会效益。具体效果为:①实现以防为主、防抢结合,及时发现、及时预报、及时组织抢险;②为贯彻行政长官负责制,统一指挥、统一调度,正确处理好局部利益和整体利益之间的关系,调动集团企业一切可以调动的因素,积极投入安全防范中,为因自然灾害和生产事故所造成的损失降低到最低限度提供直接指挥平台;③在正常生产期间,为各有关部门提供各司其职,做好日常工作,提供第一手信息查询,为在应急情况时及时制订有效措施提供有利帮助。 (倪华芳)

第三章 金融信息化

概 述

2006年，根据市长韩正在市人大十二届五次会议上作《政府工作报告》时指出的"现代服务业发展，要以信息化为基础，以金融业、现代物流业为重点，以建设现代服务业集聚区为突破口，不断提高层次、提升能级，着力增强辐射力"要求，上海金融系统主要做了以下几项重要工作：一是对城市金融网升级改造。全市中外资银行、非银行金融机构近百家联网单位完成升级改造工作并接入城市金融网。通过扩容改造，上海城市金融网从原有以低速率专线和电话拨号为主的传输方式，转变为以高速率专线且不同电信运营商互为备份的传输方式。二是搭建上海金融业务数据平台，整合监管层、金融市场、金融机构的数据以及银行、保险、证券、期货等数据。三是加强信息技术在金融行业应用的规范建设，如建立了银行卡风险联合防范机制。四是从风险防范、金融形势分析、金融监管等几方面工作需求，拟制订并推出《上海金融服务管理机构信息交流制度》，加强信息化工作的制度建设，并形成执行的长效机制。 （钱 璟）

一、重点项目

金融税控收款机试点

金融税控收款机是税控收款机的一种类型。它通过在普通税控收款机上附加金融POS功能，实现在一台收款机上既能按照税控要求打印发票、又能受理银行卡服务要求，从而使商业、税务、银行卡3个系统之间建立一种良好的互通互联的信息交换环境。推广金融税控收款机的应用不仅有利于加快税收管理信息化建设、提高税收征管效率，而且对于加快发展银行卡受理环境具有重要意义。上海作为金融税控收款机应用的国家试点城市，2006年，按照国家信息化办公室等部委的要求，根据《上海市税控收款机推广应用方案》，研究确定了金融税控收款机推广应用的范围、步骤、优惠政策等事项，基本明确金融税控收款机推广应用的实施方案，计划按照"统一标准、生产许可、政府推广、分步覆盖"原则，分步骤、分行业在商业、娱乐、饮食等行业推广金融税控收款机。同时，上海已组织完成本地金融税控收款机生产企业有关资质的申报，上海广电信息产业股份有限公司、上海华虹计通智能卡系统有限公司、上海邮电通信设备股份有限公司、上海良标智能终端股份有限公司、上海新跃仪表厂、上海杉德金卡信息系统科技有限公司、方正科技集团股份有限公司等7家上海企业获得国家信息产业部颁发的金融税控收款机生产企业资质认定和工业产品生产许可证。

（市信息委社会处）

城市金融网升级改造

2006年，上海市中外资银行、非银行金融机构近百家联网单位完成升级改造工作并接入城市金融网。通过扩容改造，上海城市金融网从原有以低速率专线和电话拨号为主的传输方式，转变为以高速率专线且不同电信运营商互为备份为主的传输方式，这不仅提高了各单位与中国人民银行上海分行（以下简称"人行上海分行"）之间的网络传输能力，保证了传输线路的可靠备份，而且为今后新业务的拓展提供了网络保证。 （人行上海分行）

小额支付系统、票据影像系统建设

2006年，上海市小额支付系统、票据影像系统建设顺利上线。小额支付系统和票据影像系统涉及上海市几十家中外资金融机构，为保证系统按时上线运行，人行上海分行组织全市各小额支付系统直接参与单位开展技术培训，下发各类系统操作指引并进行具体指导部署，同时还对相关银行进行现场验收。从系统安装开始，在经历了升级切换、系统验证、联调测试、模拟测试等一系列工作后，系统顺利上线运行。

（人行上海分行）

人行上海分行相关网络业务系统建设

2006年，人行上海分行完成了国库和财政、税务及海关网络、业务系统的建设。人行上海分行完成了与上海市税务局、全市相关银行的多方数据传输线路的整合工作；积极推动银关横向联网工作，完成人行上海分行与上海海关的联网工作；落实上海市财政单一账户系统二期工程、财政拨款业务电子印章系统等建设任务。

（人行上海分行）

二、银行业信息化

银行卡风险联合防范机制建设

在上海市银行卡产业快速发展、市民刷卡消费渐成习惯的形势下，针对银行卡跨行交易系统和各种银行卡业务暴露出的安全问题，上海市各相关部门和金融机构加强合作，抓紧完善银行卡风险联合防范机制，形成风险管理的整体合力，促进上海市银行卡产业和谐、健康发展。随着人民银行个人信用信息基础数据库系统于2006年正式上线运行，各发卡金融机构利用该系统所提供的个人信用信息能够更理性地完成信用卡申请人资格审定和透支额度设定，从而有效防范了个人恶意透支等风险情况的发生。由上海市银行同业公会牵头成立的银行卡风险管理协调小组继续加强对银行卡市场的风险监控和管理，每季度召开会议对所发现的问题进行讨论并提出解决办法，2006年比较突出的“商户非法套现”、“持卡人多头授信”、“网上支付犯罪”等问题在一定程度上得到解决。银联上海分公司借助中国银联商户风险监控系统对全市所有布放联网POS机具的商户进行严格监控，全年共查处约50家高风险商户，向中国银联不良信息共享平台上传160多条不良商户信息，利用这两套系统，银联上海分公司和全市发卡金融机构实现了对商户端的风险控制。为保证银行卡跨行转接系统安全稳定运行，及时处置系统出现的故障，银联上海分公司制定出台《运行系统应急处理流程》和《外维系统应急手册》，并确定了重大事件上报和协查机制。同时，各发卡金融机构以多种形式在全市范围开展银行卡安全宣传活动，打击银行卡违法犯罪，维护持卡人合法权益。

（人行上海分行）

人行上海分行：推进金融信息化建设

【概况】2006年，人行上海分行进一步加快信息化基础设施建设，致力于推动本单位信息化建设，为各业务应用系统、网络系统安全稳定运行提供了有效的技术保障；切实落实人民银行总行电子化项目的应用推广任务，继续在深度和广度上取得长足进展。

【开展信息系统应急演练工作】人行上海分行利用周末开展中心机房（电源、UPS、防水、防火等）设施、Notes邮件系统、国库会计核算系统、中央会计核算系统、网络系统、防病毒、入侵检测系统等一系列系统应急演练工作，并对支付系统大小额系统、城市处理中心、支付系统专用网络系统等进行了专项演练，取得了良好的效果。

（人行上海分行）

三、证券业信息化

证券交易所

截至2006年底，上海证券交易所（以下简称“上证所”）上市证券达1 126个，品种涵盖股票、债券、证券投资基金、ETF、权证等；拥有上市公司842家，挂牌交易股票886只；股票市价总值达7.16万亿元；全年证券成交金额9.19万亿元；投资者开户数达到3 900多万户。

2006年是中国证券市场历史性转折的一年，上证所以确保市场正常交易为主线，实现系统持续安全运行；全方位推进信息化建设，实施证券市场的业务和技术创新，发挥企业级数据仓库的支持效应；完成新机房及证券技术大厦建设，并将Level-2行情系统一期成功推向市场；同时，集中力量决战决胜新一代交易系统等重大技术建设项目，全面服务证券市场。

【系统持续安全运行】2006年度，上证所证券成交金额突破9万亿元，达到9.19万亿元，股票成交金额达5.78万亿元；新增242.72万投资者开户，总开户数达到3 900多万户；在10月迎来了全球最大的首次公开募股公司——中国工商银行的发行和上市。12月6日，上证所单日委托笔数达到746.18万笔，单日成交笔数达到958.907万笔，均为世界之最。12月29日，上证指数达到2698.89点，股票市价总值达7.16万亿元。

2006年，上证所以确保市场正常交易为主线，依靠技术的先进性、流程的科学性和执行人的责任心，确保市场安全运行，全年持续实现零事故安全运行。上证所在实施通信网络运行系统实时监控、技术支持、系统分析、客户管理的运维分层管理模式下，几年来，双向卫星报盘、单向卫星行情发送、地面通信等各项安全运行指标均100%达标，确保了证券交易通信系统的安全稳定运行。上证所还积极探索改变经营方式，与中国网通实施战略合作，以强强之势联合，共同建设宽带双向卫星综合业务平台，实现整个证券通信网络的一体化、高容量、不同介质互备，并灵活实现灾备等多方面的功能完善，充分发挥双方自身优势，彻底解决证券集中交易通信网络可靠性、容量、运维成本等方面的关键问题，为更好地适应证券行业及公司的未来发展打下良好基础。

【企业级数据仓库大力发挥支持效应】上证所信息化战略重要工程的企业级数据仓库于2005年12月19日投产运行，2006年进行系统扩容，现有规模达20TB，实现了跨系统集成、跨部门共享、跨应用关联；系统为全所提供近900个共享应用，被各业务部门频繁访问，在业务和技术上对上证所稳步推进证券市场发展发挥了重要推动作用。

1.业务方面

⑴支持核心系统安全运行。2006年度，数据仓库在市场交易量屡创历史新高时，提供了申报峰值、交易峰值、数据流量峰值等分析功能，确保了交易系统的稳定运转，维护了证券市场的正常运行。⑵支持市场监管。数据仓库在广度和深度上提高市场监管水平；通过全所数据共享大大提高联合监管能力，实现全方位监管；通过XBRL标准，提高了上市公司信息披露的可读性和决策有用性。⑶支持业务创新。数据仓库为股权分置改革提供数据查询支持；提供限售股份上市流通专题分析；建立指数评估模型，提供权证业务管理和分析功能，支持创新实验室研究；建立交易系统性能评估指标体系，为建设新一代交易系统起到重要的决策支持作用。⑷支持信息经营。经深度和精度加工，生成各类数据信息，形成核心竞争力的信息产品，向市场提供增值服务。

2.技术方面

⑴采用先进的元数据管理功能。为配合上证所新一代交易系统上线对数据结构及其应用的重大变更改造，数据仓库采用先进元数据管理的数据生命周期功能和影响分析功能，快速、准确确定需要变更的数据内容和工作范围，大大提高改造工作的的效率与质量，并显著降低了企业成本。⑵完善的数据仓库管理。数据仓库采用短消息、邮件报警等多手段，确保运维人员快速准确排查并解决系统故障，以低成本高质量确保系统的正常运行。

【新机房及证券技术大厦建设竣工启用】

1.新机房建设顺利竣工启用

上证所证券大厦新机房于11月8日落成启用。新机房位于证券大厦3、4楼，它的建成为新一代交易系统的按期上线，以及未来更多交易新产品和系统的推出提供了一个安全、可靠和先进的物理及技术环境。工程自2005年7月正式动工，分两期实施；2006年3月，一期运行机房顺利完工，随即上证所各在线运行的技术系统完成滚动搬迁；10月，包括操作机房和总控中心在内的整体机房全面建成。

由于新机房是在原机房基础上实施的改扩建工程，施工区域备受限制，施工地又紧邻在线运行的各大技术系统，因此施工难度远大于新建工程。为保证交易系统运行万无一失，施工时段也特别调整至夜晚和节假日。期间克服了大型钢结构件和大型机电设备吊装进入现场安装等重重困难，终于高质量、安全地完成施工任务，未对正在运行的交易系统产生任何影响。在配电系统方面有充足可靠的多路电源供给，在空调系统方面配置了大功率精密空调，在机房环境监控方面，实现全方位实时运行监控；在弱电工程中，采用全容量即插即用的先进化布线系统；在安全保护系统中，采用多视点监控和双鉴（红外和微波）探测系统，充分体现综合性现代化机房的优越特性，新机房具有国际先进水平及国际性安全水准。

上海证券交易所证券大厦新机房局部图

2.证券技术大厦落成启用

为在具备专业管理水平的机房环境下，逐步建立一个可以支持各证券公司灾难恢复功能的专业化灾难备份中心，上证所启动了证券技术大厦项目建设。该项目2004年底奠基，2006年，证券技术大厦正式启用。大厦具有集人防、技防、联防为一体的互联互补的安全防范体系，以及高智能化的系统管理功能。目前，海通证券、东方证券的托管机房已进驻，预计将会有越来越多的券商托管机房进驻。

【新一代交易系统建设取得决定性进展】上证所为适应证券市场快速发展的需要，自2001年始，历时五年自主创新开发新一代交易系统。该系统引入了世界先进理念，特别是引入了参与者交易业务单元(PBU)这一全球交易所共同采用的交易组织方式，不仅系统容量更大，而且能够支持几乎所有交易品种和交易方式，为证券市场的进一步创新发展奠定技术基础。

2006年是新一代交易系统的决战决胜年。上证所于2006年4月实现了运行生产环境部署完全就绪，5～9月进行用户验收测试（UAT）工作，自10月始经过与券商柜台系统、行情系统开发商的连续数月每周一练多轮测试，演练工作逐步从局部拓展到全局，大部分市场参与者都行动起来积极参与测试。

【Level-2行情系统一期成功推向市场】上证所开发的Level-2行情系统是采用新的技术架构、面向专业投资者的新实时行情系统，与现有的行情信息相比，具有更好的实时性，包含更多成交、委托等方面的内容和其他有价值的信息。该系统技术上采用国际上最新的证券数据交换标准(FIX/STEP)，综合利用PKI信息安全技术，数据压缩技术、组播技术和数据重建技术，具有很好的可用性和可扩展性，已达到国际一流交易所信息服务水平。目前，该系统已完成国家软件著作权申请和软件产品登记。Level-2经营上采用“交易所→

信息服务商→终端用户”的商业模式。信息服务商根据各自优势和资源对获得的Level-2数据进行增值加工后提供给投资者，在信息服务商充分竞争的情况下，可形成丰富多样化的信息产品供证券公司和广大投资者选择。这一模式为建立符合国际惯例、健康的证券信息产业链奠定基础。

Level-2正式推出以来，市场反应热烈，整个系统已经受了2006年底和2007年初以来不断创新高的市场超大行情的考验，目前已有8家国内外信息经营商从上证所信息网络有限公司获得授权许可，共为超过2.5万名个人付费用户提供服务；其他主流证券信息服务商也都在积极商谈相关合作事宜。该系统的实施有力贯彻了2004年中办、国办34号文《关于加强信息资源开发利用工作的若干意见》的精神，对于提高整个行业信息资源的开发利用，完善中国证券信息服务产业链结构具有重要的意义和示范作用。

【研发推出新技术，全面服务证券市场】为满足基金公司等大客户大量的数据交换需要，上证所自主研发的多媒体证券信息卫星发布平台在2006年获得上海市科技成果转化、并被评为上海市科技进步二等奖的基础上，根据用户提出的新需求及市场出现的新情况进行了完善，目前已完成整个系统的升级，全面支持卫星接收、视频传输、证券信息点播等功能，现推广应用的客户约有400家。LinBox项目是适应证券行业“大集中”交易模式而推出的新业务模式，它基于一个统一的、通用的、半开放的技术平台，允许不同IT供应商的多种系统软件以代理(Agent)的模式在该技术平台上协同工作，完成原有营业部、服务部IT辅助系统的所有功能，从而大幅降低营业部、服务部的IT运行、管理成本。目前，LinBox项目V1版本已进入推广阶段，全面应用V1的营业网点有3家，参与V1测试的营业网点有40多家。

上证所目前还正在进行第三代监察系统的研发工作。该系统融合了现有监察系统的实时监察、历史分析、盘后监控、数据挖掘等各系统模块，能够实现部门间的监管协作，支持报警规则自定义，实现历史和实时数据的联合监控分析。第三代监察系统建成后，上证所能够对新一代交易系统引入的全新交易品种和交易方式进行有效监管，极大提升上证所的监管能力，保护投资者的利益。

证券公司

【集中交易平台建设】申银万国于2005年6月正式启动新一代科技平台大集中项目，该项目以“低成本运营、跨越式发展”为宗旨，以“两年领先、五年不落后、十年可用”为目标，通过安全、可靠、规范、高效的工程项目实施，新建一套足以支持300家营业部规模的大集中硬件平台与系统架构，将公司各分散式系统分阶段地平滑集中至总部的大集中系统，并通过先进的集中操控平台有效监控系统的整体运行状况。整个项目分为机房建设、基础网络、集中交易清算、数据仓库和集中操控5个子项目。根据项目实施计划，中心机房和基础网络2个子项目建设已完成并通过初验，建设完毕的昌化路与外高桥2个中心机房均达到国家B级机房以上标准，并采用实时同步、定时切换的双中心机制，具备业界最高的抗灾能力与安全运行等级。2006年4月3日，公司第一家营业部顺利切换至大集中系统，截至目前，公司B股业务系统以及30家营业部、4家业务总部的A股业务系统已切入大集中系统，运行情况良好。该项目计划于2007年完成全面推广。

海通证券经过2005年各项细致的准备工作，2006年集中交易系统建设得到全面推进，共完成44家营业部的上线整合工作。在相关基础设施方面，累计完成并开通63家营业部上集中交易所需与外高桥托管机房相连的2M通信链路，并相应增加卫星备份链路，为下一步营业部切换上线工作打下基础。

航天证券为达到证监会集中交易的要求，实现集中报盘、集中清算、集中管理和监控于一体的完全集中模式。2006年2月，完成集中交易系统的硬件设备、软件系统的安装和测试工作，并顺利上线。

中银国际证券2006年初全面完成集中交易系统建设工作，系统进入日常维护和不断优化阶段，并经历了5月以来交易量急剧放大超过5倍的考验，满足交易峰值要求，系统安全、可靠、快速运行，保证用户网上交易、电话委托及Callcenter服务、现场委托、手机炒股、通买通卖服务。

【第三方存管项目】申银万国根据新修订的《证券法》和国家对证券公司综合治理工作的要求，公司第三方存管项目于8月正式启动。该项目遵循依法合规、保护投资者权益和独立监管三条基本原则，以行业现有的相对成熟方案为基础，以“客户交易结算资金银行独立监控存管系统”为核心，支持客户资金存取、证券交易、清算交收等基本业务，实现客户交易结算资金的全封闭运行。通过与各存管银行建立“总对总”的连接方式，减少通讯处理环节，简化业务流转层次，提高业务处理效率。目前，该项目已完成与工商银行的连调工作，与上海银行、招商银行、中国银行的连调工作正在进行中，将于2007年正式启用。该项目的建成对公司加强外部监管、提升管理水平、扩大业务范围、加快创新发展具有重大意义。

【融资融券项目】申银万国根据证监会发布的《证券公司融资融券业务试点管理办法》和《证券公司融资融券业务试点内部控制指引》，正式启动证券公司融资融券业务试点。公司融资融券项目于8月正式立项，坚持“积极稳妥，集中管理，独立运行，前中后台分离，三级风险控制”原则，采用全账户与合约管理模式，实现融资融券业务的信用交易和信用管理。项目整体建设将始终贯彻“依法、合规、规范”的经营方针，达到完善管理、加强风险控制、加快创新发展、提升公司综合竞争力的设计目标。目前，该项目已技术准备就绪。

国泰君安5月开始建设融资融券系统，7月基本完成业务需求，并配合交易所完成7月组织的二次全网测试和8月底上海证监局的验收，9、10月配合信用交易部对业务流程和风险控制、管理、融资融券的客户资金第三方存管等方面的需求进行进一步分析和细化后，对系统进行了较大规模的升级和优化。之后，对系统进行了两轮公司内部的验收测试，业务功能和系统稳定性等情况较为良好，已具备上线要求。

海通证券2006年完成融资融券业务技术方案的制订，多次配合交易所进行融资融券系统测试，为公司申请融资融券资格奠定基础。与海富期货公司共同制定了股指期货IB系统建设方案，并组织营业部进行系统安装培训，在营业部进行全方位业务测试与推广工作。

【财会管理信息系统】申银万国为适应公司业务发展和管理模式的变化，进一步强化内部管理，建立高效的网络化财务管理信息系统，公司财会管理信息系统(四期)项目于9月批准立项。该项目将以充分利用信息技术和提高公司财务管理水平为核心，实现全面预算管理、业务协同、银行资金核对、应收款项管理、清算数据导入等功能，并与公司其他各类应用系统建立无缝衔接，提高业务数据和财务数据的使用效率，实时掌握全公司财务状况，并及时向管理者传递，最终实现在集中会计核算基础上的事前有预算、事中有控制、事后有分析。目前，该项目正在开发中，预计2007年9月完成。

国泰君安2006年启动集中财务系统建设，为财务管理改革提供有力的技术支持平台，建立共享财务中心。经过多方携手努力，系统于6月30日成功实现上线试运行；年底，基本完成全公司范围内的推广工作，并完成几次小规模的系统升级。集中财务管理系统成功实现了集中审批、集中支付、集中会计作业的系统平台建设，是业内首家建设的共享服务系统，采用用友NC作为基础开发平台。系统功能主要包括：申请报账和审批、运营核算、资金支付、预算管理、系统集成与同步、固定资产批量计提折旧等。另外，系统还与集中交易、法人清算、网银系统、办公自动化等系统存在一定的业务协作。

海通证券2006完成集中财务系统建设，通过全公司“一套账”的管理实现数据的集中和信息的高度集成，从根本上保证财务资金及账务信息采集的实时性、全面性、真实性和准确性。新规划建设的经纪业务财务集成方案将实现一、二、三级各类清算凭证的自动化处理，从而进一步提升日常账务处理效率，推进系统标准化进程，加强财务管理规范的落实。由于系统平台实现了全公司各分支机构账务处理数据的标准化集中管理，系统技术方面对于财务人员工作场所的地域限制降到最低，对公司相应的财务大集中进程，在技术层面上提供了便利与基础。

【集合理财业务系统项目】申银万国集合理财业务系统项目于10月批准立项。该项目以开发建设登记存管系统及投资估值系统为核心。其中，登记存管系统用于定义和管理券商发行的集合理财产品，并对集合理财客户账户及业务销售进行管理；投资估值系统则根据集合理财业务相关行为所产生的清算数据、行情数据、费用设置等，按照特定的财务系统科目要求自动生成相关凭证与净值数据，以便导入TA系统，并提供相关查询报表功能。目前，该项目正在进行试运行准备。建成后的集合理财业务系统将为进一步推进公司创新业务的开展提供有力技术保障，并为提高公司市场竞争能力、促进公司新一轮发展发挥应有作用。

【保证金第三方存管系统建设】海通证券2006年开始实施保证金第三方存管系统建设，完成与农行、建行、交行等三家银行总对总通信链路的调试及网络配置；截至年底，完成2家营业部农行存管系统上线工作，交行、建行系统测试完成，正进行兴业、招行、中行测试。

国泰君安的第三方资金独立存管系统于4月投入建设，完成公司总部系统的建设以及与民生、中行等银行接口的调试工作，其后又分别与工行、建行、招行等进行接口调试，并牵头制定了对行业客户资金管理产生重大变革的《客户交易结算资金第三方存管业务数据交换标准》，国泰君安的三方存管系统成为行业样板。9月，实现与工行、建行等银行三方存管的正式上线运行；10月，完成与兴业、交行等进行系统联调工作。现正与建行进行融资融券信用三方的技术系统建设和调试，以及配合营运部门细化第三方存管推广方案。

【客户资产管理系统】海通证券2006年完成客户资产管理系统建设，作为公司新产品的研发基地，系统负责提供产品研发过程中的相关支持，如产品分析、投资组合制订、组合风险与盈利预测等；同时，系统还提供对于投资操作的支持，包括各种订单操作。3月，海通稳健增值型集合理财系统正式上线，适时支持了公司集合理财方面的工作。

【营销服务支持平台】2006年，海通证券完成营销平台建设，系统负责处理与产品营销的整个过程，包括营销队伍建设、营销方案建立、各种费用处理以及相关的客户分析、检索和主动服务功能。

国泰君安零售业务营销服务支持平台建设项目于2006年3月正式启动；10月，开始在各个区域逐步实施。到年底，已完成包括12家区域中心和3家独立安装的营业部的实施。预计在2007年3月前，可完成所有区域的建设。该平台包括客户管理系统、营销服务工作系统、营销服务管理系统、营销决策支持系统、经纪人管理系统、绩效考核系统等若干子系统，为公司各区域营销总部的服务及销售人员高效率开展工作提供全面的系统支持，包括收集客户资料、记录营销服务过程、分析客户行为、提供信息服务等；为公司或区域营销总部进行营销决策提供即时、全面、准确的数据依据；是加强客户分析、深化客户服务、明晰绩效考核、提高薪酬管理效能的强力工具。

【法人结算系统】2006年，海通证券完成法人结算系统建设，实现三方存管功能；完成法人结算系统的融资融券业务功能测试，并通过证监会审查；完成影像管理系统功能升级、性能优化工作，为集中账户中心建设打下基础。为应对公司规模扩张、业务复杂性增大等因素，制定了法人结算系统的升级方案。同时，抓紧银行直连系统的建设进度，目前银企直联系统增至10家，极大地提高了资金划付的速度与效率。

【集中风控系统建设】2006年，海通证券集中风控平台投入使用，系统平台大致由数据采集、并行清算、稽核审计、经纪业务查询、领导查询、消息管理、系统管理等7个子系统组成。其中，稽核审计子系统又包括实时监控、交易稽核、财务稽核、柜台数据查询、稽核报告、专项审计等六大模块。平台自投入使用以来，支撑着公司各类风险监控、统计分析等业务管理功能的正常开展，是公司信息体系中最重要的组成部分之一。同时，配合集中交易的建设进度实现和完善了大集中柜台交易数据的盘后和实时采集、入库、转换、推送等功能，确保营业部在大集中柜台上线后，管理平台能无缝采集到营业部交易数据，公司各业务、监控部门的工作不受影响。

【安全与风险监控系统建设】2006年，国泰君安完成风险监控平台建设，对公司风控部门日常工作提供有力支持，同时还作为数据源对公司其他部门提供数据服务。到9月，已成功将所有交易系统中的所有历史数据导入风控平台，完成相关的转换与其他处理工作。风控平台的门户网站已于9月底建立完成，并与eHR系统完成联合测试工作。

海际大和证券使用恒生风险监控系统，安排专人专岗，针对业务中面临的各种风险，通过对财务数据、交易数据、银行数据、清算数据的有效整合，积极主动监控各种风险，使公司相关部门能够有效掌握公司运行的真实情况，成为公司管理工作有效的辅助工具，促进和加强了公司自身的风险控制与管理。

【信息系统安全管理】2006年，海通证券全面加强信息系统安全管理工作，做好各项系统应急演练工作，对各类信息系统定期进行应急演练，尤其对于集中交易系统，按照相关制度，制定了各技术环节多方式、业务联动的灾备方案，形成详尽的操作手册，并组织技术、业务多环节进行多次演练。通过安全管理，加强了网络监控及安全防范，指导公司本部及下属营业部安装及下载各类安全补丁，确保全年公司的计算机网络运行健康。

【管理制度建设】集中交易是一个完整的集中管理体系，包含集中的授权管理、客户管理、业务管理、运营管理、技术管理以及风险管理等。2006年，海通证券根据证监会颁发的《证券公司集中交易安全管理技术指引》，建立了《海通证券集中交易中心机房管理规定》、《海通证券集中交易中心机房日间运行管理员日志》、《海通证券集中交易中心机房软件升级记录表》、《集中交易中心机房计算机病毒防范手册》、《集中交易中心机房应急预案》、《海通证券集中交易生产系统测试环境的准备及生产环境的恢复》等配套制度，并加以落实。

国泰君安以经纪业务服务平台安全运行为工作重心，以IT服务为导向，结合日本野村研究所运行专家提供的建议，引入ITIL和COBIT，着手建立集约化的IT运行服务管理体系，提升风险控制能力，主要工作包括：确定和完善事故管理、配置管理以及变更管理的基本流程；逐步加强系统能力管理，根据行情预测对系统实施扩容；制定并演练了基于IT服务的数据恢复计划（DRP）；完善服务平台，为分支机构IT提供强大的技术支持。这些措施进一步加强和提高了运行管理水平，经受了屡创新高的历史天量大行情的考验，公司集中交易平台运行安全率从2005年的99.95%提高到2006年的99.98%以上。国泰君安在安全运维领域亦走在行业前列，作为试点单位，参加了公安部的信息安全等级保护测评工作以及国信办的证券期货行业信息安全风险评估工作，为证券期货行业等级保护测评和信息安全风险评估与管理积累了经验。之后，又作为主要单位参加了证券行业等级保护测评标准的制订工作。

海际大和证券按照《证券公司内部控制指引》和《证券经营机构营业部信息系统安全管理手册》的要求，制定和完善了各项信息系统管理制度和操作规程，加强了公司信息系统日常运行维护工作的管理，明确岗位职责、规范操作、降低风险，保证了系统的安全稳定运行。

【完善网上交易平台】2006年是市场新产品大量推出的一年，国泰君安信息技术部门充分发挥"在核心领域保持自主开发能力"的技术优势，在做好各交易系统升级维护的同时，积极调配资源，在网上交易系统上新增了对非上市股份报价委托、权证行权、要约收购、市价委托、三方转账、开放式基金场内委托、权证风险揭示和在线签署、融资融券业务等新产品的支持，同时针对突发行情，对系统进行扩容，优化系统构架，提升处理性能，增强了安全性，对公司管理和业务创新提供了有力支持。

【eHR系统建设】国泰君安eHR系统是根据公司人力资源改革的要求，为逐步实现人力资源管理从单一"行政事务处理"角色向"战略伙伴"等角色转变提供的技术支持。所建设的交互式管理平台，实现了电子化的人事管理、绩效管理、员工自助服务、薪酬福利管理等功能。该系统2006年5月正式启动，现已按进度要求完成各功能模块的开发测试，正配合公司人力资源改革的推进进行推广、试运行。

【代办股份转让业务系统】中银国际证券2006年完成代办股份转让业务系统建设，为取得转让代办资格创造必要条件；对网上交易系统进行及时升级，并开始进一步评估与建立完善方案；针对第三方存管系统进行测试，为在生产环境上线运行做好充分准备。

【证券投资交易管理系统建设】海际大和证券为提高客户管理水平、提高投资管理效率、提高风险防范能力，2006年按照上交所的统一安排开始进行上交所新一代交易系统的测试及部署，目前该项目正有序推进。

【基础设施建设】2006年，海际大和证券公司根据业务发展需要，对中心机房的软硬件环境进行改善。对多个服务器进行升级，并对关键系统、数据增加备份措施。为做好与两个交易所通信系统和数据的连接，公司申请安装了与深交所联通的双向卫星、单向卫星及DDN系统，在年底前开通并进行了交易，使公司具备在上交所和深交所交易的能力。

航天证券完成总部机房UPS电源改造：经过改造后，总部主机房UPS实现两个30KvUPS的电路冗余，保障了总部设备的稳定使用。公司还完成可通讯线路改造：为将诸翟服务部机房改造成集中交易的灾备中心，且不影响服务部的正常交易，公司将诸翟服务部交易主通讯线路从淮海路转到曹杨路总部，并对通讯线路做了扩容，从128kDDN升级到2MSDH线路。

期货交易所

【“新一代交易所系统”建设】2006年11月3日，上海期货交易所“新一代交易所系统”（以下简称“NGES”）顺利完成与原有交易系统的平滑切换，正式上线运行。为满足期货市场发展的需要，在邀请国际专家进行业务和技术咨询基础上，交易所定义了NGES业务和技术模型，并启动NGES开发工作。2006年3月，NGES建设完成第一阶段开发任务，开始进入系统测试阶段；9月下旬，系统完成全部测试工作。交易所通过平行比对测试，确保新老交易系统和结算系统处理结果一致，从而验证了新系统在处理原有业务上的正确性，同时也让主要业务部门的工作人员提前介入并熟悉新系统，起到一般培训无法达到的效果。在系统上线阶段，交易所精心准备、周密部署，经过连续奋战，上线工作取得圆满成功。随后两个月的运行中，系统做到了交易和行情无中断、结算无差错。

NGES是上海期货交易所投资建设的具有国际一流水平、完全自主设计和开发的交易所系统。NGES第一阶段中最为关键的交易系统具有如下特点：⑴功能上，NCES支持商品、金融等各类期货和期权衍生产品的交易、结算和信息发布业务，支持丰富的报单类型，支持分级行情，支持组合、派生报单等复杂业务。在各项业务上，该系统达到或者超过国际一流的标准，远远领先目前国内已有的业务要求。⑵灵活性上，NGES创新地使用了规则配置的方法以实现业务规则与底层数据的分离，为将来的业务调整留下极大的空间。目前，NGES应用于上海期货交易所和中国金融期货交易所，而两所的业务规则有较大差异，为此，NGES通过使用不同的规则配置，达到使用一套程序代码同时支持两家不同交易所的效果。⑶可靠性上，NGES使用冗余结构，整个系统无单点故障。NGES在交易核心采用独创的业务重演架构实现故障发生时的零切换，外界感觉不到系统内部出现故障。⑷性能上，NGES可以在承载上述复杂业务规则的基础上，持续达到每秒7 000至8 000笔报单的处理水平，也就是说，即使期货交易的报单总量达到800万笔，NGES也只需要20分钟即可连续处理完。NGES的小型机仅使用了2颗IA64 CPU便达到上述性能。⑸响应速度方面，NGES在保持交易核心每秒处理7 000至8 000笔报单的同时，如果会员端使用2M SDH链路接入交易所，报单的平均响应时间小于1秒。⑹容量上，NGES支持1万个以上的合约，500万以上的投资者，200万以上的投资者持仓，远远超过世界上其他衍生品交易系统的容量。⑺安全性上，NGES按照PKI体系，实现身份认证和通讯加密；通过统一认证和统一授权，加强内部管理，实现完全的操作审计功能，达到C2级安全标准，符合国内正在试行的信息系统安全等级保护的三级（监督保护级）系统的保障标准。⑻接入方面，NGES直接支持行业标准《期货交易数据交换协议》（FTD），并且提供相应的交易API和行情API，方便市场参与者的接入。

NGES第一阶段项目的自主开发和成功上线，不仅为上海期货交易所业务运转与发展奠定坚实的技术基础，更重要的是为中国衍生品市场的未来发展培养了一支有一定规模的技术创新力量。

【信息系统安全等级保护试点工作】2006年，期货交易所的信息安全保障工作稳步展开。交易所作为证券期货业信息安全等级保护的先期试点单位，经过近两年时间，对存在的各类风险进行细致分析和整改，信息安全保障意识明显提高。

交易所于2005年7月开始信息系统安全等级保护试点工作，并聘请公安部安全保护等级评估中心进行评测，评测范围包括交易系统和生产系统。2006年4月，评估中心出具评测报告显示交易所的业务信息系统安全方面总体情况较好。其中，交易系统的安全等级为3级，具体保护类型为G3S3A3；生产系统（包括结算、风险监控和会员服务系统）的安全等级为3级，具体保护类型为G3S3A2。同时，评测还包括技术管理和技术系统两个方面。管理方面进行了现场安全管理评估检查项目217个；其中，满足要求的项目占78.8%，部分满足要求的项目占8.8%，不满足要求的项目占8.3%，总计分值86.8。交易所根据评测报告指出的薄弱环节进行了积极整改，其中最主要的措施是制定和发布了《上海期货交易所信息系统安全策略》。

【完善基础设施】2006年3月，交易所完成交易、生产和办公网络之间的隔离。7月，交易所完成主机房空调和UPS改造工作。空调方面完成以下改造工作：新增80Kw左右制冷量的机房精密空调；更换现有2台空调冷凝器和冷媒管；增加新风除湿系统；相关水电施工；机房平顶内局部缝隙封堵增加机房密闭性；增加机房内温度、温度传感器，接入大厦楼宇监控系统远程监护。UPS方面完成以下改造工作：在原有240KVA UPS基础上，新增加一路250KVA的UPS，形成两路独立供电的UPS系统；完成所有重要设备接入双路UPS供电系统，保证设备的安全运行。11月，完成上海期货大厦的网络改造工作。

期货公司

【交易系统升级】为迎接股指期货，大陆期货于2006年7～8月期间与富远软件公司合作，在业内推出第一套股指期货模拟交易系统。该系统采用内部撮合机制，与真实交易环境相同。9月，大陆期货将复旦金仕达交易系统V6.0升级到V6.3版本（即支持股指期货交易），V6.3正式上线后平稳运行。此外，上海浙石期货为迎接股指期货，投入60万元对现有的交易结算系统更新换代。

【完善公司网站】2006年9月，上海良茂期货与《上海证券报》（中国证券网）网络版进行信息合作。至此，公司网站的数据图表和信息已被证券之星、东方财富网、和讯网、金融界、中国证券网等多家国内最著名的财经类网站引用。

【灾备系统建设】2006年9月，上海浙石期货投资上海期货信息技术有限公司建立了期货灾备交易系统。自此，上海浙石期货可在自身计算机交易系统出现问题的情况下，启用位于上海期货信息技术有限公司内的期货灾备交易系统，从而让客户的损失减少到最低限度。

【加强信息化管理工作】上海中财期货经纪有限公司在加强信息化基础建设的同时，积极致力于为客户提供专业和个性化投资资讯服务。为更好地提供行情咨询与研发的技术支持，公司在招聘组建由高级分析师和助理分析师组成研究团队的同时，添置了路透、澎博、文华财经、KOO等品种齐全的证券期货行情和咨询分析系统，把经分析后国内外的财金信息在网站上公布；每周、每月、季度、年度各交易合约的研究分析报告都在公司网站上张贴，使公司的每位客户或网站用户能全面及时了解信息。这些定期报告对期货交易的相关信息进行全面、详尽的收集整理，便于投资者直观、方便利用；同时对行情走势进行深入分析，为投资者提供具有一流专业水准的投资建议。公司还建立了一套结构严密、行之有效的内部管理控制制度，以确保严格遵守期货交易的各项法规，自觉维护客户利益，为客户提供安全、高效的交易通道。如运用交易结算系统对交易实施动态监控，对交易风险防范及应对措施能通过电子邮件、电话、风险度指标等形式在第一时间得到贯彻。

上海久联期货经纪有限公司在原有基础上重新修

订了公司的计算机及网络使用管理制度，对使用中的一些重要环节和部门增加防范条款、细化措施，严格应该履行的手续；其次，为备战金融期货的上市，建立期货市场的风险预警和防范机制。

基金公司

【信息制度管理】 泰信基金管理有限公司进一步完善《计算机信息系统管理制度》、《计算机信息系统管理制度实施细则》等信息系统规范性制度。作为公司整体人力资源管理的一部分，信息技术部重新制定了《信息技术部定岗定责及2006年工作目标》，岗位划分更加细致，工作内容更加明晰，有益于考评制度的实施。为了规避人员风险，提高部门所有员工的综合素质，2006年，信息技术部专门制定了《信息技术部轮岗制度》，安排人员进行主要业务岗位的轮岗工作安排和实施；为配合人力资源部门对入职员工进行培训要求，专门制定了《信息系统使用手册》，规范并指导新员工在公司进行信息系统使用。

【综合信息管理平台】 2006年，国联安基金管理有限公司进一步完善公司综合信息管理平台，特别是财务管理流程全部上线；在此基础上，IT部门与基金事务部、公司财务部配合完成数据中心功能的初步开发。利用该功能，员工可以非常方便地查询自己的费用情况；公司OA系统也集成了基金的资产信息、销售信息。此外，公司还完成财务报销、费用报销等财务流程电子化上线工作。该系统的上线使公司所有的办公流程实现电子自动化，使员工远程办公成为可能。

【完善公司网站和网上交易系统】 国联安基金管理有限公司完成公司网站升级，同时在公司网上交易系统中增加建设银行网上交易功能，在德盛优势基金的IPO过程中发挥了一定作用。另外，公司还对整个网上交易系统进行功能改进，增加网上定期定额功能。

【基础设施建设】 2006年度，万家基金管理公司结合自身业务发展的需要以及行业信息化的相应技术，在原有已建系统平台基础上，成功完成公司机房搬迁及网络结构重新规划和建设。

【完善数据备份】 国联安基金管理有限公司于2006年经过近三个月测试，采购了VERITAS数据备份系统。该系统能针对数据文件、ORACLE数据库、SQL数据库进行定时备份，并对磁盘进行策略管理。截至6月底，该系统对公司的文件服务器数据、TA、直销、交易系统、交易数据、电话录音、公司财务、OA等公司重要数据都进行了备份，并每天将备份数据送往公司异地备份点。12月底，公司对VERITAS系统进行恢复测试，内容包括SQL数据库恢复、FILE文件传输、ORACLE数据库恢复等，恢复结果达到系统需求。

【通讯网络建设】 信诚基金管理有限公司在2005年下半年开始进行与两交易所连接的卫星线路和DDN线路的规划和申请，并在2006年初完成建设。目前，公司分别采用沪、深高速单向卫星线路接收两交所行情，同时两条线路可以互为备份。在报盘方面，沪市目前建立了一条64K DDN线路及一条PSTN线路与上证通相连接，DDN作为主报盘线路，PSTN作为备用的报盘线路；深市目前采用双向小站及一条64K DDN线路进行互为备份。银行间交易市场使用一条64K DDN线路及一条电话拨号线路与外汇交易中心连接，两条线路互为备份。

目前，沪深交易所、争行间市场的主线路及备份线路均进行过切换测试，并形成相应的切换流程，使两市行情及报盘在主线路故障时能够在短时间内恢复正常，为公司投资业务的正常进行提供强有力的通讯保障。

【业务系统建设】 2006年，信诚基金管理有限公司进一步完善业务系统建设。公司已建设并正式投入使用的系统有：开放式基金登记过户系统、开放式基金直销系统、CALL CENTER系统、网站系统、网上查询系统、主动服务平台系统（短信和邮件）、投资交易管理系统、基金估值与会计核算系统、资金清算系统、绩效评估与风险管理系统、行情分析系统和资讯系统。上述业务系统从正式上线后一直保持稳定、高效的运行，各项指标均达到行业内领先水平，为基金正常运营和保护持有人利益提供坚实的技术保障。

【冗灾系统建设】2006年，信诚基金管理有限公司进一步规划和完善本地硬件的冗灾方案和应急处理机制，确保在硬件环境或系统软件出现故障时核心业务系统能够及时切换到冗余系统中，从而保证业务的正常运行。同时，公司开始异地灾备中心的规划。

（上海证监局）

四、保险业信息化

中国人寿：全面提升信息化管理水平

【概况】2006年，中国人寿保险股份有限公司上海市分公司（以下简称“中国人寿上海分公司”）按照总公司信息技术部门和分公司管理层的统一部署，加强IT制度建设，强化制度执行力，全面提升公司信息化管理水平，为公司业务发展、内部管理和客户服务方面提供了有力的支持和坚实的保障。在信息技术的有力支持下，中国人寿上海分公司2006年的总保费收入达到78.01亿元，连续第二年居上海寿险市场份额首位。

【应用系统方面】2006年，中国人寿上海分公司建立了信息校验与指标管理机制，确保了财务与业务数据一致及信息发布的准确；完成了团体年金、财务系统、统计信息平台、VIP客户管理系统、CALL-CENTER系统升级上线及推广工作，大大提高了公司客户管理、业务管理和风险管控的能力。

【系统运行方面】2006年，中国人寿上海分公司完成了基层公司主干网络升级，进一步完善了系统运行监控体系，改善了系统备份策略，有效保障了系统的稳定、高效。

【系统安全方面】2006年，中国人寿上海分公司完成了公司主机设备系统基准设置，开启了系统审计、监控核心生产主机运行状况以及操作轨迹；实施了IDS、ACL的设置，对生产网、办公网进行了逻辑分离，并完成个人PC安全基准设置，推动了公司信息安全工作迈上新的台阶。

（壮　波）

第四章　物流和航运信息化

概　述

2006年，上海物流和航运信息化建设稳步推进，为上海推进现代物流业和国际航运中心建设提供了有力支撑。物流行业和企业园区信息化建设继续稳步推进。上海市道路货运公共信息平台的建设规划以现代物流服务的内涵为指导思想，以最大限度地实现第三方物流服务的集约与高效，节约客户物流成本为目标，规划建设门户网站、基础信息系统、物流作业系统、OA系统、数据处理及通讯系统、电子商务平台等内容。上海市企业信息化促进中心组织专家对园区“两中心”（陆交中心和筹划中的保税物流中心）以及区内企业和政府部门进行调研，形成了《上海西北综合物流园区信息化建设专题调研报告》。

2006年，上海电子口岸在基础设施建设和重点应用项目开发推广等方面取得阶段性成果，电子口岸中心平台数据传输量同比增长18%，传输单证同比增长26%；洋山港综合信息服务平台按期建成运行；特殊区域联网监管系统已从5个出口加工区扩展到外高桥保税区（包括外高桥保税物流园区），正逐步推广到洋山保税港区；上海口岸税费电子支付系统不断拓展服务功能和应用领域，入网企业累计达2 657家，联网金融机构达11家，全年税费电子支付额达655亿元，占上海海关全年税费总额的51%；进出口领域企业基础信息交换共享项目初步实现进出口领域政府部门间的基础信息共享；完成浦东机场生产运营信息系统、虹桥机场离港系统等多个重大项目的前期招标和项目建设工作。信息化对物流和航运行业的支撑作用日益明显。

（市信息委社会处）

一、重点项目

上海电子口岸建设

【概况】上海电子口岸平台是上海口岸惟一的以口岸通关执法管理为主，逐步向相关物流商务服务延伸的大通关、大物流、大外贸的统一信息平台。口岸各管理部门和相关单位将大通关核心流程及相关的物流商务服务程序整合到上海电子口岸平台上，实行全国“统一认证、统一标准、统一品牌”，并通过“一点接入”上海电子口岸平台，实现互联互通与信息资源共享。

2006年，上海电子口岸建设继续稳步推进，在基础设施建设和重点应用项目开发推广等方面取得了阶段性成果。电子口岸平台传输量持续增长，年传输流量达118 558.67MB，同比增长18.86%；年报文传输量达6 545.4万份，同比增长26.24%。洋山深水港区综合信息服务平台于2006年12月6日正式投入运行；洋山声讯服务中心正式开通；上海口岸税费电子支付系统不断拓展服务功能和应用领域，入网企业累计达2 657家，全年实现税费电子支付655亿元，占上海海关税费的51%，应用规模居全国各地方电子口岸首位；“5+1”特殊区域联网监管系统已从5个出口加工区拓展到外高桥保税区（包括外高桥保税物流园区），正逐步推广到洋山保税港区，系统用户数131家，其中洋山保税港区用户2家；进出口领域企业基础信息交换共享项目取得了阶段性成果，初步实现进出口领域政府部门间的基础信息共享。此外，现代物流公共信息服务平台项目的预研工作也已完成。

【洋山港综合信息服务平台】洋山港综合信息服务平台于2006年12月6日正式投入运行。洋山港综合信息服务平台的建设对于改善洋山港区环境、提升上海口岸功能具有重要意义，也是上海城市信息化建设在口岸领域的又一个成功应用范例。洋山港综合信息服务平台共建设14个业务应用系统、应急处置中心以及相关的基础设施，凸显了监管、协同和服务三大应用特色。①在监管功能方面，实现海关、检验检疫、海事、边检、港口等口岸监管单位在洋山港特定环境下的业务应用，特别是在安全检查、危险品装卸方面提供了新的应用支持，以适应洋山港“港、桥、园”的特殊物理环境。②在协同功能方面，进出口领域企业数据共享交换系统在洋山港区初步实现进出口领域政府部门间的基础信息共享，是政务协同的一个典范，为未来口岸业务诚信管理打下坚实基础。③在服务功能方面，洋山港综合信息服务平台的呼叫中心提供了10个设计席位、30条中继，以保障未来的电话咨询业务；同时开通的洋山港综合信息服务网站，为访问者提供洋山港的交通、气象、办事等全方位的信息。

【上海口岸税费电子支付系统】口岸税费电子支付系统是上海口岸“电子通关”的基础应用系统，至2006年末，联网金融机构达到10家，入网企业累计达2 657家；全年实现税费电子支付655亿元，应用规模居全国各地方电子口岸首位。上海口岸税费电子支付系统不断拓展服务功能和应用领域，在进出口货运保险业务方面，与平安保险公司、华泰保险公司开展合作，年内成交的保单金额数十万元，保险业务新模式的探索初见成效。目前，上海口岸税费电子支付系统已完成担保支付功能、检验检疫规费电子支付功能的开发，正逐步发展成为上海企业级公共支付平台。

【“5+1”特殊区域联网监管系统】“5+1”特殊区域联网监管系统涉及通关申报、电子账册联网监管、国内物资调拨、区内物资调拨、临时进出区物资管理、区间物资调拨和卡口物流备案等业务，可实现特殊区域间监管物流信息联动和集中管理，满足特殊区域内大型加工贸易企业的特殊要求。目前，“5+1”特殊区域联网监管系统已从5个出口加工区扩展到外高桥保税区（包括外高桥保税物流园区），正逐步推广到洋山保税港区，应用企业达131家，其中洋山保税港区用户2家。全年系统处理单证1 073 278份，比2005年增加61.8%。

【进出口企业数据库】2006年，进出口企业数据库完成市外经委、市外管局政务外网的接入；完成上海海关、国检、市外经委、市外管局与中心平台的网络联调与报文测试；完成中心平台查询应用系统的设计与开发；同时完成了与市企业库平台的联调。目前，中心查询系统运行正常，上海海关、国检、市外经委、市外管局4个部门的报文发送正常，每家平均每天50个报文，促进了4个部门之间的数据共享。

（市信息委社会处）

上海市道路货运公共信息平台建设

【公共信息平台的建设规划】上海市道路货运公共信息平台（以下简称“公共平台”）建设以现代物流服务的内涵为指导思想，以IT技术和E-Business技术实现物流活动的现代化和电子化。通过公共信息平台的应用，物流企业可以为制造业或供应商提供信息化的现代物流服务，最大限度实现第三方物流服务的集约与高效，为客户节约物流成本。同时，使用公共信息平台集成的物流作业系统，可实现现代物流服务的协同作业、分段服务、全程跟踪。

1.门户网站

门户网站以信息采集与发布功能为主，并有业务功能模块作为有益补充。网站分为六大板块，主要有“关于平台”、“交易中心”（包括：车源信息、货源信息、车主信息、货主信息、运价行情）、“营运中心”（包括：项目推介、会员发展、项目进展、合作协议）、“资讯中心”（包括：行业新闻、物流知识、政策法规、专题汇报、统计数据）、“客户中心”（包括：在线咨询、在线投诉、货物跟踪、联系我们）、“会员中心”（包括：车主会员、货主会员、最新会员、会员通知、物流论坛）。

2.基础信息系统

①公路查询。包括全国行政区域、国道、高速公路、铁路等资料库，可购买成熟产品或直接从网上获取。②运力查询。包括铁路、海运、空运航班时刻表，陆运定班车时刻表等知识库。③ 运价行情。运价行情系统分为价格发布和价格查询两个模块：价格发布，即把专线和服务区域授权给某个成员，该成员即可发布该专线的运价，可以区别发布人和发布对象，某一特定的发布人和发布对象可表示两者之间的结算关系。其中由陆交中心审核发布的运价将放到网上，成为公布运价行情。价格查询，即供客户在委托服务时使用。现代物流综合服务是一个较复杂的服务过程，可能包括好几个环节，影响价格的因素也有很多，因此要把业务环节进行细分，价格级别进行细分。一项综合业

务就可以以业务环节和价格级别组合的形式表示，最终价格查询结果也将以组合形式形成报价。

3.物流作业系统

物流作业系统集成了多个系统，协调多方资源进行协同作业，如：①第三方物流管理系统。该系统是物流作业主干系统，有客户管理、业务管理、运输管理、仓储管理、结算管理、车辆管理、人员管理、决策分析、系统管理等功能。②配送中心管理系统。该系统是为配合陆交中心公共配送中心的业务经营，从第三方物流管理系统中的部分功能独立出来，公共配送中心及其他分拨配送中心均能适用的作业管理系统。该系统比较个性化的功能部分是公共配送中心的业务流程管理模块。③仓储配送管理系统。该系统是用于仓储配送中心日常运作和管理控制的系统，包括越库管理、客户和商品管理、配送管理、自动补货、拣货、定单计划、增值加工、库存控制、运输工具调度、线路优化、跟踪等功能模块，可以与RF/Barcode系统建立接口，实现配送中心内部的无纸化作业。同时，该系统在收货管理、存储管理、拣货管理、库存控制、自动补货、客户服务等方面吸收了第三方物流管理系统的强大管理功能，强调配送中心在越库管理、客户和商品管理、配送管理方面功能特点。此外，该系统与物流作业系统全部集成，可以提供强大的综合物流业务处理和管理。④运输管理系统。该系统可以集成到第三方物流管理系统，也可以作为拥有运输车队的第三方物流企业或生产企业独立的系统来使用。该系统主要包括交通工具管理、运输车辆跟踪、单据管理、合作伙伴车辆管理、货运站管理等功能，同时可以与GPS、GIS系统连接实现车辆的状态查询和运输跟踪。

4.OA系统

主要包括以下功能：①标准化的沟通交流平台：电子邮件；②标准化的生产力工具：文书、图表、简报制作、试算表、统计分析；③公文管理；④工作流管理；⑤公告栏；⑥办公设备管理、资源管理等。

5.数据处理及通讯系统

主要包括以下功能：①数据仓库：数据挖掘、过滤、整理、分析；②信息表达（图形、报表）；③与其他平台（工商税务、海关商检、监管部门、银行保险、物流平台等）的数据通讯接口。

6.电子商务平台

电子商务平台是公共信息平台实现供应链管理和物流信息化管理的一个主要功能模块，可以提供企业的渠道销售、产品管理、分销商和客户管理等功能。通过这个系统，企业可以实现网上交易，借助于作业系统的数据通讯接口，还可以实现交易后产品配送。该系统同时可以与银行、保险公司等建立数据接口，实现信息流、资金流和物流的高效运作。

【公共信息平台实施过程】公共信息平台与陆上货运交易中心实体平台同步运作，在全国范围建立运输网络，从全国150个城市优选1～3家优秀的专线经营公司入驻陆交中心交易大厅，开展省际回程配载专线定班运输服务。中心通过公共信息平台联动道路货运交易各方，由中心统一进行业务营销，统筹货物全程物流配送，并由入驻专线负责动态报备运价，上网公布，提高道路货运信息透明度。公共信息平台市场化推广方案主要包括：引入外省市一流货运企业入驻交易中心，承揽省际回程货物，定班发运，形成陆运定班专线市场；当地设信息录入点，输入上海回程的预计时间，完成回程车的预配，加速货运周转；配套建设公共配送中心，作为交易中心的实际货物操作平台，将省际货物集散、分拨及市内配送业务进行有效结合；配备专用货的，承担货物市内配送业务，将货物最终送达终端客户；利用场内交易席位动态刷新专线运价行情，场外会员企业公开网上竞价，形成运价发布的制约机制；通过系统自动提取省际运输和市内配送数据，发布运价行情和运价指数，初步实现道路货运公共信息平台基础功能。

【公共信息平台实施效果】公共信息平台将推动整个物流行业向信息化、现代化、社会化的新型物流发展，并能整合社会物流资源，实现从生产组织到商品流通整个供应链的全程服务，促进制造业和流通业传统商业模式的变革，从整体上优化供应链结构，降低社会物流总成本。（盛敏健）

电子标签应用

电子标签，又称为射频识别（Radio Frequency Identification，简称RFID）技术，是从20世纪90年代兴起的一项自动识别技术。它利用无线射频方式进行非接触双向通信，达到识别和交换数据的目的。与磁卡、IC卡等接触式识别技术不同，RFID系统的电子标签和读写器之间无需物理接触就可完成信息交换。同时，和条形码相比，RFID不需要对准就能进行识别，并可以同时识别多个目标。RFID技术在生产制造和装配、航空行李处理、邮件/快运包裹处理、文档追踪/图书管理、身份标示、运动计时、门禁控制/电子门票、道路自动收费等领域有着广泛的应用前景。为推进电子标签在社会、经济等领域的应用，2006年，市信息委在物流、医疗卫生、农业等领域选择了4个试点项目，启动了电子标签应用试点工作。

【数字电视机顶盒自动识别系统】数字电视机顶盒自动识别系统利用电子标签所具有的标识惟一性和信息记录功能，满足对数字电视机顶盒进行跟踪记录的实际业务需求，突破了条形码技术的局限性。该系统实现对机顶盒出厂、发放、报废等环节的管理，有利于促进用户合法使用机顶盒，减少用户随意调换、仿冒等行为引起的管理混乱；同时，可以帮助维护人员借助维修历史信息，快速诊断故障原因，提高维修效率。此外，该系统还有利于加强对维护人员的管理。

【农产品生猪销售及食品安全追溯RFID实施项目】农产品生猪销售及食品安全追溯RFID实施项目利用电子标签技术，对上海农产品批发中心现有的肉类批发交易系统进行升级换代。该项目以电子标签作为肉类批发信息的记录载体，在对批发商的货物信息进行记录的同时，实现货物交易结算。项目一期目标是实现对进场交易的每片货品的来源地、交易时间、食用农产品安全检测结果的跟踪记录以及交易结算，形成一套国内先进的肉类批发交易系统及食品安全追溯体系，并推广应用；项目二期目标是建立猪肉批发及流通环节的闭环控制信息化平台，与上海市政府推广的标准化菜市场（集贸市场超市化）项目进行对接。

【RFID（电子标签）仓储管理系统】RFID（电子标签）仓储管理系统是通过建立基于RFID技术的网络，实现收货、上架、拣货、出货和库存管理等仓库作业的无纸化，降低物流企业的运作成本，提升企业的竞争力；同时，通过提供开放的RFID开发软件模块与硬件接口，为各行业的客户提供RFID应用环境，增加物流服务链管理的透明度，提升信息增值服务水平，开拓更多的物流服务盈利渠道。

【医院电子标签标识信息管理系统】医院电子标签标识信息管理系统将首先应用于医院新生儿的管理。它通过将产妇和新生儿的重要资料经手持式读写器写入特殊设计的RFID腕带，并分别系在产妇和新生儿手腕上，可进行24小时贴身标识。同时，腕带能够防止被掉换或取下，以确保标识对象的惟一性及准确性。该项目在参照医院现有的母婴工作流程的基础上，为新生儿和母亲建立RFID专属档案，并且与医院内部的管理信息系统紧密整合，记录母亲和婴儿的各种活动。

（市信息委社会处）

二、企业、园区信息化

西北综合物流园区：深入调研谋发展

西北综合物流园区是上海现代物流产业布局中惟一的陆路口岸园区，在区位和物流资源上有独特的优势。西北综合物流园区信息化是上海物流信息化体系建设的重要内容，直接关系到上海现代物流公共信息服务的构建，有力支撑了园区运营和功能的发挥。

2006年7～9月，上海市企业信息化促进中心组织专家对园区“两中心”（陆交中心和筹划中的保税物流中心）以及区内企业和政府部门进行了调研，形成《上海西北综合物流园区信息化建设专题调研报告》（以下简称“《报告》”）。《报告》分析了园区信息化的现状与存在的问题，并在分析政府管理部门、园区管理单位、园内企业、货主企业等各类主体需求的基础上，对园区信息系统的构架提出了基本的设想，以及加强组织领导和专家咨询、以抓规划入手打开局面、抓住“两中心”和重点企业以带动整体信息化水平提升，实现信息化与招商引资良性互动等对策建议。（顾伟华）

长发物流：推进信息化研发

【概况】“长发物流”是“长江经济联合发展集团现代

物流产业板块"的简称，是长发集团控股上市公司"长江投资（600119）"主营业务板块。"长发物流"的组建,顺应了国务院整合沿长江流域城市物流资源的战略决策以及上海市政府"十一五"规划中关于重点发展现代物流产业的战略需求，旨在为国内外企业提供包括口岸物流在内的全程物流服务。"长发物流"旗下拥有8家现代物流企业，业务范围覆盖国际海运、国际空运、国际快递、仓储及加工、精品物流陪送、国内物流快递、现代化综合物流园区、陆上货运公共信息平台、城市配送，各产业板块之间既相对独立又互相衔接，形成一个以资源共享、优势互补为特点的现代物流产业群。

长发物流将"发展信息物流"作为公司发展战略，即通过信息化系统规范物流业务流程，通过信息系统反馈的数据作为决策依据，并通过信息系统工具反作用业务流程，从而实现公司的决策和管理思想。公司信息化实施的步骤是在业务操作信息化、财务结算信息化基础上，逐步实现管理和决策的信息化。

2006年，长发物流信息化工作主要从以下几方面展开：新开发业务和子公司的信息化；建立与上下游相关公司的信息化接口；深层次实施财务结算信息化，进一步控制公司财务风险；开始规划建立电子商务平台，实现公司现代物流的电子商务化。

【国内物流公司全国网点网上协同办公系统研发和实施】长发物流从2005年开始全面拓展国内物流速递业务，到2006年初已基本完成国内物流业务操作上的信息化，包括：长发快递操作系统开发完毕；国内物流快递业务从取件、分拣、分拨、配送、签收都实现信息化联网操作；每个节点实现无线终端扫描、数据即时上传；可通过Internet查询每票货物的实时操作信息。2006年，长发物流主要开发并实施了国内快递网络各网点之间的协同办公平台。该平台支持在线工作，支持全网700多个网点在线协同办公，包括在线跟踪查询快递、在线签收、在线客服、问题件处理、网点在线沟通。通过该办公平台，总公司可以及时将各种规章制度和通知传达到各网点，加强了公司对各分散网点的集中垂直管理，使决策的执行力有了保证。目前，该平台平均每日发布1条规章制度或通知，平均日处理快递查询和签收信息3万件，日处理投诉、理赔等客服信息1 000条，日访问量5万人次。

【国内物流公司实施全国网点一站式网上结算系统】2006年，随着国内物流公司业务的拓展，业务开始出现跨网点、跨地区，且分散、票数多的特点，从而给公司的财务结算带来很大困难。面对这一问题，同行其他企业一般采取依靠信息系统人工逐步结算的操作方式，而长发物流信息系统研发部门经过综合分析，根据国内快递业务特点，研发了网点之间自动结算系统。该系统在快件进分拨中心上电子秤扫描的同时，可根据电子秤传输的重量信息即时生成单票的财务结算信息，并通过网点的预付款账户进行自动结算余额。这样，通过预付款制度与自动结算系统，大大节约了人力成本；同时，随着网点预付款账户的建立，整个网络建立起各网点的诚信体系，缩短了应收账款的回收周期，有效控制了财务风险。

【建立与海关报关联系单接口】2006年，浦东机场海关对报关流程进行更改，根据新的流程，需要将货物报关信息以联系单的形式上报海关，并录入海关系统，从而需要公司在原有报关流程上增加相配套的人力和物力。为此，长发物流信息系统部根据实际情况，开发了原有空运系统和海关EDI通关系统的接口，使联系单信息直接从空运货代系统导入到海关系统，避免了信息重复录入，缩短了空运操作通关前的环节，加快了货物的通关速度。

【开发和实施海运与现代商船开发电子订舱接口】随着长发海运分公司现代商船业务的逐步增长和韩国现代商船公司自身的信息化需要，纸质订舱方式将逐步被取消，为此，长发物流信息系统部研发了现代商船的电子订舱系统。该系统是一个标准的EDI系统，它从原有海运系统中抽取相应的订舱信息，自动生成标准的EDI订舱报文，并通过专用接口程序将报文发送至现代商船系统。该系统具有很强的通用性，也可以应用于其他船公司订舱接口，如中海、COSCO等。目前，该订舱系统已经过测试并成功上线。采用电子订舱来代替纸质订舱，不仅避免了在两个系统重复录入订舱信息，而且也避免了人为失误，加快了订舱的时效，保证了客户的舱位。

【着手规划和实施建立现代物流电子商务平台】随着长发企业网站点击率的日益增长，公司决定将网站逐步由功能型向电子商务转型，目标是建立现代物流电子商务平台。长发现代电子商务平台是利用信息技术和企业网络平台，搭建物流企业B2B电子商务平台，物流供应商通过平台发布物流服务产品信息，物流需求商通过平台寻找服务产品。公司成立专门的电子商务部门，作为联系在线业务和线下实体业务操作的桥梁，专职负责对电子商务平台的信息维护、外部供应商招标、提供咨询和接受在线订单、客户关系管理、综合资源调配、业务操作跟踪。这样，通过WEB网站平台和专门的电子商务部门，为在线潜在物流需求客户提供最低价格和最优的服务，为线下物流供应方企业提供最大可能的增值服务。

目前，该平台已经完成公司内部的可行性分析，业务模型已经定位，并参与申报市信息委2007年上海市B2B电子商务专项试点项目。

【全面实施公司内部计算机和网络管理规定】2005年，公司制定了《计算机、网络及信息安全管理规定》，2006年开始全面实施，并在公司内部处理了5起员工违反规定的事件。由于《规定》的实施，公司内部的网络秩序得到了改善，全年没有大规模爆发病毒，违规操作造成网络中断并给业务带来影响的现象也大大减少。

【全面实施公司IT设备及服务采购管理规定】为加强公司IT设备及相关服务的采购规范化管理，建立有效的采购运行机制，提高资金使用效益，保证采购质量，公司根据有关采购法律法规，于2005年制定了《公司IT设备及服务采购管理规定》，并于2006年全面实施。公司首先从采购流程入手，加强对采购人员的专业培训，规范评估供应商，加强对采购过程的监控，按照“集中采购”的原则，全年为公司IT设备和服务采购额达500万元。由于按照《规定》规范了采购流程和过程，全年为公司节约大约50万元。（谢　剑）

上海机场：信息化建设成果显著

【概况】2006年，上海机场（集团）有限公司（以下简称“机场集团”）紧紧围绕建设上海航空枢纽和建设现代企业制度两大战略目标，继续推进浦东国际机场二期工程建设和成功保障上海虹桥、浦东两大国际机场的安全运营；在信息化工作方面，完成了浦东机场生产运营信息系统、虹桥机场离港系统等多个重大项目的前期规划招标及项目建设等工作。

【浦东机场闭路电视监控系统升级改造完成】2006年6月，机场集团下属上海国际机场股份有限公司对浦东机场闭路电视监控系统成功进行了升级改造。经过上海合作组织六国峰会100多小时的实用检验，新增与调整的91个摄像头实现了实时记录准确无误、图像资料回放清晰、图像保存时间两周以上，全面达到了预期目标。

此外，浦东机场原有一期候机楼及周边道路、一期飞行区、二期飞行区和二期围界4套相对独立的闭路电视监控系统存在各系统间互不链接、协议接口互不开放等问题，系统资源在航班保障中难以得到充分利用。为解决该问题，机场集团仅用64天时间就完成了改造方案制定、合同谈判、工程施工和检测验收等重要环节的工作，并实现对原有4套相对独立的闭路电视监控系统的成功改造整合，从而提升和放大了浦东机场闭路电视监控系统的能级。在工程具体施工中，系统共更换、新增摄像机91台，光端机120台，铺设光纤链路5 000米，更换尾纤60根，为浦东机场搭建了一个相互交融、资源共享、功能健全的一体化电视监控平台。

【浦东机场通用自助值机服务系统开通】2006年10月，机场集团推出的两台自助值机柜台在浦东国际机场国内出发大厅安装落成并投入试运行。此次投入的自助值机系统可供多家航空公司共同使用，购买电子客票且无行李托运的旅客可在此办理自助值机手续。在浦东机场推出自助值机系统是机场集团积极响应国际航协（IATA）理事会倡导的“简化商务”运动，以及落实民航总局关于从2008年开始中国境内民航机票全面实行电子客票的要求开展的重要工作。该系统可以为航空公司有效节约运营成本，为旅客提供更为快速便捷的值机服务。自助值机柜台支持中英文两种语言，操作非常简便。

【“旅客安全信息系统”科研项目完成】2006年，上海机场建设指挥部完成了“旅客安全信息系统”科研项目，研制了获取进港、出港旅客基本信息的技术方案，依据技术方案构建了测试系统，收集了东航、中航信（中国民航信息网络股份有限公司）、港龙航空等国内外航空公司离港主机上的进出上海空港的动态旅客数据，并在上海合作组织六国峰会期间投入使用，发挥了安全效益，同时也验证了方案的可行性。经过科研成果查新，该项目已被确认为国内首创性技术成果。

【“浦东国际机场信息系统整体业务流程分析”科研项目完成】2006年，上海机场建设指挥部完成了浦东国际机场信息系统的整体业务流程分析科研项目。业务流程分析过程应用了国际先进的Aris业务流程分析软件，对航班信息集成、离港、航显、广播等内部信息系统及东航、上航等外部信息接口进行了场景式分析，共绘制业务流程图88张，生成725页报表。分析成果明确了在不同应用场景下各信息系统之间交换的数据，为确认信息系统接口方式和跨系统的软件流程打下了基础。经过科研成果查新，科研成果已被确认为国内民航领域创新性的技术成果。

【展开多个重大信息系统项目的建设工作】2006年，上海机场建设指挥部完成了浦东国际机场二期扩建工程多个重大信息系统的项目招标、谈判和签约工作，信息系统项目进入全面实施阶段。此外，指挥部还进行了信息系统项目实施阶段的软件需求分析，并在此基础上完成了航班信息集成系统的软件深化设计工作，并据此展开了航班显示、离港、广播等关键信息系统的软件深化设计和关键系统接口的开发。

【虹桥机场离港系统成功升级】2005年底，机场集团与上海民航华东凯亚系统集成有限公司签订合同，由后者负责将虹桥机场APPS离港系统升级改造成NewAPP离港系统。新一代机场NewAPP离港系统最后由中航信研制开发。该系统于2005年11月在虹桥国际机场候机楼开始安装施工，至2006年7月在“NewAPP系统终验会”上通过最终验收，并投入正式运行。

NewAPP作为一个利用开放技术整合主机资源构建的套件，为大中型机场和航空公司提供了一套从旅客值机到登机完整的旅客处理方案。NewAPP主要分为操作、控制、管理、辅助和接口5大模块。与原APPS离港系统相比，NewAPP具有非常明显的优势：NewAPP在机场设置的本地数据库，是构建统一的机场信息平台的最准确、最完整的数据来源，能够实现值机、安检、登机等流程的信息集成。NewAPP内含基于本地数据来源的备份模块，拥有本地备份模式和GUIDE模式两种备份方案，无论是在中航信主机及通讯故障情况或本地数据库故障情况下，航空公司均能正常办理值机、航班控制等操作，从而最大程度保障了机场和航空公司的安全运营。（丁冬梅）

上海航空：信息系统与国际先进水平接轨

【以加入星空联盟为契机，信息化向国际水平看齐】伴随着上海航空股份有限公司（以下简称“上航公司”）国际化战略的展开，2006年5月，上航公司与国际最大的航空联盟——星空联盟签署了加入星空联盟备忘录。在加入星空联盟最低要求中，有54%的工作需要信息系统的支持，以此为契机，上航公司的信息化建设与世界先进航空公司（如德国汉莎、美国美联航、日本全日空等）对标。根据整体加入星空联盟计划，2006年，上航公司在充分理解加入星空联盟要求的情况下，制定了详细计划，对现状做了认真仔细的评估分析，完成了星空数据网（STARNET）、航班信息交换（FLIFO）系统、联盟成员常旅客系统、票证结算系统等项目方案，并着手开发，预计2007年下半年完成。这些系统的建成将标志着上航信息系统与国际先进水平接轨。

【拓展通信网络平台，提高公司运行效率】2006年，上航公司在虹桥机场基地新建信息技术设备主机房，完成弱电、网络建设和相关通信管道的改造，并升级了市内总部、虹桥机场基地、浦东机场基地的中心路由器，使“三地”互联更快更安全；在浦东机场基地，配合培训大楼和机务5号楼的建造进度，及时按质按量完成了与之配套的综合布线、监控布防等弱点系统建设；在公司总部，配合市国资委完成电视电话会议系统项目，使公司与政府部门之间的信息交流更方便通畅。

同时，随着上航机队规模不断扩大，如何更好、更科学地综合利用资源就显得尤为重要，为此，公司AOC通讯调度系统项目建设启动，并于2006上半年完成该项目的初步调研，下半年又完成公司机载卫星通信应用的调研工作，从而不断拓展了通信、网络应用平台。

【拓展电子商务，增加营销收入】根据市场和用户的需求，2006年，上航电子商务网站进行了重大更新，为公司以最小的投资产生最大的效益，也为公司的市场销售作出一定的贡献。同时，由于系统进行了人性化、智能化设计，从而极大地降低了客服人员的工作量，大多数日常工作由原先的手工操作升级为系统自动操作，这样虽然业务量在快速增长，客服人员却没有增加。全年，上航网上订票数量达到31万多张，同比增长66.5%；销售金额达到2.52亿元（不含机场建设费和燃油附加费），同比增长69.6%。其中，B2C订票数量同比增长97.2%，订票金额同比增长80.4%。

（瞿宝宝）

三、特殊监管区信息化

概况

2006年，上海口岸工作领导小组办公室（以下简称"口岸办"）围绕上海建设国际航运中心的目标，加强协调、联手各方，加快推进口岸信息化建设。在推进中，口岸办针对各方高度关注、企业普遍受益、对提高上海口岸和特殊区域信息化水平作用明显的重点应用项目，加大协调力度，一批项目得以启动和实施。

大力推进单证电子化

在召开海运进口集装箱提货单电子化试点工作情况交流会、总结近年来试点工作基础上，口岸办组成工作推进小组，重点在协调解决问题、培训试点企业、推广试点运行等方面加大工作力度，先后对上百家货代、报关企业进行专门培训，扩大应用范围；同时，组织力量对提货单电子化过程中的理货环节开展深入调研，完善理货环节的试运行工作；并根据洋山深水港区海运进口集装箱电子通关量多的特点，制订洋山深水港区试行海运进口集装箱提货单电子化的工作方案和应急措施，起草《关于在上海港口岸洋山深水港区试行海运进口集装箱提货单电子化的公告》，为全面推广进口提货单电子化打下坚实基础。

推进建设特殊区域联网监管系统

口岸办组织召开"推进上海特殊监管区域信息化建设和洋山保税港区联网监管信息平台建设专题会议"，加快推进上海特殊监管区域信息化建设。目前，全市各区域已基本实现加工贸易联网监管、保税仓储企业联网监管、特殊区域货物调拨和区港一体化管理等重要功能，业务范围从5个出口加工区扩展到洋山保税港区和外高桥保税物流园区，大大提高了特殊区域的物流效率以及区内企业的通关效率，为促进上海口岸贸易的快速增长发挥积极作用。特殊区域信息化监管系统全面联网后，加工区内企业的账册备案时间从几天缩短到数小时，报关时间从数小时缩短到几十分钟；外高桥保税区和各出口加工区间的货物调拨将从1～2天，缩短至4小时左右，审批环节时间仅几分钟就可完成；企业在进出口环节平均约可降低20%～30%的非制造性贸易成本。

协调降低特殊监管区域信息系统收费水平

为降低特殊监管区域企业反映的信息系统收费水平较高的问题，口岸办与市物价局、市信息委加大联手力度，用三个月时间进行情况调研、方案分析、听取意见，最后采用了部分优惠以降低企业电子通关成本的方案。目前，收费标准和推进计划已开始实施，较好地解决了特殊监管区域企业要求降低信息系统收费标准问题。截至2006年12月，特殊监管区域信息化的相关系统处理单证数达1 073 278，比2005年增加61.8%。其中：外高桥保税区海关：20 874；外高桥保税物流园区海关：5 072；松江A区出口加工区海关：918 989；松江B区出口加工区海关：2 379；洋山保税区海关：432；漕河泾出口加工区海关：116 337；金桥出口加工区海关：5 148；闵行出口加工区海关：936；青浦出口加工区海关：3 134。

（口岸办信息化推进处）

第五章 商贸流通信息化

概 述

2006年，上海市商贸流通领域信息化建设及电子商务应用快速发展。在重点项目方面，市经委开发了“大型商业网点分布地图系统”，以完整的数据和功能为投资者提供一个了解上海商业布局、分析商业竞争环境的有效工具，得到各方面好评。同时，市经委还组织了上海商业信息数据库系统的建设，系统涵盖上海商贸经济的发展、商业管理的变革、商贸企业的开放、商业研究的探索以及海内外商贸领域的相关信息和成果等，可为各级政府、商贸企业等不同用户提供完善的城市经济信息服务。在电子商务应用建设与企业信息化方面，2006年全市电子商务交易总额达到2 087.4亿元，同比增长28.5%，其中BtoB电子商务交易额约占全市电子商务交易总额的94.7%，居首要地位。电子商务市场发展活跃，一批电子商务企业已形成市场规模，电子商务对促进生产、流通和消费，推动上海市国民经济发展作用日益显现。

（市信息委社会处）

一、重点项目

大型商业网点分布地图设计和建设

大型商业网点分布地图系统从2006年初开始策划，到3月底在市政府例行新闻发布会上对外发布，获得了各方面的好评。该系统充分展现了建设商业地理信息系统的经验，以完整的数据和功能为投资者提供一个了解上海商业布局、分析商业竞争环境的有效工具。

上海大型商业网点分布信息包括大型商业网点、服务业集聚区、商业投资预警、商业投资环境等信息，为政府决策、企业投资提供客观信息与基本分析。大型商业网点信息直观地反映了上海5 000平方米以上商业网点的分布状况，可以分业态检索网点、按地标查看网点分布，是目前网点信息最完整的一个发布平台。同时，该系统全面介绍了近期上海重点发展的12个现代服务业集聚区的位置分布与功能特点；从各区的人口总数、人口结构、人口密度、社零总额、吸引购买力指数、已建大型商业网点面积与结构等角度，客观评价了目前上海大型商业网点的投资环境；分别对大型超市、购物中心、大型家电卖场、大型建材卖场、百货店网点分布作了密集程度分析，以3公里作为理论上的竞争距离，用直观的竞争分布图反映了各类网点在网点设置上的竞争状况。

上海商业信息数据库系统建设

上海商业信息数据库系统涵盖商贸经济的发展、商业管理的变革、商贸企业的开放、商业研究的探索以及海内外商贸领域的相关信息和成果等，可为各级政府、商贸企业等不同用户提供完善的信息服务。该系统开发目的包含4个方面：一是为政府决策服务，为各级商业主管部门提供全面的行业信息和管理信息；二是为企业服务，为各类商贸企业提供投资、发展所需的法律政策信息和行业发展信息；三是为专业机构服务，为大专院校、各类商业研究机构提供专业的信息服务；四是为社会公众提供相关的信息服务。

上海商业信息数据库系统的内容主要有：①上海商业综合信息；②上海大型商业网点信息；③上海零售市场信息；④上海交易市场交易信息；⑤全国重点城市经济信息。

上海商品交易市场信息从查询功能上可以分为基本查询、组合查询、统计查询、对比查询和综合查询，各查询定位与权限也各不相同。基本查询又可分全市查询、区域查询、类型查询与规模查询4项，查询指定时间段内所选区域（类型、规模）交易趋势或交易额对比；组合查询分区域组合查询、类型组合查询与规模组合查询3项，以区域组合查询为例，可以在指定时间段内查询所选区域下分类型（分规模）的交易趋势或交易额对比；统计查询分区域统计查询、类型统计查询与规模统计查询3项，可以在指定时间段内统计多个区域（类型、规模）的交易总额；对比查询可分区域对比查询、类型对比查询与规模对比查询3项，以区域对比查询为例，查询对象分为二组，每组包含若干个区域，在指定时间段内将二组数据进行合计对比；综合查询分企业基本查询、企业统计查询、企业组对比、区域—类型表、区域—规模表、类型—规模表、规模—类型表、重点类型表、重点企业表，查询内容可以直接深入到企业。

全国重点城市经济信息中，主要城市经济指标信息查询按信息类型分为经济数据查询、商品数据查询和企业数据查询3个部分，从宏观角度反映了各城市经济发展与零售市场趋势。经济数据查询从城市的角度查询社会消费品零售总额等宏观经济指标，反映了城市综合经济实力。

（张舒敏）

二、企业电子商务应用

银联电子支付：升级“银联通”开放式基金网上直销系统

上海银联电子支付服务有限公司（以下简称“ChinaPay”）自主开发的“银联通”网上基金交易平台自2003年推出以来，业务不断发展，支持的基金种类已覆盖市场上多数开放式基金，交易量呈阶梯式上升。通过基金账户与个人银行卡账户实现实时互转，“银联通”为基金网上直销交易提供了便捷的资金结算渠道。投资者足不出户即可在“银联通”平台上完成对多个基金公司所代理基金产品的交易，不受时间和地域限制。

从2006年下半年起，ChinaPay对原有的“银联通”系统进行了有针对性的改造，增加和优化了多项功能，使之更符合基金公司与银行的需求，还实现了新银行的一站式添加。目前，升级后的“银联通”系统已支持兴业、浦发、民生等全国性商业银行的互联网基金业务，使更多持卡人能享受到网上基金交易便捷与优惠的费率，也为基金公司的网上直销业务开拓新的渠道。

易趣：构筑安全、诚信、成熟的在线交易环境

eBay易趣是国内最大的在线交易社区。截至2006年底，易趣的交易平台已覆盖中国主要省市和地区，拥有近3 000万的社区用户。2006年12月，eBay与TOM在线合作，携手组建了一家合资公司——TOM易趣网；通过整合双方优势，凭借eBay在中国的子公司——eBay易趣在电子商务领域的全球经验以及国内活跃的庞大交易社区与TOM在线对本地市场的深刻理解，2007年，两家公司将推出为中国市场定制的在线交易平台——易趣网。新平台将专为满足本地用户需求而设计，平台的稳定性和速度将会大大提升，并将带给中国的买家和卖家新的在线和移动商机。

作为国内最早成立的电子商务平台，易趣成立8年来，通过构建安全、方便、快捷的网上交易平台，不仅为卖家提供一个网上创业、实现自我价值的舞台和成本高效率的销售渠道，也给广大买家带来全新的购物体验以及品种繁多、价廉物美的商品资源。

诚信安全问题一直都是阻碍电子商务发展的瓶颈，易趣以构筑安全、诚信、成熟的在线交易环境，保护用户利益不受侵害为己任，运用先进的网络技术为用户提供多重诚信安全保障。易趣首创“信用评价体系”、“实名认证”、“安全支付工具—安付通”、“网络警察”等，通过几重保护确保买卖双方的安全交易，推动了中国电子商务行业的发展。

市民信箱：实现在线支付的商务应用

“市民信箱”是2004年市政府推进信息化建设的一项实事项目，通过建立与市民真实身份一一对应的“实名制”电子邮件系统，实现了对市民的网上身份认

证，并提供共性化、差异化、个性化的各类信息服务。经过近3年的发展，“市民信箱”已成为政府主动公开信息的重要途径，以及市民获取与之生活密切联系的便民服务信息的重要渠道。

截至2006年底，“市民信箱”通过与专业支付平台的合作，实现了在线支付的商务应用。具体体现在：与上海市慈善基金会合作的在线捐款，为需要帮助的助医、助学、助困群体筹得善款，以及利用支付手段实现平台电子商城的商务应用；通过与市政府下属委办局、专业咨询公司及调研企业的合作，利用平台“实名制”用户的属性特点开辟的“调查天地”栏目成为“市民信箱”平台的一大特色。

联华电子商务：连续六年保持盈利

联华电子商务有限公司注册资金5 500万，是专门从事自主软件开发、网络零售、批发、代理、在线交易、会员服务等业务的电子商务公司。公司贯彻“为民、便民、利民”的经营宗旨和服务承诺，通过www.lhok.com互联网平台、96801电话平台、短信平台和专线网络等各类现代化的网络通信技术和手段以及会员制的模式，为广大消费者提供各类在线、实时、交互方式电子商务服务，取得良好的社会效益和经营效益，连续六年保持盈利，其中2006年的主营业务收入达到14亿元，ok会员数超过1 020万，ok会员消费总额达到67亿元。

截至2006年底，公司已经建有全国领先的实时在线交易系统，为3 600多家门店的数万台银行POS提供与银联专线连接的通信和交易平台。公司建有功能强大的中心机房，拥有100多台联网互通的服务器、电脑和网络设备，并有电信异地备份系统；功能强大的96801呼叫中心服务平台；150路电话线提供客户自助和人工服务确保为顾客提供优质的服务。

买买乐：探索电子商务新模式

买买乐网上开店服务平台（www.mymyle.com）是为在网上创业的中小企业、个人创业者和大学生度身定制的自助开店平台，是一个汇集众多各异其趣个性小店、买卖双方交流互动和共享平台资源的“网上商店街”。2006年，公司利用ajax等新技术和web2.0新兴理念等对平台进行改造升级，新增商品多图展示、支付工具支持等功能，并新开发拖拽式的布店方式促进店主更方便地管理网店各级页面。截至2006年底，平台已有注册网店3万余家。

买买乐网上开店服务平台既是一个创业平台，也是一个校企合作、电子商务及相关专业学生在线实训平台。由于平台提供了电子商务各项核心过程的服务，上海商学院、上海第二工业大学、上海建桥学院、上海行健职业学院等上海市及外地10余所院校与平台建立校企合作，将平台实例融入电子商务及相关专业课程和教材。2006年，为5 000名以上学生提供80 000以上课时的电子商务实践课程服务。

（电子商务行业协会）

第六章　旅游和会展信息化

概　述

2006年，市旅游委在旅游信息网格化体系基本建成的基础上，继续加大信息化发展的力度，推进旅游行业信息化规范发展，不断完善和优化网格化体系，根据《上海旅游信息化2006～2010实施纲要》，编制了《上海旅游信息数据交换规范》；对多个区县的旅游咨询分中心进行改造；建设上海旅游企业管理系统、上海旅游行业管理短信群发系统、上海旅游“GIS”地理系统；完成旅游多媒体触摸屏的升级换代。同时，市旅游委强化政府服务功能，改善公益设施和环境，规范旅游市场，为旅游市场管理提供快捷、有效的网络支撑手段，并强化为游客和旅游企业提供更优质服务的能级。市外经贸委组织建设“上海展览平台”，满足管理和服务需求。

（刘　昊）

一、重点项目

编撰《上海旅游信息数据交换规范》

2006年，市旅游委在对上海旅游行业信息化全面调研的基础上，发起编撰了《上海旅游信息数据交换规范》。该规范主要适用于指导用户遵守统一的数据传输与数据交换方式，便于实现异构系统信息的共享和综合利用，为在目前各种不同的系统、不同的数据源、不同的网络环境之间进行数据交换创造条件，为今后新开发的系统提供建设标准。该规范定义了旅行社、住宿业和旅游网络企业之间业务联系中产生的数据应采用的交换格式；内容主要包括术语、定义缩略语、公共数据元素、业务表示、体系结构和安全等方面的技术要求等。其中，公共数据元素是基础，业务表示是核心。该规范2007年将提交市技监局，纳入地方推荐性标准审批程序。

建设上海市旅游企业管理系统（一期）

2006年，在对全国各地旅游行业诚信系统进行调研的基础上，市旅游委建设了上海市旅游行业管理与诚信建设网站，建立了旅游企业综合信息数据库。一期建成的网站能提供全市各旅行社、星级饭店、社会旅馆等企业的地址、联系方式、资质、诚信记录、接待能力、投诉情况等信息查询。该网站由相关管理部门负责旅游企业相关信用信息的及时录入和审核，根据有关规定向企业信用联合征信机构提供信用信息，形成有效的旅游企业信用信息归集、查询、更新维护的信息链路。

建成旅游行业管理短信群发系统

市旅游委在进行了可行性分析的基础上，2006年建成了旅游行业管理短信群发系统。该系统的建成，提高了旅游主管部门和旅游企业之间的沟通效率。旅游企业能在同一时间及时接受到主管部门提供的有关会议通知、市场检查、促销活动、企业年检等信息，同时旅游主管部门通过系统也能及时获取企业组团状况、目的地行程、交通住宿安排等信息。在应急状态下，旅游主管部门可通过该系统向相关旅游企业发出紧急处置指令，启动紧急应对预案；旅游企业可以及时按照主管部门发出的指令，做出相应的决策和反应，采取有效的应急措施。该系统建成半年来，已经发送50多条各类旅游管理信息，对旅行企业规范化管理、黄金周旅游市场的预警管理发挥积极的作用。

完成上海部分旅游咨询分中心改造

在2005年对5个旅游咨询服务分中心进行试点改造的基础上，2006年，市旅游委根据试点改造之后的经验，完成了对黄浦区豫园中心、徐汇、静安、宝山、金山、崇明等6家旅游咨询服务中心的改造，主要包括升级原有设备，授权使用上海旅游热线962020的咨询数据库，调整咨询中心空间布局，对环境作适当装修，改善了服务环境，使其更好地为游客提供咨询服务，适应上海旅游进一步发展的需要。

完成旅游多媒体触摸屏信息系统改造工程

2006年，市旅游委先后对放置在星级宾馆中的200台触摸屏进行了改造。新改造的触摸屏更换成轻盈时尚的外形，17英寸液晶显示器以及全新的触摸屏面板，提升了硬件性能，同时在软件上增加了GIS功能，并优化展示界面，游客可以通过触摸屏进入查询系统，更加方便快捷地得到中、英文的各类旅游信息。

建设上海旅游电子地图查询系统

为了方便市民和游客能够更直观地查询上海旅游信息，2006年，市旅游委建设开发了上海旅游电子地图查询系统，并在上海旅游网和上海旅游政务网上建立了进入的导航条。该系统利用地理信息系统（GIS）技术，在上海地图中标注了吃、住、行、游、购、娱等各类旅游要素，地图查询可从住宿、游览、美食、交通、购物、娱乐和公共服务等要素的导航条河道行模块进入，游客可以通过自身在地图中所处的位置查询周边的宾馆、景点、餐饮娱乐等设施，并获取到达目的地的最短路线。同时，该系统还提供多条上海旅游的经典线路和特色线路以及上海周边的高速公路信息，为自驾游一族休闲度假旅游提供极大的便利。

改版上海旅游会展网

为了迎接奥运会、世博会，以及应对上海会展业的蓬勃发展，上海旅游会展网经过几年运行之后，于2006年进行了全新改版。新网站的风格更加活跃，色彩更丰富，体现了上海城市多元化、快节奏的时代气息。这次改版完成了中英文共计700余个页面，新增8个数据库表，栏目重新划分为15个大栏目，53个小栏目，涵盖要闻聚焦、上海通、住宿、会展专家、盛世一览、公关宣传、在线咨询（目前尚未开通）、精彩美图、互动地带等旅游会展各方面信息，为中外专业人士提供一个信息准确丰富的资讯平台。

（刘　昊）

上海展览平台建设

“上海展览平台”（www.sh-exhibition.gov.cn）是市外经贸委以市政府对展览行业管理的进一步举措（规范化、标准话、信息公开化）为基础，专门针对上海涉外展览业务开发的信息平台。该平台建设的根本目的是为了提高政府职能部门的工作效率，降低展览企业在申请举办展会时的管理成本。

“上海展览平台”分为内网和外网两个部分。其中，内网是提供给政府部门使用，用来审批、管理各类展览申请，控制和发布展览相关信息的管理平台，由“企业展会信息审批”、“展会相关信息发布”、“系统管理”3个主要功能组成；外网是提供给展览企业使用，用来提交、管理各企业自己的展览信息，总结展会情况的公用平台，由“企业展会信息管理”、“展会信息发布”、“咨询和投诉”3个主要功能组成。目前，外网不仅是展览企业申报展会的场所，同时也是政府部门对外公布展会信息，公示展会情况的信息平台。

“上海展览平台”于2006年初开始在部分特定展览企业和展览场馆进行内部试运行，在经过了大量的测试、修正和优化工作后，于2006年中期交付试运行，目前已记录并审批通过了260余次大型展会的相关资料。该平台在方便会展企业的同时，减轻了政府部门的工作量，增加了政府工作的透明度。平台目前正准备做二期调研，以求在满足展览单位及场馆需求的同时，使展览平台内部管理系统各项功能更加丰富和完善。“上海展览平台”符合政府信息公开化、审批流程规范化的要求，进一步体现了政府职能部门全心全意为广大公众服务的根本宗旨。

（市外经贸委信息化处）

二、行业、企业信息化

上海科技馆：完成多项信息化建设项目

【概况】 上海科技馆是以“自然·人·科技”为主题的综合性科普场馆，是上海市最主要的科普教育基地和重要的精神文明建设基地，被评为全国文明单位，国家级AAAA级旅游景点。2006年，上海科技馆全年观众量为296.8万人次（含临展），开馆至今累计参观人次达1 200万，全年完成大型临展项目3次。上海科技馆共有12个展区、4个影院和若干个临展区，整个展示面积达6万平方米。2006年，上海科技馆制定发布了《上海科技馆发展战略报告》，明确了信息化发展的方向，完成了票务系统的建设和网站的全新改版工作，OA办公自动化系统也得到了广泛应用，信息系统的维护工作正常有序，有力地保障了全馆各项业务的开展。

【发展战略报告制定】 2006年，上海科技馆制定了发展战略报告。该报告明确了加强信息和信息化建设的目标，指出信息是一个创新企业最重要的资源之一，也是企业管理的灵魂；物资流、资金流和信息流三者构成了一个组织的运行三要素，其中信息流在现代企业管理中显得尤为重要，它可以起到规范企业管理、提高管理效率的作用。目前，上海科技馆的信息和信息化建设主要包括：⑴业务数据、运行数据的发掘、处理和分析；⑵核心业务系统的建设，如票务系统、展品维护系统等；⑶信息系统平台建设，如科技馆网站、办公自动化OA系统等。

【票务（客流）管理系统建设】 票务系统是上海科技馆的关键业务系统。原票务系统是建馆时在小型机上定制开发的一套业务系统，随着业务需求的变化，以及引入市场化的经营模式，该系统已不适应业务的需要。2006年4月，上海科技馆开始票务（客流）管理系统的实施，经过各方的共同努力，新系统于6月25日开始试运行，9月底正式上线运行，并通过了“十一”黄金周的高峰考验。新系统不仅满足了上海科技馆各类门票、电影票、套票和年卡的需要，还为团队客流的管理提供了便捷。新系统的投运提升了上海科技馆的品牌形象，也为票务业务模式的优化提供了条件。实践表明，以新系统支撑的业务模式优化有效提升了科技馆的业务量。

【上海科技馆网站全新改版】 上海科技馆网站（www.sstm.org.cn）始建于2004年3月，填补了馆网站缺失的空白，也使上海科技馆网站跻身国内科技馆类网站的一流行列。2006年下半年，上海科技馆在对网站定位分析后，对原网站进行了全方位的改版，包括网站首页、各栏目的重新规划，新设立了相对独立的科普教育基金会网站、科技馆股份公司网站、科技馆志愿者总队网站、《自然与科技》杂志社网站。在内容上，设立了“科学咖啡馆”的科普交流平台，为网民提供多方位的信息服务。在后台发布平台上，采用了时光软件的CICRO网站发布系统，使网站的安全性、可管理性得到很大的改善，信息发布的效率有所提高。2007年1月1日，新网站正式上网发布。

上海科技馆网站（www.sstm.org.cn）的首页

【OA办公自动化系统深入应用】 上海科技馆办公自动化OA系统的推广在2006年取得重要进展，馆内工作人员已普遍使用OA系统作为内部信息沟通平台。馆的通知、每周会议、场馆使用都已上网发布，管理体系文件发布和版本控制，也已通过OA网实现无纸化管理，上网的体系文件95个，管理制度33个，有效改善了质量/环境体系的运行环境。OA系统的公文流转功能已得到广泛应用，有13个业务流程启用，大部分已实现无纸化办公。目前，已有654个审批请示公文通过OA办理。OA的公共信息、行政管理、资源管理等多个模块也得到普遍使用，全馆共发布信息607条，各部门上传规章制度、各类表格合计275条。OA系统的推广应用促进了全馆的信息化工作，也使馆学习型组织的创建形成了新的亮点，产生了一批OA应用先进个人。

【信息系统维护工作卓有成效】上海科技馆的信息系统维护工作包括基础网络系统、展品展项系统、计算机应用系统、办公个人计算机系统等，其维护技术难度大，工作量繁重，服务要求高。2006年，网络系统、邮件系统运行正常，OA系统、Web网站的系统可用率为100%。计算机病毒防治效果明显，没有发生影响全局的中毒事件。2006年上海合作组织峰会在上海科技馆召开期间，圆满完成了网络通讯保障任务，确保了会议安全认证工作的顺利进行。

（顾秋凡）

第七章　企业信息化公共服务体系

概　述

2006年，上海加大力度进行企业信息化公共服务体系建设，以上海市企业信息化促进中心为代表的第三方公益性专业服务机构，集聚了政府权威部门、高等院校、社科院等各方资源，以企业信息化评价为抓手，从事咨询监理、体验培训和宣传推广工作，并整合政府部门和社会资源，形成全社会推进企业信息化的长效机制，拉动了传统产业对信息化的需求，增强企业信息化决策的科学性，带动软硬件、咨询、服务等相关信息产业的发展。在传统产业的信息化建设推动过程中，企业信息化服务机构通过自身的努力取得了一定业绩，同时也为传统产业和信息产业的协同发展展现了广阔的前景。（顾伟华）

一、企业信息化服务机构

上海市企业信息化促进中心

【概况】上海市企业信息化促进中心（以下简称“促进中心”）成立于2005年11月17日，主要致力于企业信息化推进。针对制造业，主要是以生产装备智能化为重点，在设计、制造、管理、销售等环节推广信息技术应用，提高制造业的信息化含量，提高整机与产品的附加值；针对服务业，完善电子商务环境，培育若干个具有规模效应的专业电子商贸平台，促进现代服务业发展。针对信息化程度较高的大型企业，鼓励其信息技术部门独立出来为本行业提供信息化外包服务；针对中小企业，通过鼓励各行业服务机构建立企业信息化公共服务平台提供持续、专业的服务并降低信息化的成本。同时，推动各种信息化功能性服务机构为传统产业企业的信息化改造提供支持，积极培育具有行业背景和专业领域服务能力的信息技术企业，促进信息产业与传统行业整合与渗透。2006年，促进中心继续积极工作，取得了一些初步的成果。

【举办SEIP企业信息化高峰论坛】促进中心成立伊始，即以“营造服务环境，促进企业信息化和谐发展”为主题，通过信息化示范园区建设、区县巡讲、案例征选、有奖征文、知识竞赛等系列活动，宣传企业信息化指导规范、推进政策、示范样板企业和优秀解决方案等。

2006年3月29日，由促进中心主办，IT168、上海信息化发展研究协会、上海市现代服务业联合会、中国惠普、上海电信等企业集团参与协办的“首届SEIP企业信息化高峰论坛”在上海图书馆举行。如何在“十一五”期间集聚各方资源，促进社会化服务体系的形成与完善，提升企业信息化应用水平是本次论坛的重要议题。来自市信息委、市经委、市科委、市国资委和市外经贸委的相关领导，以及上海市企业信息化知名专家学者、部分行业协会、企业集团和IT厂家的高层管理者、新闻媒体等400多人参加了此次论坛。论坛从政府各委办领导、信息化专家和成功企业的不同视角，就企业信息化推进工作的政策策略、建设经验、解决方案以及ASP模式等热点问题展开了探讨和交流。论坛同时还为“上海企业信息化示范园区”、“企业信息化十佳成功案例”、“企业信息化十佳优秀解决方案”以及企业信息化宣传推广活动中的知识竞赛、有奖征文优胜者颁奖。

【促进中韩企业信息化交流】2005年11月4～5日，促进中心会同上海市电信有限公司、上海市互联网经济咨询中心、韩国电算院和韩国信息通讯产业协会承办的“中韩中小企业信息化论坛”在上海举行。论坛就中小企业信息化发展的现状及其趋势、中小企业信息化模式的比较与分析、关于政府推进中小企业信息化的策略研讨、中小企业信息化公共服务平台建设与行业应用交流研讨、ASP业务的市场发展策略研讨5个方面的议题进行了深入的探讨和交流。论坛期间，促进中心和韩国信息通讯产业协会还就中小企业信息化合作交流达成了“框架协议”。双方将通过优势互补、互惠互利的方式，在双方政府主导下开展中小企业信息化领域的全方位合作。

2006年9月7日，为加强中韩两国在ASP软件租用领域的交流与合作，加强ASP产业链上各个环节相互之间的沟通，促进中心和韩国信息通信产业协会再次共同主办“中韩企业信息化ASP技术合作交流会”。出席交流会的有上海的电信服务运营商，建筑、汽车零配件和服装行业的行业协会和企业代表，以及韩国电算院、韩国信息通信产业协会、韩国电信、SK Telecom等韩国机构和企业。合作交流会以建设行业项目管理、汽车零配件供应管理、服装行业和ASP平台运营管理为主要交流内容，来宾就各自行业的ASP运营模式、技术特点以及行业解决方案作了深入的探讨和交流。（顾伟华）

二、企业信息化公共服务平台

推广ASP模式，扶助中小企业信息技术应用

促进中心通过推广ASP服务模式，开展了以降低中小企业信息化投入为重点的企业园区信息化示范工程。在市信息委的支持下，上海漕河泾开发区的国家级开发区管理信息系统开发完成并投入试运行；上海中山化学品市场成功实施集信息发布、产品交易、园区管理、企业E化为一体的高集成、易扩展的电子商务公共平台系统；颇具特色的“8号桥”创意产业园已基本实现国内外创意资源汇聚、流动互动多媒体发布。园区信息化示范工程项目已为3个园区的近500个中小企业提供了符合企业需求的ASP服务，实现了园区入驻企业与园区门户网站的集成推广。2006年，上海市物业管理ASP公共服务平台、上海国际包装印刷城信息化公共服务平台等一批新的ASP建设项目稳步推进。在这些产业园区、传统行业信息化的过程中，应用服务提供（ASP）已经成为企业信息化的重要模式。

企业信息化扶助体验计划

围绕“应用信息技术改造提升传统产业，实现‘地域有限、发展无限’的目标”，为激发广大企业的信息化应用需求，促进IT厂商提供更好的软件产品与服务，并进一步做好优秀信息科技产品和成功信息化应用案例的宣传推广工作，促进中心经过反复调研、精心准备，制定并稳步推进“百家IT厂商助力 万户传统企业提升”企业信息化扶助体验计划。该计划主要是鼓励软件、硬件、网络运营、信息服务、评测咨询等IT厂商通过服务支持的方式，为广大企业提供为期通常是半年的免费/优惠产品试用及服务。企业通过体验试用，提高信息化意识、感悟信息技术给企业竞争力提升所带来的动力。免费体验期后，企业可根据自身使用效果选择购买服务或进一步展开信息化建设。

2006年9月26日，促进中心召开了“新闻发布会暨首批厂商签约仪式”，标志“百家IT厂商助力 万户传统企业提升”企业信息化扶助体验计划正式启动。首批签约厂商22家，参加新闻发布会的媒体26家；11月，又举办了“IT产品集中展示说明会”，由参与计划的近30家IT厂商集中向广大传统企业用户展示、介绍活动所供体验的IT产品的种类和特点，为IT厂商和传统企业搭建互动交流的平台。扶助体验计划首轮将持续到2007年11月。

体验期内，IT厂商为报名参与体验的传统企业提供免费/优惠的软件、培训、实施和服务支持，使传统企业通过体验，亲身感受到信息化对企业发展的重要性。同时，促进中心也正是通过活动的组织，达成了联合各方、积聚资源，全方位地落实好“连接传统企业、IT企业，发挥企业信息化第三方服务机构的定位优势，推动企业信息化市场环境的规范和社会化服务体系完善”，将培训体验、咨询评测、统计调查等工作付诸实施的推进目标。

上海国际包装印刷城信息化公共服务平台

“上海国际包装印刷城信息化公共平台”项目从2006年4月开始启动，年底开始投入试运行，首批客户有300余家（以城内入驻客户为主）。该平台是一个以“包装印刷城”为中心的包含企业管理、电子交易、电子支付、物业管理、产品展示、市场拓展、行业指导、情报收集与搜索等多种功能于一体的包装印刷产业信息化公共平台，不仅能够引导包装印刷相关产业走入市场(海内外)，而且还能够引导相关需求进入“包装印刷城”。

该平台主要服务群体是产业企业（特别是入驻企业）、海内外客户、平台运营商，同时也为相关政府部门提供相应的决策支持服务。该平台分为3个子平台，即：电子商务平台、内部管理平台、企业信息化平台。

1.电子商务平台

电子商务平台是整个信息化公共平台的门户(Portal）平台。在平台内，包装印刷产业企业不仅能够对产品进行电子化展示和推广，而且还能够进行网络交易——B2B、B2C；同时通过电子商务平台，企业可以发布供求信息、产品信息、科技信息、企业信息、行业信息，平台管理企业也可以发布相关的政策信息、引导信息等。

电子商务平台是市场拓展和开发平台，它和企业信息化平台无缝整合并形成企业供需链管理平台，这样就形成企业从市场拓展到商务谈判，再到企业销售管理，到库存以及原材料平台采购整个信息化管理流程。

2.内部管理平台

内部管理平台主要是为“包装印刷城”主体服务的平台，也就是平台运营商管理平台。平台运营商通过“上海国际包装印刷城信息化公共平台”进行产业市场的拓展和市场宣传来吸引包装印刷相关产业企业，即“包装印刷城”客户或者是入驻企业，并为入驻企业提供企业信息化平台和市场拓展的软硬件平台，帮助入驻企业拓展市场、扩大商机。当“包装印刷城”能够为产业企业提供足够的支持和服务，同时又能够为产业企业开拓市场的时候，整个“包装印刷城”相关的产业——房产就会随之高速发展，“包装印刷城”二期、三期拓展开发和建设就具备了有力的保障和充分的支持。在内部管理平台，平台运营商可以对物业、房产进行管理和控制，同时也可以对整个平台的运营进行监督和控制，以保障整个平台正常和顺畅运行。

3.企业信息化平台

企业信息化平台是整个企业管理的基础，它不仅能够为企业提供信息化管理手段和工具，同时也让企业能够分散经营、集中管理。企业信息化平台和电子商务平台无缝整合，形成企业生产经营的供需链，同时企业信息化平台、电子商务平台和内部管理平台相结合形成整个产业供需链。在企业信息化平台，企业对产品设计、库存、采购、销售、CRM、OA、BI进行管理和控制，实现网络化、电子化办公和生产经营。

物业管理ASP公共服务平台

物业管理在中国是一个新兴服务行业，发展时间不长，正处在由起点迈向成熟的阶段，管理的规范化正在形成。上海目前有物业管理企业2 000余家，构建以传统社区服务为基础，以多媒体信息服务为依托，以Internet网为纽带的新型物业管理信息系统将为物业管理提供新的经济增长点和长期可持续发展的空间。2006年，促进中心对陆家嘴物业、东湖物业等行业龙头企业以及相关IT软件提供商进行了为期3个月的调研。调研工作以陆家嘴物业为代表的住宅性物业管理以及以东湖物业为代表的写字楼物业管理为重点，通过与一线物业管理人员的细致深入沟通，全面掌握了物业管理对信息化的需求，并以市场占有率、产品稳定性指标为考量，就物业管理软件架、功能及ASP模式改进等内容与一些软件厂商进行了技术探讨。

2006年5月，促进中心完成了“上海市物业管理公共服务平台”的建设规划。该规划涵盖物管企业的管理信息化、物业管理业务、增值服务等3个方面17个功能模块，从规模上能适用于只有单楼盘的小型物业公司、有多个楼盘的中型物业公司以及存在多个管理处的集团型公司，从类型上能适用于住宅类小区物业管理、非住宅类写字楼物业管理，从对象上能面向物业管理单位内部业务及被服务对象（住户）。同时，该平台借助ASP模式降低使用各种应用系统所需的技术和资金门槛，广大物管企业只需支付低廉的费用，就可以获得丰富的外部软件支撑平台和外部技术力量支持，从而提升了企业的市场竞争力。（顾伟华）

中山化工市场、漕河泾开发区、卢湾区现代服务园区信息化平台

1.上海中山化工市场

上海中山化工市场是普陀区商委系统国有企业，属于招商服务型的化工专业市场，创办于1992年11月。2006年，共有常年驻场化工企业400余家，年交易额30多亿元，年上缴区税收2 500万元左右。该市场连续多年名列“上海商品交易市场成交额二十强”，连续多年被评为“上海市文明市场”及“上海市守合同重信用企业”，是目前华东地区乃至全国具有相当影响的化工专业市场。

中山化工市场信息化平台建设于2005年初开始启动，当年底建成验收，现有企业用户200余家。该项目除了对原有网络基础设施进行改造外，还对中山化工市场门户网站——“中山化工商情网”进行改造，在电子商务和园区管理两个方面深化网站功能，建立园区门户和电子商务系统。此外，针对入驻企业的特点，平台项目提供通用信息化改造和个性信息化改造及提供自助建站、企业邮箱、网络传真和即时通信等功能，而对于园区中部分企业，则提供以Global eOffice为主的独立套装软件，增强企业的信息化应用，主要包括财务管理、库存管理、销售管理、采购管理和客户关系管理等模块。

2 上海漕河泾新兴技术开发区

上海漕河泾新兴技术开发区拥有中外高科技企业1 000多家，其中外商投资企业450多家、中小科技开发型企业500多家，经市政府认定的高新技术企业达170多家。开发区致力于发展微电子、计算机(软硬件)、通讯、激光、生物工程、新材料等科技含量高的产业。

漕河泾新兴技术开发区信息化项目于2005年3月启动，2005年11月验收。该项目根据漕河泾新兴技术开发区的特点，包括开发区总公司ERP系统建设、园区企业信息化服务平台、园区企业信息化建设实施指南等内容。其中，园区企业信息化服务平台主要针对园区内中小企业对信息化的需求情况，提供企业邮箱、建立网站、在线安全、办公自动化、客户关系管理、集约式中小企业信息化应用解决方案及宽带接入服务。

3.卢湾区现代服务园区

卢湾区现代服务园区起名为“八号桥”，建筑面积1.5万平方米，主要包括“一园三中心”，即：上海(国际)产业转移咨询服务中心、上海市工业开发区招商服务中心和上海时尚创作中心。上海产业咨询服务园是为适应国际产业转移、CEPA实施和上海经济新一轮发展的要求，由市经委和卢湾区人民政府共同推进建立。

卢湾区现代服务园区信息化建设主要包括以下内容：以信息化设施建设为基础，以功能建设为主线，以ASP运维模式为载体，把信息化与现代服务业发展紧密结合起来，进一步完善园区的管理和服务功能、强化园区的集聚和辐射作用，推动卢湾区现代服务业的蓬勃发展。园区内部管理系统包括OA、CRM等环节管理业务的信息化应用，并结合视频会议系统、园区物业管理智能化等建设工作，为入驻企业信息共享、业务协同创造条件，并保障园区内各类信息化应用系统的正常运行和维护。园区企业信息化服务平台提供了自助建站、电子邮件、内部长途IP电话、视频会议、远程培训和电子商务等增值服务及OA、CRM等企业业务管理系统。

(市信息委产业处)

上海纺织研发公共服务平台建设

上海纺织研发公共服务平台(www.strdsp.com.cn)作为上海研发公共服务平台的纺织产业子系统，是利用现代信息技术构建的开放式科技基础设施和公共服务体系。平台的建设目标是以资源整合为主线，以共享服务为宗旨，以网络与实体服务并举方式，集聚上海市、长三角乃至国内外的纺织信息、科研、检测和质量认证、成果转化服务优势，通过纺织自主研发“一站式”服务方式，为国内外纺织服装企业提供技术开发、技术指导、咨询服务、查新服务、文献翻译、文献检索、培训服务、检测服务、标准制定、成果转化、专利代理等各类服务。平台于2005年底开始建设，计划于2007年4月建成，届时将实现网络平台和实体平台联动，并对外提供纺织科研服务。

(上海纺织)

第五编

社会事业与公共服务领域信息化

综　述

2006年，社会事业与公共服务领域信息化坚持以促进信息技术普及应用，坚持"以人为本，便民利民"的方针，依托各行业主管部门积极开展面向市民的社会信息化应用工作，推动教育、文化、卫生等社会公共服务行业信息化，一批重点项目继续深入推进，得到了市民的普遍认同。

市政府实事项目"百万家庭学礼仪"依托各区县培训点和网上学习测试系统，全年累计完成培训考核的人数超过75万人，超额完成20万人的培训计划。历年实事项目继续推进，2006年，市民信箱注册用户稳步增长，至年底已经超过124万；付费通平台联网银行达到15家，可支付19种公用事业费，平台累计交易数超过2 902万笔，累计交易金额超过25亿元。

科教文卫体领域的信息化应用稳步推进。教育领域，市教委对"校校通"主干网进行了升级；"管理通"、"教学通"、"培训通"、"社区通"工程建设取得较大进展；"家校互动系统"开始在嘉定、闸北、徐汇3个区的60多所中小学进行试点；教育资源库项目进入三期建设。文化领域，解放日报报业集团推出了I-NEWS（手机报纸）、I-MOOK（电子杂志）、I-PAPER（电子报纸）、I-STREET（公众新闻视屏）等新媒体项目；文汇新民联合报业集团研制出多媒体报纸——"多媒体文汇报"，集团旗下的"东方票务"将"二维码"技术应用于大型体育赛事的票务管理；上海中心图书馆"一卡通"系统已经形成拥有55个各类图书馆组成的图书馆联合体的运作规模；上海文化信息资源共享工程建设继续向乡镇村延伸。公共卫生领域，举办了"2006中国卫生信息学术交流大会"；加强"上海卫生"门户网站建设。体育领域，"上海体育"网站进行了全面改版；编制了《上海市体育信息化建设规划》。

各区县围绕促进社会和谐发展和服务人民群众，推进公共服务领域的信息化应用，高度重视社区信息化建设工作。在社区事务受理服务、社区管理服务、社区生活服务、社区文化服务等方面合力推进，努力拓展，取得良好进展。在"社区服务网"、"社区服务热线"、"社区服务超市"和"安康通"等原有社区信息化服务基础上，进一步拓展社区服务功能，逐步完善受理机制、调配机制与管理机制。同时，启动"生活联动热线"和"生活联动服务网"建设。东方社区信息苑依托各方力量，集合社会公共资源，成为社区信息化建设的集中体现和文化传播的重要渠道，通过数字图书馆、数字体育社区、数字影院以及给未成年人提供社区"第二课堂"等内容丰富的"数字化服务"，使健康向上的先进文化在社区广为传播。

（市信息委社会处　区县处）

第一章 市政府实事项目

概 述

2006年，社会公共服务领域的信息化工作继续以实事项目为抓手，加大推进的广度和深度，使市民方便及时地享受到信息化成果。

依托各区县培训点和网上学习测试系统，"百万家庭学礼仪"为广大市民提供了公共生活礼仪、校园礼仪、家庭礼仪、社会礼仪、涉外礼仪等多方面礼仪知识的学习和考核内容。"市民信箱"实名制的特点和双向沟通功能得到进一步发挥，网上调查平台的开通已成为市民与政府沟通的高效便捷渠道。"付费通"平台继续增加支持的银行卡种类和公用事业账单的缴费品种，已形成了自助缴费终端、互联网、电话、手机和代收网点等多种途径相结合的、安全高效的服务体系，成为广大市民缴纳公用事业费用的重要平台。

（市信息委社会处）

一、百万家庭学礼仪

"百万家庭学礼仪"系列学习活动是2006年市政府实事项目。由市文明办、市妇联、市总工会、市信息委等13家单位协同运作，计划从2006年开始到2010年对100万上海市民进行各类礼仪培训，通过分类分层培训，宣传世博文化，普及礼仪知识、强化文明意识；通过媒体互动，提高文明行为规范和礼仪用语的知晓率，促进市民做到语言文明、行为文明、生活文明；通过礼仪实践活动，推动市民做一个讲文明懂礼仪的好市民。"百万家庭学礼仪"活动有效提高了市民素质和城市文明程度，提升上海城市建设的"软实力"，为2010年上海世博会的举行创造良好的文明环境。

为方便广大市民的学习和参与，除了开展面对面的授课以外，活动领导小组开发网上学习和测试系统，让市民随时随地学习礼仪知识。市信息委协调市信息化培训协会和市民信箱电子邮件系统管理中心，在短短的一个月时间内，按要求开发了网上学习和测试系统。该系统提供了公共生活礼仪、校园礼仪、家庭礼仪、社会礼仪、涉外礼仪等知识的网上学习和考核内容，确保了"百万家庭学礼仪"活动的按时启动和有序开展。由于能通过网络随时进行学习和测试，突破了时空限制，极大方便了市民参与，活动自2006年2月25日正式启动至12月底，已有75万多人参加了学习考核。

（市信息委社会处）

二、市民信箱

2006年，"市民信箱"继续秉承"便民利民"的服务宗旨，紧密围绕市民的需求，不断丰富信息内容，完善系统功能，新增加"家校互动"、"生活e线"、"市民博客"、"短信服务"等栏目，为市民提供家校互动交流、网上购物等功能，以及提供交通出行、线路调整、交通安全信息，急救常识、消防常识、消防法律法规等信息内容。同时，"市民信箱"还充分发挥实名制这一特点，为静安、宝山的区政府门户网站的网上办事系统提供实名身份认证。目前，"市民信箱"已在全市19个区县的每个街道（乡镇）共设立了417个用户受理点，注册用户超过124万人，累计向用户发送近30类、4.4亿条次信息。

“市民信箱”除了向用户提供各类信息服务外，还积极利用自身的资源优势，充分发挥用户实名制，用户数量庞大，用户的年龄、职业分布广泛，权威性、公益性的特点，开通了网上调查平台，得到市民的广泛关注和积极参与。自2005年8月18日正式开通至2006年年底，网上调查平台累计开展网上调查活动77次，参加调查的人数超过46万人次，已成为市民与政府沟通的高效便捷渠道。通过这一渠道，市民可以对政府决策、社会热点、生活需求等诸多方面发表观点；政府可以在政策制订过程中征求群众意见，了解政策的贯彻执行情况，有利于政府及时发现、分析、缓解社会矛盾，有助于构建民主法治、公平正义、安定有序的社会主义和谐社会。

“市民信箱”从市民需求出发，集成了全市各领域信息化建设成果，改变了市民到多个网站查询信息不便的问题，将市民感兴趣的信息主动、及时、安全地推送给市民，使市民获取个人信息的渠道更加通畅，体现了政府“以人为本”的服务理念。

（市信息委社会处）

三、付费通

2006年，付费通公司在持续提高服务质量的同时，致力于不断增加支持的银行卡种类和公用事业账单的缴费品种。公司增加了与工行、建行、农行的联网合作，使支持在线缴付的金融机构达到了15家，其他的还有交行、广东发展银行、上海银行、浦发、华夏、深发展、兴业、上海农村商业银行、招商、民生、中行、邮政储蓄银行。同年，付费通公司新增了东方有线网络有限公司的有线通、川沙水、嘉定水、交通罚款的缴付，可缴付的公用事业费达到19种，其他还有市北水、市南水、闵行水、浦东水、松江水、电力、浦东燃气、市北燃气、大众燃气、移动、联通、电信、网通、铁通、润迅、263宽带。

自2003年12月“付费通”平台开通至2006年底，平台累计交易数超过2 902万笔，累计交易金额达25.73亿元。目前，“付费通”已形成自助缴费终端、互联网、电话、手机和代收网点等多种途径相结合的、安全高效的服务体系，并已成为广大市民缴纳公用事业费用的重要平台，从而缓解了市民公用事业账单缴费难的问题，充分体现了政府便民利民的宗旨，获得广大市民的认可。

（市信息委社会处）

第二章　社会事业领域信息化

概　述

在教育领域，市教委积极推进上海高校信息化建设；对“校校通”主干网进行了升级；“管理通”、“教学通”、“培训通”、“社区通”工程建设取得较大进展；家校互动试点工作取得较好成效，为2007年在全市中小学全面推广打下良好基础。上海教育网络图书馆新增龙源数据库和为学术图书馆提供服务的专业信息资源系统——LexisNexis Academic。由上海远程教育集团承建的教育资源库项目进入三期建设，并不断加大推广力度，为全市19个区县学校的资源库会员服务，注册用户数已超19万人。复旦、交大、华师大等大学继续全面、稳步推进校园信息化工作。

在文化领域，信息资源开发利用、技术创新实践、信息化应用开发和信息安全保障工作取得新进展。解放日报报业集团继续深化网络信息技术在报业集团内各领域的应用，积极开拓新闻信息资源增值利用的新渠道，推出了I-NEWS（手机报纸）、I-MOOK（电子杂志）、I-PAPER（电子报纸）、I-STREET（公众新闻视屏）等新媒体项目。文汇新民联合报业集团充分运用最新数字技术整合音频、视频、网络、移动等多种媒体传播方式，研制出多媒体报纸——“多媒体文汇报”；集团旗下的“东方票务”将“二维码”技术应用于大型体育赛事的票务管理。上海图书馆继续巩固和扩展中心图书馆“一卡通”系统，系统目前已经形成拥有55个各类图书馆组成的图书馆联合体的运作规模；上海文化信息资源共享工程建设继续向乡镇村延伸。

在公共卫生领域，市卫生局承办了“2006中国卫生信息学术交流大会”，在国家及省公共卫生信息化建设、卫生信息标准研究进展、数字化医院和区域卫生信息化建设等方面进行了广泛的交流和探讨；进一步加强了“上海卫生”门户网站建设。

在体育领域，市体育局对“上海体育”网站进行了全面改版；编制了《上海市体育信息化建设规划》，确定了“十一五”后四年全市体育系统信息化建设的总体目标和主要任务。　（市信息委社会处）

一、教育领域信息化

上海高校信息化建设和发展

2006年是上海教科网建设开通第十年，也是各高校信息化建设“十一五”规划的开局之年，上海市教育委员会（以下简称“市教委”）在高校信息化水平评价指标体系研究与实践基础上，结合上海市高校信息化示范单位评选工作，组织编写了《高校信息化建设与管理——上海市高校信息化示范案例研究》一书。该书共48万字，由52位编审作者历时半年完成。该书全面回顾和总结了上海市高校十年信息化建设和发展的成果与经验，选取了来自全市14所高校的22个典型案例，并对各案例进行了特征研究与比较分析，将信息化的推进过程总结为规划、实施、评估的持续不断的正循环过程，从而形成一个完整的高校信息化框架体系。该书的出版得到各高校的好评，对全市各高校乃至全国高校及其他教育单位“十一五”期间的信息化工作都有积极的推动作用和重要的参考价值。

为更加科学合理地提高上海教科网的管理水平，更好地为各接入单位服务，市教委组织专家委员会开展了“上海教科网网络维护及其成本测算研究”，对上海教科网的现状和各接入用户的需求进行全面的调查分析，制定了基本网络维护范围及成本测算，为今后的工作打下良好的基础；同时，通过自行编写和购买成熟软件等方式对全网的光缆资源进行科学管理，逐步实现资源自动调配、管理到芯，不断提高工作效率，并在此基础上，顺利地配合各大市政工程的搬迁入地工作以及高校IPv6校园网的接入工作。

中小学“校校通”网络建设与发展

上海市中小学“校校通”教育信息网的主干网络交换中心建在市教委信息中心，直接和19个区县的分中心连接。2006年，市教委组织19个区县教育信息中心人员对“校校通”主干网的升级方案进行设计和认证，并通过政府采购落实中标单位，在中心机房实施了“校校通”主干网的升级。

此次升级针对主干网中心机房的网络设备、环境设施以及主干带宽等问题，从网络性能、网络安全、网络带宽、网络服务、数据安全等多方面入手进行改造。主干网络电信出口带宽由原来的100M扩容至200M，区县上连带宽由原来的10M扩容至100M，中心汇聚链路带宽由原来的100M扩容至1 000M。通过升级，对缓解“校校通”主干网络瓶颈、保障关键应用数据安全、改善机房运行环境，保障基础教育信息化应用顺利运行打下更好的基础。

“四通”工程建设

【“管理通”】“管理通”工程已完成信息平台、信息交换系统、学生管理系统（中小学生数字化管理系统）、教师管理系统、学校地理环境信息系统的软件开发，其中信息平台、信息交换系统、学生管理系统（中小学生数字化管理系统）已投入使用。学生管理系统（中小学生数字化管理系统）由学生基本情况、电子成长记录以及综合素质评价三部分组成，其应用试点工作已在全市两个区（黄浦、闵行）以及19个区县57所中小学展开，2007年将在试点取得成功经验的基础上在全市中小学推广。

【“教学通”】上海教育资源库建设是“教学通”工程的重中之重。上海教育资源库根据上海市二期课改推进的最新需要，按照基础型资源、拓展型研究性资源、两纲教育资源和引进资源等四大部分进行全方位建设，完成了精品示范课资源、教学设计及相关备课资源、多媒体互动学习资源、主题学习资源、小学生命教育资源和民族精神教育资源等多种适用于二期课改要求的教学资源。截至2006年12月，资源库建设总容量已达1 248G。资源库现注册人数19万，访问人数达1 390万，覆盖全市所有中小学老师，同时促进了各种基于教育资源的教学活动。

【“培训通”】2006年7月5日，培训专网开通，同时开展了首次大规模的教师网上培训，覆盖了全市19个区县，培训人数包括全市中小学幼儿园各学段、各年级、各学科教师和教育管理人员近13万人。全员培训依托上海教师教育网，整个培训内容将由网络和光盘两种形式提供，交流在网上完成。在培训过程中，网站安排了12个讲座和11节展示课，播放教育台宣传片100多次，访问次数达1 973 537人次，总注册人数125 729人，用户登陆1 591 450次，资源浏览总数4 527 511次，总学习时间24 071 749分钟，最高在线人数1.7万人，培训次数9次，发放培训光盘2 450多套。与此同时，862节区县观摩课的收集及数字化工作完成。

【“社区通”】“社区通”主要任务是建设上海终身教育系统公共平台。2006年，上海新建社区学习中心9个，使上海社区教育卫星网卫星小站数量达到236个，可实现资源传输和数据交换、课程直播、点对点双向视频会议等功能。目前，上海市终身教育系统公共平台已建立了以中心主站为一级核心管理单元、区县分中心为二级区县管理单元、街道（乡镇）社区学校为三级学校管理单元的三层树状业务管理体系。

（市教委信息中心）

家校互动试点

“家校互动”系统是一个基于互联网、服务于全市中小学生和学龄前儿童的素质教育，并为中小学生、家长、教师提供便捷沟通和个性化服务的信息系统。该系统可以为教师、学生、家长提供个性化的WEB页面，并借助“市民信箱”实名制这一特点，在学校、教师、学生和家长间建立对应关系，使家长、学生和教师之间的沟通做到个性化和私密性，并突破时间和空间的限制。同时，市教委“管理通”所形成的学生成长记录、教学信息等内容通过“家校互动”系统以WEB页面（或短信）的方式提供给家长和学生，方便家长配合学校共同关心、帮助学生健康成长。

在市教委的大力支持下，“家校互动系统”于2006年5月开始在嘉定、闸北、徐汇3个区的60多所中小学进行试点，至12月底，已有4 058名教师、40 677

名学生和16 642名家长加入了"家校互动系统"。通过"家校互动系统",教师将家长关心的信息如家庭作业、教学重点等内容主动、及时地推送给家长，家长、学生通过互动留言、电子邮件等途径，也加强了与教师的沟通，从而有助于为学生创造健康成长的校内外环境，更好地推动了素质教育。2006年，家校互动试点工作取得成效，积累了经验，为2007年在全市中小学全面推广"家校互动"系统打下良好基础。

（市信息委社会处）

上海教育网络图书馆建设

【概况】2006年，上海教育网络图书馆继续与国家级、省市级文献资源单位加强合作，努力将自身建设成为全国若干重要文献资源建设服务基地，也为中国数字图书馆前沿研究与实践提供一个重要的基地。

【CALIS应用项目】CALIS华东南地区上海教育资源服务基地纳入了CALIS的整体建设框架，并通过类似CALIS省级文献信息服务中心的建设，将地方文献信息保障体系建设与CALIS体系建设联接起来，并加强了CALIS现有三级保障体系的保障与服务能力，从而把CALIS上海教育资源服务基地建设成为全市的"文献信息服务中心"、"培训中心"和"宣传中心"，使其真正起到CALIS省级中心的作用。

【资源库建设】

1.新增资源

⑴龙源数据库。龙源期刊网以构建"书香校园、人文情怀"为出发点，把人文社科期刊作为资源特色进行系统整合，从国内近万种期刊杂志中精选出千种人文社科类优秀期刊，通过互联网、局域网等主要手段，向全世界20亿汉语圈人口和80万家机构以整刊、现刊的形式网络出版。龙源期刊网拥有1 000多家期刊社的授权（多为独家），向中国大陆100多家、台湾地区40多家中小学和高校，以及美国和加拿大多家图书馆投入运行，并向大众读者提供龙源期刊阅读卡服务。

⑵ LexisNexis Academic。LexisNexis Academic & Library Solution是专为学术图书馆提供服务的专业信息资源系统，主要面向学术机构、高校、公共图书馆，提供最前沿的学术文献和研究资料，具有：世界第一流的信息资源；及时的信息更新；全面、权威的全文信息；精确的索引功能；热诚的顾客服务和专业培训；每周7天、每天24小时无并发用户限制的不间断访问等特点。

2.续订资源

⑴中文数据库。一是包括维普数据库、万方数据库、超星数字图书馆、清华同方中国知网数据库、国研网数据库、中国经济信息网数据库。维普中文科技期刊数据库包含1989年以来8 000余种期刊刊载的1 000余万篇文献；万方数据库包括科技信息子系统、商务信息子系统、数字化期刊子系统，共集纳70多个类目近2 700种期刊全文；超星数字图书馆收集了中国国家图书馆近32万册中文图书。二是自建数据库中包含中文图书书目数据库、重点学科核心期刊库、原版期刊联合目录数据库、外文期刊查询数据库。中文图书书目数据库包含了重点高校67万中文书目123万馆藏中文图书编目数据，可以查到图书的书目信息、馆藏单位，方便读者找到图书；重点学校核心期刊库包含全市高校重点学科外文核心期刊目录1万余条数据，只要输入重点学科核心期刊名称即可以检索到；原版期刊联合目录数据库收录全国高校期刊预订联合目录约6 000多条数据，可以检索到原版期刊的收录单位及出版国别等详细信息；外文期刊查询数据库包含全市19所高校近1万条目录、近2万条馆藏外文期刊刊名目录综合数据。期刊检索系统具有3项功能：WEB检索功能、馆藏自动搜索与分发功能、馆藏信息添加及更新功能。

⑵外文数据库。上海教育网络图书馆自2002年开始陆续组织优秀外文数据库集团引进，包括PQDD学位论文数据库、BiosisPreviews美国生物科学数据库、Springer Link全文电子期刊、EBSCOhost－ASP+BSP全文数据库等。① BIOSIS Previews美国生物科学数据库（简称BP）是由美国生物科学信息服务社（BIOSIS）生产的世界上最大的有关生命科学的文摘和索引数据库。该数据库涵盖了包括传统生物学、交叉科学和诸如仪器和方法等相关领域，收录了1996年以来世界上100多个国家和地区约5 500种生命科学期刊和1 500种非期刊文献。② Springer Link全文电子期刊收录电子期刊近1 200种，超过60万篇文献量。目前，上海共有19所高校共享该数据库。③ EBSCOhost－ASP+BSP全文数据库。上海教育网络图书馆自2003年开始组建上海集团即购买了学术期刊集成全文数据库和商业资源集成全文数据库，组团后上海所有高校均

可享用该数据库5 000余种期刊全文。2006年，上海又成功组织了二期采购，目前上海共有21所高校共享该数据库。④ PQDD学位论文全文数据库。ProQuest公司是世界上最早及最大的博硕士论文收藏和供应商，PQDD（ProQuest Digital Dissertation）是基于ProQuest检索平台的数字化学位论文文摘数据库的简称。

（市教委信息中心）

上海远程教育集团

【概况】2006年，上海远程教育集团（以下简称“远程集团”）进一步加强信息化建设和应用，加强硬件基础设施建设。年内，远程集团承建市教委“上海教育资源库”项目二期并通过政府验收，三期工程顺利启动；承担的国家科技部（以下简称“科技部”）“863”计划课题《Linux多媒体网络教学资源管理和应用平台软件研究》以高分通过评审验收；完成了市教委对全市中小学幼儿园教师和教育管理人员全员培训项目的软硬件平台搭建任务，以及市级多媒体资源制作等技术支持任务。同时，远程集团投入资金对核心网络系统进行了改造，为今后的业务发展提供了良好的网络基础架构保障。

年内，远程集团组建成立了教育信息技术服务中心，进一步加大对远程教育教学的信息技术支持和网络保障。上海电视大学（以下简称“上海电大”）不断提升教育信息技术水平，在2006年省部级优质教学资源评比中获奖22项，在“清华紫光杯”多媒体课件大赛、第十届全国多媒体教育软件大奖赛等赛事中都取得较好成绩。上海教育电视台推进电视媒体信息化，切实加大了数字化改造，并运用电视、网络、电台、电话、短信等多种媒体同步直播技术成功推出了《高考大直播》等节目，引起广泛关注。

【上海教育资源库三期工程建设】2006年，作为上海教育信息化的主要组成部分，由市教委主管、远程集团承建的教育资源库项目进入三期建设。

教育资源库项目重点围绕平台、资源、服务和管理4个方面开展实施。它通过以资源库为平台进行资源建设，推进资源的流转、数字化、编目和归档，使资源能够第一时间传递到用户。为扩大资源的推广，项目组为全市19个区县学校的资源库会员服务，为教师提供全面的一站式优质服务。同时，项目组还开发了相关的资源管理和应用软件，使资源库软件使用更好更稳定。截至2006年底，网站资源数量达255 953件，资源容量达2 578G，时间达744 748分钟；网站的首页访问人数达到1 383.26万人次，注册人数达19.2万人。

同时，为充分发挥市级网络教育平台的枢纽作用，该资源库还将连接国家基础教育资源库、国外著名媒体、大学和数字图书馆等各类教育资源和教育平台，为推进更多人享有优质教育资源而努力。

【“863”滚动项目以高分通过科技部验收】继2005年远程集团领衔承担的科技部“863”计划课题《Linux多媒体网络教学资源管理和应用平台软件研究》项目圆满结题后，就得到了科技部的滚动支持。为确保该863滚动项目的顺利进行，课题组开发了12个基于Linux的教育软件子系统，完成了大量的教学资源包，开拓了70个示范点，完成了4项软件产品正式登记，公开发表了10篇论文。该滚动项目于2006年9月以“Ab”的分值通过了科技部863专家组的现场验收，这也是科技部软件重大专项“十五”期间最高评分。同时，该项目作为远程教育领域惟一产品参加了2006年长三角地区国家“863”计划项目产业化对接活动，由上海市高新技术成果转化服务中心面向市场进行推荐。此外，该项目还作为远程教育领域代表产品参加由科技部高新技术司组织的2006年中国国际工业博览会高新技术创新板块，获得高度关注。

【为全员培训提供网络保障和技术支持】为了全面提高上海市普教系统教师实施新课程的水平和能力，市教委于2006年暑假全面开展优秀示范课程网上观摩、评选和学习活动，并委托教育资源库进行软硬件平台搭建和市级多媒体资源制作等技术支持。

此次全员培训涉及全市中小学幼儿园各学段、各年级、各学科教师和教育管理人员总计约13万人以上。自7月25日开通培训专网至9月20日结束。活动期间，网站共安排了12个讲座和11节展示课，访问次数197.35万人次，总注册人数12.57万人，资源浏览总数452.75万次，总学习时间2 407.17万分钟，最高在线人数1.7万人。同时，活动发放培训光盘2 450多套（每套19张），接听客户电话1.54万次，并实现了零投诉。该项目是国内第一次大规模在网上成功开展教师培训的成功示范项目。

【ICDE中文网站和联合国教科文组织远程教育教席网站建设】 2006年11月15日，由远程集团承担的国际开放远程教育理事会(ICDE)中文网站(www.icde.org.cn)和联合国教科文组织东亚远程教育教席网(www.unescochair.org.cn)在由上海电大、联合国教科文组织亚太地区教育局、联合国教科文组织北京办事处联合主办的“2006教科文远程教育教席系列国际研修班开幕式”上揭牌开通。

ICDE网站是目前全球开放远程教育机构惟一的专业网站，也是被联合国教科文组织认可的下属机构。此前，该官方网只有英文版，中文网站的开通将为国内众多远程教育机构提供一个指导、互助和交流信息的平台。

【“上海老年人学习网”正式开通】 “上海远程老年大学揭牌暨上海老年人学习网开通仪式”于2006年12月25日隆重举行，为全市老年人提供了一个远程学习平台。市教委希望，远程老年大学要用远程老年教育特有的优势办好上海远程老年大学；要进一步提高教学质量，课程内容要具有知识性、实用性、通俗性，充分展示教学内容的魅力和趣味性，激发老年学员的学习兴趣；要坚持从满足广大老年人对教育的需求出发，提供多样化的教育服务。

【积极推进社区教育信息化工程】 为推进市教育信息化工程，实现“社区通”，远程集团加强了“上海市社区教育卫星网”的建设，进一步完善了软件平台及资源节目，强化了相关支撑和服务。“上海社区教育卫星网”以“人人享有优质教育资源”为宗旨，架构基于网络的学校、社区和家庭互联互动的教育信息化平台，形成学校教育向家庭延伸、社区教育支持学校教育的“大社区”教育信息化平台，最终实现广大市民在平台上进行学习和交流的目标。

2006年，远程集团组织闸北区临汾路街道社区开展社区居民“网上学习圈”活动，帮助小区居民开展网上学习、资源共享等活动。街道居民每人都拥有一张网上学习卡，除了能登陆“居民网上学习圈”平台，享受丰富的社区教育资源外，还可以利用平台进行在线学习、在线讨论和在线答疑等。“网上学习圈”活动的开展，为闸北区创建学习型城区打下坚实的基础，并进一步推动了其他社区居民进行社区学习与交流，加快了社区信息化建设的步伐。

【成立教育信息技术中心】 2006年，远程集团为了确保远程教育信息化建设的有效开展，加强对社区教育、终身教育的服务，在上海电大成立了教育信息技术中心。该中心不仅负责远程集团的整体信息化规划与建设工作，也为网上平台开发与维护以及多媒体教室、机房的管理提供了有力保障。

为解决学生网上学习疑问，该中心开通了7×24模式的技术服务热线（021-25653114），在非工作日，将固定电话转移到移动电话，保证线路畅通。截至年底，热线接听咨询服务电话近1.2万多个。中心在及时解决学生上网技术支持问题的同时，对于咨询教务管理、继续教育方面的问题或以直接联系、或以告之解决途径的形式提供帮助，受到了广大成人学生的一致好评。

为了方便学生随时随地学习，该中心还积极配合教务处、各教学系，针对学习的课程内容提供网上学习资料，并通过短信平台向学生发送各类学习辅导材料，学生也可以通过回复短信的形式进行测试，不仅提高了学生的学习兴趣，同时实现了移动学习的效果。

【核心网络改造项目如期完成】 2006年，远程集团成功实施了核心网络改造项目的建设。主要建设内容包括：核心网络结构与设备的改进与升级；存储与备份系统建设；网络与应用监控系统建设；邮件系统升级等。

该项目完成后，远程集团的核心网络在性能、可靠性、可管理性等方面都有了极大的提高，部分重要应用系统及整体监管水平也得到了加强，其核心区域的万兆负载扩展能力为集团和电大的事业发展尤其是今后承办开放大学提供了良好的网络基础架构保障。

【上海电大继续加大资源建设】 2006年，上海电大完成了15个精品多媒体课件和网络课件的制作，并参加中央电大的“清华紫光”杯多媒体课件比赛、全国第六届多媒体课件比赛、全国第十届教育软件比赛，共获得2个一等奖、5个二等奖、3个三等奖、4个优秀奖、1个组织奖。

上海电大对基于网络环境的三分屏等流媒体、多媒体课件资源进行应用与建设,通过对市场的考察,经反复试用、检验，最终确定性能价格比优异的成熟产品，以及落实相关功能的定位，并在此过程中，借助外部的推广应用检验，制定了适合电大特点的课件制作条例和流程，同时同期开展了相应的技术培训。至今，上海电大已对26门课程成功进行了192课时的三分屏课件资源制作及发布改造。

【上海电大继续开展“十万师生网上行”活动】为了进一步推动信息技术在现代远程教育中的应用，鼓励广大师生积极利用互联网开展教与学，上海电大在2005年的基础上，继续开展“十万师生网上行”活动。2006年主要的活动与学生的日常学习有关，如“英语词汇大赛”等，同时为了增加平台的功能，整合资源，将整个活动的平台进行了全新的改版,方便了学生参与。

（远　程）

复旦大学

【概述】2006年，复旦大学（以下简称“复旦”）信息化校园的工作更注重已有建设成果的推广与应用，并通过管理的规范、服务水平的提高，使师生更认可信息化校园建设的实施，为学校管理、教学、科研和校园生活等提供更加便捷的现代化手段。

【校园网络基础设施建设】

1.校园网规模继续扩大

2006年,复旦继续实施新楼宇的网络建设或规划。3月,完成枫林校区明道楼中后期入驻单位的网络建设和调整；5月底，集中完成光华楼全楼的网络布线、设备配置、端口测试和IP地址标签张贴等一系列网络建设工作,在各院系搬入之前，全面开通了光华楼网络；7月和11月，分别完成邯郸校区11宿舍教师公寓2号、3号楼网络建设；此外，还完成了枫林校区新实验动物楼网络的规划及各项准备工作；为明道楼和新建的P3实验室铺设了专用光纤；协助附属儿科医院完成了接入校园网的线路升级。

2.校园无线网络二期建设

5月，张江校区无线网络覆盖工程一期圆满结束。该无线网络采用“GSM + WLAN合路”等覆盖技术，覆盖了包括第一教学楼、第二教学楼、行政楼、图书馆和室外草坪在内的主要教学、行政办公场所。此外，还扩大了枫林校区无线网络覆盖，完成了明道楼多个会议室的无线网络。

3.顺利完成光华楼新机房的搬迁

6月，在校信息办的统筹安排下，复旦顺利完成了光华楼新机房的建设和全部搬迁工作，包括：CERNET、电信、网通出口路由器的切换，对接入原核心机房的各楼宇光纤的分批迁移，核心交换机/路由器/服务器的迁移，以及众多部处和院系托管服务器的搬迁等。

【不断完善已建应用系统】

1.学工管理系统

2006年，学工管理系统不断有新功能模块投入使用。6月，“复旦学院院系交接信息表”和“学生基本信息个人维护”模块正式向2005级复旦学院的学生开放。该模块的推广旨在完善学生个人基本信息，协助复旦学院与学校各专业院系完成学生交接工作。9月，“中国银行国家助学贷款还款管理”模块正式向学生推广，实现了助学还款的信息化管理。11月，“奖助学金”模块正式上线，实现了奖助学金的网上申报。

2.教务管理系统

2006年，教务管理系统在保证顺利运行的同时，又有新的功能模块投入使用。全年有2.5万余名学生通过该系统对课程和导师进行了网上教学评估；4月，2004、2005级本科生利用该系统进行了为期两周的转专业网上申请；6月中旬起，教务处和院系教务员通过该系统对本届毕业本科生进行了毕业资格终审；11月，复旦本科生毕业审核初审结果首次通过该系统进行网上发放。

3.资产管理系统

2006年，资产管理系统正式全面运行。继2005年资产管理系统数据上报和资产报账模块顺利上线运行后，校信息办和资产管理处合作对邯郸和枫林两校区各院系、机关的资产管理员分批进行了操作培训，目前全校教职工均可通过该系统查看自己名下的资产并对新增资产进行网上报账，逐步实现对学校资产的电子化管理流程，提高工作效率和工作质量。

4.校园一卡通

2006年，复旦校园一卡通项目在原系统完善、信息应用点拓展以及新系统开发三个方面继续推进，并取得了显著成绩。一卡通系统新建设了会议签到、考勤管理、物料管理、机房管理、超市消费、班车移动支付、补贴发放、教务注册等多项功能，其中考勤、机房管理、超市收费、教务注册等已投入运行，其他功能将在2007年陆续上线。已有的一卡通监控系统增加了服务器、网站以及通讯平台的监控功能；领导查询模块增加了多种业务分析功能以及提供领导月报的功能；在一卡通消费数据的基础上，进行了贫困生行为的数据挖掘和分析，为学工部的助学贷款申领提供参考依据；对超市、食堂等商户开放了自助查询分析功能，对部分应用的管理权限下放，实现了职责与权限的对等，大大减轻了管理部门的压力；而一卡通系统与共享数据库的无缝衔接，实现了与校园信息化众多管理应用系统数据的实时、同步更新。目前，一卡通学生超市消费功能已有近30个POS设备投入运行，并成功与收银机实现对接；门禁系统建设也全面实施，包括光华楼、物理系、枫林明道楼、南区/东区学生公寓、枫林学生/教师公寓等在内的1 000多套门禁全面上线运行，北区学生公寓门禁也投入试运行，不久将全面启用；而诸如上网、上机等一卡通收费功能以及档案馆、院系资料室、注册报到等一卡通身份识别功能的使用，均大大提高了校园卡的应用范围。

【迎新服务管理系统建设】2006年8月，复旦迎新服务管理系统正式开通。该系统充分体现了复旦一直以来坚持的“以学生为本”的理念，是新生报到前和报到中的“网上家园”，是复旦信息化建设水平和管理规范化的体现，也为以推行通识教育为己任的复旦学院给予新生更多的关怀创造了平台。该系统基于已有的学工管理系统、教务管理系统、招生系统、统一身份认证、共享数据库平台和校园一卡通等校园信息化建设成果，一方面为新生提供入学事项公告、班级宿舍信息、辅导员导师信息、报到信息、缴费信息、班级日程安排等多种网上信息查询和沟通功能，一方面提供抵沪信息登记、入学管理、班级管理、宿舍管理、档案信息管理等迎新工作相关的管理功能和数据集成及共享服务。利用该系统，不但可以为新生提供人性化服务，学校也可以对资源进行更合理的调配，各部门可以及时准确掌握学生的报到情况，还可以减轻基层信息统计工作的压力。

【选课管理系统建设】2006年6月，复旦新选课系统正式投入使用。目前它面向全校本科生，全方位支持每学期三轮选课中的繁复的选课业务规则需求，提供专业必修和选修课程保护、选课申请随机筛选、课程抢选、退课申请和成绩查询等多种服务，并具备了良好的管理配置功能。2006年秋学期全校各院系开设的几千门课程中，该系统能同时满足2 500名学生并发处理，学生在选课过程中的选、退课等中间动作均记录入系统中，产生选课总记录数（人数×门数）超过15万条。

【共享数据平台和公共数据查询全面投入运行】随着复旦各部门系统业务需求的不断发展、完善和整合，系统之间的数据交换和共享日益频繁、复杂。在校信息办的统一规划和部署下，2004年上半年正式上线了共享数据平台。该平台在2005年完成人事、教务、学工、一卡通等应用管理系统的数据交换和数据共享的基础上，2006年上半年又集成了研工、研究生院、科研、资产、招生、迎新等应用管理系统的数据。截至目前，平台共累积了数十万条人员、教学、科研、财务等方面的信息，为党办、校办、机关党总支、科技处、人事处、学工部、研工部等机关部处提供了自定义查询和统计教职工、研究生、本科生综合信息的功能，并为管理决策者提供了联机数据分析和决策支持功能。共享数据平台在很大程度上消除了业务管理信息系统间的“信息孤岛”，促进了学校各项管理工作的信息化建设，提高了管理效率。

【运行服务体系建设】自2005年7月校信息办正式成立运行服务中心后，本着“立足服务，以人为本”的服务理念，朝着建设一支专业化、专门化的运行服务队伍发展，致力于提高运行服务的稳定、安全、高效与高质。2006年，该中心不断总结实践经验，理顺业务流程，制定了一系列管理规范，定期组织技术培训等措施，逐步形成并确立了具备复旦特色的校园信息化运行服务体系。该体系框架包含了运行管理和用户服务两条主线：运行管理主要涉及校园网络和应用系统维护管理、安全管理、配置变更发布管理、机房管理以及内部培训管理等；用户服务则主要针对全校师生，提供7×12小时的电话服务、上门服务、技术支持（服务器托管、二级域名管理等）、自助服务（电话语音/

web/终端机）、服务反馈跟踪以及信息化培训等。在良好的运行环境支撑下，运行服务中心结合有关规章制度，运用多种辅助工具，加强与信息办其他中心、学校各业务部门及师生的沟通交流，在为用户提供优质服务的同时，确保了校园信息化建设的顺利实施。据不完全统计，2006年，信息办用户服务接待台每月平均接听用户电话1 000余次、接待用户来人500余人次。

【顺利通过多个校园信息化项目的验收】

1."十五""211工程"公共服务体系建设项目"数字化校园二期"验收

3月，复旦"十五""211工程"公共服务体系建设项目"数字化校园二期"顺利通过专家组验收。与会专家对该项目的建设成效给予了高度评价，认为该项目完成的校园信息化建设和信息化应用处于国内领先水平。4月，国家教育部"十五""211工程"建设项目验收专家组集中参观考察了信息办新机房，复旦信息化校园建设成果的数字变化和机房的规范建设等给专家组成员留下深刻印象，学校大力推进校园信息化建设的成果也获得各位专家的充分肯定。

2."高校电子校务环境中的档案管理系统"项目验收

6月，由上海市档案局组织并主持的复旦"高校电子校务环境中的档案管理系统"项目验收暨技术成果鉴定会在复旦档案馆举行。鉴定委员会对该项目给予了高度评价，一致同意通过技术成果鉴定，并建议进一步推广该项目的应用成果。

3."CNGI-CERNET2/6IX"核心节点建设子项目暨项目总体建设验收

9月，复旦顺利通过了"CNGI-CERNET2/6IX"核心节点建设子项目暨项目总体建设的验收，验收专家组对CERNET2建设成就给予了高度评价，并予以小组第一的好评。

4.其他信息系统项目

2006年，复旦还有招生、人事、学工和资产等4个应用管理系统和张江校区网络和视频会议系统顺利通过专家组的项目验收。

【主办/参加会议和访问交流】

1.主办会议

9月21～22日，由国家教育部科技发展中心主办、复旦信息办协办的"2006'教育信息安全大会"在复旦成功召开。此次大会不仅提升了教育网络用户的网络信息安全意识和应对水平，也向来自全国的兄弟院校展现了复旦信息化校园建设和应用成果，并积极推动了高校间校园信息化的进一步交流。

2.参加多个教育信息化大会

2006年，校信息办人员参加了10多个教育信息化相关会议，交流高校网络应用系统建设及服务方面的经验。会议包括：《高等学校管理信息标准》研讨会、2006'无线校园建设与应用大会、全国高校信息化主任会议、全国教育信息化年会、第13届CERNET年会、中国下一代互联网示范工程CNGI示范网络核心网CNGI-CERNET2工作会议、第四届AEARU（东亚研究型大学协会）网络教育研讨会等。其中，在全国教育信息化年会上，复旦信息办当选为全国教育信息化学会副理事长单位。

3.访问交流

10月和12月，校信息办选派青年技术和管理骨干前往日本、韩国和中国香港，分别对日本早稻田大学、韩国高丽大学和香港中文大学、香港大学、香港城市大学进行实地考察与交流，学习借鉴日本、韩国和中国香港高校信息化校园建设服务中的有益经验。2006年，校信息办也接待了西北大学、华中科技大学、上海交通大学、上海海事大学、扬州大学、武汉大学、西南财经大学等几十所国内高校的来访，沟通交流有关高校教育信息化的经验。

【获得荣誉】2006年，复旦信息办荣获"上海教科网十年建设先进集体"和"上海市高校信息化示范单位"称号；《复旦大学信息化应用基础平台建设实践》等4篇论文获中国高等教育学会教育信息化分会2006年学术年会优秀论文奖；信息办主任宓詠荣获"2006上海优秀CIO"称号；信息办闫华被评为"上海教科网十年建设贡献奖"；张成洪、任晨、李韫刚荣获"上海教科网十年建设先进个人奖"。

【实现完全自主知识产权系统的对外推广】2006年，校信息办实现了虚拟校园、校园电子公务系统（OA）等完全自主开发系统的对外推广。此外，信息办与云南大学网络与信息中心签订了《云南大学网络与信息中心接受复旦大学信息办对口支援协议》。云南大学是复旦支援西部建设的对口高校，此次对口支援协议书的

签署，是两部门在原有沟通交流基础上新的开始，将使信息办对云南大学信息化校园建设的支持更加深入有效。（复 旦）

上海交通大学

【概况】2006年，上海交通大学（以下简称“交大”）继续稳步推进校园网络建设，积极实施网络信息服务扩展，进一步完善与深化管理信息系统应用，以适应学校教学、科研和管理重点向闵行校区转移的需要。2006年，交大被评为“上海教科网十年建设先进集体”及“上海市高校信息化示范单位”。

1.校园网建设

2006年，交大对校园网骨干进行了扩容改造。扩容后，万兆链路从原来的3条增加至15条；校园网出口带宽也扩容至3Gbps，提高了对校外的访问速度。此外，交大还完成了闵行校区六号教学楼、激光实验楼、工程训练中心、机械动力楼、第七、八期学生公寓、学生服务中心、陈瑞球楼等新建楼宇及精神卫生中心徐汇和闵行分部等附属单位的网络开通与接入工作，新增信息点6 500余个。同年，为配合闵行转移战略，交大圆满完成了校部机关、机械学院、材料学院等1 000多转移用户和密西根联合学院的网络开通和服务工作；为电信群楼、网络学院、申通电子等单位开通了IPv6网络，为开展科研工作提供服务。同时，交大进一步规范IP地址使用，对徐汇校区青年教师公寓、留学生宿舍、教一楼等2 000多用户的IP地址进行了调整，对新开通大楼和大用户的IP地址进行了统一的规划和分配。截至年底，全校PDS信息点总数26 515个，IP地址总数28 139个。

2.信息服务建设

3月，SAN系统部署到位，顺利连结了Sun、IBM小型机，Linux、Windows等PC服务器，实现了数据异地容灾，并应用于校园网多项应用业务；5月，SAN系统正式应用于Email，教师信箱容量增至50M，学生信箱容量增至30M；10月，SAN系统正式应用于Portal，教师存储空间增至1G，学生增至200M。同年，交大进一步加强了网络与信息安全管理，通过自主研发的网络运行和管理平台，采用可视化管理的有效手段，实现对CERNET华东南地区网、上海教科网和交大校园网的监控和管理，同时对安全状况进行监测，分析网络异常流量和病毒传播扩散情况并加以控制；下半年，校网络信息中心对学校现有已备案的网站进行了安全评估，为多个网站找到了漏洞，并为用户整改提供技术支持，取得了显著成效。

3.管理信息化建设

2006年，交大校园网上已建立并投入使用了10多个综合业务信息系统（包括教学管理、学生管理、人事管理、办公自动化、档案管理、财务管理、固定资产管理、科研管理、校园卡应用、校友与基金管理等）和数百个基本信息资源库，积累了上千万条的管理信息记录。为进一步满足全校范围的信息共享和业务协同需求，同时能将积累多年的大量管理数据集中起来，为校领导提供辅助决策支持服务，交大启动了“上海交通大学信息资源综合服务平台”建设项目，以建立数字大学信息共享与数据交换的核心技术框架。主要建设内容包括：信息资源标准规划，面向数据共享和互操作的数据中心，信息资源综合服务，统一的数据采集和交换平台，统一身份认证和用户管理，统一的信息门户，建立一批跨职能域、跨应用的全局信息服务。此外，交大还对人事、教务、设备等管理信息系统进行了升级改造和功能增强，开发了“上海交通大学自主招生信息系统”和“综合资源主题查询平台”，开展了对人事信息审核、仪器设备网上申报、综合资源查询等平台的全校性业务培训。

（杨宝军 蒋磊宏）

【校园骨干网扩容改造完成】12月，交大校园网继2003年万兆校园网建成后，完成了又一次大规模的骨干网扩容改造。扩容后，校园主干网万兆链路从原来的3条增加至15条，将徐汇校区浩然大楼、七宝校区图书馆、闵行校区计算中心、文选医学楼、电信楼群、南18楼、北32楼、西55楼、东29楼、东20楼、东8楼等汇聚点互联。其中在徐汇和闵行两个主校区间构建了3条万兆链路，包括直连线路一条，经过七宝校区和上中校区的线路各一条，以保证任何一条线路中断不会影响主校区之间的网络通讯。通过此次扩容，校园网实现了“全冗余平面化主干结构，万兆高速主干到汇聚点”的新布局，既大幅提高了网络的冗余性，又显著增加了校区间的访问速度，使网络主干的能力完全能够满足未来几年学校教学科研对信息网络的使用要求。

【与宁夏大学开展数字化校园建设合作交流】7月11日，

在交大、宁夏大学对口支援工作第七次联席会议上，将开展两校数字化校园建设合作确定为下一步对口支援的主要工作任务之一，并签署了合作协议实施备忘录。合作主要包括5项内容：一是完成“办公自动化系统”的合作开发，由交大负责开发符合两校实际情况的“办公自动化系统”；二是实现交大校内讲座、学术会议等视频资源的网络共享，进一步加强交大优质学术资源在宁夏大学的应用；三是开展“宁夏大学网络管理中心业务系统”的合作开发，由交大网络信息中心协助宁夏大学网络管理中心开发符合其业务需要的业务系统；四是开展两校数字化校园建设相关课题申报，以双方网络管理中心为课题组申报课题，开展数字化校园建设相关课题横向联合；五是进行人员培训，宁夏大学选派若干名学校数字化校园建设相关人员赴交大进行数字化校园建设相关内容的学习和参与具体的数字化校园建设工作。

【863高性能宽带信息网3TNet交大项目通过验收】12月3日，交大承担的国家863计划“3TNet上海交大示范网建设和试验”项目顺利通过由国家863计划高性能宽带信息网专项总体组专家进行的现场验收。3TNet上海交大示范网是3TNet在上海的一个重要组成部分，它完全遵循3TNet技术规范，采用3TNet研发的网络、光传输和流媒体设备，运行IPv4/IPv6双协议栈，和交大校园网SJTUnet（采用IPv4/IPv6双协议栈）互联互通，并可与CNGI-CERNET2采用IPv6协议互通，与CERNET采用IPv4协议互通。专家组一致认为：该项目充分发挥了交大在CNGI-CERNET2及CERNET核心节点地位的优势，以及校园网信息资源丰富，具有用户覆盖广、高智年轻、信息消费量大的特点，建成了一个体系结构完整、技术先进、具有较高试验价值和较强展示功能的3Tnet高速宽带示范网络。该示范网将高性能宽带网络和传统IP网络很好地融合在一起，采用IPv6协议实现了流媒体的大规模组播和点播，是具有重要意义的创新成果；课题组组织了两次大规模测试，获得了大量重要测试数据，为验证3Tnet的先进性、提高国产设备可靠性和可用性作出了重要贡献。

（杨宝军）

【本科教学管理信息平台无偿援助西藏农牧学院】3月2日，在校党委组织部和援藏干部的事先协调和安排下，西藏农牧学院教务处的两位老师来到交大。在两个半月的时间里，他们在学校网络信息中心接受培训，内容包括交大本科教学管理信息平台的管理理念、管理模式和相关技术。为此，学校还制定了详细的实施方案，与西藏老师开展了信息系统与教学管理思想的交流，并针对西藏农牧学院的实际需求，做了软件客户化工作。经过双方的共同努力，这项将自主研发的“本科教学管理信息平台”整体引入到西藏农牧学院的无偿援藏项目顺利完成，西藏农牧学院从5月起即通过该系统处理教学管理业务。

【与中行合作共建“校园一卡通”工程】11月24日，交大与中国银行上海市分行在闵行校区学术活动中心签署了交大“校园一卡通”合作意向书。“校园一卡通”的主要建设目标是：搭建一卡通大平台，实现校园卡各类数据在校内所有涉卡应用中的流畅传递；提供一卡通网站的查询、挂失、解挂服务，建立校园卡与银行卡之间的自助转账服务；校园卡代替学生证、研究生证、工作证、图书证、医疗证、消费卡、乘车证等各种证件；通过数字化校园信息共享基础平台，实现校园卡平台与各类管理信息系统之间持卡人身份的数据交换以及校园卡应用领域的扩展等，使交大数字化校园形成有机整体。

【教学信息服务网选课系统性能提升】选课系统是交大教学信息服务网中高并发、大负载的系统。为保证系统稳定高效运行，2006年，学校开展了系统升级工作。在微软中国亚洲技术中心的支持下，技术人员在不同的软硬件条件下，对应用系统的性能开展了多方面压力测试，根据测试结果修改应用程序调优系统性能，并选用了性能更强大的新型服务器和新版本数据库管理系统，改善了局部网络设置。升级后的选课系统性能得到明显提升，在6月12日的选课中，1.5万名学生抢选2 033门课程，高峰时有9 000多名学生同时在线，数据库每秒需处理600～800次的事务，而系统只用了20分钟就顺利渡过了选课高峰。根据教学管理工作的需要，教学信息服务网的功能得到进一步增强。增加新生研讨课选课模块供一年级新生选课；根据学生评教指标体系的改变修改了应用系统，开发并投入运行了用于评教结果分析的12个统计分析报表；新开发了试卷分析、PRP成绩管理、权限管理和自主招生等子系统。

【人事信息服务网面向教师、院系、人事处的三级应用全面推进】 配合学校全员聘用管理改革，交大开发并投入使用了人事聘用合同管理子系统，即：开发完善了人事信息服务网的教职工个人信息平台，保障了全校5 000多名教职工查询、录入和维护本人信息；开发并投入使用了人事信息审核平台，提供院系组织人事干事查询、审核和打印统计本部门教职工的信息，提供人事处查询、审核、统计打印和维护管理全校教职工信息，从而形成了各负其责的三级管理平台。

【上海西南片高校联合办学信息系统升级改版】 上海西南片高校联合办学信息系统是可提供上海市西南片14所高校学生跨校修读副（辅）修专业学士学位等信息服务的应用系统。交大将该系统中面向各校教务处的管理平台全面升级为Web方式，重新设计了系统框架，改善了系统流程及系统权限管理，方便了联合办学成员高校的使用。目前，该系统提供了面向学生的自助服务功能，可提供学生跨校修读报名，成员高校教务处对跨校修读学生报名的审核、录取、新闻公告发布等功能。（蒋磊宏）

华东师范大学

【概况】 2006年是华东师范大学（以下简称“华师大”）信息化校园建设稳步推进的一年，学校在闵行校区网络基础设施、应用系统推广等方面继续全面推进，取得新进展。

【“985工程”二期“数字化校园”子项目启动】 9月，教育部和上海市决定重点共建华师大。学校经过认真讨论，决定重点建设6个科技创新平台、4个哲学社会科学创新基地和公共服务子项目，而“数字化校园”就是公共服务项目之一。

11月，学校正式启动“数字化校园”子项目建设，明确建设目标是：在现有校园网基础上，建设更高层次的共享、安全、高速、高可用的校园计算机网络传输和管理平台；并在该平台基础上，建设全校科研、教学、管理等各类信息发布、使用和共享的平台，建成华师大信息高速公路；更好地为校内外、国内外的用户服务；争取将该项目的建设水平、应用效果达到985高校的先进水平。

其主要建设内容包括：①高可用、可扩展的、开放的数字化校园基础设施搭建。在学校现有校园网基础上建成基本服务环境IDC（Internet Data Center）、高可用安全防御体系和依托ITIL(IT infrastructure Library)的管理服务体系，实现校园主干从千兆到万兆的升级。②网上教学和专业资源库平台构建。建设华师大校内网上教学平台和各专业教学、科研资源库，改变“以教为主”的教学模式，探索“以学生为中心”的教学方法。提高教学质量和水平，增强学生各方面的素质和技能，同时为校内各专业提供学科资源开发、利用的平台。③数据仓库和数据挖掘系统建设。利用数据仓库和数据挖掘的工具，对学校各类历史数据和现有的管理类数据资源进行再利用，辅助决策。④应用系统升级和完善。对学校已建的主页、校园一卡通和公共数据库系统进行完善和功能扩充。

【网络基础设施建设】

1.出口带宽增加

2005年底，华师大和上海电信合作，将原有的电信出口从10M提高到30M；2006年6月，又增加了一个100M的城域网出口，大大缓解了出口拥堵的情况。

目前，华师大有两条线路同Internet相连，一条是中国教科网（Cernet）、带宽是1 000M；另一条是上海电信城域网（ChinaNet），带宽130M。由于ecnu.edu.cn的域名所属权为中国教科网，所以目前校内的绝大部分服务器都处于中国教科网上，但因为教科网同其他公网之间的互联互通存在瓶颈，所以广大师生从家中访问校内的资源一直比较慢。为了提升广大师生在家中访问校园网的速度，2006年，学校建设了远程拨入系统（VPN），师生可以通过城域网VPN直接访问校内图书馆等网络资源，确保了校外访问学校服务器的畅通和快速。目前，该系统支持1 000人同时拨入。

2.闵行校区网络三期工程顺利贯通

2006年，华师大共完成包括办公楼、实验楼A、B、C、D座、外语楼、法商楼、文科教学楼在内的5栋大楼的接入和内部布线等工作；完成办公楼内的无线全面覆盖，在办公楼内所有办公室、会议室都可以非常方便、快捷地实现无线上网，没有任何无线移动上网的盲点。

3.中山北路校区楼宇网络升级

中山北路校区很多楼宇的网络设施都是上世纪末投入使用的，已经到了需更新换代的时间。2006年，中山北路校区的文科大楼、理科大楼、河口海岸大楼都完成网络升级改造。其中，文科大楼经改造后，由原先的10M到桌面升级到100M到桌面，用户端由固定IP地址转换为动态获取IP地址的方式，消除了地址盗用给用户带来的负面影响，获得了广大师生的好评；理科大楼网络设备升级后，可防止用户私自使用DHCP服务器（代理服务器），减少网络管理的复杂性；河口海岸大楼也完成网络设备升级，并实现全楼的无线覆盖。

【校园卡系统建设】

1.闵行校区校园卡系统全面推进

2006年，华师大完成秋实阁食堂的校园卡系统以及该食堂的部分银行业务开通；图书馆系统的校园卡应用开通，包括门禁和通道机等；本科生公寓校园卡系统的应用开通，包括水控、淋浴控制、洗衣机控制等，并开始电控系统的试运行；办公楼、图书馆主楼的考勤系统开通，并实现自助考勤终端的开发与应用。

2.体检系统升级

华师大校园卡体检子系统完成升级，在原有功能基础上采用了标签技术，大大加快了预检的准确性，提高了预检速度，并有效防止了体检中错误数据发生现象。

【网上教学互动平台】为了推动教学改革，为师生提供网络交流空间，7月，华师大推出网上教学互动平台。该平台首先在信息科学技术学院试运行，1 253名本科生和183名教师参与其中。学生在此平台上，可以与老师进行交流、查阅参考资料及通知；教师通过此平台可以答疑解惑，发布参考文献、通知等信息。教学互动平台不仅很好地解决了“一校两区”带来的师生交流不畅等问题，而且将成为教学方式的有益补充，为教师、学生提供施教和学习的网上虚拟环境。

（程　静）

二、文化领域信息化

2006年，宣传系统各单位紧紧围绕全市工作大局和中心任务，以信息资源开发利用为核心，以信息技术集成应用为重点，不断增强自主创新能力，加快提升信息基础设施综合服务能力和信息安全保障能力，使信息化更加全面高效地服务于上海的文化产业和文化事业的发展。

开发利用文化信息资源

市文明办根据社区居民终身学习的需求，在“社区学校网”上有效整合、汇聚社区文化教育资源，充分满足社区居民各类学习需求，成为上海市社区学校后台支撑系统的重要组成部分；会同市科教党委、市教委与东方网络电视，利用和整合各种德育资源，联合创办了《未成年人网络天地》，为未成年人思想道德教育提供网络教育公共服务。文广集团下属科技公司投资建设上海城市公共交通信息化平台与电子站牌项目，利用数字电视地面广播技术、GPS全球定位技术、GPRS数据传输技术、GIS地理信息系统和数据库管理系统，为2 000多辆公交车安装车载智能终端，实现了上述公交车辆的数据实时采集；完成市中心区域7条公交专用道沿线共计1 000个电子站牌建设和配套设施开发，试播了无线数字传播的公交电视频道，开通了12条公交线路信息发布，项目的实施不仅实时获取了公交运行状况，也为乘客提供了安全、及时、有效的公交信息服务。文新集团建立统一运作、统一管理、统一营销的影像采集中心和数据库平台，在一定层面上实现新闻图片的海量存储、快速检索和资源共享；配合市新闻办、市外事办，建设开通了具有60个话务工作位的呼叫中心及相应的计算机应用系统和信息处理系统的962288“上海对外信息服务热线（Shanghai Call Center）”，24小时对中外民众提供全面信息服务。东方网与数字社区信息苑互动宣传，把“和谐论坛”与信息苑整合，内容资源与信息苑共享，发挥公共文化服务体系的整合传播功能。上海图书馆依托上海城市城域通信网络，继续向纵深推进中心图书馆“一卡通”工程，初步建成一个遍布全市的完整的公共图书馆服务网络架构，并通过与上海市社区文化信息化综合服务工程建设相结合，建成31个全国文化信息资源共享工程基层中心，实现崇明县16个乡镇基层中心全覆盖，有效推进共建共享工程建设。上海市地方志不断充实、完善上海市地情资料库，全年新入库和发布资料共计约1 000万字，为市民提供全面的地情史志服务。市文联开通上海文艺网站，提供社会对艺术了解的途径。市京剧院进一步完善网站的运作模式，以更大的信息量、更快的更新速度、更多的原创信息为目标，使网站真正成为京剧爱好者的知音。

开展高新技术创新实践

市网宣办积极开展技术创新研究，围绕高仿真网络信息（论坛、聊天室）深度提取、基于海量文本特征提取与分类技术和非结构信息自组织聚合表达等技术在网络管理中的应用开展研究与应用实践，组织完成网络舆情预警联动应急机制方案的研究、互联网海量信息分析前沿技术研究等5个相关协作研究课题的研究，在新技术实施应用上做了有益尝试。文广集团织织科研力量，推进国家广电总局科技攻关项目--"数字视频水印技术应用研究项目"(二期)的研发，在对一些典型的数字水印算法分析的基础上，提出并实现了多种水印算法，完成包括系统界面、水印嵌入器、水印传输环境、水印攻击模拟测评、水印检测器等方面的工作，以及《水印技术在广播电视环境中应用分析》、《数字水印媒体版权保护的管理应用与评估》等工作报告，在实践视频内容保护方面迈出坚实一步。解放日报报业集团积极探索传统媒体进军新媒体的道路，重点布局打造4I项目。其中，“I-NEWS项目”发展了22万手机用户，成为上海市场上第一个手机报品牌；“I-MOOK项目”推出了20多本I-MOOK电子杂志，吸引几百万美元风险投资的加盟；“I-STREET项目”在淮海路等地段建有500多个公众新闻视屏，方便了行走在市区主要商业街的人士对权威资讯的及时了解。同时，解放报业集团积极探索数字报业转型，实施报网互动，2006年9月25日，在互联网上推出数字报纸(epaper.jfdaily.com)，借助网络新技术平台进一步扩大党报的覆盖面和影响力。文新集团与上海商博尔信息技术有限公司开展技术合作，研制出国内一流的多媒体报纸——“多媒体文汇报（ewenhui.news365.com.cn)”，打造声像并茂、动感视听、直通全球的E-paper多媒体报纸新概念；与上海移动通信有限责任公司和中国联通上海分公司开展合作，推出新媒体——“手机报”。同时，文新集团积极开展技术创新，自主研发了基于面向全媒体报业竞争需求的XMCMS 2.0版。该系统拥有完全自主知识产权的CMS，且是面向大型报业向全媒体供应商转型需求而设计，健壮性强、适应性高，为未来《新民晚报》基于品牌线进行全媒体运作的战略提供坚实的技术平台。东方网在致力于优化第一代东方网的同时，积极寻求第二代东方网建设的技术突破，独立开发了完全脱离浏览器的应用软件--影音通多媒体播放器。

推进文化领域信息化应用开发

市文化执法总队在总结多年文化综合执法和调查研究的基础上，筹建文化市场行政执法指挥监管系统。该系统涵盖“批件、信访、举报的受理与处置”、“文化经营场所的地理信息显示与稽查信息的即时传递”、“行政案件审批系统”、“执法信息统计与评估体系”、“中心机房的指挥监控平台”和“门户网站”等6个部分，现已完成招标和前期准备工作。市文明办以“上海志愿者网”为依托，建立全市志愿者信息数据库，积极探索志愿者活动社会化运作、信息化管理的模式，开发志愿者服务管理系统，实施志愿者联网管理。文广集团在举办“国际电影、电视节”期间，推出“影片管理系统”、“来宾管理系统”等应用系统，提高了工作效率与接待质量。解放报业集团和文新集团分别完善和研发合同管理软件，有效提高合同的管理和监督水平。文新集团印务中心继续在3个分厂及中心各部门全面推进数字化管理系统（ERP)，不仅在经营管理方面优化了流程，提高了一级调度的工作效率，而且在生产管理方面，大大减少了手工操作的环节和工作量，实现减员增效。东方网继续优化媒体特快平台，提升网上考试咨询及查分等教育服务平台，不断提高以网络服务政府、服务社会、服务网民的能力。上海图书馆加快数字图书馆建设步伐，年内完成家谱数字图书馆大型全文影像资源库的建设并投入服务，同时完成美国政府研究报告检索系统、馆藏标准加工与检索系统和美国行业标准检索系统等多个专业数据库并投入服务，完成电子资源的更新数据量约1.63TB。上海博物馆运用多媒体技术，发展数字化展示，运用多媒体技术揭示隐藏在文物背后的不为人知的知识。市社联在上海社联网站上集成建设“哲学社会科学优秀成果评奖系统”，大大提高了社科成果申报、成果评审、获奖成果公示等环节的工作效率。世纪出版集团在2006年7月成立了ERP项目小组，全面展开集团ERP平台的规划和建设工作，通过对企业内部的信息流、企业间的信息流和社会信息流(出版社和书店上下游)三种信息流的整合，使应用系统与业务活动高度融合，并推动和促进了管理水平的发展。上海大剧院运用数字化管理，通过以大剧院门户网站改版为试点，增添了网上订票功能，方便观众的购票需求；以在市场销售和客户管理中引进客户管理系统——CRM系统，进一步强化后台订票管理和演出信息管理，完善客服体系。

加强文化领域信息安全建设

市新闻出版局对防火墙系统、VPN虚拟网络系统、病毒防治系统进行全面升级，政务网安装了主页防篡改软件，并根据工作需要重新划分网络环境，加入流量监控功能和高级过滤功能，提高了网络管理的水平和安全防范的性能；对行业内使用的VPN安全邮箱的运行平台进行了全面升级，确保通讯畅通和安全。市网宣办搭建信息网络安全基础框架(如防火墙系统、防病毒系统、网络入侵检测系统、口令认证系统、防蠕虫系统、日志审计系统、数据库双机热备、安全应急服务等)，并以网络安全周报制度促进办公信息网络安全策略的实施，保障信息化设备安全运行。文广集团进一步加强企业主干网的安全运维和管理，根据相关国标和行标要求，通过现场核查、技术测试以及对集团企业网信息系统安全管理体系的评估，使集团企业网主干平台达到并通过上海市信息系统A类安全测评要求，从而规范了主干网管理流程，降低了安全风险。市社科院进一步加强网络安全工作，全面部署计算机桌面安全管理系统和互联网接入用户身份认证管理系统，提高了网络防病毒、抗干扰及防内患的能力。解放报业集团通过建立接入专线作为备用通道、对接入边缘层防火墙进行更新换代及部署Netscreen208防火墙产品、部署IPS系统等工作，提高信息系统运行保障水平，有效阻挡来自互联网的蠕虫和网络功击。文新集团全面部署内网安全管理系统，通过对网络中所有数据的高度分析，对机密数据，业务数据，娱乐、游戏、病毒、木马等各种流过网络的数据进行过滤，保证了内网数据的安全，保障了集团内部局域网络的安全运行。上海图书馆完成大规模主机房改造和UPS不间断电源扩容改造，使整体技术平台更加坚固稳定；连续4次完成包括数据库索引优化、数据整理、数据表清理等内容的图书馆集成管理系统的系统优化工作，开发外文图书藏借阅一体化系统和完善自助索书一站式服务系统，进一步夯实了业务基础；通过防火墙系统、链路负载均衡、域名服务器更新和桌面管理系统选型部署，完善补丁管理、资产管理和远程维护等工作，切实打造坚实的信息安全体系。上海博物馆制定信息化一、二期工程设备的维护和改造方案，保证网络及数据安全。京剧院严格执行信息安全管理制度，定期对网络设备、主机系统、病毒扫描系统、防火墙系统、个人电脑实施检查、更新和维护，使剧院局域网系统始终维持在安全状态。东方出版中心通过部署CISCO525防火墙、PCM 10KV UPS电源系统、panda网络版防病毒软件(150用户)，不断提高信息系统安全保障能力。

（钱江燕）

上海文化广播影视集团

【新闻共享平台安全测评项目通过市信息安全测评中心验收】 2006年7月4日，上海文广新闻传媒集团数字化网络新闻共享平台安全项目测评验收会在上视大厦召开。会上，市信息安全测评中心对新闻共享平台安全测评工作进行总结报告。经过市信息安全测评认证中心测评，新闻共享平台符合《计算机信息系统安全测评通用技术规范》，通过上海市信息系统A类安全测评审定，测评中心向技术运营中心颁发了《上海市信息系统安全测评审定书》。

（李泽强）

【文广集团企业网主干平台通过安全测评】 为进一步加强文广集团企业主干网的安全运维和管理，在上海市信息安全测评认证中心的指导下，上海文化广播影视集团(以下简称“文广集团”)信息中心编制了企业网主干平台的管理制度、系统、安全等方面的文档；整理了企业网主干平台的主要业务功能和提供的主要服务、系统规模和拓扑结构、安全威胁描述及其风险分析、安全策略及体系设计、安全管理制度；根据相关国标和行标要求，通过现场核查、技术测试以及对集团企业网信息系统安全管理体系的评估，使集团企业网主干平台达到上海市信息系统A类安全测评要求。

2006年5月23日，该平台通过了上海市信息系统A类安全测评审定。

通过此次测评，可以有效规范主干网管理流程，提高安全意识，降低安全风险，对集团的信息安全管理工作起到很大的促进作用。

【文广集团完成广播大厦网络改建】 2006年3月，文广集团完成了广播大厦的网络改造项目，大大改善了大厦的网络运营环境，在确保播出安全的基础上，为新业务开展提供了保证。

广播大厦是文广集团广播播控中心所在地，内有上海人民广播电台、东方广播电台下属的新闻、音乐、体育等多个频率的播出系统。随着集团新媒体及数字广播电视等新业务不断产生，广播大厦内各应用单位的业务系统越来越趋向于数字化；同时，随着广播新闻中心等新系统的建设，也对网络的带宽和性能提出新的需求。根据广播大厦网络应用的具体需求，集团于2006年对广播大厦主干网络设备进行了改建，在尽量保持原有设备可用性的同时，更新了核心及接入层设备，提升主要业务部门的网络性能，排除网络瓶颈，增强网络扩展性，为新业务提供更好的服务。

【文广集团不断提高“国际电影、电视节”办节信息化水平】 2006年6月，文广集团在举办“国际电影、电视节”期间，不断实现技术创新，在方便与会人员的基础上，大力提高办节信息化水平。

此次“两节”从最初的影片征集开始就采用网上征集的方式，各参展方通过网络将参展影片信息进行申报。同时，“两节”还首次采用网上付费的方式，大大方便了与会人员。在影片及来宾的管理与接待上，办节机构利用“影片管理系统”、“来宾管理系统”等，大大提高了工作效率与接待质量，确保“两节”工作的顺利开展。（魏浩俊）

解放日报报业集团

【概况】 2006年，解放日报报业集团（以下简称“解放报业集团”）信息化建设主要围绕两方面展开，一是继续深化网络信息技术在报业集团内各领域的应用，二是为传统报业集团向数字化报业的转型摸索新路积累经验，在确保以中共上海市委机关报《解放日报》为主体的集团各报刊安全平稳出报的基础上，提升报业集团内部综合管理水平，开拓新闻信息资源增值利用的新渠道和多次发布的新平台。

【新建计算机网络通讯机房，为信息化应用提供可靠运营平台】 解放日报报业集团共有3栋综合性办公楼，集团总部位于汉口路300号解放日报新闻大厦（也是集团主要报刊的办公场所）。由于集团信息化设施不断增多，网络规模不断扩大，7年前建设的计算机网络机房已无法适应目前的应用需求。2005年下半年起，集团信息技术中心开始规划建设集团计算机网络通讯新机房；2006年6月，新机房正式交付并投入使用。在集团网络信息系统业务不停顿的情况下，7月，集团实施了核心网络设备和近百台应用服务器从老机房向新机房的平稳迁移。新机房供电系统装备了2台法国梅兰日兰公司的Galaxy PW系列80KVA双转换式UPS机组，机房内核心网络设备和服务器均实现双路UPS供电；精心选择了3台美国菲尼克斯PHOENIX公司的DA35下送风风冷型机房专用精密空调机组，为200平方米的主机房提供下送风和上回风，保障机房循环送风和恒温恒湿。机房内安装的梅兰日兰NB30型抗静电活动地板，整洁安全且方便维护，40公分的高脚地板与机房楼层地面构成了大型静压风箱系统。此外，机房内共计安装了28只标准网络机柜，其中4只机柜用于存放集团局域网络的核心网络交换设备，其他24只用于存放各种类型服务器，网络设备机柜与服务器机柜之间采用上桥架走线模式，并进行统一的结构化综合布线，为服务器的扩展提供极大便利。同时，机房建有专用的自动化安全监控系统。机房投入使用至今，所有设备未出现过故障。

【实施上海地铁报《I时代报》采编软件的升级】 在前两年完成解放日报、新闻晨报、新闻晚报和申江服务导报新闻采编软件系统的版本升级之后，经过半年时间的准备，2006年12月，集团信息技术中心独自承担了全国首张专门面向地铁通勤族服务的报纸——《I时代报》的新闻采编软件的升级工作。中心协助报社采购了2台HP DL360G4机架式服务器（每台服务器配置双XEON3.0，2G内存），服务器安装正版微软WIN2003企业级中文简体操作系统，作为采编软件的后台核心支撑服务器，采用IBM Domino/lotus6.5数据库平台和内嵌多机数据同步机制，实现2台DL360G4

服务器的相互备份和数据同步，保障后台服务器安全可靠平稳运行。新采编软件系统运行至今平稳可靠，采编软件系统的整体响应速度和性能同比提升了5倍。

【**更新与添置PC服务器、商用台式和笔记本电脑**】2006年上半年，根据集团年度预算计划，通过汇总集团各独立核算单位上报的IT设备添置与更新需求，集团资产管理办公室组织实施了集中式公开招标选择IT设备供应商任务，全年完成采购台式商用电脑200台，其中HP DX7208商用机100台，IBM 8299型商用机80台，DELL GX280型号商用机20台，用于更新和添置集团办报和办公用台式电脑；采购HP DL系列PC服务器28台。根据集团出台的政策，由个人出资1/3，集团出资2/3，采购了IBM和SONY公司的笔记本电脑65台，CANON公司的数码相机30台；各类商用打印机24台。通过分年度实施IT设备的更新和添置，确保集团办报和办公用设备处于较好状态，IT数码新产品也在集团办报业务中分步得到应用。

【**集团拓展互联网接入专线，重新购置并部署企业级防火墙**】 解放报业集团局域网内有各类联网电脑终端1 000多台，其中绝大部分电脑都开通上国际互联网的功能。大量用户群同时上网，对集团局域网的互联网接入专线带宽提出很高要求，原有的20M接入专线已很难适应用户不断增长的带宽需求，集团于2006年12月完成了互联网接入专线从独享20M到独享100M的带宽拓展，同时申请建立了另外路径的10M接入专线作为备用通道。带宽拓展后，集团办公楼内上网速度明显提升，基于SSL-VPN的集团远程办公应用系统也得以顺利启用。同时，与带宽拓展同步采取的接入边缘层防火墙也进行了更新换代，为此，集团采购并部署了Netscreen208防火墙产品。该产品内嵌式管理软件策略设置与操作界面友好易用，在峰值流量情况下防火墙的性能表现优异，在网络结构调整时策略调整极为方便，策略备份方式简单，为接入管理带来极大方便。

【**部署IPS系统，有效阻挡来自互联网的蠕虫和网络功击**】互联网上各类新应用日新月异，层出不穷，各种基于互联网络的应用除了消耗大量互联网带宽之外，来自互联网络的蠕虫和网络攻击也是防不胜防，解放报业集团内部局域网络的安全形势日益严峻，需要在互联网接入边缘层部署企业级防御系统，以加强集团局域网络的安全。经过产品选型和实际试用，集团采购并部署了美国McAfee公司出品的企业级IPS安全产品IPS1400，该产品拥有相互独立的双物理通道，其中1A通道用作集团上互联网通道的过滤器，2B通道用作网民进入集团网站服务器前面的过滤层。该产品部署后，通过策略设置和适时微调，约90%来自互联网的蠕虫和网络功击被有效防御，安全防御效果较为明显。

【**部署并完善集团级合同管理软件**】在2005年合同管理软件初步试用的基础上，2006年开始，根据试用单位意见，集团技术部门组织软件研发工程师对该软件平台进行了适应性功能修订，定制具有集团特点的合同管理软件。为抓好合同管理软件的应用推广，集团领导于7月专门召集二级单位负责人会议进行动员和部署，同时对软件操作使用人员举行专题培训，随后在全集团范围内加以推广应用。

【**集团OA软件中增加公文流程管理功能**】2005年，集团在内部部署并推广办公自动化管理软件，实现对集团机关下发文的局域内无纸化管理。2006年，在该软件平台内嵌公文流程管理的基础上，集团进行了适应性功能修订，并在集团范围内围绕着3张办文单的数字网络化流转管理。经过较长时间的试验，目前公文流转管理功能已基本成熟，2007年将在集团内全面投入使用。该软件在万户网络信息技术公司自主研发的ezOFFICE2006版软件平台基础上，在坚持软件整体架构不变的前提下，针对集团公文流转的特点进行了适应性功能修订。该软件平台有3个特点，一是技术平台先进可靠，后台以ORACLE9i数据库软件和WebLogic中间件软件作为基础平台，应用软件基于JAVA技术开发；二是该软件平台集党政机关和事业单位常用的公文信息发布、知识发布和权限管理功能于一体，设置选项众多，功能组合灵活；三是有大批用户在使用该平台，确保软件公司有长期收益能支撑其长远发展，不断推出新产品、新版本。

【**互联网上推出数字党报——《解放日报》**】2006年9月25日，中共上海市委机关报《解放日报》的数字报纸(epaper.jfdaily.com)在互联网上正式推出，此举是党报集团在新媒体领域做出的一次新探索，是党报集团向数字报业转型和实施报网互动的一次新尝试，是党报集团参加国家新闻出版总署“数字报业实验室计划”迈出的重要一步。《解放日报》数字报纸把《解放日报》版面原汁原味、清晰地呈现在互联网上，借助网络新技术平台进一步扩大党报的覆盖面和影响力，也使集团网站更具可读性，真正成为网上了解上海发展最新状况的第一选择。北大方正集团数字媒体与IT事业部为《解放日报》数字报纸的制作与发布提供了全套技术解决方案。集团在原来方正飞腾报纸排版软件V4.0的基础上，安装方正飞旋数字版面标引与反解中间件软件，在报社局域网后台部署方正翔宇网站内容制作与合成管理软件，在集团网站区域部署数字报纸WEB发布服务器，上述3类服务器协同运行共同构成数字报纸制作与发布系统。解放报业集团今后还将把所属多张报纸，通过数字报纸技术推向互联网络。

【努力做强集团新闻网站，重点打造即时播报频道】根据全球范围内国际互联网用户快速增长的特点，集团除继续做好《解放日报》和系列报刊之外，还努力做强集团网站，主要体现在做出影响、做出人气和做出特色三大方面。2006年7月，集团完成解放网的全新改版，新版推出后网站访问量明显增长，每日页面访问量目前稳定在180万人次左右。集团网站名称也由“解放日报电子网络版”改为“解放网”(www.jfdaily.com)，集团把“了解上海的第一选择”作为解放网的定位，强调本地新闻内容的整合和发布。为强化报纸与网站的互动，发挥新闻信息资源一次采集多渠道发布的优势，集团调集20多名年青记者兼职网站即时播报频道的记者，在新闻事件发生的第一时间内向网站编辑部发送新闻，网站的新闻编辑一方面及时编辑新闻后上网发布，另一方面把该新闻信息改编后发往集团“I-NEWS手机报纸”，网站新闻的时效性得到大大增强，成为国内多家著名网站捕获实时新闻的重要来源。

【探索传统媒体进军新媒体的道路，率先布局重点打造4i项目】受到基于互联网络为核心的新媒体快速成长的冲击，全球性广告客户向新媒体和户外广告转移，平面媒体广告经营下滑已成定势，报纸面临生存考验。积极拓展率先布局新媒体，提前做好向数字媒体转型的准备，是解放报业集团的重点战略。集团发展新媒体，是发展一种传播形态，通过发展新媒体，进一步确立集团的品牌形象，拉动传统媒体的增长，为集团带来新的赢利模式。根据市场需求，在深入调研的基础上，集团于2006年初，先后推出若干个新媒体项目或与新媒体有关的重要举措。与新媒体有关的项目统一以I字母打头。

1.I-NEWS（手机报纸）项目

解放报业集团与上海移动、上海联通联手，在上海地区率先推出“I-NEWS”品牌的手机报纸，它包含3种表现形式，即文字短新闻信息、彩色图文新闻信息和手机WAP报纸。经过一年时间的运作与不断完善，通过成立专门的手机报内容编辑团队，配合手机报的市场推广开展几次较大声势的宣传活动，集团I-NEWS手机报已发展到22万手机用户，成为上海市场上第一手机报品牌，同时也被中国电信增值服务业协会评为全国最具影响力的手机报纸。I-NEWS项目下一步的重点是做精内容、做出特色并做大规模，同时要加强与上海移动、上海联通的合作内容和合作范围，不断探索新的运营模式，吸引广告客户。

2.I-MOOK（网络杂志）项目

集团与北京国中互动数码传播公司合作成立了网络杂志制作与传播公司，以I-MOOK命名的网络杂志得到网民的广泛认同。目前，公司共推出了20多本I-MOOK电子杂志，总体情况良好，已吸引几百万美元风险投入的加盟。集团下一步要加强与公司的沟通，争取在内容方面积极参与做深做透，把好的创意体现到杂志中来，在上海建立网络杂志内容制作部，使杂志充分体现集团的特色。

3.I-PAPER（电子报纸）项目

电子报纸项目也称电子报纸阅读器项目。2005年下半年，解放日报报业集团与荷兰IREX公司合作开发基于电子墨水技术的电子阅读器项目，通过构建内容制作、上载、传输、存储和阅读一体化解决方案，使集团所有报纸的电子版面能够实时自动下载并存储在一台小型便携式电子阅读器内，方便商务人士无限制地随时阅读。目前，为电子阅读器制作数字报纸和内容更新环节还存在一些技术问题，需要集团与电子产品研发方共同努力加以解决，同时，还要继续寻找更成熟的产品，尽快向市场推出可自动装载报纸版面的阅读器产品，为报纸寻找新的内容发布载体。

4.I-STREET（公众新闻视屏）项目

目前，上海在淮海路等地段建有500多个公众新闻视屏，每天接收并发布集团采编的新闻图片和文字信息，上述设备虽并不属于集团所有，但集团已获取新闻采集与发布权。下一步推进这一项目的关键是要遵循市场化原则组建合资公司，加快在上海城区重要场所的布点，力争到2007年底上海城区重点商务区域有1 000个公众新闻视屏，使行走在市区主要商业街的人士能及时了解由解放报业集团发布的权威资讯，从而进一步扩大党报集团的影响力。

（高宝中）

文汇新民联合报业集团

【概况】 文汇新民联合报业集团（以下简称“文新集团”）领导高度重视集团信息化建设，在2006年先后召开几次不同规模、不同专题的讨论会，制定了一系列集团信息化建设的目标和实施方案，并写入文新集团五年发展规划中。2006年，文新集团信息化工作在集团各部门全面展开，先后建立了无线网络系统、内网管理系统、合同管理系统，升级了印务中心ERP系统、集团财务管理系统，新发布新民网、多媒体文汇报、手机报，对上海日报网站进行改版等。集团东方票务公司、新媒体中心、青浦印刷基地、印务中心和上海日报等5家单位的5个项目获市科委立项，总共获得430万元的科技专项经费。其中，集团印务中心已被列入上海市信息化示范单位，并正申报成为国家科技部信息化示范单位。

【实现文新大厦无线网络覆盖】 2005年，文新集团内部有线局域网已经实现了千兆到桌面，2006年4月，集团技术中心在文新大厦搭建了无线局域网络，各楼层实现了无线网络覆盖，并提供高达54Mbps数据传输速率的无线连接，使用户可以自由地享受 E-mail、Internet 等服务。

文新集团无线局域网由集团技术中心与上海思瀚科技有限公司共同搭建，选用了新一代无线接入点ACAP2410-54/H 54Mbps 企业级无线 AP，同时支持802.11b和802.11g国际标准，提供高达54Mbps数据传输速率的无线连接，可以快速连接到不同的电脑终端。目前，无线信号覆盖了文新集团的主要办公和会议区域。此次搭建的无线网络具有有线网络无法比拟的灵活性、可移动性和极强的可扩容性，为文新集团实现移动办公打下良好的基础。

【部署内网管理系统】 文新集团是中国最大的报业集团之一，近几年，集团规模不断壮大。目前，集团技术中心管辖的内网信息点已经接近3 000个。2006年，集团技术中心在经过半年对4个品牌安全产品的实地测试后，汇总各部门对产品的量化评比，选用了Gravitation网络显微镜系统，并迅速部署内网监测平台。此次部署的模块包括：实时流量分析模块、实时安全检测模块、实时网络管理模块及实时网络监控模块。

文新集团原有的网络安全防火墙和入侵监测系统主要以阻断外部攻击为主，而现在的内网安全管理系统则以主动加固为主，通过对网络中所有数据的高度分析，对机密数据，业务数据，娱乐、游戏、病毒、木马等各种流过网络的数据进行过滤，提供全面的数据分析和管理，保证内网数据的安全，保障集团内部局域网络的安全运行。

【投入运行合同管理系统】 2006年，文新集团技术中心自主研发了集团合同管理系统，并于年底投入试运行。在系统调研期间，技术中心与集团经济管理部、财务管理部和法律事务部进行了充分沟通，各部门都提出了完整的用户需求，为系统的开发工作奠定了良好基础。合同管理系统的设计部分借鉴了集团OA系统的模式，比较详细地记录了每个合同的审查流转过程和审查部门的意见，从技术层面减少了合同中可能存在的风险。所有已签订的合同也必须上传备案，以便于集团进行管理和监督。该系统还提供合同相关法律法规和规章制度的查询，并开设了交流板块，由法律事务部解答合同签订过程中的各种法律问题。

11月，合同管理系统在集团经济管理部进行测试，系统的各项功能得到用户的普遍认可，并于年底正式投入试运行。今后，文新集团所有经济合同的审查必须上网流转，已签经济合同的完整电子文本也必须上传备案。

【打造上海影像视觉中心】 文新集团拥有17家纸质媒体和17个电子媒介，并以大型新闻文化集团为战略发展目标，为强化视觉意识、整合影像资源，2006年底，集团建立了统一运作、统一管理、统一营销的影像采集中心和数据库平台，标志着上海第一个新闻图片和映像网站的诞生。

此次启动的文新集团图片中心建设分为内网和外网两个部分。内网即图片数据库主要功能包括：一是服务集团各媒体，实现对新闻图片的资源共享和图片新闻的统一管理；二是保留图片资料，实现二次开发，提供图片的增值服务。图片数据库是一个技术平台，在一定层面上实现新闻图片的海量存储、快速检索和资源共享；图片数据库的前台是图片采编发稿系统，这两者的结合则形成一个管理平台，通过流程再造和制度设计，强化对新闻图片的多级把关；图片数据库的后台是历史图片整理开发工程，这两者的结合形成一个营销平台，通过集团网站，实现图片资源的二次开发。以打造上海影像视觉中心为主旨的外网则以上海城市历史沿革为发展脉络，以整合上海视觉元素为业务主线，集影像资料收集、整理、策划、出版、应用为一体，实现影像资料的增值服务、影像数据库营销与影像宣传流程规范管理，打造上海城市的全程影像中心，从而服务宣传系统、服务上海、服务世博、服务社会与公众。

【推出新媒体——“手机报”】 2006年，文新集团与上海移动通信有限责任公司和中国联通上海分公司开展合作，推出了新媒体——“手机报”，为迎接3G时代迈出坚实的一步。

文新集团与上海移动合作，推出“News365——上海手机传媒”4款手机彩信报，分别是“新闻365”、“财经365”、“体育365”、“娱乐365”。这也是目前上海地区推出的规模最大、种类最丰富的彩信报纸群。“新闻365”汇集当天最新、最快、最丰富、最实用的新闻资讯；“财经365”汇集了股市、汇市、楼市、车市消息，做到"市市关心，尽在财经365”；“体育365”汇集了足球、篮球、排球、乒乓球，及田径、赛车、斯诺克等体育项目的最新赛况，让读者身临其境地感受赛场的火爆；“娱乐365”集中了“明星趣闻”、“乐坛风波”、“荧屏内外”等文化娱乐新闻，为读者奉上明星动向及影视资讯。

文新集团与联通合作，推出“News365——上海手机传媒”4类手机短信产品，分别是“整点播报”、“世界足球”、“超级星闻”、“英语快车”。“整点播报”提供国内国际、财经股市、都市生活新闻；“世界足球”每天可获得关于足球数条简讯；“超级星闻”每天可获得关于明星数条简讯。同时，手机短信还增加了互动功能，读者若对某条信息有兴趣，只需回复该条信息代码，就能轻松阅读到信息的具体内容。

【研制“多媒体文汇报”】 2006年底，文新集团与上海商博尔信息技术有限公司开展技术合作，研制出国内一流的多媒体报纸——“多媒体文汇报（ewenhui.news365.com.cn)”，打造出了声像并茂、动感视听、直通全球的E-paper多媒体报纸新概念。打开版面聆听美文、点击视频观看影像、在线视听或者离线浏览，读者和网民进入了阅读文汇报的新方式。

与现行一般的报纸电子版或数字报纸不同，文新集团首推的“多媒体文汇报”，在保持纸质平面媒体优势和版面样式的基础上，充分运用最新数字技术整合音频、视频、网络、移动等多种媒体传播方式，在中国率先形成真正意义上的多媒体报纸。打开多媒体文汇报，可以用鼠标进行全屏浏览与窗口浏览间的随意切换；在版面上的相应区域可显示全文。多媒体文汇报在有关文章中，嵌入了视频和音频按钮，点击后可观看动感影像，并聆听朗朗读报声。

【建成“上海对外信息服务热线（Shanghai Call Center)”】 由上海市人民政府新闻办公室和上海市人民政府外事办公室联合主办，文新集团承办的上海对外信息服务热线（Shanghai Call Center）于2006年5月建成，并以962288的特服号用英语和汉语24小时对外服务。

上海对外信息服务热线一期工程的核心设施为一座60个话务工作位的呼叫中心及相应的计算机应用系统和信息处理系统。呼叫中心拥有120路中继线、2个特服号、4个话务室，其CTI核心设备采用美国奥迪坚(Altigen)的一体化产品，数据、应用、WEB、语音等服务器均为IBM产品，全部设备以1/2重叠方式构成准双机备份并联运转，即在一个机组停运的情况发生时，仍有一半的工位可正常运转。

相应的计算机应用系统包括4个类别共6个，即：多语种座席工作系统、多语种多媒体座席知识库系统（含手机短信、TTS机器自动语言、电子邮件、电话传真等辅助发布功能）、局域网和广域网信息发布和处理系统、局域网和广域网多语种知识库编辑和审稿系统。

【全面推进数字化管理系统】2006年，文新集团印务中心继续在3个分厂及中心各部门全面推进数字化管理系统（ERP）。与生产流程相关的经营管理、生产管理模块已经完成了阶段性验收工作，与生产流程辅助的设备管理、辅助材料管理、人事档案管理模块也都完成了开发测试工作。

在经营管理方面，印务中心从原来完全依靠手工、传真、电话方式的管理转变成现在的计算机网络远程异地管理模式。这种管理模式的转变优化了流程，提高了一级调度的工作效率；统一了工作模式，使工作更加规范，同时疏通了交流渠道；规范并加强了数据积累，为生产统计、预测、决策提供了更加丰富、准确的信息；提高了统计人员的工作效率。

在生产管理方面，印务中心首先实现了减员增效。版捷模块的高度自动化和集成化实现了机房无人化的同时，大大减少了手工操作的环节和工作量，并将传统流程印前工作45分钟缩短到12～18分钟，整个印刷流程能提前半个小时，大大提高了生产时效，客户满意度也随之提高，创造了更多价值。其次，印务中心精确了原始数据的采集。与传统的工作模式相比，由计算机自动采集的原始数据更加精准，从而为生产经营的预测分析提供了有效的数据积累。此外，提高了二级生产调度的工作效率。数字化管理系统把相关环节的生产工作进度实时反馈给生产调度，协助生产调度进行资源调配，使调度者坐在电脑前就可以知道所有与生产相关的信息，而不需要频繁的现场考察和电话询问。

与此同时，通过设备管理、辅助材料管理模块的推广应用，集团加强了对设备、辅助材料的实物管理和设备故障、维修档案的积累，并通过人事档案管理模块的应用，实现了人员调动和绩效考核。

2006年，印务中心数字化管理系统成为文新集团首批科技攻关项目之一，获得上海市科委立项经费。

【成功改版上海日报网站】 上海日报网站（www.shanghaidaily.com）是上海网络外宣平台，其新闻报道权威、及时、版式新颖、英语纯正、图片生动，是目前上海市访问量最大的英语新闻网站，全球排名跃升至前2万名。Google调查显示，该网站的80%访客来自北美、欧洲和澳洲等地。它是上海与外界交流的桥梁，也是上海国际化大都市的标志之一。

为更好地提升上海对外宣传平台的运行质量和服务水平，2006年9月，上海日报社会同集团技术中心对上海日报网站进行全面改版。新版网站系统是集团本着先进性、开放性、可扩充性、可维护性的原则，根据上海日报的实际需求和业务运作情况，并充分考虑今后业务发展需要，采用安全稳定的多层结构设计思想，并使用当前稳定、先进的系统平台、面向对象的开发方法及可视化的开发工具而开发出的一套较为完善的网站系统。新版网站系统包含内容管理、发布系统，流量统计系统，广告管理系统，广告统计系统以及用户订阅管理系统等部分，网站内容除涵盖www新闻主站外，还同时发布管理campus、live、science等子站。

【全面展开财务管理系统升级工作】为了提高文新集团信息化程度，提高企业管理水平，文新集团于2006年将集团财务系统全面升级为用友NC3.0集团信息管理软件，以提高企业自身的管理水平。整个2006年度，集团财务完成总账、固定资产、应收应付、供应链、人力资源、预算模块的建设，并正式上线使用。在财务核算上实现了集团本部与各平台在一个应用系统下的集中核算，通过财务业务一体化，提高了财务数据的准确性和及时性，加快了信息沟通速度，提升了集团竞争力。

此外，文新集团的网银系统也全部开通使用。集团总部及下属各财务点目前统一通过银行的网上银行支付平台完成支付、转账原银行柜面业务，并通过对各财务点设定支付上限，简化工作流程，加强了资金的集中监控。招商银行直连的成功，使集团财务可以不用登陆网银，通过用友界面直接查询实时余额，完成支付并下载对账单。目前，中国工商银行的银企直连也通过测试，将于2007年全面推广使用。

【“二维码”技术首次应用于大型体育赛事】文新集团旗下的“东方票务”首次将“二维码”电子票技术应运于大型户外体育赛事，在创新票务平台的功能运作上迈出了领先的一步。“二维码”具有不可复制、不可伪造、可存储中英文信息的特性，同时能杜绝假票的流通。在2006汇丰冠军赛中，9万多张电子票被分门别类成60多种，而在敞开的高尔夫观球场地，不同的出入场地权限和出入时间统计、各类观众的不同待遇区分等多种功能也都在电子票上得以实现。

此外，“二维码”电子票还起到“身份认证”的作用，使主办方实时了解人群分布，配合了市场调研。比如，VIP嘉宾是否真的前来观看？哪一时间段是哪一类人群最集中前来的高峰期？这些问题的反馈都能通过联网的门票实时传输到总控电脑的屏幕上，使这些平常使用纸制票无法解决的问题都能迎刃而解。最终，通过这些实时监控得到的信息可以成为下一次举办同类活动的数据参考。除了承载海量信息、杜绝假票、采集现场实时信息、发挥反馈作用等功能之外，使用“二维码”电子票还能有效控制人流分布，消除大型活动举办期间的安全隐患。

【新民网进入新媒体竞争领域】 2006年5月8日，文新集团推出新民网测试版；9月9日，面向web2.0时代的全新新民网正式对外发布，推出了“新闻”、“上海”、“娱乐”、“体育 ”、“商业”、“国内”、“国际”、“汽车”、“房产”、“图片”、“交友”、“科技” 等 12 个频道，同时建立了上海报业第一个视频演播系统。该系统是基于PC的轻量级新闻视频平台，能满足视频直播、重播，即时新闻采集、传输等一系列新媒体运作需求。

2006年，新民网自主研发了基于面向全媒体报业竞争需求的XMCMS 2.0版，并预计于2007年1月上线运行。该系统是国内惟一一套报业自主研发并拥有完全自主知识产权的CMS，且是面向大型报业向全媒体供应商转型需求而设计，健壮性强、适应性高，从而对未来新民晚报基于品牌线进行全媒体运作的战略提供了坚实的技术平台。目前，该系统已申请国家新闻出版总署数字报业实验室计划，并将陆续推广至整个新民报系使用。

（杨俭俭）

上海图书馆上海科学技术情报研究所

【概况】 2006年，上海图书馆上海科技情报研究所（以下简称“馆所”）围绕“持续、稳健、创新、发展”的工作主线，按照馆所“十一五”规划和信息化发展规划，在继续巩固和扩展中心图书馆“一卡通”系统、数字图书馆内容支撑服务体系、公共情报服务平台和五大应用集群系统的基础上，陆续完成了家谱、稿本善本、盛宣怀档案元数据库等数字化图书馆项目的应用。同时，上海市中心图书馆“一卡通”信息系统项目获得了第二届文化部“创新奖”，受到广大市民的欢迎；上海文化信息资源共享工程建设继续向乡镇村延伸；此外，馆所推出社科知识门户，通过网上网下互动，助推公共情报服务平台建设，并继续保持馆所自1996年12月20日开馆十年以来未闭馆1天的运行记录。

【中心图书馆“一卡通”建设形成规模】 以上海图书馆为总馆、区县公共图书馆为分馆、街镇和社区文化活动中心图书馆为基层服务点的上海市中心图书馆“一卡通”建设依托上海城域通信网络和完善的“一卡通”信息系统继续向纵深推进，2006年在2005年12家试点的基础上，又完成“一卡通”街镇基层服务点建设20家，已建成的街镇基层服务点分布于14个区县，总数达32家，整个“一卡通”已经拥有55个各类图书馆组成的图书馆联合体的运作规模。2006年，馆所异地通借通还流通量达到1 257万册，同比增加57%；流通人次达到191.87万，同比增长72%；系统拥有书目数据190万条，馆藏量超过700万条，其中“一卡通”流通馆藏量超过300万条，而大型书目数据库和网上续借每月接受超过150万次的网内外实时在线查询，一个遍布全市的公共图书馆服务网络架构已经形成规模。在此基础上，馆所形成了一整套行之有效的技术和管理服务规范，配套的物流配送系统和流通书刊分拣系统已进入试运行，并首次将“一卡通”引入徐家汇美罗大厦商务楼，为大厦员工和商户共享文化资源提供了便捷的渠道。

【数字图书馆建设步伐加快】

1.历史文献资源库建设

2006年，馆所以数据库内容管理平台为支撑，成功完成家谱数字图书馆大型全文影像资源库的建设并投入服务。该资源库涵盖335个姓氏，约1.7万种中国家谱，556.4083万拍全文影像。在古籍数字图书馆的基础上，馆所继续推进稿本善本全文影像数字化资源库的技术研发，完成稿本书目3 394种，全文影像图片115 170拍，并将其成功运用到馆藏明清名家手稿展中；同时，馆所启动盛宣怀档案数字化建设，开发完成盛宣怀档案元数据库，为馆内外读者和研究者使用

“盛档”提供目录指引和检索，并拥有178 633条档案记录数，成为研究近代上海政治、经济、社会的重要研究资料库。此外，馆所还启动历史文献统一检索平台和民国图书全文数字化建设，以开放元数据规范、跨库检索技术整合古籍、稿本、家谱、盛档、碑帖、民国图书、电影记忆、上海老照片等历史文献资源，对馆藏历史文献资源的保护和利用意义重大。2006年，馆所完善了元数据、数字对象数据规范和应用开发规范，承担的国家科技部“我国数字图书馆标准规范建设”中的多个子项目也正式结项。

2.专业资源库建设

通过对专业类文献的整理揭示，馆所完成美国政府研究报告检索系统、馆藏标准加工与检索系统和美国行业标准检索系统等多个专业数据库并投入服务。《全国报刊索引》作为馆所文献资源的品牌，2006年进一步加大了文献数据加工服务力度，新增《全国报刊索引——目次库》207万条、《全国报刊索引——篇名库》56万条、《馆藏西文篇名目次库》61万条等大量索引数据。

2006年，馆所继续引进各类电子期刊、电子图书、数据库等专业类电子资源，整个电子资源集群系统管理的资源超过8TB，其中中外文电子期刊论文超过1 500万篇，电子图书超过3万种，各类中外文电子资源数据库140余个。馆所完成电子资源的更新数据量约1.63TB，其中维普中文科技期刊约500万篇全文，万方学位论文约15万篇全文，国研网约10GB数据，人民日报数据库约3万条数据。

3.门户网站和“上图讲座”网站建设

馆所推出2006新版主门户和“上图讲座”网站，并通过整合馆所资源，强化技术支撑，结合web2.0技术改善馆所门户网站群的建设，推出了新版站点检索、RSS订阅服务、文化遗产日、图书馆宣传服务周、文明阅览、馆藏明清名家手稿展等专题网页，同时继续完善中、英、日文和繁体版网站，使其成为国内图书情报界少见的多语种综合服务网站。

馆所“上图讲座”大型多媒体资源库建设和服务已成规模，2006年5月，新版“上图讲座”网站（www.library.sh.cn/jiang/）正式上线。新网站进一步贴近听众、贴近基层，新设“听众感言”和“在线预订”等多个栏目，并增加了短信互动服务手段，目前拥有讲座资源310个，超过470小时的多媒体资源。新网站在完成上图讲座盒带数字化的基础上，将逐步提供266种讲座的在线服务。

【上海文化信息资源共享工程建设向乡镇村延伸】根据建设社会主义新农村的要求，按照《全国文化信息资源共享工程“十一五”发展规划》提出的以农村服务网点建设为重点的总体目标，2006年，馆所建成上海地区全国文化信息资源共享工程基层点33家。2006年5月底“全国公共图书馆服务宣传周”期间，馆所开展了“科技文化资源送崇明三岛”活动，送去科普图书、上图讲座、革命回忆录文献展览、网上参考咨询、科技影片、情报服务和“文化共享工程”网络资源等7项科技文化信息资源，实现崇明县16个乡镇文化共享工程基层点的全覆盖，并在青浦赵巷镇金葫芦村建立首个村级基层服务点。目前，遍布全市的服务网点数量达到420家，“文化共享工程”数字化资源库容量超过1.5TB，而其涵盖的45个大类的优秀文化信息资源全面实现了数字化存储，网络化服务，市民可就近在全市社区信息苑、各级图书馆、部分大学图书馆、学校等免费检索与使用。另外，馆所全年上传全国文化信息资源建设管理中心数字化讲座资源51种，上图展览共享资源10个，总量达202.82GB。

【网上网下互动，助推情报服务平台】聚焦“科教兴市”主战略，立足“情报服务自主创新”，馆所继续完善公益、专业和开放合作的上海公共情报服务平台，对其内容进行全新调整，凸显情报作用，体现了“解析产业动向、释放信息能量”办网理念，更好地服务企业科技研发，切实达到助推上海发展、主动服务全国的效果。2006年，馆所共发表原创情报分析综述文章2 300多篇，网站总访问量达460余万人次，注册用户达1 446人次，成为国内有影响的行业情报服务平台，受到业内用户的关注。馆所被上海市公共研发服务平台授予“优秀服务单位”称号，其中行业科技情报平台首批推出了先进制造、生命科学、资源环境3个行业领域的情报服务。馆所与中科院上海生命科学图书馆合作推出的“生命科学”栏目，在信息产业、汽车产业、能源与环境、现代服务业等8大产业的基础上，增加了以“第一情报”为统帅的5个情报坐标，即情报资源、第一情报、城市竞争情报、知识产权情报和竞争情报，更好地聚焦当前技术、产业、市场的热点，真正发挥情报的预警、竞合、战略的作用。

【推出社科知识门户】 为推进中国哲学社会科学研究，馆所与上海社会科学院携手合作，联合成立“上海市社会科学文献中心暨上海市中心图书馆上海社会科学院分馆”。新载体尝试突破原有的体制和框架，依托各方力量，进行资源整合，初步完成了上海社科知识门户的建设；通过长三角观察、资源精粹和特色专题、文献服务和专家问答整合了3大板块、8个社科类数据库、2个特色专题研究资料库，旨在实现资源共享；通过搜集整理国内外社会科学文献资料，对文献进行多层次的深入开发和利用，成为中国具有相当特色的文献资料基地。

【夯实业务基础，打造坚实的信息安全体系】 为了进一步提升技术支撑保障能力，馆所完成了十年来首次大规模主机房改造和UPS不间断电源扩容改造，使整体技术平台更加坚固稳定，同时连续4次完成图书馆集成管理系统的系统优化工作，包括数据库索引优化、数据整理、数据表清理等；顺利实现IC卡办证一体化，并通过流程优化整合，成功接入市财政非税系统，为办证受理打下坚实的技术基础。根据读者需求，馆所成功开发完成外文图书藏借阅一体化系统，完善了自助索书一站式服务系统，使读者可及时、有效借阅最新外文图书。馆所还推进RFID智能标签的应用调研，为自助式阅览室的自动化服务打下良好基础；完善网上会议注册服务系统和无线网络会场覆盖，使2006上海国际图书馆论坛及国际图联年会上海会前会网站等均实现了网上会议在线注册、在线缴费、无线上网等功能。

2006年，馆所信息安全体系建设进一步完善，整体安全架构覆盖馆所各主干节点和分支节点，并向下延伸至全市“一卡通”分馆和服务点，向上服务于应用；同时完成了防火墙系统、链路负载均衡、域名服务器更新和桌面管理系统选型部署，完善了补丁管理、资产管理和远程维护；还顺利完成了莘庄采编中心、龙吴路书库、馆所下属上海科技文献出版社远程接入网络的升级改造，并与徐家汇藏书楼一起构成馆所外围的文献资源的采编流和典藏分布格局，形成了基于VPN的分布式在线采访、编目、流通、典藏一体化应用服务。

（徐　强）

上海博物馆

【概况】 2006年是上海博物馆信息化工作平稳发展的一年，基本思路和主要任务是上海博物馆在保证信息化基本工作安全平稳运行的基础上有所创新和突破，使之更好地成为博物馆业务发展和形象树立的保证。为此，2006年，上海博物馆信息化所做工作主要围绕博物馆的各项业务而展开：从制度、技术和人员等方面入手，保证网络、数据库、网站的正常运行和更新；配合博物馆陈列改建工程，积极推进数字化三维展示项目；网站不断推陈出新，以新的形式和内容吸引广大网友；小型专题数据库的建设工作开始启动。

【设施更新，保证网络及数据安全】 随着时间的推移及博物馆信息设备老化程度的提高，对设备的维护和改造提出了更高的要求。目前，在信息化一、二期工程中购入的服务器等重要设备都已经过了保修期，这给整个网络的安全运转带来隐患。因此，2006年，上海博物馆在努力做好原有基础网络系统日常管理、运行与维护，设法延长服务器等硬件设施安全期的基础上，开始落实人员，制订完善方案，进行数据迁移及设施更新的准备工作，以彻底解决设备老化问题，保证业务人员的工作需要不受影响。目前详细方案已基本拟定，力争在2007年完成此项工程。

【运用多媒体技术，发展数字化展示】 上海博物馆信息中心过去几年曾经成功运用三维虚拟展示的方式进行观众导览工作，并在网上进行场馆和展品的三维展示，使观众可以足不出户即可漫游博物馆。在此基础上，为了使博物馆的陈列在可看性和生动性上更进一步，并对陈列内容的背景及展品内涵做出必要的、清楚的揭示，信息中心配合钱币陈列室的改建工程，首次将多媒体技术运用于常规陈列，并在陈列室安排了多媒体展示区域。多媒体展示将钱币的铸造手法、流传经过、鉴赏要点等专业知识通过多媒体手段，以通俗易懂的方式介绍给广大参观者，使之成为陈列的重要组成部分。该展示的成功点在于，它不仅仅是展品简单的数字化罗列，而是更加致力于运用多媒体技术来揭示隐藏在文物背后的不为人知的知识。在10月1日新陈列馆开放后，该数字化展示取得了如期效果，受到了观众的关注和好评。把多媒体展示运用于常规陈列将成为以后上海博物馆陈列室改造的一个方向。

【重视基础建设,实现资源共享】在上海博物馆已经开发的藏品数据库的基础上,为配合各业务部门的需要,信息中心开始进行小型专题数据库建设,目前已完成或基本完成的有青铜器修复档案数据库、文物进出境管理系统、对外文化交流管理系统、党委办公室政务管理系统等。其中,青铜器修复档案数据库和对外文化交流管理系统是国内文博领域的首创。这些文档的使用者可以在自己的办公室里借助网络上发布的档案目录,通过电脑十分方便地查找到所需要的档案,改变了以往使用者必须翻阅纸质档案,费时费事的状况,从而实现了馆际档案信息资源的交流与共享,提高了档案利用的效率。这些档案数据库的建立既符合网络时代的要求,也是建设数字化博物馆的必由之路,对上海博物馆业务工作更加有效的开展、业务资料的有效管理都起到了极大的作用。（刘 健）

上海文艺出版总社

【概况】2006年是上海文艺出版总社信息化工作全面启动的一年。11月,召开了上海文艺出版总社成立以来的第一次信息化工作会议。会议的宗旨是以完成总社"十一五"规划的任务为目标,以开展利用出版资源为核心,以推动信息技术的普及应用为重点,把信息工作作为扩大经营成果、改善生产环境的重要手段,紧紧围绕加快自身发展、自主创新,提高出版内容资源的整合能力、再生能力及管理效能这一中心,积极提升信息化整体水平,大力增强综合竞争能力,努力实现总社出版工作的新发展。会议形成了《上海文艺出版总社关于加快推进信息化工作的若干意见》、《上海文艺出版总社关于数据库项目资助资金管理实施办法》、《关于转发上海文艺出版总社信息中心〈关于计算机网络系统管理的若干规定〉的通知》等三个文件,加强了总社上下对加快总社信息化建设步伐的认识,也是对总社信息中心多年来开展的调研工作结果的总结。

【细化"十一五"信息规划明确"1234"工程】为加强总社"十一五"规划的可操作性,力争到"十一五"期末使总社出版业成为信息技术创新能力强,信息资源开发与利用程度高,信息优势和出版优势明显的多媒体新产业,总社信息中心将总社"十一五"信息工作规划细化为"1234工程"。即一个核心:建立出版资源数据库;二项重点:完善财务、发行管理体系和网络网站建设;三大平台:出版资源数据库共享平台、出版信息化管理平台和出版物网络销售平台;四大突破:数字出版、网络出版、数码印刷和网络销售。围绕"1234工程"对所属单位提出十大措施和任务:⑴切实加强对信息化建设工作的领导;⑵抓紧制定信息化建设规划;⑶大力加强信息系统建设;⑷实施"两条腿"走路的方式;⑸不断加强信息化的人才队伍建设;⑹加强数字化出版资源的管理;⑺增加信息化建设资金投入;⑻加强出版数据库项目的管理;⑼进一步加强信息安全管理工作;⑽加大对信息工作的考核力度。

【开通故事中国网和上海人民美术出版社网】2006年,总社下属的故事会文化传播有限公司的"故事中国网"(www.storychina.cn)和上海人民美术出版社网站(www.shrmms.com)先后开通。故事中国网于5月8日正式开通到年底,日均浏览量已超过6万次,月浏览量达到175万次;日IP平均在4 000左右,月IP达到11.5万;注册用户超过3.6万人(和网站开通前期相比,日均浏览量增长已超过900%,IP增长也将近400%);网站在Alexa的3个月排名从建站初的200余万名上升到目前的6.8万名左右,日排名在5万名左右。网站主要内容有:⑴刊物导读:每期重点篇目推荐、新刊预告、活动启事等;⑵编读交流:主编开讲、编辑手记、读者来信、编辑部动态等;⑶故事博客:顶尖作者的个人专栏,可以把在《故事会》以外发表的作品全部纳入其中;⑷故事BBS:故事投稿展示区,吸引新手作品,从中发现好的作者;⑸网文推荐:读者自发转载网文的区域,汇聚优秀的网络文摘;⑹视频下载:利用宽频技术提供视频下载,有偿提供故事培训讲座下载、故事表演视频下载、视频故事比赛等;⑺商务平台:提供杂志和图书的邮购信息,出售出版社书刊、音像制品,甚至成为其他出版社图书销售的平台。

【产品数据库建设】产品数据库建设是出版社信息化工作中一项基础性最强的工作。2006年,在总社信息中心内外调研工作的基础上,总社领导班子明确了总社产品数据库建设从三个层面展开:⑴资料性数据库,以各单位产品为依据,全品种建库;⑵再生性数据库,从总社的骨干工程入手,首先启动品牌优、影响大、应用广的《话说中国》图文数据库、《中国风俗通史》数据库、《咬文嚼字》数据库、幽默故事数据库、文化生活读物数据库、乐谱数据库、连环画数据库、经典碑帖数据库、《上海画报》数据库等项目，逐步推进总社工具书数据库、百科类图文数据库、专业图片数据库、刊物数据库等其他内容门类数据库系统的建设；⑶资源性数据库，以购买版权的形式买断原创性出版资源，为总社的长远发展作积累。

（周　兵）

东方网

【概况】2006年是东方网新一轮五年计划的开始年，也是东方网创新体制机制、实现跨越式发展的改革年。东方网坚定不移地走媒体主导互动发展、新技术应用、创新体制机制、人才强网、管理增效之路，聚焦网站内容影响力，努力突破新闻整合、技术创新、资源整合、经营盈利、研究开发、体制创新6个能力瓶颈。2006年，东方网综合影响力在全国地方新闻网站中排名第一。

【东方新闻改版】2006年12月8日，东方新闻改版。东方网提出了“新闻‘大世界’、资讯‘新天地’”的概念，更加突出上海特色，强化独家原创，着力打造图文视音实时报道，使新闻内容、排版设计、视觉感受、阅读互动等方面跟上业界的发展水平，受到广泛赞誉。

【重大报道策划和实施】

1.做好全国“两会”和上海“两会”报道

全国“两会”报道期间，东方网在北京特别开设视频直播室，访谈内容全程进行视频、文字直播，这在国内地方新闻网站中尚属首家。

2.全力报道上海合作组织峰会

东方网首次尝试了对重大事件的综合性直播，其有关视频截图时效性强、质量高，成为国内各大网站获取此次峰会照片最快、最全的来源。

3.首次对市长咨询会议进行全程直播

东方网对第18次市长咨询会进行现场全程图文、视频直播和滚动原创报道，是咨询会议18年历史中的首次。

【嘉宾聊天以名人凝聚人气，以新闻带动影响】2006年，东方网邀请国际展览局秘书长洛塞泰斯、奥运冠军刘翔、“歌德堡号”船长等做客“嘉宾聊天”；与上海教育电视台联合举办“高考大直播”，根据高考节点邀请高招专家网上解答等。通过对名人系列、新闻类话题系列、高考系列、“型秀”和“好男”等系列聊天的打造，提升了东方网嘉宾聊天室的知名度，并创下2006年聊天pv（页面浏览量）新高。

【注重培育网络重要产品，以产品提升影响力】

1.推出即时新闻排行

在东方热点新闻日、周、月排行榜的基础上，东方网通过技术集成应用，推出即时排行系统。该系统可即时获取网民在过去的1小时内最关心的热点新闻，从而使东方网第一时间掌握网上舆情热点。

2.创新东方网眼榜视频点评

东方网眼榜点评即是对东方网眼榜排行前10位的新闻每天进行10分钟选择性点评、解读，从而积极引导网上舆论，这是国内网站第一个新闻评论视频节目，获得“2006年度中国互联网站品牌栏目（频道）”称号。

3.提供移动电视滚动信息发布

东方网拓展网络新闻信息衍生产品，在IPTV、MMTV等上面推出滚动字幕，每天提供数百条最新新闻信息，实现对数百万公交车乘客和楼宇人群的新闻覆盖。

4.推出记者博客

东方网发挥技术平台优势，筹划推出记者博客，在网上整合本地为主导的记者资源，在名人博客和草根博客之外，开辟出一条专业博客之路。

5.探索改版图片频道

东方网与民营IC传媒合作，在图片资源的公共浏览上互相融合，IC传媒、东方网图片频道对外统一改名为“东方IC图片中心”。

6.推出新版东方论坛

东方论坛依托东方网自身开发系统进行全面升级，增加了个人秀、个人文集、手机论坛等多项新功能，并且在安全性上有了较大提升。

7.完善东方评论频道

东方评论频道现拥有“东方专家论坛”、“上海社科论坛”、“990评论”、“快评”等多个栏目和7支网评队伍，“东方眉批”专栏获得2006年上海新闻奖二等奖。

【拓展网上传播渠道，打造富有特色的网络公共传播平台】东方网坚持以网络服务政府、服务社会、服务网民，始终坚持实施建设网上公共发布平台战略。

1.推出市民公德网

由东方新闻网站与市文明办共同推出的跨媒体、全方位、立体式的上海市民公德宣传与学习平台带动市民关心并参与社会公德的建设，营造了荣辱分明的社会氛围。

2.继续优化媒体特快平台

“媒体特快”被网民称为“上海新闻大全”，并被评为“2005年中国互联网站品牌栏目（频道）”。

3.着力建设新闻发言人平台

为上海市委、市人大、市政府、市政协、市法院、市检察院和工、青、妇等12个政府部门搭建“上海市新闻发布平台”，为市政府下属34个部、委、办、局的新闻发言人提供网上发布平台。

4.承建互联网违法违规信息举报中心

该中心由市政府新闻办等全市多个政府职能部门共同参与建设，并由东方网提供技术支持和平台维护。

5.提升网上考试咨询及查分等教育服务平台

教育服务平台通过技术增强功能，2006年有13.8万人次通过东方网进行高考查分，查分和三校生、研究生、艺术类等考试咨询的访问用户均创造了历史最高记录。

【优化第一代东方网，寻求第二代东方网建设的技术突破】 2006年，东方网致力于优化第一代东方网，并建设好以网络音频、视频等流媒体传播为特征的第二代东方网，同时在新技术等方面有所突破。在受节目版权限制的情况下，东方网充分利用自有节目资源，开设了13路P2P直播频道信号，建立了网络电视平台；同时，使用P2P方式作为热门直播方式的备选方式，基本满足了各种大型直播和聊天直播的访问需求。同年，东方网独立开发了完全脱离浏览器的应用软件——影音通多媒体播放器，并运用Openv提供的视频搜索技术，在互联网上建立了大型索引库。

【有效培育新传媒“天罗地网”，不断增强可持续发展能力】

1.加大资源整合力度，在联动中增强市场竞争力

2006年，东方网进一步加大网报、网台、网网互动合作力度，和东方卫视联合主办“春来桃花第一枝”原创数码摄影大赛；和浙江在线、中国江苏网联合举办了聚焦新农村——第二届“春到江南”原创数码摄影大赛；在与人民日报、文汇报、上海文广新闻传媒集团广播新闻中心、劳动报供稿合作基础上，东方评论与解放日报建立了战略合作关系，实现了网报互动、网台互动的网宣战略。同年，东方网新增加综治办等政府部门网站超过40家，从而壮大了东方网上的政府网站集群；同时，进一步探索和社会资源的整合模式，联合上海市青少年艺术人才中心等单位推出“2010上海青少年艺术人才选拔储备工程”，联合上海主要资信机构打造网上征信平台“资信通”。

2.东方网与数字社区信息苑互动宣传，发挥公共文化服务体系的整合传播功能

2006年，东方网举办“知荣辱 讲文明 迎世博——青少年网上知识竞赛”等活动，实现了东方网网络竞赛、活动与信息苑的互动。东方网在信息苑设立社会主义荣辱观专题网络论坛，并把东方网互动品牌“和谐论坛”与信息苑整合；同时，东方网内容资源与信息苑共享，在内容建设上全力支持并带动社区信息苑的宽带专网内容整合与共享。

3.推进网点布局与业务联动

2006年，东方网点实施30家直营店的建设，并对文广局全市网吧管理系统进行优化应用；在市领导的支持下，东方社区信息苑累计建设完成270家，落实选址305家；对全市书报亭信息化布点进行了规划联网；同时，全新新闻彩信产品“东方手机报”正式向上海移动彩信用户推出，基于手机绿色通道的移动新闻信息权威公共发布平台正积极打造；东方票务、东方彩票等互动增值平台也在开拓和整合中。

4.全面接收《城市导报》，探索网报互动发展

2006年2月，经市委宣传部和国家新闻出版总署批准，《城市导报》由原来的市建委主办划转给东方新闻网站主办，这是国内第一家由地方新闻网站主办的报纸。东方新闻网站接手后，对报纸重新定位，努力探索网报互动发展新路，并计划于2007年1月推出新版。另外，东方网投资建设马陆文化信息创意产业园区项目，开拓城市365互动增值平台项目，探索网络游戏的东方文化主导方式，开拓网上搜索业务的市场化合作，搭建线上线下互动增值平台，开拓新的盈利模式。

（东方网）

三、公共卫生领域信息化

2006 中国卫生信息学术交流大会

由中华人民共和国卫生部信息化工作领导小组、中国卫生信息学会共同主办，国家中医药管理局、中国人民解放军总后勤部卫生部协办，上海市卫生局承办的“2006中国卫生信息学术交流大会”于2006年11月2～4日在上海国际会议中心举行。

大会指导委员会主席、中华人民共和国卫生部副部长、中国卫生信息学会会长王陇德出席了大会开幕式并作了题为"用科学发展观指导卫生信息化建设"的主题报告。来自卫生部有关司局，国家中医药管理局有关司局、解放军总后勤部卫生部有关部门、各省(区、市）卫生厅局，国家和省级疾病预防控制中心、卫生监督中心信息中心，全国三甲医院、从事卫生信息技术应用、教学、研究工作的专家和学者以及IT厂商、卫生领域信息技术应用开发单位的600多位代表参加了大会。

大会共设18个主题发言，内容包括国家及省公共卫生信息化建设、卫生信息标准研究进展、数字化医院和区域卫生信息化建设等内容。此次大会共征集了有关卫生信息学研究、医院信息化应用、电子病历理论和公共卫生信息系统建设等内容的140多篇论文。

大会还专门设置了技术交流平台，来自国内外著名IT设备提供商和应用开发厂商展示了各公司先进的设备、软件开发产品和研究成果，并与会议代表进行面对面的交流和探讨。

“发展中的上海卫生信息化”多媒体资料片

为展示上海各级、各类医疗卫生机构多年来信息化建设的丰硕成果，并便于在“2006中国卫生信息学术交流大会”上交流，上海市卫生局信息中心精心设计制作了一套具有时代气息、人机互动、技术含量高、信息含量大的多媒体演绎光盘。光盘浓缩上海市各级各类医疗卫生机构信息化建设和相关企业产品发展的精华，共分5个篇章。①现状篇：包含医院信息服务、社区卫生服务、公共卫生管理、网络电子政务、院前急救中心和信息标准建设等内容。②回顾篇：回顾20世纪80年代起上海卫生信息化的发展历史，从应用范围、应用内容和重要发展阶段（单机、局域网、广域网）看医院的信息化建设。③体会篇：主要总结了3个方面的体会，即领导重视、需求驱动；量力而行，逐步完善；统一规范，注重整合。④应用篇：介绍信息技术要求、信息技术应用和特色应用个案。尤其在特色应用个案中，充分展示了上海医院信息化建设成果，即智能化医疗质量警示系统、PACS应用实现院内无胶片、“安全策略”为医院信息化保驾护航、利用信息技术实现“处方”把关、银行卡与社保卡绑定支付就医费用、电子排队优化病人就医环境、短信平台传递医疗信息、利用业务运行信息实现科室全面管理、社区健康档案为全科团队服务等。⑤展望篇：展望上海卫生信息化发展前景，如数字化医院、社区卫生信息化、疾病控制信息化、卫生监督信息化、区域卫生信息化以及资源整合和信息共享等。

《上海市综合性医院管理评估标准》“信息管理”部分

根据市卫生局医政处的布置，并按照卫生部医政司《医院管理评价指南》对医院信息系统的要求，即能够系统、及时、准确地收集、整理、分析和反馈有关医疗质量、安全、服务、绩效的信息和应满足医院管理和临床工作需要，并参照《上海医院信息系统功能规范》、《上海市医院计算机信息网络系统安全策略》和《住院部医生工作站软件功能规范》，市卫生局制定了《上海市综合性医院管理评估标准》“信息管理”要求，共分三大类，即：医院信息管理的组织机构、人员配备与计算机应用能力培训；建立高速计算机网络平台，创建各种应用系统；系统、及时、准确地收集、整理、分析和反馈有关医疗质量、安全、服务、绩效的实时信息。同时，按照信息管理评估内容和要求，7月4～13日，市卫生局对部分医院进行了综合评估，分别提供了评估报告。

目前，《上海市综合性医院管理评估标准》“信息管理”要求已经传达至70家二级甲等以上医院的信息主管，提供给他们作为下一阶段医院信息化建设的参考。

“上海卫生”门户网站

2006年，市卫生局通过网站公开的各类政府信息近300条。由于建立了全市传染病疫情发布制度，传染病疫情情况从以前的每季度发布一次改为每月在网站上发布；此外，网站首页还增加了卫生标准和19个区县营利性医院的医疗收费标准，便于市民看病后查核所花医疗费用等。全年，“上海卫生”门户网站共发布卫生新闻近450条、行业动态400条，并增设了与市民生活工作密切相关的服务信息。2006年，网站的网上咨询栏目共收到网上咨询近2 300条，其中95%的咨询已回复在网站上进行了发布。

目前，网站首页平均每日浏览量3 000人次，同比增加20%；页面平均每日浏览量达到12 000多人次。2006年，首页总浏览量近78万人次，同比增加了30%。

（沈惠德）

岳阳中西医结合医院信息化

【概况】 岳阳中西医结合医院（以下简称“岳阳医院”）的信息化建设起步于1996年，在历时近十年的信息化建设过程中，岳阳医院设计并运行了在医疗行业内处于领先地位的高安全性服务器方案，已经构架起除PACS系统外共71个涉及医疗、财务、管理等信息联网子系统，完成了由“信息孤岛”到网际信息无纸化传递的跨越。

【实施PACS系统】 2006年，岳阳医院竞选成为上海市数字化医院试点示范医院和上海申康医院发展中心医联工程试点单位。今后，岳阳医院将通过医疗信息的数字化建设，实现院内、集团内、双向转诊网络内的电子病历和医疗信息共享。实施PACS系统后，患者在集团医院内部的影像将能互相调用、结果互认，从而为切实解决“看病难、看病贵”问题并向患者提供更加简洁、方便的就医环境以及为探索检验影像检查互认、临床信息共享作出贡献。

“十一五”期间，岳阳医院将继续贯彻顶层设计理念，“以决策指导应用，以应用优化流程，以流程整合数据”为指导思想，以“整合”为建设重点，最终实现数字化医院的总体目标。

（岑 珏）

四、体育领域信息化

“上海体育”网站

【概况】 “上海体育”是上海市体育局（以下简称“市体育局”）的官方网站，既是联系市民的窗口，又是政府管理体育业务的工具。2006年，“上海体育”网站进行了全面改版，经过整合后的“上海体育”设置了“网上办事”、“信息公开”、“全民健身”、“五环赛场”、“体育产业”、“体育科教”、“体坛风云”和“便民服务”等一级栏目。为了建设好“上海体育”，市体育局从组织机构到人员配备都做了许多工作，成立了网站编辑部，建立了网站通讯员队伍，还成立了由系统内外组成的专家顾问组。

【信息公开】 2006年，市体育局将政务信息在网上公开，主要包括机构设置信息、体育法规信息、规划计划信息、管理业务信息、行政管理事项和其他信息六大类别，全年通过网上公开的政务信息共计81条。同时，市体育局对所有公开信息建立了“相关链接”，以方便市民全面、正确地解读政府公开信息。此外，市体育局还将“依申请公开”信息通过市政务外网纳入全市统一的管理模式。市民查阅市体育局“依申请公开”信息，由原来的“上海体育”受理窗口，改为“中国上海”统一受理窗口，经审核通过后，再由“上海体育”具体办理。

【网上办事】 2006年，经过市体育局对审批项目的清理，现有在线受理项目8项，并能在网上“一办到底”，实现了网上办理100%的目标。为了达到积极引导网上审批的目的，市体育局还对部分项目进行了网络和纸质申请双轨并行的尝试，即对原先习惯了纸质文件的申请案子，必须在网上再提交一遍。

【便民服务】 2006年，“上海体育”网站主动发布信息1 928条，其中体育要闻1 100条，热点关注和最新动态828条；并开设了便民服务专栏，内容包括：“本月赛事”、“场馆导向”、“便民信息”、“便民问答”、“培训信息”等。其中，“便民问答”是将市民网上代表性的问答整理成册，形成专栏，从而减少雷同问题的重复出现，也可减少网站编辑部的工作量。

【互动渠道】2006年，为了进一步完善“上海体育”与市民的联系，网站开辟了“局长信箱”、“监督投诉”和“在线接待”等栏目。其中，“在线接待”是实时要求很高的互动栏目，一般问题当场由值班编辑予以解答，疑难问题经过请示领导最迟8小时内给予回复。

体育信息化发展规划

2006年，市体育局编制了《上海市体育信息化建设规划》，确定了2007～2010全市体育系统信息化建设的总体目标和主要任务。总体目标是“十一五”后四年，积极应对信息化带来的机遇和挑战，瞄准国内外先进水平，发挥比较优势，集中力量建设好四个网、四个系统和三个库，建立适应体育改革发展需要、高效便捷，服务于政府和社会，功能齐全、标准规范统一、系统可靠的体育信息化体系。

四个网，即“上海体育”网站、市体育局政务外网、市体育局公务网和市体育局局域网。“上海体育”是一个建立在Internet上的非涉密公众网站，是市政府门户网站的重要组成部分，是市体育局对外的一个主要窗口，也是联系市民和上级领导的重要桥梁。市体育局政务外网是一个秘密级的跨系统、跨地域的内部网，是市政府政务外网的一个组成部分。借助政务外网，市体育局可以与市委、市政府、兄弟委办局、区县体育局以及其他并网单位进行秘密级的信息交流。市体育局公务网是一个机密级的内部网，是市委党务网的一个组成部分。借助公务网，市体育局可以与市委、市政府、兄弟委办局、区县体育局以及其他并网单位进行机密级的信息交流。目前，市体育局在公务网上建立了市体育局公务网站。市体育局局域网是局机关内部的秘密级业务网络。

四个系统，即竞技体育信息管理系统、全民健身信息管理系统、体育产业信息管理系统和办公业务自动化系统。竞技体育信息管理系统包括一、二、三线运动员、教练员和裁判员信息管理；竞赛信息管理；竞赛成绩管理等。全民健身信息管理系统包括全市市民体质监测信息管理、社会体育指导员信息管理、体质监测站点信息管理、全民健身活动信息管理等；体育产业信息管理系统包括全市体育场地信息管理、社会体育场馆信息管理、体育健身消费一卡通管理、体育彩票信息管理、体育经纪人信息管理、体育俱乐部信息管理和体育协会信息管理等；办公业务自动化系统包括公文管理、档案管理、外事管理、信息服务、人员外出管理、待办事宜、业务管理等。

三个库，即竞技体育信息库、全民健身信息库和体育产业信息库。竞技体育信息库就是要建立面向竞技体育的相关信息及技术的大型数据库，为各个项目水平的提高提供一个相互借鉴的空间，从而为技术创新、业务管理和领导决策提供科学依据；全民健身信息库主要是要建立面向全市市民体质监测信息和社会体育指导员信息的大型数据库，并使之与国家体育总局数据库同步，以更好地指导和服务于全民健身运动；体育产业信息库主要是建立社会体育产业相关信息和技术的大型数据库，以服务于体育产业的发展。

体质在线网络应用系统

体质在线是由上海体育学院独立开发的网络应用系统，2006年整合进“上海体育”网站。该系统不像体质监测站那样需要专门的仪器设备和工作人员，只需自己和伙伴一起就可完成体质测试。应用系统由体质简易测评指南、健身项目锻炼指南和在线评估3个部分构成。

体质简易测评指南包括体质测评和心理测评。体质测评又可细分为3个方面：身体形态测评（BMI指数、臀围比、体脂率）、身体机能测评（台阶试验20～39岁、台阶试验40～69岁）、身体素质测评（柔韧素质、力量素质、平衡能力）。心理测评需要在网上填写一张测试表，表格有50道多项选择题，每道题目有5种选择。

健身项目锻炼指南包括健身苑项目、民族传统体育项目、周期性项目、家庭趣味体育项目、交谊舞和家务劳动（拖地）。其中，健身苑项目包括上肢牵引器、健骑器、太空漫步器、健身路；民族传统体育项目包括太极拳、健身秧歌舞、木兰拳、广播体操、跳绳、五禽戏、踢毽子；周期性项目包括步行、自行车、慢跑、游泳、登楼梯；家庭趣味体育项目包括家庭趣味仰卧起坐、家庭趣味俯卧撑；交谊舞包括慢三、中四、中三、伦巴、快三、恰恰、慢四、吉特巴；家务劳动（拖地）包括水泥地、水磨石、瓷地板、木地板。

在线评估是通过网络页面，将个人各项身体素质参数输入到对应的表格中，表格提供了详细的参数说明和填写要求，并提供多媒体视屏示范。

该系统不仅可以将测试结果和运动建议处方屏幕输出，也可以直接打印表格输出；对于注册有效的市民，系统将长期保存他每次测试的体质数据。

社会体育与信息化

【东丽杯马拉松赛】成千上万人参与的马拉松长跑计时系统是该项比赛组织的工作关键。为了提高计时系统的科学性，2006年上海东丽杯国际马拉松比赛采用电子自动计时方式。比赛时参赛者的鞋子都粘上了IC卡芯片，当参赛者通过起跑线时，芯片被非接触式读写器写入了起跑时间；而参赛者通过终点时，非接触式读写器读出了起跑时间和参赛者编号，并输入到电脑系统中，比赛名次也因此就在一瞬间产生了。为了保证比赛计时的可靠性，此次马拉松比赛配备了两套电子计时系统。

【世界著名在华企业健身大赛】2006年，第二届世界著名在华企业健身大赛尝试了网上报名方式。参赛单位通过网上填表，将各个项目的参赛队伍领队和队员名单汇集到组委会，组委会根据报名情况编制赛程和分组以及预定食宿、车辆和服务人员等。网上报名方式不仅节约了大量人员往返和纸张消耗，而且提高了竞赛的组织效率。

【上海信鸽赛事】由于信鸽归巢地点的不同，参加信鸽比赛的鸽子实际比赛距离需要进行计算，比赛采用龙飞尔距离计算公式（距离S =（∫G1 + G2）× 1000）。从放飞地点到每一归巢的距离确定后，归巢时间就是胜负的决定因素。为了追求公平公正的竞赛精神，上海市信鸽协会较早采用了声信电话和计算机网络相结合的高科技手段。竞翔信鸽归巢后，鸽主即通过自动的声信电话报告足环号和足环密码，电脑系统接收数据后，即根据电话时间和该鸽子的比赛距离，计算竞翔速度（V(速度) = S距离 /（电话时间T2 - 出发时间T1））。该足环号鸽子的速度产生后，即添加进比赛数据库，比赛数据库对所有数据重新排队，产生新的比赛名次，网络页面也在第一时间被刷新。此外，信鸽协会还在探索网上直接报到和声信电话报到同时有效，并逐渐发展到以网络报到为主的竞翔模式。

（市体育局）

第三章　社区信息化

概　述

2006年，社区信息化建设围绕促进社会和谐发展和服务民生，推进和创新公共服务领域的信息化应用。各区县结合本区域实际需求，主动发挥区域优势，在社区事务受理服务、社区管理服务、社区生活服务、社区文化服务等方面合力推进，努力拓展，取得良好进展。

各区县高度重视社区信息化建设工作，信息基础网络进一步向社区基层延伸，9个区的政务网络实现了居（村）委的全覆盖，为社区管理和公共服务的延伸打下基础。结合本区县社区事务受理服务中心的建设，开发一门式信息系统，基本实现社区事务一口受理。黄浦、长宁、虹口等12个区在区层面统一构建应用系统，初步实现“一口受理、内部协办”的为民服务方式；长宁区推进信息化特色小区的创建工作，共有28个小区通过信息化特色小区验收。

社区公共服务的信息化手段和内容日益发展完善。按照贴近市民、服务发展的原则，近年来实施的百万家庭网上行、社保卡、付费通、市民信箱等一批效益明显的应用项目在社区得到有效落地和延伸，对提高市民生活质量的作用日益突出。进一步完善了“社区服务网”、“社区服务热线”、“社区服务超市”和“安康通”等社区信息化服务，实现了社区服务资源查询、咨询与服务队伍调度管理、市民生活服务需求受理等功能，逐步完善市民需求受理机制、服务调配机制与服务队伍组织与管理机制。启动“生活联动热线”和“生活联动服务网”建设。

东方信息苑作为市委宣传部、市文明办、市信息委和市文广局联合推出的公益性社区公共服务平台，采用新的中央管理技术手段、统一专业化连锁管理模式以及内容支撑体系，对社区居民实现全覆盖便民服务，充分满足广大基层群众基于信息化的文化需求，成为全国首家具有品牌化特征的基层宣传阵地和公共文化信息化专业终端连锁服务实体之一。2006年，东方社区信息苑项目被列入《上海市国民经济和社会发展第十一个五年规划纲要》，并获得第二届文化部创新奖。胡锦涛、吴邦国、李长春、刘云山等领导以及中宣部、文化部等领导先后视察东方社区信息苑并予以肯定。

（市信息委区县处）

一、社区公共服务信息化

社区服务信息管理系统建设与应用

上海市社区服务中心依托社区服务信息管理系统开发了以提供居家生活服务为主要内容的社区服务超市项目，经过两年的应用与完善，正逐渐成为市民的居家服务好帮手，并且在增加就业岗位上初见成效。

2006年，“社区服务超市”原有的服务项目已扩展到8大类44个，共优选服务单位360余家，涉及服务人员4 000多名，为社区群众提供各类服务1.76万余次，服务总量较上年上升37%。在总结几年来实践经验的基础上，进一步严格了对社区服务超市的管理，修订了《“社区服务超市”管理手册》，明确了从服务受理到服务结束并反馈的标准流程，建立了加盟服务单位联席会议制度以增进自律、沟通和和解，加强了对上门服务人员的管理和监督，并强化了服务项目开发、加盟服务商招募、服务项目信息发布、项目经理责任制等相关规定。为切实保障社区群众的经济利益和正当权益，同时便于“社区服务超市”中服务项目的有序运行，避免不必要的经济纠纷，中心还专门聘请法律顾问，确保服务超市运营活动的合法性。

根据当前社区服务需求的热点和难点，于9月正式对外开通了“社区服务超市”家政服务项目。该项目开通两个多月，已受理家政服务4 700多次，吸收了130余家家政服务单位加盟，市区范围内每个街道至少有一家加盟服务单位，创造了更多的家政服务就业岗位。

社区服务网发展

上海市社区服务网（www.88547.com）经过七年建设与完善，已形成1个市社区服务中心、14个区中心、120个街道中心信息采集管理体系。2006年，上海市社区服务网已建成社区新闻、公共服务、居委之窗、志愿者、生活百事、服务超市、便民商务、安康通、网上地图等14个版块，共发布社区动态信息6.7万多条，社区服务队伍信息6 600多条，“一门式”信息1.6万条，居委会基本信息2 800多条，居委会上网率超过95%，社区服务志愿者信息1万多条，社区论坛注册用户增至4万余人，12个论坛栏目共发表20余万篇帖子。

社区服务网一方面扩大了信息收集范围，另一方面增加了信息实用度和信息查询的便捷度。2006年，社区服务网扩大吸收了居委会信息、“一门式”信息和社区动态信息，目前居委会已基本能够利用社区服务网信息平台发布本居委会的各类活动信息，每天更新基层社区动态信息数百条，同时开设“居委之窗”论坛，供全市3 000多个居委会的工作人员交流经验、探讨问题、畅谈体会之用，并邀请有关政府职能部门参与答疑释惑，以指导解决社区服务工作中的实际问题，为居委会工作提供服务指南；中心进一步加强对公共服务队伍（即非营利性服务组织）、服务队伍（即营利性服务组织）和志愿者队伍三类服务资源信息的汇集工作，对汇集来的资源信息进行数据库管理，科学分类、方便检索，并对入库信息进行严格审查，确保信息的准确性和时效性，为社区服务热线提供强有力的服务资源信息支持。

“安康通”为老关怀服务援助系统应用

“安康通”为老关怀服务援助系统是政府针对纯老家庭、独居老人提供紧急援助的信息化系统工程，经过六年建设，该系统已被众多老人与子女所熟悉。目前，该系统可提供的服务包括：“安康通”报警救助服务——医疗紧急救助、遇盗救助和失火救助；“安康通”医疗服务——定点咨询、专题讲座、体检安排、远程会诊安排服务；“安康通”免费服务——健康咨询、心理咨询、医疗咨询和法律咨询；“安康通”社区服务——家电维修、管道疏通、家政服务、搬运服务、生活常识咨询等十几类服务。全年，“安康通”为老关怀服务援助系统已实现新增用户1.92万多户，受理用户来电呼叫26万余次，其中为老人提供紧急救助1 900余次，提供法律、医疗以及心理咨询服务4 300余次，助老服务员共入户访问老人5万余次，提供上门服务4 700余次。

生活求助联动热线探索

2006年，上海市社区服务中心对全市各个职能部门、条线、行业开办的有关居民生活服务的社会公共热线进行了全面梳理，搜集到1 700多条热线的电话号码、服务内容等资料；9次修改了有关热线联动建设的方案；组织召集了全市十大较有影响力的热线负责人座谈会，就热线联动充分交换了思路，增进了与兄弟热线的联络沟通；配合完成了“联动热线服务网”网站的设计和开发等部分筹备工作，为全市热线联动做必要的前期准备。

（章　勇）

二、东方社区信息苑建设

基本建设

【建设进程】按照《上海国民经济与改革发展第十一个五年规划纲要》，至2010年，上海市将建成东方社区信息苑600家。截至2006年底，东方社区信息苑共计落实场地305家，建设完成270家，对外开放205家，覆盖全市19个区县的街道（镇），初步实现了“10分钟”到达的生态圈文化服务半径，每家信息苑覆盖社区居民2～3万人，5 000～7 000户家庭，有效覆盖社区居民达560万。

【标准化建设】制定了2006版《东方社区信息苑功能标准和应用规范》，规定单个中心信息苑一般为200平方米左右，内有公共上网区、电子政务区、电子竞技区、多媒体培训室、多功能演播厅等集多种功能于一体的服务特色区域，配置电脑50台左右。同时，修订《东方社区信息苑建设标准和建设手册》，确保东方社区信息苑的统一标准化网点建设，从整体上避免了重复规划建设和设施的参差不齐，改善和优化了公益性公共上网服务的硬件环境和网络环境。

【中央管理、内容平台建设】基本完成了东方社区信息苑中央管理平台建设；组建了区别于普通利用互联网提供服务的城域网，使受众定位、服务定位与现有的公共信息服务场所和网站形成错层互补。投入试行的中央管理平台有效提升了平台整体运营效率，VPN内容平台服务内容增加到2TB。两个平台的推出，提高了运营管理与内容服务水平，实现了各东方社区信息苑网点之间内容分发配送、客户管理、运营管理的互通联动。

服务内容

【宽带专网内容服务平台】2006年，东方社区信息苑依托各方力量，集合社会公共资源，打造出拥有五大板块、27个频道、256个栏目的宽带专网内容服务平台，提供政务服务、文化服务、便民服务、未成年人服务及培训服务等。其中，整合出版机构定期更新的新版电子图书有2万册、整合影视集团正版电影电视剧500部、与永乐院线合作的百姓影院近年新片200多部、与教委、体委系统整合的青少年多媒体天地、电子竞技等丰富资源，成为文化部全国文化信息资源共享工程的上海基层中心点、电子图书馆的社区终端、未成年人数字教育实践基地等。

【数字化培训】东方社区信息苑利用深入社区的优势，为广大社区居民提供公益计算机知识培训，努力消除数字鸿沟。根据不同居民需求，开设网页制作、图片处理、三维动画制作等个性化课程。同时，还与其他教育培训机构联手引进多项政府补贴培训项目，内容涉及网络管理、系统维护、智能楼宇管理、英语、理财等，受到广大社区居民的欢迎。2006年，共计开办各类公益培训4 762次。

【重大活动】运用文化信息化的互动功能，开拓论坛聊天性的、辅导培训性的、文化娱乐性的三大类互动服务。2006年上半年，东方社区信息苑联合东方网举办了由区委书记和区长参与的“和谐论坛”系列聊天活动；下半年，又与多家单位共同举办了“和谐社区，文明家园”网络论坛活动，邀请了20个街道的书记（主任）通过网络同社区居民进行“零距离接触”。两次活动着眼于解决百姓最现实、最关心、最直接的问题，为居民同基层政府之间架起一座沟通交流的桥梁，取得了良好的社会影响。全年，共计开展迎奥运、迎世博、和谐发展等主题的学习竞赛活动，计算机应用及网络操作技能、家政、理财、健康等系列培训咨询活动，世博（艺术）社区行、DV小记者团训练营、我爱我家我爱社区网上摄影展、京剧超级戏迷多媒体互动大赛等活动4 213项。

运作模式

【非营利机构机制】为确保东方社区信息苑非营利机构机制和公益性质，创建了全国第一家文化系统的非营利组织——上海市社区文化服务中心，理顺了政企关系。2006年，社区文化服务中心与当年建成的100家东方社区信息苑所在地政府签订了《东方社区信息苑委托管理合同》，从法律上对东方社区信息苑管理的权利义务予以明确和保障。

【直营连锁管理】以门店报修系统、门店场地活动统计系统、门店员工排班与管理系统、门店物品盘点系统、门店资金结款系统、服务与销售统计分析系统、绩效分析与排名系统、门店数据上传监控系统为核心，建立流程系统管理，强化运营质量控制；以《东方社区信息苑运营管理手册》为标志，建立连锁标准化手册，确保连锁运营基本质量；以主管单位、运营中心、区域和门店为纵轴，建立四级督导体系，实现现场监控辅导考查；以试点区域全方位探索为试点，建立示范样板引领，树立标杆带动整体优化；以不断积累的门店历史绩效数据：用户流量、销售额、员工工作量、活动组织次数等，及门店周边条件数据：周边交通条件、居民户数、居民构成、楼盘价格等为基础，建立分级分类管理的方式，提升平台整体运营效率。

【标准化管理】遵循连锁直营管理行业标准，根据信息苑实际运作情况及目标，制定并逐渐完善了以人、财、物标准化管理为核心的管理制度和规范。针对信息苑运营各环节制定14个分册，17万字（图）的《东方社区信息苑运营管理手册》，明确实施时间、达标要求、操作流程规范。标准化操作缩短了员工学习掌握的周期，规避服务行为过失，提高了连锁执行的基本质量。

（林华岚）

第六编

城市建设和交通领域信息化

综 述

2006年是"十一五"建设的开局年，上海城市和交通领域信息化建设稳步推进，以科学发展观统领各项工作，按照"建管并举，重在管理"的方针，不断探索、创新和实践，各种重大应用不断深化，信息资源整合力度进一步加大，取得了较为显著的进展。在重点项目建设方面，城市网格化管理信息平台项目实现了中心城区的全覆盖，并在青浦和松江等部分郊区进行试点建设；土地房屋综合管理信息系统已经完成立项工作，除对已建的信息系统进行完善和推广之外，还推动了综合服务平台、土地管理平台、商品房建设板块和房屋管理板块的建设；交通信息中心于2006年1月23日正式挂牌成立，并着手开展上海市交通综合信息平台的建设工作，公共交通卡建设向多式化、智能化、异地互通方向发展；天气实景监测系统在全市范围建成7个室外监测点和4个室内监测点，基本实现覆盖全市范围的实时天气监测。在行业信息化建设方面，水务、环保、房地、交通、民防、港口、市政、绿化、市容环卫、地震、邮政、海洋和电力等部门信息化有序推进。首先，水务、交通等8个部门组织编制或完善了信息化"十一五"规划，有些部门还编制了适应本部门发展的技术标准和规范，为全面推进信息化项目建设奠定了基础。其次，水务公共信息平台、环保系统业务专网、民防电子政务平台、港航基础数据平台、中心城快速路网三桥一隧交通监控完善工程、海洋地理信息系统等一批业务管理系统分别建成或启动，"上海环境"、"市容环境卫生"和"上海城管"等一批政府网站开通或改版。第三，上海城市交通建设继续保持全国领先地位，轨道交通全面迈入"一票换乘"时代，硬件和软件全"国产化"是一大亮点。

（市信息委社会处）

第一章 重点项目

概 述

2006年，上海城市建设和交通领域以试点项目为抓手，以信息化为手段，开展城市管理创新的探索，不断尝试推动城市管理现代化建设的新模式，各项信息化重点项目推进顺利，在部分领域取得了突破性进展。城市网格化管理信息平台项目依托信息的全覆盖，促进条块联手，资源整合，重心下移，推动城市管理由定性向定量、被动向主动、突击向长效转变，建立及时发现、快速处置、监督评价机制、最终实现管理的全覆盖。截至年底，实现了中心城区的全覆盖，并在青浦和松江等部分郊区进行试点建设。土地房屋综合管理信息系统于2006年5月获得立项批复，除对已建的信息系统进行完善和推广之外，还推动了综合服务平台、土地管理平台、商品房建设板块和房屋管理板块的建设。上海市交通信息中心于2006年1月23日正式挂牌成立，着手开展上海市交通综合信息平台建设工作，目前平台机房已经建成，主要设备安装到位，并开始运行；与市交警、市市政局、市城交局的网络实现联接，并汇集了基础信息数据和部分实时信息数据以及历史信息数据，为今后的交通组织管理分析研究提供了基础，促进了上海智能交通系统的形成。天气实景监测系统通过实景图像和实时气象数据的叠加和显示，直观地展示城市气象状况，截至年底，已经在全市范围建成徐家汇、浦东、宝山、青浦等7个室外监测点，以及气象档案馆等4个室内监测点，基本实现覆盖全市的实时天气监测。

（市信息委社会处）

一、城市网格化管理信息平台

2005年4月以来，市建交委会同市相关部门和有关区政府，以网格化管理试点为抓手，利用信息化手段，开展了城市管理创新的探索。这也是继开通12319城建服务热线一线通以后，全市在落实“建管并举、重在管理”方针、推动城市管理现代化方面的又一重要尝试。

城市管理网格化就是：以信息化为手段，综合集成各种管理服务资源，在特定的社区网格内，及时发现并综合解决各类问题，更好地满足群众需求和管理需要的一种创新模式和机制。上海的城市管理网格化建设结合了特大型城市的服务管理特点，从方案设计开始，就考虑了面向全市、条块联手，以及和12319热线的联动。这一管理模式的基本特征是：依托信息的全覆盖，促进条块结合、资源整合、重心下移，推动城市管理由定性向定量、被动向主动、突击向长效转变，建立及时发现、快速处置、监督评价机制，最终实现管理的全覆盖。

按照市委、市政府要求和部署，2005年10月，城市管理网格化平台首先在长宁、卢湾2个区建成试运行；2006年6月，上海合作组织峰会前夕，浦东（陆家嘴功能区）、徐汇、黄浦、静安等4个区也实现试运行；9月底，虹口和普陀的平台建设完成；至2006年底，杨浦、闸北和浦东新区其他5个功能区的平台建设完成，从而最终实现上海中心城区全覆盖，同时在青浦和松江2个郊区进行试点建设。建设期间，市建委按照“群众得实惠、管理出实效、基层有活力”要求，依托网格化平台建设，坚持技术创新与管理创新同步推进，在转变政府职能、加强公共服务方面，进行积极探索。

建立综合管理信息数据库

市建交委将城市管理的主要对象按“部件”和“事件”进行详细分类，并经过编码、定位，把所有设施和发生的问题标注在专门的数字化地图上，落实到以街道社区为基础的单元网格中，一旦发现问题，就会被迅速、精确地记录和确定下来。这个大型数据库是全市统一的信息共享平台，也是网格化管理的基础。它按照“条块结合、重心下移”工作原则，在这个大平台上使市、区、街道三级之间的信息可以互联共享。目前，市与各区的信息平台已实现实时沟通，区与街道（镇）的信息终端设置也已全部完成，市有关条线部门的信息终端设置正在推进中。

促进城市管理资源的整合

一方面，网格化管理建立了一个“闭合”的处置流程，形成由区网格监督员到监督中心，再到指挥处置中心，经各专业部门落实解决后，反馈到区级平台核实结案的工作程序。由于发现、指挥、处理、反馈等管理环节有机衔接，有效保证了责任落地，基本做到对发现的问题能找到责任部门，需协调的问题能明确牵头部门，绝大多数立案的问题能在规定时限处置。另一方面，通过网格化平台，建立条块结合的管理系统，促进条与块的协同配合，并会同市相关部门及建成区建立联络员例会制度，专门研究解决需要进一步界定条块职责的“疑难杂症”，对属于城管、市政、房地、绿化、市容、交通、建筑等“条”的职能但涉及多个部门的问题，研究形成整治方案；对属于以“块”为主解决、由“条”配合的问题，积极协调落实。同时，对于12319热线、新闻监督等途径反映过来的问题，也能通过平台及时得到处置，使城市管理行为置于外部监督之下。

提高各类问题的处置能力

2005年10月至2006年7月，长宁、卢湾2个试点区城市管理问题立案6万多件，结案率超过95%，日均立案数和问题结构趋于稳定，月结案率由最初87%上升至95%左右；市级负责处置案件的结案率、及时率也分别达到92%和94%。浦东、徐汇、黄浦、静安4个区试运行前3个月立案6 000多件，结案率约87%，在问题发现和处置上也呈现月结案率逐步提高的特点。长宁、卢湾试点以来，市容面貌进一步改观，基础设施完好率明显提高，城市管理问题热线投诉明显下降。其中，长宁区市政设施完好率在全市排名上升4位，市容环境综合测评进入全市优胜行列。在2005年市文明社区考评中，卢湾、长宁2个区均名列前茅。

（刘贤明）

二、土地房屋综合管理信息系统

2006年5月，“上海市土地房屋综合管理信息系统”项目获市发改委批复，项目组针对批复意见对项目建设内容进行了一定的调整和补充。2006年，除了对已建的信息系统进行完善及应用推广之外，项目组还进一步推动了综合服务平台、土地管理板块、商品房建设板块和房屋管理板块的建设。

1.综合服务平台

项目组根据百姓、企业及政府机构的服务需求，结合市房地资源局现有的信息化设施及服务能力，对上海房地资源网站进行改版，使网站在服务渠道、服务模式和服务内容上均有了进一步突破，具体包括：建立内容管理平台、房地产信息分析处理系统，正式启用房地产信息采集发布系统，为局办公室提供有关信息；完成对政策法规库分类编码和整理工作；对短信、邮箱的功能进行升级；完善页面风格，使网站更加贴近百姓、充分展示政府为民服务的形象；建设应用支撑平台层，建立统一的流程引擎、统一的地理信息服务、统一的用户管理，促进了房地局内部的信息共享和资源整合。

2.土地管理板块

项目组新建了土地审批系统，通过土地审批数据的“落地”，实现了土地审批“图文一体化”，并强化全过程跟踪管理，对管理事项分类进行调整，使之更加合理；同时对审批流程进行优化，简化审批环节，提高了审批效率；建成土地执法系统、土地利用现状变更系统，并利用土地清查获取的基础数据，及时对土地的变化情况进行监管。

3.商品房建设板块

项目组启动房地产开发项目建设管理和监测系统，建立房地产开发项目网上申报平台，并在每个建设节点设置监测指标，全方位监测项目建设情况。该系统已经正式投入使用。

4.房屋管理板块

项目组完善了物业管理系统和房屋拆迁管理系统建设，扩充完善了网上备案、数据申报和电子票据打印等功能，推进了物业管理项目清理和落地工作。该系统现处于试点阶段。

（孙　丽　夏志华）

三、交通综合信息平台

按照市领导关于成立上海市交通信息中心、加快交通综合信息平台建设的指示精神，上海市交通信息中心于2006年1月23日正式挂牌成立，并着手开展上海市交通综合信息平台建设工作。通过交通综合信息平台建设，将改变交通信息资源分散、交通信息资源低水平利用等状况，有效整合交通信息资源，实现交通信息在行业部门间的交换和共享，提升上海交通领域信息化水平，促进上海智能交通系统形成，推进交通领域信息产业形成与发展。

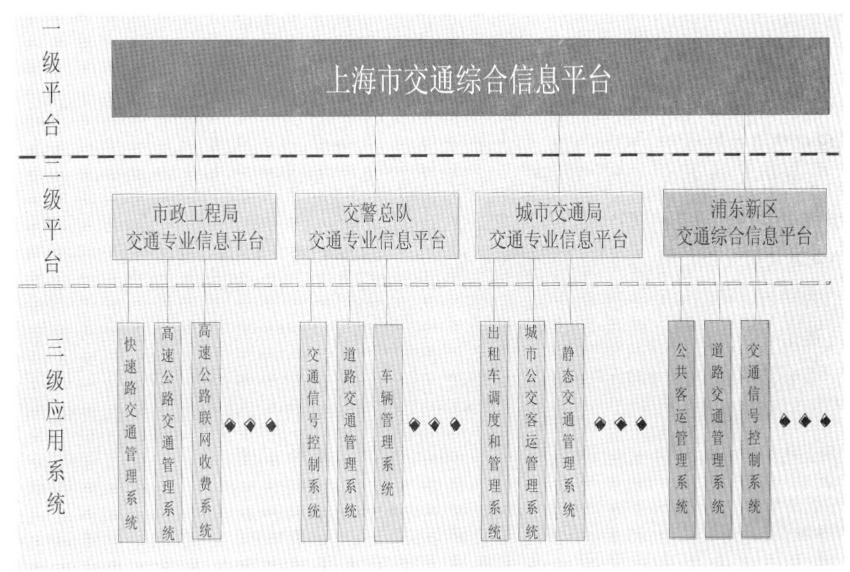

上海市交通信息化发展的总体框架

平台的总体架构

交通综合信息平台按行业主管局、浦东新区和重要企业为单位进行接入，接入后按照不同种类的交通信息进行分类存储和管理，并在此基础上实现交通综合信息平台的各种功能，实现按照行业特点进行综合交通信息的分级管理。

上海市交通综合信息平台由通信网络、计算机系统、数据接口三部分组成，其中计算机系统由硬件和软件两部分组成，实现交通综合信息平台相应功能。

平台的功能作用

1.实现对上海市交通信息的汇集和管理功能

该平台完成上海市交通信息多元异构数据的接入，包括基础信息，如基础地理信息、道路交通信息化设施分布、交通组织信息、静态交通及其相关设施的地理分布等基础信息；道路交通状态、交通事件、气象、停车场库动态、客流出行分布状况、对外交通枢纽信息等实时动态信息和平台中保存积累的历史数据，并对这些信息、数据进行组织和管理，实现全市交通信息汇集与管理功能。

2.实现交通信息共享和交换功能

该平台与交通综合信息平台下级平台、平台应用对象等之间实现交通信息的共享和交换，实现不同管理部门和研究部门、企业之间动态交通信息数据的交互提供和共享功能。

3.实现交通信息提供和发布主渠道功能

该平台为政府交通管理和决策部门提供量化交通信息数据，作为决策和管理的依据，如高架、地面道路交通状态信息、拥堵路段排行榜的时、空分布状况等；为科研院校、交通规划部门提供交通状况基础数据和信息，作为交通规划、科学研究等的重要依据；为社会公众提供公益性交通信息服务,提供数据、技术支撑，如电视、电台、网站等公益性发布、咨询等，同时为交通信息服务企业提供交通动态信息，以支撑个性化交通信息服务。

平台建设的阶段性成果

【建成交通综合信息平台基础环境】交通综合信息平台机房已建成，主要设备安装到位并且开始运行；机房建筑装修、布线、供电、空调安装、消防及环境监控设备安装、不间断电源UPS设备安装等基础环境的建设已经完成，为平台运行提供基本保障。

同时，交通信息平台通信网络建设完成。平台与市交警总队、市政局、城交局的信息传输、交换通过双环自愈万兆以太网实现联接，并以政务外网作为备用通信网，保证通信网的高效和安全运行。

【汇集基础信息数据】交通综合信息平台汇集了市交警总队、市政局、城交局部分交通信息基础数据，这些信息数据可通过电子地图在终端设备直观显示，也可查询。信息主要包括：基础信息，如基础地理信息、道路交通信息化设施分布、道路、路段、道路节点、街坊等编码信息；交通数据采集设施、可变信息标志设施、视频监控设施、匝道控制设施等数量、分布信息。

【汇集实时信息数据】交通综合信息平台汇集了部分快速路、地面道路等实时交通信息数据，通过处理，能将其在终端设备上直观地进行显示和查询。这些实时信息数据包括：中心区道路实时交通状态信息、快速路（内环、中环、部分外环和立交桥）实时交通状态信息、快速路上匝道控制实时状态信息、道路状况监控实时视频图像、路边可变信息标志发布的实时信息。这些实时信息都可通过电子地图或通过点击电子地图上的符号，在终端显示设备上直观显示，如可查询快速路实时视频图像、可变信息标志发布的实时图形等。

【汇集历史信息数据】交通综合信息平台具备了历史信息数据存储功能。它汇集了自中心区道路交通信息采集系统建成以来和最近接入的道路交通原始数据、道路交通状态数据，包括中心区地面道路约1分钟交通流原始数据、快速路20秒交通流原始数据，中心区地面道路以5分钟为更新周期、快速路以1分钟为更新周期的状态数据等。这些历史信息数据经过处理、分析，还可形成其他统计口径的应用性历史信息数据，如拥堵路段排行榜及时空分布、重要路段拥挤、畅通变化轨迹等，为进一步深化研究、分析提供基础性资料。

【为交通组织管理提供应用分析成果】交通综合信息平台具备了初步的应用分析功能，可对所汇集的各类数据进行分析，从而为交通组织管理部门和研究部门提供部分应用分析成果，为政府交通管理部门决策、管理提供量化依据。这些分析功能包括：实时性宏观信息查询、历史性数据统计分析查询、局部重要道路交通情况分析等。如通过该平台可查询道路交通实时状态及拥堵/畅通整体分布态势、可变信息标志发布的信息等实时性宏观信息；查询道路基础设施、道路交通信息化基础设施的统计与分布等历史性统计分析数据等。

【为社会公众提供公益性交通信息发布】交通信息中心已经形成2项公益性交通信息发布能力。一是完成"上海市交通综合信息"网页建设，可通过"上海建设交通"门户网站向社会公众发布。该网页以外环线以内的变形电子地图为主页面，向公众提供快速路实时交通状态信息，包括以颜色显示路段畅通与否信息、平均车速查询、拥堵路段名称及位置信息等，同时提供轨道交通沿线站点及站点公交换乘信息，以及地面公交信息查询、长途客运、铁路客运、航空港等信息的链接查询，该网页即将开通。二是通过交通台广播发布实时交通信息，从而对方便公众出行、发挥交通综合信息平台作用具有重要的意义。

（顾承华）

四、天气实景监测系统

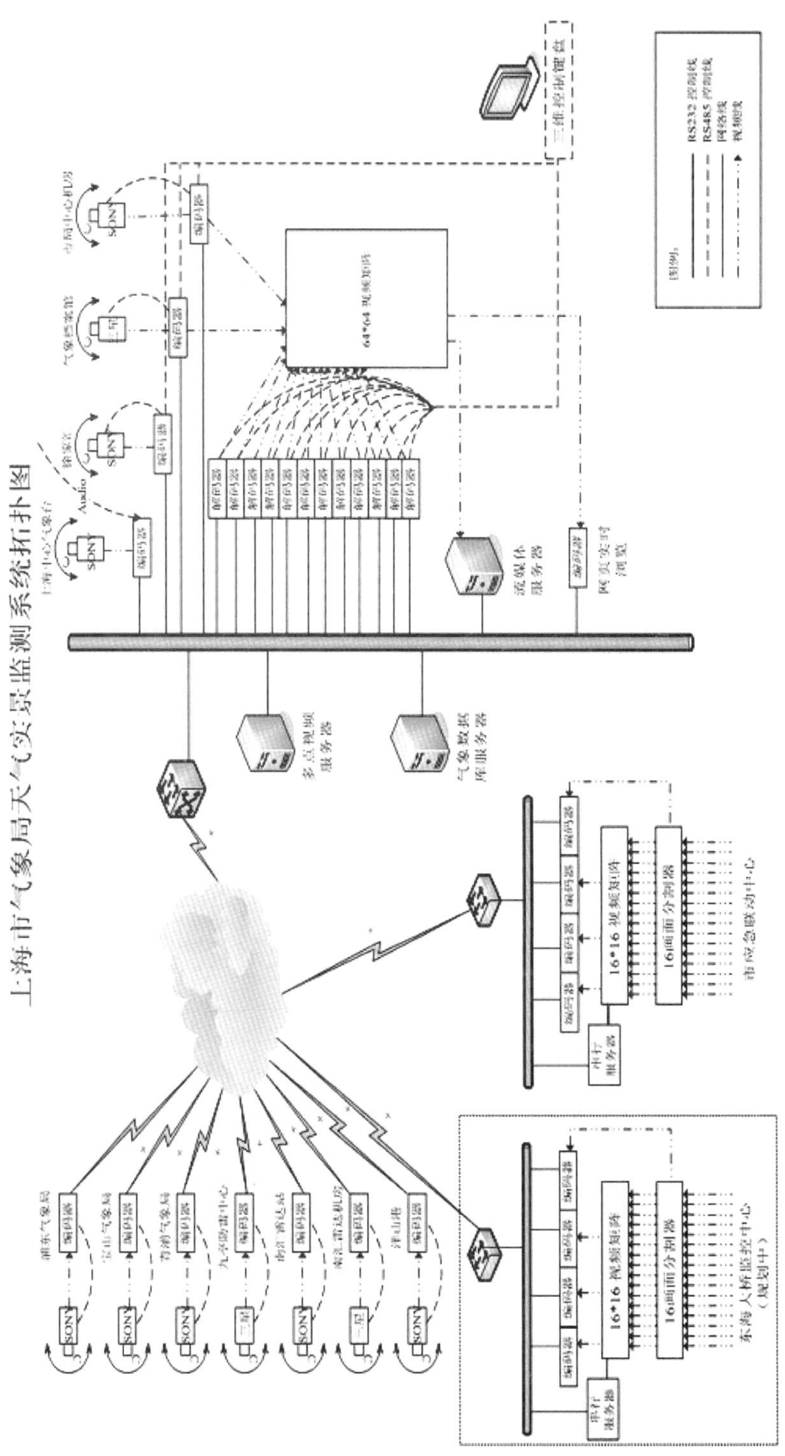

上海市气象局天气实景监测系统拓扑图
64*64 视频矩阵
流媒体服务器
多点视频服务器
气象数据库服务器
16*16 视频矩阵
16画面分割器
市应急联动中心
东海大桥监控中心（规划中）
RS232 控制线
RS485 控制线
网络线
视频线

系统层次分析

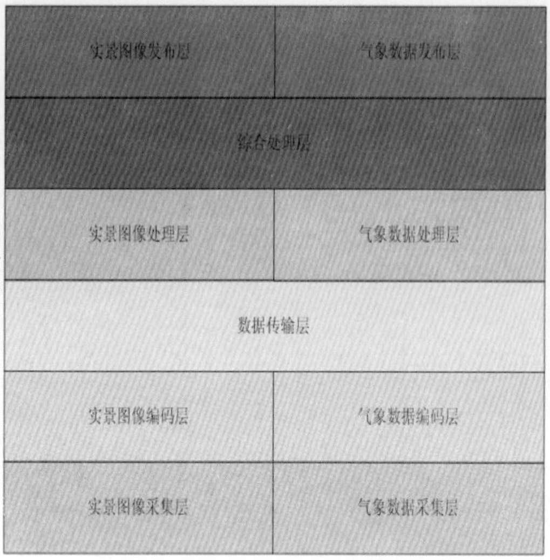

实景图像发布层	气象数据发布层
综合处理层	
实景图像处理层	气象数据处理层
数据传输层	
实景图像编码层	气象数据编码层
实景图像采集层	气象数据采集层

该系统原理上主要分为两条主线，即实景图像和实时气象数据。这两条主线各自进行前期的数据采集、数据编码以及后期的数据处理、数据发布，只是在数据传输层共用一套链路以及在综合数据处理层中共用一套系统处理机制。

数据采集层主要分为实景图像采集和气象数据采集。实景图像采集主要是在各监测点架设SONY一体化摄像机、全天候大型护罩（带散热、加热、雨刷功能）和全天候重型云台，将实景图像拍摄下来，输出模拟的视频信号；气象数据采集主要是在各监测点的观测场内使用各种气象传感器，对实时气象数据进行采集。

数据编码层主要分为实景图像编码和气象数据编码。实景图像编码主要是使用MPEG-4视频编码器将实景图像的模拟视频信号，通过DSP处理芯片进行数字化编码以及进行IP包封装；气象数据编码主要是使用相关程序和数字处理芯片，将传感器输出的各种数字信号，进行IP包封装。

数据传输层主要是指上海市气象局到各个实景监测点之间的数据传输链路。市气象局租用了2M/4M光纤链路连接各监测点，并通过这些数据传输链路将实景图像和气象数据编码后的IP数据包传输到市局的相应服务器上。

数据处理层主要分为实景图像处理和气象数据处理。实景图像处理主要是通过实景监测服务器上的服务端软件，将各监测点通过数据传输层送上来的IP数据包还原成实时数据流，进行实时存储并为数据发布层的硬解码器和软件客户端提供转发服务；气象数据处理主要是通过气象数据库服务器上的数据库软件，将各监测点通过数据传输层送上来的IP数据包还原成实时数据，进行实时存储并进行数据库分类处理，为综合处理层和数据发布层的数据调用提供服务。

综合处理层主要是通过实景监测服务器上的数据调用程序，将各监测点的最新气象数据从气象数据库服务器中调用出来，同时通过数据发布程序将调用的各监测点的气象数据一一对应发布给各监测点的MPEG-4编码器，通过编码器上的程序和DSP处理芯片，将实时气象数据叠加到实景监测的图像上。

数据发布层主要分为实景图像发布和气象数据发布。实景图像发布主要是通过MPEG-4解码器将实景监测服务器转发过来的各监测点的实景图像一一对应进行硬解码，转换成模拟视频信号，在等离子屏上实时播放，并同时输出到网页点播编码器和手机实时广播REAL服务器，用于Internet网页点播收看和手机实时广播收看实时气象服务；气象数据发布主要是通过各种程序调用气象数据库的气象数据，为各种气象预报以及相关工作提供服务。

系统建设情况

上海市气象局天气实景监测系统在全市范围建成徐家汇、浦东、宝山、青浦、九亭防雷中心、南汇雷达站、洋山深水港共7个室外监测点，气象档案馆、南汇雷达机房、市局中心机房和上海中心气象台共4个室内监控点。

同时，市气象局与上海市应急联动中心东海大桥管理局（规划中）合作，在对方原有的视频监控系统中提供4路全市其他地区以及4路东海大桥（规划中）的实时监控模拟图像（这些监测点由于各种原因市气象局无法覆盖），由市气象局在对方放置4套MPEG-4视频编码器进行数字处理，通过租用的光纤链路，传输到市局的实景监测服务器中，同时服务器调用4个地点的实时气象数据发送到前端的4个编码器中，这样实现对某些区域的实景气象监测。通过这些前端天气实景监测点的建设，市气象局实现覆盖全市的实时天气监测网。

后台服务系统

【中心台值班室的大屏幕显示系统】 该系统主要是配合将所有MPEG-4解码器解码出来的模拟视频信号进行切换到各屏幕显示，以及将信号切换给其他需要系统，如网页点播系统和手机广播系统。同时，该系统将其他视频信号以及VGA信号切换给中心台的3块背投影系统以及26块等离子屏。

【Intranet网络用户客户端访问系统】 该系统主要是通过安装在Intranet网络PC用户上的客户端软件，实现不同用户拥有不同级别所享有的观看和控制权限等功能。同时，客户端软件还提供前端声音、抓拍、定时录像、电子地图等诸多功能，能够满足不同气象部门对实景监测信息的需求。

【手机用户WAP访问系统】 该系统主要是通过在Internet上的一台REAL服务器进行一路real实时广播，其带宽采用基于手机的窄带20K编码速率，这样智能手机用户可通过手机内置的REALPLAY播放器及手机GPRS上网功能，访问特定网址，从而收看实时气象实景；同时，通过手机内置浏览器软件访问特定网址，可以实现对手机实时广播图像的切换。这样满足了用户在没有宽带网络和PC时候的气象服务需求，使用户只要在手机信号能覆盖的地方都能够享受到气象服务。

【Internet用户网页点播访问系统】 该系统主要是通过安装IE插件，使Internet网络PC用户通过IE浏览器就可以实时收看到一路气象实景图像，并可以根据需要进行自由切换。 （市气象局）

第二章 城市建设和交通业务信息化

概 述

2006年，上海城市建设和交通业务领域相关委办局紧紧围绕本部门中心任务，以科学发展观统领各项工作，在信息化规划编制、规范标准制订、信息化项目建设和应用服务等方面取得新进展，打好了“十一五”规划的开局第一仗。第一，水务、交通、港口等8个部门组织编制或完善了信息化“十一五”规划以及项目实施建设计划，有些部门还编制了适应本部门发展的技术标准和规范，为全面推进信息化项目建设确定了方向。第二，一批以转变政府职能、提高行政效率为目标的部门信息化项目，如水务公共信息平台、环保系统业务专网、土地执法监察系统和土地利用现状变更系统、公交优惠换乘系统试点项目、民防电子政务平台、港航基础数据平台、中心城快速路网三桥一隧交通监控完善工程、海洋地理信息系统等一批业务管理系统分别建成或启动，各部门的信息化程度显著提高；同时，“上海环境”、“市容环境卫生”、“上海城管”、“上海绿化林业”和“数字海洋”等一批政府网站开通或改版，根据市政府的要求，进一步提高上网信息的质量，提高上网信息的及时性、准确性和完整性，从而全面提高了政府公共服务能力和增强了政府信息公开力度。第三，部分领域通过持续建设，继续保持全国领先地位。11月，上海轨道交通不同路线实施联网运行以及“一票通”改造工程完成验收，标志着上海轨道交通全面迈入“一票换乘”时代，硬件和软件全“国产化”是一大亮点。公共交通卡在公交、地铁、轻轨、出租、轮渡、高速公路、长途客运、停车场、加油站等10多个交通及相关行业推广应用，在国内率先建成了简便、快捷、安全的付费网络，同时进一步向异地延伸。

（市信息委社会处）

一、水 务

2006年是全面实施“十一五”水务信息化规划的开局起步年，上海市水务局按照“落实、聚焦、突破”的工作基调，围绕局中心任务，以科学发展观统领各项工作，在防汛信息化建设与保障、水务信息化推进与管理、水务信息资源开发与利用等方面取得新进展，全面完成年度目标任务。

水务信息化有序推进

市水务局从完善机制入手，以水务信息化规划和标准为抓手，聚焦行业重大项目，有序地推动了水务信息化建设。在“十一五”水务信息化规划的基础上，市水务局编制完成《上海市水务行业“十一五”信息化建设实施意见》、《上海市水务局“十一五”期间信息化项目建设总体框架》，明确“十一五”期间水务行业信息化重点建设项目及其重点科研项目，并同步推进相应的前期工作；完成局科研项目“上海市水务管理信息分类编码和图式标准”，其研究成果形成了《水务信息管理》地方标准及2项水务系统内部规范；建立区县和局属事业单位信息化建设例会制度，有效强化了行业信息化建设的相互协调；开展“十五”水务优秀信息化应用项目评选及水务系统网站评议；开展局信息化建设任务的目标考核和信息化项目预算申报的审核协调；对局政府信息公开系统、防汛灾情采集系统两个公共服务系统开展安全测评；建立信息化培训制度，邀请国际著名水务软件企业为水务系统有关人员进行多次技术培训，并为郊区水务局的干部职工提供信息化应用培训。同时，“‘数字水务’一期工程（水务公共信息平台）”、“市水务局电子政务系统二期工程"、"国家防汛指挥系统一期工程（上海部分）"、"上海市水资源实时监控与管理信息系统"、"水务管理一体化软件平台关键技术引进（水利部'948'项目）"、"基于网络地理信息系统的多级防汛信息管理系统(水利部'948'项目)"和"机载激光雷达的城市信息获取与上海典型地区示范系统开发"等水务信息化重点项目已按计划有序开展。

防汛信息保障工作开展

围绕"数字防汛"体系的构建，按照国家防总、市防汛指挥部应急预案和应急处置系统建设要求，市防汛信息中心制定了《黄浦江潮位预警信号标识》，已批准为上海市地方标准，并在2006年汛期首次通过新闻媒体发布了黄浦江潮位蓝色预警信号。2006年，市防汛信息中心发布黄浦江潮位预报共708次，优良率达97.5%；按照水利部报汛新标准，顺利完成对水利部、太湖局、江浙两省及全市防汛指挥部的日常水情报汛工作。与此同时，市防汛信息中心启动国家防汛指挥系统工情中心、水情中心的前期工作，开展国家防洪工程数据库建设；建成基于水务热线受理、网络化处置的灾情信息采集系统，处置防汛排水来电2 900条；新建和完善防汛传真和短信群发模块，汛期共发送传真3 500条、短信86.5万条；围绕"内容丰富、功能实用、操作方便"的目标，升级优化防汛信息服务网，并在全市第一家接入市政务外网，从而提高了防汛应急处置的工作效率和服务能力。

水务信息资源开发利用

水务信息资源全面开发利用从2006年开始逐步成为水务信息化建设的重要内容。市水务信息中心通过大量的基础调研，首先梳理了局层面的行政办事、执法监管、基础管理等5个业务流程，拟定了水务信息资源目录体系和局核心数据库标准；积累了多比例尺、多时相、数据量超过500GB的基础数字地形图和遥感影像，在局机关、行业管理单位免费共享，初步形成由信息中心维护基础数据、各行业管理单位维护专业数据的机制，为今后数据交换共享和整合应用打下扎实基础；完成市、区两级WebGIS应用系统的整合和挂接，并将太湖局、海洋局、海事局、排水公司、区县水务局等防汛数据在一张电子地图上统一、动态发布。在电子政务信息系统建设方面，市水务信息中心完成水务信息资源门户的方案设计，为构建统一的内部应用交互界面奠定基础；为配合一门式对外服务的开展，改进局政府信息公开系统，使上海水务网站逐步成为水务信息资源的对外发布窗口，有力地支撑了水务系统政风行风建设。

水务政务信息化建设

市水务局业务受理中心专门成立了信息化工作领导小组和工作小组，组织开展信息化建设，并编制完成受理中心信息化规划；通过开展水务业务受理信息平台一期建设，初步建立受理中心内部运转有序、协调有力、安全稳定、资源共享的水务业务受理平台，为中心各业务部门互相协同、互相融合、互相监督提供支撑。电子政务系统建设和政府信息公开系统升级、内部审批流程建设、行政审批综合管理数据库建设4个项目正式启动，经过4个多月的调研和开发，电子政务系统已基本建成并投入试运行。同时，市水务局积极探索建立政府信息公开"一体化"服务机制，即受理服务人性化、公开内容动态化、信息更新同步化、公开渠道多样化的体制机制。2006年，市水务局共在水务网上更新政府信息公开文件585件（其中主动公开126件，依申请公开459件），受理网上申请政府信息公开事项517项；配合市信息委做好局政府信息公开系统和市政府信息公开统一平台"上海市政府信息公开申请网上处理系统"的系统联接和调试运行工作，是当年全市惟一实现双向数据传送的单位，运行效果较好，受到市信息委的好评；对照《上海市政府信息公开规定》的要求，对水务特色信息例如汛期风情、雨情、水情，水利和供排水基本情况以及社会普遍关注的政策类、规划类和咨询、申请集中的其他热点信息进行梳理和公开；对水务网现有文件性信息进行全面检查，梳理出拟删除文件和拟更新文件的目录，结合办事指南出台，对水务行政审批相关信息进行更新和调整，特别就办事须知、流程图、下载申请表等内容做了认真检查，确保平稳过渡，给办事群众带来方便；为了更主动、直观地向社会发布各类政府信息，完成了水务大厦政府信息公开LED显示屏建设。

水利行业管理信息化建设

市水利管理处2006年内完成"基于遥感和GIS的上海市河道变化调查"项目二期建设，水闸监测系统的软件升级及功能完善工程建设；完成水闸监测系统接入水务大厦IP地址的转换、船舶过闸费计算机收费系统三期建设任务和新浜计算机自动化监控系统的竣工验收和移交工作；完成水利管理处办公自动化系统建设；完成中心城区内河防汛墙GIS系统数据更新工作；同时开展《黑臭河道治理技术规范》、《崇明岛水利生态指标》等信息标准规范基础课题的研究，使水利行业数据库的改造升级有序推进。市水利管理处于9月20日开通统一的上海市水利信息网，同时还推出实施《上海水利信息网维护考评实施办法》，并对区县水利行业相关人员进行维护操作培训及网站维护更新工作，实现条块互动实时高效的目标。截至2006年底，网站共公开发布信息1 184条。

供水行业管理信息化建设

为给供水管理工作提供更便捷、更有效的现代化管理手段，全面提升供水管理水平和效率，市供水管理处抓好信息化规划的落地工作，通过建立行业信息化平台，完善政务公开，加快信息化建设步伐。根据市水务局对政务公开提出的新要求，市供水管理处针对原有不足，对网站内容做了重新梳理和编排，突出增加“政务公开”、“便民服务”等重点栏目的信息容量，并注重后期更新与维护，同时增加“反馈留言”、“用户问答”以及“调查系统”等互动类栏目，从而加强与内网的交互。在计算机软件开发管理方面，市供水管理处在2005年“自来水计划用水管理信息系统”的基础上，开展“水资源（表务）信息管理系统”及“水资源账务系统”的开发研制工作，至2006年底已完成该项目第一阶段和第二阶段的工作，包括：地表水用户户籍管理、地表水取水口管理、地表水水表管理、地表水抄表管理、地表水基础信息等，目前已进入导数据、试运行阶段。在网络安全防范方面，市供水管理处针对2006年信息工作的需求，着重对网络安全进行改造，添加防火墙硬件设备，增强网络安全，同时还起到监控网络访问、数据流量、合理安排网络带宽等作用，确保了整个办公网络安全正常运作。同时，市供水管理处提供一套为分布式网络环境设计的目录服务；部署企业级杀毒软件，用以检测不受欢迎的应用程序，识别通过开放文件共享传播的混合威胁攻击的来源，在造成破坏之前终止内存中的可疑进程，从而增强电子邮件防护，增强远程用户防护和管理。

排水行业管理信息化建设

市排水管理处按照“数字水务”建设要求，组织编写了《上海市排水行业数据库及其管理信息系统工程可行性研究报告》，同时开展了排水业务管理信息系统建设的准备工作。此外，市排水管理处加强了排水行业标准、规范修编工作，完成了《全国城镇排水管渠和泵站养护维修技术规程》修编工作；完成了《流沙地层中排水管道非正常损坏问题对策研究》课题；组织开展了《上海市城镇污水排入城镇排水管道的水质标准》的编制、申报工作；落实了《市政排水管道、构筑物工程施工质量验收规范》编制准备工作；编印了《上海市排水管理文件汇编》。

水务行政执法信息化建设

上海市水务行政执法总队是市水务局新建单位，其在2006年信息化工作中从底层做起，重点展开网络环境建设和网站建设。截至2006年底，上海市水务行政执法总队实现总队局域网与机动大队、排水大队、水利大队、供水大队4个基层单位的网络联接；完成总队局域网与局电子政务系统的联接，实现总队内部办公设备的共享、INTER网信息的检索、EMAIL的收发和局电子政务信息的畅通；同时，完成总队外网即总队网站的建设。总队外网是上海市水务行政执法总队统一对外的门户网站，该网站作为总队电子政务建设的一项重要工程，以政务公开为重点，以为民（单位）办事和为民（单位）服务为宗旨，设置了“机构简介”、“政务公开”、“工作信息”、“政策法规”、“网上办事”、“举报投诉”、“党建工作”、“以案说法”、“执法业务”九大栏目，并制定实施了网站运行管理制度。

水务规划院信息化工作推进

市水务规划设计研究院加快GIS与河网模型后处理的无缝衔接工作，重点完善内河河网，拓展了苏州河、黄浦江水量水质模型，构建中心城区供水主干管模型框架，并启动中心城区排水管网模型的构建工作；同时，参与长江口、杭州湾水、沙、盐模型技术的运用，研究水务一体化规划模型相关技术；继续完善数学模型库，加强数模技术的消化、吸收和再创新，扩大数模技术运用范围，提高应用数模的计算、分析能力和水平，形成“四网一域”数模技术体系（河网、供水管网、雨水管网、污水管网，长江口、杭州湾水域）。

此外，市水务规划设计研究院基本建成水务综合规划业务管理信息系统二期工程，并完善一期项目功能；完成水务规划综合数据库框架研究，启动综合数据库建设，重点是河网数据、中心城区管网数据的输入；完善河道蓝线编制和划示的电子化、标准化技术；加快内外网信息更新，增加外网网上办事和互动功能，提高了水务公共服务能力。

滩涂海塘网格化管理系统建设

2006年，市水务局滩涂海塘处对海塘网格化（条段化）管理进行积极的探索，初步形成海塘网格化（条段化）管理信息系统的框架。海塘网格化（条段化）管理信息系统以掌上电脑PDA作为移动操作终端，采用GPS（全球卫星定位系统）、GIS（地理信息系统）、GPRS（无线网络系统）和VPN（虚拟专用网络）技术，并高度整合软件、硬件、网络和数据库，实现海塘管理部门日常巡查信息的实时管理。海塘网格化（条段化）管理信息系统通过集成于掌上电脑PDA实时处理和上报地理位置和移动状况和日常巡查数据，经检查核实后，再通过虚拟专网或专线将数据传输到管理中心进行统计汇总、分析和评估。以奉贤区海塘管理所和崇明县水利工程管理所作为试点开展的海塘网格化（条段化）管理信息系统建设目前正在进行中。

水文信息化工作推进

根据第三轮环保三年行动计划水环境专项实施意见的河道整治任务和目标，2006年，市水文总站以19条中心城市河道、24条近郊六镇重点整治河道和25条郊区重点整治骨干河道为重点监测对象，将常规水质监测点从2005年的272个增加到346个，加强了对苏州河干流调水水质改善效果的监测，使检测项目达到33项，为科学评定河道整治效果提供依据。同年，市水文总站对全市600余家排水户继续开展排水执法的水质监测工作，通过有效监测，提高了执法部门对排入管网水质不达标案件的查处率，为保证污水管网和处理设施的安全提供保障。水文部门防汛测报工作坚持以水情优质服务为宗旨，完成水情信息采集系统市区遥测网19个遥测站的升级改造，升级完善中心站数据采集软件，增加双信道招测功能，提升了测报能力，增强了系统的稳定性和可靠性。2006年汛期，市水文总站通过加强对测报设备的维护管理和应急抢险，使遍布全市的80余个水文测站处于良好的运行状态，较好完成了水情报汛和防汛测报任务。此外，国家水文数据库建设根据水利部水文局要求和行业规范，继续做好上海水文部门辖各类测站的水文资料整汇编和入库，同时做好数据库的维护和管理，确保了库的正常运行和对外服务工作。（周　凡）

二、环境保护

2006年，上海市环境保护局（以下简称“市环保局”）信息化建设工作紧紧围绕新一轮环保三年行动计划的重点和工作目标，依据“环保信息化‘十一五’建设规划”，紧密结合全市环境管理及污染物防治等重点工作，力求在环保信息化工作领域中有所拓展，努力提高信息技术为环境管理提供信息服务和辅助决策支持的能力。同时，市环保局以环保综合办公信息平台、“上海环境”政府网站为载体，积极推进电子政务建设。

上海市环保系统业务专网建设

根据《上海市环境保护信息化建设“十一五”规划》中提出的网络建设任务，2006年，市环保局及市环保信息中心积极推进直属单位、区县环保局业务专网的建设，主要是依托全市公务网、政务外网，建成了互联互通的市区两级环保系统业务专网，为实现市区两级环保管理联动及信息资源共享提供了网络基础。

在对全市网络建设现状进行充分调研的基础上，市环保局拟订出全市环保系统网络平台建设方案，并积极推进市区两级网络平台建设。至2006年底，市环保局7家直属单位都已经接入政务内网，并开通应用系统；三家直属单位统一接入政务外网；全市范围19家区县环保局已经全部接入市政务外网，并开通了日常办公等应用系统；除南汇区环保局外，其余18家区县环保局同时接入市公务网。

“上海环境”网站改版

市环保局以“上海环境”为载体，加强后台技术支持，并通过对网站页面、栏目的调整，丰富了网站内容，增强了市民对环保工作的参与度及为政府了解民意、集聚民智提供直接而快捷的渠道。2006年，网站重点增加了以下服务功能：

1.开通咨询投诉短信服务系统

该系统拓展了网站与市民快速沟通的渠道。手机用户可以直接发送短信，环保局网站管理人员即可在咨询投诉栏目中收到该咨询投诉信息；同时，咨询投诉的用户也可以通过电子邮件或手机短信的方式收到相关回复。短信服务系统的开通，方便群众不受时间、空间的限制通过手机短信或电子邮件反映各种问题，提出各种意见和建议，对于政府体察民情、了解民意、集聚民智，及时有效地处理人民群众反映的各种问题有着积极的作用。

2.开通“建设项目环境影响评价审批公众参与”栏目

根据国家环保总局有关要求，网站建立了建设项目环评审批系统的数据交换子模块，每天将新接收的受理信息从办公内网转入外网，在网站上公开，接受公众的留言；一定时限之后留言框关闭，随后这些公众评论信息将从外网转入办公内网环评审批系统，作为文档资料进行归档。

3.开通网上互动论坛栏目

2006年，网上开办了主题“如何创建环境友好型企业”的互动论坛，相关企业及部分市民参与了讨论。环保互动论坛的开通，对于增强市民环保意识及环保宣传有积极作用。

上海市工业区污水治理地理信息系统建设

在2005年组织实施的全市80个保留工业区污水治理设施“一区一方案”调查、工业区污水收集系统的规划/评估工作的基础上，为解决资料管理繁琐、信息存储分散、难以有效整合等困难，并为实现及时地跟踪评估工业区污水治理工作，提高工作效率，2006年，市环保局建立起一个具有动态更新、信息整合，并具有空间统计分析功能的工业区污水治理地理信息系统。

该系统利用先进的计算机数据库技术、GIS技术完成了全市工业区污水处理设施、管网、污染源企业分布以及外部污水处理设施分布等信息的整理和GIS数字化建库工作，实现工业区污水治理信息的整合和动态管理，并提供相关信息的空间统计和分析功能，为环保管理部门及时有效地跟踪评估工业区污水治理工作提供一个用户友好、操作便捷的计算机平台。

环境保护法律法规信息库及检索系统开发

为提高环境执法的规范性、准确性、合法性和合理性，提高环境执法的效率和处罚效果，避免部分环境违法案件违法事实不清、证据不确凿、适用法律不准确、执法程序不合法、罚款幅度不合理等问题出现，市环保局建立了适应性信息库并进行相关的研究开发。

该系统的信息库包含了经梳理的国家环境保护法律、行政法规、部门规章以及全市地方性法规、市政府规章共计近300部，环境保护强制性标准170余项；罗列了主要环境违法行为400余项，并将各违法行为与其执法主体、法律责任、调查取证的要求及相关的自由裁量权规定相关联，并包含了环保行政许可名录等。同时，该检索系统建立了行政处罚、行政强制等执法程序流程图；建立了行政处罚、行政强制和行政许可各类文书模板；建立了多方式的违法行为及适用法律、处罚标准的查询模式；建立了污染源重点监管对象GIS空间管理模块；提供了执法日志录入功能等。

该系统所涉及的环境保护法律法规覆盖水、气、声、固废、辐射、建设项目等环保管理各领域，是环保执法人员的得力助手。 （市环保局）

三、房　地

2006年，上海市房屋土地资源管理局（以下简称“市房地资源局”）把信息化工作摆在全局工作的重要位置，在认真分析和领会房地资源行业发展要求和管理目标的基础上，以上海市房地资源信息化“十一五”规划和国家“金土工程”建设为指导，以开展“土地清查”和“房屋调查”为突破口，以转变政府职能、提高行政效率为目标，并继续以“上海市土地房屋综合管理信息系统”建设为抓手，努力加快基础数据库建设，不断加强应用系统研发和推广应用。

完善房地资源信息化“十一五”规划

2006年，市房地资源局对上海房地资源信息化“十一五”发展规划进行了进一步完善，并进一步明确了“整合信息资源、统一信息平台、实现资源共享”的管理要求以及“一个中心、两个平台、三大体系、五大板块”建设目标。《上海市房屋土地资源信息化“十一五”发展规划》于2006年9月20日正式颁发，同时，局还制定了规划实施的工作框架——《上海市房屋土地资源信息化“十一五”规划实施方案》，按近期（1～2年）和远期（3～5年），按轻重缓急，按工作职责，将规划中的任务进行分解和细化，并提出具体要求，落实到各个单位（部门）。此外，根据规划，市房地资源局完成了《“金土工程”上海市配套工程实施方案》的编制工作。

信息安全和三级网络建设

在信息安全方面，2006年，市房地资源局建立了应用系统上线和版本更新等管理流程，实行开发、测试和部署的分离；对网络结构设计、安全策略配置、三层架构相关设备进行整理和优化，初步实现了开发环境、测试环境和运行环境的分离；系统监控平台的建设，可以预报系统运行中的异常情况，并对故障点进行定位。

“三级网络”组网是在已建成的市-区县二级网络的基础上，进行网络的扩容改造，增加市局与房地管理所、房地办事处的网络线路，全年共增设节点253个，目的是充分运用信息化技术加强基层房地产管理，进一步提高房地产管理部门的行政能力；为建立房地产长效管理机制，为实施精细化、网格化管理提供技术支持。网络从市局直接连接到第三级（房地管理所、房地办事处），对于部分区县局（第二级）和其下属的第三级（房地管理所、房地办事处）之间流量较高的线路，则增加二、三级之间的线路数。

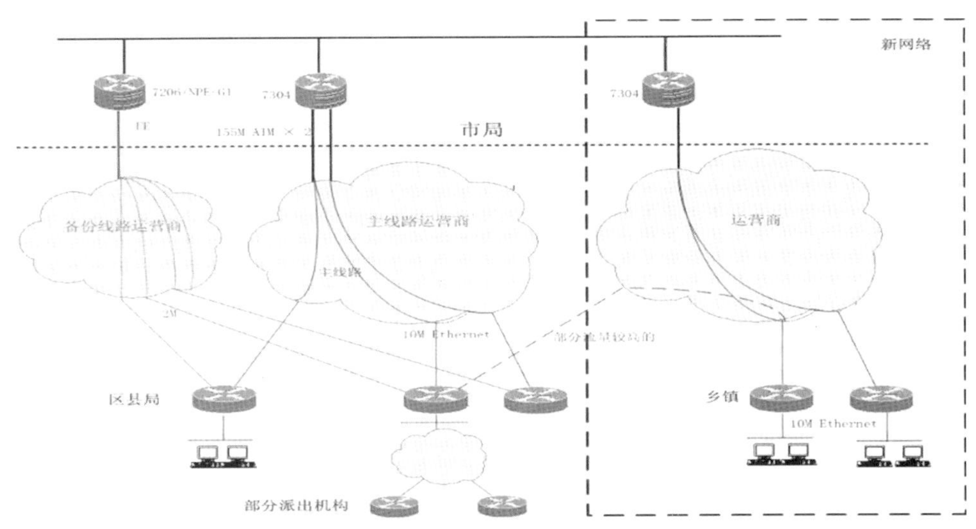

市房地资源局“三级网络”组网图

应用支撑平台开发

按照市房地资源局信息化规划设计，应用系统建设的总体逻辑构架由底层的共享数据层、中间的应用支撑平台层和最上层的各业务系统层组成。2006年，市房地资源局完成了应用支撑平台层（中间层）部分建设任务，建立了统一的流程引擎、统一的用户管理、统一的地理信息服务。利用统一的流程引擎，可以做到流程定义统一、流程实现模式统一、流程各节点角色、权限设置统一管理，避免了不同业务之间流程定义自成一套、难以交互，并可配合统一的用户管理规范设置节点权限；在用户统一管理方面，实现了“数据共享、分级管理”要求，做到了市区分级，内外分级，管理与操作分级；在统一的地理信息服务方面，为各业务应用系统提供统一的地理图形浏览接口。应用支撑平台层的建设也为市房地资源局建设“行业主体管理系统”奠定了基础，有利于推进统一的网上年检，建设统一的行业信用评价体系。

上海市土地房屋综合管理信息系统建设

2006年，根据房地资源行业发展需求，“上海市土地房屋综合管理信息系统”可行性研究方案作了修改调整后得到市发改委的批复，同时，局相继启动了“土地执法监察”、“土地利用现状变更”、“土地审批”、“房地产开发项目建设管理和监测”、“物业管理”和“房屋拆迁管理”等系统的开发建设和改进完善工作。

【土地执法监察系统和土地利用现状变更系统建设】“土地执法系统”和“土地利用现状变更系统”是“上海市土地房屋综合管理系统”土地管理板块的一个组成部分，其建设目的是利用土地清查完成的基础数据，及时对土地的变化情况进行监管。这两个系统相辅相成，共同依托土地管理三级网络，通过“天上看，地上查，网上管”，建立房地资源管理领域网格化管理模式，完善“发现及时、处置快速、解决有效、监督有力”的长效管理机制，提高对土地利用的监控效果，提升土地执法管理的能力和水平，满足土地管理精细化需求。至2006年底，这两个系统已开发完成并投入运行。

【土地审批系统建设】“土地审批系统”是“上海市土地房屋综合管理系统”土地管理板块的一个重要组成部分。2006年，市房地资源局在原有基础上，根据新的业务需求进行完善，使之更加符合土地审批的全过程管理。在系统建设过程中，局对管理事项分类进行调整，把原来的九大类16个小类调整为四大类21小类，使之更加合理；对审批流程进行优化，变串行审批为并行审批，并将征询前置，简化了审批环节，提高了审批效率。该系统的开发完成，有利于规范土地审批行为，提高审批效率，全面掌握土地审批数据，促进土地审批数据更新长效管理机制的建立。通过土地审批数据的“落地”，实现了土地审批“图文一体化”，强化了全过程的跟踪管理。

【房地产开发项目建设管理和监测系统建设】“房地产开发项目建设管理和监测系统”是“上海市土地房屋综合管理系统”商品房管理板块的一个组成部分，其建设目的是为了优化全市住房供应结构，控制住房供应总量，加强房地产开发项目全过程管理。通过该系统建立房地产开发项目网上申报平台，并在每个建设节点设置监测指标，全方位监测项目建设情况。该系统建成以后，将改变目前重审批、轻监管的现象，实现以住宅建设为主的房地产开发项目全过程落地化、精细化管理，使市房地资源局相关管理部门在用地、计划、进度、预售、办证等各环节共享数据，加强在流程节点上的互动与控制。

【物业管理系统和房屋拆迁管理系统建设】“物业管理系统”和“房屋拆迁管理系统”在2005年建设的基础上，市房地资源局对其进行了进一步结构优化和功能完善，并扩大了其应用范围。物业管理方面，局着重完善其网上备案、数据申报和电子票据打印等功能，并推进物业管理项目清理和落地工作。这两个系统已在万科华尔兹花园试点，物业数据清理和落地工作已完成9个区县2 900多个项目。拆迁管理方面，局着重推进基础数据采集工作，已将拆迁单位（82家）、拆迁工作人员（8 342人）和拆迁基地（5 695个）的信息全部入库。通过建立被拆迁户信息，管理单位可以随时掌握安置补偿情况，避免那些利用户口迁移反复享受安置政策的现象；通过建立拆迁户安置方案信息，可准确计算出拆迁成本，从而进一步加强拆迁补偿管理，推进阳光动迁，提升全市拆迁管理水平。

【“上海房地资源”网站建设】2006年，“上海房地资源”网站建设的主要目标是完善已有功能，加强基础信息的整理工作，进一步提高上网信息的质量，提高上网信息的及时性、准确性和完整性。根据市政府门户网站建设要求，网站进行了两次改版，完成了网站内容管理平台和舆情信息采集分析处理系统的建设，舆情信息采集可为市局有关部门及时提供信息服务；进行了政策法规库的分类编码和整理；对短信、邮箱的功能作了扩充，提高了网站的服务水平。

存量房网上备案系统构建

为进一步贯彻落实《国务院办公厅转发建设部等

部门关于调整住房供应结构稳定住房价格意见的通知》（国办发〔2006〕37号）中关于“进一步整顿和规范房地产市场秩序，完善房地产统计和信息披露制度”的要求，2006年，市房地资源局根据《上海市存量房经纪合同和交易合同网上备案办法》，着手构建存量房合同网上备案系统。该系统彻底改变了传统的手工签约方式，取而代之的是融入现代管理理念和先进信息技术的网上签约。该系统的构建，为经纪行为的规范和交易过程的控制提供了便利。交易中心主要通过3个环节进行监管：①在经纪委托环节，备案系统自动查询权属登记信息，对于存在查封或受到其他交易限制的房屋，备案系统禁止经纪机构与当事人签订经纪委托合同；②在房屋交易环节，交易中心建立了电话回访制度，针对网上签订的委托合同和交易合同进行真实性校核，避免虚假交易信息的产生；③在签约环节，备案系统为每套合同的买卖双方当事人设立了合同密码，防止他人擅自变更合同内容，签约后至当事人约定办理房地产登记手续前，备案系统禁止同一套房屋再次签订其他交易合同，防止“一房二卖”的情况发生。同时，该系统改变了以往二手房交易市场传统的运作模式，使行业管理从结果控制为主逐步转向结果控制和过程控制并重。根据存量房合同网上备案工作推进计划，从2007年1月1日开始，全市各区县房地产交易中心登记窗口将不再受理未经网上备案的存量房交易过户手续，标志着此项工作进入全面运转阶段。

商品住宅维修资金管理信息系统改造

随着上海市商品住宅维修基金系统（简称3.0系统）推广应用的深入，用户数激增，资金使用和分摊工作频繁。为了适应维修资金管理业务日益扩展的需求，市房地资源局确定了“优化系统、更新硬件、升级系统”总体改造方案并于2006年8月18日顺利完成系统升级改造，同时与8家受托管理商业银行一次切换成功，专户阶段共移植项目1.2万个，涉及产业分户共226万多户，开户阶段共移植业主大会2 900多个，涉及分户共131万多户（含公共户）。新系统在数据结构、业务流程、系统效率和用户操作等方面都进行了较大幅度的调整，减少了市房地资源局和银行的数据冗余，增加了监控点，丰富了数据分析、动态监控等功能，同时还充分考虑了与物业管理系统的接口，方便了数据资源共享。

（卢锦台）

四、交　通

上海市轨道交通全面迈入“一票换乘”时代

随着上海市轨道交通网络化运营格局的形成，原有的自动售检票系统已无法适应网络化运营的需要。2005年10月，上海轨道交通不同线路实施联网运行以及“一票通”改造工程完成系统升级，2006年11月顺利通过验收，各项功能指标均已满足需求。这标志着上海市轨道交通运营线路已全面完成“一票通”改造，正式步入全路网“一票换乘”的网络化运营时代。此次“一票通”改造在全国范围内尚属首次，而硬件和软件全部实现“国产化”更是该工程的一大亮点；同时，该工程在短短10个月内克服了大量技术难题，自主研发创新，有效实现了对原进口设备系统的改造，为今后的运营维护奠定基础。

实现“一票换乘”后，票价计算较之前更趋合理，部分乘客的乘车支出将会下降，体现了“递远递减”的计价原则。同时，网络运营效应亦充分显现，“一票通”改造后路网的日均总客流较改造前净增45.2万人次，达到195.6万人次，增幅为30%；五条线单日换乘客流总量最高近57万人次。

上海市公交优惠换乘系统试点运行

公交优惠换乘是由政府部门牵头实施，落实公交优先战略的重要项目。该项目分阶段实现中心城区公交车辆的换乘优惠以及老人、学生的票价优惠，使公交出行的广大市民减少交通支出，从而增强公共交通吸引力。2006年11月，上海开始实施公交优惠换乘试点，持公共交通卡乘坐空调车的乘客90分钟以内每次换乘享受0.5元票价优惠。此次优惠换乘试点主要涉及延安路周边的43条公交线路约1 200多辆公交空调车，占全市公交空调车总数15%，优惠人次达到2 001 331次。

公交优惠换乘主要依托公共交通卡平台为载体实现，因而涉及对交通卡存储结构、中央清算系统、公交结算中心实施技术改造以及发行老人和学生卡。通过在交通卡上的公共交易记录中增加优惠换乘标志，即实现了结算、统计和查询功能，并在卡的专用扇区内保留了最近一次与优惠相关的公交记录，包括交易时间、交易类型等信息以供查询。同时，系统设置换乘优惠参数表并逐级下载直至指定的公交POS机，并密切监控结算平台的运行状态，一旦发生异常情况，立即启动相关预案。此外，老人卡、学生卡的发行和管理通过已建的社保卡系统管理点基础上增加专用处理设备实现。

上海铁路南站公共交通枢纽智能化系统通过验收并试运行

上海铁路南站公共交通枢纽智能化系统作为南站配套工程之一，2006年底通过主管部门和行业专家的验收并试运行。该系统作为上海市公共交通枢纽站智能化系统建设试点，符合上海市《公共交通枢纽站智能化系统与服务功能基本要求》相关规定，满足运营企业和场站管理部门的使用需求，功能设计和应用开发先进，并实现了公交线路远程调度和集中调度。

上海铁路南站公共交通枢纽站智能管理系统包括网络通信、视频监控和站内广播等子系统，可实现站区公交车集中调度、出租车与停车管理、乘客交通资讯综合服务等功能。其中，视频监控采用数字技术实现场站内车辆进出口和站台的实时图像监控；公交车集中调度则通过车辆自动登录识别与采集企业配备计划信息生成当班车的调派方案，进行站区跨线调度；乘客交通资讯综合服务系统在主干道、广场入口处、公交候车亭以及换乘点等处发布运营时刻表、发车信息、泊位信息、线路走向、线路换乘、站点分布、换乘导向标志等交通动静态信息，以及天气、新闻等公共信息，为乘客提供综合信息服务。

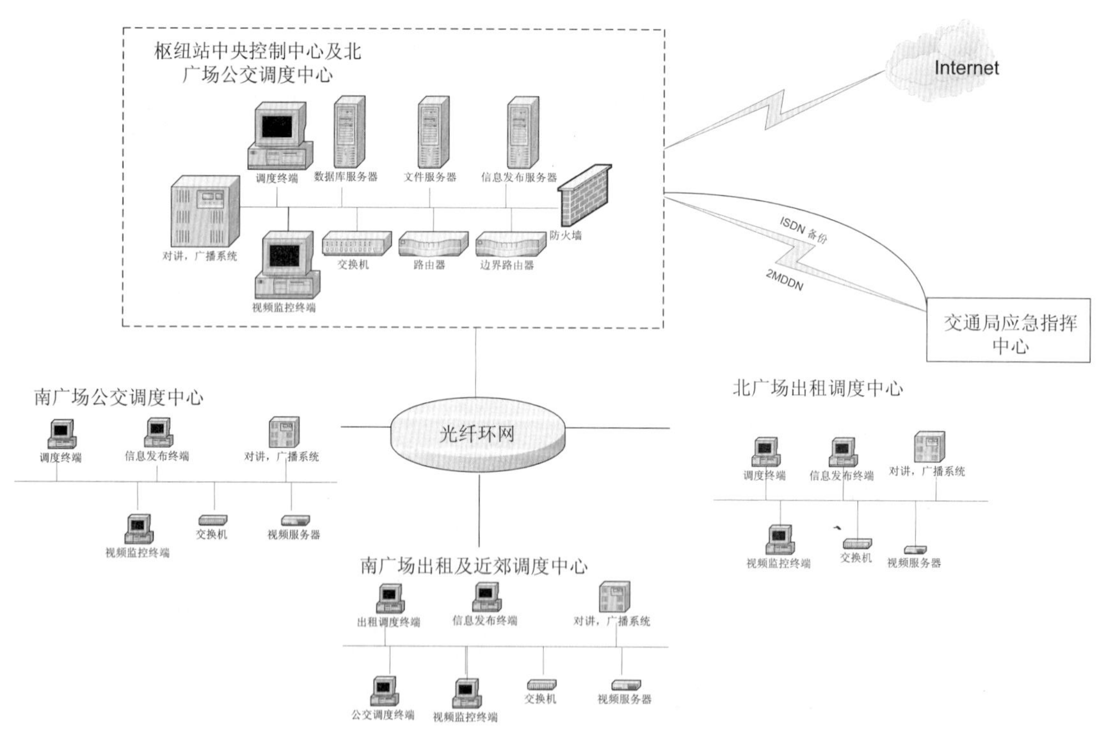

上海南站公交枢纽站网络结构图

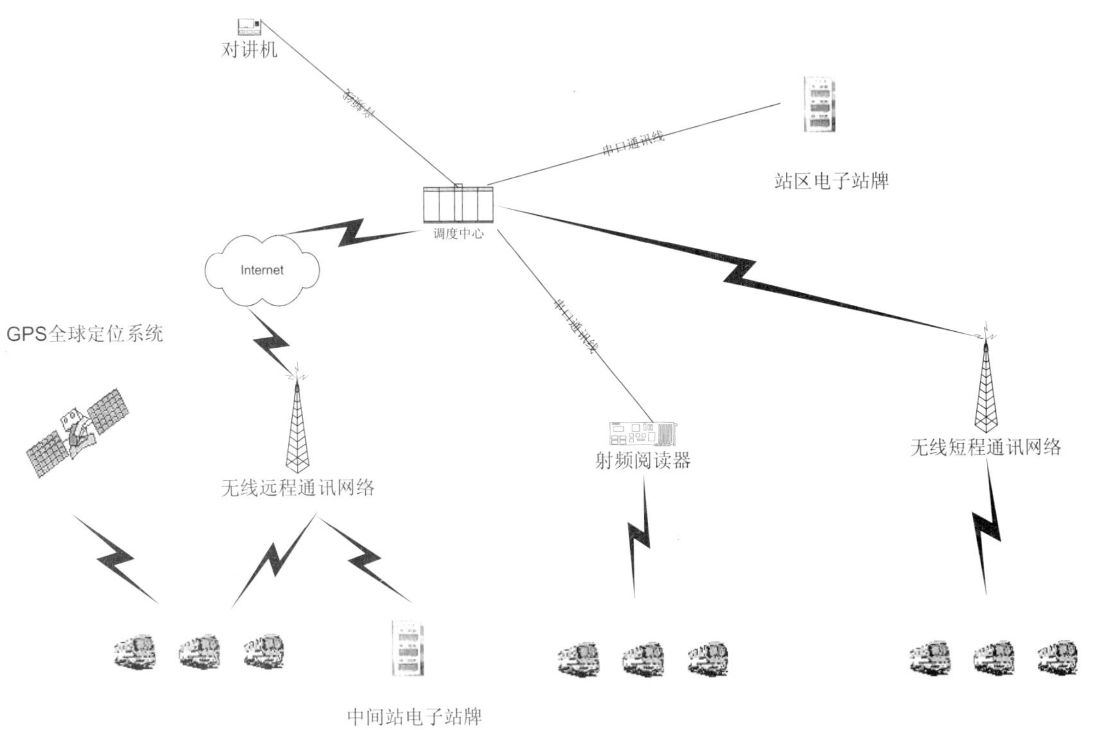

公交站区集中调度网络示意图

《上海公共交通枢纽站智能化系统基本要求》颁布实施

为改变公共交通枢纽站的传统调度模式和管理方式，《公共交通枢纽站智能化系统和服务功能基本要求》2006年由市交通局颁布实施。该技术规范针对上海公共交通枢纽站构成和使用特点，规定了枢纽站智能化系统的结构、组成、功能、性能、配置要求和技术认定条件，明确与设施配套的综合服务功能要求，从而指导上海市公共交通枢纽站智能化系统建设。

枢纽站智能化系统一般应由公交站区管理、出租汽车站区管理、公共停车管理和枢纽站综合服务等部分组成。其中，公交站区集中管理包括车辆登陆识别、生成运营计划、调度方案以及车辆运营日报表等功能；出租汽车站区管理包括现场调度、车辆引导和牌照识别等功能；停车管理包括车辆出入控制、检测以及与停车诱导系统联动等功能；综合服务功能包括在候车区向司售人员和乘客提供调度、发车、天气预报和新闻等信息，在调度休息区发布待发车辆的车号、司售人员职号等信息，采用公交电子站牌、交通信息查询终端或信息服务亭等形式为出行市民提供公交线路、交通换乘查询以及售票、交通卡和电话等便民服务。同时，该系统能提供站区语音广播和视频监控，为车辆调度、公共服务和应急报警服务，并可与管理部门联网传送数据和图像。

公交车辆车载智能设备测评系统建成

根据上海市公交信息化建设的功能定位和技术路线，公交信息化系统主要由车载智能设备、服务管理平台和电子站牌三部分组成。作为系统前端的车载智能设备，具有车辆定位、数据采集、营运调度、安全报警和信息服务等功能，并在线采集包括客流、能耗等营运信息。针对目前市场上供应的车载智能设备品种丰富、规格不一的现状，2006年初，交通管理部门组织第三方技术力量，依据有关技术规范研发了“公交车载智能设备测评系统”（以下简称“测评系统”），旨在对市售车载智能设备的基本技术特性、采集报送信息的完整准确程度以及支持配套系统的相关功能作出测评，为公交企业的合理选用提供导引，为政府购买服务提供依据。

测评系统既支持与被测设备的直联检测，又支持被测设备装车运行后的在线检测。其中，直联检测是整个测评系统的基础部分，用于检验被测车载设备基本功能的正确性以及接受、处理和传输数据的准确性。检测台模拟生成车速、里程、油耗和开关门等由车辆仪表在实际运行中采集的各类数据，以模拟量、脉冲量或开关量等形式反馈入被测车载设备的相应输入端；车载设备接受并处理后的输出信号即为设备本身功能是否正确以及数据处理和传输是否准确的判据。通过直联检测的车载设备在车上正确安装后即可实施在线检测，此时仅需将有待采集的各类车辆仪表信号加载到车载设备的相应输入端，输出回传通道与直联检测时相同，即通过GPRS（或CDMA等其它方式）经由通信运行商服务器接入测评系统。

自2006年10月测评系统建成投运以来，已为全市数家制造商的车载设备实施检测，为公交信息化的产品选用和政府购买服务提供技术依据。与此同时，第三方测评环节在客观上促进了车载设备市场硬件与软件的进一步完善与规范，而测评中积累的第一手数据也为公交企业和管理部门提升运营和监管水平创造条件。（陈良贵）

公共交通卡发展

截至2006年底，上海公共交通“一卡通”系统累计投入2.48亿元，在公交、地铁、轻轨、出租、轮渡、高速公路、长途客运、停车场、加油站等10多个交通及相关行业得到应用，在国内率先建成了简便、快捷、安全的公共交通付费网络。装载读卡POS机6万多台，建立售卡（充资）网点2 000多个、移资网点43个、退卡网点21个，发行“公共交通卡”2 000多万张。

【进一步完善数据仓库的软件开发工作】2006年，交通卡公司在2005年对数据库研究开发的基础上，广泛听取行业主管部门、研究单位和运营公司的建议，配合做好专项课题研究的基础工作，并进一步挖掘、完善数据仓库的软件开发工作，用足、用好公共交通卡信息资源。同时，公司根据数据库资料，针对全市公交、出租、轨道交通等客流总量、结构、分布等现状、规律和变化，制作客流量分析报告，为各相关部门和运营企业的科学决策提供服务。

【开展POS设备及SAM卡的更新升级工作】2006年，全市出租汽车调价，公司配合完成4万多台POS设备和大部分充资设备的技术升级和SAM卡的更新升级工作，并集中赶制PSAM卡，满足了各开发单位的更换需求，为出租汽车调价做好相关配套工作。

【初步形成世博专用智能卡雏形】交通卡公司研究开发并不断完善交通卡在世博园区内外的交通衔接以及园区内客流引导、组织、电子门票、安全监控、门禁、信息资料分析等方面的使用功能，体现“一卡通”优势。公司“世博一卡通”模拟系统已在2006年工博会上试点应用展示，初步形成世博专用智能卡雏形。同时，公司积极与市公路处、复旦微电子、亚太公司等管理部门、科研和应用单位合作，制订高速公路ETC快速收费系统技术标准，研发并试点实现交通卡在高速公路不停车收费系统的应用，为早日实施高速公路不停车收费做好技术开发和研究等准备工作。

【与常熟市实现“一卡通”异地互通】2006年，上海与常熟市实现“一卡通”异地互通。常运公交公司目前有公交车240辆，出租汽车609辆。常熟市发行的交通IC卡将采用与上海交通卡一致的卡片结构，这是继2005年底连通阜阳市后的第三个与上海实现交通卡异地互通的城市。（程李燕）

五、民　防

防空警报网建设

2006年，上海市民防办公室（以下简称“市民防办”）加强警报管理工作,组织各区县民防办警报主管和警报设置点的管理人员进行警报控制系统专业技术培训；对警报设施进行普查和设备维护，同时对警报设置点的无线信号场强进行测试，基本掌握全市警报点信号覆盖状况，为今后警报建设和管理提供依据；完成警报点的定位和警报数据库的维护更新；新增各类警报器若干台，所有警报器都配备新型警报控制终端，并对其进行统控测试。

数据平台建设

2006年，市民防办围绕构建统一平台、统一标准、统一数据的民防网络信息体系的目标，建设市区两级共享的民防综合数据平台。为满足市区两级数据共享和更新要求，市民防办对平台数据库结构、平台管理程序进行调整和修改，完善改进平台功能；初步草拟了市民防（防空防灾）综合数据标准体系，指导区县民防办遵循统一标准建设本地数据库。同时，按照“三个统一”的建设原则，市民防办在闵行区进行了民防综合数据共享平台试点建设，按照统一的软硬件配置搭建了闵行区数据库平台，实现了市区两级平台互联；指导闵行区入库数据，并将原先开发的闵行区综合减灾信息管理系统移植到新建的闵行区数据库平台；在闵行区召开民防综合数据共享平台试点建设现场会，为平台在全市推广应用打下坚实的基础。在闵行试点的基础上，市民防办指导区县民防办遵循统一标准建设本地数据库，累计下区（县）33次，指导和安装完成9个（包括闵行）区的本地数据库建设；举办了针对19个区（县）信息化建设、数据库管理和操作维护人员的集中培训，参加人数达45人。

启动并实施防空防灾（减灾综合）信息基础平台（二期）建设；在“平台一期”硬件建设的基础上，重点实现平台数据库和系统双机热备和容余，扩容数据存储系统满足不断增加的应用需要。同年，市民防办还编制完成了《市区两级防空防灾（减灾综合）共享平台数据标准》，按照新数据标准，统一调整数据库结构；修改完善平台的相关软件“元数据管理系统和数据编辑管理系统”。按照统一标准访问平台数据库原则，围绕业务部门的应用，市民防办将已在应用的“上海市民防工程信息综合管理”和“上海市化学事故应急处置救援”系统移植到基础平台，使“平台”真正成为民防系统的信息收集应用中心。

民防电子政务建设

一是上海民防网站改版。市民防办以上海民防“六大体系”建设为框架对网站进行了全面改版，从主页面设计、政府信息公开、网上办事、便民服务、网上互动渠道、系统维护等方面着手，加强网站功能，做好网上服务，提高网上办事效率，使上海民防网站成为市民防办信息公开和便民、利民的窗口。同时，市民防办做好日常的信息更新与网站维护管理工作，维护网上办事和咨询投诉的功能，及时响应、处置与反馈各类咨询问题与投诉；维护网站软硬件系统，确保网站正常运转。

二是民防行政审批信息管理系统软件开发。市民防办做好民防行政审批信息管理系统日常维护管理工作，确保软硬件系统正常运转，并每天对内外网审批数据进行交换；依托政务外网，与19个区、县民防办联网，开发完成区县民防行政审批和备案信息系统，并投入使用，实现对区县行政审批和备案信息数据的汇总，并定期导入内网民防行政审批信息管理系统；启动民防行政审批系统二期建设，目前已完成需求调研工作，预计2007年中正式投入使用。

三是城市地下空间综合管理信息系统建设。市民防办开发完成地下工程普查软件，包括数据结构和需求分析设计、安装调试、培训、试点及推广工作；开发完成地下空间综合整治普查软件，包括数据结构和需求分析设计、安装调试、培训、试点及推广工作。

四是信息化基础建设。一方面根据上海市国家保密局通过的内网改造成保密网的方案，市民防办对内网进行了改造，并通过了市国家保密局组织的安全评测。另一方面市民防办对计算机中心机房进行了改造，主要包括：机房扩容及装修、屏蔽机房建设、机房环境监测、机房供配电、KVM集中控制、机房设施及综合布线等。

世博信息化项目研发

一是世博多源信息组网监测应急系统研发。市民防办配合交大等单位完成国家科技部和市科委重大科技攻关项目“面向世博的多源信息组网监测应急系统”，完成“组网监测应急系统数据交换类型与标准”、“世博安全应急系统建设方案与性能评估”和“面向世博的多源信息组网监测应急系统应用示范工程”等3个子课题的分阶段报告和总报告及演示系统的整合。二是系留气球监测系统研发。为在世博会期间建立系留气球监测系统，并在充分掌握系流技术的基础上，市民防办提出民防相关技术依据和指标，对气象、环保等相关部门进行调研，为编写“项目建议书”和“可行性报告”提供依据。

（陈奕平）

六、港 口

2006年是“十一五”开局之年，也是加强上海国际航运中心建设的关键一年。上海市港口管理局（以下简称“市港口局”）在信息化规划制订、基础数据建设、网络建设和软件系统应用等方面取得了一定成果。

组织编制港航“十一五”信息化发展规划

针对行业主管部门在政企分开的新形势下推进信息化建设缺少抓手的现状，根据“十一五”期间上海港航发展趋势、发展需求预测及主要任务，市港口局运用科学的研究方法，完成了《上海市港航“十一五”信息化发展规划》编制工作。

该规划从上海港航信息化发展现状的调查入手，研究了国际大港信息化发展的趋势，分析了“十一五”期间上海港航信息化发展的环境，对上海市港航信息化发展方向做出了基本判断，并在需求分析基础上，明确了“十一五”期间上海港航信息化建设的指导思想和实施原则，提出了奋斗目标、主要任务、重大项目和保障措施。它是规范和指导全市“十一五”期间港航信息化建设的行动指南，是加强上海国际航运中心功能建设的主要内容。

组织基于GIS的港航基础数据平台建设

为实现管理对象的数字化、以便为管理过程和管理决策的数字化提供基础数据支撑，并为将来的应用系统提供数据支撑，从而有效地解决重复投资、分散建设的矛盾，更好地解决互联互通、资源共享的问题，在有关部门协助下，市港口局开展了基于GIS的基础数据库建设工作。整个项目分两步推进，按照先外港后内港，先静态后动态，一次规划，分步实施，急用先建，逐步完善的原则分期建设。一期工程已于2006年底完成，其主要目的是为局应急指挥信息系统服务，建设内容包括：整合现有的3个GIS子系统（岸线规划、环保卫生、内河航道），完成危险品码头、涉外码头、集装箱码头、旅游和客运码头及港航相关单位基本信息的建库工作；初步实现图和属性间相互对应、数字地图的标准功能以及统计、测量、分析及数据维护等功能。

内部网络基础平台建设

在内部网络基础平台建设中，市港口局经过努力，落实了施工单位，克服了道路开挖、损失赔偿、物业公司不配合、施工经费不落实等困难，添置了部分设备，完成了调试和安装，通过公务网的非涉密域，实现了局机关与航交所、各事业单位及洋山办内网的互联互通。目前，市港口局对计算机配备到位的用户已完成了软件安装、安全验收、应用审批等程序，并正式开通了与局内网的联接，形成了覆盖全局所有单位和部门的基础网络平台，为资源共享、公文流转、办公自动化、一门式审批提供了技术支撑。5月初，市港口局完成了市政务外网的物理接入工作。

现有三网站改版

在全面总结现有网站建设、运营和维护经验的基础上，市港口局充分进行调查研究，认真进行需求分析，反复听取各方面的意见和建议，对内网、外网和公务网的网站进行了改版。改版过程中，明确定位，突出重点，进一步完善了框架和结构，大大丰富了网站内容，重新设计了网站页面，提高了使用的实用性和维护的方便性，取得了较好效果。

网站改版过程中，市港口局通过技术手段，丰富、完善了网站的许多应用和服务功能，包括网页自动生成、网页字体缩放、网页打印、信息发布的排序、高级搜索、过期文档的自动删除、新邮件和待办事项的自动提醒等。如新增加的内、外网网页点击率统计功能，在内部统计并发布了月点击率排名前十位的内、外网的网页，及时反映了港航企业及广大市民关心的热点问题。

网上办事和档案信息系统开发

在网络平台基本建成的基础上，在数据平台建设的同时，市港口局组织了“网上办事及审批管理信息系统”、“档案信息化和电子公文归档管理信息系统”、“信访综合处理管理信息系统”等应用系统的开发，并于2006年底完成，将在2007年初投入试运行。

市港口局根据电子档案归档的要求，重新设计收、发文系统，并设计开发了电子档案管理软件，使档案工作规范化、经常化。档案信息化及电子文档管理系统的开发，将建成覆盖市港口局局机关、下属事业单位的公文流转及其档案管理系统。该系统按照《上海市电子公文归档管理实施办法（暂行）》的要求，结合市港口局特色，将实现部分收文、全部发文的电子文档流转、电子公文归档，使档案的信息收集在日常工作中完成。同时，该系统能对归档电子公文的真实性、完整性、有效性进行鉴定；将归档电子公文转换成符合档案管理要求的存储格式；生成符合电子归档要求的报表、表单；最终总结出一套符合港航特色的电子归档所必需的技术、流程、制度，从而为全市全面推行电子归档积累经验。

为实现行政审批和内部信息系统的融合，利用信息化手段提高办事审批效率，建立全透明、全天候在线交互服务虚拟大厅，并形成“外网申报受理、内网办理、外网反馈”的网上办公模式，从而既保证数据的安全性，又满足信息及时公开的要求。市港口局在资源共享和信息整合方面进一步突破，建立了网上审批系统。该系统包括网上申报、受理，内外网数据交换，内部审批，信息发布，内部数据融合等5个重要环节，即：网上申报、受理子系统；信息发布子系统；数据交换子系统；内部审批子系统；权限子系统。该系统的应用将使市港口局在行政审批工作中提高工作效率、降低成本，并在提升港口局管理水平方面发挥重要的作用。

（市港口局）

上海航运交易所信息化建设

【完善“航运企业资信评估平台”】为进一步推进航运业诚信体系建设，满足市场对航运从业企业资质信誉测评的迫切需求，上海航运交易所（以下简称“航交所”）在不断优化现有“航运企业资信评估平台”功能的基础上，在2005、2006年度先后设计开发了“货运代理企业资信评估子系统”和“内贸水路运输企业资信评估子系统”。新增的系统不仅使平台的业务覆盖面更趋完善，还与政府主管部门的相关业务流程进行了有机结合，提高了平台的可操作性和信息的准确性。通过对评估工作中数据填报、分析运算、审核监控等核心环节的电子化和网络化，该平台将评估实施机构、参评单位和政府主管部门三者紧密结合起来，实现评估工作的无纸化、自动化和流程化。目前，该平台已成为交通部水运司2007年开展诚信建设工作中的推荐和示范平台。

【改版“中华航运物流人才网”】“中华航运物流人才网”于2002年开通，是由航交所主办、针对航运和物流两个行业的专业性人才网站。为了更好地为用户提供服务，方便企业招聘和个人求职，2006年，航交所对人才网进行了改版。经过近半年时间的努力，新版人才网站在11月7日正式上线运行。新版人才网增强了内部管理功能，实现了合同处理流程的规范化操作；同时重新设计了网站的页面风格，给人以简洁、美观的视觉效果。此外，网站在栏目设置上也进行了重新安排，在增加新服务功能的同时，突出了网站服务于企业和个人的宗旨。新版人才网的上线运行，方便了用户的使用，受到了一致好评，为航运和物流行业的人才中介服务搭建一个良好的网络平台。

【积极参与上海市信息安全风险自评估工作】航交所作为信息安全风险自评估的50家试点单位之一，参加了2006年度信息安全风险自评估工作。航交所领导对该项工作高度重视，信息技术部门主管亲自参与了前期准备，并落实专人具体负责实施。整个工作包含了三方面内容：学习信息安全及风险评估方面的相关知识，熟悉评估软件的操作和使用；针对航交所信息系统的实际应用状况，运用评估工具对安全薄弱环节进行识别，并对脆弱性和潜在的风险进行分析；根据评估分析的结果，撰写了航交所信息安全风险自评估报告，并提交市信息委。

（航交所）

七、市政

中心城快速路网三桥一隧交通监控系统完善工程

上海市中心城快速路网三桥一隧交通监控系统完善工程，系指对与上海申字形高架直接连通的南浦大桥、杨浦大桥、卢浦大桥和延安东路隧道（以下简称“三桥一隧”）的原有交通监控系统进行完善和改造，实施完整的交通信息采集和合理的交通信息发布，满足上海市中心城快速路网的总体交通监控需求。

原“三桥一隧”交通监控系统是一个独立的系统，设置独立的监控分中心，数据和视频信息均接入快速路交通监控中心。但原系统外场设备线圈的布设不符合布置原则而且损坏很多，检测器、控制器的检测精度不够，摄像机没有全覆盖而且部分已经损坏或不能控制等诸多因素，需要对现有“三桥一隧”交通监控系统进行改造，以满足上海市中心城快速路网交通监控系统建设的总体要求。

“三桥一隧”交通监控系统完善工程以实施交通信息采集部分内容为主，布设引桥交通信息采集设备、新增主桥视频检测设备等，并将采集到的交通信息正确传送到快速路交通监控中心，具体工程内容为：①在大桥引桥段沿线布设交通参数检测器，交通参数检测器基本采用环形检测线圈；在大桥主桥范围及隧道内布设视频检测设备。②布设求助电话号码标志牌，为沿线求助呼叫提供基础。③在原通信系统基础上，完善“三桥一隧”区段通信系统，包括通信管道修复、光电缆敷设以及数据通信系统和视频通信系统设备的安装、调试等内容。④在“三桥一隧”现有供配电系统的支持下，完成为外场设备供配电的工程内容。⑤完成接入快速路交通监控中心和上海市交通信息中心的软硬件调整等相关的工程内容。

该工程由上海市交通信息中心协调上海市市政工程管理处实施，目前已完成引桥线圈铺设、检测器调试等工作，计划于2007年3月底整个工程竣工。

（陆　蕾）

中心城快速路沿线地面道路诱导系统完善工程

中心城快速路沿线地面道路诱导系统完善工程是一项在快速路（高架道路）沿线地面道路联动发布快速路主线交通信息的工程。工程主要内容，是在高架道路沿线入口匝道地面道路附近设置8块大型可变信息标志，在地面道路显示高架道路主线交通状况，向准备上高架路通行的出行者，提供高架道路实时交通状况信息。

2004年，上海在申字型高架道路及其延伸线上设置道路交通信息自动采集设施，并通过可变信息标志，发布高架道路实时交通状况信息，为缓解高架道路交通拥堵起了重要作用。但对于在地面道路准备驾车上高架道路的出行者来说，并不了解高架道路上实时交通状况，往往在上了高架道路以后，才发现高架道路拥堵而错过了选择出行路径的时机。为此，由上海市交通信息中心协调上海市市政工程管理处实施了中心城快速路沿线地面道路诱导系统完善工程。该工程主要内容，是在吴中路、沪太路、天目西路、徐家汇路、天目中路、柳州路、沪闵路、虹桥机场等高架道路沿线入口匝道地面道路附近设置可变信息标志，在地面道路发布相关高架道路的实时交通状态信息，使准备上高架道路的驾车出行者，能够在未上高架之前就能了解高架道路交通状况，为这些出行者选择是否上高架道路出行，或者选择高架道路哪条路径出行提供诱导信息，以减少不合理出行路线选择行为，缓解高架道路交通压力，提高高架道路的通行能力，实现地面道路、快速路交通广域联动诱导。

2006年底，天目中路、天目西路、吴中路、沪太路、徐家汇路5块可变信息标志已投入使用。整个工程将于2007年3月底竣工。

（翟　希）

八、绿 化

2006年，根据上海市绿化管理局（以下简称“市绿化局”）制定的《上海市绿化林业管理信息系统三年（2004～2006年）建设计划》目标要求，在全系统各级领导的关心支持和大家的共同努力下，全面完成了第一轮三年建设计划的各项任务。为进一步深化绿化林业系统的信息化进程，运用信息化来提高绿化林业建设和管理的水平，市绿化局已制定了《上海市绿化林业管理信息系统三年（2007～2009年）建设计划》。新一轮三年建设计划在完善市绿化局信息化基础工作的同时，将更注重信息的利用和分析，从而提高信息化服务于建设和管理的能力，发挥信息化促进管理现代化的作用。

基本形成市区二级网络架构

全系统13个直属单位和19个区县绿化部门全部按局域网建设和网络安全标准，完成局域网建设。同时，以局信息中心机房为核心的计算机和网络系统与各直属单位和19个区县绿化部门基本构筑起覆盖全系统的网络框架，借助市公务网非涉密域建立“绿化专网”的广域对外连接、政府外网和上连国家林业局的林业专网等网络工程全面连通，完成了全市绿化系统信息高速公路的建设。

推动办公自动化系统应用

以BizOA为主流应用软件的办公自动化系统，实现了公文、简报、会议通知等文本信息的电子化流转；同时日程安排、车辆管理、会议管理等辅助办公功能在全系统得到普及应用。2006年，市绿化局信息中心对办公自动化OA系统进行了改版，增加了电子印章等功能，借助于建设完成的绿化专网实现与区县及直属单位的公文电子化流转，达到网上办公与无纸化办公的目的。

完善信息共享平台应用

2006年上半年，对BizShare信息共享平台进行了重大改版，从实用性、互动性、版式版面以及多系统一门登录等方面进行重大调整。BizShare平台新增全系统通讯录、在线交流QQ（RTX）、电子信箱、实时信息发布排行榜、视频点播、论坛等功能，并在Bizshare系统内新增短信和传真收发功能，可通过系统直接发送短信和传真。同时，最新组织开发的视频会议系统也投入使用。视频会议系统是一种使用专门的视频设备实现的现代会议模式。针对绿化林业系统而言，视频会议系统主要用于召开远程会议，实现远程培训等方面。视频会议系统不仅提供最为基础的音频、视频传输，可以实现与会人员远距离的“面对面”接触，同时，该系统还提供电子白板、共享以及协同浏览等一系列功能，从而多方面加强与会人员的交流。与会人员可以通过共同操作电子白板，直观、交互地传递信息，通过文件共享，及时发布会议内容，同时，通过协同浏览，还可以多方同步浏览网页。

运行连接“12319”的绿化投诉受理系统

“一线式”绿化投诉受理系统集受理信息处理、督办、分析于一体，将各类投诉内容根据职责分工，分送各有关职能部门处理后，反馈投诉者进行意见反馈。同时，为管理部门提供投诉内容的统计分析功能，为及时处理公众投诉、了解投诉热点、改进管理工作发挥重要作用。2006年初，绿化投诉受理系统在绿化投诉举报受理中心完成了安装与试运行，并且已推向试点区县绿化管理部门，经过较长时间的测试与调整，整个投诉系统运行情况比较稳定，且基本实现投诉受理业务的流程及功能操作。目前，该系统已全面推向各区县和相关部门进行使用，实现全行业绿化投诉受理信息的网上共享和信息分析功能。

整合建立“3S”绿化林业信息管理系统

2006年，市绿化局组织协调完成了史无前例覆盖全市的绿化林业信息核查工作，且以此为基础开发的集遥感影象、地理信息系统和卫星定位系统为一体的管理信息系统进入试运作阶段。核查数据已陆续导入该系统，借助该系统各级绿化林业管理部门能够对本辖区域的绿化林业信息进行空间和数量变化的分析，了解植物配置的关系，为绿化规划、病虫害防治和生态分析提供辅助依据。从而为有效提高绿化养护管理水平、实现绿化林业的科学化、精细化管理提供技术手段。

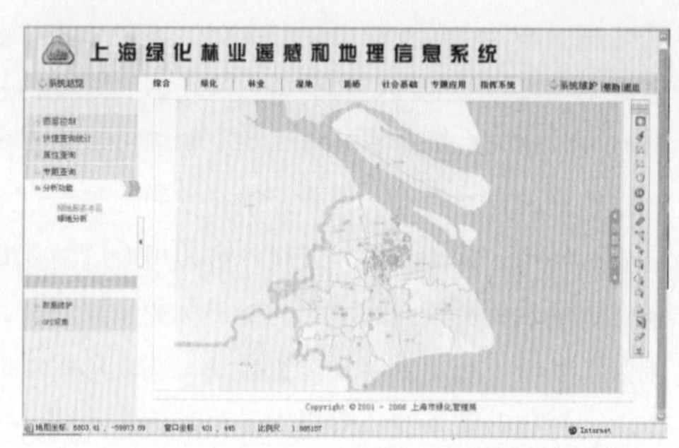

上海绿化林业遥感和地理信息系统绿地服务半径图

延中绿地三维模拟图

全面推进行政审批管理信息系统应用

绿化行政审批管理信息系统（BizSP）从2005年8月对具有行政许可权的19个区县具体负责行政审批工作的人员进行系统应用培训后，便进入试运行阶段。2006年4月，又将过去的区县试行版系统和市局的审批系统进行整合和并轨。至目前为止，系统运行情况较为稳定，各项运用都基本正常，各区县都已开始使用该系统从事行政审批工作。

完成防台防汛应急响应系统开发

防汛防台应急响应系统是逐步推广的3S系统平台的组成部分之一，主要用于提高防汛防台期间，市局指挥中心的管理调度能力，从而提高整体工作效率。防汛防台系统主要实现由原有文本地址的抽象概念到实际地图的直观定位，从而更加有利于指挥中心的指挥调度。该系统提供了不同的查询方式，例如查询单个任务点、按照行政区域查询任务数、按照台风名称查询任务数等等。与此同时，该系统还提供多种不同的统计分析方式，例如按照树木受险情况统计、按照任务类别统计、按照险情影响情况统计等等，并提供以数量显示的柱状图以及以比例显示的饼状图等不同的图表形式，以满足不同用户的需求。

抓好政务系统应用培训

重点开展全行业行政审批管理信息系统、办公自动化系统、信息共享系统和投诉受理管理信息系统的应用培训。四个应用系统在2006年推进应用的同时，也得到不断完善和改进。为促进应用，市绿化局每月以信息化简报的形式及时通报各直属单位和区县的应用情况，并将各单位的应用情况纳入“白玉兰”杯和作为文明单位考核的依据。

上海绿化林业门户网站改版

依据市政府门户网站建设的工作要求，2006年，“上海绿化林业”门户网站加强了政府信息公开、网上办事、网上互动和为民服务等栏目的设置，整合了全系统的网站资源，实现全市绿化（林业）“一站式”管理和服务的公共窗口。同时，组建编辑部和明确相关栏目维护职能部门，从组织、机制和技术上为网站的长效运行和管理提供保障。3月，“上海绿化林业”网改版和整合，对原有板块进行功能完善和梳理，更突出网上办事和为民服务功能，新增如郊区果林信息介绍等内容，并新开辟了关于绿化林业信息的专业数据查询系统。同时，网站还为市民和绿化林业专业人士提供更多更丰富的内容以及更便捷的网上办事途径。

初步形成信息化工作基本队伍

市、区县两级信息化组织体制基本建立，经过专业培训，建立了市区二级信息主管（CIO）、“3S”技术应用管理、网络管理专业队伍和摄影摄像专业信息采编员队伍，为全系统的信息化建设和发展提供组织和人力保障。为市区绿化林业管理部门工作人员开展一系列信息技术应用基础培训工作，增强了干部信息化意识和应用技能。

工作人员在进行GPS现场测量

颁布信息化工作规范和标准

在全系统计算机和网络系统基本建成的同时，结合新建系统的实际，修订并颁布了《上海市绿化林业系统计算机网络系统运行管理规定》，以确保全系统计算机和网络处于安全和稳定的运行。另外，为了保证全市绿化林业核查所建立的"3S"信息管理系统的长期运行维护、绿化林业信息在全行业的共享和交换，制定并即将颁布《上海市绿化林业信息分类与代码标准》和《上海市绿化林业"3S"信息管理系统管理办法和技术规范》。这些规范标准的制定和颁布，为全系统信息化工作创造良好的工作环境和制度保障。

（钱　杰）

九、市容环卫

门户网站稳定运行

2006年，"上海市容环境卫生"政府网站和"上海城管"网站稳定运行，累计发表文章2 000余篇，向市政府门户网站报送各类信息百余篇。根据领导指示，两个网站于7月顺利实现合并，面貌一新的"上海市容城管"门户网站展现在人们面前。新合并的网站以"贴近百姓，服务市民"为宗旨，从而更好地为市民服务。

信息化应用项目有序推进

2006年，上海市市容环境卫生管理局已建项目稳定运行，新建项目投入使用。市容环卫系统已建成一批信息化应用项目，主要包括：生活垃圾自动称重系统、水生植物监控系统、景观灯光集中控制系统、环卫作业GPS监控系统、市容环卫监控系统等，这些系统在2006年的管理工作中继续发挥着应有的效应。而2005年就开始建设的公厕信息查询系统和市容城管投诉信息系统在2006年分别建成并投入使用。

世界银行贷款APL一期项目MIS子项目建设

该项目主要包括：市容环卫数字指挥中心建设、生活垃圾自动称重系统改进和提升、环卫基础设施管理信息系统改进和提升、公众教育服务平台改进和提升。这4个项目在2006年基本完成主体工程建设，预计在2007年投入正式运行。

（市市容环卫局　市城管执法局）

十、邮　政

2006年，上海邮政在科研项目开发与应用方面累计投入6 691.7万元，科研项目超过36项。在科研方面，上海邮政注重新技术的跟踪和应用研究，参与国家"863"科研项目子课题射频识别（RFID）技术在上海速递总包和普邮总包中应用的项目。3月28日，两个项目通过国家科技部验收，使邮政成为国家RFID应用示范工程的重点行业。上海邮政还参加国家邮政局科技进步奖评选工作，其中"浦东邮件处理中心"项目获二等奖，"监控中心"项目获三等奖。

（方　俊）

集邮统一版本上线

11月1日，上海邮政“2007年度新邮预订”首次运用全国统版集邮系统——邮政集邮业务管理系统。该系统以全国中心为核心、以邮政综合网为支撑、以集邮网点为基础，根据“数据集中、管理分散、经营分散”的经营管理理念，建立集经营、管理、分析一体化的集邮业务系统，以系统模块化、参数化、标准化设计，保证系统的先进性，为中国邮政集邮业务管理向集约化方向发展、向新的未来企业经营模式转变打下基础。邮政集邮业务管理系统由业务处理子系统、账务处理子系统、经营管理子系统和系统管理子系统等4部分组成。系统由全国中心系统、省中心客户端两个层次组成。省内营业前台用户通过省内接入前置机上的客户端软件连接到全国中心系统，其他管理用户直接连接到全国中心系统，数据在全国中心集中存储，全国中心是业务处理的核心。集邮业务管理系统是应用信息技术建设的无纸化办公系统，具备新邮预订信息汇总、查询、分析等方面的功能，并可对集邮票品制作的全流程进行实时管理。

（王曙光）

邮政速递综合处理平台生产作业系统上线

12月28日，国际速递局国际出口模块和市内速递局西康路直投点投递模块成功切换上线，标志着上海邮政2006年度最后一个统版工程——邮政速递综合处理平台生产作业系统进入总攻阶段。速递综合处理平台系统总体架构是采用全国集中的处理模式。邮政速递综合信息平台系统建设工程于6月正式启动，工程范围涵盖沪青平速递国际局速递处理中心和市内速递局、闵行、宝山等15个直投点。通过建设速递综合信息处理平台，实现与邮政内、外相关信息系统的互联互通，实现邮件信息的录入、全程共享，避免信息重复录入，优化并规范生产作业流程，提高生产作业效率，节约生产成本和人力资本。速递综合处理平台以全国统一版本、上下联动、易于扩展升级的应用软件为支撑，能够迅速响应市场变化；同时，还可以为用户提供从邮件收寄到投递全过程的实时动态跟踪查询服务，满足用户对邮件信息多元化查询的需要，如通过互联网、短信、邮政11185服务热线、综合网内的营业系统、自助终端等自助设备进行查询、通过电子邮件进行反馈查询等，为广大邮政用户提供更为方便、快捷、周到的服务。

（王曙光）

电子化支局统一版本上线

统版电子化支局系统推广工程是上海邮政信息化建设重大项目。2月12日，该工程启动；4月10日，《实施方案》初稿通过局长办公会议审核；5月31日，《实施方案》通过国家邮政局计划财务部评审；7月中旬，完成开发测试和培训环境的搭建；8月上旬，主要设备采购到位并进行安装调试工作，同时自行完成外围接口系统改造、前置系统软件开发、网络扩容设计方案和部分网络扩容建设工作；9月18～21日，从主机系统、网点设备、通讯网络、系统功能等方面对统版电子化支局系统920版本进行3次全网性系统切换测试和对速递处理中心、普邮处理中心实际生产作业的实物仿真测试；9月23日，对统版电子化支局系统进行包括前台收寄、后台封发、出纳管理、大宗处理等全过程的全网演练；9月30日晚，顺利切换上线并一次割接成功。在统版电子化支局系统上线过程中，上海邮政各系统的通信生产均实现平稳过渡，并较好地解决了统版电子化支局系统上线后个性化业务开展、大客户特殊处理、电子汇兑和代收费业务系统改造等问题。

（缪立祥）

“11185”二期扩容系统投入运行

“11185”客户服务中心二期扩容系统工程于2005年11月4日启动，它拟结合当前先进通信、计算机技术，把原有的185系统改造成一个融多种接入方式综合受理、整合后台业务处理平台、提供多种支付手段、建立与企业内外部联系的结算平台，并配以多种必要辅助功能。2006年3月18日，“11185”二期扩容系统切割上线试运行，并逐步进行系统功能完善及优化，实现与上海邮政投递地界资料维护系统等外系统的接口。9月8日，该工程通过上海邮政组织的初步验收。10月9日，“11185”客户服务中心二期扩容系统工程完成并投入运行。12月12日，该工程通过上海邮政专家组终验。“11185”客户服务中心系统投入运行，提高为客户服务能力，完善业务处理流程，满足上海邮政业务发展的需要。

（詹倍佳）

十一、海　洋

上海市海洋地理信息系统启动

“上海海洋地理信息系统”是“数字海洋”上海示范区的先行项目，该系统拟建一个海洋数据处理量大、应用涉及面广、数学模型复杂的综合海洋空间数据平台。该系统基于下一代互联网，通过高性能计算技术、模型技术、遥感技术、海洋地理信息技术、空间定位技术，在海洋信息的标准规范与质量体系的支撑下，实现海域管理应用和海洋基础信息服务的可视化集成展现。一期任务是初步搭建海洋地理信息系统框架体系，通过部分重点区域重点应用的实施，改进和完善系统框架，为二期全面建成阶段作好铺垫。目前，该项目一期建设项目建议书已编制完成，2007年将继续推进海洋地理信息系统的后续事项。

全面推进“数字海洋”上海示范区

“数字海洋”上海示范区是由国家海洋局与上海市政府共同推进的国家“数字海洋”示范项目，是上海市2006年信息化工作的重点之一，也是上海市电子政务"十一五"发展的主要任务之一。2006年4月24日，召开"数字海洋"上海示范区项目规划评审会，该规划最终顺利通过评审，为向全面推进“数字海洋”上海示范区建设迈出坚实一步。该规划的重点在于如何运用大规模、实时、立体观测系统采集数据，通过先进的信息网络集成技术来完成海洋海量信息服务和综合应用。

海洋局电子政务建设

【概况】2006年，上海市海洋局信息化项目建设稳步推进，以政务网络改造、网站改版和资源整合为重点，在提升软、硬件水平的同时提升整体信息化应用水平，进一步促进政务信息工作的开展。

【机关网络改造】2006年，针对分局网络带宽窄，无法满足大量信息传输的实际问题，分局机关将网络交换能力实现到千兆主干、百兆桌面的扩展，提高了传输速率，能有效解决遇特大灾害时大数据量传输问题。为将政务内、外网安全隔离，将原来的物理隔离改为逻辑隔离，在提升网络性能的同时保障机关网络安全水平。建设完成市局政务网络系统中心节点和统一的通信平台，连接各在沪所属单位，促进各单位间的信息共享，为下一步构建东海区信息共享平台打下基础。

【网站改版】2006年，市海洋局网站改版建设的重点放在规范政府信息公开栏目，完善网上办事功能，增加便民服务，加强了网站安全性能。同时进一步优化网页设计和版面板块的表现方式，保证网站能在运行期间信息更新、受理、反馈和审核等工作的高效运行。目前，《上海市海洋局政府网站改版及安全系统建设》项目的调研、方案编写、审核、招标、项目合同的签订和开发等工作已全部完成，正在进行后期测试及安全产品的采购。

【其他政务信息化应用系统】一是为打破下属各单位信息孤岛的状况，2006年进行了市海洋局政务网及工作动态系统建设，以全面规划、逐步实施为策略，充分发挥网络优势，加强信息采集、信息处理、信息共享、信息宣传等方面的工作，使各单位、各处室能借助网络平台基本实现信息实时共享，全面提高单位办公效率。二是2006年对机关OA办公系统进行功能完善和优化，针对档案管理部分进行调研、归档整理工作，档案管理系统在充分利用分局网络资源平台的基础上，将成为规范机关档案管理流程、促进档案管理信息化数字化的重要依托。三是执法海域72h动态预报服务系统是2006年海域管理部分信息化工作重点，能满足对气象环境条件、水文要素、台风路径演示的预报和灾害预警报，采用直观的网上地图显示，并能及时、准确地更新发布预报内容。四是建立水文气象和环境监测两大元数据库查询系统，为数据整合提供良好的数据环境，满足不同需求、不同层次的信息利用。五是视频库系统是为充分利用信息技术来辅助管理资料而开发，将图片、视频资料集中管理，通过有效方式实现资源共享，方便网页浏览和下载。

（董　燕）

十二、电　力

上海市电力公司（以下简称“市电力公司”）的信息化建设经过“九五”和“十五”信息化工作的持续推进，得到迅速发展，2006年，公司信息化应用达到较高水平，有力支撑了公司的业务运作和发展，并正在从支撑业务迈向引领业务的更高境界。

应用体系建设

市电力公司建立了以ERP（Enterprise Resource Planning）系统为核心，以生产PMS（Product Management System）系统、营销CIS（Custom Informationg System）系统为基础的应用体系，内容基本涵盖公司生产、经营、管理等应用范畴。目前，公司应用体系架构合理完备，应用水平高，而大集中、大集成的应用体系发挥了巨大的综合效益，信息系统也已延伸至生产第一线，同时数字化电网的建设初具雏形。

数据中心建设

2006年，市电力公司数据中心建设初具规模，支持了公司重大应用系统的运行，应用级容灾系统建设步入实施高峰，综合(实时)数据平台也在建设中。公司数据仓库系统内容齐全，从而有力支持了公司各级领导对数据分析和决策的需求；信息系统门户内容涵盖公司各大业务，统一目录服务和单点登录系统正在实施之中；应用集成达到很高的水平，其综合效益已充分体现。同时，公司通过ERP集成体系，实现了工程、物资、财务、设备维护等紧耦合性业务的一体化应用，而营销系统实现了与ERP财务模块和工程模块的集成，达到了营销电费明细与财务总账的一致，生产系统通过与ERP系统的联动，实现了资产管理账、卡、物的一致。

业务系统建设

市电力公司财务系统采用了SAP系统，实现了总账、应收、应付、资产管理、投资管理、预算管理、内部订单管理等功能，并与整个业务系统高度集成，使核算记账功能延伸至业务活动发生的同时。

公司营销系统以CIS为核心，实现了电费管理、业扩管理、关口电量和大用户电量采集、表计管理、呼叫中心、辅助决策分析等功能，实现了营销大用户与生产系统电系图的对应。

公司生产系统以GIS为基础，实现了输电、变电、配电、电缆、管道、通信资源等基于地理信息的系统支持体系的一体化，实现了设备运行、调度、可靠性、技术监督、电网辅助规划、电网评估等功能，现正在向低压电网运行管理延伸、向现场移动作业延伸。

公司协同办公系统实现公文运转管理、档案管理、签报管理、电子公文传输、视频会议、综合办公管理等功能，并正在扩充信访管理的内容。

管理系统建设

市电力公司人力资源管理利用SAP HR模块，实现人事管理、组织管理、薪酬管理、时间管理等功能，并正在进行绩效管理、培训管理、招聘管理和员工自助管理的实施，实现了与财务系统的集成。

公司物资管理作为紧耦合模块，和工程、财务、设备维护高度一体化，已实现工程（检修）物资采购、招标管理，仓储管理、供应商管理等功能。

公司工程管理作为紧耦合模块，和物资、财务、设备维护高度一体化，已实现工程物资、进度、费用、合同、预算控制等管理功能，并通过与以资产为核心的概预算系统的集成，实现工程自动转资，从而大大提高公司资产管理水平。

公司综合管理实现了在线业务审计、外事、法律、计划统计等功能，正在扩充以一卡通系统为核心的后勤管理、车辆管理等系统建设。

安全系统建设

2006年，市电力公司经过一期、二期安全系统建设，已建立起比较完备的安全体系；IT监控系统功能齐全；标准化体系基本具备，涵盖技术原则、建设、运行等各领域；信息化管控体系基本建成，管理层、操作层、外包层职责分明，形成相互协调与监督的有效体系。同时，公司信息化核心人才队伍稳定，公司控股的信息公司实力日益壮大，管理和科研能力逐渐加强。（伏如祥）

第七编

信息安全

综　述

2006年，随着上海信息化建设的快速发展，越来越多的行业高度依赖网络与信息系统，信息安全已经成为城市安全的重要组成部分，直接影响到经济发展和社会稳定。因此，在信息安全工作面临日益严峻形势的同时，信息安全工作的责任也更加重大。根据国家关于信息安全保障工作的总体要求，按照上海信息化“十一五”和信息安全建设的总体目标，全市建立起了上海市信息安全保障体系框架，在信息安全基础设施、信息安全管理体制机制、网络信任体系、应急防范处置、信息安全社会化服务以及信息安全产业发展等方面都取得良好进展。

信息安全工作管理体制机制不断完善，市网络与信息安全协调小组办公室（以下简称“市网安办”）的作用日益显现，应对网络与信息安全事件的领导协调和应急处置能力进一步提高，在信息安全产业发展、技术研发等方面也起到积极的推动作用。信息系统安全监管工作进一步加强，继续深化信息系统安全测评工作，信息安全风险评估、等级保护和信息安全管理标准的试点工作顺利开展。同时，《上海市网络与信息安全事件专项应急预案》、《上海市公共信息系统安全测评管理办法》的出台，从法律法规的层面保障了信息安全相关管理工作的施行。

信息安全功能性机构的社会化服务能力进一步提高。市计算机病毒防范服务中心每周通过各种媒体向社会发布病毒、木马信息和应对措施；9682000信息化服务热线面向全社会提供信息安全咨询和维修服务；上信计算机司法鉴定所面向社会开展计算机电子证据鉴定服务。

2006年，信息安全产业和相关技术研究也取得较大进展。在互联网管控技术、人脸识别技术等方面有所突破。国家信息安全成果产业化（东部）基地服务平台基本建成，更好地为园内入驻企业提供服务。各类信息安全宣传和培训活动的开展，使得全社会的信息安全意识进一步增强。此外，通过对各个信息安全重点单位的人员进行应急预案、CA证书应用等的培训，提高了相关管理人员和技术岗位人员的信息安全意识和实战能力。

（施　敏）

第一章 信息安全管理

概 述

上海信息安全工作由上海市网络与信息安全协调小组（以下简称“市网安小组”）及上海市互联网舆论宣传领导小组（以下简称“市网宣小组”）担负领导、决策和协调职责，各信息安全相关部门各司其职、紧密合作、有效联动，全市各个信息安全重点单位层层落实责任，保障城市信息安全。

面对网络和信息安全管理中凸现出来的新情况、新问题，各单位积极落实国家和上海关于信息安全保障工作的相关政策措施。信息系统安全监管各项工作进展良好。《上海市公共信息系统安全测评管理办法》出台，规范了信息系统的安全方案审核、信息系统测评方式、测评机构等方面内容，为保障基础网络和信息系统的安全提供了法律支撑。在国信办指导下，2006年完成50家信息安全重点单位风险自评估工作，探索安全测评和风险评估相结合的管理方式；市医保局和宝山区完成国家信息安全管理标准应用试点工作，为检验信息安全管理标准的适用性、合理性积累了实践经验；同时，还完成国信办要求的信息安全管理体系诊断和支持软件的研发任务。组织完成公安部等四部门要求开展的信息安全等级保护试点工作，在国泰君安、申银万国和上海期货交易所等业务系统探索金融服务行业等级测评结论的形成方法，并完成对全市200余家重点单位、400余家军工企业及6 600余家非重点单位的等级保护信息系统基础数据的调查工作。

（施 敏）

一、组织建设

领导体制与机制

市网安小组作为全市信息安全保障工作的决策协调机构，负责全市信息安全相关机构的设置、安全管理制度的建立、跨部门专项任务部署以及信息安全重大项目的投资等方面的领导决策与综合协调。市网宣小组负责对互联网舆情的研判和引导。市网安小组和网宣小组都下设办公室，作为常设机构承担日常工作。各个信息安全相关部门在两个平台协同管理的基础上密切协作，层层落实责任，完善日常信息安全管理制度，提高协同作战能力。 （施 敏）

功能性机构建设

信息安全日常工作需要信息安全技术支持和业务咨询服务等信息安全功能性机构作为支撑，主要有：

市电子商务密钥管理中心，隶属于上海市国家密码管理委员会办公室，其主要职责是配合上海市数字证书认证中心有限公司进行工作，在政务外网、电子商务等网络服务中为用户提供密钥和加密技术，保证重要信息的安全保密。

市数字证书认证中心有限公司是按照政府指导、市场化运作的方式成立的第三方电子认证服务机构，主要负责构建全市性的数字证书认证服务平台，向政府、企事业单位和市民提供数字证书认证服务，推广数字证书应用，为构建统一的网络信任体系发挥基础性作用。

市信息安全测评认证中心，隶属于上海市信息化委员会，主要业务有：信息安全产品测评、信息系统（网络）测评、计算机信息系统集成企业资质（三、四级）认证、信息系统安全方案评审和提供相关技术支持、咨询服务、技术开发和测试实验环境等。

市计算机病毒防范服务中心，隶属于上海市信息化委员会，主要职责有：组织开展信息安全和计算机病毒防范服务工作，组织开展信息安全和计算机病毒防范技术的研发工作，组织开展信息安全知识的宣传、培训工作，协同建立信息安全防范体系工作，协调管理9682000信息化服务热线的运作等。

市信息安全行业协会由上海地区从事信息安全产品研发、制造、经营和服务的企业和其他相关企事业单位按自愿、平等的原则组成，提供咨询和中介服务，组织调研、交流、合作、培训，开展会展、编辑出版以及政府委托的其他工作。

（施　敏）

二、职能监管

加强互联网行业管理

2006年，为净化全市网络环境，通信管理部门积极开展行动，查处违规网站。全年共发现违规网站217家，对其中8家严重违规的网站转交市文化行政总队查处；对145家游戏外挂类网站进行技术屏蔽，有力打击了非法网络游戏，净化了网络游戏市场。

加大涉网案件的侦办力度

2006年，为有效改善网络环境，公安部门积极打击网络犯罪行动，全年累计发现违规网吧1 402家（次），其中限期整改656家，警告、罚款401家。通过网吧安全管理系统，抓获全国通缉在逃犯745名；协助查控、抓捕犯罪嫌疑人219名。同时，破获一批涉网大案要案，协破各类涉网案件1 117起，其中主侦案件89起，协助抓获各类违法犯罪嫌疑人983名。

加强信息系统保密管理工作

2006年，保密部门积极开展信息系统保密技术检查，受理了涉密信息系统安全保密方案，积极开展测评工作，对全市涉密信息系统集成资质单位进行保密管理检查和复查工作。

落实基层安全防范措施

2006年，上海积极贯彻落实各项信息安全防范措施，将安全措施落实到基层，全年共检查联网重点单位3 751家（次），重点网站3 790家（次），有效保障了信息安全各项措施的落实。

（施　敏）

三、制度建设

风险评估推广

继2005年国信办在全国部分省市及部分行业开展信息安全风险评估工作试点后，2006年初，国信办转发了国家网络与信息安全协调小组《关于开展信息安全风险评估工作的意见》（国信办〔2006〕5号），明确了风险评估工作的基本内容和原则，规定了风险评估在系统建设、运行生命周期过程中的基本要求，并对国家近期的风险评估工作安排做了具体部署。根据该意见，信息安全风险评估分为自评估、检查评估两种形式，并重点在网络与信息系统的设计、验收及运行维护阶段开展。

鉴于上海市自2001年起已开展系统安全测评工作，具体落实时，市信息委将系统安全测评与风险评估进行了有机结合，提出“一年一次自评估，一年一次检查评估”的模式，并以系统安全测评作为检查评估的主要内容。2006年，市信息委在全市50家信息安全重点单位中进行了风险自评估工作试点，旨在提高各信息安全责任单位的风险意识，推广科学的风险评估方法，切实保障重要信息系统的安全。

（徐　玲）

应急预案实施

为有效预防和处置全市各类网络与信息安全事件，市网络与信息安全协调小组办公室组织制定了《上海市网络与信息安全事件专项应急预案》(沪府办〔2006〕77号)，并由市政府于2006年10月18日正式发布执行。市计算机病毒防范服务中心作为预案实施的技术支撑单位，按照目前全市信息安全管理体制并结合市应急管理机制和应急联动机制开展应急管理工作，对全市163家信息安全重点单位进行指导和分类培训。同时，逐步建立健全覆盖全市的网络与信息安全突发事件预测预警网络，并提供应急技术服务。

(吴恩平)

等级保护试点

2006年初，公安部、国家保密局、国家密码管理局、国务院信息化工作办公室等4部门下发了《信息安全等级保护管理办法（试行）》(公通字〔2006〕7号)，对有关信息安全等级保护的内涵作了定义，并将信息系统划分为5个级别进行保护。根据信息安全“谁运行，谁负责；谁主管，谁负责”原则，《办法》对系统运维部门、系统主管部门在等级保护制度中应履行的安全责任作了具体规定，并对等级保护工作中的有关保密管理及密码管理等内容作了说明。

此后，公安部等4部门又下发了《关于开展信息安全等级保护试点工作的通知》(公信安〔2006〕573号)，在全国部分省市、部分行业开展等级保护试点工作。在市公安局、市信息委的组织下，以市信息安全测评认证中心为技术支持单位，以申银万国证券公司的集中清算交易系统为试点系统，上海主要开展了4个方面工作：①对申银万国证券股份有限公司的“申银万国集中交易清算系统”进行定级并完成《定级报告》；②配合公安部等级保护评估中心制定《系统等级保护测评方案》并完成“申银万国集中交易清算系统”的现场安全测评实施，出具《等级测评报告》；③依据《等级保护基本要求》对试点系统进行安全改建并完成《系统安全改建方案》；④对系统《定级指南》、《基本要求》、《测评准则》等标准提出意见，对测评机构、信息安全产品等管理问题提出建议，撰写并提交了《等级保护试点工作技术报告》。

(徐　玲)

第二章 信息安全服务

概 述

随着信息安全测评、计算机病毒防范、电子证据鉴定和数字证书服务等一批市级信息安全功能性机构的日趋成熟，目前这些机构的服务已不仅仅局限于信息安全重点单位，而是不断适应市场化经营模式的需求，逐步向社会提供信息安全方面的咨询和服务。市信息安全测评中心积极拓展业务渠道，面向社会信息系统提供信息安全测评服务；市计算机病毒防范服务中心及时向社会提供病毒预警服务；市上信计算机司法鉴定所向社会提供计算机电子证据的取证和鉴定服务；市CA中心已成为行业内运行经验丰富、应用领域广泛、用户群体最大的认证中心之一，业务涉及到电子政务、电子商务、社会服务等多个领域。

（市信息委安全处）

一、计算机病毒防范

2006年，上海市未发生大规模病毒感染事件，但主要针对网络银行和金融机构的网络钓鱼、账号盗取等案件呈高速增长态势。黑客利用共享软件捆绑等方式逐步成为恶意软件和病毒入侵的主要方式。躲避关键字过滤的垃圾图像迅猛增加。

上海信息化服务热线（9682000服务热线）全年为市民提供电话咨询服务127 546余人次，上门服务4 751余人次，为各行业举办免费信息安全基础知识讲座7期，发布计算机病毒预报信息55期，预报病毒356个。

（朱鸢飞）

二、电子证据司法鉴定

2005年6月16日，经上海市司法局批准，市计算机病毒防范服务中心成立了上海上信计算机司法鉴定所，面向刑事诉讼、民事诉讼、执法机关、财务审计、公司调查、网络服务、知识产权保护等工作需要开展电子证据取证和鉴定服务。中心拥有司法级的专用取证、鉴定仪器和设备；建立了由8名取得计算机司法鉴定资格并具备中高级计算机专业职称的司法鉴定专家组成的鉴定队伍，并与市信息安全行业协会专家组及复旦、交大、同济等大学的知名教授建立良好的合作关系。2006年，中心面向社会开展司法鉴定业务，共计完成20份电子证据司法鉴定报告书，都被仲裁机构或司法机构采信。目前，上信计算机司法鉴定所的服务对象涵盖上海、江苏、浙江和湖北等省市，获得了社会的高度认同。

（吴恩平）

三、安全测评

重要信息系统安全测评

2006年，市信息安全测评认证中心完成对全市34个重要信息系统的安全测评工作，其中24个系统的主管部门属于市、区委办局等政府部门，10个系统的主管部门属于企业单位。从系统的具体业务类型分布来看：电子政务类系统18个，占52.9%（如市政局通行费征收管理信息系统、市选民登记信息管理系统、市人口计生综合管理信息系统安全系统、市民间组织业务信息管理系统等）；重点企业的业务支撑系统7个，占20.6%（如上海口岸电子数据处理平台、上海石化信息系统主干平台、浦东机场一期国内离港系统、电信卡数据安全传输系统等）；社会保障类系统3个，占8.8%（如市劳动社会保障管理信息系统等）；金融服务类系统2个，占5.9%（上海农村商业银行企业网银系统、上海证券登记资金结算系统）；门户网站类4个，占11.8%（如上海诚信网站、市监狱局网站等）。

2006年，接受安全测评的系统有以下几个明显特点：一是电子政务系统依然占据较大比例，特别是5月7日市政府58号令《上海市公共信息系统安全测评管理办法》发布和宣贯后，公共管理机构对信息系统在系统建设、运维生命周期中执行系统安全测评的意识有了明显加强，各区县信息化项目引入安全测评机制的比例逐步提高；二是随着企业业务发展对信息化依赖程度的提高，通过安全测评及时发现安全隐患，保证系统安全运行逐步得到企业决策者的认同；三是安全管理在系统安全运维实践中的重要性日益彰显，很多系统运行单位已经借鉴ISO/IEC27001，将国际先进的信息安全管理理念融入到系统自身的管理体系建设或管理制度建设中去。

截至2006年底，市信息安全测评认证中心已完成对全市150个重要信息系统的安全测评工作，测评范围涉及电子政务、银行、证券、保险、电力、燃气、轨道交通、医疗卫生、民航等关系国计民生的重要信息系统领域。

信息安全综合检测平台建设

为打造国内一流、国际领先的“信息安全测评认证平台”，全面提升全市的信息安全测评服务能级，巩固形成全市“一个测试认证平台、多家授权、服务各方”的测评格局，市信息安全测评认证中心在“上海市信息安全测评认证系统一期”项目取得显著社会效益的基础上，以国家信息安全新一轮的战略布局为契机，根据市政府第58号令《上海市公共信息系统安全测评管理办法》的精神，向市发改委申请立项建设“上海市信息安全测评认证系统二期”项目（简称“测评二期”）。目前，市发改委已正式批复项目建议书。根据批复，“测评二期”将主要建设5个方面内容：①添置涉密系统安全保密测评业务要求的设备，购置和开发相关工具软件；②购置信息安全系统测评业务所需模拟渗透性测试工具，建立应用系统安全模拟测试平台；③购置商密产品质量检测业务要求的仪器设备，购置和开发相关软件；④购置和开发信息安全风险评估业务相关的工具软件，添置信息安全产品认证测评业务的设备工具；⑤按商密和涉密授权业务要求进行机房建设和实验室环境改造。

信息安全管理标准应用试点

2006年3月，国务院信息化办公室在北京、上海两地和税务总局、证监会、武汉钢铁公司等单位开展了信息安全管理标准应用试点，市信息委组织实施了上海市的试点工作。参与此次信息安全管理标准试点的单位有市信息安全测评认证中心、宝山区信息委、上海市医疗保险信息中心等3家单位。

市信息安全测评认证中心基于信息安全管理体系咨询工作的经验，根据宝山区信息委、上海医保信息中心的系统实际情况，有针对性地进行了管理体系文件的规划与设计。通过试点工作，发现了信息安全管理中存在的问题，并根据系统应用状况，建立了分层次的信息安全管理体系。

此次试点工作取得的主要成果包括：①宝山区信息委制定了分别适用于电子政务平台、区信息委、电子政务平台各接入单位的信息安全管理体系；②市医保信息中心制定了分别适用于信息中心、区县医保事务中心、联网医药机构、社区服务点的信息安全管理体系；③市信息安全测评认证中心开发了信息安全管理体系诊断与支持软件（ISMSD&S），帮助系统运行单位建立信息安全管理体系；④市信息委提出信息安全管理体系相关管理问题的建议等。试点工作将2007年1月组织验收。

（徐　玲）

四、信任体系建设

数字证书应用

随着国家《电子签名法》、《电子认证服务管理办法》、《电子认证服务密码管理办法》等与电子认证行业发展密切相关的政策法规的实施，电子认证服务行业进入了一个较快的发展时期。上海全力把握行业发展趋势和市场脉搏，数字证书的应用范围进一步拓展，水平进一步提升，在全国继续保持领先地位。

2006年，上海市数字证书认证中心有限公司（以下简称“上海CA”）全年共发放数字证书150 337张，同比增长35%，累计发放量超过71.8万张，主要应用在政府、银行、期货、钢铁、证券、汽车、外贸等领域，涉及网上证券、网上报税、网上银行、网上办公、企业资源管理系统、网上交易、网上基金、网上物流等方面。上海CA的主要用户包括：市财政局（市地方税务局）、市房地资源局、市信息委、大连期货交易所、上海期货交易所、春秋国旅、广州医药、华能公司、大唐公司、无锡联通、江西铜业、安徽地税局、国家清史办、海虹医药、中国拍卖师协会等。

2006年，上海CA加大了对安徽分中心、柳州CA分中心、重庆CA分中心、无锡分中心、大连分中心、中国银行浙江分行受理点、福建分行受理点等分支机构的业务推广力度，提供充分的技术支持和市场支持，协助其发展用户，促进了证书的推广应用；同时，新建春秋国旅、市房地资源局、嘉定等区县、东方钢铁等12个分中心，新建上海华码、卫虹医药、北京中数等7个受理点。同年，上海CA参与的长三角互联互通项目和国家桥互联互通项目完成验收。至此，公司掌握了PKI互联互通的关键技术，拥有了标准化的可实现互联互通功能的CA系统。

政务外网电子认证系统建设

上海CA依托证书，做好全市性的网络信任服务，努力为上海市信息化发展提供基础服务设施。

一是加快系统改造，做好全市统一的认证平台建设。上海CA以上海市数字证书认证系统扩建项目为契机，将目前的数字证书认证系统软件、硬件进行全面升级改造，机房改造已进入工程实施阶段，项目预计于2007年4月完成。认证系统采用新的技术架构，能够解决500万级大用户量的全面服务问题。同时，上海市政务外网管理中心明确上海CA中心作为全市外网平台统一的网络信任基础设施，在全市电子政务平台上推广数字证书的应用。

二是积极推进上海市电子政务数字证书应用示范项目。在2006年上半年完成嘉定、黄浦、闵行3个区电子政务信任体系建设试点验收工作后，市网安办和市信息委批准实施上海市电子政务数字证书应用示范项目，完善数字证书在上海市电子政务应用中的环境建设。该示范项目涉及松江、宝山、虹口等8个区，拟初步建立起区县政府统一的网络信任体系基本框架；市政府办公厅、市建委、市社保局、市公积金中心4个市级委办局初步建立起覆盖全市的行业性电子认证服务体制。

三是加大数字证书在面向社会公众的电子政务中的应用推广。为了扩大数字证书的应用面，丰富数字证书的应用领域，上海CA投入大量的资源推进数字证书在全市性电子政务中的应用。市政府采购中心、市财政局等相关项目证书发放量大幅增加，市房地资源局、市医保局、市绿化局、市计生委等相关项目已投入应用，市水务局、浦东干部学院、市司法局相关项目也已进入前期准备阶段。其中，市房地资源局二手房交易网上登记备案系统发展迅速，自10月开始的3个月发放了近2万张经纪人证书。

（崔久强）

第三章　信息安全技术研发及产业化

概　述

随着互联网、无线通信、计算机技术的广泛应用，信息安全在国家、城市安全中的地位日益突出，信息安全保障能力已经成为21世纪综合国力、经济竞争实力的重要组成部分。在政策和市场的合力推动下，上海信息安全技术研发和产业发展展现出蓬勃的生命力，信息安全技术在广度和深度上不断发展，信息安全产业发展迅速。

2006年，全市信息安全产业持续快速增长，保持良好的发展态势，全年实现收入28.3亿元，同比增长19.2%；从业人员达1万多人，一批优秀企业脱颖而出，一批技术含量高、市场潜力大、经济效益好并得到国家有关部门认可的新技术、新产品不断涌现，一些企业的市场竞争能力大幅提高。然而，挑战也是严峻的，如企业规模依然偏小、缺乏产品核心技术、产品结构依然单一等许多问题依旧存在。

（施　敏）

一、国家信息安全产业化（东部）基地

自2001年国家信息安全成果产业化（东部）基地（以下简称“基地”）成立至今，基地以土地开发、园区配套服务建设为主要任务，现园区内主要地块基本开发完毕，一、二、三号楼入驻率达100%，包括公安部三所、交通大学信息安全工程学院等国家级研究机构在内的80余家单位已入驻基地。

2006年，基地发展根据国家科技“十一五”规划的要求，将科技创新与经济效益相结合；立足上海市“科教兴市”战略，推动原创性技术成果产业化；服务张江高科技园区推动创新性服务模式的战略转型，提升区域信息安全产业服务能力；立足于国家信息安全成果产业化（东部）基地，推动产业发展。

2006年，为推动产业初级服务模式向纵深发展的转变，重点推进队伍、企业文化建设，为“十一五”期间形成专业化、体系化的产业服务体系打下良好基础。具体体现在：专业化人员队伍的引进、改善从业人员知识结构以及推动企业内部业务重心的转移；重点关注信息安全产业中前沿产业以及相关技术的产业方向，并采取具体措施，进行产业培育与拉动；从市场培育、知识普及以及信息安全中小企业预孵化等方面入手，加强对信息安全行业等基石群体的建设。

（何　翔）

二、重要信息安全企事业单位

基础设施研究中心：科技成果转化成绩显著

国家信息安全基础设施研究中心（以下简称“研究中心”）于2001年12月4日由国家科技部批准成立，上海市科委进行属地化管理。研究中心承担了信息安全基础设施关键技术研究、信息安全基础设施平台标准研究、电子政务系统信任与授权服务平台工程实现、政务系统网络信任域管理技术的工程实现等国家“863”计划信息安全主题重大专项及国家“十五”科技攻关计划信息安全专项项目，依托这些科研项目，研究中心研制开发了安全与应用支撑平台系列产品、可信移动终端类产品、智能门户系列产品等62项产品，

提出9项信息安全技术标准规范（草案），申请了1项发明专利，获得18项软件著作权。

依托维豪信息技术有限公司，研究中心对信息安全、语义网、下一代网络等领域的关键技术进行攻关，并将攻关成果应用于安全与应用支撑平台、基于语义网技术的智能政务系统、多媒体通讯网关等主要产品中，实现科研单位和企业的良性互动，推动基础和共性基础产品的研发和产业化，充分发挥对社会的科技辐射和服务效应。经过公开招投标，研究中心科技成果转化成绩显著，科技成果已经在电子政务、电子党务和工业信息化市场得到广泛应用，并向全国进行辐射和推广。（邵黎辉）

工程技术中心：致力于信息安全技术研发

国家信息安全工程技术研究中心和上海信息安全工程技术研究中心（以下简称“工程中心”）于2001年9月由科技部和上海市编委批准组建。工程中心注册于国家信息安全技术成果产业化（东部）基地，具有独立法人资格，实行财务独立核算。工程中心受科技部领导，由国家密码管理局、国家保密局、公安部、国家安全部、国家信息化领导小组办公室、上海市科委等共同指导，是国家保密局批准的涉及国家秘密计算机信息系统集成单位、国家密码管理局正式批准的商用密码产品定点生产单位和销售许可单位、重大信息安全系统建设监理单位。工程中心主要从事信息安全工程技术研究、相关产品研发、工程建设与系统集成、信息安全系统建设监理与检测、相关理论研究和标准规范制订以及信息安全工程化产业化人才培训等，技术依托单位是江南计算技术研究所。

工程中心在北京、上海分别设有研发基地，具有良好的科研办公环境，自组建以来，共取得科技成果32项，已申报国家专利3项，研制开发了8类14种型号的信息安全产品，承担信息安全工程建设与监理14项，参与制订信息安全工程规范和标准8项。

（薛其银）

防病毒研究中心：建设国家级研究创新中心

国家反计算机入侵和防病毒研究中心（以下简称“中心”）是由科技部、公安部批准，在上海市政府支持下，由公安部第三研究所负责组建的进行信息安全领域反计算机入侵和防病毒研究及其成果产业化的国家级研究基地，其宗旨是以国家信息安全的需要为出发点和归宿，以打击和预防计算机犯罪为己任，建设一个具有一定国际地位、代表国内最先进水平的国家级反计算机入侵和防病毒技术研究创新中心。

中心坐落于国家信息安全产业化（东部）基地内，下设反计算机犯罪实验室、防病毒实验室、反计算机入侵实验室、微软信息安全技术联合实验室、应用开发部、技术服务部等主要技术部门。中心通过创新运作机制，广泛开展国内外技术合作，积极吸引国内外优秀人才参与国家信息安全研究和技术服务，为提高中国计算机信息安全技术整体水平作出应有贡献。

（防病毒研究中心）

交大信息安全学院：建立多个重点实验室

上海交通大学信息安全工程学院（以下简称“交大信息安全学院”）总占60余亩，主教学楼共四层，使用面积达8 000平方米。目前，学院位于国家信息安全产业化（东部）基地内的张江校区已建设完成，正在逐步完成向张江校区的整体搬迁。

近年来，在学院师生共同努力下，自主研发了基于内容分级标记的信息安全监管系统，达国际先进、国内首创水平，共申请相关技术专利20余项，并申报“网络内容分级标准”等技术标准3项，获得软件著作权8项。学院已完成科研项目20余项；目前，在研项目20余项，其中国家863项目10余项，国家自然科学基金7项（1项为重大项目），国家重点科技（攻关）项目2项；共在核心期刊发表论文300余篇，其中SCI检索40余篇、EI检索40余篇，出版教材7本。

学院和市科委联合组建的上海市重点实验室——“上海市信息安全综合管理技术研究重点实验室”主要从事信息安全综合管理平台的研究与开发、安全设备管理接口标准的研究与开发、安全设备的联动反应技术研究、基于网络自动拓扑发现的网络安全监控技术研究、安全策略反馈技术研究、智能化综合强审计技术的研究和开发等。该实验室研究与开发的信息安全综合管理平台核心技术处于国内一流水平，已被国家信息安全示范工程S219二期广泛采用。

此外，交大信息安全工程学院先后组建成立了网络及应用实验室、电子政务和信息安全工程技术研究中心、攻防及评测技术实验室、上海市信息安全综合管理技术研究实验室、内容安全研究实验室、芯片和密码技术研究实验室等。各个实验室都形成了稳定的科研团队，涌现一批具有“独当一面”能力的科研领军人才，承担并完成多项国家和市科研项目。

（刘 爽）

万达：致力于新技术跟踪与研究

万达信息股份有限公司（以下简称“万达信息”）成立于1995年12月，前身是原上海计算机软件研究所。公司主营业务包括咨询服务、应用软件开发、信息系统集成、外包服务和运营服务等。

自成立以来，万达信息在实践中获得了核心技术，在前瞻性、前沿性和核心性技术方面进行大量投入和研究。公司围绕城市信息化领域资源整合、协同服务、智能决策、安全可信等业务发展趋势，在软件构件、中间件、行业应用软件、信息安全等领域进行新技术跟踪与研究。万达信息还承担了国家发改委、科技部、信产部、市信息委、市科委等一系列国家和地方重大科研项目共计50多项，研发了包括万达CuteEAI中间件产品系列、万达万全之策安全产品系列、万达业务基础软件平台系列、万达面向电子政务/民航交通/社会保障/企业服务等领域的行业应用软件产品等数十种具有自主知识产权的软件和产品，主持并参与了20多项国家电子政务标准和行业标准、上海地方电子政务和行业标准的制订工作。

目前，万达信息已拥有国家计算机信息系统集成一级资质、国内首家整体通过CMMI5和SJ/T 11235认证、涉及国家秘密的计算机信息系统集成甲级和软件开发单项资质、建筑智能化系统集成甲级资质等，是全国20家优秀计算机信息系统集成单位之一、国家规划布局内重点软件企业、中国软件欧美出口工程试点企业（软件外包A类）。 （顾海青）

复旦光华：在信息安全领域持续发展

上海复旦光华信息科技股份有限公司是国内最早从事信息安全技术研究的机构之一，在信息安全领域主要致力于研发高速网络信息安全审计监控、高端系统整体信息安全防护等系统，能够为国家职能机关、政府、大型企事业单位、电信运营商、金融、证券等高端用户提供行业化的整体安全解决方案、系列化信息安全产品和安全评估、应急处理、安全培训等高质量安全服务。公司目前已形成近20项系列化信息安全产品，均获得公安部、保密局、国家测评认证中心的认证，还获得国家涉密计算机信息系统集成资质，在信息安全领域的客户涉及烟草、电信、政府、金融、高校等多个行业和部门，遍及全国31个省、市、自治区。

公司紧跟国家信息产业特别是信息安全发展趋势，从事信息安全领域的研究和产品开发已有10多年的历史，特别是在高速网安全监控和安全审计方面，在国内具有明显的领先优势。公司还参与国家信息安全宏观战略规划的制订，承担国家重大安全保障任务。

公司长期以来形成了包括高速网数据采集、协议分析还原处理、监控信息管理等各个环节的产品系列，并根据用户的需求不断扩展和调整系统功能，同时为国家有关职能部门以及地方政府提供有效的保障信息安全的技术手段。 （曾海天）

格尔软件：完善产品体系

上海格尔软件股份有限公司（以下简称“格尔软件”）成立于1998年3月，2000年8月完成股份制改制，注册资本3 500万，总部设在上海。

格尔软件专业从事信息安全核心技术和产品的研发，是国家密码管理局批准的首批商用密码产品生产与销售单位，已批复的产品包括SJR01、SJY49、SRQ15、SJW64；国家保密局批准的“涉及国家密码的计算机集成资质软件开发单项资质”单位、国信安办认定的首批计算机网络安全服务试点单位。公司IC卡密钥管理系统成为国家密码管理局和中国人民银行总行惟一认可，并通过鉴定的银行IC卡密钥管理系统；公司还获得在Windows环境下构建虚拟磁盘的方法、具有MIME数据过滤技术的SSL代理方法、安全电子邮件与Lotus Notes和Outlook Express集成的方法、金融IC卡密码管理系统中的随机密钥约定方法等多项技术专利；信息安全综合监控与管理平台、网盾信息安全软件等荣获国家版权局颁布的计算机软件著作权；与交大信息安全工程学院合作成立“上海市信息安全综合管理技术研究重点实验室”。

此外，格尔软件对自身的信息安全产品进行了整合，完善了产品体系，身份管理产品体系共分为6个部分：IdInfrastructure（身份基础体系）、IdProvisioning

（身份供应）、IdAuthN（身份认证）、IdAuthZ（授权服务）、IdEvidence（证据服务）、IdApplication（身份应用）。（周海华）

启明星辰：业绩取得长足进步

上海启明星辰信息技术有限公司（以下简称“启明星辰”）是北京启明星辰信息技术有限公司在国家863信息安全成果产业化基地成立的网络安全子公司，注册资金1 000万元。公司中标上海S219工程、上海公务网安全产品，并承担了浦东新区和松江区电子政务安全平台建设任务。同时，公司还在金融、电信等高端行业争取了一部分客户，获得上海期货交易所、外汇交易中心、上海证券交易所、上海电信、交通银行等一批重大安全项目。

启明星辰研发中心主要从事网络安全产品研发及销售，已成功研发了基于WINDOWS平台的主机入侵检测系统、基于AIX平台的主机入侵检测系统、天清短信过滤系统、网页监测与自动恢复系统、智能网络防病毒系统、计算机网络应急响应与灾难恢复系统、网络安全综合监控与预警系统、泰合信息安全运营中心系统（SOC）等产品。目前，研发中心共有28人，其中产品与项目开发部18人，测试与质量管理部5人，产品管理部5人。

启明星辰拥有计算机信息系统安全专用产品销售许可证、国家信息安全产品测评认证证书和军用信息安全产品认证证书等资质。公司核心产品通过涉密网网络安全产品科技成果鉴定，同时也获得了ISO9001:2000质量管理体系认证证书。（奚　英）

银晨科技：领跑国内人脸识别领域

上海银晨智能识别科技有限公司成立于2001年12月29日，注册资本4 000万元。自成立伊始，公司便将人脸识别技术的研发与产业化作为业务核心，是国内最早从事人脸识别技术研发与产业化的公司之一，也是目前国内规模最大的人脸识别技术研发与产业化基地。公司致力于生物识别技术及相关计算机应用软件、系统集成、网络、电子等高科技产品的研发、生产与销售，目前承担着公安、民航、金融等领域多个大型重点项目。2003年7月，上海市公安局技术防范办公室授予公司安全技术防范工程设计施工一级从业资格。公司先后通过了ISO9000和CMM3认证。

公司曾两次承担并完成国家863计划的研究任务：“基于面像识别的数字化安全与认证产品”与“生物特征识别技术与关键问题——面像检测与识别核心技术”，是科技部认定的国家高技术研究发展计划（863计划）成果产业化基地，同时也是国家863计划专家组认定的国家863计划智能计算机成果转化基地。

公司与中科院计算所于2000年4月合作组建了“中科院计算所——银晨科技面像识别联合实验室”（以下简称“联合实验室”），双方合作开展人脸识别、数字音视频的核心技术及关键问题的研究。联合实验室在深入研究并掌握国际主流的人脸识别算法的基础上，在人脸检测、特征定位、识别与确认方面实现多项创新，该系列研究成果于2002年11月通过了中科院组织的技术鉴定。

2003年12月，“人脸识别系统及其应用”项目获得上海市科技进步一等奖；2006年1月9日，该项目再次获得2005年度国家科技进步二等奖。在人脸识别行业中，公司已成为惟一一家获此殊荣的企业，代表着国内人脸识别领域的最高水平。

此外，公司还创建了目前世界上最大、最完备的人脸识别基础数据库，规模已经达到22 300人，平均每人130幅以上各种光照条件、姿态、表情和饰物等变化的人脸照片。这些图像为进一步的算法设计、测试提供了良好的资料基础。

几年来，在人脸识别领域发表（含录用）了150余篇学术论文（含国际期刊14篇，国际会议论文61篇）；获得专利授权12项，其中发明专利3项，实用新型专利6项，外观设计专利3项；尚有发明专利16项、实用新型专利1项被受理；取得软件著作权登记证书12项，商标注册1项。（庞　璐）

汉邦京泰：形成多项系列专有技术

上海汉邦京泰数码技术有限公司隶属于汉邦软科集团，是国家高新技术企业，注册资本3 200万元。公司自1999年成立以来，致力于信息安全产品的研发、生产、销售，并提供安全资讯、安全集成、风险评估等安全服务。2005年，公司成为国内首批10家涉密集成甲级资质单位之一，标志着公司在国家涉密信息系统安全领域的集成能力得到市场高度肯定。同年，公司取得ISO9001国际质量管理体系认证。

公司始终把科技创新作为公司发展的第一要务，

先后承担了“中办、国办计算机综合审计系统”（“十五”重大信息安全课题）、分布式电子政务强审计系统（国家863重大课题）、分布式电子政务强审计系统（国家保密局）、信息安全基础平台（综合监控审计系统）（总参谋部）、信息安全综合强审计系统（国家重点新产品）、网络信息安全监管系统（国家发改委产业化课题）、网络信息安全监控管理系统（科技部重点新产品研发课题）、基于自主代理的协同入侵检测系统（863重大课题）、汉邦协同入侵检测系统CoIDS（科技部创新基金）等10多项重大课题，拥有众多国际、国内技术领先的系列专有技术，并已成功把这些技术运用到“汉邦”系列产品的科研攻关与生产上。

（李丹丹）

上海信安：着力于提供整体安全解决方案

上海信安信息技术发展股份有限公司（以下简称“上海信安”）成立于1999年1月，是一家在网络与信息安全领域内为客户提供高可用性、高可靠性、高安全性整体解决方案的高新技术企业，2000年12月增资改制为股份有限公司。

上海信安拥有国际领先技术的安全网络管理系统(SNetMan)和填补国家技术空白的网络集成管理平台(InfoRobot)，以及e盾计算机安全防护专家(InfoNCD)、安全管理智能钥匙(InfoKey)等自主产品。2004年4月，安全网络管理系统（SNetMan）被认定为上海市高新技术成果转化项目。此外，上海信安还和多家世界著名的信息产业巨头结有紧密的战略合作伙伴关系，致力于向广大企业用户提供整体安全解决方案。目前，公司拥有中高级研发人员数十人，能够迅捷为客户提供专业、规范、热情的安全技术服务。

（程　军）

天融信：连续5年市场份额居国内信息安全厂商之首

北京天融信公司是中国信息安全行业的领导企业，是目前国内最大的信息安全产品和服务综合提供商。天融信公司成立于1995年，总部设在北京，形成北京、武汉、成都三大研发中心，同时在上海、杭州、南京、南昌、广州等32个城市设有分支机构，拥有1 000多名信息安全专业研发、咨询与服务人员。

天融信公司于1996年推出了填补国内空白的中国第一套自主版权的防火墙产品，随后几年又推出了VPN、IDS、过滤网关、安全审计、安全管理等系列安全产品；2001年，组织并构建了TOPSEC联动协议安全标准，提出了一套集各类安全产品集中管理、集中审计为一体的全面、联动、高效和易于管理的TOPSEC安全解决方案，并于2004年底在业界率先提出“可信网络架构（TNA）”，强化可信安全管理在安全建设中的核心地位，通过全局安全管理，实现多层次的积极防御和综合防范，引领民族信息安全产业潮流，应对国际化竞争。

天融信公司具有以下资质：高新技术企业、国家规划布局内重点软件企业、ISO9000质量管理体系认证、涉及国家秘密的计算机系统集成资质、国家信息安全认证二级服务资质、计算机信息系统集成资质、商用密码产品生产定点单位、商用密码产品销售许可单位。

2000～2004年，天融信公司连续5年市场份额均居国内安全厂商之首。2004年全年，在国内防火墙市场份额超过了16%，名列所有国内外安全厂商第一位。到目前为止，天融信公司拥有覆盖全国，涉及政府、电信、金融、军队、能源、交通、教育、流通、邮政、制造等行业的万余家客户群体。

（王丽丽）

上海安创：研制多项安全芯片和安全设备

上海安创信息科技有限公司（以下简称“上海安创”）是在信息安全领域集研究开发、设计、生产及销售于一体，并提供信息安全整体解决方案的现代化高科技公司，2002年9月注册于张江高新技术科技园区，注册资金100万元，是市科委信息中心与上海交通大学信息安全芯片设计实验室共同投资创办的一家高科技企业。

上海安创充分利用国内著名高等学府——上海交通大学的人才、信息和研究资源优势，依托芯片设计及硬件产品研发基地，形成了从低端智能安全芯片、专用密码算法ASIC芯片到高端信息安全SOC芯片设计、芯片安全防护的强大技术研发能力，研制出多项科技含量高、满足市场需求的有完全自主知识产权的安全芯片及设备。

上海安创研发设计的“SSX17模幂乘密码算法协

处理器”于2003年6月24日，获得国密办批复；2004年4月30日，通过国密办的流片论证。公司和上海格尔软件股份公司联合研发设计的“SJW64网络密码机”于2003年6月20日获得国密办批复，并于2004年4月2日通过国密办的安全性审查。2004年9月28日，公司获得国家密码委员会办公室颁发的“商用密码产品生产定点单位证书”。（上海安创）

上海正元：掌握电子证书核心技术

上海吉大正元信息技术有限公司（以下简称“上海正元”）是专业化的信息安全技术和产品供应商，成立于2003年5月，注册资金1 000万元。公司注册于张江高科技园区，是国家信息安全产业东部基地成员企业，也是国家密码管理委员会办公室认定的商用密码产品生产定点和销售许可单位。

上海正元在数字证书核心技术基础上，研发出了具有自主知识产权的信息安全软、硬件产品，并实现产业化。公司承担国家和行业重大科研项目，实现产学研的结合，为行业和企业的技术创新及信息安全产业提供技术支撑。上海正元在密码机、密码卡、加密芯片等密码产品以及身份认证、授权管理和访问控制等应用领域具有科研开发、工程设计、测试、生产制造和工程施工等全套服务实力，并与国内高水平的同行有长期密切的合作关系。

公司已经取得的资质有：软件企业认定证书；商用密码产品生产定点单位证书；商用密码产品销售许可证；商用密码产品技术鉴定证书。

（贺吉生）

测评中心：完成30余个安全产品的测评认证

上海市信息安全测评认证中心（以下简称“上海测评中心”）是专门从事信息安全产品/信息系统的安全性测试与评估的第三方测评认证机构，同时也是中国信息安全产品测评认证中心（以下简称“国家测评中心”）在华东地区的授权分支机构，即中国信息安全产品测评认证中心上海测评中心。公司于1998年注册成立，注册资金为2 240万元。

上海测评中心主要职责是：根据国家认证中心授权，对华东地区范围内的各类信息安全产品、信息系统、信息安全服务提供测评服务，向国家认证中心出具测评报告并由国家测评中心统一颁布发认证证书；根据市有关职能部门的授权，在全市范围内开展信息系统的安全测评及其他相关业务；面向社会提供与信息安全有关的信息服务、技术服务及人员培训。

2001年11月，上海测评中心主体安全测试实验室通过中国实验室国家认可委员会（CNACL）的认可，访问控制产品、鉴别产品、安全审计产品、安全管理产品、数据完整性产品、数字签名产品等六大类信息安全产品及信息系统安全性测试获得授权认可。

上海测评中心自成立以来，在华东地区已完成对30余个安全产品的测评认证，受测产品范围涉及防火墙、安全隔离卡等访问控制类产品、CA数字证书系统、安全路由器、安全操作系统、安全OA系统、网上证券交易系统、电子令牌身份鉴别系统、网络监控系统、安全审计系统等多个领域，还完成了50余家单位信息系统的安全测评。（陈清明）

卫士通：完成一系列信息安全重点工程

上海卫士通网络安全有限公司依托中国电子科技集团公司第三十研究所及总公司在信息安全领域40年积淀的强大技术优势和人才资源，已经发展成为华东地区重要的信息安全主流产品供应商、涉密系统集成商和安全服务提供商，建立了以上海本部为中心，以浙江、江苏、山东、安徽、江西等省办事处为支撑的营销服务网络，客户遍布党政机关、金融机构及企事业单位。公司主流密码产品销量连续3年居上海市第一位。

公司致力于信息安全高端技术的研发和产品化实现，在业界率先推出了宽带VPN、千兆防火墙、高速密码芯片、计算机安全卡系列、安全OA系统、局域网综合安全防护系统等产品，为中国电子政务、电子商务以及企业信息化安全提供强有力的保障作用。公司主要的产品线包括：加密类产品、身份认证类产品、安全应用软件类产品、防火墙、税控收款类产品等。

公司成立五年来，先后完成了S219信息安全应用示范工程、上海市公务网、山东省党务网、中国银联新系统、交通银行公文交换系统、上海证券交易所远程办公网、交通银行数据大集中系统、上海金卡工程、上海社保卡工程、上海公交卡工程、浙江金卡工程、浙江电子商务CA系统、江西电子商务CA系统、安徽电子商务CA系统、苏州城市一卡通、杭州市民卡等一系列信息安全重点工程。（张冰洁）

安达通：建成全国联网的快速响应服务体系

上海安达通信息安全技术有限公司于2002年1月在上海浦东国家信息安全产业化基地成立，公司专门从事VPN安全网关、VPN网管平台、身份认证产品的研发、生产和销售，并主要解决互联网和内联网的网络信息安全传输和接入身份认证等问题。公司是国家商用密码产品生产定点单位和销售定点单位及上海市高新技术企业和软件企业，通过ISO9001质量体系认证。

为向用户提供快捷有效的服务，公司建成了全国联网的快速响应服务体系，拥有由安达通公司、子公司、各地技术支持中心以及区域合作伙伴的数百名ADT认证工程师（ACNE）组成的现场服务队伍，为用户提供标准化的售前和售后服务。

安达通VPN产品和解决方案的用户遍布大江南北，包括政府部门、电力、金融、石化、电信、卫生、教育、各类企事业单位等近千家用户和数十个大型（单个案例使用VPN网关数量超过100台）和超大型（单个案例使用VPN网关数量超过1 000台）VPN专网案例用户。截至2006年中，约8 000台各型安达通VPN安全网关和4万多VPN移动终端为广大用户提供安全、稳定、迅捷的VPN传输平台。

（康　浩）

新网程：自主研发“网络督察”系列产品

上海新网程信息技术有限公司成立于1998年8月，是专注于研发具有自主产权网络安全产品及网络应用软件的高新技术企业，曾获得多项技术创新基金的支持。公司总部和研发中心设在上海，在北京、广州、宁波、长沙、哈尔滨、西安等地设有办事处。

公司是上海市首批获得“软件企业认定证书”，并拥有多项自主产权技术和产品的创新型企业；同时，公司利用自身强大的技术实力，积极配合各级政府及公安网监部门参与多项保障互联网安全、净化互联网环境的工作。

作为上海市重点支持项目，公司自主研发的PAS网络应用开发平台和网络督察产品先后获得上海市种子基金及浦东新区创新基金的资助。公司已经在PAS平台上成功开发和实施了100多个项目，并推出了十几种产品。公司自主研发的“网络督察”系列产品，功能完整、稳定高效、简便易用，是业内最早推出的网络行为管理产品。用户覆盖了政府、教育、科研、酒店、电信、烟草、金融、能源、交通、连锁、医疗、制造等行业的数千家企事业单位，在香港、台湾、新加坡等也拥有大量客户。同时，“网络督察”还能满足公安网监部门对联网用户上网行为审计备案的要求，为调查网络犯罪，提供有力的取证和技术支持。

公司现有员工近百人，从事产品策划、设计、研发的都是具有十年以上从事互联网技术研究的国家级专业顶尖人才，其中有许多员工参与了互联网发展各阶段电信级运营网络与系统的建设。

（李云明）

海加网络：研发SSL VPN等信息安全产品

上海海加网络科技有限公司是由美国硅谷归国资深专业人士创办的内资企业，主要从事具有自主知识产权的有线和无线网络安全产品软件与硬件的研发、生产和销售。公司的核心团队拥有北美Nortel Networks、Entrust Technologies和硅谷初创公司等著名公司的多年研发和管理经验，在SSL VPN、PMI、PKI等技术领域有着多年的实践经验，能够很好地把握网络安全领域的发展方向。

目前，公司已研发推出新一代SSL VPN智能远程访问系统、智能证书管理系统SCM、智能权限管理系统SAM和海加电子签章系统等多种主流系列信息安全产品。其中，SSL VPN产品为大型企业级/电信级VPN产品，经第三方测试，无论在产品功能设计还是在性能稳定性方面均达到国际领先水平。该产品真正实现了“在任何时候、任何地点、通过任何设备安全地接入公司内部网”的目标。

公司正在进行的“支持3G的移动应用安全平台”研发项目将填补国内外在该领域研究的空白，推动中国下一代互联网三网合一的发展，为3G应用提供安全互联的平台，促进3G应用的发展与普及。

公司除注重自身的发展以外，还与许多国内、国际著名网络专业公司有着密切合作。公司产品已经广泛应用于政府机构、高科技、电信运营商、金融行业、汽车业和烟草等行业。

（周　蕾）

三、重要信息安全产品

卫士通安全产品系列

1.VPN产品系列

卫士通公司的VPN产品系列是为政府/金融/企业网络互联研制的专用密码设备，可以直接构建安全的内部信息专网，也可以用于通过INTERNET建立虚拟专网，为用户提供透明的安全保护，防止信息泄露和对系统的非法攻击。

该系列主要包括SJW04网络密码机、SJW04密钥管理中心、SJY08-B数据密码卡（PCI接口）和SJY15-B桌面密码机（USB接口）。SJW04网络密码机有1000M、100M、50M、10M等技术规格；SJY08-B数据密码卡有100M、50M、30M等技术规格；SJY15-B桌面密码机有25M、3M等技术规格。

2.SJL05金融数据加密机

SJL05金融数据加密机是国内第一个通过国家密码管理局鉴定的基于金融业务主机的应用层数据加密设备，主要用于数据加密、消息完整性验证、密钥管理等，可为计算机网络系统提供应用层的安全保密数据通信服务，防止网上各种欺诈行为发生。

该机适用于金融行业内清算（银联）、数据大集中等交易系统，银行、社保、石化、公交、税收等IC卡应用系统，以及跨机构的银证、银税、邮电等金融相关交易系统。

3.“一key通”局域网综合安全保护系统

“一KEY通”局域网综合安全保护系统是在等级防护、积极防御与综合防范的安全策略下，以密码技术为核心、以密钥管理中心和安全管理中心为支持，从而构建应用环境安全、应用区域边界安全、网络通信安全的三重安全防护体系。该系统可应用于政府部门、银行、证券、企事业单位，通过构建内网安全防护系统，以满足局域网信息系统对信息安全防护的需求。

4.“中华卫士”防火墙

“中华卫士”防火墙是采用国际上最先进的网络安全技术、吸取广大用户的宝贵经验基础上研发的产品，不仅在安全性、效率、稳定性等方面有重大突破，而且在国内首家实现了完全基于用户的访问控制，从根本上提高了安全性。通过了中国信息安全产品测评认证中心、国家保密局涉密信息系统安全保密测评中心、中国人民解放军信息安全测评认证中心的鉴定，获得了公安部销售许可证，荣获了赛迪测评中心《2004年度精品奖》、中国计算机用户协会《信息产业界2005年行业采购防火墙产品首选品牌》、计算机安全《用户推荐的防火墙产品》等荣誉。

信息安全工程技术研究中心安全产品系列

1.综合服务密码机SYJ62

综合服务器密码机SJY62是工程中心针对国家电子政务试点示范工程中多密码算法并存、多密码设备调度、多密钥管理的需求，自主研制的新型密码设备。该产品主要应用在电子政务和电子商务的密码服务中，可提供高性能的数据加解密、数字签名和验签、数字信封、证书验证、数据摘要等密码服务功能。

2.门卫式客户端密码机SYJ68

门卫式客户端密码机SJY68是基于PKI技术、集客户端VPN、客户端密码服务与电子密码钥匙应用服务为一体的高性能客户端密码设备。该设备以门卫式的连接方式串接在客户机与网络之间，当客户机与网络通信时，该密码系统充当VPN，以安全模式或隧道模式提供透明的通信加密服务；当客户机运行应用软件时，以命令/响应方式为客户机提供各种密码服务。该设备具有性能高、功能强、可配置专用算法、与客户机硬件和操作系统无关等特点，并提供透明VPN功能及具有数据加解密、数字签名和验证、数据摘要、密钥生成和管理功能，是同时解决网络层和应用层密码服务的新型客户端密码机。主要应用在电子政务、电子商务和其他客户端安全应用中。

3.SJY63密钥管理系统

SJY63密钥管理系统严格按照国家相关技术标准及规范设计，包括密钥生成、密钥存储、密钥分发、密钥备份、密钥更新、密钥撤销、密钥归档、密钥恢复以及安全管理等功能，是PKI体系中的重要组成部分。该系统具有可靠的容灾备份措施、安全的防护体系和完善的审计功能，能有效保障系统自身的安全。该产品主要应用在数字证书认证中心平台中，为CA提供加密密钥管理服务，并对密钥进行全过程管理。同时，

SYJ63还可为其他需要外部提供非对称密钥管理功能的安全应用提供服务。

4.SRQ14 数字证书认证系统

SRQ14数字证书认证系统是PKI体系中重要的基础设施。该系统执行双证书体制，严格按照国家相关标准及规范设计，具有数字证书申请、审核、生成、签发、存储、发布、更新、注销、撤销、作废、挂起与恢复等功能。同时，该数字证书符合ITU X.509 V3标准和国家X.509CV3标准，具有安全的防护体系和完善的审计功能，能有效保障系统自身的安全。该产品主要用于PKI基础设施建设、数字证书认证中心建设，提供证书签发和管理服务。

启明星辰安全产品系列

1.天阗入侵检测与管理系统

天阗入侵检测与管理系统是启明星辰自主研发的入侵检测类产品套件。它在新一代入侵检测技术的基础上，利用全面流量监测发现异常，结合地理信息显示入侵事件的定位状况，应用入侵和漏洞之间具有的对应关联关系，给出入侵威胁和资产脆弱性之间的风险分析结果，从而有效地管理安全事件并进行及时处理和响应。该产品获得计算机信息系统安全专用产品销售许可证、国家信息安全认证产品EAL3级别认证证书、军用信息安全产品认证证书、CVE认证证书、涉密信息系统产品检测证书等。

2.天清汉马防火墙

天清汉马防火墙是启明星辰和港湾兴业联合推出的拥有完全自主知识产权的基于专用硬件的集成式安全产品。它在高性能防火墙的基础上，集VPN、网关病毒过滤、IPS、NetFlow流量统计分析、冗余备份、AAA认证计费等众多产品功能于一体，处理内核基于NP架构，具有电信级的性能和稳定性，能够更好满足用户日益增长的安全需求。

3.泰合信息安全运营中心

泰合信息安全运营中心是针对传统安全管理方式的一种重大变革。它将不同位置、不同资产(主机、网络设备和安全设备等)分散且海量的安全信息进行范式化、汇总、过滤和关联分析，形成基于资产/域的统一等级的威胁与风险管理，并依托安全知识库和工作流程驱动对威胁与风险进行响应和处理。总体来说，安全管理平台系统的根本模型就是PDR模型，而泰合信息安全运营中心系统就是实现其中的D(Detection，检测)和R(Response，响应)。

天融信安全产品系列

1.网络卫士防火墙NGFW 4000/NGFW3000/NGFW ARES系列

2005年，天融信公司采用全新安全操作系统TopsecOS(以下简称“TOS”)和更高性价比的硬件平台，对网络卫士防火墙系列产品进行全面提升。

TOS采用多项突破性技术，其操作系统的安全模型采用形式化（formal）设计方法，具有高可靠、高安全、可推导、可验证等特点。同时，该操作系统采用分层的设计理念，分为OS层、基础层、服务层和安全引擎层，在硬件和OS内核层之间引入的硬件抽象层使TOS能适应各种硬件体系平台，充分利用各种计算技术的优势；稳定、可靠、安全的OS核融入了多项基础层和服务层模块，提供了丰富的支撑功能，能方便构建功能强大的设备系统，在服务层之上可以通过插入各种安全引擎（SE）来提供各种安全功能。TOS为防火墙及多种安全产品提供了统一的、安全的基础平台。

2.网络卫士入侵检测系统NetGuard IDS (NGIDS)

网络卫士入侵检测系统是由天融信公司自主研发的基于网络的入侵检测系统。它部署于网络中的关键点，实时监控各种数据报文及网络行为，提供及时的报警及响应机制，具有入侵检测、入侵响应、实时监控、流量统计、入侵报表、协议还原、与第三方安全产品联动等各种功能。其动态的安全响应体系与防火墙、路由器等静态的安全体系形成强大的协防体系，大大增强用户的整体安全防护强度。

3.网络卫士过滤网关NetGuard Filter Gateway (NGFG)

网络卫士过滤网关是天融信公司于2004年推出的新一代硬件防病毒网关，可以透明地安装在企业网络的入口处，能直接保护企业局域网免受各类病毒（包括动态的蠕虫病毒攻击和文件型病毒)、木马以及垃圾邮件的侵袭。

4.网络卫士VPN解决方案TOPSEC IPSEC VPN Solution

TOPSEC IPSEC VPN解决方案是TOPSEC整体安全解决方案的重要部分，包括VPN网关、客户端VRC、安全管理中心,可解决各种应用环境下的边界到边界、边界到桌面、桌面到桌面的互连互通和安全传输。该解决方案是业界对PKI/CA支持最完善的系统,具有最全的网络适应性，有完善的地址冲突解决方法，快速便捷的移动客户端接入，完整的L2TP支持和HTTP Tunnel最强的链路适应性，采用高效的集中管理、自动部署等技术构成完整的VPN体系，能满足各种用户的网络应用需求。

5.网络卫士VPN解决方案TOPSEC SSL VPN Solution

TOPSEC SSL VPN安全接入系列产品是专门为B/S和C/S结构的网络应用系统提供身份认证和传输安全的综合解决方案。它是基于数字证书和SSL技术实现的独立安全系统，能够为应用服务器提供前置的安全处理。

6.网络卫士安全审计系统Topsec Auditor（TA-L）

网络卫士安全审计系统（TA-L）是一个分布式、跨平台的网络安全审计系统，可以对安全系统、网络设备、操作系统、应用系统等产品和系统的日志信息进行统一收集、存储，并采用先进的智能信息处理技术对各种日志信息进行综合分析。通过跨平台的日志收集、实时事件监控、自动威胁响应和全面的安全状态分析等手段，TA-L为用户及时发现安全风险，掌握自身的安全态势，提高安全管理成效提供有力的技术保障。

7.网络卫士安全审计系统Topsec Auditor（TA-W）

网络卫士安全审计系统(TA-W)是由天融信公司自主研发的基于网络的安全审计系统，以旁路的方式部署在网络中，不影响网络性能。TA-W可实时监控各种数据报文及网络行为，能及时截取采集网络数据，结合产品强大的审计分析功能,对信息进行智能化处理，对网络信息泄密行为进行有效的监控和取证，完全掌握所监控对象上网情况；还可全程监控企业员工是否在工作时间上网冲浪、网上聊天、是否访问内容不健康的网站等。

8.网络卫士安全管理系统Trusted Security Management

网络卫士安全管理系统是国内首创的融合了安全设备管理（SMC）、安全信息管理（SIM）及网络管理（NMC）多种元素的综合性安全管理平台产品，是天融信可信网络架构（TNA）的核心组成部分。该系统实现了安全设备管理的统一，实现了运行日志、实时状态、突发事件等安全设备运行信息的统一收集和分析，实现了安全应急措施、安全管理策略的统一制定、更新和发布。通过统一的安全管理，为安全体系的便捷、高效和全面运行提供技术和管理上的保障。

复旦光华安全产品系列

1.光华S_Audit综合审计系统

光华S_Audit综合审计系统主要用于监视并记录网络中的各类操作，实时地综合分析网络中发生的外部安全事件和内部安全事件，并根据设置规则，智能判断出违规行为，并对违规行为进行记录、报警和阻断；同时，对网络中出现的黑客入侵行为进行实时报警和阻断，可以有效阻拦来自网络内部和外部，特别是来自因特网的恶意破坏行为。该系统自身的数据具备防销毁、防篡改的特性，能够为网络犯罪案件的侦破和取证提供精确、宝贵的辅助数据。它可以在内部局域网上建立完善的安全预警和安全应急反应体系，为信息系统的安全运行提供保障。

该系统适用于计算机网络应用的各个领域，特别是政府机关、证券公司、大型企业、金融、电信、国防、科研院校等对网络安全要求很高的单位。使用该系统后,能够实时对网络系统的运行动态进行监视,记录安全事件,发现安全隐患,对安全事故及时报警,极大增强网络安全防范能力，同时也能提高网络的管理水平。

2.网络安全审计监管系统

网络安全审计监管系统是基于国家863计划课题“分布式网络入侵检测、预警和安全监管系统”所实现的2.5G POS骨干网上的线速信息采集和匹配过滤分流技术、旁路式数据库系统的安全审计技术、对审计监管记录的基于数据挖掘的综合分析技术等，并通过融合这些创新点和技术，在实现产业化后推出的新一代安全审计监管产品。该系统主要应用对象是一些中大型的重要网络系统，例如政府网络、金融网络、大型企业网络、公共服务网络等。

3.光华DB_Audit数据库安全审计系统

光华DB_Audit数据库安全审计系统主要用于监视并记录对数据库服务器的各类操作行为，通过对网络数据的分析，实时、智能地解析对数据库服务器的各种操作。它可以根据设置规则，智能判断出违规操作数据库的行为，并对违规行为进行记录、报警和实时阻断。该产品由网探、审计中心和审计控制台组成，网探以网络旁路方式获得用户访问数据库的数据包，根据各种数据库协议和预先设置的过滤规则分析数据包，进行用户访问数据库的还原，把实际的数据库操作按一定格式提交给审计中心。

4.光华 ITVIEW 系统运行管理平台

光华ITVIEW系统运行管理平台能够对网络设备、主机服务器、应用与服务进行主动式、自动化的监控。它提供先进的故障管理、性能管理和设备管理等功能，是集中式、智能化的网络综合管理软件。该平台基于Web的统一管理门户，可将整个系统的运行状态以可视化的方式，动态、直观地展现给IT管理员。同时，系统易于部署和使用，通过7×24小时不间断监控，能够帮助IT管理员最大限度降低系统出现故障的可能，减少系统的运维成本，是实现信息系统高效、稳定运行的有力保障。

5.光华 T_Manager 网络综合管理系统

光华T_Manager网络综合管理系统具有在大型网络信息系统中实现覆盖全网平台的安全信息收集、系统运行监控、关键业务信息监控和重要异常事件报警等功能，是一个结合网络管理、主机管理和安全管理主要功能，分布式、多层次的计算机网络综合监控管理工具。它通过对各种网络设备（如路由器、交换机等）、安全产品（如防火墙、防病毒产品、审计监控系统等）、主机（Unix、Windows、Linux 等）、关键应用服务等的运行、性能进行实时监控，以一个统一的界面为管理人员展示它们的各种状况和各种安全响应事件。

该系统突破了传统网络管理产品仅面向单一网络设备或安全产品进行管理的局限性，实现了对大型网络系统中的网络设备、主机、业务服务系统和安全设施等多种产品进行统一管理的功能，降低了相关管理软件的投入，节省了人力，加强了管理的深度和广度，从而可为信息系统的稳定运行提供可靠保障。

6.内网计算机信息安全监控系统

内网计算机信息安全监控系统突破以往“入侵检测”、“日志记录”等浅层次的安全监控的概念，提出全方位、分布式、多层次的深度监控概念，并针对内部网的需求而研发的一个具备实用性的内网信息安全监控系统。该系统是自主知识产权的适合内网安全监控的实用化产品，同时也为安全要求较高的政府、金融、证券等机构内部网络的全面安全监控提供有力支持。

7.高速网络分流交换机

目前，中国电信主干网络已大量采用2.5GPOS信道，而传统的网络监控设备（单机+网卡）已不能满足网络高流量的现实情况，高速网络分流交换机就是专门为解决该问题而研发的新一代高速骨干网接入设备。它有效地解决了对高速骨干网上海量数据流进行集群处理的需求，能实现对高速网上的数据进行线速接入和过滤，并根据设定将过滤后的数据分配给相应的集群处理设备进行处理，可用于构建高速骨干网环境下的数据内容监测、入侵检测、流量统计、内容审计、均衡负载等系统。该产品是保障高速网安全的必备产品。该产品可以推向各个政府内部网络、金融机构等高安全网络、电信等公共信息网络及运营网、军方高安全网络、大型企业内部网、各类校园网络、宽带小区接入网络等多个领域。

银晨安全产品系列

银晨人脸识别技术系列产品涵盖出入控制、照片比对、监控布控、登录认证等多种应用。基于DSP平台的产品有：嵌入式人脸识别模块（ISVIDEO R64/SR64）、嵌入式智能视频处理模块（ISVIDEO SD64）、面部特征视频盒、银晨人脸识别出入控制系统（E面通）；基于PC平台的行业级应用解决方案有：人脸识别智能监控系统/ 布控系统、人像查询比对系统(ISFaceMatch)。

1.嵌入式人脸识别模块

嵌入式人脸识别模块由视频处理系统、电源系统、接口系统等部分构成，内部采用国际领先的红外成像人脸识别算法，实现脱机人脸识别；SR型则更具有H.264视频编码算法与视频网络传输、视频监控等功能，而且具有丰富的外部接口，可以很方便地和各个门禁厂商的门禁控制器结合。它通过模块的RS485及WIEGANDS26接口，可以实现与现有门禁控制器通讯，而通过模块的金手指接口，可以将所有涉及的外围接口引接到另外的接口板上，以利于产品外形设计。OEM厂家只需按照自己的外形设计接口板，即可快速实现基于人脸识别功能的监控门禁等产品，提升产品安全性能。

2.嵌入式智能视频处理模块

嵌入式智能视频处理模块是包含视频叠加、字符叠加、光照补偿、人脸特写、视音频编码、网络传输等功能的视音频压缩编码模块，可以作为各种网络视频监控与布控系统的前端设备，并且可以根据定制开发，实现诸如快球自动控制、运动目标跟踪、自动光照控制、视频颠簸抖动消除、车牌识别、工业生产检测、网络可视对讲等功能。广大产品开发商/集成商采用ISVIDEO SD64研制人脸采集视频服务器，实现以太网实时传输数字音视频多媒体的同时，完成人脸采集，并通过网络传输，开发各种基于人脸识别的监控或布控系统。

3.面部特征视频盒

面部特征视频盒专用于金融营业网点的柜员监控与自助区监控的人脸视频叠加器，包含视频叠加、光照补偿、人脸特写、点钞金额叠加、ATM卡号叠加等功能，适合已有DVR的金融网点监控升级使用。

4.银晨人脸识别出入控制系统（E面通）

银晨人脸识别出入控制系统（E面通）增强了传统出入控制系统的安全性，是嵌入式人脸识别模块的典型应用。出入人员不单需要提供卡、密码，系统还会检测人脸、识别人脸来判断是否通过。系统会将人脸图像保存下来，管理人员可以实时或事后确认出入人员的身份。可广泛应用于考勤/门禁/出入控制、智能监控。

该产品已获得国内或国外专利授权6项，即：基于DSP的嵌入式人脸自动检测装置和方法（发明）、嵌入式人脸识别器（实用新型）、面像识别门禁和考勤系统、面像识别IC卡个人身份识别认证系统、新型面像识别和指纹识别门禁装置B型、面像识别和指纹识别门禁装置A型；发明专利受理3项，即：一种获取人脸图像的装置与方法、具有人脸图像检测功能的音视频压缩卡、人脸图像检索方法；软件著作权5项，即：银河面像识别考勤/门禁系统软件V1.05、面像检测FaceDetect开发包（SDK）V1.0、银晨出入管理系统V1.0、银晨智能识别系统（YCNC FaceCDV SDK）V1.0、银晨人脸识别出入控制系统软件V1.0（E面通）。

安达通安全产品系列

安达通公司凭借其领先的技术，能够实现任何IP网络环境下VPN网络的构建和互联。目前，公司拥有3种主流类型的VPN产品：IPSec VPN安全网关以及VPN安全客户端、SSL VPN网关、IPSec和SSL合一的最新型VPN安全网关（SJW74 NC系列），产品覆盖从“SOHO—企业—电信”的各级别用户；另外，配套有功能强大的安全网管服务器和数字证书服务器等VPN网管产品。

安达通公司最新推出的IPSec和SSL合一的3.5代VPN产品——SJW74 NC系列网关是最具革命性的VPN产品。它继承了IPSec VPN（第2代VPN）的优点，支持“网—网”和“客户端—网”的VPN互联模式，对所有IP应用透明，高VPN吞吐率，高并发隧道数；同时也继承了SSL VPN（第3代VPN）的优点，在“客户端—网”通讯时，移动用户无须安装VPN客户端软件，通过IE浏览器即可直接和远端安全网关建立加密隧道；并且采用“用户—角色—权限”的精细访问控制机制，通过内嵌在网关里面的Web页面，给每个移动用户直观展现他可以访问的内网资源。

（信息安全行业协会）

第四章 重要信息系统安全建设

概 述

2006年，上海信息安全各项管理制度不断完善，重要信息系统安全技术功能不断提升，市内公共通信网、无线通信网、广电传输网等基础信息网络，以及电子政务网络，银行、税务、证券、海关、铁道、电力、民航、水务、燃气、轨道交通、医疗卫生和大型国有企业等涉及国计民生的重要信息系统，都积极从技术和管理两方面入手，开展安全测评、应急防范、灾难备份等行之有效的信息安全保障措施建设，保证系统的正常运行，确保全市全年未发生重大信息安全事故，保障城市的信息安全。 （市信息委安全处）

一、基础信息网络安全建设

2006年，中国移动上海公司在经受业务快速增长和网络安全演练两大考验的情况下，实施"新跨越"工程，通过提升网络能力、实施专项整治、网络与信息安全建设、应急预案体系建设及应急演练、实施重点通信保障等手段，确保网络与信息安全。

提升网络能力

2006年，在无线网方面，中国移动上海公司分别实施了12万Erl和16万Erl无线网能力提升工程，积极开展以提高客户感知度为重点的GSM网络质量整治工作，先后完成崇明、松江、嘉定等6个区域紧急疏忙扩容；同时，针对全网高溢出小区完成插板扩容7 500个TRX，并通过核心网提升工程，全面完成GSM目标网版本升级和56个交换网元扩容工作。在支撑网方面，中国移动上海公司对支撑网进行全方位的平台扩容和改造，分别完成BOSS2.0扩容升级、经分1.5扩容升级、BOSS网管、战略信息分析和预警系统等项目建设工作。通过一系列项目建设，公司完成了网络环境改造、硬件系统扩容、系统平台升级、应用软件的整合等工作，极大提升网络能力，确保网络运行安全。

实施专项整治

2006年，在数据网方面，中国移动上海公司开展数据网健康123工程，通过采取"数据业务端到端测试"、"历史投诉分析"、"系统运行评价"、"用户感知调查"等手段，多方面收集数据网问题隐患，提出网络优化改进建议，对存在隐患的数据网网元进行优化调整；在基础承载网方面，开展全网光缆深埋专项整治和单节点安全隐患整治，配合市政建设，完成朱枫公路、宝钱公路、沪南公路、沪青平公路青浦城区等10处共计45公里架空线入地整治，对本地骨干网通过贯彻预防式维护理念，建立预警机制，实现京津沪、南沿海两条长途干线境内全程双路由，实现长途一级干线全年零阻断挑战目标；在动力方面，以加强安全生产和现场管理为抓手，实现影响通信的电源和空调故障的双零目标，完成动力专业的梅兰日兰UPS专项整治工作，更换浦东大楼6套UPS系统11台UPS设备中约88只交支流电容、176台各类风扇和12块主板，大大提高了UPS设备的负载能力，并有力保证高温季节下UPS设备的散热效果和通信用电供电质量。

开展网络与信息安全工作

2006年，中国移动上海公司根据萨班斯法案要求，对网络安全管理规章制度进行重新审阅和更新，进一步加强对程序和数据的访问控制，建立系统维护人员、系统开发人员、第三方人员的访问权限的申请审批流程，并根据维护和业务分离的原则，实施VPN访问控制、对外防火墙访问策略收敛等工作，消除反向后门安全隐患。同时，在安全评估的基础上，中国移动上海公司积极开展网络安全建设工作，对网管网和支撑网进行安全域划分，并依据各安全域和边界安全防护能力需求，在边界部署防火墙系统、入侵检测系统、防病毒系统、漏洞扫描系统等安全技术手段，建立较为完善的安全技术防护体系。信息安全方面，公司响应信产部“扎实推进文明办网上网，深入开展阳光绿色网络工程”倡议，本着高度的社会责任感，积极配合政府相关部门落实网络有害信息的查处和封堵工作。

开展应急演练

2006年，为有效应对可能发生的各类突发事件，中国移动上海公司完成了《通信保障应急预案》、《防台防汛应急预案》、各专业应急方案的编制和修订工作。应急方案库涵盖公司所有主体网元，为网元故障的及时处理和网络资源的及时调度打下坚实基础。同时，为对应急方案的可操作性进行验证，加大应急通信设备的利用率，提高操作熟练程度，增强应急通信保障能力，适应网络应急需要，中国移动上海公司采用任务指派和抽查相结合的方式开展多专业的应急通信演练。公司全年圆满完成涉及传输、线路、动力、数据业务和应急车通信等专业共13次模拟应急演练工作。

重点通信保障

2006年，中国移动上海公司按照“细致周到、精益求精、安全有序、万无一失”的工作方针，制定周密预案，建立保障组织，落实214区域重点保障，出色完成上海合作组织峰会通信保障工作，树立了中国移动良好的企业形象，受到信息产业部的通报表彰。全年，公司完成的重点通信保障任务还包括：特奥会邀请赛、F1上海站、网球大师杯赛、MOTOGP赛、田径黄金联赛、金山沙滩排球赛、短池游泳锦标赛等国际性赛事的通信保障，工博会、华交会、2006信息通信展、工程机械展、各种大型演唱会、理工大学百年校庆、上海车市开业、第五届花卉节、张江科技创新港、康桥华硕电脑城等大型展览和活动的通信保障。中国移动上海公司年内共圆满完成应急通信保障任务130余次。

（袁丽琴）

二、涉及国计民生的重要信息系统安全建设

浦发银行

【概况】上海浦东发展银行（以下简称“浦发银行”）是一家总部设在上海的全国性股份制商业银行，在全国28个城市设有直属分支行。该行于2003年实施新一代银行核心系统项目，在全国范围内较早实现信息系统大集中。2005年以来，浦发银行成功完成了灾难恢复体系建设工作，开展了多次灾难恢复演练工作，有效提高了浦发银行信息系统的安全保障和风险控制能力。

【同城灾备中心建设】2003年，浦发银行实施新一代银行核心系统项目，实现了真正意义上的数据大集中、业务处理大集中。但是，这种数据逻辑集中的模式也带来了信息系统安全风险的集中。为了在灾难事件发生时，能够以应用级灾备切换方式实现主要业务系统从生产中心向灾备中心的切换，在业务停顿时间允许范围内恢复计算机系统和对外业务服务，2005年，浦发银行启动同城灾备中心建设。该银行的灾备中心距离其位于漕河泾的生产中心约20公里。灾备中心内部包括了主机存储服务器机房、网络机房、监控操作室、UPS机房和电信机房等6个机房。灾备中心还设置了应急指挥中心、应急工作室、应急会议室、应急待命室等区域。

截至2006年底，浦发银行已经建立了核心业务系统、外汇宝等中间业务系统、银行卡系统和现代支付系统等6类关键业务系统的灾备系统，制定了灾难恢复计划，形成了灾难恢复组织，并开展CALL TREE、管理流程、技术切换和综合演练等系列演练，灾难恢复体系已初步形成。浦发银行通过此次灾难恢复建设项目，使其核心业务系统和关键业务系统实现零数据丢失，最大程度地实现了应用切换的实时性。此外，浦发银行还注重提高全行对灾备建设和灾难恢复的重视程度，强化全行的灾难恢复意识，提高信息系统风险管理水平，以保障业务的安全性和连续性。

此外，浦发银行在此次灾备建设项目中，采取了

大量国际先进的灾备技术和解决方案。例如，在其中间业务系统灾备方案中采用基于SYBASE数据库的MA复制技术，实现数据零丢失的目标，这也是此项灾备技术在国内的首次应用。

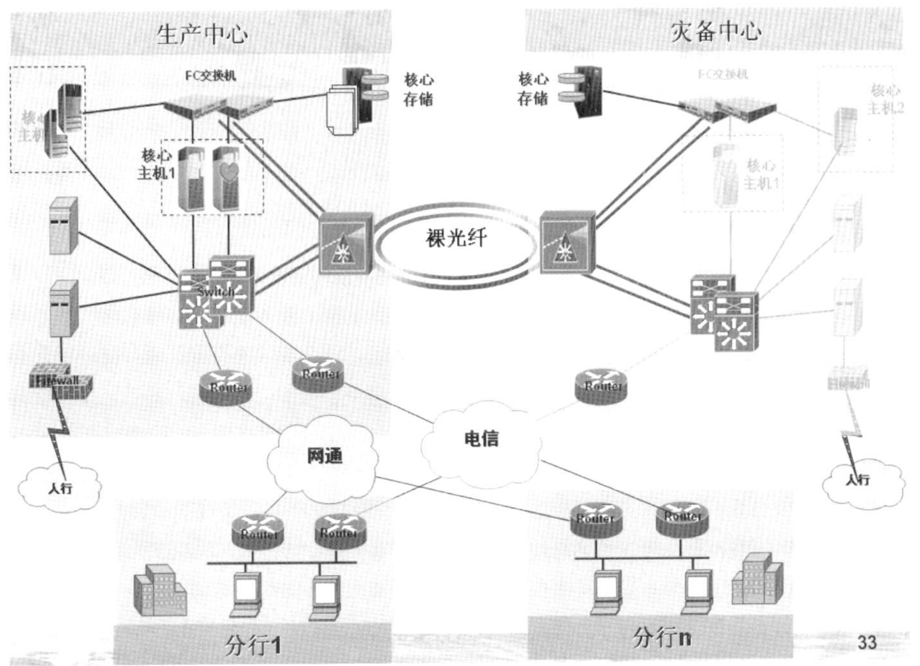

【开展核心系统切换演练工作】2006年，浦发银行开展了核心系统切换演练工作。目前，国内银行业中真正启用灾备核心业务系统进行正式交易的案例很少，绝大多数都是采用模拟演练的方式来验证灾备系统的有效性。在此次演练中，生产中心的核心业务系统停止工作，灾备中心的核心业务系统被真实启用并接管正式交易的处理工作达半小时，最后交易信息通过数据反向同步过程顺利回到生产系统数据库中，更加充分地验证了灾备系统的有效性。 （蔡　亮）

卫生系统

【信息安全要求纳入"上海市医院管理评估标准"】医院管理评估是医政管理部门用于规范医院行为、改善医院管理、提高医疗质量、保证病人权益、提高医院可持续发展能力的行业管理工作。按照能够系统、及时、准确地收集、整理、分析和反馈有关医疗质量、安全、服务、绩效的信息和应满足医院管理和临床工作需要，即医政处和卫生部医政司《医院管理评价指南》对医院信息系统的要求，同时参照《上海医院信息系统功能规范》、《上海市医院计算机信息网络系统安全策略》和《住院部医生工作站软件功能规范》，市卫生局制定了《上海市综合性医院管理评估标准》，其中"信息管理"要求共分三大类：医院信息管理的组织机构、人员配备与计算机应用能力培训；建立高速计算机网络平台，创建各种应用系统；系统、及时、准确地收集、整理、分析和反馈有关医疗质量、安全、服务、绩效的实时信息。

同时，在"建立高速计算机网络平台"的要求中，还加入了信息安全相关内容，包括：医院计算机网络平台建设、服务器网络设备维护、数据库操作维护、数据备份、工作站管理及上网人员（用户）权限分配、机房值日及第三方访问、病毒发生及处理、故障发生及处理、应急演练、安全动态复测（每两年进行一次）等。

【试评估4家医院】按照《上海市综合性医院管理评估标准》中"信息管理"要求，7月4～13日，市卫生局对普陀区中心医院、公利、仁济和华山医院进行综合评估，并分别提供评估报告。在"信息管理"评估中，包含了对信息安全的评估，4家医院在信息安全方面均符合要求。

【制定"转发《上海市公共信息系统安全测评管理办法》的通知"】市卫生局根据市政府58号令，制定"转发《上海市公共信息系统安全测评管理办法》的通知"，主要要求如下：

1.组织实施

市级公共管理机构由局信息中心组织实施；市级公共服务机构（医疗机构）信息系统的安全测评由局会同上海申康医院发展中心、各有关大学组织实施，具体工作由市卫生局信息中心负责；区县公共管理机构及公共服务机构信息系统的安全测评由各区县卫生局组织实施。

2.测评内容

局机关各处室和局属各单位安全测评由局信息中心报请市信息安全测评认证中心，按照《办法》进行；市级公共服务机构（医疗机构）根据《办法》动态复测的要求，结合局信息中心组织制定的《上海市医院计算机信息网络系统安全策略》，重点测评各单位计算机网络安全构架、安全技术措施应用、信息安全责任制、安全风险评估、日常安全管理制度、安全教育培训、系统和数据备份制度、系统定期检测和升级、应急处理预案及其演练、安全事件报告、安全自查等方面的信息安全工作落实情况，以及新的信息技术可能对系统安全造成的影响；区县公共管理机构及公共服务机构，测评内容参照进行。动态复测要求在2007年6月30日前完成。 （沈惠德）

工商部门

【建立风险自评估体系】为进一步加强信息化系统的安全管理，市工商局使用市信息安全测评认证中心的风险评估辅助软件，从网络设备、服务器设备、系统软件等方面对办公自动化系统进行全面的风险自评估。首先对资产的重要性从机密性、完整性、可用性进行赋值，从威胁识别数据库中选择对应于每个资产有可能存在的威胁，再从技术和管理两方面进行脆弱性评估；然后以资产和威胁一一对应为组合，分别为每一组合的资产因素系数、攻击者技术能力系数、脆弱性被利用难度程度系数、脆弱点流行程度系数、威胁可能发生性、威胁影响程度赋值，最终根据这些值生成资产风险值和威胁风险值。市工商局将定期进行信息安全风险评估，并根据评估结果及时采取措施对系统加以完善。

【"上海工商"门户网站通过安全测评】市工商局邀请市信息安全测评认证中心对"上海工商"门户网站（www.sgs.gov.cn）系统进行安全测评，并根据测评中心提出的建议，组织力量改进和完善门户网站的机房物理环境、网络设备、主机操作系统、系统与外部的隔离与交换、信息系统保护、病毒防范、系统冗余性、漏洞扫描以及信息安全的制度建设等各个方面，并顺利通过了复测。

【改造局互联网访问系统】针对互联网访问系统病毒频发，影响网上业务正常开展的问题，市工商局经过反复论证，结合实际使用情况对系统进行改造。在保持现有网络布线系统不变的前提下，将新的网络控制系统串接到现有的网络中去。如将冠群金辰公司的KSG放置在整个网络的入口处，给整个大楼的互联网用户提供网络病毒和垃圾邮件的防护；采用微软公司ISA2005防火墙系统，提供互联网出口的带宽管理、互联网访问加速、用户的访问控制等功能；采用微软公司SMS2003软件，提供安全漏洞扫描、系统补丁分发、资产管理和软件使用管理等功能。所有互联网用户的上网行为都必须经过控制系统的审计和控制。改造后的互联网访问系统能防止大部分病毒的入侵，确保操作系统的漏洞能及时弥补，从而保证网上业务的正常运行。 （市工商局）

电力系统

上海市电力公司（以下简称"上海电力"）是在上海市范围内承担输、配、售电业务的大型企业。由于业务性质关系到国计民生，上海电力在技术、管理等方面开展大量信息安全建设工作，并取得一定成效。

【信息安全体系建设】上海电力信息安全体系是随着公司网络与信息系统从有到无、从简单到复杂的建设过程而逐步建立和完善的。上海电力在编制"十五"规划时，明确提出了当时信息安全管理方面存在的问题，要求将安全运行作为信息化工作的头等大事来重视，并从组织、人员、制度、技术等多个方面落实。

2004年初，为了进一步加强信息化工作，上海电力成立信息技术部，并于2006年初合并科技管理职能后改为科技信息部，注重于更加全面的信息安全体系建设，实现信息安全从点到面、从单纯的技术手段到综合防护体系的转变，积极开展信息安全系列的专题研究，明晰安全体系构建策略，完善安全管理相关流程及规范，并实施安全建设、安全改造工程，使该领域的工作进度与效果进一步改善。2006年1月，为进一步加强信息安全工作，公司在科技信息部下专门设立网络安全处，归口管理信息安全工作。

【开展信息安全保障工作】从2003年开始，上海电力根据《中华人民共和国计算机信息系统安全保护条例》和《中华人民共和国计算机信息网络国际互联网管理暂行规定》等国家计算机信息网络有关政策法规、国家经贸委[2002]第30号令《电网和电厂计算机监控系统及调度数据网络安全防护的规定》、《全国电力二次系统安全防护总体方案》和公司的有关文件规定，结合公司实际情况，采取了一系列方法和措施保证信息安全。

2004年6月，上海电力编制并发布《上海电力信息与网络安全管理办法》。办法规范了公司信息安全的有关工作，主要涉及以下10个方面：组织和管理体系，设备安全管理，软件使用管理，个人计算机使用管理，网络应用管理，计算机病毒防治管理，外部远程访问管理，信息发布管理，数据与软件备份管理，紧急安全事件处理管理。

2004年8月，基于信息安全防护系统的建设目标，上海电力组织编制了《上海电力网络和信息系统安全防范系统技术方案》。方案分网络、主机、存贮、系统软件、应用系统等多个层面，系统评估了存在的安全隐患，分析了基本的安全需求，从安全策略、技术手段、管理规范几个方面提出体系化的建设措施。

2004年底到2005年9月，根据前期制定的《安全防护系统技术方案》，上海电力相继进行一系列信息安全建设与改造项目，着力于外部网络安全防护和数据中心安全防护，完成上海电力本部和下属各供电公司Internet接入安全防护（防火墙、入侵检测、应用代理服务器，本部实现了双链路负载均衡）、邮件系统安全防护（反垃圾邮件、防病毒）、VPN接入（崇明、长兴site-to-site接入，远程办公接入等）、数据中心安全防护（防火墙、入侵检测等）。通过上述工作，上海电力信息系统的外部网络安全防护与数据中心安全防护水平有较大程度的提升，达到预期目标。

2005年11月，在安全防护一期工程顺利完成的基础上，公司编制了《信息系统安全防护二期工程初步设计方案》。在二期项目中，信息安全关注的重点从外部转入内部，以改变上海电力内部网络“不分区、难隔离、少管理”的现状。

2005年11月底，上海电力信息系统安全防护二期工程立项启动；12月，完成二期信息安全系统的总体设计与工程实施方案编制，主要内容为漏洞扫描平台建立、统一安全事件管理平台建立、关键主机系统安全加固和可信信道建立等工作。2006年1～6月，上海电力完成内部网络安全分域及边界防护、应用系统集中认证、网络应用流量管理等工作；6～12月，完成信息系统的调整与优化以及文档准备，二期建设内容包括：①内部网络安全分域及边界防护；②关键主机系统、网络设备安全加固；③漏洞管理系统；④安全运行中心规划与一阶段实施；⑤远程办公认证系统；⑥网络应用流量管理系统；⑦安全咨询与服务。

【开展《上海电力信息安全管理方针与策略》研究】在安全管理体系建设方面，2006年1月，上海电力组织开展了《上海电力信息安全管理方针与策略》研究，进一步明确和细化安全管理和防范的基本策略。这个专题研究从信息安全总体方针，信息安全管理职责，信息资产分类，业务持续性计划，物理安全、用户身份、密码和认证，员工安全管理，电子邮件和因特网、硬件、外设和其他设备安全，信息文档管理及信息介质处理、应对安全事故、信息安全审计等方面对安全体系进行较为全面的阐述。11月，上海电力依据BS7799/ISO27001等国际标准，对企业信息安全管理体系进行深入调研，编制了《差距分析报告》与《改进建议》，作为下阶段信息安全管理体系建设推进的重要指南。

【拟定《上海电力IT系统容灾项目初步方案书》】2006年2月，上海电力拟定《上海电力IT系统容灾项目初步方案书》，提出业务持续规划（BCP）、容灾系统的设计方案。容灾系统项目自2006年中启动后进展顺利，按计划将在2007年3月完成。

【建设统一的身份管理平台】随着上海电力应用系统数量的增长，各个系统独立、分散的用户管理模式对应用系统安全管理提出挑战，公司决定建设统一的身份管理平台，并首先进行了专项软课题研究。2006年10月，公司完成《上海电力统一身份认证平台课题研究报告》，提出了建设统一的用户身份管理平台的系统结构。

（张　帆）

第八编

信息化环境

综 述

2006年，上海市信息化委员会积极推进上海市国民经济与社会信息化"十一五"规划（以下简称"总体规划"）的修改完善和送审工作，推动相关专项规划的编制和完善，重点突出规划的衔接和规范管理工作。市本级信息化项目支出预算归口把关工作稳步推进，全年共受理300余家市级预算单位的千余个信息化项目申报。信息化建设项目审核工作取得新成效，对使用市建设财力等市级财政性资金的信息化固定资产投资项目，初步形成了从申报、立项、实施到验收的全过程管理框架，并顺利完成了在普陀区开展的电子政务项目IT审计试点。行业管理进一步加强。

信息化政策法规工作继续按照"坚持创新主线、反映信息化发展特征、贴近社会需求"的原则有效推进，全年共发布地方政府规章1件、规范性文件3件、政策性文件1件，组织编写了信息化法制宣传材料汇编，组织完成了3次重点立法实施效果后续监督检查活动，启动了市信息化工作系统"五五"普法工作。

信息化标准有效发挥了对信息产业及信息化发展的助推作用，全年共制订各类信息化标准、规范32项，并有5项被列为上海市地方标准项目，12项联合企业标准已通过验收。质量管理工作稳步推进，通过组织信息服务业名牌推荐和审核等工作，产生了首批信息服务业名牌企业。

信息化人才工作取得新进展，研究制定了"十一五"信息化人才规划，开展了信息化人才调查研究，加强了信息化人才培训，加大了信息化优秀人才的宣传表彰力度，并积极开展了人才开发服务全国工作。

信息技术创新不断深入，创新项目日益增多，信息化研究成果有效支撑了全市信息化建设的开展，信息化宣传的广泛开展使得广大市民对信息化建设的理念和认知度不断提高，信息化国际、国内合作交流范围不断扩大，工作机制进一步完善，为信息化发展营造了良好的环境。

信息化社团有效发挥了政府和企业之间桥梁和纽带的作用，市信息化系统党群工作团结凝聚了广大党员干部职工，为信息化中心工作提供了坚实的政治保障。

（刘素芬 那海燕）

第一章 信息化管理

概 述

2006年，上海市信息化委员会积极推进总体规划的修改完善和送审，推动相关专项规划的编制和完善，重点突出规划衔接和规范管理。总体规划在结合国家和上海市有关战略规划进一步完善后，经“十一五”规划工作领导小组办公室衔接、专家论证和分管市领导审核后，报市政府审定；重点加强了专项规划与总体规划、其他专项规划以及国家有关规划的衔接，建立了专项规划编制、审定和发布工作的管理规范；发布了《长三角区域信息化“十一五”合作规划（2006～2010年）》。

信息化项目归口把关方面，市信息委与市财政局联合发布《上海市市本级信息化项目支出预算管理办法（试行）》，制定了预算审核标准，开发了辅助审核信息系统，为提高预算审核工作的科学性和公正性提供了重要保证。在总结信息化建设项目归口把关工作经验的基础上，市信息委联合市发展改革委进一步完善了《上海市市级机关信息系统建设和管理指南（试行）》，对使用市级财政性资金的信息化固定资产投资项目，初步形成覆盖申报、立项、实施、验收等阶段的全过程管理框架。

电信行业管理方面，《上海市用户驻地网管理指导意见》于2006年10月11日颁布实施；经市通管局批准，全市电信运营企业将于2007年分步取消上海本地网区间通话费；为加强对移动短信业务的规范，自7月11日起，全市实行移动短消息“用户二次确认”的服务方式。广电行业管理方面，进一步完善互联网等信息网络视听节目管理，对IPTV、数字电视和手机电视等新媒体形式的管理方式进行了研究。无线电行业管理方面，积极做好2006年市政府十大实事项目之一的800兆数字集群政务共网建设保障工作；做好上合组织峰会、F1中国大奖赛等重大活动通信保障工作；市无管局与市旅游委、市公安局等单位联合开展了系列无线电管理执法行动。

（周观君）

一、信息化规划管理

规划编制

2006年，市信息委以规划衔接为重点，不断完善信息化规划的框架与内容。总体规划方面，一是根据市“十一五”规划工作领导小组办公室的衔接论证意见，结合市国民经济和社会发展“十一五”规划纲要，对总体规划的框架和具体内容进行了完善；二是在《2006～2020年国家信息化发展战略》、《国家电子政务总体框架》、《信息产业“十一五”规划》等出台后，将总体规划与其作了衔接，根据国家规划和战略重点，对有关内容进行了适当调整。专项规划方面，重点加强了专项规划与信息化总体规划、其他专项规划以及国家有关规划的衔接，保证了总体规划与专项规划在指导思想、发展方向等方面的一致性，以及专项规划之间的协调性，使得专项规划成为总体规划的重要支撑，以及相关领域重点任务的分解细化，从而为总体规划的任务落实和目标实现提供了切实保障。

规划管理

2006年，市信息委以规范管理为重点，有序推进信息化规划审定发布工作。总体规划方面，按照市“十一五”规划编制工作流程的有关要求，完成专家论证、报市“十一五”规划工作领导小组办公室衔接论证、报分管市领导审核等阶段工作，并由市信息委、市发展改革委联合行文报市政府审定。专项规划方面，建立了信息化“十一五”专项规划编制、审定和发布工作的管理规范。按照规范流程，完成《长三角区域信息化“十一五”合作规划（2006～2010年）》编制工作，并在11月21日举行的第六次沪苏浙经济合作与发展座谈会上正式发布；社会诚信体系、信息安全、信息基础设施等信息化专项规划也都基本完成编制起草、征求意见和衔接协调等工作，计划于2007年上半年陆续发布。

（周观君）

二、信息化项目管理

信息化项目支出预算审核

2006年，市本级信息化项目支出预算归口把关工作稳步推进，全年共受理300余家市级预算单位的千余个信息化项目申报。与市财政局联合发布了《上海市市本级信息化项目支出预算管理办法》（试行）和《关于做好2007年度市本级信息化项目支出预算有关工作的通知》；规定了信息化项目支出预算的范围、项目申报的程序、专项评审和项目管理要求等方面内容，规范了申报材料的内容和格式，对当年度预算申报工作提出了具体要求；研究并制定了信息化项目支出预算审核标准，保证评审工作的客观公正；完成对98家预算主管部门、228名财务和信息化人员的动员和培训工作；开发了辅助预算审核的信息系统，实现用信息化手段解决信息化项目预算申报、审核和查询。

信息化项目支出预算审核对财政部门更好地管理和监督公共财政资金使用、信息化主管部门更好地把握与引导信息化发展方向、各部门各单位更好地实施信息化项目，具有十分重要的现实意义，其效果对全面推行项目支出预算改革工作具有示范效应。

（朱世雄）

信息化建设项目审核把关

2006年，市信息委继续配合市发展改革委对信息化固定资产投资项目做好审核工作，全年共审核多个项目建议书和项目可行性研究报告。在总结信息化建设项目归口把关工作经验的基础上，联合市发展改革委重点在项目的申报程序、申报规范和建设要求等方面，进一步完善了《上海市市级机关信息系统建设和管理指南（试行）》，对使用市建设财力等市级财政性资金的信息化固定资产投资项目的管理，初步形成覆盖申报、立项、实施、验收等阶段的全过程管理框架。

IT审计试点

2006年，市信息委顺利完成在普陀区开展的电子政务项目IT审计试点。试点工作的承担单位普陀区信息委、同济大学借鉴国外IT审计的理论和实践，结合普陀区电子政务建设管理的经验，通过广泛调研，形成了区县电子政务项目的评估指标体系和软件原型，完成了试点任务并通过了专家论证和市信息委组织的验收。试点取得的成果在《上海市市级机关信息系统建设和管理指南（试行）》中得到体现，并将在电子政务项目的事前评估、可行性论证、后评估等管理环节中继续应用。

（白　柠）

三、行业管理

电信行业管理

【出台用户驻地网管理指导意见】由上海市通信管理局（以下简称“市通管局”）制定的《上海市用户驻地网管理指导意见》（以下简称“《意见》”）于2006年10月11日正式颁布实施。《意见》对“用户驻地网”及业务作出了明确定义，并按照“用户选择、平等接入、资源共享、合理补偿”原则，明确提出：相关物业（建设、管理）单位可自主选择基础电信业务、用户驻地网业务经营和设计施工企业；先进入并拥有用户驻地网产权的电信业务经营企业应向后进入的企业有偿开放用户驻地网资源；电信用户有自由选择电信业务经营企业的权利；电信业务经营企业不得与相关单位签订含有排他性条款的协议或用其他方式限制用户的选择权。

此外，《意见》还对用户驻地网设计、施工和经营活动的监督管理，网络的测试、运营、维护和服务标准以及企业间相互占用驻地网资源的补偿标准等提出明确的指导要求。

【上海评出首批绿色手机文化优秀栏目】 7月20日，由市通管局、市政府新闻办、市互联网协会联合开展的、面向全市移动信息服务企业的绿色手机文化优秀栏目推荐评选活动结果揭晓，“东方头条快报”等10个栏目被评为上海首批绿色手机文化优秀栏目。

【分步取消上海本地网区间通话费】 市通管局12月13日正式批复同意上海市电信公司关于取消上海本地网营业区间通话费的请示，将原先实行的固定电话市内通话区内、区间计费方式，分步调整为统一实行区内通话计费方式，即自2007年1月1日零时起，崇明岛住宅电话和IC卡及有人值守的公用电话取消区间计费方式，统一实行区内通话计费方式；自2007年7月1日起，崇明岛办公电话拨打市区的电话，取消区间计费方式，统一实行区内通话计费方式；自2007年12月31日起，全市固定电话拨打崇明岛电话，取消区间计费方式，统一实行区内通话计费方式。

【上海地区短消息类服务接入代码调整统一工作启动】 根据信息产业部关于调整和统一短消息类服务接入代码的要求，上海地区短消息类服务接入代码调整统一工作于2006年7月底正式启动，至12月31日，市通管局共核配了141个短消息类服务接入代码，其中经营性短消息类服务接入代码为131个，非经营性短消息类服务接入代码为10个。

【移动短消息实行“用户二次确认”】 针对移动短信业务中不规范的经营行为，市通管局7月11日起在全市实行移动短消息“用户二次确认”的服务方式，即移动信息服务经营者在移动信息服务管理平台上提供包月类、订购类短信息服务和WAP订购业务时，当用户发起订购后，必须先向用户请求确认，而且请求确认消息中必须包括收费标准；若用户未再次进行确认反馈，移动信息服务经营者不得与用户发生订购服务收费关系。用户未进行第二次确认反馈的，视为用户撤消服务要求。 （胡永龙）

广电行业管理

【完善信息网络视听节目管理】 2006年，上海市文化广播影视管理局（以下简称“市文广局”）依法履行上海地区广播电视行政管理的职责，进一步完善本地区的互联网等信息网络传播视听节目的管理。市文广局除了对《互联网等信息网络传播视听节目许可证》持证单位的网络电视内容进行监测和管理外，还对IPTV、数字电视和手机电视等新媒体形式进行了研究和初步管理；同时，积极协助国家广电总局对互联网转播世界杯情况进行专项监测。此外，市文广局继续严厉查处违规传播视听节目单位，将8家有代表性、违规严重的网站根据其违规性质和内容分送到相关执法部门处理。同时，召开持证单位的年度管理会议，传达上级对网络电台、电视台的管理要求，提升全市信息网络视听节目的管理水平。

（市文广局）

无线电行业管理

【概况】 2006年，上海的无线电管理积极开拓和进取，在抓好自身建设的同时，努力为保障上海地区经济建设、社会发展和国防战备的通信安全及畅通，以及促进无线电新技术、新业务的发展和应用作出积极贡献，各项工作任务完成情况良好。

【积极保障市政府实事项目建设】 800兆数字集群政务共网建设是2006年上海市政府十大实事项目之一，市无管局按照建设原则和保障要求，完成了92组频率的指配工作和近150个基站设置的认定，并推进了洋山深水港、宝钢、机场等重点区域的共网建设。

【认真抓好重点工作的落实】

1.开展无线电台站数据清理登记工作

按照国家无线电管理办公室的工作部署，市无管局于6月初在全市范围组织开展了无线电台站数据清理登记工作，并取得阶段性的工作成果。

2.推进公众移动通信基站集约化建设

公用移动通信集约化无线室内覆盖分布系统租赁费标准自2006年6月1日起试行（[沪公价（2006）006号]）。《移动通信室内信号覆盖分布系统设计与验收规范》作为上海市工程建设规范从2006年3月1日起在全市范围内推进实施，促进了日常管理机制的形成。同时，市无管局积极落实年度室外基站景观化和室内分布合路系统集约化建设的协调工作，全年完成了30个景观化基站的建设及改造，并协调推进55个项目、总覆盖面积约500万平方米的室内分布系统的建设。

3.切实做好重大活动通信保障

市无管局通过完善机制和方案，落实人员和设备，加强值班和协调，确保了上合组织峰会、F1中国大奖赛等重大活动和春节、国庆等重大节假日期间的无线电通信畅通和安全。

4.认真做好宽带无线接入技术验证

市无管局确定F1赛车场（高速传输环境）等测试环境，推进技术试验进入实质性阶段。

5.做好地面无线测控网建设保障

2006年，市无管局基本完成所有计划任务的基站布局和覆盖，网络控制中心（NCC）开通并投入试运行；选择相关应用单位开展商用试点工作。

【推进无线电管理联合执法】2006年，市无管局、市旅游委联合发布《关于在本市饭店、旅馆中开展无线电通信设备专项整治的通知》，对全市400多家星级饭店和连锁旅店使用的3 000多部无线电通信设备进行了专项检查。结合《中华人民共和国治安管理处罚法》的实施，市无管局、市公安局联合发布了《关于本市贯彻落实<中华人民共和国治安管理处罚法>第二十八条的若干意见》，针对全市各类机动车车载无线电台使用情况，市无管局、市交警总队于11月中旬在沪宁、沪杭高速公路收费处组织开展了联合执法行动。全年，市无管局通过推进无线电管理联合执法，促进了监管效力的提升，并取得初步工作成效。

【进一步加强无线电管理技术设施建设】按照形成具有有线、无线、卫星三种传输方式，高点测向站、区域邻界固定站、网格化分布小型站三种体制布局，大型移动指挥工作站、应急移动监测车、移动搜索车三种监测体系框架的“三、三、三”总体建设思路，2006年，市无管局完成了两个小型固定监测站建设和一个高点站的升级改造；完成大型移动指挥工作站的建设，以及一辆移动搜索车的采购和设备配置工作。同时，市无管局信息管理系统通过由上海市信息安全测评认证中心安全评测，获得《上海市信息系统安全测评审定书》，无线电检测实验室新增在线测试系统设备也进入采购流程。

【保障全市无线电通信事业不断发展】市无管局通过抓好队伍建设、健全制度和标准、加强依法监管，促进了科学管理能力的提高，有效履行“管好资源、维护秩序”主要工作职能，为保障全市现有的7.6万多个各类业务（公众移动、广播、电视、卫星、微波、集群、甚高频、寻呼等）用途的无线台站正常运转和通信畅通，更好地为经济建设和社会发展提供服务发挥了积极有效的作用。

（市无管局）

第二章 信息化政策法规

概 述

2006年，信息化政策法规工作按照“坚持创新主线、反映信息化发展特征、贴近社会需求”的基本工作原则，在信息化立法、基础调研、法制宣传、执法监督、法律事务处理等方面开展了大量的工作，基本完成了年初拟订的计划，为“十一五”规划实施开了好头。

1.立法工作

全年共发布地方政府规章1件、规范性文件3件、政策性文件1件：5月7日发布市政府规章《上海市公共信息系统安全测评管理办法》（市政府第58号令）；3月27日政府信息公开联席会议办公室发布的《上海市政府机关公文类信息公开审核办法》由市政府办公厅转发，5月13日市信息委、市财政局发布《上海市市本级信息化项目支出预算管理办法（试行）》，5月22日市信息委、市物价局、市无线电管理局发布《关于同意试行公用移动通信集约化无线室内覆盖分布系统租赁费标准的批复》，6月7日市民信息服务办发布《关于进一步加强社会保障卡补（换）卡过程中身份核实工作的通知》。

此外，《上海市电子商务条例》已进入立法程序，正在与市人大有关部门、市政府法制办展开工作调研和草案修改工作。《上海市公共信息系统工程档案管理办法》已完成立法审核程序，即将由市信息委与市档案局联合发布。

2.基础调研

积极开展信息化政策法规基础调研，组织完成信息服务业中的个人信息保护问题研究、创新型社会信息化政策法律制度研究、上海市重大决定草案公开管理办法立法研究、上海市数字证书使用管理办法立法研究、上海市社会信用立法及制度规范建设框架研究、国内外信息化政策法律动态、《无线电行政执法手册》编撰等9项课题，取得了一批政策法规方面的立法调研成果。

3.法制宣传

认真组织开展市信息化工作系统“五五”普法启动工作，下发“五五”法制宣传规划，编辑出版《上海市科教兴市立法框架研究（信息）》、《信息化政策法规选编（第二版）》、《日韩信息产业发展研究》、《信息化政策法律理论与实践（第四册）》等信息化政策法规研究和法制宣传材料。据初步统计，2006年全年，市信息化工作系统各单位受过各种形式的普法培训教育或者学习的人员约有3.5万人次，占系统总人数的92%以上；处级以上干部和企业中层以上管理人员参加过各种形式普法学习的比例占99%以上，基本实现中层干部的全员法制教育普及。

4.执法监督

依法开展了立法实施效果后续监督检查工作，组织完成《上海市社会保障卡管理办法》与《上海市社会保障和市民服务信息系统管理办法》实施五周年执法检查、《上海市企业信用征信管理试行办法》实施评估检查、《上海市公共信息系统安全测评管理办法》宣传贯彻等3次重点立法实施效果后续监督检查活动。

此外，市信息委全年共对《中华人民共和国反恐怖法（草案征求意见稿）》、《中华人民共和国政府信息公开条例（修改稿）》、《软件与集成电路产业发展条例（征求意见稿）》等19件法规征求意见稿出具了修改意见；审核了上海市800兆数字集群政务共网服务采购合同等54件合同；处理了涉及社会保障卡和无线电管理的3起行政复议和行政诉讼案件；办结了行政执法依据梳理、依法行政执法职权分解与行政执法责任确定等20余件其他各项法律事务。

（刘新宇）

一、信息化政策法规制定

《上海市公共信息系统安全测评管理办法》

为了规范全市公共信息系统安全测评活动，保障公共信息系统正常运行，2006年5月7日上海市人民政府发布了市政府第58号令，该办法2006年7月1日起正式施行。

该办法明确了公共信息系统安全测评的定义、适用范围和管理部门，规定了由市信息委负责相关的组织协调和监督管理工作，会同各有关主管部门制定安全测评年度计划，组织公共管理机构、公共服务单位实施，并进行指导监督。

该办法根据“谁主管谁负责、谁运营谁负责”的原则，明确了安全测评的责任制度，同时还规定了公共信息系统安全测评应当由国家有关部门认可的信息安全测评机构实施。为保障安全测评活动公正、有序开展，该办法对测评行为进行了规范，并对新建信息系统安全测评的具体时限和内容提出了明确要求。

此外，该办法对未按规定开展公共信息系统安全测评或者采取安全整改措施的公共管理机构、公共服务单位，规定了相关处理措施；对测评机构的违法行为设置了法律责任，规定了处罚手段。

《上海市政府机关公文类信息公开审核办法》

为了确保公文类信息及时、准确地公开，由政府信息公开联席会议办公室制定的《上海市政府机关公文类信息公开审核办法》经上海市人民政府同意，于2006年3月27日经市政府办公厅转发。

该办法根据《国家行政机关公文处理办法》、《上海市政府信息公开规定》中确立的政府机关和公文的定义，规定了公文类信息公开工作应当遵循依法、及时、高效的原则，在公文产生的过程中同步确定其主动公开、依申请公开、免予公开三种属性。

该办法明确了政府机关负责公文类信息公开审核的管理机构，对公文类信息公开属性的提出、核实、确定等程序做出了具体规定。属于主动公开的公文类信息，政府信息公开专门机构可以直接将该信息通过本机关的政府网站或者其他形式全文发布。

此外，政府机关在行政管理过程中产生的业务流程、办事指南、统计数据、执法文书以及其他非公文类信息公开的审核，可以参照本办法执行。

《上海市市本级信息化项目支出预算管理办法（试行）》

为了规范上海市市本级信息化项目支出预算的管理工作，结合全市信息化建设和管理的实际情况，2006年5月13日市信息委、市财政局联合发布了《上海市市本级信息化项目支出预算管理办法（试行）》。

该办法主要适用于全市市级预算单位的信息化项目支出预算管理，从信息化专业属性的角度出发，将提交审核的信息化项目划分为信息系统建设项目和信息系统运行维护项目两类，对这两类信息化项目做出了区分管理。

该办法明确了信息化项目支出预算申报的管理流程，针对预算单位和预算主管部门在预算申报中的不同地位，分别在申报条件、申报程序和申报材料上提出不同的管理要求。

该办法规定了信息化项目支出预算的受理和专项评审程序，并对评审依据、评审方式、评审重点和评审结果做出了明确规定。

此外，根据财政预算审核和管理上的要求，该办法还确立了审核后管理制度，具体包括信息化专业项目库管理和信息化项目的实施管理。

《关于同意试行公用移动通信集约化无线室内覆盖分布系统租赁费标准的批复》

为了推进全市公用移动通信集约化基站建设，节约无线电频率覆盖资源，提高资源使用效率，建立公平的运行维护机制，2006年5月22日，市信息委、市物价局、市无线电管理局制定《关于同意试行公用移动通信集约化无线室内覆盖分布系统租赁费标准的批复》，对公用移动通信集约化无线室内覆盖分布系统租赁费拟定了标准，该租赁费标准试行期限为两年。

《关于进一步加强社会保障卡补（换）卡过程中身份核实工作的通知》

为了进一步加强社会保障卡补（换）卡过程中身份核实工作，杜绝不法分子冒用他人身份证补办社会保障卡的事件发生，根据市政府“加强社会保障卡安全防范工作会议”精神，上海市社会保障和市民服务信息系统管理办公室2006年6月7日下发了该通知，要求各区县社会保障卡管理办公室严把社会保障卡补（换）卡审核程序，注意对身份信息的核实与比对，落实相关工作人员的责任，切实加强日常管理工作。

（市信息委政策法规处）

二、信息化政策法规基础调研

信息服务业中的个人信息保护问题研究

该调研报告以信息服务业中个人信息的保护作为切入点，研究国内外个人信息保护及其立法现状，并结合上海信息服务业发展的实际情况，探讨个人信息保护及相关制度中存在的问题，有针对性地提出上海加强个人信息保护可行的制度安排、相关管理要求和立法建议，为上海加强个人信息保护、推动信息服务业的发展提供决策支持。

该调研报告综合应用了比较法、规范分析、实证研究等方法，突出了对个人信息保护及相关制度的全面把握，综合分析和利用了国内外相关领域的现有研究成果，对中国个人信息保护的现状作了规范分析和实证考察，并特别考察了信息服务业中的个人信息保护现状。

该调研报告立足于上海市信息服务业中个人信息保护的现实和发展趋势，在制度创新层面，就政府、相关行业协会、企业和个人四方面的工作提出了一系列具体对策建议，以作为上海市本阶段开展个人信息保护工作的参考。在地方立法层面，提出了在上海市推进个人信息保护的地方立法所适宜采取的形式以及宜遵循的若干立法理念。此外，该调研报告还对地方性法规的结构设计，以及法规可以确立的重要制度和规则分别提出了建议。

上海市重大决定草案公开管理办法立法研究

该调研报告根据国务院《全面推进依法行政实施纲要》、《中共中央办公厅、国务院办公厅关于进一步推行政务公开的意见》和《国民经济与社会事业发展“十一五”规划》的相关要求，结合《上海市政府信息公开规定》中有关重大决定草案公开制度的规定，从政治参与与公共行政的相关理论出发，在问卷调查、国内外有关资料收集的基础上，对草案公开的范围、公开的程序、公众意见的法律效力定位、公开的监督等问题进行深入探讨，并从应用的角度就制度的完善提出了若干对策和设想。

该调研报告的指导思想是根据上海社会发展和政府运作的实际情况，依托现有的制度资源，稳妥推进、适当创新，以进一步保障公民知情权和民主参与的权利。在具体制度设计时，紧紧围绕以下3个方面：一是以公开为原则；二是以程序规范为重点；三是以民主科学决策为目的。该调研报告采用具体细化与创设规范相结合的方式，提出了共6章25条的立法草案，主要内容包括总则、公开的范围、公开的程序、公开后的意见建议处理和监督等内容。

上海市社会信用立法及制度规范建设框架研究

该调研报告通过对上海市社会诚信体系建设先行先试实践、全国性信用立法、其他地区试点工作以及国际机构进入国内征信市场等情况的调研与分析，建议社会诚信体系建设要同时抓好完善征信系统、健全信用制度、严格诚信责任等三项重要工作；并针对上海市社会诚信体系建设的具体实践，提出了以诚信责任为突破、以权益保护为根本、以信用透明为基础的信用立法和制度规范的基本框架。

该调研报告提出要按照国务院《社会信用体系建设指导意见》和《上海市国民经济和社会发展第十一个五年规划纲要》的总体精神要求，在《上海市人民政府关于加强本市社会诚信体系建设的意见》、《上海市个人信用征信管理试行办法》和《上海市企业信用征信管理试行办法》基础上，按照上述信用立法和制度规范的基本框架，研究起草“上海市社会诚信条例”，并提请列入上海市人大地方立法规划。

创新型社会信息化政策法律制度研究

该调研报告立足于创新型社会与信息化之间关系的研究，认为创新型国家的提出是与党的十六大提出“以信息化带动工业化、以工业化促进信息化”的内涵式发展道路理念一脉相承的。这种内涵发展道路的基础、先导和路径是信息化。信息化是指在各行业中充分利用信息和通信技术，实现社会发展模式的转型和建设信息社会的过程。信息和通信技术加速了信息的获取、处理和再生产，成为创新的主要工具和加速器。因此，信息化也是建设创新型社会的过程。

该调研报告重点提出了在建设创新型国家进程中加强信息化政策法规工作的建议。许多信息化问题事实上是体制问题，为此信息化过程必须要与调整运行体制、组织结构、管理方式等相协调，信息化发展要求有良好的法制环境，创新型社会信息化政策法律制度的使命应当是发挥创新自由、保障良序创新、维护创新权益，强国富民营建和谐社会。对此，该调研报告提出建设信息社会基本需要这几个方面的法制建设：信息化促进和保障立法、知识产权立法、信息安全立法、电子商务立法和网络秩序立法。

《无线电行政执法手册》编撰

该手册归纳总结了无线电行政执法人员和广大无线电用户应当了解和掌握的基本知识和行为规范。内容主要包括：无线电基本知识、无线电行政执法、无线电行政许可、无线电行政处罚等方面；形式上采用了一问一答的问答方式，力求简明扼要、通俗易懂、详略适当、针对性强。此外，该手册还收录了四个附件：常用无线电行政执法依据目录，相关国际组织、政府部门和功能性机构，无线电行政执法案例评析，无线电行政执法文书格式。

（市信息委政策法规处）

三、信息化法制宣传教育

市信息化工作系统“四五”普法总结和“五五”普法启动

2006年初，市信息化工作系统法制宣传教育领导小组办公室认真做好“四五”普法的收口工作，总结了“四五”普法期间的经验与不足，为新一轮普法奠定基础。经评选，市信息委政策法规处处长陈潜同志获全国“四五”普法先进个人称号，上海市电信有限公司荣获全国“四五”普法先进集体称号，市信息化工作系统法制宣传教育领导小组办公室荣获上海市“四五”普法先进集体称号。

2006年，市信息化工作系统法制宣传教育领导小组办公室根据全市统一部署，结合市信息化工作系统各单位的实际情况，制定和下发市信息化工作系统法制宣传教育第五个五年规划，正式启动了“五五”普法工作。“五五”普法规划从2006年开始至2010年结束，分3个阶段实施，包括：启动阶段（2006年）、实施阶段（2007年至2009年）、总结验收阶段（2010年）。“五五”普法的宣传教育对象仍以“四五”普法对象为基础，主要是市信息化工作系统各单位的干部和职工，以及承担行业自律和相关业务工作的协会组织的全体人员，其中重点对象是公务员(特别是处级以上领导干部以及行政执法人员)、事业单位的各级领导、企业经营管理人员。

信息化法制宣传材料汇编

【《信息化政策法规选编(第二版)》】为了展现近十余年间中国和上海信息化法制建设的情况，特别是信息化立法工作的发展进程，同时，也为了更好满足信息企业、教育研究机构、社会团体、有关行政管理部门、司法机关以及从事信息产业的人员、法律界人士查阅信息化政策法规的需要，上海市信息化委员会组织编写了《信息化政策法规选编》（第二版）一书。该书收集了自20世纪90年代初至2005年10月底现行有效的有关政策法规329件，分为信息基础设施、电信、无线电、信息产业、电子政务、电子商务、信息服务与信息应用、域名与网络知识产权、信用征信、信息安全、信息人才、税费管理等，共12个类别。

【《信息化政策法律理论与实践（第四册）》】“十一五”是上海以科学发展观统领经济社会发展全局、加快建设“四个中心”的关键时期，是上海步入科学发展、创新驱动的关键时期，如何把握全球信息化发展趋势，充分发挥信息化对经济社会发展的支撑作用，进一步完善信息化管理体制和推进机制，完善信息化法制环境，是需要解决的一系列全新的命题。该书收录了6篇政策法规调研报告，分别就口岸电子报文交换、口岸电子报文交换收费规则、信息化立法框架、无线市话基站天线设置补偿政策、信息化项目管理办法、信息资源开发利用保障措施等方面的问题展开了深入研究，并对上海市进行相关立法的可行性与必要性做出了充分论证，提出了切实可行的建议，为全市下阶段立法工作奠定了扎实的理论基础，也为国家和各省市地方立法提供了有益的参考和借鉴。

（市信息委政策法规处）

四、信息化行政执法与执法监督

《上海市公共信息系统安全测评管理办法》宣传贯彻会

2006年5月30日，市信息委、市政府法制办组织召开了《上海市公共信息系统安全测评管理办法》（以下简称“《办法》”）宣贯会。会上，市政府法制办介绍了《办法》的起草及审议经过，从安全测评的组织实施架构、安全测评责任机制、安全测评实施机构、规范安全测评行为等方面对《办法》进行解读；市信息委介绍了当前全市信息安全工作形势及近年来安全测评工作的进展情况，对相关单位下一步如何落实《办法》作出了具体部署，同时，对市信息安全测评认证中心提出了具体的管理要求。

《上海市社会保障卡管理办法》与《上海市社会保障和市民服务信息系统管理办法》实施五周年检查活动

在《上海市社会保障卡管理办法》和《上海市社会保障和市民服务信息系统管理办法》颁布实施五周年之际，2006年8月15~16日，市人大有关专门委员会、市政府法制办会同市信息委、市公安局、市劳动保障局、市民政局、市医疗保险局、市公积金管理中心组成联合检查组，并特邀市民代表参加，对上海市社会保障和市民服务信息系统的核心系统、社保卡受理和补（换）卡网点以及劳动保障、医院、医保定点药房、派出所等社保卡应用网点进行相关检查。

两部办法实施五周年以来，总体上实施情况良好，基本达到了立法目的，对社会保障卡工程的建设和应用推进发挥了重要作用。通过社会保障卡的使用，市民在办理个人社会事务时，需要填写的各类表格大幅减少，政务机关的业务处理形式得到了有效改善，进一步提高了工作效率；另外，通过社会保障卡的发放，相关业务部门之间进行了数据比对，为建立统一、权威、正确的全市实有人口基础信息数据库打下了良好基础，对大规模推广电子政务应用，促进政务信息资源共享、推动政府信息化管理具有重要意义。

检查组同时认为，鉴于两部办法涉及面广，社会影响重大，在进一步实施过程中，有关部门应继续抓好信息安全、信息共享等关键性工作，切实增强服务市民意识，全面提高信息系统和社会保障卡的应用功能，为市民提供更多、更好、更便捷的社会化服务。

上海市信息化委员会行政执法依据

(1) 行政执法主体（3家）：上海市信息化委员会、上海市无线电管理局、上海市征信管理办公室

(2) 主要行政执法事项（23项）

① 行政许可事项：无线电频率指配；无线电台（站）设置审批；无线电台（站）呼号审批；建立卫星通信网审批；无线电发射设备进关核准；无线电发射设备型号核准

② 行政处罚事项：对擅自设置、使用无线电台（站）的处罚；对违规研制、生产、进口无线电发射设备的处罚；对干扰无线电业务的处罚；对随意变更核

定项目，发送和接收与工作无关的信号的处罚；对不遵守频率管理的有关规定擅自出租、转让频率的处罚；对个人征信机构违法采集、录入、提供个人信息查询和评估服务的处罚；对个人征信机构未按规定处理异议信息、报送备案或者报告、公开有关事项的处罚；对个人征信机构未按规定披露或使用有关信息的处罚；对征信机构未备案或未进行年度报告的处罚；对测评机构未报告公共信息系统安全测评情况或者重大安全问题的处罚；对测评机构违反保密义务的处罚；对测评机构从事可能影响测评客观公正的活动的处罚

③ 其他执法事项：对高楼高塔高山地点产权单位的备案；对个人征信机构有关操作规则、企业标准、规章制度等事项的备案；对企业征信机构工商营业执照等有关事项的备案；对单位、个人投诉、举报征信机构违法行为的处理；对制式无线电台（站）的强制备案

⑶ 执行的法律、法规、规章（15件）

① 行政法规：《中华人民共和国无线电管理条例》、《中华人民共和国电信条例》

② 部门规章：《个人业余无线电台管理暂行办法》、《进口无线电发射设备的管理规定》、《无线电管理处罚规定》、《生产无线电发射设备的管理规定》、《无线电管理收费规定》、《高楼高塔高山设置无线寻呼发射基站管理规定》、《研制无线电发射设备的管理规定》、《无线电台执照管理规定》、《建立卫星通信网和设置使用地球站管理规定》

③ 市政府规章：《上海市公用移动通信基站设置管理办法》、《上海市个人信用征信管理试行办法》、《上海市企业信用征信管理试行办法》、《上海市公共信息系统安全测评管理办法》

（市信息委政策法规处）

第三章 信息化标准与质量管理

概 述

2006年，按照市委、市政府提出的“两个优先”和产业结构调整的要求，有效发挥标准化工作对信息产业及信息化发展的助推作用，市信息委、市质量技监局、市建设和交通委等有关部门，整合各方资源，加大了推进信息领域标准化的力度。

根据全市信息化工作推进的实际要求，紧密配合全市在建和计划建设的重大信息化项目，全年共安排制订电子政务、电子商务、电子社区、社会诚信体系建设等领域的各类信息化标准、规范32项，并有5项被列为上海市地方标准项目。其中《信息系统安全测评通用要求》修订、《集约化通信局房设计规范》、《高频（13.56MHZ）电子标签测试规范》、《企业信息化指导规范》4项地方标准已完成，《车载卫星定位自主导航仪》、《网络电视机顶盒通用规范》、《家庭网络信息互联规范》、《无线电频率使用评估指标体系》等12项联合企业标准已通过验收。

2006年，国内首批信息服务业名牌于年初公布。作为“上海名牌”的扩充领域，“上海热线”、“前程无忧”、“我的钢铁”3个品牌获首批上海名牌服务称号。

（市信息委科技处）

一、信息化技术标准编制

集约化通信局房设计规范

市信息系统质量技术协会和建筑系统有关单位，为配合上海市信息基础设施建设需要，规范通信局房工程的设计，以集约化方式实施了对通信局房的资源共享、资源整合，合理使用土地等社会资源，制定了集约化通信局房设计规范。

信息系统安全测评规范

在对国内外信息安全标准进行研究的基础上，市信息安全测评认证中心等单位完成了对《信息系统安全测评通用要求》的修订，进一步完善标准内容，提高了标准的科学性和适应性，使信息系统安全测评有了明确规定，有助于系统安全测评的实施。

电子标签测试应用规范

市集成电路行业协会组织有关单位完成了《高频（13.56 MHZ）电子标签测试规范》的制定，在国内首先建立了电子标签（RFID）的测试应用规范，为制订中国具有自主知识产权的RFID标准与测试技术规范和推动电子标签的应用及产业化起到了推动作用。

企业信息化指导规范

市信息委组织市企业信息化促进中心等单位制定了《企业信息化指导规范》，为企业信息化建设提供指导，为改变中小企业信息化的发展模式进行必要的保障与支持。

（市信息委科技处）

二、信息化技术标准实施

移动通信室内覆盖系统设计与验收规范实施

2006年，在信息化标准应用方面取得有效进展，其中：上海市工程建设地方标准DG/TJ-1105-2006 J10689-2006《移动通信室内信号覆盖系统设计与验收规范》于2006年3月1日起在上海实施，通信领域的企业按该标准对上海地区所有通信室内信号进行全覆盖，为上海市区域移动通信的通信质量提供保障。联合企业标准《车载卫星定位自主导航仪》和应用类规范《上海信息服务业名牌评审规范》、《上海市固定污染源烟气排放连续监测系统通信规范》等得到充分应用和推广，为行业和企业信息化建设提供了指导和支持。

（市信息委科技处）

三、信息化质量管理

信息服务企业首获“上海名牌”称号

2006年初，国内首批信息服务业名牌公布，作为“上海名牌”领域的扩充和创新，信息服务业行业协会与信息系统质量技术协会受市信息委委托，组织了信息服务业名牌推荐和审核等工作，“上海热线”、“前程无忧”、“我的钢铁”3个品牌获首批上海名牌服务称号。

上海宝信软件股份有限公司和上海移动通信有限责任公司获得2006年上海市质量金奖企业称号。

（市信息委科技处）

第四章　信息化人才工作

概　述

按照市委组织部、市人事局、市综合工作党委关于人才工作的要求，市信息委人才工作小组坚持以邓小平理论和“三个代表”重要思想为指导，以科学发展观为指针，坚持党管人才原则，认真贯彻落实《上海实施人才强市战略行动纲要》和《关于组织部门在人才工作中发挥牵头抓总作用的意见》精神，结合信息化工作实际，积极探索组织部门牵头抓总人才工作的新机制，研究制定“十一五”信息化人才规划，落实“653工程”要求、加强信息化人才培训，做好人才开发工作服务全国工作，2006年信息化人才工作各方面取得了新的进展。

（市信息委干部人事处）

一、信息化人才基础工作

建立信息化人才工作联络员制度

2006年，市信息委认真贯彻落实《关于组织部门在人才工作中发挥牵头抓总作用的意见》（沪委组[2006]发字8号）精神，在多年来已形成的委党组领导、人才工作小组成员处室协同配合的工作机制基础上，结合信息化工作覆盖全社会、渗透各行业的特点，通过在各直属事业单位、中央在沪协管单位、各行业协会、区县信息委中设立人才工作联络员制度，进行情况沟通、工作交流，形成信息化人才工作交流和推进机制；建立了由19个区县信息委、11个系统单位、13个行业协会、8个直属事业单位的51名职工组成的兼职联络员队伍，并对联络员进行了人才信息工作培训。从6月开始，不定期编发《信息化人才工作情况交流》4期。

开展“十一五”信息化人才规划研究编制工作

结合上海市信息化和信息产业“十一五”规划发展思路，2006年，研究编制了《上海市信息化人才发展“十一五”专项规划》（以下简称“《规划》”）。《规划》编制工作开展专题调研，面向信息化人才专家、市信息委有关处室负责人、相关行业协会，召开咨询论证会，以书面征询等多种方式听取了各相关部门特别是组织、人事部门的意见，并吸纳了有关意见和建议；同时开展了《规划》与国家及地方相关领域规划的衔接，先后进行了7次较大规模的修改完善，形成了草案。

《规划》遵照全面贯彻科学发展观和科学人才观的精神，力求反映全市经济社会发展和信息化建设对信息化人才的要求，体现前瞻性、战略性、协调性和政策性，在明确政府工作重点和任务的同时，突出政府对企业、行业协会人才发展工作的引导和推动作用。在具体内容上，《规划》提出以项目、基地和产业“三大平台”为依托，以完善引进、培养、激励和使用“四大机制”为抓手，重点开发高层次、紧缺型信息化人才，着力提高信息化人才的创新实践能力及专业化、职业化、国际化素质，优化人才队伍结构。在任务安排上，《规划》着重从政府角度，做出推进调查研究和基地建设，实施培训、示范、引进工程，探索建立认证注册制度、CIO制度和信息交流与发布制度等安排；对行业协会和企业的重点任务也做出引导性的安排。

（市信息委干部人事处）

加强行业人才管理

【开展人才服务工作，为人才成长提供制度支撑】2006年2月，市信息家电行业协会与市信息系统质量技术协会共同组建了“上海市信息家电、质量技术行业协会电子行业特有工种职业技能鉴定站”。该鉴定站受信息产业部电子行业职业技能鉴定指导中心的委托，承担全市电子信息系统企业职工职业技能培训和职业技术鉴定,自开办以来，已有数百名品牌企业的职工(如海尔、SVA等公司)接受了相关的等级职业培训和职业鉴定，并取得了由国家劳动和社会保障部、信息产业部人事司颁发的相应的等级证书，受到企业的普遍欢迎。市通信制造行业协会和市信息化培训协会合作，设置“信息化专业技术人员职称审批受理服务点”，常年受理业内非公企业青年员工申报技术职称。

【推进诚信体系建设，促进行业人才自律】市集成电路行业协会根据国家和上海市有关人事管理法律法规，结合行业实际，制定了行规行约——《上海集成电路行业人力资源诚信自律公约》。该《公约》的组织实施进一步规范和促进了集成电路行业人才的合理流动，建立起行业人才流动的诚信自律机制。根据中国软件行业协会制定的《中国软件行业基本公约》，参考美国IEEE和ACM（即国际电器电子工程师协会和美国计算机协会）所制定的职业道德标准，市软件行业协会制定了《上海软件工程职业道德规范和实践要求》，并在协会网站上广泛宣传，要求各会员单位和各软件企业参照试行。通过推出该规范，以期进一步促进软件行业自律行为，提高软件产业从业人员的整体素质水平。

（市信息委干部人事处）

二、信息化人才教育培训

促进信息产业人才开发

【信息服务业】信息服务业覆盖的领域非常之多，主要有电信服务、网络服务、广电服务、软件与系统集成服务、电子商务、动漫、电子出版等，还包含市场调查、咨询服务等。2006年，上海信息服务业从业人员达到十几万人。目前，上海信息服务业人才最稀缺的行业主要有咨询、新媒体、软件产业、广告和电子商务等，其中美术总监、策划总监等高级人才严重缺乏，行业设计、研发、测试等中级人才也十分紧缺，紧缺岗位还包括数字内容创意设计、软件开发系统分析师、软件项目管理高级工程师、网络游戏产品开发、动漫原创设计等。

信息服务业作为新兴产业发展迅猛，人才需求量大；服务技术水平新，人才质量要求高。“十一五”期间，上海信息服务业人才建设应结合国家653工程，充分挖掘行业资源与潜能，探索一条“政府政策导向、行业组织运行、企业大力支持、个人积极参与”多方互动的新型模式，逐步建立并完善上海信息服务业人才队伍建设的体系。

市信息服务业行业协会和市信息化培训协会于9月联合成立了上海信息服务人才培训中心，通过提供信息服务业专业技术和管理知识等内容的培训，提高信息服务业专业人才的整体素质。2006年针对信息服务业行业人才现状，通过SWOT分析方法，中心确定了行业人才建设与培养的方向与任务。中心在充分利用政府培训机构、民办大学培训机构、教育培训中心等传统渠道的基础上，积极建立与企业内部培训、管理与咨询公司、大学或继续教育学院以及个人的合作途径，并建立起能同时面向高校学生、企业中高层、政府公务人员需求的课程项目体系。中心自主开发的课程体系主要有软件工程师、网络工程师、数字工程师，同时还确定了国家劳动和社会保障部培训项目、国家653工程项目、服务外包培训项目，涉及3G软件工程师、手机设计师、外包测试工程师的课程体系。

【通信制造行业】3G的迅猛发展使人才的竞争更趋激烈，最抢手的人才当推技术与研发类人才，最紧缺的是中高级研发人才、应变与协调能力强的复合型人才、既懂技术又懂管理的高级管理人才。在制造型的企业还需要培养一大批精通数控、编程技术，动手能力强的蓝领操作、维修人才。技术类热门岗位有：软件工程师、测试工程师、结构工程师、硬件工程师、工业设计工程师、协议栈软件设计师等；管理类热门岗位主要为项目经理；销售类热门岗位有：国际业务市场代表。通信企业对人才的学历要求和实践经验要求比较高，尤其是在研发领域，学历基本都要求在本科、硕士以上，且最好有3到4年实际工作经验。另外，在人才引进方面，落户政策趋紧已成为高科技企业招聘外地优秀员工的主要瓶颈之一。

【信息家电行业】面对用人企业不再只盯着求职者的学历，而更看重应聘者的实践经验和实际动手能力的形势，信息家电协会尝试与有关教育机构联手培养企业需要的持“双证”的学生。目前，信息家电协会已与上海新侨职业技术学院建立了良好的合作关系，充分发挥各自的优势，实现资源的有效整合，共同为社会培养和提供技能型应用性人才。在嘉定地区的职业技能培训基地，已有3批大二、大三无线电通信专业的近127名学生经过无线电调试和无线电装调工的应知应会的培训和考核后，取得了由国家劳动和社会保障部、信息产业部人事司颁发的等级证书。

同时，信息家电协会与苏州电子信息行业协会、苏州市生产力促进中心建立合作关系，进一步拓展职业培训和职业技能鉴定的范围，为苏州地区电子行业培养高素质的技能型应用人才奠定了基础。

为了尽快提高国内电子产品生产企业无铅焊接操作工（包括波峰焊、手工焊接及SMT中的再流焊）的技能水平，信息家电协会组织权威专家进行“电子设备装接工（无铅焊接）（初、中、高级）国家职业标准”、培训大纲及相应等级的考试题库的研究和编制工作。

（市信息委产业处）

启动信息领域“653工程”

【概况】根据人事部、信息产业部联合发布的《关于印发〈信息专业技术人才知识更新工程（653工程）实施办法〉的通知》（国人厅发[2006]8号）要求，结合全市信息化建设发展需要，市信息委与市人事局积极组织实施全市信息专业技术人才知识更新工程（“653工程”）。全市信息领域“653工程”目标是从2006年到2010年5年内力争培训各类中高级信息专业技术人才约12万人次，平均每年3万人次左右。通过实施信息领域“653工程”，建立完善的继续教育体系和职业资格认证体系，逐步实现信息化人才梯队建设和信息化人才规范化管理。

⑴市信息委与市人事局共同颁发《上海市信息专业技术人才知识更新工程实施意见》（沪人[2006]171号），明确全市纳入信息专业技术人才知识更新工程的对象；明确信息专业技术人才知识更新培训形式、培训学时及考核发证方式。

⑵组织有关人员起草制订信息领域“653工程”课程认定标准和培训机构认定标准，为信息领域“653工程”进行规范管理打下坚实基础。

⑶组织部分信息化行业协会开发试点培训课程。开发了《集成电路先进工艺制程》、《信息系统安全应对》、《软件企业开展的软件功能点估算》、《3G环境下的手机三维动漫游戏开发》、《信息化规划与项目管理》等课程，为建立科学合理的知识更新课程体系进行了有益的探索。

⑷组织设计“信息专业技术人才知识更新工程”管理信息系统，进一步加强政府与各培训机构的联系和沟通，协调企业和个人的知识更新学习要求，提高政府对社会事务的管理和服务能力。

⑸12月下旬，上海市信息专业技术人才知识更新工程（“653工程”）正式启动。在启动仪式上，国家“653工程”办公室宣布上海市为全国信息专业技术人才知识更新工程重点示范城市，并向上海市信息化人才专家指导委员会成员颁发聘书；同时，首期试点培训班开班。

（市信息委干部人事处）

【试点课程陆续开班】在各区县、委办局及行业协会的积极参与下，首批6门市信息领域“653工程”试点班课程信息系统安全应对培训之一、半导体制程先进工艺整合、JAVA语言在移动终端上的三维实现、度量软件工作量——功能点估算方法、Linux技术应用与国产嵌入式操作系统实际应用、信息化规划与项目管理已陆续开班。

（市信息委科技处）

人才开发工作服务全国

1.*举办云南迪庆州干部信息化上海培训班*

3月和7月在上海举办了两期云南迪庆州干部信息化培训班，包括汉族、藏族、傣族、白族、纳西、彝族、普米、傈僳等8个民族的38名学员参加了每期2周的培训，邀请了委机关、大学和研究机构的领导专家授课。培训课程设置了12个专题，采取集中讲课、参观学习和研讨交流方式进行。

2.*在新疆举办农业信息化技术讲座*

提供农业信息化发展和项目开发支持，组织5家上海农业信息化优秀企业赴新疆进行智力合作，为乌鲁木齐、昌吉、石河子对口部门和企业80人举办技术讲座培训，促进双方企业进行项目洽谈、对接，双方已签订合作意向，建立了长期合作关系。

3.培训西藏无线电技术和管理人员

2006年，上海市无线电管理局向西藏援助了价值300余万元的无线电临监测设备，组织专家对当地技术人员进行培训。该套监测设备将对西藏民用机场所使用的频率及频段内的所有信号进行判断和识别，同时还能监测电磁环境的变化趋势，从而确保机场的通信频率正常使用。

（市信息委合作交流处）

年度信息化培训情况

至2006年末，累计共有2 049人次参加“上海市信息技术管理职业资格”认证考试，比2005年末增加207人次，其中获得资格证书累计868人，同比增加114人；获得高级信息技术主管职业资格证书累计47人，同比增加6人；参加计算机应用能力等级考核累计达406.3万人次，其中获得合格证书188万人；参加面向国家公务员的电子政务考试累计达11 387人次，同比增加2 949人次，其中累计合格9 476人，同比增加2 353人次，全年合格率达80%。

（市信息委科技处）

三、信息化优秀人才评选

2006年，市信息委加大信息化优秀人才宣传表彰力度，营造优秀人才脱颖而出的良好氛围。由共青团上海市委员会、上海市信息化委员会、上海市青年联合会、上海市信息化青年人才协会、中国移动通信集团上海有限公司等11家单位主办的“上海IT青年十大新锐”评选活动至今已历经五届，第五届评选活动于6月下旬正式启动。全市IT领域内，共有43人报名参选，确定了20名正式候选人。他们来自工业、科教、宣传等多条战线，覆盖信息基础设施、信息产业、经济与社会信息化、信息化环境营造等领域。评选结果于12月17日下午揭晓，智买道积分通咨询（上海）有限公司首席执行官文亨利，上海交通大学教授、上海市数字媒体处理与传输重点实验室常务副主任方向忠，上海农业信息有限公司总经理、上海农业信息化工程技术研究中心主任占锦川，上海城市动画有限公司总经理、上海炫动卡通卫视副总裁刘军，华东师范大学终身教授、纳光电集成与先进装备教育部工程研究中心主任孙卓，上海百视通电视传媒有限公司总经理李怀宇，上海超级计算中心副主任李根国，上海晟峰软件有限公司总裁张松峰，中国移动通信集团上海有限公司网络部副总经理黄刚，上海卫星工程研究所主任设计师黄小虎等10人当选为第五届“上海IT青年十大新锐”。

2006年，市软件行业协会组织开展了优秀软件企业家的评选。评选主要考察企业家在职期间该企业的规模（人数应多于100人）、经济效益、利润增长情况、对国家的贡献以及在行业内的影响等。经专家评审会评选，协会常务理事会批准，评选出上海思策软件有限公司董事长、总经理张继伦等10位上海市优秀软件企业家。

（市信息委党群处）

第五章 信息技术创新与知识产权保护

概 述

2006年，信息技术领域一批创新性成果获得突破性进展，并被逐步推广到各应用领域。

在通信领域，上海“B3G系统集成试验平台及场外试验环境”项目已经完成，研究成果已得到实际应用；“IP城域网性能监测系统”项目成果已经被应用于上海城域网日常的性能监测工作；“高性能宽带信息网”重大专项在长宁区实施；“第四代移动通信关键技术研究”项目获得多项进展。

在多媒体领域，“多屏幕异形投影展示系统”攻关项目取得突破性进展，已成功应用于多个城市展示项目；“幻维M-Studio影视动画制作软件V1.0”项目研究成功，已经应用于影视制作领域，并取得较好效益；“基于嵌入式智能机器视觉的多媒体展示系统”取得突破，并在不同领域得到应用。

无线电射频识别（RFID）技术已在大型会议签到系统和动物管理领域中推广应用。知识产权保护受到越来越多的重视，2006年4家信息技术企业被列入第二批上海市知识产权示范企业。

（市信息委科技处）

一、信息技术创新基金和基地

信息技术创新基金

至2006年末，信息技术创业投资基金对外投资协议金额累计达3 914万元，18个创业企业或项目获投资，其中4个项目已全部或部分收回投资，1个项目（宽带无线接入深度开发及产业化）被列入上海市科教兴市重大项目。

信息技术创新基地

【静安科技企业孵化器】上海静安科技企业孵化器管理有限公司系由静安区人民政府牵头，市科委、市信息委以及上海创业投资有限公司共同合作，于2004年8月建立的高新科技企业孵化基地。

静安孵化器的目标是建设具有静安特色的专业化、精品化、国际化科技企业孵化器。力争用三年时间，通过资源整合、政策扶持、投资环境优化、服务内容丰富、成本降低等措施，使之成为静安区乃至上海最具活力和发展潜力的先导型企业，逐步实现信息服务业与现代服务业的联动发展，提升产业能级和综合竞争力。

截至2006年底，静安科技企业孵化器已孵化引进企业达100家，注册资本总额超过2.65亿元人民币（含外资），其中以信息服务为主要业务的企业为42家。共实现技工贸收入近3.25亿元人民币，信息服务业企业的收入比例超过80%。（市信息委科技处）

二、信息技术创新项目

B3G系统集成试验平台及外场试验环境

B3G（超3G）移动通信是继3G以后的新一代移动通信技术，能提供包括高质量多媒体业务和IP宽带数据业务在内的各种电信业务。上海“B3G系统集成试验平台及外场试验环境”由国家863计划移动通信重大专项“FuTURE”计划支撑（课题编号

2005AA123510)，由上海政府主导，联合中国科学院，并在一批面向国际的年轻学科带头人的带领下，聚集了30多位核心技术骨干，历时两年多得以完成。

研制内容包括3小区、6接入点分布式无线网络、集成综合测试平台、IPv6宽带业务演示平台，提供高达100Mbps数据率的移动组网试验、现场测试评估、业务应用演示功能，以及具有4G移动通信基本技术特征的组网、测试关键技术。该项研究获得专利10项，提交技术提案31项，提交863 FuTURE计划“B3G/4G总体技术”验收成果2项，以优秀成绩顺利通过验收，是中国首个具有B3G技术现场测试评估能力、达到国际先进水平的B3G试验平台。

该项研究成果已经在中国首次“国家863 FuTURE研究计划暨4G外场试验系统”中得到实际应用，成功演示了IPTV、视频监控、视频会议、视频点播、WWW、FTP、IP电话等业务，得到国内外同行的高度评价，应用前景广泛。

(缪　军)

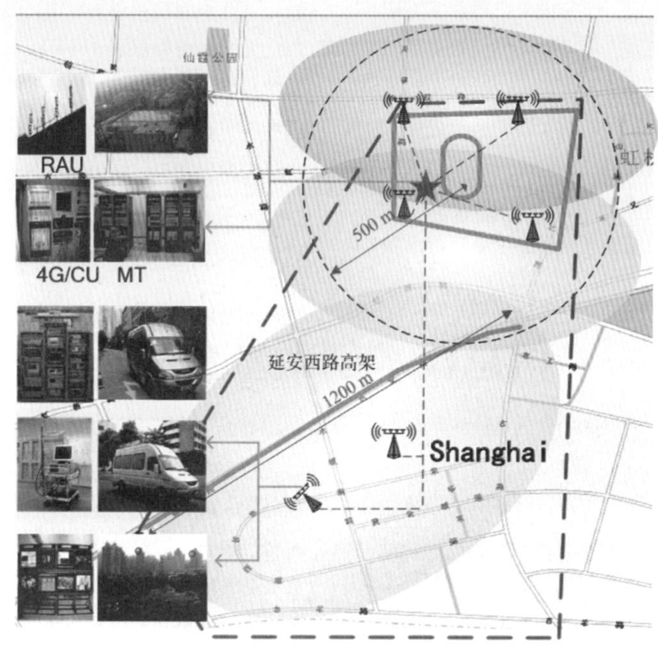

上海4G移动通信试验技术示意图

IP城域网性能监测系统

城市信息化已成为城市发展的新主题和新动力，IP城域网作为城市信息化的基础设施和重要载体，如何高效管理设备种类繁多、结构复杂、规模庞大的网络，提供优质的网络服务将成为城市信息化发展的关键。

上海市电信有限公司承担了市科委2005年度攻关项目“IP城域网性能监测系统”。根据中国通信标准化协会《IP网络技术要求——网络性能参数与指标》有关规定，通过采集分析网络节点、端口链路性能质量指标、网络端到端服务质量指标、关键链路流量构成指标，实时展现网络综合性能状况并能快速发现定位网络故障。项目研究内容包括：基于eTOM模型，构建一个具有并发能力、稳定安全、可平行扩展的高性能网管系统架构；通过综合各类网管检测手段实现性能指标监测，最终构建一套满足电信运营商级运维要求的IP城域网性能监测系统。

该项目成果已经应用于上海城域网日常的性能监测工作中。目前，监控城域网设备723台，链路端口2 712个，端到端链路1 850条，针对城域网出口共计80G带宽进行流量分析，有效提高了维护水平和效率，完善和提升了对城市信息化基础设施的管理能力，也为中国电信集团公司战略转型提供技术储备。

(缪　军)

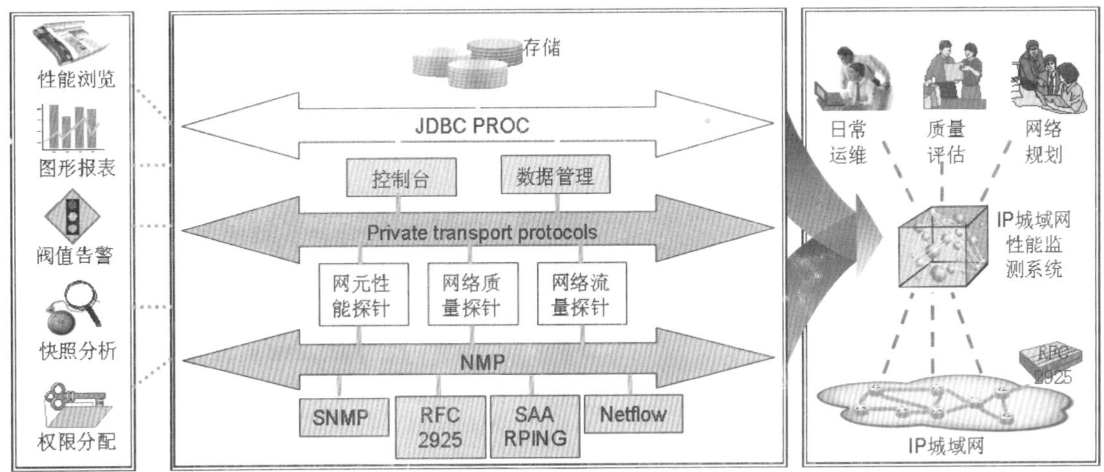

IP 城域网性能监测系统结构示意图

高性能宽带信息网

国家“十五”863 计划启动的高性能宽带信息网专项（3TNet专项）是国家重大科技工程项目，旨在利用自主研制的Tbps级路由、交换、传输等新一代网络核心设备及应用支撑环境，在长江三角洲地区促进地方政府和网络运营公司自主建设成新一代、可运营、能支持大规模并发流媒体业务和交互式多媒体业务的高性能宽带信息示范网。

专项落地主体——上海宽带技术及应用工程研究中心（B-STAR）是市科委为落实部市合作，实施“科教兴市”战略，促进宽带通信技术和产业发展而于2004年9月在长宁区人民政府支持下成立的企业性专业研究机构和公共技术服务平台。

专项在实施过程中，通过部市合作的机制，科技部与上海市共同调动优势力量建立起产、学、研及用户为一体的集成攻关模式，并组织全国优势科研院所、大专院校、设备制造商和网络运营商等50多家单位2 300余人进行项目的研发和建设，在上海长宁区先行先试。该专项的网络覆盖了长三角三地，各类用户超过3万户，各类资金投入约10亿元，其中科技部投入2.4 亿元。

该专项获得4个世界第一、1个世界第三的重大科技成果。项目完成了全球最大规模的互动多媒体试验和长达一年的试验运行；申请了220余项专利，提交国际标准草案20项，发表论文600余篇，制订各种技术规范数十套，是一个国际先进、具有自主技术的可信可管可控的示范网。它不仅提升了长三角在网络及其应用方面的技术层次，促进新产业的形成和发展，也为中国下一代信息基础设施建设、有线电视网络改造和三网融合提供了可行的方案。

（缪　军）

第四代移动通信关键技术研究

移动通信技术的竞争愈来愈归结为标准、核心技术和相关知识产权的竞争。国内外有关第四代移动通信的研究已初见端倪。由中科院上海微系统所承担的市科委“第四代移动通信关键技术研究”项目，在无线资源分配、多址方案、多天线技术、编码调制技术、系统同步、接收均衡、信道估计等关键技术点上进行研究，完成了支持高速分组传输仿真系统平台的建设工作。平台能支持不同QoS要求和非对称的多媒体业务；在基于FPGA关键技术验证系统方面，进行了兼容IEEE 802.16-2004的FPGA原型样机以及基站/终端的软硬件系统开发，经过实验室和外场实测，符合标准规定的设计指标。

该项目共提案6项，申请专利10余项，发表国际论文20余篇，向国内外标准化组织提交标准提案20余份；并提出拥有全部自主知识产权的新型DFT-S-GMC多址解决方案，该方案已经获得国际与国内工业界与学术界的基本认可，同时被作为中国宽带无线多媒体标准的主要备选方案。该方案的配套技术研究成果，也将为国家宽带无线多媒体标准的完善作出应有贡献。

（缪　军）

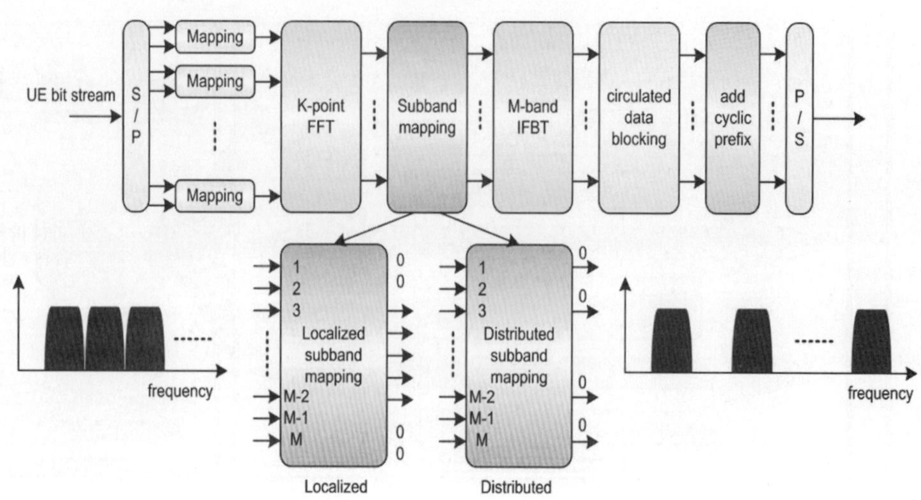

DFT-S-GMC发送机结构图

多屏幕异形投影展示系统

上海水晶石公司承担的2005年度市科委"多屏幕异形投影展示系统"攻关项目是针对大屏幕拼接的问题和缺陷研究开发而成的多屏幕异形投影展示系统。该系统只需要主流配置的PC机、普通投影仪、摄像机，即可完成整个系统的硬件搭建。该系统通过软件控制端对影片平面控制点的控制，可方便实现实时变形的功能，同时，也可通过键盘的快速输入，准确调整影片的形状，为拼接做好准备；系统具有屏幕自动拼接功能，可通过对影片的预先定位信息，实现各屏幕的自动无缝拼接，组成整体屏幕；可通过控制端的控制软件，配合摄像头采集的拼接屏幕的信息，进行屏幕自动融合，也可通过集成在播放软件中的屏幕融合功能进行屏幕的手动融合。

该项目经过一年多的研发，在多机同步播放控制、画面实时变形校正、画面自动拼接、多屏画面的融合调节和自动融合预处理等关键技术上取得突破性成果。该系统安装简单，成本低，效果好，具有良好的扩展性和安装维护调试方便的特点，无需作现场测算及相应片源匹配处理或其他辅助调试。同时，系统还可以根据不同的现场环境方便地对画面进行变形校正，大大简化了人工操作，为展示环境的变化、展项的转移、临时展示的快速实现提供强有力的技术支持。

多屏幕异形投影展示系统现已成功应用于无锡、苏州、温州等地的城市规划馆展项以及上海多媒体产业园多媒体展厅和2006中国国际工业博览会的大型展示项目中。（缪文靖）

国家射频识别产业化(上海)基地

首个国家级电子标签产业化基地——"国家射频识别产业化(上海)基地"于2006年10月26日落户张江高科技园区。国家科技部副部长马颂德、国务院信息化领导小组办公室副主任陈大卫、上海市副市长严隽琪共同为基地揭牌。马颂德副部长在揭牌仪式上表示，科技部支持张江高科技园区建设国家RFID产业化（上海）基地，为中国RFID相关企业提供创新和发展的条件，促进中国RFID产业集群的形成和发展，更好地满足中国RFID技术应用和市场需求。

预计到2010年，该基地将成为国内最大的电子标签产业链集聚地，形成每年5亿片的生产及封装能力，力争占领国内市场1/3以上的份额。（王　晔）

幻维M-Studio影视动画制作软件V1.0

上海幻维数码影视有限公司承担了2005年度市科委攻关项目"幻维M-Studio影视动画制作软件V1.0"。该项目在Maya系统上实现了针对动画制作的高级骨骼系统（MAGIC-SKELEEON）、高级表情控制系统（MAGIC-EMOTION）、集群动画（Noise、Fly、Dust）破碎粒子（GLASSBREAK）和动作捕捉数据导出系统（MOCAP POST PROCESS）等插件。

经过一年多研发，在动作捕捉、动画数据批处理、集群动画、虚拟演播室等关键技术上取得突破性成果。该项目成果已取得软件著作权，获上海市科技进步奖、国家广电总局科技创新奖及上海市高新技术成果转化项目；并在上海金牛影视制作公司、上海荔点后期制作公司等影视制作单位应用，取得较好效益。其产品可完成各种高难度的全三维动画片和影视特效片，为各电视台、节目制作公司、广告公司等影视制作单位提供了新颖高效的专业制作工具。

（缪文靖）

基于VR的装备产品数字化设计制造系统

上海交通大学承担了2005年度市科委攻关项目“基于VR的装备产品数字化设计制造系统”。该项目研究的主要内容包括：结合新一代层压圆锥破碎机设计和汽车发动机装配制造工位规划两类装备业产品进行研究，开发PC-VR硬件系统、基于VR的通用工程仿真平台、圆锥破碎机可视化性能仿真系统和发动机制造装配工位仿真规划与评价软件系统。

该项目经过一年多的研发，在基于虚拟现实的新一代层压圆锥破碎机及汽车工位/工艺规划两个方面的若干关键技术研究取得突破性成果。该课题将沉浸可视化的性能仿真分析方法应用于破碎机工程机械产品的设计，为传统的实际方法提供全新手段；将平面工位规划替换为接近真实环境的三维沉浸感高交互虚拟仿真分析方法，提供了一个人性化的制造过程规划虚拟试验环境。

该系统已经用于PYB1750型圆锥破碎机改型设计；其汽车发动机装配制造工位规划子系统在上海大众装配工位各类设施实体模型基础上，应用于V5发动机装配线中3个装配工位规划；PC-VR量产型硬件系统应用于上海电气集团的大型船用曲轴制造过程仿真系统。在2006中国国际工业博览会上，基于PC-VR硬件系统开发的虚拟汽车驾驶项目获得高校展区特等奖。

（缪文靖）

基于嵌入式智能机器视觉的多媒体展示系统

上海大学承担的2005年度市科委攻关项目“基于嵌入式智能机器视觉的多媒体展示系统研制”以数字全息和机器视觉最新研究成果为技术基础，开展真3D多媒体展示与交互技术的应用集成研究。该项目建立了数字全息图光学记录系统，实现对实际物体的全息图光学记录；建立了数字全息光电再现系统，以雾气屏为承载介质，实现数字全息图空间再现；完成了嵌入式视觉处理卡的设计制作；建立了手势运动位置检测程序，并以投影屏为引导对象，实现非接触的人机交互。

目前，该项目经过一年多的研发，在数字全息图获取和计算、数字全息光电再现、再现影像承载和基于视觉的人机交互及嵌入式视觉处理卡设计等若干关键技术研究取得突破性成果。

项目完成的嵌入式机器视觉处理和手势跟踪系统，已经被“临港新城多媒体展示”使用；建立的视觉处理软件已在上海海佢药业药盒打标日期和药片质量检测系统中应用。

在手势跟踪系统基础上，项目组又提出了手、眼关系引导的非接触式位置输入系统和方法，并已申请发明专利。该发明方法可以实现空间无实物鼠标或指示器的对象引导（包括投影屏幕、展示沙盘、展示模型等），实现对人不能接近对象的引导控制。

（缪文靖）

面向应用的嵌入式系统及产品研发

上海计算机软件技术开发中心承担了市科委重大科技攻关项目“面向应用的嵌入式系统及产品研发”。通过该项目的研发，初步建成嵌入式应用系统研发、仿真、测试一体化服务环境，形成嵌入式系统共享资源和协同工作环境。同时，该项目自主研发了嵌入式测试工具管理平台和嵌入式协作支持系统，并集成了多媒体通信服务支持平台、网络安全支持平台，实现对嵌入式软件从原型研究→产品开发→产品工程化→产业化的“一条龙”服务，大大缩短目前产品从原型研发到投放市场的周期。该项目结合了华东计算技术研究所完成的ReWorks/ReDe3.0产品、上广电卫星数字电视等多项技术成果；联合上海从事嵌入式系统与软件应用的产、学、研等30家单位成立了上海嵌入式系统与软件联盟，以上海嵌入式应用需求和“十一五”规划任务为导向，以交流合作为抓手，以推动自主创新和技术应用推广为目标，优势互补，资源共享，提升成员单位的核心竞争力，促进上海信息化带动工业化，发挥了强有力的技术联盟辐射作用；另外，建立了和高校、企业建立联合培养人才的工作机制，有力促进了嵌入式人才的培养。

项目不但促进了上海高新技术如信息家电的技术创新和产品研发，而且加快了传统制造业如船舶电子、仪器仪表的升级换代和技术改造，增强企业的核心竞争力。更重要的是通过该项目的实施，建立了一个资源共享平台和产学研协作桥梁，形成一种可持续发展的机制和推动力。

（缪文靖）

自适应性全球移动网格的空中接口、网络结构设计和实验验证系统研究（MAGNET）

MAGNET全称是“自适应性全球移动网络”（My personal Adaptive Global NET），是欧盟第六框架计划支持的一个集成项目，强调以用户为中心、自适应性和互用性以及个人网（PN，Personal network）与不同类型网的相互连接。

由上海无线通信研究中心承担的国家863计划项目“自适应性全球移动网格的空中接口、网络结构设计和实验验证系统研究”已于2006年11月在北京通过验收。该项目完成了MAGNET项目中空中接口关键技术、仿真系统和FPGA算法实现等三方面的研发任务。

该项目针对个人网络的应用需求，完成了对等方式下整套多载波扩频无线传输方案，牵头完成了峰均比、多天线等单项技术的研究；结合多载波扩频无线传输方案开发了SystemC浮点和定点仿真评测平台；针对个人网络的高速和低速空中接口分别开发了信道编码及打孔模块代码和加/解密及鉴权等模块代码，并已集成到MAGNET演示系统的FPGA原型系统中去。

该项目的成果中，MC-SS空中接口设计方案已经被确定为欧盟个人网络高速空中接口方案，其SystemC链路仿真器已经提交欧盟MAGNET Beyond项目的原型系统开发工作组。该项技术向市场应用的转换前景看好。

（缪　军）

中国金融IC卡(基于PBOC 2.0规范)密钥管理体系研究和产业化

上海格尔软件股份有限公司承担了2005年度市科委攻关项目“中国金融IC卡(基于PBOC 2.0规范)密钥管理体系研究和产业化”。该项目研究的主要内容包括：PBOC2.0规范与EMV4.1规范的兼容性研究、PBOC2.0密钥管理体系安全增强性研究、与既有资源的兼容性研究等。

上海格尔软件在项目立项后，组织课题组专业人员进行严谨的市场调研，与中国人民银行、CFCA等相关银行金融机构进行了充分的沟通；通过封闭开发，建成了中国人民银行EMV迁移根CA系统。该系统采用安全完善的密钥及证书生命周期管理策略、完整可靠的日志审计技术、基于分层概念的权限管理，形成了符合EMV标准的PBOC2.0证书，并且与EMV4.1标准兼容，使整套系统既符合中国实际，又与国际通行标准兼容。此外，课题组共申请发明专利1项，并协助中国人民银行形成IC卡密钥管理产品（PBOC2.0）的具体技术标准。

该体系能够解决PBOC2.0密钥管理体系的建设，为中国金融业进行EMV迁移打下良好基础，大大提高金融卡的使用安全。经济效益方面，研制出的系列产品除根CA已在中国人民银行运行外，其他各家商业银行将推广使用二级、三级密钥管理系统。

目前，IC卡密钥管理体系已经在中国人民银行完成了根CA建设，同时与银联实现了互联，在重庆、杭州等省市的商业银行实现了二级CA的建设运行。据统计，该项目成果以及配套的销售维护体系已实现年产值近300万元，年利润50万元，年上缴税金18万元。

（沈蕴婕）

RFID签到系统

【重大专项“RFID签到系统”研发】 为满足政府大型会议组织工作的需要，上海华东电脑股份有限公司在长期的会议签到服务实践中，结合丰富的会务软、硬件设备开发经验，成功研发出基于RFID技术的智能会议签到系统。在中共上海市委八届九次会议的实际使用中，获得成功。该系统使用后，大大降低了会务保障人员的工作量，同时避免代表们到指定地点排队签到，节约了时间和精力，代表们还能通过屏幕即时看到自己的签到信息，该项目得到代表广泛认同。

【RFID在动物管理中的应用】 上海生物电子标识有限公司自主研发的动物电子标签，可以植入动物体内，通过动物全球惟一身份证号码的识别和后台数据库的协同管理，对动物的出生、饲养、检疫、兽药、营养等信息进行读取和写入；通过对数据的有效溯源，为高效防治动物群体传染性疾病和相关管理工作打下了良好基础。

目前，上海市全部有证犬都已注射了注射型电子标签，数量达6.5万枚；上海全部甲级奶场的奶牛也都放置了该公司自主产权的瘤胃式动物电子标签，数量达2万余枚。在此基础上，公司还开发了基于电子标签的上海市犬类信息管理平台和上海市奶牛信息管理平台，并获得软件著作权。动物电子标签已经向全国推广，在浙江绍兴地区已获得应用。同时，该公司不断开拓国外市场，每年出口约150万枚芯片，主要集中在欧洲、澳大利亚、新西兰等国家和地区。

（王　晔）

三、信息技术相关知识产权保护

2006年，上海共有3家信息技术领域企业列入第二批上海市知识产权示范企业（培育企业），1家企业列入2006年上海市知识产权示范企业（争创企业）；15个信息技术类产品被认定为市级专利新产品；219项信息技术领域科技成果被认定为2006年上海市科技成果转化项目，占总数的27.86%。

知识产权保护

市信息委与信息产业部相关部门合作，编制完成《2000～2005年信息技术领域专利态势报告》；与市知识产权局合作开展了集成电路行业自主创新知识产权保护专项行动，形成了一批具有自主知识产权的集成电路产品。

政府软件服务体系

2006年，上海市市级财政预算单位的政府统一采购软件服务体系建设工作取得阶段性成果，完成对国产信息安全类软件——网络保险箱的政府采购任务，首批采购产品近50套，合计达800万元。为了测试政府软件的可靠，促进国产软件普及应用，市信息委建设了政府软件模拟实验基地。目前一期设备和工作软件的采购工作已完成，包括市委宣传部、市政府采购中心在内的首批测试单位的模拟试验正在进行中，此举将为国产软件进入实用环境提供可靠、可信、可重复的测试环境，有利于分清软件提供商、系统集成商和用户各自应承担的责任，受到普遍欢迎。

（市信息委科技处）

第六章 信息化研究与咨询

概 述

2006年，上海市信息化委员会根据上海信息化工作深化发展的实际需要，组织实施了“信息服务业中个人信息的保护研究”、“上海信息服务外包产业发展研究”、“开源软件及上海发展策略研究”等8个课题研究项目。

上海市信息化专家委员会继续在信息化重大项目的决策咨询、前瞻性问题的研究以及信息化的普及教育等方面发挥重要作用。上海市互联网经济咨询中心开展了信息服务业中个人信息的保护研究、上海信息服务外包产业发展研究、开源软件及上海发展策略研究、上海市信息化支撑新郊区新农村建设专项调研等多项信息化研究和咨询业务，并成功举办了第六届亚太地区城市信息化论坛等大型国际会议。

（贾国富）

一、信息化专家委员会

第四届上海市信息化专家委员会成立

2006年1月，上海市信息化专家委员会（以下简称“专家委”）按照章程顺利进行了换届工作，成立了由74名专家组成的第四届专家委。上海市市长、市信息化领导小组组长韩正签署了聘书，上海市副市长、市信息化领导小组副组长杨雄向专家颁发了聘书。第四届专家委共设网络通信、信息产业、信息技术应用、政策法规、信息安全、电子政务与电子商务、社会经济综合等七个专业小组。专家委员的学科背景覆盖了信息通信技术、经济、法律、社会管理、文化创意等领域。

第四届专家委委员名单：

名誉主任 吴启迪 周宏仁

主　　任 程锡元

副 主 任 李三立、邹世昌、张世永、贺寿昌

委　　员 （按姓氏笔划排列）

马永平　王　能　王贻志　白　洪　孙玉望
孙红春　孙德炜　庄松林　朱扬勇　齐　鸣
何积丰　何德全　吴修艺　宋国文　寿　步
张　健　张一钧　张申生　张国良　张承业
张复良　李建华　杨坚争　汪　凝　汪成为
沈国明　沈昌祥　邵臻浩　闵　昊　陈克非
陈志国　陈咏恩　周仁杰　周振华　居德华
林定祥　林毅夫　郑　杰　祝智庭　胡宏亮
胡鸿高　赵厚麟　唐定富　徐　飞　徐智群
顾君忠　顾晓鸣　高汉中　盛兴国　黄丽华
蒋守雷　蒋昌建　谢天放　蓝鸿翔　缪其浩
潘　光　戴国强

外籍委员

安德鲁·平德尔　布鲁诺·兰文
厄凯·李凯恩　佛兰科·巴萨尼尼
基多·贝西图　詹姆斯·克奈特
派特里克·克里奥尼　撒布兰·可汉史
帝芬·坚·罗尔德　祖儿·贝尔德

开展世博信息化为主的课题研究

2006年，专家委围绕世博信息化建设提出了一系列课题项目。上半年，专家委联合复旦光华、上海戏剧学院、宏力半导体、上海贝尔阿尔卡特、上海电信、上海移动等6家单位，完成了“上海世博智能服务系统”研究，对相关的信息技术发展趋势、信息产业机会等进行综合分析研判。下半年，专家委牵头启动了“世博信息化主题研究”、“世博信息化框架研究”、“世博网络新技术研究”、“世博通智能终端研究”、“世博信息化应用平台研究”、“世博信息化服务集成研究”等

6个子课题的研究。此外，专家委的部分专家还承担了教育部“全国中小学教师教育技术能力建设”等其他项目课题的研究任务。

参与重大信息化项目和课题的评审

2006年，专家委成员参加了上海市信息化“十一五”规划、教育部“十一五”基础教育信息化发展计划等重大规划，“数字海洋”、“全国信访信息系统一期工程上海市地方配套建设项目”等专项工作评估会的评审工作，从专家角度给出了意见和建议。据不完全统计，专家委参与评审的各类项目和课题近60个，涉及专家137人次。

参与国内外学术交流和信息化普及培训活动

2006年，专家委成员继续活跃在国内外各类信息化学术交流舞台上，展现了上海信息化专家的水平。特别是在5月召开的“第28届世界软件工程大会”和10月召开的“亚太地区城市信息化论坛第六届年会”上，部分专家作了主题演讲和交流发言。此外，联合上海图书馆，连续第7年开展了信息化系列讲座，围绕“网络电视的前景”、“第三代移动通信展望”、“互动娱乐和我们的生活”、“下一代互联网发展趋势”等4个主题，向广大市民介绍了网络技术发展和应用趋势，取得了良好的社会效益。

（陆　森）

二、互联网经济咨询中心

上海市互联网经济咨询中心（以下简称“中心”）是由上海市政府批准成立的信息化专业咨询、研究以及合作交流、培训机构，致力于研究国际先进的信息化管理理念和方法，推动政府和企业客户应用化，提升管理水平、促进业务创新。中心立足于国内市场，面向国内外政府和企业，提供信息化决策支持服务、信息化项目咨询服务，以及信息化技术服务和项目的合作、交流。中心拥有一支由海归专家、博士、硕士和资深顾问组成的专业团队，并与国内外知名学府、国际著名企业有着较好的合作，以合作、共享的开放性业务模式，完成了数百项信息化研究和咨询业务，重要成果包括亚太地区信息技术应用报告、亚太地区城市信息化水平测评报告、中国城市信息化水平测评报告、中国信息产业发展报告、上海市电子政务“十一五”规划、上海2010年世博会信息化总体框架设计、上海市政府门户网站评测等，并成功举办了6届亚太地区城市信息化论坛、信息化与上海世博会国际论坛等大型国际会议以及信息化发展研究高峰论坛等。

（刘颖珏）

三、课题研究

信息服务业中个人信息的保护研究

该课题由中国社科院法学研究所承担。主要分析国内外个人信息保护的现状，探讨个人信息保护中存在的现实问题。围绕加强上海信息服务业中个人信息保护的主旨，提出在行业自律与政府管制、法律规制与内部管理等方面应遵循的原则，并针对个人信息保护的相应环节，从政府、行业协会和企业3个层面，提出可行的制度安排和政策措施建议。

上海信息服务外包产业发展研究

该课题由上海市信息服务外包发展中心承担。研究分析国内外信息服务外包产业发展现状、信息服务外包市场及其内在机制。针对产业链关键环节发展的实际需求，分析上海信息服务外包产业在综合发展环境、产业竞争力、外包服务需求等方面的现状和条件，并初步提出上海发展信息服务外包产业的发展思路以及政策举措建议。

开源软件及上海发展策略研究

该课题由上海市软件测评中心承担。研究开源软件的内涵及其知识产权等问题，探讨国内外开源软件的应用和创新发展情况。对上海企业使用Linux开源软件的情况进行调研，分析上海开源软件发展的现状和存在问题，提出上海发展开源软件的策略，以及在产业环境、公共服务平台建设、开源软件产品应用以及人才培养等方面的举措建议。

上海市信息化系统协会能力建设与工作机制研究

该课题由上海信息化发展研究协会、上海市集成电路行业协会承担。梳理国内外行业协会建设和发展状况，分析上海市信息化系统协会的发展情况以及面临的机遇挑战。重点结合协会承接部分政府职能的现状，从行业协会的发展机制、管理机制和促进机制创新等角度，研究协会能力建设的关键环节，提出可行的建设目标和阶段部署，并主要从政府和行业协会两个层面，提出切合实际、可操作的发展对策和措施建议。

上海市“十一五”期间信息架空线入地方案研究

该课题由上海市信息管线有限公司承担。立足于提升世博会期间上海城市形象的要求，在调研上海中心城区信息架空线现状的基础上，提出架空线入地的区域范围、规划和实施原则、阶段划分、费用匡算、资金筹措方案，以及政策法规保障等方面建议。

（贾国富）

IT产业经济运行质量分析与产业损害预警平台研究与开发

信息产业的发展对于上海在“十一五”期间进一步提升国际竞争力和建设“四个中心”具有重要意义。该研究主要根据所需监测的重点行业、重点产品和重点企业，制订IT产业损害预警指标，构建产业损害预警模型，通过预警指标的动态变化，提供报警机制；并建设预案库，提供及时响应。同时，该研究结合对统计局经济普查数据的梳理，建立完善的IT产业统计工作机制。该研究还密切关注软件、集成电路、汽车电子、光电子等重点产业，电子商务、SOA、4G等热点技术与应用，为IT产业发展决策提供数据分析基础；通过构建全市IT产业地图、建立IT产业经济运行指标体系和分析模型，全面综合反映上海IT产业及其细分行业的运行状况。

上海IT企业自主创新与提升国际竞争力研究

上海市政府把全面推进城市信息化建设作为城市发展的重要战略，而信息产业在信息化建设中始终处于优先发展的位置。创新是产业发展的重要动力，该研究根据收集的国内外IT企业自主创新与国际化发展的最新资料，基于相关理论，构建面向上海IT企业的自主创新能力与竞争力水平评价指标体系，并确定评价方法。根据研究的指标体系，对上海IT企业进行调查研究，再对调研中采集的数据进行统计分析，研究制约IT企业自主创新能力和国际竞争力水平提升的关键因素，指出其瓶颈所在和环境需求，形成《上海IT企业自主创新和提升国际竞争力难点和环境需求研究报告》。

上海市行业电子商务平台发展研究

电子商务是国民经济和社会信息化的重要组成部分。电子商务按交易主体主要分为B2B、B2C、C2C三类。其中B2B，即企业对企业的电子商务，是指企业通过内部信息系统平台和外部网站将面向上游供应商的采购业务和下游代理商的销售业务有机地联系在一起，涵盖从谈判、订货、签约、接受发票、付款到索赔处理、商品发送管理和运输跟踪等所有交易活动的商务模式。该研究通过对国内外B2B电子商务发展情况、B2B电子商务类型和发展趋势、上海B2B电子商务发展现状等问题的研究，提出了加快发展上海B2B电子商务、形成行业电子商务平台的对策思路。

世博信息化总体框架研究

2010年上海世博会将成为展示中国和世界文化、经济、科技和社会发展的一次盛会。如何在会展前有条不紊地进行各项准备工作，在会展过程中保障会展的安全和顺畅，在会展后对场馆设施、商务服务、信息服务进行长期运营，同时带动和促进经济发展，都是世博信息化建设应该考虑的问题。该研究的目的在于形成支持世博会建设运营的信息化总体框架，通过多种信息技术的综合运用、多个管理领域的业务整合以及多个管理和运营主体之间的高效协同，对相关信息系统的建设进行指导和约束，使得世博信息化建设的复杂过程变得规范和可控，从而保证各项技术和应用的相容性，促进世博信息化与城市信息化的互动发展。

上海市信息化支撑新农村建设专项调研

按照《关于开展农村信息化综合信息服务试点工作的意见》(信部信〔2006〕597号)，信产部在全国范围内组织开展了农村信息化综合信息服务试点的工作。该研究的目的是通过对农村信息化建设现状、全市郊区信息化建设已取得成效和存在问题等方面的研究，提出上海市郊区农村信息化发展的对策与建议。

(刘颖珏)

第七章　信息化宣传

概　述

2006年，信息化宣传在坚持科学发展观，坚持正确的舆论导向，服务和推进信息化建设，建立、健全信息化宣传综合管理，突出重点宣传等方面圆满完成了各项重要工作的宣传报道任务。全年，市信息委共计接受各种采访40余次，各家媒体报道458篇。上海信息化发展正越来越受到国内各界乃至国际舆论的高度关注和评价，信息化也正在日益影响和改变市民生活，广大市民对城市信息化的认知度不断提高。

（蒋玉萍）

一、信息化重点工作宣传

第28届世界软件工程大会新闻宣传

2006年，信息化宣传重点工作比较密集，特别是“第28届世界软件工程大会”首次在发展中国家、首次在亚洲地区召开，宣传工作要求高、任务重。面对这一情况，市委宣传部、市政府新闻办、市信息委、市工商管理局通力配合，圆满完成了前期宣传、户外宣传、大会媒体报道宣传等各项任务。其中，大会开幕新闻在中央电视台当天的新闻联播播出；中央人民广播电台记者就市信息委推进上海软件创新发展专门采访了市信息委主任傅文彪同志，并在中央人民广播电台新闻联播中头条播出；《人民日报》总社科技部副主任资深记者杨健专门就此届大会的历史意义和上海市政府支撑软件业发展作了专评；新华社华东分社、《解放日报》和《文汇报》等上海主流媒体更是对大会作了深度跟踪报道；《上海商报》专门为大会作了每日中英文会刊，受到与会专家学者的高度赞扬。

第六届亚太城市信息化论坛新闻宣传

以“消除数字鸿沟：创新·和谐·发展”为主题的第六届亚太城市信息化论坛顺利召开，通过新闻中心有效组织集体采访和即时新闻发布会，为所有注册的100多名中外媒体记者提供了良好的服务和工作环境，受到联合国官员高度赞扬及中外记者的积极评价。

通过电视、电台、网络、报纸等媒介大量宣传报道，充分展示了全球性信息化与市民生活息息相关的前景，以及在联合国框架下不同国家友好合作共同和谐发展目标。

上海电信、上海移动与市信息委战略合作签约宣传

2006年10月23日，作为中央在沪企业的上海电信和上海移动分别与市信息委签署了《共同推进上海信息化建设的合作协议》。在合作协议中，上海移动明确了“十一五”期间将重点推进由十大项目组成的“1010”信息工程；上海电信则提出了“十一五”期间重点推进的“1234”战略。协议的签署，充分显示了中央企业看好上海信息化发展良好环境，并对上海未来发展充满信心。在沪媒体对此次签约给予了高度关注，并纷纷进行了报道。

（蒋玉萍）

二、信息化宣传服务主题工作

服务意识在2006年的宣传中得到进一步加强，市信息委请“数字地球”节目组配合，分别拍摄了《透

明政府，和谐社会——政府信息公开提升行政效率》DVD宣传片、《深化电子政务应用，支撑人口管理新模式——“百户单元”综合试点情况介绍》，并帮助英特尔中国公司拍摄了《英特尔在中国》等宣传单片。

2006年市信息委主要宣传管理组织活动一览表

序号	事项名称	时间
1	上海市社会诚信体系设联席会议第一次全体会议	2006年4月7日
2	新华社采写的“世界软件工程大会”稿件在媒体使用情况	2006年5月
3	关于打击取缔冠以“上海政府版”非法电子出版物执法行动	2006年6月
4	“信用长三角”高层研讨会	2006年6月30日
5	市银行卡产业发展联系会议第三次（扩大）会议	2006年8月4日
6	上海信息服务业培训中心成立	2006年9月8日
7	明星软件企业、优秀软件产品、优秀软件企业家表彰大会	2006年9月13日
8	“特奥热线962007”开通仪式	2006年9月15日
9	亚洲地区城市信息化论坛第六届年会	2006年10月16～19日
10	科技创新引领上海信息产业发展新闻通气会	2006年09月21日
11	百家IT厂商助力万户传统企业提升新闻发布会	2006年09月26日
12	市信息委与上海移动、上海电信签署“共同推进上海信息化建设的合作协议”	2006年10月23日
13	上海市信息专业技术人才知识更新工程启动仪式暨工作布置会	2006年12月20日
14	上海市居住证信息系统全面建成开通新闻发布会	2006年12月26日
15	800兆数字集群政务共网开通大会	2006年12月30日

（蒋玉萍）

三、信息化宣传工作基础建设

2006年，在委领导的关心和大力支持下，市信息委信息化新闻发布会制度得到全面贯彻，重大事件和主要工作的重大环节都适时召开新闻发布会，及时、慎重和全面地发表了委在相关问题上的正确声音，取得较为积极的效果。同时，着重做好与媒体沟通和加强机关宣传联络员队伍建设，各个处室都认真推荐产生了一名兼职的宣传联络员，一起参与委主要宣传活动。

（蒋玉萍）

第八章 信息化社团

概 述

2006年，民办非企业单位——上海市信息服务外包发展中心组建成立；市光电子行业协会设立了半导体照明专委会、光纤光缆光器件专委会、平板显示专委会；市通信制造业行业协会设立了IPv6专委会；市信息服务业行业协会设立了网络教育专委会、社区信息化应用推广专委会、数字内容专委会;市软件行业协会设立了开源软件专委会。截至2006年底，上海市信息化系统共有协会15家、民办非企业单位4家、基金会1家，其中行业协会10家、专业协会5家、专业委员会26家，会员单位超过2 200家，基本覆盖了全市信息化领域的龙头和骨干企业。

至2006年底，市信息化协会系统共有44个基层党组织，其中党委2个、党总支1个、党支部41个，在册党员474名。 （何 炜）

一、社团发展

社团管理

【积极组织协会参与市有关重点工作】2006年，协会指导办会同相关业务处室积极组织通信制造业、信息家电、光电子等行业协会，发动企业参与在沙特举办的“第二届中国商品展暨投资合作洽谈会”，获得了成效；组织协会并通过协会发动企业共同参与一年一度的上海信息化博览会；围绕世博科技行动计划，动员各协会积极行动，并动员相关企业一起参与。此外，各协会配合有关业务处室参与推进信息专业技术人才知识更新工程（“653工程”），组织行业内的专家进行课程开发，落实实训基地，安排受训对象。

【推进诚信建设，提升行业自律水平】2006年，上海在3个重点行业开展了行业自律。集成电路行业协会进行了《上海集成电路行业人力资源诚信自律公约》的研究与制定；软件行业协会制定了《规范软件企业价格行为，实行软件开发及软件服务价格公平、透明、合法和诚实信用》行规行约并加以推进；在市委市府有关部门的帮助下，市信息服务业行业协会建立了“上海市互联网违法违规信息举报中心”，制定了《上海市互联网违法违规信息举报中心工作条例》、《上海违法违规信息举报处理规定》和《互联网违法违规网站整改标准》等工作制度。举报中心7月12日开通，至年底，共接到举报500余件，处理终结的占70%。

【履行好业务主管部门职责，抓协会秘书处的能力提高，促进协会健康发展】一是严格监管。协会指导办上半年对信息化系统的所有协会、民办非企业单位和基金会依法进行了年审。二是对由市信息委向协会提供的专项资金项目进行了全面的审查，对个别存在问题的协会提出整改意见。三是抓住协会换届或人员调整时机，积极倡导协会工作人员选拔时的专业化和年轻化。

【创新信息化民间组织形式，推动公共服务平台建设】结合上海信息服务外包业务的发展，2006年初，协会指导办会同产业处组织信息化发展研究、通信制造业、信息服务业3家协会成功组建了“上海市信息服务外包发展中心”。目前，中心的内外建设都在有条不紊地进行。

【组织编写行业发展报告，开展课题研究】2006年，协会指导办组织信息化系统所有行业协会完成《信息化行业发展报告》；进行《协会工作》月刊和《协会工作简报》（电子版）的组稿审稿；加强协会的能力建设，组织有关协会共同开展协会能力建设课题研究。

在市民政局、市人事局、市社会服务局、市社团局开展的“上海市先进民间组织”评选表彰活动中，上海市集成电路行业协会、上海市信息化培训协会、上海市软件行业协会被评为“上海市先进民间组织”。

社团党建

2006年初，制定了《上海市信息化协会系统2006年党群工作要点》，下发协会系统各级党组织，并开展了以下工作：

1.抓好协会工作党委中心组的学习，指导各协会党组织学习《党章》和学习征文活动

结合“七一”活动，组织召开学党章、庆“七一”交流表彰大会；建立健全“两新”组织的党建长效机制，巩固和扩大先进性教育的成果，切实有效地落实了“回头看”工作；认真组织协会系统各级党组织参加市综合工作党委布置的“两优一先”、市社会工作党委布置的“三优”、市总工会布置的“双爱双评”、市信息委党组布置的“双文明”、“双十佳”、“双争”评选工作，从而使协会系统中一批党组织和个人受到了上级党组织的表彰。同时，在信息化协会系统内组织党的“十七大”代表候选人初步人选的推选工作等。

2.协会工作党委积极指导信息服务业行业协会成立党委

根据市委组织部的统一部署，市信息服务业行业协会被列入全市在民间组织中筹建党委的试点之一。按照市信息委党组领导的要求，协会工作党委开展调研，起草了拟在市信息服务业行业协会成立党委的有关试点的方案，经市信息委党组讨论批准了在市信息服务业行业协会成立党委的决定。市信息服务业行业协会党委自成立后，积极开展各项工作：制定了党委工作规则和近期工作计划；物色和考察了党委委员人选；举办了“两新”组织党建工作研讨以及对所属党支书记进行了业务培训等。

3.运用信息化手段推动党务工作信息化

协会工作党委所属的44个基层党组织都来自“两新”组织，在开展党的活动时存在党员难以集中学习、时间难以保证等困难。为此，协会工作党委在开展有关工作时，考虑到“两新”组织的特点，充分运用信息化手段进行工作布置、学习交流和情况的上传下达等，既快、又能节约成本，很受“两新”党组织的欢迎。

（何　炜）

二、行业（专业）协会发展

上海市软件行业协会

【概况】2006年，上海市软件行业协会在市各主管部门和中国软件行业协会的指导下，遵循“行业代表、行业服务、行业自律、行业协调”的工作宗旨，认真踏实做好服务企业、自律行业、发展产业和积极发挥政府和企业之间桥梁作用等各项工作。

2006年，协会伴随着上海软件产业和软件企业的做大做强而发展成长，新加入协会的会员单位有33家(其中外资企业11家、国营企业1家、民营企业19家、其他2家)。协会在行业和企业中的代表性和影响力不断扩大。

2006年，协会被中国软件行业协会评为全国先进行业协会；被上海市工业经济联合会评为市先进行业协会；获得市民政局颁发的“上海市先进民间组织”奖。

【开展双软认定工作】协会承担了国家信息产业部授权的双软认定工作。2006年，全市共认定软件企业270家，软件产品登记1 146个；完成对全市1 057家软件企业的年审工作，合格率为85.2%；全年经批准的国家规划布局内重点软件企业26家（全国排名第二），组织申报2006年度重点软件企业34家。2006年，协会出版了《上海市软件行业协会五年工作回顾（2001～2005)》。

【协办第28届国际软件工程大会和上海第4届软件外包国际峰会】协会配合市信息委协办2006年第28届国际软件工程大会，协助邀请了华东—长三角地区行业协会及软件企业参加国际软件工程大会，负责组织华东6省4市软件行业协会专场；配合市外经贸委协办上海第4届软件外包国际峰会，协助邀请了华东—长三

角地区行业协会及软件企业参加外包国际峰会，并举办欧美软件外包项目信息发布和投融资专场，为承接欧美软件外包软件项目作了务实性的尝试。

【积极宣传软件企业】 2006年，协会开展评优工作，评选出经营型明星企业21家，出口型明星企业9家，创新型明星企业20家，成长型明星企业8家，优秀软件产品32个；并增加优秀企业家评比活动，评出10位上海软件企业优秀企业家。同时，协会还配合市工商"著名注册商标和优秀产品"的评选活动，为市3家软件企业组织专家对申报企业产品市场占有率进行了论证，并出具了论证意见。

【开展国际合作交流】 2006年，协会积极开展和国外软件企业的合作交流，先后接待了来自法国、英国、加拿大、马来西亚、韩国、日本等地的行业机构与软件企业；开展与中国台湾、香港地区的行业协会和软件企业的交流，并举办了多次中外企业交流会。

【开展的其他活动】 主要有：①协会完成了市科委下达的上海重要产业（行业）领域产学研课题《2006年上海软件企业和软件产品的发展状况与发展趋势分析报告》。②2006年1月，开源专业委员会经市民政局批准成立，现已吸收会员43家。③由协会立项研究完成的《软件开发和服务价格及评估方法》成果在2006年度全国软件行业协会大会上宣读，并已被中国软件行业协会确定在全国行业中推广。（殷丕修）

上海市信息服务业行业协会

【概况】 上海市信息服务业行业协会成立于2001年1月18日，现有会员单位近500家，涵盖了电信、广电、互联网、软件和系统集成等领域。协会根据行业发展的新形势先后成立了6个专业委员会：企业信息化应用推广专委会、网络游戏专委会、社区信息化专业委员会、动漫产业专业委员会、网络教育专业委员会和数字内容专业委员会。信息服务业已成为上海现代服务业六大支柱产业之一。2006年，协会紧紧围绕"服务企业、规范行业、发展产业"工作宗旨，切实增强服务与创新意识，积极履行行业代表、行业自律、行业服务、行业协调职能，充分发挥行业协会的桥梁、纽带作用，在服务企业、服务政府、树立行业品牌、推进产业发展等方面做了大量工作。

【抓机遇、搭平台，推进产业发展】

1.积极参与世博项目申请，促进产业发展

协会专门成立了世博项目申报工作组，充分融合行业资源与力量，积极调动企业积极性，精心组织、协调企业策划并参与世博项目申报。

2.走访区产业园，完成建议报告

信息服务业的发展是发展上海现代服务业的重要组成部分，为贯彻《上海市信息服务产业三年行动纲要》、落实《市级电子信息产业园管理办法》，协会受市信息委产业处委托，对全市各区信息服务和数字内容产业集聚区进行调研，全面了解各区信息产业园的发展现状与重点，并积极帮助有关区结合自身优势，选择并完善产业布局。2006年上半年，协会向市信息委提出了《市信息产业园调研与建议报告》，为辅助市信息委确定和培育市级信息服务产业园等工作发挥了作用；同时协会也积极帮助普陀、张江等地制定发展规划，促进其信息服务产业的发展。下半年，协会抓住机遇，积极筹备并申请组建了数字内容专委会，大力推进数字内容产业的发展。

3.推动产业发展，成立两家中心

2006年7月，协会与信息化发展研究协会、市通信制造协会3家联合成立了上海市信息服务外包发展中心。9月，协会联合上海电信、闸北区政府和市信息培训协会成立了"上海信息服务行业培训中心"，为上海信息服务人才发展提供了保障。

4.调动企业兴趣，举办行业展会

2006年，协会先后组织并策划了"首届长三角城市公共艺术暨动漫产业论坛"、"2006中国国际电子商务展暨论坛"、"2006国际移动娱乐峰会"、"2006年E-learning国际论坛"、"2006上海动漫系列展"、"2006中韩数字内容产业未来发展论坛"及"2006中国数字内容产业(上海)博览会"等10多起旨在促进产业发展的展览与论坛活动。通过这一系列产业展示会与论坛会的举办，让国内外信息服务产业发展现状得到充分展示，让国内外企业家、行业专家能聚集一堂，深入分析产业发展前景。

5.组织出国考察，参与国际交流

2006年，协会组织行业企业单位先后前往澳大利亚、新西兰、日本、韩国和中国香港等国家和地区进行商务学习与考察活动，中国澳门、日本、英国等地区和国家的有关单位也在8月、10月和11月访问了协会，并就信息服务业领域的系列问题进行了密切交流，达成了广泛共识。

【树立行业品牌，提升行业规范】2006年，协会切实加强在树立行业品牌、规范行业发展等方面的服务创新意识与工作执行力度。

1.推动诚信建设，举办三大评选

2006年，协会与市质量协会联合主办了上海市“名牌服务”评选活动，并通过网络网络与平面媒体积极宣传。6月11日，“2005年上海市信息服务行业名优品牌颁奖大会”成功举行。

12月5日，“上海信息集团杯2006数码互动娱乐产业年度评选”正式拉开帷幕。本次年度评选活动吸引了盛大网络、久游网、第九城市等41家知名公司、共84款数码互动娱乐产品参加。

2.制定邮箱文本，成立举报中心

2006年，协会联合市工商局、市民信箱、东方网、上海热线等企业先后于5月16日和8月30日正式出台了《上海市互联网收费电子邮箱服务合同》和《上海市互联网免费电子邮箱文本》，并开展了文本的推广工作。

7月12日，协会联合市新闻办、网宣办等单位成立并开通了“上海市互联网违法违规举报中心”，打击违法、违规和失信行为。协会将联合社会各方面的力量，切实发挥好社会的监督与服务职能，做好政府部门的辅助工作。

3.动员社会各界，参加行业大赛

行业大赛是社会了解行业活动的重要窗口，2006年协会做了多项工作：“2006任我炫富媒体网络广告设计大赛”共吸引3 000多人注册参与；“2006年网通杯第二届全国青少年网页设计大赛”共有3万多人报名参加，选手覆盖全国18个省市自治区、103所院校，在上海更是覆盖了730个社区及100家东方社区信息苑；“公兴杯2006上海老年网页设计大赛”全面提高了上海老年人的文化生活等方面的素质，满足了老年人的精神需求和心理需求；“2006上海市职业技能竞赛决赛”得到了市、区级领导以及集团公司、行业协会、高校领导的高度重视。协会举办行业大赛活动能充分融合社会力量，让普通市民参与信息建设，并受益于信息服务的发展。

【服务企业需求，体现工作宗旨】2006年，协会根据企业发展与自身条件，着重开展了以下几方面的服务工作：

1.推进信息化发展

为了进一步提高上海信息服务业企业的信息化水平，通过协会努力协调和推进，上海现代服务业联合会成立了信息化工作部，并与协会会员服务工作结合办公，实现了企业发展信息共享与互动的合作机制。2006年，协会多次召开信息服务企业与软件企业的洽谈会，并为上海电信ASP平台及商务套餐的推广提供服务，同时就推荐企业信息化服务的单位、项目、产品组织专家进行考察评估，从而降低中小企业信息化成本，提高信息化水平，规避企业发展风险。

2.推动业内交流

2006年，协会先后组织多次产品交流会与会员交流会，如3月网络会员交流会、5月E-learning产品交流会、10月组织新会员入会沙龙会等。另一方面，协会积极组织会员企业参与协会组织的产业论坛与会展活动。信息服务业是知识更新很快的行业，根据企业需求，经常性地举办会员沙龙讲座也成为协会的一项固定栏目。8月，协会举办了“网游安全问题”讲座、“保险经纪知识”讲座以及以《从〈劳动法〉立法趋势看人力资源管理的新课题》、《企业信息产业资产的管理》为主题的知识讲座；10月，举办“在美国上市、投资及经营中如何防范美国劳工法及移民法风险和应对复杂的美国国籍贸易法”的讲座；11月，联合北大纵横管理咨询公司和北京大学管理案例中心举办“企业融资技巧”讲座；同时，首次举办了“如何借助IT力量提升管理能力”为主题的企业高层沙龙活动。

【加强自身建设，完善协会职能】

1.加强民间组织党建工作

2006年2月5日，市社会服务局在协会召开了“民间组织党建工作调研会”，市委副书记王安顺等有关领导30余人参加座谈会并听取了汇报。经市信息委党组批准，协会党委于7月1日成立，该党委是全市4家行业协会党委试点单位之一。

2.举行换届改选，秘书处工作得到调整与加强

协会于2006年1月18日圆满完成了第二届会员大

会和二届一次理事会的换届改选工作，并选举产生了协会新一届领导班子成员。同时，协会为加强内部自身建设，开展了一系列活动：一是4月中旬顺利通过QUALICERT国际服务认证，公开为会员单位服务承诺书，增强了协会秘书处工作的透明度；二是重新修改制定了协会秘书处各项规章制度、管理职责和人员岗位责任制，使工作人员的岗位职责与绩效考核挂钩，人尽其责；三是加强会员服务与管理力量，专门成立会员管理部，明确了会员管理部的职责；四是调整秘书处结构，增加年轻人员，使秘书处的整体素质得到提高；五是树立协会文化理念，不断打造学习型行业协会，积极开展协会秘书处文明单位的争创工作。

（陆　静）

上海市集成电路行业协会

【概况】上海市集成电路行业协会成立于2001年4月19日，是由上海地区从事集成电路设计、制造、封装、测试、智能卡、设备材料和其他直接相关的企事业单位自愿参加并组织起来的、不以营利为目的的行业性社会团体法人。

2006年，协会共发展新会员单位40家，因转产、关闭或两年未交会费自动退会的单位29家。协会下设设计、制造、封装测试、设备材料、智能卡5个专业委员会，并有独立网站，其《集成电路应用》杂志会刊（月刊）以及每月一期的简报及时发布行业信息。截至2006年底，协会共有会员单位356家，其中设计单位158家、芯片制造单位13家、封装测试单位26家、设备及材料单位74家、智能卡单位25家及其他相关单位60家。

【做好产业政策宣传、落实工作，积极为企业服务】

⑴4～6月，协会组织专家组进行集成电路设计企业的认定和年审，上海及周边地区的13家新报的设计企业通过认定评审，76家设计企业通过年审。在认定和年审过程中，为推动设计企业使用正版软件，协会组织了上海集成电路设计研究中心、上海硅知识产权交易中心和中国华大等单位与设计企业进行对口交流，为设计企业提供设计平台的服务。

⑵10月，根据国家发改委、财政部和信息产业部发布的《2006年度集成电路产业研究与开发专项资金申报指南》，协会组织了相关企业申报，经协会转报的企业达10多家。

⑶协会积极组织企业申报各类基金项目。2006年，协会组织3家企业申报信息产业部“2006年度电子发展基金项目”，其中1项获得批准；组织4家企业申报市信息委“2006年度软件与集成电路产业封装专项资金项目”，其中2项获得批准立项。此外，协会还协助市信息委、市经委和市科委等政府主管部门跟踪第二批“科教兴市项目”和第二批“整机与芯片联动项目”的实施。

⑷10月底，国务院法制办下发《软件与集成电路产业发展条例（征求意见稿）》，要求协会提出修改意见。协会组织行业内重点企业进行认真学习和讨论，结合产业的实际情况，对“条例（征求意见稿）”提出了8条以上的修改意见。

⑸协会针对部分设计企业在境外加工制造和境外销售产品的情况，进行全面的调查研究，写出了“关于上海集成电路设计业发展情况”调查报告，系统分析了近几年来上海集成电路设计业发展趋势和产业优惠政策的不完善性，并对改善目前现状提出建议。

⑹年底，协会针对集成电路产业优惠政策迟迟没有出台、企业迫不及待的情况，联合江苏半导体行业协会、浙江半导体行业协会及苏州集成电路行业协会，向国务院集中反映尽早出台新的集成电路优惠政策的重要性和紧迫性。

【开展行业统计分析，及时发布行业发展报告】

⑴协会成立以来，在全面统计的基础上，每年都及时发布行业发展研究报告。根据协会对130余家企业的统计，2006年，上海集成电路产业销售总收入达380亿元，同比增长25.4%，占全国比重的38%左右。

⑵从第三季度开始，协会发布行业季度发展报告。

⑶为推动行业内统计工作做深做细，协会举办了2006年度上海集成电路行业统计工作会议，110家企业的120位企业统计人员参加并交流了统计办法，从而进一步完善了行业统计工作体系。

【积极开展国内外合作交流活动】

⑴协会举办或协办大型行业年会和论坛6次，主要有：2月23～24日，协会与中国半导体行业协会、中国电子信息产业发展研究院联合召开“2006年中国半导体市场年会”。4月19～20日，协会利用召开“协会

二届二次会员大会”之际，举办“集成电路产业链国际合作（上海）论坛”，300家会员单位400人参加论坛。11月23～24日，协会协助中国半导体行业协会集成电路分会举办“2006年中国集成电路产业发展研讨会暨第九届中国半导体行业协会集成电路分会制造年会”。

⑵协会开展国际合作与交流10余次。主要有：3月20～23日，12家德国半导体相关企业和研究机构访沪，协会组织33家会员单位与其进行交流和洽谈。3月23日在上海举行“SEMICON China 2006”期间，协会组织会员单位与华美半导体协会代表团进行对口交流。5月24日，协会与Gartner共同举办“第12届Gartner全球报告会（上海）”。6月19日，协会与复旦大学联合接待美国半导体协会（SIA）“上海之行”，SIA的Scalise博士做了题为“从真空管到纳米管：半导体技术进步与全球经济”的演讲，吸引了上海业界200余人听讲。12月3～4日，随着中国半导体行业协会加入世界半导体理事会（WSC）和组建“环保、安全和健康中国工作组（ESH）”，受中国半导体行业协会委托，协会组织了WSC－EHS工作组与中国半导体行业协会EHS工作组两天的对口交流。此外，协会还开展了与以色列“中国－以色列合作创新组织”和美国半导体协会（SIA）的互访活动。

⑶协会广泛开展国内单位间专业交流和合作：①推动智能卡和电子标签技术的发展方面。1月12日，协会智能卡专业委员会举办“两港一航”集装箱电子标签应用示范展示研讨会，同时积极参予国家电子标签应用标准的制订，积极推动“完成100万只危险化学品气瓶的电子标签标识”项目（2006年市政府第9项实事项目）实施。②开展专业技术及学术交流方面。4月21～23日，协会与国际半导体设备材料协会（SEMI）共同举办“芯片测试技术、失效分析及先进工艺技术研发前瞻”讲座；与复芯微电子咨询有限公司共同举办“IC测试实务专业技术”讲座；与上海出入境检验检疫协会等单位合作，举办“ROHS指令实施与系统解决方案”研讨会等。

⑷多次组织会员单位出访，开拓行业视野。年中，协会组织会员单位高级管理人员和技术人员出访韩国和中国台湾各一次，并组织参观在美国旧金山举办的“SEMICON WEST 2006”。

【积极开展行业培训】协会进一步加强行业培训，建立专职的培训工作委员会，主要开展了以下工作：1月13日，召开“人力资源工作座谈会”，与企业共同商讨人才培训工作；2月24日，召开“设计企业人力资源工作座谈会”，专题研究设计企业的人才流动、人才招聘、人才服务政策等问题；5月25日，成立培训工作委员会；9月9～15日，由信息产业部、人事部组织，承办“全国集成电路产业创新高级研修班”，全国各地包括政府主管部门和企业等40多个单位参加研修班学习；10月27日，和中国人才市场举办“首届长三角地区微电子人才校企供需洽谈会”，推动人才供需双方互动；10月开始，受市信息委委托，协助市信息委开展“653工程”，负责集成电路产业专业技术人员的知识更新培训；与复芯微电子咨询公司合作，聘请中国台湾专家两次赴沪作新技术授课，受到企业的欢迎。

【帮助企业解决具体困难】2月14日，协会陪同市经委电力处、上海电力公司和松江供电分局负责人到台积电（上海）公司就用电问题进行沟通与协商。3月16日，协会召集英特尔、中芯国际、宏力、华虹NEC等企业召开座谈会反映企业用电要求。6月12日，召开“集成电路行业用电节能降耗的设想与措施座谈会”。9月20日，举办“电压暂降和供电质量标准（SEMIF4）的技术研讨会”，并邀请美国专家Alex McEachern作专题报告等。经过协会和供电部门的共同努力，2006年上海集成电路行业基本未受高峰用电的影响。

协会与上海联交所张江分所联合举办“科技企业投融资讲座”，拓展行业投融资新思路，并配合银行向行业内企业贷款。经协会努力，2家企业通过贷款成功解决资金短缺问题。

【推动知识产权工作深入发展】协会除了积极推动设计企业使用正版软件外，于4月25日联合北京北翔知识产权代理公司举办“企业知识产权管理及国外申请知识产权诉讼”讲座，并通过转发“沪地税所二[2006]10号文”，鼓励设计企业申请专利和布图设计登记。2006年，协会下属单位共申请专利444项，申请布图设计登记230项。此外，协会还承担信息产业部及海关总署的“集成电路加工贸易单耗标准”的制订工作。

（集成电路行业协会）

上海市光电子行业协会

【概况】 上海市光电子行业协会（以下简称“光电子协会”）成立于2003年1月18日，是由上海地区从事光电子研究、开发、制造、测试、应用及其相关业务领域的各种所有制形式的企事业单位自愿加入并组织起来的非盈利性社会团体。协会现有会员企业110家，下设3个分支机构——半导体照明专业委员会、平板显示专业委员会及光纤光缆光器件专业委员会，涉及光电子行业各个领域。2006年，协会本着“管理创新、业务创新”的原则，秉承“服务企业、规范行业、发展产业”的宗旨，根据国际、国内光电子行业发展的形势和特点，充分发挥行业协会在协调市场主体利益、提高资源配置效率方面的作用，大力促进国内外、政府与企业、企业与企业之间的联合与交流，以提高协会的公信力和号召力，为上海的光电子行业发展、为科教兴市作贡献。

【积极服务企业，推动产业发展】

1.三个专业委员会积极开展工作

2006年，协会3个专委会的设置与运转，更加明确地凸现了光电子行业的特点，更有效地推进了分门别类的信息、技术的交流研讨。3个专委会分别进行了大量的调研工作，掌握第一手资料。同时，3个专委会还请来诸多国际国内著名专家，相继举办了各具特色的培训讲座。如平板显示专委会举办了“TFT-LCD市场和投资最新动向及背光源市场和技术观察”讲座，光纤光缆光器件专委员会举办了“光纤无源器件国际标准新动态”报告会。

2.抓住世博会机遇，推动上海光电子产业发展

1月17日，协会理事长范滇元院士和秘书长唐国庆向市领导提交了《关于把半导体照明作为世博会主要亮点之一的报告》。报告提出用LED和太阳能电池相结合做整合创新，以此带动上海乃至全国的光电子产业和新材料的发展，这是自2005年协会向世博局提出《将LED照明成为世博一大亮点建议》之后的又一项具体规划实施意见。7月7日，协会召开“为世博献技献策会议”，10家企业和专家参加会议并出谋划策。

3.《半导体照明》一书出版发行

2005年，协会组织专家编写的《LED半导体照明百题问答》一书面世后，受到广泛好评，在此基础上，行业内多名专家又共同编写了《半导体照明》一书，并于2006年3月出版发行，受到全国各大专院校相关专业和相关企业的欢迎。

4.利用中介组织的优势，积极为会员企业作新技术、新产品宣传

6月28日，协会受美国AXT公司之邀，组织召开了LED新的发光材料的产品及技术发布会，到会的业界会员有100多家。8月8日，协会与OSRAM（中国）照明有限公司联合举办了OSRAM公司新产品与技术汇报会。

【组织专家及企业代表，积极参与行业规范、行业自律建设】

⑴ 5月，国家信息产业部电子技术基础管理办公室组建的“半导体照明技术标准工作组”召开第一次工作会议，会议针对上海的半导体照明产业现状，制定“上海市半导体照明行业户外照明光源和外型标准”地方性标准，而协会作为工作组成员之一，负责半导体照明有关专业术语的编写工作。

⑵ 6月，协会作为上海市信息化行业协会《电子信息产品污染控制管理办法》联合推进工作组成员，开展了对《电子信息产品污染控制管理办法》的宣传、企业情况的调研工作。协会选取了有一定代表性的30家企业走访、调查，写出了调研报告，并聘请北京的专家，组织相关企业召开《管理办法》宣贯工作会议。

【本着推动行业发展的原则，做政府与企业间的桥梁】

⑴ 7月中旬，市信息委副主任刘健带领委有关处室的领导来协会调研，听取了秘书长唐国庆关于光电子行业的介绍和产业发展状况，对进一步发展好光电子产业作了指示。9月8日，协会组织中科院上海研究生院、协会副秘书长彭德香以及著名科学家陈应天教授向市信息委副主任刘健和产业处领导作多晶硅和太阳能技术方面的专题报告。

⑵ 8月10日，市委代理书记、市长韩正同志前往普陀区“天地软件园”，对上海光电子产业发展进行专题调研。

⑶ 9月1日，协会会同平板显示专委会与SEMI（中国）上海分公司成功举办了“市信息委、平板显示专委会及成员单位高层第一次联谊会”，与会代表交流了企业的发展现状和今后发展方向，对上海“十一五”期间大力扶持和发展以TFT-LCD为龙头的平板显示产业

达成了共识。

(4) 11月，协会根据市信息委关于“实施信息专业技术人才知识更新工程‘653工程’的实施意见”的会议精神，为推进落实“653工程”，专门成立了“653工程”领导小组，开展了调查摸底工作，以确保2007年有关工作的全面实施。

【拓宽交流渠道，搭建信息平台】 协会充分发挥中介组织的沟通合作、信息交流的作用，2006年，共主办或协办国内外各种交流、研讨活动20多次，使协会真正成为上海国际光电子信息交流互动平台。

(1) 1月12日，印度国家电子代表团来访，双方签订了《友好合作协议书》。

(2) 3月28～30日，协会与世博集团外经贸商务展览有限公司举办了“2006 LED与半导体照明展览会”；与国家半导体照明领导小组办公室同期联合举办的“世博工程半导体照明技术研讨会”同时召开。

(3) 4月26日，协会接待加拿大光电企业考察团，对下属上海大晨光电、上海广电光电子公司等会员单位进行参观访问。

(4) 5月23～26日，协会组织8家企业参加市信息委主办的“上海国际信息化博览会SHANGHAI IT EXPO”。

(5) 6月12～14日，协会受韩国光产业振兴会会长全永福邀请，前往韩国光州LED国家产业基地进行考察，参观了韩国国家研发中心和LG等知名企业。

(6) 9月27～29日，受日本半导体产业新闻的邀请，协会秘书长作为演讲嘉宾参加在日本东京举行的“国际太阳能论坛”，代表上海作了“上海太阳能产业的情况与LED半导体照明”主题报告。

(7) 10月11～14日，协会参加在香港举办的“亚太光电产业联盟会”及“国际光电组织联盟年会”，并参观了同期举行的“香港秋季电子展”。

(8) 11月24～26日，在上海举办了“2006年中国（上海）国际光电子应用展览会”，庄松林院士代表协会致词，FPD专委会协助此次展会一起举办了“21世纪中国光电子产业发展论坛”。

(9) 12月13日，由协会承办的主题为“LED聚焦普陀，点亮未来”的“上海LED半导体研发应用中心”揭牌仪式暨上海LED半导体照明创新与应用论坛在普陀区天地软件园隆重举行。会上颁发了首届“上海LED”应用成果奖。

【健全协会制度，加强自身建设】 2006年，协会成立了平板显示（FPD）、半导体照明（LED）及光纤光缆光器件3个专业委员会，提高了行业协会对不同类型的光电子企业进行针对性的指导、咨询、服务的效果。同时，协会完善各项制度，以制度来规范协会各项工作，2006年成功召开了一届六次理事会和一届五次会员代表大会。

（光电子行业协会）

上海市通信制造业行业协会

【概况】 2006年，上海通信制造业稳定、健康发展，1～12月完成工业总产值341亿元，同比增长2.3%；销售收入342亿元，同比增长3.4%。2006年，协会发展新会员17家，现共有会员单位142家，会员覆盖率约60%。

协会坚持“服务会员单位，代表行业整体利益，协调会员单位及其内外关系，促进上海市通信产业的快速、健康和规范发展”的宗旨，开展各项工作，为促进全市通信产业发展尽心尽力。

【群策群力，推动通信产业发展】

1.促进上海3G产业发展

2006年，协会两次组织召开了“上海第三代移动通信终端产业链发展研讨会”，完成了《上海3G产业发展建议报告》编制工作。为使报告更具行业代表性，协会通过开展调研工作、组织业内资深专家召开多次认证会，在综合研究国内外3G产业发展现状和趋势的基础上，深入分析了上海3G产业的优势与不足、发展机遇和挑战，同时还提出产业发展的指导思想、明确产业发展战略、制订产业发展目标、希望得到政府政策引导等。该报告已于11月底完成编写，为政府有关部门的决策提供了详尽的依据。

随着移动通信产业的不断发展，手机电视被业界公认为未来3G最有发展前景的新业务之一。为了研讨推进DMB技术的发展，促进上海市相关企业之间的合作；2月10日，协会承办的“DMB手机电视项目研讨会”召开。

2.推进通信软件外包产业发展，发起成立“上海市信息服务外包发展中心”

协会与上海信息化发展研究协会、市信息服务业行业协会共同筹建的“上海市信息服务外包发展中心”

于4月正式成立。该中心承接了境外软件外包的系列业务，为上海的软件企业和研发机构提供了软件出口的有利通道，受到了企业的一致欢迎。该中心成立以来，已经在业务和项目申请方面开展了一系列工作。

3.促进IPv6产业发展，成立IPv6专委会

由上海亿人通信终端有限公司牵头，13家企业联合发起成立的IPv6专业委员会在协会的支持与协助下，于4月29日完成申请程序，并得到了市社团局的批复，前期筹备工作已一切就绪，专委会成立大会计划于2007年1月10日召开。

【密切联系企业，做好服务工作】

1.规范行业，联合企业组织制定标准

2006年，定位导航专业委员会编写的企业标准——《车载卫星定位自主导航终端技术条件和试验方法》通过了专家验收，完成并对外公布。现专委会正积极宣传，使该标准在全市或全国进行推广。同时，协会商用信息终端专委会组织企业制订的《上海市税控收款机应用服务规范》将于2007年完成编制工作。

2.服务行业，组织企业申报世博会信息基础设施项目

7月，协会发动包括专委会在内的全体工作人员积极联系会员单位申报为世博服务的通信网络信息基础设施项目，经汇总整理后，协会负责公共信息服务平台、交通车辆管理、突发事件应急处置、通信网络共四大子系统的项目建议书的撰写。在专家的指导及企业的配合下，通过调研，于9月底按时完成项目建议书。

3.推动产业发展，积极帮助企业获得政府政策的支持

协会积极帮助和指导会员企业获得产业政策支持的项目申报工作；积极为会员单位提供信息服务，鼓励上海乐通电信设备有限公司参加上海市技术监督局名牌产品办公室"2006年上海市名牌产品"的评选，对于提升企业知名度起到很好的宣传作用；为上海致达数字设备股份有限公司申报"2006年度信息产业重大技术发明"项目"食用农副产品质量安全信息平台"出具推荐意见。

4.积极为企业排忧解难

协会理事单位明基电通（上海浦东）有限公司由于注册在出口加工区，而区内的企业无法在国内直接进行销售，所以手机的售后服务受到了限制。7月，公司向协会提出援助请求，协会接到书面请求后，即与浦东新区政府领导反映。新区政府非常重视，连续两次调研浦东地区的企业，把企业提出的问题汇总后向中央递交了建议报告；9月23日，国家9部委联合到浦东金桥进行调研，调研结果还在跟踪之中。

【推进产业链合作，做好展会工作】

1.组织企业参加"第二届中国商品展（2006沙特吉达）"

2006年1月，协会配合政府组织企业参加"第二届中国商品展（2006沙特吉达）"的招展工作，并最终承担了信息展中的22个展位。协会从招展到出展，经过长达半年之久的艰苦协调，最终于6月12日成功出展。

2.主办"第二届上海国际手机及零部件展览会暨3G应用研讨会"

由协会、浦东新区移动通信协会主办的"第二届上海国际手机及零部件展览会暨3G应用研讨会"于3月1～3日在上海国际会议中心顺利召开，近百家企业参展。此次展览会的参观人数达1 573人次，其中国内观众95.2%、国外观众3.5%、港澳台观众1.3%。在为期一天半的"手机3G应用研讨会"中，协会分别邀请到市信息委、浦东移动通信协会、上海贝尔阿尔卡特股份有限公司、北京诺盛电信咨询、水清木华研究中心、明基逐鹿软件有限公司、安捷伦科技软件有限公司、3M中国有限公司等在手机产业与市场、供应链、产品技术方面的专家，针对当前的手机产业链构建与未来发展趋势作深度探讨。

3.独立承办"2006中国国际信息通信展览会—上海通信产业展区"

5月23～26日，"2006中国国际信息通信展览会"在上海光大会展中心举行，协会组织企业搭建了"上海通信产业"展区。该展区共180平方米，由上海大唐移动通信设备有限公司、展讯通信有限公司、凯明信息科技股份有限公司、上海科泰世纪科技有限公司、英华达（上海）电子有限公司、智多微电子（上海）有限公司、龙旗控股有限公司、上海明波通信技术有限公司、上海博达数据通信有限公司9家企业组成，集中展示了新一代移动通信、芯片设计、下一代网络等最新科技成果，充分展示出上海通信产业发展的风貌。

4.组团参加"2006年捷克布尔诺国际信息通讯技术及消费类电子产品展览会"

10月9～13日，受上海国际贸易促进委员会的邀请，协会组织上海大唐与上海邮通共同参加“2006年捷克布尔诺国际信息通讯技术及消费类电子产品展览会”。这是协会成立以来第一次以协会的名义走出国门参加此类大型展览会。

5.组织企业参加“第三届中国—东盟博览会”

10月31日～11月3日，“第三届中国—东盟博览会”在广西南宁举行。协会组织数家企业参与，并布置了150平方米的展位。该展会突出以“上海信息馆”(上海电信、慎源数码、方正科技)信息化的增值业务、高科技品牌的创新产业在东盟亮相，吸引了无数国内外嘉宾的关注。通过展示会，使上海企业代表的高科技品牌在东盟得到了宣传，同时促进了高科技产品产业走向国际化。

【走访企业，加强与会员单位的沟通】 7～9月，协会工作人员走访了近70家企业。之前，协会工作人员与企业联络员都是通过电话沟通，此次借送会员证的机会，与企业联络员有了面对面的交流、沟通，加强了协会联络员制度的稳固，了解到企业实际情况。对企业反映的困难，协会工作人员及时作了处理；遇到涉及国家政策的瓶颈共性问题，及时向政府有关部门反映，并把最新信息及时反馈给企业；对企业取得的新成绩，协会通过网站和简报进行宣传。

（通信制造业行业协会）

上海市信息家电行业协会

【概况】 2006年，协会本着“服务企业、发展产业、规范行业”的宗旨，围绕“数字电视”与“数字家庭”两大潜力产业，一方面努力构建有利于发展的产业链，另一方面积极制订相关标准，推动产业规模化生产；并通过举办论坛、举行展览、组织评选强化各企业对两大领域发展趋势的共识，在同进中共赢。同年，协会组织安排多次各类培训班，为企业增强人才实力创造条件。协会还与苏州、太仓等地建立良好的合作关系，有了实质性的工作起步。

【编写行业发展报告】 2006年，协会通过广泛深入的调研，走访相关企业，与对口人员进行详尽的访谈，了解第一手信息，并从多种渠道查阅相关资料，在会员企业的通力协作下，协会按期、按质完成了2005年上海信息化行业发展报告（蓝皮书）“信息家电产业”部分。

【组织制订技术标准】 2006年，协会完成了《数字电视接收机条件接收智能卡机卡分离技术规范》(第1部分DTV-SCAI技术规范和第2部分DTV-SCAI测试规范)、《网络电视接收器（IPTV机顶盒）通用规范》和《家庭网络信息互联接入技术规范》3个标准的制订工作。这些标准的制订、发布，为规范行业、发展产业、服务企业起到了积极的作用。

【承办“2006上海国际信息家电及数码产品展”】 5月23～26日“第三届上海国际信息化博览会”期间，协会与东方国际集团广告展览有限公司携手，联合承办了上海国际信息技术应用展览会的重要分支——“上海国际信息家电及数码产品展”。在会员企业的支持与协作下，展览达到了预期效果。

【举办“数字家庭技术与产业发展论坛”】 为进一步交流数字家庭技术的最新发展成果和国际发展趋势，探讨适合中国国情的数字家庭产业化、市场化发展道路，促进家庭数字科技发展成果的社会共享，协会联合上海广电（集团）有限公司等单位，于5月24日“第三届上海国际信息化博览会”期间举办了“数字家庭技术与产业发展论坛”，业内50余家单位的80多名代表参加了论坛会议。

【继续推进数字电视发展】

1.有效推进“机卡分离数字机顶盒（智能卡）”项目进程

协会完成了有关标准的制订工作，并已上报国家信息产业部数字电视接收机智能卡条件接收端口(SCAI)技术规范工作组申请行业标准；完成了数字电视机卡分离技术在金山石化有线网上的运营实验，并于10月18日现场测试中通过了专家鉴定。数字电视机卡分离机顶盒于11月初通过了市技监局测试研究院按照智能卡机卡分离数字电视接收机测试大纲进行的测试。在数字电视接收机智能卡条件接收接口规范申请行业标准被批准前，受联盟委托，协会先将此标准向市技监局备案成为联合企业标准（此标准已于11月14日完成审定和上海市备案）。

2.召开“共谋高清电视产业发展之路”座谈会

1月1日，上海"新视觉"高清电视节目正式开播，标志着上海数字电视的发展跨入了一个新阶段。为推动彩电行业的进一步发展，协会于6月6日召开了"共谋高清电视产业发展之路"座谈会，来自广电销售、数源科技、夏普商贸、松下电器等中外彩电企业的代表参加。

3.举办"平板彩电群英互擂活动"

为推进中国高清电视产业发展，促进市场健康繁荣，协会携同市信息系统质量技术协会和上海商务中心家电城市场经营管理有限公司，借助上海彩电节与质量月的平台联合举办了"平板彩电群英互擂活动"。

【积极推进《电子信息产品污染控制管理办法》宣贯工作】

1.召开宣贯会议

为使企业全面了解欧盟指令有关情况以及中国政府的应对措施，积极贯彻《电子信息产品污染防治管理办法》(以下简称《管理办法》)，及时制订应对方案，协会于1月12日召开"宣传贯彻信息产业部《管理办法》会议"，信息家电行业协会30多家会员单位参加。会议内容包括解读《管理办法》、如何切实贯彻《管理办法》以及怎样进行绿色环保电子电气产品检测等。

2.举办免费培训班

3月31日及4月18～19日，协会为上海广电电器有限公司及上海广电平面显示有限公司举办了3期关于"积极应对欧盟RoHS&WEEE双指令，为企业提供解决方案"的免费培训。协会本着为会员单位服务的宗旨，利用协会优势，制订推进方案，帮助会员单位应对欧盟指令。同时，协会还邀请相关权威机构专家对法规的要点及企业所关心的问题进行讲解，以最通俗易懂的讲解，帮助企业快速领悟标准的要点和测试方法及手段。

3.成立联合推进工作组，着手相关调研

7月，协会牵头，联合市通信制造业行业协会、市集成电路行业协会、市光电子行业协会等成立了贯彻《管理办法》联合推进工作组，并继而联合了市计算机行业协会、市仪器仪表行业协会对全市相关行业的企业进行了"电子信息产品污染控制管理"调研。12月12日，召开调研总结会。

4.及时提供会员单位最新信息

联合推进工作组分别于5月8～10日、8月29～31日参加了信息产业部举办的关于《管理办法》及《标准》的培训。每一次培训回来，协会都及时将最新信息传达到会员单位。11月24日，中国电子质量管理协会在上海举办"污染防治英雄论坛"，联合推进工作组成员积极组织会员单位参加会议，了解标准最新进展情况。

【落实上海市信息专业技术人才知识更新工程("653工程")】为配合"653工程"，协会成立了上海市信息家电行业协会"653工程"推进工作小组及"653工程"专家指导组，并着手行业调研，以期在摸清企业技术人才的现状及"653工程"的意见建议基础上，有的放矢地开展针对性的培训工作，更好地满足企业需求。2006年，信息家电行业的职业岗位目录(初稿)已编制完成，培训计划和课程设置、教学大纲、教材、试题等内容的编写工作也已启动。

【发挥协会优势，贴近会员需求，积极开展培训】2006年，协会根据行业发展的现实需求，积极组织展开面向行业的各种职业、技术、管理培训，取得了积极成效，受到会员单位的欢迎。

1.携手共进，共同搭建职业培训平台

为贯彻《国务院关于大力发展职业教育的决定》(国发[2005]35号)文件精神，加强对行业技术工人的职业技能培训，推动职业技能鉴定工作，协会和市信息系统质量技术协会于2005年底共同组建成立了职业技能鉴定站。2006年，鉴定站依托协会优势，注重职业培训和职业鉴定质量，培养了近10名国家职业技能鉴定资格考评员；并通过对信息家电行业部分企业(如海尔、SVA、LG、夏普、JVC等)员工培训状况的调研，结合企业的产品生产和加工特点，制定了一套顺应企业需求、保证教育质量的、实用的企业员工职业技能培训和鉴定标准。全年，鉴定站已为海尔、SVA等品牌企业举办了14期涉及家用电子产品维修(制热、制冷、家用电器等)、无线电调试、无线电装接等工种的职业技能培训和鉴定班，参加人数达600余人，经严格考核，有500位学员取得了相应的职业等级证书(其中中级工224人)，并为其建立了合格人员档案。

2.紧贴市场，架起企业与学校的桥梁

2006年，协会与上海新侨职业技术学院联手培训了三批大二、大三无线电通信专业的近300名学生，经过无线电调试和无线电装接工的应知应会考核后，271人取得了相应的等级证书。

【努力搭建行业交流合作平台，拓展与长三角地区的业务往来】协会以《管理办法》的贯彻实施为切入点，多点位地开展与长三角地区相关行业的信息互补、资源共享与互助协作，对促进区域信息化建设和发展起到积极作用。

1.信息互传、业务互往

协会自2005年底与苏州市政府有关部门和苏州电子信息行业协会建立合作关系后，即于2006年伊始进入实质性的信息互传、业务互往阶段。两家协会互赠每月出版的会刊《信息家电》及《苏州电子信息》，拓展彼此的信息视野，协会还将编辑出版的《数字电视知识手册》及《高端彩电知识手册》赠与苏州电子信息行业协会及其主要会员单位，受到苏州同行的欢迎。10月19日，受苏州市政府有关部门的邀请，协会组织部分会员单位前往苏州参观苏州市电子博览会。10月，成立的《管理办法》联合推进工作组开展行业调研，苏州电子信息行业协会积极参与此次活动，在苏州地区的电子信息行业中同步开展调研，并将调研数据汇集到上海，丰富和充实了调研内容，为真实反映企业宣贯《管理办法》现状奠定了基础。

2.加强紧密的合作交流

在开展电子信息产品污染控制宣传工作过程中，通过苏州电子信息行业协会的介绍，协会与苏州市塑胶化工行业协会建立了良好的合作关系，双方商定将协会网站作为华东塑化国际网的链接网站。8月14日，苏州市塑化协会秘书长、副会长等一行专程来上海，与协会一起探讨塑胶化工行业如何在贯彻《管理办法》中开展产品的有毒有害物质的控制工作，并签订了《苏州市塑胶化工行业协会与上海市信息家电行业协会合作建议》。根据《合作建议》，双方合作举办了应对欧盟RoHS指令和WEEE指令的培训，以及《管理办法》的宣贯活动及相关培训；就如何管控电子信息产品包装材料中含有限制使用的多溴联苯及多溴二苯醚等有毒有害物质，举行了专门的培训和交流。11月25日，华东塑化产业峰会在华东塑化城举行，协会组织相关会员单位参加了此次峰会，凭借两地协会搭建的交流平台，共同探讨在互惠互利前提下的全方位合作前景。

3.联合开展职业技术培训

协会通过与苏州电子信息行业协会及时交流沟通国家有关新增职业岗位、职业技能鉴定范围、新增职业培训标准等政策以及两地政府有关政策信息，使两家协会在职业技能培训方面与信息产业部、国家劳动总局的有关政策保持一致。6月，上海市信息家电行业协会、上海市信息系统质量技术协会、苏州市电子信息行业协会和苏州市生产力促进中心签订了“合作意向书”，共同开展技术培训活动。协会充分发挥其作为信产部电子行业职业技能鉴定指导中心二级鉴定机构的优势，在苏州市电子信息行业协会和苏州市生产力促进中心建立“苏州地区电子信息系统职业技能培训基地”。2006年，双方联手在“培训基地”为苏州地区培养了8名国家注册职业技能考评员。

（信息家电行业协会）

上海市电子商务行业协会

【概况】上海市电子商务行业协会现有会员单位318个，下设1个中心、1个专委会以及4个部门。2006年，协会以“服务、自律、代表、协调”为宗旨，以发挥政府部门和会员企业之间信息沟通的桥梁作用为己任，在服务交流、诚信建设、项目推进和内部建设四大方面开展了一系列工作，为推动上海电子商务的健康、快速发展而努力。

【开展会员服务，加强交流合作】2006年，协会对月刊进行了改版，组织了多次会员活动，接待了各类来访，参与组织了国际、国内展览会各一个，以及国际、国内论坛各两个。在会员服务和交流合作两方面，主要做了以下工作：

1.为会员单位提供各方面服务

协会每月定期向会员单位和各政府部门领导发放协会简讯，并于10月对月刊进行了改版，以提升其质量；通过组织会员参与“上海服务商标推展活动”、南京交流考察活动、中秋茶话会等活动，为会员单位提供沟通交流的机会和宣传推广的平台。

2.积极参与国际、国内交流合作

协会接待了黑龙江省电子商务协会、日本瑞穗实业银行、上海现代服务业联合会、上海电视台新闻综合频道“七分之一”栏目以及加拿大全球酒类网上销售公司等的到访；参与协办了5月23～26日举行的“第三届上海国际信息化博览会暨2006中国国际电子商务、电子政务展览会”，以及其中两项重要的主题活动，即“2006中国国际电子商务论坛”和“电子商务法律圆桌会议”，得到了与会专业人士的一致好评；在10月18～19日举行的亚太地区城市信息化论坛第六届年会中，协办了“现代物流公共信息服务平台建设与应用研讨会”和“有线电视发展论坛”，获得了“特别荣誉奖”；协会还参与承办了11月28～29日在北京召开的“2006中国信息化推进大会信息化成果展”上海展区的组织工作，组织了包括协会会员单位亿通国际、银联在内的6家企事业单位参加，并获得了“最佳展台设计奖”。

【营造诚信交易，建立网上自律】2006年，协会投诉服务中心进一步发挥了协会在专业领域的作用，开展了电子商务投诉服务工作；同时为促进虹口北外滩开业园区网上创业基地的健康发展，拓展投诉受理渠道，协会应邀在园区设立虹口工作站；为探索建立上海市电子商务投诉服务的长效工作机制，协会组织开展了上海市电子商务投诉服务系统建设工作。

【参与各类项目，推动行业发展】2006年，协会主要通过推进行业统计和组织行业竞赛等项目，进一步推动上海电子商务行业的发展。

1.努力推进行业统计工作

协会协助市统计局完成了2005年度和2006年度上半年上海市电子商务企业经营情况统计年报工作，并编撰了《2005年度上海市电子商务企业经营情况统计报告》，进一步规范了全市电子商务统计工作。经与市统计局联络磋商，协会改进调整后的2006年度“上海市电子商务企业经营情况”统计表格式与内容制订；协会与全市范围内从事电子商务的近千家企业取得联系，使统计企业数量比2005年有了大幅度提高。为探索建立全市电子商务统计的长效工作机制，提高统计工作效率，协会还制定了以网上直报和填报纸质统计报表相结合的方式来实施统计的方案和计划。

2.继续组织开展电子商务职业技能竞赛

2006年，协会受上海市职业技能竞赛组委会办公室的委托，全面开展2006年上海市电子商务职业技能竞赛的组织、宣传、发动、实施工作，并且增加了撰写创新方案，进行现场演示、答辩等环节。协会作为第二届中国电子商务大赛上海赛区的协办单位，配合市劳动局完成了初赛阶段的选手咨询和赛场安排，以及选拔赛阶段的报名、组织、评审和选拔等工作。

【加强内部建设，提高整体素质】对于协会内部建设，协会秘书处在加强自身建设的同时，全面开展党、团工作，不断提高协会员工的业务素养和政治觉悟。协会党支部根据协会系统工作党委要求，进一步加强协会建设和推进两新经济组织党建工作，通过加强党员教育管理、正常党员组织生活、开展“凝聚、关爱”活动、加强积极分子教育培养工作。协会团支部坚持“党建带团建”的原则，巩固增强团员意识主题教育活动成果。（电子商务行业协会）

上海市信息安全行业协会

【概况】上海市信息安全行业协会成立于2003年6月6日，现有会员78家，下设商用密码专业委员会。2006年，协会结合上海市国民经济和社会信息化“十一五”规划目标，围绕“服务”这一中心工作，继续为会员、为社会、为政府提供优质服务，在政府与会员、会员与用户、会员与会员之间发挥好桥梁、纽带作用，并努力以此为契机，使企业做大做强。同时，协会进一步发挥“服务企业、规范行业、发展产业”的作用，积极促进上海信息安全产业发展。

【开展有关信息安全的培训工作】2006年初，协会在市网安办的指导下，与上海交通大学信息安全工程学院、上海市八六三信息安全产业化基地公司合作，成立了上海市信息安全培训服务中心。该中心主要开展信息安全的实务培训工作。

为满足社会对信息安全人才的需求，协会积极组织人员参与全市信息专业人才知识更新工程（“653工程”）的实施工作，与政府有关部门进行协调，承担有关信息安全应急预案、数字证书应用和风险评估的培训课程工作，并配备人员，组织有关单位编写教育大纲、教材、考纲和题库等，为2007年的培训做好充分的准备工作。

同年，协会举办了以全市各区县信息委为主要对象的“信息安全应急预案培训班”；配合商用密码专业委员会，举办了以商用密码产品销售单位为主要对象的“商用密码岗位培训班”。

【加强信息安全的标准化工作】协会根据中办发[2003]27号文的精神，加强了信息安全相关标准的研究工作，并积极开展了有关信息安全标准的制订工作。协会承担了《计算机硬盘数据司法鉴定技术要求》的研究工作，并组织专家制定了属于联合企业标准的《计算机硬盘数据司法鉴定技术要求》。该课题历经一年多时间，现已经在技监部门备案。该项目还受到市信息委、市司法鉴定管理部门和市质量技监局的高度重视，已被列入2007年上海地方标准计划，并正式向国家推荐申请成为国家标准项目。2006年，协会下属的商用密码专业委员会提出了承担研究制订《商用密码安全服务中间件的接口规范(系列)》的申请，在上海市国家密码管理委员会办公室支持下，现已获得国家密码管理局的批准。

（信息安全行业协会）

上海市信用服务行业协会

【概况】上海市信用服务行业协会成立于2005年6月，现有会员单位38家，业务范围涵盖了资信评级、商业征信（或称企业征信）、个人征信、信用管理、信用担保、信用保险、保理等领域。2006年，协会在市信息委、征信办的指导下，在全体理事和会员单位的支持下，本着“服务企业、规范行业、发展产业”的工作要求，按照“打好基础，扎实推进，讲求实效，注重协调”的基本原则，积极探索和履行行业“代表、自律、服务、协调”的职能，推进上海信用服务业健康、快速、协调发展。

【积极协调，发挥政府与机构之间的桥梁作用】协会自成立以来，根据“为会员、为全行业和社会服务、积极主动协助政府工作”的既定方针，始终将与政府、信用服务机构的协调沟通作为工作重点，注意将党和政府的声音及时传递给业内机构。2006年4月，市社会诚信体系建设联席会议举行2006年第一次全体(扩大)会议，宣布了“十一五”上海社会诚信体系建设的总体目标以及2006年市社会诚信体系建设的工作要点等，协会都及时通过简报向各个机构进行了宣传。对政府主管部门在推进行业规范建设方面的要求及相关举措，协会能及时在业内进行宣讲，并结合协会实际工作积极响应。同时，协会也把业内机构的主流意见建议汇总传递给政府主管部门。

【有效互动，热情参与社会诚信建设活动】2006年，协会与市创业投资行业协会共同举办了“创业投资与信用管理”沙龙活动；与市征信办、上海紧缺人才服务中心共同开展了由公开讲座、培训、咨询等形式组成的信用管理知识系列宣传活动，并通过协会网站将有关的活动内容在首页显著位置予以告示，扩大了对诚信建设活动的宣传；组织、遴选专业信用服务机构参与上海市工商业联合会开展的行业诚信体系建设咨询和评估活动。

【整合资源，积极主动为业内机构提供服务】2006年，协会开展的主要工作有：开通协会网站，与协会会员单位的网站链接，加快行业信息传输，加强与各单位的交流；及时报道会员单位的业务创新和市场开拓成果；积极走访业内机构，了解基本状况，掌握业内动态，协助调解业内机构间矛盾；参与组织《上海信用服务行业统计指标体系》、《上海信用服务行业发展白皮书》、《行业发展纲要研究》、《行业规范和自律研究》、《从业人员专业技术水平认证研究》、《企业集团评价基准性标准研究》等多项课题的调研。

【自我监督，积极推进行业自律工作】加强行业自律既是法律法规赋予行业协会的职责，也是行业协会发展的基础，2006年，协会开展《行业规范和自律研究》课题调研，撰写了《上海市信用服务行业自律公约(试行)》、《上海市信用服务行业从业人员职业道德规范(试行)》。在协会的一届二次理事会上，全体理事对两个文件进行了认真的审议并原则同意，并在市信用服务行业协会第一届第二次会员大会上，全票通过了这两个文件，为进行有效的行业自律奠定了基础。

（信用服务行业协会）

上海市无线电协会

【概况】上海市无线电协会成立于2003年，是由无线电管理研究、设计、生产及运用单位自愿组成的上海地区无线电业的专业性、非盈利性社会团体。2006年，协会以服务会员单位、推动无线电行业有序发展为已任，积极参与相关规范的制订工作，推动诚信体系建设，组织业内专项课题培训，取得良好效果。协会党支部于6月11日正式成立，现有党员7名。协会现有会员140家，同比增长了30%。

【抓好培训工作，普及无线电管理及业务知识】为进一步规范和加强上海市无线电管理工作，提高办事效率，普及无线电管理政策法规和无线电通信知识，共享先进理念和先进技术，2006年，协会开展了“无线电管理专管员”、“室内覆盖与再传输技术”、“无线电发射设备销售及使用”、“合法使用对讲机”等各类培训班共8期，累计培训300人次；其中，147人获得上海紧缺人才办公室颁发的“无线电管理专管员（中级）”岗位资格证书。

【深化诚信体系建设】

1.“销售无线电发射设备—规范企业”和“无线电频率使用规范企业”诚信建设活动

为营造“依法销售、合法使用”的氛围，协会于2005年先后推出“销售无线电发射设备—规范企业”和“无线电频率使用规范企业”诚信建设活动。2006年，协会继续推动诚信建设工作向前发展，规范和指导企业的市场活动，完成对规范企业的年检工作。上海现有“销售无线电发射设备销售-规范企业”31家；“无线电频率使用-规范企业”16家。经过一年多的市场整顿，对讲机销售市场的混乱情况大有改观，各销售商家已将非法机器撤离柜台，许多机器已向国家无线电委员会申请了型号核准。

2.“公用频率对讲机销售一条龙办理电台执照、代收频占费”服务工作

诚信体系建设在扩大覆盖面的同时，进一步朝纵深发展。为适应国民经济和社会发展的需要，保护国家无线电频率资源合法使用，方便用户办理电台执照，协会推出公用频率对讲机销售一条龙办理电台执照、代收频占费服务。协会以销售现场设点的办法为用户提供一条龙办理电台执照服务，以协议形式委托无线电发射设备销售企业在销售现场代收频占费，现共有28家单位成为现场设点销售企业。此项工作于2006年6月正式开展，截至年底，已有1 180台机器通过现场办证方式完成了执照办理工作，占全市对讲机执照办理总量的39.3%。

3.“公用移动通信室内信号覆盖分布系统集成企业”推荐活动

2005年，协会受市无管局委托，组织制定了《移动通信室内信号覆盖分布系统管理办法》。该办法分4部分，即：公用移动通信室内信号覆盖分布系统集成商入围及管理暂行办法；公用移动通信室内信号覆盖分布系统运维管理的暂行办法；公用移动通信室内信号覆盖分布系统的验收规范；上海市制定公用移动通信集约化无线室内覆盖分布系统租赁费政策论证意见。其中，办法一、办法二由协会作为管理主体，以行业自律、推优来实施。2006年，协会推荐评审工作正式开展，首批共有9家企业获得“集成推荐企业”称号，6家企业获得“代维推荐企业”称号。

4.“无线电固定台（站）通信网络技术设计资质”评审及年检工作

2006年，协会继续开展“无线电固定台（站）通信网络技术设计资质单位”评审工作，已有34家单位获得“无线电固定台（站）通信网络技术设计资质”。为保证资质的含金量，协会每年对获得资质的单位进行年检，对企业实行有效监督。

【接受各方委托，制订相关规范】

1.参与制订《上海市公用移动通信室外基站设置机房租赁规范》

为规范全市公用移动通信基站设置机房的租赁费用，维护移动通信经营者和基站机房所用建筑物产权人或其他权利人的利益，保障基站的合理设置，2006年，协会受各电信运营商委托，会同市房地资源局、市工商局、市物价局成立《上海市公用移动通信室外基站设置机房租赁规范》项目研究小组，对该问题进行调研。协会进行了房屋租赁样本的选点和评估工作，委托上海城市房地产估价有限公司出具了权威评估报告。经过项目组全体成员的努力，《上海市公用移动通信基站设置房屋租赁合同》示范文本已经形成，将由市信息委、市无管局、市房地资源局等联合发布，届时“关于《上海市公用移动通信基站设置房屋租赁合同》使用的通知”也将一同发布。

2.参与编制《无线电频率使用评价指标体系》

随着无线电通信事业突飞猛进，中国无线电频率资源紧张的状况日益突出，一方面擅自设置使用无线电台的行为、擅自转让指配频率、擅自变更工作频率和发射功率等技术参数的问题不断发生，另一方面存在一些闲置不用或利用效率不高的频率。因此，有必要制订《无线电频率使用评价指标体系》。2006年，市信息委批准了《2006年上海市信息化标准编制计划》项

目。经过协会以及市无线电监测站的共同努力，协会已完成“指标体系”的编制工作，将进行专家评审。

3.参与其他规范的制订

(1)2005年的研究成果“公用移动通信室内信号覆盖分布系统租赁规范”由协会正式向市物价局提出申请，并被列入上海市公共物价管理文件。该申请已获得市物价局批准，并于2006年6月1日起开始实施，试行期限为两年。

(2)协会参与编写的《上海市工程建设规范移动通信室内信号覆盖分布系统设计与验收规范》已通过审核，由市建委正式颁布实施，并于2006年3月1日起开始实施。

(3)协会参与的《集约化通信局房设计规范》项目正式被列入市建委《上海市工程建设地方标准》，并已通过专家评审，将于2007年初实施。

(4)2006年，协会受上海文广新闻传媒集团（SMG）委托，调研长三角地区电视用频规划。协会通过与江苏、浙江等地相关单位联络，现已完成调研报告。

【积极做好宣传、专题研讨工作】2006年，协会继续做好协会网站的运营工作，及时报导协会动态，并通过网站为会员单位做好宣传服务；7月24日起，协会在《上海商报》开辟了无线电科普专栏，每周二刊登文章，普及宣传无线电管理及业务知识；完成市信息委协会指导办组织的《2005年上海信息化行业发展报告》相关部分的编写工作。

此外，为总结推广上海近年来在集约化建设中取得的经验，协会与出版社合作，整理出版《移动通信多系统室内综合覆盖》一书，并被列为2007年度重点出版书目之一。

【加强自身建设，提高管理水平】为提高协会管理水平，提高运作能力，持续为会员提供优质服务，2006年10月，协会参与了ISO9001质量体系认证申请工作，接受上海百嘉技术咨询有限公司的指导，目前正在按ISO9001系列要求对协会工作予以规范，计划于2007年底通过ISO9001质量认证。（无线电协会）

上海市信息化培训协会

【概况】上海市信息化培训协会成立于2003年，现有会员单位168家，包括大专院校（下属学院）、社会力量办学机构、中外合作培训机构、国内外IT企业和职业学校等各类信息化培训机构。

2006年，协会以推动全市信息化培训为目标，深入开展调研和统计，服务会员和政府，开发项目；加强管理，多方合作谋求发展，营造信息化培训的良好而有序的市场环境，各项工作逐步深入并取得了多项成果。协会在年初获得了市民政局、市人事局等联合授予的“上海市先进民间组织”称号。

【开展调研和统计，深入掌握行业最新信息】为了能使政府主管部门和培训机构了解掌握全市信息化培训现状，协会多次组织有关单位对全市信息化培训机构和颁发的培训证书情况进行调研、整理，形成了“上海信息化培训机构现状调研报告”和“上海信息化培训项目及证书状况调研报告”。

【探索信息化人才培训之路】(1)协会承担了上海市信息化“十一五”发展规划中“信息人才培训培养体系研究”的课题调研。组织有关方面一起研讨，使课题顺利完成并通过市信息委的评审验收。(2)协会与上海交通大学安泰管理学院共同就“上海市社区信息化应用服务保障体系（信息社工）”课题开展调研。课题对全市社区信息化应用服务现状及需求进行分析，提出了建立家庭信息化服务保障体系，并探讨了建设运作模式。(3)为响应国家人事部发出的实施专业技术人才知识更新工程（“653工程”）的号召，协会承担了上海市“信息专业技术人才知识更新工程课程认定规范”和“信息专业技术人才知识更新工程培训机构认定规范”的编制任务。

【搭建平台，多方合作，谋求发展】(1)加强服务功能是2006年协会工作的一个重点，协会参与上海市信息化博览会并组织专项论坛，设立了信息化培训展区，近百余名会员单位的人员参加了论坛。(2)开展国内外信息化培训的合作与交流，了解国际信息化人才的需求动向，帮助和组织会员有计划、有目标地开展相应的国际合作培训，一直是协会一项很重要的工作内容。2006年，协会与日本NEC信息系统（中国）有限公司就人才培训等进行了广泛交流，就在内容和方式上建立长期合作关系达成了共识。

【参与项目管理和开发，为信息化培训服务】⑴经市信息委和市人事局的共同努力，国内第一个信息技术管理职业资格认证考试2006年继续运行。协会参与了相关教材的编写、考试培训及师资培训等组织工作。至年底，分别有415、406、47人获得了初级、中级和高级职业资格证书。⑵协会发挥优势，组织会员不断开发新的课程。协会提出“信息社工”的概念，开发了“信息社工”的培训课程，在家庭信息化应用方面发挥了积极的作用。⑶协会为市委组织部在全国率先开设的“干部在线学习城”提供培训课件，将办公应用、网络应用和电子政务等课目分解成若干培训模块，委托专家编写成教材，供各级党政领导在线学习使用。⑷协会在上海信息服务外包人才的培训课程体系建设和人才测试、中介等方面开展探索，已初步开发了7个信息服务外包课程。在此基础上，协会正在分别与印度、日本等国家的相关机构商议合作开发新的培训课程。⑸协会开发了数个新的培训项目，并申请成为市紧缺办的培训认证项目，其中包括“信息化规划师”、“移动通信应用软件开发”、“无线电管理专管员”、“新一代互联网”以及“智能交通信息系统”等。⑹协会于3月和8月分别对云南迪庆州的两批干部进行了信息化知识培训。

【28家培训机构成为首批“诚信培训承诺单位”】为了规范培训市场，协会28家会员单位主动签署了诚信培训承诺书，成为首批“诚信培训承诺单位”。诚信培训承诺单位承诺自觉严格按照“诚信公约”，讲究诚信，注重质量、注重信誉地开展各项培训业务，接受社会监督。协会公布参加诚信培训承诺活动单位名单，让诚信培训单位打造金字品牌，促进信息化培训市场繁荣而有序地发展。

【企业信用管理岗位培训正式启动】按照“上海市社会诚信体系建设三年行动计划”，市人事局、市紧缺人才办公室正式启动企业信用管理岗位培训，协会部分会员单位参与了此项培训。培训对象为企业法人及企业信控、财务、销售等岗位的专业或管理人员。考核实行全市统一大纲、统一命题、统一考试、统一发证，对合格者分别授予《上海市信用管理岗位培训考核合格证书》和《上海市信用管理岗位培训证书》。考核采用计算机考，根据培训课程安排不定期举行。教材采用上海市信用培训和考核办公室组织专家编写的《信用管理教程》。

【开展计算机专业技术资格证书登记】为了给用人单位使用人才提供客观公正、科学有效的依据，同时促使计算机专业技术资格证书持证人员努力钻研业务，不断更新知识，保持较高的专业技术水平，国家信息产业部出台了一系列相关规定，要求对2004年1月1日以后取得证书的人员实行定期登记制度，并在全国各地建立相应的注册登记管理机构。上海市“计算机技术与软件专业技术资格（水平）证书”的登记主管部门是上海市信息化委员会，登记实施机构是“上海市计算机专业技术资格证书登记管理办公室”。

根据市信息委的布置，在启动公告方面，证书登记工作的信息发布主要以市信息委网站和协会网站为主。协会在证书登记期间广泛进行宣传，并受托做好证书登记各类公告通告信息的发布工作，受理证书登记注册申请。目前，各项工作落实到位，证书登记工作已全面启动。（信息化培训协会）

上海市信息法律协会

【概况】上海市信息法律协会于2003年1月23日成立，2003年11月13日经市法学会批复同意，协会同时作为市法学会信息法律研究会。协会现有单位会员10家，个人会员38人，基本涵盖以四大电信公司为主的电信企业、IT企业、律师事务所及有关团体。协会主旨即为会员单位和政府部门提供信息法律服务和咨询、立法调研以及相关法律的培训工作。

2006年11月22日，协会召开第三届会员大会，胜利完成换届工作，并通过《上海市信息法律协会章程》（修改草案）。

【开展信息化法制建设方面的调研工作】

⑴承担了《上海市信息化法治建设“十一五”规划》课题研究。1月10日，协会与市信息委有关部门召开《上海市信息化法治建设“十一五规划”》课题征询会；3月，完成了该课题的送审稿。

⑵承担了网络业务监督管理调研分课题部分内容的调研起草工作，就有关政府保持社会稳定以及在互联网上如何依法传播信息等向市政府有关部门提供法律意见，协会法律专家还参加了解放日报组织的专题

记者采访会。

(3)先后参加了多项市人大、市政府有关部门、市法学会等对《中华人民共和国电子签名法(草案)》、《中华人民共和国电信法(送审稿)》、《广播电视传输保障法》、《行政强制法》以及《上海市企业信用征信管理办法(草案)》等立法起草的意见征询工作，向有关方面提出了具有建设性的意见和建议。

【举办各类信息法律专题研讨会】

(1)2月和6月，协会分别与市法学会行政法研究会和浦东新区法制办等单位先后两次联合举办了《政府信息公开》法律问题实务研讨会。会议围绕着政府信息公开的法律问题进行了广泛而深入的讨论，并提出了不少针对实际操作问题的解决方案和对策。

(2)3月9日，协会与市法学会研究部联合召开《短信犯罪预防对策》专题研讨会，来自市法院、市检察院、市司法局、市银监会、上海移动、上海联通等单位的代表和法学、社会学等方面的专家相继作了发言。与会人员一致认为，目前重要的是对消费者进行金融知识教育和宣传工作；立法机构和执法机构共同行动起来，扭转目前投诉多而破案率低的被动局面。协会特聘高级咨询专家李力教授代表协会作了题为《垃圾短信的界定、分类及治理对策》的发言。

【开展国内外信息化政策法规的研究和编撰工作】

(1)协会继续开展《国内外信息化政策法律动态》的课题研究。全年编辑《动态》12期，另加一期特辑。《动态》向市党政机关、市人大立法机构、有关团体以及会员单位等总计发放100多份，创造了良好的社会效益。同时，《动态》作为了解国内外信息化法治建设的窗口或平台，其本身也在社会各方面的支持下趋于成熟，成为协会对外交往的一张名片。

(2)3月，开展了《信息化政策法规选编》编辑工作。该书共收集了自20世纪90年代至2005年12月底发布的有关信息化方面的政策法规329件，另有8件其他相关文件，共计337件。

(3)协会圆满完成了市信息委和市无管局联合委托的《无线电行政执法手册》的编撰任务。该书采用问答式编写方法，是一本实用的无线电行政执法人员的专业工具书，也可成为无线电相关人员学法用法的重要参考书。

【开展信息法律方面的咨询服务】

(1)2月，协会为市工商行政管理部门制订《上海市互联网收费电子邮箱服务合同示范文本》提供了法律修改意见，并参加了市消保委为该《示范文本》召开的专家评审会。

(2)4月，协会为国务院法制办公室立法调研组就《广播电视传输保障法》(草案)提供了法律意见，并派人参加了研讨。

(3)2006年，协会先后为电信、联通公司等单位就案件诉讼、纠纷协调、合同规范、专题评析、项目合作、变更注册等方面问题提供了一系列的法律咨询服务。(信息法律协会)

上海市信息系统质量技术协会

【概况】上海市信息系统质量技术协会是具有法人资格的非营利性专业协会，隶属于市信息委，2003年11月成立，主要业务包括提供质量技术工作咨询、交流培训、标准化建设服务，接受政府委托事项，开展产品质量比对等。截至2006年底，协会共有会员单位56家。

2006年，协会认真贯彻国家和上海市有关信息产业发展方针和政策，严格执行质量技术等有关法律法规，以“继续广开门路、大力协同，进一步加强横向联系，创建优秀服务，在诚信建设上再树信誉”为目标。

【开展标准化建设和管理】2006年，上海信息系统标准化建设取得可喜成绩，年度共立项32项，完成上海市地方标准4项，完成联合企业标准10项，其中9项标准被列为2007年度上海市地方标准制订计划。协会参与市信息委标准编制计划的管理，充分发挥行业协会与专业协会的作用，逐步完善、建立长效管理机制。一是参与《上海市信息系统标准管理办法》(征求意见稿)制订，摸索开拓信息化标准的管理模式和标准化在信息化推进过程中的先发效应。二是协助编制2006年度全市信息标准化专项计划，参与立项原则和工作流程等基础制度的制订。三是通过调查研究，结合全市信息化系统建设的现状及实际需要，列出电子政务、电子商务、电子社区、信息服务外包、社会诚信、物流信息化、信息资源开发利用等全市在建和计划建设的重大信息化项目的标准项目为重点扶植、重点发展项目，并参与信息标准化三年行动计划。

第八编 信息化环境

【参与重要信息标准制订】

⑴联合制订《集约化通信局房设计规范》。为提升城市通信产业发展，以集约化方式合理实行通信局房资源整合，协会和市信息管线公司、上海建筑设计院、上海邮电设计院、上海电信、东方有线网络等单位共同起草了《集约化通信局房设计规范》。目前，该标准项目已通过上海市建设和交通委员会专家委员会评审，进入报批、公示程序，计划在2007年施行。

⑵制订《上海市信息服务业名牌评审标准》。为加快上海现代服务业发展，打造一批上海信息服务名牌，提高业内企业知名度，协会结合上海信息服务行业特点编写了《上海市信息服务业名牌评审标准》（试行稿）。

⑶联合制订《上海市无线电使用频率评估规范》。为了实行“科学管理、促进发展”的无线电管理方针，充分、合理、有效利用无线电频率资源，满足各行各业使用无线通信技术的需要，结合上海市无线电频率资源使用情况，协会和上海市无线电协会编写了联合企业标准《上海市无线电使用频率评估规范》。

⑷联合制订《软件构件标准》。该标准系软件构件应用类技术规范，结合服务构件的特点和应用要求制订。

⑸联合制订《计算机磁盘证据司法鉴定技术规范》。该规范系判定计算机和互联网络技术、电子商务、网络教育、各类网络服务和电子政务过程中磁盘证据鉴定依据之一，被列入2007年度上海市地方标准项目。

⑹制订《公共建筑通信设施配套设计规范》。

【开展RoHS指令推进工作】 自7月1日起，欧盟正式实施RoHS指令。协会本着为会员单位服务的宗旨，利用协会优势制定了推进方案，帮助企业应对欧盟指令。协会与兄弟协会合作，免费为广电电器有限公司、广电信息产业股份有限公司及其配套企业举办了3期“欧盟WEEE & RoHS指令推进工作会”，近100家企业的200余名代表参加了会议，会议还邀请国际检验局有关专家做了“WEEE & RoHS法规”、“企业应对方法”、“危险物质过程管控（HSPM）”等技术讲座和培训。此外，协会组织推进准备工作，包括与国际检测公司签订合作协议，制订协助、指导企业顺利开展RoHS检测的实施方案等。

【组织上海信息服务业名牌初审工作】 为实施名牌战略，上海率先在信息服务业开展名牌推荐和评审工作。协会受托与有关兄弟协会共同组织上海信息服务名牌推荐、评选的初审工作，并编写、制定了《上海信息服务名牌申报指南》、《上海信息服务名牌评估指标体系》、《评分细则》等基础文件，为建立长效管理夯实了基础。

【组织中国电子满意工程的评价、推荐与上报工作】 全国电子满意工程包括电子用户满意企业、用户满意产品和用户满意服务(简称“三满意工程”)上海地区的推荐上报工作由协会承担。2006年，经协会评审(初审)、推荐的企业和个人受到表彰、取得荣誉的有：中国电子用户满意企业3家（上海松下等离子显示器有限公司、上海三思科技发展有限公司、上海钢联电子商务有限公司）；中国电子用户满意产品2项（松下等离子显示器、三思LED显示屏）；中国电子用户满意服务企业2家（上海广电通讯网络有限公司、上海移科计算机科技有限公司）；中国电子满意服务先进个人2名（上海市质量监督检验技术研究院谢磊雷、上海松下等离子显示器有限公司黄伟勇），优秀管理者1名（上海三思科技发展有限公司副总经理盛开）。同时，上海钢联电子商务有限公司被推荐为2006年度全国用户满意服务企业，上海市质量监督检验技术研究院谢磊雷被推荐为全国用户满意服务明星。

【结合“质量月”开展平板彩电群英互擂活动】 为提高平板彩电的产品质量，推进平板彩电产业发展，协会借助上海“第十届彩电节”，结合“质量月”活动，与兄弟协会联合举办了“百姓权威看彩电——平板彩电群英互擂”活动，得到广大彩电生产企业的积极响应，共有18个品牌33个型号的彩电参加互擂竞赛。活动期间，为更好服务消费者，同时还安排了专家现场咨询，回答消费者有关平板彩电的知识和各类问题。

【开展ISO9000体系认证咨询服务】 2006年，协会积极开展ISO9000质量体系认证咨询服务工作，为上海钢联电子商务有限公司、联华电子商务有限公司、上海华韧光电科技有限公司、上海威肯电子有限公司等企业进行了质量管理体系技术咨询服务，这些企业顺利通过了体系认证。

同时，为了提高协会系统的总体水平，协会除了自身建立质量体系外，还协助上海市无线电协会、上海市信息化培训协会、上海信息化发展研究协会等兄弟协会建立质量体系。经过培训、体系文件编制等程序，兄弟协会的质量体系认证现已进入实施阶段。

【开展产品认证与检测服务】协会协助飞利浦(中国)投资有限公司等世界著名企业办理了36项多媒体视听耳机的产品检测工作，还为杭州金利普电器有限公司、上海广电光显技术有限公司提供了产品认证的技术服务。

【服务企业和发展会员】协会加强会员单位横向联系，举行会员单位联络员会议；同时，积极加强服务企业的力度，分别发放《征询意见表》征求企业对协会工作的要求。2006年，协会新发展会员10家，会员数增加了近20%。（信息系统质量技术协会）

上海信息化发展研究协会

【概况】上海信息化发展研究协会成立于2004年11月，是由上海市委党校、复旦大学、上海交通大学和上海社会科学院、上海图书馆、上海科技情报所等单位发起组建的专业性社会团体。目前，协会拥有上海市知名高校、研究所、咨询机构、IT企业等40余家会员单位。

协会作为一家专业的研究机构，以推进上海、乃至中国信息化进程为己任。在成立至今短短两年中，协会已经取得了初步成绩并形成自己鲜明的特色：一是形成了以信息化发展战略规划的研究、咨询、评估为核心的业务框架；二是形成了突破传统协会发展模式的新机制，成为直接面向市场，具有自我生存和发展能力的新组织；三是形成了一支年轻的专业化业务队伍。通过两年的努力，协会完成了上海市“十五”国民经济和社会信息化重点专项规划执行情况评估，卢湾、崇明等区县信息化规划，张江、嘉定等区县信息产业园的规划等。

【开展上海市“十五”国民经济和社会信息化重点专项规划执行情况评估】2006年，协会受市信息委委托，协同上海社会科学院信息研究所、市互联网经济咨询中心等单位组建专题课题组，对全市“十五”信息化专项规划执行情况进行综合评估。通过近一年的努力，协会完成了评估指标体系、评估办法，并对上海“十五”信息化规划执行情况进行了科学、合理的评估，同时给出分析、指出问题和改进意见，并以此为“十一五”信息化规划的编制和执行提供理论基础和方法支持。

【编制《卢湾区“十一五”国民经济与社会信息化发展规划》】2006年，协会受卢湾区信息委委托，编制完成了《卢湾区“十一五”国民经济与社会信息化发展规划》，结合卢湾区信息化发展的现状和特色，为其规划了一幅科学完整、可行性强的信息化发展蓝图。该规划涉及基础设施建设、电子政务、公共领域信息化、经济领域信息化、城市管理信息化、信息化环境建设等六大方面，并且给出了可行的实施框架和意见，得到卢湾区有关部门的高度认可。

【编制《国际信息服务外包产业园规划》】2006年初，协会着手开展信息服务外包产业研究，并完成《IT外包产业发展报告》、《信息服务外包产业研究报告》等报告。随后，协会以此理论研究为基础，开展了卢湾区国际信息服务外包产业园规划工作，通过近半年的努力，该产业园已完成规划并成功挂牌。

（信息化发展研究协会）

上海印制电路行业协会

【概况】上海印制电路行业协会成立于2005年9月15日，为上海市从事印制电路行业企、事业单位自愿组成的跨部门、跨所有制的非营利性的行业性社会团体法人。协会现有会员单位71家，包括PCB的生产、设计、研发、经营、应用、教学单位及相关企、事业单位。PCB相关企业14家，材料相关企业20家，设备相关企业18家，贸易及其他相关企业19家。其中理事单位14家；副会长单位4家。

协会按照国家的宪法、法律、法令和政策开展各项活动，为社会服务、为会员单位服务、为政府服务，维护会员单位和本行业的合法权益，促进印制电路及相关产业的发展。协会根据会员需求，组织市场拓展，发布市场信息，推介行业产品，开展行业培训，提供各种咨询服务，不定期举办各种信息/技术交流活动，积极提倡PCB工业的废水利用，铜等重金属废液“零”排放的生产技术，使中国PCB行业走上清洁生产和可持续发展道路。

【**协会主要工作**】2006年3月，协会成功承办了在上海举办的“2006春季国际PCB技术信息论坛会”。此次论坛共有600余人参加，征集论文80余篇，经专家审评，大会发表演讲论文33篇。2006年上半年，世界石油价格和铜材价格不断飚升，为了行业能够持续向上发展，协会同其他行业协会及时召开了PCB信息研讨会，共同商讨行业面临的问题，得到了良好的效果。

按照建立以“企业为主体、市场为导向、产学研相结合的技术创新体系”的要求，并根据市科委《关于组织2006年度上海市重点新产品计划项目申报和评审工作的通知》，协会秘书处组织推荐2006年上海市重点新产品计划项目。5月，在会长的倡导下，协会组织举办无铅化论坛，邀请国内外无铅化方面的专家进行研讨，更全面地了解无铅生产的情况，对PCB企业全面实施向无铅化转变起到了推动作用。

在自身建设方面，协会进一步规范制度，编制各项管理办法，并建立了行业协会网站。

（印制电路行业协会）

三、民办非企业单位发展

上海市企业信息化促进中心

【**概况**】促进中心成立于2005年11月17日，主要致力于企业信息化推进。作为独立于传统企业和IT企业的第三方公益性专业服务机构，促进中心承担了三方面的职能：一是充分应用好现有企业信息化体验环境，成为企业信息化高级人才的培训基地；二是加强与有关机构的合作，发挥促进中心连接传统企业、IT企业以及有关企业信息化的第三方服务机构的定位优势，推动企业信息化市场环境的规范和社会化服务体系的完善；三是促进中心在针对企业开展培训、咨询、测评和宣传推广等日常工作的基础上，加强对企业信息化有关问题的研究分析，及时向有关部门提出提高企业竞争力的政策建议。

【**依据职能定位，发挥桥梁、纽带和引领作用**】2006年，促进中心依据承担的职能定位，在传统企业、IT企业和第三方机构之间发挥着日益重要的独特作用。

在政府与企业之间，它是“桥梁”：一方面，从市场上调研、统计、分析企业信息化的动态，向相关政府职能部门汇报，为决策的制订和出台提供参考；另一方面，依据出台的政策措施，进行细化和具体执行、实施，集聚社会各个方面力量，营造企业信息化的社会环境，从而促进企业信息化水平的整体提高。

在传统企业与IT企业之间，促进中心是“纽带”：一方面，密切关注行业特点、区域特性，分析整理企业的共性需求，为IT市场培育和客户定位提供参考；另一方面，通过研讨、评选、交流等多种方式，把握优秀解决方案，推荐行业成功案例，增进供需沟通提升。

面对纷繁复杂的第三方服务市场，促进中心是“引领”：积极探索IT服务的新模式，通过自身的示范建设，引领咨询、监理等机构面向传统企业的信息化建设，提供独立、公正的第三方优质服务。

【**致力培训先行，努力提升企业高层信息理念**】随着企业信息化工作的逐步深入，广大企业存在着较为严重的信息化人才的结构性矛盾。主要表现在两个方面：首先，高级复合型管理人才（如具有战略眼光的企业领导、了解信息化的高层经理等）严重短缺；其次，具有创新意识的高级技术人才（如信息系统高级分析员、信息主管、信息工程高级项目经理等）比较缺乏。为了更好地服务企业、加快企业信息化推进步伐，促进中心的培训体验环境在中心成立揭牌之际即同步建成。促进中心不但为企业高层管理者提供企业管理战略类培训，同时也为企业其他管理人员提供信息化项目管理、各种企业信息化成功案例体验等培训，还可以根据企业的需求定制培训内容，组织学员参观拜访在信息化项目实施方面取得成功经验企业，现场学习企业信息化建设的成功经验、定期举办沙龙研讨等活动，使促进中心成为广大企业交流合作、共谋发展的“信息化”平台。

截至2006年底，促进中心共举办了2期“IT项目管理”专题培训，参加培训的管理人员达110名；6期面向企业高层的“信息化发展战略高级研修班”，参加培训的高层管理人员达500余人；9期“企业信息化与核心竞争力提升”专题系列讲座，参加人员近千人。

【重视基础调研，印发推进政策、规范】利用信息技术改造提升传统产业是一项涉及面广的系统工程，促进中心自成立以来，积极参与政策调研，在具体起草过程中注意把握吸收原有成果，集成已有政策；立足于传统产业与信息产业融合发展，发挥多方面积极性，合力推进；借鉴国家和兄弟省市成功做法，力求突破。促进中心已经独立或参与完成的研究课题、技术规范包括《企业信息化政策研究》、《信息化促进上海先进制造业发展的重点与策略研究》、《加快现代信息服务业发展研究》、《信息技术改造提升传统产业——政策与策略》、《关于应用信息技术改造提升传统产业的若干政策意见》和《企业信息化基本要求与评价（上海市地方标准）》。目前，《企业信息化指标统计实施方法》、《企业信息化公共服务平台基本规范》和《信息技术改造提升传统产业——案例与分析》等课题和规范也取得了阶段性成果。

2006年，《关于应用信息技术改造提升传统产业的若干政策意见》由市信息委等7个委办局联合发布实施，促进中心组织编制的《企业信息化基本要求与评价（上海市地方标准）》通过专家审定。

（顾伟华）

上海市信息服务外包发展中心

【概况】上海市信息服务外包发展中心成立于2006年，是由市信息委主管，由市信息化发展研究协会、市信息服务行业协会、市集成电路行业协会发起成立的民办非企业单位。其定位是：建立企业与政府之间的桥梁与纽带，依托国家和地方的优惠政策，创造局部优化条件，打造市级中心服务平台，履行市场管理和规范、外包交易、中介服务和协调监管等四大职能，使之成为上海市外包产业对外提供公共服务的综合窗口，为外包企业提供适宜的发展环境，提供优质服务，促进外包市场快速发展。

【构建市级外包服务平台】为构建市级外包服务平台，成为上海市统一对外接包发包窗口，中心设置电子商务功能，为企业提供与外包交易相关的大型数据库系统，如供应商库、成功案例库、产品知识库等，接发包、网上谈判、签约、招标、投标、订单竞价等实时交易系统；形成包括外包政策信息、技术信息、市场信息在内的信息网络和信息发布渠道，提高外包企业信息获得能力和信息开发能力，使外包企业了解和熟悉外包产业的相关法律、法规、政策和标准，了解本行业国际市场信息、需求、资源、市场份额“分配”、技术水平以及已经占领国际市场的国内外企业的信息；组织行业企业与国际同行进行对标，找出差距，让企业有针对性地缩小差距，提高竞争力，更广、更深地进入国际市场。

【外包企业资质认证】中心配合相关政府部门出台外包企业资质管理办法和资质等级评定条件，建立外包企业资质认证制度，加强全市外包市场的规范化管理，促进市外包企业素质不断提高，确保各应用领域信息服务外包工程质量。

【制订产业标准、规范】中心通过开展实地调研、研讨会、专家座谈会等多形式多层次的研究活动，加强对外包市场有关问题的研究分析，及时向有关部门提出提高企业竞争力的政策建议，制订统一、可行的标准、规范，健全服务机制。同时，中心加强与中小外包企业联盟在内的有关机构的合作，发挥好中心连接发包方、接包方的第三方服务机构的定位优势，培育和扶持外包产业发展，形成外包推进目标和支持力量的整合集聚，推动外包市场环境的规范和社会化服务体系的完善，营造有利于外包快速持续发展的整体环境。

【组建外包企业联盟】中心积极组织全市外包企业组建企业联盟，利用联盟企业保证金、市和国家的扶持资金、龙头企业二次返利等建立市场风险调节基金，建立健全风险防范和处置机制，加强诚信建设，完善信用担保机制，维护和扩大上海外包产业的声誉，打造上海外包的整体品牌。

【参与国际合作交流】为打造上海外包品牌，引导企业拓展欧美市场、稳定日韩市场，中心承接国际外包项目，组织外包企业“走出去”参加国际合作活动，定期举办国际外包会展或论坛；为外包企业代理申办自营进出口权、设立境外企业、劳务输出等手续；联系市政府外事、外贸部门和有关涉外机构，逐步建立外包企业外向型发展服务体系。

【行业统计分析】中心建立外包产业的统计指标体系，对国际国内外包市场的数据进行汇总、分析，形成行业发展研究报告。

【发挥协调、监管作用】现有的社会服务资源分散于各职能部门和管理部门之中，存在资源浪费、服务不到位的问题。中心在协调各方的基础上，充分利用现有社会服务资源，为IT外包企业建造了一个简便高效的“一个门”式服务平台，使IT外包企业进“一个门”就可解决发包接包上的难题；并且充分发挥中心第三方组织应有的监管功能，对IT外包市场准入制度、市场准入标准和市场日常工作进行监管。

（信息服务外包发展中心）

上海东方互联网络交换中心

【概况】上海东方互联网络交换中心（以下简称“东方互联网络”）成立于2005年9月13日正式成立的民办非企业单位。东方互联网络的业务范围主要包括互联网络的交换和网间结算及监控、Internet宽带接入、IDC主机托管、域名注册、网页制作，Internet/Intranet网络工程、互联网络信息和流量发布，计算机软件、硬件的代理和服务，信息技术领域内相关咨询、培训、转让、代理等服务。

【初步建立市场化运作机制】东方互联网络秉承“中立、公正、公平”的服务宗旨，本着“边建设、边发展”的思想，依托丰富的网络资源和互联网络会员单位的用户市场，积极探索对外服务及市场化运作机制。根据自身发展定位和方向，通过整合现有的网络、设备、场地、人力、电力等资源，规划不同业务种类，形成了多样化的服务产品。

目前，东方互联网络的客户主要包括铁通（上海）、网通（上海）、联通（上海）、上海移动等10家会员单位，上海市人民政府办公信息处理中心、亚太地区城市信息化合作办公室、上海超级计算中心等4家政府机构、事业单位以及上海万浪网络科技有限公司、上海博测水平仪有限公司等17家中小企业，共计31家。经过1年的试运行，东方互联网络初步建立了市场化运作机制，建立了产品价格体系、销售流程、维护流程以及合同协议管理流程。

【构建东方互联网络业务平台】东方互联网络业务平台处于上海本地各ISP网络对接的交汇点，网络覆盖了全部上海基础电信运营商；互联总带宽12G，接入光纤400芯，均采用冗余的技术构架及抗攻击的网络设计；全部网络元素冗余备份，配备专业的防火墙系统；拥有漕河泾、南丹路、民生路、张江4个节点，分布范围广，便于用户就近接入；在漕河泾和其他节点分别建立了互联网数据中心（IDC），实时监控网络和系统状态，对整个系统进行全程集中管理；在网络联通性保证、电力持续供应保证、紧急情况报告保证、技术支持保证等方面作出服务承诺（SLA），具有电信级的运营保障。业务平台网络架构如下：

（东方互联网络）

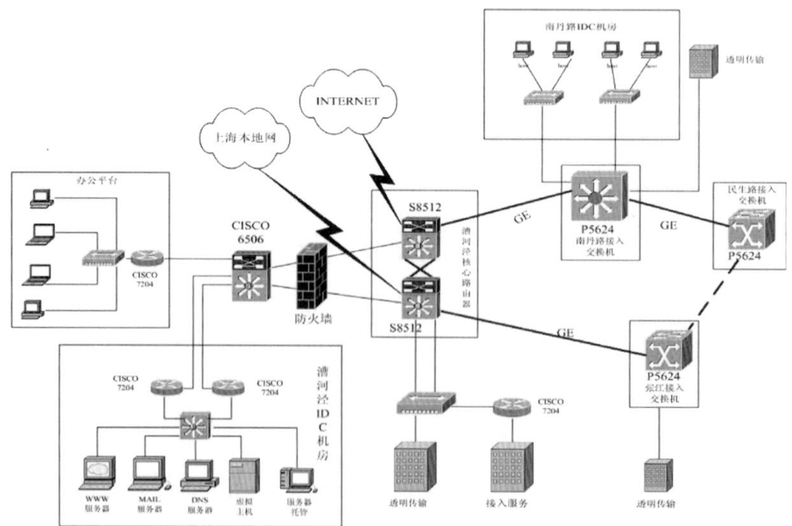

第九章 信息化合作交流及重要会展

概 述

2006年，上海信息化合作交流在国际和国内两个层面展开。信息化合作交流的联络和沟通范围不断扩大，国际国内联络资源不断丰富；合作交流工作机制进一步完善，政府、企业、行业协会和社会团体各司其职、共同参与的局面已经形成；一批信息化重大会展与活动在上海相继举办，重要国际国内合作项目达成，为信息化发展营造了良好的环境。

（姜 宁）

一、国内外合作交流

国际合作交流

【概况】 2006年，信息化国际合作领域继续拓展，对象不断增加，机制逐渐完善。保持与联合国经济与社会事务部、联合国训练研究所等国际组织和机构的密切合作，加强与国际计算机协会、国际电气与电子工程师学会计算机协会等专业组织的交流，促进了世界信息化新技术、新业务的引进吸收，形成了信息化国际论坛、研讨会、展览会的规模和质量。

【2006上海市信息产业投资合作指南】 为进一步优化上海信息化和信息产业招商引资环境，促进上海信息化全面发展，市信息委和市外经贸委共同编写了《2006上海市信息产业投资合作指南》（中英文版），于2006年4月编印完成。该指南全面介绍了上海市总体投资环境情况，重点介绍了上海信息产业基本情况、信息产业园区、投资政策、投资程序等方面的情况，为外商投资上海、加入上海信息化建设起到了引导作用。

【上海信息化干部赴新加坡电子政务高级培训】 2006年初，市信息委与新加坡资讯通信发展管理局决定在加强人力资源能力建设方面开展合作。3月13～30日，双方在新加坡成功举办了“电子政府使公共服务事业转型”首期培训班，市信息委以及相关区信息委共15名干部参加了培训。培训班学员在新加坡资讯通信发展管理局、国立大学李光耀公共政策学院、系统科学学院进行了集中学习，实地考察了新加坡公共服务学院、城市发展管理局、港务集团等12个单位和机构，了解了新加坡信息化建设与应用情况。

【第三届华商企业科技创新合作交流会】 9月6日，第三届华商企业科技创新合作交流会在上海举办。交流会主题为“具有认知功能的嵌入式系统：新技术及新应用”，德国汉堡大学计算机系多模式技术系统研究所教授和研究人员与同济大学、上海计算机软件技术开发中心、华东计算研究所及宝信软件等IT企业从事科研和技术开发的相关人员进行了专业交流。双方在芯片、传感器、机器人硬件等领域的最新技术研究和应用进展进行了共同探险讨，对IT未来发展趋势进行了判断，并对如何通过鼓励创新，促进产学研协同合作，推动信息产业实现从模仿到超越的发展提出了具体建议。

【对外表彰】 9月7日，2006年上海市白玉兰纪念奖颁奖仪式在上海国际贵都饭店举行，经市信息委推荐的英特尔亚太研发有限公司总经理萧慕廉、上海京瓷电子有限公司副董事长兼总经理冈本昭好、上海润星网络科技有限公司总裁王子杰3人获奖。

【上海与新加坡资讯通信发展管理局交流会】 10月17日，市信息委与新加坡资讯通信发展管理局共同举办的圆桌交流会在上海金茂大厦召开，双方相关部门代表共20余人参加。双方围绕信息化规划、信息技术在重大活动中的作用、政府信息化项目的管理三方面内容进行了专题介绍，并交流了信息化推进过程中的经验和做法。

（姜　宁）

国内合作交流

【概况】2006年，信息化国内合作深入推进，在长三角地区建立了政府引导协调、企业参与合作的工作机制；苏浙沪省市长座谈会领导的区域信息资源共享和信用体系建设两个专题组工作成效显著；上海与云南、新疆、西藏等省、自治区在信息化领域的合作与对口支援逐步展开，信息化培训、企业对口交流、专题项目合作等与国内省市保持密切关系。

【云南迪庆州干部信息化上海培训班】3月、7月，举办了两期云南迪庆州干部信息化上海培训班。此次培训班由市信息委主办，市信息化培训协会承办，学员来自云南迪庆州政府。培训内容涉及信息化战略规划、信息化应用项目、电子政务和电子商务等。培训班每期培训2周时间，共有汉族、藏族、傣族、白族、纳西、彝族、普米、傈僳8个民族的38名学员参加了培训。培训班邀请了市信息委、相关大学和研究机构的领导专家授课，培训课程设置了12个专题，采取集中讲课、参观学习和研讨交流方式进行，课时分配比例大约为4：5：1。

【上海信息化支持迪庆州教育事业】为支持迪庆州教育事业发展，6月，市信息委为云南迪庆州无偿捐赠个人电脑10套，用于马骅希望小学的教学工作，捐赠电脑价值10万余元。

【上海-新疆农业信息化合作交流活动】9月，在市信息委和新疆维吾尔自治区信息产业厅的支持下，《上海信息化》杂志社与新疆维吾尔自治区软件行业协会在新疆乌鲁木齐市共同主办了“新疆-上海农业信息化合作交流会”。乌鲁木齐、昌吉、石河子对口企业和政府部门相关人员80人参加了交流会。万达信息股份有限公司、上海杰狮信息技术有限公司、上海农业信息有限公司、戴尔（中国）有限公司的代表分别介绍了农业征信系统、畜牧业管理GIS应用系统、畜牧生产管理系统等农业信息化应用项目。上海合作交流团一行10人在新疆维吾尔自治区信息产业厅、昌吉市领导的陪同下参观了新疆天山面粉集团有限责任公司、新疆西域种业股份有限公司、新疆泰昆集团有限责任公司。这种“政府搭台、多方参与、交流合作、共同发展”的活动方式，受到参与各方的欢迎，相关单位在如何推进两地农业信息化发展上达成许多共识，部分单位签订了合作意向。

【支持西藏无线电管理事业发展】上海市无线电管理局向西藏援助了价值300余万元的无线电监测设备。该套监测设备将对西藏民用机场所使用的频率及频段内的所有信号进行判断和识别，同时还能监测电磁环境的变化趋势，从而确保机场的通信频率正常使用。

【与云南开展超级计算领域的合作】上海超级计算中心在与云南大学签订合作协议的基础上，2006年进一步落实协议内容，充分运用上海的计算资源，推动高性能计算在云南省科学研究与经济建设中的应用，进一步提高云南省科技创新能力。

（姜　宁）

【泛长江三角洲“加强信息产业创新能力建设”座谈会】2006年4月10日，国家信息产业部在上海召开了泛长江三角洲地区“加强信息产业创新能力建设”座谈会。蒋耀平副部长参加了此次会议并作了重要讲话，信息产业部政策法规司、科技司、信息产品管理司等司局领导在会上也作了重点发言，来自上海、浙江、江苏、福建、山东、安徽、江西六省一市信息产业主管部门和企业的30多位代表参加了座谈会，交流了各地、各企业在增强产业创新能力建设方面的做法和经验，探讨进一步提高产业创新能力的新思路、新举措，并从各自不同的研究领域和关注的重点提出了很多有参考价值的观点和建议。

（市信息委政策法规处）

【举办“第五届中国过程改进年会上海分会”】9月24日，由上海市软件评测中心承办的第五届中国系统与软件过程改进年会上海分会召开，参会人数达200余人。会上，对上海十家过程改进优秀企业进行了颁奖。会议总结了上海在过程改进中取得的成果，探讨了软件度量基准数据库建设，上海过程改进的管理经验、最佳实践为国内同行提供了一个很好的借鉴。

（徐　淦）

二、长三角区域合作

【长三角区域信息化“十一五”合作规划】《长三角区域信息化“十一五”合作规划》由市信息委、江苏省信息产业厅、浙江省信息产业厅联合编制和发布。规划编制调研工作从2005年开始，2006年1月正式启动，9月完成规划编制工作，并在11月22日召开的苏浙沪经济合作与发展座谈会上正式发布。规划编制经历了4个阶段。一是调研准备。大量收集了长三角信息化发展与合作等方面的资料，开展了调研访谈，并对已开展的合作项目进行专题研究。二是规划起草。确定了区域信息化合作的总体构想、主要任务及重点合作项目。三是论证衔接。邀请三地政府相关部门领导、信息化领域专家、区域协作领域专家等方面人员对规划进行论证。四是评审报批。形成的规划征求意见稿，分别由沪苏浙三方送相关单位和部门征求意见，根据各方的反馈意见对规划进行3次修改，最终定稿。合作规划的编制过程也是合作三方在今后合作思路、重点、任务、原则以及模式等方面再认识、再统一的过程。合作规划在编制中体现3个方面的思路：一是立足于国内国际信息化发展方向、长三角信息化发展态势以及长三角16城市的信息化水平与各自优势、特色，重点增强区域信息化群体竞争力；二是着眼于信息资源协同共享、信息基础设施协同共建、信息产业协同发展、信息技术协同应用，实现全方位提高区域信息化水平的整体目标；三是落实于重点合作领域的拓展、重要合作机遇的把握，构建长三角信息化合作发展体系。合作规划在保持完整性、全面性的同时，在内容选定上体现4个方面的重点：一是突出合作，寻求共赢；二是力求务实，体现可操作；三是求同存异，先易后难；四是创新合作模式，实现多样化。《长三角区域信息化“十一五”合作规划》是国内首个多省市合作编制的区域合作规划。

【长三角地区电子认证互联互通合作】2006年，市信息委与江苏、浙江两省信息产业厅联合制定了《长三角地区电子认证互联互通应用工程建设方案》，开展了向国家发改委联合申报立项工作，联合向信息产业部申请列入部专项工作试点。

【长三角区域无线电协同监管】沪苏浙三方无线电监管部门召开了工作协调会，确定了任务分工，明确了2006年开展区域无线电监测操作规程、区域无线电数据平台建设等课题的研究，建立了课题研究小组，启动了前期工作。

【长三角物流信息一体化】加强沪苏浙三方政府层面的情况沟通，促进物流信息化企业开展区域物流信息一体化的交流合作，支持企业组织专业研讨。4月，在上海举办了长江流域口岸物流信息一体化高级研讨班；10月，在上海举办了现代物流公共信息服务平台建设与应用研讨会。会议邀请了江浙两省相关部门和单位参加，在区域物流信息化系统建设、政策法规环境营造以及合作推进机制等方面进行了研讨，达成了诸多共识。

【长三角城市重要信息基础设施的共享】立足于服务长三角，促进上海城市信息基础设施与长三角城市的联通和共享，提高信息基础设施利用率，减少区域信息基础设施的重复投资建设。一是推动上海超级计算中心面向长三角城市开放服务。上海超级计算中心已经与江浙两省高校和科研院所建立了合作关系，运用上海超级计算资源开展科学研究。江苏的南京大学、南京东南大学、南京工业大学、南京中电科技4家单位，浙江的浙江大学5个研究课题都使用了上海超级计算中心资源。据初步估算，江苏、浙江两省高校和科研单位对上海超级计算中心资源的使用率为20%左右。二是推进长三角城市互联网络交换中心的研究论证工作。组织专家对建设长三角城市互联网络交换中心进行调研，与相关城市的对口部门进行工作沟通，商议共建互联网络交换中心的基本办法。在技术实现、资费结算和建设模式上拟定了推进长三角城市互联网络交换中心建设的工作方案。

【“信用长三角”高层研讨会】6月30日，上海市征信管理办公室、江苏省社会信用体系建设领导小组办公室、浙江省信用建设领导小组办公室共同主办了"信用长三角"高层研讨会，与会国内外代表250人。上海市常务副市长冯国勤，江苏省常务副省长赵克志，浙江省副省长茅临生出席，并分别就各自省市信用体系建设情况发表演讲。研讨会上，三地信用主管部门联合发布了"信用长三角"徐汇宣言，宣告将携手打造"信用长三角"。研讨会的召开加快了长三角区域信用体系建设的推进，促进了"信用长三角"品牌的形成，借鉴了国际国内社会信用体系建设的经验。

【"信用长三角"信用信息共享】按照沪苏浙合作三方确定的长三角区域信用体系建设合作推进方案，启动了"信用长三角"信息共享平台建设合作。4月，召开了三方参加的专题组工作会议，通报了网络共享平台建设和试运行情况，确定了工作目标和完成时间节点。在6月举办的"信用长三角"高层研讨会上，两省一市领导共同点击开通了"信用长三角"信息共享平台。目前，该平台已初步实现8项企业信用信息的联网共享查询。在11月召开的沪苏浙经济合作与发展座谈会上，该平台作为专题工作成果进行了展示。

【长三角城市信用体系建设联动机制课题研究】组织专家对长三角城市信用体系建设情况进行调研，在城市间共享平台建设、制度建设、信用服务机构监管、专业培训等方面进行专题研究。10月，完成了调研报告初稿，提交长三角16城市市长会议研究。为今后长三角地区城市间信用体系建设联动提供前期咨询。

【第六次沪苏浙经济合作与发展座谈会】11月21～22日，第六次沪苏浙经济合作与发展座谈会在上海召开，会议主题为"以科学发展观为指导，促进长江三角洲地区联动和谐发展"。三省市常务副省（市）长出席会议并讲话。市信息委代表区域信息资源共享专题组、区域信用体系建设专题组向大会作了汇报，介绍了《长三角区域信息化"十一五"合作规划》的编制情况，演示了三省市共建信用长三角工作的专题片。

【长三角地区信息技术应用合作座谈会】1月16～17日，江苏、浙江两省信息产业厅与市信息委在苏州联合召开长三角地区信息化合作座谈会。会议总结了2005年度三方共同开展的合作项目完成情况，交流了两省一市信息化、信息产业2005年发展情况和2006年工作初步打算，讨论确定了2006年度共同推进的6个合作项目。

【信息化行业协会的区域间联谊与合作】上海市软件行业协会开展华东—长三角地区软件行业合作联盟工作，建立了联盟网站，组织企业配对交流，邀请长三角软件企业和行业协会参加2006国际软件工程大会，举办了2次联盟成员工作会议。上海市集成电路行业协会与江苏省半导体行业协会、浙江省半导体行业协会、苏州市集成电路行业协会等开展联谊交流活动，4月，召开了2006年长三角半导体（集成电路）行业协会联谊会，开展了频繁的交流活动。

（姜　宁）

三、第28届世界软件工程大会

2006年5月20～28日，第28届世界软件工程大会（ICSE 2006,www.icse2006.org.cn）在上海国际会议中心举行，这是30年来世界软件工程大会首次在发展中国家举办。大会的主题为"中国软件工程和谐融入世界"。大会召开了3场全体大会，举办了40个专题会和研讨会，议题涉及软件技术和产业等前沿领域。来自54个国家和地区的1 271名代表参加大会，其中海外代表711人，国内代表560人。国内代表中，两院院士10人。会议期间，大会主办单位颁发了推进软件产业发展和软件工程进步杰出贡献奖、软件工程界杰出贡献奖等奖项。来自美国的12名软件专业博士生，以及上海高校软件学院的83名学生为会议提供了志愿者服务。

（姜　宁）

四、亚太地区城市信息化论坛第六届年会

10月18～19日，亚太地区城市信息化论坛第六届年会在上海举行，由联合国经济与社会事务部、联合国开发计划署、联合国工业发展组织、联合国训练研究所，中国国务院信息化工作办公室、信息产业部、科技部、商务部、中国科学院、上海市人民政府共同举办。年会主题为“消除数字鸿沟：创新·和谐·发展”。来自联合国34个国家、69个城市的436名代表出席了会议。大会围绕信息化促进公共服务创新、互联互通与信息化惠民、信息化促进商务发展、信息化促进公众参与4个议题进行研讨交流。年会期间，同时举办了10个专题会议，以及主题为“消除数字鸿沟，促进经济发展”的亚太论坛成果展。联合国经济与社会事务部颁发了联合国公共服务奖项的信息技术应用与地方电子政务奖，以及亚太地区城市信息化合作交流杰出贡献奖。

（姜　宁）

五、上海国际信息化博览会

2006年5月23～26日，市信息委牵头主办的第三届上海国际信息化展览会在上海光大会展中心举行。此次博览会第一次将中国国际信息通信展览会、上海国际集成电路与软件展览会、上海国际信息技术应用展览会、上海国际电子政务、电子商务展览会等4个专业展览会放在同时同地举行。博览会展示面积达到2.5万平方米；参观人数达58 164人次，其中专业观众人数达42 592人次，占参观总人数的73%。中共上海市综合党委书记赵效定、市信息委秘书长周卫东、市通信管理局副局长姚士成、李振坤、国家计算机网络及信息安全管理中心上海分中心主任陈皆重、浙江省通信管理局局长黄庆平、上海世博（集团）有限公司总裁、中国国际贸易促进委员会上海市分会副会长陈先进等有关领导以及主办单位的领导，以色列、瑞典、美国、印度等驻沪总领馆的总领事及相关负责人出席了展会开幕式。

展览会突出了前瞻性和实用性，全方位、多角度向IT行业和社会各界展示中国及上海信息化的市场和发展，宣传和推广国际最新信息技术和产品，增进技术交流和经贸往来。据不完全统计，博览会上达成贸易意向总额达数亿人民币。博览会举办同时，为了更好地与展览互动，进一步推动IT产业的发展，总共举办了10个论坛：通信产业与区域经济发展高层论坛、上海国际数字家庭高峰论坛、技术创新与市场机遇及挑战报告会、2006 IP语音融合通信高峰论坛、电信业大客户服务创新论坛、数字家庭技术与产业发展论坛、Gartner第12届年度半导体年度峰会、微软信息化论坛、2006中国国际电子商务论坛、电子商务法律圆桌会议。这些论坛探讨了目前IT行业中的热点和焦点问题。论坛的举办，提升了展会的的规格，展会的形象展示又诠释了论坛的演讲内容，两者相得益彰。

（饶明华）

六、2006中国国际工业博览会

11月1～5日，2006中国国际工业博览会在上海新国际博览中心举行。博览会以“科技创新和装备制造业”为主题，注重交易核心功能，强化国家级展会平台作用。展览面积11万平方米，到会人数10.6万人。作为博览会的专业展，信息技术与装备展集中展示了通信及网络产品、集成电路及电子元器件、显示及视听产品。

（姜　宁）

【集装箱项目】 2005年12月3日，世界上第一条进入商业营运的贴有电子标签的集装箱航船从中国烟台港

正式启航开往上海进行应用试验。2006年11月1日,在上海举行的“2006国际工业博览会”上，一个模拟的自动化集装箱智能无人堆场以及一座现代港口集装箱物流智能化、数字化管理平台对外展出。为了向人们展示集装箱电子标签装置的使用，约20英尺的集装箱也被运到了展会现场，吸引了众多参观者。

全国劳动模范、被誉为“抓斗大王”的上海国际港务集团副总裁包起帆介绍，电子标签芯片中储存着集装箱的有关信息，如货物名称、件数，起运港、目的港等，这些信息通过安装在港区进出道口等处的读写器时能看得一清二楚，甚至集装箱运输途中是否被开启过、开过几次、开启的时间等情况，电子标签都有记录。

【气瓶项目】在“2006中国国际工业博览会”上，上海华申智能卡应用系统有限公司参展的“基于电子标签的气瓶安全管理系统”从651家国内外展商的1 770项参展项目中脱颖而出，经国内外29位专家严格评选荣获银奖，成为此届博览会电子信息领域惟一获得国际大奖项目。该项目采用电子标签与数字认证相结合的技术对气瓶进行惟一标识，属国内首创；突破了标签的防金属屏蔽、防转移以及读写设备的防爆等关键应用，属国内领先，达到国际先进水平；采用的芯片、天线、标签、读写设备、应用系统与软件等具有自主的知识产权，极具推广价值。

（王　晔）

七、其　他

第三届中国—东盟博览会

2006年10月31日～11月3日，在广西南宁国际展览中心举办了第三届“中国—东盟博览会”。2006年恰逢中国与东盟建立对话关系15周年，中国与东盟10国政府对博览会都予以高度关注，中国总理温家宝和东盟10国元首参观了展会。市信息委参加了由市政府组织的经贸展览团，负责电子信息馆中“上海信息化展区”的展览任务，并组织上海电信、上海慎源、上海方正等相关公司前往参展，以电信的增值服务、以高科技品牌的创新产业等为主展览内容吸引了东盟各国和国内参观者关注的目光。上海的展台成为了整个博览会上一道靓丽的“风景线”，每天累计参观人次达到1万名左右，IPTV、上海热线、网络媒体传播等有关内容的演示，更是成为各国参展商咨询、洽谈的“焦点”。东盟各国的政府官员将上海信息化发展作为一个“航标”，各国产品供应商纷纷表示想成为“共同购买”业务的合作伙伴。上海信息化展区的盛况也受到了上海市政府相关领导的关注与表扬，上海市委常委、常务副市长冯国勤与市各有关委办局的领导参观了上海信息化展区。冯国勤副市长指示上海要加强信息服务的创新力度，力争每年都能拿出几项具有上海特色并代表上海信息化发展水平的产品参展。“上海信息化展区”为上海市代表团在此届博览会上获得“上海组织奖”、“上海魅力之城奖”、“创新科技奖”等3个奖项作出了贡献。

（饶明华）

2006年上海软件外包国际峰会

2006年11月8日，由市外经贸委和市信息委共同主办的上海软件外包国际峰会开幕式在复旦大学光华楼会议中心隆重举行。市政府副秘书长李良园主持了开幕式，市委常委、副市长周禹鹏致开幕辞。市外经贸委主任周波、商务部服务贸易司副司长单庆江和市信息委秘书长周卫东出席会议，并分别作了主题报告。开幕式上还举行了“中国服务外包基地上海示范区”授牌仪式，市委常委、副市长周禹鹏亲自向浦东新区、卢湾区、长宁区和漕河泾新兴技术开发区等4家单位授牌。市各委办局、各区政府、国内外软件企业、软件工程研究机构、软件院校和各大媒体等方面代表400余人出席了会议。来自日本、美国、德国、法国的软件机构和企业，如野村综合研究所、富士通公司、微软全球技术支持中心、EMC公司、花旗环球金融亚洲有限公司、Q-labs公司、印中美协会、荷中信息网等单位的20位嘉宾在峰会上作了精彩演讲。11月9日，“上海软件外包国际峰会——首届上海国家软件出口基地软件展示交易会”在上海国家软件出口创新基地——上海浦东软件园举行。参展的56家企业重点展示了软件核心技术、软件服务外包项目、软件自主知识产权产品、软件创新产品，树立品牌，追求卓越，充分反映了上海软件外包服务的实力。

峰会期间举行了各类专题会。“软件人才专题论坛”就上海对外软件产业发展的瓶颈，市场对于软件人才的需求，对外软件人才及其培养的现状、问题和困难，软件人才培养的目标和机制等问题，展开热烈的讨论，取得了很好的现场效果。“外包专题会”和“欧美软件外包项目发包介绍和投融资专场会”也深受企业欢迎。原计划40多家企业60多位企业董事长、总经理、技术总监参会的小型会议，因内容贴近企业需求，使实际参会人数达160多人，吸引了合肥、扬州、成都等外地软件企业，中国软件行业协会、安徽、山东、杭州、镇江、南通软件行业协会，以及齐鲁软件园等长三角联盟成员单位与会。专题会为上海软件企业提供一个了解欧美软件外包市场和投融资市场的好机会，是上海软件企业探索承接欧美市场外包业务的一个务实性的尝试，也是服务于软件外包企业的一次务实性努力。

（饶明华）

第二届“中国商品展暨投资合作洽谈会（2006沙特吉达）”

2006年6月12～15日，由中国商务部和上海市政府共同举办的第二届“中国商品展暨投资合作洽谈会（2006沙特吉达）”在沙特吉达国际展览中心举行。市信息委根据市政府要求，负责组织展览会中的电子信息展区的展览工作，出展面积360平方米，展览的设计搭建现代、新颖，取得了很好的展示效果，达到了向沙特及中东地区人民展示中国形象、上海水平的目的。另一方面，商品展还在推动出口，促进经贸交易起到了积极的作用。展览业务成交额达3 758万美元，实际成交额达1 030万美元，意向成交额达2 728万美元，通讯终端、邮电设备、通讯配套等产品的交易额达1 000多万美元。此次展览会规模大，布展出色，展出的工业装备、电子信息、轻纺建材等商品档次高，为沙特商人提供了了解中国商品的很好机会。

（饶明华）

第二届中国（南京）国际软件产品博览会

2006年9月1～3日，由信息产业部、科学技术部、国家版权局和江苏省政府联合主办的第二届中国（南京）国际软件产品博览会在南京国际展览中心举办。国务委员陈至立、科技部长徐冠华、信产部副部长娄勤俭以及有关领导出席了展会。市信息委秘书长周卫东率上海代表团出席了展会。此届“软博会”展出面积约1.5万平方米，其中20%为国际软件企业展区，展示国内外软件业新产品、新技术，设立了动漫娱乐、集成电路、教育培训等多个特色专区。同时，举办了“软件国际化及软件外包CEO峰会”、“国际软件产业发展合作交流会”等高层论坛，及高层次信息技术人才专场招聘会、软件培训项目介绍说明会、精品软件及数码新产品推介会等配套活动。市信息委组织了上海银晨智能识别科技有限公司、上海微创软件有限公司、上海全富汉得软件技术有限公司、天地软件园、上海浦东软件园、上海复旦光华信息科技股份有限公司等单位参加了展览，展出面积约90平方米，推动了长三角在信息化会展合作方面的实质性联动。通过参展和参会，加强了上海与江苏省以及其他省市的交流，进一步推动了在软件外包方面的合作。

（饶明华）

2006中国国际消费电子博览会

7月7日，2006中国国际消费电子博览会在青岛国际会展中心举行。国务委员兼国务院秘书长华建敏参观了展会。商务部副部长易小准、信产部副部长娄勤俭、教育部副部长赵沁平、科技部副部长马颂德、国信办副主任陈大卫和辽宁省委书记李克强、省长张文岳出席了开幕式。此次博览会由国家商务部、信息产业部、科学技术部和山东省政府联合主办，美国消费电子协会为海外主办单位。市信息委秘书长周卫东率上海代表团出席了展会。此次博览会展出面积约3.6万平方米1 200个展位，观众约3万多人。国内消费电子龙头企业全部参会。展会用最酷、最新、最热的概念为人们诠释了精彩的数字生活，推动了国内外消费电子产品的发展。市信息委会同市政府合作交流办、市经委，组织了上海广电集团中央研究院、华虹NEC、上海贝岭股份、张江集团公司、凯高国际（上海）有限公司、华亚微电子（上海）有限公司、上海银晨智能识别科技有限公司、上海杰得微电子有限公司、方泰电子科技有限公司、思华科技（上海）有限公司、上海海尔集成电路有限公司等12家单位参加了展览（共20个展位180平方米）。上海展团以较高技术含量的参展产品和统一特装搭建的形象引得了参观者的广泛注目，部分企业实现了当场签约，部分企业达成了广泛的合作意向，成为展会的一个亮点。▯

（饶明华）

第四届中国软件和信息服务交易会

2006年6月21日，第四届中国软件和信息服务交易会在大连市隆重开幕。以副市长杨雄为团长、市信息委副主任刘健为副团长，由市信息委牵头，市外经贸委、市科委、市教委、市贸促分会等市各有关委办和有关人员组成的上海市代表团出席了开幕式及相关活动。此次展会，市信息委推荐企业参加了大会组委会的评优活动。其中，上海市中标软件有限公司、上海普元信息技术有限公司、上海宝信软件股份有限公司、上海复旦光华信息科技股份有限公司等4家软件企业被评为优秀软件企业，并获得了奖牌。

（饶明华）

2006上海国际导航产业与科技发展论坛

作为国内首个面向导航产业、关注车载导航和个人导航发展的国际性专业论坛品牌——2006上海国际导航产业与科技发展论坛于2006年11月16～17日隆重召开。此次论坛秉承“推动导航产业的国际化发展”的宗旨，为海内外导航业界提供充分交流与合作的平台和机会，并努力引导大众消费市场的蓬勃发展。

此次论坛主办方广邀国内外导航界巨擘、政府要员、行业精英、专家学者，聚焦行业政策导向、行业技术动向、产业巨头最新动态、导航产业现状和未来趋势分析等核心问题，设定不同主题、不同形式的导航业主题论坛，努力打造中国导航业最具价值的国际性专业论坛盛事。此次论坛与会嘉宾共计618名，其中国外嘉宾118人，约占总参会人数的20%。海内外演讲嘉宾共计88位，其中海外演讲者36位，占41%；共进行了近40个主题演讲和包括“中欧伽利略合作”在内的8个互动研讨。此次论坛吸引了西门子、中国移动、通用、大众、上汽集团、阿尔派、新科、微软、英特尔、阿尔卡特等国际巨头的广泛关注和参与。论坛在体现国际合作与交流的同时，充分体现了自主创新，各项技术研讨成果及经验交流必将为中国导航产业的发展提供有价值的参考，从而促进中国导航产业良性有序发展。

（何　军）

2006中国射频识别技术发展国际研讨会

2006年10月26～28日，由科技部、国务院信息办、发改委、商务部等14部委及上海市政府共同主办的“2006中国射频识别技术发展国际研讨会”在上海浦东张江高科技园区隆重召开，会议主题是“加强国际交流合作，促进射频技术创新”。研讨会吸引了来自国内外相关行业的政府官员、学者、专家、企业家等300余位嘉宾。会议期间分别举办了主题演讲、高峰对话、学术论坛、产业技术论坛等展览展示活动。

目前，电子标签已经在物流、商业零售、医疗卫生等领域建立了应用示范。根据国家高技术研究发展计划（863计划）安排，在“十一五”期间，中国将全力推进射频识别（RFID）技术与应用，力争实现中国RFID领域技术突破与自主创新。

（王　晔）

第十章　市信息化工作系统党群工作

概　述

2006年，按照市委、市综合工作党委要求，市信息化工作系统各级党组织认真学习贯彻党的十六届五中、六中全会和上海市委八届九次、十次全会精神，紧扣上海信息化中心工作，开展“争当科教兴市的先锋、争当关心群众的模范”主题活动，巩固和扩大先进性教育成果，突出建立健全先进性长效机制、推进党务信息化建设、开展平安建设三个重点，营造健康、和谐的信息化发展环境，团结凝聚广大党员干部职工为实现上海信息化发展目标而努力奋斗。

（市信息委党群处）

一、管理体制

2006年，市信息化工作系统延续既成的管理体制，由市信息委党组负责日常党务工作管理的单位主要有：上海市通信管理局、上海市无线电管理局、上海市电信有限公司、中国移动通信集团上海有限公司、中国联通上海分公司、中国联合通信股份有限公司、中国网通上海分公司、中国卫通上海分公司、上海市信息投资股份有限公司、中卫国脉通信股份有限公司、电信科学技术第一研究所、上海普天邮通科技股份有限公司、上海电话设备厂、中国邮电器材华东公司、上海市信息化行业协会工作党委和上海市信息化委员会直属机关党委等16家。至年末，全系统共有基层党组织806个、党员10 388名。

（市信息委党群处）

二、党建工作

巩固和扩大先进性教育成果，建立健全先进性长效机制

2006年，市信息委党组认真按照中央《关于加强党员经常性教育的意见》等4个文件和市委相关要求，巩固完善市信息委党组提出的“八个经常化”长效机制，以加强领导班子建设为重点，切实加强基层党的建设。

1.认真进行先进性教育“回头看”，建立健全先进性长效机制

第二批先进性教育结束后，市信息委党组及时按照中央、市委和市综合工作党委要求，对市信息化工作系统“回头看”工作做出了总体部署，提出了6项具体要求。各单位党委根据先进性建设要求，新建88项长效工作制度，还有一批制度正在论证建立过程中。各单位在“回头看”工作中，对先进性教育规定动作的完成情况，特别是整改措施落实情况进行了全面自查，进一步抓住突出问题，完善整改方案，细化整改措施，加大整改力度。各单位的整改工作有4个特点：一是与解决突出问题相结合，二是与促进中心工作相结合，三是与做好“十一五”开局工作相结合，四是与开展党建理论研究相结合。

2.加强党员领导班子思想政治建设，探索建立中心组学习长效机制

市信息委党组把加强党委中心组学习作为保持先进性长效机制的一项重要举措，在第二批先进性教育“回头看”过程中，对各单位党委中心组学习提出了新要求。12月，市信息委党组组织各单位党委中心组学

习秘书，对全系统各单位党委中心组学习情况进行了互查，各单位互相学习、取长补短、查找了需要改进的问题。

3.落实区域性大党建要求，加强“两新”组织党建工作

根据市委关于加强区域性大党建的工作要求，继续扩大信息化行业“两新”组织党的组织和工作覆盖面，进一步整合组织资源、优化社会资源，创新“两新”组织党建工作的方法和途径。按照市委组织部和市社会工作党委有关精神，组建了上海市信息服务业行业协会党委，通过行业协会与会员单位的桥梁纽带作用，进一步加大信息化行业内非公企业党建工作的力度。上海市信息服务业行业协会是全市第一批建立协会党委的4家行业协会之一。

坚持探索创新，积极推进党务信息化

市信息委党组在先进性教育活动中开发使用的“保持共产党员先进性管理信息系统”得到市委的肯定，并在市委组织部组织的全市党建网站评比活动中，荣获上海党建网站评比一等奖及优秀党建工作服务奖。为更好地服务于广大党员和基层党组织，根据中央关于建立保持党员先进性长效机制的要求，2006年1月1日将该系统改版为“党员教育管理服务信息系统”。

2006年，市委组织部充分肯定市信息委党组“党员教育管理服务信息系统”在保持党员先进性长效机制建设中的作用，并要求市信息委党组支持配合市委组织部推进上海党务信息化建设。为此，市信息委党组成立了由党组书记、主任傅文彪任组长的推进党务信息化工作领导小组；领导小组下设工作小组，由市信息委党组成员、纪检组组长黄肇达任组长。自5月以来，市信息委党组积极动员全委各处室和有关单位力量，全力配合市委组织部建设一个覆盖全市的党建信息系统。为了切实建设一套服务于全市各级党组织和广大党员的党建综合信息系统，本着整合资源、节约投资的原则，经与社保卡中心、病毒防范中心、上海慧龙公司和上海电信等单位多次研究，市信息委党组提出了“一卡、两网、三库”的信息系统设计架构。其中，全市党员在线学习和快速动员子系统已经基本建成。

开展平安建设，保障稳定和发展

平安建设是加强党的执政能力建设和先进性建设、构建社会主义和谐社会的重要内容，市信息化工作系统各级党组织结合党的日常工作，深入开展平安单位创建活动，落实社会治安综合治理工作责任制，积极保民生、保稳定、促发展。

1.加强机制建设，全面落实社会治安综合治理责任制

市信息委党组建立社会治安综合治理领导小组，提出8项工作制度，并督促指导各单位成立综治领导小组。市信息委党组与各单位党委签订2006～2007年度社会治安综合治理目标责任书。各单位结合本单位承担的信息安全和职工队伍等情况，建立相应的工作制度，落实综合治理责任制的各项任务，认真做好敏感时期和节假日的安全值班，做好上访人员的思想工作，加强重点机房、关键设施的安全保卫，做好重要岗位人员的安全保密教育，确保上海和全国“两会”、世界软件工程大会、上海合作组织峰会、特奥邀请赛等重要会议、重大活动期间的信息和通信安全。

2.关心广大职工群众，确保社会稳定

进一步完善帮困送温暖机制，继续开展帮困送温暖“一日捐”活动，建立健全困难职工档案，及时掌握各类困难职工的实际情况。2006年度，市信息化工作系统送温暖基金共支出189 468元，帮助肾脏、肝脏移植、癌症等重病患者和特困职工。市信息委党组特别关注困难企业，党政领导积极与政府有关部门沟通，争取相关部门的理解和支持；帮助他们寻找产品销路，纾解职工的不满情绪。市信息委直属机关党委积极开展“双结对”活动，各党支部（总支）共与48名困难职工开展了“双结对”活动，定期慰问困难职工。

（市信息委党群处）

三、精神文明建设

学习“八荣八耻”，营造文明氛围

积极在全系统开展以“八荣八耻”为主要内容的社会主义荣辱观教育，结合贯彻落实“迎世博文明行动计划”，开展形式多样的公共道德实践活动、群众性

创建活动和社会公益活动。根据市文明办的部署，在全系统开展了“文明在我脚下”专项宣传整治工作。

贯彻新版标准，推进文明单位创建

为贯彻落实2005版《上海市文明单位创建管理规定》，8月中旬至9月中旬，信息化工作系统文明办组织人员对申报上海市文明单位、市综合系统文明单位和市信息化工作系统文明单位的33家单位进行中途检查，为年终开展的文明单位申报工作打下基础，推动全系统的文明创建迈上新台阶。

深化“双争”主题活动，选树先进典型

市信息委党组继续在全系统开展“争当科教兴市的先锋、争当关心群众的模范”主题活动，推进全系统党群建设，涌现出一批先进典型。市信息委党组开展了五项评选表彰：一是2005～2006年度“党风廉政建设先进单位”；二是第二届科教兴市先锋和关心群众模范；三是2005年度“双文明”双十佳好事；四是第四届“上海市信息化工作系统十佳青年”；五是上海市信息化工作系统团工委先进团组织、优秀团员和优秀团干部。此外，还积极向上级党委、市总工会和团市委推荐各类先进。2006年度，全系统共有1个集体荣获全国性先进荣誉称号，46个集体和71名个人荣获市级先进荣誉称号，32个集体和52名个人获综合工作党委荣誉称号，18个集体和73名个人获市信息化工作系统荣誉称号。

展示信息化成果，进行信息化党建宣传

2～3月，为配合上海市信息化工作会议的召开，以“聚焦上海信息化党建”为主题，在《组织人事报》上制作了4个专版，宣传市信息化工作系统广大党员干部职工的先进事迹，信息化党建促进上海信息化担当科教兴市开路先锋的主要做法，上海信息化建设主要成果以及上海信息化“十一五”发展蓝图和近期工作目标。

（市信息委党群处）

四、工会、共青团工作

建立行业工会联合会，探索行业职工维权机制

按照市总工会要求，在市信息委党组领导下，充分发扬民主，广泛征求意见，筹建了由行业内大型骨干企业和部分区总工会所属的信息化行业工会组织参加的上海市信息化行业工会联合会，为探索行业内职工的维权机制搭建平台。9月27日，市信息化行业工会联合会正式揭牌成立，同时，“上海市信息化行业工会联合会网站”正式开通。

以互查形式促进厂务公开民主管理工作

市信息委成立了由委党组书记、主任傅文彪任组长，党组成员、纪检组组长黄肇达任副组长的厂务公开民主管理工作领导小组，加强对系统各单位厂务公开民主管理工作的指导。11月，按照专题部署、开展自查、学习培训、调研互查、总结交流的步骤，在全系统广泛开展厂务公开民主管理工作调研互查。系统各单位普遍做到了党委和行政领导充分履行第一责任人和第一执行人的职责，形成党、政、纪、工齐抓共管的工作格局，形成了各具特色的厂务公开民主管理工作模式。

组织开展职工喜闻乐见的文体活动

市信息化工作系统工会成功举办了“电信一所杯”职工中国象棋赛、“社保卡杯”职工大怪路子比赛、“上海信投杯”职工摄影比赛和“上海普天杯”职工羽毛球比赛。通过比赛，展示了广大职工积极向上的精神风貌和团体协作的合作意识，增强了工会组织的凝聚力，加强了各单位之间的交流与合作，推进了职工文体活动的开展。

（市信息委党群处）

第九编

区县信息化

综 述

2006年是执行"十一五"规划的第一年，上海市各区县按照全市信息化发展战略和总体要求，紧紧围绕各区县中心任务和发展需求，聚焦重点、稳步推进、勇于探索，体现了较强的主动性和创造性，取得了可喜的成绩。

1.加速区县电子政务发展，促进政府服务管理创新

2006年，各区县在电子政务建设中，以建立一体化的信息交换平台和全区统一的基础信息库为基础，整合服务渠道，开展信息共享和业务协同，在促进区域管理和经济社会发展中起到良好的作用。全市19个区县中，已有14个区建成一体化的区级信息交换平台；15个区建立了区人口信息库、9个区建立了区法人信息库、11个区建立了区GIS库。各区县都建设了政府门户网站和全区统一的公务员门户（其中17个区的公务员门户覆盖到街镇）；12个区基于区级平台开发了"一门式"社区事务受理系统，6个区开通了区政府服务热线。黄浦、松江、徐汇三个区完成了国信办的地区电子政务原型试点工作；黄浦、长宁两个区开展了"百户单元"综合试点，取得阶段性成效；金山区被列为首批国家农村信息化综合信息服务试点单位；8个区完成了网络信任体系建设试点。

2.全面落实市信息化重大任务和专项工作

2006年，各区县政府主动公开信息达25 580条，政府信息公开工作不断深化，工作流程、操作规章等制度性建设不断完善。全面推动信用产品的使用，诚信体系建设工作持续推进。在卢湾区、长宁区试点基础上，全市中心城区和青浦区、松江区开展了城市网格化管理系统推广应用，同时结合本区情况，进行了开拓创新。近年来，10个区建设了13个国家、市级信息产业基地（园区），并加强指导和服务，取得良好进展。信息化支撑社会主义新农村建设工作开始启动。居住证信息系统按期建成，全市238个居住证受理网点于12月26日全部开通。社保卡和学籍卡的申请发放工作全面落实。在应急预案编制和演练、重要信息系统安全测评、区数字证书认证分中心建设等方面迈出新步。

3.加强信息化规范管理，完善信息化环境建设

18个区加强信息化项目管理规范，建管并举，实现项目滚动跟踪、长效管理。各区县会展活动和信息化宣传活跃，松江区组织了《松江区市民诚信公约》主题性宣传教育活动；徐汇区承办了2006年"信用长三角"高层研讨会，举办了"920诚信建设宣传日"活动；普陀区以"动漫长风"为旗帜，配合上海信息服务业行业协会赴日本参加国际动漫展，取得较好的效果。在信息化知识普及和技能培训的基础上，各区县积极开展信息化专题业务培训。如青浦区组织信息技术主管助理（AIO）认证资格培训考核31人次，组织处级干部信息化培训279人次，组织科级干部信息化培训438人次。

（市信息委区县处）

第一章　区县信息化工作

概　述

2006年，各区县基本完成《2006年区县信息化工作要点》所确定的目标和任务，信息化支撑区县国民经济与社会发展的作用得到充分体现。

经过几年的试点探索和验证总结，形成了上海市区县电子政务建设的总体框架，编制了《上海市区县电子政务总体框架建设指南》。明确了“五横两纵”的框架内容，为区县电子政务的可持续发展奠定基础。部分区县抓住电子政务建设重心下移的时机，先试先行，在建立集中与分布相结合的数据库体系、促进资源交换共享方面形成较好的模式。

在国信办统一部署和指导下，黄浦、松江、徐汇三区分别在人口、法人、空间地理领域开展了以建设政务信息资源交换体系为主体的“地区电子政务原型试点”。试点探索了条块结合的电子政务建设模式，初步形成了“一数一源，一源多用”的政务信息交换共享机制，和“前台一口受理，后台内部协办”的应用服务模式，验证了国家相关标准，并通过了国家电子政务标准化总体组组织的标准符合性验收。试点成果被纳入《2006中国信息产业发展报告》中数字城市建设优选案例，被列为“2006年第四期政府管理创新与电子政务专题研究班”的教学内容，并在全国电子政务座谈会等会议上进行了交流。

按照市委、市政府有关加强人口服务管理的要求，黄浦区和长宁区开展“百户单元”综合试点。试点运用网格化“反应灵敏、处置有方、管理高效、服务优质、保障有力”的管理理念，在一体化信息平台的支撑下，前台着眼服务管理对象的需求，后台着手服务管理资源的调配，通过建立“综合发现、统筹调度、分条执行和共同监督”的工作协同机制，提高服务管理的质量与效能，构建以“一口采集、综合服务、协同管理”为特征的“百户单元”实有人口属地化管理新模式。

2006年，为贯彻落实国家和上海市建设社会主义新农村战略部署，相关区县加强了对农村信息化建设推进力度，组织农村信息化综合服务的研究，取得可喜成果。金山区被信产部列为首批国家农村信息化综合信息服务试点单位，启动探索郊区农村信息化综合信息服务的试点建设。　（市信息委区县处）

一、区县电子政务一体化平台建设

发布区县电子政务建设指导性文件

2006年6月，市信息委发布了《关于进一步做好信息化支撑社区管理网格化基础工作的指导意见》和《上海市区县电子政务总体框架建设指南》，确定了包含基础设施层、信息资源层、应用支撑层、应用层、服务渠道层和管理体系、安全体系在内的“五横两纵”的区县电子政务一体化框架。文件提出贯彻“统分结合”的建设原则，统一建设网络基础设施、基础性政务信息资源、应用支撑体系、综合性跨部门应用系统、服务渠道等，分散建设专业性政务信息资源库和部门内部的应用系统，同时探索推行服务外包和项目代建制度，由第三方集中建设与管理的运作模式。

区县电子政务总体框架建设有序推进

截至2006年12月，19个区县全部完成政务外网建设，9个区覆盖到居（村）委会。分别有15、9、11个区县设了区县级人口基础信息资源库、法人基础信息资源库和空间地理基础信息资源库。各区县依托区级数据库群和交换平台开展了以“一体化”为特征的应用建设，有12个区在区层面统一构建社区事务服务系统，6个区建设了统一的呼叫中心。依照区县电子政务一体化平台模式，全市评选出30个“2006年度区县信息化应用优秀成果”。

首次开展上海市区县电子政务总体框架建设现状评估

2006年10～12月，遵照《上海市区县电子政务总体框架建设指南》要求，上海市互联网经济咨询中心制定了区县电子政务框架建设评估指标体系，首次对各区县电子政务建设进行了摸底评估，形成评估报告。报告全面、系统地分析了各区县电子政务框架建设的水平和特点，并针对城乡发展不平衡、应用水平滞后、管理模式不够规范等问题提出改进建议。

（蒋力群）

二、地区电子政务原型试点

人口领域

黄浦区形成了人口信息共享指标体系及区实有人口基础信息资源库，集中了由8个区级部门提供的213项人口数据指标。依托区级统一的信息交换平台，可以依职能权限向28个单位（部门）提供人口信息共享服务，完善和建设了城镇居民最低生活保障等13个区级部门的17项跨部门协同应用，并在全区所有街道实现了应用，方便了市民办事，提高了工作效率，堵塞了管理漏洞。

法人领域

松江区形成了法人基础信息共享指标体系及区法人领域政务信息资源库，集中了由6个区级部门提供的75项法人数据指标，通过法人信息交换比对，加强了工商、税务、质监部门监管的针对性。依托区级统一的信息交换平台，可以依职能权限向11个单位（部门）提供共享信息服务，完善并开发了证照协同监控等6类协同应用，缩短了企业设立时间，使主管部门的单一执法、单点覆盖变成联合执法、协同监管。

空间地理领域

徐汇区形成了空间地理信息共享指标体系及空间地理信息资源库，集中了由6个区级部门和3个市级部门提供的37个空间地理图层数据。依托全区统一的信息交换平台，可以向27个单位（部门）提供空间地理基础信息服务和GIS应用服务，完成了土地储备管理等综合业务应用，支撑了22项专项业务，避免了多个部门分头建设GIS系统，在实现可视化、精细化管理的同时，节省资金3 000万元以上。

（肖　健）

三、“百户单元”综合试点

实现信息一口采集

黄浦区、长宁区在居委会区划内以100户左右居民划分单元，统筹安排居委会、协管员担任块长，负责1～2个单元内居民信息采集工作。2006年，两区共在199个居委会中划分了3 924个单元，明确了1 398个块长，建立了块长责任制。居委会辖区内的居民小区、建筑工地、门店商铺以及其他各类社区单位内居住人群均纳入采集范围，实现单元内实际居住人员的信息一口采集和全覆盖。

准确掌握人口信息

黄浦区、长宁区分别建立了70万、73万人的实有人口信息资源库，包含213项共享指标项，由区级相关部门负责定期维护，通过数据清洗、比对，提高了信息的及时性和准确性。

促进条块信息共享

试点区建立了区信息交换平台，各部门可以及时把相关数据沉淀到区县数据库，保证数据鲜活。开发了区实有人口信息管理系统，将块长采集的人口基础信息和有关部门在办事中产生的专业信息进行叠加，并按权限供相关部门、街道共享。相关部门通过系统自定义报表功能，能够及时、准确地获取居住人群信息。

推动救助业务协同

黄浦区建设了社区事务受理平台，开发了涉及13个部门34项业务的社区事务服务系统，实现了和社区事务“一门式”受理系统的对接。目前，可办理低保、协保、廉租房、医疗救助等132项救助业务，极大提高了办事效率。在事务受理登记环节与区实有人口库关联，避免重复输入；同时将办事结果与区实有人口库关联，为跨部门协同事务办理提供参考，实现社会救助“一口受理、内部协办”。

强化来沪人员管理

按照“百户单元”人口信息管理模式，块长通过信息采集发现弱势人群和来沪人员的问题诉求，由相关职能部门为其提供服务。如长宁区梳理出涉及14个部门五大类49项服务管理事项，明确了各部门的职责、依据和处理时限，通过块长主动发现、系统分派、部门处置、块长回访、监督考核等形成管理闭环。

建立两种管理模式

探索创建“条发现，块采集”和“块发现，条处置”的工作模式。条线部门在办事过程中发现社区人员情况变化，立刻将其相关信息录入实有人口信息系统，系统自动提示块长上门核对、补充信息。居委会每个月通过一张“新增信息表”，一张“常态信息表”，实现信息及时更新，动态维护。通过形成块长主动发现、系统分派、部门处置、块长回访、监督考核闭环，促进了条块部门的工作协同。

形成三项工作机制

动态采集机制。根据居民小区、治理结构不完善的社区单位以及治理较好的法人单位三类情况，采用直接和间接两种不同采集方式：对于居民小区、治理结构不完善的社区单位居住人群，块长直接上门采集；对于治理较好的法人单位居住人群则通过单位联系人间接采集。集约化采集机制。根据初始、常态和新增3个不同的信息采集阶段特点设定相应流程，梳理整合各条线部门在街道社区的人口采集单机版系统和采集表格，将涉及12个部门、34类、232种、2 507项采集数据归并，形成人、房、专业信息采集表，初始采集信息仅72项。数据交换共享机制。各部门定时把相关数据沉淀到区县数据库，保证数据鲜活；日常采集的数据可及时上传到各条线，弥补条线的“信息陈旧，更新不足”。

（廖洪涛）

四、信息化支撑社会主义新农村建设

新农村信息基础设施建设不断完善

“十五”期间，为适应上海新一轮发展重心向农村拓展的趋势，全市加强了对农村信息基础设施规划的组织和指导工作。2006年，为配合上海“1966”城镇体系规划，同步配套建设适应未来发展和节约型社会要求的信息基础设施，进一步推进郊区信息化发展，市信息委制定并发布了《关于在社会主义新郊区建设中加强信息基础设施规划、建设和管理的指导意见》，明确了全市郊区信息基础设施建设规划、建设和管理的要求。

城镇信息化建设全面启动

市信息委针对城镇政务管理现状和流程开展课题研究，完成了《城镇信息化现状和发展趋势研究报告》。在前两年试点工作经验的基础上，印发了《上海市信息化委员会关于开展2006年城镇信息化建设的指导意见》。各郊区积极按照文件精神开展城镇内部办公网络和信息化应用系统建设。如闵行区召开工作会议，印发了《闵行区城镇信息化建设参考意见》，对各镇信息化工作分管领导和责任科室负责人进行了相关知识的普及培训，区政务网已铺设到9个镇、3个街道、1个工业区，并覆盖到所有村（居）委会。金山、松江、宝山等区县利用政务外网，构建镇级协同办事服务平台，受理区内各种事务。青浦在华新、重固、徐泾等镇试点经验加以总结的基础上，在全区范围推广城镇信息化工作。

金山区被列为首批国家农村信息化综合信息服务试点单位

根据信产部《关于推进社会主义新农村建设工作的意见》和《关于开展农村信息化综合信息服务试点工作的意见》等文件的要求，市信息委会同市农委、市委宣传部、各郊区区县信息委等相关单位，共同开展信息化支撑新郊区新农村建设工作调查研究，形成《上海市信息化支撑新农村新郊区建设调研报告》。在此基础上，制定了《上海市农村信息化综合信息服务试点方案》，并积极开展信产部试点申报工作。12月29日，信产部正式批复同意上海市金山区列为首批国家农村信息化综合信息服务试点单位。

（高 翔）

第二章 浦东新区信息化建设

概 述

2006年是《浦东新区国民经济和社会信息化“十一五”规划》实施的第一年，也是浦东新区综合配套改革试点实质性启动的第一年。浦东新区信息化建设以资源整合为核心，狠抓落实，突出重点，取得了显著的成绩。

一是完成规划计划及重点工作的前瞻性研究，发布《新区国民经济和社会信息化“十一五”规划》、提出《关于整合新区政务信息资源的建议意见》和《2006年浦东新区信息化工作要点》，确定政务资源整合作为2006年重点工作。二是信息化重点项目建设计划落实，组织完成一级预算单位18个项目立项的专家评审，资助金额2 294万元；运用后评估手段推动项目管理创新发展。三是市民中心综合信息平台、城市网格化管理信息平台、创新港信息化工程等区级重点信息化建设项目全面启动，进展顺利。四是科教文卫信息化建设全面发展，图书馆数据资源远程访问系统全国领先。五是集成电路产业蓬勃发展，IC设计业自主创新亮点频出，全年集成电路工业总产值194.29亿元，同比增长27.4%。六是加强政府诚信建设，推广诚信道德宣传教育，社会诚信体系建设效果显著。

2006年，“浦东新区安全生产监督管理信息系统”、“浦东新区食品药品安全诚信信息系统”被上海市信息化委员会评为“2006年度上海市区县信息化应用优秀成果”。新区信息委获得上海市信用制度创新成果奖。

（新区信息委）

一、政务领域信息化

【继续推进政府信息公开工作】2006年，浦东新区政府信息公开工作运行正常，政府信息公开咨询、申请以及答复工作均得到顺利开展。截至12月底，新区主动公开政府信息共7 729条，其中全文以电子化形式公开的信息数7 435条，达96.2%；共受理信息公开申请1 523件，其中通过公开受理窗口当面提交申请1 382件，传真申请1件，电子邮件申请2件，通过网上申请6件，信函申请17件，其他形式申请115件；接受市民咨询165 685次，咨询电话接听58 938次，当面咨询接待100 820次，网上咨询5 927次。全年，新区政府信息公开专栏访问量7 856.88万次。

（新区信息委）

【建立全区统一的司法行政一体化办公自动化系统】2006年，新区司法局充分利用新区已建成的连接到各街镇的通信网络，大力拓展司法局机关OA系统的功能，使之成为全区统一的司法行政一体化办公系统平台和指挥控制中枢。目前，已完成与16家基层司法所的连接，另外7家司法所由于独立在外没有安全网络或正在重新装修调整而没有接通。在积极组建通信网络的同时，新区司法局还积极拓展局机关原有OA系统的功能，进行必要的培训，使各街镇司法所工作人员均能使用全区司法行政统一的一体化办公自动化系统。由于该系统充分利用新区网络资源和司法局的办公自动化资源，采用了先进的网络技术，较全面地整合了司法行政各种资源，因此具有广泛的适用性。系统建成后，使新区司法局与各街镇司法所连成一体，在确保信息安全的情况下，方便用户使用，降低了管理成本，提高了工作效率。（新区司法局）

【新区司法局建立视频会议系统】2006年，新区司法局经多方调研决定通过软件方式建立联接到每位OA系统用户的视频会议系统。该系统是一种新兴的通信方式，不仅可以改变以往的会议模式，把身在不同地点的人员置于同一空间范围内，使他们可以"面对面"进行开会、研究和讨论，具有录音录像、网上投票、文件共享等多种功能，能有效提高工作效率，而且可以随时增加会议室，降低了工作成本。该系统核心部分为软件，成本仅为硬件系统的十几分之一，但在效果及功能上基本上能与之相媲美。此外，新区司法局通过服务器的双硬盘配置，将该视频会议系统通过市公务网与市司法局的硬视频会议系统相连，做到一专两用，切实做到科学管理，节省经费，方便使用。

（新区司法局）

【审计信息化项目（一期）建成并投入使用】2006年，新区审计局完成了审计信息化项目——"审计管理系统"部署与试运行。该系统是集审计业务管理和行政办公为一体的综合性业务管理系统，涵盖了审计局日常业务的方方面面。通过系统平台将审计工作进行有效整合，提高了不同工作层面间的数据共享，对审计工作的有序化管理进行了有益尝试。

该系统实现了从日常公文流转到审计计划、审计项目的全面管理，为审计现场实施系统和项目管理提供了交流平台，实现了管理系统与现场实施系统的交互，强化了审计项目的现场管理，为审计质量控制提供了较完备的手段。培训学习和信息资源等模块为审计机关提供了交流学习的平台，对审计人员知识面的扩展有较大帮助。

（新区审计局）

【新区社区（派出所）实时图像监控系统（一期）通过验收】浦东新区社区（派出所）实时图像监控系统（一期）建设项目是根据公安部、市委市政府以及市公安局要求的"科技强警"、"平安城市"的战略部署，按照市综治办《关于进一步加强社会科技防范设施建设的意见》及市公安局有关派出所实时图像监控系统建设具体要求，经详细调研制定相应规划。自2005年12月开始施工，共新建110个监控点，4个分控中心，2006年4月10日投入试运行，在上海合作组织峰会期间发挥了重要作用。该项目实现了4个派出所对辖区内主要路口、治安复杂场所和人员密集区域的实时监控，对提升相应社区科技防范能力、街面违法犯罪打击能力以及公安作战指挥能力发挥了积极作用。该系统与浦东公安分局现有图像系统兼容，同时保证市公安局也能调用这些图像资源，实现了资源共享，符合社区（派出所）图像系统的建设要求。

（新区公安分局）

【新区检察院成功开发推广全国首创"行政执法与刑事司法信息共享平台"】2006年，新区检察院设计开发了全国首个"行政执法与刑事司法信息共享平台"系统。该平台以提升执法监督能力为核心，以加大打击破坏市场经济秩序犯罪力度为重点，依托电子政务信息网络，使整顿和规范市场经济秩序工作在管理模式创新、信息资源整合、执法衔接紧密、增强打击合力等方面得到有效提升，有力促进了新区市场秩序健康发展。该共享平台已在全市推广，运用信息共享平台开展执法衔接工作由浦东特点发展为上海特色，并荣获上海市检察信息化自主创新活动成果一等奖。

（新区检察院）

【正式启动"检察办案软件的深化——业务智能分析决策平台"建设工作】2006年4月，新区检察院正式启动"检察办案软件的深化——业务智能分析决策平台"建设工作。该平台在整合内部业务数据基础上，实现了处室业务动态管理、统计分析、预警平台、个案全流程跟踪、法律文书全文检索、案件督导等管理功能的开发，对促进检察业务规范化建设、提升检察业务建设和队伍建设的水平具有推动作用。同时，通过统一的门户，分析平台还运用智能分析等先进信息化技术，能对整合的业务数据进行分析和统计，形成业务分析、治安形势分析、办案绩效分析等专题分析，为办案质量评估、领导辅助决策、犯罪趋势研究等提供科学依据。11月，该平台在上海市检察信息化自主创新活动成果评选中荣获二等奖。

（新区检察院）

【打造先进的档案信息支撑平台】2006年，新区档案局利用建设档案新馆的契机，按照国际先进、国内领先的要求"三网一库"并进、数字档案馆建设目标，投资3 000多万元，建设物理隔离的局域网、政务网和互联网3个网络系统组成新区档案新馆信息支撑平台。局域网络平台是整个档案管理综合数据库的核心，新区档案局制定了在线利用存储、近线管理存储、离线备份存储"的三线存储方案。其中在线量为6T，近线量为20T，离线量为20T，硬件基础平台充分适应档案现代化管理的需要。

（新区档案局）

【新区数字档案工程和文档一体化系统全面推行】2006年，新区印发了浦委办发（2006）112号文《关于实施数字档案工程和文档一体化系统的通知》文件，出台相应的规范性文件和实施细则，各机关、街镇系统档案室安装了新区档案局开发的统一的文档一体化软件，使新区档案信息化建设有了体制和资金保证。全年完成1993～2003年新区各机关街镇系统档案17万余卷的全文数字化任务，完成产证档案、土地档案、社员造房档案30多万卷，26个项目重大工程项目竣工档案等15万多页，古籍书数字化187部7万多页；完成新区65家单位的全文数字化扫描工作，档案全文数字化工作逐步向二级单位延伸；各类档案数字化容量达到3 000G以上；顺利完成《上海市档案信息化建设实施意见》要求的新区率先实现重要档案的全文数字化、建设档案数字化应用示范基地的任务。

（新区档案局）

【规划一书两证注记工作做到新区全覆盖】随着浦东新区六大功能区的先后成立，新区一书两证项目审批工作重心由新区发改委规划部门向各功能区规建处转移。

为了全面掌握新区一书两证项目的审批情况，除了严格要求功能区所有项目必须通过“浦东新区规划管理网上审批信息工作平台”进行审批外，从2006年3月起将功能区的一书两证审批结果正式纳入规划注记范围，新区一书两证注记工作实现全覆盖，成为新区发改委规划信息公开工作中必不可少的信息检索环节，发挥了重要的基础作用。

（新区发改委）

【上海浦东网英文版改版开通】2006年1月1日，上海浦东网英文版改版正式开通运行。此次改版秉承“立足现有功能、借鉴同行优点、开创服务精品”的思路，努力建成一个页面美观、功能齐全、内容完整、运行高效、使用灵活、维护方便、易于扩展、安全可靠的政府对外门户。新版上海浦东网英文版有三大特色：一是较强的对外宣传展示功能。新版上海浦东网根据外国人的阅读习惯，开设了英语新闻、浦东概况等栏目，及时向全世界介绍浦东开发开放的辉煌成就。二是深度的资源整合。此次改版整合了新区各行各业大量的英文资料，涉及生活、工作、旅游、投资等各个方面，并以恰当的形式在英文版网站投资、生活旅游、城市名片等栏目中充分展现。三是技术架构的灵活性和可扩展性。此次改版技术上采用主流的Brower-Server架构，具有强大的可扩展性和部署的灵活性。

（新区电子政务中心）

【积极开展行政审批电子监察工作】2006年7月24日，新区行政审批电子监察系统正式上线运行。该系统以规范行政审批行为、提高行政审批效能为目的，运用现代电子技术手段，对行政审批办理情况进行实时、全程和自动监控。系统运行以来，边试行、边修改、边补充、边完善，各项功能已基本完善，能实现对行政审批事项办理情况的实时自动监控，可以监察到政务公开、审批时效、流程规范、收费合理、满意与否等情况。截至年底，共有11个委办局的93个事项进入电子监察系统，占审批事项的29%。

（新区监察委）

二、社会领域信息化

【新区卫生信息网工程全面建成】2006年，浦东新区卫生信息网工程全面建成并顺利通过验收。新区卫生信息网设计了卫生信息外网(www.pdph.sh.cn),能够提供除卫生政务公开、健康宣教、法律法规查询、导医指南等各类服务以外，还提供健康咨询、网上直播、医院门户网站整合、在线从业人员健康检查结果查询、自助家庭健康档案建立（含高血压自管理、糖尿病自管理、小儿生长发育自管理等）、在线计划免疫查询等内容，使更多的卫生信息能通达到群众身边，服务更多、更广泛的群众。针对领导、管理人员、业务人员信息应用的需求，新区卫生信息网同时实施了具备完善安全措施的内网（www.pdh.sh.cn)，其整体构架更加清晰明确，具有前瞻性。建设的内容包括数据交换共享平台、应用安全系统、GIS地理信息应用平台、卫生信息网内外门户、疾控中心内外网站等，基本实现“数字疾控和数字妇幼保健”。

在整个系统运行环境上，新区卫生信息网工程完善了网络系统，目前连通了新区51家医疗卫生机构；具备比较完善的系统安全和入侵防范能力。卫生信息网还部署了SSL VPN的远程接入系统，系统用户的覆盖面更加广泛；部署了18个节点的硬件视频会议系统，充分利用网络优势实现实时视音频交流。

（新区社发局）

【大力实施《浦东新区基础教育信息化工作（2005～2007学年）行动计划》】2006年，新区社发局围绕《浦东新区基础教育信息化工作（2005～2007学年）行动计划》，以应用引领发展，加快新区基础教育的现代化进程。

针对基础教育信息化环境方面，一是实施多媒体进教室“班班通”。完成全区高中、完中、初中和小学一至三年级每班一套固定多媒体配备工作。二是加强网络运行、管理和安全保障。在教育专网中部署内容监测软件、网络管理软件和网络监测软件，实施校园网应用网上月报制度，确保新区教育网和校园网安全稳定运行。

针对教育信息化应用项目建设方面，一是推进应用系统和平台建设。全面启动和实施学科教学资源库、视频案例库、学生学习质量监测体系等六大教育信息化应用系统和平台建设，提高新区教育信息化数据共享和资源整合水平。二是推进教育门户网站建设。2006年，新区社发局教育门户网站进行全面改版，提升服务功能和水平，营造学校、社区、家庭联动的信息化网络环境。

针对教育信息化应用经验和成果推广方面，一是开展教育信息化综合运用实验学校建设。完成浦东新区20所“教育信息化综合运用实验学校”实验和评估工作。二是开展新区4所学校经验成果推广工作。实施浦东教育发展研究院和各教育署对不同基础学校教育信息化工作的分类管理和指导，为新区实现教育信息化工作目标作了有益尝试。三是开展丰富多彩的信息化竞赛和成果展示活动。主办“第十届全国小学信息技术与课程整合观摩展示会”，承办“第七届全国中小学电脑制作活动作品面试及电脑机器人竞赛活动”。

针对教育信息化评估工作方面，一是开展教育信息化项目评估工作，完成对2004年立项的38个教育信息化项目评估工作。二是开展浦东教育信息化建设（2001～2005年）项目效益评估工作，完成对浦东教育信息化建设（2001～2005年）项目效益评估工作。三是开展中小学教育信息化专项督导评估试点工作，完成对8所中小学教育信息化专项督导评估试点工作。

（新区社发局）

【新区图书馆数据资源远程访问系统全国领先】浦东新区图书馆为落实“文化浦东”和“文化下社区”的精神，加强文化资源共享和文化服务网络建设，2006年，建设了数据资源远程访问系统，实现图书馆内部数字图书馆资源和大量全文数据库的远程访问，突破了图书馆的地域界限，在全国公共图书馆中处于领先地位。新区图书馆现有清华同方数据库、超星全文数据库、维普期刊数据、中国咨询行、万方数据库、国研网等7T的数据资源，都可以实现远程访问。该系统的建设将极大地丰富浦东居民的文化生活，居民将来只要在就近的社区文化中心就可以访问到图书馆资源。该系统目前已经使用于新区政府各委办局，为政府办公人员零距离查阅资料提供了非常方便的信息平台。

（新区图书馆）

【新区开通“浦东双拥网”】2006年7月28日，“浦东双拥网”（www.pdsy.gov.cn）正式开通。网站设有双拥视野、社会拥军、优抚安置、长城颂歌、军民共建、双拥创建、政策法规、国防教育等10余个栏目，内容丰富多彩。网站由新区政府门户网站技术支持，统一托管，日常维护。网站的开通是新区建立、完善双拥宣传教育全覆盖机制的新举措，是传递双拥信息，宣传双拥法规，交流双拥经验，服务军地对象，促进双拥政务公开，增进军地了解的崭新平台，可以让社会各界更多地了解双拥工作、支持双拥工作、增强双拥国防意识，为争创全国双拥模范城“两连冠”谱写新的篇章。

（新区劳保局）

【新区启用培训补贴信息管理系统】2006年，新区职业技能开发中心设计开发的培训补贴信息管理系统正式启用。该系统的启用使培训补贴工作有了真正的集查询、统计功能于一体的工作数据库，能够实时汇总、分析费用补贴的相关信息，多角度分析补贴经费使用情况，并可通过信息比对有效控制培训补贴的享受次数，为培训补贴工作跟进及相关政策分析提供客观依据。

（新区劳保局）

【金桥镇信息化建设取得成效】 2006年，金桥镇通过VPDN技术，全面连通镇范围内的所有居委，建设各个居委特色网站；开通居委BBS，与金桥镇内网以及OA办公系统连接，并通过试用，将居委网站连接到外部网络，使信息化的建设延伸到社区；建立了外部服务器设备，为社区信息化建设作好硬件保障。

金桥镇开发了手机短消息通知系统，对于发放重要通知、节日祝福、内部通讯做到便捷、快速，探索推进机关行政办公无纸化。同时，开发了对于新邮件到来有自动提示功能的邮件提醒系统，使新邮件不用登陆OA办公系统，也能及时查收。2006年，完成内网第三次全面改版，对内网的功能模块重新划分，全年发布消息多达到450多条；启用网络管理软件以及企业版的杀毒软件，对全网的网络数据以及流量做到很好控制。

金桥镇信息化普及速度加快。建立金桥大学校远程教育系统一期，通过搭建网络教育平台的形式，把知识通俗化、趣味化，便于社区居民学习；搭建新型的志愿者网络一期平台，对志愿者认证体系和激励体系进行管理，对志愿者活动进行网上招募，扩大志愿者的影响力。

（金桥镇）

【信息化助洋泾街道飞速发展】 2006年，洋泾街道配合新区陆家嘴功能区管理委员会进行系统集成、信息资源整合、信息共享，使街道能更好地与陆管委及其他4个街镇互联互通，实现信息相互交流，进一步推进街道信息化工作。一是街道更换现有OA系统，采用互联网的办公自动化系统，实现文件、信息等全部网上传阅，大大提高行政审批效率。二是为了及时反映街道工作动态，实现与陆管委及其他4个街镇之间的信息共享，促进街镇之间交流，街道与互联网公司共同建立洋泾街道信息平台。3～12月，首页面共发布图片新闻101篇，工会动态137篇，社区快讯12篇，并及时反映街道的日常工作。

（洋泾街道）

【社区建设再上台阶】 2006年，金桥功能区积极调整城管署内设机构和人员，有效推进城市网格化管理办公中心平台建设、提高行政管理与执法效能；功能区结合基层社区服务窗口效能建设，下拨财政补贴，整体推进各街镇“一门式”服务项目，形成覆盖全区域立体化的社区事务受理网络，促进了金杨的“双试点”、沪东的人口信息与市政管理网格化、浦兴的实有人口管理、金桥和曹路镇的来沪人员管理与社区事务受理等试点项目的开展。

（金桥功能区）

三、经济领域信息化

【新区消费市场信息快速反应系统夯实基础数据采集】 2006年，浦东新区继续拓展消费市场信息快速反应数据采集点，新增数据采集点112个，目前总共达472个，零售额占新区消费品市场零售额60%。消费市场信息快速反应系统以大卖场、购物中心、连锁商业、汽车市场、星级宾馆等八大行业为基础开展统计分析，实现市场波动快速反应、统计分析、企业信息查询功能和决策咨询辅助功能，完善新区市场运行监测和分析体系，形成以信息发布、业态引导、业务咨询、中介服务等为主体的管理服务体系，为宏观调控、领导决策、招商引资和企业经营决策提供服务。

（新区经贸局）

【新区加工贸易电子联网审批管理系统应用不断升级】 加工贸易电子联网审批管理系统是商务部为实施有效的加工贸易管理，授权中国国际电子商务中心（CIECC）建设的全国统一的加工贸易企业和政府应用网络支撑平台，是以政府审批管理体系、数据采集申报体系、信息服务技术支持体系三大部分组成的“加工贸易服务促进体系”。该系统于1998年开始启用，随着加工贸易管理的不断深化进行同步升级，形成了功能不断完善的加工贸易电子联网企业申报系统（企业端）和加工贸易电子联网审批管理系统(审批管理端)，新区加工贸易企业和加工贸易管理机关——浦东新区经济委员会均使用系统提供的三种模式。2006年，新区共有130多家企业采用JM2000C/S模式，100多家企业采用JM2003 C/S模式，180多家企业采用B/S（加工贸易WEB申领系统）模式。

（新区经贸局）

【空港保税物流园区信息化建设加速发展】2006年，空港保税物流园区经济领域信息化主要体现在金融服务方面，诸如电子支付、电子担保等。⑴口岸支付“一卡通”可以提供的服务有：支付进出口关税、进口增值税、反倾销税、消费税等20余种税费，另有预约付款、代发支付指令等个性化服务，同时能与多家银行合作提供清算服务；⑵电子担保则是根据进出口税费担保的有关规定，以电子的方式由银行对区内纳税企业在一定时期内申请交纳的进出口税费进行总担保，从而加快整个进出口流程效率，提高企业的资金利用率。

（空港保税物流园区）

【新区农业信息化工作取得可喜成效】2006年，新区农业信息化工作按照年初制定的计划和目标，有效开展各项工作，取得可喜成效：信息网络体系不断完善，信息传递通道不断扩充，信息服务功能不断拓展。具体表现为：“浦东农网”进行再次改版；搭建了浦东农业科技信息发布网络平台（短信平台）；抓好信息发布和电子业务平台管理；完善信息员队伍建设；完成《浦东农讯》半月刊的发行任务；同时配合市农委抓好为农综合信息服务站等一系列工作。

（新区农委）

四、城市建设和交通领域信息化

【新区推出公交服务市民互动信息系统】2006年4月18日，浦东新区推出公交市民互动信息网（WWW.58752222.COM）。市民只要发送短信到“13918244421”就可以从浦东公交服务手机短信平台得到公交换乘、周边站点和公交线路等信息资源，为出行提供便利。市民在使用中遇到问题，还可以拨打服务热线电话“58752222”进行咨询。

该系统以新区建设交通委综合交通地理信息系统为基础，将地理信息系统技术、计算机技术、数据库技术、互联网技术和移动短信平台技术有机结合的先进的现代化综合交通信息服务系统。手机短信查询采用全自动无人值守的信息技术，查询速度快，达到闲时2秒钟，忙时一般不超过3分钟，而且查询准确率高，费用低。使用过手机短信查询平台的市民普遍反映该系统方便、实用、很有帮助，尤其是对上海公交不太熟悉的人，更是赞不绝口。开通以来，公交服务市民互动信息网站点击访问、手机短信查询收发平均每天达到目1 000多人次，服务热线电话接听每天200多人次。

（新区建交委）

【探索城市网格化管理新模式】2006年，新区基本建成区级和功能区域两级网格化信息平台，自主研发领导移动督办呼叫系统；在146平方公里区域内划分了4 684个万米单元网格，排摸部件141万个，联通了130家城市管理相关职能部门，编制和完善了6本指挥手册，明确纳入城市网格化管理的84种部件，32种事件的责任归属、管理流程和管理机构，并组建了178人的监督员队伍在区域内进行巡查。

新区城市网格化管理系统自2006年5月运行以来，在提高城市管理水平方面取得了明显成效：一是城市管理问题得到快速有效处置。从5月29日开始试运行截至12月28日，监督员共上报城市管理问题27 209件，日均发现问题183件，共计有效立案22 007件，结案20 669件，结案率为93.9%，日均处理各类城市管理问题139件。二是促进政府职能转变。通过编制指挥手册、信息平台和“四级派单制”，对城市管理职能进行全面梳理，提高了城市管理问题的解决能力。三是整合行政资源。通过网格化平台，已整合了130个相关职能部门进入网格化管理系统，形成了区、功能区、街镇联动的工作网络，充分发挥协同效应。四是探索城市管理向社会管理深化的平台建设，积极整合社会信源。网格化信息平台与“12319”城建服务热线联动和“58606677”环境热线信息实行共享，使更多社会信源进入网格化系统，使许多难以解决的无人管或多头管理难题迎刃而解。

（新区网格办）

五、信息基础设施

【新区人口库建设启动】2006年下半年，新区启动人口库建设，一期目标是建设实有人口（包括户籍人口和非户籍人口）中的来沪人员库，同时建设覆盖23个街道镇的居住证管理系统。根据部署，建成后的居住证管理系统将按照数据“统一标准、一口采集、条块共享”和服务“属地化、集约化、一门式”原则，实现各区县依托居住证对来沪务工人员进行综合管理和服务。居住证管理系统中来沪人员数据在新区落地后，将通过前置机导入到新区实有人口数据库，为各区县进行宏观调控和资源配置提供依据，给区级单位提供数据共享。（新区电子政务中心）

【新区发改委基层单位网络安全保障体系初步建成】2006年初，新区发改委以“信息化服务由机关向基层单位转移”为工作目标，圆满完成基层单位网络安全保障体系的建设任务。目前，新区发改委所有基层单位的计算机网络入口都有网络安全防火墙守卫，内部每台计算机都有网络防毒系统保护，网络的信息交换有了高性能交换机的高速吞吐，性能优异的服务器则充当了网络办公自动化的心脏，为2007年新区发改委系统办公自动化的大运转、大循环创造了条件。

（新区发改委）

【上海信息安全公共服务平台在张江开通】2006年7月18日，新区科技公共服务平台建设项目之一——上海信息安全公共服务平台在张江高科技园区开通运行。该平台的开通将在资源共享、公共服务等方面发挥重要作用。面向公众，该平台将提供如下服务：信息安全主流技术、产品发布等信息服务；计算机软硬件故障维修、病毒及黑客攻击防御与修复方法咨询服务；系统或应用程序安全漏洞通知、安全补丁管理及病毒警报等安全风险提醒服务；网上安全在线交流及咨询服务；在线学习和自测服务；信息管理数据库查询服务；信息安全在线扫描评估服务；在线演示高水平安全产品功能服务等。此外，平台还将利用相关资源支持国家信息安全高级专业人才培养、支持全民信息安全社会化培训以及提供安全咨询，安全方案优化、重大事故现场环境模拟分析、应急系统模拟演练等信息安全专业服务。

（新区电子政务中心）

六、信息产业

【集成电路产业蓬勃发展】2006年，新区重点发展100纳米步进光刻机、12英寸干法刻蚀机和CVD装备、聚焦离子束（FIB）、CMP用化学品、光刻掩膜版等集成电路产业，不断集聚新项目、新企业，推动产业规模持续扩大。集成电路工业总产值194.29亿元，同比增长27.4%，仅前三季度销售额就达195.2亿元，占全市68.86%；其中3家芯片制造业为94.55亿元，36家设计企业实现销售额9.35亿元，14家封测企业销售额为83.92亿元，8家设备材料企业销售额为7.38亿元，设计、制造、封测的产业链日趋合理，以设计业为突破，制造业为主导的自主创新格局逐步显现。

【IC设计业自主创新亮点频出】2006年，新区集成电路自主创新成果不断涌现。展讯（通讯）以GPRS和TD-SCDMA基带芯片研发为主，自主创新已取得很大成功，预计2006年营收可达6～8亿元；鼎芯（通讯）自主创新设计的TD-SCDMA射频收发器芯片，是国内最早研发成功的同类芯片，而且作为完整芯片组，在美国旧金山召开的全球顶尖ISSCC（国际固态电路会议）上发表，在中国大陆是首次，也是浦东芯片设计业自主创新的丰硕成果之一。同时，以中芯国际为代表的制造业，12寸线正在建设中，技术水平已到90nm，在国内处于领先水平。

【创新源泉和动力不断增强】2006年，清华大学上海微电子中心、北京大学上海微电子研究院、复旦大学微电子学院、交通大学信息安全学院等已聚集浦东张江；中兴通讯、厦新电子、华科汽车电子、创新科技、AMD研发中心、飞思卡尔中国总部等也都在张江谋求更大发展。同时，国家级的上海集成电路研发中心在“十一五”期间将得到国家全力支持，在IC工艺研发、IC装备试验等多方面为产业创新提供支持，为上海微电子产业化基地建设提供保证。

【软件产业发展迅速】2006年，以张江浦东软件园为核心，陆家嘴、金桥、外高桥软件分园为分支的“1+3”软件产业基地迅速发展，稳步向中国软件产业的技术创新中心、软件开发中心、软件交易中心和软件人才培训中心的目标迈进。新区软件企业年销售额超过1亿元的重点软件企业约有20家，国家规划布局重点软件企业12家，占全市48%。盛大网络和第九城市以动漫设计与网络游戏为特色，已占据国内动漫网络市场的主导地位；拥有自主知识产权、具有国际先进水平的普元公司EOS构件平台已成为上海软件知名品牌；复旦金仕达软件有限公司在国内期货软件市场上占据了65%左右的份额。

【软件产业的技术能级显著提升】2006年，具国内先进水平、浦东特色的浦东软件产业技术增值服务平台建设完成，从而构成了新区完整的软件产业技术支持体系，并在国内软件产业界起了良好的示范作用。目前，新区有22家软件企业技术开发机构通过认定，有38家企业通过CMM3级论证，有8家通过CMM4和CMM5认证。

（新区科技局）

七、信息化环境

【完成《浦东新区国民经济和社会信息化“十一五”规划》制定】①以资源整合为核心，构建一流的电子政务应用体系。到“十一五”期末，力争使90%的行政许可事项实现网上办理，构建起新区高效、安全的电子政务一体化应用体系。②以“电子口岸”和“金融信息服务”为特色，构建一流的经济信息化应用体系。到“十一五”期末，使新区成为长三角和长江经济带的金融信息服务业聚集区和服务中心及亚太地区最活跃、最规范的电子商务交易区。③以营造和谐社区为目标，构建一流的数字化社区管理和服务体系。到“十一五”末期，政务外网与街镇、村（居）委会的互联互通实现100%接入，每千人互联网用户数达485人。完善推广社区事务受理中心事务处理信息系统，推动一批信息化小区建设。④以公益性领域发展为主导，提升社会公共服务水平。到2010年，建成统一的教育、文化、卫生、体育网络；基本实现社会公共服务领域重要信息资源数字化。⑤以空间地理信息为基础，构建一流的智能化城市管理体系，实现可持续发展的城市智能化管理模式。⑥以资源优化配置为手段，提升功能区域特色优势，实现“区镇联动、城乡一体发展”。⑦以发展软件和数字内容产业为重点，提升信息服务业增长能级。到2010年，信息服务业实现经营收入1 000亿元，占全市信息服务业50%，占浦东GDP的比重达12.5%，成为中国信息服务业的中心。

（新区信息委）

【完成财力统筹专项资金预算计划及科技基金信息化专项的立项工作】依据财力统筹的管理意见，在与新区财政局、新区发改委共同开展调研基础上，新区确立了2006年预算计划，并完成一级预算单位18个项目立项的专家评审，资助金额2 294万元，保证了包括新区行政电子监察系统、信访信息系统、创新港信息化工程、数据备份中心、公检法业务协同办案信息系统等新区重点项目的建设资金，圆满完成2006年财力统筹资金预算计划；制定2006年科技发展基金信息化专项项目指南上网发布，接受企业和社会机构项目申请37个，通过评审11个，验收项目13个，资助金额616.8万元。

（新区信息委）

【政府正版软件安装和认证按计划进行】2006年，新区下发了《关于正版软件发放的通知》和《政府机关使用软件调查表》，对政府部门现有计算机种类、数量和使用软件是否具有合法的授权等方面进行再次调查核实，落实新区正版软件推进费500万元。目前，新区办公中心大院内已完成1 157台电脑、30台服务器的安装和认证，圆满完成年度计划。

（新区信息委）

【开展国家机关工作人员信息安全培训】 2006年7月12～14日，为加强信息安全保障工作，新区信息委联合上海交通大学信息安全工程学院共同举办“浦东新区国家工作人员信息安全培训”，来自新区各委办局、各功能区域以及各街（道）的50多名信息化工作者参加培训，全部通过考试并获得培训合格证书。

此次培训对如何在建设好系统的同时解决信息安全问题，如何把合适的安全技术应用到信息中心日产管理中去，遇到安全突发事件，如何确保系统正常进行、保证业务的连续性等实际问题进行了有针对性的培训和示范。通过学习，学员不仅增强了应对问题的能力，而且加深了对信息安全理论、机制及其重要性的认识，掌握了更多的信息安全策略及技术。

（新区电子政务中心）

【颁布《浦东新区人民政府门户网站信息管理暂行规定》】 2006年11月20日，新区政府第89次常务会议审议通过了《浦东新区人民政府门户网站信息管理暂行规定》。该《规定》明确：①要确立以社会和公众为中心的理念，充分发挥政府网站政务公开、信息公开、网上服务等功能，同时关注公众的意见和需求，改进和创新网站建设工作，在统一高效的政府政务信息平台上为社会提供全方位的服务，促进政府办事效率和管理服务水平的提高。②各有关单位要进一步落实新区政府门户网站信息管理责任制，要重点强化市民中心这一政府事务集中办理平台的功能，逐步实现市民中心管理服务功能与社会、民众的信息对接。③要按照《暂行规定》的要求，确保办事及时受理，信息及时更新，动态及时发布，诉求及时反馈；从整合系统资源和信息资源入手，以政府门户网站为依托，统一标准、统一管理，逐步实现新区网站群之间的互联互通与信息共享。

（新区电子政务中心）

【举行“张江杯”网络知识技能大赛】 2006年5月，为促进“互联浦东人”信息化培训的全面实施，新区妇联、新区科协、张江镇人民政府联合举办“互联浦东人”信息化培训——“张江杯”网络知识技能大赛。此次大赛以“礼仪家庭，数字生活”为主题，以“视频世界，指键生活”为宣传口号。5月13日，在网上点击初赛的基础上，共有30户家庭参加了在张江中学举行的决赛，共决出特等奖1名、一等功2名、二等奖4名、三等奖8名、鼓励奖若干名。

（新区妇联）

八、社会诚信体系

【成功举办以“我心目中的诚信政府”为主题的区长网上办公会】 2006年11月27日，新区举行第23次区长网上办公会，就“我心目中的诚信政府”这一主题，张学兵等5位区长与广大市民进行了1个半小时的在线互动。与会者肯定了新区在树立诚信政府方面取得的成绩，同时建议：塑造诚信政府不仅要靠制度，还要靠手段，要大力推广电子签名等现代信息技术；要利用社会监督的有效形式，进一步促进政府部门和工作人员的服务质量提高；要依靠各种宣传平台对政府涉及民生的重大决策广泛征求百姓意见；要注意言必行，言行一致，并结合实际工作注意创新。新区从开辟多渠道、建立工作机制、强化监督检查三方面，推动深化政府信息公开。为推进新区社会诚信体系建设，提升国际竞争“软实力”，新区政府向世界打出“诚信”名片。

【率先探索在知识产权质押担保中使用信用产品】 上海中药制药技术有限公司自行研发的“树脂膏剂及制备方法”发明专利以“专利独占实施权”形式，通过信用服务机构评估以1 211.8万元的评估值质押给银行。该信用报告获得工商银行张江支行认可，为企业融资贷款200万元。新区在通过信用评估使知识产权质押担保取得贷款方面率先实现成功的探索，获得上海市信用制度创新成果奖。

【以诚信单位创建为抓手，开展信用管理岗位培训】 2006年，由新区信息委、劳动保障学会共同组织、上海豪格企业信用征信有限公司实施的信用管理岗位培训班开班，新区劳动保障学会近150家企业参加。劳动保障诚信工作是企业诚信体系建设的重要内容，而信用管理岗位培训班的举办是新区创建劳动保障诚信单位建设工作与市企业信用岗位培训要求的成功结合示范，既丰富了新区创建劳动保障诚信单位建设的内涵，又使推进企业信用岗位制度建立有了具体抓手，得到企业的热烈响应。该培训班的培训内容包括“信用、市场经济与文化”、“经济转型期面临的主要挑战和风险”等，参加培训的近150名学院获得了市人事局、市信息委联合颁发的信用岗位培训合格证书。

【新区食品药品安全诚信信息系统建成】《浦东新区食品药品安全诚信信息系统》是一套综合网上审批、数据交换、GIS和WEBGIS技术信息的管理系统，可实现内外网数据交换，可进行食品药品行业分析决策和行业信息管理，能发布基于WEBGIS形式的食品药品行业行政许可主动公开信息和依申请公开信息。该系统覆盖了市食品药品监管局浦东分局的行政审批、行业监管、行政办公、信息公开等内容，把食品药品一体化和综合监管推向新的高度。该系统既体现了食品药品行业管理的共性，又展示了新区食品药品行业管理在电子政务中的融合和资源共享的经验，实现网上行政审批管理、食品药品安全信息应急处置、辅助领导决策分析和诚信信息的公开发布，成为食品药品监管和日常业务工作开展的一个重要手段。

（新区信息委）

第三章 徐汇区信息化建设

概 述

2006年，徐汇区信息化工作全面贯彻落实科学发展观，进一步加强区域信息化、社会诚信体系、政府信息公开等方面建设，各项工作取得显著成效；继续开展国家"地区电子政务原型试点（空间地理领域）"，项目通过专家验收；承办2006年"信用长三角"高层研讨会（2006'上海），形成"信用长三角"徐汇宣言；开发土地储备业务及GIS系统，在提高业务工作效率的同时，降低土地储备成本，为各级领导的宏观决策提供信息化支持；落实《徐汇区企业信用产品使用暂行办法》及其配套的具体实施细则，采取政府和企业分担采购的方式，并对采购的信用产品实施质量抽查；依申请公开业务系统上线运行并根据实际情况完善，系统覆盖全区50余个政府部门，进一步推进了各单位的政府信息依申请公开工作；在推进"一口受理，协同办理"社区综合业务管理系统同时，提出社区事务受理服务中心实施标准，完成系统一期开发及在2个街道的部署，并根据全区统一安排提供一门式系统的信息化支撑；配合完成社区发展规划，积极推进全区各社区事务受理服务中心建设；发挥一体化信息化基础设施效应，结合统一的电子政务框架，支持完成区网格化管理系统建设；配合区人大完成换届选举登记，提供技术支撑，帮助建立选民登记工作系统，通过GIS实现分析选民登记情况。

2006年，"徐汇区企业信用服务系统"、"徐汇区外经委业务审批管理系统"被上海市信息化委员会评为"2006年度上海市区县信息化应用优秀成果"；"徐汇区一口受理信访信息系统"荣获"上海市信息化优秀项目（2003～2005年）"。 （杨 彪）

一、政务领域信息化

【深入推进政府信息公开工作】2006年，徐汇区在政府信息公开方面，坚持"以规范促落实，以服务求实效"，主要工作有："徐汇区政府信息依申请公开业务系统"上线运行；区保密局下发《关于加强我区政府信息公开保密管理的通知》，开展单位自查并组织抽查，完善保密审查制度；贯彻落实市监察委、市信息委《关于公开有关电话号码方便人民群众办事的通知》精神，完成13个街道（镇）公开电话号码工作；召开区政府信息公开联席会议，审议《徐汇区政府信息公开指南》和《徐汇区政府信息目录》的更新工作，讨论关于政府信息公开中的有关法律问题；按照"一口受理、内部流转、分别处理、一口送达"的原则，区政府信息公开联席会议办公室下发《关于进一步规范政府信息公开集中受理点工作的通知》；完成《徐汇区政府信息公开指南》和《徐汇区政府信息目录》的更新和发放；开展政务公开（政府信息公开）自查，接受市督查组重点督查；召开区信息委、区政府法制办、区档案局以及各主要依申请公开处理部门参加的培训交流会，完善申请处理和业务系统使用中的运作机制和系统功能；年内，进一步调整充实了以区"三风"监督员为骨干的检查员队伍，重点对区政府门户网站和重点服务"窗口"单位的信息公开情况进行定期和不定期的检查，并对发现的问题及时反馈；组织完成全区上半年、下半年免予公开政府信息报备和重大决定草案公开情况备案工作；开展全区各政府机关每月信息公开统计汇总并上报，落实开展全市政府信息公开的评估工作。

2006年，出版《徐汇区人民政府公报》6期；共主动公开政府信息1 299条，其中新增210条；受理信息公开申请231件，已答复197件申请；接受市民咨询19 783次，其中咨询电话接听14 003次，当面咨询接待5 226次，网上咨询554次；"上海徐汇"政府门户网站中政府信息公开专栏访问量为814 178次；发生针对本区政府机关有关政府信息公开事务的行政复议案25件，行政诉讼案4件。

【进一步深化电子政务应用】2006年，区信息委进一步完善、深化区公务员服务系统（公务员门户）建设，开发完成了统一消息系统、项目及缺陷管理系统，进行基于用户身份验证的互联网访问，完善、升级了日历共享系统、会议安排系统、统一授权系统、知识库管理系统、短信平台等应用系统。

【区整规办建立监管系统平台】2006年1月13日，区整顿和规范市场经济秩序工作会议举行，全市首个市场秩序规范监管系统信息平台同时开通。该平台实现了21个成员单位和区法院、检察院、13个街道镇监管系统的全覆盖，居民的控告举报可以通过网络实现快速受理，案件移送办理和追踪互动等信息也实现了有效衔接。

【区国资委举办国资监管信息系统讲解培训会】2006年3月2日，区国资委就《徐汇区国有独资公司投资监督管理暂行办法》等3个规范性文件下发和国资监管信息系统统一试运行召开讲解培训会。国资监管信息系统于2005年开发建设，是全市国资系统第一家使用的网上实时监管系统。系统借助网络和计算机技术对企业实现实时监管，主要侧重于对企业的财务监管，能够对企业重大事项和财务数据进行及时报告与预警，还可以调取二级公司的财务数据与财务账套，并进行对比分析，及时防范风险，同时使集团层面能全面掌握下属公司的财务和风险状况。根据工作需要，系统也将企业党、团、工等信息纳入监控范围，重点对职工上岗情况和薪酬情况进行及时跟踪和考核。该系统已在区属国资归口的71家企业中推广使用。

【开展区社区卫生服务信息系统建设一期项目论证】2006年3月2日，区卫生局会同市卫生局妇基处、疾控处、市卫生局信息中心、市疾病预防控制中心、区信息委等部门，在华泾社区卫生服务中心举行徐汇区社区卫生服务信息系统建设一期项目（居民健康档案和高血压患者动态管理系统）专家论证会。与会专家一致认为该项目符合社区卫生和信息化建设的相关政策，为实现区域及市域信息共享提供可行的依据，适宜向区内其他社区推广。

【区外经委举办业务审批系统和企业数据库管理系统培训】2006年3月17日，区外经委举办全员培训活动，开发公司详细介绍了外经委业务审批管理系统的设计运用、操作流程、使用技巧、内外网契合等内容，并与业务科室进行了互动交流。区外经委通过区外商投资企业数据库，实现了外经委门户（wjw.xh.sh.cn）与内部业务审批系统的内外网数据交换、企业网上查询项目审批进程、网上上报月度报表等功能，方便企业办事。

【区“地区电子政务原型试点（空间地理领域）”项目通过专家验收】2006年3月23～24日，按照国务院信息化工作办公室要求，市信息委组织有关专家，对区承担的“地区电子政务原型试点（空间地理领域）”工作进行验收。专家组听取了项目总结报告，审阅了试点实施方案、计划任务书、指标体系（草案）、管理规范、用户报告等成果文档，并进行了质询和现场考察。专家组认为，试点工作按照国信办下达的“地区电子政务原型试点”有关要求，完成了《计划任务书》规定的目标任务，在应用服务模式、指标体系、交换平台、协同应用、管理规范等方面进行了有益的探索，积累了可供借鉴的经验。专家组一致同意通过验收。

【区房地局建成房屋租赁信息系统】2006年，区房地局会同区人口计生委、区公安分局、有关街道等单位开展房屋租赁管理和人口管理方面的调研，整合各方面力量促进信息采集，实现信息资源共享。8月，该局建成区房屋租赁信息系统，区居住房屋租赁、实有人口信息框架基本建立，完成首轮租赁信息采集录入，共录入租赁信息34 514条，租赁信息基本覆盖，重要信息基本齐全。

【区审计局开发审计业务管理信息化（ARP）系统】2006年，区审计局一是将日常管理与严格规范的质量管理体系相结合，突出“规范、高效、责任”的目标；二是将现场作业系统与内部管理系统相结合，实现动态管理的目标；三是将远程传输与内部办公自动化系统相结合，适应审计工作的发展特点。同时，同步推进审计行政管理的信息化，注重审计干部实际计算机辅助审计的应用能力普及和技术水平的提升。

【区税务分局提高税收信息化管理水平】2006年，区税务分局通过建立征、管、查信息互通平台，完善各个环节的衔接、协调和提醒机制，实时更新信息，提高对税源的监控水平；开通手机短信平台，定期对纳税人申报期限、涉税受理等信息进行短信提醒，及时宣传新的征管口径和税收政策；开发重点税源户分级管理信息模块，完善分级管理、税收异动分析、税负分析和纳税评估等功能，提升长效管理水平。

【区人口计生委推进实有人口统计信息采集网络建设】2006年，区人口计生委采取的主要措施是：①在华泾镇和田林街道试点，探索建立社区实有人口统计方法和统计工作机制，提供实有人口基础信息；②继续完善区实有人口信息管理系统，为社区事务受理服务中心建设提供相关基础信息；③进一步扩大人口综合信息的容量，加强信息的权威性和科学性，逐步形成“多网联动，一口上下”的人口信息共享、共建、共管机制。

（杨　彪）

二、社会领域信息化

【支撑社区网格化建设试点工作通过验收】2006年2月16日，市信息委社区网格化试点项目验收小组到徐汇区验收社区网格化建设试点工作，听取区信访“一口受理”信息系统和区级人口信息“一体化”试点工作的情况汇报。验收组肯定了以下做法：①信访系统建设依托公务员门户，整合资源、统一用户、统一授权，实现系统的“一体化”建设和快速部署；②街道层面的电子社区建设的工作模式上确立街道是区级平台整合的条线信息系统的延伸，实现了区与街道之间“外部一口受理，内部协同应用”工作机制，推动形成以实有人口信息为基础的信息管理体系；③建立人口基础数据标准，实现存量信息“一次采集、多次使用”，增量信息“一口采集、多方使用”，实现全区的人口信息资源共享的管理、应用模式。

【漕河泾社区多举措推进社区教育信息化】2006年，漕河泾社区一是完善社区教育网络，强化功能管理和使用，建立统一的授权系统，搭建社区、居委、家庭、教师、志愿者多元参与的信息服务和管理平台；二是拓展“社区校际一卡通”功能，居民可凭卡自由选择社区学校、公共活动场所和培训讲座，广泛接受各种社区教育；三是加强信息化小区建设，以宏润花园、中海馨园小区网站为依托，建立社区教育专题栏目，开展居委教学点网上教学，扩大社区教育覆盖面；四是深入开展“百万家庭网上行”和“扶老上网”活动，利用东方信息苑等资源，组织各种类型的电脑培训和比赛活动。

【家校互动试点情况交流会召开】家校互动平台自2006年5月开展试点以来，已经在徐汇、闸北、嘉定等区的66所学校进行了部署。2006年8月30日，市信息委社会信息化处在高安路一小召开家校互动试点情况交流会。会上，高安路一小和市北中学分别介绍了试点工作情况，参加试点的专责教师、班主任、家长代表等也分别交流了使用体会和建议，各有关单位还就试点工作进一步进行了座谈。

【长桥社区以东方信息苑建设为抓手推进社区教育】2006年，长桥社区将东方信息苑建设纳入考核范围：实行学生上网有序管理，抓住上网卡的发放、盖章、审核、备案4个环节，引导学生健康上网，形成信息苑管理、社区备案的良性机制；通过举办科普讲座等方式，最大限度发挥功能；充分挖掘东方信息苑潜能，举行网上冲浪比赛、开办老年电脑班等，满足社区居民需求。

【科技幼教集团通过网络平台组织开展暑期亲子活动】2006年7月，上海科技幼教集团在其主页中推出家园互动平台。家长和老师之间、家长和家长之间可以相互留言、发帖子，谈问题、谈看法，老师们充分利用了这一平台，使家园能不间断保持联系，弥补了以往暑假期间家园脱节的现象。平台促成了“亲子做披萨”、

"亲子做蛋糕"、"亲子浦江游览"、"亲子奉贤海滨游"等活动的开展。

【"五进社区五到家"首发电子书】 2006年8月16日，区2006"五进社区五到家"为您服务百姓手册电子书正式发布上网（www.xh.sh.cn/5c5h）。此次发布的电子书以2006年新版"五进社区五到家"为模板制作，系首次上网发布。全书分科普知识、卫生健康、法律服务、文化体育、民政服务、美德建设和公共服务8个篇章。网络设计简洁大方，目录清晰，内容丰富，图文并茂，旨在给社区居民提供更快、更好、更便利的服务。

【社会保障卡（学籍卡）工作顺利推进】 2006年，区信息委认真做好社会保障卡的各项推进，组织、指导各街道镇社会保障卡受理网点工作，继续开展全区社会保障卡（学籍卡）申领、发放的组织管理，共完成申领社保卡11 349张、学籍卡4 816张，补卡5 408张、换卡5 666张。

【"市民信箱"工作有序推进】 2006年，区信息委继续推进各街道（镇）市民信箱受理工作，召开"市民信箱"受理工作会议，布置年度受理工作，全区共完成信箱受理3 756个。

（杨　彪）

三、经济领域信息化

【天华信息科技服务园举行开工典礼】 2006年8月22日，天华信息科技服务园开工典礼隆重举行。园区占地5万平方米，建筑面积9.7万平方米，以信息产业为功能定位。副区长孙荣乾要求区政府职能部门和工程建设相关单位通力合作，高起点规划、高标准设计、高质量建设、高效能管理，努力将园区建设成信息科技产业集聚、专业服务特色明显的现代化科技园区。

【区经委扎实推进信息服务业发展】 2006年，区经委一是根据《徐汇区现代服务业发展"十一五"规划》，结合区域资源特点和产业特征，建立以信息服务业为首的"1+6"现代服务业框架结构。其中，信息服务业主要以数字内容为核心，包括网络服务、信息科技、计算机技术等相关行业。二是联合街道推动信息服务业专业楼宇、特色园区建设，促进信息服务业集聚发展；同时，会同区财政局设立现代服务业发展专项扶持资金，促进信息服务行业快速发展。三是强化政府服务职能，加强与重点信息服务业企业的联系沟通，优化信息服务业发展环境。

（杨　彪）

四、城市建设和交通领域信息化

【区城市网格化管理中心揭牌成立】 2006年5月24日，区城市网格化管理中心揭牌成立。5月26日，区政府召开城市管理网格化工作推进会，区城市管理网格化推进领导小组办公室通报了网格化管理工作进展情况及下阶段计划，湖南街道、城管大队、市容局及网格监督员代表作交流发言。

【斜土街道推动社区管理网格化试点工作】 2006年，斜土街道将社区划分为8个网格，由市容协管员负责日常巡查，并完成网格内房屋、市政设施等城市"部件"的统计工作；指定专人负责网格化工作管理，组织"部件"管理人员参加业务培训；将社区综合管理应急处置中心与区网格管理中心联网，把社区管理网格化工作与"一口受理"工作有机结合，提高对社区突发事件和居民需求的应急联动反应。

【湖南街道推进社区网格化管理工作】 2006年，湖南街道积极推进社区网格化管理，主要工作有：①设立应急指挥中心，加快开发"一口受理、后台协办"软件系统，提高工作效率；②调查排摸社区现有公共设施，筹备建立公共设施信息库、管线库、绿化资源库等；③利用GIS系统开展全人口管理，调查并掌握社区内房屋出租情况，做好私房出租税征收工作；④加大历史风貌保护区监管力度，及时拆除老违章、制止新违章，恢复历史建筑原貌；⑤建立社区居民、人大代表、政协委员、社区单位评议街道、评议社区双管单位工作的考核模式，在居民代表大会上通报考评情况，形成网格化管理监督机制。（杨　彪）

五、信息产业

【市软件评测中心有限公司落户徐汇】2006年2月8日，上海市软件评测中心有限公司正式落户上海数字娱乐大厦。上海市软件评测中心有限公司是一家面向上海市的大型信息产业功能性服务机构，下辖国家软件测评中心上海分中心、上海软件测评中心（包括软件与系统测试、硬件与网络测试、软件能力促进、软件质量咨询评估、软件工程监理等部门）和上海Linux产品测试中心。

【确定14个区信息化发展资金资助项目】2006年区信息化发展资金申报工作自1月启动后，截至3月31日，区信息委共收到32个企业申报的项目申请表，其中徐汇软件基地14个、慧谷创业中心5个、漕河泾开发区创业中心8个、其他5个，今年申报时首次采用企业信用报告作为评审材料。为了真正体现公开、公平、公正原则，经内部初审，区信息委组织召开了“徐汇区信息化发展资金申报项目专家评审会”，最终确定了14个项目为2006年徐汇区信息化发展资金资助项目。6月11日，区信息委与14个受资助企业签订了资助协议，其中1个项目获25万元资助，2个项目获20万元资助，5个项目获15万元资助，6个项目获10万元资助。

【美国密西根高促会访华团与徐汇软件协会签约交流】2006年11月6日，美国密西根高新产业促进会会长Mr. Ken Rogers率领14名主要成员访问徐汇软件基地，目的是在考察的同时与国内企业进行交流合作，以期形成国际产业链。区科委、区外经委、区经委等部门介绍了区投资环境和现代服务业的优惠政策，促进会介绍了该会及所在地区的高科技产业发展情况，科集、瑞控信息等园区企业和新引进的港资DAT公司作了介绍。经过磋商，促进会与软件协会签订了促进双方高科技产业互动发展和下属成员企业互惠交流合作协议。

【多个产品获2006年度国家重点新产品计划立项】2006年12月，万达信息股份有限公司的“万达信息安全集成管理平台”、上海高智科技高转有限公司的“MV3-B1网络终端”、上海湘计长江信息设备有限公司的“PR3高级存折打印机”以及上海中标软件有限公司的“中标普华Office系统V2.8”等项目获2006年度国家重点新产品计划立项。（杨　彪）

六、信息基础设施

【区信息基础设施建设进一步加强】2006年，区信息委组织完成针对数据库、邮件等关键业务服务器及核心网络交换机的双机热备、全区网络架构的升级调整、机房空调及UPS的改造及存储系统、信箱容量的扩容，大大提高了全区电子政务系统的可靠性和安全性，并改善用户体验，为全区各信息化系统的正常、可靠运行提供有效保障。

【区建设交通委积极研究推进架空线整治】2006年，区建设交通委在推进架空线整治方面主要采取：①会同电力、电信等单位研究开展架空线“拔杆”整治专项行动，集中拔除中心城区空杆、无主杆，杜绝无证乱挂现象；②配合市有关部门研究推进架空线整治三年行动计划，提出重点、范围和时间节点，结合轨道交通建设、高架道路建设、重要道路改建，提出开展架空线整治入地具体措施；③加强控制管理，明确今后重点地区、重要路段新建、改建和扩建时，要同步实施架空线入地，确保中心城区不出现新的架空线，并逐步消除现有架空线。（杨　彪）

七、信息化环境

【探索区域网站协同合作管理机制】 2006年8月24日，区委宣传部举行首次区域网站联谊会，探索区域网站协同合作的管理机制。市网宣办、市政府新闻办网络新闻管理处负责人等出席会议并讲话，证券之星、东方财富网、激动网、榕树下等区域范围内的13家知名特色网站参加会议。联谊会将通过策划活动主题、形式等，探索更广范围、更深层次的沟通合作形式。

【参加2006中国信息化推进大会】 为了集中展现上海近年来信息化应用推进工作的成效，加强与兄弟省市的交流合作，2006年11月28～29日，市信息委组织全市6家单位参加了在北京举行的“2006中国信息化推进大会”。“徐汇区政务地理信息综合平台”参加了信息技术应用成功案例展览会，获大会组委会授予的“优秀展台奖”，项目同时入选《2006中国信息化应用案例推荐》。

【区政府与上海电信开展信息化建设战略合作】 2006年12月30日，区政府与上海电信举行签约仪式，双方签署了《上海市徐汇区人民政府与上海市电信有限公司关于推进徐汇区信息化建设的战略合作框架协议》，将在推进世博信息化工程、无线宽带区域网建设等13个方面开展合作。

【获“信息安全风险自评估”表彰】 2006年，市信息委组织开展“2006年度信息安全风险自评估”。区信息委因在年度信息安全风险自评估工作中成绩突出，自评估报告经技术评审为优秀，受到市信息委表彰。区信息委开展的此次风险自评估选定的评估对象为徐汇区公务员门户系统，通过此项工作来识别该信息系统的安全风险状况，提出风险控制建议，为该信息系统完善安全需求，控制和降低安全风险，加强安全建设和管理提供依据，并形成了风险自评估报告。

【完善政务与公共服务信息化项目管理】 2006年，区信息委继续完善对各单位政务与公共服务信息化项目的管理，完成106个2006年信息化项目立项评审和97个2007年信息化项目立项评审，共核定经费8 000余万元。为进一步提高项目建设质量，组织修订信息化项目验收办法。

【电子政务培训促进应用系统推广】 2006年，区信息委组织开展了短信平台、内部即时通讯系统（lcs）、社区管理系统等信息化项目推广培训4期，共289人，培训量为1 179课时·人。年内，还会同区人事局开展电子政务培训2期共351人，培训量为5 616课时·人。

（杨　彪）

八、社会诚信体系

【承办“信用长三角”高层研讨会(2006’上海)】 2006年6月30日，由上海市征信管理办公室、江苏省社会信用体系建设领导小组办公室、浙江省信用建设领导小组办公室共同主办，徐汇区人民政府承办的“信用长三角”高层研讨会在上海富豪环球东亚酒店召开。研讨会上，三地领导共同点击开通“信用长三角”信息共享平台，三地信用主管部门联合发布“信用长三角”徐汇宣言。

【召开首批信用管理制度试点工作总结大会暨第二批试点工作动员大会】 经过一年的试点，2006年7月28日，区经委、区信息委、区国资委和区档案局根据《徐汇区企业信用管理制度首批试点工作计划》，联合召开首批企业信用管理制度试点工作总结大会。之前，4个部门对试点企业分别组织了验收。根据各试点企业落实试点要求的情况和实际取得的成效，验收小组成员对8家试点企业进行了评估，评出试点工作优秀企业1家、良好企业2家、合格企业5家。会议还启动了第二批信用管理制度的试点工作，经企业自主申报，有关部门联合审定，确定了11家第二批试点企业。会议向11家试点企业颁发了试点铜牌。

【推进信用管理制度试点企业信用管理岗位培训工作】 2006年，徐汇区继续开展企业信用管理岗位培训工作，开设的课程有企业信用制度工作档案管理、企业如何制订信用管理工作计划以及实施方案、客户资信调查、信用分析方法、应收账款管理与催收、供应商风险管理、信用与市场经济、信用法律法规建设、资信评级、信用管理中的金融工具等。全年完成了对700多名企业相关人员的信用岗位培训。

【区信息委落实企业信用产品使用工作】 2006年，为进一步推动区社会诚信体系建设，促进建立"守信受益、失信惩戒"的奖惩机制，区信息委稳步推进使用企业信用产品工作，落实《徐汇区企业信用产品使用的暂行办法》要求，确定在徐汇区信息化发展资金的管理工作中，使用企业信用报告。一是会同区财政局修订有关暂行管理办法，增加了企业信用报告在申请、评审等环节中的规定，发布了《徐汇区信息化发展资金管理办法》；二是组织有关征信服务机构筛选工作，由各机构提出服务方案及保障措施，确定了定点征信服务机构的参考目录；三是在开展2006年度徐汇区信息化发展资金的申请工作中，要求企业提供有关企业信用报告，并通过项目申请指南等形式，公布关于企业信用报告的规定和企业信用服务中介机构的参考名录。

（杨　彪）

第四章 长宁区信息化建设

概 述

2006年，长宁区信息委在区委、区政府的领导下，围绕建设信息化先行区的总体目标，积极推进各项工作任务。一是开展实有人口服务和管理综合试点工作，完善综合经济管理信息系统，新增网上办事17项，开展政府部门网站建设与评议。二是建设停车诱导系统，深入推进教育、卫生、文化信息化，“数字图书馆”建设进入实质性启动阶段。三是积极探索拓展社保卡的使用功能，开展社保卡绑定银行卡工作，在全区15家医院、10个街道社保卡服务站均设立了绑定受理点。全区完成社保卡申领12 654张，补卡4 298张，换卡3 053张，发放红卡（附卡）4 820张。四是落实8个街道、镇社区事务受理中心管理系统的推广工作，完成28个信息化特色小区的创建工作，推广居住证工作，共办理居住证（临时居住证）1 688张。五是制定国家信息资源综合利用示范区的推进方案，制定长宁区电子政务三年推进计划，拟订信息化先行区的指标体系。六是对公共信息系统开展信息安全测评，出台一系列规范性文件指导信息公开工作的开展，新建10个社区政府信息公开发布平台，开展了诚信箴言征集活动，承办2006年上海诚信活动周活动闭幕式。七是8名部门分管领导参加CIO（首席信息官）培训，40个政府部门的信息员参加了AIO（信息主管助理）培训，长宁信息园信息服务平台为社会培训1 000名信息技术专业人才。八是组团参加上海市国际信息化博览会，扩大了“数字长宁、国际城区”的影响。九是出台了《长宁区财政预算单位信息化项目管理办法》和《实施细则》，依据管理办法在2007年财政预算编制工作中共节约预算资金13%。

2006年，“长宁区长宁健康网信息系统”、“长宁区实有人口服务与管理信息系统”被上海市信息化委员会评为“2006年度上海市区县信息化应用优秀成果”。

（翁卓炯）

一、政务领域信息化

【制定财政预算单位信息化建设项目管理办法】 2006年，为进一步突出信息化在政府管理和服务领域的应用，整合各类信息化资源，加强和规范区本级预算单位信息化项目的管理，区政府发布《长宁区财政预算单位信息化建设项目管理办法》，并由区信息委和区财政局联合出台了相关实施细则。

该管理办法从项目申报、立项审批、实施建设、项目验收及项目评估5个阶段加强对使用财政性资金建设的信息化项目管理，明确了区信息委、区财政局和项目申报单位三方管理责任。规定了信息化项目在立项时要经过可行性和必要性专家评审，建设中要加强监督，建设后进行成效评估。对建设资金较大或建设周期较长的重大信息化项目，引入信息化项目监理公司，在项目建设过程中，对项目合同、项目文档、项目质量、项目进度等进行监理。对于重要信息化项目按照《上海市公共信息系统安全测评管理办法》进行信息安全测评。

【开展实有人口管理与服务网格化试点】 2006年3月底，长宁区启动实有人口管理与服务网格化试点项目。首先实施网格化的信息采集，全区10个街道、镇共划分3 655个网格，明确1 262个块长；建立块长责任制，在固定网格内，做到实有人口信息采集的全人口、全覆盖，并采用地理信息系统技术对网格进行管理。二是通过网格化信息采集掌握实有人口四类群体、弱势人群情况分析等各类数据的精确统计分析，为政府决策提供依据。三是构建一体化的信息平台，整合公安、劳动、民政等部门的专业信息库，整合公安信息95项，劳动失业信息18项，计生信息21项，民政低保信息23项，残联信息15项，开发完善信息采集、来沪人员服务管理、社会稳定、政策信息等8个功能模块，整合原有的劳动促进就业信息管理系统、民政社会救助信息一口上下管理系统，建立一体化的实有人口服务管理平台，并在此基础上开发信访管理系统，实现人口信息流和工作业务流的整合，做到统一登录、统一权限、统一存储、信息共享、业务协同。至10月底，长宁区实有人口信息服务管理平台中新增加房屋信息213 989条，在户籍人口中新增加人户分离信息83 923条，来沪人员信息59 288条，境外人员33 171条，使全区实有人口数据库分类更加完整，信息更加精确。

【长宁信息园公共服务平台项目被评为市信息化优秀项目】长宁信息产业园区公共服务平台项目被上海市国民经济和社会信息化领导小组办公室评为2003～2005年信息化优秀项目。该平台是建设“数字长宁”的重要举措之一，包括长宁信息园信息服务基础平台、上海多媒体公共服务平台、多媒体展览展示平台、企业孵化平台、人才引进培养平台等5个子平台建设。市、区两级政府共投资2 800万元，通过企业市场化运作方式分两期建成。长宁区通过政府建平台、市场运作平台，在探索以建平台促产业的推动信息产业乃至社会信息化的发展模式方面取得了创新性经验，宽带接入服务覆盖园区80%企业，孵化平台孵化培育分众传媒、阿里巴巴上海公司等知名企业。在该评比中，由区孵化平台培育成功的海外NASDAQ上市企业——分众传媒（中国）控股有限公司开发的分众传媒户外视频联播网络平台也被评为市信息化优秀项目。

【加大政府信息公开工作力度】2006年，长宁区加大政府信息公开工作力度，连续出台了《公文类文件公开审核办法》、《加强政府信息公开的实施意见》以及《信息公开第三方征询办法》等一系列规范性文件，调整了政府信息公开指导目录，进一步规范政府信息公开工作，丰富和完善信息公开内容。经过进一步梳理，截至年底，区政府公开信息共3 381条，其中2006年新增的信息1 638条，接近2004、2005两年公开信息总和；全区依申请答复率达到100%。

【开通行政执法与刑事司法信息共享平台】2006年，为完善行政执法与刑事司法相衔接的工作机制，药监长宁分局与区检察院开通了行政执法与刑事司法信息共享平台，与各行政执法单位信息共享，互通有无。长宁区是上海市第二家开展行政执法与刑事司法信息共享平台工作的试点单位。自2005年开通以来，区域内各行政执法单位均通过平台及时上传部门行政执法动态，使各执法部门能及时掌握相关工作的动态，为及时沟通、开展联合执法活动等夯实了基础。

【电子文件归档研究课题获上海市档案科技成果一等奖】长宁区档案局申报的《电子政务环境下电子文件归档和电子档案管理系统研究》课题在2006年度上海市档案科技成果奖评审会上被评为一等奖。专家表示长宁的《电子政务环境下电子文件归档和电子档案管理系统研究》课题，探索了在电子政务环境下实现电子文件归档和电子档案管理的新方法、新模式，为国内首创。

【华阳街道推出信息化管理建设新举措】一是完善华阳党务工作系统、华阳党建凝聚网互动功能，重新整合党务系统，实现社区党务工作系统和社区生活服务联动系统、社区志愿者系统等平台的功能对接及流程再造，提高党员服务中心的服务效率。二是完善社区网格化管理中心运作，统一数据接口，整合社区热线服务、事务处置系统，实现快速处置，以区实有人口管理系统、区法人库等为支撑，在数据标准化和建立数据交换规则的基础上，初步实现统一数据的简单应用。三是完善华阳社区政务网功能，强化网上信访、网上服务项目等栏目的功能。四是拓展信息化设备维护的外包，提高信息办公的维护质量、效率。

【开展公共信息系统安全测评】配合《上海市公共信息系统安全测评管理办法》的施行，长宁区在全市各区县中第一个出台了相关实施细则，规范公共信息系统安全测评工作的开展。长宁区也在全市各区县中率先与市信息安全测评认证中心签署协议，对电子政务基础网络系统进行了安全测评。

【开展网上选民登记】2006年，长宁区江苏路街道依托信息化支撑，开展网上选民登记试点工作。街道相关部门积极参与市、区人大信息化登记调研，完善选民信息系统；配备技术人员专职负责13个居民区的网络运转、POS机安装和技术方面指导；开展分类、分批、分阶段培训，重点抓好业务和技术培训；加强宣传发动，做到选举工作要求、工作进程、选区划分和联系电话"四上墙",通过电子屏幕等宣传手段，集中力量广泛发动居民；指导联络员做好单位信息登陆，对参选单位信息批量上传，一周内基本完成居民区选民登记任务，各选区统一张贴公布了选民名单，选民登记总数为2 7051人。

（翁卓炯）

二、社会领域信息化

【数字校园促进教育优质均衡发展】长宁区坚持"数字长宁，教育先行"，明确"以科研为先导，以应用为主线，以培训为保障，以激励为机制，用教育信息化带动教育现代化"的总体思路。紧密结合区域教育发展重点，在二期课改中倡导运用现代教育技术，将教育信息化作为推进小班化教育的重要内容，率先在初级中学普及"校园网络"。坚持硬件、软件、管理"三同步"，强化环境建设，完善配套设施。2002年启动"数字校园"建设，现已覆盖全区所有中小学，"数字教室"的配备率达到80.43%，"数字办公室"的配备率达到60.79%。连续五年举办"数字周"活动，为基层学校和广大师生展示、交流、互动教育信息化实践和探索成果搭建平台，其中"推进数字化学习"课题被市教委列为市级重点教育科研课题。

【举办中小学"数字周"】长宁区第五届中小学"数字周"以"区域推进数字化学习成果汇展——长宁教育信息化历程回顾"为主题，历时7天，全面展示了区5年来教育信息化的工作成果。整个"数字周"内容丰富、形式多样，其中，学校数字化教学优秀案例交流观摩人数达2 000余人次，"数字校园"现场会集中展示了"数字校园"、"网上学习"、"电脑作品"和"未来课堂"4个主题，来自教育科研、教育技术、学科教学等领域的9位专家也为市级重点课题《长宁区区域推进数字化学习》出具鉴定结论。

【启动"社保卡与银行卡绑定支付"试点项目】为拓展社保卡与银行卡的应用，使其在社会事务与金融支付两大领域更好地"贴近市民、服务发展"，长宁区全面启动"社保卡与银行卡绑定支付"试点项目。2006年，区中心医院、同仁医院、光华中西医医院、天山中医院、长宁区妇幼保健院以及新华、仙霞等8家社区卫生服务中心参与试点。与之相配套，全部10个街道、镇的社保卡服务站的绑定受理点也已向市民开放。社保卡与银行卡绑定后，持卡人在医院门急诊就医支付时，个人现金自付部分可直接从与社保卡绑定的银行卡账户中扣除，替代了传统的现金结算方法，不接触现金，可避免交叉感染且方便快捷。

【数字卫生建设成效显著】长宁区以数字医院建设为抓手，着力推进医院管理科学化、就医流程便捷化、医疗服务人性化，努力让每一位病人享受到现代科学管理、信息网络技术的成果，让老百姓得到更多的实惠。截至2006年底，14家区属医疗机构基本完成了医疗机构内部医院信息管理系统、实验室信息管理系统、报告信息管理系统、影像储存与通信系统的建设，初步形成了临床信息管理系统的基本形态。医疗服务信息化建设有效地提高了工作管理效率，提高了服务质量，缩短病人就诊时间。

【信息技术支撑社区卫生改革】信息化在支撑社区卫生改革方面发挥了积极作用，长宁区所有医疗机构部署实施了以公共卫生为核心的社区居民健康档案信息管理系统，共为全区38万社区居民建立了电子健康档案。电子健康档案的有效使用受到了国务院信息化工作办公室和市信息委的高度关注，11月参加了在北京举办的电子政务建设成果展。长宁区还在全市率先采用掌上电脑手段（即PDA）支撑"全科医疗团队"建设，取得了良好的社会效益。

【长宁政府网站开通韩语版】为满足区域内韩国籍居民获取日常信息的需求，长宁区政府网站开通韩语版。新版韩文网站的内容分为“长宁政府、长宁新闻、投资指南”等几大板块，包括许多为韩国人度身定做的生活信息，而网站设计、编辑上特别参考和学习了许多原版韩文网站的栏目导航和页面设计，得到韩籍人士的好评。

【开通“南京路上好八连”军营网站】 在建设“数字长宁”的背景下，区江苏路街道、区科委、区信息委等部门共同为“南京路上好八连”搭建信息化应用平台。8月3日，“好八连”军营网站正式开通。网站分为“光荣连史、优良传统、新闻时事、连队建设、学习园地、娱乐星空、连队博客、共话成长”八大板块，官兵们通过网站及时加强内部信息交流，查询各营连工作进展，签发文件，部署任务，为提升营区信息化管理水平打下基础。

【江苏路街道社区事务受理服务中心落成启用】 3月4日，江苏路街道社区事务受理服务中心落成启用。中心实现了“一门式、一站式、一线式”的服务模式，实行“前台接待受理，当场综合办理，后台协同处理”的社区事务、服务受理运作机制。中心分设引导咨询区、综合受理区、后台协同区3个区域，共受理劳动保障、民政救助、医疗保险、社会保险等十大类119项事务服务项目，社区服务区依托社区公共服务资源库进行“一线式”受理和调配；社区社工区采用“一站式”专业社工站的专业化服务形式。中心实行“六个统一”，“一门进入、一口受理、一次办结、只跑一趟”的工作目标，为居民群众提供方便、快捷、透明、亲和的服务。

【华阳街道探索小区和家庭信息化建设】 重点推进信息化小区升级版建设，开展“一居一特”创建活动，提升居民区活动室的信息化互动功能，提高信息化小区创建水平。推进“扶老上网”、“百万家庭网上行”、“百万家庭学礼仪”等活动，打造社区群众性信息化志愿者队伍。发挥社区文化中心东方信息苑、数字影院、居民区公益网校等信息化平台功能，推出互动教育、网上缴费等生活便利服务。建设文化中心网站，方便社区居民参与网上学习。完善社区居民电子健康档案，协助做好各社区卫生服务点联网工作，设立网上社区心理咨询站，普及心理健康教育。

【创建28个信息化特色小区】 2006年，长宁区各街道、镇结合各自特点，继续开展信息化特色小区创建工作，取得明显成效。年底，经区信息委牵头组织验收，以下28个小区成功创建为信息化特色小区：华阳街道华二小区、虹桥街道中山小区、新华街道人民小区、仙霞街道古宋小区、五一小区、天山街道新风小区、北新泾街道新泾一村二居、程桥街道嘉利豪园、新泾镇郁庭峰小区、新泾镇世纪之春花园、华阳街道长支二小区、虹桥街道爱建小区、虹桥街道伊犁小区、虹桥街道长顺小区、新华街道张家宅小区、周桥街道虹桥万博小区、仙霞街道虹日小区、仙霞街道锦苑小区、仙霞街道五三小区、仙霞街道仙二小区、仙霞街道芙二小区、仙霞街道虹景小区、北新泾街道新泾四村、北新泾街道新泾六村、新泾镇金虹苑、新泾镇红梅小区、新泾镇淞虹公寓、新泾镇广顺小区。

（翁卓炯）

三、经济领域信息化

【虹桥涉外贸易中心网站改版升级】 虹桥涉外贸易中心网站依托“数字长宁”优势，利用信息化支撑虹桥功能拓展，完成了网站改版升级正式开通。改版后的网站共设置“走进虹桥”、“时尚虹桥”、“商务虹桥”、“服务虹桥”和“人文虹桥”5个频道，围绕“国际、商贸、文化”的区域发展功能特征，突出体现虹桥的“时尚生活、国际城区、商贸商务、人文环境”等特点，以丰富的信息内容，利用网络即时性和互动性的优势，为企业、市民和投资者提供深入了解虹桥的平台。

（翁卓炯）

四、城市建设和交通领域信息化

【推进区城市网格化管理系统】 4月7日，上海市加强城市管理网格化工作会议在长宁区召开，市长韩正出席会议。会上，长宁区就系统运行的基本概况、主要特点及探索与拓展进行了汇报，并结合案例进行了演示。市长韩正充分肯定了城市管理网格化工作以人为本、在解决老百姓最关心问题中所发挥的重要作用。副市长杨雄就网格化管理在全市的推进工作提出了三点意见：一要抓整合，高标准建设信息平台；二要抓协同，高水平加强运行管理；三要抓突破，高效率解决突出矛盾。市长韩正要求进一步认识城市网格化管理在特大城市管理中的重要作用，下阶段工作要做到"三个坚持、一个落实"：一要坚持体制创新，建立健全常态长效城市管理新机制；二要坚持条块结合，大力推进城市管理中心下移；三要坚持资源整合，着力形成城市管理合力。同时，在明确目标的前提下，落实责任，全力以赴完成好城市管理网格化各项工作任务。

（翁卓炯）

五、信息产业

【信息服务业取得突破】 2006年，长宁区按照建设信息服务业领先的信息化先行区的发展要求，通过完善政策引导，坚持招商引资，加强载体建设等手段，信息服务业保持了较好的发展态势。全年，区信息服务业累计完成税收5.95亿元，同比增长11%，高技术产业中信息技术产业税收为7 022.3万元；三大科技园区税收增幅理想，多媒体产业园、长宁信息园和临空科技园税收增长分别达到了17%、44%和37%。信息服务业对区域经济发展的贡献率进一步显现。

【举办2006年互动电视服务高峰论坛】 9月8日，2006年互动电视服务高峰论坛暨上海互动媒体联合开放实验室成立大会在长宁举行。论坛以"聚焦电视互动、突破各方界限、融合业务需求"为主题，旨在增进数字互动电视及其增值业务产业上下游共同协作、促进市场良性增长，推动电视视频互动服务产业发展。"数字长宁"经过十年发展、五年提速，已经有能力为上海互动媒体联合开放实验室提供优质、高效、便捷的服务和一流的创新环境。

【被认定为"中国服务外包基地上海示范区"】 11月8日，2006年上海软件外包国际峰会召开之际，长宁区等4个区县被认定为首批服务外包示范区。长宁区以"长宁信息园"、"上海多媒体产业园"、"虹桥临空经济园区"为核心区域，重点发展服务外包产业。全区现有服务外包企业154家，拥有埃森哲、神州数码、环球数码等重点企业，实现销售收入33.2亿元。到2010年，预计发展10家骨干企业，服务外包收入达到100亿元，使服务外包企业在长宁区形成规模发展；长宁区以此为契机，进一步加强基础设施建设，改善基础电信服务，满足企业对信息高速公路的特殊要求；进一步加强公共服务平台建设，为服务外包承接业务创造条件；区政府通过适当资金扶持的形式，进一步加强与国际专业培训机构合作，大力培养服务外包专业人才。

【信息技术企业着力提高自主创新能力】 位于虹桥临空经济园区的希姆通信息技术（上海）有限公司成立于2002年12月，是中国领先的移动手机和无线通信模块开发商，被评为"国家规划布局内重点软件企业"、"上海市高新技术企业"以及"上海市明星企业"。公司在3G产品开发和技术储备上投入了大量资金与研发力量，与大唐移动签订了技术合作协议，成立联合实验室，共同开发TD-SCDMA移动终端；为客户提供从产品定义集成、模具投放跟踪、入网测试认证、量产质量控制到售后维修等全过程的技术支持服务，这种独特的"技术方案＋全套服务"的商业模式有效提高了国内手机厂商的运作水平和抗风险能力。

【CG大赛推动区数字媒体产业集聚】2006第四届“新长宁杯”上海国际电脑图形图像大赛（CG大赛）以“视觉因你而精彩”为主题，着力推广“全民CG”理念，扩大了参赛作品的征集范围，增设了DV大赛和Flash大赛，共征集参赛作品动画类900余部，视频包装及静帧类1 200余件，DV影像类400部，吸引了广大CG爱好者参与。

从2002年至今，市多媒体行业协会与上海多媒体产业园已联合主办了四届上海国际电脑图形图像大赛，吸引和挖掘越来越多的优秀人才，进一步扩大了园区的知名度，现已集聚相关企业350余家，有力推进了长宁区数字媒体产业的发展。 （翁卓炯）

六、信息基础设施

【国家863未来通用无线环境研究计划通过验收】10月31日，国家科技部组织专家组对国家863未来通用无线环境研究计划进行现场验收，给予充分肯定，一致同意通过验收。该项目对新一代无线移动通信所涉及的发展战略、技术趋势、知识产权管理与处置等方面进行了广泛研究，形成了一系列被政府和标准化组织采纳的相关研究报告，为推动中国在该领域的研究开发发挥重要作用。该项目主要在上海市长宁区试验，其建立的集科研开发、公共支撑环境、标准化研究等为一体的综合推进机制，为启动中国中长期科技发展规划“新一代宽带无线移动通信网”重大专项和参与新一代移动通信研究开发的国际竞争奠定了较好基础。

【“高性能宽带信息网”正式通过总验收】12月12日，国家“十五”期间863计划信息领域重大专项“高性能宽带信息网”（3Tnet）通过科技部等组织的总验收。此前，上海交通大学、浙江大学、南京航空航天大学和上海长宁区古北新区等不同类型的用户，同时参加了多种业务在高强度条件下使用性能的测试。该网络具有每秒万亿比特的核心网络带宽，用户可享用数字电视、网上冲浪和互动视频电话等原来由互联网、电信网和广播电视网分别提供的服务。此外，还可提供远程医疗、远程教育等新兴社会服务。“高性能宽带信息网”的开发成功，预示着新一代互动新媒体网络不久可进入千家万户，为大众带来更多、更新、更便捷的现代信息服务。 （翁卓炯）

七、信息化环境

【坚持规划先行推进信息化建设】2006年，长宁区先后制定了三份规划性文件指导区域信息化建设。首先是形成国家综合信息化示范试点推进方案。通过与高校、市信息委有关部门合作，共同研究区域信息资源综合利用的推进方案。其次是制定区电子政务建设三年（2007～2009）行动纲要。按照市信息委在区县电子政务整体框架建设方面的要求，结合长宁实际，与市信息委共同研究制定了有关操作性计划，重点解决电子政务建设过程中基础网络布局、信息资源整合、应用交换平台建设、统一开发标准等关键问题，形成相对完整的电子政务发展框架。第三是拟订信息化先行区的指标体系。形成信息化先行区的18项定性、定量指标，共涉及数字政府、数字生活、数字产业三类指标群。

【组团参加第三届上海国际信息化博览会】长宁区以“数字长宁、国际城区”为主题，参加第三届上海国际信息化博览会。会上，长宁区运用多媒体手段和网络技术等，对区信息化建设作了全方位的展示，并对“数字长宁、国际城区”在“十一五”期间的美好发展前景作了展望。长宁展区围绕“数字长宁、国际城区”，分别对信息服务业集聚、电子政务应用、城区管理信息化和社区公共服务信息化等方面的建设成果和内涵进行阐释。

【组团参加2006年上海国际工博会】 11月1～5日，长宁区以“数字长宁和谐生活”为主题，组团参加2006年上海国际工博会，集中展示长宁融入科教兴市战略、深化“数字长宁”建设和科技以人为本、数字改变生活的新成果，进一步扩大了“数字长宁”的宣传效应。区内13家企业参与的展台采用大量多媒体技术，突出展示了国家863高性能宽带公共技术开发平台、新一代宽带无线移动通信网、上海市多媒体公共服务平台、多媒体专业孵化平台、动漫交流交易平台对“数字长宁”和东、中、西三大科技园区建设所提供的强大科技支撑作用；展示了E-健康、E-教育、E-娱乐、E-博览等示范应用项目，特别是由入驻长宁区的上海超澜数码科技有限公司研发制作的互动幻像、奇趣摄影、地面互动投影系统、接触、“非接触”技术等展示项目更激起参观者浓厚兴趣，吸引了近30万人次驻足参观，

【开展CIO培训】 为贯彻落实科教兴市战略，推动“数字长宁”建设，长宁区在全市率先开展CIO首席信息官培训工作。《长宁区信息化“十一五”发展规划》中将信息化人才培养工作作为一项重要工作内容，把CIO首席信息官培训列入“十一五”重大项目。2006年，首先安排区政府各部门、各街道镇和区属企业集团的分管信息化的处级领导参加培训。同时还决定把CIO首席信息官培训的工作与青年干部培养提拔挂钩，把CIO首席信息官培训工作纳入青年干部培养体系中去。目前，已经确定了区信息委、区劳动局、区卫生局、华阳路街道、江苏路街道等5个部门的分管领导参加2006年的CIO首席信息官培训。

【召开国际信息化人才座谈会】 9月27，长宁区召开区国际信息化人才座谈会。上海市万名海外人才集聚办公室负责人，区有关部门领导，6位法国留学生以及他们所在公司的领导、带教老师参加了座谈会，并作了发言。市“万名海外人才集聚”办公室负责人认为长宁区创建国际信息化人才创新实践基地，是实现国际人才本土化、本土人才国际化的重要载体和举措，是实现国际人才“柔性引进”尝试和创新，走在了全市的前列。

【评出“长宁区十大数字领军人才”】 为营造“产业导向集聚人才，人才集聚提升产业”人才工作氛围，11月2日，“长宁区十大‘数字’领军人才”网上评选活动正式启动。市民通过“长宁门户网站”、“上海门户网站”、“21世纪人才网”、“长宁凝聚网站”、“长宁青少年网站”等网站查阅15位候选人的详细情况，选出十位数字领军人才。经过个人申报、部门推荐、专家评审、网上票选等环节，阿里巴巴马云、分众传媒江南春、神州数码胡德强等10位区域内数字媒体产业方面的精英当选“长宁区十大‘数字’领军人才”。

【建成“国际信息化人才创新实践基地”】 2006年，区人才办公室与区科委共建成立了“长宁区国际信息化人才创新实践基地”，主要目的在于通过吸引“洋学生”进入基地实践，带动和提升数字媒体型企业的国际化水平，从整体提升数字长宁的国际竞争能力。目前，已有11名法国硕士生进入区上海天线通信研究中心、上海未来宽带技术及应用工程研究中心有限公司等5家企业，开始为期3～5个月的实践，主要从事无线通信关键技术等项目的研究。在推动“基地”建设中，区人才资金给予资助12.75万元。

（翁卓炯）

八、社会诚信体系

【2006上海诚信活动周闭幕式举行】 2006年9月26日，2006上海诚信活动周闭幕仪式在长宁区举行。闭幕式上入围公民诚信箴言征集活动决赛的20名选手现场接受专家的评选，现场评出活动的各个奖项。闭幕式上同时开通了长宁诚信网。

【组织开展公民诚信箴言征集活动】 作为2006年上海诚信活动周系列活动之一，长宁区组织社区居民积极参加由市委宣传部、市文明办、市征信办、长宁区政府联合举办的公民诚信箴言征集活动。活动共征集各类诚信箴言1 000余条，还吸引到外籍友人参加，来自印度

的 Ambika Ramesh 女士为活动专门创作了英文箴言。经过初选、网络票选、专家评选多道环节，区周桥街道方芳获得第一名。

【制定守信受益失信惩戒实施意见】为全面推进长宁区社会诚信体系建设，营造良好社会诚信氛围，引导企业增强诚信意识，开展诚信经营，经区社会诚信体系建设联席会议讨论通过，决定在全区推进企业诚信制度建设和管理，建立守信受益和失信惩戒的监管措施。实施意见要求区政府各相关部门在对企业日常监管、市场准入、评比评优等工作中，依据不同信用等级实施有区别的分类监管，明确了守信企业在区政府相关部门担保的融资、专项资金扶持、评比评优等工作中能享受优惠政策。实施意见也对企业信用信息公开共享提出了规范化的要求。《关于实施守信受益失信惩戒措施的若干意见》的施行进一步完善了长宁区社会诚信体系建设工作的制度建设，推动社会诚信体系建设迈上新台阶，为全区经济社会的全面发展保驾护航。

（翁卓炯）

第五章 普陀区信息化建设

概 述

2006年，普陀区信息化工作坚持实施"科教兴区"战略，紧紧围绕信息产业和信息化建设两条工作主线，按照"以需求推应用，以服务促发展，发挥信息化对提高区综合竞争力的引领带动作用"的工作定位，抓落实、重聚焦、求突破，进一步夯实基础，突出工作重点，政务领域信息化建设迈上新台阶，电子政务平台通过专家验收，"上海普陀"门户网站全市综合评议达到优秀水平；深化信息化建设和应用推广，加强信息化实事项目建设，经济领域和社会领域信息化建设都取得显著成效，中山化工市场项目荣获"上海市企业信息化示范园区"称号；大力推进信息产业发展，天地软件园被正式认定为市级软件产业基地，华东师大科技园成为国家大学科技园；组织营造信息化发展的良好基础环境和"知诚信、用诚信、讲诚信"的社会环境，圆满完成全年的工作目标和任务。

2006年，"普陀区门户网站群建设项目"、"普陀区上海中山化工市场整体信息化平台"被上海市信息化委员会评为"2006年度上海市区县信息化应用优秀成果"。

（顾呈健）

一、政务领域信息化

【区政府信息公开工作概况】2006年，普陀区政府积极推动政府信息公开工作，加大信息梳理力度，提高信息公开数量和质量；建立"普陀区政府信息公开受理中心"，现场受理市民对政府信息的咨询；通过"上海普陀"门户网站主动上网公开政府信息，方便公众查阅。截至12月底，区主动公开政府信息总量达4 487条；受理市民申请2 688次，答复率100%。

【建立健全机制有效保障政府信息公开落到实处】为促进普陀区政府信息公开制度化、规范化、程序化，2006年初，区政府信息公开联席会议制定并下发了《2006年普陀区政府信息公开工作要点》；年中，对区政府各部门、街道镇政府信息公开工作情况开展自查、检查和综合评估；对全区各政府部门信息公开操作人员进行培训；制定下发了《普陀区政府信息公开审核及报备办法》，规定文件在起草签发过程中要确定其公开属性。通过上述工作，进一步强化了政府机关依法履行政府信息公开的职责，规范了政府信息公开工作的程序，完善了政府信息公开的长效管理机制。

（施 维）

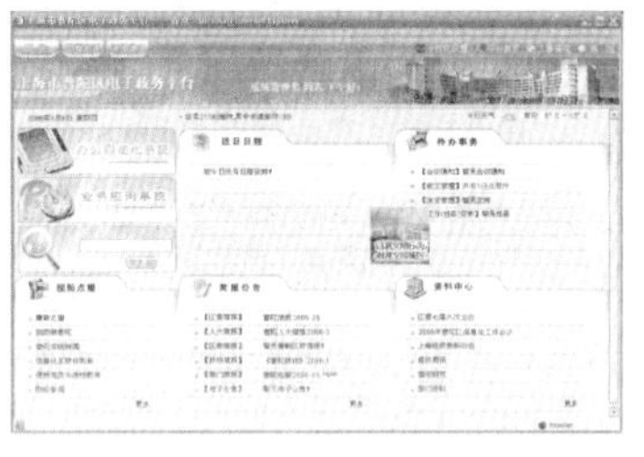

【区电子政务平台通过专家验收】普陀区电子政务平台采用"一体化"建设思路，按照建设集约化、资源共享化的原则，构建了一个网络覆盖全区、结构标准开放、系统安全规范，面向全区机关和行政事业单位，与互联网逻辑隔离，具有对内协同办公、对外协同办事的内外互动联通的电子政务公共基础平台。目前，该平台向上实现与市政务外网的联通，向下延伸至居委会，形成"横向到边、纵向到底"的区级综合网络平台，为区业务协同办公和跨部门应用提供良好的基础。2006年，区基于电子政务平台先后构建了工商并联审批系统、城市管理网格化系统、刑事案件信息共享平台等协同办公系统。截至年底，全区共有副处级以上接入单位84家，接入电脑2 036台，注册用户3 038个。

（刘 萍）

【优化电子政务平台网络系统】针对电子政务平台运行的实际情况，为提高系统的稳定性、安全性和可靠性，经过广泛调研，普陀区电子政务平台网络系统优化项目于2006年10月进入实施阶段。通过2个多月时间的建设，实现了千兆双核心、全三层到汇聚、双链路冗余的网络物理环境；实现了全网设备的监控，使得整个网络的设备都处在监控状态；加强了网络出口边界的防护能力以及服务器区域安全冗余加固双链路冗余状态，实现外网出口更安全、服务器区域更受保护的结构；实现了完善的备份机制及体系，使得备份系统网络的可用性更强，备份容量更加强大。经过网络优化以后，整个电子政务平台系统的稳定性、安全性与整体性能得到进一步提高，为电子政务平台今后稳定、可靠运行打下坚实基础。

（周勇燕）

【区获得“上海市信息安全风险自评估工作优秀单位”荣誉称号】为确保区电子政务平台系统安全、稳定、高效运行，区信息委委托上海市计算机软件评测重点实验室对该系统进行联动运行测试。自2006年2月14日开始，分别对系统文档、软件功能、系统性能、网络流量、系统安全等方面进行测评，历时3个半月。经过实验室环境测试、整改、现场测试、整改、回归测试等多个环节，发现并解决了系统中存在的一些功能、性能和安全问题，为系统的稳定运行奠定基础，为后续运行维护提供依据，为今后信息化项目建设提供经验，是信息化项目建设的一次有益尝试。

【电子政务平台通过项目验收】2006年1月，普陀区电子政务平台项目通过验收。区电子政务平台结合普陀区的实际情况，以需求为导向，分阶段实施，符合目前电子政务建设和推进的管理思想和发展趋势。项目在建设过程中，除了由项目监理全程跟踪管理外，在全市率先引入IT审计，降低了项目建设的风险，具有积极的探索示范意义。

【拓展市民参政议政的互动渠道】2006年，“上海普陀”门户网站的“区长信箱”、“街道镇领导信箱”、“市民咨询”等栏目为公众排忧解难和献计献策提供了便捷渠道，深受社区群众欢迎。“网上评议”则为开展政府工作的调查、民意测评架起了空中桥梁。全年，网站及时处理区长信箱电子邮件1 585封，街道镇领导信箱邮件698封，市民咨询271封，监督投诉142封，全部在规定时间内回复。

【门户网站成为展示政府形象的窗口】2006年，“上海普陀”门户网站共计发布普陀概览51篇、图片新闻347篇、最新报道3 466篇、专题报道211篇；并配合区重大活动，开设了“两会咨询材料”、“第五届国际花卉节”、“第七届普陀区十大杰出青年评选活动”、“人大选举”等专栏，进一步扩大了区重大活动的知晓度。

【“上海普陀”门户网站在全市综合评议中达到优秀水平】2005年底2006年初，市政府办公厅组织开展了2005年全市50个政府部门和19个区县政府网站的综合评议活动。评议重点为信息公开、网上办事、便民服务、互动渠道以及网站建设5个方面，通过公众评议、专家评议、部门自查和相关人员工作考查，得出综合评议结果，“上海普陀”门户网站被评定为优秀水平。

2006年，网站在上年版面调整的基础上，力争完善网站的服务功能，丰富服务领域的内容，提高网站的实用性，其中提供“网上教学指导、都市生活、便民直通车、电子地图、便民问答、公告公示”等与市民（机构）、社区生活密切相关的服务内容共1 079项。

（邵娅美）

【区门户网站群建设】根据一体化、集约化建设理念，为提高普陀区各部门网站建设和维护效率，节约建设经费，创新性地开发建设了“普陀区门户网站群”。该网站群以“上海普陀”门户网站为核心，以区内各部门和街道镇网站为子网站，形成统一门户、统一后台、统一规范、统一管理、统一安全措施、信息共享、资源共用的集约化系统。目前，已逐步整合部分原先托管在外的部门网站，并为新建的部门网站提供软硬件运行平台。同时，为了加强对区内子网站的管理，确保其网站高效安全运行，制定了《普陀区门户网站及子网站管理办法和技术规范》。

【普陀信息化网站建设】为了全面反映普陀区信息化发展状况，传播信息化发展新理念，总结和推广具有区域特色的实践经验，区信息委建设了“普陀信息化”网站并于2006年2月28日正式开通。网站建设的宗旨是全面反映区信息委职责功能，展示区域信息化发展成果，及时反映全国、市级及其他相关重要信息化动态，为社会公众提供便捷的信息化服务，同时体现区信息委团队自身建设。（郁　辉）

【“区县电子政务审计平台”通过验收】 由普陀区信息委承担的“区县级电子政务审计平台的研究与开发”项目于2005年7月批准立项，旨在通过细化信息系统评估指标，构建评估模型，对信息系统的规划、开发、建设、管理进行全方位的评估。该项目于2006年6月通过专家评审。2006年11月28日，市信息委在区组织召开了项目验收会。验收组听取了项目工作报告，审查了项目的文档资料，质询了相关问题，对项目的建设成果给予高度评价，一致同意项目通过验收。该项目提出的区县级电子政务系统审计评估指标体系、评估模型和评估软件，填补了信息系统审计方面的空白，对区县级电子政务系统的监管具有指导意义。（刘　萍）

【人大选举选民登记采用信息化手段】 2006年10～12月，普陀区进行人大换届选举工作。根据市人大安排，此次人大选举工作首次采用信息化手段进行选民登记和信息比对，选民可通过上网、上站、上机、上线、上门五种方式进行登记。区信息委全程参与了选举事务组和选民登记组的工作，圆满完成了区人大布置的任务：共登记选民552 449人，其中上网登记189 890人、上机登记17 185人。这种方式有效地提高了工作效率，降低了人力成本，方便了选民登记，减少了登记差错，做到不漏登、不重登、不错登，是人大选举工作的创新，也是信息化应用的一次有益尝试。（李庆庆）

二、社会领域信息化

【开展突发公共卫生事件应急信息系统调研工作】 2006年11月10日，市卫生局信息中心领导在普陀区疾控中心开展突发公共卫生事件应急信息系统建设情况调研。市卫生局信息中心领导从网络连接和系统架构等方面，介绍了市级层面突发公共卫生事件应急信息系统的建设情况。市级平台依托市政务外网连接区县平台，该系统业务涵盖平时的数据监测和战时的决策指挥及应急处置等。区信息委从技术架构和信息安全等角度对系统建设进行了讨论交流。

【召开“社区综合管理系统”建设研讨会】 2006年5月23日，普陀区召开“社区综合管理系统”建设研讨会，各街镇、相关条线部门单位领导出席了会议。区信息委在会上介绍了“社区综合管理系统”的建设背景和总体思路，提出要以一体化、集约化和规范化为基础来建设该系统。市信息委区县处领导介绍了市层面社区信息化建设规划及各区的主要做法，指出要全盘统筹考虑、统一规划、分步实施、持续推进。与会人员从业务需求、信息安全和条线整合等角度对系统建设思路进行了讨论、交流，一致认为该系统的建设是必要的，在具体建设时要注意以下四方面工作：一是要注重资源整合、信息共享的原则；二是各街镇要选派既熟悉社区业务又了解信息化建设的人员参与项目组；三是要全面梳理社区各项业务需求；四是相关条线要协同建设，构建条块结合的业务应用系统。（刘　萍）

【社会保障卡工作稳步前行】 2006年，普陀区社会保障卡管理办公室把发放社会保障卡作为重要工作来抓，截至年底,全区“滞发卡”只剩10张，发卡经验获得市里肯定并在全市推广。全年，普陀区共办理社保卡1.7万张（累计总数达72.4万张），发卡1.6万张；办理2009届高中学生学籍卡3 946张；发放红卡附卡3.66万张。普陀区社会保障卡服务中心坚持“全年无休”，2006年共补卡7 090张，换卡5 785张，其中国定假日和双休日补换卡占12.9%。

【继续推进“市民信箱”实事工程】 2006年，普陀区继续推进“市民信箱”工作。区信息委发挥职能部门的组织协调作用，通过试点提供经验，开展竞赛活动，保证全区任务的完成。各街道镇广泛宣传改版后的“市民信箱”，并结合社保卡的申领，为学校、社区、单位提供上门服务，方便市民申请。全年，普陀区共受理用户1.02万个，累计发展用户9.79万个，“市民信箱”的受理数位列全市第三。（孙宝良）

【桃浦镇继续开展“居住证”申领试点工作】2006年，普陀区完成“居住证”在各街道镇全面推进的准备工作，各街道镇均完成拍照设备更新，相关工作人员参加了市社会保障卡服务中心组织的业务培训。桃浦镇继续开展“居住证”试点工作。镇“居住证推进工作领导小组”指导居委会、村委会、社区单位通过各种会议、黑板报等形式向来沪人员宣传“居住证”的功能，使来沪人员了解并主动申领“居住证”。全年，共为来沪人员办理“居住证”796张，累计1 262张；“临时居住证”4 165张，累计7 178张。同年，普陀区社会保障卡管理办公室、桃浦镇人民政府被市信息委、市人口办、市公安局评为“居住证信息系统建设先进单位”，街道镇有4位同志被评为“居住证信息系统建设先进个人”；区信息委、区人口办被评为“居住证信息系统建设表扬单位”。（孙宝良）

【居住证信息系统建设概况】为提高对来沪人员的管理与服务水平，根据市里统一要求，2006年，普陀区在桃浦镇开展居住证试点工作，并于9月完成8个街道镇居住证信息系统建设，形成了全区联网并上联市社保卡中心。下一步将进行居住证管理制度的推广工作，并按照市里安排统一进行具体办证工作。

（刘　萍）

三、经济领域信息化

【中山化工市场项目荣获“上海市企业信息化示范园区”称号】2006年初，中山化工市场项目荣获“上海市企业信息化示范园区”和“2005年度企业信息化十佳成功案例”。2005年，市信息委确定中山商厦作为“上海市企业园区信息化示范工程——上海中山化工市场建设项目”的承担单位，经过合作各方近一年的共同努力，市场整体信息化平台的主要功能已经实现，实现了有形市场与虚拟市场的结合。该项目是对工业园区和传统企业信息化改造的发展模式的有益探索。

【上海国际包装印刷城信息化公共服务平台项目试点】上海国际包装印刷城将信息化建设作为近期发展的重点，力争建设行业最大网上交易平台和行业最全信息化应用平台。该平台将以上海国际包装印刷城的综合产业基地和国际包装网为基础，集企业管理、电子交易、电子支付、物业管理、产品展示、市场拓展、行业指导、情报收集与搜索等多种功能于一体，形成包装印刷企业信息化及电子商务平台的支撑，从而加快行业信息化发展进程，提高企业综合竞争力。目前，该项目已通过市信息委评审，成为市级试点项目。

（李　媛）

四、城市建设和交通领域信息化

【区城市网格化管理系统启动运行】2006年，按照市统一部署，普陀区开展了城市网格化管理系统建设。9月5日，系统建成并正式启动。在开展城市网格化管理系统建设中，普陀区充分依托区电子政务平台，完成了“监督中心”、“指挥中心”两个中心和31个处置单位的联网建设，通过集约化建设，共享政务平台资源，大大节约了建设经费，增强了网格化系统的应用能力。该系统通过建立城市网格化管理信息平台，实现对城市管理部件中事件的精确定位，实现市、区、专业工作部门和网格监督员四级联动的管理模式，将过去传统、被动、定性和分散的管理，转变为现代、主动、定量和系统的管理，大大提升了区城市管理的能力和水平。

【"普陀区市容指挥信息系统"项目通过验收】2006年5月31日,"普陀区市容指挥信息系统"项目正式通过验收。由市市容环卫局信息中心、区信息委领导及相关领域专家组成的专家组,认真听取了该项目的建设情况工作汇报,仔细审核了项目的相关资料和文档,并实地观摩了系统的功能演示,一致认为:该系统运用GIS、GPS、RS和MIS业务协同,实现4S技术的集成,具有先进性,而且采用的模块化方式进行开发,具有较好的可扩展性和开放性,在上海市区县级市容指挥信息系统中处于领先地位。该项目建成并试用以来,通过对作业车辆的GPS定位、市容基础设施的GIS管理、重要作业场所的实时视频监控、景观道路灯光的在线监控、市容业务的协同管理等先进手段,大大提高了区市容业务的指挥管理水平。 (刘 萍)

五、信息产业

【天地软件园被正式认定为市级软件产业基地】2006年6月17日,天地软件园经市发改委和市信息委批复(沪发改高技[2006]048号)正式成为上海市第八个市级软件产业基地。天地软件园于2004年5月正式挂牌成立,是普陀区第一家以软件开发与信息服务为主题的高科技现代服务业聚集地。建园两年多来,园区坚持"政府引导,市场运作,资源整合,增值服务"的发展方针,以集聚企业、引进高端研发中心为抓手、以服务入园企业为宗旨,集思广益,务实创新,已集聚IT相关企业130家,其中经认定的软件企业40家,显示出整个园区良好的产业集聚功能。

【电子商务创业园召开工作会议】2006年1月10日,市、区信息委参加了上海电子商务创业园2006年工作会议。创业园根据园区建设发展现状,提出了2006年的工作建议,而与会各方对电子商务创业园的发展模式给予了较大关注,希望园区能够在加强各方合作的基础上,落实运作机制,使园区走上健康发展的良性轨道,实现公益性和商业性双重收益。

目前,电子商务创业园已吸引85家电子商务相关研发、创业和运营企业入驻,办妥非正规就业组织30余家,为100多人解决了就业问题。电子商务创业园在2006年市信息化大会上获得"上海市信息化优秀项目(2003~2005)"。

【华东师大科技园成为国家大学科技园】2006年10月19日,国家科技部、教育部(国科发高字[2006]4250号)正式认定华东师大科技园为华东师范大学国家大学科技园。区校合作的华东师大科技园将以此为契机,深入实施"科教兴区"和"人才强区"战略,推进学校产学研结合,加快科技成果转化和高新技术产业化。

(李 媛)

【"上海LED半导体照明研发应用中心"成立】2006年9月11日,市信息委正式批准同意在普陀区成立"上海LED半导体照明研发应用中心"(以下简称"应用中心")。普陀区将围绕创建节约型城市和建设"绿色世博"的目标,广泛开展LED半导体照明技术研发和应用,尽快实现该中心的技术研发、产业集聚、测试检测和示范展示等四大功能支撑功能平台。

12月13日,应用中心在天地软件园举行隆重的揭牌活动。揭牌仪式上,区政府为LED半导体照明专家颁发了聘任证书,还为获得首届"上海LED研发应用成果奖"的优秀项目和优秀创新个人颁奖。同时,应用中心与纳米光电集成与先进装备教育部工程研究中心签订了战略合作协议,并与入驻中心的企业和中介机构签订了项目合作协议。

【首届"上海半导体照明创新与应用"论坛隆重举行】主题为"LED聚焦普陀点亮未来"的首届"上海半导体照明创新与应用"论坛于2006年12月13日在天地软件园举行。100多位来自LED半导体照明相关企业的CEO、科研机构研发人员出席论坛。论坛集中讨论了LED半导体照明技术研究和应用的发展方向,对半导体照明技术应用于通用照明市场的前景作了分析和展望,同时还深入探讨了LED半导体照明技术研发成果在普陀区产业化转化和应用推广的产业环境和发展空间等。

【首届“上海LED研发应用成果奖”评选活动落下帷幕】上海LED半导体照明研发应用中心和普陀区信息委联合举办的首届“上海LED研发应用成果奖”评选活动于2006年11月27日落下帷幕。评审委员会专家组通过对申报材料的审查和答辩等环节，共评选出“上海LED研发应用成果奖”优秀应用项目5个、特别贡献个人1位、特别优秀创新个人5位和优秀创新个人12位。

【区校合作共同打造“动漫长风”】2006年4月10日，普陀区与华东师范大学签署了共同打造“动漫长风”战略合作协议及协办第二届中国国际动漫游戏博览会合约。该合作协议将进一步扩大国家动漫产业振兴基地的影响，推动动漫游戏产业的振兴和发展；同时，将加快长风生态商务区现代服务业的功能形成和产业集聚，使长风成为动漫游戏产业的创意制作中心、娱乐体验中心和展示营销中心，从而共同打造“动漫长风”。双方将在筹建动漫博物馆、吸引国内外动漫游戏企业、承办动漫大型活动等方面展开一系列合作。

（王　蓓）

【“上海西区产学研项目对接平台”建立】2006年6月13日，由市发改委、市科委、市教委、市信息委、市人事局、华东师范大学和普陀区人民政府共同主办的“上海市西区产学研项目对接促进会”召开，会上揭牌的“上海西区产学研项目促进服务中心”、“上海技术交易西区中心”、“上海普陀区民企联投资有限公司”和“上海西大堂投资担保有限公司”将共同构建普陀区产学研合作的公共平台，有效发挥政府的主导作用，通过市场化运作，落实产学研对接和科研成果转化的长效机制。

（李　媛）

【韩正市长视察芯光科技】2006年8月10日，市委副书记、市长韩正，副市长周太彤前往普陀区调研现代服务业聚集区情况。期间，市领导一行来到天地软件园考察调研，并走访了园区内的上海芯光科技有限公司。芯光科技是普陀区政府与华东师范大学共同出资组建的半导体照明科技企业，主要进行自主研发的“高效节能半导体照明集成光源”产业化中试线建设。

（王　蓓）

六、信息基础设施

【圆满完成特奥会邀请赛信息通讯保障任务】2006年特殊奥林匹克运动会上海国际邀请赛于10月16日落下帏幕，普陀区特奥会信息通信部承担了邀请赛的信息通讯保障工作。本着节约办赛事的精神，信息通信部充分整合各部门资源，与上级领导和各部室、赛事体育馆、电信部门等积极沟通，落实通讯设备、安装系统、培训志愿者等工作，在没有增加任何设备投资的情况下，保质保量完成了区执委会的各项任务，为保障特奥会普陀区邀请赛的顺利召开作出应有贡献。

（邵娅美）

【桃浦镇信息化基础设施规划通过专家验收】作为全区信息基础设施整体规划的试点，《桃浦镇信息基础设施专业规划》于2006年9月正式通过专家验收。该规划方案正式实施后，将从整体上提升桃浦镇信息基础设施建设水平，为桃浦镇的现代服务业发展提供信息基础保障。同时，区信息委将根据规划的实施情况，拟对全区信息基础设施进行统一规划，为全区产业结构调整做好信息基础配套。

（王　蓓）

七、信息化环境

【顺利召开区信息化工作会议】2006年2月28日，普陀区信息化工作会议召开。市信息委副主任乔志刚，普陀区委书记周国雄，区委副书记、区长胡秉忠等领导出席会议并作重要讲话；区信息化推进领导小组成员单位主要负责同志，区相关部门、园区和企业的领导和同志参加了会议。各单位围绕信息化应用、社区信息化建设、信息产业发展和企业信息化等方面作了大会交流发言和书面交流。乔志刚副主任点击开通“普陀信息化”网站，胡秉忠区长首发“普陀信息化简报”。

（施 维）

【区信息化简报获得一致好评】 普陀区信息化简报自2006年2月创刊，其宗旨是全面反映区信息化发展状况，传播信息化发展新理念，总结和推广具有区域特色的实践经验。简报以每月一期的形式发布，截至2006年底，共有1 000多人次访问。

（顾呈健）

【参加信息化博览会，宣传普陀信息化成果】 2006年5月23～26日，“第三届上海国际信息化博览会”在光大会展中心举行。普陀区设立了展位，通过多媒体演示、照片文字展板介绍、发放宣传资料等形式，以“信息化引领商贸普陀腾飞 数字化促进和谐社会发展”为主题，从信息产业、电子政务两个方面展示了全区信息化发展取得的丰硕成果。展会期间，普陀区的展位吸引了众多参观者驻足观看和洽谈，天地软件园、华大科技园、芯光科技等园区和企业也派员参与接洽工作，起到了宣传普陀信息化和展示“商贸普陀”发展风貌的预期效果。同时，普陀区还荣获第三届信博会组委会颁发的“电子政务优秀奖”。

（王 蓓）

【召开电子政务技能交流会】 2006年11月30日，区机关党工委、区信息委组织部分区机关干部举行电子政务PPT竞赛作品展示与技能交流会。会上展示了部分优秀PPT作品，并由作者介绍了PPT制作经验和体会。而此前进行的电子政务竞赛活动以“知荣辱、讲文明、迎世博”机关干部践行社会主义荣辱观和机关廉政文化建设为主题，旨在通过竞赛和技能交流活动，进一步丰富学习型机关创建内容，促进机关廉政文化建设，培养机关干部的荣辱观，提高机关干部的电子政务操作技能，提升机关行政效率。

（顾呈健）

【积极开展人才推优工作】 2006，普陀区积极配合团区委组织了“普陀区十大杰出青年”和“上海市IT十大新锐”的推荐参选工作。经过精心组织和准备，华东师范大学终身教授、博导、上海芯光科技有限公司董事长孙卓博士成功当选“普陀区十大杰出青年”和“上海市IT十大新锐”，而上海宽鑫信息科技有限公司总经理张毅斌博士获“上海市IT十大新锐”提名奖。

（李 媛）

八、社会诚信体系

【开展2006年诚信活动周系列活动】 在全市“诚信活动周”期间，普陀区也同步开展了“营造社会诚信环境，构建商贸物流普陀——2006年普陀区诚信活动周”系列活动，并于2006年9月26日在曹杨商城开展了主题活动。该活动包括区诚信建设成果展示，曹杨商城“商业企业信用管理系统”启用仪式和“营造社会诚信环境，构建商贸物流普陀”主题座谈会等内容。与会各方分别介绍了加强诚信建设和管理的思考和举措，交流了思想，交换了意见，就构建“商贸物流普陀”提出下阶段的工作思路和工作措施。此次活动在全区企业和区相关部门中产生了一定影响，营造了“知诚信、用诚信、讲诚信”的社会环境。

（顾呈健）

【曹杨商城“商业企业信用管理系统”开通运行】 作为市信息委在全市商业领域开展的企业信用管理的试点，曹杨商城商业企业信用管理系统于2006年9月正式开通运行。该项目在商城建设完成POS-ERP系统后，开发建设了信用管理系统并实现POS-ERP与信用管理系统的数据衔接，形成了一整套商业信用管理制度和一套适用于曹杨商城的客户信用评价指标体系。在项目建设中，商城按照社会诚信体系建设的要求，通过规范企业业务流程，强化企业信用管理制度，提高了企业信用管理水平并将社会公共信息平台与商业企业信用管理系统的对接，加强对商品流通最终环节的监控，促进社会诚信体系的建设。

（刘 萍）

第六章　闸北区信息化建设

概　述

2006年，闸北区信息委围绕打造现代交通商务区和创建文明城区的目标，结合闸北区“十一五”规划，着力“强化应用”：通过强化应用提高网络效能和取得倍增效应；突出“三个服务”：为加强政府自身建设服务、为营造良好经济发展环境服务和为促进区域社会和谐稳定服务；重点聚焦“城市网格化管理”建设、推动“办公自动化系统”广泛应用、普及“一口式受理平台”试点等10项重点工作，都取得显著成效，对区域经济和社会发展起到支撑、带动作用。

加快推动政务领域信息化，改版闸北门户网站，深化推进政府信息公开；进一步加强社会领域和经济领域信息化建设，普及推广社区一口式受理平台，加快实有人口库建设，加快推动中小企业信息化建设；积极推进城市建设和交通领域信息化，建设城市规划业务管理系统；加强对信息化工作的领导，营造良好的发展环境。

2006年，“闸北区社区卫生公共服务平台”、“闸北区临汾社区网格化管理信息平台”被上海市信息化委员会评为“2006年度上海市区县信息化应用优秀成果”。

（吴　建）

一、政务领域信息化

【改版闸北门户网站】 2006年，闸北门户网站再次改版，新增加闸北便民地图、电视新闻视频和“办事指南”地图等内容，方便了市民查询及迅速了解闸北区情，丰富了网站报道形式。一些热点、重点栏目，如政府信息公开、焦点网谈、闸北大家谈等都移到网站首页明显位置，方便市民阅读。其次，拓展服务外延，整改品牌栏目。门户网站新推出了闸北手机报，通过手机将当日闸北快讯发送给广大订阅市民，每日定时发送二到三条，内容涉及市民日常生活、出行、市政建设和城市管理等方面，成为政府与群众之间交流的桥梁。第三，制定有关制度。对“闸北大家谈”BBS论坛制定了“先审后发”的发帖制度，并设置专门的论坛管理员对网站BBS进行24小时监控，基本杜绝了一些反动的、不健康的、影响社会稳定的帖子上网。此外，还专门成立约50人的“闸北区互联网和谐使者”队伍，对网站的舆情进行全面引导和监控。

【推广应用办公自动化系统】 2006年上半年，闸北区制定了《关于在全区推行网上收发通知的实施方案》、《闸北区政务网络办公自动化系统运行保障制度》和《网上收发通知操作管理办法》（试行）等一系列规范性文件。6月11日，召开全区党政机关各部门办公室主任（秘书科长）会议，对下半年在全区全面应用办公自动化系统进行具体安排。7月31日前，闸北区完成对全区74个部门的系统安装和调试，分批组织完成对部门办公室主任（秘书科长）和操作人员的业务培训。10月1日，正式运行OA系统，全区各部门一律实行网上收发通知，取消纸质通知的收发。

【试点开发应用居委会换届电子选举系统】 2006年，闸北区在全市率先开发应用“基于社保卡的电子选举系统”，通过信息系统和其外围设备（POS机）的集约化开发和利用，探索基层政府的选举，为10月在全市开展的人大选民网上登记进行了富有成效和示范效应的探索。该系统由移动POS选民登记、基础信息管理、电子投票、电子唱票四大功能模块组成，结合现有人口管理系统、社保卡管理系统以及来沪人员管理设备（POS机）的综合利用，通过电子选举系统大大降低从选民登记到选举整个过程的工作量，提高了居委会选举的参选率以及选民登记效率、计票的准确性。

【协助实施选民网上在线登记】2006年10月，闸北区以宝山路街道为试点，组织实施了“使用手持式读卡机开展选民在线登记”。运用社保卡在移动POS机上进行登记，在较短的时间内完成了区域内的选民登记任务。在试点基础上，闸北区大力在其他街道、镇进行全面推广和应用，大大提高区域选民登记工作的效率和准确率。

【完善区政务网络建设】2006年，闸北区完成对区政务网络布线的梳理工作，并升级和改造互联网出口的有关设备。按照市里统一部署，完成闸北区防汛办、民防办等6个部门的政务外网接人工作，实现与市条线部门的联接和互动。同时，做好闸北区政务外网网络运行的保障工作。

【深化推进政府信息公开】2006年，闸北区深入贯彻落实“市政府政府信息公开工作电视电话”会议精神。7月26～27日，组织区相关部门进行政府信息公开业务培训，重点培训政府公开信息目录编制、申请受理、办理和答复以及优化流程等其他相关方面内容，进一步规范政府信息公开工作，提高工作人员业务水平。截至年底，闸北区公开政府信息2 338条，其中2 068条提供电子文档下载，闸北门户网站政府信息公开专栏访问量达15万余次，点击率超过28万人次，各受理点接受市民现场咨询和电话咨询9 354人次，网上受理信息公开申请1 453件。（吴　建）

二、社会领域信息化

【普及推广社区一口式受理平台】按照市委、市政府的统一部署，从2006年1月开始，在闸北区临汾路街道试点开展的“一口式受理”工作中，闸北区信息委从技术层面积极协调解决“一口式受理平台”与五大专网（劳动、民政、医保、计生和居住证登记）的资源共享和衔接问题，并纳入社区管理服务平台。4月，顺利完成试点。平台整合了民政、劳动等部门在街道设置的政务事项，使服务窗口从原来的28个减少到8个，居民可在任何一个窗口进行多项事务的咨询和受理，形成“前台一口受理、后台协同处理”的工作机制，方便群众办事、提高政府办事效率。同年，在其他街道和彭浦镇进行全面推广应用。

【建立社区网格化管理信息平台】2006年，闸北区在临汾路街道开发建立和应用社区网格化管理信息平台，作为城市网格化管理在社区服务的有效延伸，是全市首家试点。社区网格化管理信息平台把网格化原理运用于城建、市容、治安、执法等社区事务管理，通过再造高效便捷的事件管理工作流程(包括事件发现、受理、派遣、处置、核查和结案6个环节)，运用电子地图实现事件在社区地域范围内定位，便于处置部门对事件发生地进行锁定、查询和派遣核查人员去现场处置。最后，进行数据汇总、分析和统计，服务于领导查询。在平台上还提供短消息提醒功能，立案、派遣、处置、核查各事件完成后，平台发送系统短信息提醒责任人，督促其尽快处置完成。平台正式运转以来，基本实现“边界统一，反应迅捷，责任到岗，考核到人”的总体要求，为领导及时掌握实情、分析决策提供数据依据。全年共立案3 759件，结案核实3 670件，结案率97.6%，其中5～10分钟即时处置1 470件，占40%。

【开通居民网上学习圈网站】2006年6月，闸北区现代教育技术中心开通居民网上学习圈网站(www.261.net.cn)。根据居民的兴趣爱好，在网站上分设养身保健、家长学校、数码译站等7个网上学习圈，每个圈都设有圈主和版主。向社区居民发放网上学习圈会员卡600多张，持有会员卡的居民将免费使用“居民网上学习圈”网站平台上1 000G的社区教育资源，进行在线学习、在线讨论和在线答疑等，深受社区居民好评。

【推广应用社区居民健康信息平台】2006年，闸北区完成区卫生局、区医保局和社区卫生服务站等17家单位的网络互联互通，实现多个卫生子系统的数据交换和资源共享，并大力推广应用居民健康信息平台。该平台以居民健康档案为重点，涵盖社区居民基础健康资料及预防保健、计划免疫、就诊记录、健康检查记录、计划生育等方面信息。平台由社区信息管理和医院信息管理两大部分组成，实现社区卫生信息与临床诊疗信息的一体化。具体体现在：一是健康信息和电子病历的数据互通，提高了工作效率；二是具有多功能居民电子健康信息库，通过居民每一次体格检查、门诊或住院加以补充和完善；三是具有强大的疾病监测、报告、预警系统，针对重点人群、重点疾病、慢性病和传染性疾病，以实现早预防、早发现、早报告和早处理。该平台在社区卫生服务中心的应用，一定程度上转变了以往社区卫生服务的工作模式，优化了居民的就诊流程，提高了医务人员的工作效率，提升了社区卫生服务中心的管理水平。

【加快实有人口库建设】 2006年上半年，闸北区信息委、区人口办等部门广泛开展关于建设实有人口库的需求调研。一是区层面人口办、计生委、公安、民政、劳动、残联、卫生、教育、房地等专业条线对实有人口共享需求的调研；二是街道层面管理信息需求的调研；三是居委会层面基础信息需求的调研。在调研基础上，确定了实有人口采集数据项、采集表格，初步制定和完善了区实有人口库建设方案。7月，闸北区对宝山路、大宁路、临汾路3个街道的实有人口数据库进行梳理和比对，并组织彭浦新村街道、彭浦镇进行人口数据的采集、录入工作。12月22日，闸北区召开《区实有人口库与社区统一平台实有人口库的接口方案》专题研讨会，就实现技术标准的兼容性、社区管理的实用性以及预留功能的可拓展进行研讨。截至年底，闸北区宝山路街道、大宁路街道、临汾路街道、彭浦新村街道和彭浦镇基本完成本街道（镇）实有人口库建设，为建立全区实有人口库奠定基础。

【完善闸北区来沪人员综合信息系统】 2006年，闸北区进一步修改和完善闸北区来沪人员综合信息系统，使系统查询更为简便，数据汇总更为精确。经过一年的应用，系统已基本实现覆盖全区域，在区、街道、各相关部门之间实现信息的相互贯通和资源共享，大大提高了来沪人员管理部门的管理效率。同时，通过系统对来沪人员的分层分类管理，实现对来沪人员的实时管理，动态掌握信息，确保区域内来沪人员底数清、情况明。截至年底，闸北区共有来沪人员120 764人，办理居住证3 057人，临时居住证66 047人。通过信息系统反馈的来沪人员问题1 374件，部门已落实解决1 262件，占总数92%。

【继续推进市民信箱申请】 2006年，按照上海市市民信箱电子邮件系统管理中心的要求，全区9个街道（镇）社保卡服务站、区社保卡服务中心共10个受理点正常接待市民的申请注册工作。截至年底，闸北区共受理有效申请6.3万余人。

（吴 建）

三、经济领域信息化

【建立国资管理GIS信息系统】 为进一步加强对区域国资的日常管理，闸北区在已完成GIS平台开发的基础上，建立了国资管理GIS信息系统。该系统由GIS功能模块、数据统计分析决策和后台的数据维护支持系统组成，不仅包括放大、缩小等GIS基本功能，查询、测量等GIS扩展功能，还结合GIS系统的特色，将国资委管理的企业信息与地理信息相关联，实现特定地理区域的数据统计分析和数据的GIS撒点分布图，更直观地展示相关数据，同时对企业的自然属性、区域社会经济属性进行趋势分析和综合评估，为区域经济规划、产业布局、功能定位和招商引资提供辅助决策。项目通过验收后，2006年10月在闸北区国资委投入使用，应用效果良好。

【加快推动中小企业信息化发展】 2006年，闸北区信息委以中小企业信息化发展现状、区域现行相关政策的实施情况等为主要调研内容，历时两个月通过召开座谈会、上门走访等形式，与市科协、市工商联、闸北区科委、闸北区不夜办、市北工业园区、市北电信等单位、企业以及部分高校的专家学者进行沟通，汇集了政府部门、行业协会、中小企业有关人员以及专家的意见和建议，深化了对企业信息化推进的操作模式、方法及相关管理制度的认识，为制订和完善扶持区域中小企业信息化发展的相关政策提供有益依据。

（吴 建）

四、城市建设和交通领域信息化

【推进区网格化管理信息平台应用】根据市政府要求中心城区“网格化管理”全覆盖，闸北区结合区情制定了闸北区万米网格管理的技术方案，完善区内的网络构建，积极参与信息平台的开发建设，并完成设备进场、应用软件的安装调试和相关人员的培训工作。2006年11月28日，闸北区网格化管理信息平台正式投入运行。通过该平台实现了现有资源支撑整个系统的建设，网格监督员和平台之间互通性、部件调查数据的准确性、各单位之间的协调性及信息资源汇集和整合的有效性。截至12月27日，网格化中心共派遣案件1 476件，其中事件数1 056件，占案件总量71.55%；部件数420件，占案件总量28.45%。任务派遣集中在市政署、市属部、绿化署、市级平台、房地局等单位。

【建设城市规划业务管理系统】2006年，闸北区开发建设区城市规划业务管理系统，在规划部门推广应用。该系统包含窗口的接待登记、运转管理、发证记录、信息发布、项目督办、会务通知等各电子政务管理功能，并在整合和优化的基础上继续进行新的功能开发，以完善和提高规划管理工作的效能和品质。通过对项目管理的实时信息的管理，有效提高了规划项目管理审批透明度，使申请单位能即时了解相关项目的办理状况。通过短信通知、网络公示、大屏幕的信息滚动，为建设单位从多方位、全天候的共享电子政务提供更人性化的服务。通过实时效能管理信息和短信督办体系，大大提高建设项目审批效能管理的科学性和有效性，使信息公开、信息共享、信息网络、电子政务在规划管理工作中的优越性得到充分体现。

【建设社会治安分级(分色)预警系统】为准确分析、把握社会治安突出动向，切实增强维护社会治安的主动性、针对性和有效性，2006年，闸北公安分局开发建立了社会治安分级(分色)预警系统。通过该系统能及时对区内各类案件进行分析并及时发布预警，告知各派出所及时调整警力部署。全年，共启动全区性预警34次，区“两抢”案件和入室盗窃案件分别同比下降12.9%和23.4%，为及时打击各类违法犯罪活动、整治治安突出问题和加强对各类案件防控奠定基础。

【制定《关于推进闸北区住宅小区和楼宇智能化建设的指导意见》】2006年上半年，闸北区根据国家和上海市有关智能化建筑的标准和规范性文件，参考当前全市智能化示范小区实际建设情况，起草制定了《关于推进闸北区住宅小区和楼宇智能化建设的指导意见》，提出住宅小区和楼宇的智能化系统配置要求。《指导意见》经过市智能办和同济大学智能建筑研究中心程大章教授等专家论证，并经区政府常务会议第143次会议审定通过，以内部文件形式转发至相关职能部门实行。

（吴　建）

五、信息基础设施

【建设社区治安图像监控系统】2006年，闸北区加快建立覆盖全区域的社区治安图像监控系统。为了节约资金和资源，充分发挥监控系统的作用，依据“一个探头、两套系统”原则，利用现有政务网络资源和各类社会监控资源，建立以公安分局、派出所为主，以区、街道（镇）为辅的多级监控网络，既能满足公安部门治安执法的需要，又能满足城区网格化综合管理的需要。截至年底，已在闸北区天目西街道、临汾街道和彭浦镇等区域实施，累计建设255个全天候高清晰监控探头；并会同公安分局等部门，编制完成《闸北区社会治安综合治理图像监控系统总体建设方案》，作为2007年整体建设和推进的指导依据。

（吴　建）

六、信息化环境

【召开区信息化领导小组扩大会议】2006年4月29日，闸北区召开信息化工作会议，会议传达了市信息化工作电视电话会议精神。闸北区委书记姚海同、区长尹弘、副区长许谋赛及市信息委副主任陈跃华出席会议，许谋赛副区长作了信息化工作报告，重点部署了2006年城市网格化管理、一口式受理平台建设、社区治安图像监控和办公自动化系统推广等10项重点工作。会上，区委书记姚海同作了重要讲话，对做好10项重点工作提出三点要求：第一，要从战略高度充分认识加快信息化建设的重要意义，增强做好信息化工作的紧迫感和责任感；第二，要明确原则、突出重点，加快推进信息化建设和应用；第三，要加强对信息化工作的领导，努力营造良好的发展环境。

【区委书记调研信息化工作】2006年3月16日，闸北区委书记姚海同，区委常委、副区长许谋赛调研信息化工作。区委书记姚海同提出，要充分发挥信息化在区"十一五"期间经济社会发展中的重要支撑作用，要"站得高、看得远、想仔细"，进一步加快推进信息化建设进程。他指出，2006年信息化工作主线是"着重应用"，要重点聚焦、寻求突破、做出亮点：一是加快推进社区网格化管理。在临汾试点的基础上，认真总结经验，探索形成适合的网格化管理模式，为2006年全面推广做好准备。二是开展临汾"一口式"受理试点。在市有关部门指导下，积极组织试点，通过后台整合资源，实现前台面向社区居民的"一口受理"，方便群众办事。三是加快办公自动化系统推进。按照"分阶段运行、有步骤推进"原则，尽快实现全区机关各部门简报和会议通知无纸化。四是加快建设实有人口综合管理系统。在已建来沪人口数据库的基础上，进一步整合本籍户口、来沪人口等相关信息，建立实有人口信息数据库和管理信息系统。五是加快社区卫生领域信息化建设，建立三级服务网络体系，并积极指导智能化小区和楼宇建设。

【联合执法检查组现场检查区社会保障卡工作】2006年8月16日，市人大法工委、市政府法制办、市信息委、市劳动局、市公安局和市民政局等组成的联合执法检查组现场检查闸北区临汾街道社会保障卡服务网点，了解社会保障卡办理过程，察看相关制度和规范的建立和执行情况；并召开了《上海市社会保障卡管理办法》、《上海市社会保障和市民服务信息系统管理办法》实施五周年现场交流座谈会。

【加强信息安全工作】2006年，闸北区加强对重要信息系统以及与政务网相连计算机的信息安全服务保障工作。根据不同信息安全管理等级的要求，落实信息安全责任制，做好应急预案的制订与演练，建立和完善信息安全的长效监管机制。

（吴　建）

七、社会诚信体系

【推进社会诚信体系建设】2006年，闸北区继续完善社会诚信信息平台和加大推广应用力度。在政风行风测评应用的基础上，进一步加强在政府采购等政府工作中应用信用报告，通过对政府部门的信用评议来带动企业、社会和个人诚信。按照市"诚信宣传周"活动安排，利用已建的宣传广告牌、电子广告牌和交通信息屏等设施进行广泛宣传，宣传信用制度建设、征信体系建设和征信工作。在全区组织开展诚信宣传活动，区旅游局、工商等部门组织开展放心购物、规范旅游市场等活动，提高商业经营和旅游营运服务质量，以营造诚信氛围。继续更新维护"闸北诚信"网站，鼓励并加强各部门将企业诚信信息、政府机构诚信信息的网上公示。

（吴　建）

第七章 虹口区信息化建设

概 述

2006年，虹口区信息化工作紧紧围绕区中心工作，按照"逐步提升政府管理与服务水平和效能"、"全面提高社会信息化应用水平"的发展目标，着力在推进政务信息化应用、优化信息化环境、夯实基础网络建设、保障信息化服务等方面开展工作，区政务网建设全面完成，初步实现区协同办公，建成区文化资源管理系统，推进区公共卫生信息化平台建设，城市网格化管理系统顺利建成并投入使用，数字电视平移工作顺利开展。进一步明确规划总体目标，加强沟通协调，稳步推进项目实施和管理，初步形成了全区统一的政务信息网络平台和应用平台，各项业务应用功能不断拓展和完善，应用水平不断提高。信息产业发展迈出关键一步，"上海数字媒体产业园"和"上海数字电视产业园"已正式揭牌成立。

2006年，"虹口区行政事务综合管理系统"和"虹口区城市管理网格化和实时监控信息系统"被上海市信息化委员会评为"2006年度上海市区县信息化应用优秀成果"。

（区信息委）

一、政务领域信息化

【区政务网建设全面完成并平稳运行】2006年，以区政府机关新大楼为中心，覆盖全区80多家党政机关单位、街道、直属企业的二级政务网建设全面完成，为全面实施区电子政务信息化奠定了基础。为了有效保障政务网的平稳运行，制定了各项涉及网络安全、网络管理和运行维护的规章制度，建立统一的运行维护服务平台。

【启动全区统一的行政事务综合管理系统建设】为了不断规范行政事项内容和流程，为居民提供快速、便捷、高效和多样化的办事渠道，同时提高工作人员的工作效率和服务水平，根据虹口信息化整体架构，依托现有的实有人口数据库和业务处理平台，启动开发全区统一的"行政事务综合管理系统"。该系统与"一口受理与发布系统"（政府门户网站）有机结合，突出在线功能，通过多网络数据整合，解决长期以来条线系统的"二次输入和数据沉淀"难题，达到信息资源在区级层面的共享，有效实现"一口受理、一网协同"的建设目标。

【推动区协同办公系统应用】依托协同办公系统平台，虹口区基本建成以全市统一电子政务数字证书体系为安全载体、市区两级联动、全区统一身份的认证体系和集短信、即时消息、网络U盘为一体的消息系统，在全区机关范围内初步实现个人办公、协作办公、流转办公，实现公文与信息处理手段现代化，提高工作效率，降低行政成本。截至年底，该系统注册部门80个，使用人数达1 195人。协同办公业务系统应用项目不断拓展，新增政府目标管理、人大书面意见管理、政协议案管理、信访管理、文化资源管理等9项业务应用，并逐步开发电子印章、档案归档等拓展功能。

【政府门户网站顺利改版】区政府门户网站经过充分调研和需求分析，整合完善，顺利完成改版工作，并于9月18日正式上线。改版后的网站通过整合、规范各项工作运行机制，拓展了网站各项功能，增设了市民、企业、旅游者、投资者和英文版五类专属频道和视频信息。网站设有区长之窗、走进虹口、新闻中心、信息公开、网上办事、政民互动、投资促进、便民服务等8个一级栏目，丰富了网站信息资源，加大了网上办事和信息公开力度，搭建信息公开交流平台，健全了政民互动，创立综合互动栏目——民意倾听，拓宽了与民沟通的渠道。

（区信息委）

二、社会领域信息化

【继续做好社会保障卡、居住证管理工作】2006年，虹口区社会保障卡（居住证）网点建设完善，人员配备齐全，工作措施到位。全年共申领社会保障卡（学籍卡）15 479张，发放卡17 112张，补（换）卡16 578张；发放居住证2 122张，临时居住证16 131张。

【区教育信息化平台应用取得成效】2006年，虹口区充分发挥信息化在教育教学中的作用，依托城域网，完善和推进“校校通”的应用，实现“教育通”、“培训通”、“管理通”、“社区通”。通过推进以教师培训、教研互动、协同备课等模块的应用，提高教师的业务素质；通过平台实现市区二级层面管理系统的集成，实现与基层学校的数据对接；通过学校、家庭、社区的多方携手，进一步完善教育社区平台建设。

【建成虹口文化资源管理系统】2006年，通过全面梳理虹口区公共文化资源信息，建成虹口文化资源管理系统。该系统初步实现了对区域内文化动态活动、文体人才、文体团队、文体设施、历史遗址遗迹的信息化动态管理以及科学合理的资源利用。

【推进区公共卫生信息化平台建设】为了进一步提高卫生行政管理水平，实现卫生信息资源共享，提高突发公共卫生事件的应对能力，2006年，基于上海有线MPLS-VPN网络、覆盖区属医疗卫生机构的卫生基础网络构架顺利完成。卫生信息数据中心基本建成，已成为区属医疗卫生信息资源的交换中心，并利用网络平台初步实现区域卫生信息综合采集、分析与查询。

【积极推进社保卡与银行卡捆绑应用工作】为了推广社保卡与银行卡绑定支付项目在虹口区卫生行业的应用，由市社会保障卡服务中心、区信息委、区卫生局联合成立区试点工作推进小组，制定工作实施方案，负责项目的具体推进与实施。截至2006年底，辖区内15家医疗机构与银联签订了绑定支付协议，完成了设备采购与安装，完成了软件接口的测试，技术准备工作一切就绪。

【组织实施“虹口区万户家庭网上行”】启动新三年“虹口区万户家庭网上行”项目，再次被区政府列为2006年实事项目。年内，编制了《数字家园》培训教材，由上海科技教育出版社出版发行，并制作成视频教材；开通“虹口学习网”，开展“联华”杯网上购物大赛、市民眼中的虹口文明——“曲阳杯”数码摄影大赛等主题实践活动。全年，共举办188个培训班，培训人数10 083名，考试合格率90.5%。（区信息委）

三、城市建设和交通领域信息化

【建成区城市网格化管理系统】2006年，虹口区城市网格化管理系统顺利建成并投入使用。该系统主要由市级监管平台、区级监督指挥平台、专业部门、网格监督员等4个层面构成，以1万平方米为基准在管理辖区内划分单元网格，确定五大类84种部件和五大类32种事件，对部件进行详细的地面调查和物理定位，对网格及部件、事件按国家有关标准统一进行了编码，并建立监督员发现、监督中心立案、指挥中心派遣、处置部门处理和监督员最终核实的工作流程。

【建成城区实时监控系统】2006年，虹口区城区实时监控系统顺利建成并投入使用。该系统通过在主要道路、重点场所和标志性建筑周边安装监控摄像机，以街道(派出所)为前端汇集点，与公安分局视频图像实现资源整合和信息共享，形成全区视频监控的统一平台，实行对虹口城市治安和城区管理的实时监控。

（区信息委）

四、信息产业

【上海数字媒体产业发展初现成效】 4月19日，市信息委同意在虹口区建立上海市数字媒体产业园区。5月中旬，市信息委正式授予虹口区“上海数字媒体产业园”铜牌。上海数字媒体产业园区是由多个商务中心/园区构建而成的分布式产业园，包括空间188创意产业园区、上海联合数字内容产业园、上海数字电视产业园等，总部设于空间188创意产业园区。11月30日，上海市数字媒体产业园区开园仪式在空间188创意产业园区正式举行。市信息委副主任刘健、区委书记孙卫国、区长俞北华和东方有线网络有限公司董事长刘亚东分别为“上海数字媒体产业园”和“上海数字电视产业园”揭牌。揭牌仪式后，园区还分别与中国银行、上海市信息服务业行业协会签订合作协议，并与部分入驻企业签署入驻意向书。（区信息委）

五、信息基础设施

【实施数字电视平移工作】 根据虹口区人民政府与东方有线网络有限公司签订的战略合作内容，虹口区被列为上海数字电视平移试点区。通过试点，用以检验各项准备工作质量及有线电视数字化转换市民接受度，进行基于有线网络的综合家庭信息服务试运行等，为后续全市实施整体转换工作积累经验，提供依据。试点工作自5月起分别在欧阳街道所属5个住宅小区和嘉兴街道1个住宅小区试点启动，7月，数字信号正式开通，进入交互数字电视、高清数字电视的试运行阶段。在全部1 861户已登记用户中，安装成功1 808户，安装成功率为97%。通过电话咨询、现场反馈，用户满意率达90%。（区信息委）

六、信息化环境

【召开区信息化工作会议】 5月18日，召开虹口区信息化工作会议，全面总结区“十五”期间信息化工作，部署“十一五”信息化工作重点。会议对“十五”期间20个信息化建设先进集体、31名优秀个人进行了表彰。

【开展信息化培训工作】 10月，区委组织部、区人事局、区信息委与上海大学利普网络教育中心联合举办“虹口区信息化建设高级研修班”和“虹口区信息化建设务实培训班”培训。区有关部门、各街道领导和专业技术人员50余人参加了培训。此外，年内还分别组织协同办公系统培训和门户网站培训8批次，参加人员280人次。（区信息委）

第八章　杨浦区信息化建设

概　述

2006年，杨浦区信息化工作按照《2006年杨浦区信息化工作要点》的要求，优化信息化发展环境，聚焦信息基础设施、电子政务等重点领域，突破基础数据库、资源共享等难点问题，加速推进本区信息化建设进程。

2006年，杨浦区信息化建设的主要工作：一是推进信息化基础设施建设，完成区社会防控体系建设、政务网节点主机房改造、民防指挥所通信要素系统建设、“校校通”光缆改造工程等工作；二是推进信息化项目实施，完成视频会议系统、区政府大办公OA系统、信息交换平台、区档案管理系统、区安全监督网站等项目建设任务，完成区实有人口库一期开发、城市管理网格化建设、五角场街道社区服务与保障“三网合一”工程、居住证受理点建设等工作；三是履行信息化管理职能，完成2006年信息化发展资金项目评审工作，深入推进政府信息公开和区信用制度建设，开展市民终身教育平台建设试点；四是推动信息产业发展，推进复旦软件园基地建设工程，完善复旦软件园联合基地软件测试中心和人才培训中心运作机制，实施各信息产业基地之间光缆联接工程，建立网上资源共享平台。

2006年，“杨浦区五角场街道社区公安防控、网格化管理、社区服务三网合一建设项目”、“杨浦区来沪人员信息管理平台”被上海市信息化委员会评为“2006年度上海市区县信息化应用优秀成果”。

（区信息委）

一、政务领域信息化

【推进政府信息公开工作】 2006年，杨浦区根据建设“服务政府、责任政府、法治政府”的总体要求，把深化政府信息公开内容的重点放在市民关注的重点领域和公共服务方面。房地规划方面，在江浦公园建设杨浦区城市规划馆，展示区域发展远景规划；区规划局实行建设项目规划公示会制度，按照便民原则规划公示会在建设项目周边的社区或居委会召开，根据情况对市民提问进行公示后的公开答复；政府网站按月公开区规划局“一书两证”审批情况；在政府网站发布动拆迁和旧住房改造信息，共发布16幅地块（涉及拆迁面积84 643平方米，动迁居民2 884户）的动拆迁公告，发布旧房成套15万平方米、综合“平改坡”3个小区和旧住宅小区综合整治50万平方米相关信息；实施阳光动迁十公开制度，开发可供动迁居民查阅的信息管理系统，在政府门户网站上开辟专栏，对动拆迁安置补偿政策进行详细的解读，并接受市民监督。公共服务方面，上网公开全区社区卫生服务点资源分布情况、社区卫生服务点医疗服务项目和收费标准；公开全区37家老年福利院的性质、床位数量、医疗备用金和一次性代办费金额，以及不同房间、伙食和护理标准的收费情况等详细信息；公开区内5家平价药房2 200种常用药品价格。社区服务方面，全区12个街道镇社区事务服务中心所有市民办事项目全部在政府网站公布，并制作成便民手册或菜单式资料供市民免费索取，有的在办事大厅设立计算机触摸屏供市民查询，一些街道还将社区事务服务延伸到居委会，大大方便了市民办事和政府信息获取。

2006年，杨浦区共主动公开各类政府信息1 984条，全文电子化程度100%，全年新增主动公开政府信息469条。在主动公开的信息中，政策法规类的信息188条，规划计划类的信息21条，部门业务信息1 392条，其他信息383条。与公众密切相关重大事项方面的信息有116条，属公共资金使用和监督方面的信息40条。2006年，共接受市民咨询5 968人次，受理信息公开申请177件，答复173件，发生针对部门有关政府信息公开事务的行政复议案12件，行政诉讼案件2件。

【提升政府网站服务公众能力】2006年，“上海杨浦”门户网站经过两次改版和调整。改版后的“上海杨浦”门户网站由杨浦概览、杨浦要闻、政府信息公开、办事中心、服务资讯、监督投诉6个一级栏目组成，网站首页日访问量保持在1 000人以上，年度页面访问量达900多万人次。“上海杨浦”门户网站为公共服务的特色主要体现在：一是开辟网上“政府信息公开”主渠道，设立政府信息公开指南、政府信息公开目录、政府公报、依申请公开政府信息等子栏目，开设网上申请受理和栏目信息查询功能。门户网站政府信息公开栏目已公开各类政府信息1 600多条，成为区政府信息公开的主要渠道。二是打造网上办事和服务平台，建立面向企业、法人的办事中心栏目和面向市民的服务资讯栏目。门户网站已集成政府办事事项700余项，具备了较为完备的网上办事功能，还推出了消费维权、GIS电子地图招商等服务内容。三是建立政府与市民网上互动平台，包括区长信箱、部门投诉、在线咨询等，并设立了用户中心。

【区办公OA系统和信息交换平台开始试运行】12月，杨浦区办公OA系统和信息交换平台开始试运行。该系统实现了区四套班子及区各委办局、街道镇的办公自动化功能，建立了全区统一的办公业务网；与现有的统一用户、统一授权平台结合，建立了全区统一的数据交换平台，具备良好的安全性、实用性、可维护性、易拓展性。该系统采用B/S结构，基于微软.NET框架，支持Microsoft SQL Server和Oracle数据库；公文管理模块无缝集成Microsoft Word等常规文字编辑工具；采用基于XML的信息交换标准；对相关公文信息等数据进行数字签名、软件加密，以实现公文数据的安全传输；支持一定数量的并发用户，在网络稳定状态下保证了系统快速响应。

【建成区视频会议系统】2006年，杨浦区政府投资70余万元，建设区视频会议系统。该系统通过区政务网络实现先进的视频会议与多媒体数据交互功能，可建立大规模、可即时扩展的IP可视电话网，可建立和实现点对点、多点对多点的实时远程视频会议、远程办公协作、远程培训，满足不同地域的各级机构之间高效率开展日常会议、学习培训、技术交流、即时通讯等活动。目前，已在区政府设立4个主会场，区各部门、各街道镇分别设立了1个分会场。

【建成电子文件归档管理系统】该系统由区档案局负责开发建设，于11月22日通过专家组验收并投入运行。该系统是基于大网络、大OA环境的档案管理系统，通过集中管理的方式，提高了全区档案管理的规范化、系统化。系统主要分为4个模块：档案管理模块提供完整的档案管理功能，综合查询模块提供强大的档案查询功能，系统设置模块提供组织机构设置、权限设置，以及各种档案基础数据设置，与OA接口模块提供与公文系统的无缝接口，方便用户使用，避免了重复劳动，从而提高了工作效率。该系统界面友好、性能可靠、操作简便、设计严谨、功能完善，具有很好的实用性、适应性和可扩展性。

（区信息委）

二、社会领域信息化

【深入推进居住证工作】2006年，杨浦区全面完成12个街道、镇居住证受理点建设，各受理点全部实现光缆联接。全年全区共受理居住证申请60 573人次，其中办理居住证8 494张，临时居住证52 079张。为做好居住证工作，区人口办、区信息委、区公安分局等职能部门组织开展了居住证受理点人员岗前培训，并现场对受理工作进行业务指导；建立日常工作机制，规范居住证押金退还手续，制定了《居住证受理点有关耗材和押金管理规定》，每月初为各街道镇核对上月押金和IC卡日记账，统计相关情况报市社保卡中心。

【开展来沪人员排摸建库工作】7月，杨浦区在全市率先启动来沪人员信息排摸建库工作。按照“理顺体制、建立制度、制定政策、依法管理”总体思路，制定了《关于开展杨浦区来沪人员信息排摸建库工作的实施意见》，全面推进区排摸建库工作。区信息委根据市社保卡中心《来沪人员信息预采表》，会同区人口办、区公安分局共同研究印制了《上海市杨浦区来沪人员信息表》、《上海市杨浦来沪人员信息采集》填表说明、《杨浦区来沪人员信息传递表》等标准文本。各街道（镇）人口办结合工作实际，加强领导，宣传发动，制订计划，认真组织社区民警、居（村）委干部和综合协管员开展排摸建库工作。至2006年底，杨浦区共排摸核对来沪人员12万人。目前，区公安分局已开始使用来沪人员数据用于来沪人员管理。11月，市人口办、市信息委在杨浦区召开现场会，推广了杨浦区来沪人员排摸建库和信息管理系统建设实践经验。

【建设来沪人员信息管理平台】来沪人员信息管理平台是杨浦区全人口信息管理系统的重要组成部分，是区基础人口数据库及其应用系统建设的切入点，由区信息委组织开发建设。该系统依托区级人口信息交换平台，实现“一表采集、多次使用”和信息资源共享，方便了相关部门和街道镇的查询和信息发布，可以快捷地对数据进行检索和统计分析。该平台是一个集信息、服务、管理于一体的人口资源信息平台，整个系统除了用于向信息采集员以及管理员提供信息咨询外，还有一个以采集、分析为核心，支撑日常运转的后台业务管理系统，实现来沪人员信息的采集、居住证到期人员的查询、居住证过期人员的查询等服务。

【社保卡工作取得成效】2006年，区社保卡补换卡网点、各社保卡受理点共接待市民约9万余人次，申领新卡26 821张，补换卡19 098张，发放红卡24 951张，学籍卡4 600张，受理市民信箱14 821人。为提高工作水平，区社保卡服务中心进一步规范了社保卡申领、补换工作制度和流程，杜绝冒领现象；开展了文明窗口创建活动，采取便民措施，提高服务水平。区社保卡补换卡网点连续三年被评为区“文明窗口”。

【开展“网上公益学堂”建设活动】为扩大优质教学资源的受众面，关怀困难家庭学生，重视学生的全面发展，按照建设服务型政府和学习型城区的要求，2006年，杨浦区率先在政府门户网站推出“名师网上免费辅导”栏目，并在此基础上进一步打造具有杨浦特色的“网上公益学堂”品牌。“网上公益学堂”以区教育局远程视频教学为支撑，以初高中升学免费辅导为主打内容，并组织院士、专家开展素质教育系列讲座。视频点播设三个专栏区：“名师辅导”以升学辅导为主题；“名师经典”以基础教育为内容；“名师讲坛”以素质教育为目标。课程内容以视频为主，辅以文字提纲。此外，还开展多种形式的网站互动，如设置“网上公益学堂”校长信箱、网上咨询、公众留言板等。

【开展社区远程教育网建设试点】2006年，延吉街道办事处把社区远程教育网建设工作作为学习型社区创建的新抓手，着手在社区中构建“人网—天网—地网”三网合一的现代化立体终身教育网络，为社区居民提供全方位、多元化、多层次的教育培训机会。延吉街道办事处先后投入资金30多万元，在街道辖区内安装远程教育卫星网接收器，为延吉图书馆电子阅览室安装专用服务器与卫星网相连接，建立了延吉社区远程教育中心站；在17个居委会建立延吉社区远程教育分站，每个居委会活动室安装2台配置先进的电脑，建立宽带连接，供居民上网学习。

【开发教育特色网站】近几年来，区教育系统自主开发了一批网站资源，如小班化教育网站、创造教育网站、图书文献检索系统、物理学科网站、信息科技学科网站等主题网站。许多学校还建立了自己的主页或网站，成为宣传学校、教育研究、家校联系的窗口，如六一小学的“儿童哲学”教育网站、二联小学的家校通教学平台、鞍山小学的“学生网上作文”、杭一小学的“小桔灯诗社”、教师进修学院附中的“陶艺网站”等。其中一些网站被评为市特色网站，如区教师进修学院的“创造教育”、六一小学的“儿童哲学乐园”、杨浦高级中学的“课题型课程的评价”、市东中学的“研究型学习在市东”、同济一附中的“走进科学的世界”、河间路小学的“清青”等。

（区信息委）

三、经济领域信息化

【建成区商业电子地理信息系统】为加快推进区域商业管理手段信息化，区经委于2006年完成区商业地理信息系统一期建设。该系统是以区域内商业网点、旅游、餐饮等为重点管理对象，以MapInfo为GIS平台开发的一套简单易用、可视化的杨浦区商业地理信息系统。该系统包括区商业地理信息标准编码体系、信息资源数据库、信息资源管理系统和区商业地理信息平台，为相关部门提供基础地理信息和各种专业地理信息服务，并重点实现商业分布的地理信息服务目标。可通过因特网为社会公众提供部分地理信息服务，并提供基于原数据的商业地理查询服务，以及商务协同工作过程的公众查询与监督服务。

【建成杨浦商业联合会网站】该网站由区商联会创办，设有区商联会首页、区商联会简介、会员指南、信息天地、企业诚信、教育培训、创建动态、网上办事等主栏目，下设会长信箱、要闻传递、政策法规、区政府部门、网上咨询、市场信息等诸多子栏目。2006年，该网站点击率达到38.6万人次，每日平均点击892人次；访问量共31.8万人次；刊登各类信息、文章450篇。网站内容丰富、图文并茂，充分发挥了协会“提供服务、反映诉求、规范行为”的作用，架起了一座政府与企业、协会与协会、协会与企业沟通交流、相互学习的桥梁。

（区信息委）

四、城市建设和交通领域信息化

【建设社会防控应急体系】2006年，杨浦区现代社会防控应急体系的主要工作是完成防控体系二期建设任务，启动防控体系三期建设工作。防控体系二期工程包括四平街道、延吉街道、殷行街道和五角场镇共67个摄像点，在各个街道（镇）派出所、街道办事处分别设置监控室，提高公安机关快速反应和街面治安防控能力，为社会治安和社区服务提供有力保障；同时各派出所与公安分局联网，实行属地化管理。二期项目还包括建设公安分局和各派出所之间的光缆环网，确保分局和各派出所之间通信链路畅通。整个二期工程于7月投入试运行。8月，启动防控体系三期工程的相关工作，包括长白街道、江浦街道、大桥街道和控江街道共44个摄像点，预计2007年7月完成建设任务。

【开展社区“三网合一”项目建设】杨浦区五角场街道在完善社区事务受理中心、建立社区政务管理平台和社区生活求助联动中心的过程中，充分利用社区网络平台互联互通、资源共享、沟通便捷的特点，开展社区公安防控、网格化管理、社区服务“三网合一”项目建设。该系统是一个社区综合服务信息化管理平台，利用公安防控监控网络、城市网格化管理网络和社区服务网络资源，以社区实有人口库和社区企业法人库两库支撑，社区热线一线受理的社区网格化为管理框架，并与社区事务受理中心、城管市政部门等对外服务部门相连，通过信息平台共享数据资源，有效发挥社区应用系统协同工作、提高效能的优势，使社区信息化应用水平有较大提高。

【启动城市网格化管理】12月21日，杨浦区召开城市网格化管理工作会议，区委书记陈安杰作了重要讲话，代区长宗明主持会议，并正式宣布杨浦区城市网格化平台开通。区网格化管理平台与区政务网、民防网、防汛网、社会防控体系和社区政务网实现网络衔接，为各职能部门整合资源、优化管理流程提供平台，建立起可监控、可量化的考核机制，实现城市管理由粗放向精细化管理的转变、由条块分割向网格化联动的转变、由重视末端治理向源头治理的转变、由政府单一管理向社会化市场化多元管理的转变。

（区信息委）

五、信息产业

【启动复旦软件园基地建设】复旦软件园基地位于长阳路以北、隆昌路以东，占地48亩，规划建设5幢共12万平方米商务办公用房。2006年，复旦软件园基地建设的前期工作已大部分完成，市发改委已批复立项，其总体规划与建筑设计方案经专家咨询会议论证评审后确定，并召开了扩初设计评审会议；完成了水、电、气等市政配套意见、环评报告及地质勘探等工作，办理了《建设用地规划许可证》、《建设工程规划许可证》、《施工许可证》，力争项目在2007年上半年开工建设。

【深化信息企业公共服务共享平台建设】为进一步深化开展复旦软件园联合基地信息企业公共服务共享平台建设，2006年，杨浦区投入15万元，实施软件基地之间光缆联接工程，建立网上资源共享平台，为软件企业提供更完善、便捷的服务。为提升联合基地软件测试中心和人才培训中心运作效能，区信息委组织专题调研，并制定了相关措施，加强宣传与引导，拓展服务功能与服务范围，开展信息技术人才培训。

【信息产业招商引资成效显著】2006年，杨浦区新引进信息企业233家，注册资金2.8亿元。上海复旦微电子股份有限公司、上海六英六富网络科技有限公司、上海有孚计算机网络有限公司、上海摩派信息科技有限公司等一批实力雄厚的信息企业相继落户杨浦。杨浦区出台了《区科技发展“32条”配套政策实施细则》，有力地促进了高新技术产业、现代服务业的发展。2006年，杨浦信息产业总产值达到14.99亿元，比2005年增长16.5%。（区信息委）

六、信息基础设施

【加强政务网建设与应用】2006年，杨浦区为适应不断增长的网络用户需求，保证政务网络的安全性，对区机关、区信息委等3个政务网节点主机房进行了升级改造，添置了机房监控设备，实现远程温度、湿度、电源以及基础服务的实时监控；实施大桥街道和区经委2个政务网节点机房搬迁工作，改善工作环境；区司法局、区信访办等部门相继接入公务网。区公务网、政务网实现了区政府各部门、各街道镇全覆盖。目前，区政务网络中心交换速率达到千兆，桌面实现百兆交换，为区深入发展电子政务打下坚实基础。

【实施建筑智能化项目咨询制度】2006年，区政府制定下发了《杨浦区建筑智能化项目实施咨询制度暂行办法》，为区建筑智能化咨询工作提供制度保障。全年，区信息委共受理5个建设项目的咨询，分别是虹杨宾馆改扩建工程、鼎世大厦改扩建工程、民星路配套幼儿园建设工程、上海国际水产品交易中心智能信息化系统工程、“海上海”新城幼儿园建设工程和创智天地电子社区建设工程。通过实施建筑智能化项目咨询制度，在规划、设计环节有效地指导建筑智能化项目建设，有利于规范杨浦区建筑智能化项目的设计和实施，对提高区内建筑的智能化水平具有积极的推动作用。

【开展“校校通”光缆改造工程】杨浦区自2002年起实施“校校通”工程，已建成覆盖全区的教育信息虚拟专网，为全区学校集中提供教育资源和标准化网上应用服务。为满足学校信息化建设需求，2005年、2006年期间对教育专网进行改造，使之成为主干1 000M、校际之间100M互连的高性能网络。建成具有防御功能的网络信息安全管理体系，采用了Mcafee IPS入侵检测与防御系统、Packteer QoS带宽管理系统、信息过滤系统等，显著增强了网络信息系统的应急处置、有害信息封堵和防失窃密等安全保障能力，确保教育信息专网和校园网安全稳定运行。完成“校校通”光缆改造工程，实现全区180多所学校光缆联接。区公立中小学已经100%实现了“校校通”，所有中学和部分小学按照“一网三室”(校园网、学生电子阅览室、教师备课室和多功能教室)的标准进行配置。所有公立中小学都在“校校通”基础上建立和完善了校级局域网，实现全区所有学校网络的互通。（区信息委）

七、信息化环境

【召开区信息化工作会议】 4月29日，区委、区政府召开杨浦区信息化工作会议，贯彻市信息化工作会议精神，明确知识创新区“十一五”信息化发展目标，部署今后一段时期区信息化建设的发展目标和主要任务。区委书记陈安杰、区长蒋卓庆在讲话中重点强调要突破信息资源整合与共享的瓶颈，提高政府信息化管理水平，加强部门信息化工作和队伍建设，推进信息化项目应用和信息产业发展。讲话指明了“十一五”期间杨浦知识创新区信息化建设的方向和工作的抓手。会上还下发了《2006年杨浦区信息化工作要点》、《上海市杨浦区优秀信息化应用项目评选办法》、《杨浦区建筑智能化项目实施咨询制度暂行办法》等3个文件，以及13个单位的交流材料。

【落实区信息化发展资金】 2006年，杨浦区共有11家单位（部门）最终确定申报信息化发展资金项目13个，申请资金总额278.285万元。4月4日，由区信息委牵头，与区发改委、区财政局就2006年度区信息化发展资金拟审批意见进行会审，共确定7家单位（部门）的9个项目符合审批条件，申请资金总额228.285万元，匹配资金总额295.685万元。2006年，区信息化发展资金项目有视频会议系统、区政府大办公OA系统及数据交换平台、区经济地理数据库、区商业电子地理系统、区数据异地备份系统、用工信息综合分析系统、五角场街道社区法人库系统、区干部教育培训考核学分管理系统和文化精品网站等。

【开展信息化公共服务项目调研】 为使信息化技术进一步贴近市民生活，区信息委开展了“杨浦区信息化公共服务项目”调查工作。根据各部门、各街道镇反馈情况，杨浦区已实施的信息化公共服务项目共35项，近期计划开展的项目17项，其中有一定社会影响的信息化项目有区长在线、人民群众网上评议政府工作、优秀教师远程视频授课辅导、962151举报受理信息平台、婚姻登记预约、“12348”法律咨询专线等。

（区信息委）

八、社会诚信体系

【深入推进社会诚信体系建设】 2006年，杨浦区深入推进社会诚信体系十项制度安排，在政府采购、公务员年度考核等领域试行信用报告制度，取得一定收效。政府采购方面共获得企业信用报告63份；中小企业贷款担保使用个人信用报告21份，涉及贷款总金额达8 100万元；公务员年度考核将信用报告范围扩大到处级干部，共收到信用报告2 318份；2006年度招录公务员面试中，共收到应试人员个人信用报告61份，事业单位和青年人才招聘中收到个人信用报告210份；高新技术企业认定（跟踪调查）方面，编制了《上海市杨浦区高新技术企业综合信用评级指南》，共收到企业信用报告44份；制定了《杨浦区物业管理企业信用评估管理工作方案》，在物业管理企业资质升级、前期物业管理招投标、协议选聘、业主大会招投标、部示范小区和市优小区评定等工作中引入信用报告。11月1日起，区房地局开始接受物业管理企业信用评估申报受理工作，有56家物业企业作了申报。同年，杨浦区还为55余家商业企业、大众浴室、放心菜场建立信用档案。区诚信办与区房地局联手，开发了区物业管理企业数据库，将全区所有物业企业的基本信息、兼管信息记录在案，作为开展“满意物业”评选及物业管理企业信用报告评级的重要依据。

2006年，杨浦区开展了多个形式多样、寓教于乐的诚信宣传活动，主要有：2006年杨浦商业“品质生活，金质诚信”百店金秋大联动活动；坚持诚信兴商，共建和谐环境——上海商业诚信兴商自律公示；打造“诚信工商”，“诚信365”主题活动等。

（区信息委）

第九章　黄浦区信息化建设

概　述

2006年，黄浦区围绕中心工作，坚持信息化“一体化”建设原则，以资源整合、业务协同为重点，完成了区委、区政府、市信息委下达的各项目标任务，区信息化“十一五”规划开局良好。按照《上海市区县电子政务总体框架建设指南》，确立了黄浦区电子政务总体框架；受国务院信息化工作办公室和市信息委委托，开展了地区电子政务（人口领域）原型试点；积极探索人口属地化管理新模式，开展了“百户单元”综合试点；建立了区地理信息资源库，完成了地理信息系统建设，运行了城市网格化管理信息系统等项目，提高了城市管理的效率。“上海黄浦”门户网站建立了公共服务电子地图，方便了公众直观查询区域内服务和办事机构；黄浦区图书馆网站信息量达到3.4GB，比2005年度增加了70%。黄浦区信息服务业实现区级税收10 096万元，同比增长13.5%；科技京城内的上海集成电路设计创业中心成为“国家高新技术创业中心”，也是目前黄浦区惟一一家国家高新技术创业服务中心。同年，黄浦区开展了区地理信息系统、“上海黄浦”门户网站、社区事务服务系统等应用操作培训，参加培训人数达2 500余人次。区社保卡申领7 984张，发卡9 851张、补卡3 467张、换卡3 752张，学籍卡申领2 566张，市民信箱受理3 175个。

2006年，“黄浦区地理信息系统”、“黄浦区社区事务服务系统”被上海市信息化委员会评为“2006年度上海市区县信息化应用优秀成果”。

（叶亚庭）

一、政务领域信息化

【推进政府信息公开工作】2006年，黄浦区按照《上海市政府信息公开规定》和《2006年上海市政府信息公开工作要点》的要求，更新了《黄浦区政府信息公开指南》和《黄浦区政府信息目录》，完成了全区上半年、下半年免予公开政府信息和重大决定草案公开情况备案工作。截至2006年12月31日，区主动公开信息408条，接受依申请公开385条，其中予以答复340条，同意公开答复221条，否决公开答复119条；“上海黄浦”门户网站专栏页面访问量达727 510人次，其中按点击率排序的政府信息公开栏目依次是：“政府机构”、“指南目录”、“统计数据”、“统计公报”、“区长之窗”、“在线咨询”、“信访接待”、“政府公报”、“监督投诉”和“依申请公开”；接听咨询电话24 851个，现场接待人数35 568人次，网上咨询数3 387个。区2006年度发生有关政府信息公开事务的行政复议案6件，主要涉及房屋动迁和旧区改造等方面的内容，其中维持原处理结果4件，当事人撤回2件；发生有关政府信息公开事务的行政诉讼案1件。

（邬新芳）

【开展地区电子政务（人口领域）原型试点工作】2006年，黄浦区按照《上海市黄浦区地区电子政务原型试点（人口领域）总体方案》，继续开展地区电子政务（人口领域）原型试点工作。试点主要目标：一是深化区实有人口信息资源库建设，实现“一数一源、一源多用”。按照国家和市有关人口数据标准，构建集中与分布相结合的数据库，确定213项基础数据指标，制定黄浦区实有人口（包括本市户籍人员、沪籍人户分离人员、外省市来沪人员和境外来沪人员）数据标准和相关信息维护规范。截至2006年12月31日，区实有人口信息资源库共存储户籍信息21.75万户、户籍人口信息60.1万人、外省市来沪人员10.09万人等基础信息、扩展信息和专业共享信息。二是建设信息交换平台，实现信息资源的交换和共享。梳理劳动、民政、人口计生委等8个部门人口信息，确定427项交换指标项，明确信息交换流程，开发数据比对模块，实现市、区、街道部分数据交换。三是完善社区事务服务系统，形成“前台一口受理、后台协同办理”的应用服务模式。11月，该系统实现与市民政社区事务“一门式”受理系统对接，整合涉及劳动、民政等13个部门132项事项，其中34项事务已实现28个部门网上协同。据统计，2006年系统共受理社区事务1 365件。

（桑惠康）

【开展“百户单元”综合试点】 2006年，为了探索实有人口管理新模式，黄浦区开展了“百户单元”试点，制定了《黄浦区“百户单元”试点工作实施方案》，选择人民广场和老西门2个街道进行试点。一是划分单元，落实信息采集人员。2个试点街道共划分为269个单元、136个责任区，明确责任区块长和职责，实现了管理区间全覆盖。二是梳理和采集信息。区信息委会同街道，对每年市、区有关部门要求居委会采集信息的情况进行了梳理，经统计共有34类、232种表格、2 507项。根据专业部门的数据标准，经过分类，将上述信息归并为8类、28种、初始采集数据72项，形成人、房、专业信息采集表，基本涵盖了人口管理所需要的各类信息。同时，区开发了用于掌上电脑（PDA）的实有人口信息采集系统，实现数据采集、信息查询、同步传输等功能。居委会块长手持PDA，上门采集人口信息，探索采用初始、常态和新增3种实有人口信息采集方式。三是在区层面建立“百户单元”信息化支撑体系,实现“百户单元”与“黄浦区地理信息系统”有机结合，达到“以人查房、以房查人”。四是建立信息采集工作机制。区制定了《黄浦区“百户单元”信息采集管理办法》、《黄浦区“百户单元”块长管理和考核办法》等文件，通过规范管理信息采集、落实块长责任制等措施，推动试点工作顺利进行。

（傅　纲）

黄浦区电子政务总体框架

【区电子政务总体框架通过专家评审】 2006年9月21日，由市信息委组织的专家咨询评审团召开“黄浦区电子政务总体框架”专家咨询评审会，对黄浦区电子政务总体框架、电子政务应用和“百户单元”综合试点3个方面工作进行评审。区信息委介绍了区电子政务总体框架建设和应用情况，对信息化建设中的问题提出了咨询。专家们一致认为，黄浦区电子政务框架建设完全符合电子政务建设和发展的要求，全区信息化的应用也取得了良好的效果，试点工作在全市的信息化推进中起到了规范化和示范性作用。

（傅　纲）

【完成区政务外网建设】 2006年，黄浦区信息委制定了《黄浦区政务外网建设方案》，8月31日，区信息委组织召开专家论证会，该方案通过了专家论证。11月，区完成设备采购招投标和政府采购；实施AD系统升级改造，完成域平台及邮件系统迁移、升级；启动终端标准化工作，全区60多个部门2 000多台终端分批加入域，并实施Office套装软件升级、杀毒软件更换、备案登记更新等；实施安全方案，升级补丁分发服务器，部署防病毒系统；开展了政务外网信任体系试点。12月，区完成网络基础架构改造，完成光缆主配线架迁移和核心交换机环网改造，安装配置接口交换机和防火墙；完成机房远程监控系统，区政务网整体接入市政务外网。为部门网络接入提供标准平台接口，结合民防工程审批、防台防汛、人大换届选举、社保卡及居住证管理等相关条线业务的应用，已开通区人大、发改委、民防办、环保局、街道社区事务服务中心和居委会的政务外网接入，实现了区政务外网和市条线部门政务外网之间的互访。（张宇扬）

【区政务网备份及恢复项目通过验收】 2006年1月19日，黄浦区信息委组织召开了“黄浦区政务网备份及恢复项目专家验收会”，验收小组一致认为该项目在全市区县及同类系统中处于领先。该项目运用现代计算机技术和网络技术，并综合数据存储、数据备份以及灾难备份等技术，建立了黄浦区政务网应用系统的统一备份及恢复体系，为提高区政务网应用系统数据安全提供了安全保障。（钱志红）

【建立黄浦区数字证书认证分中心】 2006年7月，黄浦区被市信息委列为电子政务数字证书应用示范单位，区信息委与上海市数字证书认证中心有限公司签订了《上海市电子政务数字证书应用示范项目子项目合作协议》，并获得市信息委给予的项目资金支持。黄浦区构建了以SSL安全网关、签名验证服务器为主的数字证书安全平台，重点在社区事务服务系统、服务器管理等方面开展数字证书的应用，并制作签发了26张数字证书，完成了社区事务服务系统救助审批环节程序的改造，并在9个街道推广使用，解决了客户端系统之间的数据安全传输和身份认证问题。

（钱志红）

【调整“上海黄浦”门户网站】 2006年，黄浦区对“上海黄浦”门户网站进行调整，充实“黄浦概览”板块内容，增加“一带三区”的文字和图片介绍；增设“百年黄浦”、“黄浦年鉴”、“实时视频”等栏目；设立“生活在黄浦”板块，以“食、住、行、娱、游、购、医、学”为索引，介绍有关生活信息的具体地理位置及服务特色；建立黄浦区公共服务电子地图，直观查询区域内的有关办事机构和服务场所；整合社会便民服务资源，提供在线社区服务二十大类、116项；完善网上办事功能，提供网上在线办事（指南）504项、表格下载329张；增设网上互动板块，开设“网上评议”、“议题征集”、“专题论坛”等栏目；建立用户身份认证，推出短信服务，增设网站英文版和繁体中文版；建立各部门信息维护与统计管理系统；修订《黄浦区门户网站建设和管理办法(暂行)》，并更名为《“上海黄浦”门户网站建设和管理办法（修订）》。11月1日，调整后的“上海黄浦”门户网站正式上线。（桑惠康）

【召开“社区信息化和城市信息化调研会”】 2006年4月5日，信息产业部、国务院信息化工作办公室、民政部和市信息委在黄浦区召开了“社区信息化和城市信息化调研会”。黄浦区在会上汇报了人口领域电子政务建设情况以及“百户单元”综合试点工作设想，与会领导充分肯定了黄浦区电子政务建设的成果，认为“百户单元”试点工作思路对构建和谐社区建设具有积极意义，建议加强试点，抓出成效。

（傅　纲）

【区行政执法与刑事司法信息平台开通运行】根据市整规办、市检察院联合下发的《关于印发行政执法与刑事司法信息共享平台应用管理暂行办法的通知》的要求，2005年底，由区整规办、检察院、监委、信息委4个部门牵头制定了平台建设方案，2006年初，先后完成设备采购、平台建设、系统安装和终端开通等工作。信息平台建设充分利用区政务网系统，服务器托管在区机关机房，网络运行维护、数据备份委托区信息委负责。区整规办与检察院牵头并协调11个相关行政执法部门的应用，各相关部门指派专人负责数据输入，确保信息的正确、及时，区监委负责对各行政单位的效能监督，区信息委负责信息平台的技术支持以及培训工作。2006年4月30日，该平台正式开通运行。

（许贵忠）

二、社会领域信息化

【推进居住证信息系统的部署和应用】2006年，黄浦区贯彻落实《上海市居住证暂行规定》，充分发挥信息化作用，做好居住证制度推进工作。8月，在全区各街道设立居住证受理点，构建涵盖9个街道居住证受理点的局域网，并实现与区政务网联通；在居住证业务专网和市政务外网联通的基础上，区信息委完成区政务网与市政务外网的技术性联接，实现市区居住证系统联网。9月，区部署居住证信息系统，依据《上海市社区事务受理中心居住证受理点建设要求》，提出设备采购的型号、规格和数量，报市社保卡服务中心统一采购；配合市社保卡服务中心进行设备安装和调试，完成居住证信息系统在各居住证受理点的部署。11月，建成区居住证信息交换平台。截至12月31日，累计实现居住证信息市区交换21 734人；开展了2次59人次参加的系统操作、设备维护培训。

（宋歆晖）

【引入教师专业发展平台】黄浦教育网站除了已有的6个区级大型资源库之外，2006年又建设了27个学科、近200个子栏目的网上学科教研，每天有上千名教师在网上交流教学所得，积累了大量实用的、有学校和个人特色的教学资料，自然形成了区校二级教育资源库，成为教师们基于网络教学的重要信息化环境。同时，区引入“异构资源库统一互动平台”和“教师专业化发展平台”，强化了由教师进修学院和教育信息中心分别针对行政管理层、技术维护层、骨干研究层、普及应用层等各种层次人员的教育应用培训和管理工作。“教师专业化发展平台”为教师学习、进修、成长提供了可控可管理的有效手段，积淀了宝贵的个人和群体成长资源数据。（奚立浩）

【对黄浦教育信息网进行风险评估】2006年，黄浦区教育局通过立项招标，请专业权威部门对黄浦教育信息网进行了风险评估。经过3个月对信息中心网络系统和7所抽样学校网络系统的全面调研和测试，以及2个月的分析评估，权威部门撰写出《黄浦教育信息资产分析报告》、《黄浦教育网络系统脆弱性分析报告》、《黄浦教育风险分析报告》、《黄浦教育信息系统安全措施报告》、《黄浦教育安全管理规划》等重要文件，对黄浦教育信息系统进行了全面、系统、规范、科学的诊断。通过评估和诊断，找出了系统薄弱环节，为强化黄浦教育信息网管理，提高网络各项性能指标提供了方向，并且为今后决策网络规划和发展提供了可靠的依据。（奚立浩）

【区教育局探索下一代网络IPv6试验工作】2006年5月26日，黄浦区教育局成立了“黄浦区下一代网络IPv6试验小组”，聘请市教委、上海交通大学、体育学院等专家为试验小组专家组成员。试验小组对区现有最重要的应用“IP交互教学系统”进行了试验，重点是测试组播传送和上下行对称问题；其次是测试在IPv6下多种协议及DNS解析等一系列问题。该试验分为3个阶段，第一阶段在信息中心试验室搭建一个试验环境，在小范围的理想状态下测试IP交互系统和IPv6连通及应用；第二阶段将实验环境局部扩展到区教育信息中心和几所学校，在实地环境下测试IPv4的连通互访、组播和IPv6下的连通；第三阶段则利用休息日在真实环境——黄浦区教育区域网进行试验。试验历时一个半月，有关部门最后撰写了《上海市黄浦区教育信息中心下一代网络IPv6及组播试验报告》。

（奚立浩）

【建立“社区居民健康信息管理系统”】2006年，黄浦区卫生局根据“统一标准、统一接口、统一规范”的要求，在全区9家社区卫生服务中心建立了“社区居民健康信息管理系统”，9月，该系统正式启用。该系统以“社区居民健康档案”为主档案，共建立健康档案29 609份，其中60岁以上老年人6 873份、残疾人3 920份、15岁以下儿童2 089份、其他个人16 727份。同时，区卫生局扩展了传染病管理、计划免疫、妇女保健、儿童保健、肿瘤病管理5个专业档案，共建立专业档案8 628份，覆盖管辖社区居民的健康管理。各社区卫生服务中心“全科团队”通过约定对象的健康管理，建立了全区统一的居民健康信息库，实施了健康信息的查询、统计、分析的全程跟踪。该系统的建立，为全区居民健康信息的联网奠定了基础，从而使社区居民充分享受了快速、便捷、准确、高效的健康保健服务。（潘 瑾）

【完成特奥会轮滑比赛信息和通信技术保障任务】2006年，根据上海世界特殊奥运会执委会的比赛场馆信息、通信建设要求，区信息委在区世界特殊奥运会执委会的指导下，会同区轮滑馆和黄浦学校勘察了竞赛场地，完成了区轮滑馆赛事专用网络和无线综合覆盖建设，开通了竞赛功能用房信息点和信息服务平台，安装了竞赛场地的视频会议系统和闭路电视系统，圆满完成了2006年特奥会上海国际邀请赛轮滑比赛期间信息、通信技术保障任务。区信息委获得“2006年特奥运动会上海国际邀请赛轮滑竞赛工作贡献奖”。

（许贵忠）

【“上海文庙”网站开通】2006年12月1日，“上海文庙”网站开通（www.confuciantemple.com）。该网站的页面采用中、英文对照方式，向游客展示了孔子生平、孔子小故事，上海文庙的历史风貌，各类文化活动和经典儒家古籍、茶壶、根雕、碑刻等展览情况，并及时向游客发布上海文庙最新动态。（江 咏）

【区4个街道完成文化信息资源共享工程建设】2006年11月，人民广场、南京东路、董家渡、半淞园4个街道图书馆先后建成了全国文化信息资源共享工程基层服务点，通过这些服务点，可以为社区居民提供高达400G内容丰富的文化信息。其中，半淞园和人民广场2个街道图书馆与上海中心图书馆所有成员馆之间实行统借统还的“一卡通”，方便了社区居民的图书借阅。

（郁 祺）

【开发人口GIS系统】2006年3月，人口GIS系统建设被列入2006年区政府工作目标。6月，区信息委对区公安分局、区人口计生委、区劳动局、区司法局、区民政局、区残联等部门进行调研；8月，制定《人口GIS建设方案》；11月，完成系统建设。该系统有人口状况分析、社会资源使用情况、人口趋势预测等应用模块，具有人员分布显示、以人查房、以房查人等功能。该系统是在区统一地理信息平台上建立的一个综合性应用系统，它融合人口计生地理信息系统和区人口综合分析系统，将区地理信息资源库与区实有人口信息资源库进行对接，实现了数据关联、双向查询和空间定位，并能及时反映区域内人口变化情况，从而为综合分析、辅助决策等提供了支撑，为经济建设、城区管理和社会事业发展提供了条件。

（吴晓蕾）

三、经济领域信息化

【“投资黄浦”中英文网站开通】2006年4月，依托“上海黄浦”门户网站，“投资黄浦”中英文网站开通（中文网站域名：http://www.fechp.gov.cn；英文网站域名：http://www.investhp.gov.cn）。该网站主要由“黄浦简介”、“投资政策”、“新闻动态”、“生活在黄浦”、“网上咨询”和“统计报表上传”等板块组成，重点介绍了黄浦区的投资环境和相关法规政策，并与市外资委及商务部“地方之窗”等网站建立链接。“投资黄浦”英文网站的开通，进一步丰富了黄浦区招商引资的手段，为国外、境外人士投资黄浦、了解黄浦提供了新的平台。（沈霏霏）

【“黄浦安全生产”网站开通】2006年4月17日，“黄浦安全生产”网站正式开通（www.huangpuajj.sh.cn）。该网站设立了“政府信息公开”、“安全动态”、“法律法规”、“安全规定”、“通告公告”、“便民服务”、“办事指南”、“安全知识”、“网上咨询”、“事故快讯”等专栏，全年共发布15个有关法律法规、23个安全生产规定、70条各类安全生产信息。网站还具有公众咨询、信访投诉等服务功能，加强了网站与企业、市民的交流。同时，区安监局制定了《黄浦区安全生产网站管理办法》，对网站实行专人负责，加强了网站的信息维护、资源整合和便民服务。

（张伟国）

四、城市建设和交通领域信息化

【完成区地理信息系统建设】2006年2月，黄浦区信息委对区18个委办局开展了数据和需求调研，制定了地理信息资源库建设方案。3月，该项目投入开发，并列入2006年区政府工作目标。区地理信息系统由基础地理信息库、专业地理信息库及相关业务数据库三部分组成。该库共整合了25个部门的数据：一是街道、居委会、道路、建筑物、桥梁、渡口码头和绿化等基础地理数据32个图层和遥感影像；二是街坊、房屋、在建工地、停车场、公交线路、公共厕所、光缆等专业地理数据14个图层；三是相关金融、旅游、教育、文化、体育、卫生等业务数据280余项。为提高数据准确性，区信息委组织人员对房屋门牌号、路名等信息进行实地调绘，修正数据2.2万余条。同时，区信息委开发了数据交换、基础应用、地图分发、接口服务、配置服务和数据维护等模块，为系统运行、维护和管理提供了有效支撑，也为部门应用GIS提供了便利。7月20日，区地理信息系统在政务网上试运行。该系统具有地图放大缩小、鹰眼、图层控制等基础功能；距离量算、地图定位等扩展和查询功能；专题设置、空间关联分析、全屏显示、地图打印等分析功能。此后，区制定了《黄浦区地理信息系统建设和运行管理办法》，明确了部门应用GIS的技术要求、数据维护规则和数据一览表。

（董晨慧）

【开发楼宇GIS系统】2006年3月，楼宇GIS系统建设被列入2006年区政府工作目标。4月，区信息委对区发改委、区外经委、区招商办、区房地局、区工商分局和区税务分局等部门的数据和需求进行调研；6月，制定《楼宇GIS建设方案》；10月，完成系统开发，在征求相关部门意见的基础上，对系统进行了优化。该系统是建立在区统一地理信息平台上的一个应用系统，具有楼宇企业工商税收分析、产业结构分析、企业外迁预警分析和楼宇投资环境分析等功能，可以为区域经济规划、产业布局、功能定位和招商引资提供辅助决策。

（洪　达）

【运行区城市网格化管理信息系统】2006年3月，黄浦区启动城市网格化管理信息系统建设。在系统建设中，有效解决了网格化信息和区地理信息共享的技术难点，同步建成了统一的地理信息基础平台，形成了共享的地理基础信息库；完成了政务光缆从区政府机关办公大楼至区城市管理网格化监控中心和指挥中心（光明大厦31楼）的铺设，实现了区政务网对区属网格化处置部门和单位的网络覆盖，实现了市区网格化信息平台的网络互联互通；建设了区城市管理网格化信息系统，对城市管理流程进行了再造，将9个社区（街道）划分为42个责任网格和768个万米网格，制定了城市网格化管理工作暂行规定，明确了问题受理、立案、派遣、处置、督查、核查、结案等7个环节的要求，实现了36个终端、34个部门和单位通过网络协同工作。5月，该系统完成建设，6月投入运行，目前运行情况良好。该系统运行后，城市管理问题的发现率和处置率有了较大提高，在上报的18 538件案卷中，立案16 153件，立案率达87.13%，结案15 606件，结案率达96.61%；在减少流浪乞讨、清理无主部件、清除树穴垃圾、清理“三乱”等四大类难点问题上有了较大突破，共处置解决相关事件2 273起，有效解决了大量城市管理难点问题，初步实现了城市管理由被动、粗放、盲目向主动、高效、精确的转变。

（许贵忠）

【开发市容环卫车载式视频实时监控系统】2006年初，黄浦区环境卫生管理局与上海森源科技发展有限公司合作开发车载式视频实时监控系统。4月，在该局黄环

001号巡视车上安装了视频实时监控系统，试运用后对部分项目进行了修改；6月，进行第二辆黄环002号巡视车的安装，在上海合作组织峰会前夕正式投入使用。车载式视频实时监控系统启动速度快，机动灵活，可对1公里以外图像数据进行采集，并根据需要调整录像画质，使录存图像时间更长。同时，系统所拍摄的录像可通过USB进行数据备份，也可通过CDMA专用网络远程控制软件将图像以15帧以上的速度传到服务器，在局指挥中心通过Internet实时远程收看并录制视频信号。该系统运行以来，对道路环境卫生存在的问题做到及时发现、及时整改、快速处置，市民投诉总量同比下降了37.3%，环卫有责投诉同比下降了54.2%。目前，该项目在全市各区推广，卢湾、长宁等区已采用。在上海市立功竞赛活动中，该项目荣获了“2006年度上海市立功竞赛先进集体（项目）”的光荣称号。

（孙培壮）

五、信息产业

【科技京城成为“国家高新技术创业服务中心”】 2006年3月31日，上海科技京城为所属的上海集成电路设计创业中心举行“国家高新技术创业服务中心”揭牌仪式。它是全国第一家以集成电路设计为特色的专业的国家高新技术创业服务中心，也是目前黄浦区惟一一家国家高新技术创业服务中心。一年来，该中心继续调整基地的产业布局，积极引进大型研发团队和有影响力的设计公司、方案公司，共引进了13家公司，注册资本合计人民币1 688万元，属地化达到83.5%；中心14个项目分别获得国家、地方的各项基金，总额约900万元。同时，中心举办了2次企业沙龙，努力形成手机方案设计、VOLP（网络电话及应用）及信息安全芯片设计等设计及产业集聚中心。

【开展IT青年创新创业活动】 2006年，科技京城与团市委等单位合作，举办了“科技京城杯2006上海IT青年创新创业行动”。该活动为期半年，分为举办上海IT青年创业大赛、实施上海IT青年培训计划、建立一批上海IT青年实习基地、开展上海IT青年科技团队孵化行动4个阶段。

【申请“科技京城”注册商标】 2006年，科技京城通过商标代理公司，申请“科技京城”注册商标。4月27日，公司正式收到国家工商行政管理总局商标局的注册申请受理通知书。“科技京城”以商标形式进行注册，成为上海地区第一家有商标品牌的科技创业园区，为高科技园区的品牌效应以及今后的品牌发展探索了一条新路。

【筹建“上海科技京城嘉兴高新技术产业区”】 2006年，科技京城与嘉兴市秀州区政府合作，在位于秀州区的国家（嘉兴）电子信息产业园区内筹建“上海科技京城嘉兴高新技术产业区”。该产业区总投资3 000万元，其中科技京城投资1 800万元，占60%。园区建成后，将成为上海科技京城在长三角的自主创新基地、高新技术产业化基地和软件企业产品外包及人才培训基地。2006年8月18日，园区完成了“嘉兴科技京城高新技术产业区开发有限公司”的注册工作。

（科技京城）

六、信息基础设施

【稳步推进信息基础设施建设】 2006年，根据区电子政务发展需要，黄浦区继续推进区政务网光缆建设，将区政务网络延伸至区城市管理网格化监控管理中心（光明大厦31楼）、南京路步行街开发办公室和管理办公室、区民防地下指挥部、金陵东路街道动拆迁办公室等14个单位，区政务网光缆铺设5.7公里，全区累计达135公里。完成四川中路（人民路-南苏州路）、福州路（西藏中路-中山东一路）等10条路段、6.65沟公里信息管线敷设。

同年，黄浦区完成计算机、打印机、计算机软件和设备维护等集中采购项目155项，涉及采购预算金额2 936.67万元，实际采购金额2 334.5万元，节减财政资金602.17万元，其中区机关共采购计算机250台。全区教育系统6万师生拥有近万台计算机，“生机比”达到8:1，“师机比”达到3:1。居民家庭计算机拥有量达到78台/百户，同比增长8.99%；居民上网用户达到11.4万人，同比下降1.83%；人均上网时间，同比增长2.59%；家庭人均信息消费支出达到1 132元/人，同比增长0.27%；家庭人均信息消费支出占人均消费支出比例12.3%，同比下降0.2%；居民家庭电视机拥有量达到152台/百户，同比下降1.3%。

（张宇扬　叶亚庭）

七、信息化环境

【加强信息化项目管理】2006年，黄浦区坚持“一体化”建设思路，加强信息资源的深度开发与综合利用，规范执行信息化项目的立项审核、预算审核、项目招标、项目建设、竣工验收、运行管理等流程。区信息委完成地理信息系统等5个信息化项目立项申请，批准预算633万余元，项目实施过程中，通过资源整合、综合利用，节省资金200万元；对公安分局和市政委等10个信息化项目进行审批，其中同意8个项目立项，批准预算3 586万元，核减预算125万元，建议2个项目缓建，涉及预算580万元。

（许贵忠）

【推进信息化服务外包】2006年，黄浦区顺应信息技术服务的社会化和专业化趋势，推进信息化服务外包。年初，区成立专家组对网络、设备、安全、应用系统等26个外包项目进行评审，通过招投标，节减财政资金2.8万元。年内，区选择16家具有较强实力的专业公司作为服务商，并与其签订外包合同，明确双方职责，服务商承诺提供24小时服务，小故障2小时内解决，一般故障不过夜。同时，区启用计算机报修服务系统；每月召开外包服务例会，分析解决外包服务中存在的问题；依托相关监控程序，对外包项目的主要性能和指标进行实时监控，要求服务商定期提供维护报告、常规检测报告和优化升级建议。年末，区对服务商履行合同情况、服务绩效、工作态度、企业信誉等进行综合评价，并与款项支付挂钩。2006年，区共处理各类报修2 577件，用户满意率达100%。通过实施信息化服务外包模式，能以较少的投入获得较高的效率，并能确保网络、设备、应用系统等正常运行。

（许贵忠）

【参加第三届上海国际信息化博览会】由市信息委等举办的“第三届上海国际信息化博览会暨2006中国国际电子商务、电子政务展览会”于2006年5月23日～26日在上海光大会展中心举行，黄浦区参加了展览，通过展板、图片、液晶屏、电视专题片《走进信息时代》等形式，展示了“十五”期间区在信息化规划、基础设施建设、电子政务、电子商务、社区信息化等方面取得的丰硕成果。区信息委被第三届上海国际信息化博览会组委会授予第三届上海国际信息化博览会暨2006中国国际电子商务、电子政务展览会电子政务优秀奖。

（王志强）

八、社会诚信体系

【开展社会诚信宣传月活动】2006年9月21日～10月20日，由区委宣传部、区信息委和区人事局组织，区社会诚信体系建设联席会议成员单位、相关街道参加的社会诚信宣传月活动在全区展开。团区委举办了“诚信黄浦建设主要靠自律（正方）还是靠他律（反方）”为主题的辩论赛；区质监局设立“以质量诚信为本，以假冒伪劣为耻”的陈列室供社会各界参观，在新世界商城举办“关注产品质量，保障大众安全”专题活动，现场受理消费者质量投诉，开展讲信用的名牌企业产品展示活动；区司法局组织公证员、律师以讨论、座谈、征文等形式开展系列行风诚信活动；区科委结合全国科普宣传活动，在南京路步行街向市民发放诚信宣传手册；区教育局在全区中小学开展“家有好男儿（好女孩）”活动，将学生参与社会服务、诚实待人的体会作为学生个人成长档案汇编成册，并在全区推广；南京东路社区（街道）结合平安社区建设，在世纪广场开展诚信宣传活动；区信息委在“上海黄浦”门户网站的“黄浦诚信”栏目中增设“诚信文摘”子栏目。通过开展社会诚信宣传月活动，在全区形成了褒扬和践行诚信的共同价值观，营造了良好的社会信用氛围。

（王志强）

【南京东路社区（街道）坚持诚信与文明同行】2006年，黄浦区南京东路社区（街道）坚持诚信与文明同行，荣获“全国构建和谐社区自主创新奖”。社区（街道）开展的主要活动包括：开展“诚信驿站”申报和“诚信使者”招募活动，确定首批“诚信驿站”11家、“诚信使者”30名；举行“千家万户话诚信”系列座谈会，围绕社会诚信、家庭诚信、邻里诚信和纳税诚信等主题开展讨论；推进诚信家庭和诚信楼幢创建，向居民发出宣传诚信、学习诚信、实践诚信的倡议，形成以“八不八要”为内容的文明楼组公约；整理汇总居民和社区单位提供的诚信格言、诚信故事和诚信警诫，制作成“诚信365”公益台历发放给社区居民；发挥居委诚信使者作用，动员居民查找发生在身边的不诚信行为，把消除居民意见比较集中的不诚信行为作为诚信建设实事项目扎实推进；大力打造诚信政府，把社区诚信建设作为中心组学习的重要内容，《社区诚信建设的思考与实践》调研课题被评为区党委中心组课题调研成果一等奖；在处级干部中开展调查研究走在前、诚信服务走在前、勤政廉政走在前活动，提高领导干部诚信意识；制定执法执纪部门信用承诺制度和公务员信用守则，将执法人员诚信执法行为纳入年终考核范围；推进窗口单位诚信服务，通过公务网等渠道，公开办事内容和程序，增强工作透明度。

（南京东路街道）

第十章　卢湾区信息化建设

概　述

2006年，卢湾区信息化工作在区委、区政府的高度重视和大力推动下，通过区各有关方面的共同努力，围绕区社会和经济发展的实际需要，积极推进信息技术应用、信息资源开发利用和信息化环境等方面的建设，取得了较快进展。在政务领域方面，进一步推进区电子政务"一体化"建设，开通区机关通用会议管理系统、建成政府网站WAP门户等；在社会领域方面，建成"打浦街道社区事务受理服务中心"平台（网上虚拟大厅）、"卢湾文化网"及"突发公共卫生应急信息系统"和区卫生局居民健康档案管理系统等；在其他信息化建设方面，建立了重点税源分析平台，建设了地理信息共享平台，建成了上海国际信息服务外包产业园综合信息服务平台，同时加强机关干部信息化技能培训、信息基础设施建设，深化淮海中路诚信示范商业街创建工作等。

2006年，"卢湾区机关内部信息综合管理平台"被上海市信息化委员会评为"2006年度上海市区县信息化应用优秀成果"。

（区信息委）

一、政务领域信息化

【深入开展政府信息公开工作】2006年初，区政府信息公开联席会议办公室制定了《2006年卢湾区政府信息公开工作要点》，进一步完善政府信息公开工作。一是继续落实信息公开责任制，加强对政府信息公开的领导。二是加强基础性工作，制定《卢湾区政府机关公文类信息公开审核的实施细则》，制发统一的发文稿纸，实行公文类信息在产生过程中即明确其主动公开、依申请公开、免予公开等属性，并做好分类登记；继续落实政府信息公开的保密审核制度，规范依申请公开工作；开展了2次业务培训，组织部门间的经验交流，推动区各部门进一步提高政府信息公开工作质量。三是着重推进房地、规划等部门认真做好城市规划、房屋拆迁等关注度较高的政府信息公开目录编制工作，深化信息公开内容。四是进一步拓展主动公开形式。完善政府信息公开综合工作平台；加强集中查阅和咨询服务工作，增设电脑触摸屏，及时将相关法规政策、行政许可事项及各类服务信息公开。五是继续开展对各部门政府信息公开工作的行政效能监察。六是做好宣传工作。

2006年度，卢湾区主动公开政府信息2 628条，其中全文电子化达97%。在主动公开的信息中，政策法规类信息153条，占5.82%；规划计划类信息134条，占5.1%；业务类信息2 070条，占78.77%；机构设置类及其他类信息271条，占10.31%。新增信息641条，其中政策法规类信息21条，规划计划类信息37条，业务类信息563条，机构设置类及其他类信息20条。收到依申请公开70件，其中当面申请66件，占94.29%；以传真件形式申请1件，占1.43%；以信函形式3件，占4.28%。"同意全部公开"的32件，占45.71%；"同意部分公开"的7件，占10%；"否决公开"的31件，占44.29%。接受市民咨询49 163次，现场接待9 466次，占19.25%；电话咨询39 070人次，占79.47%；网上咨询627人次，占1.28%。发生针对区有关政府信息公开事务的行政复议案件12件，行政诉讼案件9件，主要集中在动拆迁方面，没有发生针对区政府信息公开事务有关的申诉案。

【发挥办公业务网基础平台作用】一是加强对网络的运行保障，实施区机关办公大楼光纤线路双链路改造，完成交换机链路配置优化工作，完成4个部门光纤迁移，2个部门光纤抢修，保证网络畅通。二是部署网强网络管理系统，实现对交换机、网络路由核心和重要服务器的监控和可视化智能管理。三是积极推进部门局域网整体接入，新增9个单位光纤接入，业务网终端总数达到1 257个，部门局域网整网接入单位64家，在办公业务网上运行的部门达67个，业务网覆盖率达96%以上。

【拓展办公业务网在线维护互动平台应用功能】依托区办公业务网构建的在线维护互动平台，分学习交流区、在线技术支持、技术讨论区、信息安全服务区四大类11个板块，主要为机关用户提供日常办公软件下载、视频流在线播放、即时技术支持、常见问题在线技术咨询、定期发布最新病毒危害报告、系统漏洞报告、常用安全资料手册、病毒代码更新、补丁下载、病毒专杀工具、木马专杀软件、防火墙的下载。现有注册用户916人，各类主题3 500个，交流帖1.8万多篇。通过对常用问题提供在线技术咨询和解决方案，指导用户正确使用计算机，全年在线解决各类网络故障200余起，提供各类技术支持3 000多起。

【推进卢湾区电子政务“一体化”建设】2006年，区信息委继续深化机关内部综合信息管理平台的建设和应用。通过加强支撑平台顶层设计，坚持掌握平台关键的核心技术，对技术标准和项目规划实施统一管理，构建有效的应用支撑平台，避免了核心技术被开发公司控制和不同公司开发造成的标准割据。该综合信息管理平台具有协同办公系统应用、领导决策支持系统应用、信息共享系统应用、部门网站系统应用、通用办公系统应用、交流平台和后勤服务系统应用等六大功能应用。截至2006年底，交互平台注册户数已达600余人，累计发贴数2 000余条；整合在平台内的应用系统总数已达158项，初步实现了应用门户统一、身份认证统一、办公业务协同化、日常办公通用化、信息检索智能化、安全管理集约化和数据互联互通。

【建设督查信息管理系统】2006年1月，根据中共卢湾区委办公室进一步加强督查工作的要求，建成“督查信息管理系统”，实现督查信息上报及督查事项的网上办理。系统设有区委年度重点督查事项、区委区政府年度联合督查事项、重要会议落实情况、领导调研落实情况、重要文件落实情况、报市委督查室情况等6个子栏目。通过该系统，区委办、区府办可在线发送和接收各部门督查事项的办理情况，并及时将督查事项进行汇总和管理。开通后，已有60多个部门在线应用，104个事项通过网上上报、管理。

【区机关通用会议管理系统开通】2006年7月，机关通用会议管理系统正式开通。该系统以各部门用户作为身份认证，为全区各部门提供会议通知发放和区机关会场预订管理服务。各部门可通过该系统了解各会议室设施及预约情况，进行会场使用预约，收取登记结果，发送会议通知，实时掌握接收单位的阅读和反馈情况；同时，还具备提醒功能。该系统开通后，已应用于88个单位的会议管理，全年累计共有290个会议通过此系统进行会议通知的发放和管理。

【保障公务网正常运行】一是积极做好公务网络可视电话和视频备用光纤线路架设工作，配合完成公务网网络巡检和网络环境改造，实施公务网服务器的安全加固、日志管理和防火墙配置工作，会同区机要局、区保密局开展公务网运行的安全检查。二是完成公务网视频会议系统视音频设备的改造，保障了9次视频会议的圆满召开。三是完成区民防指挥中心、区信访办等部门的接入工作，公务网终端接入达402个。

【推进政务外网的建设】一是根据市政府统一规划和建设政务外网的要求，结合区信息化网络的实际情况，综合区机关各部门需求，制定了区政务外网建设方案；二是积极协助市政务外网指挥部完成卢湾区政务外网光缆接入工作，6月，按时完成区政务外网主干网建设；三是完成区建委、区民防办、区人大选民登记系统、区人口办居住证登记系统等条线应用的接入工作，区城市管理监督中心和指挥中心、区计生委实现整网接入，接入政务外网的终端数达78个。

【建设区行政事业专网】2006年12月，卢湾区完成行政事业专网的建设。该网是区继公务网、业务网、政务外网之后建成的第四套内部网络，其以先进成熟的计算机和通信技术为主要手段，进一步加强网络及安全管理，提高应用系统的可靠性和可用性，为各部门与行政事务单位之间提供安全的网络平台，成为今后信息交互的重要信息通道，为区电子政务建设奠定了坚实基础。目前，卫生、教育、财政、人事系统利用电信EDSL线路，机关单位利用业务网光纤资源，通过ATM线路方式进行整合，协助做好财政集中财政共享平台网络环境的搭建工作，完成各委、办、局和学校、医院等行政事业单位235个信息点的接入工作。此外，还充分做好平台基础环境的二次利用，做好卫生、人事、审计系统行政事业专网建设的调研工作，组织人事系统行政专网已经进入方案论证阶段。

【建成政府网站WAP门户】 2006年10月，卢湾区建成政府WAP门户网站（wap.luwan.sh.cn）。该系统以用户的手机号作为惟一标识，市民只要通过手机登录区WAP门户，完成各类事项的咨询和查询程序，就能以短信方式收到办事的账号、密码以及咨询事项的答复内容。目前，WAP门户已完成和区政府信息公开、网上办事、便民服务等内容的链接，今后还将提供更多的便捷服务。WAP门户的建立开辟了网上办事的新渠道，提高了“上海卢湾”门户网站的互动性。

【网上办事功能持续推进】 2006年，“上海卢湾”门户网站继续遵循“以人为本”设计理念，加强对网站信息、服务、办事项目的有机整合和合理分类，进一步完善网上办事功能。目前，网上办理的事项达到471项，其中行政审批321项，政府服务150项。能提供在线咨询、结果告知服务的有373项，提供在线办理或在线申请服务的事项408项，提供表格下载674张。截至年底，网上办事工作平台月平均访问量为15万人次，受理咨询、办理事项总数达262项，其中企业办事为58项；市民办事为204项。在该平台内实名注册并开设“个人办事桌面”的市民用户为1 187人，企业用户为78家。

【利用信息化手段做好区人大换届选举工作】 2006年，卢湾区通过采用选民信息个人上网登记、社区居委上门登记及POS机上传等信息化手段，实现“人大选民信息登记”在线提交，保障上海市区县、乡镇两级人大代表换届选举的顺利开展。一是成立专门的信息化推进小组，明确职责分工，从工作机制上加以落实保障。二是为各街道新增计算机8台，确保选民信息能及时通过“上海市选民登录系统”予以上报。三是积极做好培训。针对用户的不同，分别对区管理员、街道管理员及社区居委工作人员进行专题培训。四是改变传统手工书写选民名单及选票的方法，通过系统直接划分选区等方式，采用直接打印的办法，加快完成人大选民信息登记工作进程。五是加强备份工作，确保数据安全。

【建设数据交换中心】 该系统主要由数据交换枢纽、交换规则指挥系统、核心数据仓库、数据再利用系统4个部分组成，具有以下主要功能：①实现对不同数据类型、不同应用功能、不同硬件条件的分布式数据库的互联互通和更新同步；②对数据交换的内容、形式和规则进行有效的控制；③实现对各类原始信息资源的集中存储，并建立了信息资源目录体系，为人口、企业、空间地理等基础库建设打好基础；④为协同办公、辅助决策、地理信息系统提供数据源和分析、统计等数据增值功能。目前，已完成数据交换中心平台的搭建工作，预计2007年将进一步拓展功能应用。

【启动区机关智能数据检索引擎知识库建设】 为加强政府信息资源的开发利用，提高信息资源的数字化和共享程度，2006年，区信息委启动区机关智能数据检索引擎知识库系统建设。该系统主要以Autonomy数据共享中间件，构建起一个智能信息操作层，从而实现海量信息在数据层面之上的模式识别、自动分类、自动标引、自动聚类等一系列工作。建成后的知识库能实现跨系统数据整合利用、智能分类检索、数据统计分析等功能，一期建设已初步实现对整合在区机关内部综合信息管理平台内的各类业务应用系统数据资源的有效利用。通过智能检索引擎，可以实现对大量原始数据源的分类和筛选，并将与用户需求的主题最接近的相关资料派送到每个机关工作人员的办公桌面；最终达到通过对原始数据源的统计汇总，为区领导层的决策提供有价值的辅助信息支持。

（区信息委）

二、社会领域信息化

【建成“打浦街道社区事务受理服务中心”平台（网上虚拟大厅）】 该系统提供101项在线咨询及部分在线申请，其中劳动保障28项，医疗保险16项，社会求助15项，民政事务11项，综合事务31项，同时具有受理情况自动统计功能。市民可通过该平台进行网上提问、申请，打浦街道社区事务受理服务中心工作人员通过平台进行答复。平台的使用扩大了社区事务服务范围，增加了服务内容，强化了网上办事功能，使居民足不出户就能办成事。

【深化社区事务受理服务应用系统的应用】 2006年，五里桥街道进一步完善“一口受理、内部协办”社区事务受理服务机制，政务事项“一口受理”从2005年的68项内容增加到十三大类80项，生活服务“一口服务”平台投入使用，有211家社区组织签约提供十四大类66项生活服务。瑞金二路街道完成了一口受理系统的推广应用，实现了社区事务办理的一口受理和内部协办，提高了“一口受理、内部协办”模式的覆盖面。年内，区开通了2.0综合业务管理系统，完成了街道个性化模块的开发工作，实现了16个居委及1个社工办与街道局域网的联通。

【稳步推进社保卡工作】 2006年，区认真做好社保卡申领、发卡和补换工作。全年，共采集社保卡信息6 029条，发放社保卡7 332张；为市民补卡3 435张，换卡6 632张，电话咨询8 000多次。开展了2009届新高一学籍卡申领和发卡工作，2006年11月13～25日，集中完成了1 100人的信息采集工作，完成率达93%。

【做好居住证发放工作】 一是做好淮海街道试点工作。作为全市居住证扩大试点街道之一，淮海街道建立了较完善的工作台账和档案查阅制度。2006年，办理居住证223张，临时居住证8 647张，补重办6 614张。二是配合市社保中心，完成居住证系统及区县平台的搭建。依托政务外网和东方网，实现了市、区、街道和居住证办理网点的联通；并以区信息交换平台为中心，实现异构数据的共享交换，条块信息共享的统一体系。三是完成全区各街道居住证受理网点建设工作。根据《社区事务受理中心居住证受理点建设要求》，配合市社保卡服务中心落实完成了居住证受理点的场地勘察、设备采购、软件的安装调试以及人员培训等前期工作，确保了居住证工作正常开展。

【建成“卢湾文化网”】 该网站以“大文化”为设计理念，整合全区文化事业、文化产业等资源，涵盖区域内公益文化、产业文化、品牌文化、企业文化、社区文化等各类文化信息。网站的建成为交流、展示卢湾区文化工作，充分发挥现代传媒在宣传、互动等方面的优势提供了一个有效平台，进一步扩大了区域内文化事业、产业文化和创意文化的知名度、影响力和辐射力。

【以信息化手段努力提高社区文化服务水平】 应用信息化技术建设公共文化服务体系，扩大社区图书馆与区、上海图书馆之间的信息共享和图书流通，实现居民网上检索、借阅和就近归还图书；搭建社区文化信息资源共享平台，在街道社区文化中心建设“全国文化信息资源电子化街道共享点”，为社区居民提供影视、图书、戏曲、音乐等各类文化信息，丰富居民精神文化生活。目前，五里桥、淮海、打浦街道“三级联网工程”和“文化资源共享点”建设已完成；瑞金街道公共文化信息化建设工作将与社区文化中心同步推进。此外，会同区信息委等部门加强“卢湾文化之窗”网站建设。

【建成“突发公共卫生应急信息系统”】 该项目是公共卫生体系建设三年行动计划内容之一，系统包括监测预警系统、突发时间报告系统、指挥决策支持系统、应急处置系统4个应用系统，以及卫生监督数据库、疾病控制数据库、卫生资源数据库、医疗业务数据库4个业务数据库。该项目的建成提高了对突发公共卫生事件的监测预警能力以及信息上报速度和准确度，提高了指挥决策水平以及应急处置能力。

【建成区卫生局居民健康档案管理系统】 居民健康档案管理系统是区社区卫生服务管理信息系统的一部分，

是实现社区卫生服务诊疗、预防、保健、健康教育、计划生育、康复等六位一体服务功能的基础性工作。居民健康档案管理包括：个人健康档案（含核心表和专项表）管理、家庭档案管理、统计查询和社区基本信息。在居民健康档案管理的基础上，实现居民慢性病、肿瘤、传染病防治、免疫规划等的监测、管理以及高危人群和行为危险因素的筛查和干预等的动态、连续管理。居民健康档案管理和各专业条线相关内容与上海市卫生局保持一致。同时，实现网上集中管理居民的健康档案功能。签约居民可以在网上查看自己的健康档案，并可以根据实际情况修订部分档案信息，进行网上健康咨询与预约就诊等；专业医生也可以查看居民的部分档案信息。至2006年底，系统已有19万多条居民健康档案数据。（区信息委）

三、经济领域信息化

【建立重点税源分析平台】为进一步完善对重点税源和房产企业的监控，加强精细化管理，区税务分局建成重点税源分析平台和房产监控平台。重点税源分析平台提供企业基本情况、减免税、亏损信息和企业本期、上期、同期税收完成情况以及企业税源质量指标，还包括区所有企业综合税负、全市及全国的行业平均税负等154个动态指标，管理员可以通过对六大类增减因素进行分析，及时掌握税源变化情况。房产监控平台则是对区房产企业从立项到实现销售进行监控，掌握企业缴税情况。

【引导电子商务的健康发展】一是建成卢湾区电子商务服务平台，完成了上海市内衣协会内衣网、上海市开发区协会、工业开发区招商服务中心、工业房地产信息服务中心有限公司、上海国际产业转移咨询服务中心等网站的整合。二是完成了旅游品电子商务平台建设项目的调研，修改确定了建设方案，明确了政府与企业的工作划分以及开发的主要应用模块，目前调研工作基本结束，并进入具体的申报程序。该项目通过开发BPR业务系统、B2B分销系统、B2C电子商务网站，提高行业信息化及电子商务应用的整体实力。

【推进政府为企业服务信息化建设】一是完成了工商联会员服务信息系统开发建设，解决了工商联在服务会员、加强沟通方面存在的信息不对称的问题，为了解广大会员的需求、及时有效传达有关的政策、会议、活动提供了新的工作方式和手段。二是建成了卢湾区民营科技企业创新信息查询系统（主要包括各类自主知识创新专利产品和企业概况、政府为中小企业服务信息），利用区科委现有的政府公共服务平台，通过科技企业发展的服务体系建设工作，为企业获取信息提供了新的工作方式。

【银行卡产业的推广】 2006年6月18～30日，区信息委、区经委在淮海中路组织开展了银行卡产业的推广活动，共有94家淮海中路商户参加了此次活动。活动期间，在淮海中路商业街指定的联网商户刷上海市银行卡消费的持卡人均自动参加抽奖活动。6月25日，在淮海中路新华联商厦前庭开展的“银行送惊喜”现场活动也取得了较好的效果，吸引了持卡人参与活动，感受淮海路商业街各类服务品牌、产品品牌、文化品牌和区域品牌的整体优势，进一步在全市持卡人中普及银行卡知识和功能特色，促进了银行卡产业的发展。

（区信息委）

四、城市建设和交通领域信息化

【拓展“城市网格化管理工作平台”的功能】一是开展园林、市政、防汛应用系统与区城管平台的整合应用，将防汛防台、市政、绿化信息纳入城市网格化管理运行之中。二是开展城管网格化远程综合监管系统一期建设，在2个建筑工地试点安全生产和扬尘远程监控。三是开展了城市管理中心网站建设，加强城市网格化管理平台数据维护，新增10个“部件”、“事件”，使城市部件配置合理。四是推进了条线数据在城管网格化平台上的共享，拓展了网格化管理外延。

【建设地理信息共享平台】2006年，主要完成了GIS模型的搭建。根据市电子政务发展规划和总体框架的要求，充分利用区城管平台数据资源和建设成果，在前期技术调研基础上，以一个居委会为对象，以网格化地理数据与人口信息为数据源，借助数据导入、地址拆分、住址多字段存储等具体实现手段，重点探索了建筑物门牌与人口住址信息匹配的实现方式。

【完成“卢湾区电子政务地理信息共享平台一期建设方案”】明确总体建设目标和重点建设内容，以一体化的思路和模式，倡导“一数一源，一源多用”的数据交换共享机制，形成跨部门信息资源交换与共享，为全区部门提供通用的GIS平台，促进全区范围内的地理信息共享。（区信息委）

五、信息产业

【上海国际信息服务外包产业园成立】根据《上海市信息服务业行动计划》的工作要求，2005年12月，卢湾区向市信息委申请建设上海国际信息服务外包产业园。2006年5月26日，卢湾区被市信息委认定为上海国际信息服务外包产业园。6月5日，区政府为进一步推进服务外包工作并形成长效机制，成立了卢湾区推进国际服务外包产业发展领导小组及办公室。7月6日，市信息委和区人民政府共同举行“上海国际信息服务外包产业园”揭牌仪式，副市长杨雄、市政府副秘书长范希平、区领导、市相关委办局领导及市信息化相关协会负责人出席了仪式。当天同时揭牌的还有“上海市信息服务外包发展中心”、“上海国际服务外包产业发展有限公司”。

上海国际信息服务外包产业园区建设目标是：以“市场引导，政府推动，企业运作，各方参与”为指导思想，按照“核心区、拓展区”的空间布局，以服务、培训、投资、交易为主要功能，成为具有国际水平的服务外包产业集聚区。

【区被认定为“中国服务外包基地上海示范区”】2006年，卢湾区在启动建设“上海国际信息服务外包产业园”的基础上，积极参与申报商务部的国家级服务外包基地城市示范区。通过进一步走访、排摸相关企业情况，梳理了区发展服务外包产业的优势条件和产业基础，制定了发展服务外包产业的相关工作计划，并按要求制作了世界知名跨国公司在内的服务外包重点企业案例，顺利完成了申报阶段的相关工作。11月8日，“2006上海软件外包国际峰会”在复旦大学开幕，同时举行了“中国服务外包基地上海示范区”授牌仪式。卢湾区被认定为全市首批四个服务外包示范区之一，标志着卢湾区服务外包产业发展进入了一个新起点。

【服务外包产业园区综合服务中心启用】11月30日，“中国服务外包基地上海示范区揭牌暨服务外包产业园区综合服务中心启用仪式”在卢湾区举行。同时，还举行了服务外包网站的启用仪式。仪式上，卢湾区人民政府与上海电信签署了《关于共同推进卢湾区信息化建设，服务外包产业发展的合作协议》，上海现代服务业联合会与卢湾区推进国际服务外包产业发展领导小组签署了《关于共同促进服务外包产业发展的会谈纪要》。

【建成上海国际信息服务外包产业园综合信息服务平台】2006年11月，上海国际信息服务外包产业园综合信息服务平台正式开通。该平台主要有园区介绍、动态信息、机构介绍、服务外包知识、政策法规、教育培训、业务办理、网上交易、论坛等九大功能，提供各类服务外包专业知识和办理流程信息。开通以来，已更新了49条外包专业知识的新闻和信息。卢湾区旨在把服务外包平台建设成服务外包产业发展、园区建设对外的窗口，企业与政府、园区之间联系的纽带，提供网上交易、教育培训等多种服务的综合性平台，为促进信息服务外包的发展提供帮助。

【区国际服务外包园区局门路427号改造项目正式签约】2006年12月14日，五里桥街道办事处与公房资产有限公司举行"卢湾区国际服务外包园区局门路427号改造项目签约仪式"。"局门路427号改造项目"是以原互感器厂的旧厂房为基础，改建成一个以服务外包产业为主要业态的现代商务园区，预计改建工程于2007年上半年完成，改建后的商务办公面积将达1.1万平方米。

（区信息委）

六、信息基础设施

【信息基础设施建设取得较大进展】2006年，卢湾区以现代化标准推进集约化信息管线建设，区内信息管道总长由2003年的20.17沟公里达到38.122沟公里；推进新天地、淮海路、打浦桥地区信息管线建设和商贸设施无线接入；全面完成区内商务楼宽带接入；新建住宅智能化小区覆盖率达到100%。

【区机关信息基础设施建设取得较大进展】2006年，建成覆盖区委、区人大、区政府、区政协、各部委办局、区级机关和街道的办公业务主干网络和区公务涉密网主干网络；全区接入办公业务网终端总数由2003年的674个增加到1 257个；接入公务网终端总数由48个增加到402个，其中有3个部门以局域网形式接入；建成政务外网和行政事业专网，接入政务外网的终端数为78个，接入行政事业专网的终端数为173个。

（区信息委）

七、信息化环境

【执行政府采购，推动信息化项目规范有序建设】一是建立相关制度，制定了《专项资金使用管理办法》、与政府采购制度相配套的《区财力投资的信息化项目的管理规范》和《电子政务绩效评估制度》等相关管理制度。二是强化自身管理，规范采购行为。在由区信息委主持开发的政府门户网站负载均衡改造、门户网站安全改造、机关内部综合信息管理系统2.0升级改造、门户网站信息资源一体化改造、网上办事及政府信息公开平台优化等建设项目中，严格按照政府采购制度执行，由政府采购中心统一招标，并由专家对方案的可行性进行科学论证。三是强化服务和指导。区信息委积极协助部门做好前期需求和技术调研，把好项目建设的技术标准关，使项目招标需求明确可行，项目进程管理有力，资金使用合理有效。在区纪监委、区文明办、区文化局、区合作交流办、区档案局等部门的信息化项目建设中，都采用了招标方式进行采购，保证各部门信息化建设项目的顺利进行。

【落实信息安全工作】一是建立健全区信息网络安全管理制度，严格落实信息网络安全责任制。二是依托区备份机房，对业务网各主要应用服务器数据进行数据备份，为区档案局等部门服务器备份提供技术保障。三是定期对区中心机房、备份机房实施安全巡检，加强网络流量分析，配置有效的防火墙、安装入侵检测系统，实时监控非法外联，进行服务器机房设备安全扫描，监测各类安全漏洞261个，安装各类补丁205个。

【加强机关干部信息化技能培训】2006年，区信息委通过组织专题讲座、上门培训等方式，全年累计培训人数3 000多人次。培训内容涉及机关内部综合信息管理系统操作、门户网站一体化建设和网站安全、网络运行管理和安全、政府信息公开业务培训、电子政务建设学习考察和培训、社区信息化建设学习考察和培训、社保卡及居住证办理等公共信息服务系统操作、微软北京总部信息化专业技术培训等。

【拓展信息化宣传途径】2006年，卢湾区进一步强化网络的宣传作用，通过“上海卢湾”门户网站发布了中共上海市卢湾区第八次代表大会、2007年区政府实事项目征集、“情系世博，文明礼仪伴我行”第三届亲情互动动漫制作大赛、卢湾平安创建活动宣传语征集等33个公告信息。其中，亲情互动动漫制作大赛在网上公布了66位参赛者的动画和漫画，收到在线投票16 461人次，是历届FLASH大赛网上投票最多的一次。“卢湾平安创建活动宣传语征集”公告发布后，收到宣传语4 078条，累计参与人数达5 000人左右。

（区信息委）

八、社会诚信体系

【深化淮海中路诚信示范商业街创建工作】在2005年完成10家企业试点的基础上，2006年新增72家试点企业。一是结合淮海中路诚信示范商业街的创建，开展了“诚信档案建设二期”建设。二是推进行业信用管理建设。三是以劳动保障工作的诚信建设为主要内容，开展了2004～2005年度创建诚信单位活动，26家会员单位被评为劳动和社会保障诚信单位。四是诚信自律公约由试点单位向商厦发展，20家商厦与淮促会签署了街市诚信公约，街市诚信自律公约得到进一步的延伸和辐射。五是开展了2005年度“守合同，重信用”单位评定。依托资信中介对区内企业进行信用评级，其中获AAA级的企业有22家，获AA级的有43家，获A级的有87家。上述152家企业被评为“守合同，重信用”单位。

（区信息委）

第十一章　静安区信息化建设

概　述

2006年，静安区信息化工作在区委、区政府的正确指导下，坚持科学发展观，不断深化电子政务建设，全面改版“上海静安”门户网站，深入推进区地理空间基础数据库建设，拓展信息化项目应用，稳步推进社区信息化综合服务，全面启用区城市网格化管理平台，不断发展信息产业，加强社会诚信体系建设，建立健全各类信息化规范管理制度，完善信息化发展环境，促进区域经济和社会的协调发展，取得显著成效。

2006年，静安区信息化委员会荣获中国政府信息化创新大会颁发的“政府信息化创新团队奖”和“政府信息化管理创新奖”，并在2006年市信息安全风险自评估中被评为“上海市2006年信息安全风险自评估工作优秀单位”。“静安区基本单位基础数据库系统”、“静安区政务网建设项目”被上海市信息化委员会评为“2006年度上海市区县信息化应用优秀成果奖”。

（区信息委）

一、政务领域信息化

【全面改版“上海静安”门户网站】2006年，“上海静安”门户网站进行整体提升，已经建设成为“拥有6个主要板块，中英文两套版本”的统一对外门户，实现政府网站群的统一导航、分类、搜索和统计，逐步形成政府门户网站和部门专业网站间的统一管理和集约化建设模式。网站于10月投入试运行，截至年底，网站每天接待网络访问用户数千人次，页面浏览量已达5万页/天，是2005年的7倍。目前，网站已有栏目323个（新增126个），主动公开政府信息2 630条，公布网上办事事项626项，发布各类信息总计3.4万余条，同比翻了一番。

【建设完成“上海静安”英文版】2006年，“上海静安”门户网站英文版建成，并于10月开通试运行。英文版的建设旨在宣传和展示静安形象，吸引外国投资者，更好地为外籍人士服务。该网站内容主要以生活资讯、旅游信息和投资服务为重点，设有“静安概览”、“政府服务”、“静安生活”、“静安旅游”、“投资静安”五大板块、50余个子栏目。网站开通以来，访问人数不断上升，获得良好的社会反响。

【政务网建设完成“五个一”工程】按照统一规划、统一安排，静安区政务网建设全面完成“五个一”工程。一是建成一个符合国家计算机建设标准的、具有高可靠性和高稳定性的现代化中心机房，并实现网络资源的集约化应用；二是建设一个覆盖全区各部门及居委会等有关单位的物理传输网络平台；三是形成一套科学的网络应用部署方案，实现政务网的远程访问，以及多个应用系统的数据交换；四是形成一套有效的网络安全技术体系，实现对区政务网的全方位安全防护；五是制定了一套全区统一的政务网网络接入规范和管理制度，包括《静安区政务网网络管理制度》、《静安区政务网接入规范》、《静安区政务网中心机房管理制度》等一系列网络规范和管理制度，基本形成区政务网的长效运行管理机制。

【召开政府信息公开第五次联席会议】2006年5月，静安区召开政府信息公开第五次联席会议，全面总结了两年来政府信息公开的各项工作，表彰了2004～2005年静安区政府信息公开优秀单位，明确了2006年工作目标和任务。张仁良区长出席会议并作了重要讲话。

【深化政府信息公开工作】2006年，静安区政府信息公开工作以规范促落实，以服务求实效，在深化公开内容、完善制度建设和提升服务水平等方面取得积极成效，全区政府信息公开工作步入规范、长效、有序的轨道。全年，静安区45个政府部门公开政府信息668条，其中主动公开信息538条，依申请目录130条；在“上海静安”门户网站政府信息公开专栏内主动公开政府信息累计2 413条，依申请公开累计217条，共累计信息达2 630条。全年，政府信息公开专栏页面访问总量262 399人次，接受市民咨询3 488次，其中网上咨询1 944件，按时办理率达95%；各部门接受电话咨询或当面咨询1 544人次。全年，全区共受理信息公开申请105件，经同意公开答复的有45件。

【深入推进区地理空间基础数据库应用】2006年，静安区地理空间基础数据库在功能完善、图层整合和数据互动等方面不断创新、深化应用，取得一定成效。在功能完善方面，公共服务GIS由原来的5个栏目更新为9个栏目、40个子栏目，实现各部门能够根据实际需求，自行将业务数据添加到GIS平台上，并实现与电子地图的关联定位展示。在图层整合方面，实现遥感影像与平台地图的融合展现，在显示遥感图像的同时叠加显示道路和建筑物，方便了对图上信息的识别和辨认。在数据互动方面，实现GIS系统内外网间的数据联动，完成与区实有人口基础数据库、区基本单位基础数据库的数据同步，并为区市政配套局、区市容市政委、区规划局、区建交委等部门专业GIS系统建设提供支撑。截至年底，区各部门调用GIS接口由原来的20个增至35个。

【深化推进区实有人口基础数据库应用】为了充分发挥区实有人口基础数据库的实际效用，2006年，静安区重点加强了区实有人口数据库的数据维护工作和业务支撑工作。在数据维护方面，全面完成314 270条户籍信息的修正，并完成计生、劳动、民政等8个部门282 784人次的共享信息修正；在业务支撑工作方面，为居民健康档案、楼宇党建工作、企业质量档案、人大换届选举、百户党员统计等工作提供强有力的数据支撑，实现与区社会救助等业务系统的信息互动，成为应用系统实现跨部门协同工作的基石。

【全面推进区基本单位基础数据库应用】2006年，静安区基本单位基础数据库建设不断深化和完善，并进入全面应用阶段，为企业办事和服务及属地化管理提供强大支撑。一是采用“分级存储”模式，解决了单位信息的共享和存储问题 二是确定信息来源优先级，解决了“一数多源”的问题；三是建立区、街道两级联动机制，解决了数据覆盖和维护问题；四是形成动态采集维护机制，为数据及时有效的更新提供保障。全年，区基本单位基础数据库已经为区楼宇党建、企业质量档案建设、物价信息管理、“两新”组织管理、“属地”单位调查、人大选民登记等工作方面发挥了强有力的数据支撑作用。

【积极推进社会救助帮困业务管理系统建设】区社会救助帮困业务管理系统的应用和推进是区政府2006年重点工作之一，4月，系统正式投入应用。该系统运行后，区各部门通过实时录入本部门信息，实现各种渠道救助信息的充分共享，有效促进了救助业务的少重复、不遗漏和广覆盖，使救助资源得到合理使用。同时，救助操作流程由原有的居委推荐、街道申请审核、区分管科室初审、分管领导终审4个阶段变更为逐层审批、责任到位的审批方式，进一步增强上下级部门之间的沟通交流，规范了工作流程。

【拓展政府网站为市民、企业服务新模式】按照“以创新为动力，加强服务型政府建设，全面构筑和谐静安”的要求，静安区积极探索，努力实践，不断创新政府网站为市民、企业服务模式，全面提升“上海静安”门户网站的公共服务水平。在企业服务方面，网站设置了“企业互动平台”、“企业名录”、“供需平台”等栏目，为静安区9 200余家企业提供展示形象、发布信息，自我宣传的新途径；在市民服务方面，网站不仅对外提供区内20类服务设施、18类便民查询和食、住、行等10类地理信息，而且更开创性地推出居家服务在线预约，为居民提供家政服务、快递服务、物业维修等在线预约服务，真正做到便民利民。此外，“上海静安”门户网站英文版的建设，也成为全方位宣传、展示静安，满足在静安生活、旅游、投资等各类外籍人士需求的重要窗口。

【开展信息化支撑社会服务体系建设的研究工作】为了使信息化更好地服务和支撑国际静安的建设，区信息委着重研究和探索信息化支撑社会服务体系建设的途径。在充分了解企业需求、分析国内外其他地区的先进做法、疏理全区企业、市民办事事项的基础上，形成建设区行政服务中心的规划报告和可行性报告，为全面推动和实施区行政服务中心的建设提供研究成果。

【推进公务员绩效考核管理系统应用】为进一步深化项目管理与行政效能管理的方法，强化部门绩效考核的过程管理，切实发挥考核的评价、管理、激励和监督作用，2006年5月，静安区在区经委、静安寺街道、机关党工委等8个部门推广公务员绩效考核管理系统，并根据试点情况，对原有绩效考核系统进行功能调整，开发了年终考核管理组，优化部门权限管理；同时，积极推进公务员网上考核，进一步提升公务员工作效率，节约了公务员考核成本。

【投入应用区委党校综合业务信息平台】2006年，“静安区委党校综合业务信息平台”正式投入应用。该系统实现了党校各类业务，包括教务、教研、科研、考核、图书、资产等管理的数字化、网络化，不仅提高了工作效率，规范优化了业务流程，也为领导和区有关部门的决策提供了及时、准确的参考数据，为促进全区干部教育事业发挥了积极作用。

【建成“静安区政协委员签到系统”】2006年3月，“静安区政协委员签到系统”建成。该系统能够及时、准确地记录区政协委员参加各类会议的情况，以及履职的基本情况；同时，通过该系统能够实现在会议签到时即可对委员的身份进行核对和确认功能。系统运用后，不仅提高了对委员履职情况的分析管理，而且促进了政协工作的透明度，为有效实施政协会议管理提供科学支撑。

【开通“静安区政协网”】2006年9月，静安区政协网(www.jazx.gov.cn)正式开通。该网站是发布政协信息、了解社情民意的重要窗口。网站主要设有“政协要闻”、“委员风采”、“提案工作”、“民意调查”、“委员网上直通车”等栏目，能够及时发布政协信息，宣传党的政策，并实现政协提案的网上提交和查阅。网站的开通不仅增强了区政协办事的透明度，也为区政协委员和市民了解区政协工作，宣传区政协工作开辟了新渠道。

【开通“静安志愿者在线”网站】2006年9月，“静安志愿者在线”网站(www.javolunteer.org.cn)开通。网站旨在构建静安志愿者网上沟通交流的平台，广泛传播志愿者精神，不断扩大志愿者队伍，进一步促进和完善静安区志愿者活动的社会化运作机制。

(区信息委)

二、社会领域信息化

【稳步推进社区信息化综合服务】2006年，静安区继续做好社保卡等市府实事工程的落实工作，全年完成社保卡申领4 359张，发放社保卡6 240张，补换卡10 435张，完成70岁以上老人发放社保卡（附卡）3 806张，中小学生学籍卡申领15 239张；办理“市民信箱”391个；继续推进居住证制度工作，向来沪人员发放居住证16 482张，其中临时居住证15 849张，居住证633张。

【全面完成中小学生学籍卡申领试点工作】2006年，静安区作为试点，率先开展了中小学生学籍卡申领工作。区信息委与区相关部门密切配合，制定了合理的实施方案，以学校为单位，将申领时段和申领地点具体化，同时充分利用“上海静安”门户网站、社区宣传栏、家长告知单等多种途径，对申领工作进行广泛宣传，使申领人员能提前获知相关注意事项并做好准备。申领工作开展期间，静安区积极落实饮水器等便民措施，掌握工作进展情况，保证申领工作的顺利完成，期间共完成中小学生学籍卡申领15 239份。

【初步建成全区人口计生信息传递网络】2006年，区人口计生委继续探索封闭住宅区计划生育管理与服务，通过建立封闭住宅区计划生育管理与服务信息系统，一是实现与区实有人口综合信息资源库的信息共享，二是实现部门间数据资源的共享和共用，极大促进和完善了区—街道—社区人口与计划生育信息化建设。

【改版“静安人口”网站】 为进一步深化网站的公共服务功能，提升网上办事服务的水平，“静安人口”网站进行了改版，新增“政府信息公开”、“网上办事结果反馈”等栏目，完善咨询、查询功能，并提供办事指南、表格下载、计生政策及生殖健康知识等服务内容。目前，该网站已经成为静安区宣传计划生育优质服务的重要窗口之一。

【“静安区医保中心网站”建成开通】 静安区医保中心网站（www.jaybb.com.cn）建成开通。该网站对外提供了政务公开、网上办事、便民服务等功能，并实现定点医药机构信息共享、结算管理等功能。网站开通后，全区医保结算的管理工作基本实现网络化、数字化和信息化。

【“静安区司法局网站”开通试运行】 2006年，“静安区司法局网站”（sfj.jingan.gov.cn）开通。该网站以“细致服务、方便用户”为建设原则，以“为市民和企业提供网上办事和法律咨询服务”为重点，设有律师、公证、人民调解、法律援助、两劳帮教等工作指南，并提供律师服务、公证服务等法律服务行业的信用信息查询功能。网站的开通不仅增强了区司法局与社会之间的信息沟通，而且也提高了部门办事透明度。

【“静安友好往来”网开通试运行】 2006年11月，“静安友好往来”网（hezuojiaoliu.jingan.gov.cn）开通。“静安友好往来”网站由友好地区、往来动态、各地信息、对口支援、精彩专题等5个板块组成，设有交流论坛、数字地图、快捷服务等服务功能。网站的开通为静安区与友好地区间的信息沟通、合作交流提供新的平台。

（区信息委）

三、经济领域信息化

【区财政局非税系统投入运用】 为贯彻市财政局关于深化预算外资金收支两条线管理改革的要求，区财政局于2006年下半年完成非税收入管理信息系统的调研、培训、调试、上线等工作，对区级行政事业性收费实行收缴分离改革。非税系统的应用不仅实现了财政部门、主管部门、执收单位、代理银行等相关信息的共享，也实现了直接缴款和集中汇缴，进一步规范了收入管理、资金监督和收缴管理的流程。

【“静安区安全生产网站”投入试运行】 2006年12月，“静安区安全生产网站”(ajj.jingan.gov.cn)投入试运行。该网站以信息公开为重点，融“知识性、思想性、教育性、专业性、服务性”于一体，设有“政府信息公开”、“便民服务”、“网上办事”、“监督举报信箱”、“网上评议”等栏目。网站的开通试运行，为全面展示静安区安全生产情况，更好发挥安全生产的监管作用提供新的平台。

（区信息委）

四、城市建设和交通领域信息化

【全面启用区城市网格化管理平台】 2006年6月，静安区城市网格化管理平台建成使用。该平台主要基于区政务网，集成基础地理、单元网格、部件和事件、地理编码等多种数据资源，通过多部门信息共享、协同工作，实现对区市政工程设施、市政公用设施、市容环境、城市环境秩序的网格化监督和管理。截至年底，通过平台共接受各类报修近5 000件，办结率达到97%以上，处于全市前列。

（区信息委）

五、信息产业

【不断发展信息产业】2006年，静安区以发展信息服务业为核心，以完善载体建设为突破口，坚持质与量并举，引进与培育相结合，集中力量，重点突破，全面促进信息产业的蓬勃发展。一是组织科技载体，加强计算机开发与应用业企业发展工作的研究；二是建立与高校、科研院所的战略合作关系，根据中心城区产业发展的特点，不断进行产业发展的前瞻性研究，并根据专家的研究成果进行分类指导，不断解决产业发展中有关问题；三是整合和发展社会资源，组织企业经营者参加各类管理讲座、技术交流、联谊沙龙等活动，加强信息沟通，收集发布各类招标信息，拓展合作渠道，提高经营管理水平，促进企业发展壮大。

2006年，全区信息服务业技工贸收入同比增长23%；孵化器技工贸收入增长3.5倍，引进计算机开发与应用业企业63户，其中规模以上企业3户。

（区信息委）

六、信息化环境

【完成主干网络及主要信息系统应急预案的制订和演练】为加强突发公共事件应急管理的能力，提升全区信息化安全管理的实际水平，2006年，静安区以“积极防范、预防为主”为原则，以提升应对信息系统突发事件的能力为目标，成立了由分管副区长、区信息委主任牵头的工作小组，专门负责区内主要信息系统应急预案的制订和演练。全年，工作小组共完成区政务网网络和机房、GIS综合平台、公共信息平台3项应急预案、17项子预案的制订和演练，各项预案共计36章、256节、8.7万多字。

【形成全区统一的ITIL运维管理机制】2006年，静安区引入国际通行的ITIL流程管理理念，按照“运维内容明细化、运维操作流程化、运维管理制度化、运维运作专业化”要求，对日常运行维护流程进行重新改造。一是建立全区统一的运维工作管理服务台，实现所有故障的统一受理；二是制定静安区中心机房日常监控表、网络故障处理反馈表等8项运维表单、15项运行维护流程；三是成立专门负责全区性信息系统运行维护的运维组，针对每一项运维工作实行AB角制度，明确各运维岗位的职责划分；四是建立运维情况的月报制度，对每月的运行维护数据进行汇总整理并加以分析，形成故障受理、故障处理、故障分析的良性管理机制。

【获“上海市2006年信息安全风险自评估工作优秀单位”】2006年，静安区以“讲究科学、注重实效”为原则，以分析查找信息系统所面临的威胁及其存在的脆弱性为目标，精心组织，有效推进，全面完成以区公共信息平台为主要对象的风险自评估工作；组织召开工作动员、资产赋值、风险防范等9次工作会议；举办风险评估相关的2次培训，累计录入资产信息、脆弱性信息等300多项；完成21项资产的重要性赋值、威胁识别、脆弱性识别工作；评估出5项不可接受风险处理计划，并针对潜在威胁、脆弱性进行12项系统完善和整改。

【加强政务网安全管理】为保障区政务网安全稳定、长效运行，静安区本着“预防为主，加强防范”的指导思想，积极开展全区政务网安全体系建设，在政务网所有出口均部署边界防火墙，通过采用不同的安全策略，分别实现与市政务外网和区社区网络的有效衔接、与互联网的逻辑隔离和与条线专网的有效控制；同时，在政务网内部署网络版病毒防杀软件，为所有计算机安装客户端，逐步形成有效的病毒防御体系。

【建立健全各类规范管理制度】2006年，静安区先后制定了《“上海静安”门户网站管理办法（2007）》、《静安区政务网网络管理制度》、《静安区政务网中心机房管理制度》等一系列规范体系，进一步保障各系统互联互通、资源共享和应用协同，同时也为规范信息化建设和管理，走集约化发展之路，充分发挥信息化的整体建设效应夯实基础。

【不断完善信息化项目管理和服务工作】静安区继续坚持从需求确认和评审、跟踪、指导、验收等各环节加强项目建设各阶段的管理、监督工作，在推进各部门业务信息系统建设的同时注重与各类全区性信息平台的整合，充分发挥资源整合和共享效益。此外，区注重培育、挖掘各部门有深层次、有特色、有规模的应用系统项目，使各领域专业系统的建设保持较高的质量和较强的适用性。

【编制完成《“十五”期间静安区信息化应用成果汇编》】“十五”期间，静安区信息化建设取得实质性进展，一批优秀的信息化应用项目应运而生。为了更好地宣传信息化建设成果，推进信息化项目应用，区信息委编制完成了《“十五”期间静安区信息化应用成果汇编》，旨在进一步总结项目建设、应用、推进工作的基本做法和成功经验，积极推进部门间信息化应用的交流。

【开展政府工作人员办公高效应用讲座】为进一步增强静安区政府机关工作人员的信息化应用水平，提高政府办公工作效率，2006年，静安区开展了面向政府工作人员的办公高效应用讲座，49个部门150余人参加了此次培训。讲座讲授了包括快速制作政府公文文档、网上信息搜索技巧、电子化文档审批、快速下发政府文件等多种政府日常办公的高级应用技巧，受到机关工作人员的广泛欢迎。

【继续强化信息化考核工作】静安区继续将信息化考核作为推进信息化应用的一个重要抓手，2006年，在全区机关部门绩效考核体系中，共设置11个与信息化应用相关的行政效能管理指标，包括信息公开、公文流转、网上信访咨询、网上办事、信息共享等多项内容，并按季度对全区80个部门进行考核，其中100%的指标值均来源于应用信息系统，真正做到考核精细化、全程化和科学化，为绩效考核和政务监察提供有效的信息支撑，同时也推动了科学行政，提升科学监查的信息化水平。

【全面完成全区软件正版化工作】2006年，静安区继续推进软件正版化工作，对全区尚未安装正版软件的计算机及时安装相应的正版软件，真正意义上完成了区级预算单位（包括街道）2005年以前购买的计算机操作系统软件、办公软件和杀毒软件的正版化工作。

（区信息委）

七、社会诚信体系

【形成社会诚信体系建设的组织推进机制】按照整体推进、分头落实的原则，2006年，静安区成立区社会诚信体系建设联席会议，全面规划和指导全区诚信体系建设；同时，区各部门确定分管领导和责任科室，制定了工作计划，初步形成“主要领导牵头、分管领导具体抓、职能部门抓落实”的工作格局，全区社会诚信体系建设的组织推进机制基本形成。

【积极推进重点领域信用信息公开】推进信用信息公开是2006年全区社会诚信体系建设的一项重点工作，静安区全年结合政府信息公开工作，重点加强在经济领域和综合执法领域的信息公开工作。经济领域，公开工作包括静安区南京路100家商业企业诚信档案的考评结果，财会信用等级A类单位纳税信用等级评定结果；综合执法领域，重点推行在质监、药监、环保等部门的行政许可、行政处罚信息的公开工作。

【深化社会信用制度建设】2006年，静安区不断深化各类信用制度建设，继续完善价格诚信体系建设，实现28个系统351家行政机关、事业单位和非企业组织共计4 363个收费项目在静安网“诚信收费”栏目中公示；完善企业商业信用考评制度，完成2006年度静安商业诚信企业的测评工作；深化合同信用建设，共检查各类合同216份；加强纳税信用等级评定工作，完成对7 949户企业的信用等级评定工作。此外，静安区积极推进市级高新技术企业信用管理制度建设，全区53家市级高新技术企业中有32家获得资信等级证书和信用评估报告，并实现社会信用信息记录的公开和共享联动。

【建成开通“静安诚信网”】为了更好地推进全区社会诚信体系建设，促进各类信用信息的公开和共享，2006年，“静安诚信网”建成并开通。该网站共设置“诚信收费”、“企业许可”、“监管动态”、“曝光台”、“光荣榜”、“投诉台”等20余个栏目，及时主动向社会公开包括价格、会计、税务等相关的信用信息，其中价格信用信息、纳税信用信息等热门栏目的访问量不断呈递增趋势。截至年底，“静安诚信网”共计有各类信用信息千余条。

（区信息委）

第十二章　宝山区信息化建设

概　述

2006年，宝山区信息化工作紧紧围绕"十一五"规划提出的"145"工程任务，以深化"电子政务四个统一基础平台"建设为重点，加大信息化建设和应用推进力度，继续落实责任、落实措施，以巩固成果、发挥效益为主线，在攀登和提升上下工夫，通过"以应用促进建设、以建设推动应用、以服务保障应用"提升信息化支撑功能，体现应用、整和协同，稳步推进，稳中求新，促进本区信息化向纵深发展。全年启动信息化项目24个，其中9个项目已经完成，15个项目进入实施建设，执行预算2 215万元。全年共采集社保卡信息13 214人，发放社保卡11 289张，受理市民信箱4 279人。全年主动公开政府信息885条。信息基础设施建设稳步增长，信息传输主干网络覆盖本区政府机构、社区和主要商务楼宇。电子信息产品制造业发展态势良好，全年完成销售产值22.9亿元，增长59.7%，在六个重点发展行业中增长速度居前列。

2006年，"宝山区财政国库集中收付系统"、"宝山区信息化项目管理系统"被上海市信息化委员会评为"2006年度上海市区县信息化应用优秀成果"；宝山区社会保障卡管理办公室被评为"上海市居住证系统建设先进单位"；宝山区社会保障卡服务中心被授予宝山区"五一"劳动奖章。

（丁　玲）

一、政务领域信息化

【政府信息公开工作稳步推进】2006年，宝山区切实贯彻《上海市政府信息公开规定》，稳步推进政府信息公开工作，全年主动公开政府信息885条，其中全文电子化达100%。在主动公开的信息中，政策法规类信息269条，占总体比例30.4%；规划计划类信息222条，占总体比例25%；属于本部门业务类信息343条，占总体比例38.8%；机构设置类及其他信息51条，占总体比例5.8%。同时，接受市民咨询4 113人次，其中咨询电话接听2 476人次，当面咨询接待1 551人次，网上咨询86人次。全年全区政府信息公开专栏访问量为33.4万人次。

【人口信息资源开发利用工作全面展开】2006年，宝山区信息委积极开展人口信息资源开发利用工作，组织编制了《宝山区人口基础数据项规范》和《宝山区居住户号编码规范》，完成区实有人口数据库建设，共收录全区约125万居住人口的基础数据，其中沪籍人口约90万，来沪人员约35万。目前，区信息委已经在吴淞街道、友谊路街道和张庙街道等3个街道、99个居委会开展实有人口数据采集与更新试点，形成了一套较为有效的工作方法和机制。

在2006年人大选民登记工作中，该数据库发挥了显著效能。工作人员通过数据库可以将区域内18周岁以上所有选民的姓名、年龄、性别等一系列基本信息全部调出，解决了以往选民登记中手抄汇总等繁琐工作，极大方便了选民登记，提高了工作效率。

【无纸化办公深入推进】2006年，宝山区办公自动化系统顺利通过验收；同时，还完成全区范围的办公自动化系统维护优化、技术支持，完成邮件服务器的升级以及完成办公自动化系统与档案系统的接口，确保了电子公文的归档。

办公系统的应用得到全区各部门的积极响应。2006年，20多个部门内部实现办公无纸化。据统计，区委办公室通过办公自动化系统下发会议通知140个、领导讲话51份，各部门利用办公系统全年处理公文16 418件、发布通知276个、短信5万多条，包括区四套班子简报在内共有516份部门期刊通过网上发布，节约了大量纸张。

【办公业务网与市政务外网顺利对接】2006年，宝山区办公业务网与市政务外网的网络中心平台顺利接通，实现了区政务外网与市政务外网的网络连接。至此，不再需要自建专网，宝山区办公业务网的各联网单位可以通过该连接实现同市级和其他区县间信息系统的互联互通，为实现市、区两级“信息资源共享、业务系统协同”奠定基础。

【协同办公应用系统通过验收】2006年，“宝山区协同办公应用系统”通过专家评审验收。区协同办公应用系统是一个全区性的协同办公平台，主要由公务员门户网、办公自动化系统、公文交换平台、用户管理和邮件系统等四大部分组成。目前，该系统在节约政府资源、提高行政效率、促进部门之间协同办公等方面发挥了积极成效。

【电子政务数字证书应用示范试点项目工作扎实开展】2006年，宝山区顺利完成上海市政务外网数字证书应用示范项目的试点工作，基本完成统一身份认证和授权系统建设，实现统一用户管理、统一权限控制和统一身份认证以及多功能个性化的公务员门户，并制定完成了用户管理、权限管理、身份认证以及应用系统整合等方面的标准和规范。通过初步建立起的市、区县两级统一的电子政务安全认证平台，保障了电子政务系统安全可靠运行，为区信息系统建设的有序化、标准化、模块化发展提供有力支撑。

【电子政务网异地容灾备份中心机房竣工】为贯彻上海市《关于加强信息安全保障工作的意见》、《关于进一步加强本市重要信息系统安全运行工作的紧急通知》等文件精神，保障全区重要信息系统的安全，提高全区信息安全防范能力，宝山区开展了电子政务网异地容灾备份中心机房建设工作。机房通过光纤将部署在区中心机房内的信息系统和数据进行备份，实现区电子政务网主要数据的远程存储和管理。在发生严重故障或事故（自然灾害、环境故障）时，保证区电子政务网络平台上运行的各类业务系统和数据不遭到破坏和损失，从而提高区信息安全防范能力。目前，机房运行效果良好，已实现无人值守、实时监控管理，为下一步容灾备份系统建设提供良好的基础设施和物理环境。

【人事管理信息系统功能进一步深化】2006年，宝山区人事局对人事管理信息系统功能进行拓展和深化：一是提升信息互动的便捷性。完善手机绑定功能，实现短信即时通知、短信群发、短信定时自动发送等功能，确保在第一时间将相关信息或通知告知相关人事干部。二是拓展系统应用的广泛性。系统应用范围由原来的主要服务于机关公务员逐步向全区事业单位拓展，基本达到对全区事业单位应用的全覆盖。三是增强查询统计的便捷性。在自定义查询的基础上，完善快捷的模糊查询功能，并可按照不同需求，对特殊账户赋予特别查询统计功能。四是完善业务模块的匹配性。紧紧围绕业务工作需求，进一步完善业务模块功能，加强各业务模块与业务工作的匹配度，实现与业务工作匹配的最优化。

【区财政国库集中收付系统成效显著】宝山区财政国库集中收付系统是依托区办公业务网建立的以国库单一账户体系为基础，而资金缴拨以国库集中收付为主要形式的财政国库管理系统。该系统实现了预算单位用款计划网上填报，财政部门网上审核、网上拨付，有效杜绝了财政资金滥用和非法使用。截至2006年底，全区已有250家预算单位全面应用该系统。为此，宝山区取消了所有预算单位“基本账户”，新开设“预算单位零余额账户”，所有支出都通过“零余额账户”核算，避免单位多头开户、资金使用不规范的问题。仅在50家一级预算单位中，清理撤销账户104个，保留账户202个，按要求新开设账户68个，按规定上划资金4.4亿元，扩充和放大了财政集中管理的范围和财力，规范了预算单位的收支行为，提高了财政资金使用效率和工作透明度。

【公众地图导航系统投入使用】2006年，宝山区公众地图导航系统在宝山区政府门户网上投入使用。该系统通过互联网为公众用户提供包括“电子地图”、“企业地图”、“专题地图”、“道路查询”、“地名查询”等众多项目的全区地理信息和地理信息应用服务，并能实现与网上办事系统之间的地理位置及相关办事事项的互连。该系统的应用满足了广大市民对政府信息、城市交通、医疗福利、科教文化、娱乐休闲、宾馆等各类服务的需求，为市民提供了一条便捷、高速的信息通道，对提升宝山滨江新城形象起到积极作用。

【区网上办事系统投入使用】为方便群众和企业的办事需求，提高政府公共服务的水平和质量，宝山区信息委开展了宝山区网上办事门户系统建设。该系统整合了区内已有的行政审批系统，将全区所有政府部门提供的对外公共服务和行政审批事项集中到一个统一的平台上，增强各职能部门间的沟通，促进政府职能转变和流程再造，提高了办事效率和服务水平，让百姓足不出户就可以办理各项事务，在一定程度上标志宝山的电子政务建设走在全市的前列。目前，该系统已在宝山区门户网站上投入使用。

【基础地理信息共享与服务平台建设基本完成】 2006年，宝山区领导决策管理咨询地理信息系统——基础地理信息共享与服务平台建设基本完成。该平台是宝山区“十一五”期间信息化深化建设的重要内容之一。该平台的建成实现了基础地理数据的共享和交换，形成了标准化、规范化的地理数据共享、更新维护机制，为政府职能部门提供空间数据和常用的地理信息系统功能服务，为专业地理信息应用系统提供良好的运行基础环境，为领导决策管理提供参考依据。

【住房保障信息系统试点工作率先通过验收】为了加强廉租住房管理的经常化、规范化、制度化，根据建设部和上海市《关于城镇最低收入家庭廉租住房管理》等有关法规、规定，宝山区积极开展廉租住房信息系统试点工作，并率先通过验收。

该系统实现了对廉租住房家庭申请、受理、审核、登记、轮候、配租、变更、复核、退出的动态管理，建立最低收入家庭住房需求档案和廉租住房保障对象档案，实现档案动态管理，并通过与房地产交易信息管理系统互联，构筑住房保障系统的信息平台，使信息资源、网络资源、设备资源、人才资源得到共享和互补。

【工商分局依托区办公业务网构建网络系统】2006年，宝山区工商分局依托区办公业务网成功构建网络系统，实现区工商分局与各工商所的网络连接，为全区工商信息化应用奠定基础。整个工程从2004年初即开始规划实施，相继完成了分局网络扩容改造以及与区办公业务网的连接。该网络系统的建成，拓展了区办公业务网的应用，使区办公业务网的效能得到充分发挥，同时极大提高了分局基层单位的日常业务工作效率，为广大群众和企业提供快捷方便的服务。

【区规划局信息化工作成绩斐然】2006年，作为信息平台的试点单位，宝山区规划局积极配合市局较早地启动了规划系统信息共享平台建设工作，同时为了方便报建单位集中办理项目，较有特色地开启了两个报建窗口，并加强规范管理，使工作效率得到显著提高，规划信息化建设稳步推进，开创了规划领域信息化工作新局面。

【杨行镇积极推进电子政务】2006年，宝山区杨行镇不断完善内部办公自动化系统的运行结构，积极推进电子政务，大大提高政府信息化的应用效能：一是积极投入，进一步完善机关内部硬件配置，完成了由光纤接入区办公业务网的相关工作，使镇、区两级网上信息互通及业务办公成为现实；二是加强培训，有计划地组织机关干部参加计算机应用技能培训，为电子政务推进打好基础；三是以人为本，不断丰富大厅LED公告屏的人性化提示，把欢迎、提醒、会务、天气等实用信息作为天天滚动播出的主要内容，工作中加强短信通知软件的应用，充分发挥科学、高效的现代通讯优势。

【庙行镇电子政务系统初步建成】2006年7月，宝山区庙行镇局域网通过验收。该网接入区办公业务网，并安装全区统一的办公自动化系统，实现了镇政府机关无纸化办公，大大提高了工作效率。（丁 玲）

二、社会领域信息化

【区社会保障卡服务中心成绩显著】2006年，区社会保障卡服务中心通过加强内部管理，明确工作职责，理顺工作关系，强化服务理念，取得显著成绩，荣获宝山区“五一”劳动奖章。全年，全区共采集社保卡信息13 214人，发放社保卡11 289张，补卡5 463张，换卡3 996张，书面挂失7人，上交回执14 158张，发放红卡附卡5 581张，核销工本费收据199本，受理市民信箱4 279人。截至年底，全区累计采集社保卡信息611 395人，发放社保卡601 330张，补换卡33 488张，发放红卡附卡32 065人。

【网谈热线开通】为进一步发挥政府门户网站的互动优势，推进服务型政府建设，2006年，宝山区开通“市民一线通”网谈热线。热线的开通有效增进了政府与市民的联系交流，成为政府关注民生、听取民意的重要途径，受到市民欢迎。

【实现市民网上借阅图书】2006年，“全国文化信息资源共享工程——上海宝山区图书馆基层中心建设”项目建设完成，同时宝山区网络图书馆正式开通，标志着宝山区率先在全市实现网络环境下公共图书馆的信息资源共享。

宝山区网络图书馆目前拥有600多部影视作品，近百场讲座和培训材料以及13种各类型的文献期刊全文数据库。市民可以通过区图书馆以及多个社区图书馆网上获取包括网上借阅、数字化资源、教育培训、视频材料等多项服务。网络图书馆的建成充分利用了全国文化信息资源共享工程的各类数字化资源，整合了区图书馆各类信息资源，使图书馆功能得到延伸，为宝山精神文明建设注入活力。

【区公路网格化管理初见雏形】为保证区管公路范围内的道路、桥梁、绿化及其道路附属设施的全覆盖控制，2006年，宝山区启动公路网格化管理工作。此项工作分3个阶段逐步实施：第一阶段建立属内局域网信息平台，实现网格化管理初级目标；第二阶段建立社会公开化网络信息平台，实现网格化管理中级目标；第三阶段开发GPRS信息定位系统，进一步完善网络信息平台，实现网格化管理最终目标。

【友谊路街道信息化工作成效显著】2006年，友谊路街道基本建成资源共享、信息互通、运行规范的电子政务网络平台，逐步形成以网上办公、网上服务和信息共享为重点的社区信息化新格局。一是无纸化办公深入推进。二是社区实有人口数据库数据更新维护工作扎实开展。全年，街道完成数据整理，建立了人口档案；完成22个居委会相关工作人员的操作培训；通过排摸比对、记录变更信息、数据录入，完成辖区内实有人口数据的更新与维护工作。三是网站建设工作不断完善。截至年底，网站累计发布各类政务新闻近1 000篇，累计访问量近43万人次。四是信息安全工作进一步加强。街道为居委会统一安装了实时更新查杀的病毒软件，对用户的身份认证进行统一安排，使信息安全工作得到进一步加强。五是完成硬件更新，拓展网络建设。街道实现了各居委会电脑终端与区办公业务网的连通，为机关各科室和居委会添置了新电脑，基本达到每个居委会至少配备1台新电脑、机关公务员人手1台电脑。

【东方数字健康社区网开通】2006年3月31日，全市首家东方数字健康社区——“东方数字健康社区·上海宝山启动仪式”在宝山区罗店镇东方社区信息苑成功举办。“东方数字健康社区·上海宝山”结合安康360°健康全管理服务模式，为社区居民提供全方位的个性化健康管理服务。居民可以通过东方社区信息苑的电脑系统方便地进行自我健康管理，包括建立电子健康档案、实施健康与疾病评估等。同时，利用东方社区信息苑就近上网的优势，居民足不出户，就能通过网上“绿色就医通道”预约挂号平台方便地预约知名医院专家医师，还可通过摄像头和各大知名医院的专家医师进行面对面的健康咨询，随时跟踪自己的健康情况。

【上海大学开展IDC（互联网数据中心）项目建设】为

实现“跨越式”发展，建设一流信息化教育平台，上海大学大力开展IDC项目建设。上海大学计划在三到五年内提供“全国一流”的信息化教育平台：建设一个完整统一、技术先进、高效稳定、安全可靠的校园基础网络和网络服务系统；建设一个硬件集群、数据集中、应用集成的环境，实现资源整合，为上海大学交叉学科建设提供学术平台；实现现有系统的集成应用，为教学、科研、管理与社会服务提供平台；为改善学生培养环境提供完整的信息化解决方案；完善上海大学信息化建设的组织结构、制度与政策建设，加强信息化人才队伍的建设和培养工作。IDC项目的建设为上海大学建设一流信息化教育平台夯实基础。

（丁　玲）

三、经济领域信息化

【宝山外企实现统计报表网上申报】为方便外商投资企业统计报表的上报，宝山区外经贸委于2006年5月在宝山外经贸网上开通统计报表网上申报系统，企业可通过互联网直接填报统计数据。网上申报的实行避免了企业来回奔波，使企业可以及时了解项目审批进程，同时也有效解决了工作人员输入量大、工作繁杂易出错等问题，为报表数据的及时审核和统计分析创造条件，提高了工作效率和透明度。

【统计业务管理信息系统建设完成】2006年，宝山区统计业务管理信息系统建设完成。该系统覆盖所有统计业务，为实现区统一的信息交互、资源共享提供重要的数据来源和数据支持。

【审计管理信息系统投入试运行】2006年，宝山区审计管理信息系统进入试运行阶段，并正在部署与区统一OA的数据接口。该系统实现了审计项目管理、审计统计管理、资料库管理等功能，全面提高了审计机关的审计监督能力。

（丁　玲）

四、城市建设和交通领域信息化

【环境保护管理完成网上审批】2006年，宝山区环境保护管理网上审批系统建成。该系统提供信息发布、网上咨询、排污许可证审批、建设项目审批、建筑工地夜间施工作业审批等多项网上辅助审批功能。广大企业、市民可以通过访问网站，便捷地实现网上环保项目申报、项目审批信息查询、政府信息公开查询、环保政策法规、咨询服务等事项办理，大大减少了审批中间环节的往复，提高办事效率。

【“上海市水闸泵站自动监测系统宝山区监测分中心”投入使用】“上海市水闸泵站自动监测系统宝山区监测分中心”是上海市水闸泵站计算机自动控制系统一期工程的重要组成部分，是在市水闸泵站自动监测系统的基础上，对区内水闸泵站进行信息采集和实时监测的中心和枢纽。宝山区设有水闸泵站监测站12个，占全市总数的13%，抗洪排涝任务非常重要。该系统的投入使用，大大加强了对水闸泵站的有效监测，为抗洪排涝工作提供有力支持。

【“数字民防”建设稳步推进】2006年，宝山区“数字民防”二期工程技术方案通过专家论证，“数字民防”建设稳步推进。二期建设将进一步升级、深化和完善减灾指挥辅助决策系统，实现信息共享整合，开发灾害评估子系统、专业数据管理子系统，为更好地管理历史灾害事故的信息、民防专业数据，做好民防工作提供保障。

【“宝山区市容管理信息系统（一期）”正式投入使用】 2006年，由区市容管理局立项建设的“宝山区市容管理信息系统（一期）”正式投入使用，该系统包括“市容投诉管理信息系统”、“暴露垃圾考核监管系统”等内容。通过该系统，市容部门实现了对来信、来访、来电等形式的投诉的信息化管理，基本实现网上受理、反馈、监察、查询、统计及分析，从而为领导管理决策及时提供依据，同时还进一步优化市容管理业务流程，提高工作效率，提升宝山区市容现代化管理手段，为区市容管理信息系统理二期（市容地理信息系统）建设奠定良好基础。

（丁　玲）

五、信息产业

【电子信息产品制造业发展迅速】 2006年，宝山区实现工业销售产值741.24亿元，其中6个重点发展行业完成工业销售产值168.3亿元，而电子信息产品制造业完成销售产值22.9亿元，增长59.7%，在6个重点发展行业中增长速度居前列。

（丁　玲）

六、信息基础设施

【信息基础设施建设稳步增长】 截至2006年12月，宝山区域内信息传输主干网络覆盖全区政府机构、社区和主要商务楼宇。企业用户和市民可自由选择使用电信、网通、有线、移动、联通等多家运营商提供通信网络服务。企业、家庭宽带接入用户数近11万户；有线电视网接入总数达到37.5万户，社区覆盖率100%。全区共有21个电话交换点，设备容量近50万门，有固定电话用户40.5万户，住宅电话普及率达91.1%；全区现有移动信号收发基站200多套，移动电话用户超过100万个。

【基础通信管线规划管理工作加强】 为加强全区基础通信管线的统一规划、统一建设和统一管理，根据市人大常委会通过的《关于加强本市基础通信管线管理的决定》和市人民政府颁布的《上海市管线工程规划管理办法》等有关规定，2006年，宝山区信息委牵头联合区规划局、区建交委、区公安分局等多家单位制定了《宝山区基础通信管线规划建设管理工作规范》，对全区道路规划红线以内的通信网络光（电）缆线所经过的地下管道（包括人井），以及依附于地铁、隧道、城市桥梁等公共设施一次性敷设的通信网络光(电)缆线的建设实施集约化管理，从而有效避免了道路重复开挖，为各信息管线和通信运营企业创造良好的发展环境。

（丁　玲）

七、信息化环境

【信息化项目计划顺利完成】 2006年，全区计划建设信息化项目24项。截至年底，24个项目已经全部启动，其中完成“区人口综合管理信息系统”、“区行政区域界线管理信息系统”等9项；“区卫生信息系统”等15个项目进入实施建设，基本实现2006年信息化项目预期目标。

【区信息化项目管理系统发挥效能】 宝山区信息化项目管理系统是区信息委管理全区信息化项目的业务管理系统，也是跨部门一体化协同办公系统。该系统利用区办公业务网，把区信息委与区财政局、区政府采购中心、区纪监委、区审计局等管理和监督职能有机结合在一起，按照项目有限的时间、资源、人力等约束条件，运用系统管理的理论和信息技术规范，组织项目承担单位对项目实施目标、计划、合同、工期、质量、投资进行有效控制；同时，通过建立信息化项目技术资料库、产品目录、供应商及集成商等数据库辅助管理，实现对信息化建设项目的全生命周期管理，并最终实现建设目标。截至年底，区信息委、区财政局、区政府采购中心、区纪监委及区审计局等5家管理部门以及区各级财政拨款的政府机关、行政事业和人民团体单位等100多个单位使用了该系统。

【信息安全管理标准应用试点工作成绩显著】2006年，宝山区被列为国家信息安全管理标准应用试点单位。区信息委通过制订计划，组织实施，基本建立了体系化的管理规范，制定了《宝山区办公业务网（政务外网）管理办法》，形成了包括《上海宝山电子政务平台信息安全管理规范》、《宝山电子政务平台接入单位信息安全管理规范》、《上海宝山信息委信息安全管理规范》等3个部分、35份文件的一套比较完善的信息安全管理规范，培养和建立了一支信息安全管理队伍，为试点成果、增强信息安全风险控制能力、提高信息安全管理水平奠定坚实基础。

【区信息化建设项目采购工作进一步规范】为进一步做好信息化项目建设管理工作，规范信息化建设项目的政府采购工作，2006年，宝山区信息委与政府采购中心采取措施，进一步规范信息化建设项目采购工作。一是各用户单位按照项目的计划和时间提交要求，避免了因时间紧张而不能按正常采购程序操作现象的发生。二是进一步规范标书的制作和评标办法，加强对采购文件的审核。三是严格遵循法定组织招标程序，确保抓好招标各个环节。

【区网络管理员岗位培训工作加强】为进一步加强电子政务网络的运行管理，有效提高网络管理水平，促进信息安全长效管理机制的建立，根据《上海市公务网管理相关规定》和《宝山区办公业务网管理暂行办法》，2006年，区信息委、区人事局联合举办全区网络管理员岗位培训班，实行网络管理员持证上岗制。培训内容包括政策法规、网络安全、电子政务应用和办公自动化系统等4个部分。通过3天的学习和考试，共有62人获得合格证书。

【区信息化项目管理培训工作开展】2006年，宝山区按照《上海市宝山区信息化建设项目管理暂行办法》和《上海市宝山区信息化建设项目管理暂行办法实施细则》要求，围绕“抓落实、抓启动、抓环节、抓进度、抓成效、抓应用”，扎实开展信息化项目管理培训工作。培训对象包括区信息化招标领导小组成员单位、信息化项目技术测试、招标代理单位及相关人员；培训内容包括信息化项目管理工作流程、“信息化项目管理系统”的使用、项目技术测试申请受理工作、政府采购招标过程中的注意事项及相关要求等。通过培训，使项目管理工作做到流程优化、管理规范、工作协同，有效保障了2006年信息化项目计划的顺利完成。

【《宝山区房地局网络管理制度（试行）》出台】为进一步规范宝山区房地局网络管理，强化安全制度，区房地局针对机房管理、设备管理、安全管理，制定出台了《宝山区房地局网络管理制度（试行）》，同时还制定了网络管理责任制和应急响应制度，使区房地局局域网的运行管理得到有效加强。

【区水务信息化“十一五”规划通过评审】2006年，《宝山区水务信息化“十一五”规划》通过专家评审。该规划在客观、全面分析宝山区水务信息化现状的基础上，确定了必要合理的信息化基本框架和主要建设内容，提出了网络、数据和应用3个平台以及信息化安全体系的建设任务，既体现水务一体化管理和集约化建设的要求，又具有宝山水务的特色。

【区政府与电信签署框架协议，合作推进信息化建设】2006年10月26日，宝山区政府与上海电信签署《推进宝山区新郊区、新农村信息化建设合作框架协议》，拟共同加强区信息化基础设施建设，推广信息技术应用，推进全区信息化建设。到“十一五”规划期末，宝山区将加大农村地区信息化建设投资力度，建设20多个POP点，以此构筑宝山新郊区、新农村信息化网络平台。上海电信将根据区域信息化发展要求，为网上信息服务搭建各类信息应用平台，为政府职能提供有力的信息应用能力保障，参与新城镇信息化建设，提高农村信息化服务水平。双方将共同努力构建“数字宝山”、“精钢宝山”的基本框架，把宝山塑造成具有信息化重要特征的现代化的上海北部门户。

【区政府与上海移动签约共建信息化新农村】2006年12月7日，宝山区与中国移动上海有限公司签订《关于推进宝山新郊区新农村信息化建设合作框架协议》。近年来，宝山区各项社会事业尤其是信息化工作得到持续、快速发展，信息化已经渗透到经济社会的各个方面。随着新郊区、新农村建设的不断推进，对信息化的需求也越来越大，而双方的合作将有利于逐步将农村建设纳入信息化发展轨道，进一步拓展新郊区新农村建设。

（丁　玲）

八、社会诚信体系

【区社会诚信体系建设深入推进】2006年，宝山区以宣传为基础，以企业信用建设为重点，遵照“立足长远、着眼当前、先易后难、循序渐进”的方针，深入推进诚信体系建设，取得显著成绩。一是诚信体系建设内容不断丰富。全区开展了诚信活动宣传服务日、放心示范店评比、服务品牌命名评选、市政道路建设行业诚信度评比等系列活动，在各行各业广泛宣传发动，使诚信体系建设形式更加多样，内容更加丰富，取得良好的社会效应。二是诚信体系建设合力有效加强。在诚信体系建设过程中，全区各主管部门在各自职责范围内开展活动的同时，注重相互沟通合作，形成合力，逐步完善全区诚信体系建设长效机制。三是诚信体系建设工作基础进一步巩固。结合实际情况，由区信息委牵头，联合多家单位，对全区企业法人诚信情况开展摸底排查，启动全区企业法人诚信数据库建设工作，探索建立企业法人信用信息采集、更新、维护、交换和共享运行机制，为诚信体系建设夯实基础。

【区命名表彰第四批放心示范店、服务品牌】2006年，宝山区命名表彰了第四批放心示范店、服务品牌。17家企业荣获“放心示范店”称号，7个集体荣获“宝山商业服务品牌”称号，24名个人受到表彰。放心示范店和服务品牌创建活动的开展提高了企业对品牌创建工作的重视，促进了商业服务水平的提高，有效发挥了优秀企业的示范带头作用，充分展示宝山商业良好形象，为宝山社会诚信体系建设起到积极的推动作用。

【区试行规划项目报建诚信承诺制取得实效】为落实市规划局“严格依法审批、进一步加强规划管理的规定”要求，宝山区规划局针对宝山实际情况和建筑工程报建中存在的各类问题，积极探索试行规划项目报建诚信承诺制。该制度对申报单位提出出具项目审批诚信承诺书的要求，而对违反承诺单位将进行通报，并按有关法律法规对其进行处理。这一制度的实行超前构筑了防止违反规划隐患的预警和监管体系，取得一定实效。

【区旅游局行业诚信建设开展】2006年，宝山区旅游局采取有效措施，以政风行风测评为契机，提升全行业旅游诚信经营服务的意识和水平，提高旅游全行业的整体竞争力：一是加强合同管理，维护经营者和消费者合法权益；二是坚持旅游诚信建设与旅游市场监管相结合原则，巩固联合执法检查机制，有效监管旅游市场秩序；三是加强营业部的管理，统一财务、统一接待和统一管理；四是搭建3个信息平台（首期工程），建立上海市旅游企业信息管理查询系统；五是以丰富充实的活动推进旅游诚信建设；六是坚持开展国内旅游服务质量游客满意度指数测评，完善投诉处理机制，自觉接受社会和公众监督。

（丁　玲）

第十三章 闵行区信息化建设

概 述

2006年，闵行区信息化工作认真贯彻落实党和国家的一系列信息化建设大政方针，按照上海市总体部署，根据“闵行区2006年信息化建设工作要点”的要求，紧密结合闵行实际，主动适应信息化发展潮流，把信息化作为科教兴区战略，作为增强区域综合竞争力，提升区域功能，加快区域现代化建设的战略举措切实加以推进，取得了显著成果。

电子政务建设和应用扎实推进，地理信息综合服务平台雏形初步形成，“公共图书馆服务网络平台”建设初见成效，区内集市副食品价格实现网上查询，“城区安全监控信息指挥系统”（一期）顺利竣工，国家863软件专业孵化器（上海）基地隆重开园，区信息基础设施建设管理进一步规范，社会诚信体系建设有效推进，信息化发展环境不断完善。

2006年，“闵行区城区安全监控信息指挥系统”、“闵行区民生热线系统”被上海市信息化委员会评为“2006年度上海市区县信息化应用优秀成果”。

（区信息委）

一、政务领域信息化

【深入推进政府信息公开工作】2006年，闵行区的信息公开工作按照《2006年闵行区政府信息公开工作要点》全面有序地开展：完成2005年区政府信息公开年报，并接受了市政府信息公开联席会议的评估；做好每月信息公开统计报表汇总上报；制定并通过政务网下发《2006年闵行区政府信息公开工作要点》，根据市相关部门的要求，转发了《关于实施〈上海市政府信息公开规定〉若干问题的解答》，制定了《闵行区政府信息公开办公室关于贯彻落实〈上海市政府机关公文类信息公开审核办法〉的实施意见》，与区监察委联合下发了《关于公开有关电话号码方便群众办事的通知》。10月初，向全区各政府单位发了《关于开展政府信息公开工作检查的通知》，要求各单位进行自查自评；10月24日～11月2日，联合区监察委、区府办、区保密局、区档案局、区政府法制办等单位对区内27家单位进行抽查，并边检查边有针对性地进行指导培训。

2006年度，区共主动公开政府信息947条，其中全文电子化925条，占全部主动公开政府信息的97.7%；共梳理依申请公开信息53条，受理信息公开申请66件，100%“同意公开”；共接受市民咨询55 381次，内容主要涉及中小学教育、动拆迁、最低生活保障、再就业、廉租房、区域规划发展等方面；网上政府信息公开专栏访问量为308.81万次。

【电子政务建设和应用扎实推进】公务网、政务网用户人数、使用范围进一步扩大。截至2006年末，区公务网、政务网（二网）建设覆盖全区70多个处级部门（其中政务网已覆盖到全区所有居委会和村委会）。区公务网接入PC机约700台，区法院、区检察院、区信访办等13个部门通过区公务网实现与市级条线的联网；政务网接入约3 200台（其中约1 000台能接入因特网），区财政、区审计等20余个部门业务系统通过区政务网实现网上业务处理。“政务网基础应用平台”进一步升级，除已完成整合的国资委国有资产管理系统等6个系统外，民生热线信访系统等2个系统的整合也在实施中，网络应用进一步丰富。政务网安全得到进一步加强，财政集中核算系统和实有人口综合信息资源库均已实现了数字证书应用。

【积极建设政务网数据交换平台】作为一个全区性的网络公用平台，区政务网数据交换平台可以实现异构系统间不同数据格式的转换，支持不同处理业务、不同软硬平台对不同结构数据的交互，满足政务网、门户网站，以及各委办局的应用系统之间无缝共享和交换数据的需要，构建区域性的政务数据交换基础平台和基础应用体系。通过2006年一年的建设，区内已有政务网二版平台——门户网站统一信息发布平台、区信访平台内外网业务数据交换系统、区招投标网网上投诉信息交换系统等实现数据共享和交换；区政协提案系统内外网数据交换系统和区实有人口库数据交换系统正在调试中。

【网站宣传和信息维护工作凸现成效】按照"服务政府、责任政府、法制政府"的要求，以区政府门户网站为窗口，大力推进透明、便民的网上服务。积极探索建立规范的网站信息收集和发布机制、长效的信息保障和维护机制：建成了信息报送系统，丰富了信息内容，提高了信息报送的时效性；进行了政府职能部门和网站共同维护网站内容的试点工作，在"物价查询"、"空气日报"等栏目中，及时提供各类权威信息。2006年，网站首页访问量达563 173人次，网站页面访问量6 898 158人次，发布各类新闻2 532篇，完成专题报道（网页）19个，收到各类网络投票近2万张，提供1 094项办事服务项目的网上咨询和办理，125张（76项）主要办事表格可下载，公开各类信息达2 118条（其中文件1 740份）。

【实有人口综合信息资源库建成并投入使用】 作为区2006年度重点信息化项目，由区人口办牵头，区公安分局立项，区信息委负责具体项目实施的闵行区实有人口综合信息资源库建设已基本完成。目前，该资源库已进入试运行阶段，全区首批50个用户端已在政府相关部门和各镇、街道、莘庄工业区完成部署并投入应用，已有公安、民政、计生等，共计84万户籍人口、105万来沪人员的信息入库，为区实有人口的科学管理提供决策依据。

【地理信息综合服务平台雏形初步形成】闵行区地理信息综合服务平台是综合了区建设类部门的空间数据和非建设类部门的属性数据，按主题集中起来进行展示和分析的信息平台。该平台的一期建设已于2006年内顺利开展，完成了基础地图数据的购买，同时整合了规划、房地、水务、农绿等多家单位的地理数据，叠加了航拍图，发布了一版系统的原型，雏形已经初步形成，正在进行基础数据和门牌号码的调绘工作。

（区信息委）

【"民生热线"开通】闵行区"民生热线"系统是在区政府统一规划部署下，组织实施的面向公众，以建设和谐社会为诉求、以信访系统为支撑，集电话、网络、呼叫中心为一体，统领全区机关、主要社会服务热线的信息化系统，主要包括来电语音留言、通话语音全程记录、来电登记、分发处理、结果反馈、回访督办、综合查询、统计报表等功能。2006年5月1日，"民生热线"系统开通热线电话962349，在区政府内专门设立了"民生热线"办公室，开通4个接听坐席，专业接线员10余人，回访员5人，通过7 × 24小时"接受、分配、监督"提供系列服务；把关乎市民生活的大事、小事、急事、难事都集中到一点受理，由"民生热线"中心统一受理、统一分发、统一协调、统一监管，便于区政府对市民生活中的问题以及需求进行及时掌控，能更快、更有效地为市民解决实际问题。

（区信访办）

【"闵行统计信息管理应用系统"获全国统计科研优秀成果三等奖】2006年，"闵行统计信息管理应用系统"被评为第八届全国统计科研优秀成果信息技术类三等奖。该系统以集中管理各类统计数据、跨专业共享数据、深度开发利用数据为三大核心功能定位，开发设计了制度管理、动态查询与汇总、动态报表、动态统计图表生成、统计抽样、特征值计算、动态Web查询等功能模块。该系统功能齐全，较好地满足了区县统计数据管理与开发的要求，具有较强的开放性和适应性。

（区统计局）

【行政事业单位房屋土地资产"三集中"管理软件系统全面建成】2006年，闵行区国资委在全市率先开展了区属行政事业单位的房屋土地资产集中整合、集中管理、集中经营（简称"三集中"）等监管举措。为此，区国资委在区信息委的支持和指导下，建成闵行区国资委"行政事业单位房屋土地资产'三集中'管理软件系统"，借助现代化的计算机和网络技术，利用现有的区政务网络资源，对数据的集中管理和实时更新，实现对区行政事业单位房屋土地的经营性和非经营性等国有资产的全方位动态监控，以期提高资产监管的质量和效率，加强对国资的宏观调控工作，降低国资的运行风险，促进国有资产的保值增值，使行政事业单位的国资监管实现信息化。该系统于2006年3月15日通过验收，正式在区政务网应用平台上运行。

（区国资委）

二、社会领域信息化

【区教育信息化水平全面提升】 2006年，闵行区主动将教育信息化纳入区域发展的整体格局之中，通过“教会一个学生，带动一个家庭，推动整个社会”，为区域发展提供多层面、高质量的公共教育信息服务。

全区教育信息化主要为“135工程”，即：一个基础：教育信息化基础设施进一步完善。到2006年，区教育网在全区中小学100%全覆盖，实现全区教室三电一幕（电脑、数字投影仪、数字展示平台、投影幕）的100%配置，生机比、师机比分别达到6.9:1及2.3:1。进一步完善教育信息网的安全防护措施，不断改进网站和设备维护机制，基本实现各类教育应用系统的数据集成、应用集成和门户集成。

三个平台：建设教育管理的信息化平台、教学改革的技术支撑平台、学生自主学习的网络平台。初步搭建全区信息化应用平台，将新的教育理念、教育资源、教育方法、教育手段融为一体，同时将教育管理、德育工作、班级管理、课堂教学、教育评估、课后辅导、家校互动、社区建设等串通起来，使现代学校制度研究、新基础教育实验和二期课改架构平台成为带动整个闵行区基础教育向教育现代化迈进的强大引擎。

五个通道：开辟学校特色凝聚、教师专业发展、学生学习能力提升、课程改革实施、网络家校联系的信息化通道，形成区域教育持续发展的信息化通道，促进教育信息化的应用，为全区师生创设良好的数字化学习环境。（区教育局）

【落实社保卡工作】 2006年，闵行区信息委认真做好社保卡各项工作的落实。全区社保卡信息采集全年共完成社保卡申领1.25万人次（其中学籍卡申领4 272人次），共发放社保卡2.12万张，清理滞留卡491多份，70岁以上老人社保卡蓝卡换红卡5 027张。补卡网点共接待市民来电来人咨询8 869人次，办理遗失、被盗挂失、补卡4 747张，坏卡调换4 757张。闵行区积极拓展社保卡的区级应用，协助进行了社保卡与银行卡捆绑使用的试点工作。

【“居住证”申领工作扎实有效】 2006年，闵行区共设立居住证申领受理点20个，受理临时居住证12 915人次，发放居住证共897张，办理居住证1 569张。（区信息委）

【区社区卫生服务综合改革信息化建设】 根据《闵行区社区卫生服务综合改革方案》的要求，闵行区于2006年启动社区卫生服务综合信息系统建设工作，明确在区卫生城域网试点工程的基础上，整合现有区域卫生信息资源，充分运用现代信息技术，为居民提供便捷、高效的社区卫生综合服务，进一步提升医疗卫生服务效能和卫生行政监管能力。社区卫生服务综合信息系统建设内容主要包括社区卫生服务中心信息系统（HIS）更新改造、网络设施建设、社区全科医生工作站、区域医疗中心信息系统、区卫生局数据中心等建设。通过该系统的建设，初步建成社区卫生服务信息系统平台，实现了社区卫生服务中心的HIS系统、全科诊疗系统、预防保健系统之间、社区卫生服务中心与区域医疗中心、区数据中心之间的数据双向传输。截至2006年底，已完成虹桥、马桥、浦江、七宝、吴泾镇卫生院和吴泾医院临床信息管理系统（HIS）更新改造；完成虹桥社区卫生服务中心临床信息系统与振虹社区服务点全科诊疗系统、预防保健系统间的病史、健康档案信息共享和业务协作，同时实现虹桥社区卫生服务中心与区中心医院和区卫生局数据中心之间的病史、检查报告、健康档案等数据互传、同步和共享，初步构建以病人为中心的三站式卫生服务的社区卫生服务管理信息系统。（区卫生局）

【“公共图书馆服务网络平台”建设初见成效】 “闵行区公共图书馆服务网络平台”是区政府2006年的实事项目之一，是利用已建成的有线宽带城域网，在区图书馆与各社区图书馆之间联网建立信息系统公共平台，并采用集约化管理方法，统一借书证，统一开放时间，统一采购编目，统一标识，规范各馆图书流通和信息服务的流程，实行通借通还，更深入地为广大市民提供文化服务。

区图书馆已建立多媒体镜像站和服务网运行总控系统，在莘庄镇、颛桥镇、梅陇镇、马桥镇、虹桥镇、浦江镇、吴泾镇、古美街道、龙柏街道、江川路街道建立10分馆，在龙柏二村建立服务点。区级流通中心书库已有17万册图书供“一卡通”外借，局域网内建立了多媒体资源库，扩展了“文化信息资源共享工程”项目，已传入1 000多种光盘资源，并将持续充实内容，总量可达5T。各分馆外借书库2006年入库的新书均已超过4 000册。

（区文广局）

【“闵行区征地养老管理系统”开发使用】为了实现对区内征地养老人员在区级统一管理的基础上，各镇能独自处理其范围内的征地养老管理事宜，区开发了“闵行区征地养老管理系统”。该系统是一个合理的、安全的、开放的、可扩展的全区可共享使用的系统，区养老所及各镇服务点可以通过终端完成养老医疗费用报销功能，即按设定的政策规定自动计算生成医疗报销费用。该系统具有医疗费报销、审核、划账流程的业务处理功能及发放基础养老生活费和各类补助金功能；同时还对相关数据的查询、分类统计、分析、打印等提供良好的支持。2006年9月，该系统通过验收并在各服务点试运行，各模块功能基本达到预定目标。

（区征地养老服务所）

【社区信息化建设进展顺利】2006年，闵行区政府将实现全区政务网络覆盖到所有居委会和村委会的社区信息化一期建设目标作为区46项重点工作来抓，由区信息委牵头、相关部门密切配合,各镇、街道、莘庄工业区积极响应，圆满完成了此项工作。

2月13日，召开由各单位信息化分管领导参加的“2006年闵行区城镇信息化工作座谈会”，征询了各单位意见，就信息化推进工作达成共识。3月29日，召开“2006年城镇信息化工作推进会议”，下发《闵行区城镇信息化建设参考意见》，对各镇信息化工作分管领导和责任科室负责人进行相关知识的普及培训。4～5月，对各镇、莘庄工业区进行调研，宣传城镇信息化建设理念，排摸网络资源情况，了解进展状况，解决网络合理架构、机房安全建设等实际问题。截至2006年底，区政务网已全部铺设到9个镇、3个街道、1个工业区，政务网络已覆盖到所有村（居）委会，建立了一套政务办公平台，与区政务平台相衔接，实现了区内通知、简报、公告、电子邮件的畅通传送。

（区信息委）

【探索社区事务一口式服务】古美路街道新社区事务受理服务中心于2006年12月4日全面启用，新社区事务受理服务中心内设受理大厅、后台协同、内部办公3个功能区域，受理大厅采用“社区事务一口受理”，实行“进一扇窗，办百家事”的综合式服务，由前台统一接受事务申请，后台进行统一的事务分发，结合协同办公平台，打破“条条割据”的局面，使资源得到共享，建立网格化管理模式，提高工作效率。

社区事务一口受理系统通过信息化系统改建，将民政、劳动、计生、医保、司法、残联、来沪人员登记等政府服务内容在最大范围内整合，形成前台“一口受理”，后台“协同处理”，办结后“一口回复”的模式，规范办公程序，形成信息共享，提高办事效率。使用“社区事务一口受理”后，政府的办事透明度和效率得到提高，对市民的服务得到集中体现。

（古美路街道）

三、经济领域信息化

【积极推进企业信息化】2006年，闵行区开展了区内中小企业信息化建设现状和需求情况的调研，主要调研了莘闵高科技园区、莘庄工业园区、紫江产业园区和食品加工行业。充分发挥区在IT领域“产、学、研”一体化的优势，全面摸底区IT企业情况，“闵行区IT企业网”完成初步建设，于10月正式开通。以“百家IT厂商助力 万户传统企业提升”为主题的企业信息化体验扶助计划正有序推进，由区经委、区科委、区信息委、区国资委等单位指导，区信息协会、区企业联合会等单位主办的“航天铸就闵行、扬天数字未来——闵行企业信息化论坛”、“企业移动信息通信及3G产业展望——闵行区企业移动信息化论坛”于11月、12月召开，对区内企业信息化工作起到良好的推动作用。

（区信息委、区信息协会）

【区内集市副食品价格网上查询】 2006年1月1日起，曾经作为行政部门内部分析研究用的副食品价格信息可通过“上海闵行”门户网站（www.shmh.gov.cn）中的“物价查询”栏目查找到。目前，可查询的副食品价格信息包括各种米面、肉类、禽蛋、水产、蔬菜及部分点心等34类食品，其中粳米、面粉、精制豆油、猪肉、鸡蛋、草鱼、带鱼等产品还进行了规格说明，这些信息都是物价部门在全区各市场的物价采集员所收集，并及时上网公布、更新，从而实现数据信息的进一步增值服务，更好地服务群众。这样的服务在全市还是首家，日用工业品价格将会是下一个提供网上查询服务的内容。 （区信息委）

四、城市建设和交通领域信息化

【“闵行区城区安全监控信息指挥系统”（一期）顺利竣工】 为进一步提高城市管理的水平，提高“排堵保畅”的能力，闵行区建设了“闵行区城区安全监控信息指挥系统”，实现对城市管理的科学化、智能化。2006年，该系统一期项目的资源整合和项目建设工作已取得阶段性成果，光缆建设和系统集成已实施完成，包括1个中心（公安）、3个分中心（民防、市政、环卫）的建设工作，已有847个图像监控点的图像信息汇集在公安指挥中心，3个分中心之间图像可切换、共享；新建154个图像监控摄像点，图像监控信息均已传输至分中心；光缆敷设到了28个派出所和刑队共计29个基层单位（光缆长度240公里），其中15个派出所的图像监控信息经整合后传输至110指挥中心；完成了市政道路交通流量信息采集系统的建设，已在全区57个道路路口埋设地感线圈，其采集的道路交通流量信息可传输至分中心。 （区公安局）

五、信息产业

【政府、企业共同聚焦信息产业发展】 作为2006年闵行科技活动周内容之一，闵行区信息产业政策推介会为满足区内企业了解信息产业发展现状及政府扶持优惠政策的需求提供了平台。推介会上，闵行区副区长程向民向与会的四大园区领导和区内部分信息产业企业致辞，区科委介绍了闵行区对高新技术企业的扶持优惠政策，市信息委信息产业处介绍了国家、市信息产业政策及市信息产业发展现状与展望。区政研室、区经委、区科委、区信息委等相关委办局分管领导出席了会议，并与部分信息产业企业互动交流，讨论热烈，共同聚焦闵行区的信息产业发展。“十一五”期间，闵行区将依托区内几个园区及重点项目，不断加大推进力度，大力开展产学研战略联盟，促进我区信息产业快速发展。同时，还将积极争取国家和上海市对电子信息产业的有关扶持政策，发挥区内产业发展相关政策的效力。

（区科委）

【国家863软件专业孵化器（上海）基地隆重开园】 2006年4日4日，国家863软件专业孵化器（上海）基地开园仪式暨国家863软件专业孵化器现场交流会在漕河泾开发区浦江高科技园举行。国家863软件专业孵化器（上海）基地是经上海市政府立项，国家科技部批准建立的第三代专业孵化器，集研发、孵化、产业化为一体，旨在聚集国内外软件产业的综合资源，进一步提高863软件技术成果转化率和自主软件产品的市场竞争力，降低软件企业的创业风险和创业成本，加快中国软件产业的发展步伐。目前，基地内已注册软件企业50多家，入驻承担863软件项目的企业10多家，一批科技部和市政府重点扶持的产业化项目已在基地内进行研发。 （区政府）

【市领导关注紫竹科学园区发展】 2006年，多位市领导先后到紫竹科学园区视察工作，极大地关注园区的快速发展。

6月20日，上海市市长韩正率有关市政府职能部门领导来园区实地调研，先后考察了英特尔亚太研发中心、微软亚洲工程院、和勤软件技术有限公司、紫竹科技成果展示中心、紫竹科技创新服务中心和紫竹大学生/教师创业服务中心，详细询问了企业研发创新和大学生创业情况，充分肯定了园区运作机制的先进性和所取得的建设成就。韩正指出高新技术园区是自主创新的重要载体，必须进一步发挥示范带动作用：在功能上要突出创新研发，以及在此基础上的产学研相结合；在科技成果产业化上要选择产业辐射面宽的技术，有效带动相关产业的发展；在管理体制上要成为政府管理的创新基地。他希望园区能成为上海实施科教兴市和自主创新的重要载体之一，早日建设成为推动上海发展的重要区域。

1月11日，上海市常务副市长冯国勤到园区调研视察，在走访了英特尔(Intel)与和勤软件两家公司之后，冯国勤对园区的进展表示鼓励和肯定，他同时指出，要继续围绕“落实、聚焦、突破”这六字方针做文章，进一步推进“三区”联动，走自主创新之路，打造创新型园区，努力使园区成为“科教兴市”的主战略平台、成为将优势资源整合为新创造力的典范。

2月28日，英特尔紫竹科技楼启用仪式在紫竹科学园区举行，上海市副市长杨雄、市政府副秘书长范希平等市、区有关部门领导和英特尔全球副总裁萧慕廉、Richard Wirt 等出席。英特尔紫竹科技楼投入使用后，英特尔公司渠道平台事业部、数字企业事业部、数字医疗保健事业部、数字家庭事业部、信息服务与技术事业部、移动事业部以及软件与解决方案事业部等7个主要产品与技术部门的研发人员将在此从事面向英特尔主要业务部门的产品开发活动，并将以地区创新中心为目标坚持不断发展，现在已有1 000多名研发人员入驻英特尔紫竹科技楼，未来几年内将扩充至2 000人。

（紫　竹）

六、信息基础设施

【区信息基础设施建设管理进一步规范】根据区市政建设要求和通信运营商的需求，共协调落实了剑川路、春申路、光华路等39条道路约95.8沟公里（787.4孔公里）的集约化信息管线建设；跟踪浦航新城的信息基础设施规划、建设进程，协调信息基础设施建设；协助对水清路、新镇路达标整治中信息架空线的摸底，召集各通信运营单位，布置“三类区域创建”工作中市政道路架空线清理整治工作；为解决吴泾镇塘湾村居民无法安装ADSL宽带的问题，多次与吴泾镇、塘湾村及莘闵电信公司协调，落实了新局房点，土建已完成；协调颛桥154号地管线及基站建设，协调华漕动迁地块的信息基础设施的规划编制；协助做好区内信息管线窨井盖防盗工作，落实15起约35只井盖的补盖工作，并与区窨井盖防盗办、区市署共同探索更有效的区内通信管线井盖的防盗补盖工作机制。

（区信息委）

七、信息化环境

【区召开信息化工作会议】2006年4月29日，闵行区召开信息化工作会议（视频）。区委书记黄富荣强调，要将信息化作为区科教兴区战略和现代化城区建设的强大支撑，发挥信息化在科教兴区中的引领和带动作用，努力使区信息化建设再上新台阶，再创新优势。

会议指出确保区信息化建设持续、快速、健康发展，要做好三方面工作：一要加强领导，形成合力，不断完善推进信息化工作的格局；二要结合区情、突出重点，努力形成区信息化发展的独特优势；三要统筹规划、资源共享，切实提高信息化应用水平。

会议要求突出重点、全力推进区信息化工作。一要推进城市信息化，通过信息技术在政治、经济、文化、科技、教育和社会各领域的广泛应用，完善城市服务功能，提升城市管理水平和运行效率，加速城市的现代化进程；二要推进企业信息化，通过信息化在生产过程、企业管理方面的应用及电子商务的推广，提升企业的核心竞争力；三是做大做强信息产业，依托紫竹、莘庄等高科技园区，“平板显示、IT服务外包、新媒体”等重点项目，加大信息产业发展的推进力度，加强闵行未来发展的竞争力；同时运用信息化手段改造传统产业，使信息化更好服务于区域经济社会发展。

【政府拟建项目若超200万元市民可网议】闵行区率先试行政府投入项目网上意见征询，将投入超过200万元的政府拟建项目上网公示，并接受公众评价。

2006年3月，闵行区政府投入超过200万元的2005年已完成投入的包括沪闵路高架闵行段、龙吴路改建闵行段等17个项目、2006年拟建项目上网，接受为期20天的公众评价。列入公示项目大多数是规模较大的市政建设工程项目，而公示的信息包括项目名称、所属单位、项目金额等。此外，政府网站还提供了项目具体介绍的文件以供市民下载。通过网上意见征询的形式，将使政府财政资金投入更贴近市民的实际需要。市民在浏览政府投入项目信息后，可以就“赞成”、“建议再考虑”和“不赞成”3个选项进行投票，还可以在意见栏内发表自己的意见，或者以上传附件的形式将建议提交给有关部门。这些意见将直接影响到已建项目的考核评价，甚至还可能叫停政府拟建项目。

【区政府与上海电信公司签署推进信息化建设合作框架协议】2006年10月20日，闵行区人民政府、上海市电信有限公司举行“关于推进闵行区信息化建设合作框架协议”签约仪式。双方约定将以“资源集聚、普惠共享、积极推进、科学发展”为原则，围绕闵行区“十一五”国民经济和社会发展目标，全面推进闵行区城市现代化建设各个领域的信息化普及应用，快速提升政府公共服务功能，充分发挥信息化在“科教兴区”中的引领和带动作用，努力把闵行建成自主创新推动、产业集群发展、生态环境良好的具有新型辅城功能的现代化新城区。

框架协议就闵行区人民政府、上海电信公司在“信息基础设施”、“重大工程建设”、“电信业务服务”及“密切配合、资源共享”4个方面的合作事项做了明确，根据区域发展需要，共同促进区域经济的快速发展。

【区政府与上海移动公司签署共同推进新郊区新农村信息化建设合作框架协议】2006年12月8日，闵行区人民政府、中国移动通信集团上海有限公司举行“关于共同推进新郊区新农村信息化建设合作框架协议”签约仪式。通过签署协议，双方将以“政府主导、企业跟进；全面规划、统一推进；加快发展、注重效益；因地制宜、分类指导”为原则，围绕闵行区“十一五”国民经济和社会发展目标，在“信息基础设施建设”、“提供移动信息服务”及“密切配合、资源共享”等方面就推进区新郊区新农村建设开展全面合作，共同为推进区社会主义新郊区新农村建设、全面构建和谐社会而努力。

（区信息委）

八、社会诚信体系

【社会诚信体系建设有效推进】按照《2006年闵行区社会诚信体系建设工作要点》，2006年，闵行区从信用制度建设、创建诚信活动、搭建企业信用信息共享平台三方面开展了社会诚信体系建设工作。以推进信用产品使用为重点，在区财政局、区税务局、区质监局等职能部门，对行政事务审批、日常监督、资金担保等工作实施使用信用报告的制度安排。在开展“3·15维权活动日”和“知荣辱、讲文明、迎世博——创建全国文明城区”为主题的诚信服务活动中，共发放《上海市诚信一百问》、《上海市个人信用服务指引》1 200册，将讲道德守信用的观念深入人心，营造了良好的社会诚信氛围；组织了全区性的企业信用档案培训，有近200家企业相关人员参加。在平台建设方面，对区企业信用信息共享平台（一期）建设涉及的区财政局、区工商分局、区税务分局等8家单位进行调研，完成需求方案；并通过建设招标，完成一期平台建设，现已录入8家单位涉及48 278家企业共95 926条信息数据。

（区信息委）

【开展招投标诚信体系建设工作】为促进区招投标市场的健康发展，闵行区积极开展招投标诚信体系建设，树立诚信意识，倡导守法经营，营造诚实信用，确保招投标市场的公开、公平、公正竞争的良好环境。

2006年，区将主要涉及建设工程和政府采购两大类资源纳入招投标平台实行集中统一监管。根据相关法律法规，结合实际，认真起草了《闵行区招标投标诚信体系建设实施意见》，指导区招投标诚信体系建设的各项工作，从制度和机制上确保区招投标市场诚信体系建设工作的顺利推进。围绕此实施意见开展相关宣传动员等活动，提高各方对诚信体系的认识，统一思想，并以招标人、投标人、招标代理人3个重点环节为突破口，建立健全自律机制，按照国家的法律法规、规章制度和道德规范，进行自我管理、自我约束、自我规范，提高法律意识、公益素质和管理能力。着手建立诚信状况信息库，为参与区招投标活动的各方主体建立诚信档案，及时收集记录各方主体的诚信信息，为评估各方主体的诚信状况，实施奖惩提供第一手资料。

（区招投标中心）

第十四章 嘉定区信息化建设

概 述

2006年是全面实施嘉定区"十一五"规划的开局之年，是以科学发展观为引领，落实"汽车嘉定"功能定位，加快推进"四大板块"建设的重要一年。嘉定区的信息化建设紧紧围绕中心工作，以"落实、聚焦、突破"为工作基调，进一步解放思想，夯实基础，务求实效，同时坚持发挥信息化在嘉定城市化和产业化融合发展中的引领带动作用，以信息技术广泛应用为重点，以社会管理和公共服务信息化为先导，深入推进国民经济和社会发展。

2006年嘉定区信息化建设的主要工作：继续推动政务领域信息化，完善"上海嘉定"政府门户网站功能，开设"区长在线话嘉定"栏目；企业注册网上并联审批系统投入试运行，大大加快了各行政审批部门的审批效率；启动上海汽车电子产业基地一期建设；建成中国大陆第一个"无线城市"；加强信息化环境建设。

2006年，"嘉定区审计信息管理系统"被上海市信息化委员会评为"2006年度上海市区县信息化应用优秀成果"。

（吴　越）

一、政务领域信息化

【政府信息公开工作】 截至2006年12月底，嘉定区政府及54个工作部门应主动公开信息基本梳理完成，并及时在政府门户网站、公共查阅点公开。全年，共主动公开信息631条，出版区政府公报6期，"上海嘉定"政府门户网站及其子栏目信息公开专栏页面访问量318 740人次；共提供服务类信息634条，现场接待33 890人次，接受市民咨询24 230人次。2006年度，区政府信息公开专栏访问量为722 087人次，共接受市民依申请537件，并根据规范妥当答复（其中，同意公开517件，部分公开14件，否决公开6件）。

【电子公文应用】 2006年，按《中共上海市嘉定区委办公室 上海市嘉定区人民政府办公室关于嘉定区政务信息办公网电子公文系统应用的通知》（嘉委办[2006]10号）文件精神，嘉定区启动并完成全区所有部委办局和13个街镇电子印章系统部署工作。从4月起在机关部门全面运用公文系统，实现非涉密公文100%电子化。截至2006年底，通过政务网发布电子公文394件。

【政务办公网应用成效明显】 2006年，嘉定区政务信息办公网各项功能深入应用，并形成资源共享、信息流转、运作规范的在线协同办公的工作模式，从而形成区机关在线办公的新格局。截至年底，政务网接入单位数92家；政务网用户数2 800人；政务信息发布量13 778条；各类简报3 489份；通知发布量为3 564条；专送传阅件35 631条。

【电子政务基础平台一期建设】 为了进一步优化区政务信息化工作环境，提升区内公务员利用信息化手段的能力，加强信息化集约化建设的支撑能力，嘉定区于2006年10月底启动了电子政务基础平台一期建设工作。该平台预计于2007年4月正式启用，届时，政务信息办公网将进行改版升级，各类信息化基础要素将进一步得到整合，区政务信息化环境将全面提升。

【政府网站建设】 2006年，"上海嘉定"政府门户网站功能进一步完善，网站页面浏览量达到全市区县第一位，报送"中国上海"信息月度平均排名达到前3名，采用数及总分排名全市各区县第一位；信息公开专栏页面访问量635 446人次。截至11月底，"监督投诉、建议咨询”栏目共收到市民来信2 086件，流转相关职能部门处理1 879件；“网上办事大厅”共处理各类咨询255件，发布办事指南470多项、各类政策法规403项，实现26个办事项目网上直接受理，进入投资服务中心审批事项100%提供在线指南和网上表格下载。同时，网站进一步加强了政府与市民、企业的沟通，方便企业、市民办事，促进政府为民办事更规范透明。此外，嘉定区修订了《嘉定区政府门户网站管理办法（试行）》，进一步统一了各级政府门户网站建设管理及运作的标准和规范。

【“区长在线话嘉定”栏目开设】自2006年5月起，“上海嘉定”门户网站开展了“区长在线话嘉定”对话活动，由区政府领导和相关职能部门在网上与区百姓进行“面对面”对话交流，旨在进一步推进政府与市民之间的交流互动，让老百姓了解政府工作，提升政府服务社会水平。在区政府领导的重视下，年内共开办了主题分别为“嘉定教育”、“社会主义新郊区新农村建设”、“嘉定新城建设”、“嘉定社区建设和管理”、“谈嘉定新一轮文化建设”、“谈嘉定交通安全”、“谈嘉定‘1520’新型城镇体系建设”的8期在线对话活动，每期都有分管区长到场与市民网络互动。“区长在线话嘉定”活动的推出，市民反响热烈，虽然每月一期只有短短的2小时，但上网参与对话活动的市民超过6.7万人次。活动期间，市民各类提问1 041条，共当场回答提问974条。市政府办公厅、市信息委领导来嘉定调研时，充分肯定了“区长在线话嘉定”活动。“中国上海”门户网站在首页显著位置，将“区长在线话嘉定”栏目作了链接。

【区实有人口综合管理信息系统建成】该项目自2006年9月30日签约建设，至年底初步实现了与公安、民政、人口和计划生育、劳动和社会保障等政府部门之间的信息校核和交换共享。通过区数据交换中心，实现条块人口信息的交换、共享，并形成人口信息的采集、维护、交换、共享机制；采集全区户籍人口52.8万条，结合一门式社区事务受理中心建设，完成各个人口管理条线120项社区事务受理事项的办事流程；建成全区来沪人员信息采集站200个，采集来沪人员数据信息58.9万条，建成居住证受理点18个，办理居住证、临时居住证近2.5万张。

在实有人口综合信息资源库的基础上，嘉定区建设实有人口综合统计分析系统，并初步实现跨部门业务的协同，为探索存量信息的“一次采集、多次使用”和增量信息的“一口采集、多条使用”的信息采集、处理新模式提供了经验。

【区审计系统建设】嘉定区审计信息管理系统2004年12月签约开发，于2006年3月试运行。该系统是对嘉定区审计局的日常审计工作进行全面、有效管理的平台，也是一个可以同时满足嘉定区审计局各个部门协同使用的系统，实现了对审计信息和资源的集中管理、监控和业务操作。目前，在区信息委和区审计局的共同努力下，审计信息管理系统已初见成效，审计业务项目和作业管理系统正在优化和推广，为将来建立政府资金管理体系打下扎实的应用基础。

审计信息管理系统主要由3个方面组成，即审计项目管理系统、审计作业系统和咨询统计系统。通过审计业务管理信息化，提高了审计管理和审计业务水平，实现了行政办公和审计业务较为紧密的结合，有利于审计系统内的网络互联和数据共享；同时，利用项目管理系统管理被审单位，建成了全区审计对象数据库，有利于科学地制订审计计划，帮助审计人员及时掌握被审对象信息，提高审计工作效率起到积极而重要的作用。

【区机关后勤服务系统建设】嘉定区信息委从后勤管理和机关服务需求出发建立软、硬件整合平台，2006年3月启动开发区机关后勤服务系统。通过开发政务信息资源及贯穿机关后勤管理、服务、保障的全过程，形成机管局基础数据库，并在此基础上提供系列业务插件。

以信息资源数字化、信息传输网络化、信息应用集约化为主要标志的机关后勤电子政务体系于2006年12月正式运行，主要围绕机关事务管理局最重要的餐饮服务管理、办公用房管理、车辆服务管理、会务服务管理、固定资产管理、人事服务管理六大业务进行相关的信息化系统建设。该系统加快了信息的流转、处理、协调和共享，对内提高了办公效率、管理效能，对外提升了机关形象、服务水平。

（吴　越）

二、社会领域信息化

【信息化综合服务建设】2006年4月，嘉定区在区办证中心新增咨询服务窗口，集社会保障卡补（换）卡网点，来沪人员申请居住证，市民咨询服务和市民信箱申请等服务功能，以方便市民；并建立服务承诺制、卫生制度、学习制度、廉政建设制度、考勤制度、档案管理制度、安全保卫制度、投诉督查管理办法等规章制度。年内，区8个申领网点共有6 576人申领社会保障卡（其中2 016名新高一学生申领学籍管理卡）；补卡网点共办理补（换）卡4 214人次（其中补卡3 046人次，换卡1 168人次）。市民信箱申请数21 936人次。来沪人员办理正式居住证159人次，临时居住证4 082人次。

【社会救助“一口上下”应用】作为区政府实事工程之一，社会救助“一口上下”信息系统经过调研、整体规划的设计、开发调试、试点测试、试运行、实地运行等阶段，运行两年来，网络覆盖全区13家区级部门、单位；运作项目从94个增加到102个，实现了政府救助与社会帮救立体交叉一体化。截至2006年11月底，共救助321 687人次，支出各类救助资金8 430万元。近三年来，“一口上下”救助网络累计覆盖97万人次。

（吴　越）

三、经济领域信息化

【企业注册网上并联审批系统应用】《嘉定区企业注册网上并联审批实施办法（暂行）》施行后，截至2006年12月18日，区13个行政审批部门共审批网上并联审批事项1 170项，其中审批通过964项，暂缓通过37项，驳回62项，无需审批58项，未审批5项，申请人撤回44项，实现了全区所有企业、经营户信息可以供各行政审批单位在网上共享，大大加快了各行政审批部门的审批效率，加速推进了政府部门之间信息资源的共享和审批过程的政务公开。

（吴　越）

四、信息产业

【上海汽车电子产业基地建设】为响应信息产业部推进“国家汽车计算平台工程”要求，结合嘉定汽车和信息产业发展的实际，通过进一步整合国际汽车城产业配套优势，大力推进上海汽车电子产业基地建设。2006年，按照沪发改高技（2006）008号《关于同意建设上海汽车电子产业基地的复函》的文件精神，上海汽车电子产业基地率先在上海国际汽车城规划范围内选址落户。基地所在的嘉定区是上海汽车工业的摇篮，是上海汽车电子产业较为集聚的地区之一。特别是上海国际汽车城建设的快速发展，使“汽车嘉定”的功能定位得到进一步明确，为上海汽车电子产业基地的快速发展打下扎实基础。

2006年以来，基地各项前期筹建工作顺利推进，多次召开了专家研讨会，按期完成了前期规划的设计论证工作，圆满完成基地动拆迁工作。2006年7月7日，由市发改委、市信息委和嘉定区政府等有关单位出席的上海市汽车电子产业基地第一次联席会议召开。会议明确了下阶段汽车电子产业基地的重点工作：一是进一步完善汽车电子产业基地的形态规划和产业发展规划的编制工作；二是加强招商引资工作；三是制订出有针对性的扶持政策；四是要在开发模式上实现市、区联动，优势互补。与此同时，为了更好更快地发展汽车电子产业基地，嘉定区还组织参加了“第二届中国国际汽车电子产品与技术展览会暨汽车+电子行业高层论坛”，启动了一期规划15公顷的基础设施建设等。基地将充分利用现有区位和产业优势，严格按照科教兴市总战略的要求，致力于加快汽车和信息两大支柱产业的融合，加快推进汽车电子产业的发展。

（吴　越）

五、信息基础设施

【"无线城市"建设】 2006年8月底，嘉定区提出建设"无线城市"的设想，将高起点建设信息基础设施，打造综合无线信息网络平台，建成中国大陆第一个"无线城市"，并得到市信息委的认可；9月5日，市信息委批复同意嘉定区为"上海无线城市试点城区"。英特尔、北电网络等众多公司纷纷来嘉定区就"无线城市"建设进行交流沟通，提出合作意向，并提交建设方案。同时，为进一步加快嘉定新城"无线城市"建设前期各项工作的有效进行，建立了嘉定新城"无线城市"项目推进工作小组，予以具体实施推进；公开征集了来自上海电信、上海移动、中电华通、思科/惠普、北电、Strix/阿尔卡特、华为等国内外一流企业的14份建议方案，并邀请市信息委、市无管局、同济大学、IBM、因特尔、微软、北电、思科的专家进行研讨论证，最终确定了"无线城市、无限精彩"的"无线城市"建设理念。年内，在社会上广泛开展"无线城市"知识普及工作，在全区范围内印发《无线城市知识》宣传手册及台历5 000余份。

【信息基础设施集约化建设】 2006年，嘉定区实行公共信息基础设施100%集约化建设，大幅度提升区域信息基础设施的发展服务能力；实现区级机关、街镇政务外网100%光纤覆盖。

（吴　越）

六、信息化环境

【区信息化工作会议召开】 2006年4月13日，区委、区政府召开嘉定区信息化工作会议。会议总结了近几年区信息化工作，全面部署了下阶段工作。区国民经济和社会发展信息化领导小组成员单位主要负责同志，区各部、委、办、局、街镇的主要领导和有关国有企业、电信运营商参加会议；区委代理书记、区长金建忠，区委常委、副区长花以友，副区长夏以群出席会议。

会议强调，"十一五"是嘉定坚持以科学发展观统领经济社会发展大局，加快推进国际汽车城和"四大板块"建设，加快推进现代化新农村建设的关键时期，要牢牢把握信息化发展趋势，把信息化作为推动经济社会发展的重要突破口，重点在信息技术应用、信息技术设施建设、信息化服务、信息产业等方面有新的突破。会议指出，政府各部门要继续强势推进政务信息办公网的广泛应用，启动电子公文系统的实施；继续强化政府门户网站政民互动交流、政府服务市民的功能，启动区长在线互动；继续抓好各政务业务系统的应用和开发，运用信息技术改造提升业务管理能力，不断提升嘉定信息化建设的总体水平。

【信息安全】 作为上海市3个信息安全试点区县之一，嘉定区建立了SHECA的RA中心，共签发了150余张数字证书，并实现财政部门预算应用的证书身份认证、传输保密、数据签名、责任认定等安全功能，初步完成应用安全支撑平台的建设。2006年，嘉定区又成为上海市6家电子政务外网数字证书应用推广试点单位之一，从而扩大了数字证书安全认证技术在嘉定区业务应用中的使用范围，并部署了远程接入身份认证系统，签发证书180余张，初步建立起市、区两级统一的电子政务安全认证平台。结合电子签章系统等应用作为数字证书安全认证的深化，同时考虑制订相应的数字证书颁发及使用管理办法，嘉定区进一步完善了应用安全支撑平台的建设，出台了一系列电子政务信息安全管理相关制度，做到系统延伸到哪里，管理手段就跟进到哪里，信息安全就重视到哪里。

（吴　越）

第十五章　松江区信息化建设

概　述

2006年是松江区“十一五”规划的开局之年，区信息化工作在市信息委的全面指导下，紧扣全市信息化发展主题，牢固树立科学发展观，服从服务于区社会、经济发展大局。年内，松江区进一步加强电子政务建设应用推进，不断完善区政务外网平台功能，稳步推进政府信息公开；深入开展“付费通”实事项目，建成“115”区镇联动市民服务体系；积极开展新农村信息化建设；初步建成城市网格化管理系统；推动信息产业加快发展，信息化水平稳步提高；加强信息化项目建设管理；完善社会诚信体系建设，使松江区的信息化建设跨上新的台阶。

2006年，“松江区115市民服务体系信息系统”被上海市信息化委员会评为“2006年度上海市区县信息化应用优秀成果”。（戴　中）

一、政务领域信息化

【政府信息公开工作落到实处】2006年，松江区发布了《关于进一步加强政府信息公开工作的意见》，进一步规范全区政府信息公开流程。全年区政府信息公开涉及单位共上报信息2 204条，其中主动公开信息2 183条，依申请信息21条。同年，区完成了2005年《上海市松江区政府信息公开年报》的编制工作；举办了“区政府信息公开实务操作培训”；通过专门印制宣传资料，现场咨询和分发资料到每家每户，提高了政府信息公开的知晓度。（胡　伟）

【区政务外网平台功能不断完善】2006年，区信息委对全区政务外网进行优化升级，完善系统设置、公文流程模块，新增区人大、政协提案议案模块，实现委员与代表信息登记、提案议案跟踪管理、网上查询及评选等诸多功能。针对新功能，区信息委对16家单位共186人开展了全面培训；特别是对近20位政协委员进行了“人大、政协提案议案工作平台”的培训之后，全面实现了全区人大、政协提案议案网上流转办理。至年底，已有近80家单位使用该平台进行网上办公。（邱　为）

【公务网建设有序推进】2006年，区信息委积极做好区公务网网络安全、信息保密工作，按照市公务网管理中心总体要求，将区经委、区人民武装部2家单位接入区二级公务网。为了配合市综合信息网对各区县动态的摘选，召集全区5大部门联络员协商落实专人负责该项工作。全年，共整理上传动态新闻363条、工作动态159条、重大活动130条、简报37份。（金哲峰）

【法人领域电子政务建设工作不断深化】2006年，松江区成功开展了以建设政务信息资源交换体系为主体的“地区电子政务原型试点（法人领域）”工作。3月，成功通过项目验收，得到了国信办和市信息委的高度认可。通过原型试点，为全市和全国地区电子政务建设提供了可行的经验和成功的模板。松江区基本形成了全区性统一集中共享的企业基础信息，建立了跨部门协同监管模式，制定了相关电子政务建设标准和规范，刷新了市场管理方式，变被动管理为主动管理，以崭新的业务协同应用和服务模式促进政府市场监管、社会管理、公共服务能力的不断提高。（郁　峰）

【区视频会议系统全面优化】根据区电子政务整体规划，2006年，区信息委对全区视屏会议系统进行了大规模优化。通过排查视频会议系统可能发生问题的各个节点，制定改造方案，于9月正式启动区电视电话会议升级项目，完成了摄像头安装、专用于视频会议的光纤铺设、优化核心设备等工作。至年底，终端的18个点已安装到位，主控制端完成升级工作，整个优化工作全面完成，有效提高了使用效果。（彭　丹）

【区中心机房建设顺利完成】2006年初，随着松江区第二行政中心的改建，区规划建设中心机房。区信息委在完成对搬入第二行政中心的各委、办、局网络需求进行调研和机房实地勘察基础上，制定建设方案，通过招投标和紧张的建设于12月底完成整个项目建设，该中心机房完全符合国家政府机房建设标准。同时，对需接入的各类通信管线（包括有线和无线通信）进行摸底，通过征求各通信运营商的共建需求，批准进入区第二行政中心的运营商为松江电信、移动、联通3家，确定松江电信统一设计、施工该项目。

（戴　中）

【网络安全有效保障】2006年，由区信息委管理和托管的服务器已达30余台，各委、办、局网站40余个。为确保网络的正常运行，区信息委技术人员7×24小时、每天8次对硬件设备进行检查，并记录常规数据；同时，为避免突然断电对硬件设备造成损害，更换了老化的不间断电源（UPS）电池组。针对区行政中心内部网络信息端口资源不足，完成了中心内网络优化，所有单位的互联网用户均通过CAMS认证访问因特网，有效提高了网络使用及管理效率。软件方面，共安装瑞星杀毒软件网络版客户端300余台，全年累计查杀病毒559 438个，没有发生一起由于管理不善造成的网络瘫痪。

（吴　青）

【区电子政务数字证书应用试点全面推进】2006年7月3日，上海市网络与信息安全协调小组办公室将松江区列为上海市电子政务数字证书应用示范单位。试点围绕建设统一的网络信任体系，开展数字证书在各类电子政务系统中的应用，实现电子政务网络应用中的身份认证、授权管理和责任认定，保障电子政务系统安全可靠运行，初步建立起松江区电子政务安全认证支撑平台，实现“一次认证，全网通行”。至2006年底，区RA中心和平台设备已经完成部署，系统开发完毕，完成财政系统相关改造，2007年将进入试运行阶段。

（金哲峰）

二、社会领域信息化

【社会保障卡工程继续推进】松江区社会保障卡网点建设完善，人员配备齐全，工作机制良好。2006年，社保卡申领发放工作有序开展，截至12月底，全年申领9 728张（含新高一学籍卡），发放12 403张，补换卡5 110张，办理临时居住证4 789张，办理居住证186张。

（蔡培元）

【市民信箱办理继续实施】2006年，松江区共开通市民信箱2 000多个。9月中旬，在“2006年松江区诚信活动周系列—现场咨询活动”中，组织上街进行宣传及现场办理。

（管华丽）

【开展“万户家庭网上行”主题实践活动】松江区“万户家庭网上行”主题实践活动——“弘扬文明新风，建设美好家园”家庭信息技能比赛于2006年10月正式启动，共有51名选手参加，提交作品176幅；多媒体制作大赛共有38名选手参加，提交作品39幅，包括网页、PPT、FLASH三类作品。经过初选和专家评审，根据作品的原创性、构思、内容、技巧等评审标准，最终评出各类奖项。

（戴　中）

【保障“万户家庭学礼仪”、“区职业技能竞赛”系列学习活动】2006年，区信息委全面落实“万户家庭学礼仪”系列学习活动，切实做好“万户家庭学礼仪”系列学习活动现场的信息化保障工作，运用信息化手段进行活动宣传；还以信息化手段有效保障了2006年度松江区职业技能竞赛的顺利开展，竞赛项目包括办公应用软件操作、计算机商业广告设计等。

（郁　峰）

【“付费通”实事项目深入开展】2006年，松江区采取人工值守POS亭的方式深入开展“付费通”项目，撤掉原先方松街道置于户外的7台付费通终端，于绿洲华庭、西林花苑、世纪新城、鼎信公寓、檀香花苑、阳光翠庭南部6个小区设置人工值守POS亭，更便捷地

为市民提供服务。 （刘 凯）

【"115"区镇联动市民服务体系建成】2006年初，松江区成立了专项领导班子和项目小组，建设"115"区镇联动市民服务体系。区信息委实地调研了中山街道等9个街镇，摸清市民服务现状、业务流程和各街镇受理业务等信息，形成建设方案投入建设。至10月底，完成所有功能模块的开发，以及排队叫号系统、客户满意度评价系统、身份证识别系统、短信平台等系统的联调。此外，实有人口库、业务知识库的数据交换接口开发完毕，实有人口库整理归纳出499项数据项，库内共有1 031 401个自然人信息；业务知识库中共梳理录入了220项为民服务事项。截至11月底，12个市民服务分中心的信息化系统已基本建设完毕（新浜镇由于场地问题延后至2007年）。 （孙银花）

【"一口上下"社会救助帮困信息系统全面启用】为实现全区"一口上下"社会救助帮困信息资源的整合和共享，解决重复救助和救助遗漏问题，2006年，区信息委完成了区社会救助帮困系统开发。相关民政救助人员信息已全部导入平台，完成14家委办局、18家社救所的网络接入，确定了岳阳、中山、泖港3家社救所为系统试运行单位。经过不断修改和完善，12月12日，该系统全面启动，全区社会救助帮困工作全面进入信息化时代。 （郁 峰）

【居住证信息系统及受理网点建设收尾】2006年2月，结合市社保卡服务中心下发的《居住证管理信息系统数据规范》，松江区确定了居住证信息系统建设的初步方案。9月，区与市社保卡服务中心签订了《关于采购新增"松江区居住证街镇受理点"系统设备》合同，为正式启动居住证办理业务做好硬件准备。通过培训，区各受理网点所有工作人员取得了上岗证。12月15日，完成全区15个居住证受理网点建设，顺利完成该项实事项目。 （郁 峰）

【社区信息化深入拓展】2006年，松江区各街道全面完成软件正版化工作。永丰街道对街道政务外网进行改版，不断完善网络安全；岳阳街道对街道网络进行安全更新，借助区市民服务中心建设有利条件，率先建成了街道市民服务窗口；中山街道完成新网站改版工作，完成社区信息化苑建设；方松街道已建成的东方信息苑，为居民提供了全方位的服务。 （戴 中）

【城镇信息化工作稳步推进】2006年，松江区按照"需求导向、应用为本"、"服务群众、提高效率"的宗旨，要求有条件的镇利用政务外网，构建镇级协同办事服务平台，受理区内各种事务，使镇、村、居委会等政府各职能部门，以及各有关事业单位通过专用网络实现互联互通，并承担区、镇、居委三级政府绝大多数业务信息的传递、处理和存储。 （胡 坚）

三、经济领域信息化

【农村信息化工作推进】为深入贯彻《中共上海市委关于推进社会主义新郊区新农村建设的决议》，2006年，松江区人民政府与上海电信签订了《松江区新郊区新农村信息化建设的框架协议》，与上海移动签订了《关于共同推进新郊区新农村建设的合作框架协议》，为松江区新郊区新农村的信息化建设工作打下坚实的基础。 （戴 中）

四、城市建设和交通领域信息化

【区城市网格化管理系统初步建成】2006年，为了落实市委、市政府提出的城市网格化管理要求，区信息委会同区市政局等部门，完成城市网格化管理项目网络建设方案设计并着手实施，原则上是租用电信的裸光纤，并纳入区政务外网的网络架构内。同时，配合区电信对城市网格化终端进行光纤链路的测试、连接和安全部署，于12月20日完成了18个处置终端的网络连接，并接入区政务外网，成功保障了城市网格化项目的顺利开通。

（邱　为）

五、信息产业

【区信息产业保持较快发展】2006年，松江区实现电子信息制造业工业总产值1 423.66亿元，比上年增长12.2%，占全区工业总产值比重为55.2%，对全区工业总产值增长的贡献率达34.4%。其中，达丰（上海）电脑有限公司完成工业总产值1 117.12亿元，占全区的比重为43.3%，由达丰电脑所形成的产业链在松江已有23家，全年累计完成工业总产值123.76亿元，比上年增长61.4%。全区信息制造业的固定资产投资18.35亿元，占全区固定资产投资的8.2%。

（戴　中）

六、信息基础设施

【区信息基础设施全面发展】2006年，根据市人大常委会《关于加强本市基础通信管线管理的决定》确定的“统一规划、统一建设、统一管理”原则，区实施管线建设项目严格按照《松江区信息化项目建设管理办法》进行审批、管理。结合区空间地理信息库建设，区信息委进行松江地区管线建设基础数据摸底，为项目审批提供依据，最终实现对全区管线建设集约化管理。全年,区信息委严格遵循市“三统一”原则，集约化信息管线敷设约139.38公里，分别有2孔、3孔、6孔，有效避免了资源浪费和道路二次开挖等问题。

截至2006年底，区拥有电话交换机总容量39.05万门，增长11.6%；拥有电话用户34.48万户，增长10.1%，其中住宅电话21.61万户，增长3%；小灵通用户增长10.93万户；宽带接入用户10.52万户，增长48.8%。

（费慧　戴中）

七、信息化环境

【信息化项目建设管理持续加强】2006年，为落实《松江区信息化项目建设管理办法（试行)》，区信息委组织专家对区“115”市民服务体系信息化系统建设项目、区第二办公中心机房/网络建设项目、区企业服务中心“一站式”企业服务与管理系统项目进行项目招投标；对正在筹建的区卫生应急指挥中心建设方案进行多次评审；对市民服务信息系统、企业服务中心“一站式”企业服务与管理系统、区政务外网骨干网络建设项目进行项目评审和跟踪管理；完成区委组织部、区机管局、区环保局、区司法局等部门网站项目建设，并对区财政远程异地容灾系统完成项目验收。同年，区确立车墩镇为电子政务系统互联互通试点单位。上半年，完成软件开发；至年底，区电子政务平台和车墩镇电子政务系统互连互通进行多次测试，已经实现无缝衔接。

（胡坚　郁峰）

【区信息化系统协会成立】2006年6月13日，上海市松江区信息化系统协会正式成立，有效推进松江区信息行业发展与信息资源共享利用，规范信息行业的管理、服务和信息技术的推广应用。

（管华丽）

【积极展示区信息化发展风采】 2006年5月底，区信息委组织上海英特奈信息有限公司和上海陆达信息发展有限公司参加了第三届上海国际信息化博览会暨2006中国国际电子商务、电子政务展览会，就松江的电子政务平台的建设、政府门户网站的开发建设、松江区法人领域电子政务原型试点项目进行了展示，并获得大会组委会颁发的优秀组织奖。

（管华丽）

【软件正版化工作顺利完成】 2006年，松江区软件正版化推进工作顺利完成，在2005年底与上海互联网软件有限公司签订销售合同以及与微软（中国）有限公司签订《关于共同推进松江区政务信息化建设的备忘录》之后，区信息委将正版软件及时下发到各镇、街道、园区，并开展使用情况监督，确保该项工作落到实处，全区10个镇、4个街道全部实现软件正版化。

（郁　峰）

八、社会诚信体系

【扩大信用产品使用范围】 2006年初，根据各部门职能，松江区疏理出18个部门34个方面使用信用产品的工作任务，制定了《2006年松江区社会诚信体系建设主要工作推进表》，并进一步扩大了信用产品的使用范围。至年底，共使用信用报告433份：区财政局在政府采购中使用信用报告68份；区科委在科技创新资金（基金）申请中使用信用报告15份，在高新技术企业认定中使用信用报告22份；区人事局在人员招聘中使用信用报告30份；区工商局在守合同、重信用评定工作中使用信用报告286份；区食品药品监督局在“诚信企业”创建工作中使用信用报告4份；区建委在建筑企业招投标过程中使用信用报告8份；区房地局对物业公司进行了信用评估培训，为2007年在物业公司招投标中使用信用产品奠定基础。

【开展多项诚信宣传活动】 2006年，松江区开展了多项诚信宣传活动，主要有：①落实社会主义新农村建设，开展创建“诚信专柜、诚信摊位”、“2006年松江区诚信达标企业”及“松江区首届诚信经济人物”评选和“信用户”、“信用村”试点工作活动；②抓好《松江区市民诚信公约》的宣传教育，挖掘个人诚信典型事迹5例，家庭诚信典型事迹2例，企业诚信典型事迹4例；③突出加强松江诚信网建设，以法人库国家试点建设项目为契机，与区质监、税务、公安、食药、工商、安监等多家部门建立数据交换渠道，征集了企业信用记录，共有保险费欠交、贷款逾期不还等不良信用信息16类，信用信息25类；④开展“2006年松江区诚信活动周系列—现场咨询”活动，免费出具个人信用报告28份，向市民发放9万余册宣传资料。

（孙银花）

第十六章 金山区信息化建设

概 述

2006年，金山区紧紧围绕区委、区政府中心工作，积极探索信息化发展的新思路、新方法、新措施，扎实有效推进信息化各项工作，取得显著成效。一是深化电子政务应用，推动网上协同办公；二是建立健全机制，规范政府信息公开工作；三是强化信用体系建设，营造良好发展环境；四是深入推进农村信息化建设，为新农村建设提供支撑；五是强化制度建设，提高信息化管理水平。2006年，区信息委全面推进并完成了"三个一点"工作；高标准制定了金山区"十一五"信息化发展规划；全区政府机关办公网络化达到100%；推进工业区信息管理系统在各工业园区的应用；积极促进信息化为上海国际化工城、新农村建设服务。

2006年，"金山区政府一体化电子公文交换系统"被上海市信息化委员会评为"2006年度上海市区县信息化应用优秀成果"。 （赵 干）

一、政务领域信息化

【深入推进政府信息公开工作】 2006年，金山区继续抓好信息公开工作，积极推进诚信政府、透明政府建设。一是明确2006年金山区政府信息公开的重点，修订完善《2006年金山区政府信息公开工作考核办法》，把政府信息公开作为政府机关绩效考核的一项重要内容。二是起草并下发了《关于贯彻落实＜关于机关公文类信息公开审核办法＞的通知》，统一改版了全区政府机关的公文拟稿单，进一步规范全区政府机关公文类信息的公开审核工作。三是对全区上半年度政府信息公开情况进行疏理和自查，会同5家考核责任部门对3个镇和3个委办局进行抽查，并对日常工作中遇到的一些问题进行专题调研；同时认真落实月度统计制度和免于公开信息及重大决议草案的报备工作。四是开发了"金山区政府信息公开公开管理系统"，逐步形成具有金山特色的长效工作机制。2006年，全区共主动公开政府信息3 660条，公开规范性文件773条，提供服务类信息789条，依申请公开目录978条，接听咨询电话1.48万人次，政府网站专栏页面的访问量达到了106.2万人次。

【政府信息公开管理系统正式启用】 2006年，区信息委组织开发了"金山区政府信息公开管理系统"，并正式投入使用。系统以区政务网为基础，采用ASP + SQL Sever2000数据库制作，通过网络将全区各单位的公开信息储存在统一的数据库里，便于统一管理和维护。该系统具有公开信息简单查询和高级查询功能，公开信息的单条和批量录入功能，公开信息的管理功能，月报信息上报、自动催报、管理部门短信催交、管理部门月报统计并上报等管理功能，以及统计分析功能。作为全区信息公开受理单位——区档案局除拥有一般的权限外，还可以获取全区各单位的公开信息及目录。

【继续推进城镇管理信息化建设】 在2005年枫泾镇试点的基础上，2006年，区信息委积极总结经验，并不断完善城镇管理信息化系统，继续扩大城镇管理信息化系统在全区各镇管理中的应用。截至2006年底，全区50%的镇使用城镇管理信息化系统，进一步加强了各镇的"双基"工作，使基层政府真正做到"便民、为民、利民"。

【配合完成市政府实事项目建设】 上海市800MHz数字集群政务共网服务项目是2006年市政府十大实事项目之一。金山区按照有关建设要求，积极落实建设资金和技术人员，加快推进数字集群政务共网建设。2006

年，在金山区域内共建有8个站点，年底已全部完成调试和开通工作，满足了金山地区紧急调度的需求。

【区数字证书应用情况良好】金山区是上海市数字证书应用试点单位。截至2006年底，用户数已达到93家，覆盖全区所有部门，已发放电子公章280余个，电子公章棒155根，公文交换棒111根。2006年，根据市信息委的意见与金山区办公应用的需求，在确保安全的基础上，进行了远程办公系统的建设，并取得成功。

【推进社区事务受理中心信息平台建设】2006年，结合金山特色和区县电子政务总体框架建设要求，区信息委在廊下镇先行开展社区事务受理中心信息平台试点工作，制定了相关信息化技术标准，完成社区事务受理中心的网络建设并在全区进行推广。

【区审计局AO应用系统获奖】2006年，区审计局充分利用AO（现场审计实施系统）软件开展项目审计工作，整个审计业务工作都通过“金审工程”信息系统进行管理，既规范了审计业务管理的内容和程序，又提升了审计质量和审计工作水平。区审计局将通过AO进行现场审计中所形成的典型案例上报国家审计署，获得了国家审计署颁发的2006年度应用奖。2006年，区审计局通过AO审计并在OA系统中建立审计项目50个，对所有项目进行了现场管理，共上传数据包256个，累计登陆的次数达到13 434次，共录入和处理公文2 746份，计算机审计面达90%以上。

【开展2006年度区政府部门网站评议活动】2006年，区府办根据《金山区政府部门网站评议考核办法（试行）》（金府办[2006]40号），于9月15日～10月15日，在“上海金山”政府门户网站首次开展了区政府部门网站评议活动。此次评议活动的目的在于帮助各部门找准网站定位，明确网站建设目标，提升服务社会公众水平，树立“便民、亲民、为民”形象。评议的重点是网上政府信息公开、网上办事、网上便民服务、网上互动以及网站建设管理等5个方面情况。评议活动最终综合平均得分为61.03分，有20家部门的网站得分高于平均分，其中区建设交通委、区教育局网站名列前茅；有11家在60分以下，需进一步改进提高。

【利用信息网络开展科普知识竞赛活动】2006年12月，区委宣传部、区科委、区信息委联合通过政务信息平台开展了“现代化工和海洋”科普知识竞赛活动。区信息委利用现有办公网络和硬件设备，组织开发了成绩统计查询系统，并将竞赛试题放在政务信息平台上，参赛人员通过该平台就可以参与竞赛，保证竞赛活动的开展高效快捷。全区共有37家单位、389人参加此次竞赛活动。

【区档案馆网站开通开放档案目录网上查询服务】2006年9月1日，金山区档案馆继向社会开放第五批档案之后，又在区档案局（馆）网站上开通了开放档案网上查档服务，公众“足不出户”即可通过网络，轻松查到所需信息，从而进一步提升档案查询效率，增强档案工作政务公开、为人民群众服务的功能。

【区人口信息采集交换系统通过评估】2006年，区人口计生委按照市人口计生委部署，对2005年1月21日至2006年6月20日各镇（街道）、金山工业区“上海市人口信息采集交换系统”运行、使用和相关人员配备情况进行评估。评估结果显示系统运行情况良好：一是基层已婚育龄妇女信息覆盖率、外来已婚育龄妇女信息覆盖率、独生子女父母光荣证信息录入率等主要指标都达到100%；二是流动人口信息交换工作开展情况良好，信息提交数为9 012条，超额完成市人口计生委下达的5000条指标，信息反馈率为61.82%，名列全市前茅。但仍存在需待改进的问题，如未处理信息的请求项超过500条的镇（街道、工业区）比重高达81.89%，主要数据项完整率只有42.66%。

【区人民法院信息化建设】2006年，金山区人民法院信息化工作已逐步走上正轨。一是提升系统性能。区人民法院采购了2台服务器，作为法院Web服务器和财务专用服务器，并引进了法院收退费管理系统，系统性能得到较大提升。二是建设智能化法庭。区人民法院对第一大法庭进行智能化法庭改造，满足了多媒体开庭的需要。三是进一步完善审判管理系统，新开发了司法警察管理系统，完善了审判管理系统、执行管理系统、审计评估系统、档案管理系统、办公自动化系统等。

【区检察院信息化建设】2006年，金山区人民检察院在完成局域网建设和安全改造后，信息化建设的重点放在应用上。一是以推进检察办案软件使用为抓手，促进信息化应用。为保证办案软件在区人民检察院的全程流转，制定了《应用检察办案系统的实施方案与培训计划》和《关于深化检察办案软件应用的若干规定》，对深化应用办案软件从制度层面提出要求，并列入部门、干部的绩效考核中。办案软件的推广基本实现了数据实时输入，并且做到了信息输入的准确性和完整性。二是建设控申业务管理指挥系统。区检察院积极参与市检察院信息中心系统开发过程，成为第一批6家试点单位之一。三是自主研发"绩效考核软件"，自主创新工作取得突出成绩。该软件获得了2006年度上海市检察机关信息化自主创新项目评比一等奖，并在河北省衡水市检察院等全国17家检察院取得应用。四是贴近检察业务的实际需求，自主开发了多款软件，如党员先进性听取群众意见平台、检察业务督办系统、监外执行检察信息系统，均效果良好。

【区税务局信息化建设】 2006年，区税务局信息化建设以《上海财税信息化"十一五"规划》作为行动纲领和指南，着重在应用项目推广、信息系统安全、规范应用流程、后续维护保障等方面做好工作，不断深化信息化应用的精细化水平。一是积极做好信息技术方面的协调和技术保障工作，确保防伪税控一机多票升级工作的顺利进行；二是完善电子申报和网上认证系统，使信息接收和处理的速度大幅提高，通过对四小票信息采集的跟踪辅导和升级培训，提高了信息采集率和比对相符率；三是启动综合征管系统的数据清理和核对等相关工作，确保迁入新系统的数据的准确性、完整性、合法性和规范性；四是顺利推广代开房地产发票软件、网络版触摸屏查询软件和税收通用完税证软件等多个应用软件；五是通过安全防护体系软硬件的安装，加强网络与信息安全防护体系的建设；六是升级改版局网站并正式启用，大大提高信息发布的时效性，拓展了宣传教育的渠道，为财税文化建设提供重要载体；七是组织开发普通发票管理监控软件，有效加强普通发票的监管力度；八是开发《地方税管理软件》，建立地方税税源的完整信息库，规范了地方税的监管；九是自行编制综合征管系统票控程序，加强对发票出售环节的控制和管理；十是制作完成"金税IC卡未报税催报查询"模块，达到分所查询的功能，拓展了信息数据应用的深度和广度。

【社会救助信息管理系统建设】2006年，区信息委会同区民政局、区妇联、区残联、区计生委等部门联合开发社会救助信息管理系统，对全区13家单位的社会救助信息进行整合和共享，部门间信息以系统和网络实现互相查询。系统的建成实现了全区社会救助信息的网络化统一管理、协调救助，做到少重复、不遗漏和广覆盖。

【信访信息系统建设】2006年，区信息委利用区域办公网络全部普及的优势，会同区信访办开发了金山区信访信息系统，并通过区政务网与各镇、街道信访部门联网。群众来信、来电、来邮、来访登记通过该系统进行分类统计汇总，并通过后台传送至各相关部门处理解决，大大提高信访工作的办事效率，也为信访者的问题能够及早解决节约了大量时间。

【学校档案资源建设进一步完善】为进一步加强学校档案资源建设，全面推进电子文件与纸质文件配套的归档工作，加大依法治档力度，使档案工作更好地服务学校和社会，2006年，金山区教育系统把电子文件与纸质文件配套的归档工作列入重点档案登记范围。归档电子文件载体类型主要是光盘，信息类型包括：字处理文件、图像文件和影像文件。

【行政执法信息共享系统建设】2006年，为了突破区执法机关间执法信息不通瓶颈，区信息委与区整规办组织开发金山区行政执法信息共享系统，将各执法部门的执法动态归集到共享系统中，实现了相关职能部门执法信息的网上录入和行政执法信息的共享，方便了各部门之间的执法信息交流，避免了部门间信息不通的问题发生。

【网上发布大气环境质量每日报告】2006年1月起，金山区环保局发布的金山大气环境质量报告由每周的周报改为了每日的日报表。金山区作为一个化工城区，大气环境质量受到广大群众的关心，因此区环保局加大在大气环境质量监测的力度，投资数百万元购买先进的大气自动连续监测仪，24小时不间断地对监测点周围的大气环境质量进行自动连续监测。市民可以通过区政府门户网站和“金山环保”网站查阅到金山区大气环境质量的数据，更加直观地了解金山的空气质量情况。

（赵　干）

二、社会领域信息化

【“金山教育”网站改版】为推进教育系统诚信体系建设，区教育局加大政府信息公开力度，在“金山教育”网站上开辟了“政务公开专栏”，设置网上办事、便民问答、网上互动、电子地图、招生考试等相关栏目。网上办事栏目集中发布最新办事信息，提供办事指南、在线办理、在线查询和表格下载；便民问答栏目将市民关心的重点、热点问题，进行集中分类，形成“便民问答”数据库；网上互动栏目提供咨询、信访和监督投诉渠道；电子地图栏目介绍区各级各类学校；招生考试栏目提供各类相关信息；规范教育办事项目栏目设置入学报考与招生、教育收费、学籍管理等相关的16个子栏目。通过改版，增加了教育信息的透明度，为全体公民提供良好的服务体系。

【中学生科技竞赛代表团夺得科技赛事国际冠军】2006年4月9日，在美国康涅狄格州首府哈特福德举行的第13届国际家用机器人灭火赛上，金山区机器人科技代表队取得了前所未有的优异成绩，实现了区中学生科技类竞赛在国际赛场上新的历史性突破。这项比赛是世界规模最大的家用机器人赛事，有来自加拿大、中国、丹麦、以色列、新加坡和美国的100多支代表队参加。区5名参赛选手夺得初级组、高中入门组、专家组等共6个项目中的3项冠军和1个第二名、1个第四名的优异成绩。

【“心域网”建设凸现特色】2006年，区24所小学、22所中学、11所高中全部在各自校园网的首页链接了上海市中小学德育网——“心域网”，链接率为100%。“心域网”与区校园网的友情链接，使得校园每一位师生可以与“心域网”保持零距离的亲密接触，也使得家长可以通过校园网媒介对“心域网”时常造访。“心域网”以其独特的界面风格和多彩的信息元素，开阔了关注生命、关注人生的视野，越来越受到金山区学子、园丁和家长的青睐。

【开展暑期网上读书活动】2006年暑期，区教育局开通大语文、数字图书馆等专业暑期读书网站，学校校园网专设每周一书推荐、电子书包、小作家、读书交流等栏目，开展阅读交流、征文投稿、学生专用读书社区，校园暑期读书网上精彩纷呈，成为师生读书、学习的新乐园。针对农村许多学生家庭很少有电脑实际情况，许多中小学定时开放电脑房和校园绿色网吧，有条不紊地组织学生开展网上读书活动；组织学生参加上海市“在阅读中成长”的读书征文比赛。

【卫生系统信息化建设】2006年，金山区卫生系统信息化建设进入一个新的阶段。一是建成区卫生系统的虚拟专用网。网络建设充分利用各医疗卫生单位原有的条件，通过在各单位的客户机上安装VPN网络拨号软件与区卫生局中心建立专用的加密通信隧道，从而实现了联网。二是开通卫生系统网上办公平台。通过平台实现了区卫生局与下属各单位的网络收发公文、网上通知等功能。三是建立社区卫生数据交换平台。该平台实现了医疗业务数据、社区健康档案数据等在区内不同医疗卫生机构间的交换，并集中存储于区卫生局数据中心，为建立全区医疗业务数据库、健康档案数据库等做好了软件基础。四是完善农民健康体检软件。配合区卫生局医防科对区内农民体检的有关要求，根据农民体检报表，建立农民健康体检软件，实现对录入数据库的农民体检资料的分析。五是建设合作医疗管理系统。系统采用浏览器服务器模式，区各镇合作医疗基金管理办公室通过网络就可以进行报销、参保人员信息管理等日常工作，而各类数据集中存储在区卫生局的中心服务器上，对合作医疗报销的及时性、准确性起到了支撑。六是改版“金山卫生信息网”。强化了“服务、互动、公开”3个重点：“服务”增加了各医疗卫生单位的联系方式，开通了医疗收费标准、执业医师查询等；“互动”增加了局长信箱、打击商业贿赂等在线信息提交；“公开”即政府信息公开，此次改版作为重点放在了更显要的位置。

【上海首家村级东方社区信息苑揭牌】2006年6月8日，上海市首家村级东方社区信息苑——万春苑在金山廊下镇揭牌。揭牌仪式上，市信息委领导指出，在推进农村信息化过程中，要牢固树立和强化“科教强农，信息先导”的理念，信息化也要围绕解决“三农”问题开展，逐步实现农业生产加工、农村基层管理和农民生活的信息化，缩小城乡“数字鸿沟”，为建设社会主义新农村作出应有贡献。

【文化信息资源共享工程覆盖到村】2006年12月27日，集金山文化历史和金山文化动态、特色文化、文艺、书画、图书、电影等一体的覆盖全区农村的金山文化信息资源共享工程网正式开通，使金山区成了全国最早实现文化信息资源共享覆盖面最广的地区。区文广局从金山实际出发，把金山文化信息资源共享工程建设列入新农村建设和金山和谐文化建设的重要内容。如今市民只要在网址输入www.jswhgx.com，就可以通过金山文化信息资源共享网了解到金山文化的昨天、今天和明天，了解到金山最近发生的文化大事、金山的民俗民风、金山的传说和金山特色文化项目，了解到图书出版、电影发行的最新信息，并且在网上可以预约借书。由于与全国文化信息资源共享工程链接，还可以看到中外电影、图书和全国各地文艺节目等。该工程网的开通，让金山人民不出家门就可利用全国和区文化资源，真正实现文化资源覆盖到村。

【区农村数字影院实现全覆盖】作为全国农村数字电影4个试点地区之一，2004年底，金山区就开始数字电影的试点建设工作。经过一年多的积极探索和发展，金山区数字电影建设基本形成特色，被国家电影总局誉为“金山模式”在全国推广。2006年初，在数字电影试点建设的基础上，区文广局提出了实施“数字影院村村建工程”的工作设想，并建立了区、镇、村数字影院三级管理网络体系。在全区各级政府部门的共同努力下，“数字影院村村建工程”迅速有效推进，国庆前，全区78个行政村已全部建成了数字影院，广大村民可以随时在自家门口免费选看自己喜欢的图像清晰的数字电影，丰富了农村居民业余文化生活。

【继续推进社保卡和居住证办理工作】2006年，区信息委认真落实补（换）卡工作，积极开展居住证试点工作，会同区政法委、区公安分局起草了《关于金山区社会保障卡、居住证受理点建设的通知》，进一步规范全区受理网点的建设。截至12月底，全区补（换）社保卡4 159张，申领8 355张；石化街道与张堰镇自开展居住证试点工作以来，共为来沪人员办理居住证9 159张。此外，区信息委还积极改善银行卡受理环境，普及银行卡在各商业网点、医院、药房、加油站等领域的使用，同时配合开展社保卡与银行卡的绑定试点工作。

（赵　干）

三、经济领域信息化

【完成招商网改版工作】2006年，在原招商网站基础上，对招商网站进行了全新改版，重新划分网站的功能模块，重点突出服务、互动性功能。同时，建立网站的维护机制，明确内容更新、后台维护、事务处理等职责。改版后的招商网站整体页面达到简洁、明了、针对性强的效果。

【开发金山企业网】针对金山区中小企业多、规模小的特点，2006年，利用基础网络全覆盖的优势，区信息委组织开发金山企业网（www.js71.com），设置适合中小企业经营管理和企业商务需要的模块，为金山企业提供实现网上产品直销、商业机会、人才信息发布及广告推广为目的的经济、方便、快捷的全新解决方案。截至2006年底，全区已有700多家规模企业和200多家区内企业成为金山企业网注册用户，占全区规模企业90%以上。

【搭建区中小企业信息化服务平台】2006年，区信息委与金山电信局共同开发了适合中小企业发展电子商务和工业区管理需要的企业信息化公共服务平台

(ASP)，并在枫泾镇工业区进行试点应用。年底已完成枫泾工业区企业的网络接入，有7家企业开始应用，取得了很好效果。同时，组织开发了工业区企业信息上报系统，实现企业标准数据和非标准数据的网络化上报，使企业信息准确、高效、便捷地上报到工业区，减轻了工业区工作人员的工作量，并极大降低了数据在收集、汇总、录入过程中的差错率。

【化学工业区物流产业园信息平台建设】2006年，上海化学工业区物流产业园信息平台建设进展顺利。建成后的物流产业园信息平台具有两大功能：一是门户功能，用户和投资者可以从网站上了解到关于园区的所有情况，掌握园区的投资导向与建设情况。园区内的企业可以享受网站提供的在线服务，提高工作效率。二是物流供求信息查询功能，平台用户可以通过网站发布对物流业务的需求和供给，进而使整个园区的物流业务都能整合到此平台上，有需要的企业或客户可以方便地进行配对，提高工作效率，扩大物流业务。

（赵　干）

四、城市建设和交通领域信息化

【水文遥测系统建成】2006年，金山区水文信息遥测系统即防汛决策辅助系统建成，并进入试运行。该系统是在计算机监控下，利用无线（超短波）通讯设备，配备必要的传感器和数据采集终端，对水文参数进行自动采集、传输、处理等的自动化系统，大大提高了区域内信息采集、传输、处理的时效性和准确性。该系统的建成能全天候跟踪监测和显示潮汐的瞬时变化过程，确保了资料的完整性和准确性，同时，为区防汛抗灾及时提供水雨情、潮汐、风速风向等信息，为领导和防汛抗灾管理部门抗灾决策提供可靠依据。

【区公共交通信息监控平台启动建设】2006年，市郊首个基于GPS定位技术的公共交通监控调度系统——金山区公共交通信息监控平台正式签约建设，这是区推进公共交通信息化、创新行业管理手段的重要手段。区建交委制定了公共交通智能化三年发展规划，在金山区建立符合行业规范标准要求的公共交通信息监控平台，对公交车辆进行实时监控、数据采集和为公众提供信息服务等动态管理。第一阶段主要完成平台建设所需公交车辆数据调查、行驶路线路况勘测，为全区约500辆公交车安装车载主机，同步建立监控中心和信息平台。2006年已完成一期工程并投入运行，今后两年还将完善监控中心和信息平台的功能，推进电子站牌的建设及全面完善数据发布系统，为市民提供交通出行的全面信息服务。金山区公共交通信息监控平台项目的建成对强化监督管理力度、提升行业服务水平、保证公交行车安全等起到促进作用，提高公共交通动态管理的及时性和有效性。（赵　干）

五、信息产业

【组织开展"百家万户e体验活动"】2006年，区信息委积极响应"百家IT厂商助力 万户传统企业提升"活动，专门设立了区"百家万户e体验活动"代理点，负责审核和录入报名企业的基本资料；向相关企业发放活动资料、用户体验手册等；并在区相关网站刊登活动的介绍资料，加强宣传力度，使区内企业能充分了解活动的内容和意义，方便参与到此次旨在促进经济发展的社会公益性活动中来，全方面体验企业信息化带来的高效率和高质量。

【培育企业转型业务】号码百事通、商务领航和IPTV业务是2006年上海电信转型业务发展的三大"重头戏"。2006年，通过与区宣传部、区农委和区旅游局等单位合作，取得了一定成效。年内，共发展号码百事通业务5 102户，实现业务收入82万元；发展商务领航业务3 502户，实现业务收入31万元；发展IPTV业务1 056户，实现业务收入1.38万元。

（赵　干）

六、信息基础设施

【信息基础设施建设有序推进】2006年，金山区共有金山新城区、廊下现代业园区、新金山国际生活社区3家单位完成信息基础设施规划编制工作，并着手推进规划落地。区信息基础设施共投资约1.5亿元，完成各类通信工程300项，新建电缆2.5万对公里、光缆项目6 000芯公里、管道项目600孔公里。新增固定电话容量9 943门，ADSL容量1.1万线，新增电话3 798户，小灵通3 500户，宽带用户新增14 729户，移动用户新增18万户，移动机站新增19个，室内覆盖完成22个。截至2006年底，金山电信局固定电话用户已达207 307户，小灵通用户88 590户，宽带用户63 620户，移动用户达45万户。

【优化通信网络资源】一是建成亭林现代华庭、枫泾新春苑等12个接入点机房（简称POP点），实现电话扩容6 144门，ADSL扩容3 328线，有效解决了部分农村地区由于设备、线路等因素不能满足用户宽带需求的现状，与此同时，通过缩短用户接入距离，提高了通信质量。二是实施LAN改造工程。2006年，对金山石化地区FTTB+LAN实施改造，改造机房5个，小区72个，改造楼道交换机3 009个，端口总数38 680个，改造投资1 200万元。改造后网络速率提升了4倍，同时满足了IPTV开通的业务需求。三是实施单位IP网络改造。全年共完成210家单位IP的新装和改造，为发展业务创造了有利条件。

【确保通信保障工作】2006年，在沙滩排球赛、特奥会邀请赛比赛期间，金山电信局周密布置、落实各项保障措施。赛事期间，临时布放电缆进入场馆，安装调试开通4根ADSL宽带线路和4门固定电话，同时安装调试了一根“新视通”专线，确保了2006年特奥会邀请赛期间的通信服务质量和通信安全。（赵　干）

七、信息化环境

【区“十一五”信息化发展规划通过专家评审】2006年3月，《金山区国民经济和社会信息化“十一五”发展规划》（以下简称“《规划》”）编制完成并顺利通过专家评审。《规划》全面分析了金山区“十五”期间信息化发展现状和“十一五”发展面临的环境和形势，提出了未来五年（2006～2010年）金山区信息化建设发展目标和任务。《规划》从电子政务、电子商务、社区信息化、农村信息化、网格化建设等方面提出了“十一五”信息化建设的重点任务、重要建设项目的思路和依据，并从信息化建设机制、信息化环境建设等方面提出了建议。

【区政府与上海电信、中国移动签署合作框架协议】2006年9月13日，区人民政府与上海市电信公司签署了《聚焦廊下，共同推进金山新郊区新农村信息化建设的合作框架协议》。区人民政府与上海电信旨在通过框架协议的签署，进一步采用先进技术建设高速率、宽带化、多媒体、大容量、交互式的信息城域网；大力推进“科技兴农、信息助农”工作，加快新农村综合信息服务工程建设，提高金山农村管理信息化、农业生产信息化和农民生活信息化应用水平。

10月31日，区人民政府与中国移动公司签订了《共同推进新郊区新农村和上海国际化工城建设合作框架协议》。今后三年，移动公司将投资2亿元改善基础网络、开发信息化服务项目，为新郊区新农村、为上海国际化工城建设提供信息化支撑。

（赵　干）

八、社会诚信体系

【开展诚信建设宣传周活动】一是区社会诚信体系建设联席会议办公室和区委党校联合举办“金山区社会诚信体系建设报告会”；二是面向金融、工业企业、社区、政府部门等领域发放《上海市个人信用服务指引》4万余册，对行业诚信体系建设情况通过信息化网站和市、区信息化简报进行宣传；三是组织编写了《金山区社会诚信体系建设成果汇编》；四是在信息化网站上开设社会诚信体系建设专栏。

【组织开展“诚信活动日”宣传咨询活动】2006年，区信息委会同区文明办、区质监局、区药监局联合组织开展金山区“诚信与质量”宣传日咨询活动，区信息委、区工商局、区税务局、区旅游局等18家单位参加了宣传咨询活动。活动的主题是“打造诚信金山，构建和谐社会”，通过发放宣传资料、播放宣传片、解释相关政策法规等形式，进一步提高广大市民和企业对诚信与质量的意识，营造诚实守信的良好社会氛围。活动中，共发放各类宣传手册2 000余本。

【推动相关行业和领域开展诚信体系建设工作】2006年，区科委建立《关于加强社会诚信体系建设的若干意见》，明确了行业诚信体系建设的内容和措施。区科技企业联合向会员单位发出“创建诚信企业倡议书”，开展创建诚信企业活动。区旅游局提出了从整治市场秩序、建立长效管理机制、开展诚信宣传教育等活动，来整顿和规范旅游服务市场。区劳动局在全区4 000余家企业中开展了劳动保障诚信企业评比活动，制定了《金山区劳动保障诚信单位评定办法及标准》，全区有19家单位被评为金山区首批“金山区劳动保障诚信单位”。区环保部门加强对企业排污工作的监督和管理，并将整治违法排污作为推进企业诚信建设的重要抓手。2006年1月起，对违法排污企业在“上海金山”门户网站、《金山报》等媒体进行公开曝光，强化社会监督。区社会诚信体系建设联席会议办公室和区企业合同信用促进会联合召开“金山区2006年企业合同信用颁证大会”，393家企业获得2004～2005年度“A”级以上信用等级及上海市“守合同、重信用”企业称号。

【区教育局加强诚信体系建设】2006年，区教育局在教育系统中积极推进诚信体系建设。一是加强社会诚信制度建设，要求中小学校长、教师牢固树立“诚信是立身之本、授业之基、做人之道”的思想，以诚立教，以诚育人，以诚信的作风取信于学生、家长和社会。二是加强教育系统干部个人诚信制度建设，为教育系统中的干部建立个人诚信档案登记表，作为领导干部今后录用、晋升、考核的主要依据。三是加强诚信方面的考核，规定如果学校或学校正职干部在招生、规范收费等方面有不良的诚信记录，依法给予行政处分，取消学校或学校正职领导干部的评先、评优资格，对情节严重者直至撤销校长职务。

【签订规范教育收费承诺书】2006年，区教育局局长与区内中小学校长签订《金山区教育局规范教育收费诚信承诺书》，加强规范教育诚信制度建设。局长承诺：依法行政，依法治教；校长承诺：依法办校，规范收费。区教育局对教育收费实行科学管理，建立健全校长诚信档案。

（赵　干）

第十七章　南汇区信息化建设

概　述

2006年是南汇区全面实施信息化“十一五”规划的开局之年，区信息委紧紧围绕全区的工作大局和中心任务，贯彻落实科学发展观，以信息技术应用为主导，信息资源开发利用为核心，努力发挥信息化在实施科教兴区主战略中的引领作用，不断完善信息化发展环境，使信息技术在支撑构建“海洋南汇”与和谐社会中得到广泛应用。

2006年，南汇区信息化建设的主要工作：继续深化政府信息公开工作，实现镇政府办公机构电话公开；拓展深化社保卡和居住证工作，建成档案综合信息管理系统并通过验收，稳步启动城镇信息化建设；开展区工业企业网上直报试点，正式开通"我要桃子网"，积极引进液晶显示屏制造商落户南汇；积极推进“为农综合服务信息平台和社区信息苑”的建设，为城乡居民创造了良好的信息化环境。

2006年，“南汇区财政管理信息系统”被上海市信息化委员会评为“2006年度上海市区县信息化应用优秀成果”。

（宋　斐）

一、政务领域信息化

【实现镇政府办公机构电话公开】根据市监察委、市信息委下发的《关于公开有关电话号码方便人民群众办事通知》的文件精神，南汇区信息委主动与区电信局协调，要求“114”支持对政府办公机构电话查询服务，从而满足精确化直接查询的要求。区电信局把该服务设计成“114”号码百事通组合产品，查询者只要一个电话，就能轻松找到相应的机构，了解所在镇有关农业服务、劳动保障、合作医疗等方面的信息。目前，全区14个镇已全部登记使用了号码百事通业务，方便了群众办事，推进了全区的政府信息公开进程。

【继续深化政府信息公开工作】2006年，南汇区从4个方面推进政府信息公开工作：一是在实务操作上，制定了信息梳理、目录编制、内容会审、信息报备、网上公开、更新维护、保密管理、申请处理、信息统计和监督检查等13项工作制度，并汇编成册，规范操作程序和流程；二是认真落实了《上海市政府机关公文类信息公开审核办法》，明确各政府机关公文产生过程即确定公文属性，将政府信息公开工作落实到部门日常工作流程中；三是继续做好政府信息报备工作，通过建立可操作标准，严格实行分类处理；四是积极开展政府信息公开的业务培训和实务指导，进行重要政府信息的解读服务和相关知识的测试。2006年，区各政府机关主动公开政府信息11 479条，新增主动公开政府信息5 402条；各政府机关共收到政府信息公开申请46件，均已按规定程序予以答复；全年共有4.26万人次通过现场、电话、网上方式咨询与政府信息公开有关的事务。

【区机关行政中心智能化系统进展顺利】按照“整体化规划、集约化建设、系统化管理”原则，区信息委加强对区行政中心弱电系统实施项目研究，经过反复调研、论证、设计和专家评审，组织完成了区机关行政办公中心智能化弱电13个子系统需求方案的编制工作，并于2006年完成区机关行政办公中心智能化弱电系统总包招标工作。

【推进区电子政务一体化平台建设】2006年，区信息委结合区实际加强调研，初步完成了全区电子政务一体化平台需求草案的编制工作，并以行政中心弱电系统为基础，按市电子政务建设指南的规划，做好了全区电子政务公共信息平台（包括建设内容、可行性）的项目前期准备工作，同时完成了办公自动化系统、公文流转系统、内部邮件和短消息系统、视频会议等应用的需求方案。

【稳步启动城镇信息化建设】区信息委从资源整合、设施建设、资金运用、环境营造，优化服务5个方面入手，认真制定切实可行的城镇信息化建设工作计划，并结合区网络总体构架，实施农村用户网络的快速转型，提高光缆、宽带、电话的入户率。同时，根据《区域城镇基础软硬件配置计划》，结合全区应用需要，配置可满足系统正常运行的硬件设备和系统软件，并依托区政府门户网站的资源，结合政府信息公开要求，公开各项政务信息及完善镇长信箱。2006年，区各镇在推进城镇信息化建设上进展顺利。

【深化门户网站内容建设】 经过2个多月的建设实施，“上海南汇”政府门户网站(www.nanhui.gov.cn)于2006年10月改版完成并上线运行。改版后的网站加强了内容建设，新增人事工作、人员招录、实事项目、应急管理、南汇统计等，完善了政府信息公开栏目，并结合“人人动手清洁家园”、“百万家庭学礼仪”、“治理商业贿赂”等政府热点、重点工作，进行专题建设与报道，2006年更新信息4 500多条。同时，建立健全了网站运行与管理制度，在内部管理上，完善了门户网站岗位职责以及管理制度；在外部管理上，制定并实施了《南汇区网站信箱暂行规定》、《“上海南汇”政府门户网站信息报送细则》。2006年，区各部门共上报信息242条，网站录用了238条。此外，新版网站针对部分栏目开设了评论功能，市民无需注册，就可对相应的新闻或者信息发表自己的意见与建议，并可对信息进行纠错与推荐。

（宋　斐）

二、社会领域信息化

【推进社区服务信息平台建设】2006年，区信息委进一步以社区为载体，健全完善社区服务网，推动公共服务领域信息化。区东方信息苑重点推进社区文化信息化综合服务工程，进而推进了卫生、档案、社会救助等领域网上服务办理和在线业务协同应用。

【拓展深化社保卡和居住证工作】2006年，区信息委积极推进居住证信息系统建设和网点配套设施建设，在原有4个网点的基础上年内新增11个，同时积极做好社保卡网点和居住证网点的合并工作，扩大了居住证（临时居住证）发卡人群。2006年，共计发放社保卡1.2万余张、补卡5 700余张，发放学籍卡4 100余张，红卡附卡2 700余张，居住证200余张，临时居住证3万余张。

【信息平台网罗救助对象】2006年，区民政局通过搭建社会救助信息网络平台，实现了与全区各镇和相关职能部门的网络联通，并整合了全区劳动、工会、教育、卫生等11个部门的74项社会救助项目，使社会救助款物的发放、救助政策和救助对象信息在网上一览无遗。有关部门若想救助困难对象，轻点鼠标就能查到相关信息，解决了部门间救助项目重叠及重复救助、遗漏救助等问题，并能及时将困难对象的信息录入“一口上下”网络平台，真正做到该帮的“一个都不少”。

【区旅游网改版后开通】2006年3月26日，“南汇旅游网”(www.nanhuitour.net)全新改版后开通。新网站设有“旅游概况”、“旅游新闻”、“政府信息”、“旅游企业”、“旅游节庆”和“旅游工具箱”六大板块和“食、住、行、游、购、娱”6个专栏。旅游网的开通是多角度全方位展示南汇形象，丰富旅游生活的一个全新平台。该网站新设的“旅游节庆”栏目，专门介绍2006上海桃花节的详细情况与活动安排，为游客提供了方便。

【南汇人走近“数字文化生活”】 2006年，南汇康桥、大团、航头等社区居民凭一张15元的会员卡，即可全年免费到“社区信息苑”享受精彩的“数字生活”。“社区信息苑”融合了文化、信息、娱乐等多方面服务内容，是一个公益性的文化信息服务平台，其富有特色的限时“少儿卡”、经过过滤的“绿色网上冲浪”等服务内容，受到社区居民的欢迎。全区6家信息苑已发放会员卡7 299张，接待社区居民22万余人次。

【社区卫生信息化建设正式启动】以建立村卫生室信息管理系统为主要内容的南汇区社区卫生服务信息化建设项目于2006年正式启动。该项目包括数据中心平台、村卫生室HIS系统、合作医疗交易结算分系统及相应公共设施建设。该项目建成后，通过建立网络化、实时化的农村基础卫生信息平台，将有助于对村卫生室人员、药品的统一管理和农村合作医疗基金的统筹管理，为农民提供更广泛、更便捷的医疗卫生服务，促进南汇区卫生事业的发展和人民健康水平的提高。

【区医保中心开通“网上党支部”】2006年建党85周年之际，南汇区医疗保险事务中心开通了“网上党支部”(www.bangbangmang.com/wsdzb)，利用互联网平台，通过“支部概况”、“活动采风”、“信息简报”等栏目，展示党员风采，接受群众监督，提高党建工作的时效性和时代感。

【区档案综合信息管理系统项目通过验收】2006年9月1日，南汇区档案综合信息管理系统项目通过验收。该系统具有档案数据采集、建库、查阅、统计、权限设置和数据交换等基本功能，为全区档案领域的信息交流、资源共享、成果展示提供了一个现代的管理平台，对提高档案事业整体水平起到积极的推动作用，标志着南汇档案信息管理方式由传统模式走向现代化管理模式。

（宋 斐）

三、经济领域信息化

【区工业企业网上直报试点工作进展顺利】网上直报系统是采用全新的计算机网络技术建立的数据采集平台，不仅可使定报数据处理软件逐步统一，而且可大大减轻各镇统计站报表数据采集的录入工作量，从而既提高工作效率，又确保数据质量。经过南汇区统计局和康桥镇2个月的试点，康桥镇117家工业企业联网直报的上报率稳步提高，到2006年4月，“工业企业生产、销售总值”、“工业企业主要经济指标月报”报表联网直报上报率基本达到100%。

【区财政管理信息化建设加快推进】为适应政府收支分类改革，强化预算管理，2006年，区财政部门不断加快推进财政管理信息化建设，计划于2007年区内相关单位、部门试行财务网上集中核算。11月中下旬，区财政部门与用友软件公司对实行财务网上集中核算的单位、部门财务人员进行业务培训，同时根据要求，各单位、部门必须使用由区财政部门与区信息委指定的专用软件和政务网络，对安装软件的电脑设备必须严禁接入互联网，以确保财政管理信息的正常运行和财务数据的安全。

【区税务、电信部门联手推出“税务宽带”项目】2006年3月15日，南汇区税务局与电信局联手推出“税务宽带”项目。通过电信技术人员上门介绍及税务部门的审批有效后，纳税人申请安装企业宽带能享受到包括初装费在内的优惠资费政策。与传统报税方式相比较，网上报税具有方便、快捷、安全、高效等优点，纳税人足不出户便能轻松完成纳税申报。“税务宽带”项目将进一步提高网上报税的效率和质量，降低中小企业宽带接入门槛，让更多企业实现网上轻松报税。此外，“税务宽带”业务还一并向申请人赠送国内域名、户名登记及语音信箱等增值电信业务。

【“农民一点通”的ATM机开通】 2006年，南汇区开通了“农民一点通”的ATM机。该触摸式信息查询机貌似自动取款机，它将电话、电视、电脑“三电合一”，使用方便、简单易学。农民只要在触摸屏上点几下，就能及时了解各类农作物的科技知识、最新的市场行情等信息。同时，农民可以方便地查询农科热线、热点栏目，了解全市农资超市、病虫害、天气预报等信息，并可通过可视电话面对面地向农科专家请教。

【信息技术助推新农村建设】 针对农民在增收致富中“缺技术、缺信息、缺服务”的问题，南汇区积极开展南汇政务信息网、南汇教育信息网、南汇农业商务网的建设，积极帮助农民建立“信息平台”，加快实施“定单农业”，将瓜果组织成电子数据与图像放置在国际互联网上，并通过配置电脑和ISDN，充分利用电子商务平台，建立网上瓜果定单系统。农民只要坐在家中，轻点鼠标便可网上吆喝农产品。截至2006年底，全区已有22家“公司+农户”式的农业企业在南汇农商网挂靠，提供的特色农产品达20余项。南汇农商网已成为上海农业网具有特色的3家网站之一。

【开通“我要桃子网”】让桃农网上卖桃成为2006年南汇农业的一大亮点。7月11日，区农业信息中心筹建的"我要桃子网"正式开通。网站介绍了申凤、石笋等14个南汇水蜜桃的知名品牌,并详细介绍其品质特点,标明供货商、联系电话、包装、价格等信息，为自驾车买桃的市民提供方便，同时引领了自驾车品桃郊游的新时尚。自网站开通以来，网上订购桃子数量达到150万公斤。（宋 斐）

四、城市建设和交通领域信息化

【区水务局编制综合管理系统可行性研究报告】 根据上海市水务局信息化规划的要求,区水务局完成了《南汇区水务综合管理系统可行性研究报告》的编制，并通过区信息委的技术审查。该项目计划用3年时间,建立辅助南汇防汛指挥、水环境管理、水资源调度管理和水务行政办事等管理业务的应用系统，开发建设数据采集、处理、地理信息管理、统计、汇总、分析及网络平台于一体的覆盖南汇区水务管理的综合系统。该系统是实现南汇水务信息化、网络化的重要组成部分。

【防汛决策辅助系统二期工程通过验收】 2006年10月19日，南汇区防汛决策辅助系统二期工程通过相关验收。该系统通过建立12个视频监控系统，将实时图像传送到区防汛指挥中心与分中心；同时，在棉场水闸和六灶地区增设了遥测水文站。经过2006年4个月的汛期运行证明，该系统数据通畅，图像清晰流畅，为防汛指挥决策中心快速、及时地获取风、雨、潮、水等实时监测数据和图像资料提供了科学依据。该工程的建成，标志着南汇防汛信息化水平日益完善。

【区房地局启动三级网络建设】 2006年,南汇区已有10个房地所开通了三级网,其中5个所已调试成功,整个项目将于2007年完成路线的连接和调试,并投入使用。区房地系统三级网络由上海市房地资源局、南汇区交易中心以及各镇房地所网络结合而成。三级网络的建设，将采用计算机技术和现代通讯技术，从而提供一套完善、安全的计算机多媒体综合业务信息服务网,为房地资源系统提供一个实用、高效、科学的工作环境。（宋 斐）

五、信息产业

【液晶显示屏制造商落户南汇】 由美国世基公司投资、生产中小型液晶显示屏的外商独资企业——上海慧城显示技术有限公司落户南汇工业园区，公司总投资9 800万美元。慧城公司的入驻，为园区今后吸引相关产业链企业投资创造了良好的条件，是全力打造南汇高科技产业链工业园区的一个新亮点。

【华硕电脑设立3G手机生产厂】 2006年，被列为全球IT100强的华硕公司在南汇区投资设立了第三家独资企业——恭硕科技有限公司，主要从事华硕品牌3G手机的研发生产。华硕已投资设立新公司3家，累计总投资4.31亿美元。华硕公司的引进为康桥工业区信息产业链以及IT产业群的形成奠定良好的基础，成为南汇康桥工业区的第一支柱产业。

【中国电信信息园区推进顺利】 作为南汇“三港”（航空港、深水港、信息港）建设中的一项重要建设项目——中国电信信息园区建设推进顺利。中国电信信息园区自2004年下半年开始建设，至2006年初具雏形。园区内上海电信网管传输数据中心项目、中国电信网管及维护中心等机房已竣工；上海电信后勤保障中心二层结构、中国电信干部培训中心和上海电信呼叫中心等项目正在施工中；上海电信测试中心、上海电信客户化解决方案研究中心、上海电信总部行政办公楼等项目正在作前期准备。中国电信信息园区将按照生态、环保、节能的理念，建设成为中国自主创新基地、IT企业的集聚地以及上海市信息化示范和体验基地。同时，园区利用与世博会会址比邻而居的地理优势，着力为2010年世博会提供现代综合信息服务。（宋 斐）

六、信息基础设施

【做好网络维护和安全保障工作】 2006年，区信息委认真做好机房和网络系统维护等基础工作，积极分析政务外网的网络瓶颈，加强信息安全应急防范，建立针对网络公害应对处理机制，切实保障网络的安全；同时，开展了网络管理应用、住房解困应用的业务培训及推进工作，加强了视频会议系统的技术保障，全年顺利完成16次视频会议的技术保障工作。

【上海移动将在南汇普及"农信通"】 2006年，南汇区政府与上海移动签订了《共同推进南汇区新郊区新农村信息化建设框架协议》。根据协议，上海移动将在2020年前注资6亿多人民币投入到南汇的移动通信基础网、营销服务网和农业信息网"三网"建设中。同时，双方将共同推进移动通信村村通工程，使全区到2006年底实现网络人口覆盖率达到99%，到2010年中国移动用户普及率提高15～20个百分点；此外，还要加强重点商务楼宇、园区、产业基地、市镇、中心村等的移动宽带接入网建设，提供方便、高速的互联网接入。除了共同推进农村电子政务外，上海移动还专门为农民度身定做了"农信通"信息平台，其中包括方便、快捷、实惠的有关科技兴农、生产资料准备、农业生产、农产品供销、农业保障等涉农综合信息服务。到2010年，南汇区将实现"农信通"在区各行政村的全面普及。

【南汇科技园一期项目正式竣工】 华硕电脑在全球最大的生产基地——上海南汇科技园的一期项目（包括30万平方米的厂房及配套设施）经过一年的建设，于2006年6月21日正式竣工投产。这一投资总额达15亿美元的生产基地正式加入到华硕全球制造链中，并开始向全球市场供应笔记本、液晶电视和手机等丰富产品。华硕电脑上海南汇科技园二期项目也顺利开工，二期建设包括两座厂房和研发中心，占地面积17.53万平方米，建筑面积25.8万平方米。园区二期建成后，年产值可达500亿元。

（宋　斐）

七、信息化环境

【推进农村综合服务站建设】 根据南汇区委对新郊区新农村建设的若干意见，区信息委对全区173个行政村进行了农村信息化状况的调查，基本掌握了全区农村信息化的情况。在此基础上，区政府加大与运营商的衔接，先后与上海移动、上海电信签订了《推进南汇区新郊区新农村信息化建设的合作框架协议》。2006年，全区各镇积极推进"为农综合服务信息平台和社区信息苑"的建设，组织开展了多层次、多形式的针对城乡居民的信息化宣传、教育和培训，提高了城乡居民的信息化意识和应用技能，为城乡居民创造了良好的信息化环境。

【区电信实现电信业务自助办理】 自2006年11月22日起，南汇电信部门向市民推出了聚信卡服务。这是一种实名卡，用户凭自己的卡号和密码，就能通过网上客服中心（sh.ct10000.com）完成各项电信服务。聚信卡将各类业务以及相关增值服务的支付及业务办理整合到一个平台上，在确保电信用户身份得到有效识别的前提下，为用户提供一种全新的自助式服务模式，扩展了电信用户服务新渠道，大大提高了办事双方的效率。

【营造健康的网络环境】 2006年，南汇区周浦镇团委举办了首届青少年网络文化节。此次网络文化节设"青春祝福"网络短信及电子贺卡大赛、"青春乐韵"网络歌曲大赛等5项竞赛项目，以及一系列以"青春加油站"为主题的非竞赛项目。为了使活动吸引更多的青少年参加，团委组织了网络知识和绿色上网专题讲座、"我的网络生活"有奖调查、绿色网络知识竞赛等系列活动。

（宋　斐）

第十八章　奉贤区信息化建设

概　述

2006年，奉贤区信息化工作围绕《奉贤区国民经济和社会信息化“十一五”发展规划》，以科学发展观为指导，以应用为主线，开拓进取，扎实推进。全年，奉贤区开展了政务网、公务网建设，改版“上海奉贤”门户网站，稳步发展信息产业，不断完善信息基础设施；同时，开展信息化应用培训，举办了“新农村、新文化、新信息”公益巡演活动，并建立了奉贤诚信网，开展网上征文活动。奉贤区在电子政务、政府信息公开、信息化环境建设、社会管理、诚信体系建设等方面取得了显著成果。

2006年，“奉贤区公共卫生管理信息系统”被上海市信息化委员会评为“2006年度上海市区县信息化应用优秀成果”，“上海奉贤”门户网站在首届中国政府门户网站国际化程度评选活动中获“优秀外文版”奖。

（曹新国）

一、政务领域信息化

【政府信息公开工作】2006年，制定了《奉贤区政府关于贯彻〈上海市政府机关公文类信息公开审核办法〉的实施意见》；编制了《奉贤区政府信息公开指引手册》和《奉贤区政府信息公开年报》；完善了政府信息公开统计、上报工作；举办了1期由各部门政府信息公开业务人员参加的信息公开指南和目录的编制方法及信息的分类、公开发布等业务培训。全年，全区主动公开信息2 217条，其中全文电子化的主动信息公开数1 899条；依申请公开信息目录数51条，受理依申请公开数175条，已答复申请175条，其中，同意公开15条，同意部分公开153，否决公开7条；全年未发生针对全区有关政府信息公开事务的行政复议案件和诉讼案件。

【区政务网建设】2006年，完成区政务网网络升级和中心机房扩建工作，为今后应用项目的实施奠定了基础；完成政务网安全认证支撑平台建设，调整政务网病毒软件体系，并在全区范围内成功部署了新病毒软件——瑞星防病毒软件，保障了网络的安全运行；开通政务网电视点播系统；利用政务网现有光缆基础，实现计生、卫生等跨部门系统的网络通讯；增加区轻轨投资公司、教育服务中心、教育督导室、市容监察大队等部门接入区政务网。5月21日，奉贤区政务网率先完成了与市政务网的对接工作。

【区公务网建设】2006年，根据《市网管中心关于市级机关和市级管理部门的业务应用接入市公务网运行的（暂行）规定》的要求，区信息委积极做好协调工作，共完成区统战部、区检察院、区法院、区经委、区“610”、区武装部、区档案局、区民防办、区发改委、区科委、区信息委等13家单位接入市公务网。通过公务网，与市级管理部门开展项目的审批和业务交流。另外，区信息委认真做好区公务网视频会议系统的维护和保障工作，2006年，共保障10次市委、市政府重要视频会议的顺利召开。

【“上海奉贤”门户网站建设】根据2005年市政府对区网站的综合评议结果，2006年，区信息委通过对区网站存在的问题进行了认真分析，找差距，补不足，制定了网站改版的方案，于10月底完成网站改版。此次改版对原有栏目作了较大整合，形成了信息公开、网上办事、网上互动、便民服务和要闻中心五大功能板块，新增了“新郊区新农村”、“投资奉贤”等栏目，使整个网站的结构更加合理，层次更加分明，同时对整个网站的页面风格也作了较大改变，更能体现奉贤通江达海和新郊区的特色。为使网站更能面向全世界，11月初，开通区政府网站英文版。

【信息化项目建设】2006年，本着“统一规划、合理使用、资源共享”的原则，在全力实施区级政务办公自动化的同时，针对部门的业务需求，积极开展部门信息化项目的建设，相继建成了奉贤区国防动员指挥系统二期、奉贤区国防动员委员会公务网网站、区水务局大楼综合信息系统、奉贤区诚信网、人大代表和政协委员意见网上办理系统、组织部综合信息管理系统、法院身份认证系统、行政执法与刑事司法信息共享平台、来奉人员信息处理平台、奉贤区公共卫生信息管理系统一期、奉贤区司法局视频会议系统、奉贤区检察院档案数字化系统等部门信息化项目。

（曹新国）

二、社会领域信息化

【推进市政府实事项目】2006年，奉贤区受理社会保障卡（学籍卡）申领7 708人，发卡8 093张，补换卡4 435张。同年，奉贤区继续积极推广“市民信箱”工程，共受理“市民信箱”申请370个，累计共受理“市民信箱”14 763个。

（曹新国）

三、信息产业

【区信息产业稳步发展】2006年，奉贤区全年信息传输计算机服务和软件业实现增加值为8.63亿元，比上年增长19.6%，占全区增加值的比重为3.2%。全年新引进IT内资企业注册资产总额5 868万元，新引进IT外资企业注册资金总额352万美元

（曹新国）

四、信息基础设施

【信息基础设施不断完善】2006年，奉贤区信息基础设施不断完善，全区通讯光缆总计达7万余蕊公里，光纤电信和网络柜架基本形成了广覆盖。全区交换机总容量达26万门，固定电话总数达23.6万余门。建成了覆盖全区的广播电视专用传输网络，有线电视用户近14万户。家庭宽带接入达到4.9万余户，居民家庭计算机拥有量为29台/百户，上网居民数9万人，电视机拥有量150台/百户，人均信息消费支出1 025元/人，占人均消费支出的21%。

（曹新国）

五、信息化环境

【做好信息化统计】根据市信息委要求，认真做好每半年全区电子信息行业的信息化固定资产投资额、信息产业收入、信息产业增加值等信息化指标统计工作并上报市信息委，同时认真组织开展对6个镇1 500户家

庭的信息化消费问卷抽样调查工作。

【成立信息化学会】 12月28日，成立上海市奉贤区信息化学会。学会旨在推动信息技术进步，促进信息技术推广，营造奉贤区信息化的良好市场环境。学会设秘书处及8个专业委员会，目前已有单位会员16家，个人会员67人。

【开展信息化应用培训】 2006年，区信息委组织开展网络安全、网络管理员、“上海奉贤”门户网站信息维护、人大代表和政协委员意见网上办理等应用培训，培训数达8批次，250余人次。

【签署推进奉贤新郊区新农村信息化建设合作柜架协议】 11月11日和16日，奉贤区人民政府分别与上海电信和上海移动共同签署了《推进奉贤新郊区新农村信息化建设合作框架协议书》。协议的签署有利于进一步推进奉贤科技兴农、信息助农，缩小城乡间“数字鸿沟”，促进新郊区新农村建设。

【举办“新农村、新文化、新信息”公益巡演活动】 10月29日，由中华人民共和国文化部、中国移动通信集团公司、奉贤区信息化委员会共同主办，中国移动通信集团上海有限公司承办的“新农村、新文化、新信息”公益巡演活动在奉贤区南桥镇人民广场隆重举行，3 000余名观众观看了精彩的文艺演出。此次巡演活动旨在通过演出把农村信息化理念和“农信通”业务的优势与特色推广给观众，进而辐射到更广阔的农村和更多的农民。

【召开企业信息化研讨会】 9月15日，由区经委和神州数码管理系统有限公司共同举办的企业信息化研讨会在奉贤区古华山庄举行。会议就如何推进区企业信息化，改进企业内部结构，提升企业核心竞争力，实现经济增长方式的转变作了深入讨论，并就“中小企业管理的瓶颈”作了分析。

【推进软件正版化工作】 2006年，根据市政府办公厅《关于本市区县政府系统带头使用正版软件工作的通知》的精神要求，由区财政出资、政府统一采购了正版操作系统和办公套件正版软件，配置给区级各机关。区政府部门带头使用正版软件，促进了政府自身的建设，树立了政府的形象。

（曹新国）

六、社会诚信体系

【建立奉贤诚信网】 2006年4月，区信息委会同工商奉贤分局等单位建成奉贤诚信网，向社会公众公布企业的基础信息和市场监管部门的监管信息，实现社会信用信息资源的市场配置和充分利用。

【开展诚信网上征文】 2006年10月，向全社会开展诚信网上征文活动，共征文32篇，评出一等奖1名、二等奖2名、三等奖5名、鼓励奖20名。

（曹新国）

第十九章 青浦区信息化建设

概 述

2006年，青浦区信息委坚持“全面规划、统筹协调，深化应用、集约共享，突出重点、显现特色，贴近市民、服务社会，安全可控、管理规范”5个基本原则，继续全面推进青浦区信息化各项工作，有效提升政府管理与服务的水平，以信息化手段服务社会、服务基层，为“建设绿色青浦，构建和谐社会”提供支撑。2006年，青浦区信息化建设的主要工作是：协调信息基础设施集约建设，营造区内良好通信环境；深化电子政务建设、应用和服务，提升政府管理服务水平；创新社会信息化形式，推进信息化向基层延伸；启动企业信息化计划，提供企业网上展示平台；深化政府信息公开，推动社会诚信体系建设；做好社保卡、学籍卡、居住证申领发放，体现便民利民服务理念；加强信息化组织培训管理，完善信息化队伍建设和综合管理等。

2006年，“青浦区新城工程项目管理信息系统”被上海市信息化委员会评为“2006年度上海市区县信息化应用优秀成果”。 （区信息委）

一、政务领域信息化

【深化政府信息公开工作】2006年，区政府信息公开工作以逐步实现政府信息公开的全面性、时效性、规范性为目标，不断充实和完善政府信息公开内容，重点做好事关民生和区域发展的业务类信息公开。在深化政府信息公开工作同时，积极开展政务公开工作。全区51家政府信息公开责任单位全年主动公开信息2 770条，累计6 812条。

根据逐步实现政府信息公开全覆盖的要求，2006年，青浦区将文化市场行政执法大队、城管大队等具有行政执法职能的区行政事务执行机构纳入政府信息公开范围，同时逐步将学校、医院和供水、供电、供气、公交等与群众密切相关的公用事业信息进行公开。启动政府工作报告制度，2006年，先行推动青浦区18项政府重点工作年度报告制度和区教育局、区劳动局、区信息委等政府部门工作年度报告制度的试点。全区11个镇、街道188只对外办事、服务电话在政府网站公开，统一办理114首查服务功能。对全区11个镇、街道和35家有子网站的政府信息公开责任部门进行政府信息公开专栏调整，启动区档案局网上集中查阅服务、文件报送和会审系统建设。在夏阳街道社区一门式受理中心建立社区政府信息公开受理和查询点，为下阶段政府信息公开查询和申请受理向镇、街道和社区基层延伸打好基础。

【区政务外网与互联网实现可控连接】区政务外网与互联网实现可控连接，区、市两级政务外网成功接通，为有效促进政务信息资源共享奠定良好基础。2006年4月，区政务外网通过安全逻辑隔离的统一出口实现与互联网的可控连接，满足了用户对政务外网及互联网应用的双重需求，至年底90%以上区级单位完成接入；6月，区、市两级政务外网成功接通，至年底7家委办局的市级业务应用系统通过市政务外网顺利接入区政务外网。2006年，区政务外网还开通了即时消息系统，提高了政府部门的工作效率。

【“上海青浦”政府网站发挥第四媒体作用】2006年，“上海青浦”政府网站作为区内的“第四媒体”，围绕“宣传、公开、互动、办事”继续与传统媒体优势互补，及时报道区内政务动态，让更多公众及时全面了解青浦建设和发展的整体情况，探索多种形式的网上互动栏目，强化政府网站服务功能，加强门户网站与子网站的资源整合，促进子网站建设等。以文字信息、图片、在线视频等多种形式在政府网站上开设了“青浦区两会”“文明城区”、“青浦区双拥网”及“青浦区职业培训公共服务网”等专题栏目，为区政府各项创建工作的开展营造良好的舆论氛围。2006年，“上海青浦”政府网站发挥了网络媒体快速、便捷的特点，累计访问人数近118.8万人次，总点击数9 222.9万次。

【推广应用办公自动化系统取得显著成果】2006年7月6日，区委办、区府办转发区信息委《关于在全区各级机关全面推广应用办公自动化系统的意见》，青浦全区各级机关积极贯彻落实意见精神。区信息委与区委组织部、区人事局、区教育局分别组织各部门处级、科级干部办公自动化系统培训，279名处级干部、438名科级干部参加。截至年底，区内75个部门、11个镇街道使用办公自动化系统，初步实现全区机关办公无纸化，进一步提高了政府办事效率，也为电子政务的进一步建设奠定了坚实基础。

【数据交换平台启动建设】2006年底，青浦区启动数据交换平台项目的建设。该平台的建成将促进政务信息资源的整合共享利用，实现政务外网与政府网站之间、政务外网内业务应用系统、区政务外网与市政务外网之间的信息交互，推动网上办事功能及部门业务协同的实现，使丰富的信息资源更广泛有效地发挥其作用。

【区人大业务平台建成投入使用】区人大业务平台以人大代表综合信息管理系统为基础，代表议案、书面意见网上办理为业务主线，机关人员和代表、群众三方互动为主要目标，为2006年人大代表换届选举提供信息化服务。区人大常委会在2006年初将建设区人大业务信息平台列入区常委会年度工作要点，并与人大代表工作室、区政府办公室就平台建设的核心内容——代表书面意见办理进行多次沟通，还前往浦东新区、徐汇区等兄弟区县开展专题学习考察，从而形成比较完整的平台建设框架、目标任务。建成后根据修改意见，区人大业务平台进行了调整完善，于2006年12月初上线试运行。

【数字化档案馆建设顺利推进】区档案局起草的《青浦区档案事业发展“十一五”规划》中，明确了在“十一五”期末基本实现档案信息化（即建成数字档案馆）的目标，该规划已列入青浦区“十一五”规划。2006年是青浦区档案局实现数字化档案馆的第一年，完成了各类档案数字化扫描360余万页，年底基本完成电子文件归档系统软件。年内，区档案局还向市档案局申报了与数字档案馆建设相配套的科研项目，并已立项，年底通过了专家评审。

（区信息委）

二、社会领域信息化

【拓展“万户家庭网上行”形式】2006年，青浦区启动2006～2008年新三年“万户家庭网上行”培训计划，区信息委与区妇联、区教育局组织编写青浦版新三年“万户家庭网上行”普及版教材，全年共培训学员5 384名。“上海青浦”政府网站上的“万户家庭网上行”专题网页方便市民了解“网上行”项目，同时，市民也可在网上直接报名申请参加培训、考试、获知考试结果等。区信息委与区妇联联合举办“新农村、新面貌、新风采”数码摄影比赛，展示“万户家庭网上行”培训成果和青浦新农村建设发展面貌。为了拓展培训渠道向农村延伸，10月开始，在全区11个镇、街道分别建造一个“村民信息化活动室”试点，将信息化知识送到农民家门口，为村民提供学习和提高信息化应用能力的场所，今后将在全区范围内逐步推广。

【启动“万户企业网上行”计划】为积极推进中小企业信息化发展，2006年，区信息委、区经委、区外经委、青浦电信局组成“万户企业网上行”计划活动指导小组，共同制定了符合青浦区特点的企业信息化发展计划，依托“上海青浦”政府网站、上海电信“商务领航”设立青浦企业在线门户，使青浦区的企业实现网上集中展示和宣传，以低廉的维护费用开展网上建站、网上管理和电子商务等集约化信息化建设和应用。2006年，参与“万户企业网上行”的企业共有810多家。

【做好社保卡、学籍卡、居住证申领发放工作】2006年，青浦区继续做好社保卡、学籍卡、居住证的申领发放，体现便民利民服务理念。3月起，区7个镇（街道）社保卡服务网点每周六安排工作人员加班，进一步实践"市民休息我上班"的服务理念。全年，区7个社会保障卡服务站完成社保卡申领8 144张，区社保卡中心补换卡3 301张，年内完成2009届高一新生申领发放学籍卡2 380张，完成率达98%。全区各镇、街道的居住证业务网络成功接入区政务外网，并于12月开始启用业务系统。截至年底，仅夏阳街道居住证受理点就办理正式居住证36张，临时居住证2 399张，累计办理正式居住证44张，临时居住证3 502张。

【建成区来沪人员综合管理系统】2006年，青浦区建成来沪人员综合管理系统和各镇街道来沪人员居住证受理点。截至年底，共录入各镇、街道来沪人员信息315 368条。全区各镇、街道的居住证业务网络成功接入区政务外网，并于12月开始启用业务系统并联通市居住证信息系统。来沪人员综合管理系统以来沪人员管理为切入点，形成由村（居）委会采集、维护、更新数据，区、镇街道人口办进行监督、统计、管理的多级数据管理系统，为建设青浦区实有人口数据库奠定了基础。

【建设完成区卫生局信息系统专网】2006年，青浦区卫生局完成了应用整合平台框架设计和建设，建立统一的卫生系统各类数据接口协议标准，使区卫生系统信息化实现可持续发展；实现用户一键登陆功能，使今后平台上的各种业务应用，将通过技术手段控制用户的访问和操作权限。年内，区卫生局对青浦区各镇、街道社区卫生服务中心的健康档案数据进行整合，集中保存在区卫生局数据中心，实现区内主要医疗卫生机构居民健康档案的信息共享、动态维护，提高医疗诊断的科学性，切实保障区内居民的身体健康。

2006年，区卫生局还建立了区卫生电子政务系统。区卫生系统信息系统专网，包含卫生电子政务模块，推进卫生系统无纸化办公进程，实行区卫生局公文、资料、通知的网上传输，实现下属各单位信息的共享、发布、传输。根据上海市卫生局关于"上海市加强公共卫生体系建设三年行动计划(2006～2008年)"的要求，年底在新建的青浦区疾病控制中心内完成了青浦区卫生局应急指挥中心的基建项目。

【编织环保智能监控网络】2006年，区环保局投入大量资金，利用信息化手段编织起环保智能监控网络。环保执法人员不必亲赴现场，在办公室就能对全区污染源进行有效监控，确保污染源治理设施正常运行。截至年底，对14家废水重点监管企业安装在线监测设备，同时完成2个大气自动监测点和4个小屏幕噪声点的建设，并投入运行。

（区信息委）

三、经济领域信息化

【新城工程项目管理信息系统运行良好】"青浦新城工程项目管理信息系统"项目自2006年 1 月试运行以来，性能稳定，运行状况良好。该项目以信息资源管理为设计理念，为公司与项目各参与方以及内部各部门之间提供了信息沟通和协同工作的平台，支持业主有效地进行项目的监管控制及日常办公；各个项目的投资、进度、质量、合同等各种信息资源得到可靠的保存和进一步的加工，不仅实现了业务处理自动化，而且便于项目经理通过信息查询和分析实现对项目的全面动态控制；还提供定制化的辅助决策模块，针对不同管理层的特点提供个性化的统计决策信息。该系统用户覆盖从总经理至部门员工各级人员；除支持公司内部工作外，下属公司及项目施工方、设计方、监理等外部单位也可通过互联网登陆系统，按权限进行操作。

（区信息委）

四、城市建设和交通领域信息化

【启动建设区地理信息系统】2006年，青浦区地理信息系统集约化建设初见成效。启动建设全区统一的地理信息基础平台，为政府部门提供基础地理信息共享和综合应用，配合相关部门提供城市网格化管理系统的运行基础环境，完成了公众地理信息系统的建设。作为地理基础信息平台上的应用项目，城市网格化管理系统12月底开始试运行，范围为夏阳街道、盈浦街道城市化地区，涉及公共设施、道路交通、环卫环保、园林绿化、其他设施等五大类84种管理事项。2006年，区信息委还在“上海青浦”政府网站上建设了政府网站公共地理信息系统，将涉及市民日常生活衣食住行的各类数据通过电子地图的方式进行直观展示，为市民提供了基本地理信息服务。

（区信息委）

五、信息产业

【信息产业稳步发展】 2006年，青浦区信息产品制造业规模企业65户，完成产值达104.6亿元，占全区工业规模产值的12.5%；产品销售收入达99.8亿元，产销率为95.4%；信息传输、计算机服务和软件业经营收入33.3亿元。全年，全区共有信息产业企业2 974户（包括规模以上制造业、服务业等），实现税收7.8亿元，比上年同期增加了1.8亿元，占全区税收6.7%。其中，纳税额列前五位的企业在3 000～7 800万元之间，最高的是上海橡果网络科技发展有限公司。全年，信息化固定资产投资14.1亿元。（区信息委）

六、信息基础设施

【信息基础设施不断完善】2006年，青浦区公共信息基础设施覆盖面继续扩大，服务功能不断增强。全区固定电话总数达到23万线，其中，居民住宅电话用户数为15.5万线，单位用户达到6.5万线，公话用户达到1万线；宽带用户累计达到71 927户，家庭宽带渗透率达到了39.13 %。为了缓解出口带宽高峰时间不足的压力，提高宽带用户网络质量，出口带宽增加至6G。居民家庭计算机拥有量50.4台/百户，上网用户数7.22万户，电视机拥有量190.6台/百户；人均信息消费支出643元/人，占人均消费总支出的7.3%。

2006年，在信息基础设施规划、建设过程中，区信息委对已经编制专业规划的重点地区（朱家角新镇、青浦工业园区和徐泾镇）实施了“三统一”管理；新启动了“一城二镇”（青浦新城、华新镇和赵巷镇）的信息基础设施规划编制，规划面积达130多平方公里；积极协调各通讯运营商，落实信息基础管线集约共建。

（区信息委）

七、信息化环境

【召开区信息化工作会议】2006年8月2日，青浦区召开信息化工作会议。会议贯彻传达上海市信息化工作电视电话会议精神，全面研究部署青浦区“十一五”时期和当前阶段信息化建设工作。会议表彰了青浦区人大常委会办公室等9个单位为2003～2005年度青浦区信息化工作先进集体、“上海青浦”政府网站等10个项目为2003～2005年度青浦区信息化建设优秀项目、卢峰等20位同志为2003～2005年度青浦区信息化工作先进个人的决定。会议号召把握信息化发展趋势，结合青浦实际，把信息化作为实施科教兴区主战略的突破口。通过总结前三年、部署后五年，以加快新时期的信息化推进速度，形成良好社会氛围，积极推动信息化建设，有效促进信息化应用，为建设“绿色青浦”、构建和谐社会，促进社会主义新农村、新郊区建设提供有力支撑。

【与电信、移动合作为新农村建设服务】为进一步加快青浦区国民经济和社会信息化进程，使信息技术更好地为青浦新农村建设服务，2006年9月和12月，青浦区人民政府分别与上海电信、中国移动上海分公司签订了《推进青浦区新郊区新农村信息化建设战略合作框架协议》。合作双方将从基础通信网络建设、信息技术应用推广和信息资源开发与应用等多方面开展，从粉发挥电信、移动的自身优势，加大综合投资，致力于推进青浦区域化、信息化发展，为积极推进新农村建设，全面构建和谐社会作出应有贡献。

【继续加强信息化培训】2006年，区信息委继续加强信息化队伍建设，每季度召开信息化专管员例会，组织信息技术主管助理（AIO）认证资格培训考核，全年共有32人参加考试。与区委组织部联合组织279名处级干部参加办公自动化培训，与人事局联合组织438名科级干部参加办公自动化培训，为办公自动化全面推广应用奠定坚实基础。同时，区信息委还分别组织政府信息公开培训，各政府部门120人参加；组织网站管理发布系统操作培训，全区各委办局街道54家单位网站管理人员参加；组织网络与信息安全培训，55家区级单位参加。

【强化区内信息化项目管理】区级各部门信息化建设项目和资金需求，由区信息委根据电子政务建设框架和集约、共享、协同原则，统筹安排，并原则上由区信息委根据政府采购等规定统一安排建设。为加强使用财政性资金的信息化项目的建设管理，规范建设程序，推进青浦区信息化有序发展，2006年10月，区信息委与区发改委、区财政局协商，共同制定了《青浦区关于加强政务和公共服务信息化项目管理的实施细则》。

2006年，区信息委共实施信息化项目25个，其中区信息委建设项目8个。资金使用情况：工程经费（包括软件、硬件、开发等）预算金额为1 376.3267万元，中标金额为1 196.8998万元；业务专项经费（包括政府信息公开、万户家庭网上行、社保卡、机房维护等）2006年预算为638.88万元，已实际支出485.34万元 。

【健全信息化各项制度规范】2006年，区信息委制定了一系列文件，加强对全区信息化工作的规范、管理。8月，区信息委向区内相关部门下发了《关于加强青浦区办公自动化系统管理的通知》；10月，下发了《关于青浦区政务外网使用要求的通知》，逐步规范区政务公共信息平台和办公自动化系统的日常使用和管理；11月，区府办转发了区信息委制定的《青浦区网络与信息安全事件专项应急预案》，从制度上保障了区网络与信息安全，提高了应对突发公共安全事件中网络与信息安全事件的能力；11月，区信息委与区发改委、区财政局协商形成《青浦区关于加强公共与社会信息化项目管理的实施细则》，对项目规范化管理提供了政策依据。

（区信息委）

八、社会诚信体系

【形式多样推进社会诚信体系建设】 2006年9～10月，区文明办、区妇联、区药监局联合区信息委组织“万户家庭学礼仪、讲诚信”文艺巡回演出，覆盖全区各镇、街道。青浦区诚信宣传结合区创建文明社区和“万户家庭学礼仪”活动，开展以家庭为活动主体的“诚信社区”和“诚信之家”创建活动，制定了“诚信家庭”创建标准。区信息委还组织了“诚信商业电视访谈”、“旅游、通信行业诚信倡议活动”、“数码摄影比赛”等诚信宣传主题活动。

2006年，青浦区行业诚信创建重点放在旅游、食品药品、房产、建筑、商业等社会关注的重点、热点行业，鼓励行业信用等级评定结果在行业监管中的使用；并建立受到政府评比、认定和处罚的企业信用信息记录和披露制度。此外，青浦区制定了《青浦区关于政府部门在区财政性资金使用和公共管理活动中使用信用产品的暂行规定》，明确政府采购、中小企业贷款担保等8类12项区财政性资金使用和公共管理活动项目使用信用产品。全年，在政府采购、中小企业贷款担保项目、重点新产品开发评级项目等使用信用报告41件，涉及项目金额5 000多万元。

（区信息委）

第二十章　崇明县信息化建设

概　述

2006年，崇明县信息化工作紧紧围绕实施“科教兴县”主战略、加快建设生态岛区，充分发挥信息化的助力器作用和信息委的职能作用，结合崇明实际情况，有重点地开展信息化建设推进与应用工作，取得较为明显的成效。

制定《崇明县政务外网建设技术方案》及《崇明县政务外网建设管理暂行办法》，积极推进政务外网建设；完成村级为农综合服务站信息平台建设的前期工作，实现“农信通”在各行政村的全面普及；科技示范村创建效益显著；信息基础设施集约化建设取得新进展，成功举办“生态崇明——长三角网络媒体岛上行”活动，进一步完善了信息化发展环境。

2006年，“崇明县政务外网建设工程”被上海市信息化委员会评为“2006年度上海市区县信息化应用优秀成果”。

（县信息委）

一、政务领域信息化

【积极推进政务外网建设】政务外网建设工作是2006年崇明县政府重点工作之一，在完成对政务外网主要需求分析基础上，制定了《崇明县政务外网建设技术方案》及《崇明县政务外网建设管理暂行办法》。按照责任分工与时间节点安排，年内构建好整个网络体系。目前已有66家单位接入政务外网，实现与市外网联通。在对政务外网整个系统进行调试的同时，首批选择8家单位进行政务外网应用先行试点工作，并率先通过政务外网开通县人大选民登记管理系统和水务局、民防办、发改委、环保局及交通局等业务系统。在2006年选民登记过程中，全县包括农场的2个社区共60.9万名选民的基本信息均通过外网传输到市人大。

【落实政府信息公开工作】2006年3月，召开崇明县政府信息公开工作推进会议，对全县信息公开工作作了系统部署，要求各单位按时完成信息公开各项任务。一是建立政府信息公开综合受理点，有效拓展公开渠道。二是落实各项工作措施，不断巩固和提高政府信息公开成果。按时编制并发布《崇明县2005年政府信息公开年度报告》、《崇明县政府信息公开便民手册》，共计发放5 000多册。三是建立崇明重大决定草案公开情况备案制度。四是规范公开乡镇主要电话号码，进一步增强政府服务意识。全县16个乡镇已有292个电话号码通过114查号台、乡镇政务公开栏和“上海崇明”政府门户网站等渠道予以公开，切实方便公众查阅。五是组织举办两期政府信息公开专题培训班，帮助全县各政府机关具体从事政府信息公开的工作人员进一步提高工作水平。

【“上海崇明”政府门户网站第三次改版】为进一步深化网上政务公开，强化网站为民服务功能，畅通政府与公众联系渠道，2006年11月8日，“上海崇明”政府门户网站第三次改版开通，并同步开通中文繁体版和英文、日文版。这次改版着重对网站的内容管理系统、页面制作设计规范、网站检索功能拓展、网站中文繁体版及多语种版开通等七大方面进行建设，政府门户网站为民、利民和便民特性得到进一步集聚、拓展。

通过三年来多次改版建设，“上海崇明”政府门户网站的页面制作更为规范、浏览查阅更为便捷、互动渠道更为通畅、信息数据更为安全、宣传效应更为理想。至目前，网站的文字信息已由2003年底第一次改版前的不足5万字上升到现在的3 000多万字，页面浏览量由2006年初的40多万人次/月上升到年底的80多万人次/月。

（县信息委）

二、社会领域信息化

【"一门式"服务让群众得实惠】 根据市政府实事项目的总体要求，2006年，崇明县政府总投资1 695万元的城桥、庙镇、新河等8个乡镇社区事务受理服务中心建设任务基本完成。居民经常遇到和力求解决的劳动保障、社会救助、计划生育等问题，被编排成几十个"服务菜单"，醒目呈现在受理中心的电子屏幕上，只需按一下需要的服务键，就能找到对应的窗口寻求帮助。预计到2007年，崇明县16个乡镇的社区事务受理服务中心将全部建成，受理中心除做好劳动保障、民政、医保等事务外，还将不断拓展服务项目，使百姓得到更多实惠。

【教育设备信息化改造】 2006年，崇明县完成长兴、横沙两岛8校"班班通"工程，全面完成中小学校园网建设工程，大大改善教育信息化环境。同时，配合新课程改革，完成全县中小学"二期课改"年级所需设备的装备工作，为中小学全面推进信息化教学奠定坚实基础。

【开展农业信息工程】 2006年，崇明农业信息在上海农业网、上海农业技术网、中国农业信息网等网站发布信息800多条，更新崇明农业网信息300多条；完成村级为农综合服务站信息平台建设的前期工作；对2006年建设的7个综合服务站的信息员进行业务培训。

（县信息委）

三、经济领域信息化

【科技示范村创建效益显著】 崇明县第五轮科技示范村创建活动由29个村（场）、企业参加。通过三年的创建工作，培育了一批农村科技发展典型村（场）和科技先导型企业，取得明显的经济效益、社会效益和生态效益。2004～2006年，14家示范村（场）共实现农工副总产值17.26亿元，比目标14.44亿元增19.5%，利润2.92亿元，比目标2.26亿元增29.2%；特色经济总产值2.34亿元，比目标1.80亿元增30%，利润1.10亿元，比目标0.72亿元增52.78%。

（县信息委）

四、城市建设和交通领域信息化

【水务系统信息化建设】 为不断提高水务系统信息化工作水平，崇明县水务局健全领导机制，加快推进信息化建设，切实提升防汛防台能力、水资源利用效率、水环境治理水平和水务行政管理效能。2006年，崇明水务工程共涉及29个项目，投资总额约22.6亿元。其中，水务生态建设项目共20项。（县信息委）

五、信息化基础设施

【信息基础设施集约化建设取得新进展】 根据崇明县政府2006年安排的道路建设计划，县信息委组织各通信营运企业召开2006年度信息基础设施集约化建设协调会，确保信息基础设施集约化建设工作的顺利推进。

2006年，对市级重大基础设施建设工程相配套的长兴岛凤丰公路建设，同样做到“统一规划，统一建设，信息主管道一次敷设到位”的做法，确保长兴岛凤丰公路建设时与之相配套的信息基础设施集约化建设同步实施。

与此同时，为进一步深化崇明县信息基础设施集约化建设工作，确保通信线路的正常运行，崇明县信息委起草了《崇明县信息管线维护管理办法》(征求意见稿)，不断改善崇明基础设施建设的投资环境。

(县信息委)

六、信息化环境

【新农村信息化建设】 2006年10月，崇明县人民政府与中国移动通信集团上海有限公司、上海市电信有限公司签订《关于推进崇明县新郊区新农村信息化建设战略合作框架协议》，双方在信息基础设施建设、“科技兴农、信息助农”工作、政务信息化推进等多个领域达成共识。其中，上海电信与崇明县政府将于2007年实现网络覆盖“村村通”。到2010年，将全县有户籍人口的县电话主线普及率提升到60%以上，宽带接入每户家庭拥有率达到50%以上，村镇用户宽带接入能力达到100%。此外，积极推进政务外网通信载体的基础建设，力争在2007年底完成全网融合工作，为政府各级部门和各个单位的信息上网、政务信息公开等一系列信息应用功能的实现奠定良好基础。中国移动上海公司将进一步加快完善崇明基础通信网建设，到2010年，移动用户普及率提高15～20个百分点，实现“农信通”在各行政村的全面普及。同时为区域相关行业、企业和园区提供高效、便捷、安全的整体移动信息化服务解决方案，促进产业结构调整，帮助新农村经济持续健康发展。

【建立长效机制，稳步推进软件正版化】 按照市政府的工作要求，2006年，崇明县政府软件正版工作领导小组办公室下发了《关于加强我县党政机关计算机软件使用管理工作的通知》，明确各有关单位的工作职责，在解决原有软件非正版问题的同时，健全新增软件必须使用正版的长效管理机制。在总结成功经验的同时，下半年又为全县各单位更新了部分正版国产办公系统、防病毒软件，软件正版化工作持续健康有序地向前发展。

【深化完善“十一五”信息化规划】 围绕崇明县经济社会发展的大局和工作重心，突出重点、统筹兼顾，着力推动信息基础设施、公共信息系统集约建设和信息资源的开发利用，不断提高信息化的整体质量与效益，在2005年初步完成崇明县国民经济和社会信息化“十一五”规划编制工作的基础上，2006年又有重点地对规划内容进一步作了修改和完善，特别是对重点建设项目反复征求各相关单位的意见和建议，为全县“十一五”期间信息化发展的主要目标任务、战略方针、重点项目、配套政策和主要保障措施等作了比较系统的思考和谋划，形成了比较适合崇明实际的国民经济和社会信息化“十一五”规划。针对崇明、长兴、横沙三岛人口布局规划等的调整，对通信系统专项规划进一步作了细化，最终形成《崇明三岛通讯系统发展规划2005～2020》。

【分类分层进行政务外网业务培训】 在基本建成全县政务外网网络框架的基础上，从2006年11月中旬起，崇明县政府外网管理中心重点抓好两个方面的培训，一是完成中心机房及汇聚层网络管理人员的技术培训，二是各乡镇委局政务外网操作管理人员的培训，为逐步拓展运用创造有利条件。目前，8个先行单位相关操作人员基本操作技能的培训工作已顺利完成。

【成功举办“生态崇明——长三角网络媒体岛上行”活动】 2006年9月中旬，崇明县举办了由东方网、浙江在线、中国江苏网等9家网络媒体参与的“生态崇明——长三角网络媒体岛上行”大型活动。活动吸引了400多位网友参与，提出了496条建议和意见。县长在活动期间就如何进行环保建设、提高农民收入、引进人才和加强基层干部队伍建设等诸多问题进行了实时探讨和交流，并将众多网友提出的意见和建议带回有关政府部门予以认真调研处理，充分彰显了打造透明政府和责任政府的决心。

【开展崇明“生态指数”研究】为了进一步认识生态岛的概念和内涵，探讨生态岛建设的方法，崇明县于2006年7月12～14日成功举办“崇明生态指数”国际专家县长咨询会议，广泛吸取世界和国内专家学者的真知灼见，为崇明生态岛建设奠定基础。目前，“崇明生态指数”研究进行了完善，将以2005年为现状年，并回顾计算“十五”期间的状况，以反映生态岛发展历程，同时计划每年开展“生态指数”的计算和评估工作，跟踪生态岛建设取得的进展，并对发展中存在的问题及时提出对策建议。

（县信息委）

第十编

社会诚信体系

综 述

2006年，上海社会诚信体系建设继续按照党中央"以道德为支撑、产权为基础、法律为保障"的总体要求，通过联席会议各成员单位和社会各方面的共同努力，圆满完成了各项工作目标与任务。

2006年，上海社会诚信体系建设工作围绕社会信用制度建设、社会信用服务体系建设、社会诚信创建活动三方面展开。社会信用制度创新实践范围更广，编制完成《上海市社会诚信体系发展"十一五"规划》和《上海市社会诚信体系建设三年行动计划（2006～2008年）》，实施《关于加强中小企业信用制度建设的实施意见》，发布《企业信用信息数据规范》（第1、2部分）；信用信息公开共享进一步拓展；信用产品使用市场需求培育有效扩大；信用服务行业规范管理与培育发展有序开展；社会诚信创建活动面广量大，持续开展，逐步营造"知信用、守信用、用信用"的良好氛围。

（市信息委诚信建设处）

第一章　社会信用制度建设

概　述

2006年，上海各政府部门、区县政府和社会团体围绕信用信息记录共享、信用产品使用、信用奖惩机制三方面信用制度建设关键环节，积极开展制度建设创新实践。截至年底，各部门、区县、行业协会等部门和单位的信用制度创新共124项，比2005年增加1倍。

（市信息委诚信建设处）

一、加强规划规章标准建设

编制完成上海市社会诚信体系发展"十一五"规划

2006年12月，上海市社会诚信体系发展"十一五"规划编制完成。规划回顾了"十五"时期诚信体系建设的成就，对"十一五"时期面临的形势进行了分析并做出基本判断，确立了新时期诚信体系建设的指导思想和发展目标，明确了深入推进金融领域信用制度建设、建立现代服务业相关领域的信用制度、发挥浦东新区在信用制度建设方面的创新示范作用、推进社会管理领域信用制度建设、促进市场主体信用制度建设、推动信用服务机构快速发展、开展社会诚信创建活动等7项主要任务以及加强政策法规标准的配套和完善、大力发挥信用信息公共服务平台作用、拓展信用体系建设融资渠道等三大保障措施。

编制完成上海市社会诚信体系建设三年行动计划（2006～2008年）

根据上海市社会诚信体系发展"十一五"规划确定的指导思想、发展目标和工作任务，围绕信用信息记录共享、信用产品使用、信用奖惩机制三个关键环节，明确了未来三年内将上海建成全国重要的征信中心、加强社会管理领域信用制度创新、推动信用服务行业快速发展、加强企业和个人信用制度建设、营造诚实守信社会氛围等五大任务的行动目标和主要举措。

颁布实施《关于加强中小企业信用制度建设的实施意见》

为贯彻落实《上海市人民政府关于实施〈上海中长期科学和技术发展规划纲要（2006～2020年）〉若干配套政策的通知》（沪府发〔2006〕12号）精神，2006年12月30日，上海颁布《关于加强中小企业信用制度建设的实施意见》，提出了三个方面15条意见和措施，主要包括加强中小企业内部信用制度建设、通过政策性引导营造信用制度建设的良好氛围、发挥信用服务体系专业服务作用等，旨在使具有科技创新能力、成长性比较好的中小企业通过展示自身良好信用，在经济和社会活动中更好地规避风险，获得更多的商业机会和优惠便利，促进全市中小企业的健康发展。

颁布地方性企业信用信息数据规范

2006年12月29日，上海市质量技术监督局发布《企业信用信息数据规范第1部分：数据元目录》（标准编号DB31/T371.1-2006）和《企业信用信息数据规范第2部分：数据交换要求》（标准编号DB31/T371.2-2006），界定了企业信用信息的范围、数据元格式及数据交换接口技术规范。这两项标准将于2007年5月1日起正式实施。

开展信用制度课题研究

完成《上海市社会信用立法及制度规范建设框架调研报告》，通过上海市先行先试实践、全国性信用立法、其他地区试点工作以及国际机构进入国内征信市场等情况的调研和分析，提出了以诚信责任为突破、以权益保护为根本、以信用透明为基础的信用立法和制度规范的基本框架。

开展《中小企业融资信用制度创新》课题研究，通过分析当前商业银行中小企业贷款业务发展的主要状况及信贷流程设计，研究利用外部力量来保障信贷安全及快速审批，对进一步推动中小企业信贷业务提出政策建议。

完成《社会信用和惩戒机制研究》，分析了社会信用记录和惩戒机制，借鉴征信发达国家的经验和做法，指出上海记录和奖惩机制存在的问题和制约因素，探索上海社会信用制度建设模式；提出了建立界定数据开放范围的法律和法规，发展多元化的征信服务机构以及扩大企业和个人信用信息在非金融领域的使用比例等措施。

此外，国资委完成《本市国有企业信用管理实施策略研究》课题，对推进上海市国有企业信用管理提出了相关对策建议。如探索组建国有企业信用管理推进会，为国有企业加强信用管理、规避信用风险服务。

（市信息委诚信建设处）

二、建立完善信用信息记录

政府部门信用档案建设

市档案局建设上海市档案馆企业信用档案管理系统，对市属重点国有企业信用档案进行归档汇总。截至2006年11月8日，市档案馆已接收59家市属控股（集团）公司及其所属847家国有企业的信用档案信息，信息容量达69 584MB，并拟通过上海档案信息网、公务网档案目录中心和市档案馆外滩新馆局域网平台，逐步向社会提供信用档案信息查阅服务。2006年底，市档案局起草完成《关于加强本市中小企业信用档案管理的实施意见（征求意见稿）》。

市劳动和社会保障局开展用人单位劳动保障守法诚信档案建设，累计采集诚信信息10余万条，并将信用信息记录逐步拓展至法定代表人和机构负责人。

市医保局制订《上海市基本医疗保险个人信用失信管理试行办法》，明确适用范围、管理原则、信息内容、处理方式等，并完善医保监管体系；同时研究建立医疗保险执业医师信息库，记录执业医师的医师级别、注册执业地址、执业范围、执业类别、注册日期及变更情况等信息。

市经委开展商业企业诚信档案建设，将以次充好、价格欺诈、误导诱导、虚假打折、返券促销等信息记入诚信档案。

市人事局积极探索诚信工作与流动人员人事档案管理的结合机制，为加强流动人员管理，完善流动人员人事档案管理提供重要保证。

市农委通过市境道口监控系统建立进沪销售车辆诚信档案，将供沪动物及其产品在生产、加工、运输等环节信息记入诚信档案。

上海保监局制订《上海市保险营销个人执业信用信息系统管理暂行规定》，明确保险营销员信用信息记录和公开等制度。

人行上海分行按照2006年7月20日人行总行下发的《中国人民银行关于开展中小企业信用体系建设试点工作的通知》精神，至2006年11月已建立1 287户上海市中小企业信用信息档案。

社会团体及企业信用档案建设

上海医药商业行业协会建立会员企业诚信档案。截至2006年12月底，协会已为全体会员企业建立了诚信档案，先后录入企业诚信信息549条，其中优良记录453条、不良记录96条，客观反映了会员企业的真实情况。

上海市室内装饰行业协会、上海汽车配件流通行业协会和上海中药行业协会开展企业诚信档案建设，将企业基本情况、合同执行与管理、质量管理、获得各类荣誉称号、违法违规行为、公众投诉和处理等信息记入诚信档案。

（市信息委诚信建设处）

三、推动信用信息的依法公开和共享

政府部门信用信息依法公开共享

市工商局在浦东新区试点开展企业“守法经营、依法退出”工作，将有严重违法行为企业的相关责任人员信息纳入到个人信用联合征信系统。

市环保局2006年5月31日同上海资信有限公司签署合作备忘录，将企业环保违法或荣誉等信息纳入企业联合征信系统。

市高级人民法院向个人联合征信系统提供有关生效经济犯罪人员信息及执行案件中超过期限拒不执行的被执行人信息，截至2006年10月底，已提供了975名生效经济犯罪人员信息及8 724名超过期限拒不执行的被执行人员信息。

市医保局制订《上海市基本医疗保险个人信用失信管理试行办法》，对全市参保人员及其他相关人员的医保失信行为的信息采集、统计、处理和监督管理等方面制订管理措施，并纳入个人联合征信系统。

市公安局为个人信用记录提供个人身份信息比对、验证工作，截至2006年10月31日，共比对个人身份信息112 415条，准确提供个人身份信息108 257条。

市旅游委完成全市旅游企业诚信信息平台前期工作，已归集800多家旅行社、360家星级饭店、4 000家社会旅馆的信用信息。

上海证监局建立“上海市期货业诚信数据平台”，对期货经纪公司、高管人员、从业人员、辅助人员、分析师、律师的诚信信息进行归集。

市交通局开发城市交通运管信息系统，确定以行业管理和处罚信息、相关管理部门信息、社会投诉和评价信息为主要内容的城市交通行业诚信体系建设的诚信指标。

社会团体及企业信用信息依法公开共享

保险同业公会充分利用联合征信平台和保险费率浮动制度，加强信用记录共享，在保险人员、车险管理上取得良好效果。2006年7月，在湖南召开的社会信用体系建设工作座谈会上，华建敏同志对此项工作给予了充分肯定。

医药商业行业协会充分利用所收集的会员单位信用信息，为社会服务。

（市信息委诚信建设处）

四、拓展信用产品使用领域

市典当行业协会与上海资信公司签订合作备忘录，在典当业务开展中推广使用个人信用产品，并将产生的客户信用信息提供给个人信用联合征信系统，从而有效规避经营风险。

市科委在高新技术企业认定和跟踪管理中扩大信用产品使用面，使科技企业通过信用产品展示信用状况的意识有所提高，参与企业从2005年的230家提高到了2006年的578家。

徐汇区制订《徐汇区企业信用产品使用暂行办法》，在小企业贷款信用担保和财政贴息工作、单一来源政府采购、产业扶持资金、科技创新专项资金、年度外贸发展资金、信息化发展资金等专项资金的立项评定、房地产开发企业资质和商品房预售许可、建设用地许可、房屋拆迁许可等多个领域使用信用产品达396份。

松江区18个政府部门在政府采购，科技创新资金（基金）申请，高新技术企业认定，事业单位人员招聘，守合同、重信用评定，建筑企业招投标等34个领域使用信用报告433份。

杨浦区在政府采购、中小企业贷款担保、公务员年度考核、公务员事业单位人员招录、高新技术企业认定（跟踪调查）及物业管理企业等几大涉及政府部门决策的领域使用信用报告共2 717份。

浦东新区在政府采购招投标、财会信用及高新技术企业认定、科技发展基金人才专项资助资金等多个领域使用信用报告。

闵行区、青浦区、卢湾区等区县在政府采购、公共财政项目招投标、工程设备招投标、各类专项资金、中小企业贷款担保、财政贴息资金管理、公务员招聘、国有资产产权转让、土地出让、建设项目招投标、物业管理招投标、房地产企业管理等领域积极探索使用信用报告。

（市信息委诚信建设处）

五、企业信用管理制度建设

开展企业信用管理制度试点

普陀区在曹杨商场开展商业企业信用管理系统建设试点工作，并建成曹杨商场企业信用管理系统。该系统通过规范企业业务流程，强化了企业信用管理制度，建立了企业信用评价体系，尤其是在供应商入户审核及中期考核环节，以制度的形式要求600多户供应商提供第三方信用报告，商城依据第三信用报告对供应商进行相应的操作和管理。系统运行一年来，取得了很好的经济和社会效益。

徐汇区完成对首批8家企业信用管理制度建设试点企业的验收。一些试点企业通过一年的信用制度建设，应收账款平均账期从2004年的45天缩减到现在的30天以内，同时公司的合同履约率100%，项目合格率100%，客户回访率100%，而投诉率为0%。

浦东新区建立浦东知识产权融资服务中心，在张江国家知识产权示范园区开展知识产权融资试点工作。"上海无形资产质押第一单"以"专利技术"质押的方式进行融资，创新性地将技术价值评估与企业主体信用评估连接到了一起。

松江区开展创建"信用村、信用户"试点工作，其嵌入信用报告使用的制度安排，使得具有稳定经济来源、按时偿还农信社贷款等条件的资信状况良好的"信用户"可以获得农户小额贷款和科技结对帮扶政策支持。

杨浦区在申请大众浴室优惠政策及创建放心菜场的活动中引入信用报告制度，为55家商业企业建立了信用档案；同时，开发了区物业管理企业数据库，将全区所有物业企业的基本信息、监管信息记录在案，作为开展"满意物业评选"及物业管理企业信用报告评级的重要依据。

（市信息委诚信建设处）

第二章　信用服务体系建设

概　述

2006年，十六届六中全会通过了《中共中央关于构建社会主义和谐社会若干重大问题的决定》，提出“加强政务诚信、商务诚信、社会诚信建设，增强全社会诚实守信意识”新要求。在市委、市政府的高度重视下，上海从完善市场经济体制和建设社会主义和谐社会的高度出发，持续推进社会诚信体系建设。随着社会诚信体系建设的深入推进和行业相关法规、标准的进一步完善，信用服务行业作为上海建设国际经济、金融、贸易、航运中心的重要力量，伴随着国民经济的增长，在个人信用联合征信和企业信用征信两个方面都有了新的发展。

（刘　洋）

一、个人信用联合征信

在《上海市个人信用征信管理试行办法》的规范下，2006年，上海个人信用联合征信平稳发展，在防范金融和商业风险、促进社会综合管理等方面继续发挥作用。

系统建设

截至2006年底，由上海资信有限公司（以下简称“资信公司”）建立和运营的个人信用联合征信系统入库人数超过770万，同比增长25%，基本覆盖全市具有信贷消费能力的常住人口。该系统采集了银行信贷、社会保障、公积金、人口户籍、民政、移动通信、水电煤、民事经济合同判决以及保险、证券、会计、公证等特殊行业从业者的职业信用等方面的个人信用信息。除此之外，资信公司还将工商、环保、物价、司法、质监等部门的行政监管信息也纳入个人信用联合征信系统。目前，该系统已成为国内规模最大、运作方式较为成熟的个人信用联合征信系统。

服务机构

资信公司作为全市惟一特许经营个人征信业务的机构，通过专网、互联网、现场查询网点等渠道，向银行、非银行金融机构、商业和公共管理领域提供消费者信用报告、个人信用评估书、大学生信用档案以及个人信用风险评分等多层次的信用产品，并可以根据客户的实际需要实现产品的个性化。2006年全年，资信公司提供个人信用报告183万份。自2000年上海市个人信用联合征信系统开通以来，已累计提供信用报告达643万份，日均个人报告查询量超过7 300份。

（刘　洋）

二、企业信用征信

2006年，上海企业信用征信业务的整体规模继续扩大，骨干机构在市场上的影响力逐步增强，已经形成资信评级、商业征信、信用管理等多种信用服务产品，纵向上涉及信用服务产业链的各个环节，横向上涵盖多个服务领域，并正在形成较为完整的业态。

《企业信用信息数据规范第1部分：数据元目录》

（标准编号DB31/T371.1-2006）和《企业信用信息数据规范第1部分：数据交换要求》（标准编号DB31/T371.2-2006）于2006年12月29日发布，将于2007年5月1日起正式实施，从而为全市企业信用联合征信发展提供基础性的技术标准保障。

系统建设

截至2006年底，全市企业联合征信机构入库企业数达到60万，采集的企业信用信息包括企业注册信息、年检等级、产品达标信息、税务登记信息、国有资产绩效考评信息、进出口报关记录、信贷融资记录和行业统计分析信息等；"上海诚信网"建成使用，为宣传社会诚信体系建设提供了平台，为行业监管和服务提供了便利渠道，影响力日益增强。

服务机构

2006年，随着信用服务需求领域的扩展，信用市场需求规模的增大，全市企业信用服务业务继续平稳增长，提供的信用产品和服务也越来越多样化，部分本地信用服务机构已经在全国和世界范围内拓展业务。截至年底，全市已办理备案登记的从事企业信用服务的征信机构有41家。

《上海信用服务行业发展白皮书（2006）》于2006年8月发布，是迄今关于上海信用服务行业状况最新、最翔实的介绍文本，也是上海首次发布的信用服务行业发展白皮书。市信用服务行业协会积极探索本行业的自律规范建设，通过了《上海市信用服务行业自律公约（试行）》和《上海市信用服务行业从业人员职业道德规范（试行）》。

（刘　洋）

第三章 社会诚信创建活动

概 述

2006年，在相关委办局、区县、行业协会的共同努力下，上海诚信创建活动内容更多、宣传面更广、影响面更大，组织开展的活动从2005年的50余项增加至100余项；长三角信用体系建设进一步加强，逐步营造了"知信用、用信用、守信用"的良好氛围。

（市信息委诚信建设处）

一、大型诚信宣传活动

2006年"上海诚信活动周"

9月20～26日，围绕"以诚实守信为荣，以见利忘义为耻"主题在全市范围内组织开展了2006年"上海诚信活动周"。活动周共计开展100余项活动，形式包括信用合作签约、信用服务咨询、信用建设研究探讨、诚信经营服务承诺等，覆盖了政府、行业、企业、社区、学校等社会各层面，形成了诚信他律和诚信自律联动的良好局面。

9月20上午，"上海诚信活动周"启动仪式在铁路上海南站"城市动力广场"举行。启动仪式上，上海资信有限公司与上海市典当行业协会签订合作备忘录，典当行业协会将在本行业中推广使用个人征信产品，并将在典当业务过程中产生的客户信用信息提供给个人信用联合征信系统。活动周期间，资信公司会同市社会保障卡服务中心在全市9个郊区县社保卡补换卡网点推出个人信用报告免费查询服务。此外，印有"诚信誓词"的交通卡也在启动仪式上首次面世。

9月26日，举办了"公民诚信箴言征集"奖项揭晓和颁奖仪式。作为活动周的系列活动之一，公民诚信箴言征集活动得到社会各方面人士的广泛参与，共征集到来自全国各地的箴言1万多条，参与活动的作者达3 000多人，不少作者还创作了诚信箴言的书法、绘画、设计作品。

（市信息委诚信建设处）

二、信用培训与知识普及

开展多层面的信用培训

在全市组织信用管理岗位培训，共有5 965位来自企业的人员参加了培训。

徐汇区落实市人事局《关于开展本市信用培训和考核工作的实施意见》，组织开展公务员信用知识培训，并与公务员双休日实用能力培训、公务员初任培训、科级干部晋升培训等相结合。继续开展对企业相关人员的信用知识培训和信用岗位培训，全年共培训企业财务、销售等管理岗位学员779名，这些学员全部通过了上海市信用培训和考核办公室组织的统一考试。

浦东新区在劳动保障学会会员单位、经委下属企业、旅游行业企业、国资委下属国有企业中选取近100家企业开展信用知识、信用岗位培训，共有160多人获得上海市信用岗位培训合格证书。

2006年7月24～26日，市社会服务局和市征信办联合举办上海市市场中介机构从业人员信用管理培训班。该培训力图指导市场中介机构将课程内容与本单位工作实际结合起来，通过建立内部诚信记录制度，形成中介机构信用监管体系。

市委组织部、市人事局筹备启动干部信用培训，并完成《干部信用知识读本》编写工作。

2006年10月，市征信管理办公室与FCIB(国际金融、信用及商业协会)联合举办注册信用分析师(CCA)培训试点，近50名来自商业银行、保险机构、企事业单位的高级管理人员参加了试点培训，收到良好效果。

向全市社区企业学校发放《上海市个人信用服务指引》180万册，其中，2006年高校新生人手一册，受到大学生们的普遍欢迎。

开通运行“上海诚信网”

2006年6月，“上海诚信网”开通运行。该网站集行政监管、咨询服务、交流沟通和新闻宣传于一体，并支持在线咨询、在线投诉、在线提交备案材料和统计报表等业务。

(市信息委诚信建设处)

三、信用体系建设区域合作

举办“信用长三角”国际论坛

6月30日，上海举办了2006年“信用长三角”高层研讨会，上海、江苏、浙江三地分管副市长(省长)，国家发改委、商务部、央行上海总部等国家部委领导，国内外信用专家，大型企业集团及征信机构代表等250人参加会议。与会代表交流了信用建设经验，并研究了区域信用体系发展方向；会后三地信用办共同发布《信用长三角徐汇宣言》，进一步明确了新时期区域信用合作重点。

开通“信用长三角”网络共享平台

在两省一市共同努力下，“信用长三角”共享平台开通运行，初步实现了企业代码、企业名称、经营范围等企业8项基础性信用信息数据的在线免费公开查询。

形成“信用长三角”LOGO标志

该标志由上海方设计，三地多次讨论修改，并经三地政府领导确定。Logo采用三个不同颜色的指纹图案作为设计元素，分别代表长三角地区的江、浙、沪三省市，指纹相互压印、重叠，并围绕标志中心代表地域特征的三角形相互融合、循环，形成良好互动，体现三地联动，建设“信用长三角”的决心。标志中心为三个人的形态(用三种颜色标示)，组成一个等边三角形，喻示长三角范围内地区之间以及人与人之间诚信、平等、合作的关系。

(市信息委诚信建设处)

www.shanghaiit.gov.cn

文献

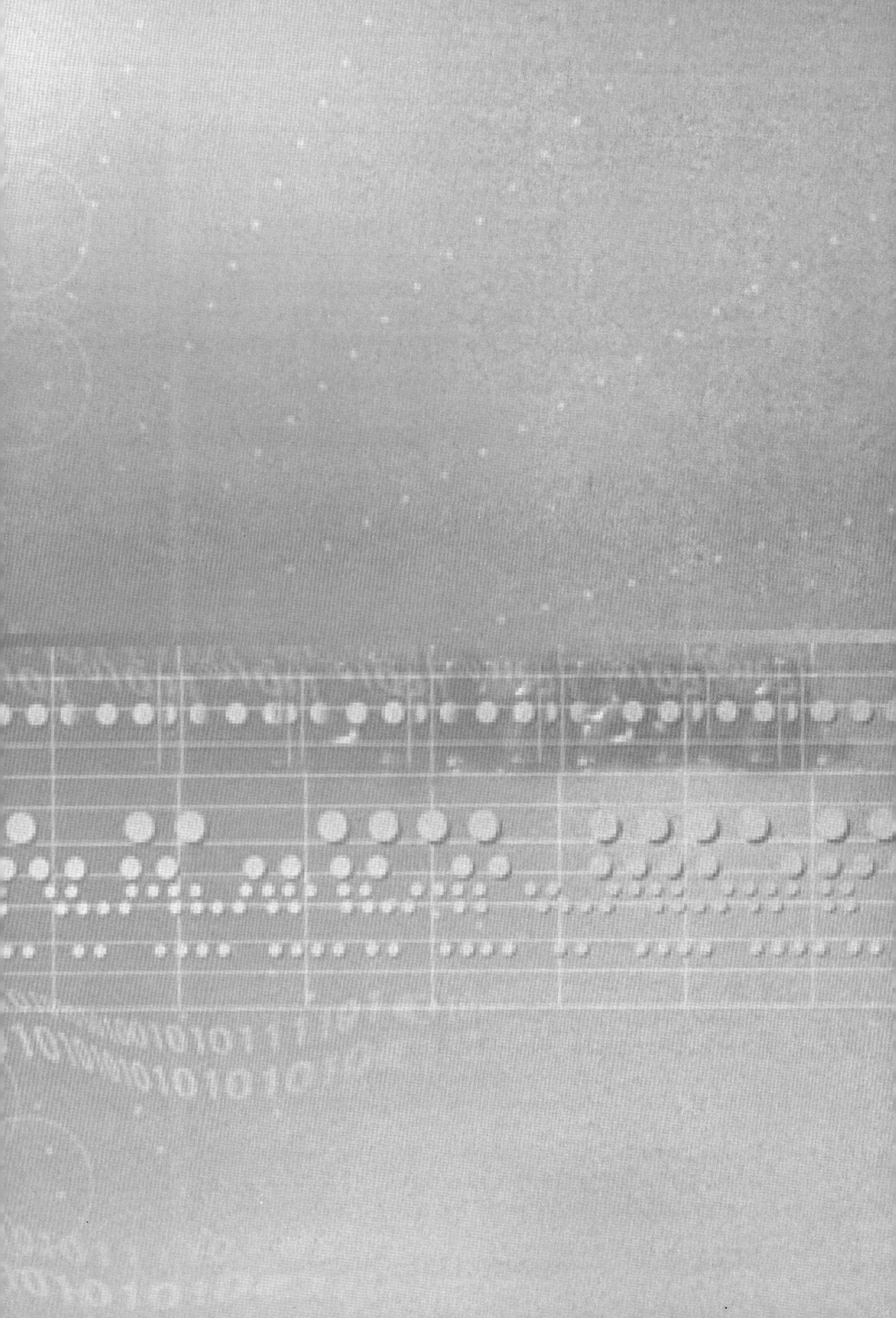

文　告

2006年上海市国民经济和社会信息化公报

2006年是全面实施“十一五”规划的开局之年，本市信息化工作按照科学发展观的要求，深入贯彻党的十六届五中、六中全会和市委全会精神，紧紧围绕全市的工作大局、中心任务，紧贴市民的普遍需求，信息基础设施综合服务和管理能力不断提升，信息产业继续在高基数上稳定增长，信息技术应用向深度和广度拓展，信息化环境日益优化。

一、信息基础设施

规划编制和管理

临港新城书院社区、普陀桃浦镇、徐汇龙华地区、宝山区、嘉定新城中心区等11个区域的信息基础设施专业规划编制完成；发布《关于在社会主义新郊区建设中加强信息基础设施规划、建设和管理的指导意见》。至年末，全市累计完成40多个区域的信息基础设施专业规划编制，规划面积累计达980平方公里，比上年末增加250平方公里；规划导入人口570万，比上年末增加170万。

公共信息基础设施

完成《上海市“十一五”期间信息架空线入地方案》研究；推进轨道交通网信息管线搬迁；建成罗店、江桥等6 000平方米左右的集约化通信局房；建成临港新城临展中心、临闸等4座集约化无线通信基站。至年末，集约化信息管线累计敷设2 451沟公里，比上年末增加830沟公里；累计接入商业大楼1 394栋，比上年末增加456栋；架空线入地累计完成2 800皮长公里；长途光缆线路总长达3 042公里；微波占有信道累计达967波道公里，数字微波线路总长2 832公里；卫星站点累计达831个；海光缆通信容量达260Gbps。

信息网络设施

至年末，互联网国际出口带宽超过40G，比上年末增加10G；固定电话交换机容量达1 391.08万门，比上年末增加34.58万门；移动电话交换机容量达2 433.05万户，比上年末增加442.05万户；互联网宽带接入端口达424万个，比上年末增加77.3万个；城镇居民家庭计算机拥有量每百户达90.6台，彩色电视机拥有量每百户达178.7台，城市居民家庭人均信息消费支出达1 392.84元。

功能型服务设施

超级计算中心　高性能计算机应用领域不断拓展，新增超导物理、海洋工程、海洋科学、新型能源等应用领域；大规模作业实现了单个计算作业在512个CPU上的并行计算；包括上海在内全国21个省市地区用户使用中心计算资源，在天文、纳米科学、大型隧道工程等领域取得突出科研成果。中心独立或合作完成的4个项目通过验收，其中“数字化振动仿真软件开发”项目获得软件著作权登记；分别与甘肃计算中心、同济大学合作建立了兰州分中心和同济分中心。至年末，中心的用户数已达202家，比上年增加95家；曙光用户账号总数达到208个，增加84个；“曙光4000A”主机系统全年平均使用率达到81.28%。中心全年接待来自社会各界参观团队142批，共5 555人次。

互联网络交换中心　完成交换平台部分网络设备系统的优化及改造工作；开展IP数据包的分类应用技术研

究，为推广网间结算提供技术支撑；开发了本地互联网络交换实时发布显示系统并投入运行。全年总交换流量达2 113TB，日均交换流量达7TB（最高峰时突破9TB），总互联带宽达12Gbps以上，总交换路由信息达40个B类IP地址，网络交换容量达256Gbps。

无线电管理

全年审核常规无线电设备使用3 786台，初审无线电设备新型号申请76件，完成无线电频率指配125个（对）、临时用频安排900对（次），接待用频需求单位（含新技术新业务）咨询120次；组织开展了无线电台（站）数据清理登记工作，完成30个景观化基站建设或改造，协调推进55个项目、总覆盖面积约500万平方米的室内分布系统建设。进行400多家星级饭店和连锁旅店3 000多部无线电通信设备的专项检查，开展各类机动车车载无线电台使用情况联合执法行动，查处擅自设置使用无线电台（站）事件183起，查处无线电干扰18次，完成电磁环境测试43家计185次、台站验收15起。完成地面无线测控网的基站布局和覆盖，网络控制中心（NCC）开通并投入试运行；完成2个小型固定无线电监测站和1个高点测向站的升级改造及大型移动指挥工作站的建设。至年末，无线电台（站）累计达2.46万个，无线电设备累计达7.24万台；公众移动通信基站累计达35 568座。

重大工程和活动信息通信保障工作

启动浦东机场二期航站楼约70万平方米室内覆盖合路建设；完成铁路南客站、中环线信息基础设施配套建设的收尾和开通运营；完成沪崇苏越江隧桥配套建设准备；完成特奥会国际邀请赛信息网络建设和信息系统开发及《2007年世界特殊奥林匹克运动会信息通信系统总体建设方案》；形成包括频率协调、设备检测、电磁环境监测、现场监督执法等的重大活动保障制度；完成上海合作组织峰会、2006年F1赛车中国站、2007年世界特殊奥林匹克运动会上海国际邀请赛等重大活动的信息通信保障工作。

世博信息化

完成《世博园区信息基础设施专业规划》修订和“数字世博”业务发展规划、世博园区无线覆盖综合解决方案研究；启动世博园区集约化信息管线建设；初步完成2010年上海世博会通信服务、运营指挥信息系统、公共信息服务系统等三个专项运营计划的编制。

二、科教兴市项目

科教兴市重大信息产业科技攻关项目

TD-SCDMA第三代移动通信系统开发及产业化项目完成，共申请专利49项，其中发明专利40项；普元EOS面向构件的互联网应用基础平台系列中间件项目掌握面向构件的核心技术，获得软件著作权14项，申请专利3项；桌面中文软件系统项目完成，获得软件著作权14项，软件产品登记16项，申请发明专利1项，系统被30多个省市政府和企业等所采购；有线数字电视广播项目完成普及型数据信息广播服务平台的研发建设、数字电视接收终端技术规范工作。

超级计算中心扩建工程项目建设完成，引进峰值速度为10TFlops的高性能计算机系统，改建机房和网络平台，引进通用工程计算软件、开发高性能科学计算软件等；高端硅基材料研发和产业化项目取得阶段性成果，申请专利3项，其中1项为发明专利；兼容IPv6的高端路由交换设备研发及产业化项目完成640G交换平台开发，IPv6协议栈通过国际组织“IPv6 Ready”的一致性测试，申请发明专利6项；开放式集成电路中试线建设和关键工艺技术开发项目完成0.13微米全套工艺和90纳米关键模块工艺技术开发，完成0.25微米嵌入式Flash工艺开发及量产，申请专利37项，其中发明专利37项。

科教兴市平台

土地房屋综合管理信息系统 完成土地房屋综合管理信息系统应用支撑平台层（中间层）部分建设任务，建成土地执法系统和土地利用现状变更系统，完善土地审批系统、物业管理系统和房屋拆迁管理系统，启动房地产开发项目建设管理和监测系统建设；加强“上海房地资源”网站建设和维护管理，完成房地产新闻报道追踪管理系统建设和政策法规库分类编码、整理工作。

三、信息产业

全年完成信息产业增加值1 337.89亿元，同比增长17.5%，占全市生产总值的比重达13.0%。其中，信息产品制造业增加值813.43亿元，同比增长17.2%；信息产品销售业增加值24.91亿元，同比增长14.9%；信息服务业增加值499.55亿元，同比增长18.1%。信息产品出口额达370亿美元，同比增长24.2%，占全市外贸出口额的比重达32.6%，软件出口额达9.92亿美元，同比增长40.5%。

信息产品制造业

全年实现销售收入4 683.0亿元，同比增长25.1%。行业整体效益明显提升，实现利润115.1亿元，同比增长25.1%。重点行业持续稳定发展，通信设备制造业实现销售收入342.2亿元，同比增长3.4%；电子计算机制造业实现销售收入2 501.9亿元，同比增长11.1%；移动通信基站产量达174.2万信道，同比增长51.4%；液晶电视机产量106.2万台，同比增长2倍；服务器产量达517.4万部，同比增长49.8倍；笔记本电脑产量达2 223.4万部，同比增长35.2%。

集成电路产业 全年实现销售收入380亿元，同比增长25.4%。至年末，集成电路布图设计数达120件，比上年增加32件。移动终端基带芯片、多媒体芯片和射频芯片等移动通信领域集成电路设计实现产业化及商业化应用；电源管理芯片实现产业化；TFT-LCD驱动电路芯片完成研发工作。12英寸生产线开始建设；12英寸化学气相沉积和等离子刻蚀设备完成原型机开发，SOI材料实现产业化。

平面显示产业 以上海为主的长江三角洲地区FPD产业链初具规模，上海已初步形成多品种的TFT-LCD面板生产格局。以上广电NEC液晶面板生产为核心的上海平板显示产业基地集聚多家上游材料生产企业，TFT-LCD专用印刷线路板、玻璃基板后道加工、彩色滤光片等生产线落户上海。

3G技术研发与生产 随着TD-SCDMA规模网络技术应用试验网完成网络规划、工程设计、网络建设、设备安装调试，并开始发放友好用户，上海TD-SCDMA终端产业从芯片到设计公司及终端制造企业的产业链更趋完善；TD-SCDMA终端芯片取得突破，手机核心芯片平台实现可视电话功能，开放式多媒体终端芯片入选上海市2006年度第一批专利新产品，CMOS单芯片TD-SCDMA/GSM/GPRS双模射频芯片实现产业化；基站设备的生产能力已具备；WCDMA成套设备产品已销往国外。

数字电视 “移动电视”、“网络电视”进一步普及，超过5 000辆公交车和1 000多辆出租车安装DVB-T的无线接收器；9月，“网络电视”正式开播。具有完全自主知识产权的数字电视地面广播传输系统标准正式被批准成为强制性国家标准。

信息服务业

全年实现经营收入1 221.5亿元，同比增长26.0%。其中电信服务业收入356.8亿元，同比增长7.7 %；广电经营收入32亿元，同比增长16.1%；网络服务收入172.4亿元，同比增长48.2%；软件收入616.7亿元，同比增长35.5%。

软件业 全年实现经营收入616.7亿元，同比增长35.5%；全年认定软件企业270家，登记软件产品1 146个。至年末，全市共有软件企业1 175家，其中国家规划布局内重点软件企业25家，占全国的1/6，经营收入超亿元的

企业70家，同比增长62.8%，登记软件产品3 541个；取得计算机系统集成资质等级企业累计达122家，其中一级的有8家，二级的有23家；通过CMM3/CMMI3以上评估的企业达到87家，其中7家通过CMM5评估，3家通过CMM4评估；通过ISO9000认证的企业有300多家。软件业从业人员达14.1万人，其中本科及本科学历以上的超过65%。基础软件、行业应用软件研发取得进展，软件产品链不断健全，国家软件出口基地和软件产业基地产业集聚效应显现，多家软件企业实现海内外上市。

电信服务业 至年末，固定电话用户达1 112.3万户，其中住宅电话737.8万户，固定电话普及率达61.3%；移动电话用户达1 609.5万户，比上年末增加165.3万户，移动电话普及率为88.7%。全年长途电话通话时长达151.42亿分钟，同比增长37.5%；其中固定电话长途通话时长达32.6亿分钟，同比增长4.4%；移动电话长途通话时长达27.22亿分钟，同比增长38.7%；IP电话通话时长达91.6亿分钟，同比增长54.6%。在长途电话通话时长中，国际及港澳台电话通话时长达6.2亿分钟，同比增长8.6%。全市1 799家电信企业完成年检，年检通过率为87.3%。全年实现电信投资额112.6亿元。

广电服务业 全年全市共有38家广播电视入网设备企业进行了年检，85项设备和器材取得了入网证；有线数字电视推广在虹口区欧阳街道五个小区，约2 000户家庭开展了试点工作。至年末，全市数字电视用户累计达9.3万户；有线电视用户达448.12万户，比上年末增加20.82万户，其中有线电视双向改造完成200.30万户，增加14.64万户。

互联网服务业 出台有关提供邮箱服务单位的备案登记办法；加大对内容违规网站的打击力度，全年关闭各类内容违规网站45家，关闭私服外挂及涉嫌侵权网站6家；查处违规接入服务网吧70余家；进行ICP经营许可证、ISP业务经营许可证审批。至年末，全市互联网用户达957万户，比上年末增加154万户，互联网用户普及率达52.7%；宽带接入用户达335.2万户，增加87.8万户，其中家庭宽带接入用户达301.68万户，新增79.02万户。

信息产业公共服务体系

信息产业园区基地建设 4月，由空间188创意产业园、联合数字内容产业园、数字电视产业园组成的数字媒体产业园区成立。7月，国际信息服务外包产业园成立，启动服务外包园区示范点建设工作。至年末，园区累计入驻企业1 100多家，其中产值超亿元的企业8家，超千万元的企业12家，500万元以上的企业14家。

公共服务平台建设 集成电路研发中心完成0.25微米嵌入式Flash工艺、0.13微米全套工艺和90纳米关键模块工艺开发，针对共性工艺技术组成研发联盟，建立专业性的项目合作关系，为制造企业技术升级提供服务，提供新材料和设备的验证评价工作。至年末，累计自主申请国内专利145项，其中发明专利139项。硅知识产权交易中心已形成覆盖面广、关系密切的客户群以及基础类和高端咨询两大类法律业务体系，提供企业知识产权战略咨询服务，深化IP交易的法律服务等；并与Cadence、Mentor Graphics、宏力半导体、航盛等公司签署战略合作协议或成立联合实验室；成功举办"知识产权保护对中国集成电路行业的影响"论坛等系列活动。软件评测中心以"推进软件产业发展，在软件工程、软件质量、测试领域提供专业服务"为中心定位，全年完成各类测试项目661项，同比增长1.36倍，其中软件产品登记测试447项、成果鉴定测试63项、信息系统工程项目验收测试22项，《上海洋山港综合信息服务平台》等系统测试工作受到用户单位的好评。

四、政务领域信息化

政府信息公开

政府信息公开工作进一步深化。出台《上海市政府机关公文类信息公开审核办法》，开发完成政府信息公开申请处理系统。深化公开内容，重点推进规划、房地等领域的政府信息公开。加强基础工作，制订政府信息公开评估指标体系和评估办法，组织开展政府信息公开业务培训。至年末，全市各政府机关累计主动公开信息达20.58万条，比上年增加4.88万条，全文电子化率达95%以上；收到政府信息公开申请累计2.88万件，比上年增加7 533件，申请满足或部分满足率达79.4%。

电子政务基础支撑体系

公务网 业务应用初具规模，应用范围涉及39个应用项目及444个市级和近500个区级单位。至年末，接入光缆累计达13 880芯公里，比上年增加730芯公里，接入单位比上年增加42个，基本覆盖全市党政部门。

政务外网 完成19个区县、104个市级委办局及其直属单位的政务外网光纤接入；依托政务外网应用支撑平台，在政府信息公开申请、市容城管投诉、户外广告设施设置审批、电子监察等项目中开展了应用试点工作。

重点应用系统

居住证信息系统 居住证信息系统核心主体工程建设完成，形成可容纳1 000万来沪人口信息的共享数据库、日均4.5万张的制卡及交换处理能力；19个区县交换平台以及基础信息共享数据库建成，并与市级交换平台联网；覆盖全市各街道、乡镇的235个居住证受理网点全面开通。至年末，累计发放居住证17.13万张，临时居住证66.88万张。

社会保障和市民服务信息系统 社保卡应用领域不断拓展，在基层人大代表选举的选民登记工作中，全面推广使用社保卡；社保卡与银行卡绑定支付有新进展，至年末，累计有28家医院、25个街道、15个上海银行网点和3个邮政储汇局开通了绑定授权业务，建成了支持30万人应用的绑定支付系统。至年末，社保卡累计发放1 004.32万张，比上年末增加40.65万张，其中面向镇保人员发放社保卡累计89.9万张，面向中小学生发放的学籍卡累计49.17万张；补(换)卡累计达73.69万张，其中为70周岁以上市民换发社保卡55.28万张。全年市民服务信息热线(962222)提供咨询近47万人次。

企业基础信息共享应用试点 市企业基础信息共享应用系统稳定运行，共享企业基础信息从42项增至53项。至年末，市企业基础信息库累计共有101万户企业的53项基础信息，其中约24.5万户新增企业通过新系统流程办理工商企业注册、质监组织机构代码申领、税务登记等相关事项。

进出口领域企业信息交换试点 市进出口领域企业基础信息交换系统开发完成，初步形成与市企业基础信息共享应用系统的互动与协同框架，将实现175项企业信息在工商、税务、质监、海关、外汇管理、出入境检验检疫、外经贸、国资管理部门之间的及时交换与共享。

“中国上海”门户网站

“中国上海”门户网站信息整合系统进一步完善，实现对本市所有政府网站内容多形式组合的全网检索，对各子网站信息发布情况的监控和内容管理等。至年末，“中国上海”门户网站累计访问量达6 053.34万人次，比上年末增加2 507.91万人次；页面访问量累计超过5.41亿人次，比上年末增加1.91亿人次，其中“中国上海”信息公开板块页面访问量累计达2 560万人次，比上年末增加1 092.52万人次；网上办事和服务项目达1 667项，其中可直接受理的办事审批788项、办事状态实时查询192项、结果反馈180项、实用信息查询405项、网上咨询50项、网上投诉52项；提供有关办事和服务表格网上下载1 660项6 011张。

五、经济领域信息化

企业信息化

发布《关于应用信息技术改造提升传统产业的若干政策意见》；开展“百家IT厂商助力 万户传统企业提升”企业信息化扶助体验活动；定期举办“企业信息化发展战略高级研修班”；启动“上海轨道交通装备产业信息化平台”规划编制；中小企业信息化服务联盟的企业信息化ASP平台为行业企业用户推出行业信息化解决方案，至年末，全市共有2.3万家企业用户使用企业信息化ASP服务平台。

电子商务

全年完成电子商务交易额1 899.65亿元，同比增长17%，占全市商品销售总额的比重达12.3%。开展BtoB电子商务领域的调研，启动BtoB电子商务专项试点工作，面向社会公开征集第三方行业电子商务平台等应用项目；完成对上海市BtoC电子商务公共服务平台建设的总体规划。

电子口岸与物流信息化

12月6日，洋山深水港区综合信息服务平台正式投入运行，洋山声讯服务中心正式开通。上海口岸税费电子支付系统实现与11家金融机构联网，入网企业累计达2 657家。全年上海电子口岸平台的企业电子支付金额达650亿元，同比增长35.4%，占上海海关关税总额的51%；报文传输量达6 545.4万份，同比增长26.2%，单证电子化率达71%。“5+1”特殊区域联网监管系统由5个出口加工区拓展到外高桥保税区（包括外高桥保税物流园区）、洋山保税港区，应用企业累计达131家，其中洋山保税港区用户2家，至年末，系统累计处理单证达107.33万份。完成了现代物流公共信息服务平台项目的预研工作。

金融信息化

发布《上海银行卡产业发展计划（2006～2008年）》；形成金融税控收款机试点项目基本方案；完成数字电视机顶盒自动识别系统、农产品生猪销售及食品安全追溯电子标签实施项目、电子标签仓储管理系统、医院电子标签标识信息管理系统等4个项目试点，完成2006年特殊奥运会上海国际邀请赛电子标签应用项目。中国农业银行信用卡中心正式落户上海。至年末，全市银行卡累计发卡5 610.89万张；全年银行卡交易量4.1亿笔，交易金额3 666.19亿元，同比分别增长27.3%和32.8%；银行卡交易金额中，持卡消费金额1 793.7亿元（其中投资类消费金额595亿元），同比增长45.5%，占全市社会消费品零售总额的比重达35.7%。至年末，全市联网商户达3.05万家，联网POS机8.38万台，POS机具活动率达到90%；全年跨行交易量达2.98亿笔，交易金额2 316亿元，同比分别增长18.7%和42.8%，其中持卡消费1 692亿元，同比增长56%；手机支付业务定制用户超过36万。银行卡受理领域拓展至邮政服务、物业缴费等领域。

农业信息化

全年在郊区建设为农综合服务信息平台100个，平台累计点击量达46 632次。至年末，上海农科热线累计受理全国各地咨询电话21.57万个。食用农副产品安全查询平台在全市50家大卖场推广，安全信息条形码普及至全市1万多种农产品和食品；畜牧生产管理系统已在89家规模化养猪场应用，蔬菜生产管理系统已在45家蔬菜园艺场应用，市、区两级行业主管部门和卫生监管部门可通过该系统实行监督管理。

旅游信息化

上海旅游热线962020正式开通运行，为游客和市民提供电话咨询、旅游预定服务。完成旅游咨询多媒体触摸屏系统改造，实现在三星级以上宾馆全面布局，提供旅游信息自助式查询服务。优化上海旅游网栏目，开设旅游超市专栏，提供旅游线路约500条，日访问量达60万页次。

六、社会事业与公共服务领域信息化

市政府实事项目

800兆数字集群政务共网 列为2006年市政府实事项目，完成2个核心机房设备安装和调试、59个重要建筑室

内覆盖，建成开通134个室外基站，基本实现全市行政区域和洋山深水港区网络覆盖，实现网络开通试运行；深水港地区用户已接入政务共网开展日常调度，宝钢、机场等重点区域的共网建设得到了推进。

“百万家庭学礼仪” 市文明办、市妇联、市总工会、市信息委等13家单位联合开展，2月25日正式启动，市妇联、市信息委等单位开发完成学礼仪活动网上学习考试系统。至年末，累计75.62万人参加了学习考核。

“市民信箱” 在全市19个区县设立了471个用户受理点，增加了“家校互动”、“市民博客”等内容频道；提供静安、宝山区政府门户网站的网上办事系统实名身份认证。至年末，市民信箱注册用户累计达124.26万人，比上年末增加37.28万人；累计向用户发送各类信息4.4亿条次；累计开展77次网上调查活动，参加调查的人数超过46万人次。

“付费通” “付费通”平台与15家金融机构实现联网，新增了工行、建行、农行三家银行；通过付费通网站、自助缴付终端和手机支付等缴费方式可缴付19种公用事业费和交通罚款，新增手机支付缴费方式和有线通、交通罚款等缴付功能。至年末，付费通平台累计交易达2 902.58万笔，比上年末增加1 976.48万笔，累计交易金额达25.73亿元，比上年增加16.23亿元。

社会事业和社区信息化

教育信息化 “家校互动”系统5月开始在嘉定、闸北、徐汇三个区的60多所中小学开始试点，至年末，已有4 058名教师通过家校互动平台发送了家庭作业、教学重点、互动留言等内容，4.07万名学生、1.67万名家长加入“家校互动”系统参与互动。

社区管理信息化 黄浦、长宁两区开展“百户单元”综合试点工作，完成5个试点街镇10个居委会32 500余人的信息采集任务，开发34个救助业务协同办理应用模块，建立了涉及14个部门49项事务的来沪人员服务管理机制，建立完善了包括信息交换平台、实有人口数据库、5大应用系统及相应制度规范的“百户单元”信息化支撑体系，初步形成“一口采集、动态更新，条块共享”的实有人口信息采集机制。

社区文化信息化 基本完成信息苑中央管理平台建设，信息苑内容宽带专网平台3.2版正式上线，共开发了电子政务、文化传播、便民服务、新农村新郊区、未成年人天地等5大板块、27个频道、256个栏目的内容。至年末，累计建设东方社区信息苑270家，建成并开放205家。全年，信息苑累计接待837万人次；依托信息苑开展各类培训4 762次，公益活动3 219次。

社区服务信息化 全年“安康通”为老关怀服务援助系统新增用户1.92万户，受理用户来电呼叫26万次，提供法律、医疗以及心理咨询服务4 300次，为老人提供紧急救助1 900次。全年社区服务热线共接听来电43万次，同比增长超过40%，处理满意率超过93%，服务工作综合满意率超过90%。至年末，社区服务平台共发布社区动态信息6.7万条，社区服务队伍信息6 600条，“一门式”信息1.6万条，居委会上网率超过95%，社区论坛注册用户增至4万余人，社区服务超市服务项目扩展到8大类44个，共优选加盟服务单位360余家，涉及服务人员4 000多名，全年为社区群众提供各类服务1.76万次，同比上升37%。全面梳理居民生活服务社会公共热线，完成了“962200热线服务网”网站的设计和开发工作。

七、城市建设和交通领域信息化

城市网格化管理

城市网格化管理信息系统建设在全市推广，完成黄浦、静安、徐汇、虹口、普陀、杨浦、闸北和浦东新区等区的系统建设并投入试运行，完成松江和青浦两个郊区城区部分的试点建设。至年末，城市网格化管理覆盖了12个区的510平方公里，涉及人口978.2万。

智能交通

市交通信息中心正式成立，启动上海市交通综合信息平台建设工作；启动中心城快速路网“三桥一隧”交通监控系统和沿线地面道路诱导系统等工程建设。至年末，交通卡累计发卡2 568.06万张，比上年增加594.04万张；全年销售金额达10.06亿元，同比增长21.5%。

八、信息安全

信息安全管理

出台《上海市公共信息系统安全测评管理办法》，全年共完成重要信息系统安全测评32个。编制完成《上海市网络与信息安全事件专项应急预案》、《上海市网络与信息安全事件应急预案编制指南》，逐步开展各领域应急预案制定、完善和培训工作。

信息安全服务

至年末，全市累计发放各类数字证书71.8万张，比上年末增加15.03万张；电子商务领域，新增15个企业证书应用项目；电子政务领域，启动本市电子证书应用示范项目一期，在8个区政务系统和4个市级政务系统推广数字证书应用，其中房地局应用发放证书14 000余张。9682000信息化服务热线服务网点增至21家，全年提供咨询服务达12.8万次，提供计算机维修服务4 751次。市计算机病毒防范服务中心全年向20余家媒体提供病毒预报55期，预报病毒356种并提供了解决方案。

信息安全试点工作及平台建设

完成国信办组织的国家信息安全管理标准应用试点工作，推动50家信息安全重点单位进行信息安全风险自评估，组织国泰君安、申银万国和上海期货交易所等单位开展信息安全等级保护试点工作，启动上海市商用密码管理基础设施、上海市数字证书认证系统扩建等项目的建设工作。

信息安全技术研发及产业化

国家信息安全产业化（东部）基地公共服务平台已建成并投入运营。至年末，基地入驻企业累计达83家，其中被认定高新技术企业数5家，从业人员近3 200人；转化863计划成果8项、其他国家科技成果19项；申请专利及著作权31项，取得国内专利21项、国际专利30项；通过技术创新，涌现出一批拥有自主知识产权的信息安全企业。

九、区县信息化

区县电子政务一体化平台建设

颁布《关于进一步做好信息化支撑社区管理网格化基础工作的指导意见》和《上海市区县电子政务总体框架建设指南》，19个区（县）的政务外网全面建成，15个区（县）建设了区（县）级人口基础信息资源库，9个区（县）建设了法人基础信息资源库，11个区（县）建设了空间地理基础信息资源库，6个区（县）建立了统一的信息交换平台。各区（县）依托区级数据库群和交换平台开展了“一体化”应用建设，30个项目被评为“2006年度区县信息化应用优秀成果”。

地区电子政务原型试点

黄浦、松江、徐汇三区完成“地区电子政务原型试点工作”，通过国家电子政务标准化总体组组织的标准符合性验收。建设完成人口、法人、空间地理信息共享指标体系及基础信息资源库，分别集中了8个区级部门提供的213项人口数据指标、6个区级部门提供的75项法人数据指标、6个区级部门和3个市级部门提供的37个空间地理图层数据，实现了城镇居民最低生活保障等17项跨部门协同应用、证照协同监控等6类协同应用和土地储备管理等综合业务应用。

信息化支撑社会主义新农村建设

至年末，累计完成20多个新城镇和工业园区的信息基础设施专业规划，覆盖面积达640平方公里，占全市面积的10%左右，规划覆盖人口近260多万；印发《关于2006年城镇信息化建设工作的指导意见》，指导各郊区城镇深化政务网络和信息化应用系统建设；编制完成《上海市农村信息化综合信息服务试点方案》，金山区被信息产业部列为首批国家农村信息化综合信息服务试点区。

十、信息化环境

信息化规划

完成《上海市国民经济和社会信息化“十一五”规划（草案）》编制；拟定了信息化“十一五”专项规划编制、审定和发布工作管理规范。11月21日，《长三角区域信息化"十一五"合作规划（2006～2010年）》在第六次沪苏浙经济合作与发展座谈会上正式发布；社会诚信体系、信息安全、信息产业、电子商务、电子政务、无线电管理、信息化人才、信息化法治、信息基础设施等其余8个专项规划基本完成编制起草、征求意见和衔接协调等工作。

信息化项目管理

市本级信息化项目支出预算归口把关工作稳步推进，编制发布了《上海市本级信息化项目支出预算管理办法（试行）》；与市财政局联合完成培训教材编制及课件制作，完成对98家预算主管部门、228名财务和信息化人员的动员和培训工作；开发了辅助预算审核的信息系统，实现用信息化手段解决信息化项目预算申报、审核和查询。全年共受理300余家市级预算单位的千余个信息化项目申报。落实信息化项目归口把关的要求，配合市发展改革委做好信息化建设项目审核工作。完成信息化项目IT审计试点工作；与市发展改革委联合编制完善了《上海市市级机关信息系统建设和管理指南（试行）》。全市用于信息化建设的固定资产投资296.25亿元，占全社会固定资产投资总额7.5%。

信息化政策法规

全年共组织开展信息化政策法规基础调研项目9项、信息化立法监督检查活动3次，编辑出版《信息化政策法规选编（第二版）》等研究材料，启动“五五”法宣工作。全年共发布地方政府规章1件、规范性文件3件、政策性文件1件。5月7日发布《上海市公共信息系统安全测评管理办法》；3月27日发布《上海市政府机关公文类信息公开审核办法》、5月13日发布《上海市市本级信息化项目支出预算管理办法（试行）》、5月22日发布《关于同意试行公用移动通信集约化无线室内覆盖分布系统租赁费标准的批复》；6月7日发布《关于进一步加强社会保障卡补（换）卡过程中身份核实工作的通知》。

信息化标准与质量管理

全年共发布4个上海市地方标准，分别为《信息系统安全测评通用要求（修订）》、《集约化通信局房设计规范》、《高频（13.56MHZ）电子标签测试规范》、《企业信息化指导规范》。行业协会10个联合企业标准项目进入验收阶段。“上海热线”、“前程无忧”、“我的钢铁”三个品牌获2006年国内首批信息服务业上海名牌服务称号。

信息技术创新和知识产权保护

至年末，信息技术创业投资基金对外投资协议金额累计达3 914万元，18个创业企业或项目获投资，其中4个项目已全部或部分收回投资，宽带无线接入深度开发及产业化项目被列入上海市科教兴市重大项目；3家信息技术领域企业列入第二批上海市知识产权示范企业（培育企业），1家企业列入2006年上海市知识产权示范企业（争创企业）；15个信息技术类产品被认定为市级专利新产品；219项信息技术领域科技成果被认定为2006年上海市科技成果转化项目，占总数的27.9%。开展了信息行业知识产权调研；编制完成《2000～2005年信息技术领域专利态势报告》；开展集成电路行业自主创新知识产权保护专项行动，形成一批具有自主知识产权的集成电路产品。

信息化研究与咨询

信息化专家委员会 参与上海市国民经济和社会信息化“十一五”规划、教育部“十一五”基础教育信息化发展计划等重大规划的咨询工作；参与“数字海洋”、“世博会通信服务系统”、“浦东新区科技创新信息化工程”等项目的专项评估会和项目评审共137人次。全年共有38位专家参加了国际标准化组织教育信息技术研讨会、ICT2006国际学术会议、世界软件工程大会等国内外学术交流活动；联合上海图书馆举办信息化知识讲座4期；完成“世博智能服务系统”专题研究，启动“世博信息化主题研究”、“世博网络新技术研究”等6个专题研究。

信息化研究 启动“信息服务业中个人信息的保护研究”、“上海信息服务外包的产业化发展研究”、“上海中心城区信息架空线入地问题研究”、“本市信息化领域协会的能力建设与工作机制研究”等8项课题研究；完成“信息化促进上海先进制造业发展的重点与策略研究”、“国有企业信用管理实施策略研究”、“电子政务支撑社区网格化的组织推进方案研究”等18项课题评审。

信息化培训

至年末，参加“上海市信息技术管理职业资格”认证考试累计达2 049人次，比上年末增加207人次，其中获得资格证书累计868人，比上年末增加114人；获得高级信息技术主管职业资格证书累计达47人，比上年末增加6人；参加计算机应用能力等级考核累计达406.3万人次，其中获得合格证书188.0万人；参加面向国家公务员的电子政务考试累计达11 387人次，比上年末增加2 949人次，其中累计合格9 476人，比上年末增加2 353人次，全年合格率达80%。与市人事局联合发布《上海市信息专业技术人才知识更新工程实施意见》，正式启动上海市信息专业技术人才知识更新工程，成立上海市信息化人才培养专家指导委员会。

信息化合作交流及重要会展

国际国内合作交流 国际合作领域继续拓展，保持与联合国经济与社会事务部、联合国训练研究所等国际组织和机构的密切合作，加强与国际计算机协会、国际电气与电子工程师学会计算机协会等专业组织的交流。深入推进长三角地区信息化合作，形成长三角地区信息化合作工作机制；长三角地区电子认证互联互通、无线电协同监管、物流信息一体化等合作项目取得阶段成果；开展软件、集成电路行业交流研讨活动；开展云南、新疆、西藏等合作与对口支援活动，密切在信息化培训、企业对口交流、专题项目等领域的合作。

重要会展 5月20日至5月28日，首次在发展中国家举办的第28届世界软件工程大会在上海国际会议中心举行，大会主题为“中国软件工程和谐融入世界”，共召开3场全体大会、举办40个专题的79场专题会和研讨会，来自54个国家和地区的1 271名代表出席会议，其中海外代表711人。5月23日至26日，第三届上海国际信息化博览会在上海光大会展中心举行，展览面积2.5万平方米，参观人数达58 000人次。10月18日至19日，亚太地区城市信息化论坛第六届年会在上海国际会议中心举行，来自联合国及世界34个国家、69个城市的436名代表出席了会议。

信息化社团管理

市信息服务外包发展中心组建完成；市光电子行业协会半导体照明专委会、光纤光缆光器件专委会、平板显示专委会，市通信制造业行业协会IPv6专委会，市信息服务业行业协会网络教育专委会、社区信息化应用推广专委会、数字内容专委会，市软件行业协会开源软件专委会成立；至年末累计行业协会15家，民办非企业4家，专业委员会26家，会员单位超过2 200家，基本覆盖了本市信息化领域的龙头和骨干企业。

信息化工作系统党群工作

继续开展保持共产党员先进性长效机制建设，深化市信息委党组提出的“八个经常化”长效机制。党员先进性教育管理信息系统通过专家评审，荣获上海党建网站评比一等奖、优秀党建工作服务奖。成立市信息化委员会党务信息化工作领导小组，支持配合市委组织部构建全市范围的党员教育管理服务信息系统。市信息服务业行业协会党委成立，进一步加强“两新”组织党建。市信息化行业工会联合会成立，开始探索行业工会科学维权机制。开展2005～2006年度文明单位创建。至年末，市信息化工作系统共有基层党组织806个、中共党员10 388名。继续开展第二届“科教兴市先锋”和“关心群众模范”、2006年度“双文明”双十佳好事、第四届“十佳青年”以及先进团组织、优秀团员和优秀团干部等评选表彰活动。全年共有1个集体荣获全国性先进荣誉称号，46个集体和71名个人荣获市级先进荣誉称号，18个集体和73名个人荣获市信息化工作系统荣誉称号。

十一、社会诚信体系

社会信用制度建设

出台《关于加强中小企业信用制度建设的实施意见》。开展通过信用信息记录共享、信用产品使用进行行政分类分级管理的探索试点。部分委办局分别探索信用制度在社会综合管理中的创新应用，对社会主动公开企业相关信用信息。组织开展“信用户”小额贷款、科技结对帮扶、知识产权抵押贷款、以大卖场为核心的商业企业信用制度建设的试点；组织开展科技园区信用制度建设以及区级政府政策实施的信用报告使用制度安排等试点；在十多个行业协会进行行业协会会员企业信用制度建设。

信用服务体系建设

根据《上海市企业信用征信试行办法》的规定，至年末，全市已备案征信机构42家，个人信用联合征信数据库理事会成员达45个，累计采集770万个人的信用信息，比上年末增加152万人；累计出具个人信用报告643万份，比上年末增加183万份，日均查询个人信用报告1.3万份。企业信用联合征信系统累计采集60万户企业的信息。

社会诚信创建活动

“以诚实守信为荣，以见利忘义为耻”为主题开展诚信活动周，组织开展各类活动共计100余项。全年完成3 000人次的企业信用管理岗位培训；开展首批CCA（注册信用分析师）培训试点；举办信用知识专题讲座8次；完成《干部信用知识读本》编写工作；向全市社区和高等院校发放《上海市个人信用服务指引》180万册。举办2006年“信用长三角”高层研讨会，形成“信用长三角”LOGO标志，发布“信用长三角徐汇宣言”，开通“信用长三角”共享平台，实现沪苏浙三地企业代码、企业名称、经营范围等8项企业基础信息数据网上公开免费查询。

2006年上海市政府信息公开年度报告

本报告根据《上海市政府信息公开规定》（下称"《规定》"）以及2006年度上海市各区（县）人民政府（下称"区（县）政府"）和上海市政府各委、办、局（下称"市级机关"）的政府信息公开年度报告编制。本报告由概述，政府信息主动公开情况，依申请公开政府信息情况，咨询情况，复议、诉讼和申诉的情况，工作人员和政府收支情况，主要问题和改进措施，附表八部分组成。本报告中所列数据的统计期限自2006年1月1日起至2006年12月31日止。本报告的电子版可在"中国上海"门户网站（www.shanghai.gov.cn）和上海市信息化委员会网站（www.shanghaiit.gov.cn）下载。如对本报告有任何疑问，请与上海市信息化委员会联系（地址：巨鹿路915号，邮编：200040，电话：61122305,电子邮箱：webmaster@shanghaiit.gov.cn）。

一、概　述

推进政府信息公开是上海贯彻落实国务院《全面推进依法行政实施纲要》的重要举措，是上海市政府建设"服务政府、责任政府、法治政府"的一项重要工作。按照《中共中央办公厅、国务院办公厅关于进一步推行政务公开的意见》（中办发〔2005〕12号）和《中共上海市委办公厅、上海市人民政府办公厅关于本市贯彻〈中共中央办公厅、国务院办公厅关于进一步推行政务公开的意见〉的实施意见》（沪委办〔2005〕16号），2006年本市政府信息公开工作在深化公开内容、加强基础性工作等方面取得了新的进展。

（一）深化政府信息公开内容

1. 3月，市政府办公厅转发《上海市政府机关公文类信息公开审核办法》，建立了政府机关在公文产生过程中同步确定其主动公开、依申请公开、免予公开三种属性的制度。

2. 重点推进城市规划、动拆迁等领域的政府信息公开，明确公开主体、范围、程度、形式、时间等要求。目前规划部门已经基本形成了规划管理类信息公开细则草案。

3. 为了推进重大决定草案公开，提升决策的民主性和科学性，完成了《上海市政府机关重大决定草案公开管理办法》课题研究。

4. 为方便公众办事，市政府办公厅、市政务公开联席会议办公室和市政府信息公开联席会议办公室共同起草形成了政府机关通过114查号台和"中国上海"门户网站公开信访、投诉、咨询电话号码的工作方案。

（二）加强基础性工作

1. 为规范政府信息公开申请处理流程，提高工作效率，依托市政务外网建成了市级政府信息公开申请网上处理系统，实现对政府信息公开申请处理工作的实时监督和统计分析，已有42个市级委、办、局在线运行。

2. 针对政府信息公开申请处理中的新情况，对政府信息公开申请处理文书格式文本作了修改，形成了《政府信息公开申请处理文书示范文本》。

3. 由市政府办公厅、市监察委、市信息委、市政府法制办、市国家保密局等市政府信息公开联席会议成员单位组成的政府信息公开咨询工作小组受理了150多件来自各政府机关的咨询。市政府信息公开联席会议办公室处理投诉40多件，接待来访50多人次。

4. 对2005年度政府信息公开评估中情况较差的单位以工作建议的形式进行个别指导，同时进一步完善评估指标体系，形成了2006年度评估指标。

5. 6月和11月，与市行政学院举办了两次共300多人次参加的业务培训和考试，并组织开展了与欧盟专家的工作交流；在"上海干部在线学习城"开设专门课程，将政府信息公开纳入全市干部教育培训体系。

6. 通过市政府新闻发布会、网站、媒体，对2005年政府信息公开年度报告和2006年重点工作进行了广泛宣传。

二、政府信息主动公开情况

（一）公开的主要内容

各政府机关对政府信息进行了梳理和编目，2006年新增主动公开政府信息48 824条，全文电子化率为95%。其中，政策法规类信息3 597条，占7.4%；规划计划类信息2 866条，占5.9%；业务类信息40 555条，占83.0%；机构设置类及其它类信息1 806条，占3.7%。

市级机关主动公开政府信息23 244条，全文电子化率为99%。其中，政策法规类信息1 753条，占7.5%；规划计划类信息353条，占1.5%；业务类信息20 730条，占89.2%；机构设置类及其它类信息408条，占1.8%。

区（县）政府主动公开政府信息25 580条，全文电子化率为91%，其中，政策法规类信息1 844条，占7.2%；规划计划类信息2 513条，占9.8%；业务类信息19 825条，占77.5%；机构设置类和其它类信息1 398条，占5.5%。

1. 管理规范和发展计划

规范性文件方面，公开了市政府规章和各政府机关产生的规范性文件，如《上海市住房公积金管理若干规定》、《上海市旅行社管理办法》、《上海市危险化学品安全管理办法》等。

经济社会发展规划、计划及其进展和完成情况方面，公开了《上海市国民经济和社会发展第十一个五年规划纲要》、《上海市能源发展“十一五”规划》、《上海市“十一五”人才发展规划纲要》、《上海中长期科学和技术发展规划纲要（2006～2020年）》、《2006年河道整治工程建设计划》。

城市总体规划、其他各类城市规划以及土地利用总体规划等方面，公开了《上海市住房建设规划（2006～2010年）》、《上海市土地利用总体规划》、《上海市区（县）域规划纲要》、《上海市中心城控制性编制单元规划》、《上海市整单元控制性详细规划》、《上海市中心城公共绿地实施规划》。

2. 与公众密切相关的重大事项

影响公众人身和财产安全的疫情、灾情，以及突发公共事件的预报、发生及其处理情况等方面，公开了有关台风、汛情的预报及防范措施、高致病性禽流感防控措施、《关于贯彻中国气象局〈突发气象灾害预警信号发布试行办法〉的实施意见》、本市甲乙类传染病疫情等信息。

土地征用、房屋拆迁的批准文件、补偿标准、安置方案等情况方面，公开了房屋拆迁补偿标准、房屋拆迁许可证、建设项目用地批文及审批结果、新建住宅交付使用证、经营性土地出让、土地使用权出让结果等信息。

公共卫生方面，公开了医疗事故鉴定情况、医疗机构行政处罚情况，医疗事故争议处理、医疗收费标准，执业医师注册；本市各级医疗机构住院床位日均费用情况、门急诊均次费用排序情况、医疗质量监管考核综合得分排序等信息。

教育方面，公开了公众教育收费、招生考试、转学借读等方面的信息。其中，在教育收费方面，公开了高中收费、义务教育收费、幼托机构收费、非学历教育收费、教育费用减免等方面的政策；在招生考试方面，公布了中招、高招方面有关招考公示等方面的信息。

社会保障、劳动就业方面，公开了城镇失业保险、养老保险、从业人员收入标准等方面的信息。

民政方面，公开了社会救助标准、养老福利服务机构收费标准、调整居民养老服务补贴标准、各类优抚对象抚恤标准、城乡居民最低生活保障标准、退役士兵自谋职业一次性经济补助标准、计划生育奖励与补助标准等信息。

其它与社会公众及企业密切相关的信息方面，公开了企业基本信息，申请进出口经营资格程序和许可结果，质量技监许可项目、程序、结果，质量技监抽查结果，公交线路调整、轨道线路延伸运行等方面的信息。

3. 公共资金使用和监督

重大城市基础建设项目的公开招标、中标情况及工程进度情况方面，公开了市民关注的高速公路、越江隧道、城市道路建设的详细情况，包括长江隧桥工程、中环线建设、洋山深水港一期工程、A15浦东机场高速公路、A30高速公路通车、轨道交通9号和8号线工程等信息、2006年重大工程项目列表、建设工程招投标、工程建设管理、建筑建材业管理等信息。

政府集中采购项目的目录、政府采购限额标准、采购结果及其监督情况方面，公开了2007年政府采购集中采购目录和采购限额标准、采购结果及其监督情况，以及供应商注册、中介机构、咨询专家名单等信息。

政府财政预算、决算和实际支出以及审计情况方面，公开了《关于上海市2005年预算执行情况和2006年预算草案的报告（摘要）》，以及2005年上海市审计工作成果等信息。

4. 政府机构和人事

政府机关的管理职能及其调整、变动情况方面，公开了政府机关管理职能、内设机构和直属单位、主要领导人简历、人事任免等信息。

公务员招考、录用以及公开选任干部的条件、程序、结果等情况方面，公开了2006年上海市国家公务员考试录用实施意见、实施方案、招录简章，历年上海市国家公务员考试录用人数，2005年上海市国家公务员任职和公务回避情况，2005年国家公务员年度考核情况，2005年上海市招录的国家公务员名单，以及党政领导干部选拔条件、提拔任用资格和选拔程序等信息。

5. 重大决定草案

公开了市政府实事项目、《上海轨道交通网络规划环境影响（涉及城市土地利用、资源保护等问题）征求公众意见》、《关于本市2006年增加城镇企业退休人员养老金办法的调查问卷》、《本市教育实事工程网上征求建议》、《关于<上海市医疗废物环境污染防治若干规定（草案）>征求公众意见的公告》、《关于<上海市生猪产品质量安全监管办法（草案）>征询公众意见的公告》等信息。

（二）公开形式

1.互联网

“中国上海”门户网站政府信息公开专栏下设市政府信息目录、市政府信息公开指南、市政府机关与区（县）信息公开、市政府信息公开指引、政府信息公开年报、政府规章、政府会议、机构职责、实事项目、信访接待、政府文件、人事任免、办事规程、上海统计、公众监督、市政府新闻发布、政府公报、申请公开、公务员招录等19个子栏目。市民通过“市政府机关与区（县）信息公开”子栏目可以查阅市级机关、区（县）政府主动公开的政府信息；通过“申请公开”子栏目，可以向各政府机关提出政府信息公开申请，并查阅政府信息公开申请处理的状态。

各政府机关在各自网站上设立了政府信息公开专栏，发布各类政府信息。2006年各政府机关政府信息公开专栏访问量达2 441万人次。

实名制“市民信箱”为市民免费发送政府公报、政策法规、人事任免等政府信息和个人社会保险信息以及公用事业账单等便民信息。

2.公共查阅点

指定市档案馆外滩新馆为政府公开信息集中查阅中心。目前该中心已汇集了49个市级机关主动公开的政府信息，纸质全文3 863件、纸质目录2 086条、电子目录4 915条、电子全文4 750件，区（县）档案馆也设立了政府公开信息集中查阅点，为公众提供区（县）政府机关主动公开的政府信息。2006年接待公众查阅政府公开信息2 109人次、借阅文件4 716件。

3.政府公报

通过市政府公报公开重要行政法规，市政府规章，各政府机关的主要规范性文件，与经济、社会管理和公共服务相关的其他文件，以及人事任免、机构设置、表彰等信息。市政府公报每月5日和20日出版，通过档案馆、图书馆、部分企事业单位、邮局、书报亭、新华书店、居委会、村委会等免费向公众发放，每期发放量达20万份。各区（县）政府也陆续出版政府公报，公布辖区内的重要政府信息。

4.新闻发布会

市政府新闻办每两周举行一次例行新闻发布会，发布重大政府信息，同时根据实际需要不定期举行专题新闻发布会。2006年共举行新闻发布会25场，发布重要信息40多项，回答记者提问266个，主要围绕经济建设、社会事业、政府自身建设、城市建设和管理、文化体育及重大活动、环境保护、教育卫生、节能节水、房地产市场调控等社会公众关心和政府关注的问题。市级机关已基本建立新闻发言人制度，定期或不定期地发布重要政府信息。

三、政府信息依申请公开情况

(一) 申请情况

各政府机关共收到政府信息公开申请7 533件，其中市级机关收到3 775件，区（县）政府收到3 758件；当面申请4 040件，占53.6%，以网上提交表单形式申请2 437件，占32.4%，以电子邮件申请541件，占7.2%，以传真形式申请129件，占1.7%，以信函形式申请271件，占3.6%，以其它方式申请115件，占1.5%。

在市级机关中，申请量列前五位的是市房地资源局、市水务局、市规划局、市人事局、市工商局，申请内容主要涉及用地批文、拆迁许可证、补偿安置标准、城市规划、建设项目规划以及许可证结果、人才引进、事业单位聘用制、工资福利、职称改革、公务员管理、军转、企业年检、验照结果等方面的内容。

在区（县）政府机关中，申请量列前五位的是浦东新区、闸北区、杨浦区、嘉定区、长宁区，申请内容主要涉及环境规划、社会保障、劳动就业、土地征用、物业管理、房屋拆迁、补偿标准以及教育和人事等方面的政府信息。

(二) 申请处理情况

在7 533件政府信息公开申请中，已经答复的有6 852件，按照《规定》将于下年度答复的681件。

在6 852件答复中，“同意公开”的5 143件，占75.0%；“同意部分公开”的306件，占4.5%；未能提供相关政府信息的1 403件，占20.5%。

在1 403件未能提供相关政府信息的答复中，“信息不存在”的451件，占32.1%；“非本部门掌握”的420件，占29.9%；“申请内容不明确”的259件，占18.5%；属于《规定》第十条免予公开范围的188件，占13.4%；因其它原因未提供政府信息的85件，占6.1%。

四、咨询情况

全市共有1 106.2万人次通过各种方式咨询与政府信息公开有关的事务，其中现场咨询30.07万人次，占2.7%；电话咨询1 064.82万人次，占96.3%；网上咨询11.31万人次，占1%。

在市级机关中，接受咨询量列前五位的是：市劳动保障局、市公安局、市质量技监局、市教委、市工商局，咨询内容主要涉及最低工资标准、加班工资支付、公安行政许可事项及其依据、治安户政管理、交通管理、质量监督、食品安全、入学报考与招生、教育收费、职业与成人教育、组织机构代码年检等方面信息。

在区（县）政府中，接受咨询量列前五位的是：浦东新区、长宁区、普陀区、黄浦区、卢湾区，咨询内容主要涉及外商投资企业经济政策、招商引资政策、房地产开发政策、土地征用和动拆迁政策、建筑项目用地规划、城区建设规划、市政道路建设、物业管理、劳动保护、个人社会保险金、扶贫标准条件、优抚的标准条件、政府采购、财政资金使用、食品药品监管等方面信息。

五　复议、诉讼和申诉的情况

市政府收到有关政府信息公开行政复议申请124件，受理106件，办结79件，受理率和办结率分别为85.5%和74.5%。在办结的79件复议申请中，维持具体行政行为61件，纠错18件，纠错率为17.2%，其中对区（县）人民政府的纠错率为38.1%，对市级机关的纠错率为12.7%。

全市发生了一定量的针对各政府机关有关政府信息公开事务的行政诉讼和申诉。

六、工作人员和政府收支情况

(一) 工作人员情况

全市从事政府信息公开工作的全职人员88人，兼职人员1 962人。平均每个市级机关从事政府信息公开工作的全职人员1人，兼职人员14.3人；平均每个区（县）政府从事政府信息公开工作的全职人员1.7人，兼职人员65.4人。

（二）政府信息公开事务支出情况

2006年是《规定》实施的第三年，用于政府信息公开申请受理点、政府信息公共查阅室、网站改版和更新等费用110.96万元。其中，市级机关支出25.78万元，区（县）政府支出85.18万元。

（三）依申请公开政府信息收费情况

各政府机关按照市财政局、市物价局《关于本市政府机关依申请提供政府信息收费问题的通知》，对依申请提供政府信息收取复印、递送等成本费用共计1 724.6元。

七、主要问题和改进措施

目前，政府信息公开主要在深化公开内容、规范政府信息公开行为、加强基础性工作方面存在不足，考虑从以下三个方面作进一步的改进：

1. 深化政府信息公开内容。以社会关注度高、公共利益大的政府信息作为突破口，推进制定不同领域的政府信息的公开内容细则；深化行政处罚决定信息的公开，逐步探索形成工作规则；继续推行重大决定草案公开工作。

2. 规范政府信息公开行为。推进政府信息公开申请处理系统应用，进一步规范信息公开流程；开展公文类信息的备案登记工作，并开展对各公文类信息公开属性复查试点工作；开展政府信息公开建议改进工作，并探索形成相应的工作规则。

3. 加强基础性工作。推进政府机关对社会关注度高、专业性强的重大决定提供解读服务；结合政风行风测评，继续完善政府信息公开监督评议制度，将评议工作常规化、日常化；加强政府信息公开咨询服务工作；加强宣传和普及力度，提高公众对政府信息公开的认知度。

八、附表

（一）主动公开数据情况

2006年政府信息公开信息数为48 824条，与2005年相比减少1 457条。主动公开信息量较大部门是房地、规划、财政、卫生、教育、公安等部门。

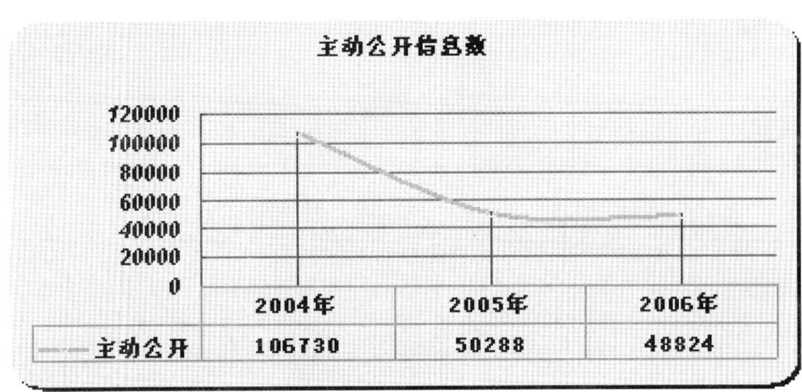

	2004年	2005年	2006年
主动公开	106730	50288	48824

（二）依申请公开数据情况

2006年政府信息公开申请数为7 533件，与2005年相比减少4 932件，主要是由于部分政府机关对依申请政府信息进行梳理，按照《规定》深化了主动公开内容，方便公众从各类主动公开渠道获取政府信息。依申请公开信息量较大部门是房地、规划、水务、工商、人事、劳动保障、发展改革委等部门。

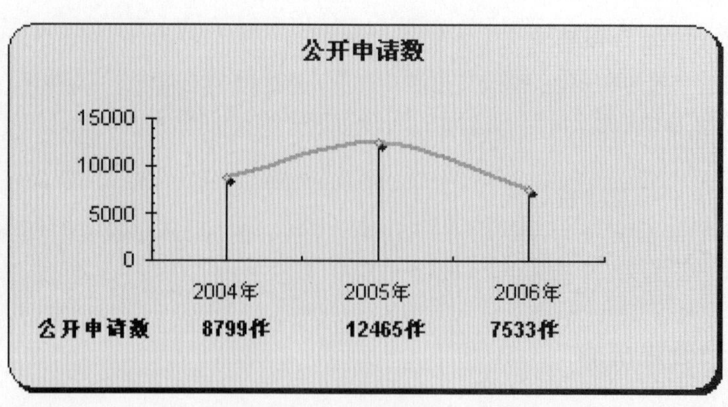

1. 主动公开情况统计

指　　标	单位	数量
主动公开信息数	条	48 824
其中：全文电子化的主动公开信息数	条	46 313

2. 依申请公开情况统计

指　　标	单位	数量
本年度申请总数	条	7 533
其中：1. 当面申请数	条	4 040
2. 传真申请数	条	129
3. 电子邮件申请数	条	541
4. 网上申请数	条	2 437
5. 信函申请数	条	271
6. 其他形式申请数	条	115
对申请的答复总数	条	6 852
其中：1. 同意公开答复数	条	5 143
2. 同意部分公开答复数	条	306
3. 否决公开答复总数	条	1 403
其中：(1)"信息不存在"数	条	451
(2)"非本部门掌握"数	条	420
(3)"申请内容不明确"数	条	259
(4)"免予公开范围 1"数 *	条	20
(5)"免予公开范围 2"数	条	32
(6)"免予公开范围 3"数	条	3
(7)"免予公开范围 4"数	条	89
(8)"免予公开范围 5"数	条	3
(9)"免予公开范围 6"数	条	41
(10)其他原因	条	85

* 免予公开范围指《规定》第十条所列免予公开的政府信息范围。

3. 咨询情况统计

指　　标	单位	数量
本年度提供服务类信息数	条	166 184
网上咨询数	人次	113 096
现场接待人数	人次	300 720
咨询电话接听数	人次	10 648 214
网站专栏页面访问量	人次	103 152 878

4. 申诉情况统计表

指　　标	单位	数量
行政复议数	件	73
行政诉讼数	件	35
行政申诉数	件	3
其中：对本部门首次处理不满意的行政申诉数	件	1

5. 政府支出与收费情况统计

指　　标	单位	数量
收取费用总数	元	1 724.6
政府信息公开指定专职人员总数	人	2 050
其中：1. 全职人员数	人	88
2. 兼职人员数	人	1 962
处理政府信息公开的实际支出	万元	110.96

上海市信息化委员会

二OO六年三月三十一日

信息化法律法规

政府规章

上海市公共信息系统安全测评管理办法

(2006年5月7日上海市人民政府令第58号公布)

第一条（立法目的）

为了规范本市公共信息系统安全测评活动，保障公共信息系统正常运行，制定本办法。

第二条（定义）

本办法所称的公共信息系统安全测评，是指依据有关信息安全标准、规范，对本市承担公共管理职能的机构（以下简称公共管理机构）以及提供社会公共服务的单位（以下简称公共服务单位）的计算机信息系统，进行安全保障性能测试、评估的活动。

第三条（适用范围）

本市行政区域内的公共信息系统安全测评及其管理活动，适用本办法。法律、法规另有规定的，从其规定。

第四条（管理部门）

上海市信息化委员会（以下简称市信息委）负责本市公共信息系统安全测评的组织协调和监督管理工作。

第五条（责任制度）

公共管理机构、公共服务单位的负责人应当承担开展公共信息系统安全测评的管理责任。各有关主管部门应当督促所属的公共管理机构、公共服务单位开展公共信息系统安全测评。

第六条（测评年度计划）

市信息委应当会同各有关主管部门，制定公共信息系统安全测评年度计划，组织公共管理机构、公共服务单位实施，并进行指导、监督。

第七条（新建系统的测评）

新建公共信息系统的，公共管理机构、公共服务单位应当在系统建设前将安全设计方案报送市信息委审查；市信息委应当在15日内提出审查意见。新建的公共信息系统试运行结束后30日内，应当进行安全测评。

第八条（测评机构）

公共信息系统安全测评，应当由国家有关部门认可的信息安全测评机构（以下简称测评机构）实施。公共管理机构的公共信息系统，由市信息委指定的测评机构统一实施安全测评；公共服务单位的公共信息系统，由该单位委托的测评机构实施安全测评。

第九条（测评协议）

公共管理机构、公共服务单位应当与测评机构签订公共信息系统安全测评协议，明确测评的范围、内容、方案、期限、费用和违约责任等事项。公共信息系统安全测评协议的示范文本，由市信息委制定。

第十条（测评要求）

测评机构应当依据国家和本市信息技术、信息系统安全的标准、规范，实施公共信息系统安全测评，保证测评活动的客观、公正。

第十一条（安全事项告知与协助义务）

安全测评的实施过程可能影响公共信息系统正常运行的，测评机构应当事先告知公共管理机构、公共服务单位，并协助其采取相应的预防措施。

第十二条（测评报告）

测评机构实施公共信息系统安全测评后，应当出具包括以下内容的测评报告：

（一）测评范围、内容；

（二）测评所依据的相关标准、规范；

（三）系统安全的评估结论、整改建议。测评报告应当由测评机构负责人签署。

第十三条（安全整改）

公共管理机构、公共服务单位应当根据测评报告的整改建议，对公共信息系统采取安全整改措施；测评机构应当给予协助和指导。公共管理机构完成安全整改后15日内，应当将整改情况报送市信息委备案；公共服务单位完成安全整改后15日内，应当将整改情况报送其主管部门备案。

第十四条（测评实施情况的报告）

测评机构应当每季度将实施公共信息系统安全测评的汇总情况向市信息委报告；发现公共信息系统存在重大安全问题时，应当立即向市信息委报告。

第十五条（动态复测）

公共信息系统安全测评后，应当每两年进行一次复测；系统的网络结构、信息处理流程等发生重大变更的，应当及时进行复测。公共信息系统的复测应当包括以下内容：

（一）系统前次测评时发现的主要问题；

（二）核心网络设备、服务器、安全防护设施、应用软件等系统关键部分发生变更，可能出现的安全隐患；

（三）新的信息技术可能对系统安全造成的影响。

第十六条（测评机构的保密义务）

测评机构对公共信息系统安全测评过程中取得的技术数据、业务资料等信息负有保密义务，不得以任何方式将相关信息提供给第三方。

第十七条（测评机构的行为禁止）

禁止测评机构从事下列活动：

（一）信息安全产品开发、营销和信息系统集成活动；

（二）限定公共管理机构、公共服务单位购买、使用其指定的信息安全产品；

（三）其他可能影响测评客观、公正的活动。

第十八条（未进行测评或者整改的处理）

公共管理机构、公共服务单位未按照本办法的规定开展公共信息系统安全测评或者采取安全整改措施的，由市信息委或者相关主管部门责令其改正；因未开展公共信息系统安全测评或者采取安全整改措施，导致系统发生安全故障的，依法追究有关负责人的行政责任。

第十九条（对测评机构违法行为的处理）

对测评机构违反本办法的行为，由市信息委按照下列规定进行处理：

（一）违反本办法第十四条规定，未报告公共信息系统安全测评情况或者重大安全问题的，责令改正，并处1万元以下罚款；

（二）违反本办法第十六条规定，向第三方提供公共信息系统安全测评相关信息的，或者违反本办法第十七条规定，从事可能影响测评客观、公正的活动的，责令改正，并处3万元以下罚款。

第二十条（施行日期）

本办法自2006年7月1日起施行。

规范性文件

上海市人民政府办公厅转发市政府信息公开联席会议办公室关于上海市政府机关公文类信息公开审核办法的通知

沪府办发〔2006〕10号

各区、县人民政府，市政府各委、办、局：

市政府信息公开联席会议办公室制订的《上海市政府机关公文类信息公开审核办法》已经市政府同意，现转发给你们，请认真按照执行。

上海市人民政府办公厅

二〇〇六年三月二十七日

上海市政府机关公文类信息公开审核办法

第一条（目的依据）

为提高本市政府机关公文类信息公开工作的效率，根据《国家行政机关公文处理办法》、《上海市政府信息公开规定》（以下简称《规定》），制定本办法。

第二条（定义）

本办法所称的政府机关，是指本市各级人民政府及其工作部门、派出机构以及其他依法行使行政职权的组织。

本办法所称的公文，是指政府机关在行政管理过程中形成的具有法定效力和规范体式的文书，包括命令（令）、决定、公告、通告、通知、通报、议案、报告、请示、批复、意见、函、会议纪要。

第三条（原则和要求）

公文类信息公开工作应当遵循依法、及时、高效的原则，在公文产生的过程中同步确定其主动公开、依申请公开、免予公开三种属性。属于主动公开的，应当及时通过适当的途径发布。

政府机关应当结合本机关办公自动化建设，逐步实现发文办理的电子化，提高公文类信息公开工作的效率。

第四条（管理机构）

政府机关的办公厅（室）是负责本机关公文类信息公开审核的机构，管理、协调公文类信息公开的审核工作。

第五条（提出信息的公开属性）

政府机关公文的草拟部门在完成公文草拟的同时，应当根据公文的内容，对照《规定》的要求，在发文单上注明其属性；属于免予公开的，还应当注明免予公开的理由。

与公民、法人、其他组织的管理行为无关的内部信息，包括机关内部人事任免、内部设备管理、内部规章制度等信息归入依申请公开类政府信息，政府机关按照《规定》审查该类信息是否可以公开。

第六条（核实信息的公开属性）

办公厅（室）在审核公文时，应当以有关法律、法规和规章为依据，同时审核草拟部门确定的属性是否准确，免予公开的理由是否充分。

办公厅（室）认为草拟部门确定的属性不符合《规定》的要求，可以商草拟部门重新确定属性；协商不一致的，可以提出审核意见，由公文签发人确定。

第七条（确定信息的公开属性）

公文签发人在签发公文时，有权最终确定其属性。

第八条（联合发文的公文类信息的处理）

对联合发文，各联合发文机关应当协商确定公文属性。公文签发后，主办机关应当将其属性反馈给其他联合发文机关。

第九条（编制目录和全文发布）

公文签发后，处理政府信息公开事务专门机构（以下简称“信息公开专门机构”）应当按照其属性，分别编入主动公开政府信息目录、依申请公开政府信息目录和免予公开政府信息目录。属于主动公开的，信息公开专门机构可以直接将该信息通过本机关的政府网站或者其他形式全文发布。

第十条（发文单的配套）

各政府机关可以重新印制发文单，列明主动公开、依申请公开、免予公开三种属性；也可以采用其他方式修订发文单。

第十一条（配合工作）

信息公开专门机构和保密工作部门应当配合办公厅（室）搞好公文类信息的审核工作。

第十二条（参照执行）

政府机关在行政管理过程中产生的业务流程、办事指南、统计数据、执法文书以及其他非公文类信息公开的审核，可以参照本办法执行。

第十三条（解释）

本办法由上海市政府信息公开联席会议办公室负责解释。

第十四条（施行日期）

本办法自发布之日起施行。

上海市政府信息公开联席会议办公室

二〇〇六年三月二十日

上海市信息化委员会、上海市财政局关于印发《上海市市本级信息化项目支出预算管理办法（试行）》的通知

市政府各委、办、局，各市级预算单位：

为进一步深化预算改革，规范市本级信息化项目支出预算管理，我们制定了《上海市市本级信息化项目支出预算管理办法（试行）》，现印发给你们，请遵照执行。

上海市信息化委员会
上海市财政局
二〇〇六年五月十三日

上海市市本级信息化项目支出预算管理办法（试行）

第一章 总则

第一条（目的和依据）

为了规范上海市市本级信息化项目支出预算的管理工作，根据《上海市市本级项目支出预算管理暂行办法（试行）》（沪财预〔2005〕74号）精神，结合本市信息化建设和管理的实际情况，制定本办法。

第二条（适用范围）

本办法适用于本市市级预算单位的信息化项目支出预算管理。

第三条（定义）

本办法所称的信息化项目分为信息系统建设项目和信息系统运行维护项目两种类型。

信息系统建设项目，是指新建信息系统的项目或者对已有信息系统进行升级改造的项目。

信息系统运行维护项目，是指对已有信息系统进行运行维护的项目。

第四条（项目支出）

信息系统建设项目的支出包括用于信息系统新建、升级改造所需的计算机和网络硬件设备购置、商用软件购置、应用软件开发、信息安全保障、系统集成、监理等方面的支出。

信息系统运行维护项目的支出包括为保障已有信息系统软件、硬件正常使用所需的计算机和网络硬件设备维护更新、通信服务、软件维护、信息安全服务等方面的年度支出，不包括与信息系统运行维护项目相关的水电、交通、培训、会议、日常办公等费用支出。

第二章 项目申报

第五条（申报条件）

申报支出预算的信息化项目应当符合以下条件：

（一）符合国家和本市有关方针政策，符合本市国民经济和社会信息化重点专项规划以及电子政务等专项规划的要求；

（二）符合公共财政要求和财政资金供给的范围；

（三）有充分的实施依据和较好的预期效益；

（四）有明确的项目目标、组织实施计划和科学合理的项目预算，并经过可行性研究和论证，具备较好的组织实施条件。

第六条（申报程序）

信息化项目支出预算的申报程序如下：

（一）预算单位应当按照预算管理级次和上级预算主管部门的时间要求进行申报，不得越级申报。

（二）预算主管部门对各预算单位申报的信息化项目进行初审和筛选排序，形成信息化项目支出预算，连同初审意见和排序结果，按照规定期限函告上海市信息化委员会（以下简称市信息委），并抄送上海市财政局（以下简称市财政局）。

（三）市信息委负责信息化项目支出预算的专项评审，根据评审结果，提出信息化专业领域年度预算项目安排计划，按照规定期限送市财政局，并抄送预算主管部门。

第七条（申报要求）

信息化项目支出预算的申报应当符合以下要求：

（一）预算单位应当结合业务需求，按照第五条的申报条件，向预算主管部门申报信息化项目支出预算；信息化项目的名称应当按照"××信息系统建设项目"或者"××信息系统运行维护项目"的规范格式确定。

（二）预算主管部门应当指导和组织各预算单位在部门预算管理信息系统中填报信息化项目，准备项目预算申报书等申报材料，确保申报材料与部门预算管理信息系统在项目名称、单位名称和预算金额等方面保持一致。

（三）预算主管部门应当充分发挥所属信息化工作部门的专业特长，依据本市信息化中长期发展规划和年度计划，结合本单位实际需要，从申报材料的完整性、规范性，项目建设的必要性、紧迫度、可行性等方面严格初审，并按照项目的轻重缓急进行筛选排序。

第八条（申报材料）

预算主管部门申报信息化项目支出预算时应当提交以下材料：

（一）申报函；

（二）由部门预算管理信息系统对项目进行汇总并排序后形成的软盘；

（三）每个项目的预算申报书；

（四）其他应当提交的材料。

第三章 专项评审

第九条（受理）

市信息委每年定期受理各预算主管部门集中申报的信息化项目支出预算。

申报材料不完备或者不符合要求的，市信息委应当告知预算主管部门在5日内补全或者补正。

第十条（评审依据）

市信息委受理信息化项目支出预算申报后，应当根据国家和本市有关信息化的规划、政策、标准、法规和有关要求，结合本市信息化建设的实际情况和发展重点，按照全社会资源配置最优化的原则组织专项评审。

涉密的信息化项目支出预算，市信息委在评审时应当执行有关保密法律法规的规定。

第十一条（评审方式）

市信息委可以通过聘请专家、征求有关单位意见、现场审核、委托第三方专业机构等方式组织专项评审。

根据评审需要，预算主管部门和预算单位应当在提供补充材料、接受现场审核等方面做好配合工作。

第十二条（评审重点）

信息化项目支出预算专项评审的重点是：

（一）信息系统建设项目评审：(1) 项目与有关规划的符合情况；(2) 项目与需求的符合情况；(3) 项目建设依据的充分性；(4) 项目建设的紧迫度和效益；(5) 项目的安全性和风险评估；(6) 信息共享和资源整合的情况；

(7) 项目利用存量资源以及全市公共性平台的情况；(8) 技术方案的合理性；(9) 资金估算的合理性。

(二) 信息系统运行维护项目评审：(1) 信息系统的运行情况；(2) 信息系统已取得的实际效益；(3) 运行维护机制的合理性；(4) 服务外包的规范性；(5) 资金估算的合理性。

专项评审还应当充分参考预算单位以往信息化项目的实施、验收和绩效评估情况。

第十三条（评审结果）

信息化项目支出预算专项评审的结果分为三类：同意安排、暂缓安排和不同意安排。

评审结果为同意安排的项目，由市信息委提出预算金额审核意见后进行排序，列入信息化专业领域年度预算项目安排计划，并纳入信息化专业项目库。

评审结果为暂缓安排的项目，不列入信息化专业领域年度预算项目安排计划，纳入信息化专业项目备选库，预算主管部门可以对项目进行调整后在下年度向市信息委重新申报。

评审结果为不同意安排的项目，不列入信息化专业领域年度预算项目安排计划，预算主管部门不得再次申报。

第四章 信息化专业项目库管理

第十四条（信息化专业项目库的性质）

信息化专业项目库由通过专项评审的信息化项目经排序后组成，是市信息委编制信息化专业领域年度预算项目安排计划的依据。

除重大政策调整和不可预见的特殊项目外，未纳入信息化专业项目库的项目，市信息委不将其列入信息化专业领域年度预算项目安排计划，市财政局不列入年度预算草案。

第十五条（信息化专业项目库的管理部门）

信息化专业项目库由市信息委负责建立和维护更新，每年定期开放，并实行滚动管理。

第十六条（信息化专业项目库的更新）

市财政局根据市人大通过的年度预算，将项目支出预算批复各有关预算单位时，应当将有关信息化项目支出预算部分抄送市信息委。市信息委据此对信息化专业项目库进行更新。

第五章 信息化项目的实施管理

第十七条（项目的实施要求）

各预算单位应当严格执行国家和本市关于招投标、政府采购、信息系统监理、信息安全、安全测评、软件评测、信息共享、信息化标准建设等方面的规定和要求，根据市财政局预算批复，组织实施信息化项目。项目完成后，项目单位应当组织验收和总结，并将完成情况报市信息委、市财政局和预算主管部门。

第十八条（项目的监督管理）

市信息委、市财政局对信息化项目的实施过程和完成结果进行监督检查，各预算主管部门和预算单位应当予以配合。

第六章 附则

第十九条（应用解释）

本办法由市信息委和市财政局按照各自职责解释。

第二十条（施行日期）

本办法自发布之日起试行。

附　录

www.shanghaiit.gov.cn

2006年上海信息化建设大事记

1. 1月5日，上海市“百万家庭网上行”计划总结表彰会在上海国际会议中心召开，市信息化委员会主任傅文彪主持，副市长杨雄出席会议并讲话，“百万家庭网上行”计划领导小组8家成员单位负责同志及各县政府分管领导、有关单位代表共150余人参加会议。“百万家庭网上行”计划自2003年启动实施以来，在全市共设立609个培训点，开设14 773个培训班，46万市民参加培训并获得合格证书，26.6万市民参加自学考试并获得合格证书，130多万市民参加市、区两级推进小组主办的各类网上主题实践活动，三年的计划任务圆满完成。

2. 1月5日，第四届上海市信息化专家委员会专家聘书颁发仪式暨2006年迎新座谈会顺利举行。市国民经济和社会信息化领导小组副组长、副市长杨雄向专家颁发聘书。本届专家委由75位国内外专家组成，其中院士7位，外籍专家10位。

3. 1月16日，江苏、浙江两省信息产业厅与上海市信息化委员会在苏州联合召开长三角地区信息化合作座谈会。会议总结了2005年度三方共同开展的合作项目完成情况，讨论确定了2006年度共同推进的6个合作项目。

4. 1月16日，国务院信息化工作办公室电子政务组和有关专家分别到黄浦、松江、徐汇三区，调研地区电子政务原型试点进展情况。试点区分别汇报了人口、法人、地理空间领域的数据库、信息交换平台、协同应用模式及相关制度建设情况。国务院信息化工作办公室认为试点工作符合既定方案和国家要求，对进展情况表示充分肯定，并要求试点单位进一步总结提升，以便向全国推广。

5. 1月19日，副市长杨雄在市长会议室主持召开居住证信息系统专题会议，市政府副秘书长范希平，市发展和改革委员会（市人口办）、市公安局，市信息化委员会等相关同志参加了会议。副市长杨雄在会上指出，居住证信息系统要加快建设，要与社区建设的管理模式相衔接，同时要考虑与房地、税收等业务系统的联接。

6. 1月26日，在全市人事人才工作会议上，市信息化委员会陈更荣获五年一度的“上海市人事系统先进工作者”荣誉称号。会议共表彰了全市10名先进人事干部和10个先进集体。市信息化委员会荣获2005年度上海市劳动工资统计先进单位。

7. 2月10日，中宣部副部长、国务院新闻办主任蔡武，国家信息产业部副部长奚国华来沪就全市互联网舆论宣传工作进行专题调研。市委常委、市委宣传部部长王仲伟介绍了全市网宣与网安工作的组织管理体制以及总体情况，得到了联合调研组高度肯定。

8. 2月15日，市委副书记王安顺，市委常委、组织部长姜斯宪，市委副秘书长刘卫国等到市信息服务业等行业协会进行工作调研，并在市信息服务业行业协会召开了加强民间组织党建工作座谈会。

9. 2月24日，市委、市政府召开全市信息化工作电视电话会议。市委、市政府主要领导出席会议，市委副书记、市长韩正出席会议并讲话，副市长杨雄在会上作了信息化工作报告。市委常委、市委秘书长范德官出席会议。会上，市领导向获得“2003～2005年上海市信息化优秀项目”实施单位代表颁奖。市建设交通委、黄浦区、万达信息股份有限公司和浦东新区张江镇有关负责人分别在主会场和分会场作了交流发言。

10. 2月28日，副市长杨雄在市政府副秘书长范希平、市信息化委员会主任傅文彪和市发展和改革委员会副主任陈寅的陪同下，视察了上海硅知识产权交易中心紫竹总部，市领导对中心的工作成果予以充分肯定并表示将长期支持中心发展。

11. 3月6日，市网安小组组长、副市长杨雄主持召开上海市网络与信息安全协调小组第二次会议，市政府副秘书长洪浩及各成员出席会议。会议旨在贯彻落实国家网络与信息安全协调小组第五次全体会议和全市信息化工作会议精神，推进“十一五”期间全市信息安全保障工作。

12. 3月7日，云南迪庆州干部信息化上海培训班开班仪式在上海电视大学举行。此次信息化培训班的学员来自云南迪庆州政府的中层岗位，他们接受了信息化战略规划、信息化应用项目、电子政务和电子商务等方面的培训。

13. 3月9日，市通信管理局组织召开洋山深水港通信建设工程总结表彰大会，总结洋山深水港通信工程建设情况，表彰作出突出贡献的集体和个人。国家信息产业部综合规划司副司长张春林出席会议并讲话，充分肯定了洋山深水港通信工程集约化建设模式。

附录

14. 3月21日，市委常委、常务副市长冯国勤主持召开上海市政府信息公开第六次联席会议，市政府秘书长杨定华、副秘书长范希平出席会议。会议审议了政府信息公开2005年工作情况、政府信息公开评估结果、2006年工作要点等。

15. 3月23日，上海市信息化专家委员会和国家电子政务标准化总体组专家，共同对上海市黄浦、松江、徐汇三区承担的“地区电子政务原型试点”进行验收。验收组认为“地区电子政务原型试点”在确定共享信息指标体系、建设区级统一的信息交换平台、形成协同应用模式等方面取得一定的示范性成果，一致同意验收通过。

16. 3月23日，上海超级计算中心与上海交通大学共同承担的“基于超级计算机的结构动力学并行算法设计、软件开发与工程运用”项目在上海市科学技术大会上获得2005年上海市科技进步一等奖。

17. 3月29日，由上海市企业信息化促进中心主办，IT168网站、上海信息化发展研究协会、上海市现代服务业联合会和中国惠普、上海电信等企业集团参与协办的“首届SEIP企业信息化高峰论坛”在上海图书馆举行，同时还举办了ASP实证、物流及供应链、信息安全等3个分论坛。

18. 3月31日，全市纠风和政务公开工作电视电话会议召开。市委常委、常务副市长冯国勤就全市纠风、政务公开和政府信息公开工作2005年情况和2006年安排作了总结和部署，市委副书记、市长韩正作了重要讲话。

19. 4月7日，市委常委、常务副市长冯国勤主持召开2006年上海市社会诚信体系建设联席会议第一次全体（扩大）会议，市政府副秘书长吉晓辉、范希平出席,联席会议62家成员单位的分管领导及联络员、国有大型企业相关负责同志以及部分行业协会代表参加会议。会上下发了《2006年上海市社会诚信体系建设工作要点》。

20. 4月10日，国家信息产业部在上海召开加强信息产业创新能力建设座谈会，信息产业部副部长蒋耀平出席座谈会,上海、浙江、江苏、山东等泛长江三角洲地区的信息产业主管部门领导进行了交流发言。

21. 4月25日，国务院信息化工作办公室在浙江召开部分省市参加的信息安全工作座谈会，会议由国务院信息化工作办公室安全组司长王渝次主持，常务副主任曲维枝出席会议并作重要讲话。市信息化委员会有关领导代表上海参加此次会议。

22. 5月17日，2007年世界特殊奥林匹克运动会信息通信合作伙伴签约仪式在上海电信长途电信大楼举行。2007年世界特殊奥运会组委会常务副主席、特殊奥运会执委会主任、副市长周太彤等出席签约仪式并讲话。市信息化委员会主任傅文彪出席签约仪式。

23. 5月20日，主题为“中国软件工程和谐融入世界”的第28届世界软件工程大会（ICSE 2006）在上海举行，共有来自54个国家和地区的1 271名代表参加此次大会。

24. 5月23日，上海市信息化委员会主办第三届上海国际信息化博览会，共有中国国际信息通信展览会、上海国际集成电路和软件展览会、上海国际信息技术应用展览会、中国国际电子商务政务展览会等4个专业展会，展览总面积超过3万平方米，展位达1 400个。

25. 6月6日，国家发展和改革委员会、国家信息产业部、商务部、国家税务总局联合发布2005年度国家规划布局内重点软件企业名单，共有157家软件企业名列之内，其中上海软件企业25家。

26. 6月8日，全市首家村级东方社区信息苑--万春苑在金山区廊下镇举行揭牌仪式。市委宣传部、市文明办，市信息化委员会以及金山区委等有关领导出席揭牌仪式，并参观了新建成的东方社区信息苑。

27. 6月20日，市委副书记、市长韩正，市委常委、副市长周禹鹏，副市长严隽琪一行前往上海紫竹科学园区调研，进一步推进和落实全市科教兴市各项政策。

28. 6月30日，由上海市征信管理办公室、江苏省社会信用体系建设领导小组办公室、浙江省信用建设领导小组办公室共同主办，上海市徐汇区人民政府承办的"信用长三角"高层研讨会在上海富豪环球东亚酒店召开。上海市市委常委、常务副市长冯国勤，江苏省副省长赵克志，浙江省副省长茅临生出席会议，分别就各省市信用体系建设情况发表演讲，共同点击开通"信用长三角"信息共享平台。会上，三地信用主管部门联合发布"信用长三角"徐汇宣言，宣告将携手打造"信用长三角"。

29. 7月1日，《上海市公共信息系统安全测评管理办法》正式施行。

30. 7月6日，上海国际信息服务外包产业园成立。园区拥有1 100多家国内外服务外包企业，其中产值超亿元的企业有8家、超千万元的企业12家、500万元以上的企业14家。

31. 7月25日，云南迪庆州干部信息化第二期上海培训班开班仪式在上海电视大学文会楼举行。市信息化委员会有关领导参加开班仪式并致辞，上海远程教育集团领导、市政府合作交流办对口支援处负责同志参加了开班仪式。

32. 7月28日，甘肃省超级计算中心暨上海超级计算中心兰州分中心隆重揭牌。揭牌仪式上，甘肃计算中心与上海超级计算中心签订了合作协议书。

33. 7月31日，副市长杨雄、市政府副秘书长范希平、世博会执委会专职副主任钟燕群等在人民大厦听取市信息委主任傅文彪关于世博信息化方案的汇报。杨市长提出3点要求：一是办博信息化总体框架要清晰；二是同意成立世博信息化部；三是要求在大框架下分清工作界面。

34. 8月3日，市信息化委员会会同市委机要局召开上海市数字证书应用示范项目启动会议，正式启动和部署上海市数字证书应用示范项目的实施建设工作。市信息化委员会、市委机要局相关领导出席会议并讲话。参与此次示范项目的4个市级委办局、8个区县的相关负责同志出席会议。

35. 8月15日，市人大有关专门委员会、市政府法制办会同市信息化委员会、市公安局、市劳动保障局、市民政局、市医疗保险局、市公积金管理中心组成联合检查组，并特邀市民代表参加，对上海市社会保障和市民服务信息系统的核心系统、社保卡受理和补（换）卡网点以及劳动保障、医院、医保定点药房、派出所等社保卡应用网点进行相关检查。

36. 8月15日，第四届上海市信息化专家委员会第二次全体会议在巨鹿大厦召开。会议由专家委主任程锡元主持，市信息化委员会有关领导出席会议。

37. 8月19日，副市长杨雄、市政府副秘书长范希平、市信息化委员会主任傅文彪一行参加移动信息化体验馆开馆仪式，并就世博信息化工作进行考察。

38. 8月29日，国务院信息化工作办公室在北京召开全国政务信息资源目录体系与交换体系试点工作座谈会，市信息化委员会有关领导以及黄浦、徐汇、松江3个电子政务原型试点区的信息委负责同志参加会议。会上，天津、上海、北京3市总结交流了政务信息资源目录体系和交换体系的试点工作情况，山东省威海市介绍了共享信息资源调查情况，内蒙古、浙江、福建等省市介绍了试点工作思路。

39. 9月7日，2006年上海市白玉兰纪念奖颁奖仪式在上海国际贵都饭店举行。市信息化委员会有关领导参加了颁奖仪式，并与市外事办公室领导共同向38位获奖者颁发证书。经市信息化委员会推荐的英特尔亚太研发有限公司总经理萧慕廉、上海京瓷电子有限公司副董事长兼总经理冈本昭好、上海润星网络科技有限公司总裁王子杰3人荣获该奖。

40. 9月，国家信息产业部对近年来在信息产业科技创新工作中取得突出成绩的集体和个人予以表彰，下发了《关于表彰信息产业科技创新先进集体和先进个人的决定》。市信息化委员会推荐的12个集体全部被评为“信息产业科技创新先进集体”，9名个人全部被评为“信息产业科技创新先进工作者”。

41. 9月11日，由上海市信息服务业行业协会与上海市信息化培训协会联合成立的上海市信息服务业培训中心正式揭牌。市政协、市信息化委员会以及闸北区的有关领导出席揭牌仪式。

42. 9月13日，2006年度上海市明星软件企业、优秀软件产品表彰大会在上海城市管理学院召开，大会共评选出上海市明星软件企业36家，优秀软件产品34个，优秀软件企业家10位。

43. 9月16日，2007年世界特殊奥林匹克运动会“特奥热线962007”开通仪式系列活动在上海电信长途电信大楼举行。副市长周太彤、中国残疾人联合会理事长汤小泉等领导出席会议并与特奥运动员共同启动了特奥热线开通按钮。市信息化委员会有关领导出席开通仪式，并重点介绍了特奥热线以及特奥信息通信系统建设情况。

44. 9月20日，由市委宣传部、市征信管理办公室、徐汇区政府等部门共同主办的“构建和谐社会，共筑诚信上海——2006年上海诚信活动周启动仪式”在铁路上海南站城市动力广场举行，拉开了上海纪念《公民道德建设实施纲要》颁布五周年系列宣传活动序幕。市委宣传部、市文明办，市信息化委员会、市征信办等有关领导出席活动。

45. 9月26日，围绕“应用信息技术改造提升传统产业，实现‘地域有限、发展无限’的目标”，促进IT厂商提供更好的软件产品与服务，推进中小企业信息化建设，在市信息化委员会、市科学技术委员会、市经济委员会等的指导下，由上海市企业信息化促进中心主办的“百家IT厂商助力 万户传统企业提升”企业信息化扶助体验计划正式启动，上海电信、微软、神州数码、AMT、SAP、富士通等22家首批IT厂商与主办单位签订了“信息化合作推广协议书”。

46. 10月16日，联合国训练研究所与亚太地区城市信息化合作办公室正式签约，共同成立“上海亚太地区信息化人才培训中心”，成为联合国训练研究所全球培训网络(CIFAL NET)的12个成员单位之一（CIFAL Shanghai）。

47. 10月17日，市信息化委员会与新加坡资讯通信发展管理局在金茂大厦共同举办上海市信息化委员会－新加坡资讯通信发展管理局圆桌交流会。市信息化委员会、新加坡资讯通信发展管理局的有关领导出席圆桌会议，并分别作主题介绍。

48. 10月18日，以“消除数字鸿沟：创新、和谐、发展”为主题的亚太地区城市信息化论坛第六届年会在沪开幕，来自34个国家55个城市及45个联合国组织与国际机构约400名代表与会。联合国经社理事会主席阿里·哈查尼、联合国副秘书长安瓦尔·乔杜里、国务院信息化工作办公室常务副主任曲维枝、副市长杨雄出席并致辞。在随后举行的联合国颁奖仪式上，澳大利亚工业旅游资源部获电子政务应用类“联合国公共服务奖”，市政府副秘书长范希平获“推动亚太地区城市信息化合作交流杰出贡献奖”。

49. 10月23日，上海市信息化委员会分别与上海电信、上海移动签署共同推进上海信息化建设的合作协议，副市长杨雄、市政府副秘书长范希平出席签约仪式。

50. 10月26日，由国家科技部、国务院信息化工作办公室、国家发展和改革委员会等14个部门和上海市政府主办的2006中国射频识别（RFID）技术发展国际研讨会在张江高科技园区召开，“国家射频识别产业化（上海）基地”正式揭牌。科技部副部长马颂德、国务院信息化工作办公室副主任陈大卫、副市长严隽琪为基地揭牌。

51. 11月2日，由上海超级计算中心和同济大学联合成立的上海超级计算中心同济大学分中心在同济大学嘉定分校区揭牌。市信息化委员会、同济大学的有关领导为同济分中心揭牌。

52. 11月8日，2006年上海软件外包国际峰会在复旦大学开幕，“中国服务外包基地上海示范区”授牌仪式同时举行。市委常委、副市长周禹鹏到会致辞，并向浦东新区、卢湾区、长宁区和漕河泾新兴技术开发区4家首批认定的服务外包示范区授牌。

53. 11月11日，市无线电管理局会同市公安局交警总队，对各类机动车车载无线电台的使用情况展开联合执法行动，及时制止和纠正违规非法使用无线电台的行为，进一步增强广大市民共同维护空中无线电波秩序的意识。

54. 11月15日，2006年华东“六省一市”无线电管理专题工作研讨会在上海无线电监测站奉贤培训中心召开，江苏、浙江、安徽、江西等6个省市无线电管理部门参加此次会议。会议围绕无线电管理在保障重大活动中的作用发挥和地位显现展开了交流。

55. 11月21日，第六次沪苏浙经济合作与发展座谈会在上海召开，市信息化委员会的有关领导参加此次会议。会上，市信息化委员会代表区域信息资源共享专题组、区域信用体系建设专题组介绍了《长三角区域信息化“十一五”合作规划》的编制情况，并演示了三省市共建信用长三角工作的专题片。

56. 11月29日，市企业信息化促进中心在市经济委员会、市信息化委员会、市科学技术委员会、市国有资产监督管理委员会等部门帮助指导下，以“百家IT厂商助力，万户企业应用信息技术改造提升传统产业”为主题，开展企业信息化扶助体验活动。

57. 11月30日，上海市数字媒体产业园区开园仪式在虹口区隆重举行，该园区是上海市信息化委员会在上海授牌的第一家市级数字媒体产业园区。同时，2006年上海数字媒体产业发展高峰论坛在新元大酒店正式召开。

58. 12月6日，《2007上海信息化年鉴》出版工作暨2006年度年鉴出版工作总结表彰大会在巨鹿大厦2楼5号会议室隆重召开。市信息化委员会有关领导出席会议并讲话，各委办局、区县信息委、相关单位及委内部分年鉴作者和联络员近150人参加会议。

59. 12月13日，“上海LED半导体照明研发应用中心”在上海天地软件园举行揭牌仪式，仪式由普陀区区委副书记、代区长蔡志强主持，市政府副秘书长范希平发表讲话并为“应用中心”揭牌。

60. 12月17日，“全球通杯”第五届“上海IT青年十大新锐”评选结果正式揭晓，副市长杨雄、市政府副秘书长范希平出席并为获奖者颁奖。此次评选活动由共青团上海市委员会、市信息化委员会、市青年联合会、文汇报等单位共同主办。

61. 12月20日，上海正式启动“信息专业技术人才知识更新工程（653工程）”。上海作为全国信息专业技术人才知识更新工程重点示范城市，将在通信工程、集成电路、软件技术、信息安全、电子政务、电子商务、信息管理、信息化应用等重点领域，对专业技术人员进行知识更新培训。

62. 12月25日，上海市居住证信息系统项目已经提前完成各项年度建设目标并投入使用，为下一步全面推进居住证制度奠定了信息化基础。

63. 12月30日，市政府副秘书长洪浩在上海市800兆数字集群政务共网开通大会上宣布，2006年度市政府实事项目之一“上海市800兆数字集群政务共网”建成开通，市政府副秘书长范希平在会上作了具体部署。市级各相关委办、区县政府、应急管理基层单元的负责同志参加会议。截至12月30日，政务共网的整体工程建设基本完成，覆盖全市行政区域和洋山深水港地区，开通114个基站，可容纳5万用户入网。

（郁世怡）

上海市人民政府办公信息处理中心

上海市人民政府办公信息处理中心成立于1986年，长期从事政府系统办公自动化和政务信息化工作，先后建设了上海市政府办公厅办公自动化系统、上海市党政机关应急指挥无线集群调度系统、上海市行政机关办公决策服务系统等信息化系统。

近年来，中心积极参与上海市电子政务建设，相继完成“中国上海”门户网站、上海市政府核心办公业务系统、国家重大科技专项及863项目“上海市电子政务试点示范工程”等一系列重大工程建设；编制了上海市电子政务协同工作数据标准，完成了上海市电子政务协同工作数据标准测试及示范应用、电子政务协同工作安全支撑平台关键技术研究及实现等课题研究。目前，中心正继续在政务内网上大力推进以市政府办公厅为核心的政府办公业务应用以及上海市电子政务灾难备份中心筹建工作。

在1986年至2006年的办公自动化和政务信息化建设历程中，信息中心取得了优异成绩，十余次获得上海市科技进步二、三奖，蝉联上海市文明单位。

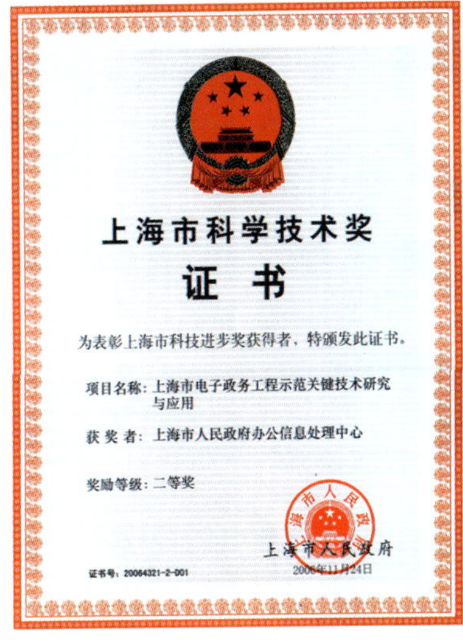

上海市科学技术奖

证书

为表彰上海市科技进步奖获得者，特颁发此证书。

项目名称：上海市电子政务工程示范关键技术研究与应用

获奖者：上海市人民政府办公信息处理中心

奖励等级：二等奖

上海市人民政府

证书号：20064321-2-001

2006年11月24日

中共上海市纪律检查委员会

地址：上海市宛平路7号　　总机：64336979
邮编：200030

机房

2006年是上海市纪委《上海市纪检监察系统信息化建设2005—2007年规划》实施的关键一年，在市纪委领导的重视和关心下，市纪委的信息化工作取得了较显著的成绩。

全面改造了机关网络系统。机关现有一个标准机房，一个屏蔽机房，机关内部网络服务器系统进行了升级，本市纪检监察系统网利用本市公务网非涉密域进行了改造，整个网络系统较原来有了更高的运行能力、安全性和保密性。

进一步建设完善了机关会务系统。机关现已建成一套比较完整的电子会议系统，可以分别支持全市公务网系统电视电话会议，全国纪检监察系统电视电话会议和机关内部电子会议，提高了会议效率，降低了会议成本。

重视维护好机关各个网站。机关在内部网、公务网、互联网上分别建有网站，为适应新情况、新要求，分别对内部网站《上海市纪检监察信息网》和互联网网站《上海监察》进行了改版，增加了信息量，提高了互动性，收到了很好的成效。

大力推进机关应用系统建设。机关现有各项业务软件十多个，建有信访、纪检监察法规、领导干部重大事项申报等多个业务数据库，涉及机关各个业务部门，在信息共享、辅助办公、辅助管理、辅助决策等方面有了新的提高。

上海市教育委员会教学研究室

The Teaching Research Section
of Shanghai Municipal Education Commission

地址：上海市陕西北路500号　　电话：021-62560016　　邮编：200041

上海市教育委员会教学研究室（上海市中小学（幼儿园）课程改革委员会办公室）是上海市教委直属事业单位，具体负责以下几项工作：

- 中小学、幼儿园、职教、成教和特殊教育的教学研究工作。
- 上述工作范围内的课程改革工作，包括方案制订、课程标准制订、教材建设、课改实施情况调研及指导教学研究及评价改革等。
- 中小学、幼儿园优秀教师教学研究和教学、课改经验总结和推广，编写和汇编各类教学资料和课改经验动态资料等。
- 研究拟定与课改配套的教学软件建设计划和相应的学具、教具标准等。
- 为提高课改的宣传力度，提升整个中小学教育工作的信息化程度，市教委教研室于2005年起启动了配套的信息化工程。
- 建设“上海市中小学课程改革专题网”：以中小学二期课改的课程方案、各学科课程标准及教材等为核心，全方位展示课改理念、建设成果及推广实施的经验，计划将功能覆盖到学科教研、各学科教学要求和评价指导等方面。

- 建设“上海市教委教研室（课改办）内部工作网”：以市教研室常规工作业务的信息化支持为主，重点进行办公业务的信息化、重要业务信息的资源共享和支持等。
- 建设“上海市中小学教材建设管理系统”：一个工作流管理控制系统，主要解决本市中小学教材建设的业务管理和档案集成等问题。
- 在信息技术与课程整合方面进行专题研究，形成重点突破，取得可喜的成果。
- 整合的研究：领衔小学语文、数学等学科进行信息技术与课程整合的专题研究与实践。
- 技术的研发：领衔物理DIS数字化实验系统的研发，形成了系列产品，促进课改实践和应用。
- 应用的指导：指导美国德州仪器公司与市教委联合进行的“图形计算器在高中数学、物理教学改革中的应用”等课题研究，已经取得阶段性成果。
- 资源的建设：配合市教委中小学教育资源库建设工程，负责课堂教学设计及课例拍摄策划及组织，形成规模效应。

上海市公安局

应急联动中心综合信息通信系统

上海市应急联动中心综合信息通信系统是上海市政府批准、市公安局组建的，为提高政府对灾害和事故的应对能力和处置效力，减少灾害和事故带来的危害和损失的重大项目。该项目建设目标是实现全市“统一接警、分类处警、社会联动”，将交通指挥中心、消防指挥中心和公安局指挥中心功能合并，并实现对62家社会单位联动。

应急联动中心综合信息通信系统接受市民对“110”、“119”的呼叫和其他形式的报警，进行分类处警，调度各公安分局和下属部门、以及各联动单位（包括：防汛、气象、安全生产、卫生、海港、铁路、海事、轨道交通、电力、民防、市政、国保、燃气等相关局办），快速协同处置，以保障人民生命、财产的安全和社会的安宁。

应急联动中心综合信息通信系统是一个以计算机网络为基础，以有线、无线通信为纽带、以接处警信息传递、处理为核心，以资源共享和计算机辅助决策为载体的综合性系统。系统主要由八大系统组成，采用了当今世界先进的技术和设备，通过有线、无线、网络三种形式与联动单位及各个区县公安局实现了互联互通，构成全市应急联动处置网络，受理和处置全市范围内突发公共事件。

该系统自2004年10月1日向社会公布正式投入运行以来，在接受突发事件的报警、紧急调度社会联动单位、及时处置和救助过程中起到了极其重要的作用。此系统的运行最大程度上保障上海的经济建设、政治稳定、社会安定、城市安全，减少了各类突发事故和灾害带来的损失。“110”应急联动救助已家喻户晓，在市民的心目中是安全的保障，其社会效益是极其显著的，体现出的经济收益也是非常巨大的。该项目被市政府评为2006年度上海市科技进步奖一等奖。

上海市统计局计算中心

上海市统计局计算中心，1987年成立，负责组织实施上海市统计信息化建设。先后完成了历次人口普查、基本单位普查、经济普查、农业普查等大型统计调查项目的数据处理工作，管理维护各类统计数据，研究信息技术在统计工作中的推广应用。

地址：上海市威海路48号

电话：021－53857070

传真：021－53857330

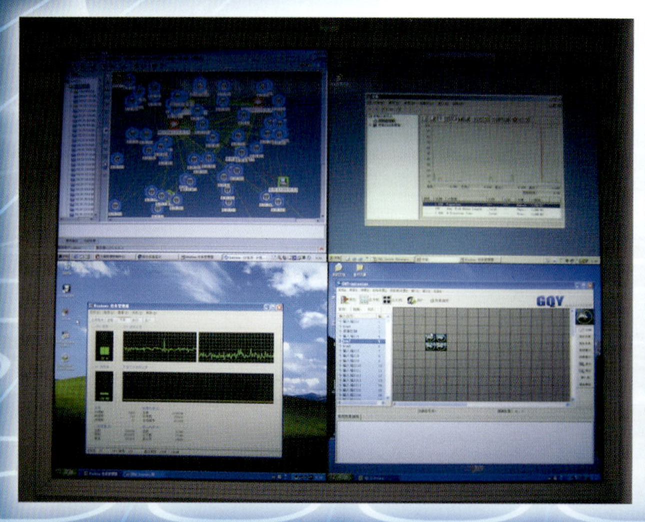

上海市食品药品监督管理局

上海市食品药品监督管理系统是由市局机关、19个区县分局、19个区县食监所、10个直属单位、7个区县药检分所，共56个单位组成，信息化工作由市局机关统一规划建设。

2000年建局以来，我局对信息化建设高度重视，并于2001年专门成立局信息中心负责该项工作。信息中心是上海市食品药品监督管理局直属信息机构，由局办公室归口管理，一方面为上海市及各区（县）食品药品监督管理机构、直属单位提供服务，承担局系统信息化建设，信息系统运行、管理与维护，办公自动化建设，提供监管决策信息支持等工作；另一方面进行有关食品药品监督管理的数据收集、统计、研究和行业信息分析及发布，为相关企事业单位提供咨询、决策支持等服务，为公众提供便民利民信息。

2006年，我局在原有信息化组织架构基础上，成立了市食品药品监管系统“信息化工作领导小组”，同时进一步明确由局信息中心负责局系统信息化建设方案的具体实施。

经过这几年的摸索实践，我局系统已初步建成了较完整的信息化工作组织体系，各级领导高度重视该项工作，全力配合市局与信息中心开展信息化建设。

地址：河南南路288号

邮编：200010

总机：021-63356600

- www.shfda.gov.cn
  上海市食品药品监督管理局政务网
- www.spaq.sh.cn
  上海市食品安全网

上海市社会团体管理局

——网上办事　便民服务

2006年，上海市社会团体管理局（以下简称“市社团局”）信息化建设取得了长足进步，特别是在网上办事、便民服务等方面推出更多新举措，受到广大民间组织的普遍欢迎。

建成上海市民间组织业务信息管理系统

2006年3月，上海市民间组织业务信息管理系统建成并在全市范围推广运行，同年11月项目通过验收，验收专家评价该系统已达到全国同类领先水平。新系统功能全面，包括8个功能子系统，涵盖市、区两级民间组织的登记、年检和执法等业务。随着新系统的启用，在局领导的大力支持和各业务处室的积极配合下，市社团局全面推行电子政务，全面实施网上业务审批流程，同时把这一做法推广到全市19个区（县）社团局。目前初步实现了无纸化办公，降低了工作成本。此外，市社团局还对市区二级登记机关的在登记文书格式和文书号做了规范统一，采取由系统自动生成登记文书打印稿，彻底避免登记文书中的各类文字差错，免除了校对和排版人员的工作量，提高了行政效率。

成功实施民间组织网上年检

2006年3～6月，市社团局组织实施民间组织2005年度检查工作，本次年检工作率先在全市范围实施网上年检并同步取消传统的书面年检方式。全市有6655家民间组织参与本次网上年检，占应检总数的99%。本次年检作为政府部门网上办事的一项成功案例，得到了国家民间组织局和市信息化主管部门的高度好评。

另外还实施了：

- 建成民间组织法人信息库
- 完善社团局政务网站
- 开展民间组织诚信评估体系建设工作
- 建成涉外民间组织信息管理系统
- 规范信息化工作制度

地址：上海市江西中路215号　邮编：200002　电话：63211822
http://www.shstj.gov.cn

上海市监狱管理局

Shanghai Municipal Bureau of Prison Administration

上海市监狱管理局是对罪犯实施刑罚执行的机关，肩负着法律赋予的将罪犯改造成为守法公民的神圣使命。

上海监狱信息化建设起步于1985年，2001年以来，新一轮的信息化建设全面展开，在经历了“起步、拓展、深化”三个发展阶段后，基本确立了“总体规划、分步实施、重点突破、整体推进”的指导思想和“统一领导、统一规划、统一标准、统一建设、统一管理”的建设原则。

2006年，上海监狱又以科学发展观为指导、以构建社会主义和谐社会为目标，从全局发展的战略高度出发，制定了《上海市监狱管理局“十一五”信息化建设规划》，努力实现“信息采集数字化、信息传输网络化、信息管理智能化、信息分析集约化、信息培训经常化”，以适应上海“四个率先”、“数字城市”的要求。

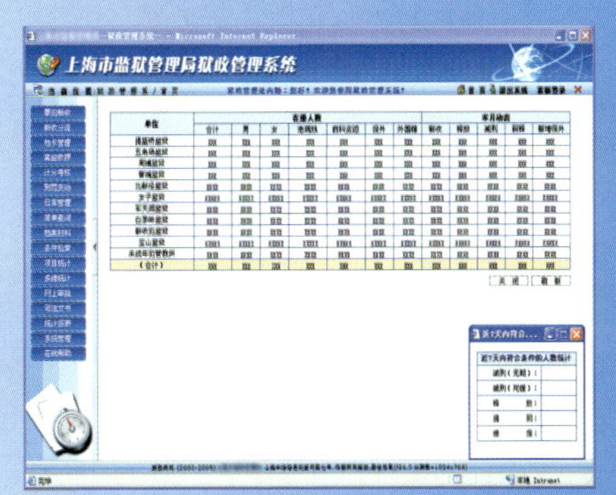

★信息与网络平台

全局已建成“三网”、“一中心”。三网”：上海监狱公务网网站、上海狱公众网站、上海监狱局域网站，成示上海监狱良好形象的重要窗口；“一心”：以集群并行机系统为核心的全信息数据中心，实现了各单位、各部及各网络之间横向与纵向的互联互通。

★数字化监狱

制定了《上海市监狱管理局数字化监狱建设标准（2006版）》，提出了监狱信息化建设A、B、C三类技术标准和项目管理、维护运行、信息安全和组织人力等四个方面的管理标准，到2010年，将基本实现全局80%监所达到A类标准，其余监所达到B类标准。

★安防体系

建成全局“四个中心”（监控中心、报警中心、门禁中心、应急指挥中心）、全局干警和服刑人员“一卡通”系统、视频会议系统、押犯车辆GPS定位系统、全局GIS电子地图系统，初步建成了网络化和智能化的安防集成平台，基本形成了“三位一体”的安防管理体系。

★应用软件

在先进的B/S架构上，建设全局OA自动化、监管改造、后勤保障、警事、生产管理、计划财务、档案管理、急指挥、安防体系等九个应用系统，“狱政工作流”为主线，建设狱政管理、刑执行、教育改造、心理矫治、公安、综合治理、生活卫生等七个子系统，实现各业务系统和安防系统的一体化。

★安全保障

制定了《上海市监狱管理局信息与网络安全专项应急预案》安全策略，建成了全局信息异地容灾备份中心和全局信息安全技术与测试平台。

★信息共享

以全局局域网整体接入市公务网为依托，建设全局档案信息、狱政综合查询、刑罚执行等共享系统，初步实现与市有关单位的业务互动和资源共享。

地址：上海市长阳路111号　电话：021－35104888
邮编：200082

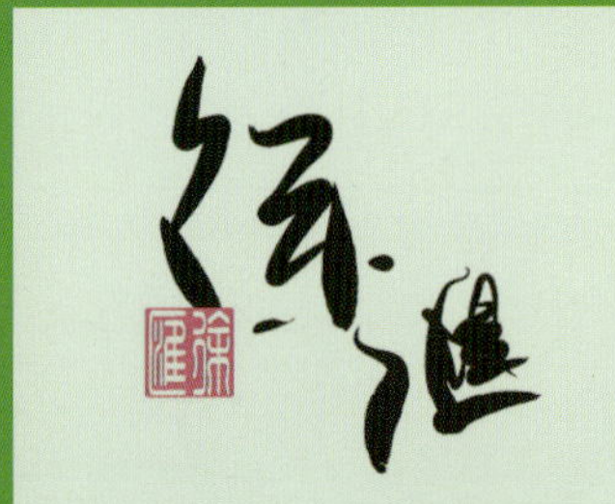

上海市徐汇区信息化委员会

上海市徐汇区信息化委员会是区政府主管信息化工作的职能部门，同时又是区信息化推进领导小组的办事机构。

2006年，徐汇区信息委在区委、区政府的正确领导下，在市信息委的有力指导下贯彻落实科学发展观，以争创一流的精神状态，进一步加强区域信息化、社会诚信体系、政府信息公开等方面建设，取得显著成效：国家"地区电子政务原型试点（空间地理领域）"通过专家验收；会同开发土地储备业务及GIS系统；"徐汇区一口受理信访信息系统"获"上海市信息化优秀项目（2003–2005年）"；承办2006年"信用长三角"高层研讨会，形成"信用长三角"徐汇宣言；落实《徐汇区企业信用产品使用暂行办法》及其配套的具体实施细则；依申请公开业务系统上线运行并根据实际完善，进一步推进各单位的政府信息依申请公开工作；会同推进"一口受理，协同办理"社区综合业务管理系统；支持完成区网格化管理系统建设；配合区人大完成换届选举登记；"徐汇区企业信用服务系统"和"徐汇区外经委业务审批管理系统"获"2006年度上海市区县信息化应用优秀成果"。

地址：上海市漕溪北路336号
邮编：200030
电话：（021）64872222转

国家"地区电子政务原型试点（空间地理领域）"通过专家验收

各类先进表彰汇总

2006年度上海市区县信息化应用优秀成果名单

浦东新区安全生产监督管理信息系统、浦东新区食品药品安全诚信信息系统
徐汇区企业信用服务系统、徐汇区外经委业务审批管理系统
长宁区长宁健康网信息系统、长宁区实有人口服务与管理信息系统
普陀区门户网站群建设项目、普陀区上海中山化工市场整体信息化平台
闸北区社区卫生公共服务平台、闸北区临汾社区网格化管理信息平台
虹口区行政事务综合管理系统、虹口区城市管理网格化及实时监控信息系统
杨浦区五角场街道社区公安防控、网格化管理、社区服务三网合一建设项目，杨浦区来沪人员信息管理平台
黄浦区地理信息系统、黄浦区社区事务服务系统
卢湾区机关内部信息综合管理平台
静安区基本单位基础数据库系统、静安区政务网建设项目
宝山区财政局国库集中收付系统、宝山区信息化项目管理系统
闵行区民生热线系统、闵行区城区安全监控信息指挥系统
嘉定区审计信息管理系统
金山区电子公文交换系统
松江区115市民服务体系信息系统
南汇区财政管理信息系统
奉贤区公共卫生管理信息系统
青浦区新城工程项目管理信息系统
崇明县政务外网建设工程

2006年度信息安全工作先进表彰名单

上海市科学技术委员会信息中心
上海市环境保护局信息中心
静安区信息委
普陀区信息委
上海电力股份有限公司
上海航运交易所
上海市水务局信息中心
上海市建设与交通委员会
宝山区信息委
徐汇区信息委
东方钢铁电子商务有限公司

2006年度市信息化工作系统党群工作各类先进名单

一、全国先进

全国女职工建功立业标兵岗

上海市社会保障卡服务中心声讯部

二、上海市先进

1. 上海市委表彰

上海市先进基层党组织

市电信有限公司长途通信部党委

上海市优秀共产党员

徐晓书　电信科学技术第一研究所开发部总工程师

2. 上海市总工会表彰

2004～2005 年度上海市五一巾帼奖先进集体

上海亿通国际股份有限公司洋山项目组

2004～2005 年度上海市五一巾帼奖先进个人

顾燕芳　上海延华智能科技有限公司总经理

上海工会优秀宣传思想工作特色成果奖

上海普天邮通科技股份有限公司工会

上海工会优秀宣传思想工作者

石文杰　上海普天邮通科技股份有限公司

上海工会企事业资产管理工作先进单位

电信科学技术第一研究所工会

上海工会干部教育培训工作先进

上海普天邮通科技股份有限公司工会

上海非公经济"双爱双评"先进企业

上海慧龙计算机有限公司

上海非公经济"双爱双评"优秀员工之友

吴卫平　上海互联网软件有限公司

上海非公经济"双爱双评"优秀员工

黄倩倩　上海互联网软件有限公司

3. 上海市委组织部、上海市人事局、上海市委老干部局表彰

(2006 年) 上海市老干部工作先进集体

上海市电信有限公司老干部处

(2006 年) 上海市先进老干部工作者

赵正和　上海普天邮通科技股份有限公司党委工作部干事

4. 上海市人事局、上海市综治委表彰（2004～2005 年度）

先进集体

上海市信息化委员会信息安全处

先进个人

陈伟东　上海市通信管理局专用通信局办公室

5. 上海市委 610 办表彰（2005 年度）

防范控制工作先进集体

国家计算机网络与信息安全管理中心上海分中心信息安全处

上海移动公司运行维护中心数据维护部数据组

防范控制工作先进个人

郑胜宇　上海市无线电管理局无线电监测站技术室

刘渊明　上海移动通信有限责任公司网络部

张晓栋　国家计算机网络与信息安全管理中心

教育转化工作先进个人

鲍隶明　上海移动通信有限责任公司

6.共青团上海市委表彰

上海市增强共青团员意识主题教育活动先进团支部

上海市信息安全测评认证中心团支部

2006年上海市优秀质量管理小组

上海盛大网络发展有限公司彩虹QC小组

2006年度上海市"五四红旗团组织"

上海移动通信有限责任公司客户服务中心团总支

上海普天邮通科技股份有限公司团委

2006年度上海市"五四特色团组织"

上海市电信有限公司帐务中心团总支

"中国移动全球通"第五届"上海IT青年十大新锐"(按姓氏笔画为序)

李根国　上海超级计算中心副主任

黄　刚　中国移动通信集团上海有限公司网络部副总经理

"中国移动全球通"第五届"上海IT青年十大新锐"提名奖(按姓氏笔画为序)

杨寒杰　上海大唐移动通信设备有限公司手机业务中心总监

沈　欣　上海理想信息产业(集团)有限公司副总经理

谭群钊　盛大互动娱乐有限公司首席技术官兼资深副总裁

三、上海市综合工作党委系统先进

1.先进基层党组织

上海市电信有限公司长途通信部党委

上海市电信有限公司西区电信局党委

上海电信技术研究院党委

上海市电信有限公司崇明电信局党委

上海市电信有限公司嘉定电信局党委

上海市电信有限公司宝山电信局长江分局党支部

上海市电信有限公司东区电信局翔殷分局党支部

上海市电信有限公司浦东电信局川沙分局党支部

上海市电信有限公司奉贤电信局南桥联合党支部

上海市电信有限公司网络运行部线路中心党总支

上海市邮电器材工业有限公司党委

上海电信实业共联通信信息发展有限公司联合党支部

上海市电信有限公司大客户部营销三部党支部

上海市电信有限公司信息网络部数据网络中心党支部

上海信息产业（集团）有限公司查号中心党支部
上海移动通信责任有限公司规划设计研究中心党支部
上海移动通信责任有限公司市场经营部党支部
上海移动通信责任有限公司南郊分公司联合党支部
中国联通有限公司上海分公司第八党支部
上海市信息管线有限公司党总支
上海资信有限公司党支部
中卫国脉通信股份有限公司第四党支部
上海大唐移动通信设备有限公司第一党支部
上海电话设备厂电子事业部党支部
上海市信息化委员会发展规划处党支部
上海市信息安全测评认证中心党支部
上海慧龙计算机系统有限公司党支部
上海市集成电路行业协会党支部
上海互联网软件有限公司党支部
上海普天邮通科技股份有限公司机械制造事业部党支部
上海普天邮通科技股份有限公司电子制造事业部第一党支部

2.优秀共产党员

周其明　上海市专用通信局副局长
徐　珺　上海市电信有限公司西区电信局社区经理
傅志仁　上海市电信有限公司副总工程师、总工程师室副主任
季兰英　上海市电信有限公司长途通信部海缆公司退养员工
吴文巍　上海市电信有限公司南区电信局综合营业厅值班长
王志民　上海市电信有限公司浦东电信局网络运行处网络业务经理
周纪东　上海市电信有限公司莘闵电信局莘建分局社区经理
钱　京　上海市电信有限公司松江电信局大客户中心主任
杨红军　上海市电信有限公司南汇电信局大客户中心经理
姚晓华　上海市电信有限公司青浦电信局市场拓展处处长
刘　源　上海市电信有限公司无线通信部副总经理、总工程师
许　红　上海市电信有限公司电信帐务中心市场拓展处处长
杜　秋　上海信息产业（集团）有限公司技术运行部基建项目经理、电气工程师
李　莹　上海理想信息产业（集团）有限公司电信业务支撑软件事业部经理
杨宏澜　上海邮电设计院有限公司常务副总经理
邱月新　上海电信通信设备有限公司员工
王　斌　上海移动通信有限责任公司数据业务中心总经理
徐莉萍　上海移动通信有限责任公司工会办公室主任
秦春娣　上海移动通信有限责任公司运维中心漕溪维护部交换技术督导
白　云　中国联通有限公司上海分公司基础网络设施部经理
沈　可　中国网通（集团）有限公司上海市分公司综合部总经理
李　国　上海市数字证书认证中心有限公司总经理、党支部书记

邵俊法　中卫国脉通信股份有限公司网络工程技术事业部设备维修工程师
徐晓书　电信科学技术第一研究所总工程师
郑　迪　上海普天邮通科技股份有限公司机械制造事业部总经理
虞国强　上海电话设备厂机器事业部机床班班长
邵肖红　上海中邮普泰移动通信设备有限公司总经理
钟建国　上海市信息化委员会办公室（研究室）主任
徐　方　上海市信息化委员会监察室副主任（主持工作）
徐龙章　上海信息化发展研究协会秘书长、党支部书记
黄　丹　上海利普职业培训学校系统部经理

3.优秀党务工作者

王文英　上海市无线电管理局党委党务干事
赵申祥　上海电信技术研究院党委副书记
沙光明　上海电信实业（集团）有限公司党委副书记、纪委书记
钱宗明　上海市电信有限公司信息网络部党委书记
陈桂英　上海市电信有限公司中区电信局党委书记
吴　林　上海市电信有限公司北区电信局党委书记
王宜民　上海市电信有限公司宝山电信局党委书记
花锐强　上海市电信有限公司市场部党委书记
严太宝　上海东方电话设备有限公司党支部书记
叶建雄　上海市电信有限公司金山电信局党委副书记、纪委书记
童丽琴　上海市电信有限公司党委工作部副主任、组织处处长
周树成　上海移动通信有限责任公司市场营销中心党总支书记
朱庆龙　上海移动通信有限责任公司北郊嘉定分公司支部书记
翁玉海　中国联通有限公司上海分公司第十党支部书记、工程建设部经理
林　立　上海市信息管线有限公司党总支书记、总裁
徐若清　中卫国脉通信股份有限公司第六党支部书记集群通信系统部经理
李　虹　电信科学技术第一研究所党委副书记、纪委书记
江跃飞　上海普天邮通科技股份有限公司机械制造事业部党支部副书记
王永涛　上海市信息化委员会党群工作处处长、直属机关党委副书记
袁丽燕　上海市信息服务业行业协会党总支副书记

四、上海市社会工作党委先进

1.两新组织优秀共产党员

李春强　上海市通信制造业行业协会秘书长、党支部书记
李肖云　上海师联文化发展有限公司宁波分公司经理

2.两新组织优秀党建工作者

罗海蛟　上海市信息服务业行业协会党委副书记、秘书长

3.两新组织优秀党建之友

张嘉骅　上海慧龙计算机系统有限公司董事长、总裁

五、上海市信息化工作系统各类先进

1.2005～2006年度党风廉政建设先进单位

上海市通信管理局

上海市电信有限公司

中国移动通信集团上海有限公司

中国联通有限公司上海分公司

电信科学技术第一研究所

上海市信息投资股份有限公司

上海普天邮通科技股份有限公司

2.第二届科教兴市先锋、关心群众模范

科教兴市先锋

马　丹　中国联通上海分公司技术支持与优化中心高级业务主管

吴诗元　上海市无线电管理局副局长

奚自立　上海超级计算中心主任

张明杰　上海市电信有限公司技术研究院个人与家庭产品开发部主任

周丽萍　上海普天邮通科技股份有限公司商用机器事业部总工程师

杨寒杰　上海大唐移动通信设备有限公司手机业务中心总监

徐绍敏　上海市信息化委员会信息产业管理处处长

俞鸿斌　上海亿通国际股份有限公司客户服务部副经理

刘成伟　上海移动通信有限责任公司信息技术公司总经理助理

钱家泽　上海市信投置业有限公司副总经理

关心群众模范

朱治中　电信科学技术第一研究所工会主席

喻辛远　上海移动通信有限责任公司客服中心党总支书记

王经仪　中国邮电器材华东公司总经理

汪慰斌　上海市电信有限公司中区电信局局长

黄　俭　上海市信息化委员会党群工作处副调研员

骆山明　上海普天邮通科技股份有限公司常务副总经理

郁文倩　上海资信有限公司市场部副主任

陈炳章　上海市电信有限公司机动通信局局长

翁玉海　中国联通上海分公司网络工程中心经理

曾筱芬　上海市信息化培训协会党务干事

3.第四届“上海市信息化工作系统十佳青年”

申剑敏　上海市信息化委员会研究室主任科员

祁　超　上海市无线电管理局工程师

李　凯　中国卫星通信集团公司上海分公司技术总监

杨宏澜　上海邮电设计院有限公司常务副总经理

杨寒杰　上海大唐移动通信设备有限公司手机业务中心总监

吴　斌　上海亿通国际股份有限公司技术开发部经理

应　力　上海市信息安全测评认证中心总工程师

陈扬帆　中国联通有限公司上海分公司数据与固定通信业务部数据产品中心经理

周乔奇　上海移动通信有限责任公司优化部经理

姜　恺　上海超级计算中心研究开发部网格计算主管

4. 2004～2005年度先进团组织、优秀团员和优秀团干部

先进团组织

上海市信息管线有限公司团支部

上海市付费通信息服务有限公司团支部

上海英迪信息技术有限公司团支部

上海迪爱斯通信设备有限公司团支部

上海普天邮通科技股份有限公司自动售检票事业部团支部

上海普天邮通科技股份有限公司商用机器事业部团支部

上海市社会保障卡服务中心联合团支部

上海慧龙计算机系统有限公司团支部

上海市信息化培训协会团支部

优秀共青团员

林志智　上海市通信管理局信息管理处

孙　佳　上海市无线电管理局综合稽查处

王蓓莉　上海亿通国际股份有限公司客户服务部

曹竹君　上海市数字证书认证中心有限公司客户服务部

徐皎飞　上海市市民信箱信息服务有限公司信息采编部

戴鹄远　上海付费通信息服务有限公司业务二部

伏哲明　上海市信息管线有限公司信息管理部

许　明　电信科学技术第一研究所综合办公室

竺啸然　电信科学技术第一研究所联合检测中心

张文奇　上海普天邮通科技股份有限公司通信产品事业部

金　辉　上海普天邮通科技股份有限公司多媒体产品事业部

艾霖娥　上海普天邮通科技股份有限公司电子制造事业部

龚　旭　上海普天邮通科技股份有限公司房产经营事业部

赵　佶　上海电话设备厂电子事业部

刘　田　中国邮电器材华东公司

徐　婷　上海市信息化委员会办公室

徐　洁　上海市互联网经济咨询中心研究部

万　穆　上海市互联网经济咨询中心合作交流培训部

陈　健　上海市社会保障卡服务中心个人化制作部

何惠英　上海超级计算中心技术部

郑　嵘　上海盛大网络发展有限公司培训发展部

马德钦　上海思创网络有限公司多媒体开发部

郑冬琛　上海慧龙计算机系统有限公司总裁办公室

丁佳圆　上海市信用服务行业协会

徐晨斌　上海市通信制造业行业协会项目部

优秀团干部

郭昭如　上海市通信管理局机关团支部组织委员
全依婷　上海市无线电管理局团支部书记
王虹霞　上海市信息管线有限公司团支部书记
朱文超　上海市信息投资股份有限公司团支部书记
张　晨　上海市付费通信息服务有限公司团支部书记
王　玮　上海资信有限公司团支部书记
叶　燕　上海美华系统有限公司团支部书记
彭雪琼　上海飞利通信科技实业公司团支部宣传委员
姜　国　上海迪爱斯通信设备有限公司团支部书记
黄　健　上海普天邮通科技股份有限公司团委副书记
潘　菁　上海普天邮通科技股份有限公司自动售检票事业部团支部书记
方圆佳　上海电话设备厂电子事业部团总支委员
杭　琳　中国邮电器材华东公司团支部组织委员
李　菁　上海市信息安全测评认证中心团支部书记
张　蕾　上海超级计算中心团支部宣传委员
竺　琳　上海市计算机病毒防范服务中心团支部书记
钟　浩　上海盛大网络发展有限公司团委书记
韦　俐　上海思创网络有限公司团支部书记

5.增强共青团员意识主题教育活动先进团支部

上海市通信管理局机关团支部
上海亿通国际股份有限公司第一团支部
上海市民信箱信息服务有限公司团支部
上海数字证书认证中心团支部
上海普天邮通科技股份有限公司增值服务事业部团支部
上海普天邮通科技股份有限公司工程集成事业部团支部
上海市社会保障卡服务中心声讯服务团支部
上海市信息安全测评认证中心团支部
上海慧龙计算机系统有限公司团支部

2005年上海市政府信息公开先进单位名单

静安区政府	杨浦区政府	虹口区政府	青浦区政府
卢湾区政府	市教委	市水务局	市卫生局
市工商局	市公安局	市财政局	市民政局
市规划局	市劳动保障局	市建设交通委	

上海市信息化优秀项目（2003～2005年）名单

项目名称	实施单位
万达电子政务协同办事平台软件	万达信息股份有限公司
ReWorks/ReDe实时嵌入式操作系统及开发环境	华东计算技术研究所
华虹0.18微米CMOS工艺技术	上海华虹（集团）有限公司
上广电第五代TFT-LCD屏生产工艺及技术	上海广电NEC液晶显示器有限公司
大唐"TD-SCDMA第三代移动通信系统开发及产业化"	上海大唐移动通信设备有限公司
展讯"2G/2.5G（GSM/GPRS）"手机核心芯片	展讯通信（上海）有限公司
普元"面向构件的中间件EOS"	上海普元信息技术有限责任公司
中芯国际0.13微米CMOS超大规模集成电路及铜连线制造技术	中芯国际集成电路制造（上海）有限公司
上海贝尔阿尔卡特面向下一代网络（NGN）的综合软交换平台	上海贝尔阿尔卡特股份有限公司
中标普华Linux桌面软件	上海中标软件有限公司
宝信钢铁MES软件	上海宝信软件股份有限公司
东方有线数据信息广播系统和多画面EPG	东方有线网络有限公司
TOP EPS电子支付系统	上海华腾软件系统有限公司
银晨面相识别技术	上海银晨智能识别科技有限公司
上海电信"理想商务"企业信息化公共服务平台	上海市电信有限公司
上海市"百万家庭网上行"项目	上海市妇女联合会、上海市信息化委员会、上海市精神文明建设委员会办公室、上海市科学技术协会、上海市总工会、上海市教育委员会、上海市老龄工作委员会办公室、上海市电信有限公司
上海市"市民信箱"项目	上海市市民信箱电子邮件系统管理中心
上海"付费通"项目	上海付费通信息服务有限公司
东方社区信息苑综合服务工程	中共上海市委宣传部、上海市精神文明建设委员会办公室、上海市信息化委员会、上海市文化广播影视管理局
"上海干部在线学习城"平台	中共上海市委组织部、中共上海市委党校、上海市人事局、上海市信息化委员会
上海教育资源库建设项目	上海市教育委员会
上海市企业基础信息共享应用系统	上海市工商行政管理局、上海市国家税务局、上海市地方税务局、上海市质量技术监督局、上海市信息化委员会
上海市土地房屋综合管理信息系统	上海市房屋土地资源管理局
洋山港综合信息服务平台	上海市港口管理局、上海市信息化委员会
上海市防汛公共信息平台应用系统	上海市水务局
上海市应急联动中心信息系统	上海市公安局
黄浦区实有人口信息资源库和社区事务服务系统	黄浦区人民政府
徐汇区一口受理信访信息系统	徐汇区人民政府
长宁信息产业园区公共服务平台	长宁区人民政府
上海电子商务创业园	普陀区人民政府

项目名称	实施单位
松江区企业基础信息管理系统	松江区人民政府、上海市工商行政管理局
上海市中心区道路交通信息采集系统	上海城市发展信息研究中心、上海市市政工程管理局、上海市公安局交警总队
上海城市网格化管理信息系统	上海城市发展信息研究中心
临港新城通信中心	上海市电信有限公司、上海移动通信有限责任公司、中国网通上海分公司、中国联通上海分公司、东方有线网络有限公司
上海银行卡跨行公共支付平台	中国银联股份有限公司上海分公司
上海国际赛车场、上海铁路南站移动通信室内分布系统	上海移动通信有限责任公司
上海集约化信息管线建设项目	上海市信息管线有限公司
上海城市轨道交通"一票换乘"系统	上海市申通地铁集团有限公司
联华超市"区域多业态物流中心信息系统"	联华超市股份有限公司
分众传媒户外视频联播网络平台	分众传媒（中国）控股有限公司

2005年上海市银行卡产业推进工作先进单位名单

上海市经济委员会
上海市财政局（上海市地方税务局）
上海市银行同业公会
上海市旅游事业管理委员会
上海市公安局
中国银联股份有限公司上海分公司

2006年信息系统架空线整治立功竞赛先进名单

一、市级先进

1.优秀集体

上海市信息管线有限公司销售和客户服务部

2.优秀组织者

吴继刚　上海市信息管线有限公司

3.记功个人

张沧辉　中国移动通信集团上海有限公司
刘吉华　东方有线网络有限公司

二、赛区级先进

1.先进集体

中国联通上海分公司线路维护中心本地传输维护室

2.先进个人

虞绍俊　中国联通上海分公司
赵成森　上海市电信有限公司
水　湧　中国移动通信集团上海有限公司

胡荣康　上海市信息管线有限公司
张　嵩　东方有线网络有限公司

2006年度轨道交通建设管线搬迁专项赛区立功竞赛先进名单

一、市级先进

1.优秀公司

上海市信息管线有限公司

2.优秀集体

上海市信息管线有限公司 轨道交通管线搬迁项目部
东方有线网络有限公司运行维护部线路运维部
东方有线网络有限公司工程管理部项目工程部

3.建设功臣

林　立　上海市信息管线有限公司

4.优秀组织者

陆　烨　上海市信息化委员会

5.记功个人

邓　辉　东方有线网络有限公司
胡　毅　东方有线网络有限公司
朱　俊　东方有线网络有限公司
陆建卫　上海市信息管线有限公司
潘为宙　上海市信息管线有限公司

二、赛区级先进

1.先进集体

上海市信息管线有限公司网络运维部
上海市信息管线有限公司工程建设部
东方有线网络有限公司浦东分公司工程部
东方有线网络有限公司市中分公司
上海市教育委员会信息中心教科网技术支持中心
上海科技网络有限公司
上海文广新闻传媒集团技术运营中心电视传送科

2.优秀管理者

李长根　上海市信息管线有限公司
张振宇　东方有线网络有限公司

3.优秀建设者

张春峰　上海市信息管线有限公司
栗　珊　东方有线网络有限公司
蔡建国　东方有线网络有限公司
沈　临　东方有线网络有限公司

黄允飞　上海市教育委员会信息中心
陈　波　上海市教育委员会信息中心
邓玉成　上海科技网络有限公司
李　睿　上海科技网络有限公司
周　斌　上海文广新闻传媒集团技术运营中心
徐　巍　上海文广新闻传媒集团技术运营中心

中国软件行业杰出青年（上海地区）名单

第三届“中国软件行业杰出青年”

王　晔　上海微创软件有限公司总裁
李光亚　万达信息股份有限公司副总裁兼首席技术官

第三届“中国软件行业杰出青年”提名奖

李根国　上海超级计算中心副主任

2006年度上海市明星软件企业名单

上海明星软件企业（经营型）

上海宝信软件股份有限公司
希姆通信息技术（上海）有限公司
卡斯柯信号有限公司
万达信息股份有限公司
上海微创软件有限公司
上海金桥信息工程有限公司
上海南天电脑系统有限公司
上海华腾软件系统有限公司
汉略（上海）信息技术有限公司
上海众恒信息产业有限公司
上海新致软件有限公司
上海新华控制技术（集团）有限公司
上海理想信息产业（集团）有限公司
上海复旦光华信息科技股份有限公司
上海致达信息产业股份有限公司
上海中和软件有限公司
上海亚太计算机信息系统有限公司
上海全富汉得软件技术有限公司
上海宇梦通信科技有限公司
上海交大海隆软件股份有限公司
上海博达数据通信有限公司

上海明星软件企业（出口型）

上海中和软件有限公司
上海交大海隆软件股份有限公司
上海宇梦通信科技有限公司
上海思策软件有限公司
上海华之樱信息系统有限公司
汉略（上海）信息技术有限公司
上海微创软件有限公司
上海宝信软件股份有限公司
上海晟峰软件有限公司

上海明星软件企业（创新型）

上海宝信软件股份有限公司
万达信息股份有限公司
上海华腾软件系统有限公司
上海亚太计算机信息系统有限公司
汉略（上海）信息技术有限公司
上海金证高科技有限公司
上海复旦光华信息科技股份有限公司
上海安科瑞电气有限公司

上海长城电子信息网络有限公司
国信朗讯科技网络技术有限公司
上海众恒信息产业有限公司
上海理想信息产业（集团）有限公司
上海鹏达计算机系统开发有限公司
上海博达数据通信有限公司
上海中教信息技术有限公司
上海农业信息有限公司
上海金鑫计算机系统工程有限公司
希姆通信息技术（上海）有限公司
上海匡维信息技术有限公司
上海锐起信息技术有限公司

上海明星软件企业（成长型）

埃慕计算机技术（上海）有限公司
上海全富汉得软件技术有限公司
上海农业信息有限公司
上海晟峰软件有限公司
上海思策软件有限公司
上海安科瑞电气有限公司
上海美达信息技术有限公司
汉略（上海）信息技术有限公司

首届上海市企业信息化十佳名单

首届上海市企业信息化“十佳成功案例”名单

自下而上集成 强化集团控制——上海兰生集团有限公司信息化案例
内外网一体化 实现协同管理——上海华虹集团有限公司信息化案例
信息化打造金色交易新平台——上海黄金交易所信息化案例
异地协同设计助力中集提升——上海中集冷藏箱有限公司信息化案例
搭建化工信息平台 重塑市场商业模式——上海市中山商厦信息化案例
引领流通进步 信息化成就可的——上海可的便利店有限公司信息化案例
跨越异构系统 整合信息资源——安吉天地汽车物流有限公司信息化案例
知识管理系统 靶点强身良药——上海靶点药物有限公司信息化案例
百年银楼添活力 信息化引领新百年——上海老凤祥银楼连锁金店信息化案例
借助 ASP 模式 实现跨越发展——上海宇威轴承有限公司信息化案例

首届上海市企业信息化“十佳优秀解决方案”名单

精确资源管理 降低制造成本
——富士通(中国)信息系统有限公司的 PRONES ERP 系统解决方案
天融信 安全您的安全
——上海天融信网络安全技术有限公司的企业内网安全解决方案
明基汇聚 灵动逐鹿
——明基逐鹿软件(苏州)有限公司的集团集中采购方案
朗讯科技 国信纵横
——国信朗讯科技网络技术有限公司的运营支撑系统
平台驱动 ASP 打造园区（市场）服务新通途
——艾旺计算机信息技术网络(上海)有限公司的企业园区（市场）信息化平台整体解决方案
信息共享 软通注入资金新动力
——北京软通动力科技有限公司的结算中心解决方案
电子订舱 汇驿协作增效益
——上海汇驿软件有限公司的 E-SHIPPING 航运管理解决方案

管理伸缩自如 系统随需而变

——上海思普信息技术有限公司的全生命周期解决方案

定点监控e路 一卡在手任我行

——上海复旦金仕达计算机有限公司的新一代企业级一卡通解决方案

一诺千金 成就理想

——上海杰诺管理软件有限公司和上海理想信息产业集团有限公司共同开发的汽车配件行业解决方案

信息产业科技创新先进集体、个人名单

先进集体

上海宝信软件股份有限公司

上海广电（集团）有限公司中央研究院

上海大唐移动通信设备有限公司

上海中标软件有限公司

上海超级计算中心

万达信息股份有限公司

上海银晨智能识别科技有限公司

上海复旦光华信息科技股份有限公司

上海市信息安全测评认证中心

上海市社会保障卡服务中心

上海金鑫计算机系统工程有限公司

上海市信息化委员会技术中心

先进个人

王国中 上海广电（集团）有限公司

张世永 上海复旦光华信息科技股份有限公司

管云峰 上海奇普科技有限公司

武 平 展讯通信（上海）有限公司

李光亚 万达信息股份有限公司

郭松柏 上海市信息安全测评认证中心

张惠芬 上海市社会保障卡服务中心

韩乃平 上海中标软件有限公司

刘文清 上海中标软件有限公司

上海市信息化统计报表

上海市政府信息公开情况

200____年____月

01 统计登记号：□□□□□□□□□
02 单位代码：□□□□□□□□□－□
03 单位名称：____________
04 单位地址：____________
05 主管单位名称：__________
06 主管单位代码：□□□□□□

表　号：沪信统 17
制表机关：上海市信息化委员会
批准机关：上海市统计局
批准文号：
有效期限至：2007 年 12 月

指 标 名 称	计量单位	代码	本期实际	本年累计
甲	乙	丙	1	2
主动公开信息数	条	01		
其中：全文电子化的主动公开信息数	条	02		
新增的行政规范性文件数	条	03		
提供服务类信息数	条	04		
网站专栏页面访问量	人次	05		
现场接待人数	人次	06		
网上咨询数	人次	07		
咨询电话接听数	人次	08		
依申请公开信息目录数	人次	09		
申请总数	条	10		
其中：1. 当面申请数	条	11		
2. 传真申请数	条	12		
3. 电子邮件申请数	条	13		
4. 网上申请数	条	14		
5. 信函申请数	条	15		
6. 其他形式申请数	条	16		
对申请的答复总数	条	17		
其中：1. 同意公开答复数	条	18		
2. 同意部分公开答复数	条	19		
3. 否决公开答复总数	条	20		
其中：（1）"非规定所指政府信息"数	条	21		
（2）"信息不存在"数	条	22		
（3）"非本部门掌握"数	条	23		
（4）"申请内容不明确"数	条	24		
（5）"免予公开范围 1"数.	条	25		
（6）"免予公开范围 2"数	条	26		
（7）"免予公开范围 3"数	条	27		
（8）"免予公开范围 4"数	条	28		
（9）"免予公开范围 5"数	条	29		
（10）"免予公开范围 6"数	条	30		
（11）其他原因	条	31		

续表

指 标 名 称	计量单位	代码	本期实际	本年累计
甲	乙	丙	1	2
行政复议数	件	32		
行政诉讼数	件	33		
行政申诉数	件	34		
其中：对本部门首次处理不满意的行政申诉数	件	35*		
收取费用总数	元	36		
主动公开信息收取费用	元	37		
其中：1. 邮寄费	元	38		
2. 递送费	元	39		
3. 复制费（纸张）	元	40		
4. 复制费（光盘）	元	41		
5. 复制费（软盘）	元	42		
依申请提供信息收取费用	元	43		
其中：1. 检索费	元	44		
2. 邮寄费	元	45		
3. 递送费	元	46		
4. 复制费（纸张）	元	47		
5. 复制费（光盘）	元	48		
6. 复制费（软盘）	元	49		
7. 其他收费	元	50		
政府信息公开指定专职人员数	人	51**		
其中：1. 全职人员	人	52**		
2. 兼职人员	人	53**		
处理政府信息公开的专项经费	万元	54**		
处理政府信息公开的实际支出	万元	55**		
与诉讼有关的总费用	万元	56**		

注记：* 为季度统计指标，** 为半年度统计指标。

分析说明

（描述本月政府信息公开工作的总体情况，并对申请情况等有关指标作同比分析，对其中发生明显变化的指标进行具体分析。请重点对公众关注点以及答复处理等方面出现问题作出说明，对其中难以判断是否属于免予公开的案例进行举例说明，并对本部门首次处理不满的申诉案件作相应的跟踪记录，可针对有关问题提出应对策略和建议。）

单位负责人＿＿＿＿＿＿＿＿＿＿ 填报人＿＿＿＿＿＿＿＿ 联系电话＿＿＿＿＿＿＿＿＿＿

传真＿＿＿＿＿＿＿＿＿＿＿＿＿＿＿＿＿＿ E-mail 地址＿＿＿＿＿＿＿＿＿＿

单位（盖章）＿＿＿＿＿＿＿＿＿＿＿＿＿＿ 报出日期＿＿＿年＿＿＿月＿＿＿日

上海市信用服务企业基本情况

200 ____ 年 ____ 月

统计登记号：□□□□□□□□

企业(单位)代码：□□□□□□□□□－□

企业(单位)名称(盖章)：____________________

企业(单位)地址：____________________

表　　号：01表

制表机关：上海市信息化委员会

批准机关：上海市统计局

文　　号：沪统审字(2007)5号

有效期限至：2008年3月

指 标 名 称	计量单位	代码	本年
甲	乙	丙	1
年末从业人员数	1	人	
按学历分：1.研究生及以上学历	2	人	
2.大学本科学历	3	人	
3.大专学历	4	人	
4.高中及以下学历	5	人	
按从业年限分：1.五年及以上	6	人	
2.三年及以上五年以下	7	人	
3.一年及以上三年以下	8	人	
4.一年以下	9	人	
按专业技术职称分，其中：高级技术职称	10	人	
中级技术职称	11	人	
初级及以下技术职称	12	人	
按持有执业证书分，其中：注册会计师/注册资产评估师/注册土地估价师	13	人	
证券执业/从业资格	14	人	
信用管理师/信用管理岗位证书	15	人	
注册咨询师	16	人	
律师	17	人	
按持有国外证书分，其中：特许金融分析师（CFA）	18	人	
英国特许公认会计师（ACCA）	19	人	
美国注册会计师（AICPA）	20	人	
北美精算师（FSA）	21	人	

统计负责人________　　填 表 人________　　联系电话__________　　报出日期________________

上海市信用服务企业财务状况

200____年____月

统计登记号：□□□□□□□□□

企业(单位)代码：□□□□□□□□□-□

企业(单位)名称(盖章)：____________________

企业(单位)地址：____________________

表　　号：02表

制表机关：上海市信息化委员会

批准机关：上海市统计局

文　　号：沪统审字(2007)5号

有效期限至：2008年3月

指 标 名 称	计量单位	代码	本年
甲	乙	丙	1
一、资产负债	—		
固定资产原价（01≥02）	1	千元	
本年折旧	2	千元	
资产总计	3	千元	
负债合计	4	千元	
实收资本	5	千元	
二、损益及分配	—		
营业收入合计（06≥07）	6	千元	
其中：主营业务收入	7	千元	
其中：资信评级业务	8	千元	
商业征信（或称企业征信）业务	9	千元	
个人征信业务	10	千元	
信用管理业务	11	千元	
其他业务	12	千元	
其中：非金融使用业务	13	千元	
主营业务成本	14	千元	
税金	15	千元	
主营业务税金及附加	16	千元	
费用合计（营业费用、管理费用、财务费用）	17	千元	
营业利润（18≥07-14-16-17）	18	千元	
利润总额	19	千元	
三、从业人员劳动报酬	20	千元	
四、劳动、失业、养老、医疗保险费	21	千元	
五、福利费	22	千元	
六、住房公积金和住房补贴	23	千元	
七、全部从业人员年平均人数	24	人	

统计负责人________　　填 表 人________　　联系电话__________　　报出日期________________

上海市信用服务企业业务情况

200 ____ 年 ____ 月

统计登记号：□□□□□□□□□

企业(单位)代码：□□□□□□□□－□

企业(单位)名称(盖章)：________________

企业(单位)地址：________________

表　　号：03 表

制表机关：上海市信息化委员会

批准机关：上海市统计局

文　　号：沪统审字(2007)5 号

有效期限至：2008 年 3 月

指标名称	代码	计量单位	报告份数
			本期累计
甲	乙	丙	1
资信评级业务	1	份	
商业征信（或称企业征信）业务	2	份	
个人征信业务	3	份	

补充资料：

1.科研活动		项，上年同期		项
2.公开发表专著		项，上年同期		项
3.自主知识产权		项，上年同期		项
4.本年重大事项		项，上年同期		项

统计负责人______　　填 表 人______　　联系电话________　　报出日期____________

软件企业认定和产品登记名单

2006年上海市软件企业认定名单

（以下名单按照2006年软件企业认定号顺序排列）

序号	企业名称	序号	企业名称
1	上海致腾信息技术有限公司	136	上海中磐信息技术有限公司
2	上海思必得通讯技术有限公司	137	上海同印软件科技有限公司
3	晶福尔（上海）电脑软硬件有限公司	138	腾然信息科技（上海）有限公司
4	上海同望软件有限公司	139	上海苏佳电子科技有限公司
5	上海骄龙软件科技有限公司	140	上海柯内卢软件有限公司
6	上海摩派信息科技有限公司	141	上海维塔士电脑软件有限公司
7	上海和达信息系统有限公司	142	久之游信息技术（上海）有限公司
8	环影多媒体技术（上海）有限公司	143	上海朝蓬信息科技有限公司
9	上海群萃软件有限公司	144	上海数锐科技有限公司
10	上海榕基软件开发有限公司	145	上海电信恒联网络有限公司
11	上海智联腾华软件技术有限公司	146	上海新脉网络科技有限公司
12	上海坛网软件有限公司	147	上海软华网络信息有限公司
13	上海恒锐智能工程有限公司	148	上海天存信息技术有限公司
14	上海竹川信息技术有限公司	149	上海双威通讯网络有限公司
15	上海龙贝信息科技有限公司	150	上海唯晶信息科技有限公司
16	上海佳依佳信息科技有限公司	151	上海申维影像科技有限公司
17	上海译云信息服务有限公司	152	上海硅知识产权交易中心有限公司
18	上海凌鼎管理软件有限公司	153	上海紫安信息技术有限公司
19	上海天律信息技术有限公司	154	上海幻维数码创意科技有限公司
20	上海隆达软件有限公司	155	文典软件信息（上海）有限公司
21	上海亮普计算机有限公司	156	上海竞舟互联信息技术有限公司
22	上海高衡电子有限公司	157	上海桑友信息科技有限公司
23	上海致雄网络科技有限公司	158	上海青蓝赤壁信息技术有限公司
24	上海特金信息科技有限公司	159	上海银商资讯有限公司
25	上海澎博财经资讯有限公司	160	上海创视通多媒体技术有限公司
26	上海华炎信息技术有限公司	161	绩思思信息技术（上海）有限公司
27	泰为信息科技（上海）有限公司	162	上海经菲科技有限公司
28	上海腾龙信息科技有限公司	163	上海优盟信息技术有限公司
29	格兰普信息技术（上海）有限公司	164	上海宇信鸿泰软件技术有限公司
30	上海赛宝数码电子科技有限公司	165	上海华勤通讯技术有限公司
31	成达（上海）信息技术有限公司	166	铨领信息科技（上海）有限公司
32	上海中宽信息网络有限公司	167	上海圣软信息技术有限公司
33	上海信航软件有限公司	168	上海强辰信息技术有限公司
34	上海荣孚科技发展有限公司	169	上海优思通信科技有限公司
35	上海捷桥信息技术有限公司	170	上海汉光知识产权数据科技有限公司
36	上海新平科工业技术有限公司	171	上海神州数码技术信息管理有限公司
37	上海恒尚自动化设备有限公司	172	上海瀚海信息科技有限公司
38	上海邦正科技发展有限公司	173	上海远资信息技术有限公司

序号	企业名称	序号	企业名称
39	易悉通信息技术（上海）有限公司	174	上海众融信息技术有限公司
40	上海匡维信息技术有限公司	175	上海维涛信息技术有限公司
41	上海硅科信息技术有限公司	176	上海灵禅信息技术有限公司
42	上海圣兆信息技术有限公司	177	上海脉龙信息科技有限公司
43	上海博勋信息发展有限公司	178	上海复旦拓山管理软件科技有限公司
44	上海优业软件科技有限公司	179	上海先软安易管理软件有限公司
45	上海汉峰信息科技有限公司	180	上海大潮电子技术有限公司
46	上海爱可生信息技术有限公司	181	传息软件（上海）有限公司
47	上海摩帆数码科技有限公司	182	上海华丹信息技术有限公司
48	摩力游（上海）信息科技有限公司	183	上海上大久亿信息技术有限公司
49	国龙信息技术（上海）有限公司	184	盈趣信息技术（上海）有限公司
50	上海双微导航技术有限公司	185	龙尚科技（上海）有限公司
51	上海世博网络信息服务有限公司	186	上海迈向科技有限公司
52	上海文泰信息科技有限公司	187	鹏智软件开发（上海）有限公司
53	上海复旦软件系统工程有限公司	188	百度（中国）有限公司
54	上海征途网络科技有限公司	189	上海前沿计算机科技有限公司
55	上海弈动星信息科技有限公司	190	上海友瑞科技有限公司
56	上海太浩企软软件技术有限公司	191	百时宜信息技术（上海）有限公司
57	恩斐凯司信息技术（上海）有限公司	192	上海观念信息技术有限公司
58	上海优硕微电子有限公司	193	上海贝曼元脉信息技术有限公司
59	上海兴候信息科技有限公司	194	上海农易数字工程技术有限公司
60	上海宽源科技有限公司	195	上海释锐网络信息服务有限公司
61	上海合胜计算机科技有限公司	196	上海紫光智软科技有限公司
62	上海建文软件科技发展有限公司	197	益诺伟信息技术（上海）有限公司
63	上海腾程医学科技信息有限公司	198	上海罗泰信息技术有限公司
64	上海哲人软件有限公司	199	上海蓝信软件技术有限公司
65	上海市软件评测中心有限公司	200	上海军惠数码科技有限公司
66	上海尚国电子科技有限公司	201	城优信息技术（上海）有限公司
67	慧工信息技术（上海）有限公司	202	上海北大青鸟信息系统有限公司
68	上海艾拓软件有限公司	203	上海杰峰计算机科技有限公司
69	上海是风信息技术有限公司	204	恩梯梯数据三洋系统集成（上海）有限公司
70	上海原创通讯设备有限公司	205	上海智强信息服务有限公司
71	上海盛锐软件技术有限公司	206	上海泽汉无线技术有限公司
72	上海三零卫士信息安全技术有限公司	207	上海象形通讯科技有限公司
73	上海普信科技有限公司	208	上海万得信息技术有公司
74	优酷软件（上海）有限公司	209	上海东方网诚数据科技有限公司
75	上海哈诚电子科技有限公司	210	上海幻城网络科技有限公司
76	上海联商信息技术有限公司	211	上海枫岭生物技术有限公司
77	上海惠晨信息技术有限公司	212	上海汇软信息系统有限公司
78	上海恒聚网络科技有限公司	213	上海候鸟科技有限公司
79	上海森繁软件科技有限公司	214	上海名之赫科技有限公司

附录

序号	企业名称	序号	企业名称
80	上海凡多软件科技有限公司	215	上海龙的信息系统有限公司
81	上海摩天软件技术有限公司	216	上海品易信息科技有限公司
82	上海益盟软件技术有限公司	217	上海晟保软件有限公司
83	上海华东电脑科技有限公司	218	达宝软件（上海）有限公司
84	上海慎源数码科技有限公司	219	上海琮谷信息科技有限公司
85	上海开先软件有限公司	220	上海欣民通信技术有限公司
86	上海必捷必信息技术有限公司	221	上海益通科技有限公司
87	上海信息化服务热线有限公司	222	上海同畅信息技术有限公司
88	上海可鲁系统软件有限公司	223	上海朋道信息技术有限公司
89	睿行信息科技（上海）有限公司	224	上海天游软件有限公司
90	上海冈三华大计算机系统有限公司	225	上海影软信息技术有限公司
91	敏创软件（上海）有限公司	226	上海圣轮信息科技有限公司
92	上海幸运鸟软件科技有限公司	227	上海健生实业股份有限公司
93	上海大汉三通网络通信有限公司	228	上海卓霖信息科技有限公司
94	上海贺普计算机科技有限公司	229	上海柯源软件有限公司
95	上海梵谷电脑科技有限公司	230	上海灵慧软件销售有限公司
96	上海安融信息系统有限公司	231	上海共享教育科技有限公司
97	上海华立软件系统有限公司	232	上海爱申科技发展股份有限公司
98	上海新的瑞宏多媒体有限公司	233	上海伽玛星科技发展有限公司
99	曜盈（上海）信息技术有限公司	234	上海大众科技有限公司
100	上海敢创信息技术有限公司	235	上海财大软件股份有限公司
101	上海合易应用软件系统有限公司	236	上海麦杰科技有限责任公司
102	上海傲融信息技术有限公司	237	上海征途信息技术有限公司
103	英坦峡（上海）软件技术有限公司	238	上海晋恒软件有限公司
104	上海中信国安科技工程有限公司	239	上海井星信息科技有限公司
105	上海普康数码科技有限公司	240	上海盈天计算机软件技术服务有限公司
106	敦讯数码科技（上海）有限公司	241	上海轻音信息科技有限公司
107	上海复博农业科技有限公司	242	上海易可思信息技术有限公司
108	上海大唐移动通信设备有限公司	243	天绩信息技术（上海）有限公司
109	上海真木网络技术有限公司	244	上海世纪创意数码科技有限公司
110	天欧汽车工程软件（上海）有限公司	245	辟途威交通科技（上海）有限公司
111	上海弗英荷资讯有限公司	246	上海裕谷数码科技有限公司
112	上海硕星通信科技有限公司	247	上海庆远软件有限公司
113	上海闻普软件有限公司	248	上海新眼光光电技术有限公司
114	上海天译软件有限责任公司	249	上海乾优电子有限公司
115	上海吉联新软件有限公司	250	上海瀚唐软件科技有限公司
116	上海西霭梯信息技术开发有限公司	251	环达电脑（上海）有限公司
117	赛科斯信息技术（上海）有限公司	252	艾宾信息技术开发（上海）有限公司
118	中软计算机技术（上海）有限公司	253	上海成生科技有限公司
119	联康软件系统（上海）有限公司	254	上海达美信息技术有限公司
120	上海一维科技有限公司	255	上海中商网络有限公司

序号	企业名称	序号	企业名称
121	上海迅时通信设备有限公司	256	上海吉贝克信息技术有限公司
122	上海皇彼斯信息技术有限公司	257	上海博坤信息技术有限公司
123	上海兰基斯软件有限公司	258	上海伯骏计算机信息技术有限公司
124	上海拓东软件有限公司	259	上海大漠电子科技有限公司
125	游戏米果网络科技（上海）有限公司	260	上海印趣信息技术有限公司
126	上海容知测控技术有限公司	261	上海复园电子科技有限公司
127	上海谦恩物流科技有限公司	262	上海欧比西晟峰软件有限公司
128	上海伟凡数据系统有限公司	263	上海新时达软件技术有限公司
129	译龙信息技术（上海）有限公司	264	上海蓝蔚科技发展有限公司
130	上海碧恒软件有限公司	265	上海汇纳网络信息科技有限公司
131	上海爱国者数码科技有限公司	266	上海幻维数码影视有限公司
132	上海思源光电有限公司	267	上海蓝色海岸科技发展有限公司
133	上海赢思软件技术有限公司	268	上海三埃弗电子有限公司
134	上海拓新计算机科技有限公司	269	上海新区时空信息技术有限公司
135	上海微恩索软件技术有限公司	270	上海迈仕普信息技术有限公司

2006年上海市软件产品登记名单

（以下名单按照2006年软件产品登记号顺序排列）

1	上海中教信息技术有限公司	子易集中型学籍管理软件V1.0
2	上海中教信息技术有限公司	子易基于C/S架构的高可用多机无盘系统软件V1.0
3	上海众恒信息产业有限公司	众恒地图数据交换维护软件V1.0
4	上海众恒信息产业有限公司	众恒实有人口综合信息资源库软件V1.0
5	上海思群科技发展有限公司	思群银行新一代综合业务系统（CBS）V3.0
6	上海杉德金卡信息系统科技有限公司	杉德金融税控收款机系统软件V1.0
7	上海优异科技有限公司	优异基础教育研究性学习网络平台软件V3.1
8	上海弥行信息技术有限公司	弥行Neptune分布式数控软件V2.0
9	上海硅知识产权交易中心有限公司	硅知识产权统计分析软件V2.3
10	上海柯斯软件有限公司	柯斯PIM卡操作系统软件V1.0
11	上海群萃软件有限公司	群萃Extraction应用构建平台软件V1.0
12	上海海港通信技术有限公司	海港声动炫铃软件V1.0
13	上海摩派信息科技有限公司	摩派WAP信息发布软件V1.0
14	上海直真节点技术开发有限公司	直真节点北向接口前置机软件V1.0
15	上海直真节点技术开发有限公司	直真节点电信数据网资源管理软件V1.0
16	上海榕基软件开发有限公司	榕基管易协作管理软件V1.0
17	金宝电子（上海）有限公司	金宝V71电子辞典软件V1.0
18	金宝电子（上海）有限公司	金宝DMA Digital Media Adapter软件V1.0
19	金宝电子（上海）有限公司	金宝OA管理系统软件V1.0
20	金宝电子（上海）有限公司	金宝GY565/GY566电子辞典软件V1.0
21	金宝电子（上海）有限公司	金宝49G图形计算器软件V1.0

附录

64	上海佳依佳信息科技有限公司	佳依佳集装箱场站管理系统 V1.0
65	上海傲林网络科技有限公司	傲林 WEB 行情系统 V1.0
66	敏递软件（上海）有限公司	敏递影音栈软件 MVP Media Station（简称：敏递 MVP 影音栈）V1.0
67	上海亿通国际股份有限公司	亿通国际特殊区域联网监管中小企业软件 V1.0
68	上海亿通国际股份有限公司	亿通国际特殊区域联网监管软件 V1.0
69	上海亿通国际股份有限公司	亿通国际特殊区域间货物调拨管理软件 V1.0
70	上海亿通国际股份有限公司	亿通国际特殊区域内货物调拨管理软件 V1.0
71	上海亿通国际股份有限公司	亿通国际特殊区域货物临时调拨管理软件 V1.0
72	上海亿通国际股份有限公司	亿通国际特殊区域国内货物调拨软件 V1.0
73	上海亿通国际股份有限公司	亿通国际特殊区域联网监管中期核查软件 V1.0
74	华院分析技术（上海）有限公司	华院电信综合业务经营分析系统 V1.0
75	华院分析技术（上海）有限公司	华院电信综合业务经营分析系统 V2.0
76	上海译云信息服务有限公司	译云在线翻译管理软件 V1.0
77	上海凌鼎管理软件有限公司	一维切割组合优化系统 V1.0
78	上海信航软件有限公司	信航条码进销存软件（单机版）V1.0
79	上海尚国电子科技有限公司	尚国便携式多媒体播放软件 V1.0
80	上海瑞东自动化技术有限公司	瑞东 RD2000 监控管理软件 V1.0
81	上海迅时通信设备有限公司	迅时 CDRservice 计费及运营管理系统软件 V2.1
82	上海迅时通信设备有限公司	迅时 sipXservice 软交换业务平台系统软件 V2.0
83	上海天正软件有限公司	天正宾馆管理软件 V4.0
84	上海博勋信息发展有限公司	博勋中小企业标准成本管理软件 V1.0
85	上海长丰智能卡有限公司	长丰税控 IC 卡操作系统软件 V1.0
86	上海雨人软件技术开发有限公司	雨人网络 e 魔镜安全软件 V2.5.25
87	上海复博农业科技有限公司	复博农产品质量安全监控信息系统 V2.0
88	上海青乾科技有限公司	青乾 OSS 连接管理软件 V1.0
89	上海青乾科技有限公司	青乾 Help Desk 管理软件 V3.0
90	上海中宽信息网络有限公司	中宽 IE21 智能语音软件 V1.0
91	上海中宽信息网络有限公司	中宽新课程标准小学英语多媒体课堂教学系统 V1.0
92	上海天域时捷信息系统有限公司	天域时捷新闻发布软件 V1.0
93	上海天域时捷信息系统有限公司	天域时捷客户管理软件 V1.0
94	上海天域时捷信息系统有限公司	天域时捷公文流转软件 V1.0
95	上海腾龙信息科技有限公司	腾龙信息科技工作流软件 V1.0
96	上海华讯网络技术服务有限公司	EccomNet 工程项目管理辅助软件 V1.0
97	上海赛宝数码电子科技有限公司	赛宝彩色数码印相软件 V1.0
98	上海电信恒联网络有限公司	恒联办公多面手软件 V3.0
99	上海银欣高新技术发展股份有限公司	银欣自动呼叫跟踪系统软件 V1.0
100	上海银欣高新技术发展股份有限公司	银欣设备固定资产系统软件 V1.0
101	万达信息股份有限公司	万达安全配置管理软件 V2.0
102	万达信息股份有限公司	万达信息安全集成管理平台软件 V2.0
103	万达信息股份有限公司	万达网络安全审计软件 V2.0
104	万达信息股份有限公司	万达主机安全审计软件 V2.0
105	上海南天电脑系统有限公司	南天公共信息亭系统软件 V1.0

106	上海安科瑞电气有限公司	PZ单电量测控管理模块软件 （简称：PZ单电量模块）V1.0
107	上海高衡电子有限公司	高衡衡器（电子秤）测控软件 V1.0
108	上海亮普计算机有限公司	利普办公自动化服务软件 V2.0
109	上海国电万润信息技术有限公司	国电万润汽轮机语音识别故障的诊断系统软件 V1.0
110	上海亚伦科技有限公司	亚伦 TopOSS 营帐计费系统 V3.0
111	上海同行企业信息科技有限公司	同行制造业条码控制系统 V3.0
112	上海银晨智能识别科技有限公司	银晨人脸识别出入控制系统软件 V1.0
113	上海荣孚科技发展有限公司	荣孚"一号通"系统软件 V1.0
114	上海互联网软件有限公司	Beyondbit 电子政务软件 V2.5
115	上海互联网软件有限公司	飞越比特交互式分析软件 V2.5
116	希森美康电脑技术（上海）有限公司	Laboman easyAccess 检验数据管理软件 V5.0
117	上海华勤通讯技术有限公司	华勤 A1008 MMI 软件 V1.0.6
118	上海安融信息系统有限公司	安融安全远程访问平台软件（简称：安融 SSL VPN 软件）V1.0
119	上海思巴得信息科技有限公司	Ms3000IP 多业务通信系统 V1.0
120	上海基准商贸有限公司	Macro 逾期帐款管理系统 V1.0
121	上海吉联新软件有限公司	吉联租船管理系统 V1.0
122	上海启明星辰信息技术有限公司	启明星辰信息安全风险动态监控系统 V1.0
123	上海艾诺电子有限公司	MOL-300 全自动生化分析仪操作软件 V1.0
124	上海明波通信技术有限公司	Bwave 手机数字电视（DMB）接收系统软件 V1.0
125	上海明波通信技术有限公司	Bwave 图像匹配检测软件 V1.0
126	上海创视通多媒体技术有限公司	创视通电视墙服务器软件 V1.0
127	恩讯信息技术（上海）有限公司	nSTREAMS 播出控制系统软件 V1.0
128	恩讯信息技术（上海）有限公司	nSTREAMS 播出服务器系统软件 V1.0
129	恩讯信息技术（上海）有限公司	nSTREAMS VOD 点播管理系统软件 V1.0
130	国信朗讯科技网络技术有限公司	国信朗讯交换专业资源管理系统软件 V6.0
131	国信朗讯科技网络技术有限公司	国信朗讯带宽型业务开通系统软件 V2.0
132	国信朗讯科技网络技术有限公司	国信朗讯传输资源管理系统软件 V6.0
133	国信朗讯科技网络技术有限公司	国信朗讯数据专业资源管理系统软件 V6.0
134	国信朗讯科技网络技术有限公司	国信朗讯备品备件资源管理系统软件 V1.0
135	国信朗讯科技网络技术有限公司	国信朗讯网络资源调拨管理系统软件 V1.0
136	国信朗讯科技网络技术有限公司	国信朗讯资源分析系统软件 V1.0
137	国信朗讯科技网络技术有限公司	国信朗讯光纤光路资源管理系统软件 V2.0
138	百度（中国）有限公司	百度网络动态搜索排名软件 V7.0
139	百度（中国）有限公司	百度固定排名系统软件 V2.6
140	百度（中国）有限公司	百度网络推广应用管理软件 V3.0
141	百度（中国）有限公司	百度企业竞争情报系统软件 V3.0
142	发茵特科技（上海）有限公司	FastPDM 钢材切割生产管理系统软件 V1.3
143	发茵特科技（上海）有限公司	FastCNC 数控系统软件 V5.4
144	上海火速软件技术有限公司	火速数字营销分析系统（简称：HotDMA）V1.5
145	上海亚太计算机信息系统有限公司	长江亚太虚拟内窥镜诊断系统软件 V1.0
146	上海亚太计算机信息系统有限公司	长江亚太交通规划数据信息平台软件 V1.0
147	上海亚太神通计算机有限公司	SAPTAC 打印机机械仿真软件 V1.0

148	上海亚太神通计算机有限公司	SAPTAC 计算机打印机考核支持软件 V1.0
149	希姆通信息技术(上海)有限公司	希姆通手机人机接口应用软件 V1.0
150	上海士尚汽车检测设备有限公司	士尚检测控制管理软件 V1.0
151	上海复舜信息科技有限公司	复舜单证扫描识别软件 V1.4
152	上海岩浆数码技术有限公司	岩浆酷版游戏工作室软件 V2.0
153	上海青蓝赤壁信息技术有限公司	青蓝医技科室通用信息管理软件 V1.0
154	上海金仕达卫宁医疗信息技术有限公司	金仕达卫宁社区健康保健服务系统 V1.0
155	上海磊博科技发展有限公司	磊博校园网管理平台软件 V1.0
156	龙旗科技（上海）有限公司	龙旗科技 A121 系列手机软件 V1.0
157	龙旗科技（上海）有限公司	龙旗科技 A122 系列手机软件 V1.0
158	上海摩帆数码科技有限公司	摩帆手机网络交友游戏《二人世界》软件 V1.0
159	上海哲人软件有限公司	哲人业务流程管理系统软件 V1.2
160	上海中标软件有限公司	中标普华教育资源助手软件 V1.0
161	上海中标软件有限公司	中标普华公文制作助手软件 V1.0
162	上海教育软件发展公司	上教软多媒体教学资源编目工具软件 V1.0
163	上海教育软件发展公司	上教软多系统耦合平台软件 V1.0
164	上海教育软件发展公司	上教软多媒体教学资源备课软件 V1.0
165	上海教育软件发展公司	上教软网络课件制作工具软件 V1.0
166	上海夏尔软件有限公司	夏尔超效数控电源综合管理软件 V1.0
167	上海通导科技发展有限公司	通导手持式无线终端综合处警软件 V1.0
168	上海硅科信息技术有限公司	硅科考勤管理软件 V1.0
169	易悉通信息技术(上海)有限公司	易悉通客户资源管理软件 V1.0
170	上海思策软件有限公司	思策信息管理系统服务 FLASH 组件软件 V1.0
171	上海思策软件有限公司	思策信息管理系统客户 FLASH 组件软件 V1.0
172	上海学致网络科技有限公司	学致在线英语教育软件 V1.0
173	摩力游(上海)信息科技有限公司	摩力游综合娱乐海盗王 Online 软件 V1.21
174	上海中兆信息技术有限公司	中兆政府资源计划 GRP- 信息资源综合管理软件 V1.0
175	上海闻普软件有限公司	闻普 Networkman 计算机综合管理系统软件 V1.0
176	上海银欣高新技术发展股份有限公司	银欣新闻发布系统软件 V1.0
177	上海中宽信息网络有限公司	中宽 IE21 互动英语软件 V1.0
178	上海中宽信息网络有限公司	中宽 IE21 咿呀少儿互动英语学习软件 V1.0
179	上海欣能信息科技发展有限公司	欣能企业银行直连电子结算软件 V1.0.0
180	上海长城电子信息网络有限公司	长城工程设计项目管理软件 V1.0
181	上海机械电脑有限公司	机械电脑 ERP9000 企业资源管理系统软件 V6.0
182	上海美宁计算机软件有限公司	证券之星神光智慧版行情分析软件 V1.0
183	上海泛微网络科技有限公司	泛微协同电子商务管理系统软件 V1.0
184	上海合胜计算机科技有限公司	合胜银行 IT 服务台系统软件 V1.0
185	上海全成通信技术有限公司	全成全业务统一查询退定软件 V1.0
186	远翔信息技术（上海）有限公司	远翔动迁信息管理软件 V1.0
187	徕卡测量系统（上海）有限公司	TPS700/800 导线测量应用软件 V1.0
188	徕卡测量系统（上海）有限公司	TPS1200 断面监测机载与后处理软件 V1.0
189	徕卡测量系统（上海）有限公司	TPS800 断面监测机载与后处理软件 V1.0

190	上海北骥电子科技发展有限公司	北骥综合文档管理系统 V6.1
191	上海弈动星信息科技有限公司	GS_RACING_阳光之旅游戏软件 （简称：GS_RACING）V1.0
192	上海太浩企软软件技术有限公司	太浩企软 WebLEAD 系统 V1.0
193	上海锐起信息技术有限公司	锐起无盘 XP 软件 V1.0
194	译龙信息技术（上海）有限公司	译龙 OKTalk 语言学习系列软件 V1.0
195	译龙信息技术（上海）有限公司	译龙两岸通输入法软件 V1.0
196	上海优硕微电子有限公司	优扬嵌入式快速开发软件 V1.0
197	上海凌极软件有限公司	凌极数字语音系统标准版 （简称：ANGEL）V2.0
198	上海凌极软件有限公司	凌极数字语音系统专业版（简称：VIVO）V2.0
199	上海创视通多媒体技术有限公司	创视通 IP 会议多点服务软件（简称：MCU）V1.0
200	国信朗讯科技网络技术有限公司	国信朗讯运行支撑系统软件 V1.0
201	国信朗讯科技网络技术有限公司	国信朗讯动态资源管理系统软件 V1.0
202	上海龙贝信息科技有限公司	龙贝码高安全性证照系统 V1.0
203	上海宝信软件股份有限公司	宝信基础能源管理系统 V1.0
204	上海宝信软件股份有限公司	宝信行车智能化控制系统 V1.0
205	上海复旦金仕达计算机有限公司	金仕达新一代校园一卡通系统 V1.0
206	上海复旦金仕达计算机有限公司	金仕达黄金交易管理系统 V2.0
207	上海同润信息技术有限公司	同润海猫计算机资源预警管理系统（简称：海猫预警）V1.0
208	上海新的瑞宏多媒体有限公司	瑞宏一票通票务仿真系统（简称：一票通仿真）V1.0
209	上海鸿利数码科技有限公司	鸿利魔界 online 网络游戏软件（简称：魔界 online）V1.0
210	上海宽源科技有限公司	宽源直板手机多媒体软件（简称：KY_BAR_SW）V1.0
211	上海亿马物流系统有限公司	亿马技术架构平台软件 V1.0
212	上海葡萄城信息技术有限公司	奥林岛财务管理软件 V5.2.0
213	上海皇彼斯信息技术有限公司	皇彼斯药房综合管理软件 V2005
214	上海良标智能终端股份有限公司	良标金融税控收款机软件 V1.0
215	上海凡多软件科技有限公司	凡多－我的乖怪网络游戏软件 V1.0
216	易之付(上海)电子科技有限公司	易之付 IPS 网络支付系统软件 V1.0
217	久之游信息技术(上海)有限公司	久游网网络休闲游戏软件（猛将 Online）V1.0
218	上海润星网络科技有限公司	久游网网络休闲游戏软件（超级舞者）V1.0
219	上海尼欧信息科技发展有限公司	尼欧商业管理软件 V2.1
220	上海三吉电子工程有限公司	三吉港口引航及调度软件 V1.2
221	上海惠晨信息技术有限公司	惠晨硬盘播出系统控制软件 V1.0
222	上海开先软件有限公司	EastPay 卡管理软件 V1.0
223	上海新致软件有限公司	新致智能图书馆业务管理软件 V1.0
224	上海阿穆尔软件有限公司	Avail GUI+ 图形用户界面开发软件 V1.0
225	上海高迪亚电子系统有限公司	高迪亚 MICS 控制器控制软件 V1.0
226	上海献捷信息科技有限公司	献捷染纱生产管理软件 V1.0
227	上海献捷信息科技有限公司	献捷电子采购工作流软件 V1.0
228	上海盛锐软件技术有限公司	盛锐办公自动化软件 V1.2
229	上海金证高科技有限公司	金证新一代集中交易管理软件 V1.0
230	上海商博尔信息技术有限公司	ZineMaker 电子杂志制作软件 V3.0
231	上海虹信信息科技有限公司	虹信招商信息管理系统软件 V1.1

232	上海微创软件有限公司	微创统一消息服务平台软件〔简称：微创 WSFM〕V1.0
233	上海机械电脑有限公司	机械电脑面向装备制造业的企业协同商务系统软件 V5.0
234	上海森繁软件科技有限公司	森繁网络游戏平台软件 V1.0
235	上海哈诚电子科技有限公司	哈诚 HCH 系列磁条阅读/编码机软件 V1.0
236	上海哈诚电子科技有限公司	哈诚 HCH-M 系列密码小键盘软件 V1.0
237	上海匡维信息技术有限公司	匡维协同智能供应链门户软件 V1.0
238	携程旅游信息技术（上海）有限公司	携程旅行网网上度假产品预订软件 V4.0
239	携程旅游信息技术（上海）有限公司	携程酒店电子商务软件（EBooking）V3.0
240	携程旅游信息技术（上海）有限公司	携程旅行网网上海外 CNG 酒店预订软件 V1.0
241	上海热线信息网络有限公司	求佳在线考试应用软件 V1.0
242	上海普信科技有限公司	数字化振动仿真软件（PROSYNX/DVP）V1.0
243	上海是风信息技术有限公司	是风钢铁企业综合管理软件 V1.0
244	上海新纳广告传媒有限公司	新纳 Ezingy 多媒体交互软件 V1.0
245	上海艾拓软件有限公司	艾拓电路仿真验证平台软件 V1.0
246	上海鹏达计算机系统开发有限公司	鹏达学生收费软件 V1.0〔简称：鹏达学生收费系统〕
247	上海鹏达计算机系统开发有限公司	鹏达导游实务教学平台软件 V1.0 〔简称：导游实务系统〕
248	上海恒聚网络科技有限公司	恒聚网站商务伴侣软件 V3.0
249	上海华之樱信息系统有限公司	华之樱燃气调度系统 V1.0
250	上海维泰软件有限公司	WisePower 智能工作流程管理软件 V2.0
251	上海金诺网络安全技术发展股份有限公司	金诺网安入侵检测系统软件 V8.2
252	上海金诺网络安全技术发展股份有限公司	金诺网安内容推送系统应用软件 V2.0
253	上海联商信息技术有限公司	联商地图服务应用基础平台软件 V1.0
254	特维英数码科技(上海)有限公司	InterVideo 数码家电软件 V3.0
255	上海百果信息科技有限公司	百果诊所信息管理软件 V1.0
256	上海复华保护神信息技术有限公司	复华环境和动力远程监控软件 V1.0
257	上海锦江电子技术工程有限公司	锦江电子医院信息管理软件 V1.0
258	上海大唐移动通信设备有限公司	大唐移动 SPAN 后台分析软件 V2.0
259	上海大唐移动通信设备有限公司	大唐移动 SPAN 路测系统 V2.0
260	上海三零卫士信息安全技术有限公司	鹰眼主机入侵检测系统 V2.0
261	上海普康数码科技有限公司	普康电子商城软件 V1.0
262	上海微创软件有限公司	微创电子政务应用门户平台软件〔简称：微创 WSAF〕V1.0
263	上海益盟软件技术有限公司	操盘手证券投资决策软件 V3.04
264	上海市软件评测中心有限公司	iTesting 日程安排管理软件 V1.0
265	上海业成软件技术有限公司	业成会议系统软件 V1.0
266	上海慎源数码科技有限公司	慎源基于网络的可调度的多媒体信息发布系统软件 V1.0
267	上海高衡电子有限公司	高衡衡器（仪表）测控软件 V1.0
268	上海高衡电子有限公司	高衡衡器（天平）测控软件 V1.0
269	亚迪技术开发（上海）有限公司	亚迪海底浅地层剖面系统 GUI 客户服务器软件 V3.2
270	敏递软件（上海）有限公司	敏递如意剪软件 Scene Composer Razor V1.5
271	敏递软件（上海）有限公司	敏递 neoDVD 即拍即录软件 V7.0
272	上海前方科技有限公司	前方微格教学系统管理软件 V1.0（简称：MTS）
273	上海海勃物流软件有限公司	海勃 MILE TOPS 码头营运管理软件 V3.0

274	上海复旦金仕达计算机有限公司	金仕达期货交易管理系统 V6.0
275	游戏米果网络科技（上海）有限公司	真封神之天尊地魔网络游戏软件 V1.00
276	上海利驰软件有限公司	电气设计 CAD 软件 SuperWORKS 工厂版 V7.0
277	上海航天金穗高技术有限公司	航天金穗服务管理系统 V1.0
278	睿行信息科技(上海)有限公司	NextOSS 电信运营支撑系统 V5.0
279	上海幸运鸟软件科技有限公司	O3EIE 服装企业信息引擎软件 V1.0
280	上海讯博数码科技有限公司	讯博智能化公交运营管理系统 V1.0
281	软星科技(上海)有限公司	阿猫阿狗大作战 Online 游戏软件 V1.0
282	上海贺普计算机科技有限公司	贺普卫生监督综合信息管理平台软件 V1.0
283	上海合易应用软件系统有限公司	EasyDRP 分销管理软件 V1.0（简称：EasyDRP）
284	希森美康电脑技术（上海）有限公司	Matrix 诊疗信息支援系统 V1.0
285	希森美康电脑技术（上海）有限公司	Matrix 诊疗信息支援系统内分泌版 V1.0
286	希森美康电脑技术（上海）有限公司	Laboman easyNet 检验信息管理系统 V1.0
287	上海宝点信息技术有限公司	宝点拇指天空软件 V1.0
288	美斯达（上海）医药开发有限公司	美斯达临床试验数据库管理系统 V2.0
289	上海科意捷信息技术有限公司	科意捷无线游戏创作软件 V1.0 (简称:MGS)
290	上海梵谷电脑科技有限公司	小天使口腔医疗专业管理系统 V240A1
291	上海阿帝凡思信息技术有限公司	安迪网吧监控管理软件 V1.0
292	上海长帆信息科技有限公司	Combiz 网页即时会话平台软件 V2.0
293	上海敢创信息技术有限公司	敢创给水排水管网规划与计算软件 V1.0
294	曜盈（上海）信息技术有限公司	曜盈易网通短信系统 V1.0
295	徕卡测量系统（上海）有限公司	TPS400\800 道路放样应用软件 V1.0
296	上海沃克软件有限公司	沃克银行核心系统 V2.0(简称:In@Banks)
297	上海拜特信息技术有限公司	拜特地产客户关系管理系统软件（简称：拜特地产 CRM 系统）V2.0
298	诺明软件（上海）有限公司	诺明电子工时表系统 V5.2
299	上海思伟软件有限公司	思伟建材检测试验室管理系统 V1.0
300	上海候鸟科技有限公司	MaxNet 网络内容管理系统 V1.0
301	腾龙计算机软件（上海）有限公司	腾龙.NET 环境下的工作流引擎软件 V1.0
302	上海上大鼎正软件有限公司	鼎正动态交通信息软件 V1.0
303	上海恒为信息科技有限公司	恒为 OCWay 协议处理控制软件 V1.0
304	上海天律信息技术有限公司	马克威统计分析和数据挖掘系统软件 V2.0
305	敦讯数码科技（上海）有限公司	敦讯原材料进出货管理软件简体 1.0 版
306	敦讯数码科技（上海）有限公司	敦讯商品混凝土销售管理软件简体 1.0 版
307	上海宏讯软件有限公司	EBOS 应用中间件平台软件 V3.2
308	上海中信国安科技工程有限公司	中信国安兵役登记管理系统 V1.0
309	上海众恒信息产业有限公司	众恒数据资源统一管理与服务平台软件 V1.0
310	上海菱通软件技术有限公司	菱通仓库管理软件 V2.0
311	天欧汽车工程软件（上海）有限公司	MADYMO 模型转换工具软件 V1.0
312	上海寰通商务科技有限公司	Oval E-Manager 电子经理商务软件 V3.0
313	英坦峡（上海）软件技术有限公司	英坦峡 Movex ERP 软件 V12
314	上海弗英荷资讯有限公司	弗英荷贸易情报应用系统软件 V2.0
315	上海卓扬科技有限公司	Accella 多媒体网络矩阵系统软件 V1.0

316	上海卓扬科技有限公司	Accella 用户管理和认证中心软件 V1.0
317	上海卓扬科技有限公司	Accella 视频监控客户端软件 V1.0
318	上海卓扬科技有限公司	Accella 视频监控控制中心系统软件 V1.0
319	上海卓扬科技有限公司	Accella 多媒体监控浏览器软件 V1.0
320	上海倍腾通讯设备有限公司	BTNM 网络运维管理软件 V3.0
321	上海和强软件有限公司	合强 ASP 协同办公软件 V1.0
322	上海复旦网络信息工程有限公司	复旦网络煤矿安全信息集成平台与预控软件 1.2
323	上海亿软信息技术有限公司	亿软投诉流程管理软件 V1.0.0
324	上海亿软信息技术有限公司	亿软单点登录软件 V1.0.0
325	上海亿软信息技术有限公司	亿软前台门户框架软件 V1.0.0
326	上海亿软信息技术有限公司	亿软业务运营支撑接口软件 V1.0.0
327	上海亿软信息技术有限公司	亿软短信增值业务投诉与服务管理软件 V1.0.0
328	上海亿软信息技术有限公司	亿软商业客户运营支撑软件 V1.0.0
329	上海亿软信息技术有限公司	亿软虚拟产品资料库软件 V1.0.0
330	上海亿软信息技术有限公司	亿软知识中心管理软件 V2.0.0
331	上海亿软信息技术有限公司	亿软掌上营业厅软件 V1.0.0
332	上海亿软信息技术有限公司	亿软外呼软件 V1.0.0
333	上海盛源众望信息科技有限公司	SYZW 全程同步录音录像软件 V1.0
334	上海先软安易管理软件有限公司	先软 C400 互联网财务管理软件 V1.0
335	希姆通信息技术（上海）有限公司	希姆通模块人机接口应用软 V1.0
336	上海思必得通讯技术有限公司	思必得模块 APP-MMI 软件 V1.0
337	上海软中信息技术有限公司	软中国有资产监管软件 V1.0
338	上海西霭梯信息技术开发有限公司	西霭梯 RFID 车辆出入库管理软件 V1.0
339	上海神州数码技术信息管理有限公司	神州数码 PDM 管理软件 V1.0
340	上海同济宏扬软件有限公司	宏扬供水管网科学调度软件 V2.0
341	上海新网程信息技术有限公司	网络督察网络行为管理软件（简称：网络督察）V5.0
342	上海斯图曼电信技术有限公司	斯图曼 ISDN 终端驱动软件 V3.0
343	上海拓东软件有限公司	拓东公路工程试验辅助管理信息系统（简称：TAM）V1.0
344	国信朗讯科技网络技术有限公司	国信朗讯传输及光缆光纤管理系统软件 V3.0
345	上海浦东软件园大通医药信息技术有限公司	大通药物咨询及用药安全监测系统 V3.0
346	上海华互信息技术有限公司	华互图书音像仓库管理系统 V1.13
347	上海宝信软件股份有限公司	宝信一体化监控指挥平台软件（水利综合监控管理系统版）V4.0
348	上海达韵纺织科技有限公司	达韵染色生产及染化料仓库信息管理软件 V2.1
349	上海宇龙软件工程有限公司	宇龙数控编程智能学习软件 V1.0
350	上海达美信息技术有限公司	达美 SAP 移动平台软件（短信通）V1.1
351	上海宝信软件股份有限公司	宝信交通短信服务系统 V1.0
352	上海宝信软件股份有限公司	宝信基于知识管理的协同工作系统 V1.0
353	复奥软件（上海）有限公司	复奥 PCAP 软件 V1.0
354	上海智森航海电子科技有限公司	智森航海雷达 /ARPA 系统软件 V2.01
355	上海沃克软件有限公司	沃克交易路由系统（VRouter）V2.0
356	上海文澜信息技术有限公司	文澜仿真漫游软件 V1.0
357	上海财大软件股份有限公司	"CCMS" 商业银行信贷管理系统（简称：信贷管理系统）V1.0

358	上海优盟信息技术有限公司	优盟远程教育信息系统 V1.0
359	上海中交海德交通科技股份有限公司	海德高速公路养护管理系统 HEAD-MMS V3.0
360	上海兰基斯软件有限公司	海洋大气地理信息系统网络平台软件 V1.0
361	上海美信软件有限公司	美信票据通软件 V2.1
362	上海微恩索软件技术有限公司	WS 蔬果跟踪系统软件 V1.0
363	上海中信信息发展有限公司	中信网上并联审批应用软件 V1.0
364	上海网元计算机系统有限公司	网元运输管理软件 V1.0
365	上海博龙医药技术咨询有限公司	乐奈克临床药师软件 V1.0
366	上海艾泰科技有限公司	艾泰 HiPER ReOS 接入及内网管理软件 V1.0
367	上海碧恒软件有限公司	碧恒商务伙伴管理系统 V1.0
368	上海复高计算机科技有限公司	复高医疗机构医疗器械监管服务信息软件 V1.0
369	上海复旦天威信息系统有限公司	天威配网评估分析软件 V1.0
370	复旦大学	FD 基于特征本体的体系结构设计工具软件 V1.0
371	复旦大学	FD 基于本体的特征建模工具软件 V1.0
372	久之游信息技术（上海）有限公司	久游网网络休闲游戏软件（疯狂卡丁车）V1.0
373	久之游信息技术（上海）有限公司	久游网网络休闲游戏软件（劲乐团 2）V1.0
374	上海恺擎软件开发有限公司	恺信地图引擎软件 V1.0
375	上海烨信软件科技有限公司	烨信 YE-ERP 系统软件 V1.0
376	龙旗科技(上海)有限公司	龙旗科技 H300 系列手机软件 V1.0
377	上海长润信息技术有限公司	长润社区管理服务联动平台软件 V1.0.0
378	上海慧铭自动化信息产业有限公司	慧铭门户管理平台软件 V2.3.5
379	上海慧铭自动化信息产业有限公司	慧铭工作流平台软件 V2.3.5
380	上海慧铭自动化信息产业有限公司	慧铭设备管理软件 V1.5
381	上海同印软件科技有限公司	同印因特网社保办公数字签名软件 V1.0
382	上海天服网络科技有限公司	天服网络信息管理软件 V1.0
383	上海赢思软件技术有限公司	赢思网络聊天数据查询机器人软件 V1.0
384	上海爱光计算机科技有限公司	爱光保护装置控制软件 V1.0
385	上海爱光计算机科技有限公司	爱光自动化监控软件 V1.0
386	上海网驭通讯技术有限公司	NetRein TD-SCDMA 网络测试与优化分析软件 V1.0
387	上海朝蓬信息科技有限公司	朝蓬航空生产保障软件 V1.0
388	上海爱国者数码科技有限公司	爱国者（aigo）Telechip 平台上的 MP3 播放软件 V2.1
389	上海迪维欧电子设备有限公司	迪维欧 NVSS 网络视频管理软件 V1.0
390	上海付费通信服务有限公司	AISPBP 支持公用事业帐单缴付的应用中间件软件 V1.3
391	上海苏佳电子科技有限公司	苏佳可编程单电量测控软件 V1.0
392	上海苏佳电子科技有限公司	苏佳网络电力测控软件 V1.0
393	上海安道雷光波系统工程有限公司	安道雷移动电子警察处理软件 V1.0
394	上海新致软件有限公司	新致实有人口信息管理系统软件 V1.0
395	上海新致软件有限公司	新致社区事务一口受理系统软件 V1.0
396	上海新致软件有限公司	新致经济城管理系统软件 V1.0
397	上海网宿科技发展有限公司	速通 VPN 企业互连平台系统 V1.0
398	上海溟鹏软件开发技术有限公司	溟鹏 TAS 数据采集软件 V1.0
399	辐技威（上海）信息技术有限公司	FG KC100 CAMERA+MP3 CDMA 手机系统软件（简称：KC100）V1.0

400	上海通用卫星导航有限公司	GSN-210B 装甲车载计算机软件 V1.02
401	上海卓誉数码科技有限公司	卓越网络型数字语言学习系统应用软件 V1.0
402	上海卓越睿新信息技术有限公司	卓越教育综合应用平台软件 V1.0
403	上海声通信息科技有限公司	声通 Amany 多媒体呼叫中心软件 V1.0
404	上海新干通通信设备有限公司	新干通机车综合无线通信系统 V1.0
405	上海拓新计算机科技有限公司	拓新报销管理软件 V3.0
406	上海三零卫士信息安全有限公司	鹰眼隐形蜜罐系统软件 V1.0
407	上海东方网诚数据科技有限公司	网诚中文目录检索引擎系统 V3.0
408	上海普华科技发展有限公司	普华项目管理信息平台软件 PowerPiP V2.5
409	上海浦东软件园大通医药信息技术有限公司	大通抗菌药品使用分析及控制系统 V1.0
410	上海兰恒信息系统有限公司	兰恒影像科管理软件 V1.0
411	说宝堂信息科技（上海）有限公司	SAYBOT 播放器软件 V1.0
412	天格信息技术（上海）有限公司	9158 多人网络卡拉 OK 系统 V6.0.0.0
413	上海普元信息技术有限责任公司	普元 EOS Manager 软件 V5.1
414	福申信息系统（上海）有限公司	博川合同计量管理系统 V4.0
415	上海品伟数码科技有限公司	Pemba 指纹安全访问控制系统 V1.0a
416	上海品伟数码科技有限公司	品伟 PINEWAVE 幼稚园（活体）指纹管理接送人员系统 V1.0a
417	上海安脉计算机科技有限公司	安脉学校综合管理平台软件（简称：学校综合管理平台）V4.0
418	矽翔微机电系统（上海）有限公司	矽翔 MEMS 流量计自动生产线管理软件 V1.0
419	矽翔微机电系统（上海）有限公司	矽翔 MEMS 流量计用户管理软件 V1.0
420	上浦东软件园有限责任公司	浦东软件园《快乐汉语》第一册多媒体软件 V1.0
421	上海海艾笛信息技术有限公司	海艾笛 V-EMS 管理系统（简称:V-EMS） V2.0
422	上海宝信软件股份有限公司	宝信期货交易所统计信息共享平台软件 V1.0
423	上海宝信软件股份有限公司	宝信炼铁区域综合统计管理系统软件 V1.0
424	上海汇纳网络信息科技有限公司	汇纳智能客流视频监控分析系统（简称：IPVA） V1.0
425	上海协达软件科技有限公司	协达 CTOP 协同软件 V4.2
426	上海华丹信息技术有限公司	华丹 CHARISMA 智能 WEB 平台软件（简称：CHARISMA 平台） V2.0
427	上海大潮电子技术有限公司	大潮 GPS 定位管理系统 V3.7
428	上海天陇电力科技发展有限公司	SF6 密度继电器校验分析软件 V2.0
429	上海天陇电力科技发展有限公司	SF6 综合在线监测诊断软件 V2.0
430	上海阿帝凡思信息技术有限公司	安迪《E 网天使》儿童健康上机上网软件 V1.0
431	上海华虹计通智能卡系统有限公司	HHJT-SKQ300 税控器专用软件 V1.0
432	上海华虹计通智能卡系统有限公司	HHJT-SKJ 500 税控收款机专用软件 V1.0
433	上海筑丰信息技术有限公司	筑丰光盘生产管理软件 V1.0
434	神州数码管理系统有限公司	神州数码易飞管理软件 V4.0
435	文典软件信息（上海）有限公司	文典人力资源管理软件 V1.0
436	上海掌铃通网络科技有限公司	灵通小子手机游戏软件 V1.0
437	上海英迪信息技术有限公司	英迪 3PL 公路车辆运输管理软件 V1.0
438	上海天舟信息技术有限公司	天舟第三方物流管理软件 V1.0
439	上海金桥信息工程有限公司	金桥数字化多会场集控及应用平台软件 V1.0
440	上海竞舟互联信息技术有限公司	竞舟知识管理软件 V1.0
441	上海天正明日电力自动化有限公司	STS360G 数字式发电机保护软件 V1.01

442	上海天正明日电力自动化有限公司	STS363L 数字式光纤差动保护软件 V1.04
443	上海格尔软件股份有限公司	格尔信息安全综合监控和管理平台软件 V2.1
444	上海格尔软件股份有限公司	格尔工作站防泄密系统软件 V1.0
445	上海维一软件有限公司	维一股东大会管理软件 V3.0
446	上海优思通信科技有限公司	优思手机应用软件 V1.0
447	韵[illegible]castle诗软件技术（上海）有限公司	韵[illegible]castle诗化学分析系统软件 V1.0
448	韵磁诗软件技术（上海）有限公司	韵磁诗生物信息数据分析软件 V1.0
449	上海博勋信息发展有限公司	博勋城镇改造动迁服务管理信息软件 V1.0
450	上海博勋信息发展有限公司	博勋城镇再就业服务信息软件 V1.0
451	上海远资信息技术有限公司	远资易飞门户整合软件 V1.0
452	上海梁江通信系统有限公司	梁江用户业务鉴权软件 V2.2
453	上海梁江通信系统有限公司	梁江语音自助服务软件 V1.0
454	上海梁江通信系统有限公司	梁江详单计费软件 V1.0
455	贝赛莱（上海）多媒体信息技术有限公司	GrassHopper 电视收看录像软件 V3.0
456	上海佳盟计算机系统有限公司	佳盟监所大帐管理软件 V2.0
457	上海中智计算机技术服务有限公司	中智医院信息管理软件 V2.0
458	上海维卡数字技术有限公司	维卡语音开发平台软件 V1.0
459	上海广平信息系统工程有限公司	广平多媒体数字城建档案管理软件 V2.6
460	上海施通计算机应用技术有限公司	施通机车电子履历簿管理软件 V1.0
461	上海期货信息技术有限公司	Futures Ideal 电子仓单系统软件 V1.0
462	上海期货信息技术有限公司	Futures Ideal 期货经纪公司共享灾备软件 V1.0
463	上海期货信息技术有限公司	Futures Ideal 互联网交易系统软件 V1.0
464	上海宇凌信息科技有限公司	宇凌空压站集中监控软件 V1.0
465	上海汉光知识产权数据科技有限公司	汉之光华专利情报分析软件 V1.0
466	英飞达软件（上海）有限公司	英飞达放射科信息系统管理软件 V1.0
467	上海伊太信息科技有限责任公司	伊太变频控制软件（简称：INV Solution）V6.6
468	上海金铖科技发展有限公司	金铖协同办案综合系统软件 V3.5
469	上海飞雅信息技术有限公司	飞雅快餐达人快餐业管理软件 V1.0
470	上海飞雅信息技术有限公司	飞雅烘焙达人烘焙业管理软件 V1.0
471	上海飞雅信息技术有限公司	飞雅烘焙大亨烘焙业管理软件 V1.0
472	上海飞雅信息技术有限公司	飞雅快餐大亨快餐业管理软件 V1.0
473	上海飞雅信息技术有限公司	飞雅西餐大亨西餐业管理软件 V1.0
474	上海飞雅信息技术有限公司	飞雅西餐达人西餐业管理软件 V1.0
475	上海伟功网络通信技术有限公司	伟功 2000 WBS 后付费软件 V1.0
476	上海伟功网络通信技术有限公司	伟功 2000 MSP 软电话软件 V1.0
477	上海伟功网络通信技术有限公司	伟功 2000 PPS 预付费软件 V1.0
478	菲特（上海）信息技术有限公司	菲特健康体检信息管理软件 V1.0
479	上海汇硕智能科技有限公司	汇硕集成化医学影像综合处理软件 V3.10
480	上海幻维数码影视有限公司	幻维 M-Studio 影视制作软件 V1.0
481	上海幻维数码创意科技有限公司	幻维 MMDS 动画特效软件 V1.0
482	上海新晨信息集成系统有限公司	新晨"黄金通"交易管理软件 V1.0
483	上海汉峰信息科技有限公司	汉风超大字符集文字支持平台软件 V1.40

附录

400	上海通用卫星导航有限公司	GSN-210B 装甲车载计算机软件 V1.02
401	上海卓誉数码科技有限公司	卓越网络型数字语言学习系统应用软件 V1.0
402	上海卓越睿新信息技术有限公司	卓越教育综合应用平台软件 V1.0
403	上海声通信息科技有限公司	声通 Amany 多媒体呼叫中心软件 V1.0
404	上海新干通通信设备有限公司	新干通机车综合无线通信系统 V1.0
405	上海拓新计算机科技有限公司	拓新报销管理软件 V3.0
406	上海三零卫士信息安全有限公司	鹰眼隐形蜜罐系统软件 V1.0
407	上海东方网诚数据科技有限公司	网诚中文目录检索引擎系统 V3.0
408	上海普华科技发展有限公司	普华项目管理信息平台软件 PowerPiP V2.5
409	上海浦东软件园大通医药信息技术有限公司	大通抗菌药品使用分析及控制系统 V1.0
410	上海兰恒信息系统有限公司	兰恒影像科管理软件 V1.0
411	说宝堂信息科技（上海）有限公司	SAYBOT 播放器软件 V1.0
412	天格信息技术（上海）有限公司	9158 多人网络卡拉 OK 系统 V6.0.0.0
413	上海普元信息技术有限责任公司	普元 EOS Manager 软件 V5.1
414	福申信息系统（上海）有限公司	博川合同计量管理系统 V4.0
415	上海品伟数码科技有限公司	Pemba 指纹安全访问控制系统 V1.0a
416	上海品伟数码科技有限公司	品伟 PINEWAVE 幼稚园（活体）指纹管理接送人员系统 V1.0a
417	上海安脉计算机科技有限公司	安脉学校综合管理平台软件（简称：学校综合管理平台）V4.0
418	矽翔微机电系统（上海）有限公司	矽翔 MEMS 流量计自动生产线管理软件 V1.0
419	矽翔微机电系统（上海）有限公司	矽翔 MEMS 流量计用户管理软件 V1.0
420	上浦东软件园有限责任公司	浦东软件园《快乐汉语》第一册多媒体软件 V1.0
421	上海海艾笛信息技术有限公司	海艾笛 V-EMS 管理系统（简称:V-EMS）V2.0
422	上海宝信软件股份有限公司	宝信期货交易所统计信息共享平台软件 V1.0
423	上海宝信软件股份有限公司	宝信炼铁区域综合统计管理系统软件 V1.0
424	上海汇纳网络信息科技有限公司	汇纳智能客流视频监控分析系统（简称：IPVA）V1.0
425	上海协达软件科技有限公司	协达 CTOP 协同软件 V4.2
426	上海华丹信息技术有限公司	华丹 CHARISMA 智能 WEB 平台软件（简称：CHARISMA 平台）V2.0
427	上海大潮电子技术有限公司	大潮 GPS 定位管理系统 V3.7
428	上海天陇电力科技发展有限公司	SF6 密度继电器校验分析软件 V2.0
429	上海天陇电力科技发展有限公司	SF6 综合在线监测诊断软件 V2.0
430	上海阿帝凡思信息技术有限公司	安迪《E 网天使》儿童健康上机上网软件 V1.0
431	上海华虹计通智能卡系统有限公司	HHJT-SKQ300 税控器专用软件 V1.0
432	上海华虹计通智能卡系统有限公司	HHJT-SKJ 500 税控收款机专用软件 V1.0
433	上海筑丰信息技术有限公司	筑丰光盘生产管理软件 V1.0
434	神州数码管理系统有限公司	神州数码易飞管理软件 V4.0
435	文典软件信息（上海）有限公司	文典人力资源管理软件 V1.0
436	上海掌铃通网络科技有限公司	灵通小子手机游戏软件 V1.0
437	上海英迪信息技术有限公司	英迪 3PL 公路车辆运输管理软件 V1.0
438	上海天舟信息技术有限公司	天舟第三方物流管理软件 V1.0
439	上海金桥信息工程有限公司	金桥数字化多会场集控及应用平台软件 V1.0
440	上海竞舟互联信息技术有限公司	竞舟知识管理软件 V1.0
441	上海天正明日电力自动化有限公司	STS360G 数字式发电机保护软件 V1.01

484	上海复旦通讯股份有限公司	复旦通讯机车综合无线通信设备软件 V1.02
485	上海苏佳电子科技有限公司	苏佳温湿度测控软件 V1.0
486	上海安科瑞电气有限公司	安科瑞 WHD 温湿度测控管理系统 V1.0
487	铨领信息科技（上海）有限公司	铨领制造流程自动化综合管理系统 V1.0
488	上海拓必思信息技术有限公司	拓必思 Trading Force 国际贸易软件 V4.0
489	上海菱威深信息技术有限公司	Addplus 手机互动营销软件（简称：Addplus）V1.0
490	上海广电通讯网络有限公司	SPACECAST 远程教育软件（简称：SPACECAST）V3.0
491	城优信息技术（上海）有限公司	城优移动财产跟踪系统（简称：城优财产跟踪系统）V1.0
492	上海交大高清数字技术有限公司	高清 EasyType 字幕软件（简称：EasyType）V1.0
493	上海华和得易信息技术发展有限公司	得易国际物流管理软件 V1.5
494	上海斯多瑞信息技术有限公司	玉帛进销存管理软件 V3.0
495	上海大汉三通网络通信有限公司	大汉三通多媒体消息服务平台系统（简称：CTC-MMS）V1.0
496	上海大汉三通网络通信有限公司	大汉三通无线互联网增值服务平台系统（CTC-WAP）V1.0
497	盛趣信息技术（上海）有限公司	盛大 TV 互动娱乐系统软件 V1.0
498	盛趣信息技术（上海）有限公司	盛大 TV 娱乐终端软件 V1.0
499	盛趣信息技术（上海）有限公司	盛大 PC 互动娱乐软件 V1.0
500	上海中科大鲁能集成科技有限公司	KDJC2100 综合电能量管理系统 V2.0
501	捷玛计算机信息技术（上海）有限公司	捷玛 Xml-EDI 供应链管理软件 V1.0
502	捷玛计算机信息技术（上海）有限公司	捷玛连锁专卖店管理软件 V1.0
503	上海铭创软件技术有限公司	铭创证券融资融券业务管理与风险监控软件 V2.5
504	上海铭创软件技术有限公司	铭创风险监控管理软件 V5.0
505	上海铭创软件技术有限公司	铭创资产核算管理软件 V5.0
506	上海铭创软件技术有限公司	铭创实时备份软件 V2.0
507	上海铭创软件技术有限公司	铭创 VIP 客户理财管理软件 V5.0
508	上海铭创软件技术有限公司	铭创 ETF 业务管理软件 V2.5
509	上海铭创软件技术有限公司	铭创企业投资及资产管理软件 V5.0
510	上海强辰信息技术有限公司	强辰佳能新生产管理系统软件 V3.0
511	上海强辰信息技术有限公司	强辰 GBT 基地数据收集系统软件 V1.0
512	上海素科源信息技术有限公司	eDocCenter 电子文档管理系统 V1.7
513	上海神开科技工程有限公司	SK 综合录井监视系统软件 V1.2
514	上海锐起信息技术有限公司	锐起首席游戏官软件 V1.0
515	上海圣熙信息技术有限公司	COMY WEANET 企业彩信智能辅助制作管理软件 V1.0
516	上海赐朝贸易有限公司	赐朝视频综合存储与管理系统（简称：CIDS）V1.0
517	上海名之赫科技有限公司	名之赫知识管理系统 V1.0
518	上海名之赫科技有限公司	名之赫物料管理系统 V1.0
519	上海仲博计算机软件有限公司	仲博网络文件安全管理与共享系统 V1.0
520	法视特（上海）图象科技有限公司	法视特机器视觉函数库 FVX 软件 V1.7
521	上海科霖智能电子设备有限公司	科霖网络数字监控系统应用软件 V2.0
522	上海海鼎信息工程股份有限公司	海鼎多业态商业自动化管理软件 HDPOSV4.0
523	上海方程软件科技有限公司	方程 BCP 业务开发框架软件 V1.0
524	上海新致软件有限公司	新致技术性贸易壁垒预警信息系统软件 V1.0
525	上海广茂达伙伴机器人有限公司	能力风暴个人机器人软件 V1.6

526	上海银欣高新技术发展股份有限公司	银欣权限管理系统软件 V1.0
527	上海市外高桥保税区网络发展有限公司	华堂网络安全防御软件 V1.0
528	上海林果实业有限公司	林果动态口令双因素身份认证软件 V2.0
529	上海有利数码科技有限公司	有利高级生产排程软件 V9.2
530	上海神计信息系统工程有限公司	神才工资软件 V1.0
531	上海新致软件有限公司	新致数字化解决方案系统软件 V3.0
532	上海民航华东通信网络发展有限公司	民航华东欧洲猫 FDP 前置系统软件 V2.0
533	辐技威（上海）信息技术有限公司	辐技威 KC108 CDMA 彩屏手机系统软件 V1.0
534	盈趣信息技术（上海）有限公司	盈趣神话—天石奇谭软件 V1.0
535	上海长江新成计算机系统集成有限公司	长江新成物业管理软件 V2.0
536	上海华博信息服务有限公司	华博数据管理软件 V1.0
537	上海华虹计通智能卡系统有限公司	HHJT-SKQ200 税控器专用软件 V1.0
538	上海国通供应链管理有限公司	国通供应链管理平台软件 V5.0
539	上海烨鑫网络技术服务有限公司	烨鑫安全交易短信通软件 V1.0
540	上海携宁计算机科技有限公司	携宁营销服务支持软件 V1.0
541	上海爱伟迅数码科技有限公司	AVSuper 联网信息发布系统软件 1.0
542	上海南广电子技术有限公司	南广数视通软件 V1.2
543	上海中标软件有限公司	中标普华邮件服务器软件 V2.0
544	上海中标软件有限公司	中标普华通用服务器软件 V3.0
545	上海菱通软件技术有限公司	菱通贸易业务管理软件 V1.0
546	上海辰星电脑新技术公司	海盾印章治安管理信息软件 V2.0
547	上海理想信息产业（集团）有限公司	理想网络看门狗服务软件 V1.0
548	上海理想信息产业（集团）有限公司	理想 PHS 基站测试管理软件 V1.0
549	上海华依科技发展有限公司	华依防火墙系统软件 V7.9
550	卡斯柯信号有限公司	卡斯柯分散自律调度集中软件 V1.0
551	卡斯柯信号有限公司	卡斯柯列车调度指挥软件 V1.0
552	卡斯柯信号有限公司	卡斯柯铁路信号综合监控软件 V1.0
553	上海迈向科技有限公司	迈向行政执法与刑事司法信息共享平台软件 V2.0
554	上海脉龙信息科技有限公司	脉龙数字签名 RSA IP 软件 V1.0
555	上海宏佳电脑信息科技有限公司	宏佳现代设计施工图设计说明软件 V1.0
556	上海久隆信息工程有限公司	JAT Safety 安全管理平台软件 V2006
557	上海久隆信息工程有限公司	JAT UIB 电力企业集成总线软件 V2.0
558	上海久隆信息工程有限公司	JAT MX 邮件存储管理软件 V1.0
559	上海维涛信息技术有限公司	Victop 结构化数据管理平台软件 V1.0
560	上海灵禅信息技术有限公司	灵禅网络休闲游戏软件 V1.0
561	上海远动科技有限公司	远动基于 Web 的厂区过程监控软件 V1.0
562	乐多数码科技（上海）有限公司	乐多西游记手机游戏软件 V1.0
563	上海顿诺电子有限公司	顿诺语音管理平台软件 V2.0
564	上海瀚海信息科技有限公司	瀚海网络光盘共享方案软件（SOFTIVISION DISC ONLINE SYSTEM）V1.0
565	上海淘金信息科技有限公司	淘金 web － fax 网络传真群发软件 V1.0
566	上海瑞星软件有限公司	《商业胜手》综合商场信息管理软件 V1.0
567	上海瑞星软件有限公司	《商业胜手》POS 收银操作软件 V1.0

568	上海瑞星软件有限公司	《商业胜手》总部 MIS 软件 V5.0
569	上海瑞星软件有限公司	《商业胜手》配货中心 MIS 软件 V5.0
570	上海安硕计算机系统集成有限公司	安硕指标管理软件 V1.0
571	上海安硕计算机系统集成有限公司	安硕数据整合软件 V1.0
572	上海安硕计算机系统集成有限公司	安硕数据集市软件 V1.0
573	上海世范软件技术有限公司	世范内容管理软件 V1.0
574	上海泛宇信息技术有限公司	泛宇数据业务测试软件 V1.1
575	菲特（上海）信息技术有限公司	菲特检验信息系统管理软件 V2.0
576	上海柯源软件有限公司	柯源 SIM/UIM 软件 V1.0
577	上海复旦拓山管理软件科技有限公司	复旦拓山人才测评系统－情商（EQ）测试软件 V2.0
578	上海魔盘信息科技有限公司	魔盘存储网络管理软件 V1.0
579	上海上大久亿信息技术有限公司	久亿屏客－Linux 系统性能集中监控分析软件 V1.0
580	上海高维信诚资讯有限公司	高维信诚敏捷商务决策支持软件 V1.0
581	上海领意信息技术有限公司	领意可组态智能化数据处理引擎的银行反洗钱监测、申报系统 V1.0
582	上海琥播信息技术有限公司	《琥播网》网站平台软件 V1.0
583	上海复旦光华信息科技股份有限公司	光华单点登录软件 V1.0
584	上海复旦光华信息科技股份有限公司	光华宽带流媒体内容分发软件 V4.0+
585	上海金仕达多媒体有限公司	金仕达多媒体教学课件软件（语文三年级第二学期）（简称：多媒体教学课件）V1.0
586	上海金仕达多媒体有限公司	金仕达多媒体教学课件软件（语文三年级第一学期）（简称：多媒体教学课件）V1.0
587	上海金仕达多媒体有限公司	金仕达多媒体教学课件软件（数学二年级第二学期）（简称：多媒体教学课件）V1.0
588	上海金仕达多媒体有限公司	金仕达多媒体教学课件软件（数学二年级第一学期）（简称：多媒体教学课件）V1.0
589	上海金仕达多媒体有限公司	金仕达多媒体教学课件软件（数学一年级第二学期）（简称：多媒体教学课件）V1.0
590	上海金仕达多媒体有限公司	金仕达多媒体教学课件软件（数学一年级第一学期）（简称：多媒体教学课件）V1.0
591	上海世天数码科技有限公司	世天数码检察院诉讼档案电子化管理系统软件（简称：电子卷宗归档系统）V1.0
592	帝讯信息技术（上海）有限公司	a-sol TraceMan 系统软件 V2.0
593	帝讯信息技术（上海）有限公司	a-sol Pokayoke System 系统软件 V2.0
594	帝讯信息技术（上海）有限公司	a-sol Inventory Package 系统软件 V1.0
595	帝讯信息技术（上海）有限公司	a-sol EasyVerify 系统软件 V1.0
596	上海未来软件有限公司	未来图书管理软件 V1.0
597	上海未来软件有限公司	未来 Web 应用框架组件软件（简称：Validation 组件）V1.0
598	异联信息技术（上海）有限公司	Junco Web 开发平台软件 V4.0
599	异联信息技术（上海）有限公司	Juice 企业级开发平台软件 V4.0
600	上海真信计算机软件有限公司	真信企业智能门户软件（简称：UtoSphere Portal）V1.0
601	百时宜信息技术（上海）有限公司	PSImetals China 冶金行业生产管理系统软件 V3.2
602	上海宇龙软件工程有限公司	宇龙数控加工仿真软件 V4.0

603	苏州TCL天一移动通信有限公司上海分公司	天一CVLE5手机软件V1.0
604	上海风凌通讯技术有限公司	风凌通讯GSM（M8）PC通信应用软件V1.43
605	敏递软件（上海）有限公司	敏递如意剪软件Scene Composer Razor V3.0
606	上海亿谦信息科技有限公司	亿谦文档管理软件V2.0.0.7
607	上上海释锐网络信息服务有限公司	释锐数字化校园综合应用平台软件（简称：释锐数字校园平台）V3.0
608	上海怡通信息技术有限公司	怡通加工贸易电子联网与ERP整合软件V1.0
609	上海怡通信息技术有限公司	怡通加工贸易电子帐册联网应用系统软件V1.0
610	上海勃克达精密仪器研究发展有限公司	勃克达通用凝固测试模块软件（简称：凝固测试模块）V1.0
611	永乐（中国）电器销售有限公司	永乐家电POS开票软件（简称：POS开票软件）V2.0
612	上海阿尔卡特网络支援系统有限公司	Octopus统一告警监控系统软件V1.0
613	上海协同科技股份有限公司	协同电力负荷终端管理软件V1.0
614	上海协同科技股份有限公司	协同用电现场服务管理系统软件V1.0
615	上海枫岭生物技术有限公司	枫岭FTC2000基因扩增控制软件V1.0
616	上海观念信息技术有限公司	Daedalus项目管理协同平台软件V1.0
617	上海复旦金仕达计算机有限公司	金仕达银证转帐软件V1.0
618	上海复旦金仕达计算机有限公司	金仕达证券新一代集中交易系统V3.0
619	上海复旦金仕达计算机有限公司	金仕达第三方存管系统V1.0
620	上海复旦金仕达计算机有限公司	金仕达投资风险管理系统V1.0
621	上海复旦金仕达计算机有限公司	金仕达投资风险管理与绩效评估系统V4.0
622	上海鹏达计算机系统开发有限公司	鹏达企业业务知识支撑平台软件（简称：Callcenter知识支撑系统）V1.0
623	上海友瑞科技有限公司	友瑞产品生命周期管理系统（简称：Netaus-PLM）V1.0
624	上海相泰信息技术有限公司	相泰铁路试验数据处理系统（简称：RTS）V1.0
625	上海文泰信息科技有限公司	文泰综合网络管理系统V1.0
626	上海共享教育科技有限公司	勤学堂词汇学习系统V1.0
627	上海宝信软件股份有限公司	宝信高炉智能专家系统V1.0
628	精亚（上海）信息科技有限公司	OptiMuM优佳进件处理系统（简称：优佳进件系统）V1.0
629	精亚（上海）信息科技有限公司	精亚OMA100百催管理系统（简称：OMA 100百催系统）V1.0
630	上海贝曼元脉信息技术有限公司	贝曼元脉HomeBox路由软件V1.0
631	上海银晨智能识别科技有限公司	银晨人像比对软件V3.0
632	上海元禾信息技术有限公司	ARKO数码图像处理软件V3.0
633	上海兴安软件工程有限公司	兴安参数算量软件V1.0
634	上海复旦德门软件有限公司	德门银行客户分析软件V2.0
635	上海竞天科技股份有限公司	竞天一移动型全程同步录音录像软件V1.0
636	上海过河兵软件科技有限公司	Elite分布式客户服务中心平台软件V5.0
637	上海罗泰信息技术有限公司	罗泰仓库管理软件V1.0
638	上海图锐计算机科技有限公司	图锐集装箱箱号识别软件V1.0
639	上海英斯克计算机有限公司	iDAP英斯克数据应用平台软件V2.0
640	上海全成通信技术有限公司	全成无线应用平台软件（DOSP）V1.0
641	韵礴诗软件技术（上海）有限公司	韵礴诗知识挖掘环境分析软件V1.0
642	上海中标软件有限公司	中标普华Linux桌面软件V3.0
643	上海乾隆高科技有限公司	钱龙证券投资分析软件（网际网络版）V5.68
644	上海乾隆高科技有限公司	钱龙证券投资分析软件（网络版）V4.62

645	上海乾隆高科技有限公司	钱龙证券投资分析软件（网络版）V4.64
646	上海天诚盛业软件有限公司	TCSY 指纹认证应用软件 V1.0
647	上海天诚盛业软件有限公司	TCSY 指纹认证算法软件 V1.0
648	上海蓝信软件技术有限公司	蓝信 OCG 数据广播软件 V1.0
649	神州数码管理系统有限公司	神州数码工作流软件 V1.0
650	上海华测导航技术有限公司	华测 GNSS 网络实时变形监测软件 V1.0
651	上海军惠数码科技有限公司	军惠安医院信息软件 V3.0
652	上海烨鑫网络技术服务有限公司	烨鑫安全身份验证短信通软件 V1.0
653	上海菱通软件技术有限公司	菱通货运代理业务管理软件 V1.0
654	上海康时信息系统有限公司	康时数据仓库核心平台软件 V1.0.0
655	恩梯梯数据三洋系统集成（上海）有限公司	场内名人生产绩效管理软件 V1.0
656	上海杰通信息技术有限公司	杰通数据拼板（SQL Puzzle）软件 V1.0
657	上海思普信息技术有限公司	思普产品全生命周期管理软件 V3.1
658	上海华腾软件系统有限公司	TOP AFC 轨道交通自动售检票软件 V1.0.0
659	上海圣景科技发展有限公司	圣景正向电路设计软件 V1.0
660	圣景微电子（上海）有限公司	圣景芯片分析报告软件 V1.0
661	上海高德软件有限公司	高德 AutoNavi 地理信息软件 V1.0
662	上海杰峰计算机科技有限公司	杰峰电子化采购平台软件 V1.0
663	上海车通信息技术有限公司	车通汽车信息服务运营软件 V1.0
664	上海车通信息技术有限公司	车通汽车信息服务终端软件 V1.0
665	上海科箭软件科技有限公司	科箭现代仓储管理软件 V1.0
666	上海健生实业股份有限公司	健生教育技术装备管理软件 V1.0
667	上海泽汉无线技术有限公司	泽汉 GSM\GPRS 无线应用软件 V1.0
668	上海智强信息服务有限公司	TV-NOW 交互电视应用软件 V1.0
669	上海会通信息有限公司	灵通互动手机娱乐软件 V1.0
670	上海会通信息有限公司	灵通加油手机娱乐软件 V1.0
671	上海北大青鸟信息系统有限公司	青鸟统一用户管理软件 V1.0
672	上海象形通讯科技有限公司	象形增值业务软件 V1.0
673	上海思源电力测试技术有限公司	思源电测变频串联谐振电源控制软件 V1.0
674	上海思源电力测试技术有限公司	思源电测电网接地信息处理软件 V1.0
675	上海科识通信息科技有限公司	科识通信息通知软件 V1.0
676	上海科识通信息科技有限公司	科识通客户管理软件 V1.0
677	益诺伟信息技术（上海）有限公司	益诺伟客户信息管理软件（简称：益诺伟 CIS 软件）V1.0
678	辐技威（上海）信息技术有限公司	辐技威 KC19CDMA 无线固话模块系统软件 V1.0
679	辐技威（上海）信息技术有限公司	辐技威 SPIDER 无线定位设备系统软件 V1.0
680	上海基信通讯技术有限公司	基信通讯 UMA&GSM 双模手机软件 V1.0
681	上海克而锐信息技术有限公司	CRI2006 房地产决策咨询软件 V3.0
682	博图信息科技（上海）有限公司	博图货运代理软件（简称：BTCargo）V2.0
683	上海科比生物识别技术有限公司	科比 DNA 实验室信息管理系统软件 V1.0
684	上海帅江信息工程有限公司	帅江增值税专用发票采集软件（简称：发票采集软件）V4.0
685	上海紫藤软件有限公司	紫藤 M1 零售链管理软件（简称：M1-RCM）V2.0
686	上海大众科技有限公司	大众车载终端监控调度系统软件 V1.0

687	上海大众科技有限公司	大众出租汽车税控计价器结算系统软件 V1.0
688	上海聚实信息科技发展有限公司	正达 JS900 网络数字音视频管理平台软件
		（简称：JS900 网络数字音视频管理平台）V4.0
689	上证所信息网络有限公司	上海证券交易所新行情数据流 Level-2 信息发布系统
		（简称：上证所 Level-2 新行情系统）V1.0
690	上海嘉迪软件有限公司	Jade 客户资料管理软件（简称：Jade CD）V1.4
691	上海宝信软件股份有限公司	宝信企业信息通系统软件 V1.0
692	上海宝信软件股份有限公司	epass 授权管理系统软件 V4.0
693	上海澎博网络数据信息咨询有限公司	澎博金融投资分析系统软件 V3.0
694	京瓷信息系统（上海）有限公司	京瓷电子库存管理软件 V2.0
695	上海锐道信息技术有限公司	DORADO 展现中间件软件 V5.0
696	上海唐锐信息技术有限公司	唐锐无线智能抄表管理软件（简称：无线抄表管理软件）V1.0
697	上海企望信息科技有限公司	企望制造企业资源管理系统软件 V2006
698	上海申磬交通智能科技有限公司	申磬驾驶适性检测系统软件 V4.0
699	上海优迈信息技术有限公司	UniPrintTM 打印管理软件（专业版）V3.0
700	上海优迈信息技术有限公司	UniPrintTM 打印前处理软件 V3.0
701	上海幻城网络科技有限公司	幻城反恐炸弹人游戏软件 V1.515
702	上海澳杰软件科技有限公司	澳杰易通加油站数据采集软件 V2.0
703	上海动联信息技术有限公司	动联身份认证软件 V2.0
704	上海中意通信技术有限公司	中意 CIPS 伽利略媒体引擎软件 V1.0
705	上海互联网软件有限公司	飞越比特即时通信办公软件（简称：信息精灵）V1.0
706	上海互联网软件有限公司	飞越比特基于 Linux 电子政务平台软件 V1.0
707	上海互联网软件有限公司	飞越比特基于集中/分布结构的电子政务全程协同办理软件 V1.0
708	上海中商网络有限公司	中商数码防伪及产品数字化管理软件 V3.0
709	上海鼎豪信息科技有限公司	鼎豪报表/文档发布管理软件 V1.0
710	上海利驰软件有限公司	利驰电力企业继电保护技术监督系统软件 V2005
711	上海新跃仪表厂	CRF-3000 税控收款机软件 V1.0.0
712	上海麦杰科技有限责任公司	麦杰厂级监控信息系统软件 V1.0
713	上海品易信息科技有限公司	QManIT 服务管理软件（简称：QMan）V1.0
714	上海复旦金仕达计算机有限公司	金仕达证券统计报表管理软件 V3.0 Kingstar Securities Report Management System
715	上海复旦金仕达计算机有限公司	金仕达企业门户软件 V1.0 Kingstar Securities Portal System
716	上海复旦金仕达计算机有限公司	金仕达大客户服务软件 V1.0 Kingstar Securities VIP Service System
717	上海复旦金仕达计算机有限公司	金仕达融资融券系统软件 V1.0 Kingstar Securities Finance Management System
718	上海复旦金仕达计算机有限公司	金仕达黄金交易管理系统软件 V3.0 Kingstar Gold Trading And Management System
719	上海复旦金仕达计算机有限公司	金仕达辅助决策分析软件 V3.0 Kingstar Securities Decision Support System

720	上海复旦金仕达计算机有限公司	金仕达企业培训软件 V1.0 Kingstar Enterprise Training System
721	上海复旦金仕达计算机有限公司	金仕达营销服务软件 V3.0 Kingstar Marketing And Service Support System
722	上海轶龙应用软件开发有限公司	轶龙 SD2000E 电子巡更系统软件 V2.0
723	城优信息技术（上海）有限公司	城优移动销售信息管理软件（简称：城优移动销售软件）V1.0
724	上海同畅信息技术有限公司	同畅软件发布系统软件 V1.0
725	上海多正软件开发有限公司	多正 MultiPlus ERP 软件（简称：MultiPlus）V1.0
726	上海大智慧网络技术有限公司	大智慧高速行情分析系统软件（Level-2 Internet 版） （简称：大智慧 Level-2 版）V2.0
727	上海麦杰科技有限责任公司	麦杰 openPlant 实时数据库系统软件 V2.0
728	上海大智慧网络技术有限公司	大智慧证券信息港（DOS 版）软件（简称：大智慧 DOS 版）V5.56
729	上海涌能电力科技发展有限公司	涌能电力仿真软件 V1.0
730	上海迪康医学生物技术有限公司	迪康 DV-100 诱发电位视觉诊疗系统软件 V1.1
731	上海迪康医学生物技术有限公司	迪康 DEM-2000 眼动检测系统软件 V2.0
732	上海埃林哲软件系统有限公司	皆得易企业管理软件 V8.12
733	宏优信息技术（上海）有限公司	宏优信息系统软件 V1.0
734	欧唯特信息系统（上海）有限公司	欧唯特 CRM 管理软件（简称：Arvato CRM）V1.0
735	上海全景数字技术有限公司	全景交互 VOD 业务支撑软件 V1.0
736	上海全景数字技术有限公司	全景服务信息产生发送软件（简称：Visionmaster）V1.0
737	上海全景数字技术有限公司	全景 DTV OSD 快速图形化开发工具软件 V1.0
738	上海全景数字技术有限公司	全景 DTV5800 双向交互硬盘机顶盒软件 V1.0
739	上海全景数字技术有限公司	全景数字电视认证软件 V1.0
740	上海沃克软件有限公司	沃克交易开发平台软件（简称：VFrame）V2.0
741	元镁信息科技（上海）有限公司	SIP 打印服务软件 V4.0.0.713
742	徕卡测量系统（上海）有限公司	徕卡刚体构件精密定位系统软件 V1.0
743	上海中兴软件有限责任公司	中兴 MY39CDMA 数据管理软件 V1.0
744	上海中兴软件有限责任公司	中兴 A12GSM 移动通信软件 V1.0
745	上海中兴软件有限责任公司	中兴 A19GSM 移动通信软件 V1.0
746	上海中兴软件有限责任公司	中兴 X 平台黑白屏 PHS 移动通信软件 V1.0
747	上海中兴软件有限责任公司	中兴 H500CDMA 移动通信软件 V1.0
748	上海中兴软件有限责任公司	中兴 GSM/PHS 双模 K 系列终端软件 V1.0
749	上海中兴软件有限责任公司	中兴 F8 系列 WCDMA 双模移动通信软件 V1.0
750	上海中兴软件有限责任公司	中兴 WCDMA 监控终端通信软件 V1.0
751	上海伽玛星科技发展有限公司	伽玛星陀螺刀专家治疗计划系统软件 V1.0
752	上海森繁软件科技有限公司	森繁竞技球游戏软件 V1.0
753	上海森繁软件科技有限公司	森繁客户端菜单管理软件 V1.0
754	久之游信息技术（上海）有限公司	幻城反恐炸弹人游戏软件 V1.00
755	上海轻音信息科技有限公司	轻音 OA 办公自动化软件 V1.0
756	上海正蓝电子信息系统有限公司	PureBlue 有线电视综合业务管理软件 V1.0
757	上海乾隆高科技有限公司	钱龙证券投资分析软件（网络版）V4.53
758	上海乾隆高科技有限公司	钱龙证券投资分析软件（网络版）V4.55

759	上海乾隆高科技有限公司	钱龙证券投资分析软件（网络版）V4.57
760	上海乾隆高科技有限公司	钱龙证券投资分析软件（网络版）V4.58
761	上海乾隆高科技有限公司	钱龙证券投资分析软件（网络版）V4.59
762	上海菱通软件技术有限公司	菱通供应商管理库存业务管理软件 V1.0
763	上海菱通软件技术有限公司	菱通 M-DCM 销售物流管理软件 V1.0
764	达宝软件（上海）有限公司	万达宝企业管理软件 V1.0
765	上海期货信息技术有限公司	NGES 交易控制员终端软件 V1.0
766	上海期货信息技术有限公司	NGES 交易员终端软件 V1.0
767	上海琮谷信息科技有限公司	琮谷信息资产安全管理软件（简称：IAtrust）V1.0
768	上海洲信信息技术有限公司	洲信漏话提示系统软件 V1.0
769	上海洲信信息技术有限公司	洲信 PushMail 手机邮箱系统软件 V1.0
770	上海育卓信息技术有限公司	育卓 Easy CRM 客户关系管理软件 V1.0
771	上海科东实业有限公司	CC500 系列综合自动化系统监控软件 V1.0
772	上海先锋商泰电子技术有限公司	先锋监控软件 V1.0.0
773	商泰软件（上海）有限公司	商泰生产统计软件 V1.0.0
774	上海诚丰数码科技有限公司	诚丰实时数码音视频网络监视防盗软件 V3.0
775	安臣视频设备（上海）有限公司	安臣 VIS 集成系统操作台软件 V1.0
776	安臣视频设备（上海）有限公司	安臣 VIS 网络数字视频存储软件 V1.0
777	上海建科结构新技术工程有限公司	建科公共建筑节能设计分析软件（简称：CEC）V1.0
778	柯达电子（上海）有限公司	柯达数字 X 线肺片计算机辅助分析系统软件 V1.0
779	上海益通科技有限公司	益通房地产体验式销售软件 V1.0
780	上海城市地理信息系统发展有限公司	城地 MCM 网格化城管助手软件 V1.0
781	上海蓝色海岸科技发展有限公司	蓝色海岸城市动迁管理平台软件 V1.0
782	上海悠悠理财信息科技有限公司	悠悠金融产品在线交易软件 V1.0
783	上海智联腾华软件技术有限公司	智联腾华协同工作平台产品软件 V1.0
784	上海畅想电脑有限公司	畅想实走采集检证软件 V1.0
785	上海思源光电有限公司	思源变压器油色谱在线监测软件 V1.0
786	上海安硕信息技术有限公司	安硕商业逻辑描述和处理软件 V1.0
787	上海安硕信息技术有限公司	安硕客户财务分析软件 V1.0
788	上海安硕信息技术有限公司	安硕固定报表软件 V1.0
789	上海安硕信息技术有限公司	安硕客户信用评级软件 V1.0
790	上海安硕信息技术有限公司	安硕客户资产保全软件 V1.0
791	特维英数码科技（上海）有限公司	InterVideo MediaOne Gallery 软件 V2.0
792	上海力铭科技有限公司	力铭商业汇票交易管理软件 V9.0
793	上海微可锐信息科技有限公司	SysView 计算机资源管理软件 V1.0
794	上海影软信息技术有限公司	影软影像采集审核管理平台软件 V1.0
795	上海乾隆高科技有限公司	钱龙证券投资分析软件（网络版）V4.65
796	上海会通信息有限公司	灵通炫彩 VIP 手机娱乐软件 V1.0
797	上海派博软件有限公司	Pubwin 还原软件(简称：Pubwin 还原)V1.0
798	上海欣民通信技术有限公司	欣民多系统接入平台远程监控软件 V1.0
799	上海新致软件有限公司	新致“eTrust”信托业务管理平台软件 V2.0
800	上海新致软件有限公司	新致票据业务电子化交易与管理平台软件 V1.0

801	上海圣景科技发展有限公司	圣景芯片提取软件 V3.0
802	上海爱申科技发展股份有限公司	爱申 DEXAUNIT-2000 双能 X 线骨密度仪控制软件 V2.0
803	上海卓霖信息科技有限公司	卓霖 Chiptek-View 通用网络管理软件 V2.0
804	上海朋道信息技术有限公司	朋道综合电子申报缴税软件 V3.0
805	东星软件（上海）有限公司	东星"咣!"网络游戏软件〔简称：咣!(GONG)〕V1.0
806	上海海得自动化控制软件有限公司	海得 APCIS 3000 先进过程控制集成软件（简称：APCIS 3000）V1.0
807	上海海得自动化控制软件有限公司	海得 HMC 搬运机械控制软件（简称：海得 HMC）V1.0
808	上海海得自动化控制软件有限公司	海得 NetSCADA 网络监控组态运行版软件 （简称：网络监控组态软件）V4.0
809	上海阿尔卡特网络支援系统有限公司	Sceno IPTV 增值业务平台软件 V1.0
810	上海威尔泰软件有限公司	Welltech 压力计软件 V1.0
811	上海威尔泰软件有限公司	Welltech 流量计软件 V1.0
812	上海银欣高新技术发展股份有限公司	银欣楼宇设备监控管理软件 V1.0
813	上海天游软件有限公司	天游天之游侠软件（简称：天之游侠）V1.0
814	上海新浩艺软件有限公司	新浩艺迅闪游戏更新软件（简称：迅闪系统）V1.0
815	上海庆远软件有限公司	庆远行政事业单位固定资产网络化管理软件 V1.0
816	康博嘉信息科技（上海）有限公司	康博嘉医院信息管理软件 V1.0
817	上海迪爱斯通信设备有限公司	DS34 DS 非话务统一接入平台软件 V1.0
818	上海易可思信息技术有限公司	易可思社区居民健康档案信息软件 V1.0
819	上海大智慧软件开发有限公司	大智慧高速行情分析系统软件（Level-2dos 版） （简称：大智慧高速行情 DOS 版）V2.0
820	上海智城分析仪器制造有限公司	智城恒温培养振荡器控制软件（简称：ZHWY）V1.0
821	上海信湾信息技术有限公司	上海信湾 GWG 设备维护软件 V1.0
822	上海埃珀司网络科技有限公司	埃珀司内贸集装箱智能管理软件 V2.0
823	上海兰恒信息系统有限公司	兰恒社区卫生服务信息管理软件 V5.0
824	上海宁致信息技术有限公司	宁致水上旅游公司售票管理系统软件 V1.0
825	国信朗讯科技网络技术有限公司	国信朗讯资源数据差错检测软件 V1.0
826	国信朗讯科技网络技术有限公司	国信朗讯电信网络综合化集中告警系统软件 V1.0
827	国信朗讯科技网络技术有限公司	国信朗讯电信管线资源管理系统软件（G/Comms 平台）V3.0
828	国信朗讯科技网络技术有限公司	国信朗讯商务彩铃 SP 集成管理软件 V1.0
829	国信朗讯科技网络技术有限公司	国信朗讯综合网络管理系统软件 V1.0
830	国信朗讯科技网络技术有限公司	国信朗讯电信网络资源管理系统软件 V7.0
831	资通科技软件系统（上海）有限公司	资通 AFPS 财务帐证表打印软件 V1.0
832	敏递软件（上海）有限公司	敏递 neoDVDVideo 即拍即录软件（简称：DVD 即拍即录）V8.0
833	上海中百软件技术有限公司	中百仓库管理软件（简称：仓库管理软件）V1.01
834	上海中百软件技术有限公司	中百条码管理软件（简称：条码管理软件）V1.0
835	上海嘉博讯捷信息技术有限公司	嘉博网络智能办公系统软件 V2006
836	上海慧龙计算机系统有限公司	慧龙在线学习公众平台软件 V2.0
837	上海慧龙计算机系统有限公司	慧龙在线学习公众平台软件 V3.0
838	上海宝信软件股份有限公司	宝信一体化监控指挥平台软件 V4.0
839	上海宝信软件股份有限公司	宝信三维浏览系统软件 V4.0
840	上海宝信软件股份有限公司	宝信联动系统软件 V4.0

841	上海宝信软件股份有限公司	宝信组态系统软件 V4.0
842	上海宝信软件股份有限公司	宝信一体化监控指挥平台软件（隧道综合监控管理系统版）V4.0
843	上海宝信软件股份有限公司	宝信地理信息系统软件 V4.0
844	上海宝信软件股份有限公司	宝信一体化监控指挥平台软件（桥梁综合监控管理系统版）V4.0
845	上海宝信软件股份有限公司	宝信一体化监控指挥平台软件（化工应急综合监控管理系统版）V4.0
846	上海宝信软件股份有限公司	宝信一体化监控指挥平台软件（煤炭综合监控管理系统版）V4.0
847	上海宝信软件股份有限公司	宝信数据库开发工具软件 V1.0
848	上海宝信软件股份有限公司	宝信项目文档管理软件 V1.0
849	上海宝信软件股份有限公司	宝信信息发布平台软件 V1.0
850	上海宝信软件股份有限公司	宝信数据上报平台软件 V1.0
851	上海宝信软件股份有限公司	宝信一体化连铸预计划组中间包模型软件 V2.1
852	上海宝信软件股份有限公司	宝信一体化连铸预计划组浇次模型软件 V2.1
853	上海宝信软件股份有限公司	宝信一体化连铸预计划组 CASTLOT 模型软件 V2.1
854	上海宝信软件股份有限公司	宝信一体化连铸预计划铸机分配模型软件 V2.1
855	上海宝信软件股份有限公司	宝信冶金企业管理控制数据软总线软件 V1.0
856	上海宝信软件股份有限公司	宝信质量监控基本分析软件 V1.0
857	上海宝信软件股份有限公司	宝信质量分析设计软件 V1.0
858	上海宝信软件股份有限公司	宝信一体化质量监控平台软件 V1.0
859	上海宝信软件股份有限公司	宝信质量监控预处理软件 V1.0
860	上海宝信软件股份有限公司	宝信 TTA 三层架构辅助开发工具软件 V2.0
861	上海宝信软件股份有限公司	宝信应用电文模拟发生器软件 V1.0
862	上海安达通信息安全技术有限公司	安达通 VPN 安全软件（简称：VPN 软件）V1.0
863	上海宝信软件股份有限公司	宝信 GAIA 应用开发平台软件 V1.0
864	上海森软信息技术有限公司	森软红艺数码阅卷系统软件 V2.0
865	上海赛奥法电气科技有限公司	赛奥法实时数据采集和管理软件 V1.0
866	上海赛奥法电气科技有限公司	赛奥法 EM500 远程控制软件 V1.0
867	上海先致信息系统有限公司	先致校务综合管理平台软件 V1.0
868	上海红门智能系统有限公司	红门停车场智能管理软件 V3.0
869	上海新宇计算机系统有限公司	新宇中间业务软件 V1.0
870	上海长城电子信息网络有限公司	长城促进就业管理软件 V1.0
871	上海芝远商务咨询有限公司	芝华作业分析与改善软件 V1.0
872	上海皓维电子有限公司	皓维多媒体中心指挥平台软件 V1.0
873	上海皓维电子有限公司	皓维 DVM5000 系列数字视频矩阵软件 V1.0
874	上海中标软件有限公司	NeoShine Office 软件 V3.0
875	上海中标软件有限公司	中标普华 Office 办公软件（藏文版）V3.0
876	上海华冠电子设备有限责任公司	华冠 PowerStar 电力需求侧管理软件 V1.0
877	上海乐升软件有限公司	乐升蓝猫小尖子学习机软件 V1.0
878	上海时代光华教育发展有限公司	时代光华学乐学习在线软件 V2.0
879	上海网众信息技术有限公司	网众 NxD 虚拟硬盘软件 V1.0
880	环达电脑（上海）有限公司	环达基于 IPMI 的服务器管理软件 V1.0
881	上海集通数码科技有限责任公司	集通汉字输入软件 V2.0
882	上海星移软件有限公司	星移电子办公软件 V1.0

883	上海盈天计算机软件技术服务有限公司	北斗应用构件框架软件 V2.0
884	上海盈天计算机软件技术服务有限公司	北斗协同工作平台软件 V2.0
885	爱迪斯（上海）软件有限公司	ARIS 流程管理平台软件 V7.0
886	上海热线信息网络有限公司	求佳网络宣传工作平台应用软件 V1.0
887	上海建瓴建设科技发展有限公司	建瓴智能预算 2005（建筑智能化专业）定额软件 V1.0
888	上海华鼎财金软件有限公司	红顶基金管理软件 V7.0
889	上海诺诚电气有限公司	诺诚 NTS-2000 肌电与诱发电位仪软件 V1.0
890	上海诺诚电气有限公司	诺诚 NATION9128 数字化脑电图仪软件 V1.0
891	上海诺诚电气有限公司	诺诚 NTS-3000 心脑电多参数监护软件 V1.0
892	上海新眼光光电技术有限公司	新眼光眼底数字影像软件 V2.0
893	上海南康科技有限公司	南康信息管理系统平台软件 V1.0
894	上海易锐达数码科技有限公司	易锐达音视频数字处理软件 V1.0
895	上海易锐达数码科技有限公司	易锐达无线图像监视防盗软件 V1.0
896	上海易宝软件有限公司	易宝质量保证系统管理软件 V3.1
897	上海欣泰通信技术有限公司	XT-S TAM 测试接入矩阵网管软件（简称：XT-S TAMNM）V1.1
898	辟途威交通科技（上海）有限公司	PTV Vision 交通仿真、规划及控制软件 V4.10
899	天绩信息技术（上海）有限公司	天绩鏖战网络游戏软件 V1.0
900	上海光华冠群软件有限公司	光华冠群网维通 EasyView 数据中心管理软件（简称：网维通）V4.5
901	上海光华冠群软件有限公司	光华冠群 EasySP 互联网增值服务管理软件（简称：EasySP）V2.0
902	上海井星信息科技有限公司	井星 wilcom 语音质检软件 V1.0
903	上海井星信息科技有限公司	井星 wilcom 交互式语音应答软件 V1.0
904	上海井星信息科技有限公司	井星 wilcom 短消息软件 V1.0
905	上海井星信息科技有限公司	井星 wilcom 报表软件 V1.0
906	上海井星信息科技有限公司	井星 wilcom 呼叫中心 CTI 软件 V1.0
907	上海亨钧科技有限公司	亨钧铁路运输生产调度指挥系统应用软件 V3.0
908	上海遥薇实业有限公司	遥薇客运站智能信息管理专家软件 V1.0
909	盈达电子商务软件系统（上海）有限公司	盈达国际收支网上申报软件（申报主体企业版）V1.01
910	盈达电子商务软件系统（上海）有限公司	盈达国际收支网上申报软件（外汇管理局版）V1.01
911	盈达电子商务软件系统（上海）有限公司	盈达国际收支网上申报软件（银行版）V1.01
912	上海梦擎信息科技有限公司	TurboDog 导航软件 V4.23.00
913	上海博笃软件有限公司	博笃生产管理软件 V1.0
914	上海思创电子有限公司	思创排队管理软件 V1.0
915	上海世纪创意数码科技有限公司	世纪创意网络艺术课程教育软件 V1.1
916	上海赛宝数码电子科技有限公司	赛宝智能生产线管理软件 V1.0
917	上海杰狮信息技术有限公司	杰狮输电线路巡检软件 V1.0
918	上海爱申科技发展股份有限公司	爱申 HIFUNIT9000 系列控制、操作英文版软件 V2.06
919	上海乾优电子有限公司	乾优车险承保软件 V1.0
920	易保网络技术（上海）有限公司	易保机动车辆联合信息平台软件 V2.0
921	上海悠悠理财信息科技有限公司	悠悠内容管理软件 V1.0
922	上海国响信息技术有限公司	国响话单分拣前置机软件 V1.0
923	上海创远信息技术股份有限公司	创远无线路测系统后处理分析软件 V1.0
924	上海外高桥英得网络信息有限公司	外高桥英得货代管理软件 V1.0

925	上海复旦光华信息科技股份有限公司	光华同步直播服务软件 V1.0
926	上海久隆电力科技有限公司	久隆人事档案管理软件 V1.0
927	上海久隆电力科技有限公司	久隆北美智能抄表软件 V1.0
928	上海海鼎信息工程股份有限公司	海鼎电子商务软件 HDEC V2.0
929	上海浩方信息技术有限公司	浩方网络监控分析软件 V1.0
930	上海圣兆信息技术有限公司	圣兆抄表软件 V2.0
931	汉略（上海）信息技术有限公司	汉略测量工具软件 V1.0
932	汉略（上海）信息技术有限公司	汉略增量备份与恢复软件 V1.0
933	汉略（上海）信息技术有限公司	汉略参数编辑软件 V1.0
934	汉略（上海）信息技术有限公司	汉略条目自动分配软件 V1.0
935	上海理想信息产业（集团）有限公司	理想"商务领航"商务短信通软件 V1.0
936	上海理想信息产业（集团）有限公司	理想基于汽车销售行业呼叫中心软件 V1.0
937	上海理想信息产业（集团）有限公司	理想电信大客户 CRM 软件 V1.0
938	上海理想信息产业（集团）有限公司	理想业务流程监控平台软件 V4.0
939	上海理想信息产业（集团）有限公司	理想 BOSS－数据综合预处理软件 V1.0
940	上海理想信息产业（集团）有限公司	理想统一消息服务平台软件 V1.0
941	上海理想信息产业（集团）有限公司	理想绩效考核软件 V1.0
942	上海理想信息产业（集团）有限公司	理想 J2EE 工作流软件 V1.0
943	上海理想信息产业（集团）有限公司	理想帐务中心经营管理软件 V1.0
944	上海幻维数码影视有限公司	幻维 MDS 角色动画创作软件 V1.0
945	上海新赛达信息技术有限公司	新赛达跨平台网络影像存储软件 V3.01
946	上海高迪亚电子系统有限公司	高迪亚 Goldbus 无序通信工控软件 V1.0
947	上海广野软件有限公司	广野大型门户综合管理软件 V1.0
948	上海乾隆高科技有限公司	钱龙证券委托交易软件 V1.2
949	上海乾隆高科技有限公司	钱龙电视墙软件 V4.5
950	上海乾隆高科技有限公司	钱龙行情备份软件 V4.0
951	上海乾隆高科技有限公司	钱龙行情传输软件 V4.0
952	上海景格汽车科技有限公司	景格汽车电控悬架系统教学软件 V3.5
953	上海景格汽车科技有限公司	景格汽车电气系统教学软件 V3.5
954	上海梁江通信系统有限公司	梁江企业综合业务处理软件 V1.0
955	上海迪爱斯通信设备有限公司	DS35 DS 非应急企业呼叫中心软件 V1.0
956	上海森沐信息科技发展有限公司	森沐中小学学籍管理软件 V1.0
957	上海征途信息技术有限公司	征途游戏软件 V2.0
958	上海大唐移动通信设备有限公司	大唐移动 TD-SCDMA/GSM 终端高层协议软件（简称：Meco）V2.0
959	上海大唐移动通信设备有限公司	大唐移动 TD-SCDMA 测试终端协议分析软件（简称：PTAS）V2.0
960	上海大唐移动通信设备有限公司	大唐移动 Arena 终端平台软件（简称：Arena 平台）V2.0
961	上海大唐移动通信设备有限公司	大唐移动 Arena 平台应用开发工具软件（简称：Arena SDK）V1.0
962	艾宾信息技术开发（上海）有限公司	艾宾 AMO Portal 管理软件 V2.4
963	上海华奕医疗信息技术有限公司	SIMED 放射信息系统管理软件 V1.0
964	上海申瑞继保电气有限公司	申瑞通用综合监控软件 V1.0
965	上海申瑞电网控制系统有限公司	申瑞调度操作票管理软件 V1.0
966	上海华和得易信息技术发展有限公司	得易悬案管理软件（简称：悬案）V1.0

967	上海埃威航空电子有限公司	埃威 AWAIS-1 自动识别系统显控软件 V1.2
968	上海埃威航空电子有限公司	埃威通用考试管理软件 V8.8.5
969	上海高晶金属探测设备有限公司	高晶 X 光食品异物探测机软件(简称:X-PR) V1.0
970	上海华勤通讯技术有限公司	华勤 D208 MMI 软件 V1.0.4
971	上海华勤通讯技术有限公司	华勤 D308 MMI 软件 V1.1.3
972	上海华勤通讯技术有限公司	华勤 A1108 MMI 软件 V1.1.6
973	上海必智软件有限公司	必智律师事务所综合信息管理软件 V5.0
974	敏递软件（上海）有限公司	敏递 neoDirect 即拍即录软件（简称：neoDirect）V1.0
975	上海华岭集成电路技术有限责任公司	华岭熔丝修调技术软件 V1.0
976	上海华岭集成电路技术有限责任公司	华岭 GAL20V8 现场可编程器件测试软件 （简称：华岭 GAL20V8 测试软件）V1.0
977	丰海技术咨询服务（上海）有限公司	丰海 PJFX 码头排架综合分析软件 V1.0
978	丰海技术咨询服务（上海）有限公司	丰海 KZZGDL 宽支座轨道梁计算软件 V1.0
979	丰海技术咨询服务（上海）有限公司	丰海港口高桩梁板式码头结构配筋 CAD 绘图软件 V1.0
980	上海北辰软件有限公司	北辰注意力检测 / 训练软件 V1.0
981	上海北辰软件有限公司	北辰注意力变量检测软件(简称:T.O.V.A)V2.01
982	上海豪码通信技术有限公司	豪码 PHS 软件 V1.27
983	鹏昆科技(上海)有限公司	鹏昆 Euratex 全自动悬吊系统控制及管理软件(简称:Euratex 悬吊系统)V4.5
984	详迅信息科技(上海)有限公司	NETCOM WiSN 管理软件 V1.0
985	上海龙的信息系统有限公司	龙的交通信号控制实验板软件 V1.0
986	上海浦东软件平台有限公司	SPRT 小学数学教与学平台软件 V1.0
987	上海萨璐伽科技有限公司	萨璐伽电子控制器智能检测调试软件 V1.0
988	上海火速网络科技有限公司	火速网络科技营销管理平台软件 V1.5
989	讯芯半导体（上海）有限公司	讯芯 COM 硬件测试软件 V1.0
990	捷玛计算机信息技术（上海）有限公司	捷玛基于 RFID 的仓库管理软件 V1.0
991	捷玛计算机信息技术（上海）有限公司	捷玛结算中心软件 V2.0
992	捷玛计算机信息技术（上海）有限公司	捷玛 POS 软件 V1.0
993	上海宝信软件股份有限公司	宝信协同工作平台软件 V1.0
994	上海宝信软件股份有限公司	宝信智能楼宇监控软件 V1.0
995	上海宝信软件股份有限公司	宝信网络巡警 eCop 软件(简称:eCop)V3.0
996	上海科比生物识别技术有限公司	科比笔迹鉴别软件 V1.0
997	升永华软件科技(上海)有限公司	升永华赢家保典软件(简称:赢家保典)V1.0
998	上海金仕达多媒体有限公司	金仕达多媒体教学课件软件(英语一年级第一学期) (简称:多媒体教学课件)V1.0
999	上海金仕达多媒体有限公司	金仕达多媒体教学课件软件(英语一年级第二学期) (简称:多媒体教学课件)V1.0
1000	上海金仕达多媒体有限公司	金仕达多媒体学生学习软件(数学二年级第一学期) (简称:"让你学得快乐—大头洋葱学数学")V1.0
1001	上海金仕达多媒体有限公司	金仕达多媒体学生学习软件(数学二年级第二学期) (简称:"让你学得快乐—大头洋葱学数学")V1.0
1002	上海金仕达多媒体有限公司	金仕达多媒体学生学习软件(数学一年级第一学期) (简称:"让你学得快乐—大头洋葱学数学")V1.0

1003	上海金仕达多媒体有限公司	金仕达多媒体学生学习软件(数学一年级第二学期) (简称:"让你学得快乐—大头洋葱学数学")V1.0
1004	上海金仕达多媒体有限公司	金仕达多媒体学生学习软件(英语一年级第一学期) (简称:"让你学得快乐—大头洋葱学英语")V1.0
1005	上海金仕达多媒体有限公司	金仕达多媒体学生学习软件(语文二年级第一学期) (简称:"让你学得快乐—大头洋葱学语文")V1.0
1006	上海金仕达多媒体有限公司	金仕达多媒体学生学习软件(英语一年级第二学期) (简称:"让你学得快乐—大头洋葱学英语")V1.0
1007	上海金仕达多媒体有限公司	金仕达多媒体学生学习软件(语文二年级第二学期) (简称:"让你学得快乐—大头洋葱学语文")V1.0
1008	上海荣孚科技发展有限公司	LongFine 汽车空调控制软件（简称：LF-CAC）V1.0
1009	蔚尼软件（上海）有限公司	蔚尼文档管理软件（简称：Vivego CMS）V1.0
1010	上海博坤信息技术有限公司	博坤地理信息资料管理系统软件 V1.0
1011	上海亿马物流系统有限公司	大通关国检电子支付系统软件 V1.0
1012	上海宝信软件股份有限公司	宝信会计总帐管理软件 V1.0
1013	上海宝信软件股份有限公司	宝信备件计划申请报批计算机管理软件 （简称：备件报批管理系统）V3.0
1014	上海宝信软件股份有限公司	宝信甲供材料计算机管理软件（简称：甲供料管理系统）V1.0
1015	上海宝信软件股份有限公司	宝信电文开发与维护辅助软件（简称：EMessage）V1.0
1016	上海宝信软件股份有限公司	宝信财务报支管理系统软件 V3.0
1017	上海宝信软件股份有限公司	宝信固定资产管理软件 V1.0
1018	上海互盈科技有限公司	互盈网络维护管理系统软件 V1.0
1019	上海互盈科技有限公司	互盈视频课例分析软件 V1.0
1020	上海杰瑞信息科技有限公司	WISE 一体化仿真 / 建模开发软件 V2.0
1021	上海泰山软件技术有限公司	TS-F TimeStar 控制固件软件(简称：TSF-Time Star)V1.7
1022	上海泰山软件技术有限公司	TS-F DXAB 控制固件软件(简称：TS F-DXAB)V1.01
1023	上海泰山软件技术有限公司	TS-F EIAB 控制固件软件(简称：TS F-EIAB)V1.01
1024	上海泰山软件技术有限公司	TS-F ASMA 控制固件软件(简称：TSF-ASMA)V3.0
1025	亿迅（中国）软件有限公司	易知行(EZactor)客户关系管理软件 V7.5
1026	华院分析技术(上海)有限公司	华院企业通讯录及短信平台软件 V1.0
1027	华院分析技术(上海)有限公司	华院企业应用服务平台软件 V1.0
1028	上海市红会信息科技有限公司	红会医疗器械全程追溯监管软件 V2.0
1029	上海浦东软件平台有限公司	SPRT 业务交互管理软件 V1.0
1030	上海成生科技有限公司	成生数据交换平台软件 V1.0
1031	上海成生科技有限公司	成生城市防汛信息软件 V1.0
1032	上海创视通多媒体技术有限公司	创视通数据会议服务器 VIDEOCON DSS 软件 (简称:VIDEOCON DSS)V1.0
1033	上海创视通多媒体技术有限公司	创视通录播服务器 VIDEOCON VRS 软件 (简称:VIDEOCON VRS)V1.0
1034	亚银(上海)信息技术有限公司	亚银人力资源管理软件 V1.0
1035	上海明羽实业有限公司	明羽自动办公(OA-Online)软件(简称:OA-Online)V1.0
1036	上海美达信息技术有限公司	美达办公自动化软件(简称:美达 OA)V1.0

1037	维豪信息技术有限公司	维豪业务控制服务器软件(简称:业务控制)V1.0
1038	上海渤创软件开发有限公司	渤创烟支重量控制软件 V2.6
1039	上海科慕迪信息科技有限公司	科慕迪综合业务关系管理软件(简称:MGRM)V1.10
1040	绿驰通讯科技(上海)有限公司	绿驰 MES 企业融合网络平台软件 V1.1
1041	上海晟华科技发展有限公司	"众山小"医药终端销售管理软件(简称:众山小)V3.0
1042	上海顺隆数码电子通讯有限公司	顺隆 SLx 车用多媒体控制软件（简称：SLx 软件）V1.0
1043	上海涌能电力科技发展有限公司	涌能输电线路增容软件 V1.0
1044	上海阿尔卡特网络支援系统有限公司	ITS 综合测试管理软件 V2.0
1045	至真（上海）信息技术有限公司	至真酒店信息软件 V1.0
1046	上海宏略医疗设备有限公司	宏略医学图像存储与刻录软件（简称：Storec 系统）V1.0
1047	上海优捷信息技术有限公司	优捷宽带接入控制终端软件 V1.0
1048	上海优捷信息技术有限公司	优捷宽带接入控制应用软件 V1.0
1049	上海优捷信息技术有限公司	优捷宽带接入控制管理软件 V1.0
1050	上海优捷信息技术有限公司	优捷宽带接入控制代理软件（简称：radproxy）V1.0
1051	资通科技软件系统（上海）有限公司	资通 CiMes 制造执行系统软件 V1.0
1052	上海颐东网络信息有限公司	颐东通用用户权限管理软件 V1.0
1053	上海颐东网络信息有限公司	颐东公文交换平台软件 V1.0
1054	上海铁大电信设备有限公司	铁大微机监测网络站机软件 V3.0
1055	上海华博信息服务有限公司	华博 E 税通软件 V1.0
1056	上海复旦微电子股份有限公司	复旦微电子预付费复费率网络售电管理软件 V1.0
1057	恒融数码科技（上海）有限公司	恒融知识库软件 V1.0
1058	恒融数码科技（上海）有限公司	恒融工作流管理软件 V1.0
1059	上海金鑫计算机系统工程有限公司	金鑫文化资产典藏信息服务与交互平台软件 V1.0
1060	上海金鑫计算机系统工程有限公司	长江金鑫 e-Show 数字博览平台软件 V1.0
1061	上海海高通信发展有限公司	海高远程告警箱软件 V1.0
1062	上海环迅电子商务有限公司	IPS 驱动式账户网络支付软件 V1.0
1063	上海集通数码科技有限责任公司	高通汉字输入软件 V2.0
1064	上海亚太计算机信息系统有限公司	长江亚太 EDI 与 XML 转换处理通用构件族软件 V1.0
1065	上海红门智能系统有限公司	红门智能门禁管理软件 V1.0
1066	上海莱升软件咨询有限公司	泛纬 ERP 本土化软件 V4.0
1067	上海伯骏计算机信息技术有限公司	E-max 品牌服饰分销管理软件 V6.5
1068	上海腾程医学科技信息有限公司	腾程医院检验科信息管理软件 V2.1
1069	上海电达信息技术有限公司	电达全员网上培训平台软件 V1.0
1070	上海中标软件有限公司	中标普华 Office 办公软件 V3.0
1071	上海商络软件有限公司	IPL 人力资源管理软件（IPL HRMS）V3.0
1072	上海管博信息系统工程有限公司	管博 360 度员工评价软件 V1.0
1073	上海管博信息系统工程有限公司	管博银行绩效分析软件 V1.0
1074	上海同豪土木工程咨询有限公司	同豪桥梁博士软件 V3.1
1075	上海海高通信发展有限公司	海高联机计费采集软件 V2.0
1076	上海大漠电子科技有限公司	大漠自动售检票软件 V1.0
1077	上海延华智能科技股份有限公司	延华信息化社区系统集成平台软件 V1.0
1078	上海索辰信息科技有限公司	索辰工程数据管理软件 V5.1

1079	上海复园电子科技有限公司	EastFax 智能传真服务器软件 V3.5
1080	上海贝尔阿尔卡特股份有限公司	上海贝尔阿尔卡特 GSM900/1800 双频移动通信无线网络软件 B8
1081	上海贝尔阿尔卡特股份有限公司	上海贝尔阿尔卡特 GSM900/1800 双频移动通信无线网络软件 B9
1082	上海贝尔阿尔卡特股份有限公司	上海贝尔阿尔卡特 GSM 移动通信核心网络软件 NSS10
1083	上海逸杰信息科技有限公司	逸杰办公协同管理软件 V3.0
1084	上海晨鸟信息科技有限公司	晨鸟支持剽窃和格式检查的在线协同论文管理软件 V1.2
1085	上海登飞计算机科技有限公司	登飞图文信息管理软件 V1.0
1086	上海登飞计算机科技有限公司	登飞物流快递在线管理软件 V1.0
1087	上海印趣信息技术有限公司	印趣大文件传输平台软件 V1.3
1088	腾龙计算机软件（上海）有限公司	腾龙知识资源共享软件 V1.0
1089	上海浪沙软件有限公司	RUNSA 服装行业智能化综合营销管理软件 V1.0
1090	上海先锋商泰电子技术有限公司	先锋商泰电视电话会议软件 V1.03.00
1091	上海中经互联网络有限公司	中经宏观经济 GIS 运行分析软件 V1.5
1092	上海中经互联网络有限公司	中经启明星网站内容管理 V2.0
1093	辐技威（上海）信息技术有限公司	辐技威 KC102 CDMA 彩屏手机软件 V1.0
1094	上海梁江通信系统有限公司	梁江 Montage for UMTS 路测数据分析软件 V1.0
1095	上海梁江通信系统有限公司	梁江 OBSYNT 无线话务处理软件 V1.0
1096	上海梁江通信系统有限公司	梁江 Snail 网络参数处理软件 V2.0
1097	上海商络软件有限公司	IPL 人力资源管理软件（IPL HRMS） V9.0
1098	上海高智软件系统有限公司	高智新一代网元前置服务器软件 V1.0
1099	上海金鑫计算机系统工程有限公司	长江金鑫文化市场行政执法信息监管软件 V1.0
1100	上海创宏信息技术有限公司	创宏数据分析平台软件 V1.0
1101	上海复旦网络信息工程有限公司	复旦网络电力通信网监控管理软件 V1.0
1102	上海蓝蔚科技发展有限公司	蓝蔚条码设计软件 V1.0
1103	上海阿尔卡特网络支援系统有限公司	DK01-B 监控系统中心平台软件 V2.0
1104	上海阿尔卡特网络支援系统有限公司	ITS_Live 线路预估分析软件（简称：ITS_Live） V1.0
1105	九城互动信息技术（上海）有限公司	九互 FORCE 软件（简称：FORCE） V1.8
1106	上海九泓自动化软件有限公司	九泓车载泵车检测和控制软件 V1.0
1107	上海九泓自动化软件有限公司	九泓框式绞线机检测和控制软件 V1.0
1108	上海九泓自动化软件有限公司	九泓中拉机仿真软件 V1.0
1109	晨讯科技（上海）有限公司	晨讯 TD-SCDMA 手机 T1008 系统软件 V1.0
1110	上海蓝蔚科技发展有限公司	蓝蔚建筑行业多级物资管理软件 V1.0
1111	上海艾赛软件科技有限公司	艾赛银弹（缺陷预防与可追溯性驱动软件工程革新体系）软件（简称：艾赛银弹） V1.62
1112	上海慧龙计算机系统有限公司	慧龙共青团主题教育活动管理系统软件（简称:wiz-ccy1） V1.0
1113	上海铭恒信息技术有限公司	格泰克仓储管理软件（简称:GO TECH WMS） V1.0
1114	上海实方软件有限公司	实方企业搜索软件（简称:实方搜索器） V1.0
1115	上海国臣信息技术有限公司	国臣协同办公软件(Webspace)V5.0
1116	京瓷信息系统(上海)有限公司	京瓷信息系统预约公告软件 V1.0
1117	京瓷信息系统(上海)有限公司	京瓷信息系统订单结余管理软件 V1.0
1118	上海致展信息技术有限公司	致展 JSB 住房专项维修资金管理软件 V1.0
1119	上海迈仕普信息技术有限公司	MAXPO-CRM 传媒客户关系管理软件 V2.0

1120	上海迈仕普信息技术有限公司	MAXPO-TVADMS 广告业务综合管理软件（简称:MAXPO-TVADMS）V2.5
1121	上海蓝海宏略信息工程有限公司	宏略医学图像存储与刻录软件（简称:Storec 系统）V1.2
1122	上海中岳计算机仿真控制系统有限公司	中岳城市轨道交通站场线路自动生成平台软件（简称:轨道交通站场线路自动生成平台）V1.0
1123	上海步科电气有限公司	步科 EV5000 组态软件 V1.0
1124	上海大智慧网络技术有限公司	大智慧新一代高速行情分析软件 Level-2 Internet 版（简称:大智慧新一代 Level-2）V2.02
1125	上海大智慧网络技术有限公司	大智慧证券信息港个人版软件(Internet 版)（简称:大智慧 Internet 版）V5.55
1126	上海大智慧网络技术有限公司	大智慧证券信息港经典版软件(Level-2)（简称:大智慧经典版(Level-2)）V5.56
1127	上海鹏越惊虹信息技术发展有限公司	鹏越互联网内容监管网关软件 V1.0
1128	上海鹏越惊虹信息技术发展有限公司	鹏越互联网内容安全管理平台软件 V1.0
1129	上海可鲁系统软件有限公司	DAPStudio DAP 系统配置管理和调试软件 V4.0
1130	上海可鲁系统软件有限公司	DAPViewer SCADA/HMI 监控软件 V4.0
1131	上海可鲁系统软件有限公司	DAPCore DAP 系统核心数据处理软件 V4.0
1132	上海睿友软件科技有限公司	睿友 Signature 采集软件 V1.0
1133	上海贝塔斯曼商业服务有限公司	贝塔斯曼物流软件（简称:LADS）V1.0
1134	上海慧居智能电子有限公司	慧居小区管理软件 V5.0
1135	上海德茂信息技术有限公司	德茂统一消息系统传真软件（简称:DM-UMS-Fax）V1.0
1136	上海葡萄城信息技术有限公司	奥林岛进销存管理软件 V5.1.0.5
1137	上海华勤通讯技术有限公司	华勤 D309 MMI 软件 V1.0.8
1138	上海华勤通讯技术有限公司	华勤 D508 MMI 软件 V1.0.6
1139	上海新仪微波化学科技有限公司	新仪微波化学仪器参数控制软件 V3.0
1140	上海强生科技有限公司	强生无线智能终端软件 V2.0
1141	上海强生科技有限公司	强生出租汽车税控计价器结算软件 V1.0
1142	上海亮兴电子技术有限公司	亮兴光栅位移测量软件 V2.0
1143	上海三埃弗电子有限公司	三埃弗 Phoebe 多参数监护仪软件 V1.1
1144	上海浦东软件园大通医药信息技术有限公司	大通《百姓问药》软件 V1.0
1145	上海新区时空信息技术有限公司	时空 MapToolKit 地图开发软件 V1.0
1146	上海吉贝克信息技术有限公司	吉贝克金融接口测试工具软件 V1.0

附录

特别鸣谢

《2007上海信息化年鉴》组稿与撰稿单位

中共上海市委组织部
中共上海市委宣传部
上海市档案局馆
上海市国家保密局
上海市人大常委会办公室
上海市人民政府办公厅
上海市经济委员会
上海市教育委员会
上海市科学技术委员会
上海市公安局
上海市民政局
上海市司法局
上海市财政局（上海市国家税务局、上海市地方税务局）
上海市劳动和社会保障局
上海市建设和交通委员会
上海市农业委员会
上海市对外经济贸易委员会
上海市文化广播影视管理局
上海市卫生局
上海市水务局
上海市审计局
上海市人民政府外事办公室
上海市国有资产监督管理委员会
上海市环境保护局
上海市统计局
上海市工商行政管理局
上海市质量技术监督局
上海市食品药品监督管理局
上海市旅游事业管理委员会
上海市新闻出版局
上海市体育局
上海市知识产权局
上海市房屋土地资源管理局
上海市城市交通管理局
上海市信息化委员会
上海市民防办公室
上海市人民政府侨务办公室
上海市金融工作委员会、金融服务办公室
上海市港口管理局
上海市粮食局
上海市市政工程管理局
上海市绿化管理局
上海市市容环境卫生管理局
上海市社会团体管理局
上海市海洋局
上海口岸工作领导小组办公室
上海市高级人民法院
上海市人民检察院
共青团上海市委员会
中国人民银行上海分行
“中国上海”门户网站
中国证券监督管理委员会上海监管局
上海市邮政局
上海市通信管理局

上海市气象局
上海市无线电管理局
上海市地震局
上海市电力公司
上海市社会保障和市民服务信息中心（社保卡中心）
上海浦东发展银行
上海远程教育集团
复旦大学
上海交通大学
华东师范大学
上海文化广播影视集团
解放日报报业集团
文汇新民联合报业集团
东方网
上海市图书馆上海科学技术情报研究所
上海博物馆
上海科技馆
上海文艺出版总社
岳阳中西医结合医院
上海汽车工业（集团）总公司、上海汽车集团股份有限公司
上海宝钢集团公司
中国石化上海石油化工股份有限公司
上海机场（集团）有限公司
上海纺织（集团）有限公司
上海华谊（集团）公司
上海长发国际货运有限公司
上海航运交易所
上海航空股份有限公司
中国人寿保险股份有限公司上海市分公司
上海证券交易所
上海期货交易所
上海市软件行业协会
上海市信息服务业行业协会
上海市集成电路行业协会
上海市光电子行业协会
上海市通信制造业行业协会
上海市信息家电行业协会
上海市电子商务行业协会
上海市信息安全行业协会
上海市信用服务业行业协会
上海市无线电协会
上海市信息化培训协会
上海市信息法律协会
上海市信息系统质量技术协会
上海信息化发展研究协会
上海印制电路行业协会
上海市计算机行业协会
上海市社区服务中心
上海市超级计算中心
信息化专家委员会
上海市互联网经济咨询中心
上海市企业信息化促进中心
上海市信息服务外包发展中心
上海东方互联网络交换中心
上海市信息安全测评认证中心
上海市计算机病毒防范服务中心
上海互联网络交换中心
上海市软件评测中心
上海市数字证书认证中心有限公司（CA 中心）
浦东新区信息委
徐汇区信息委
长宁区信息委
普陀区信息委
闸北区信息委
虹口区信息委

杨浦区信息委
黄浦区信息委
卢湾区信息委
静安区信息委
宝山区信息委
闵行区信息委
嘉定区信息委
松江区信息委
金山区信息委
南汇区信息委
奉贤区信息委
青浦区信息委
崇明县信息委
上海市信息管线有限公司
上海长城金点定位测控有限公司
上海公共交通卡股份有限公司
上海资信有限公司
东方有线网络有限公司
上海市电信有限公司
中国移动通信集团上海有限公司
中国联通有限公司上海分公司
中卫国脉通信股份有限公司
中国网通（集团）有限公司上海市分公司
中国卫星通信集团公司上海分公司
上海贝尔阿尔卡特股份有限公司
上海大唐移动通信设备有限公司
锐迪科微电子（上海）有限公司
上海亿人通信终端有限公司
上海通用卫星导航有限公司
中芯国际集成电路制造（上海）有限公司
上海宏力半导体制造有限公司
上海华虹集成电路有限责任公司
上海仪电控股（集团）公司
上海飞乐股份有限公司
联合汽车电子有限公司
上海东方久乐汽车安全气囊有限公司
长江计算机（集团）公司
上海广电（集团）有限公司
上海文广互动电视有限公司
天柏宽带网络科技有限公司
上海高清数字科技产业有限公司
上海全景数字技术有限公司
上海索广电子有限公司
上海联合光盘有限公司
上海大亚信息产业股份有限公司
上海金陵股份有限公司
展讯通信（上海）有限公司
上海浦东软件园有限责任公司
徐汇软件园区
上海漕河泾新兴技术开发区
上海亿通国际股份有限公司
东方钢铁电子商务有限公司
上海复旦光华信息科技股份有限公司
上海理想信息产业(集团)有限公司
万达信息股份有限公司
上海宝信软件有限公司
上海启明软件有限公司
上海颐东网络信息有限公司
上海开先软件有限公司
上海众恒信息产业有限公司
上海热线
上海慧龙计算机系统有限公司
上海金蝶软件科技有限公司
上海亚太计算机信息系统有限公司
上海金鑫计算机系统工程有限公司
上海长江新成计算机系统集成有限公司

上海长江科技发展有限公司
上海广腾信息科技有限公司
上海亚太神通计算机有限公司
上海亚泰计算机软件有限公司
上海三零卫士信息安全有限公司
国家信息安全成果产业化（东部）基地
国家信息安全基础设施研究中心
国家信息安全工程技术研究中心
国家反计算机入侵和防病毒研究中心
上海交通大学信息安全工程学院
维豪信息技术有限公司
上海格尔软件股份有限公司
上海卫士通网络安全有限公司
上海吉大正元信息技术有限公司
上海方正信息安全技术有限公司
上海启明星辰信息技术有限公司
上海银晨智能识别科技有限公司
上海汉邦京泰数码技术有限公司
上海信安信息技术发展股份有限公司
北京天融信网络安全技术有限公司
上海安创信息科技有限公司
金诺网络安全技术发展股份有限公司
上海安达通信息安全技术有限公司
上海新网程信息技术有限公司
上海海加网络科技有限公司

上海三零卫士信息安全有限公司

上海三零卫士信息安全有限公司（以下简称“公司”）是专业从事信息系统安全建设和服务的高新技术企业，公司总部位于上海浦东张江高科技园区的国家信息安全863成果产业化（东部）基地内。

三零卫士公司依托国内实力最为雄厚的信息安全权威机构——中国电子科技集团公司电子第三十研究所，以其40多年信息安全和通信保密工程的技术积累和经验为基础，结合现代信息安全技术的最新发展，积极投身于我国的信息安全事业。公司主要面向党政机关、军工企业和科研院校、金融和企业事业单位，提供信息安全服务、信息系统安全集成、安全产品和专业应用开发等。在积极开拓各项业务的同时，公司开展广泛的科技成果转化工作，呈现给用户完整的信息安全解决方案，并通过提供有效的安全服务，包括系统安全评估、安全方案制定、安全实施、应急响应、安全咨询和培训服务等，为客户提供强有力的安全保障。

公司于2001年7月成立，作为国家首批计算机网络安全服务A类试点单位，承担了多项信息安全示范工程建设，今天的公司已经从当时的初出茅庐成长为华东、华南地区信息安全业内的中坚力量，逐渐在客户处树立起“服务能力强、安全特色明显的信息系统综合解决方案提供商”的形象。目前，公司作为华东地区惟一一家互联网应急处理服务试点单位，拥有涉密信息系统集成资质和计算机信息系统集成三级资质，是上海市企业信用管理试点单位并于2004年顺利通过ISO9000质量认证，是上海市重点扶持的“小巨人”企业等。公司各项荣誉、奖励的背后是公司努力为客户提供优质的产品、强烈的责任感和完善的服务、完整优质的安全技术解决方案；全体员工的辛勤工作使公司取得了用户的信赖和好评。此外，公司还协助国家、部委、北京、上海及杭州等地方政府进行信息安全规划工作，承担了一系列国家863高科技计划中的相关信息安全课题，取得了重要成果，获得了5项发明专利，2004年公司的研究成果获得上海市科技进步三等奖。公司还特别关注信息安全行业的标准化工作，作为主要执笔人和起草单位参与起草了国家、公安部、北京市、上海市、杭州市等十几个国家、行业和地方标准的制定工作。

公司秉承“成为客户信息安全服务的首选，成为员工最适宜工作的平台”的宗旨，注重提高客户的服务体验，团结凝聚强大的服务团队。公司特别重视人才的培养，追求卓越的理想是公司聚揽众多不同类型的人才关键。公司目前有员工180名，其中拥有20余名博士、硕士，还包括多名海外学成归国人员、7名CCIE、3名CISSP和18名项目经理，他们都已经融入三零文化体系，成为公司技术和管理体系的骨干力量。依靠强大的团队建设、创新的技术理念和诚信的经营态度，近几年公司发展迅猛，目前公司注册资金达到1000万元，累计产值达到3亿元。此外，公司下设3家子公司（注册在广州、杭州和浦东）江苏办事处、湖北办事处、北京办事处等分支机构。

三零卫士公司对支持关心我们的客户和领导充满了感激，我们将加倍珍惜客户的信任，努力创造公司明天的辉煌。公司将遵循第三个三年规划的要求，团结创新，力争三年内成为中国信息安全服务的第一品牌，在2008年达到合格上市公司的标准。

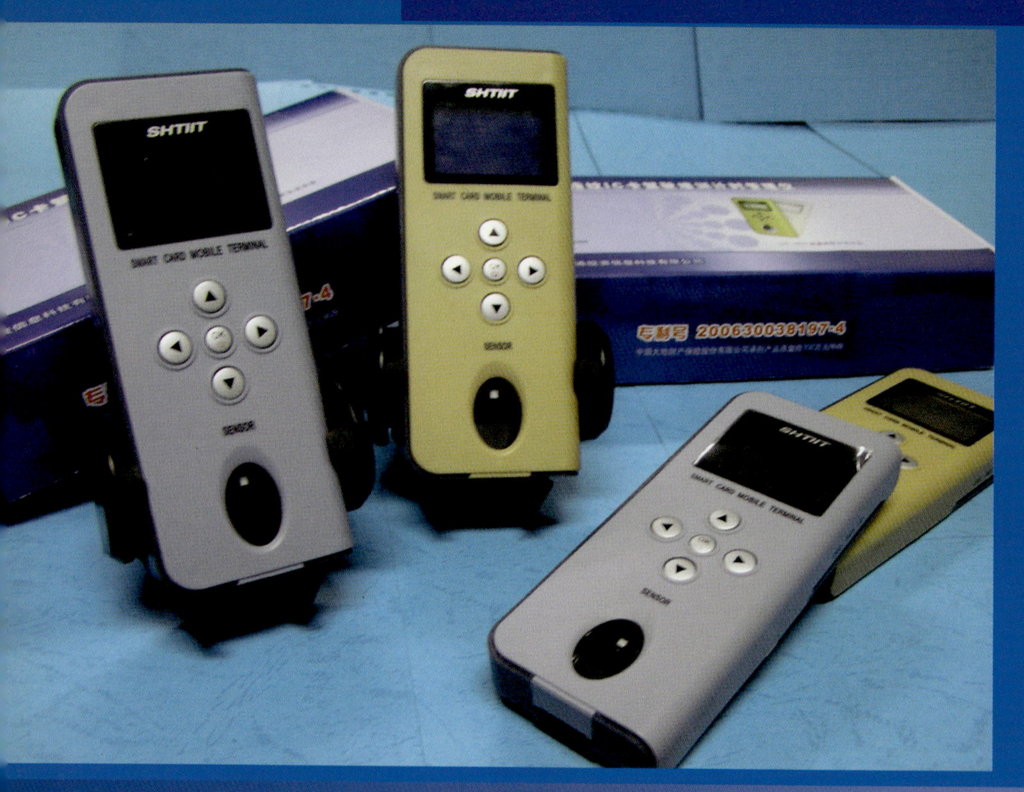

上海交通投资信息科技
限公司是上海久事公司下属
海交通投资（集团）有限公
的一家全资子公司，注册资
人民币1500万元，主要从事
海市交通领域计算机管理信
系统的研发、构建和相关应
软件的开发，拥有上海市科
认定的“上海市高新技术企业
上海市信息委认定的“软件企业
资质及上海市公安局技术防
办公室核准的“上海市公共
全防范工程设计施工单位二
证书”，通过了ISO9001
2000版国际质量管理体系认
该公司与上海复旦大学和同
大学强强联手，产学研相结
打造上海智能交通领域的新平
致力为上海交通的智能化、
息化、现代化建设作出贡献。

上海交通投资信息科技有限公司

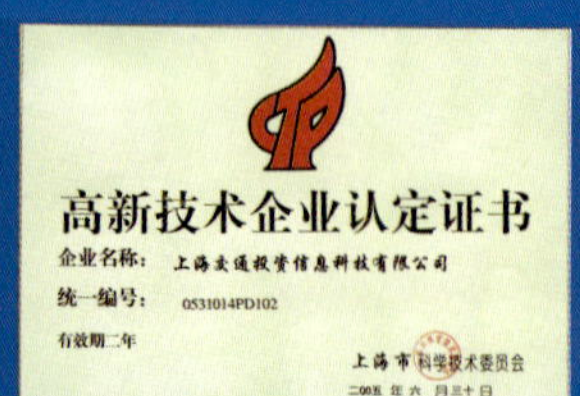

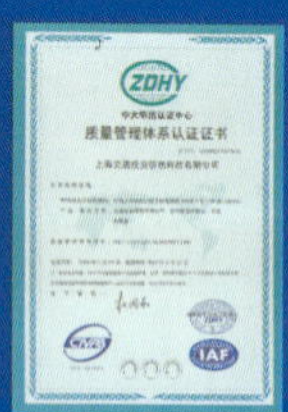

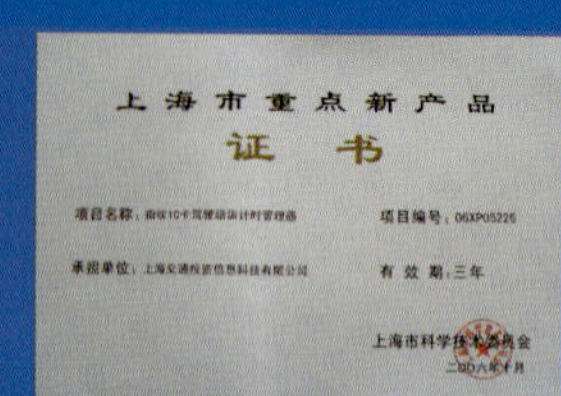

开发项目

- 上海口岸国际集装箱道路运政管理计算机信息系统
- 上海市省际道路旅客运输计算机售票系统
- 上海市机动车驾驶员培训计算机辅助管理系统
- 上海港船舶引航GPS－GSM计算机监控管理系统
- 上海市机动车学习驾驶员约排考计算机管理系统
- 沈阳市公安局驾管处计算机约排考系统
- 公交智能化调度管理系统
- 公交场站安全防范监控工程
- 车载驾驶员培训计时管理系统及计时收费管理系统

主要特点

本公司开发的系统主要特点是：所有的项目都是全市性的大型的计算机项目。每一个项目都是为交通运输服务，项目涉及的单位少则几百家，多达几千家、上万家，覆盖华东地区，公司的社会效益和经济效益得到了同步提升。

我们有一支高学历、高素质的专业人才队伍，科技管理人员均具有丰富的项目管理经验，并聘请了有关院校、科研机构的资深专家、学者作为公司的技术顾问，构建了颇具实力的专家顾问团。

我们还秉承“与客户共同成长”的价值观，推行企业与客户多赢战略；倡导成就事业、成就人才的企业文化，以事业凝聚人才、锻炼人才、培养人才，致力为城市交通现代化、信息化、智能化建设作出积极的贡献。

Aviva Communications, Inc.（杰视通信）是一家专门提供IPTV整体解决方案及广电数字电视互动平台的设备厂商，总司设在美国加州的硅谷，在上海设有一个研发中心，并在北京设有一个销售办事处。

杰视通信强大的研发队伍凭着多年的实际经验，开发了一系列视频头端的产品，并在参与了多项实际IPTV及数字电视推广活动中，累积了大量客户体验，所以开发的完整的端到端解决方案能够帮助运营商很快推动业务，服务用户。

杰视通信的设备包括下列各类：

1、实时及非线性编码器：实时编码成H.264、MPEG-4、MPEG-2格式，包括D1及各类分辨率。

2、点播服务器：VOD服务器，时移服务器适合电信及广电的各类互动点播服务。

3、组播服务器：从卫星接收设备到实时转码，组播以及录制并提供个性化频道服务。

4、中间件及后台管理：中间件及EPG能够让用户很方便地选择所要的组播或点播片源，并能让机顶盒很方便地做各种动增值业务。后台管理也包括了运营商所需要的各项管理系统，让运营商能够很顺畅地提供各项服务。

5、多频道监控设备：大屏幕多频道节目监控，能让运营商对节目内容及品质一目了然。

6、机顶盒：与合作伙伴共同开发的H.264/MPEG-4/MPEG-2机顶盒，能够支持不同格式的节目，并整合了数家DRM公的内容保护软件。

杰视通信成熟稳定的端到端解决方案已帮助数个国内外的运营商迅速地开展IPTV或数字电视服务，并提供多项增值业，成功地跨入新的运营里程。

地址：上海市浦东新区郭守敬路498号10号楼2层
电话：50806686×501
邮编：201203

AVIVA

Aviva Communications, Inc.

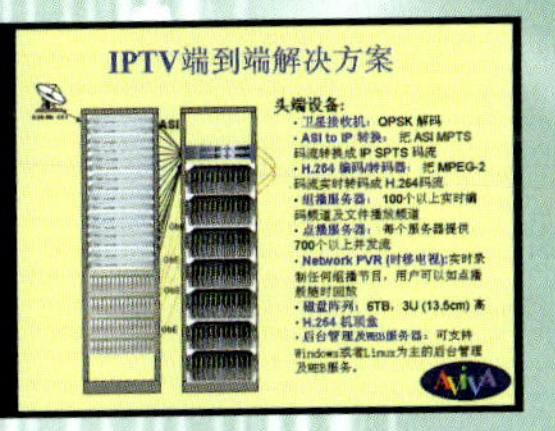

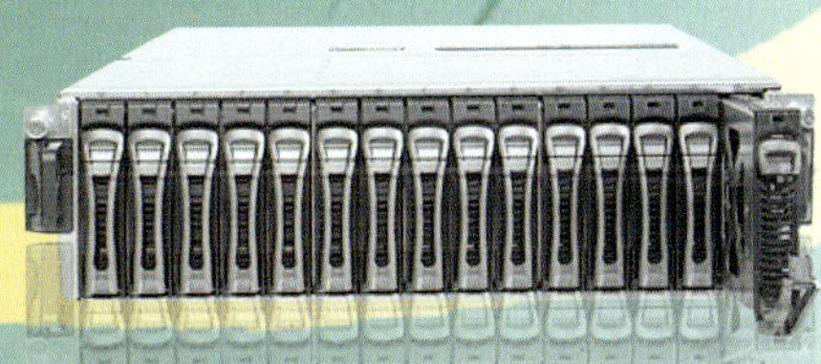

Aviva Communications, Inc. develops and markets Headend equipment for end-to-end IPTV solutions and interactive digital cable platform. Aviva is based in Silicon Valley of California and has a research and development center in Shanghai and a sales office in Beijing. Aviva strong development team, with many years of field experience gained from real deployments, has developed a series of equipment for IPTV and digital cable solutions. This end-to-end total solution can help operators provide IPTV services quickly.

Aviva products include the following:

1. Real-time and offline encoders: real-time H.264, MPEG-4 and MPEG-2 encoders and transcoders support both NTSC and PAL formats in all resolutions up to D1.

2. VOD server: VOD server and Time-shifted TV server provide interactive VOD services for telecomm operators and cable operators.

3. Multicast server: Programs on the satellite are demultiplexed and transcoded before passed to multicast server. Aviva automatic recorder and streamer can also provide extra channels of customized programs.

4. Middleware and Back-office Management System: Aviva middleware and electronic EPG allows subscribers easily locate the channel or programs of interest. It also allows the operators to provide value-added services easily. The back-office management system includes all the management for the operators to provide various services.

5. Multi-window Monitoring System: The big-screen multi-window monitoring system allows the operator to monitor the contents and quality of all the program channels.

6. Set-top-box: Our OEM STB supports H.264/MPEG-4/MPEG-2. No matter what the program format is, our STB can quickly play the program with very short delay. We have also integrated with several DRM software.

Aviva mature end-to-end IPTV solutions have already helped many domestic and international operators enter a new era by providing IPTV service or digital cable service.

中诚信证券评估有限公司

公司沿革

中国诚信信用管理有限公司（原中国诚信证券评估有限公司，以下简称“中国诚信”）成立于1992年，是经中国人民银行总行批准、在国家工商行政管理总局登记注册的全国性信用服务机构，是目前我国注册资本雄厚、服务历史悠久、产品丰富、营业网络广泛的国际化、市场化的综合性信用服务机构之一。

2006年4月，中国诚信与全球著名评级机构——穆迪投资者服务公司签订合资协议；同年8月获得批准，至此中国诚信旗下核心企业——中诚信国际信用评级公司正式成为穆迪公司成员。

中诚信证券评估有限公司　（原上海中诚信证券评估投资有限公司）是经中国人民银行上海分行核准从事信用评级等业务的，具有独立法人资格的信用服务机构，隶属中国诚信信用管理有限公司，是中国诚信体系中的中诚信国际信用评级有限公司、中诚信征信有限公司、中诚信财务顾问有限公司、中诚信市场调研有限公司等在华东地区的综合业务管理平台。业务范围涵盖企业债券评级、金融机构（债券）评级、贷款企业评级、投资银行、企业征信与商账管理、市场调研。同时，公司也开展地区和产业信用评价，并承担区域和行业信用体系建设方案的设计、实施和咨询等工作。

从业资格

中国人民银行核发非银行金融业务许可证（银金管字08-0709号）
中国证监会核准证券投资咨询业务资格（证监机构字[1999]12号）
中国人民银行核发信用评级资格（银发[1997]547号）
中国保监会认可的信用评级机构(见《保险公司投资企业债券管理暂行办法》)
中国人民银行上海分行核准贷款企业评级资格（上海银发[2004]50号）

业务介绍

◆企业评级部

公司经中国人民银行上海分行核准，从1999年开展贷款企业评级业务至今，已累计对上海市近4000家次贷款企业进行了资信等级评定，积累了丰富的经验，在业内享有较高的声誉。

主要业务
贷款企业评级　上市公司公司治理评级　担保机构评级
招投标企业评级　企业综合素质评级　中小企业评级
集团企业信用评估　企业信用管理咨询　等

代表性客户名单
上海三菱电梯有限公司　上海创业投资有限公司
中远集装箱运输有限公司　艾默生电气(中国）投资有限公司
上海市原水股份有限公司　东方国际创业股份有限公司　等

◆国际评级部

主要业务
企业债券评级　金融机构（债券）评级　短期融资券评级
可转换公司债券评级　资产支持证券评级　信托计划评级　等

主要客户及服务案例
中国有色短期融资券评级　国家开发银行信贷资产支持证券评级
云天化交易分离可转换债券信用评级　中国铁路建设债券评级　等

◆征信与商账管理事业部

主要业务
信用报告　商账代管催收服务　资产调查
信用管理咨询　风险管理培训　诉讼支持服务　等

主要客户及服务案例
葛兰素史克（中国）投资有限公司　北京甲骨文有限公司
吉列（中国）投资有限公司　丸红（上海）有限公司　等

◆市场调研服务

主要业务
市场占有率及市场要素调查　消费者行为调查
市场客户分层研究　品牌及客户满意度研究
投资项目尽职调查　不良资产尽职调查　等

主要客户及服务案例
西门子（中国）有限公司　联想集团　LG电子（中国）
国家开发银行　清华同方　宇通客车　等

◆投行部

主要业务
改制重组　境内外上市　收购与兼并
不良资产（NPL）处置　投资与资产管理　激励机制设计
财务重整　融资策划　等

主要客户及服务案例
中国长江电力股份有限公司　中国石化湖北兴化股份有限公司
福建联华信托投资有限公司　湖北省楚天广播电视信息网络有限公司　等

上海城市地理信息系统发展有限公司

Shanghai City GIS Developing Co., Ltd.

上海城市地理信息系统发展有限公司（以下简称“上海城地公司”）于1993年7月组建，是由上海城市发展信息研究中心控股的有限责任公司。公司注册资金500万，主要业务范围为地理信息系统（GIS）工程的应用开发与系统集成，同时在全球定位系统（GPS）、遥感（RS）、多媒体技术、管理信息系统（MIS）和办公自动化系统（OA）等领域保强大的竞争优势。公司下设数据中心、GIS应用工程开发中心、移动GIS产品研发中心、中间件产品研发部、构架研部、系统设计部、销售部、质量保证部、客户服务部等部门，拥有完善的管理、运营与服务体系。此外，独立的产品发中心使公司拥有强大的技术研发和创新能力。

自1996年起至今，公司连续被认定为高新技术企业；2001年被认定为软件企业，2004年顺利通过ISO9001：2000证；2005年轻松通过CMM3国际标准认证和“涉及国家机密的计算机信息系统集成”乙级资质认证；2006年再次通过“及国家机密的计算机信息系统集成”资质“软件开发”单项认证。

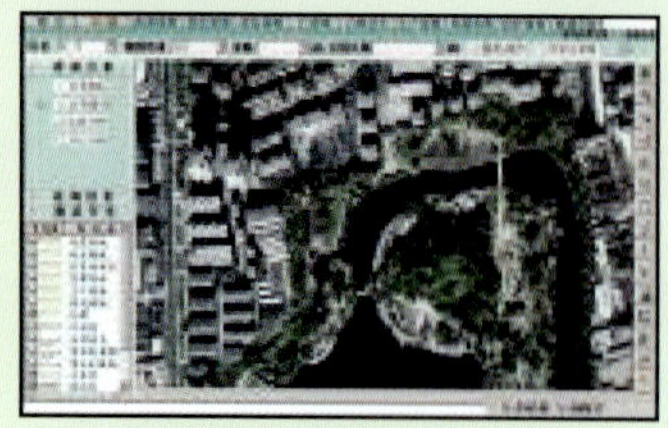

遥感图

上海城地公司自1993年成立至今已完成了近200个GIS项目，其中60%以上项目省级科技项目，积累了丰富的GIS项目工程实施经验。在多年实践基础上，本着务进取的态度，随着对客户需求的理解不断深入，对客户管理的思想不断提炼、升华加上在技术方面的精益求精，上海城地公司目前已成为GIS行业提供专家级管理解方案的专业公司。在政府管理、公共安全、城市建设管理、公用设施管理、城市交邮电通信、防汛防灾、环卫环保、遥感信息处理等领域的信息化建设过程中均取得越的业绩。

上海城地公司建立了严格的质量控制体系和软件过程改进规范，对所有客户提供全方位、完善的服务保证。正因为如此，依靠软件产品自身的优良品质和完善的售后服务，公司赢得了客户的广泛好评，知名度迅速提高，在行业内有着举足轻重的地位。

公司自1997年研制自主版权的GIS专业软件产品“CityGIS”，产品已获得软件产品和著作权认定，2002年获得国家科技创新基金的支持。经过八年的应用推广，CityGIS完成了65个项目，逐渐形成实用、灵活、高效、可靠的特点，具有良好的性价比，成为众多单位信息化建设的首选软件。

三维绿化场景漫游

历经多年的历练，公司在系统集成、网络集成、GIS软件开发、移动GIS产品研发等方面积累了丰富的经验，拥有支高素质的专业队伍，其中高等学历人数超过85%，博、硕士学历占30%以上，核心骨干人员从事GIS行业5年以上，领层和主要咨询顾问均有10年以上从业经验。此外，公司还与多家著名高校以及国内外著名GIS咨询公司保持密切合作，聘请相关行业高级专业技术资深人士担任咨询顾问。公司是中国GIS协会理事单位之一。

公司始终追求“以人为本、以诚为本”的企业精神，弘扬“求真、务实、开拓、进取”的企业风貌。公司全体员以达到客户满意为奋斗目标，以满足应用需求为开发内容，以赢得客户信任为服务宗旨，在当今国民经济和社会信息化速发展的进程中，与您携手同进，共创美好未来。

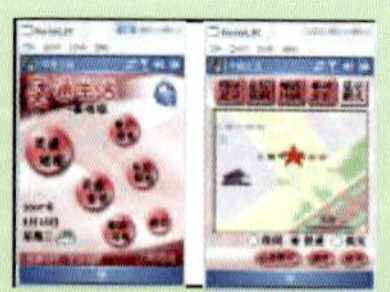

最新研发：Mobile CityMap 系列产品研发

市政综合管线应用

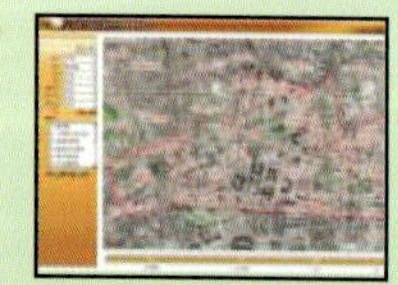

城市网格化管理GIS系统

民防指挥： 国家人防办指挥自动化软件二次开发系统、宝山区人防指挥自动化应用软件开发等
电信管理： 电信设施采集、转换、建库和维护系统等
城市绿化： 上海市绿化信息系统（一、二期）、长宁区绿化管理综合信息系统等
防汛防灾： 浦东新区防汛辅助决策指挥系统、宝山区防汛辅助决策指挥系统等
燃气管网： 上海市天然气主干网GIS系统、浦东燃气管网GIS系统等
智能交通： 上海市中心区道路交通信息采集系统共享平台、上海市公安局城市轨道交通分局综合信息系统等
农业信息化： 上海市林业GIS应用系统等

地址：中国上海市宛平南路75号建科大厦16楼　电话：86-21-64436020-655、650　传真：86-21-64038873
邮编：200032　网址：http://www.china-gis.com　E-mail：adm@china-gis.com

上海信耀电子有限公司

Shanghai Creation Electronics Co.,Ltd.

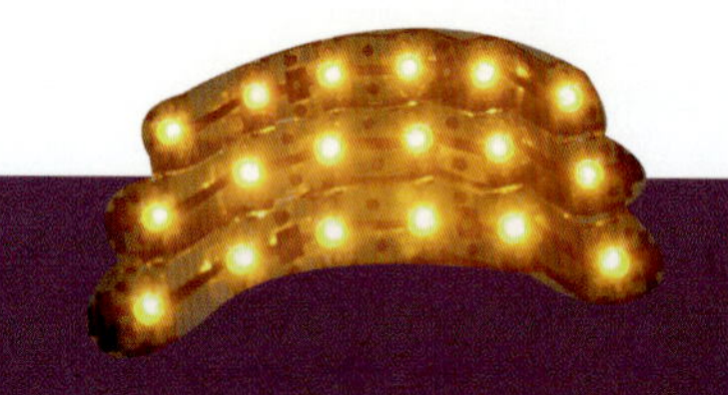

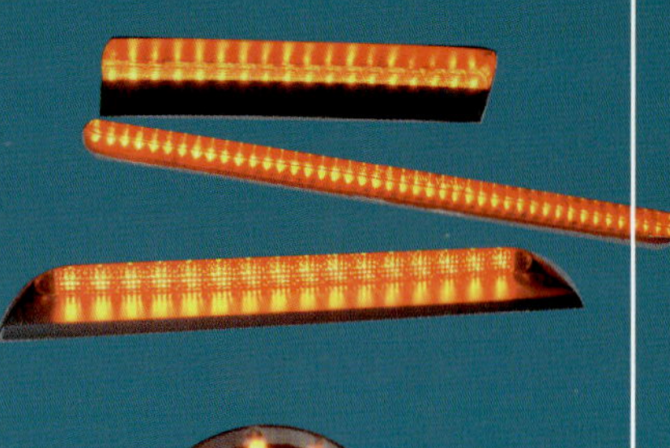

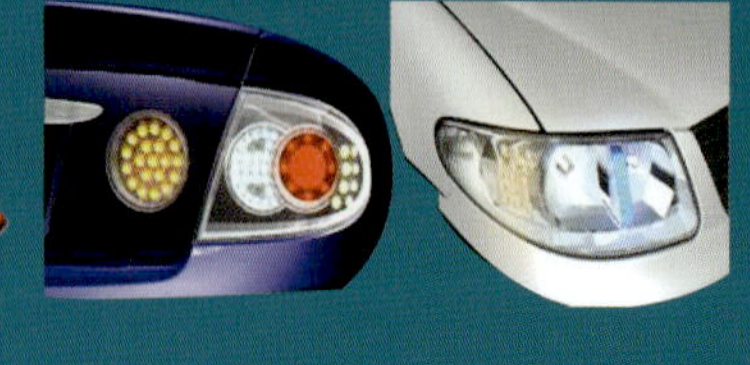

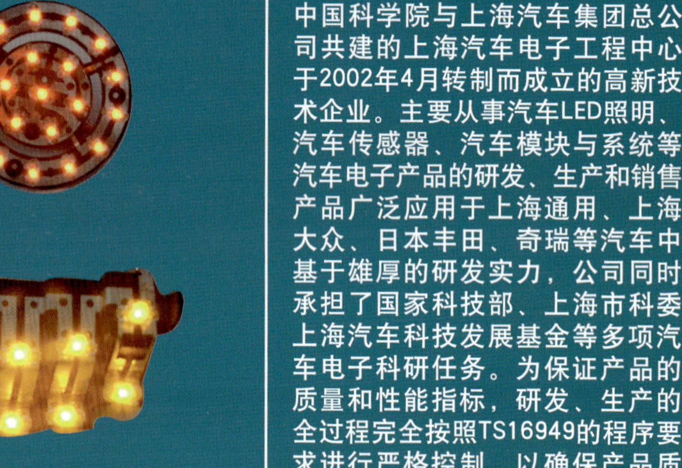

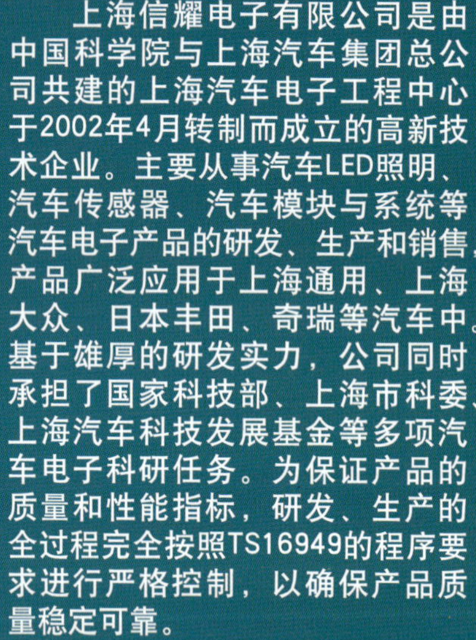

上海信耀电子有限公司是由中国科学院与上海汽车集团总公司共建的上海汽车电子工程中心于2002年4月转制而成立的高新技术企业。主要从事汽车LED照明、汽车传感器、汽车模块与系统等汽车电子产品的研发、生产和销售，产品广泛应用于上海通用、上海大众、日本丰田、奇瑞等汽车中。基于雄厚的研发实力，公司同时承担了国家科技部、上海市科委、上海汽车科技发展基金等多项汽车电子科研任务。为保证产品的质量和性能指标，研发、生产的全过程完全按照TS16949的程序要求进行严格控制，以确保产品质量稳定可靠。

主要产品：

1. 汽车灯具
   LED高位制动灯，LED后制动灯，LED前、
   侧转向灯，LED后雾灯，LED前、后顶灯，L
   门灯和HID氙气灯等。
2. 汽车传感器
   薄膜Pt电阻，相位传感器等
3. 汽车模块
   LED车灯驱动模块，车灯调光马达，HID电子
   器，LED车灯监测仪等。
4. 汽车电子系统
   CAN总线汽车灯光控制系统，CAN总线整车
   网络，数字仪表系统等。

地址：上海市普陀区同普路1358弄3号楼
邮编：200333
电话：021－52702358
传真：021－52703216
E-mail：xgq@scae-sh.com
Http：//www.scae-sh.com

泰雷兹软件系统（上海）有限公司

泰雷兹软件系统(上海)有限公司隶属于法国泰雷兹集团， 成立于2000年， 前身是泰雷兹电子交易CGA上海研发中心， 从事软件开发和系统集成相关服务.

经验

- 自动售检票系统设计，开发，测试，集成和安装维护
- 大型项目管理

竞争力

- 完整的系统解决方案
- 领先于行业的技术
- 严格遵循软件工程标准

服务

- 中国地区项目管理
- 软件设计和集成
- 数据库设计和维护
- 软件产品维护
- 客户培训
- 现场安装与集成支持
- 技术支持，服务和设备维护

南京地铁自动售检票系统

自动售检票系统的软件开发，统集成和技术支持

为南京首条地铁线提供自收系统

与熊猫电子集团合作

——项目开通的初期， 约每天客流量为474，000人次

为法国泰雷兹交通和能源CGA公司所实施的项目

南京地铁自动售检票系统
新德里地铁自动售检票系统
香港九广铁路自动售检票系统
曼谷地铁自动售检票系统
新加坡地铁闸机维护
奥斯陆IFS中央计算机系统
奥斯陆便携式售票机
荷兰IFS中央计算机系统

香港九广铁路自动售检票系统

九广铁路西线和东线\
涵盖整个KCRC 郊区铁路网络
每天客流量达2百万人次， 其中90%使用非接触式智能卡

曼谷地铁自动售检票系统

自动收费系统(非接触式智能卡和智能塑胶硬币)

设备：人工售票机，自动售票机，闸机和卡初始化系统

中央计算机系统

址：上海浦东张江高科技园区金科路2966号（祖冲之路口)南楼303室，
话：86-21-61055522
真：86-21-61055524

THALES

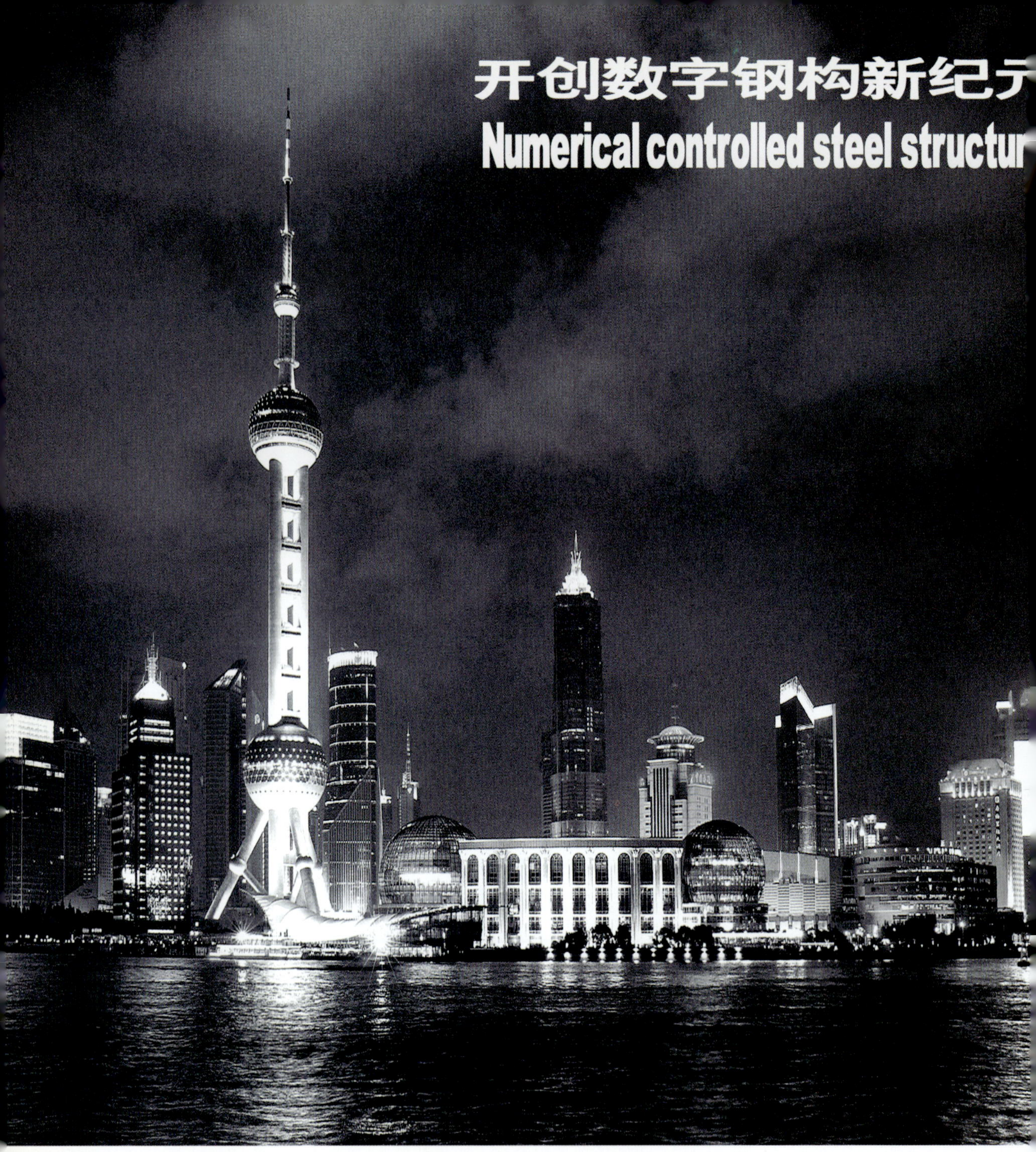

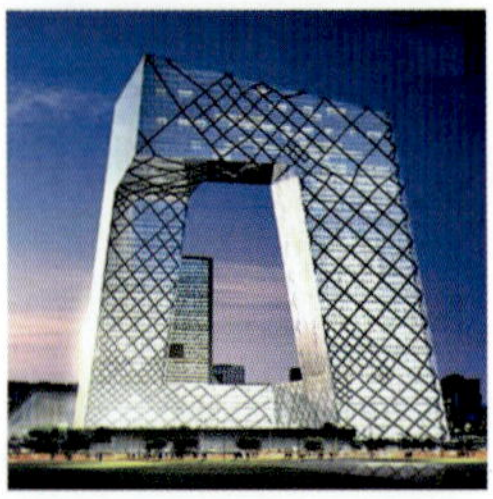

CES 中信信息　　推动中国电子政务信息化建设

公司简介

上海中信信息发展有限公司 是一家以产品软件和行业应用软件研发、软硬件技术服务为核心的计算机系统集成公司。公司成立以来，先后承接了数百项大中型信息系统工程，拥有雄厚的技术实力和良好的信誉。尤其是公司成熟的电子政务整体解决方案，为推动中国电子政务信息化建设做出应有贡献。近年来，公司主要业务领域有政府机关、大型企事业单位和医疗机构等。

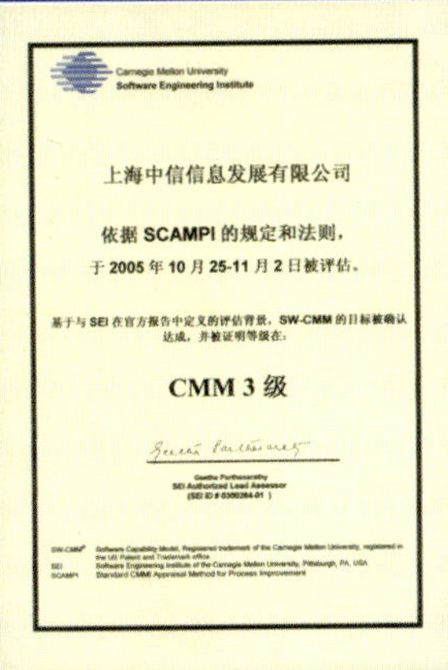

Carnegie Mellon University
Software Engineering Institute

上海中信信息发展有限公司

依据 SCAMPI 的规定和法则，
于 2005 年 10 月 25-11 月 2 日被评估。

基于与 SEI 在官方报告中定义的评估背景，SW-CMM 的目标被确认达成，并被证明等级在：

CMM 3 级

资 质

- 软件能力成熟度模型三级（简称CMM3）国际认证
- 涉及国家秘密的计算机信息系统集成（乙级）资质
- 涉及国家秘密的计算机信息系统集成（软件开发单项）资质
- ISO9001：2000质量管理体系认证
- 国家计算机信息系统集成三级资质
- 上海市软件企业
- 上海市高新技术企业

荣 誉

国家重点火炬计划项目	1项
国家级火炬计划项目	2项
国家重点新产品计划项目	2项
上海市科技进步奖	2项
上海市火炬计划项目	6项
上海市重点新产品计划项目	3项
上海市科技型中小企业技术创新资金计划项目	2项
上海市区县信息化重点应用系统	3项
上海市静安区科技进步奖	3项
上海市高新技术成果转化项目	6项
计算机软件产品登记证书	7项
计算机软件著作权证	16项

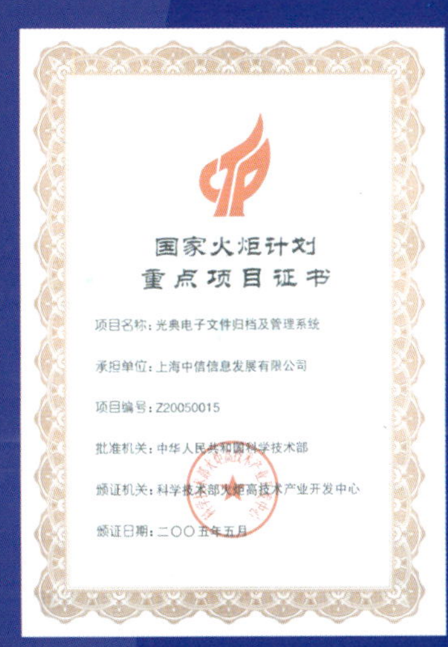

国家火炬计划
重点项目证书

项目名称：光典电子文件归档及管理系统
承担单位：上海中信信息发展有限公司
项目编号：Z20050015
批准机关：中华人民共和国科学技术部
颁证机关：科学技术部火炬高技术产业开发中心
颁证日期：二〇〇五年五月

公司产品

Work Talk
沟 通 无 极 限

CES 上海中信信息发展有限公司
China Information Development Co., Ltd. Shanghai
地　址：上海市中江路879号11号楼
邮政编码：200333
网　址：www.cesgroup.com.cn
电　话：021-51077666
传　真：021-51077677
技术服务热线：8007080100

上海汽车电子产业基地

Shanghai Automotive Electronics Park

2006年，按照沪发改高技（2006）008号《关于同意建设上海汽车电子产业基地的复函》的文件精神，上海汽车电子产业基地在上海国际汽车城规划范围内选址落户。一年来，在市、区主要领导和部门的大力支持下，基地各项前期筹建工作顺利推进，基地按期完成了动迁和各种前期规划设计工作。2007年是基地茁壮成长的关键一年，基地将充分利用现有区位和产业优势，严格按照科教兴市战略的要求，进一步整合国际汽车城产业配套优势，加快汽车和信息两大支柱产业的融合，推进实现汽车电子产业的跨越式发展。

基地规模：

上海国际汽车城制造区暨汽车电子产业基地总体规划面积700.71公顷，位于嘉定区黄渡镇和安亭镇交界处（上海国际汽车城核心范围内）。共分为六个区，即汽车制造区、汽车电子产业区、现代物流区、曹安路配套服务区、商务配套区和内河港区，各区紧密相连又定位清晰。其中的汽车电子产业区就是上海汽车电子产业基地，总规划面积约3 000亩。地块东邻蕴藻浜，南至曹安路（312国道），西到于田路，北靠沪宁铁路。前期动拆迁等相关开发工作已经全部完成，基础设施一应俱全。

区位优势：

基地位于沪宁高速、郊区环线、嘉金高速环抱区域，距市中心人民广场30余公里，距火车站、虹桥机场、上海火车站、张华浜国际集装箱码头均在25公里左右。主要交通线有沪宁高速公路、沪嘉浏高速、沪宜公路、曹安公路、宝安公路、沪宁铁路等，另有轻轨11号线正在紧张的施工当中，交通网络四通八达，通往上海市中心城区和长三角腹地极为便利，区位优势十分明显。

产业优势：

基地位于上海国际汽车城，拥有世界优秀的汽车和电子产品研发、制造、检测机构：国家汽车检测中心、上汽工程研究院和同济大学工程实验中心等(风洞实验室等7大汽车相关实验室)，已累计投入数十亿元 。周边几公里范围集聚了上海大众、德尔福派克、优化劳斯、丰田研发中心、小糸车灯、飞乐沪工等国际国内一流的汽车及相关电子企业，加上国际汽车城的F1赛车场、高尔夫球场、德式住宅、同济大学、上海国际汽车零部件采购中心、二手车交易市场等，产业集聚和配套服务优势明显。

功能规划：

上海汽车电子产业基地（汽车电子产业区）以整个上海国际汽车城为依托，扩展余地大，辐射面可以从上海到长三角。首期主要是建设汽车电子产业核心研发、中试以及产业化基地，以此为龙头，逐步实现国际国内一流汽车电子研发、生产、检测机构入驻和集聚，在上海国际汽车城核心区形成产业规模大、科研开发能力强、骨干企业相对集中、产业链和配套服务体系完善的汽车电子产业基地。

地址：上海市嘉定区嘉松北路6988号

邮编：201804

电话：021–69580036

传真：021–69580034

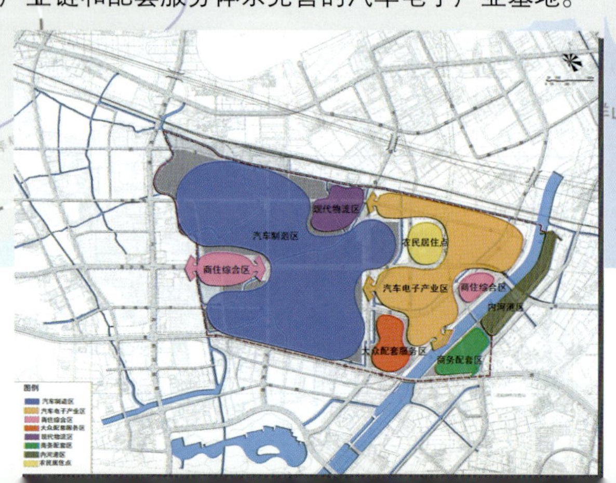

四网一库，构建上海教育信息化新局面

上海远程教育集团

1.上海教育资源库(www.sherc.net)

上海教育资源库系上海市教育信息化重大项目，以二期课改教学资源为核心构建终身教育资源体系，为各级教育单位提供优质丰富的教育资源，并以成为“校长管理的参谋，教师教学的助手，学生学习的工具”的目标为已任。上海教育资源库以基础教育为主体，涵盖了学前教育、职业教育、高等教育、继续教育等终身教育体系。资源类型包括各类多媒体学习课程、课件及教师备课素材等。目前资源库注册人数达19万，总容量已达2803G，全市中小学教师人手一张资源卡，直接培训教师4500人次。

▲上海教育资源库参观现场

▲上海教育资源库网站首页

2.上海教师教育网(www.21shte.net)

上海市教师教育网于2001年12月开通，属于上海教科网一网五环的重要网站，也是上海“校校通”工程的主要网站。网站以会员制的形式将上海市各类学校、教育机构相互联结起来，网站的栏目多层次化并通过信息化管理各类教师培训事务。2006年暑期，上海市教师教育网开展12万中小学教师网上全员培训，创建了教师培训新局面。至2006年底，访问总人数达到1827674，19个区县已全部加入教师教育网。

2006年暑期培训开通仪式▲

3.上海职成教育在线(www.shedu.net)

网站致力于推动职成教育信息化、网络化建设，力求建设成为上海职成教育的信息发布与交流、教育资源共享和电子政务应用的综合平台，充分展示上海职成教育成果。经过五年的努力建设，网站以其全方位、多层次的栏目和应用平台，获得了教育行政部门和各个职成院校的高度评价。至2006年底，访问总人数达到3522，284人次，发展上海各类职成院校会员单位82家。

▲上海职成教育在线网站首页

4.上海中小学德育网(www.deyu.sh.cn)

“上海市中小学德育网”又称“心域网”，网站以贴近学生实际，贴近学生生活为原则，通过组织开展各种形式的网上思想道德教育活动，架设一个贯通市、区、校的上海德育立体工作网络，打造一个特色鲜明，形式活泼，学校、家庭、社区互动的上海德育品牌网站。建网两年来，取得了丰富的活动成果和荣誉证书。目前有学生作品近三万余件，论坛注册人数达五万人。

▲上海市中小学德育网网站首页

5.上海市社区教育网

作为全市教育信息化工程中“社区通”的重头戏，上海社区教育网以天网、地网和人网的三网合一的方式，以“人人享有优质教育资源”为宗旨，架构基于网络的学校、社区和家庭互联互动的教育信息化平台，形成学校教育向家庭延伸、社区教育支持学校教育的大社区教育信息化平台，最终实现广大市民在平台上进行学习和交流的目标。现在，上海市社区教育网已经覆盖本市19个区县227个街道社区，市民足不出户便可享受终身教育服务。

上海市社区教育网体系结构▶

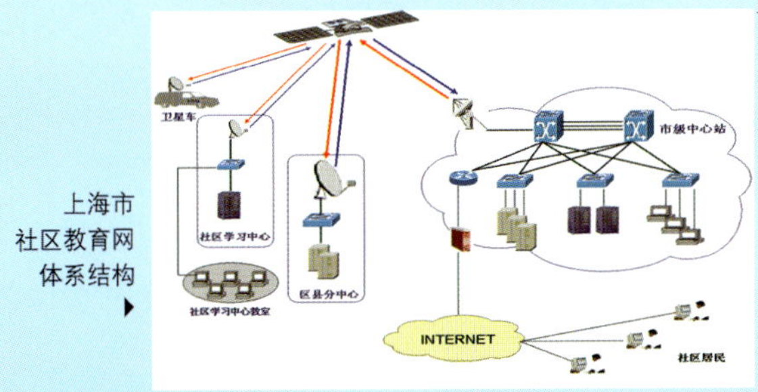

电话: 021-29333180　021-25653284-1028/1029　邮件: sherc@shtvu.edu.cn　传真: 021-25653488　地址: 上海市国顺路288号学习广场10楼

《2007上海信息化年鉴》宣传彩页索引

护封宣传彩页

亚美亚（中国）通讯设备有限公司
《上海信息化》杂志社
中国网络通信有限公司上海分公司

首页跨版宣传彩页

上海电信有限公司

末页跨版宣传彩页

中国移动通信集团上海有限公司

插页宣传彩页

上海市人民政府办公信息处理中心
中共上海市纪律检查委员会
上海市教育委员会教学研究室
瑞联科技
EDS（中国）有限公司
上海市公安局
上海市无线电管理局
上海市统计局
上海市食品药品监督管理局
上海市社会团体管理局
上海市监狱管理局
上海市徐汇区信息化委员会
上海市黄浦区信息化委员会
上海市长宁区信息化委员会
上海市金山区信息化委员会
上海市松江区信息化委员会
上海市民防通信与信息中心
上海市医疗保险信息中心
上海市社会保障和市民服务信息中心
国家信息安全工程技术研究中心
上海市数字媒体（TMT）产业园
上海市房地产交易中心
上海市数字证书认证中心有限公司
华东理工大学
同济大学软件学院
上海邮电设计院有限公司
上海长城金点定位测控有限公司
上海亿通国际股份有限公司
上海杰得微电子有限公司
华亚微电子（上海）有限公司
上海市电力公司
上海东方明珠移动电视有限公司
上海宽带技术及应用工程研究中心
上海银联电子支付服务有限公司
上海证券通信有限责任公司
中电飞华通信股份有限公司上海分公司
中电华通通信有限公司上海分公司
上海中标软件有限公司
上海三零卫士信息安全有限公司
上海交通投资信息科技有限公司
杰视通信（上海）有限公司
上海瑞控信息技术有限公司
中诚信证券评估有限公司
上海城市地理信息系统发展有限公司
上海天律信息有限公司
上海信耀电子有限公司
泰雷兹软件系统（上海）有限公司
宝钢钢构上海冠达尔钢结构有限公司
上海畅星智能系统有限公司
上海中卡集团
上海中信信息发展有限公司
上海市汽车电子产业基地
上海远程教育集团
上海信息化培训中心
上海市软件评测中心
上海市申信信息技术专修学院
信息功能材料国家重点实验室
中微半导体设备（上海）有限公司
上海众恒信息产业有限公司
上海交通大学信息安全工程学院
上海众成志力信息技术有限公司
上海迪爱斯通信有限公司
上海美达信息技术有限公司

图书在版编目（CIP）数据

2007上海信息化年鉴/《上海信息化年鉴》编纂委员会.–
上海：上海科学技术文献出版社，2007.7
ISBN 978-7-5439-3269-2

Ⅰ.2... Ⅱ.上... Ⅲ.信息工作—上海市—2007—年鉴
Ⅳ.G202-54

中国版本图书馆CIP数据核字（2007）第093052号

责任编辑：于学松
封面设计：通文

2007上海信息化年鉴
《上海信息化年鉴》编纂委员会

上海科学技术文献出版社出版发行
（上海市武康路2号 邮政编码200031）
全 国 新 华 书 店 经 销
上海现代科技印刷有限公司印刷

开本787×1092 1/16 印张40.5 插页44 字数1 100 000
2007年7月第1版 2007年7月第1次印刷
印数：1-2 000
ISBN 978-7-5439-3296-2/Z·1129
定价：280.00元
http://www.sstlp.com